발달심리 용어사전

DICTIONARY OF DEVELOPMENTAL PSYCHOLOGY

Ψ

양돈규 저

박영story

머 리 말

여러 해 동안 준비해 온 『발달심리 용어사전』을 출간하게 되었다.

필자는 앞서 『심리학소사전』(2003, 학지사)과 『심리학용어집』(2003, 학지사)을 출간하였고, 이어 2013년과 2017년에는 『심리학소사전』을 큰 폭으로 증보한 『심리학사전』제1판(2013, 박학사)과 『심리학사전』제2판(2017, 박영사)을 출간한 바 있다. 특히 2003년에 출간한 『심리학소사전』은 심리학 전공자가 집필한 국내 최초의 심리학사전인 것으로 평가되고 있다.

1980년대 중반, 대학 심리학과에 입학하여 처음 접한 심리학 용어들이 낯설고 어려워 대학도서관과 대형서적에서 이 용어들의 의미를 시원하게 설명해 줄 심리학사전류를 찾아다녔던 기억이 아직도 생생히 남아 있다. 당시 그런 수고에도 불구하고 마땅한 책을 찾기 어려웠던 경험이 지난 20년이 넘는 기간 동안 심리학 용어들을 탐구하고 사전을 집필하도록 만든 계기가 되었다.

현재 '발달심리'는 심리학 분야뿐만 아니라 상담학, 교육학, 유아교육학, 아동학, 청소년학, 성인·노년학, 가정관리학 등과 같은 학문 분야들에서 필수 과목 또는 주요 선택 과목으로 자리매김하고 있다. 무엇보다도 '발달심리'는 주요 전공 분야의 하나로 학문 세계와 실제 삶의 영역에서 중요한 지식과 정보를 제공해 주고 있다.

하지만 그동안 발달심리 분야에서 사용되는 용어들의 번역·표현과 의미 전달 과정에서 의도치 않게 부정확한 표현이나 설명이 이루어지는 경우가 종종 발생해 왔기 때문에 이 용어들의 표현과 의미를 보다 명료하게 소개해 줄 사전의 필요성이 꾸준히 제기되어 왔다. 필자도 오랫동안 발달심리 공부를 해 오면서 이 분야에서 사용되는 용어들의 표현과 의미를 보다 명확하게 알려 줄 사전의 필요성을 느끼고 발달심리 용어사전을 집필하게 되었다. 몇 년의 집필 과정을 통해 이번에 출간하게 된 본 사전은 대학이나 대학원에서 발달심리를 공부하는 학습자들이나 전공자들이 발달심리 용어들의 표현과 의미를 파악하고 이해하는 데 도움이 되리라 생각한다. 또한 발달심리 관련 학문 분야나 자녀발달과 양육에 관심이 있는 교육자들, 부모들 및 일반 학생들에게도 도움이 될 것으로 기대한다.

본 사전은 발달심리에 관한 서적이나 논문을 볼 때, 또는 강의를 들을 때 나오는 용어들의 뜻과 표현을 보다 쉽고 명료하게 찾아볼 수 있도록 하는 데 목적이 있기 때문에 발달심리 분야와 관련된 용어들을 가능한 한 많이 담아 소개하고자 하였다. 따라서 본 사전에는 발달심리 분야에서 많이 사용되는 용어들뿐만 아니라 발달심리 분야와 다른 관련 분야들 모두에서 공통적으로 사용되는 심리학 용어들도 소개하였다. 이를 위해 필자가 앞서 출간한 『심리학사전』(제2판)에 소개된 용어들 가운데 발달심리 분야에서도 공통적으로 사용되는 용어들과 내용을 포함시켰다. 또한 본 사전에는 발달심리 분야의 발전에 기여해 온 대표적인 학자들과 발달심리 이론에 큰 영향을 미친 주요 학자들도 소개하였다.

본 사전에서는 용어들을 『한글－한자－영어』의 순으로 표기한 후에 그 개념을 제시하였다. 따라서 독자들은 본 사전을 통해 발달심리 용어들의 한글 표기, 한자 표기 및 영어 표기를 모두 확인할 수 있고, 동시에 각각의 용어들이 가지고 있는 핵심 개념을 파악할 수 있다. 또한 사전의 후반부에는 본 사전에서 다루고 있는 용어들을 영어 표현(영어 단어)을 중심으로 찾아볼 수 있도록 하기 위해 각각의 용어들을 『영어－한글－한자』의 순으로 표기한 후에 각 용어들의 개념을 소개하고 있는 본문의 위치(쪽 번호)를 제시하였다. 이를 통해 독자들은 영어로 표현된 발달심리 관련 용어들의 한글 표기와 한자 표기를 바로 확인·비교할 수 있고, 동시에 각각의 용어들이 가진 핵심 개념을 손쉽게 찾아볼 수 있다.

본 사전을 통해 여러 학문 분야들에서 발달심리를 전공하거나 학습하는 학생들과 연구자들, 그리고 발달심리나 자녀양육과 발달에 관심이 있는 많은 분들이 발달심리 관련 용어들이 가진 의미와 표현을 이해하고 이를 학문 활동이나 실제 생활 속에서 활용해 가는 데 많은 도움이 되길 바란다.

2020년

역사와 문화의 고장

지평 도서관에서

저자 양돈규

감사의 글

그동안 필자에게 많은 도움과 성원을 보내 주신 여러분들께 깊이 감사드리고 싶다.

고흥화 교수님(중앙대학교 명예교수), 권준식 교수님(세명대학교), 김병선 박사님(브레인컬러연구소), 김상현 교수님(세명대학교), 김성훈 교수님(세명대학교), 김수정 박사님(가톨릭대학교), 김재휘 교수님(중앙대학교), 김정인 박사님(다양성연구소), 김종범 박사님(마음벗 김종범정신과의원), 김태련 교수님(이화여자대학교 명예교수), 김형일 교수님(수원여자대학교), 박명실 박사님(LG디스플레이), 박찬교 선생님(용문중·고등학교장 역임), 변명숙 박사님(사이발달상담심리연구소), 변신원 교수님(한국양성평등교육진흥원), 서범석 교수님(세명대학교), 성옥련 교수님(중앙대학교 명예교수, 작고), 송길연 박사님(아이캔! 인지학습발달센터), 심응철 교수님(강원대학교 명예교수), 양병화 교수님(강원대학교), 오세진 교수님(중앙대학교), 이민희 박사님(희망숲심리상담센터), 이선인 교수님(중앙대학교 명예교수), 이인혜 교수님(강원대학교 명예교수), 이재성 교수님(중앙대학교), 이지연 박사님(서울대학교), 이철원 박사님(마음힐링센터 자인), 이현수 교수님(중앙대학교 명예교수), 이현혜 교수님(한국양성평등교육진흥원), 임휘용 부원장님(SADI), 장승구 교수님(세명대학교), 장재홍 교수님(서강대학교), 정연우 교수님(세명대학교), 조남근 총장님(대원대학교, 작고), 조한근 전무님(DKSH Korea), 최상진 교수님(중앙대학교 명예교수, 작고), 현명호 교수님(중앙대학교), 홍성열 교수님(강원대학교 명예교수), 홍숙기 교수님(강원대학교 명예교수), 홍준표 교수님(중앙대학교 명예교수), 그리고 중앙대학교와 세명대학교 및 한국양성평등교육진흥원의 여러 교수님들과 선생님들께도 감사드린다.

좋은 책이 되도록 많은 지원을 아끼지 않으신 박영사 안종만 회장님, 많은 분량의 원고 편집과 조판 및 표지 디자인 등 여러 부분에 대한 세심한 배려와 지원을 아끼지 않으신 안상준 대표님과 노현 대표님, 그리고 편집 과정에서 시작 단계부터 마무리까지 정성을 다해 세심한 교정과 도움을 주신 조보나 선생님과 편집부 여러분께도 감사드린다.

항상 마음 깊은 곳에서 힘이 되어 주시는 부모님과 장인·장모님, 학교장 퇴임 후에도 늘 글을 쓰며 부모님의 역할을 해 주신 큰누나 양순일 님과 교직 퇴임 후에도 늘 책을 가까이하며 집안의 어른이 되어 주신 큰매형 민문기 님, 한결같은 모습으로 삶을 함께해 준 아내 진성영과 사랑하는 딸 양지우, 그리고 가족들 모두에게 고마운 마음을 전한다.

저자 양돈규

차 례

ㄱ

가계 연구 ~ 꿈의 분석 …… 1 ~ 55

ㄴ

나쁜 세상 신념 ~ 니콜라스 틴버겐 …… 56 ~ 70

ㄷ

다문화 가정 ~ 뚜렛 장애 …… 71 ~ 97

ㄹ

라마즈 분만 ~ 리허설 …… 98 ~ 104

ㅁ

마거릿 미드 ~ 믿음－소망 추론 …… 105 ~122

ㅂ

바빈스키 ~ 삐아제의 인지발달 이론 …… 123 ~ 164

ㅅ

사건 기억 ~ 쓰기 언어 상실증 …… 165 ~ 237

ㅇ

아기 ~ 입천장 갈림증 …… 238 ~ 322

ㅈ

자각몽 ~ 집단주의 사회 …… 323 ~ 392

ㅊ

착각 ~ 칭찬 ······ 393 ~ 412

ㅋ

카렌 호나이 ~ 킴벌리 S. 영 ······ 413 ~ 420

ㅌ

타나토스 ~ 틴버겐 ······ 421 ~ 435

ㅍ

파괴적, 충동통제 및 품행 장애 ~ 피최면성 ······ 436 ~ 450

ㅎ

하드웨어 ~ 히스테리 ······ 451 ~ 476

A ~ Z

Abraham Harold Maslow ~ ZPD ······ 477 ~ 503

0 ~ 9

1차성 불임 ~ 21 삼염색체성 ······ 504 ~ 508

영문 찾아보기

A(ability test) ~ Z(zygote) ······ 509 ~ 596

ㄱ

가계 연구【家系 研究】study of family tree / family tree study

발달 측면이나 정신건강 측면에서 문제나 장애를 가진 개인에 대한 이해와 함께 치료에 도움이 될 수 있는 정보를 얻을 목적으로 그 개인이 속한 가족이나 가계에 대한 조사를 통해 동일한 문제나 장애를 나타낸 가족 구성원, 친인척 및 조상의 수와 관계 등을 유전적 영향의 측면에서 파악하는 연구. '가계 연구법'이라고도 한다.

가드너 Gardner (1943~)

하워드 얼 가드너(Howard Earl Gardner). 미국의 심리학자. 하버드 대학교 교수로 재직하면서 지능 분야에서 많은 연구와 업적을 이루었다. 특히 지능에 관한 '다중 지능 이론(theory of multiple intelligences)'을 창안하였다. 1980년대 초에 제안된 이 이론을 통해, 가드너는 인간의 지능은 최소 7가지 유형의 서로 다른 지능들로 구성되어 있다고 주장하였고, 그 이후 다시 1가지 유형의 지능을 추가하였다. 최근에는 또 다른 1가지 유형의 지능을 추가로 제시하고 있다. 따라서 가드너의 이론에서는 인간의 지능이 총 9개의 서로 다른 지능들로 구성된다고 보는 셈이다. 가드너는 인간의 다양한 지능들은 뇌의 서로 다른 부분들에서 담당한다고 보고 있다. '하워드 가드너', 'Gardner', 'Howard Gardner' 또는 'Howard Earl Gardner' 등으로 표기하기도 한다.

가드너의 다중 지능 이론【가드너의 多重 知能 理論】Gardner's theory of multiple intelligences / Gardner's multiple-intelligences theory

미국의 심리학자인 가드너(Gardner: 1943~)가 제안한 지능에 관한 이론. 가드너는 처음에 인간의 지능은 서로 독립적으로 기능하는 7가지의 지능으로 구성된다고 제안하였으나, 그 이후에 8번째 지능을 추가하였고, 최근에는 9번째 지능을 추가로 제시하고 있다. 가드너가 제시하고 있는 다중 지능에는 다음과 같은 하위 영역들이 포함된다. 언어적 지능, 논리-수학적 지능, 공간적 지능, 신체-운동적 지능, 음악적 지능, 개인 내적 지능, 개인 간 지능(대인관계적 지능), 자연주의적 지능, 그리고 가장 최근에 새로운 지능의 한 영역으로 포함시키고 있는 실존적 지능 또는 존재론적 지능 등이다. 한편 가드너는 인간의 지능들 가운데 여러 부분이 기존의 지능 검사로는 측정되지 않는다고 주장한다. 간단히 '다중 지능 이론'이라고 한다. CLICK 다중 지능 이론

가상 놀이【假想 놀이】pretend play

어떤 대상(사람, 동물 또는 물체 등)이나 상황 또는 사건을 실제와 다르게 가상적으로 설정하거나 변형하고, 또 그것에 대해 의미 부여를 하기도 하면서 진행하는 놀이. 즉, 현실 또는 실제가 아닌 가상적 상황을 만든 후 마치 실제인 것처럼 상상하고 새로운 상징적 관계를 만들어내면서 진행하는 놀이를 말한다. 내적(정신적) 표상 능력이 발달하면서 상징적 사고가 가능해지는 감각운동기(삐아제의 인지발달 이론에서 제시하는 4단계 중에서 첫 번째 단계)의 후반부(생후 약 18~24개월)부터 시작되어 전조작기(2세 이후 7세 무렵까지의 시기)에 접어들면서 본격적으로 나타나는 놀이 형태이다. '가장 놀이'라고도 한다.

가설【假說】hypothesis

어떤 사실이나 사건(또는 변인)들 간의 관계에 관해 기술한 경험적으로 검증 가능한 진술(또는 명제). 사실이나 사건에 관한 잠정적인 예언으로, 흔히 이론을 바탕으로 만들어진다. 흔히 과학적 연구에서는 가설을 '둘 이상의 변인들 간의 관계에 대한 잠정적인 결론을 포함하는 검증 가능한 진술'로 정의한다. '만일 A 변인이 특정한 수준에서 조작될 경우에 이 영향을 받은 다른 변인 B는 일정한 수준의 변화를 나타낼 것이다'와 같은 형식으로 표현된다. 가설이 경험적 증거에 의해 지지를 받게 되면 하나의 이론 또는 원리로 발전하게 된다.

가설-연역적 추론【假說-演繹的 推論】hypothetico-deductive reasoning

가설을 세우고 이것에 근거하여 연역적 추론을 하는 방식 또는 능력. 연역적 추론(deductive reasoning)은 일반적인 지식이나 정보에서 특별한 지식이나 정보를 이끌어내는(생각해내는) 추론 방식을 말하며, 가설-연역적 추론은 먼저 가설을 세운 후에 이것에 근거하여 연역적 추론을 하는 방식을 말한다. 삐아제(Piaget)의 인지발달 이론에서 제시하는 네 단계 중에서 네 번째 단계인 형식적 조작기에서 나타나는 주요 인지 능력들 가운데 하나이다. '가설-연역적 추리', '가설-연역적 사고', '가설-연역 추론', '가설-연역 추리', '가설-연역 사고' 등의 표현들과 같은 의미로 사용된다.

가소성【可塑性】plasticity

가소성은 일반적으로 '환경의 자극, 변화 또는 그 경험에 반응하여 변화할 수 있는 능력 또는 잠재력'이라고 정의되며, 세부적으로 다음과 같은 몇 가지 의미로 사용된다. (1) 물체 등의 대상에 대하여 외부로부터 힘이 가해졌을 때 부서지거나 물리적 성질이 변하는 일 없이 다만 모양의 변화가 일어날 뿐, 외부의 힘이 사라진 뒤에도 변화된 모양이나 상태를 그대로 유지하는 성질이나 특성. (2) 뇌를 구성하고 있는 뉴런(neuron: '신경세포'라고도 함)이나 뇌의 피질이 환경 자극(또는 경험)에 반응하여 시냅스와 신경회로 및 담당하고 있는 기능을 수정(또는 변화)하면서 적응해 가는 능력. 이러한 능력을 '뇌 가소성(brain plasticity)'이라고 한다. 특히 환경 자극이나 경험에 반응하여 뇌를 구성하는 뉴런들 간의 시냅스가 생성되거나 소멸되는 방식으로 변화하는 능력을 지칭하여 '신경 가소성(neural plasticity)'이라고 하고, (뇌에서) 각기 다른 기능을 담당하는 뇌의 여러 조직들 가운데 어떤 부분이 충격이나 질병에 의해 손상되었을 때, 이 조직이 담당하던 기능을

다른 조직으로 이동시켜 수행하도록 함으로써 뇌의 손상이나 상실에 적응하는 뇌의 변화 능력을 지칭하여 '기능적 가소성(functional plasticity)'이라고 한다. 즉, 기능적 가소성은 뇌의 기능이 수정되거나 변화할 수 있는 능력을 의미한다. (3) (심리, 행동, 신체 발달과 관련하여) 긍정적이거나 부정적인 새로운 환경과 경험을 통해 심리적, 행동적, 신체적 특성들이나 능력들에서 발달적 변화를 이룰 수 있는 잠재적 가능성. 인간의 다양한 영역들에서 나타나는 발달은 어느 정도는 '민감기'로 일컬어지는 특정 시기 동안의 적절한 경험을 통해 규준적인 발달을 이룰 수 있다고 기대하지만, 그렇다고 해서 발달의 모든 부분이 특정 시기에 제한되는 것은 아니다. 특정 시기에 특정 발달 영역에서의 발달을 위한 적절한 경험을 하지 못했다고 해도 그 발달의 가능성이 완전히 사라지는 것은 아니다. 그 이유는 특정 발달이 이루어질 것으로 기대하는 시기를 지난 이후에도 새로운 환경과 경험을 통해 발달적 변화를 이룰 수 있는 가능성이 있기 때문이다. 이와 같이 발달적으로 열려있는 변화 가능성을 지칭하여 '가소성'이라고 한다. 가소성은 지금까지 부정적 발달이 이루어져 왔다고 하더라도 현재 이후의 긍정적이고 적절한 환경 제공과 경험을 하게 되면 긍정적이고 바람직한 발달을 이룰 수 있음을 의미한다. 물론 가소성은 반대의 경우에도 마찬가지로 변화 가능성이 열려 있음을 의미한다.

가역성【可逆性】reversibility

어떤 특정한 활동을 역순으로 진행하면 처음의 상태로 되돌릴 수 있다는 것을 이해하는 능력. 즉, 가역성이란 특정한 활동이나 행동을 내적(또는 정신적) 과정을 통해 처음의 상태로 되돌리는 능력, 또는 되돌릴 수 있음을 이해하는 능력을 말한다. 인지발달의 여러 영역들 가운데 특히 보존 개념의 발달과 관련하여 중요하게 작용하는 인지 능력이다. 반대로 가역성이 없는, 즉 가역성이 미발달한 상태를 지칭하여 비가역성(irreversibility)이라고 한다. 삐아제(Piaget: 1896~1980)의 인지발달 이론에서 제시하는 인지발달 4단계 중에서 두 번째인 전조작기의 유아들은 아직 가역적 사고를 하지 못하는 '비가역성'의 상태에 있는 반면에, 세 번째 단계인 구체적 조작기의 아동들은 가역적 사고를 할 수 있는 '가역성'의 상태를 나타낸다. 이는 전조작기에 미발달 상태에 있던 가역성이 구체적 조작기에 와서 발달한다는 것을 의미한다.

가장 놀이【假裝 놀이】pretend play

대상(사람, 동물 또는 물체 등)이나 상황 또는 사건을 실제와 다르게 가상적으로 설정하거나 변형하고, 또 그것에 대해 의미 부여를 하기도 하면서 진행하는 놀이. 즉, 현실 또는 실제가 아닌 가상적 상황을 만든 후 마치 실제인 것처럼 가장(假裝)하면서 이루어지는 놀이이다. 내적(정신적) 표상 능력이 발달하면서 상징적 사고가 가능해지는 감각운동기(삐아제의 인지발달 이론에서 제시하는 4단계 중에서 첫 번째 단계)의 후반부(생후 약 18~24개월)부터 시작되어 전조작기(2세 이후 7세 무렵까지의 시기)에 접어들면서 본격적으로 나타나는 놀이 형태이다. '가상 놀이'라고도 한다.

가정 방문 프로그램【家庭 訪問 프로그램】Home Visiting Program (HVP)

특정 가족 구성원들 가운데 일부 또는 전체의 건강, 재정, 자녀 양육 및 교육 등의 문제를 돕기 위해 가정을 직접 방문하여 이루어지는 지원 프로그램을 의미한다.

가정 폭력【家庭 暴力】domestic violence

가정 내에서 가족 구성원들 간에 이루어지는 모든 신체적, 언어적 및 정신적 폭력(또는 폭력 행동)을 총칭한다.

가정환경【家庭環境】home environment

가정의 구성원들에게 영향을 미칠 수 있는 가정 내의 물리적, 심리적, 사회적 및 기타의 요인들.

가족【家族】family

결혼, 출생, 혈연 및 입양 등을 통해 맺어져 특별한 관계를 갖게 된 두 명 이상의 사람들로 구성되어 상호 정서적 유대와 책임감을 갖는 집단 또는 공동체. 일반적으로 가족 구성원들 간에는 정서적 유대감, 즉 정서적으로 가깝고 친밀하며 서로에 대한 책임감을 갖게 되는 동시에 긴밀한 상호작용을 통해 서로에게 큰 영향을 미치게 된다. 자연히 가족은 구성원 개개인들의 건강한 발달이나 장애를 발생시키고 유지시키는 가장 강력한 체계로 작용한다. 영어 단어 'family'는 '가옥에 속하는 모든 것'이라는 의미를 가진 라틴어 'familia'(보통 '파밀리아'로 발음함)에서 비롯된 말이다.

가족 간 차이【家族 間 差異】between-family difference

가족 또는 가정환경의 차이를 나타내기 위해 사용되는 개념으로, 부모의 교육 수준, 부모의 자녀 양육 방식이나 태도, 부부 간의 관계 및 역할 행동, 가족의 사회경제적 지위, 가족의 종교 등과 같은 환경 요인들에 있어서 가족들 간에 보이는 차이를 말한다. 인간의 발달 및 적응에 대한 환경의 영향이나 역할을 논하거나 연구할 때 자주 사용되는 개념이다.

가족계획【家族計劃】family planning

가족의 중심인 부부가 가족 구성 문제(자녀의 수나 출산 등)와 관련하여 계획을 세우는 일. 국가 및 사회의 인구조절과도 관련이 있지만, 그보다는 가족 내의 부부가 자신들의 삶의 질 향상에 초점을 맞추고 있는 경우가 많다. 흔히 부부의 연령, 경제 능력 및 가치관 등이 중요한 변인으로 고려된다.

가족 고통 모델【家族 苦痛 모델】family distress model

가족의 경제적 어려움(또는 빈곤)이 가족 역동과 구성원의 발달에 부정적인 영향을 미치게 된다고 보는 설명 모형. '가족 고통 모형' 또는 '가족 디스트레스 모델'이라고도 한다.

가족 관계【家族 關係】family relation

'가족 구성원들 사이에서 이루어지는 모든 상호작용 또는 관계'를 지칭하는 표현이다.

가족 규칙【家族 規則】family rule

가족이 내부적으로 가족 구성원들의 행동이나 생활방식을 관리하거나 규제하기 위해 적용하는 명시적 또는 암묵적인 규칙.

가족 기능【家族 機能】family function

가족은 그 구성원들 간 상호 의존적이고 역동적인 하나의 체계로 볼 수 있는데, 이 가족이라는 체계가 구성원들의 욕구를 충족시키고, 안녕을 도모하며, 나아가 가족의 존속과 발전을 위해 수행하는 역할 또는 작용을 지칭하여 가족 기능이라고 한다. 가족 기능이 좋은 가족은 가족 구성원들 간의 지지도가 높고, 구성원들의 역할 수행과 서로 간의 협동이 잘 이루어지며, 가족 내외부에서 발생하는 문제나 스트레스에 잘 대처할 뿐만 아니라 삶의 만족도나 행복도가 더 높은 경향을 나타낸다.

가족 문화성 정신지체【家族 文化性 精神遲滯】familial-cultural mental retardation / familial-cultural retardation

'정신지체(mental retardation)'의 병인(病因)은 크게 두 가지 유형('가족 문화성 정신지체'와 '기질성 정신지체')으로 구분되며, 그 가운데 한 가지 유형을 말한다. 가족 문화성 정신지체는 '가족성 정신지체'라고도 하며, 빈약한 가족 문화적 환경 또는 가족 환경 요인에 의해 초래되는 정신지체를 말한다. 흔히 이런 빈약한 가족(또는 가족 문화적) 환경은 낮은 사회경제적 계층의 사람들, 부모 중 한 명 또는 두 명 모두가 정신지체를 가진 가족, 그리고 소수민족 집단 등에서 더 자주 발생한다. 일반적으로 '가족 문화성 정신지체' 또는 '가족성 정신지체'에서 나타나는 지능의 손상 정도는 생물학적 요인에 의해 초래되는 정신지체 유형인 '기질성 정신지체'에서 나타나는 지능의 손상 정도에 비해 상대적으로 가벼운 경향을 나타낸다. '가족 문화적 정신지체'라고도 한다.

CLICK 가족성 정신지체

가족 문화적 정신지체【家族 文化的 精神遲滯】familial-cultural mental retardation / familial-cultural retardation

'가족 문화성 정신지체'라고도 한다.

CLICK 가족 문화성 정신지체

가족 배경【家族 背景】family background

부모나 형제자매의 유무와 수 등을 포함하는 가족 구조나 가족의 사회경제적 지위와 같은 개인의 발달과 적응에 영향을 미칠 수 있는 가족 관련 변인.

가족 상담【家族 相談】family counseling

가족 구성원 전체 또는 다수를 대상으로 하여 진행하는 상담. 흔히 개인 상담의 문제로만 고려하기 쉬운 한 개인의 고민이나 심리적 또는 행동상의 부적응, 그리고 대인 관계(특히 가족 관계)에서의 갈등과 같은 문제들은 그 원인이 당사자에게만 있다기보다는 전체 가족 구성원들 간의 관계 문제에서 비롯된다는 가정 하에 가족 구성원 전체 또는 다수를 대상으로 상담을 진행해 가는 접근 방법을 의미한다. 즉, 가족 상담은 개인은 가족을 구성하는 일원이기 때문에 그가 나타내는 부적응 행동(또는 역기능적 행동)이나 문제는 가족 구성원 전체와 관련된 가족 체계상의 문제에서 비롯되는 것으로 보고, 그 해결을 위해 가족 구성원 전체 또는 다수를 대상으로 진행하는 상담을 말한다.

가족생활 주기【家族生活 週期】family life cycle

결혼을 통해 형성된 가족은 자녀가 태어나고 이들이 성장하여 출가하게 되는 시기를 맞이하게 된다. 또한 부부는 중년기를 지나 노년기로 접어들면서 직장으로부터 은퇴하는 시기를 맞이하게 된다. 이처럼 한 가족이 삶 속에서 일정한 단계를 거치면서 순차적으로 변화·발달해 가는 과정을 지칭하여 가족생활 주기라고 한다. '가족 주기'라고도 한다.

가족성 정신지체【家族性 精神遲滯】familial mental retardation / familial retardation

'정신지체(mental retardation)'의 병인(病因)은 크게 두 가지 유형('가족성 정신지체'와 '기질성 정신지체')으로 구분되며, 그 가운데 한 가지 유형을 말한다. 가족성 정신지체는 '가족 문화성 정신지체'라고도 하며, 빈약한 가족 환경 또는 가족 문화적 환경 요인에 의해 초래되는 정신지체를 말한다. 흔히 이런 빈약한 가족(또는 가족 문화적) 환경은 낮은 사회경제적 계층의 사람들, 부모 중 한 명 또는 두 명 모두가 정신지체를 가진 가족, 그리고 소수민족 집단 등에서 더 자주 발생한다. 일반적으로 '가족성' 또는 '가족 문화성 정신지체'에서 나타나는 지능의 손상 정도는 또 하나의 유형인 '기질성 정신지체'에서 나타나는 지능의 손상 정도에 비해 상대적으로 가벼운 경향을 나타낸다. 한편 정신지체를 유발하는 또 하나의 병인 유형은 '기질성 정신지체(organic mental retardation / organic MR)'로, 이것은 빈약한 가족 또는 가족 문화적 환경이 아닌, 유전적 이상이나 결함, 산전(産前) 손상, 신경심리학적 이상과 같은 생물학적 원인에서 비롯되는 정신지체를 말한다. 정신지체를 유발하는 생물학적 원인(또는 요인)은 1,000여 가지 이상이 있는 것으로 알려져 있다. 기질성 정신지체에서 나타나는 정신지체의 수준은 대부분의 경우에 '보통 정도의 지체' 수준에서 '매우 심한 지체' 수준 사이의 범주에 분포한다. 이것은 기질성 정신지체에서 보이는 지능의 손상 정도가 가족성 정신지체에서 나타나는 지능의 손상 정도에 비해 더 심함을 의미한다.

가족 스트레스【家族 스트레스】family stress

가족의 체계와 기능 또는 가족 구성원 전반에 영향을 미치는 스트레스.

가족 연구【家族 硏究】family study / family studies

유전학, 행동유전학, 발달심리학 등의 분야에서 인간이 가진 신체적, 심리적 및 행동적 특성들에 대한 유전 및 환경의 영향을 밝히기 위해 사용하는 주요 연구 방법 가운데 하나로, 흔히 가족 연구에서는 한 가정에서 생활하고 있는 가족들이나 혈연관계의 친족들을 서로 비교함으로써 신체적, 심리적 및 행동적 특성들(예를 들면, 신체적 조건이나 특성, 건강, 질병, 성격, 지능 등)이 어느 정도 유사한지, 또 그러한 유사성에 대한 유전 및 환경의 영향은 어느 정도인지 등을 밝히고자 한다. 인간이 아닌 다른 동·식물을 대상으로 한 유전 연구에서는 체계적으로 진행되는 선별 번식(또는 선별 번식 실험) 방법을 사용하여 연구하는 경우가 많지만 인간의 경우에는 선별 번식 방법을 사용하기 어렵기 때문에 그 대안으로 '가족 연구' 방법을 사용하는 경우가 많다. 가족 연구 방법 중에서도 대표적인 두 가지 방법은 쌍생아 연구(twin study)와 입양 연구(adoption study)이다. 쌍생아 연구는 쌍생아 설계(twin design: '쌍둥이 설계'라고도 함)라고도 하며, 인간의 신체적, 심리적 및 행동적 특성들에 미치는 유전과 환경의 영향을 밝히기 위해 쌍생아들을 대상으로 하여 진행하는 연구 방법을 말한다. 쌍생아 연구에서는 한 개의 수정란에서 분리되어 발달한 일란성 쌍생아(일란성 쌍생아들은 서로 유전적으로 동일함)와 두 개 또는 그 이상의 수정란에서 각각 독립적으로 발달한 이란성 쌍생아(이란성 쌍생아들은 서로 유전적으로 비슷한 특성들을 포함하지만, 동일하지는 않음)를 비교하여 이들의 주요 신체적, 심리적 및 행동적 특성들의 발달에 대한 유전과 환경의 영향을 연구하는 경우가 많다. 입양 연구는 입양 설계(adoption design)라고도 하며, 인간의 신체적, 심리적 및 행동적 특성들에 미치는 유전과 환경의 영향을 밝히기 위해 친부모가 아닌 양부모(養父母)에게 입양되어 자란 자녀들을 대상으로 진행하는 연구 방법을 말한다. 만일 입양되어 자란 사람들이 그들을 낳은 친부모(또는 생물학적 부모)보다 양부모의 신체적, 심리적 및 행동적 특성들과 더 많은 유사성을 나타낸다면, 이는 입양된 사람들의 특성들이 유전의 영향보다는 환경의 영향을 더 많이 받아 발달했다고 해석할 수 있다. 이와 반대로 입양되어 자란 사람들의 특성들이 그들을 양육한 양부모보다 친부모와 더 비슷하다면, 이 경우에는 이들의 특성들이 환경의 영향보다는 유전의 영향을 더 많이 받아 발달했다고 해석할 수 있다.

가족 외적인 영향【家族 外的인 影響】extrafamilial influences

가족 이외의 요인들에 의한 영향.

가족 요법【家族 療法】family therapy

'가족 치료'라고도 한다. CLICK 가족 치료

가족 응집성【家族 凝集性】family cohesion

가족 구성원들이 서로에 대해 가지는 정서적 유대감의 정도를 의미한다. 즉, 가족 구성원들 간에 정서적으로 연결 또는 분리되어 있는 정도라고 할 수 있다. 가족 응집성 수준이 적절한 경우에는 가족에 대한 구성원들의 소속감, 애착, 개인의 자율성 및 정서 등에서 균형적인 발달이 이루어지고, 나아가 전반적으로 가족 체계가 보다 더 잘 기능하게 되는 반면에, 가족 응집성 수준이 너무 낮거나 너무 높은 경우에는 오히려 역기능을 나타내는 경우가 많다.

가족 주기【家族 週期】family life cycle

결혼을 통해 형성된 가족은 자녀가 태어나고 이들이 성장하여 출가하게 되는 시기를 맞이하게 된다. 또한 부부는 중년기를 지나 노년기로 접어들면서 직장으로부터 은퇴하는 시기를 맞이하게 된다. 이처럼 한 가족이 삶 속에서 일정한 단계를 거치면서 순차적으로 변화·발달해 가는 과정을 지칭하여 가족 주기라고 한다. '가족생활 주기'라고도 한다.

가족 체계【家族 體系】family system

개인의 발달과 그 과정에서 발생하는 문제나 장애는 그 개인의 독자적인 삶의 결과가 아니라 그가 속한 환경의 여러 요소들과의 지속적이고 밀접한 상호작용 과정에서 발생하는 것이다. 이처럼 개인이 상호작용하면서 영향을 주고받게 되는 환경은 하나의 전체적인 체계로, 보이지 않는 규칙이나 질서가 작용한다. 이와 같은 체계적 관점에서 가족이라는 하나의 환경 체계를 지칭하는 표현이 가족 체계이다. 가족 체계는 삶의 과정에서 구성원 개개인과 지속적으로 상호작용하면서 영향을 미치게 되는 가장 중요하고 영향력 있는 환경 체계라고 할 수 있다. 이러한 환경 체계적 관점에서 개인의 발달과 그 과정에서 이루어지는 적응이나 부적응 또는 문제나 장애를 설명하는 이론(또는 접근)이 가족 체계 이론이다.

가족 체계 이론【家族 體系 理論】family system theory

개인이 속해 있는 가족은 보이지 않는 규칙과 질서가 내재된 하나의 체계(흔히 이러한 체계를 지칭하여 '가족 체계'라고 함)로, 개인의 발달과 적응 과정에서 지속적인 영향을 미치게 된다. 이러한 가족 체계적 관점에서 개인의 적응이나 부적응 또는 문제나 장애를 설명하는 이론(또는 접근)이 가족 체계 이론이다.

CLICK 가족 체계

가족 치료【家族 治療】family therapy

개인이 가지고 있는 심리적 또는 행동상의 이상이나 장애, 또는 부부 간의 갈등과 같은 문제들이 발생하는 원인은 특정 개인 한 사람에게만 있는 것이 아니라 가족 구성원들 모두 또는 다수가 관련되어 발생하게 된다는 가정 하에 가족 전체 구성원 또는 다수의 구성원이 참여하여 가족에 대한 이해 증진, 의사소통 능력 향상 등과 같은 변화 과정을 통해 치료와 성장을 이루어가는 치료적 접근이 가족 치료이다. '가족 요법'이라고도 한다.

가족화【家族畵】family drawing

가족 또는 가족 구성원들이 활동하는 모습이나 가족 구성원들 간의 관계 등을 담아 그린 그림. 또는 그러한 그림을 이용하는 검사 기법을 의미하기도 한다. 흔히 심리 치료 또는 상담에서 가족 구성원들 간의 관계와 분위기, 친밀성, 상호작용 등을 파악하고 이해하기 위한 목적으로 사용된다. '가족화 검사' 또는 '가족화 기법'이라고도 한다.

가족화 검사【家族畵 檢査】family drawing test

가족 또는 가족 구성원들이 활동하는 모습이나 가족 구성원들 간의 관계 등을 담아 그린 그림을 이용하는 심리 검사. '가족화 기법'이라고도 한다.

CLICK 가족화

가족화 기법【家族畵 技法】family drawing technique

가족 또는 가족 구성원들이 활동하는 모습이나 가족 구성원들 간의 관계 등을 담아 그린 그림을 이용하는 심리 검사 기법. '가족화 검사'라고도 한다.

CLICK 가족화

가지치기 pruning

뇌의 신경세포들 간에 이루고 있는 수많은 시냅스(synapse)들 중에서 사용하지 않는 불필요한 시냅스가 제거되는 과정. 신경계, 그 중에서도 뇌를 구성하는 신경세포(즉, 뉴런)들 간에는 수많은 시냅스를 형성하고 있다. 이러한 수많은 시냅스들 가운데 필요 이상으로 과다하게 형성되어 있어 사용되지 않는 시냅스들이 자연스럽게 제거되는 현상(또는 과정)을 지칭하여 '가지치기(pruning)'라고 한다. '시냅스 상실' 또는 '시냅스 가지치기(synaptic pruning)'라고도 한다.

가출 청소년【家出 青少年】runaway teenager

가정에서의 자신의 지위와 역할을 포기하고 새로운 대안을 찾아 집을 나온 청소년. 여자 청소년의 경우에는 '가출 소녀', 남자 청소년의 경우에는 '가출 소년'이라는 표현을 사용하기도 한다.

가치의 조건【價値의 條件】conditions of worth

'가치 조건' 또는 '가치 조건화'라고도 한다.

CLICK 가치 조건

가치 조건【價値 條件】conditions of worth

부모가 자녀를 사랑하고, 인정하고, 존중하기 위한 전제적 요건으로 설정한 조건. 인간중심 상담(치료) 이론의 창시자인 칼 로저스(Carl Rogers: 1902~1987)가 사용하기 시작한 여러 주요 개념들 가운데 하나로, 흔히 아이들은 성장 과정에서 부모와 같은 중요한 대상들의 사랑, 인정, 긍정 및 존중을 받기 위해 그들이 제시하는 조건들(예를 들면, 자녀(또는 개인)가 공부를 잘하면 모범적인 사람, 바른 사람, 좋은 사람, 훌륭한 사람, 사랑받을 만한 사람 등으로 인정하는 것)을 학습하고 내면화하게 되는데, 이런 조건(들)을 일컬어 '가치 조건'이라고 한다. 결국 가치 조건은 아이들의 가치 체계에서 큰 부분 또는 중요한 부분을 형성하고 있는 중요한 타인들(부모 포함)의 기대와 바람이라고 할 수 있다. 발달 및 사회화 과정에서 가치 조건을 학습하고 내면화한 아이들은 자신이 타고난 소질이나 재능 또는 스스로 하고 싶은 일이나 활동을 추구하기보다는 부모와 같은 중요한 대상들의 사랑, 인정, 칭찬 또는 존중을 받기 위해 가치 조건에 부응하는 행동을 하려고 애쓰게 됨으로써 결과적으로 아이 자신의 잠재력 개발이나 자아실현과 같은 건강한 발달이 방해받게 된다. '가치의 조건' 또는 '가치 조건화'라고도 한다.

각인【刻印】imprinting

대부분의 조류에게서 생후 초기부터 나타나는 어미 따르기 행동. 흔히 오리나 거위와 같은 조류의 새끼가 알에서 부화하면서부터 생후 초기의 짧은 기간(흔히 이 시기를 '결정적 시기'라고 부른다)에 접한 어미에게 강력한 애착을 형성하고 어미를 따르는 행동을 나타내는데, 이런 행동 경향을 각인이라고 한다. 이들 조류들은 부화가 이루어진 뒤 12시간에서 며칠 이내의 짧은 '결정적 시기' 동안 접했던 움직이는 대상에 대해 각인을 형성하게 된다. 그 결과 각인을 형성한 새끼는 각인 대상을 어미로 인식하고 지속적으로 따라다니는 행동을 하게 된다. 알에서 부화된 이후 후천적으로 형성되는 행동이기 때문에 일종의 학습된 행동으로 보는 견해가 많다. 흔히 각인의 대상은 자연 상태에서는 대부분 어미이지만, 각인과 관련된 많은 연구들은 각인 형성이 반드시 어미에게만 한정된 것이 아님을 보여준다.

간헐성 폭발 장애【間歇性 暴發 障碍】intermittent explosive disorder

'간헐적 폭발성 장애'라고도 한다.

CLICK 간헐적 폭발성 장애

간헐적 폭발성 장애【間歇的 暴發性 障碍】intermittent explosive disorder

생활 속에서 가끔씩 공격적 충동을 통제하지 못하여 타인에 대한 공격 행동이나 재산 혹은 물건이나 시설 등을 파괴하는 공격 행동을 반복적으로 나타내는 장애. '간헐성 폭발 장애'라고도 한다. DSM-5에서는 '간헐적 폭발성 장애'를 한 범주의 장애 유형인 '파괴적, 충동통제 및 품행 장애(disruptive, impulse control, and conduct disorders)'의 하위 유형들 가운데 하나로 분류하고 있다.

갈등【葛藤】conflict

양립하기 어려운 또는 서로 상반되는 두 가지 이상의 충동, 욕구, 동기, 신념 또는 가치들이 동시에 존재하는 상태를 의미한다. 구체적인 갈등의 유형으로는 접근-접근 갈등(approach-approach conflict), 회피-회피 갈등(avoidance-avoidance conflict), 접근-회피 갈등(approach-avoidance conflict), 이중 접근-회피 갈등(double approach-avoidance conflict) 등이 있다. 다양한 상황에서, 갈등은 스트레스를 유발하는 주요 요인으로 작용한다.

갈란트 반사【갈란트 反射】Galant reflex

인간이 선천적으로 가지고 태어나는 반사들 가운데 하나로, 생후 초기에 영아를 엎드려 놓은 상태에서 아기의 등 쪽을 문지르면 아기가 자극이 오는 방향으로 자신의 하체를 구부리는 동작을 나타내는데, 이와 같은 선천적인 반사 행동을 '갈란트 반사'라고 한다. 시간이 경과해가면서 점차 사라지는 다른 많은 선천적인 반사들처럼, 갈란트 반사도 생후 약 4~6개월이 지나면서 사라진다. 이 반사의 명칭은 발견자인 러시아의 신경학자 요한 갈란트(Johann Galant: 1893~1937)의 이름을 따서 명명된 것이다. '갤런트 반사'라고도 한다.

갈톤 Galton (1822~1911)

프랜시스 갈톤(Francis Galton). 영국의 유전학자. 진화론으로 유명한 찰스 다윈(Charles Darwin: 1809~1882)의 사촌이며, 우생학(優生學)의 창시자이다. '골턴', '골튼', '프랜시스 갈톤', 'Galton', 'Francis Galton' 등으로 표기하기도 한다.

CLICK 프랜시스 갈톤

감각【感覺】sensation

외부 물리적 세계의 빛, 소리, 냄새, 맛, 압력 등의 자극이 유기체의 감각 기관(눈, 코, 입, 귀, 피부 등)을 자극함에 따라 일어나는 단순한 자각. 지각(知覺, perception) 단계에 앞서 일어나는 과정이다.

감각 간 지각【感覺 間 知覺】intermodal perception

일반적으로 사물 또는 자극을 지각하거나 파악할 때 다양한 감각 양식들(예를 들면, 시각, 청각, 후각, 미각, 촉각 등) 전부 또는 일부가 사용된다. 이런 과정과 경험을 통해 세상과 세상을 구성하는 사물들 또는 자극들을 파악하고 알게 된다. 이렇게 세상의 사물이나 자극을 파악하는 과정에서 어떤 한 감각 양식을 통해 이미 알고 있는 친숙한 사물이나 자극을 다른 감각 양식을 사용하여 파악하거나 구분하는 지각 과정 또는 능력을 지칭하여 '감각 간 지각'이라고 한다.

감각 기관【感覺 器官】sensory organ / sense organ

환경(또는 세상)으로부터 오는 자극을 받아들이는 유기체의 기관. 시각, 청각, 후각, 미각, 촉각 등의 감각별로 이를 담당하는 시각 기관, 청각 기관, 후각 기관, 미각 기관, 촉각 기관 등이 모두 감각 기관에 해당된다.

감각 기억【感覺 記憶】sensory memory

감각 기관으로 들어온 자극이 아주 짧은 시간 동안 지속되는 기억. 원 자극이 사라진 후에도 아주 짧은 시간(100분의 수초에서 1초 이내) 동안 비교적 인지적으로 처리되지 않은 채 원형대로 자극에 대한 정보가 유지되는 특징이 있다. 시각, 청각, 후각 및 촉각 등 감각 기관들에 따라서 각각의 감각 기억을 갖는 것으로 알려져 있다. '감각 저장(sensory store)' 또는 '감각 저장소'라고도 한다. '감각 기억'과 '감각 저장' 또는 '감각 저장소' 등의 표현이 같은 의미를 가진 표현으로 사용되고 있는 데에는 다음과 같은 배경이 있다. 1960년대 후반에 다중 저장 모델을 처음으로 제안한 앳킨슨과 쉬프린은 기억을 세 영역으로 구분하면서 각각 감각 저장(sensory store: 'store'는 '저장' 또는 '저장소'로 번역됨), 단기 저장(short-term store, STS), 장기 저장(long-term store, LTS) 등으로 명명하였고, 각각의 저장소(또는 저장: store)에 저장되어 있는 저장 정보를 기억(memory)이라고 보았다. 오늘날에 와서 많은 인지심리학자들은 저장소(또는 저장: store)를 기억(memory)과 같은 개념으로 보면서 각각의 기억 구조(감각 저장, 단기 저장, 장기 저장 등)를 감각 기억(sensory memory), 단기 기억(short-term memory), 장기 기억(long-term memory) 등으로 표현하기도 한다. 따라서 현재는 두 가지 표현 방식이 모두 사용되고 있다.

감각 등록기【感覺 登錄器】sensory register

감각 기관(시각, 청각, 후각 등의 감각 기관)의 감각 수용기로 들어온 자극이 최초로 머무는(저장되는) 저장고. '감각 저장소(sensory store)', '감각 저장', '감각 기억' 등의 표현들과 같은 의미로 사용된다.

감각 운동기【感覺 運動期】sensorimotor stage

세상(또는 환경)을 탐색하고 이해하는 수단으로 감각과 운동에 의존하는 시기 또는 단계. 삐아제(Piaget: 1896~1980)의 인지발달 이론에서 제시하고 있는 인지발달의 네 단계 가운데 첫 번째 단계. 생후 약 2세 경까지의 시기로, 이 시기 동안 영아의 인지 능력(또는 지적 능력)은 감각 능력과 운동 능력을 통해 표현되고 발달한다. 즉, 이 시기의 영아들은 감각 능력과 운동 능력에 기반한 다양한 감각 활동과 운동(즉, 보고, 듣고, 냄새 맡고, 맛보고, 손으로 만지거나 잡아보고, 던지는 등의 활동)을 통해 자신이 살아가고 있는 주변 환경(또는 세상) 속에서 접하는 사물이나 사건들을 느끼고, 지각하고, 또 탐색하면서 학습해 간다. 즉, 감각 운동적 활동과 경험을 통해 세상을 이해하고 알아가는 것이다. 과거에는 출생 이후의 영아들은 자신의 의사를 표현하는 능력이나 운동 능력이 거의 없거나 떨어진다고 생각했고, 학습 능력이 있을 것이라는 생각은 하지 못했다. 그저 주는대로 먹고, 입고, 때가 되면 자고, 깨는 등의 매우 타인(흔히 양육자) 의존적인 기본적 생존 활동을 할 뿐인 존재로만 생각했다. 하지만 삐아제를 선구자로 한 많은 발달심리학자들의 연구를 통해 감각운동기 동안의 영아들도 많은 호기심을 가지고 있고, 감각과 운동 능력을 중심으로 한 다양한 능동적인 활동을 통해 세상을 이해하고 학습해간다는 것을 알게 되었다. 비록 자신이 하고 있는 경험이나 의사를 성인 수준으로 표현하거나 의사소통을 하지 못할 뿐, 이 시기의 영아들도 보고, 듣고, 냄새 맡고, 맛보고, 던지기도 하면서 자신이 살아가고 있는 세상 속에서 전개되는 공간 개념, 시간 개념, 사상(事象: 사건과 대상)들 간의 인과성 개념 등을 알게 되고, 나아가 다양한 것들에 대한 학습도 하게 된다. 이와 같이 세상을 탐색하고 이해하는 지적 활동이 감각과 운동 중심의 활동을 통해 이루어지기 때문에 이 시기를 감각운동기 또는 감각운동단계라고 하며, 이 시기의 영아들에게서 지배적으로 표현되고 발달하는 지적 능력(또는 지능)을 감각운동(적)지능(sensorimotor intelligence)이라고 부른다. 한편 삐아제는 감각운동기를 다시 6개의 하위 단계들로 분류하였다. 6개의 하위 단계들을 첫 번째 단계부터 나열하면 다음과 같다. (1) 단순반사(simple reflex) 단계 또는 반사활동(reflex activity) 단계(출생~1개월), (2) 1차 순환반응(primary circular reaction) 단계(생후 1개월~4개월), (3) 2차 순환반응(secondary circular reaction) 단계(생후 4개월~8개월), (4) 2차 순환반응의 협응(coordination of secondary circular reaction) 단계(생후 8개월~12개월), (5) 3차 순환반응(tertiary circular reaction) 단계(생후 12개월~18개월), (6) 내적 실험(inner experimentation) 단계 또는 도식의 내면화(internalization of schemes) 단계(생후 18개월~24개월).

감각 운동 단계 【感覺 運動 段階】 sensorimotor stage

삐아제(Piaget: 1896~1980)의 인지발달 이론에서 제시하는 인지발달의 네 단계 중 첫 번째 단계. '감각 운동기'라고도 한다. CLICK 감각 운동기

감각 운동 지능 【感覺 運動 知能】 sensorimotor intelligence

삐아제(Piaget: 1896~1980)의 인지발달 이론에서 말하는 인지발달 네 단계 가운데 첫 번째 단계인 감각운동기(sensorimotor stage: 출생~2세경까지의 시기)의 영아들에게서 지배적으로 표현되고 발달하는 지능. 이 시기의 영아들은 보고, 듣고, 냄새 맡고, 맛보고, 손으로 만지거나 잡아보고, 던져보는 것과 같은 다양한 감각 활동과 운동을 통해 자신이 접하고 있는 세상을 탐색하고 학습해간다. 이와 같이 감각 운동기 동안의 감각 활동과 운동을 통해 표현되고, 그런 경험을 해가면서 더 향상된 발달이 이루어지는 감각 능력과 운동 능력이 중심이 된 지능(또는 지적 능력)을 지칭하여 감각 운동 지능이라고 한다. '감각 운동적 지능'이라고도 한다.

감각 운동적 지능 【感覺 運動的 知能】 sensorimotor intelligence

'감각 운동 지능'이라고도 한다.

CLICK 감각 운동 지능

감각 운동적 지능 단계 【感覺 運動的 知能 段階】 sensorimotor intelligence stage

'감각 운동 지능'의 발달이 이루어지는 단계 또는 시기. 삐아제의 인지발달 이론에서 제시하는 인지발달 네 단계 가운데 첫 번째 단계인 '감각 운동기'를 지칭한다. '감각 운동 지능 단계'라고도 한다.

CLICK 감각 운동기

감각 운동 지능 단계 【感覺 運動 知能 段階】 sensorimotor intelligence stage

'감각 운동적 지능 단계'라고도 한다.

CLICK 감각 운동기

감각 저장 【感覺 貯藏】 sensory store

1960년대 후반에 리처드 앳킨슨(Richard Atkinson)과 리처드 쉬프린(Richard Shiffrin)이 인간의 인지 체계와 과정을 설명하기 위해 제안한 다중 저장 모델(multistore model)에서는 기억을 세 영역(감각 저장, 단기 저장, 장기 저장)으로 구분하면서 사람들의 정보처리 활동은 이들 세 영역(단계)을 거치면서 진행된다고 주장한다. 그 가운데 첫 번째 영역(단계)이 감각 저장(sensory store)으로, 감각 기관(시각, 청각, 후각 등의 감각 기관)의 감각 수용기로 들어온 자극(또는 정보)이 최초로 머무는(유지되는) 저장 단계 또는 기억 단계이다. 세 가지 저장 영역 중에서 저장 용량이 가장 적고 저장 후 지속 시간도 가장 짧

다(100분의 수초에서 1초 이내). 따라서 이 자극들은 제한된 짧은 시간 동안만 사용될 수 있으며, 만일 이 시간 동안에 이어지는 후속적인 정보처리 과정이 없으면 소멸되고 만다. '감각 저장소'라고도 하며, '감각 기억'과 같은 의미로 사용된다. 다중 저장 모델(multistore model)을 처음으로 제안한 앳킨슨과 쉬프린은 기억을 세 영역으로 구분하면서 각각 감각 저장(sensory store: 'store'는 '저장' 또는 '저장소'로 번역됨), 단기 저장(short-term store, STS), 장기 저장(long-term store, LTS) 등으로 명명하였고, 각각의 저장소(또는 저장: store)에 저장되어 있는 저장 정보를 기억(memory)이라고 보았다. 오늘날에 와서 많은 인지심리학자들은 저장소(또는 저장: store)를 기억(memory)과 같은 개념으로 보면서 각각의 기억 구조(감각 저장, 단기 저장, 장기 저장 등)를 감각 기억(sensory memory), 단기 기억(short-term memory), 장기 기억(long-term memory) 등으로 표현하기도 한다. 따라서 현재는 두 가지 표현 방식이 모두 사용되고 있다. 간단히 '감각 저장'으로 표기하기도 하며, '감각 등록기(sensory register)' 및 '감각 기억' 등의 표현들과 같은 의미로 사용된다.

감각 저장소【感覺 貯藏所】sensory store

인간의 인지 체계와 과정을 설명하는 모델 가운데 하나인 다중 저장 모델(multistore model)에서는 기억을 세 영역(감각 저장소, 단기 저장소, 장기 저장소)으로 구분하면서 사람들의 정보처리 활동은 이들 세 영역(단계)을 거치면서 진행된다고 주장한다. 그 가운데 첫 번째 영역(단계)이 감각 저장소(sensory store)로, 감각 기관(시각, 청각, 후각 등의 감각 기관)의 감각 수용기로 들어온 자극(또는 정보)이 최초로 머무는(저장되는) 저장소이다. 세 가지 저장소 가운데 자극(또는 정보)의 저장 용량이 가장 적고 저장 후 지속 시간도 가장 짧다(100분의 수초에서 1초 이내). 따라서 이 자극들은 제한된 짧은 시간 동안만 사용될 수 있으며, 만일 이 시간 동안에 이어지는 후속적인 정보처리 과정이 없으면 소멸되고 만다. '감각 저장'이라고도 하며, '감각 기억'과 같은 의미로 사용된다.

감각 적응【感覺 適應】sensory adaptation

동일한 자극에 대한 노출이 지속됨에 따라 그 자극에 대한 감각 기관이나 감각 체계의 민감도(또는 민감성)가 약화되는 현상. '감각 순응'이라고도 한다.

감각점【感覺點】sensory spot

피부에서 통증, 촉감, 따뜻함이나 차가움, 압력 등의 감각을 느끼는 부분 또는 지점. 통점, 촉점, 온점, 냉점, 압점 등으로 구분된다.

감각 추구 성향【感覺 追求 性向】sensation seeking / sensation seeking tendency

다양하고 진기하며, 복잡하고 강렬한 감각이나 경험을 추구하고, 이러한 경험을 위해 신체적, 사회적, 법적 및 재정상의 위험을 감수하는 심리적 특성. 감각 추구 성향이 높은 사람은 낮은 사람에 비해 신기한 감각과 강도가 높은 경험을 선호하는 경향을 보이며, 이러한 감각 추구 성향은 다른 심리적 변인들 및 행동(예를 들면, 위험 행동)과 많은 관련이 있는 것으로 보고되고 있다. 1960년대 초에 이를 측정하는 척도가 개발된 이래로 많은 관심을 받으며 연구되어 오고 있는 개념이다. '감각 추구'라고도 한다.

감각 추구 성향 척도【感覺 追求 性向 尺度】sensation seeking scale

성격 또는 기질의 한 부분인 '감각 추구 성향(sensation seeking)'을 측정하기 위해 만들어진 척도. '감각 추구 척도'라고도 한다.

감각 추구 행동【感覺 追求 行動】sensation seeking behavior

감각 추구적인 행동. 즉, 진기하고 복잡하며, 강렬한 자극을 추구하기 위해 이루어지는 행동을 총칭한다. 자발적인 선택 또는 선호에 의해 이루어지는 고공 낙하(skydiving), 스키장이 아닌 높은 설산에서 행해지는 스키 활강, 오토바이 폭주, 그리고 위험이 따르는 다양한 활동들이 포함될 수 있다.

감각 통합【感覺 統合】sensory integration

유기체가 외부로부터 들어온 감각 자극들을 통합하고 조직화하여 특정한 반응을 생성해 가는 과정을 말한다.

감각화【感覺化】sensitization

유기체가 외부로부터의 특정 자극에 대한 감각 경험 후에 그 자극에 대한 반응 경향성이 더 증가되는 현상. 반대되는 개념으로 둔감화(desensitization)가 있다.

감성 지능【感性 知能】emotional intelligence (EI)

자신과 타인의 정서를 정확하게 지각하고, 평가하고, 이해하며, 동시에 자신의 정서를 효과적으로 조절하고 표현하며, 나아가 자신의 업무나 대인 관계와 같은 인생의 중요한 과제들을 성공적으로 진행해 가기 위해 정서를 적절하게 활용할 수 있는 능력. '정서 지능'이라고도 한다. CLICK 정서 지능

감수 분열【減數 分裂】meiosis

세포 분열의 한 형태로, 특히 생식세포인 정자나 난자가 만들어질 때 나타나는 세포 분열을 의미한다. 모세포가 가지고 있는 염색체가 반으로 나뉘어져 반의 염색체를 포함하는 생식세포(정자 및 난자)를 만드는 분열 또는 분열 과정을 말한다. 인간의 생식세포가 만들어지는 과정에서는 감수 분열의 결과로 23개의 염색체를 갖는 생식세포가 만들어진다.

감수성【感受性】sensitivity

자극이나 타인에 대한 반응과 관련된 능력을 말하는 것으로 다음과 같은 의미로 사용된다. (1) 자극과 관련하여, 유기체가 내·외부로부터 오는 자극의 강도 및 변화에 대하여 보이는 반응성. (2) 사회적 관계에서, 타인의 감정에 민감하게 반응하는 경향 또는 특성.

감수성 훈련【感受性 訓練】sensitivity training

참가자들의 자유로운 정서 표출을 중요시하는 심리치료법의 하나로, 참가자 개개인이 자신의 내면에 대한 감수성을 향상시키거나 대인 관계 및 그 과정에서의 의사소통을 향상시키는 것을 목적으로 실시하는 훈련 기법이다.

감정【感情】feeling

어떤 일이나 사건 또는 현상에 대해 일어나는 느낌. 감정을 감각(sensation)과 같은 개념으로 보는 학자들도 있지만, 그보다는 이 두 개념을 구분하여 사용하는 경우가 많다. 즉, 감각은 상대적으로 객관적인 과정으로 보는데 비해, 감정은 상대적으로 주관적인 과정으로 보려는 경우가 많다.

강압적인 가정환경【强壓的인 家庭環境】coercive home environment

가족 구성원들 간의 관계나 상호작용이 주로 강압적이거나 공격적인 방식을 사용하여 이루어지는 가정환경. 즉, 자율적이고 민주적인 경향보다는 자율성이 제한되고 강제성이나 강압성이 지배적인 경향을 나타내는 가정환경을 말한다. 이 유형의 가정환경에서는 가족 구성원들 간의 배려와 존중에 기반을 둔 우호적인 대화나 상호작용은 거의 없고, 그

대신 대화 자체를 기피하거나 대화를 하더라도 서로 비난하기, 조롱하기, 괴롭히기, 위협하기, 말다툼하기 등과 같은 부정적이고 반사회적인 방법을 사용한 상호작용이 주를 이루는 경향을 나타낸다. 이런 강압적인 가정환경은 자녀의 발달과 적응 과정에 부정적인 영향을 미쳐 타인에 대한 불신, 적대적이고 공격적인 태도, 적대적 귀인 편향, 공격적 행동 등과 같은 부정적인 심리적 및 행동적 특성을 발달시킬 가능성이 높다.

개구기【開口期】stage of dilatation / dilatation stage

분만(출산) 과정은 보통 세 단계로 구분되며, 그 첫 번째 단계인 개구기는 규칙적인 자궁 수축 및 진통과 함께 태아가 통과할 수 있도록 자궁경부가 열릴 때까지의 시기를 말한다. '분만 제1기'라고도 한다.

개념【槪念】concept

사물이나 사건 또는 현상에 대한 일반적인 관념이나 지식.

개념 발달【槪念 發達】concept development

개념이란 사물이나 사건 또는 현상에 대한 일반적인 관념이나 지식을 말하는 것으로, 인지 또는 인지적 능력의 주요 측면을 형성한다. 이러한 개념이 연령 변화에 따라 형성되고 확대되는 등의 변화 과정을 거치는 발달 또는 발달 현상을 지칭하여 '개념 발달'이라고 한다.

개별적 발달【個別的 發達】idiographic development

인간의 발달을 이해하기 위해서는 발달 과정에서(물론 엄밀한 의미에서 보면 다른 유기체들의 발달에도 해당됨) 전형적인 패턴으로 진행되는 변화의 측면인 규준적 발달(normative development)과 개인(또는 개체)들에 따라 개별적인 변화를 통해 차이를 보이는 개별적 발달(idiographic development)의 측면을 모두 고려해야 한다. 이처럼 발달 전반에서 이루어지는 변화의 속도, 변화의 방향, 변화의 양 또는 정도 등에서 규준적 발달과 달리, 개인들에 따라 개별적으로 나타내는 차이 또는 변산의 측면을 지칭하여 '개별적 발달'이라고 한다. 사람들마다 서로 다른 특징적인 발달과 삶이 전개되는 이유라고 할 수 있다.

개인 간 지능【個人 間 知能】interpersonal intelligence

대인 관계에서 상대방의 기분이나 감정, 의도, 동기 등을 이해하고 이를 관계에 반영하는 능력 또는 그런 지능. 미국의 심리학자 '하워드 얼 가드너(Howard Earl Gardner: 1943~)'가 제안한 '다중 지능 이론(theory of multiple intelligences)'에서는 인간의 지능은 서로 독립적으로 기능하는 8가지의 지능(최근에는 9번째 지능을 추가로 제시)으로 구성되어 있다고 보는데, 그 가운데 하나가 개인 간 지능이다. 이외에도 다중 지능 이론에서는 언어적 지능, 논리-수학적 지능, 공간적 지능, 신체-운동적 지능, 음악적 지능, 개인 내적 지능, 자연주의적 지능, 그리고 가장 최근에 새로운 지능의 한 영역으로 실존적 지능(또는 존재론적 지능) 등을 제안한다. 개인 간 지능은 '대인 간 지능'이라고도 한다.

개인 내적 지능【個人 內的 知能】intrapersonal intelligence

자기 자신의 감정, 의도, 동기 등과 같은 내적 상태를 정확하게 이해하고, 이를 바탕으로 자신의 삶을 효율적이고 행복한 방향으로 만들어가는 능력 또는 그런 지능. 미국의 심리학자 '하워드 얼 가드너(Howard Earl Gardner: 1943~)'가 제안한 '다중 지능 이론(theory of multiple intelligences)'에서는 인간의 지능은 서로 독립적으로 기능하는 8가지의 지능(최근에는 9번째 지능을 추가로 제시)으로 구성되어 있다고 보는데, 그 가운데 하나가 개인 내적 지능이다. 이외에도 다중 지능 이론에서는 언어적 지능, 논리-수학적 지능, 공간적 지능, 신체-운동적 지능, 음악적 지능, 개인 간 지능(또는 대인 관계적 지능), 자연주의적 지능, 그리고 가장 최근에 새로운 지능의 한 영역으로 실존적 지능(또는 존재론적 지능) 등을 제안한다. 개인 내적 지능은 간단히 '개인 내 지능'이라고도 한다.

개인 내 지능 【個人 內 知能】 intrapersonal intelligence

자기 자신의 감정, 의도, 동기 등과 같은 내적 상태를 정확하게 이해하고, 이를 바탕으로 자신의 삶을 효율적이고 행복한 방향으로 만들어가는 능력 또는 그런 지능. '개인 내적 지능'이라고도 한다.

CLICK 개인 내적 지능

개인 무의식 【個人 無意識】 personal unconscious

칼 구스타프 융(Carl Gustav Jung: 1875~1943)의 성격 이론에서는 성격은 자아, 개인 무의식, 집단 무의식 등 세 부분으로 구성되어 있다고 본다. 그 가운데 개인 무의식은 각 개인의 경험을 통해 형성되고 발달해가는 성격 측면으로, 자신이 의식할 수 있는 생각, 기억, 지각, 소망, 경험 등과 같은 요소들과 의식하기 어려운 억압된 기억이나 충동, 경험 등과 같은 요소들로 이루어져 있다. 이러한 개인 무의식은 개인들마다 다르다.

개인 성향 【個人 性向】 personal disposition

개인으로 하여금 다른 사람들과 구분되는 그만의 독특한 행동을 하도록 만드는 성격 특성. 개개인이 가지고 있는 독특한 성격 특성을 기술하기 위해 올포트(Allport: 1897~1967)가 사용한 개념으로, 올포트는 이 용어에 앞서 사용했던 '개인 특질(individual trait)'이라는 표현이 다른 관련 용어들과 혼동되는 것을 피하기 위해 '개인 특질' 대신에 '개인 성향(personal disposition)'이라는 표현으로 바꾸어 사용했다.

개인심리학 【個人心理學】 individual psychology

아들러(Adler: 1870~1937)에 의해 창시된 심리학파 또는 심리학의 이론 체계. 개인심리학에서는 사람들이 삶의 과정에서 우월을 추구하는 경향이 있고, 그 과정에서 흔히 실패와 좌절을 겪게 되는데, 이 과정에서 자연히 발생하는 열등감과 이 열등감을 극복하려는 동기 및 노력을 강조한다. 흔히 삶의 과정에서 개인들이 이루는 성취와 발달은 그와 같은 열등감을 극복하려는 동기와 노력의 결과물이라고 본다.

개인 우화 【個人 寓話】 personal fable

'개인적 우화'라고도 한다. CLICK 개인적 우화

개인적 우화 【個人的 寓話】 personal fable

청소년기에 나타나는 자기 중심성의 두 가지 형태 중 하나. 청소년기에는 이 시기에 이루어지는 인지 발달의 결과로 새로운 자기 중심성이 나타나는데, 그 중 하나는 '개인적 우화'이고, 다른 하나는 '상상 속의 청중(imaginary audience)'이다. 이 중 '개인적 우화'는 자기의 경험은 매우 개별적이고 특별하여 다른 사람들은 이에 대해 알 수 없다고 믿는 사고 경향을 말한다. '개인 우화'라고도 한다. 한편 '상상 속의 청중'은 자기의 모습이나 행동에 대해 자기 자신이 관심을 갖는 것처럼 다른 사람들도 자기에 대해 관심을 갖고 있을 것이라고 믿는 사고 경향을 말한다.

개인주의 사회 【個人主義 社會】 individualistic society

사회나 집단의 기대, 가치, 목표보다는 개인이 가지고 있는 견해, 가치 및 목표를 강조하고 존중하는 사회. 이와 상대되는 개념은 '집단주의 사회'이다.

개인차【個人差】individual difference

신체적, 심리적 및 행동적 측면에서 나타나는 개인들 간의 차이를 총칭하는 용어. 좁은 의미로 심리적 측면에서의 개인들 간 차이를 지칭하기도 하는데, 이 경우에는 개인의 성격, 지능 또는 인지 능력, 도덕성, 적성, 그리고 기타의 다른 심리적 특성들이 포함될 수 있다. 동물들의 경우에는 같은 종에 속하는 개체들 간의 구조나 행동상의 차이를 의미하기도 한다. '개인 차이(個人 差異)'라고도 한다.

개인 특성【個人 特性】individual trait

개인으로 하여금 다른 사람들과 구분되는 그만의 독특한 행동을 하도록 만드는 성격 특성. '개인 특질'이라고도 한다. CLICK 개인 특질

개인 특질【個人 特質】individual trait

개인으로 하여금 다른 사람들과 구분되는 그만의 독특한 행동을 하도록 만드는 성격 특성. 개개인이 가지고 있는 독특한 성격 특성을 기술하기 위해 올포트(Allport: 1897~1967)가 사용한 개념으로, 후에 올포트는 이 용어가 '공통 특질'과 같은 다른 관련 용어들과 혼동되는 것을 피하기 위해 '개인 성향(personal disposition)'이라는 표현으로 바꾸어 사용했다. '개인 특성'이라고도 한다.

개체【個體】individual

독립적인 기능과 구조를 갖추고 존재하는 하나의 생물체. 개개의 인간을 지칭할 때에는 같은 의미로 '개인(個人)'이라는 표현을 사용하는 경우가 많다.

개체 발생【個體 發生】ontogeny

개개의 유기체가 수정란 또는 포자 상태에서부터 시작하여 성숙한 개체로 되어 가는 발달의 과정.

개체 발생적 발달【個體 發生的 發達】ontogenetic development

한 개체(또는 개인)가 일생을 통해 나타내는 발달. 즉, 한 개체(개인)가 한 평생을 살아가는 동안 나타내는 발달적 변화를 지칭하여 개체 발생적 발달이라고 한다. '개체 발생학적 발달'이라고도 한다.

갤런트 반사【갤런트 反射】Galant reflex

인간이 선천적으로 가지고 태어나는 반사들 가운데 하나로, 생후 초기에 영아를 엎드려 놓은 상태에서 아기의 등 쪽을 문지르면 아기가 자극이 오는 방향으로 자신의 하체를 구부리는 동작을 나타내는데, 이와 같은 선천적인 반사 행동을 '갤런트 반사'라고 한다. 시간이 경과해가면서 점차 사라지는 다른 많은 선천적인 반사들처럼, 갤런트 반사도 생후 약 4~6개월이 지나면서 사라진다. 이 반사의 명칭은 발견자인 러시아의 신경학자 요한 갤런트(Johann Galant: 1893~1937)의 이름을 따서 명명된 것이다. '갈란트 반사'라고도 한다.

갱년기【更年期】climacteric / climacterium / involutional period

흔히 중년기의 여성들이 경험하는 시기로, 폐경 현상과 함께 심리적 우울과 불안이 수반되는 시기를 의미한다. 구체적으로 중년기로 접어드는 40대 또는 40대 중반에서 50대 정도 시기의 여성들에게서 신체적으로는 성호르몬의 변화와 함께 생식 기능이 사라지는 폐경 현상이 나타나고, 심리적으로는 우울과 불안 증상이 특징적으로 나타나는 시기를 말하는 것으로 '폐경기(閉經期, menopause)'라고도 한다. 오늘날의 경제 수준 및 영양 상태 등의 향상에 따라 전반적으로 갱년기가 늦게 나타나는 경향을 보이고 있으며, 개인차가 있다.

갱년기 우울증 【更年期 憂鬱症】 Involutional melancholia / involutional depression

갱년기에 나타나는 우울증. 호르몬의 변화 및 폐경 등과 같은 생리적 변화, 자녀들의 출가와 같은 생애 주기적 요인, 그리고 사회경제적 지위의 변화 등이 맞물려 발생하며, 흔히 불안감, 초조감, 고민, 억울한 기분, 피해망상 등과 같은 증상들을 나타낸다.

거부 【拒否】 rejection / refusal

타인의 제안, 요구 또는 그 존재에 대한 인정 등을 수용하지 않고 물리치거나 배척함.

거부당하는 아동 【拒否當하는 兒童】 rejected children / rejected child

'거부된 아동'이라고도 한다. CLICK 거부된 아동

거부된 아동 【拒否된 兒童】 rejected children / rejected child

또래들이 '좋아하는 아동'과 '싫어하는 아동'을 지명(평가)하는 과정을 통해 분류된 또래 지위의 한 유형으로, 그를 많은 또래들이 싫다고(또는 부정적으로) 지명한 반면에, 좋다고(또는 긍정적으로) 지명한 또래들은 적거나 거의 없는 아동을 말한다. 또래 지위(peer status)는 또래 집단 속에서 개별 아동이 또래들로부터 수용되거나 거부되는 정도에 따라 평가/측정된 결과로 또래들 사이에서의 상대적인 위상(또는 위치)을 의미한다. 이러한 또래 지위의 여러 유형들 가운데 하나가 '거부된 아동'으로, 많은 또래들이 싫다고(또는 부정적으로) 지명한 반면에, 좋다고(또는 긍정적으로) 지명한 또래들은 적거나 거의 없는 아동이다. '거부당하는 아동'이라고도 한다. 그동안 학자들은 또래들 사이에서 개별 아동이 위치하고 있는 또래 지위를 파악하기 위해 '사회 측정적 지명(sociometric nomination)' 또는 '사회 측정적 기법(sociometric techniques)'이라는 기법을 많이 사용해 왔는데, 이 기법은 어떤 또래 집단에 소속된 아동들에게 그들이 좋아하는 아이들과 싫어하는 아이들을 몇 명씩 지명하도록 하는 절차가 포함된 기법이다. 이러한 방법을 사용하여 나타난 아동들의 또래 지위는 일반적으로 5가지 유형이다. 여기에는 인기 있는 아동(popular children), 평균 지위의 아동(average−status children), 거부된 아동(rejected children), 무시된 아동(neglected children), 논란이 많은 아동(controversial children) 등의 유형들이 포함된다. 그 가운데 한 유형이 '거부된 아동'이다. 또래 지위는 아동들의 생활 적응, 학업, 정신 건강 등 발달의 여러 주요 영역들에 큰 영향을 미치는 중요한 요인으로 알려져 왔다. 예컨대, '또래 지위'의 유형 중에서 '거부된 아동'으로 분류된 아동들은 그렇지 않은 아동들(예를 들면, '인기 있는 아동'이나 '평균 지위의 아동' 등)에 비해 우울, 분노 표출, 공격성, 반사회적 행동 및 여러 가지 적응 문제들을 보일 가능성이 더 높다. 또래 지위에 영향을 미치는 주요 요인은 개별 아동들이 가진 긍정적 특성들로, 여기에는 또래들이 좋아하는 사회적 기술 또는 사회적 유능성, 또래에 대한 관심, 또래에 대한 존중, 또래에 대한 지지 행동, 밝고 유쾌한 기질(또는 성격), 학업 능력과 기술 등과 같은 특성들이 포함된다. 이와 같은 긍정적 특성들을 많이 가진 아동들은 그렇지 못한 아동들에 비해 대체로 더 많은 또래 수용과 인기를 얻는 경향이 있고, 또래 지위 면에서는 '인기 있는 아동' 유형으로 분류될 가능성이 더 높다. 반대로 그러한 특성들이 적거나 없는 경우에는 '거부된 아동' 유형으로 분류될 가능성이 더 높아진다.

거세 불안 【去勢 不安】 castration anxiety

지그문트 프로이트(Sigmund Freud: 1856~1939)의 정신분석 이론에서 사용되는 주요 용어의 하나로, 남근기(男根期) 동안의 남자 아동들이, 어머니를 사이에 두고 라이벌(경쟁) 관계에 있는 아버지가 경쟁적 관계를 형성한 것에 대한 처벌로 자신의 남근을 제거(거세)할지 모른다는 불안 또는 두려움을 느끼게 되는데 이런 불안을 지칭하여 '거세 불안'이라고 한다. 정신분석 이론에서는 이러한 '거세 불안' 경험이 오이디푸스 콤플렉스(Oedipus complex)의 해결 과정에서 가장 중요한 기능을 하는 것으로 보고 있다.

거시 체계 【巨視 體系】 macrosystem

문화나 법 체계 등과 같은 거시적 환경 또는 환경 체계. 미시 체계, 중간 체계, 외체계 등의 하위 체계들에 영향을 미치는 환경 측면이다. 러시아 태생의 미국 심리학자인 브론펜브레너(Bronfenbrenner: 1917~2005)가 제안한 '생태학적 체계 이론'의 다섯 개의 환경 체계(미시 체계, 중간 체계, 외체계, 거시 체계 및 시간 체계 등) 중 하나이다. 환경 체계 중 가장 바깥 층인 네 번째 층에 위치하는 체계로, 발달하는 개인(또는 아동)이 살아가는 문화, 법, 제도 등과 같은 환경 측면들을 포함한다.

거식증 【拒食症】 anorexia nervosa

섭식 장애의 한 유형으로, 자신의 신체 상태 또는 용모에 대한 비현실적인 자기상(自己像) 및 기대, 그리고 비만에 대한 강한 공포와 아름다운 신체에 대한 비합리적인 기준 등을 가지고 음식 섭취를 지나치게 줄이거나 거부(식욕 부진)함으로써 비정상적인 체중 감소와 (여성의 경우) 무월경 등의 증상들을 나타내는 장애를 말한다. 심한 경우에는 사망에 이르게 된다. 신경성 식욕 부진증, 신경성 거식증, 다이어트 장애, 신경성 식욕 감퇴증, 신경성 식욕 결여증, 신경성 식욕 상실증, 아노렉시아, 아노렉시아 너버사 등의 표현들이 같은 의미로 사용된다.

거울 뉴런 mirror neuron

거울 신경계를 구성하는 뉴런(neuron, 신경세포). '거울 신경세포'라고도 한다. CLICK 거울 신경계

거울 신경계 【거울 神經系】 mirror neuron system (MNS)

뇌를 구성하는 뉴런(neuron, 신경세포)들 가운데 일반적인 자극 입력에 대해 반응하는 방식과 달리, 사회적 관계에서 타인의 행동이나 정서 표현을 관찰하고 해석하고, 나아가 그러한 관찰을 토대로 행동하도록 도와주는 과정에서 활동하는 신경세포들 또는 신경세포들의 네트워크를 '거울 신경계' 또는 '거울 신경 체계'라고 한다. 거울 신경계를 구성하는 신경세포(즉, 뉴런)를 지칭하여 '거울 신경세포' 또는 '거울 뉴런(mirror neuron)'이라고 한다. 이 신경세포는 다른 개체가 수행하는 특정 운동 또는 행위를 관찰할 때 반응하는 것으로 알려져 있다.

거울 자기 【거울 自己】 looking-glass self / looking glass self

미국의 사회학자 찰스 호튼 쿨리(Charles Horton Cooley: 1864~1929)가 처음으로 사용한 개념으로, 마치 거울에 비추어진 자신의 모습을 보는 것처럼 사회적 관계 속에서 타인에게 비추어진 자기의 상을 통해 형성하게 되는 자기 또는 자기상을 말한다. 인간은 출생 이후 자아가 형성 및 발달하는 과정에서 타인(특히 부모, 형제, 교사 등과 같은 중요한 타인)들이 나에 대해 보이는 말이나 태도, 행동 등과 같은 반응들을 통해서 자신은 어떠어떠한 사람이라는 인식과 개념을 형성하게 되는데, 이처럼 타인과의 관계에서 타인이 비춰주는(나타내는) 나에 대한 반응을 통해 형성하게 되는 자기 또는 자기 개념을 '거울 자기'라고 한다. '거울 속 자기', '거울상 자기', '거울 자아', '거울 속 자아' 또는 '거울상 자아'라고도 한다.

거울 자아 【거울 自我】 looking-glass self / looking glass self

거울에 비추어진 자신의 모습을 보는 것처럼 사회

적 관계 속에서 타인에게 비추어진 자기의 상을 통해 형성하게 되는 자아 또는 자아상. '거울 속 자아', '거울상 자아', '거울 자기', '거울 속 자기' 또는 '거울상 자기'라고도 한다. CLICK 거울 자기

거짓말 lie

어떤 목적을 이루기 위해서 또는 의도적으로 사실이 아닌 것을 사실인 것처럼 진술하는 행위.

거짓말 탐지 검사【거짓말 探知 檢査】lie-test

거짓말을 했거나 또는 하고 있는지의 여부를 탐지하기 위해 사용되는 검사. 기계 장치를 사용한 거짓말 탐지 방법으로 '거짓말 탐지기(lie detector 또는 polygraph라고 함)'를 사용하는 경우가 많다.

거짓말 탐지기【거짓말 探知機】lie detector / polygraph

흔히 피험자 또는 피조사자가 거짓말을 하는 경우에 심장 박동률, 피부 전기 반응, 혈압, 호흡 등과 같은 생리적 반응을 포함하는 정서(情緖, emotion)에서의 변화가 나타난다는 가정 하에 이러한 생리적 반응을 측정함으로써 거짓말을 하고 있는지의 여부를 탐지하는 기계. 폴리그래프(polygraph), 라이디텍터(lie detector)라고도 한다.

거짓 자기【거짓 自己】false self / false-self

대상관계 이론에서 중요하게 사용되는 개념 가운데 하나로, '참 자기(true self)'와 대비되는 개념이다. 개인이 가진 욕망이나 충동, 창조성과 자발성 등에 대한 주관적인 느낌을 외부의 압력을 받지 않고 자연스럽게 탐색하고 표현할 수 있는 환경(또는 삶의 과정)을 통해 통합되고 연결된 성격 측면으로 발달한 자기가 '참 자기'인 반면에, '거짓 자기'는 발달 과정에서 개인의 자연스런 욕망이나 충동, 창조성과 자발성 등에 대한 주관적 느낌의 표현에 대해 환경으로부터 존중이나 인정을 받는 대신 침범이나 위협을 받음에 따라 개인이 자신의 핵심 자기를 보호하기 위해 이를 숨기고 그 대신 대상의 요구에만 맞추어 행동하는 특성을 가진 성격 측면으로서의 자기를 말한다. '참 자기'가 건강하게 발달하지 못하고 숨어 있거나 부재한 상태라고 할 수 있다.

거짓 자기 행동【거짓 自己 行動】false self-behavior

'참 자기'(즉, 진짜 자기)의 모습이나 행동과 다르게 행해지는 행동. 또는 '진짜 자기' 또는 '참 자기'가 반영되지 않은 행동을 의미한다. 타인(또는 대상)에게 잘 보이거나 인정을 받고 싶은 욕구에서 비롯되는 행동으로, 흔히 발달 과정에서 '참 자기'의 모습이나 특성에 대해 존중과 인정을 받는 대신에 부정적인 평가와 같은 침범이나 위협을 받게 되는 경우에 '참 자기'를 드러내지 않으면서 타인(또는 대상)으로부터 좋은 평가나 인정을 받기 위해, 또는 좋은 인상을 주기 위해 '거짓 자기 행동'을 하게 되는 경우가 많다.

걷기 반사【걷기 反射】stepping reflex

선천적인 반사들 가운데 하나로, 생후 초기 신생아의 겨드랑이를 잡고 들어 올린 후 평평한 바닥이나 물체 위에 살며시 내려놓으면서 발바닥이 닿도록 해주면 마치 걷듯이 무릎을 구부렸다 펴는 동작을 반복하는데, 이와 같은 선천적인 반사 행동을 '걷기 반사'라고 한다. 실제로 인간의 아기가 걷기(걸음마) 행동을 할 수 있는 것은 첫 돌을 전후한 무렵이기 때문에 신생아가 나타내는 걷기 반사는 기능적 측면에서 생후 초기의 적응이나 생존을 위해 별 도움이 되지 않는다. 따라서 생후 초기에 신생아들이 나타내는 걷기 반사는 아마도 인류의 진화 과정에서 직립보행을 하던 시기의 흔적일 것으로 추정하는 견해가 많다. 이와 같이 생존과 적응을 위한 별다른 기능이 없는 반사들을 총칭하여 원시 반사 또는 비

생존반사라고 한다. 출생 이후, 시간이 경과해가면서 점차 사라지는 다른 많은 선천적 반사들처럼, 걷기 반사도 생후 약 4개월을 전후하여 점차 사라진다. '걸음마 반사'라고도 한다.

걸음마기【걸음마期】toddlerhood

영아기(infancy)의 후반부, 즉 대략 1세 또는 1.5세경부터 2세말까지의 시기를 지칭한다. 일반적으로 이 시기 동안에 아기들이 걸음마를 익히기 때문에 붙여진 명칭이다.

걸음마기 아동【걸음마期 兒童】toddler

영아기(infancy: 생후 약 2세 말경까지의 시기)의 후반부, 즉 대략 1세 또는 1.5세경부터 2세말까지의 시기를 걸음마기(toddlerhood)라고 하며, 이 시기의 아동들을 지칭하여 '걸음마기 아동'이라고 한다. 이 시기 동안 대부분의 아동들이 걸음마를 익히기 때문에 붙여진 명칭이다. 걸음마기 아동은 자주 넘어지고 또 한 곳에서 다른 곳으로 이동할 때에도 어려움을 보이게 된다. 하지만 이런 걸음마 및 이동에서의 미숙함은 시간이 지나면서 점차 개선되어 능숙한 모습으로 변해간다.

걸음마 반사【걸음마 反射】stepping reflex

생후 초기 신생아의 겨드랑이를 잡고 들어 올린 후 평평한 바닥이나 물체 위에 살며시 내려놓으면서 발바닥이 닿도록 해주면 마치 걷듯이 무릎을 구부렸다 펴는 동작을 반복하는데, 이와 같은 선천적인 반사 행동을 '걸음마 반사'라고 한다. '걷기 반사'라고도 한다.

CLICK 걷기 반사

검사【檢査】test

개인 또는 집단을 대상으로 측정을 통해 그(들)의 심리적, 행동적 및 신체적 특성이나 상태에 관한 정보를 얻는 도구나 활동. 심리학이나 정신의학 등의 분야에서 말하는 검사는 대부분 심리 검사(psychological test)를 의미한다.

검사 규준【檢査 規準】test norms

어떤 특정한 집단 전체(흔히 이러한 집단을 지칭하여 '모집단'이라고 함)를 대표하는 값이나 점수를 지칭하여 규준(norm)이라고 한다. 그 중에서도, 심리적 특성이나 행동적 특성을 측정하거나 평가하기 위해 사용되는 검사에서 개인이나 집단이 획득한 점수(예를 들면, 지능 검사나 성격 검사에서 획득한 점수)가 어느 정도의 수준이나 위치에 해당하는지를 알기 위해 그 점수를 비교하여 상대적인 해석이 가능하도록 해주는 '기준이 되는 점수 또는 값'을 지칭하여 검사 규준이라고 한다.

게놈 genome / genom

유전자를 나타내는 말인 'gene'과 염색체를 나타내는 말인 'chromosome' 두 단어가 합쳐져 만들어진 용어로, 한 생물 종이 가지고 있는 총 염기 서열을 말한다. 즉, 한 생물 종이 가지고 있는 유전 정보 전체를 의미한다. '지놈' 또는 '유전체'라고도 한다.

게슈탈트 gestalt

형태(form), 전체(whole), 윤곽 또는 모습 등의 뜻을 가진 독일어로, 그 의미를 정확히 담아 다른 언어로 표현하는 것이 힘들기 때문에 영어권에서는 독일어 그대로 'gestalt'라는 표현이 사용되고 있다.

게슈탈트 심리학【게슈탈트 心理學】gestalt psychology

20세기 초 독일을 중심으로 등장했던 심리학 이론의 하나로, 주로 지각(知覺)의 문제를 다루었다. 특히 대상 또는 물체를 지각하는 과정에서 사람들이 대상을 어떻게 전체적인 형태로 지각하고 경험하게 되는가에 관해 연구한다. 즉, 지각 과정에서 부분들의 합이 아닌 전체로서의 지각 과정을 강조하는 이론 체계이자 접근이라고 할 수 있다. 이와 같은 입장은 그 당시 심리학 분야에서 중심적인 위치를 점하고 있었던 연합주의(이론)에서 주장하는 요소주의적 입장과 크게 다른 것이었다. 대표적인 학자로는 벨트하이머(Wertheimer: 1880~1943), 쾰러(Kohler: 1887~1967) 및 코프카(Koffka: 1886~1941) 등이 있다. '형태심리학' 또는 '형태주의 심리학'이라고도 한다.

게슈탈트 치료 【게슈탈트 治療】 gestalt therapy

심리 및 행동 상에서 나타나는 비정상적 기능의 원인은 전경－배경 지각에서의 불균형과 자신이 타고난 소질 또는 장점을 부정하는 데서 비롯되는 것으로 보는 프리츠 펄스(Fritz Perls: 1893~1970)의 이론에 기초를 둔 치료 기법의 하나로, 이 기법에서의 치료 목표는 내담자에게 자신이 하고 있는 경험의 전체성을 자각할 수 있도록 도와주는 데 있다. '여기'와 '현재'에 초점을 맞추며, 개인과 환경 간의 통일에 대한 내담자의 자각을 중요시한다. '형태주의 치료' 또는 '게스탈트 치료'라고도 한다.

게이 gay

남성 동성애자를 의미한다. 이성(異性)에 대한 성적인 관심을 나타내는 이성애자(異性愛者, heterosexual)들과는 달리, 이성에 대한 성적인 관심이 매우 적거나 없는 반면에, 동성(同性)을 성애(性愛: 성적 사랑)의 대상으로 느끼는 사람 또는 그러한 경향을 가진 사람을 지칭하여 호모(homo: '동성연애자' 또는 '동성애자'라고도 함)라고 하며, 그 중에서도 특히 남성 동성애자를 일컬어 '게이(gay)'라고 한다. 여성 동성애자의 경우에는 '레즈비언(lesbian)'이라고 한다. 흔히 남성 동성애자들은 자신을 지칭할 때 호모(homo)라는 표현 대신에 게이(gay)라는 표현을 선호하는 것으로 알려져 있다. 이 말은 '성적 정체성을 찾아서 인생의 기쁨을 되찾았다'는 의미를 가지고 있다. 남성 동성애자와 달리, 여성 동성애자는 '레즈비언(lesbian)'이라고 한다. '게이(gay)'나 '레즈비언(lesbian)'과 같은 동성애자들은 성적 대상 또는 성적 지향이 동성을 향하고 있는 경우를 나타내는 반면에, 트랜스젠더(transgender)는 타고난 생물학적인 성(性)과 정신적인 성이 반대라고 느끼거나 생각하는 경우이다. 즉, 자신은 남성 또는 여성으로 태어났지만 반대의 성을 가진 존재로 느끼는 경우를 말한다.

게임 이용 장애 【게임 利用 障碍】 gaming disorder

삶의 과정에서 게임 이용으로 인해 상당한 부정적 결과가 계속해서 발생함에도 불구하고 게임 이용을 지속하거나 심화하는 증상을 나타내는 장애. 흔히 일컬어 온 '게임 중독'을 의미한다. 게임 관련 산업 분야의 반대가 있는 가운데 WHO는 2019년 5월에 게임 이용 장애를 질병으로 분류하고, 이를 담은 'ICD－11(국제질병분류 체계－11차 개정안)을 통과시켰다. 대체로 아동 및 청소년 자녀를 둔 부모 집단과 정신의학계, 심리학계, 교육학계 등의 분야에서는 게임 이용 장애의 질병 분류에 대해 지지를 보내는 반면에, 게임 개발 업체를 비롯한 게임 관련 산업 분야와 단체에서는 반대의 입장을 보내고 있다. '게임 장애'라고도 한다.

게임 장애 【게임 障碍】 gaming disorder

삶의 과정에서 게임 이용으로 인해 상당한 부정적 결과가 계속해서 발생함에도 불구하고 게임 이용을 지속하거나 심화하는 증상을 나타내는 장애. 흔히 일컬어 온 '게임 중독'을 의미한다. '게임 이용 장애'라고도 한다. CLICK 게임 이용 장애

게임 중독 【게임 中毒】 game addiction

최근 컴퓨터 및 인터넷 사용 증가와 함께 새롭게 등장한 행위 중독의 한 형태로, 컴퓨터나 인터넷상의 게임 활동에 병적으로 과도하게 몰입되어 이에 강

박적으로 의존하게 되고 동시에 사용시간 등을 적절하게 조절하지 못함으로써, 건강, 학업, 가족이나 다른 사회적 관계, 그리고 직장에서의 업무 등에 심각한 부적응을 초래하는 중독 상태를 의미한다. 게임 중독자들 가운데는 신체적인 문제뿐만 아니라 금전 문제, 공격성이나 폭력성의 증가 등이 초래됨에 따라 각종 범죄로 이어지는 경우도 적지 않다. 오늘날에는 컴퓨터나 인터넷을 이용하여 이루어지는 게임이 주류를 이루고 있고, 이에 따라 그러한 사이버 공간을 활용한 게임에 중독되는 경우가 많다는 의미에서 볼 때, 게임 중독이라는 표현은 사이버 게임 중독이라는 표현과 거의 같은 의미를 가진 말로 이해할 수 있다.

게젤 Gesell (1880~1961)

아널드 루시우스 게젤(Arnold Lucius Gesell). 미국의 심리학자, 소아과 의사로, 발달의 규준과 진단 방법을 체계화하는 데 크게 기여하였다. 클라크 대학교에서 심리학을 전공하여 박사학위를 받은 후에 대학교수 및 연구자로서 성공적인 활동을 하는 과정에서 인간발달의 기저에 있는 생리 과정에 관한 이해와 지식을 넓히기 위해 위스콘신 의대 및 예일대 의대에서 공부하였다. 1915년 예일대 의대에서 박사학위를 받고 정교수가 되었다. 예일대에 설치되어 있던 아동발달 연구기관인 아동발달클리닉(Clinic of Child development)에서 50여년의 기간 동안 아동발달, 특히 아동의 운동신경발달에 관한 매우 중요하고 영향력 있는 연구를 수행하였다. 특히 체계적인 관찰과 연구를 통해 발전시킨 아동의 행동 규준(behavior norms)은 오늘날에도 가장 영향력 있는 규준으로서 아동들의 행동발달을 이해하고 진단하는 데 활용되고 있다. 게젤은 인간의 발달을 이끄는 두 가지 힘은 유전자의 작용과 환경의 영향이라고 보았으며, 특히 유전자의 작용에 의해 이루어지는 발달의 과정을 성숙(maturation)이라고 보았다. 게젤은 성숙에 대한 선구적인 관점 제시와 연구를 수행하였기 때문에 오늘날 그는 성숙에 대한 체계적인 연구가 이루어질 수 있는 토대를 마련한 학자로 평가받고 있다. '아널드 게젤', 'Gesell', 'Arnold Gesell' 또는 'Arnold Lucius Gesell' 등으로 표기하기도 한다.

게젤의 발달 규준【게젤의 發達 規準】Gesell development norms

미국의 심리학자 게젤(Gesell: 1880~1961)에 의해 정리된 영·유아기 동안의 운동 능력(또는 행동) 등에서 이루어지는 발달에 관한 규준.

격리 불안【隔離 不安】separation anxiety

아이가 애착 대상(흔히 어머니나 양육자)으로부터 격리(또는 분리)될 때 나타내는 불안 반응. '분리 불안'이라고도 한다. CLICK 분리 불안

결손 가정【缺損 家庭】broken home / broken family

일반적인 가정 또는 정상적인 가정이 되기 위해 요구되는 기본적인 환경(또는 조건)의 측면에서 불충분하거나 결손이 있는 가정 또는 가족. 일반적으로 '구조적 결손 가정'과 '기능적 결손 가정'으로 구분된다. 구조적 결손 가정이란 부모의 사망, 이혼, 별거 등으로 인해 부모 중 한 명 또는 두 명 모두가 없는 가정을 말하며, 기능적 결손 가정이란 부모 모두가 있지만 이들의 자녀 양육 행동이나 부모 역할의 기능이 부재하거나 역기능적이어서 실제적으로 부모의 결손 상태를 나타내는 가정을 말한다. 기능적 결손 가정은 '심리적 결손 가정' 또는 '비구조적 결손 가정'이라고도 한다. 한편 '결손 가정'이라는 표현 이외에도 '결손 가족'이라는 표현이 같은 의미로 사용된다.

결손 가족【缺損 家族】broken family / broken home

'결손 가정'과 같은 의미로 사용된다.

CLICK 결손 가정

결정기【決定期】critical period

인간이나 동물의 발달 과정에서 특정 능력이나 기술을 발달시킬 수 있는 준비가 가장 잘 되어 있는 시기. '결정적 시기'라고도 한다. 이 시기가 지나면 동일한 환경 자극이나 조건이 제공되더라도 이 시기에서와 같은 정도의 발달을 이루기가 어렵거나 불가능하다. 결정기를 보여주는 대표적인 예는 생후 초기의 조류들에게서 나타나는 '각인(imprinting)'에서 찾아볼 수 있다. 인간 발달에 대해서는 결정기라는 표현과 함께 '민감기(sensitive period)'라는 표현을 사용하는 경우가 많다. CLICK 결정적 시기

결정론【決定論】determinism

세상의 사건들이 원인과 결과의 관련성에 따라 결정되어 있다고 보는 관점. 심리학 분야에서 결정론적인 관점을 취하는 학자들은 흔히 개개인의 심리나 행동적 특징은 과거의 원인에 의해 결정된 것이라고 주장한다.

결정론자【決定論者】determinist

결정론(決定論, determinism)을 주장하는 사람 또는 그러한 관점을 가진 사람을 지칭한다.

결정성 지능【結晶性 知能】crystallized intelligence

세상의 많은 사물들이나 현상들에 관한 지식처럼 교육이나 경험을 통해 습득되고 축적되는 다양한 정보나 지식, 인지적 기술이나 능력 및 문제해결 책략의 목록 등을 포함하는 지적 능력(또는 지능)의 측면을 결정성 지능이라고 한다. 결정성 지능은 연령 증가에 따라 증가되는 경향이 있다. '결정적 지능', '결정 지능' 또는 '결정화된 지능'이라고도 한다. 유동성 지능(fluid intelligence)과 구분하여 사용되는 개념이다.

결정적 시기【決定的 時期】critical period

동물들의 특정 능력이나 행동의 발달이 일어날 수 있도록 해주는 상당히 제한된 기간. 즉, 인간이나 동물의 발달 과정에서 특정 능력이나 기술을 발달시킬 수 있는 준비가 가장 잘 되어 있는 비교적 짧은 제한된 기간을 말한다. 개체는 이 기간 동안에 적절한 자극을 받거나 경험을 해야만 특정 능력이나 행동을 발달시킬 수 있다. 만일 이 시기를 아무런 자극이나 경험이 없이 지나치게 되면, 그 이후에는 같은 환경 자극이나 조건이 제공되더라도 이 시기에서와 같은 정도의 발달을 이루기가 어렵거나 불가능하다. 결정적 시기의 효과를 보여주는 대표적인 예로는 대부분의 조류들에게서 생후 초기에 나타나는 '각인(imprinting)' 현상이 있다. 조류들이 나타내는 각인 현상은 알에서 부화된 이후 며칠간의 짧은 기간 동안에 형성 및 결정되는데, 바로 이 시기가 대표적인 결정적 시기에 해당한다. 간단히 '결정기'라고도 한다. 이처럼 동물들에서 나타나는 '각인' 현상처럼 인간에게서 나타나는 '애착', '언어' 등의 발달에서도 비슷한 경향을 찾아볼 수 있다. 그러나 많은 발달심리학자들과 동물 행동학자들은 인간의 발달에 대해서는 '결정적 시기(또는 결정기)'라는 표현보다는 '민감기(sensitive period)'라는 표현을 사용하는 것이 더 적절하다고 보고 있다. 그 이유는 인간의 주요 발달에서 나타나는 발달의 형성 및 결정 기간이 조류의 각인의 발달 등에서 나타나는 결정적 시기에 비해 상대적으로 더 길고 덜 결정적이기 때문에 '결정적 시기'라는 표현보다는 '민감기'라는 표현을 사용하는 것이 더 적절하다고 생각하는 것이다. 흔히 인간의 발달에 적용되는 '시간틀'은 조류들의 각인이 형성되는 시기와 같은 '시간틀'

에 비해 엄격성이 덜하고 그 시간틀의 규정력 또한 상대적으로 약하다. 즉, 특정 발달이 이루어지는 시간의 범위나 동일 시간 내에 이루어지는 발달의 결정성 측면에서 인간 발달은 조류의 각인 형성과 같은 발달에 비해 그 강도나 정도가 약하다는 말이다. 구체적으로 결정적 시기의 개념이 적용되는 조류의 '각인'의 발달은 알에서 부화된 후 며칠(보통 3일 정도) 이내에 결정되는 반면, 인간이 생후 초기에 발달시키는 친밀한 정서적 유대, 즉 애착(attachment)의 발달은 생후 약 3년 내외의 기간(언어발달의 경우에는 더 긴 기간)이 다른 시기에 비해 더 큰 영향력을 갖는 중요한 시기이다. 따라서 상대적으로 긴 시간틀을 갖는 인간에게는 '결정적 시기(또는 결정기)'라는 표현보다는 '민감기'라는 표현을 사용하는 것이 더 적합하다고 주장하는 것이다. 그러나 두 가지 표현 중에서 어떤 것을 사용하는 것이 더 적합한가에 대한 논쟁보다 더 중요한 메시지는 발달 과정에서 민감기(또는 결정적 시기)가 아닌, 그 전이나 그 후에는 특정 발달을 이루는 것이 불가능한 것은 아니지만 민감기(또는 결정적 시기) 동안에 이루는 것에 비해 훨씬 더 긴 시간이 소요되거나 기대하는 발달을 이루는 것이 불가능할 수 있다는 사실이다. 결정적 시기(또는 민감기) 개념은 인간을 포함한 동물들의 발달에 대한 선천적 또는 생물학적 요인의 영향이 매우 크다는 것을 시사한다. '결정적 시기'는 간단히 '결정기'라고도 한다.

결정적 시기 가설【決定的 時期 假說】critical period hypothesis

언어나 애착 등과 같은 특정 능력의 발달이 정상적으로 이루어지기 위해서는 결정적 시기(특정 능력이나 기술을 발달시키는 데 있어 준비가 가장 잘 되어 있는 시기) 동안에 적절한 자극과 훈련 등의 경험이 필요하다고 주장하는 견해 또는 가설.

결정적 지능【結晶的 知能】crystallized intelligence

가정이나 학교에서의 교육 또는 사회문화적인 활동이나 경험을 통해 획득한(또는 축적한) 지식과 기술. 또는 그러한 지식과 기술이 바탕이 된 지능. 즉, 세상의 많은 사물들이나 현상들에 관한 지식처럼 교육이나 경험을 통해 습득되고 축적되는 다양한 정보나 지식, 인지적 기술이나 능력 및 문제해결 책략의 목록 등을 포함하는 지적 능력(또는 지능)의 측면을 결정적 지능이라고 한다. 결정적 지능은 연령 증가에 따라 증가되는 경향이 있다. '결정성 지능', '결정 지능' 또는 '결정화된 지능'이라고도 한다. 유동적 지능(fluid intelligence)과 구분하여 사용되는 개념이다.

결핍【缺乏】deficiency

있어야 할 것 또는 필요한 것이 없거나 부족한 상태.

결핍 동기【缺乏 動機】deficiency motive

특정한 요소의 결핍에 의해 유발되는 동기. '결핍 욕구'와 같은 의미로 사용된다. CLICK 결핍 욕구

결핍성 왜소증【缺乏性 矮小症】deprivation dwarfism

정상적인 섭식 행동과 영양 섭취가 이루어지지만, 양육 과정에서 부모(또는 양육자)가 보이는 애정의 결핍이나 정서적 박탈 그리고 그 과정에서 겪게 되는 스트레스 등의 심리사회적 환경 요인들에서 비롯되는 것으로 이해되고 있는 성장 장애의 한 유형. 이 장애에 걸린 아이들은 성장 호르몬 분비의 감소, 키와 체중에서의 성장 지체 등과 같은 증상들을 특징적으로 나타낸다. 많은 학자들은 이러한 특징들이 나타나는 이유는 아이들이 성장 과정에서 겪는 애정의 결핍, 정서적 박탈과 스트레스 등과 같은 부정적인 심리사회적 환경 요인들이 내분비 계통에 영향을 미쳐 정상적인 성장 호르몬의 분비를 방해하는 데서 비롯되는 것으로 보고 있다. '모성 박탈

왜소증', '박탈성 왜소증' 또는 '박탈 왜소증'이라고도 한다.

결핍 욕구【缺乏 慾求】deficiency need

특정한 요소의 결핍에 의해 유발되는 욕구. 즉, 결핍된 요소나 상태를 충족시키고자 하는 욕구를 말한다. 대표적으로 생리적 욕구가 여기에 해당된다. 이 욕구가 결핍되거나 충족되지 못할 경우에 불만족을 유발하게 되며, 그 결과는 인간의 심리와 행동 및 적응 과정에 영향을 미치게 된다. 매슬로우(Maslow: 1908~1970)에 의해 처음으로 제시되고 사용된 개념으로, '결핍 동기'와 같은 의미로 사용된다.

결합 쌍둥이【結合 쌍둥이】conjoined twins

선천적으로 신체의 일부가 붙은 상태로 태어난 쌍둥이. 즉, '결합된 쌍둥이'라는 의미를 가지고 있으며, '접합 쌍둥이', '접착 쌍둥이', '샴쌍둥이'라고도 한다.

겸상 적혈구【鎌狀 赤血球】sickle cell

(1) 낫 모양 또는 초승달의 형태를 띠는 비정상적인 적혈구. 겸상 적혈구 빈혈증의 원인이 된다. '겸상 혈구'라고도 한다. (2) (글자 뜻풀이) 겸상(鎌狀): '낫 모양' 또는 '낫 형상'이라는 뜻. 겸(鎌; 낫 겸), 상(狀; 형상 상, 모양 상).

겸상 적혈구 빈혈【鎌狀 赤血球 貧血】sickle cell anemia

낫 모양(또는 초승달 모양)을 한 비정상적인 적혈구인 겸상 적혈구(sickle cell)가 원인이 되어 발병하는 유전성 질환. 아프리카계 사람들에게서 많이 발생하는 심한 만성적인 유전성 혈액 질환이다. '겸상 적혈구 빈혈증', '겸상 적혈구성 빈혈' 또는 '겸상 혈구성 빈혈'이라고도 한다. CLICK 겸상 적혈구 빈혈증

겸상 적혈구 빈혈증【鎌狀 赤血球 貧血症】sickle cell anemia

(1) 낫 모양(또는 초승달 모양)을 한 비정상적인 적혈구인 겸상 적혈구(sickle cell)가 원인이 되어 발병하는 유전성 질환으로, 특히 아프리카계 사람들에게서 많이 발생하는 심한 만성적인 유전성 혈액 질환이다. 미국에서의 경우를 보면, 아프리카계 미국인 아이 약 400명 가운데 1명 정도에서 이 질환이 발생하는 것으로 알려져 있다. 신체를 구성하는 세포들에 산소를 공급하는 역할을 하는 정상적인 적혈구 세포는 둥근 원판의 형상을 하고 있다. 하지만 겸상 적혈구성 빈혈증을 가진 사람들은 유전적으로 열성 겸상 적혈구 유전자를 전달받은 경우로서, 이 유전자는 혈중 적혈구 세포들 가운데 일부를 초승달 모양 또는 낫 모양(또는 간단히 '겸상<鎌狀>'이라고 표현)으로 만든다. 이 낫 모양을 한 비정상적인 적혈구 세포들은 뼈와 관절에 심한 통증을 유발하며, 순환계에서의 산소 운반을 방해하기 때문에 신체 전반의 세포들이 산소 공급을 제대로 받지 못하게 되고, 그 결과 빈혈을 일으키고, 조기에 사망하게 된다. 반대로 비정상적인 겸상 적혈구 유전자는 말라리아가 많이 발생하는 지역에서는 생존에 유리하게 작용하기도 하는데, 그 이유는 이 유전적 이상을 나타내는 사람들이 말라리아에 잘 걸리지 않는 특성이 있기 때문이다. '겸상 적혈구 빈혈', '겸상 적혈구성 빈혈' 또는 '겸상 혈구성 빈혈'이라고도 한다. (2) (글자 뜻풀이) 겸상(鎌狀): '낫 모양' 또는 '낫 형상'이라는 뜻. 겸(鎌; 낫 겸), 상(狀; 형상 상, 모양 상).

겸상 적혈구성 빈혈【鎌狀 赤血球性 貧血】sickle cell anemia

'겸상 적혈구 빈혈증', '겸상 적혈구 빈혈' 또는 '겸상 혈구성 빈혈'이라고도 한다.

CLICK 겸상 적혈구 빈혈증

겸상 혈구성 빈혈【鎌狀 血球性 貧血】sickle cell anemia

'겸상 적혈구 빈혈증', '겸상 적혈구 빈혈' 또는 '겸상 적혈구성 빈혈'이라고도 한다.

CLICK 겸상 적혈구 빈혈증

경계선(의)【境界線(의)】borderline

(1) (일반적으로 사용되는 의미) 두 지역 또는 두 지점의 경계가 되는 선. (2) (이상심리학, 상담심리학, 상담학, 임상심리학, 정신의학 등의 분야에서 사용되는 의미) 두 개의 범주 사이에 위치한 특징 또는 상태를 지칭할 때 사용되는 표현이다. 이상심리학, 상담심리학, 상담학, 임상심리학, 정신의학 등의 분야에서 사용되고 있는 '경계선'이란 용어는 처음에는 신경증과 정신증의 경계라는 의미로 사용되기 시작했다. 구체적으로 신경증과 정신증 모두에 속하는 특징을 부분적으로 나타내면서도 그 어느 한 쪽으로 분류하기 어려운 중간 지점에 위치한 개인이나 집단을 지칭하는 의미이다. 이런 의미로 사용되고 있는 대표적인 용어로 '경계선 성격 장애'(또는 '경계선 인격 장애'라고도 함)를 들 수 있다. '경계선(의)' 대신에 '경계성(의)'이라는 표현을 같은 의미로 사용하기도 한다.

경계선 지능【境界線 知能】borderline intelligence

지능 면에서, 정상과 이상(즉, 정신지체) 사이에 위치하여 그 어느 한 쪽으로 분류하기 어려운 지능 수준.

경도 신경인지 장애【輕度 神經認知 障碍】minor neurocognitive disorder

DSM–5에서 분류하고 있는 '신경인지 장애(neuro cognitive disorders)'의 하위 유형들 가운데 하나로, 그 중에서 '주요 신경인지 장애(major neurocognitive disorder)'는 뇌(또는 뇌신경)의 손상에 의해 한 가지 이상의 인지적 영역(예를 들면, 기억, 학습, 지각–운동 기능, 사회적 인지, 복합 주의, 실행기능 등)에서 심각한 기능 저하를 나타내는 경우를 말하고, '경도 신경인지 장애'는 인지 영역에서의 기능 손상이 있긴 하지만, '주요 신경인지 장애'에 비해 인지기능 상의 손상 정도가 경미하여 일상생활을 해나가는 데 크게 문제가 되지는 않는 경우를 말한다. 뇌혈관 손상이나 알츠하이머병, 파킨슨병 등에 의해 발생할 수 있다.

경도 정신지체【輕度 精神遲滯】mild mental retardation

정신지체(mental retardation)는 일반적인 지능 검사에서 획득한 지능 지수(IQ)가 70 이하(또는 미만)이면서, 학습이나 사회적 적응 등과 같은 일상생활을 해 나가는 능력 면에서 결함을 나타내는 상태를 말한다. 정신지체는 지능 지수(IQ)의 범위에 따라 네 수준으로 분류할 수 있는데, 그 중 IQ 50~70 이하(또는 미만)까지의 경우를 '경도 정신지체'라고 한다. 정신지체 가운데 가장 양호한 수준에 해당하며 '경미한 정신지체' 또는 '가벼운 정신지체'라고도 한다. 이 수준의 정신지체자들은 운동 능력 및 지적 학습 능력에서 미숙한 특징을 나타내지만, 적절한 교육 과정을 통해 교육을 받으면 생활 속에서 자조(自助)가 가능하다. 즉, 초등학교 고학년 수준의 지적 능력을 획득할 수 있고, 어느 정도의 사회적 능력 및 의사소통 능력을 발달시키는 것이 가능하여 타인의 적절한 도움과 지도를 받게 되면 기본적인 사회생활이 가능하다. 정신지체자의 약 80~85%가 이 수준에 해당한다. '경도 지체', '경도 지적 장애' 등과도 같은 의미로 사용된다.

경도 지적 장애【輕度 知的 障碍】mild intellectual disability

'지적 장애'의 한 유형으로, IQ 50~70 이하(또는 미만)까지의 경우를 말하며, 지적 장애의 네 수준 가운데 가장 양호한 수준에 해당한다. 초등학교 고학년 수준의 지적 능력을 획득할 수 있고, 적절한 교육 과정을 통해 교육을 받으면 생활 속에서 자조(自助)가 가능하다. 성인의 경우에, 경도 지적 장애는 정신연령이 약 8~12세 정도에 해당한다. '경도 정신지체' 및 '경도 지체'와 같은 의미로 사용된다.

경도 지체【輕度 遲滯】mild retardation

정신지체의 한 유형으로, IQ 50~70 이하(또는 미만)까지의 경우를 말하며, 정신지체의 네 수준 가운데 가장 양호한 수준에 해당한다. 초등학교 고학년 수준의 지적 능력을 획득할 수 있고, 어느 정도의 사회적 능력 및 의사소통 능력을 발달시키는 것이 가능하여 타인의 적절한 도움과 지도를 받게 되면 기본적인 사회생활이 가능하다. '경도 정신지체' 및 '경도 지적 장애'와 같은 의미로 사용된다.

CLICK 경도 정신지체

경미한 정신지체【輕微한 精神遲滯】mild mental retardation

'경도 정신지체' 또는 '가벼운 정신지체'라고도 한다.

CLICK 경도 정신지체

경악 반사【驚愕 反射】startle reflex

선천적으로 가지고 태어나는 반사들 가운데 하나로, 생후 초기의 영아에게 큰 소리를 들려주거나 아기를 앉고 자세를 갑작스럽게 변경시키는 동작(예를 들면, 아기를 내려놓거나 흔드는 동작)을 취하면, 아기가 놀람 반응과 함께 등을 활처럼 구부리면서 팔과 다리를 벌리고 껴안듯이 움츠리는 동작을 취하는데, 이와 같은 선천적인 반사 행동을 '경악 반사'라고 한다. 다른 많은 선천적 반사들처럼, 경악 반사도 생후 약 4개월 무렵을 전후하여 사라진다. '놀람 반사'라고도 하며, '모로 반사(Moro reflex)', 껴안기 반사(embracing reflex: '포옹 반사'라고도 함), 모로 껴안기 반사(Moro embracing reflex: '모로 포옹 반사'라고도 함)라고도 한다. 흔히 '모로 반사'라는 표현을 많이 사용한다.

경직성【硬直性】rigidity

(1) (물리학, 공학 등의 분야에서) 사물(또는 물체)의 구조 또는 형태가 단단하게 고정되어 있어 잘 변하지 않는 성질 또는 특성. (2) (의학, 신체 건강, 스포츠 등의 분야에서) 근육이 굳어지거나 신축성이 떨어져 잘 늘어나지 않는 상태 또는 그런 현상. (3) (경제학 등의 분야에서) 시장 경제에서 상품의 공급과 수요에 따라 오르거나 내려갈 것으로 기대되는 가격의 변동이 자연스럽게 이루어지지 않는 현상. 즉, 수요와 공급의 변화가 가격에 영향을 미치지 못하는 경향 또는 현상을 말하며, 흔히 이런 현상을 지칭하여 가격의 경직성(rigidity of price)이라고 한다. (4) (심리학, 심리 치료, 상담 등의 분야에서) 사고의 변화, 태도의 변화 및 행동의 변화 등과 같이 삶의 다양한 시점과 상황에서 취하는 변화는 적응을 위해서나 더 나은 삶 또는 발전된 삶을 위해 필요하고 도움이 되는 경우가 많다. 이와 같은 변화에 대해 지나칠 정도로 거부하거나 저항하는 성향 또는 특성을 지칭하여 '경직성'이라고 한다. 흔히 이런 경직성은 더 나은 삶의 기회를 상실하거나 현실 부적응을 초래하게 된다는 점에서 병리적 특성들 가운데 하나로 간주된다. 병리적인 개인이나 가족 또는 조직에서 자주 나타난다.

경험【經驗】experience

경험은 다음과 같은 의미로 사용되는 말이다. (1) 어떤 현상이나 대상을 직접 접촉하거나 겪어봄. (2) 감각 기관을 통해 객관적 사상(事象)을 직접 접촉하거나 체험해봄. (2) 직접적인 접촉이나 체험을 통해 획득한 지식이나 능력. 과학적 연구 방법과 접근을 강조하는 심리학 등의 학문 분야에서는 여러 감각 기관을 통해 이루지는 경험들 중에서도 시각 기관을 통해 이루어지는 경험인 '관찰' 혹은 '관찰 경험'을 가장 비중 있게 고려한다.

계열적 설계【系列的 設計】sequential design

둘 또는 셋 이상의 연령 집단을 표집한 후, 이 연령 집단들을 수년 또는 그 이상의 기간에 걸쳐 종단적으로 추적해가면서 연구에서 밝히고자 하는 발달 전반 또는 발달의 특정 영역에서의 변화와 특징을 반복 측정하여 비교하는 연구 설계(법)를 말한다. 발달 연구를 위한 설계 방법 가운데 하나로, 특히 대표적인 발달 연구 설계법인 종단적 설계(또는 종단적 연구)와 횡단적 설계(또는 횡단적 연구)가 가지고 있는 각각의 장점은 살리고, 동시에 각각의 단점은 최소화될 수 있도록 두 가지 설계를 결합한 연구 설계(법)이다. 예를 들면, 연령에 따른 지능의 변화 경향을 알기 위해, 5세, 10세, 15세, 20세 등 4개의 연령 집단을 각각 200명씩 표집한 후 10년 동안에 걸쳐 주기적으로 이 집단(구성원들)의 지능을 반복 측정하는 계열적 설계를 생각할 수 있다. 이 연구 설계를 적용하며, 10년 후에는 5세 집단은 15세, 10세 집단은 20세, 15세 집단은 25세, 20세 집단은 30세가 된다. 따라서 이들 4개의 연령 집단을 대상으로 10년간 진행한 연구를 통해 5세부터 30세까지 약 25년의 연령 범위에 대한 지능을 측정하여 비교하는 연구 수행이 가능해진다. 구체적으로 4개 연령 집단의 지능에 있어서 10년간의 종단적 변화를 확인할 수 있을 뿐만 아니라 전체 25년의 연령 범위에서 나타난 지능의 변화를 비교할 수 있는 장점을 가지고 있다. 특정 연령(예를 들면, 15세나 20세 등)에 도달한 서로 다른 연령 집단의 측정 자료를 비교할 수도 있기 때문에, 만일 10년의 연구 기간 동안 특정 연령(예를 들면, 20세)에 도달한 집단들(연구 시작 시점에서 볼 때 10세 집단, 15세 집단 및 20세 집단)의 측정값에서 의미 있는 차이가 없다면, 지능 발달에 있어서 동시대 출생 집단 효과(cohort effect: '동시대 집단 효과'라고도 함)가 없다는 결론을 내릴 수 있다. 그러나 이와는 달리 측정값에서 의미 있는 차이가 나타난다면, 지능 발달에 있어서 동시대 출생 집단 효과가 있다는 결론을 내릴 수 있다.

계통 발생적 발달【系統 發生的 發達】phylogenetic development

인간 또는 생물 종(種)들에서 오랜 기간(예를 들면, 수천 년 또는 수만 년에서 수백만 년)에 걸쳐 일어나는 진화적 변화 또는 진화적 발달. 이에 비해 개체 발생적 발달(ontogenetic development)은 한 개체(또는 개인)가 한 평생을 살아가는 동안 나타내는 발달적 변화를 의미한다. 계통 발생적 발달은 '계통 발생학적 발달'이라고도 한다.

계통 발생학적 발달【系統 發生學的 發達】phylogenetic development

'계통 발생적 발달'이라고도 한다.

CLICK 계통 발생적 발달

고도 정신지체【高度 精神遲滯】severe mental retardation

정신지체(mental retardation)는 일반적인 지능 검사에서 획득한 지능 지수(IQ)가 70 이하(또는 미만)이면서, 학습이나 사회적 적응 등과 같은 일상생활을 해 나가는 능력 면에서 결함을 나타내는 경우를 지칭한다. 정신지체는 지능 지수(IQ)의 범위에 따라 네 수준으로 분류할 수 있는데, 그 중 IQ 20~34까지를 '고도 정신지체'라고 하며, '중증도 정신지체' 또는 '심한 정신지체'라고도 한다. 이 수준의 정신지체자들은 감각과 운동 능력에서 미숙한 발달 수준을 나타내고, 초보적인 언어발달 수준을 보이기 때문에 다른 사람과의 정상적인 의사소통이 매우 어렵다. 주의 깊은 관리감독이 이루어지는 체계적인 환경 내에서 기본 활동을 배우고 수행할 수 있는 수준이다. 즉, 적절한 도움과 지도를 받는 경우에 기본적인 자기 보살핌 정도가 가능하다. 정신지체자의 약 3~7% 정도가 이 수준에 해당한다. '고도 지체', '고도 지적 장애' 등과도 같은 의미로 사용된다.

고도 지적 장애【高度 知的 障碍】severe intellectual disability

'지적 장애'의 한 유형으로, IQ 20~34까지의 경우를 말한다. 감각과 운동 능력에서 미숙한 발달 수준을 나타내고, 초보적인 언어발달 수준을 보이기 때문에 다른 사람과의 정상적인 의사소통이 매우 어렵다. 주의 깊은 관리감독이 이루어지는 체계적인 환경 내에서 기본 활동을 배우고 수행할 수 있는 수준이다. 즉, 적절한 도움과 지도를 받는 경우에 기본적인 자기 보살핌 정도가 가능하다. 성인의 경우에, 고도 지적 장애는 정신연령이 약 3~6세 정도에 해당한다. '고도 정신지체', '고도 지체' 등과 같은 의미로 사용된다.

고도 지체【高度 遲滯】severe retardation

정신지체의 한 유형으로, IQ 20~34까지의 경우를 말한다. 이 수준의 정신지체자들은 감각과 운동 능력에서 미숙한 발달 수준을 나타내고, 초보적인 언어발달 수준을 보이기 때문에 다른 사람과의 정상적인 의사소통이 매우 어렵다. 주의 깊은 관리감독이 이루어지는 체계적인 환경 내에서 기본 활동을 배우고 수행할 수 있는 수준이다. 즉, 적절한 도움과 지도를 받는 경우에 기본적인 자기 보살핌 정도가 가능하다. 정신지체자의 약 3~7% 정도가 이 수준에 해당한다. '고도 정신지체', '고도 지적 장애' 등과도 같은 의미로 사용된다.

고든 올포트 Gordon Allport (1897~1967)

고든 윌라드 올포트(Gordon Willard Allport). 미국의 심리학자. 성격 이론 및 사회심리학의 응용 분야에서 많은 업적을 남겼다. '올포트', '고든 윌라드 올포트', 'Allport', 'Gordon Allport', 'Gordon Willard Allport' 등으로 표기하기도 한다.

CLICK 고든 윌라드 올포트

고든 윌라드 올포트 Gordon Willard Allport (1897~1967)

미국의 심리학자. 미국의 하버드 대학교 및 독일과 영국 등의 여러 대학에서 수학하였다. 특히 학문적으로 독일의 형태주의 심리학의 영향을 많이 받았고, 미국 하버드 대학교 교수로 재직하였으며, 성격심리학 및 사회심리학 분야, 특히 성격 이론 및 사회심리학의 응용 분야에서 많은 업적을 남겼다. '올포트', '고든 올포트', 'Allport', 'Gordon Allport' 등으로 표기하기도 한다.

고령 사회【高齡 社會】aged society

전체 인구 중에서 65세 이상인 고령인구가 차지하는 비율이 14% 이상부터 20% 미만인 사회.

CLICK 고령화 사회

고령화【高齡化】aging / ageing

한 사회를 구성하는 인구 중에서 노인(흔히 65세 이상인 사람)의 비율이 증가해 가는 현상.

고령화 사회【高齡化 社會】aging society

경제력 향상에 따른 생활 수준 및 생활환경의 개선, 의학의 발달 등의 요인들에 의해 노령인구의 비율이 일정한 수준을 넘어 계속 증가해 가고 있는 사회를 말한다. 일반적으로 한 사회 또는 국가의 전체인구 중에서 65세 이상인 고령 인구가 차지하는 비율이 7% 이상부터 14% 미만인 사회를 지칭하여 고령화 사회라고 한다. 전체 인구 중에서 65세 이상인 고령인구가 차지하는 비율이 14% 이상부터 20% 미만인 사회를 지칭할 경우에는 '고령 사회(aged society)'

라 하고, 65세 이상인 고령인구의 비율이 20% 이상인 사회를 지칭할 때는 '초고령 사회(superaged society)'라고 한다. 한편 국가 및 사회적 차원에서 보면, 고령화 사회로의 전환에 따라 젊은 층 인구의 상대적 감소에 따른 노동력 부족 현상과 노인인구의 증가에 따른 부양인구의 증가 및 복지비용의 증가 등과 같은 문제들이 발생하게 된다.

고전적 조건 형성【古典的 條件 形成】classical conditioning

중립 자극(neutral stimulus)이 무조건 자극(unconditioned stimulus)과 짝지어지는 과정을 통해 무조건 자극이 일으키는 무조건 반응과 유사한 반응(즉, 조건 반응)을 일으키는 학습 유형. '고전적 조건화', '반응적 조건화(respondent conditioning)' 또는 '반응적 조건 형성', '파블로프식 조건화(Pavlovian conditioning)' 또는 '파블로프식 조건 형성'이라고도 한다. 파블로프가 발견하고 체계적으로 연구한 학습의 형태라는 의미에서 '파블로프식 학습(Pavlovian learning)' 또는 '파블로프 학습'이라고도 한다.

CLICK 고전적 조건화

고전적 조건화【古典的 條件化】classical conditioning

학습의 한 형태로, 처음에는 특정 반응을 유발시키지 못했던 중립 자극(neutral stimulus)이 원래부터 특정 반응을 유발시키는 효과를 가진 무조건 자극(unconditioned stimulus)과 짝지어지는 경험을 통해 무조건 자극이 일으키는 무조건 반응과 유사한 반응(즉, 조건 반응)을 일으키는 학습 형태를 말한다. 제정(帝政) 러시아 시대부터 구소련 시대에 걸쳐 활동했던 생리학자 파블로프(Pavlov: 1849~1936)에 의해 발견되어 체계적으로 연구된 학습의 한 유형이다. 중립 자극과 무조건 자극을 동시에 또는 짧은 시간 간격을 두고 반복적으로 제시하게 되면 처음에는 무조건 자극에 대해서만 유발되던 특정 반응(무조건 반응)과 유사한 반응이 유발되는데, 이를 조건 반응이라고 하고, 이 조건 반응을 유발시키는 자극을 조건 자극(무조건 자극과 연합되기 전에는 중립 자극이었음)이라고 하며, 이러한 조건 반응이 형성되기까지 이루어지는 일련의 학습 과정을 지칭하여 '고전적 조건화'라고 한다. 고전적 조건화는 '고전적 조건 형성', '반응적 조건화(respondent conditioning)', '반응적 조건 형성', '파블로프식 조건화(Pavlovian conditioning)' 또는 '파블로프식 조건 형성'이라고도 한다. 파블로프가 발견하고 체계적으로 연구한 학습의 형태라는 의미에서 '파블로프식 학습(Pavlovian learning)' 또는 '파블로프 학습'이라고도 한다.

고중증도 정신지체【高重症度 精神遲滯】profound mental retardation

'최고도 정신지체', '최중도 정신지체', '극심한 정신지체', '매우 심한 정신지체' 또는 '아주 심한 정신지체'라고도 한다. 또한 '최고도 지체', '최고도 지적장애' 등과도 같은 의미로 사용된다.

CLICK 최고도 정신지체

고진폭 빨기 기법【高振幅의 빨기 技法】high-amplitude sucking method

특별히 전자회로가 내장된 젖꼭지(빠는 속도와 세기를 전자회로가 탐지하도록 되어 있음)를 영아에게 물게 한 후, 특정 자극을 제시할 경우에 이것에 대해 영아가 흥미롭게 여기는 경우에는 젖꼭지를 빠르게 또는 세게 빠는 행동을 함으로써 그 특정 자극이 지속되도록 할 수 있는 능력을 활용하여 영아의 지각 능력과 반응을 평가하는 기법. '고진폭 빨기 방법' 또는 '높은 진폭의 빨기 방법'이라고도 한다.

CLICK 고진폭 빨기 방법

고진폭 빨기 방법【高振幅의 빨기 方法】high-amplitude sucking method

영아의 지각 능력 및 반응을 평가하기 위해 고안된 연구 방법의 하나로, 특별히 전자회로가 내장된 젖꼭지(빠는 속도와 세기를 전자회로가 탐지하도록 되어 있음)를 영아에게 물게 한 후, 특정 자극을 제시할 경우에 이것에 대해 영아가 흥미롭게 여기는 경우에는 젖꼭지를 빠르게 또는 세게 빠는 행동을 함으로써 그 특정 자극이 지속되도록 할 수 있는 능력을 활용하여 영아의 지각 능력과 반응을 평가하는 방법이다. 또한 이 방법은 영아가 두 가지 자극들 가운데 더 선호하는 자극에 반응하도록 함으로써 아기의 선호 반응 또는 선호 반응 능력을 평가할 수도 있다. 이 방법을 사용한 연구에서는 먼저 영아의 빨기 반응 빈도의 기저선을 측정하고, 이어서 A자극을 제시했을 때 영아가 이 자극에 흥미가 있는 경우에는 기저선 반응보다 더 빠르게 또는 세게 빠는 행동을 나타낼 것이다. 그러나 시간이 경과하면서 빨기 행동이 기저선 수준으로 떨어지는 상황이 나타나면 이것은 자극에 대한 흥미 감소로 인한 습관화(habituation)가 일어난 것으로 평가한다. 이어서 B자극을 제시하게 되는데, 이 자극에 대한 빨기 행동이 기저선 수준을 상회하는 경우에는 탈습관화(dehabituation)가 일어난 것으로, 이 반응은 영아가 새로운 자극에 흥미를 나타낸 것으로 평가할 수 있으며, 동시에 영아가 앞서 습관화되었던 A자극과 새로 제시된 B자극을 구별하고 있음을, 즉 두 자극을 구별하는 능력이 있음을 의미한다는 결론을 내릴 수 있다. '고진폭 빨기 기법' 또는 '높은 진폭의 빨기 방법'이라고도 한다.

고착【固着】fixation

Freud의 성격 발달 이론에서, 개인이 특정 발달 단계(특히 발달의 초기 단계)를 거치는 과정에서 과도한 만족이나 과도한 좌절을 겪게 됨에 따라 발달이 그 특정 단계에 머무르게 되고, 그 결과 다음 단계로의 발달이 순조롭게 진행되지 못하는 상태를 지칭하여 고착이라고 한다.

고테스만 Gottesman (1930~2016)

어빙 이자도어 고테스만(Irving Isadore Gottesman). 미국의 행동유전학자. 행동유전학 분야, 특히 정신분열증(조현병)의 유전에 관한 수많은 연구를 수행했고, 그 학술 공로를 인정받아 여러 개의 권위 있는 상을 수상했다. 미국에서는 처음으로 행동유전학(behavioral genetics)에 관한 학술 프로그램을 도입한 학자로 평가받고 있다. 발달에 대한 유전과 환경의 영향을 설명하는 주요 개념 가운데 하나인 '반응 범위(range－of－reaction)' 또는 '반응 범위 원리(range－of－reaction principle)' 개념을 처음으로 제안하고 사용한 학자로 알려져 있다.

고환 여성화 증후군【睾丸 女性化 症候群】testicular feminization syndrome (TFS)

태내기 동안에 남성 태아가 여성과 같은 외부 생식기를 발달시키는 이상 발달을 말한다. 유전적 이상에서 비롯되는 것으로 이해되고 있으며, 이 증후군을 가진 남성 태아는 남성호르몬이 없거나 남성호르몬에 민감하게 반응하지 못한다. 그 결과 정상적인 남성 생식기를 발달시키지 못하고 반대로 여성의 외부 생식기를 발달시키는 이상 발달을 나타내게 된다.

골격 연령【骨格 年齡】skeletal age

출생 시부터 달력에 근거하여 계산하는 연령과 비교되는 연령 산출 방식으로, 골(또는 골격)의 발달 정도나 수준에 근거하여 나타내는 연령을 의미한다. '골연령(骨年齡)'이라고도 한다.

골다공증【骨多孔症】osteoporosis

뼈의 밀도가 감소됨으로 인하여 뼈가 약해져 골절이 되기 쉬운 상태. 중년기 이후, 특히 폐경기 이후의 여성들에게서 많이 발생한다. 발생 원인으로는 선천적 골형성 부전증, 칼슘 등의 섭취 부족, 특정 호르몬의 불균형 및 약물 부작용 등이 알려지고 있다.

골연령【骨年齡】skeletal age

골(또는 골격)의 발달 정도나 수준에 근거하여 나타내는 연령. 신체의 여러 부분을 이루고 있는 뼈(골격)의 성숙도를 나타내는 측정치를 말한다. 즉, 생후 초기부터 아동기 및 청소년기까지의 기간 동안에 신체의 여러 부분에 위치하고 있는 뼈(골격)의 발달 정도나 수준에 근거하여 판단하는 신체의 성숙도를 나타내는 측정치이다. '골격 연령'이라고도 한다.

공간적 지능【空間的 知能】spatial intelligence

사물이나 현상을 시각적 또는 공간적으로 지각하고 표현하며, 나아가 이를 회전시키거나 변경할 수 있는 능력 또는 지능. 디자이너나 건축가 등과 같은 분야에서 활동하는 사람들에게서 요구되는 능력이다. 미국의 심리학자 '하워드 얼 가드너(Howard Earl Gardner: 1943~)'가 제안한 '다중 지능 이론(theory of multiple intelligences)'에서는 인간의 지능은 서로 독립적으로 기능하는 8가지의 지능(최근에는 9번째 지능을 추가로 제시)으로 구성되어 있다고 보는데, 그 가운데 하나가 공간적 지능이다. 이외에도 다중 지능 이론에서는 언어적 지능, 논리－수학적 지능, 신체－운동적 지능, 음악적 지능, 개인 내적 지능, 개인 간 지능(또는 대인 관계적 지능), 자연주의적 지능, 그리고 가장 최근에 새로운 지능의 한 영역으로 실존적 지능(또는 존재론적 지능) 등을 제시하고 있다. 공간적 지능은 '공간 지능'이라고도 하며, '시각－공간적 지능' 또는 '시각－공간 지능'이라고도 한다.

공간 지능【空間 知能】spatial intelligence

사물이나 현상을 시각적 또는 공간적으로 지각하고 표현하며, 나아가 이를 회전시키거나 변경할 수 있는 능력 또는 그런 지능. '공간적 지능'이라고도 하며, '시각－공간적 지능' 또는 '시각－공간 지능'이라고도 한다. CLICK 공간적 지능

공감【共感】empathy

상대방의 경험이나 감정 또는 정서 상태, 그리고 생각 등을 상대방의 입장이나 관점에서 이해하고 느끼는 것 또는 그렇게 하는 능력. 공감은 타인과의 의사소통 과정이나 상담 과정에서 중요한 요인으로 작용한다. 특히 상담 과정에서 사용되는 상담자의 공감(또는 공감 반응)은 효과적인 상담을 위한 중요한 기법들 가운데 하나로, 공감을 받고 있다고 느끼는 내담자는 상담자를 더욱 신뢰하게 되며, 나아가 보다 더 자연스럽게 자신의 생각이나 경험을 드러낼 수 있게 된다.

공감각【共感覺】synesthesia

어떤 특정 감각 기관에 가해진 자극이 그 자극으로 인한 일반적인 감각 경험을 일으킬 뿐만 아니라 다른 감각 기관에서도 또 다른 감각 경험을 일으키는 현상. 즉, 어떤 자극에 대한 감각이나 지각 경험을 할 때 이와 별도로 또 다른 유형의 감각이나 지각을 동시에 경험하는 현상을 말한다. 일반적인 사람들의 감각이나 지각 과정에서는 나타나지 않는 특이한 현상이라고 할 수 있다. 예를 들면, 어떤 소리나 음악을 듣고 이에 대한 청각적 경험뿐만 아니라 냄새 또는 색 감각을 경험하게 되는 경우나 어떤 문자나 숫자를 볼 때 문자나 숫자를 보는 것 외에 특정한 색깔을 감각하는 경우가 공감각에 해당된다. 이와 같은 초감각적 경험이 발생하는 원인은 아직 정확히 밝혀지지 않고 있다. 이 현상의 원인을 설명하는 한 가지 가설은 이 경험을 하는 사람들의 뇌가

일반적인 사람들의 뇌와는 다른 방식으로 신경 회로를 형성하고 있기 때문이라고 본다.

공감적 관심 【共感的 關心】 empathetic concern / empathic concern

상대방의 입장이 되어 그가 느끼는 감정, 지각, 사고, 욕구 등을 이해하면서 그의 복지와 안녕에 대해 관심을 갖는 것(또는 그런 능력)을 의미한다. 인간 특성에 관한 많은 유전 연구들은 일란성 쌍생아들이 이란성 쌍생아들에 비해 공감적 관심 수준이 더 비슷하다는 결과를 제시해오고 있는데, 이런 결과는 발달적 특성들 가운데 하나인 공감적 관심(능력)이 유전의 영향을 받고 있음을 시사한다.

공감적 이해 【共感的 理解】 empathetic understanding

상담 또는 심리 치료에서 사용되는 주요 기법 가운데 하나로, 상담자(또는 치료자)가 내담자의 입장이 되어 내담자가 경험하고 있는 것을 느끼고 이해하며, 나아가 이러한 느낌과 이해를 내담자에게 반응하여 전달해주는 기법 또는 그러한 능력을 의미하다.

공격성 【攻擊性】 aggression

상대방에게 고통이나 해를 주려는 의도를 가진 행동 또는 그런 성향. 특히 행동 측면을 강조하거나 지칭할 때는 '공격 행동(aggressive behavior)'이라는 표현을 사용하기도 한다.

공격 행동 【攻擊 行動】 aggressive behavior

상대방에게 고통을 주거나 피해를 줄 목적으로 행하는 모든 형태의 행동. 언어적, 물리적 행동을 포함한 모든 형태의 행동들이 공격 행동의 범주에 포함될 수 있다.

공동 양육 【共同 養育】 coparenting

부부(또는 부모)가 모두 자녀의 양육에 참여하면서 서로의 양육 노력과 자세에 대해 지지를 보내는 동시에 우호적인 협력관계 속에서 진행하는 양육 또는 육아. '공동 육아'라고도 한다.

공동 우성 【共同 優性】 codominance / co-dominance

염색체 상에서 특정 유전 형질(또는 특성)에 대해 서로 다른 효과를 갖는 이형(異型)의 대립 유전자가 동일한 힘을 갖고 있어서 이 두 개의 대립 유전자 모두가 동일하게 표현되어 표현형을 만드는 성질 또는 그런 조건. '공우성(共優性)'이라고도 한다.

공동 육아 【共同 育兒】 coparenting

'공동 양육'이라고도 한다. CLICK 공동 양육

공상 【空想】 fantasy

현실에서 실현되기 어려운 일이나 대상에 대한 바람이나 희망을 상상을 통해 그려보거나 성취해보는 정신 활동. 자신이 이러한 비현실적인 상상을 하고 있다는 것을 스스로가 알고 의식할 수 있다는 점에서 망상과 구분된다.

공소 증후군 【空巢 症候群】 empty nest syndrome

자녀가 성장하는 동안 자녀 양육과 발달적 지원 등의 역할을 하던 주부(또는 어머니)들은 흔히 자녀가 성인으로 장성하여 더 이상 부모의 도움을 필요로 하지 않거나 결혼하여 부모의 곁을 떠나게 되는 상황을 맞이하게 된다. 이때 커다란 상실감을 경험하거나 자신의 정체감(正體感, identity)에 대하여 큰 혼란을 경험하게 되는 심리적인 부적응 상태에 빠지게 되는 경우가 많은데, 이러한 현상을 '공소 증후군'이라고 한다. '빈둥지 증후군'이라고도 한다.

공식적 비행【公式的 非行】official delinquency

비행이 발생한 이후 적발되었거나 체포된 경우의 비행을 의미한다. 흔히 공식적 비행은 전체 비행 사건들 중에서 검찰이나 경찰 또는 법원 등의 공식적인 통계에 포함된 경우를 의미한다.

공우성【共優性】codominance / co-dominance

염색체 상에서 특정 유전 형질(또는 특성)에 대해 서로 다른 효과를 갖는 이형(異型)의 대립 유전자가 동일한 힘을 갖고 있어서 이 두 개의 대립 유전자 모두가 동일하게 표현되어 표현형을 만드는 성질 또는 그런 조건. '공동 우성'이라고도 한다.

공유적 환경【共有的 環境】shared environment

한 가정이나 공간에서 함께 살아가는 사람들(예를 들면, 형제, 자매 등)이 서로 공통적으로 접하는(즉, 공유하는) 환경. '공유 환경'이라고도 한다.

CLICK 공유 환경

공유적 환경 경험【共有的 環境 經驗】shared environmental experience

한 가정이나 공간에서 함께 살아가는(생활해가는) 사람들이 공통적으로 접하는(즉, 공유하는) 환경을 '공유 환경(shared environment)'이라고 하며, 이런 공유 환경을 공통적으로 접하고 경험해가는 것을 지칭하여 '공유적 환경 경험'이라고 한다. '공유 환경 경험'이라고도 한다.

공유적 환경 영향【共有的 環境 影響】shared environmental influence

한 가정이나 공간에서 함께 살아가는(생활해가는) 사람들이 공통적으로 접하는(즉, 공유하는) 환경을 '공유 환경(shared environment)'이라고 하며, 이러한 환경을 공통적으로 접하고 경험해가는 과정에서 그 공유 환경으로부터 공통적으로 받는 영향을 지칭하여 '공유적 환경 영향'이라고 한다. 이와 같은 공유 환경 영향으로 인해 함께 살아가는 사람들이 서로 비슷한 특성을 발달시키게 된다. '공유 환경 영향'이라고도 한다.

공유 환경【共有 環境】shared environment

한 가정이나 공간에서 함께 살아가는 사람들(예를 들면, 형제, 자매 등)이 서로 공통적으로 접하는(즉, 공유하는) 환경을 말한다. 예를 들면, 부모의 존재 또는 부재, 부모의 양육 방식이나 태도, 가족의 사회경제적 지위 또는 물리적 가정환경 등과 같은 요소들은 서로 공유하는 환경적 측면이 될 수 있다. 이와 같은 공유 환경은 발달 과정에서 형제들이 가진 특성들의 유사성을 증가시키는 요인으로 작용한다. 일반적으로 한 가정에서 생활하는 형제들은 어떤 이유로 떨어져 생활하는 형제들에 비해 더 많은 유사성을 나타내게 되는데, 이러한 경향은 공유 환경(경험)의 차이에서 비롯되는 것으로 설명된다. 구체적으로 유전적으로 동일한 일란성 쌍생아들에 관한 연구들은 입양 등의 이유로 떨어져 생활하게 된 일란성 쌍생아들에 비해 한 가정에서 함께 생활한 일란성 쌍생아들이 지능, 성격, 정서 등 발달의 여러 측면들에서 서로 유사성이 더 높음을 보여주는데, 이러한 차이는 바로 함께 생활한 일란성 쌍생아들이 더 많은 공유 환경 속에서 생활한 결과로 이해된다. '공유적 환경'이라고도 한다.

공유 환경 경험【共有 環境 經驗】shared environmental experience

'공유적 환경 경험'이라고도 한다.

CLICK 공유적 환경 경험

공유 환경 영향【共有 環境 影響】shared environmental influence

'공유적 환경 영향'이라고도 한다.

CLICK 공유적 환경 영향

공포【恐怖】fear

위협적이거나 위험한 대상 또는 상황에서 경험하는 두려움.

공포 반응【恐怖 反應】phobic reaction

흔히 공포증을 가진 사람들이 나타내는 증상 또는 반응을 말한다. 구체적으로 특정한 대상이나 상황에 대하여 비합리적으로 지나치게 강한 두려움(또는 공포)이나 불안감을 나타내는 반응을 지칭하여 공포 반응이라고 한다.

공포증【恐怖症】phobia

불안 장애의 하위 유형 가운데 하나로, 특정 대상이나 상황에 대하여 비합리적으로 지나치게 강한 두려움(또는 공포)이나 긴장 또는 불안감을 나타내는 것을 특징으로 하는 장애. 즉, 특정한 대상이나 상황에 대하여 일반적인 수준을 넘어 병적(病的)으로 지나치게 강한 두려움(또는 공포)이나 긴장 또는 불안감을 경험하는 상태 또는 그러한 상태를 보이는 증상을 말한다. 일반적으로 사람들이 두렵거나 위험하다고 여기지 않는 상황이나 자극에 대하여 과도하게 강한 공포를 나타내는 경우를 말하는 것으로, 이러한 공포증의 예로는 고소 공포증(高所 恐怖症), 동물 공포증(動物 恐怖症), 대인 공포증(對人 恐怖症), 이성 공포증(異性 恐怖症), 광장 공포증(廣場 恐怖症), 폐쇄 공포증(閉鎖 恐怖症) 및 선단 공포증(先端 恐怖症) 등이 있으며, 이외에도 아주 다양한 유형의 공포증이 있다.

공황【恐慌】panic

갑작스럽게 발생한 두려움이나 공포에 의해 압도된 극심한 심리적 불안 상태.

공황 발작【恐慌 發作】panic attack

갑자기 극심한 불안이나 공포가 세차게 일어나는 상태로, 일반적으로 심장 박동의 증가, 숨이 차는 느낌, 발한, 가슴 통증, 떨림, 질식감, 현기증, 통제력 상실감 등의 증세들 가운데 몇 가지가 동시에 발생한다. 공황 발작은 흔히 증세 발생 후 수분 이내에 최고 수준에 도달하게 된다.

공황 장애【恐慌 障碍】panic disorder

분명한 또는 특별한 이유가 없는 상황에서 갑자기 극심한 불안이나 공포 상태에 빠지는 증상인 '공황 발작'이 생활 속에서 반복적으로 발생하는 정신 장애. 주요 증상으로는 극도의 불안감과 함께 숨막힘, 몸의 떨림, 가슴통증 등의 신체증상들이 있다. 이 장애를 가진 사람들은 갑작스럽게 발생하는 공황 발작에 대한 두려움 때문에 공공의 장소에 가는 것을 기피하게 되는 등 사회적 활동에서 많은 제약과 부적응을 경험하게 되기 쉽다.

과거 추적 전략【過去 追跡 戰略】follow-back strategy

정신 장애가 있는 개인의 정신병리의 기원이나 특징 또는 상태를 파악하기 위해 사용하는 방법의 하나로, 장애가 있는 개인(아동, 청소년 또는 성인)을 대상으로 하여 활동했던 사람들(예를 들면, 교사, 임상의사나 심리학자, 상담사, 사회복지사 등)이 과거에 그 개인을 관찰하거나 면접하는 과정 등을 통해 기록했던 자료를 수집·조사하여 그 개인의 정신병리의 기원이나 특징 또는 상태 등을 파악하는 방법 또는 전략을 말한다.

과업【課業】task

맡아서 해야 할 일이나 업무.

과잉 규칙화【過剩 規則化】overregularization

특정 문법 규칙을 이 문법이 적용되지 않는 단어나 문장에까지 과잉 일반화하여 적용하는 현상. 언어 발달 초기의 아동들에게서 나타나는 미숙한 언어 사용(또는 언어 행동)의 한 형태이다.

과잉 축소【過剩 縮小】underextension

언어 사용이 미숙한 어린 아동이 특정 단어를 지나치게 좁은 범위의 대상을 지칭하는 데 제한적으로 사용하는 것 또는 그런 현상. 즉, 과잉 축소는 언어 습득 및 발달 과정에서 어린 아이가 보이는 미숙한 언어 사용 현상들 가운데 하나로, 새로이 습득한 단어를 사용 가능한 범주의 모든 대상들에게 적용하지 않고 범위를 축소하여 일부 대상에게만 적용하여 사용하는 현상을 말한다. 예를 들면, '고양이'라는 단어를 배운 어린 아이가 자기 집의 고양이에 대해서는 '고양이'라고 부르지만, 털의 무늬가 조금 다른 이웃집의 고양이에 대해서는 '고양이'라고 부르지 않는 경우 등이 있다. 이와 반대로 새로이 습득한 단어를 일부 공통된 특성에 근거하여, 용례에 맞지 않는 대상에게로까지 지나치게 확장하여 사용하는 현상을 '과잉 확장'이라고 한다.

과잉 행동【過剩 行動】hyperactivity

상황에 맞지 않게 필요 이상으로 과도하게 이루어지는 행동. 구체적으로 개인의 연령, 지능, 성별 및 사회적 지위에 맞지 않게 불안정하고 부적절하며, 불규칙하고 과도하게 이루어지는 행동을 말하며, 이러한 행동이 지속되는 경우에는 일종의 장애(또는 장애의 특징)로 간주될 수 있다. 과잉 행동이 주요 특징으로 나타나는 대표적인 장애로 ADHD(주의력 결핍 과잉 행동 장애)를 들 수 있다. 과잉 행동이라는 말 대신에 '과잉 활동' 또는 '과다 행동'이라는 표현이 사용되기도 한다.

과잉 확장【過剩 擴張】overextension

언어 사용이 미숙한 어린 아동이 특정 단어를 지나치게 넓은 범위의 대상들을 지칭하는 데 사용하는 것 또는 그런 현상. 즉, 과잉 확장은 언어 습득 및 발달 과정에서 어린 아이가 보이는 미숙한 언어 사용 현상들 가운데 하나로, 새로이 습득한 단어를 일부 공통된 특성에 근거하여, 용례에 맞지 않는 대상에게로까지 지나치게 확장하여 사용하는 현상을 말한다. 예를 들면, '아빠'라는 단어를 배운 아이가 자신의 아빠뿐만 아니라 다른 성인 남성들까지도 '아빠'라고 부르는 경우가 과잉 확장의 한 예가 된다. 이와 반대로 새로이 습득한 단어를 사용 가능한 범주의 모든 대상들에게 적용하지 않고 범위를 축소하여 일부 대상에게만 적용하여 사용하는 현상을 '과잉 축소(underextension)'라고 한다.

과정-지향적 칭찬【過程-指向的 稱讚】process-oriented praise

'과정 – 지향 칭찬'이라고도 한다.

CLICK 과정-지향 칭찬

과정-지향 칭찬【過程-指向 稱讚】process-oriented praise

인물(개인)이 가지고 있는 지능이나 성격과 같은 내적 능력이나 특성에 대한 칭찬(이와 같은 형태의 칭찬을 '인물 칭찬'이라고 한다)과는 달리, 성취 과정 또는 문제해결 과정에서 좋은 결과나 성취를 위해 '노력하는 과정'의 측면에 대해 이루어지는 칭찬을 지칭하여 '과정 – 지향 칭찬'이라고 한다. '과정 – 지향적 칭찬'이라고도 한다.

과제 분석【課題 分析】task analysis

문제를 효율적으로 해결하기 위해 목표, 수행해야 할 과제, 작업의 과정이나 단계 등을 세분화하여 분석하고 파악하는 일련의 활동. 즉, 과제 분석은 어떤 문제를 효율적으로 해결하기 위해 설정된 목표가 무엇인지를 파악하고, 그 목표를 이루기 위해 수행해야 할 과제는 무엇인지를 알아보며, 나아가 과제를 수행하기 위한 과정이나 단계, 그리고 해야 할 일이 무엇인지를 파악하는 것 등을 포함하는 일련의 분석 활동을 말한다.

과학적【科學的】scientific

'사물이나 현상을 이해하고 설명하기 위해 객관적이고 관찰 가능하며, 체계적인 지식이나 접근(또는 연구 방법)에 의존하는'이라는 의미를 가진 말이다.

과학적 방법【科學的 方法】scientific method

객관적이고 경험적이며 체계적인 절차를 통해 어떤 대상이나 현상에 관한 지식이나 해법을 찾아가는 접근 방법. 즉, 과학적 방법은 오류나 오차를 최소화하고 신뢰할 수 있는 지식이나 원리를 발견하기 위해 자료를 수집하고, 가설을 설정하며, 나아가 그 가설을 경험적인 활동을 통해 검증해 가는 객관적이고 정밀하며 체계적인 접근 방법을 말한다. 이와 같은 과학적 방법을 적용하는 연구 또는 연구 활동을 지칭하여 '과학적 연구'라고 한다. 과학적 방법 또는 과학적 연구의 일반적인 절차는 (1) 대상이나 현상에 대한 관찰 및 문제 제기, (2) 가설 설정, (3) 자료 수집, (4) 자료 분석, (5) 가설 검증 등의 순으로 진행된다.

관계【關係】relation / relationship

둘 또는 그 이상의 사람들이나 사물들이 서로 어떤 관련성을 가지고 연결되어 있음.

관계의 내적 작동 모델【關係의 內的 作動 모델】internal working model of relationships

'내적 작동 모델(internal working model)'이라고도 한다.

CLICK 내적 작동 모델

관계적 자기 가치감【關係的 自己 價値感】relational self-worth

자기 자신을 가치 있는 존재로 느끼는 정도를 '자기 가치감'이라고 하며, 이는 자존감(self-esteem)과 비슷한 의미를 가진 개념이다. 자기 가치감 중에서도 사회적인 관계(예를 들면, 교사나 친구 또는 이성친구 등과 같은 특정인과의 관계) 상황에서 형성되는 자기 가치감을 지칭하여 '관계적 자기 가치감'이라고 한다. 예컨대, 또래들과의 관계에서 긍정적 평가나 지지를 받지는 못하지만 부모와의 관계나 교사와의 관계에서 긍정적 평가와 지지를 받는 아동이나 청소년의 경우, 부모와의 관계는 긍정적이지 못하지만 또래나 교사와의 관계가 긍정적인 아동이나 청소년의 경우 등을 생각해 볼 수 있다. 이와 같은 관계의 양상은 개인마다 차이가 있겠지만, 한 가지 분명한 점은 각 경우들에서 긍정적인 관계 경험은 그 개인의 전반적인 자기 가치감이나 자존감 향상에 기여하게 된다는 것이다.

관념【觀念】idea

어떤 대상(일이나 사람, 사물 또는 물질 등)에 대한 생각이나 관점 또는 견해.

관찰【觀察】observation

과학적 연구에서 가장 기초가 되는 자료수집 활동으로, 연구 대상의 행동이나 특징을 의식적으로 주의 깊게 살펴보고 기록하는 활동 또는 방법을 말한다. 관찰에는 여러 가지 하위 유형이 있다. 관찰자(연구자)가 자연적인 상황에서 관찰 대상자의 행동을 관찰하는 자연 관찰(또는 자연 관찰법이라고도 함),

관찰자(연구자)가 관찰 대상자(들)가 포함되어 있는 집단에 들어가 함께 활동하면서 관찰 대상자의 행동을 관찰하는 참여 관찰(또는 참여 관찰법이라고도 함), 그리고 관찰자(연구자)가 실험실 상황에서 이루어지는 관찰 대상자의 행동을 관찰하는 실험실 관찰(또는 실험실 관찰법이라고도 함) 등과 같은 다양한 유형의 관찰이 있다. '관찰법'이라고도 한다.

관찰법 【觀察法】 observation method / method of observation / observation

연구 방법의 한 형태로, 연구 대상을 관찰하여 연구를 위한 자료를 수집하는 방법. 관찰자(연구자)가 자연적인 상황에서 관찰 대상자에 대한 영향력 행사나 개입 없이 그들이 평상시에 하는 자연스런 행동이나 특징을 관찰하는 자연 관찰법(또는 자연 관찰이라고도 함), 관찰자(연구자)가 관찰 대상자(들)가 포함되어 있는 집단에 들어가 함께 활동하면서 관찰 대상자가 나타내는 행동이나 특징을 관찰하는 참여 관찰법(또는 참여 관찰이라고도 함), 그리고 연구자가 만들어 놓은 실험실 상황에서 관찰 대상자(또는 피험자)가 나타내는 행동이나 특징을 관찰하는 실험실 관찰법(또는 실험실 관찰이라고도 함) 등과 같은 다양한 유형의 관찰법이 있다. 특히 실험실 관찰법의 경우에는 관찰 대상자(또는 피험자)가 연구를 진행하는 실험자와 실험이 진행되는 상황이나 환경의 영향을 받을 수 있기 때문에 그 관찰 결과를 사람들의 실생활에 적용하거나 일반화하기 위해서는 추가적인 고려와 연구가 요구되는 경우가 많다. 간단히 '관찰' 또는 '관찰 연구법'이라고도 한다.

관찰 상자 【觀察 箱子】 looking chamber

영아의 지각 반응 및 능력을 관찰하고 평가하기 위해 고안된 도구의 하나로, 지각적(특히 시각적) 선호도 방법을 적용하여 영아의 지각 반응과 능력을 관찰하고 평가할 수 있도록 제작된 실험용 상자이다. 즉, 언어적 의사 표현과 활동이 어려운 영아를 대상으로 지각적(또는 시각적) 선호도 방법을 사용하여 영아의 지각 능력을 관찰 · 연구할 목적으로 제작된 실험용 상자를 말한다.

관찰 학습 【觀察 學習】 observational learning

타인의 행동을 관찰함으로써 이루어지는 학습. 즉, 직접적인 행동 경험 또는 직접적으로 강화를 받는 경험 없이 타인의 행동에 대한 관찰을 통해 이루어지는 학습 유형을 말한다. 흔히 아동들은 삶의 과정에서 부모의 행동을 관찰함으로써 다양한 것들을 학습하게 되는데, 여기에는 식사 행동, 음주나 흡연 행동, 부부 간의 상호작용, 자녀를 대하는 행동, 타인에 대한 태도, 말씨 또는 욕하기 등과 같은 언어 행동, 그리고 기타 다양한 생활태도나 습관 등이 포함된다. 이와 같이 관찰 학습은 개인의 사회화가 이루어지는 과정에서 중요하게 작용하는 학습의 한 형태로, 흔히 발달해 가는 아동들은 모델의 행동을 관찰하고 그 과정에서 모델의 행동에 뒤따르는 결과를 고려하여 자신의 행동을 학습하게 된다. 이런 사실은 관찰 학습이 이루어지는 과정에서 인지적 요인이 결정적인 요소로 작용하고 있음을 시사한다. 조작적 조건화에서는 행동 변화를 이끄는 요인이 강화와 처벌(또는 벌)인데 비해, 관찰 학습에서 행동 변화를 이끄는 주요 요인은 인지적 과정을 거치는 대리적 강화(vicarious reinforcement)와 대리적 처벌(vicarious punishment)이다.

교류 【交流】 transaction

'교류 분석(transactional analysis)'에서 다루는 사회적 상호작용의 기본 단위로, 개인(아동, 청소년 또는 성인)과 가족 및 사회적 상황이나 맥락 사이에서 이루어지는 일련의 역동적 상호작용을 의미한다.

교류 모델【交流 모델】transactional model

발달(연구)에서, 자녀와 부모와의 관계에서 영향을 미치는 방향은 일방향적인 것이 아니라 부모와 자녀 모두가 서로 상호적으로 영향을 미치는 동시에 영향을 받는다고 보는 모델. 즉, 자녀의 발달 과정에서 부모는 자녀에게 영향을 미칠 뿐만 아니라 동시에 영향을 받으며, 자녀 또한 부모로부터 영향을 받기만 하는 것이 아니라 영향을 미치기도 한다고 설명하는 이론 체계를 말한다. 따라서 이 모델은 일방향적인 관계를 가정하는 '부모 효과 모델'이나 '아동 효과 모델'과 다른 관점이라고 할 수 있다. 오늘날 발달학자들 가운데는 부모와 자녀가 서로 영향을 미치기도 하고 또 영향을 받기도 하는, 양방향적인 영향 관계를 가정하는 '교류 모델'을 취하거나 지지하는 경우가 많다. '교류 모형', '교류적 모델' 또는 '교류적 모형'이라고도 한다.

교류 모형【交流 模型】transactional model

'교류 모델'이라고도 한다. CLICK 교류 모델

교류 분석【交流 分析】transactional analysis (TA)

성격, 대인 관계 및 의사소통에 관한 이론 체계의 하나로, 일반 사람들 또는 환자들로 구성된 특정 집단의 구성원들 간의 관계에서 이루어지는 '교류(交流, transaction)'의 측면에서 상호 관계를 분석하는 기법 또는 이론 체계를 말한다. '교류 분석 이론'이라고도 한다. 에릭 번(Eric Berne: 1910~1970)에 의해 창시되었다.

교류 분석 이론【交流 分析 理論】transactional analysis

'교류 분석'이라고도 한다. CLICK 교류 분석

교류적 모델【交流的 모델】transactional model

발달(연구)에서, 자녀와 부모 간의 관계에서 영향을 미치는 방향은 일방향적인 것이 아니라 부모와 자녀가 모두 서로 상호적으로 영향을 미치는 동시에 영향을 받는다고 설명하는 모델. '교류적 모형', '교류 모델' 또는 '교류 모형'이라고도 한다.

CLICK 교류 모델

교류적 모형【交流的 模型】transactional model

'교류적 모델' 또는 '교류 모델'이라고도 한다.

CLICK 교류 모델

교세포【膠細胞】glial cell / glia

신경계를 구성하고 있는 1,000여 종류의 세포들은 크게 두 가지 유형의 세포로 분류되는데, 그 중에서 정보 전달을 담당하는 주요 세포 유형이 뉴런(neuron)이고, 뉴런을 보조해주는 기능을 하는 또 하나의 주요 세포 유형이 교세포(glial cell)이다. 뉴런은 다른 뉴런들과의 상호작용을 통해 근육, 기관 및 분비선 등에 정보를 전달하는 기능을 담당하는 반면에, 교세포는 지지 세포로서 뉴런을 둘러싸서 보호하는 동시에 절연 작용을 하며, 또한 뉴런에 영양을 공급하는 기능도 한다. 교세포의 크기는 뉴런에 비해 평균적으로 10분의 1 정도이지만, 그 수는 뉴런의 10배 정도가 되기 때문에 신경계에서 교세포가 차지하는 공간은 뉴런이 차지하는 공간과 비슷한 것으로 알려져 있다.

구강기【口腔期】oral stage

프로이트(Freud: 1856~1939)는 심리성적 발달 이론을 통해, 성격 발달이 이루어지는 다섯 단계(구강기, 항문기, 남근기, 잠복기, 생식기 등)를 제시하였다. 그 중에서 첫 번째 단계인 구강기는 출생 이후부터 약 1년 또는 18개월까지의 시기에 해당한다. 입과 입술 등을 이용한 구강 활동(빨기, 씹기, 깨물기, 먹기 등)이 쾌감과 만족의 주요 원천이 되는 단계로, 영아는 이러한 활동을 통해 긴장을 감소시키고 욕구를 충족시키게 된다. 실제로 영아들이 하는 가장 많은 활동은 젖이나 우유병, 손가락 등과 같은 무언가를 빠는 행동으로, 이들은 이런 행동을 통해 긴장 감소와 함께 욕구를 충족시킨다. 프로이트의 이론에 따르면, 이와 같은 구강기 영아들의 욕구가 적절히 충족되지 못하면 구강기 고착을 초래하게 되며, 그 결과는 그 이후의 발달 과정에서 음식에 대한 집착, 과도한 흡연 등과 같은 부적응적인 행동으로 나타나게 된다. '구순기' 또는 '구강 단계'라고도 한다.

구강기 성격【口腔期 性格】oral character

프로이트(Freud: 1856~1939)의 심리성적 발달 이론에서 영아가 구강기에 고착됨에 따라 발달시키게 되는 성격 유형. 흔히 구강기 동안의 과도한 만족이나 과도한 좌절에서 비롯되는 것으로 설명되고 있다. 이 성격의 주요 특징으로는 과음, 과식, 수다 등과 같은 행동들이 포함된다. '구순기 성격(口脣期 性格)'이라고도 한다.

구강 단계【口腔 段階】oral stage

'구강기'라고도 한다. CLICK 구강기

구개열【口蓋裂】cleft palate

선천적으로 구강의 입천장이 갈라져 홈이나 틈이 있는 상태. '구개 파열' 또는 '입천장 갈림증'이라고도 한다.

구개 파열【口蓋 破裂】cleft palate

선천적으로 구강의 입천장이 갈라져 홈이나 틈이 있는 상태. '구개열' 또는 '입천장 갈림증'이라고도 한다.

구경꾼 놀이 onlooker play

아동 활동 또는 놀이의 한 형태로, 다른 아동들의 활동이나 놀이를 주위에서 마치 방관자처럼 구경하지만 그들의 활동이나 놀이에 직접 참여하지는 않는 형태의 활동이나 놀이를 말한다. '방관자적 놀이' 또는 '방관자 놀이'라고도 한다.

구문【構文】sentence structure / construction of sentence / construction

문장 또는 글의 짜임새. 즉, 문장 또는 글이 체계를 갖추고 있는 상태를 의미한다.

구문론【構文論】syntax

한 언어에서 단어들이 결합하여 일정한 의미를 가진 구나 문장을 만드는 데 적용되는 규칙. '통사론'이라고도 한다.

구성 놀이【構成 놀이】constructive play

인지적 놀이의 한 형태. 인지적 놀이는 인지적 측면과 관련된 놀이 또는 인지적 측면에서 분류한 놀이 형태를 말하며, 그 중 하나가 '구성 놀이'이다. 이 놀이는 놀잇감(예를 들면, 블록, 점토, 또는 모래 등)을 다양하게 활용하여 무언가를 구성하거나 만드는 형태의 놀이를 말하는 것으로, 기능적인 활동(또는 기능 놀이)에서 창조적인 활동(창조적인 놀이)으로의 전환을 의미한다.

구성주의【構成主義】structuralism

인간의 마음이 어떤 요소들로 구성되어 있는지 밝히고자 했던 최초의 심리학파로, 특히 마음 중에서도 의식을 구성하는 기본적인 요소들을 찾고 그 구조를 분석하고자 했다. 현대 심리학의 시조로 일컬어지고 있는 분트(Wundt: 1832~1920)의 제자인 티치너(Titchener: 1867~1927)에 의해 창시되었다. 구성주의자들은 마음을 구성하고 있는 요소를 밝히기 위해 연구 대상자들이 자신의 '내면을 들여다보는' 기법인 내성법(introspection)을 사용하여 연구를 진행하였다. '구성주의 심리학', '구성 심리학', '구조주의', '구조주의 심리학'이라고도 한다.

구성주의자 【構成主義者】 structuralist

구성주의적 관점이나 입장을 가진 사람. 또는 구성주의적 관점이나 입장을 가지고 연구하는 학자.

CLICK 구성주의(structuralism)

구성주의자 【構成主義者】 constructivist

세상(또는 환경)에 대한 이해와 지식을 스스로 구성해가는 존재. 인지발달 이론의 대표학자인 삐아제(Piaget: 1896~1980)는 아동의 지능과 인지발달을 기술하면서 아동은 스스로 세상에 대한 이해와 지식을 구성해가는 존재라고 보았다. 구체적으로 아동들은 생활 속에서 새로운 사건이나 대상을 접하면 이에 대해 반응하는 경험을 통해 사건이나 대상의 특성을 이해하고 알게 된다고 보았다. 즉, 그러한 경험을 통해 아동들은 세상에 대한 나름대로의 이해와 지식을 갖게(구성하게) 된다는 것이다. 아동을 '세상에 대한 이해와 지식을 구성해가는 존재', 즉 '구성주의자'로 본 것이다. 아동이 어느 시점에서 경험하는 세상의 사건이나 대상에 대한 이해와 지식의 구성은 그 시점에서 아동이 갖고 있는 지식에 의존하기 때문에 아동이 가진 지식 또는 지식 체계가 적거나 제한적인 경우에는 그에 따라서 사건이나 대상에 대한 이해나 해석 또한 비례적으로 제한된다. 즉, 세상을 접하고 경험하는 과정을 통해 획득하는 이해와 지식은 그 시점에서 개인이 가지고 있는 지식과 지식 체계에 의해 제한된다는 의미이다.

구순 구개열 【口脣 口蓋裂】 cleft lip and cleft palate

선천적으로 구강의 입술과 입천장이 갈라져 홈이나 틈이 있는 상태. 이 중에서도 특히 윗입술이 갈라져 있는 선천적 기형을 지칭할 때는 '구순열(cleft lip)'이라는 표현을 쓰고, 입천장이 갈라져 있는 선천적 기형을 지칭할 때는 '구개열(cleft palate)'이라는 표현이 사용된다. 한편 구순열은 '선천성 상구순 파열' 또는 '입술 갈림증'이라고도 하고, 구개열은 '구개 파열' 또는 '입천장 갈림증'이라고도 한다.

구순기 【口脣期】 oral stage

Freud의 심리성적 발달 이론에서 제시하는 성격 발달의 첫 번째 단계로, 생후 1년 동안의 시기에 해당한다. 입과 입술 등을 이용한 구강 활동(빨기와 먹기 등)이 쾌감의 주요 원천이 되는 단계이다. '구강기' 또는 '구강 단계'라고도 한다. CLICK 구강기

구순기 성격 【口脣期 性格】 oral character

Freud의 심리성적 발달 이론에서 영아가 구강기에 고착됨에 따라 발달시키게 되는 성격 유형. 흔히 구강기 동안의 과도한 만족이나 과도한 좌절에서 비롯되며, 주요 특징으로는 과음, 과식, 수다 등의 행동들이 포함된다. '구강기 성격'이라고도 한다.

구순열 【口脣裂】 cleft lip

선천적으로 구강의 윗입술이 세로로 갈라져 있는 상태. 갈라져 있는 틈의 개수는 보통 한 개인 경우가 많지만 두 개 이상인 경우도 있다. 임신 기간 중, 특히 제1삼분기(임신 후 약 12주 무렵까지의 시기)에 행해지는 임신한 여성의 흡연이 구순열과 깊은 관련이 있다는 연구결과가 있다. 이 연구결과는 임신 기간의 흡연과 그로 인해 체내로 흡입되는 유해물질이 태내 발달 과정에서 구순열을 유발하는 기형유발물질(teratogen)로 작용하고 있을 가능성을 시사한다. '선천성 상구순 파열(先天性 上口脣 破裂)' 또는 '입술 갈림증'이라고도 한다. '언청이'라는 말은 이 증상을 가진 사람을 낮잡아 이르는 표현이다.

구연 【口演】 oral narration

어떤 이야기나 내용을 글이나 문서를 사용하지 않고 입으로 말하는 것.

구연동화 【口演童話】 orally narrated fairy tale

전래된 동화나 창작된 동화와 같은 이야기의 내용을 글이나 문자를 사용하지 않고 입으로, 즉 말로써 연기하듯이 표현하면서 전해주는(들려주는) 동화. 흔히 어린 유아나 아동들을 대상으로 이루어진다. 전깃불이 없던 과거에는 노인들이나 부모들이 어두워진 저녁 또는 밤에 잠 못 이루는 어린 자녀들에게 전래동화를 들려주기 위해 행하는 경우가 대부분이었으나 오늘날에는 텔레비전이나 라디오와 같은 다양한 대중 매체와 공교육 기관의 교사, 그리고 구연동화 전문가들에 의해 이루어지는 경우가 많다.

구조적 결손 가정 【構造的 缺損 家庭】 structural broken home / structural broken family

결손 가정의 주요 형태 가운데 하나로, 부모의 사망, 이혼, 별거 등으로 인해 부모 중 한 명 또는 두 명 모두가 없는 가정. 이와는 달리, 기능적 결손 가정이란 부모 모두가 있지만 이들의 자녀 양육 행동이나 부모 역할의 기능이 부재하거나 역기능적이어서 실제적으로 부모의 결손 상태를 나타내는 가정을 말한다. 결손 가정을 말할 때 흔히 구조적 결손 가정을 지칭하는 경우가 많지만, 이것은 구조적 결손 가정의 역기능과 문제가 항상 기능적 결손 가정에 비해 상대적으로 더 크거나 강함을 의미하는 것은 아니다. '구조적 결손 가족'이라고도 한다.

구조적 결손 가족 【構造的 缺損 家族】 structural broken family / structural broken home

'구조적 결손 가정'이라고도 한다.

CLICK 구조적 결손 가정

구조화 관찰 【構造化 觀察】 structured observation

'구조화된 관찰', '구조화된 관찰법' 또는 '구조화 관찰법'이라고도 한다. CLICK 구조화된 관찰법

구조화 관찰법 【構造化 觀察法】 structured observation

'구조화된 관찰', '구조화된 관찰법' 또는 '구조화 관찰'이라고도 한다. CLICK 구조화된 관찰법

구조화된 관찰 【構造化된 觀察】 structured observation

'구조화된 관찰법', '구조화 관찰법' 또는 '구조화 관찰'이라고도 한다. CLICK 구조화된 관찰법

구조화된 관찰법 【構造化된 觀察法】 structured observation

관찰법의 여러 하위 유형들 가운데 하나로, 연구자가 연구를 위해 관찰하고자 하는 행동이 일어나기 쉽도록 필요에 맞게 의도적으로 만든 조건이나 상황 하에서 연구 대상자(연구 참여자 또는 피험자)가 나타내는 행동을 관찰하여 자료를 수집하는 연구법을 말한다. 이 과정에서 관찰은 흔히 비밀리에 이루어지며, 이를 위해 일방경(one-way mirror)이나 폐쇄회로 카메라(CCTV)와 같은 장치들이 사용되는 경우가 많다. 구조화된 관찰법이 사용된 대표적인 연구로는 영아들의 애착 유형을 연구하기 위해 에인스워스(Ainsworth)와 그의 동료들이 진행했던 '낯선 상황 실험'이 있다. '구조화된 관찰', '구조화 관찰법' 또는 '구조화 관찰'이라고도 한다. 한편 또 다른 유형의 관찰법인 자연 관찰법(naturalistic observation)은 구조화된 관찰법과는 달리, 자연적인 상황에서 연구 대상자가 나타내는 행동을 관찰하여 자료를 수집하는 방법을 말한다.

구조화된 면접【構造化된 面接】structured interview

면접법의 한 유형으로, 특히 면접 대상자(interviewee)에게 사전에 만들어진(또는 준비된) 질문들을 정해진 순서와 방법에 따라 물어보는 방식으로 진행하는 면접법을 말한다. '구조화된 면접법'이라고도 한다.

구조화된 면접법【構造化된 面接法】structured interview

'구조화된 면접'이라고도 한다.

CLICK 구조화된 면접

구체(성)【具體(性)】concreteness

(관찰이나 연구의 대상이 되는) 어떤 현상이나 대상이 지각하거나 경험할 수 있는 특성이나 내용 또는 모습을 갖춤.

구체적【具體的】concrete

(관찰이나 연구의 대상이 되는) '어떤 현상이나 대상이 지각하거나 경험할 수 있는 특성이나 내용 또는 그러한 모습을 갖추고 있는'이라는 의미를 가진 표현이다.

구체적 조작기【具體的 操作期】concrete operational stage / concrete-operational period

삐아제(Piaget: 1896~1980)의 인지발달 이론에서 제시하고 있는 인지발달의 네 단계 가운데 세 번째 단계. 약 7세부터 11, 12세경까지의 기간으로, 이전 단계인 전조작기(preoperational stage)의 아동들이 갖지 못했던 조작(또는 조작적 사고) 능력을 갖게 되기 때문에 이 능력을 활용한 논리적 사고가 가능해진다. 이에 따라 구체적 조작기의 아동들은 전 단계인 전조작기 아동들이 할 수 없었던 가역성(또는 가역적 사고)과 탈중심화(또는 탈중심화 사고)가 가능해지며, 보존 능력의 발달을 확인(검사)하기 위한 여러 가지 보존 과제를 성공적으로 해결할 수 있게 된다. 또한 범주화와 서열화도 가능해진다. 그러나 구체적 조작기의 아동들이 나타내는 조작적 사고 능력은 구체적인 대상이나 문제에 대해서만 가능할 뿐이다. 즉, 구체적 조작기의 아동들이 나타내는 조작적 사고 능력은 구체적 사상(事象: 사물이나 사건 또는 현상)에만 국한되는 한계가 있기 때문에 추상적인 대상이나 문제에 대해서는 조작적 사고를 하지 못한다. 여기서 '조작(operation)'이란 '정보나 활동 또는 과제의 경험에 대해 논리적 사고(예를 들면, 서열화, 범주화, 보존, 가역성 등과 같은 사고)를 가능하게 해주는 내적(또는 정신적) 활동'을 의미한다. '구체적(concrete)'이란 '어떤 대상이나 현상이 직접 지각하거나 경험할 수 있는 특성을 가진' 것을 의미하며, '추상적(abstract)'이란 '어떤 대상이나 문제가 구체성이 없는, 즉 직접 지각하거나 경험할 수 있는 특성을 갖추고 있지 않은'의 의미를 가진 말이다. 따라서 구체적 조작기의 아동은 직접 지각하거나 경험할 수 있는 대상이나 문제들(예를 들면, 보존 과제에서 사용되는 액체의 양, 구슬의 수, 막대의 길이 등)에 대해서는 조작 능력을 발휘하여 논리적 사고가 가능하지만 직접 지각하거나 경험할 수 없는 대상이나 문제들(예를 들면, 죽음과 사후의 세계, 미래 세계의 인간과 인공지능의 관계와 문제, 행복과 삶의 질, 정신적 스트레스 등)에 대해서는 조작 능력을 발휘할 수 없기 때문에 그런 대상이나 문제들에 대한 논리적 사고가 어렵다는 한계가 있다. '구체적 조작 단계'라고도 한다.

구체적 조작 단계【具體的 操作 段階】concrete operational stage / concrete-operational period

'구체적 조작기'라고도 한다.

CLICK 구체적 조작기

구체적 조작적 사고【具體的 操作的 思考】concrete operational thinking

장 삐아제(Jean Piaget: 1896~1980)의 인지발달 이론의 세 번째 단계인 구체적 조작기(具體的 操作期: 약 7세부터 11, 12세경까지의 시기)의 아동들이 보이는 사고 능력을 의미한다. 즉, 이 시기의 아동들은 구체적인 대상, 행동 및 경험에 대하여 체계적이고 논리적인 사고를 하는 것이 가능하며, 그 적용 범위는 구체적인 사상(事象)에 국한된다. 반면에 추상적인 문제나 과제에 대한 조작적 사고는 하지 못하며, 이러한 사고 능력은 Piaget 인지발달 이론의 마지막 네 번째 단계인 형식적 조작기(形式的 操作期: 약 11, 12세 이후)에 가서야 가능해진다.

CLICK 구체적 조작기

권력【權力】power

타인(들)을 지배하거나 특정한 방식이나 방향으로 행동하도록 할 수 있는 힘(또는 영향력).

권력 행사【權力 行使】power assertion

자녀의 잘못된 행동이나 태도를 수정하기 위해 체벌이나 특정한 기회 또는 권리의 박탈과 같이 부모의 권력을 사용하는 훈육 방식. '권력 행사 기법' 또는 '권력 행사법'이라고도 한다.

권력 행사 기법【權力 行使 技法】power assertion

'권력 행사' 또는 '권력 행사법'이라고도 한다.

CLICK 권력 행사법

권력 행사법【權力 行使法】power assertion

부모가 자녀 양육 과정에서 사용하는 훈련 방법의 한 가지로, 자녀의 잘못된 행동이나 태도를 수정하기 위해 체벌이나 특정한 기회 또는 권리의 박탈과 같이 부모의 권력을 사용하는 훈육 방식. '권력 행사' 또는 '권력 행사 기법'이라고도 한다.

권위【權威】authority

어떤 분야나 영역에서 능력이나 공로를 인정받아 다른 사람에게 영향력을 발휘할 수 있는 힘이나 위신.

권위에 대한 복종【權威에 對한 服從】obedience to authority

권위를 가진 사람의 주장이나 명령이 합리성이나 타당성이 없거나 결여되어 있음에도 그 권위자의 힘과 영향력에 의해 복종하는 것.

권위 있는 부모【權威 있는 父母】authoritative parents

자녀를 양육하는 과정에서 '권위 있는 양육' 방식을 취하는 부모. '권위적 부모'라고도 한다.

CLICK 권위 있는 양육

권위 있는 양육【權威 있는 養育】authoritative parenting

자녀 양육 방식의 한 유형으로, 자녀에 대해 민주적이며 유연한 방식으로 관계를 맺으면서 양육해가는 유형을 말한다. 구체적으로 권위 있는 양육은 자녀의 요구에 대해 수용적이고 애정적인 행동을 할 뿐만 아니라 다른 한편으로는 삶의 길잡이로서 적절한 안내와 통제를 하기도 하는 유연한 양육 방식을 말한다. 흔히 이와 같은 양육 방식을 따르는 부모들은 자녀와의 관계에서 서로 개방적으로 의사소통하고, 함께 생각하고 결정하며, 자녀의 독립성을 존중하는 동시에 이들의 삶을 적절히 모니터링 함으로써 건전한 생활을 해가도록 도와준다. 또한 자녀의 진로를 다루는 과정에서 자녀의 개성과 적성을 존중하고, 자녀가 성취할 수 있는 목표를 세워 이루어가도록 격려해주는 특징을 보인다. '권위 있는 양육 방식', '권위적 양육', '권위적 양육 방식'이라고도 하며, '민주적 양육' 또는 '민주적 양육 방식' 등과 유사한 의미로 사용된다.

권위 있는 양육 방식【權威 있는 養育 方式】authoritative parenting

'권위 있는 양육', '권위적 양육' 또는 '권위적 양육 방식'이라고도 한다. CLICK 권위 있는 양육

권위적 부모【權威的 父母】authoritative parents

'권위 있는 부모'라고도 한다.

CLICK 권위 있는 부모

권위적 양육【權威的 養育】authoritative parenting

'권위 있는 양육' 또는 '권위적 양육 방식'이라고도 한다. CLICK 권위 있는 양육

권위적 양육 방식【權威的 養育 方式】authoritative parenting

'권위적 양육' 또는 '권위 있는 양육'이라고도 한다.

CLICK 권위 있는 양육

권위주의【權威主義】authoritarianism

조직이나 대인 관계에서 상대의 의견이나 입장보다는 자신의 지위나 권위를 내세워 이에 따르거나 복종하도록 요구하는 사고방식이나 태도. 마찬가지로 권위주의적인 사람은 자신보다 높은 지위나 권위를 가진 상대에 대해 자신의 의견이나 주장을 펼치기보다는 순종적인 사고방식이나 태도를 보이기 쉽다.

권위주의적 부모【權威主義的 父母】authoritarian parents

자녀를 양육하는 과정에서 '권위주의적 양육' 방식을 취하는 부모. CLICK 권위주의적 양육

권위주의적 양육【權威主義的 養育】authoritarian parenting

자녀 양육 방식의 한 유형으로, 자녀의 요구에 대해 수용적이고 애정적인 태도나 행동을 하기보다는 엄격한 기준과 규칙을 제시하고 이를 준수하도록 요구하며, 이를 지키지 않을 때는 합리적인 설명이나 이해 과정을 거치지 않고 부모의 권력을 사용하여 강력한 처벌이나 제재를 가하는 방식으로 진행하는 경직된 자녀 양육 방식을 말한다. '권위주의적 양육 방식', '독재적 양육' 또는 '독재적 양육 방식'이라고도 한다.

권위주의적 양육 방식【權威主義的 養育 方式】authoritarian parenting

'권위주의적 양육', '독재적 양육' 또는 '독재적 양육 방식'이라고도 한다. CLICK 권위주의적 양육

귀납【歸納】induction

개개의 특수한 사실이나 원리를 종합하여 이것으로부터 보편적인(또는 일반적인) 원리나 법칙을 이끌어내는 것.

귀납법【歸納法】inductive method / induction

귀납을 통한 추론 방식 또는 연구 방법. 즉, 개개의 특수한 사실이나 원리를 종합하여 이것으로부터 보편적인(또는 일반적인) 원리나 법칙을 이끌어내는 추론 방식 또는 연구 방법을 말한다.

귀납적 추론【歸納的 推論】inductive reasoning

추론의 한 유형으로, 특수한 지식이나 정보(들)로부터 일반적인 지식이나 정보를 이끌어내는(또는 생각해내는) 추론 방식. 이와 반대로, 일반적인 지식이나 정보로부터 특수한 지식이나 정보를 이끌어내는(또는 생각해내는) 추론 방식을 '연역적 추론'이라고 한

다. '귀납적 추론'은 '귀납적 추리', '귀납추론' 또는 '귀납추리'라고도 한다.

귀인【歸因】attribution

행동이나 사건을 인과적(因果的: 원인과 결과의 관계를 따지는)인 용어를 사용하여 추론하는 인지 과정. '귀인(歸因)'이라는 말을 글자의 의미에 따라 풀이하면 '어떤 것으로 원인을 돌리다'라는 뜻이 된다. 즉, 귀인이란 자신의 행동이나 타인의 행동에 대해 그 행동을 하게 된 원인을 어떤 것으로 귀착시키는(돌리는) 것 또는 그러한 추론 과정을 의미한다. 평소 사람들이 하고 있는 귀인은 그들이 어떻게 느끼고 행동할지에 큰 영향을 미치는 변인으로 작용한다.

귀인 재훈련【歸因 再訓練】attribution retraining

귀인 성향의 변화를 일으킬 목적으로 진행하는 훈련. 어떤 목표를 이루기 위해 진행했던 일이나 행동의 실패의 원인을 능력 부족으로 돌리는 귀인 방식을 훈련을 통해 수정해줌으로써 무기력한 상태에서 벗어나 활력을 찾고 성공(또는 성취)을 위한 노력을 해갈 수 있도록 도와주는 치료적 훈련 방식의 한 형태이다. 무기력한 상태에 빠져 있는 아동이나 청소년들에게 효과적으로 사용할 수 있는 훈련 방식이다.

규범【規範】norm

사회의 구성원들이 살아가면서 따르고 지켜야 한다고 기대되는 판단과 행동의 기준 또는 규칙.

규준【規準】norm

어떤 특정한 집단 전체('모집단'이라고도 함)를 대표하는 값이나 점수를 말하는 것으로, 개인의 검사 점수(예를 들면, 지능 지수 등)를 비교하여 상대적인 해석이 가능하도록 해주는 점수를 말한다. 하나의 수치로 나타낼 수도 있고 일정한 범위로 나타낼 수도 있다. 통계학에서 특정 집단을 대표하는 집중경향치로 사용하는 평균, 최빈치, 중앙치 등이 일종의 규준이 될 수 있다.

규준 연구【規準 硏究】normative investigation

특정한 발달 단계나 특정 연령의 규준 또는 규준적 특징을 기술할 목적으로 진행하는 연구.

규준적 발달【規準的 發達】normative development

특정 종이나 집단의 구성원 전체를 대표하는(또는 특징짓는) 전형적인 발달적 변화 또는 패턴.

규준 집단【規準 集團】norm group

한 개인의 검사 결과(또는 수행 평가 결과)의 정도와 모집단에서 차지하는 상대적 위치를 판단하기 위해 비교하는 집단. 흔히 특정 검사(test)가 대상으로 하는 모집단을 대표하는 집단(표본)이다.

규준표【規準表】norm table

'규준(規準, norm)'이란 어떤 특정한 집단 전체('모집단'이라고도 함)를 대표하는 값이나 점수를 말하는 것으로, 개인의 검사 점수(예를 들면, 지능 지수 등)를 비교하여 상대적인 해석이 가능하도록 해주는 점수를 말한다. 이 규준은 집단을 대표하는 표본 집단이라고 할 수 있는 규준 집단에서 얻어진 값(또는 점수)을 말하며, 이 규준 집단에 포함된 개개인들이 획득한 점수들을 분포로 나타낸 표를 '규준표'라고 한다.

균형【均衡】equilibrium

개인(또는 아동)이 가지고 있는 인지구조와 그가 경험하고 있는 환경적 사상(事象: 사건이나 대상) 간의 불일치나 모순이 없이 조화로운 상태. 즉, 개인이 환경 속에서 겪고 있는 경험이나 사건 또는 대상을 자신이 가지고 있는 인지구조나 인지 능력으로 이해하는 인지적 적응 또는 인지적 안정의 상태를 의미한다. 이 상태에서 개인은 자신이 환경 속에서 접하고 있는 사건이나 대상에 대한 자신의 이해와 적응에 대해 만족감 또는 안정감을 느끼게 된다. 삐아제(Piaget: 1896~1980)가 인지발달을 설명하기 위해 사용한 주요 개념들 가운데 하나로, ‘평형(平衡)’이라고도 하며, 또한 ‘인지적 평형’ 또는 ‘인지적 균형’이라는 표현들과도 같은 의미로 사용된다.

균형화【均衡化】equilibration

인지적으로 ‘균형’ 상태를 이루어지는 과정. 즉, 인지적으로 ‘균형’ 상태에 도달하는 과정을 의미한다. 개인이 자신이 가지고 있는 인지구조나 능력을 사용하여 환경 속에서 접하거나 관찰하는 사상(事象: 사건이나 대상)에 대해 잘 이해하고 적응할 수 있는 상태(즉, 인지적 적응 또는 인지적 안정의 상태를 말하며, 이런 상태를 나타내기 위해 삐아제는 ‘균형<equilibrium: ‘평형’이라고도 함>’이라는 표현을 사용하였다)를 이루어가는 과정을 말한다. 따라서 균형화는 개인이 삶의 과정에서 접하거나 관찰하는 사건이나 대상에 대한 적절한 이해와 적응을 하지 못하는 상태인 불균형(disequilibrium: ‘불평형’이라고도 함) 상태에서 벗어나 적절한 이해와 적응을 하는 상태인 ‘균형’ 상태로 이행하는 과정을 의미한다. 삐아제(Piaget: 1896~1980)가 인지발달을 설명하기 위해 사용한 주요 개념들 가운데 하나로, ‘평형화’라고도 한다.

그레고어 요한 멘델 Gregor Johann Mendel (1822~1884)

오스트리아의 수도사, 식물학자, 유전학자. ‘멘델의 유전 법칙’의 발견자이다. ‘멘델’ 또는 ‘Mendel’로 표기하는 경우가 많다.

CLICK 멘델

그림자 shadow

스위스의 정신의학자로 분석심리학의 창시자인 칼 구스타프 융(Carl Gustav Jung: 1875~1961)이 사용한 주요 개념들 가운데 하나로, 인간이 가지고 있는 특성들 가운데 부정적이어서 숨기고 싶은 특성들, 예를 들면, 열등한 면, 원시적이거나 동물적인 면, 무가치하거나 악한 면 등과 같은 숨기고 싶은 부정적이고 어두운 부분들을 말한다. 융은 누구에게나 그림자가 있다고 보았다.

극심한 정신지체【極甚한 精神遲滯】profound mental retardation

가장 심한 수준의 정신지체. 흔히 IQ 20 미만인 상태를 의미한다. ‘최고도 정신지체’, ‘고중증도 정신지체’, ‘최중도 정신지체’, ‘매우 심한 정신지체’ 또는 ‘아주 심한 정신지체’라고도 한다. 또한 ‘최고도 지체’, ‘최고도 지적 장애’ 등과도 같은 의미로 사용된다.

CLICK 최고도 정신지체

근원【近遠】proximodistal

‘중심부에서 말단으로’의 의미를 가진 표현이다. ‘중심－말단’ 또는 ‘중심－말초’라고도 한다.

CLICK 근원의

근원 경향【近遠 傾向】proximodistal trend

발달이 신체의 중심부(몸통 부분)에서부터 시작하여 말단부 방향으로 진행되는 경향. ‘중심－말단 경향’ 또는 ‘중심－말초 경향’이라고도 한다. ‘중심－말단 방향’, ‘중심－말초 방향’ 및 ‘근원 방향’ 등과 같은 의미로 사용된다.

CLICK 근원 방향

근원 반사【根源 反射】rooting reflex

인간이 선천적으로 가지고 태어나는 반사들 가운데

하나로, 영아의 입 주위나 뺨을 자극하면 영아가 자극이 가해진 쪽으로 고개를 돌리는 반응을 나타내는데, 이러한 선천적인 반사 행동을 '근원 반사'라고 한다. 이 반사는 생후 초기에는 입에서 먼 위치의 뺨에 자극을 가할 때에도 나타나지만 점차 시간(월령)이 경과해 가면서 입 가까이에 가해진 자극들에 대해서만 반응하는 경향을 보이게 된다. 이 반사는 자극에 대해 자동적으로 유발되어 쉽게 엄마의 젖을 향하도록 함으로써 생후 초기의 적응과 생존력을 높여주는 기능을 한다. '찾기 반사', '젖 찾기 반사', '포유 반사', '먹이 찾기 반사'라고도 한다.

근원 방향【近遠 方向】proximodistal direction

발달이 진행되는 방향적 특징 가운데 하나로, 발달이 중심부(또는 몸통부)에 가까운 부분부터 시작하여 먼 부분(말단부) 방향으로 진행되는 순서적 경향을 의미한다. '중심－말단 방향' 또는 '중심－말초 방향'이라고도 한다. '중심－말단 경향', '중심－말초 경향' 및 '근원 경향' 등과 같은 의미로 사용된다.

근원 방향 발달【近遠 方向 發達】proximodistal development

'근원 방향으로의 발달'이라고도 한다.

CLICK 근원 방향으로의 발달

근원 방향으로의 발달【近遠 方向으로의 發達】proximodistal development

발달의 진행 방향을 나타내는 것으로, 신체의 중심부(또는 몸통부)에서부터 시작하여 먼 부분(말단부) 방향으로 진행되는 발달 경향 또는 발달 순서를 의미한다. '중심－말단 방향으로의 발달', '중심－말초 방향으로의 발달', '근원 방향의 발달', '중심－말단 방향의 발달', '중심－말초 방향의 발달' 및 '근원 방향 발달' 등의 표현과 같은 의미로 사용된다.

근원 방향의 발달【近遠 方向의 發達】proximodistal development

'근원 방향으로의 발달'이라고도 한다.

CLICK 근원 방향으로의 발달

근원의【近遠의】proximodistal

'중심부에서 가까운 부분으로부터 먼 부분(말단부)으로'의 의미를 가진 표현이다. '중심－말단의', '중심－말초의', '근원', '중심－말단' 또는 '중심－말초'라고도 한다.

근접 놀이【近接 놀이】proximal play

사회적 놀이의 한 형태. 사회적 놀이는 사회적 측면, 즉 타인과의 상호작용 측면과 관련된 놀이 또는 사회적 상호작용 측면에서 분류한 놀이 형태를 말하며, 그 중 하나가 '근접 놀이'이다. 이 놀이는 다른 또래나 친구가 가까이에 있는 상태에서 놀이를 하지만 서로 간에 상호작용 없이 각자 단독으로 진행하는 놀이의 형태를 말한다.

근접발달영역【近接發達領域】zone of proximal development (ZPD)

발달하는 개인(또는 아동)이 혼자 성취할 수 있는 수준과, 혼자 성취하는 것은 어렵지만 능숙한 타인의 도움을 받으면 성취할 수 있는 수준 간의 범위. 구소련의 심리학자인 비고츠키(Vygotsky: 1896~1934)가 사용하기 시작한 용어로, 아동(또는 학습자)이 혼자서 독립적으로 성취할 수 있는 발달 수준과 그 개인보다 더 능숙한 타인의 도움을 받아 성취할 수 있는 발달 수준 간의 차이를 의미한다. 즉, 학습자 개인이 타인의 도움 없이 독립적으로 성취할 수 있는 수준과 (혼자서 독립적으로 성취할 수는 없지만) 부모나 교사와 같은 능숙한 타인의 조언이나 지도 등의 도움을 받아 성취할 수 있는 수준 간의 차이에 해당하는 발달의 범위 또는 영역을 의미한다. 영어의 약자 표현인 'ZPD'로 표기하기도 한다.

급성회백수염【急性灰白髓炎】acute anterior poliomyelitis

폴리오바이러스(poliovirus)가 척수에 감염되어 유발되는 이완성 마비증상을 나타내는 질병으로, 흔히 팔과 다리 등에서의 마비 증상이 초래된다. 급성 전염병으로 분류되지만, 오늘날에는 잘 발달된 예방접종의 보급으로 거의 발생하지 않는다. 소아마비(infantile paralysis)의 한 유형으로, '척수성 소아마비(영어 표현은 polio 또는 poliomyelitis라고 함)'라고도 한다.

급속 안구 운동【急速 眼球 運動】rapid eye movement (REM)

수면 중에 안구(눈알)가 빠르게 움직이는 현상. 수면 단계 가운데 '렘수면 단계'에서 나타나는 현상으로, 이 단계에서 수면자는 '급속 안구 운동' 현상을 나타내며, 동시에 대부분 선명한 꿈을 꾼다. '빠른 안구 운동' 또는 '렘(REM)'이라고도 한다.

긍정심리학【肯定心理學】positive psychology

사람들이 가진 단점이나 약점 또는 결함보다는 장점이나 좋은 자질과 같은 긍정적인 측면을 강조하는 동시에 이와 같은 긍정적인 특징들의 효과와 적용 방법 등에 관해 연구하는 심리학 분야.

기관 열등감【器官 劣等感】organ inferiority

아들러(Adler: 1870~1937)가 사용한 개념의 하나로, 자신의 기관(혹은 신체적 부분)의 결함에 대한 지각을 말하며, 이러한 결함을 극복하기 위하여 이루어지는 것이 '보상적 노력'이라고 보았다. 나아가 이러한 보상적 노력은 개인의 성취, 성장 또는 발달을 가져오는 주요 요인으로 작용한다고 보았다. '기관 열등(器官 劣等)'이라고도 한다.

기능【機能】function

(1) 유기체의 신체 기관이나 심리(또는 정신) 과정이 개체의 환경 적응이나 생활 과정에서 하는 작용이나 역할. (2) 특정한 사회의 기관이나 조직 또는 직책 등에 따른 역할이나 업무.

기능 놀이【機能 놀이】functional play

인지적 놀이의 한 형태이다. 인지적 놀이는 인지적 측면과 관련된 놀이 또는 인지적 측면에서 분류한 놀이 형태를 말하며, 그 중 하나가 '기능 놀이'이다. 이 놀이는 놀이가 가진 기능적 측면의 즐거움을 위해 반복해서 행하는 형태의 놀이를 말한다. 흔히 생후 초기 감각 운동기의 영아가 하는 비교적 단순한 형태의 놀이이다.

기능적인【機能的인】functional

'기능(function)'은 유기체의 신체 기관이나 심리(또는 정신) 활동이 개체의 환경 적응이나 삶의 과정에서 발휘하는 작용이나 역할을 의미하는 말로, '기능적인'이라는 표현은 '기능이 있는' 또는 '기능과 관련된' 등의 의미를 갖는 말이다. 특히 '심리적 기능', '행동적 기능' 또는 '생리적 기능' 등의 표현들이 사용되는 맥락에서 '기능적인' 또는 '기능적'이라는 표현이 자주 사용된다.

기능적 결손 가정【機能的 缺損 家庭】functional broken home / functional broken family

결손 가정의 주요 형태 가운데 하나로, 부모 모두가 있지만 이들의 자녀 양육 행동이나 부모 역할의 기능이 부재하거나 역기능적이어서 실제적으로 부모의 결손 상태를 나타내는 가정을 말한다. 이와는 달리, 구조적 결손 가정이란 부모의 사망, 이혼, 별거 등으로 인해 부모 중 한 명 또는 두 명 모두가 없는 가정을 말한다. 기능적 결손 가정은 '기능적 결손 가족', '심리적 결손 가정' 또는 '비구조적 결손 가정'이라고도 한다.

기능적 결손 가족【機能的 缺損 家族】functional broken family / functional broken home

'기능적 결손 가정'이라고 한다.

CLICK 기능적 결손 가정

기능적 고착【機能的 固着】functional fixedness

새롭거나 창의적인 문제해결을 방해하는 고착화된 사고 패턴. 즉, 문제 해결이 요구되는 장면에서 어떤 사물(事物)을 활용할 때, 그 사물이 가진 전형적인 기능(또는 용도) 이외의 기능을 떠올리기나 인식해내지 못하는 사고 패턴이나 사고 경향을 의미한다.

기대 수명【期待 壽命】life expectancy

특정 연령에 도달한 사람이 그 이후 사망할 때까지 생존할 수 있는 기간을 계산한 평균 생존 연수. '기대 여명'이라고도 한다.

기대 여명【期待 餘命】life expectancy

'기대 수명'이라고도 한다.

CLICK 기대 수명

기본적 성 정체성【基本的 性 正體性】basic gender identity

미국의 심리학자 로렌스 콜버그(Lawrence Kohlberg: 1927~1987)는 아동들의 성 정체성(gender identity) 발달은 기본적 성 정체성 단계, 성 안정성(gender stability) 단계, 성 일관성(gender consistency) 단계 등을 포함하는 세 단계를 거치면서 진행된다고 보았다. 그 중에서 제일 첫 번째 단계가 '기본적 성 정체성' 단계로, 3세 무렵이 되었을 때 아동들이 처음으로 자신을 성별에 따라 지칭하게 되는 단계이다. 즉, 남자아이는 자신을 '남자', '남자아이'로 지칭하고, 여자아이는 자신을 '여자', '여자아이'로 지칭하게 되는 단계이다. 남·여 성별에 대한 가장 기본적인 정체성(또는 정체감)이 발달하기 시작하는 시기라고 할 수 있다. '기본적 성 정체감'이라고도 한다.

기본적 정서【基本的 情緒】basic emotion

'기본 정서', '일차 정서', '일차적 정서', '1차 정서', '1차적 정서'라고도 한다.

CLICK 기본 정서

기본 정서【基本 情緒】basic emotion

(1) 선천적으로 가지고 태어나거나 생후 초기에 나타나는 것으로 생각되는 놀람, 기쁨, 분노, 슬픔, 공포, 혐오 등의 몇 가지 기본적인 정서들. (2) 세계의 모든 사람들에게서 생후 초기에 확인되는 문화 보편적인 정서로, 이런 '기본 정서'가 나타나는 것은 생물학적으로 유전자 안에 프로그램화되어 있기 때문이라고 보는 견해가 많다. '기본적 정서', '일차 정서', '일차적 정서', '1차 정서', '1차적 정서'라고도 한다.

기본 정신 능력【基本 精神 能力】primary mental abilities (PMA)

미국의 심리학자인 루이스 레온 서스톤(Louis Leon Thurstone: 1887~1955)이 지능을 설명하기 위해 제안한 개념. 서스톤은 요인 분석을 통해, 지능이 기본적인 7가지 요인들로 이루어진 정신 능력이라고 보았다. 그가 제안한 기본 정신 능력에 포함되는 7가지 능력은 언어 이해력, 단어 유창성, 기억력, 수리 능력, 공간 지각 능력, 추리 능력, 지각 속도 등이다. 서스톤은 이러한 7가지 기본 정신 능력들이 지능을 구성하며, 이것들은 각각 독립적이라고 보았다. '1차 정신 능력' 또는 '1차적 정신 능력'이라고도 하며, '일차 정신 능력' 또는 '일차적 정신 능력'으로 표기하기도 한다.

기본 정신 능력 검사【基本 精神 能力 檢査】primary mental abilities test (PMAT)

미국의 심리학자인 루이스 레온 서스톤(Louis Leon Thurstone: 1887~1955)이 지능을 설명하기 위해 자신이 제안한 7가지 기본 정신 능력(primary mental abilities)을 측정하기 위해 개발한 검사 도구. '1차 정신 능력 검사'라고도 한다.

CLICK 기본 정신 능력

기분【氣分】mood

외부로부터의 자극이 없는 상태에서 내적인 요인에 의해 일어나 일정 기간 동안 지속되는 감정 상태(feeling state) 또는 정동 상태(affective state).

기술민족학【記述民族學】ethnography

인류학 또는 문화인류학 등의 분야에서 사용하는 연구 방법의 한 형태로, 연구자가 특정 사회나 문화의 삶의 현장으로 들어가서 그 구성원들과 함께 생활하면서 그들의 생활방식, 전통, 가치, 사회화 과정 등을 포함한 사회와 문화의 특징과 내용을 기술하는 방식으로 연구를 진행하는 방법을 말한다. 기술적 민족학, 민족지, 민족지학, 문화기술지 등의 표현들과 같은 의미로 사용된다.

기억 방략【記憶 方略】memory strategy

'기억 전략' 또는 '기억 책략'이라고도 한다.

CLICK 기억 책략

기억술【記憶術】mnemonics

기억, 특히 장기 기억을 돕거나 향상시키기 위한 계획적이고 체계적인 기억 방법 또는 책략. 핵심단어법, 장소법 및 심상법 등이 있다. '기억법' 또는 '기억 증진법'이라고도 하며, '기억 전략'이나 '기억 책략' 등과도 비슷한 의미로 사용된다.

기억 전략【記憶 戰略】memory strategy

'기억 책략' 또는 '기억 방략'이라고도 한다. '기억술'이나 '기억법' 등과도 비슷한 의미로 사용된다.

CLICK 기억 책략

기억 책략【記憶 策略】memory strategy

기억을 향상시키기 위해 사용되는 방법 또는 기법. 대표적인 기억 책략으로는 시연, 조직화, 정교화 등의 기법들이 있다. '기억 전략' 또는 '기억 방략'이라고도 한다. '기억술'이나 '기억법' 등과도 비슷한 의미로 사용된다.

기억폭【記憶幅】memory span

단기 기억(또는 작업 기억)에서 수용할 수 있는 정보 용량을 나타내는 일반적인 측정치. 서로 관련이 없는 항목(또는 자극)들을 제시하는 과제나 검사에서 이를 한 번 보거나 들은 후에 정확한 순서대로 기억해낼 수 있는 항목(또는 자극)들의 수를 지칭하여 기억폭이라고 한다. 평균적인 기억폭은 일곱 개 항목에서 둘을 빼거나 더한 수(7±2), 즉 5개에서 9개 사이의 항목이 된다. 이와 같은 차이는 사람에 따라서 어떤 사람은 5개 항목을 기억해낼 수 있는 반면에 다른 사람은 9개의 항목을 기억해낼 수 있다는 것을 의미하는 것으로, 이러한 현상은 기억 능력에서 개인 간의 차이가 상당히 클 수 있음을 보여주는 것이다.

기질【氣質】temperament

개인이 환경이나 자극에 대해 비교적 안정적이고 일관되게 반응하도록 만드는 선천적인 특성. 즉, 기질은 환경이나 자극에 대한 정서적 반응 및 기분과 관련이 있는 개인의 특성으로, 개인(또는 어린 시절의 영·유아)이 경험하는 환경적 사건들이나 상황에 대해 예측 가능한 방식으로 반응하도록 만드는 선천적인 경향성을 말한다. 개인차를 나타내는 주요 요인 가운데 하나로, 생후 초기부터 가시화되며 유전적 요인과 환경적 요인의 영향을 받는다. 기질 연구의 대표적인 학자인 토마스(Thomas)와 체스(Chess)는 기질의 하위 차원을 활동성, 적응성, 감각 역치, 반응의 강도, 규칙성, 접근성/회피성, 집중력/지속력, 기분의 질, 주의산만성 등 9개의 차원으로 분류한 후, 이 차원들에 근거하여 기질을 순한 기질, 까다로운 기질, 느린 기질(또는 '더딘 기질'이라고도 함) 등 세 가지 유형으로 구분하였다. 한편 여기서 말하는 '기질(氣質)'은 '기질적(器質的)', '기질적인(器質的인)' 또는 '기질성(器質性)' 등의 표현들에 포함되어 있는 '기질(器質)'과는 다른 의미이다. '기질(器質)'은 '기관의 생물학적 또는 해부학적 특성이나 바탕'이라는 의미를 가진 말로 '기질(氣質, temperament)'과 다른 의미를 가진 말이다.

기질 가설【氣質 假說】temperament hypothesis

영아가 가지고 있는 기질(temperament)이 애착 유형을 구분 짓는 가장 중요한 요인으로 작용한다고 보는 가설. 메리 에인스워스(Mary Ainsworth)는 자신이 진행했던 낯선 상황 절차를 통해 나온 결과를 바탕으로 영아들의 애착 유형을 몇 가지로 분류하였으며, 이러한 애착 유형의 차이를 가져오는 요인과 관련하여, 영아에 대한 양육자의 양육(또는 양육 방식)이 결정적인 용인으로 작용한다고 보는 '양육 가설(caregiving hypothesis)'을 주장했다. 이와 달리, 기질 가설에서는 애착 유형은 영아가 출생 시부터 가지고 태어나는 기질의 차이에서 비롯된다고 주장한다. 즉, 영아의 기질의 차이가 애착발달 및 애착 유형의 차이를 가져오는 주 요인이라는 것이다. 기질 가설을 제안한 학자는 제롬 카간(Jerome Kagan)이다.

기질성【器質性】organic

'기질적', '기질적인', '기질성의' 등의 표현들과 같은 의미로 사용된다. CLICK 기질적

기질성 기억 상실증【器質性 記憶 喪失症】organic amnesia

심한 스트레스로 인한 긴장이나 불안 등과 같은 심리적 요인에 의해 발생하는 심인성 기억 상실증(psychogenic amnesia)과 달리, 뇌와 같은 기질적(器質的, organic) 요인의 손상이나 이상으로 인해 초래되는 기억 상실증을 지칭하여 기질성 기억 상실증이라고 한다.

기질성 정신지체【器質性 精神遲滯】organic mental retardation / organic MR

'정신지체(mental retardation)'의 병인(病因: 병의 원인)은 크게 두 가지 유형('기질성 정신지체' 및 '가족성 정신지체' 또는 '가족 문화성 정신지체')으로 구분되며, 그 가운데 한 가지 유형을 말한다. 그 중에서 기질성 정신지체는 유전적 이상이나 결함, 산전(産前) 손상, 신경심리학적 이상과 같은 생물학적 원인에서 비롯되는 정신지체를 말한다. 정신지체를 유발하는 생물학적 원인(또는 요인)은 1,000여 가지 이상이 있는 것으로 알려져 있다. 기질성 정신지체에서 나타나는 정신지체의 수준은 대부분의 경우에 '보통 정도의 지체' 수준에서 '매우 심한 지체' 수준 사이의 범주에 분포한다. 이것은 기질성 정신지체에서 보이는 지능의 손상 정도가 다른 원인(즉, '가족성 정신지체')에 비해 더 심함을 의미한다. 한편 정신지체를 유발하는 또 하나의 병인 유형은 '가족성 정신지체(familial mental retardation / familial retardation)' 또는 '가족 문화성 정신지체(familial−cultural mental retardation / familial−cultural retardation)'로, 이것은 생물학적 원인(또는 요인)이 아닌, 빈약한 가족 환경 또는 가족 문화적 환경 요인에 의해 초래되는 정신지체를 말한다. 흔히 이런 빈약한 가족(또는 가족 문화적) 환경은 낮은 사회경제적 계층의 사람들, 부모

중 한 명 또는 두 명 모두가 정신지체를 가진 가족, 그리고 소수민족 집단 등에서 더 자주 발생한다. 일반적으로 '가족성' 또는 '가족 문화성 정신지체'에서 나타나는 지능의 손상 정도는 '기질성 정신지체'에서 나타나는 지능의 손상 정도에 비해 상대적으로 가벼운 경향이 있다.

기질적 【器質的】 organic

'생물체(또는 유기체)의 생물학적 기관(器官)이나 조직과 관련된'이라는 의미를 가진 말이다. '기질적인', '기질성' 또는 '기질성의' 등의 표현들과 같은 의미로 사용된다. 한편 '기질적'이라는 표현과 반대의 의미를 가진 말로 '비기질적(非器質的, nonorganic)'이라는 표현이 사용된다.

기형발생물질 【畸形發生物質】 teratogens

태내기(임신 기간) 동안에 태내에 영향을 미쳐 태중의 아기(배아 또는 태아)의 발달에 이상이나 기형을 초래할 수 있는 위험 물질 또는 위험한 환경 요인. 즉, 태내에서 발달하고 있는 배아나 태아에게 해를 입혀 신체적 기형, 뇌손상, 정신지체 등과 같은 심각한 이상이나 장애를 유발할 수 있고, 때로는 죽음을 초래하기도 하는 유해한 환경 요인들을 총칭한다. 인간의 발달은 부모의 정자와 난자로부터 전달된 유전적 정보에 따라 진행된다. 발달 과정에서 태아의 환경을 이루는 모체(즉, 임신한 어머니)의 경험과 모체에 대한 환경의 영향은 다시 태아에게 중요한 환경이 되어 영향을 미치게 된다. 그런 환경 요인들 가운데 태아의 발달에 부정적인 영향과 결과를 초래하는 대표적인 것이 '기형발생물질'로, 여기에는 태내의 배아나 태아에게 이상이나 기형을 초래하는 다양한 물질들이 포함된다. 구체적으로 알코올, 담배, 코카인, 헤로인 및 탈리도마이드와 같은 각종 약물들이 포함된 화학 물질, 우라늄이나 플루토늄 등의 핵연료가 분열하는 과정에서 발생하는 세슘-137이나 X-ray 등과 같은 방사선 또는 방사성 물질, 그리고 풍진 바이러스를 포함한 다양한 바이러스와 세균 등의 미생물이 포함된다. 또한 모체의 영양실조나 영양 불균형도 태아의 기형을 유발할 수 있는 위험 요인으로 알려져 있다. 기형발생물질을 의미하는 말인 'teratogen'은 '괴물'을 의미하는 그리스어 'tera'에서 유래하였다. '기형유발물질' 또는 '테라토젠'이라고도 한다.

기형아 【畸形兒】 deformed child / malformed child

선천적으로 신체의 특정 부분의 구조가 정상이 아닌 형태로 태어난 아이.

기형유발물질 【畸形誘發物質】 teratogens

태내기(임신 기간) 동안에 태내에 영향을 미쳐 태중의 아기(배아 또는 태아)의 발달에 이상이나 기형을 초래할 수 있는 위험 물질 또는 위험한 환경 요인. '기형발생물질' 또는 '테라토젠'이라고도 한다.

CLICK 기형발생물질

긴장성 목 반사 【緊張性 목 反射】 tonic neck reflex

인간이 선천적으로 가지고 태어나는 반사들 가운데 하나로, 생후 초기에 영아를 눕혀 놓은 상태에서 머리를 좌측이나 우측 가운데 어느 한 쪽을 향하도록 돌려놓으면 아기는 얼굴이 향하는 쪽의 팔을 곧게 뻗는 동작을 취하면서 다른 쪽의 팔은 구부리는 동작을 나타내는데, 이와 같은 선천적인 반사 행동을 '긴장성 목 반사'라고 한다. 이 반사는 생후 초기에 아기가 옆으로 눕거나 엎드린 자세에서 원활한 호흡을 위한 기도 확보에 도움을 주는 기능을 한다. 긴장성 목 반사는 '긴장성 경 반사'라고도 하는데, 이 표현에 들어있는 '경(頸)'은 목을 의미한다. 또한 이 반사를 나타내는 영어 표현(tonic neck reflex)의 발음을 따라 '토닉 넥 반사'라고도 하며, 이 반사를 일으키는 아기의 동작(자세)이 마치 스포츠 종목의 하나인 펜싱을 하는 사람의 모습과 비슷하기 때문에 '펜싱 반사(fencing position reflex)'라고 부르기도 한다. 또한 이 반사는 다른 유형의 긴장성 반사(예를 들면, 긴장성 미로 반사)와 구분하여 '비대칭성 긴장성 목 반사(asymmetric tonic neck reflex, ATNR)'라고 부르기도 하는데, 그 이유는 이 반사를 일으키는 아기의 자세(또는 신체 동작의 모양)가 신체 좌측과 우측 간에 비대칭을 이루기 때문이다. 대부분의 다른 선천적 반사들처럼, 이 반사도 생후 약 4~6개월이 지나면서 점차 사라진다.

긴장성 미로 반사【緊張性 迷路 反射】tonic labyrinthine reflex (TLR)

인간이 선천적으로 가지고 태어나는 반사들 가운데 하나로, 생후 초기에 영아를 엎드려 놓은 상태에서 아기의 머리를 움직이면 자동적으로 아기의 몸 전체가 굴곡을 일으키는 긴장 반응을 나타내는데, 이와 같은 선천적인 반사 행동을 '긴장성 미로 반사'라고 한다. 시간(월령)이 경과해 가면서 점차 사라지는 다른 많은 선천적인 반사들처럼, 긴장성 미로 반사도 생후 4~6개월이 지나면서 점차 사라진다.

길리건 Gilligan (1936~)

캐롤 길리건(Carol Gilligan). 미국의 심리학자, 페미니스트, 윤리학자. 페미니즘과 윤리 분야에서 많은 연구 업적을 이루었고, 특히 심리학자인 콜버그(Kohlberg: 1927~1987)의 도덕성 발달 이론에 대한 비판적 해석으로 유명하다. '캐롤 길리건', 'Gilligan' 또는 'Carol Gilligan' 등으로 표기하기도 한다.

길포드 Guilford (1897~1987)

조이 폴 길포드(Joy Paul Guilford). 미국의 심리학자. 지능 분야에서 많은 연구와 업적을 남겼다. 특히 지능을 설명하기 위해 그가 제안한 지능 구조 모형(structure－of－intellect model)을 통해, 지능이 180개의 서로 다른 정신 능력들로 구성되어 있다는 이론을 제시하였다. '길퍼드', '조이 길포드', 'Guilford', 'Joy Guilford' 등으로 표기하기도 한다.

깊이 단서【깊이 端緖】depth cue

어떤 대상이나 장면의 깊이에 관한 정보를 제공하는 시각적인 요소. 깊이 지각(depth perception) 과정에서 특정 대상이나 장면이 지각자로부터 어느 정도 떨어져 있는지를 지각하는 데 있어 정보가 되는 시각적 요소를 말한다.

깊이 지각【깊이 知覺】depth perception

어떤 대상이나 장면이 지각자(知覺者)로부터 어느 정도 깊이에 떨어져 있는지(또는 위치하고 있는지)에 관한 지각.

까다로운 기질【까다로운 氣質】difficult temperament

기질을 분류하는 하위 유형들 가운데 하나로, 특히 새로운 상황이나 경험에 대해 강하고 부정적인 반응을 보이고, 적응이 느리며, 수면과 섭식 등의 일상생활 행동에서 불규칙한 경향을 나타내는 기질(또는 기질 유형)을 말한다. 이러한 기질 특성을 가진 아이를 '까다로운 아이(difficult child)'라고 한다.

까다로운 아이 difficult child

'까다로운 기질(difficult temperament)'의 특성을 가진 아이.

CLICK 까다로운 기질

껴안기 반사【껴안기 反射】embracing reflex

선천적으로 가지고 태어나는 반사들 가운데 하나로, 생후 초기의 영아에게 큰 소리를 들려주거나 아기를 앉고 자세를 갑작스럽게 변경시키는 동작(예를 들면, 아기를 내려놓거나 흔드는 동작)을 취하면, 아기가 놀람 반응과 함께 등을 활처럼 구부리면서 팔과 다리를 벌리고 껴안듯이 움츠리는 동작을 취하는데, 이와 같은 선천적인 반사 행동을 '껴안기 반사'라고 한다. 다른 많은 선천적 반사들처럼, 껴안기 반사도 생후 약 4개월 무렵을 전후하여 사라진다. '포옹 반사'라고도 하며, '모로 반사(Moro reflex)', 모로 껴안기 반사(Moro embracing reflex: '모로 포옹 반사'라고도 함), '놀람 반사(startle reflex: '경악 반사'라고도 함)'라고도 한다. 흔히 '모로 반사'라는 표현을 많이 사용한다.

꾸르륵 소리내기 cooing

생후 초기의 어린 영아들이 즐겁거나 만족스런 상태일 때 반복적으로 내는 모음과 같은 소리. 흔히 생후 2~3개월경의 영아들이 즐겁거나 만족스러울 때 내는 '아~~' 또는 '우~~' 등의 경우에서처럼 목젖을 울리며 내는 모음과 같은 소리를 말한다. '쿠잉'이라고도 한다. 학자들에 따라서는 쿠잉을 일종의 발음 연습으로 보기도 한다. 비둘기의 울음소리를 나타내는 'coo'에서 따온 말로 알려져 있다. '쿠잉', '목 울리기', '목젖 울림'이라고도 한다.

꿈의 분석【꿈의 分析】dream analysis

정신분석적 치료에서 사용하는 치료 기법의 하나. 내담자(또는 환자)의 심리적 고민이나 문제와 관련이 있거나 원인으로 작용하고 있는 무의식적인 세계에 위치하는 근원적 요인에 대해 이해하고 그에 관한 정보를 얻기 위해 내담자의 꿈의 내용(즉, 꿈속에 담겨 있는 내담자의 성적 또는 공격적 욕망이나 기타의 동기 등)을 분석하는 치료적 활동을 말한다.

ㄴ

나쁜 세상 신념【나쁜 世上 信念】mean-world belief

세상을 부정적으로 바라보는 신념의 하나로, 특히 세상은 나쁜 사람들과 부당한 행동이 더 큰 영향을 미치는 무섭고 위험한 세계라고 보는 신념을 말한다. 이런 신념은 TV와 같은 매체에서 다루는 폭력적이고 불법적인 내용이나 정보를 통해 형성되기 쉽다.

나팔관【喇叭管】fallopian tube / oviduct

여성의 신체의 일부로, 난소에서 배출된 난자를 자궁으로 운반하는 기능을 하는 나팔 모양의 관. '난관' 또는 '자궁관'이라고도 한다.

낙관【樂觀】optimistic view / optimism

앞으로 일어날 일들이나 상황에 대해 긍정적이고 희망적으로 생각함.

낙관성【樂觀性】optimism

'낙관주의'라는 표현으로도 사용되며, '미래에 일어날 상황 또는 결과들에 대하여 긍정적으로 생각하는(또는 기대하는) 성향 또는 경향성'이라고 정의된다. 이와 반대되는 말로 '비관성' 또는 '비관주의'라는 표현이 사용된다. 일반적으로, 낙관성은 사람들의 숙면 및 휴식을 도와주고 인생을 긍정적으로 지각하도록 하는 기능을 하기 때문에, 낙관성 수준이 높은 사람일수록 중요하거나 힘든 과제를 수행할 때처럼 어려운 상황에서 심리적인 고통이나 스트레스를 적게 경험하는 경향을 보인다.

낙인【烙印】stigma

(1) 불에 달구어 찍는 금속으로 만든 도장. (2) 없애기(또는 씻기) 어려운 부정적인 평가. 영어 발음 그대로 '스티그마'라고 표현하는 경우도 있다.

낙인 효과【烙印 效果】stigma effect

특정한 대상에 대해 부여하는 회복하기 어려운(즉, 씻기 어려운) 부정적이거나 불명예스러운 평가 또는 판정을 '낙인(stigma)'이라고 한다. 이런 낙인이 찍힌 후에, 그 개인은 결국 낙인에 부합되는 부정적인 행위를 하는 경향이 있는데, 이런 현상을 지칭하여 '낙인 효과'라고 한다. '오점 효과(汚點 效果)' 또는 '스티그마 효과'라고도 한다.

난관【卵管】fallopian tube / oviduct

여성의 신체의 일부로, 난소에서 배출된 난자를 자궁으로 운반하는 기능을 하는 나팔 모양의 관. '나팔관' 또는 '자궁관'이라고도 한다.

난산【難産】dystocia

분만 시 태아가 산도(産道)를 통과하기 어려운 문제가 발생하여 분만이 정상적으로 진행되지 못하고, 나아가 분만 시간이 길어지면서 태아와 산모에게 이상이나 장애를 일으킬 위험이 있는 상태. 난산이 초래되는 주요 요인은 태아가 너무 큰 경우, 다태 임신인 경우, 태아가 기형아인 경우 등과 같은 태아 요인에 의한 경우와 산도가 너무 협소한 경우, 과도한 진통을 호소하는 경우 등과 같은 산모 요인에 의해 난산이 초래되는 경우로 구분할 수 있다.

난소【卵巢】ovary

인간의 여성 및 유성생식(有性生殖)을 하는 동물들 가운데 암컷의 생식세포인 난세포를 만드는 신체 기관.

난자【卵子】ovum

유성생식 과정에서 정자와 결합하여 수정란을 만들게 되는 자성(雌性: 암수가 구분되는 동물에서 임신을 하는 <또는 새끼를 배는> 쪽) 생식세포. 즉, 인간의 여성 및 유성생식(有性生殖)을 하는 동물들의 암컷의 생식세포를 말한다.

남근기【男根期】phallic stage

프로이트(Freud: 1856~1939)는 심리성적 발달 이론을 통해 성격 발달이 이루어지는 다섯 단계(구강기, 항문기, 남근기, 잠복기, 생식기 등)를 제시하였다. 그중에서 세 번째 단계인 남근기는 대략 3세부터 5, 6세경까지의 시기를 말한다. 이 시기 동안의 쾌감과 만족은 주로 성기관(생식기)의 자극과 관련되어 있어 아동들은 자신의 성기 부위를 자극하는 행위를 통해 욕구를 충족한다. 또한 이성의 부모를 향한 성적 애착(또는 욕구)을 발달시키게 된다. 이처럼 이성 부모를 향한 근친상간적 성적 욕구를 해결하는 과정에서 남아의 경우에는 외디푸스 콤플렉스를, 여아의 경우에는 엘렉트라 콤플렉스를 경험하게 된다. 이러한 콤플렉스 경험에서 유발되는 강한 불안은 아동들이 동성 부모의 성역할 특성과 도덕 기준을 자신의 내면세계로 받아들이는 내면화 과정을 이끈다. 그 과정에서 양심, 죄책감, 도덕성 등과 관련된 성격 측면인 초자아(superego)가 발달하게 된다. '남근 단계'라고도 한다.

남근 단계【男根 段階】phallic stage

'남근기'라고도 한다. CLICK 남근기

남녀차별주의【男女差別主義】sexism

성별에 근거하여 남자와 여자를 차별하는 경향.

남성 불임【男性 不妊】male infertility / male sterility

남성에게 원인이 있는 불임(또는 불임 상태). '남성 불임증'이라고도 한다. CLICK 불임증

남성 불임증【男性 不姙症】male infertility / male sterility

'남성 불임'이라고도 한다. CLICK 남성 불임

남성화된 여성【男性化된 女性】androgenized female

임신 중에 남성 호르몬에 노출되어 남아의 외부 생식기와 같은 외부 생식기를 발달시킨 여아. 이들에 관한 조사·연구에서 나타난 결과는 다음과 같다. 먼저, 이 여아들은 출생 후의 발달 과정에서도 여아들의 놀이나 활동보다 남아들의 놀이나 활동을 선호하며, 정신 능력 측면에서도 남성적인 특징을 보이는 경향이 있다. 이런 경향은 그들의 양육자가 여성적 장난감과 놀이를 하도록 격려하고 칭찬하는 경우에도 지속되었고, 청소년이 된 이후에는 이들 중 상당수가 스스로 양성애자나 동성애자로 느끼는 경향을 나타냈다. '안드로겐화 여성'이라고도 한다.

낭성 섬유증【囊性 纖維症】cystic fibrosis

'낭포성 섬유증' 또는 '낭포성 섬유종'이라고도 한다.

CLICK 낭포성 섬유증

낭포성 섬유종【囊胞性 纖維腫】cystic fibrosis

'낭포성 섬유증' 또는 '낭성 섬유증'이라고도 한다.

CLICK 낭포성 섬유증

낭포성 섬유증【囊胞性 纖維症】cystic fibrosis (CF)

(1) 유전병의 한 유형으로, 상염색체 열성으로 유전되는 병이다. 신체의 여러 기관(폐 및 이자와 관련된 소화기관 등)에서 주요 문제가 발생하는 질환이다. 특히 기관지에 위치한 외분비선에서 분비되는 점액의 점성(끈적끈적한 성질)이 지나치게 높기 때문에 초래되는 기도 폐쇄와 기관지염 및 폐 감염, 그리고 자율신경계 활동의 증가, 땀과 함께 배출되는 전해질의 증가 등의 증상을 나타낸다. 병의 양상은 신생아기, 영아기, 유아기, 아동기, 청소년기 등 발병 시기에 따라 다양한 증상과 수준으로 나타난다. 다른 인종과 비교하여 상대적으로 백인에서 높은 비율로 발생한다. 출생하는 백인 약 2,500명당 1명 정도의 비율로 발생하지만, 다른 인종 집단에서는 훨씬 적은 비율로 발생한다. 특히 한국이나 일본과 같은 아시아계의 경우에는 극히 적은 비율로 발생한다. 치료법은 발병 시기와 증상에 따라 다르며, 흔히 어린 시기에 발병한 환자들 가운데는 아동기나 청소년기 이전에 사망하게 되는 경우가 많다. 흔히 이 질환 치료의 주 목적은 감염의 위험성을 줄이고 점막을 얇게 하는 데 있다. 이 질환이 처음으로 발견·보고된 시기는 1930년대이다. '낭포성 섬유종(囊胞性 纖維腫)' 또는 '낭성 섬유증(囊性 纖維症)'이라고도 한다. (2) (글자 뜻풀이) 낭포(囊胞; 장기 또는 생체의 조직 안에 생긴 주머니로, 그 속에 액체나 다른 물질이 들어있는 상태를 말한다), 낭(囊; 주머니 낭, 자루 낭), 포(胞; 세포 포, 방울 포), 성(性; 성질 성, 성품 성, 성별 성), 섬(纖; 가늘 섬, 고울 섬), 유(維; 밧줄 유, 맬 유), 증(症; 증세 증, 증상 증), 종(腫; 종기 종, 부스럼 종).

낯가림 stranger anxiety

낯선 사람의 출현 또는 낯선 사람이 다가오는 것에 대해 나타내는 불안 또는 불안 반응. 구체적으로 불안, 초조, 경계 및 피하려는 경향 등의 반응을 나타낸다. 낯선 사람에 대한 경계 반응의 일종이라고 할 수 있다. 영아기인 생후 약 7~10개월경에 최고조를 나타내다가 그 이후에는 점차 강도가 줄어든다. '낯선이 불안'이라고도 한다.

낯선 상황【낯선 狀況】strange situation

영아가 애착 대상인 양육자(또는 어머니)에 대해 형성한 애착의 질을 평가하기 위해 마련된 영아에게 친숙하지 않은 상황. 메리 에인스워스(Mary Ainsworth)가 영아의 애착의 질을 평가하기 위해 고안하여 사용한 '낯선 상황' 절차를 말하는 것으로, 흔히 양육자가 영아를 두고 방을 떠나는 경우, 떠났던 양육자가 다시 돌아오는 경우, 낯선 사람이 등장하는 경우 등과 같은 8번의 연속적인 분리와 재결합 일화를 포함하는 낯선 상황(절차)들에서 영아가 양육자에게 나타내는 반응을 관찰하고 평가하는 방식으로 진행된다.

낯선 상황 절차【낯선 狀況 節次】strange situation procedure

'낯선 상황' 실험에 포함된 진행 절차. 피험자인 영아를 애착 대상인 양육자(또는 어머니)와 분리하기, 양육자와 재결합하기, 낯선 사람이 등장하기 등과 같이 영아에게 낯설게 느껴지는 여러 장면의 에피소드로 구성된다.

낯선이 불안【낯선이 不安】stranger anxiety

낯선 사람의 출현 또는 낯선 사람이 다가오는 것에 대해 나타내는 불안 또는 불안 반응. '낯가림'이라고도 한다.

CLICK 낯가림

내담자【來談者】client

일반적으로 상담이나 심리 치료 분야에서는 내담자를 '자신의 문제나 고민을 해결할 목적으로 상담자(또는 치료자)의 도움을 받기 위해 찾아온 사람'이라고 정의한다. 상담이나 임상심리학 또는 사회사업 등의 분야에서는 내담자라는 표현 이외에도 영어 발음 그대로 '클라이언트'라는 표현을 사용하는 경우가 많으며, 그 경우에는 좀 더 넓은 의미로 '상담이나 사회사업 등의 분야에서 서비스(상담이나 복지 서비스)를 받는 사람'이라고 정의된다. 상담 분야에서는 내담자와 같은 의미로 '피상담자(被相談者)' 또는 '카운설리(counselee)'라는 표현이 사용되기도 한다.

내면화【內面化】internalization

타인 또는 사회의 가치 기준이나 원칙 등을 자신의 내적 체계(또는 심리 체계)로 수용·통합하여 자기의 것으로 만드는 심리적 과정. 구체적으로 내면화는 행동을 통제하던 외적 기준이나 원칙들(즉, 타인이나 사회로부터 주어지는 기준이나 원칙들)이 발달 및 사회화 과정을 거치면서 자신의 내면(심리 또는 정신)의 세계로 자리 잡아 가는 과정을 의미한다. 내면화를 통해, 개인은 내면화 이전 단계에서는 외적 기준이나 원칙의 통제를 받아 행동하던 수준을 넘어 이제는 자신의 내면에 자리 잡고 있는 기준(즉, 내적 기준)과 원칙에 따라 행동할 수 있게 된다. '내재화(內在化)'라고도 한다.

내배엽【內胚葉】endoderm

수정이 이루어진 이후 배종기(정자와 난자가 만나 수정이 이루어진 이후 착상이 이루어지기 전까지 약 2주간의 기간. '접합기' 또는 '접합체기'라고도 함)를 거쳐 배반포가 자궁벽에 착상한 이후의 시기를 배아기라고 하는데, 이 시기 초기의 배아는 세 개의 세포층(구체적으로 외배엽, 중배엽 및 내배엽)으로 나뉜다. 그 중 가장 안쪽을 형성하고 있는 세포층이 내배엽으로, 내배엽은 이후에 코를 제외한 기도, 방광, 요도, 폐, 위, 심장, 간, 신장 등의 내장 기관들로 분화된다.

내분비【內分泌】endocrine / internal secretion

신체 내부에서 이루어지는 분비를 의미하며, 흔히 호르몬의 분비를 말한다. 인간 및 동물들의 신체에서 호르몬과 같은 특정 작용을 하는 물질을 방출하는 현상을 분비(分泌)라고 하며, 이는 다시 내분비와 외분비로 구분된다. 이 가운데 내분비는 체내의 내분비선(또는 내분비샘)에서 생산된 호르몬이 신체 내부로 분비되는 현상을 말한다. 내분비는 도관(導管)을 거치지 않고 직접 혈류 속으로 분비된다.

내분비계【內分泌系】endocrine system

신체 내에서 호르몬을 생성하고 이를 혈류 속으로 분비하는 기능과 활동을 담당하는 여러 내분비선들로 이루어진 조직 체계. '내분비 체계'라고도 한다.

CLICK 내분비

내분비선【內分泌腺】endocrine gland

인간 및 동물들의 신체에서 호르몬과 같은 특정 작용을 하는 물질을 방출하는 현상을 분비(分泌)라고 하며, 이는 다시 내분비(內分泌)와 외분비(外分泌)로 구분된다. 내분비라고 함은 분비 세포 또는 분비선에서 분비되는 특정 물질(즉, 호르몬)이 신체 내부로 분비되는 현상을 말한다. 흔히 내분비는 도관(導管)을 거치지 않고 직접 혈액 속으로 분비된다. 분비 작용을 하는 세포를 분비 세포라고 하고, 다수의 분비 세포들로 구성된 조직 또는 기관을 지칭하여 선(腺) 또는 분비선(分泌腺)이라고 하며, 그 중에서도 내분비 작용을 하는 분비선을 내분비선이라고 한다.

내성적인 사람【內省的인 사람】introvert

개인이 가진 에너지나 관심 등의 지향이 주로 자신의 내부로 향하고, 수줍음을 많이 느끼는 경향이 있는 성격을 가진 사람. 내성적인 사람은 다른 사람들을 만나거나 어울리기보다는 조용히 사색하거나 혼자만의 시간을 보내는 것을 선호하는 경향이 있다. '내향적인 사람' 또는 '내향성의 사람'이라고도 한다.

내이【內耳】inner ear / internal ear

속귀. 귀의 가장 안쪽에 위치한 부분으로 달팽이관, 전정, 세 개의 반고리관 등을 포함하는 구조로, 소리 듣기, 몸의 기울어짐이나 운동 상태 감지하기 등의 기능을 담당한다.

내재 동기【內在 動機】intrinsic motivation

'내재적 동기' 또는 '내적 동기'라고도 한다.

CLICK 내재적 동기

내재적 동기【內在的 動機】intrinsic motivation

생리적 욕구 또는 일차적 욕구의 충족과 관계없이 호기심, 만족감, 성취감, 유능감, 정체감, 사회적 인정 등과 같은 내재적 요인(또는 내적 요인)에 의해 유발된 동기. 어떤 행동이 단순히 흥미롭거나 재미있어서 또는 만족스럽기 때문에 그 행동을 하려는 동기를 말한다. 즉, 외부의 보상이나 대가와 관계없이 흥미나 재미 등과 같은 개인 내부의 심리적 요인이 동기로 작용하는 경우이다. '내재 동기' 또는 '내적 동기'라고도 한다.

내재적 정의【內在的 正義】immanent justice

삐아제(Piaget: 1896~1980)의 도덕발달 이론에서, 도덕발달 첫 번째 단계인 '타율적 도덕성 단계'의 아동들이 사회적 규칙 및 그 위반에 대해 나타내는 사고 경향을 말한다. 구체적으로 타율적 도덕성 단계의 아동들은 사회적 규칙은 절대적 존재에 의해 만들어진 것으로, 이를 위반하면 반드시 처벌을 받게 된다고 믿는 경향이 있다. 이와 같은 믿음을 지칭하여 '내재적 정의'라고 한다.

내재적 표상【內在的 表象】internal representation

넓은 의미에서, '표상(表象)'은 실제의 대상(물체나 현상)을 다른 어떤 것으로 대표한다는 의미를 가지고 있으며, 크게 외재적 표상과 내재적 표상 등 두 가지 유형으로 구분할 수 있다. 그 중에서 지형이나 건물의 위치를 도면상에 나타내는 지도나 어떤 사람을 조각한 동상 등과 같이 '외부의 대상을 모사하여 외적으로 나타낸 표상'을 '외재적 표상(external representation)'이라고 한다. 다른 하나는 외부의 대상에 대한 지각 및 인식이 이루어지는 과정에서 '외부의 대상을 어떤 형태로 추상화하고 심상화하여 내적으로 나타낸 표상'을 '내재적 표상'이라고 한다. 한편 '외재적 표상'은 '외적 표상'이라고도 하고, '내재적 표상'은 '내적 표상'이라고도 한다.

CLICK 표상

내재화【內在化】internalization

타인 또는 사회의 가치 기준이나 원칙 등을 자신의 내적 체계(또는 심리 체계)로 수용·통합하여 자기의 것으로 만드는 심리적 과정. '내면화'라고도 한다.

CLICK 내면화

내적 동기【內的 動機】intrinsic motivation

생리적 욕구 또는 일차적 욕구의 충족과 관계없이 호기심, 만족감, 성취감, 유능감, 정체감, 사회적 인정 등과 같은 내적 요인(또는 내재적 요인)에 의해 유발된 동기. '내재적 동기' 또는 '내재 동기'라고도 한다.

CLICK 내재적 동기

내적 성취 지향성【內的 成就 指向性】intrinsic achievement orientation

외부에서 주어지는 평가, 칭찬, 보상 등의 유인물보다는 개인 내적인 가치나 성과(예를 들면, 자신이 생각하는 의미 있는 삶의 추구와 실천, 무언가에 대한 숙달이나 능력 함양 등)를 이루거나 충족시키기 위한 삶을 지향하는 경향성.

내적 실험【內的 實驗】inner experimentation

삐아제(Piaget: 1896~1980)는 인지발달 이론에서 인지발달의 네 단계를 제시하였고, 그 가운데 첫 번째 단계인 감각 운동기(sensorimotor stage: 출생~2세 경)를 다시 6개의 하위 단계로 분류하였다. 이 6개의 하위 단계들 가운데 마지막 여섯 번째 단계(생후 약 18개월~24개월 사이)에서 나타나는 영아의 특징적인 활동 경향이 '내적 실험'이기 때문에, 이 여섯 번째 단계를 지칭하여 '내적 실험 단계' 또는 '도식의 내면화(internalization of schemes) 단계'라고 한다. 앞의 다섯 번째 단계에서 영아들은 새롭고 흥미로운 결과를 산출하는 행동(또는 방법)을 찾기 위해 다양한 시도를 시행착오적으로 반복하지만, 이 여섯 번째 단계의 영아들은 어떤 행동을 하면 어떤 결과가 일어날 것인지를 내적(또는 정신적)으로 사고할 수 있게 되고, 이런 과정을 통해 단순한 문제를 해결할 수 있게 된다. 이와 같이 내적 또는 정신적 과정을 통해, 어떤 행동에 뒤따라올 결과를 사고하는 활동(또는 능력)을 지칭하여 '내적 실험'이라고 한다. 즉, 앞으로 하게 될 어떤 행동과 그 행동이 가져올 결과를 내적(또는 정신적) 수준에서 처리하는, 즉 내적 수준에서 이루어지는 탐색(또는 활동)이 '내적 실험'이다. 이와 같은 '내적 실험'은 영아의 인지 능력이 이전 단계들에서 영아가 보이던 '감각운동적 수준'을 넘어 '표상적 또는 상징적 수준'으로 변화·발전했음을 의미한다. 이와 같은 인지 능력의 변화는 언어와 놀이 등을 통해 다양한 형태로 나타난다. 예를 들면, 이 시기의 영아들은 장난감을 가지고 밥이나 빵 등과 같은 음식을 만들어 먹는 놀이를 하거나 비행기나 우주선을 타고 우주여행을 하는 것과 같은 가상놀이(또는 가장놀이)를 할 수도 있다. 또 엄마나 아빠의 행동을 보고 나서 몇 시간 또는 며칠이 지난 뒤에 모방 행동을 나타내는 '지연모방' 행동을 할 수도 있다. 이와 같은 가상놀이나 지연모방은 이 시기 영아들의 발전된 인지 능력인 '내적 실험'을 반영하는 것이다. 한편 생후 6개월 무렵의 영아가 단순한 행동이지만 지연모방을 했다는 연구 결과도 보고된 바 있는데, 이런 연구 보고는 영아기의 '내적 실험'과 관련된 인지 능력이 지금까지 알려진 것보다 더 이른 시기에 나타나는 능력일 수 있음을 시사해준다.

내적 언어【內的 言語】inner speech

구 소련의 심리학자 비고츠키(Vygotsky: 1896~1934)가 아동들이 보이는 특징적인 언어 및 사고 경향을 나타내기 위해 사용한 개념들 가운데 하나. 아동들이 보이는 특징적인 언어 행동 중에서, 다른 사람과의 상호작용이 없는 상황에서, 또는 혼자 있는 상황에서 하는 말인 혼잣말은 자신의 사고를 이끌어주는 자기-의사소통 기능을 하는데, 이와 같은 아동들의 언어 행동을 지칭하여 사적 언어(private speech)라고 한다. 비코츠키는 이러한 사적 언어는 나이가 들어가면서 감소하다가 사라지는 듯이 보이지만 실제로는 사라지는 것이 아니라고 보았다. 즉, 발화의 형태로 나타나지 않을 뿐이지 내적 상태에서 계속 진행되면서 그 개인의 사고와 행동을 조직하고 이끄는 기능을 한다고 보았는데, 이러한 언어를 지칭하기 위해 사용한 개념이 내적 언어이다. 즉, 사적 언어가 발화 없이 내적으로 진행되는 것을 지칭하여 '내적 언어'라고 한다.

내적 작동 모델【內的 作動 모델】internal working model

개인이 영·유아기를 거치는 동안에 양육자와의 상호작용을 통해 내적으로 발달시킨 자기와 타인 및 인간관계에 대한 인지적 표상. 인간은 출생 후 자신에 대해 지속적인 돌봄을 제공하는 일차 양육자(흔히 어머니)와의 지속적이고 강렬한 유대 관계 또는 긴밀한 사회-정서적 관계를 형성하게 되는데, 이러한 긴밀한 유대 관계를 지칭하여 애착(attachment)이라고 한다. 애착을 형성하는 과정에서 아이는 자신, 타인, 인간관계 및 상호작용에 관한 인지적 표상 또는 기억 구조를 형성하게 되는데, 이러한 인지적 표상 또는 기억 구조를 지칭하여 '내적 작동 모델'이라고 한다. 발달 과정에서 양육자의 민감하고 반응적인 양육을 통해 '긍정적인 내적 작동 모델'을 형성하게 된 아동은 타인을 신뢰하고 의지할 수 있게 되지만, 둔감하고 무관심하고 나아가 학대하는 양육자 밑에서 성장한 아동은 '부정적인 내적 작동 모델'을 형성하기 쉽고, 그 결과는 타인과의 관계에서 상대를 불신하고 상대와의 불안정한 관계를 형성하도록 만들 가능성을 증가시킨다. '관계의 내적 작동 모델(internal working model of relationships)'이라고도 한다.

내적 표상【內的 表象】internal representation

넓은 의미에서, '표상(表象)'은 실제의 대상(물체나 현상)을 다른 어떤 것으로 대표(代表)한다는 의미를 가지고 있으며, 크게 두 가지 유형으로 구분할 수 있다. 그 중에서 지형이나 건물의 위치를 도면상에 나타내는 지도나 어떤 사람을 조각한 동상 등과 같이 '외부의 대상을 모사하여 외적(外的)으로 나타낸 표상'을 '외적 표상(外的 表象, external representation)'이라고 한다. 다른 하나는 외부의 대상에 대한 지각 및 인식이 이루어지는 과정에서 '외부의 대상을 어떤 형태로 추상화하고 심상화하여 내적(內的)으로 나타낸 표상'을 '내적 표상'이라고 한다. 한편 '외적 표상'은 '외재적 표상(外在的 表象)'이라고도 하고, '내적 표상'은 '내재적 표상(內在的 表象)'이라고도 한다.

CLICK 표상

내적 학습【內的 學習】internal learning

내적인 과정을 통해 이루어지는 학습, 즉 내적으로 진행되는 인지 과정에 의존하는 학습을 말한다. 인지 학습(認知 學習, cognitive learning)의 또 다른 표현이다.

CLICK 인지 학습

내집단 도식【內集團 圖式】ingroup schema / in-group schema

도식(schema)이란 '세상의 어떤 부분(예를 들면, 사람이나 물체 또는 사건 등)에 관한 정보 또는 개념들을 상호 관련지어 의미 있게 조직화하고 있는 인지적 구조'를 의미한다. 개인이 가진 세상에 관한 다양한 도식 또는 인지적 구조들 가운데 '내집단(ingroup)'에 대해 형성하고 있는 도식을 지칭하여 '내집단 도식'이라고 한다. 가치관, 태도, 행동 등의 측면에서 공통적인 특성을 가지고 있으며, '우리'라는 집단적 의식 또는 정체감을 가진 사람들로 구성된 집단을 의미한다.

내향성【內向性】introversion

(1) 개인이 가진 에너지나 흥미 또는 관심의 지향이 자신의 내부로 향하고 수줍음을 많이 타는 경향을 보이는 특성 또는 성격. (2) 칼 융(Carl Jung: 1875~1961)에 의해 처음으로 제시되었고, 또 한스 아이젱크(Hans Eysenck: 1916~1997)의 특질 이론에서도 주요 차원 가운데 하나로 제시된 개념이다. (3) 성격의 '5요인 모델'에서 제안하는 기본적인 5가지 성격 특성들(traits) 가운데 하나인 '외향성'과 반대되는 특성이다.

CLICK 5요인 모델

내향성-외향성【內向性-外向性】introversion-extraversion

칼 융(Carl Jung: 1875~1961)에 의해 처음으로 제시되고, 한스 아이젱크(Hans Eysenck: 1916~1997)의 특질 이론에서 주요 차원 가운데 하나로 제시되고 있는 개념으로, 개인이 가진 에너지나 흥미 또는 관심의 지향이 자신의 내부로 향하는지 아니면 외부(타인과의 관계나 사회적 활동 등)로 향하는지를 나타내는 성격 차원. 내향성(introversion)은 개인이 가진 에너지나 흥미 또는 관심의 지향이 자신의 내부로 향하고 수줍음을 많이 타는 경향을 보이는 성격인 반면에, 외향성(extraversion)은 개인이 가진 에너지나 흥미 또는 관심의 지향이 자신의 외부(타인, 타인과의 관계 및 외부의 대상 등)로 향하여 타인과 함께 있거나 타인과의 관계 또는 활동을 선호하는 사교적 경향을 보이는 성격을 말한다.

내향적인 사람【內向的인 사람】introvert

개인의 관심이나 에너지의 지향이 주로 자신의 내부로 향하고, 수줍음을 많이 타는 경향을 보이는 성격을 가진 사람. '내향성의 사람' 또는 '내성적인 사람'이라고도 한다.

CLICK 내성적인 사람

내현적 기억【內顯的 記憶】implicit memory

의식되지 않는 기억. 즉, 의식되지 않는 상태에서 무의식적으로 진행되어 행동에 영향을 미치는 기억을 의미한다. 과거의 경험이나 학습을 통해 획득한 기억(또는 기억 정보)으로, 현재의 활동에 영향을 미치지만 이 기억에 대해 의식적인 수준에서 인식하지 못하는 기억의 유형을 말한다. '암묵 기억' 또는 '암묵적 기억'이라고도 한다. 한편 내현적 기억과는 달리, 개인이 의식(또는 인식)하고 있는 유형의 기억을 지칭하여 '외현 기억(explicit memory)' 또는 '명시적 기억'이라고 한다.

내현적 모델링【內顯的 모델링】covert modeling

행동 치료 기법의 하나로, 모델의 행동을 직접적 또는 명시적으로 관찰하는 것이 아니라 모델이 어떤 상황에서 하는 행동(흔히 적절한 행동 또는 바람직한 행동)을 상상하는 과정을 통해 이루어지는 행동의 변화 또는 학습을 말한다. 또한 모델이 어떤 상황에서 하는 행동을 상상하는 과정을 통해 행동 변화나 학습을 유도하는 치료 절차를 지칭하기도 한다.

냉동 정액【冷凍 精液】frozen sperm

인공수정이나 연구를 목적으로 냉동 상태에서 저장·보관되고 있는 인간이나 동물(흔히 가축)의 정액.

넷 세대【넷 世代】net generation

디지털(digital)이 제공하는 기술 및 요소들이 중심이 되는 경제 및 사회 환경에서 성장한 세대. 간단히 '엔 세대(N generation)'라고도 한다.

CLICK 엔 세대

노년기【老年期】period of aging / old age / senescence

대략 65세 이후부터 사망할 때까지의 시기. 발달의

단계 가운데 하나로, 특히 성인기(adulthood)를 성인 전기, 성인 중기, 성인 후기 등 세 단계로 구분할 때 마지막 단계에 해당한다. 즉, 성인 중기(중년기 또는 중기 성인기라고도 함) 이후부터 사망할 때까지의 시기를 말한다. '성인 후기' 또는 '후기 성인기'라고도 한다. 신체적(또는 생물학적), 심리적 및 행동적 영역 등 발달 전반에서 노화와 쇠퇴가 일어나는 시기이지만 최근으로 오면서 이 시기 동안에 일어나는 긍정적 발달의 측면(예를 들면, '지혜'의 발달)에 대한 많은 관심과 연구가 증가해 오고 있다.

노년심리학【老年心理學】senescent psychology / psychology of senescence

노인 또는 노년기에 초점을 맞추어 연구를 진행하는 발달심리학의 한 분야. '노인심리학'이라고도 한다.

노년심리학자【老年心理學者】senescent psychologist / psychologist of senescence

노년심리학 분야에서 활동하는 심리학자. '노인심리학자'라고도 한다.

노년학【老年學】gerontology

노화 현상에 관해 연구하는 학문. 흔히 나이가 들어감에 따라 신체적 및 생리적 영역 전반에서 나타나는 노화의 과정 및 그 원인과 결과를 과학적이고 종합적인 접근을 통해 규명하고, 나아가 노화 과정에서 발생하는 다양한 문제들과 그 해결 방안에 대해서도 연구한다. '노인학'이라고도 한다.

노년학자【老年學者】gerontologist

'노년학' 분야에서 활동하는 학자.

노령화 지수【老齡化 指數】index of aging

노년 인구의 양적인 증가와 구조적인 변화를 나타내는 수치로, 65세 이상의 인구수를 0~14세 미만의 인구수로 나눈 후, 여기에 100을 곱해준 값이다. 즉, (65세 이상의 인구수/0~14세 미만의 인구수)×100.

노안【老眼】presbyopia

노화에 따라 발생하는 시력의 저하 현상. 흔히 40세 이후 또는 그 전부터 시작되며 눈의 수정체의 조절 기능이 약화되어 나타난다.

노암 촘스키 Noam Chomsky (1928~)

아브람 노암 촘스키(Avram Noam Chomsky). 미국의 언어학자, 철학자, 인지 과학자. 변형생성문법(transformational generative grammar) 이론의 창시자이다. '촘스키', '아브람 노암 촘스키', 'Chomsky', 'Noam Chomsky', 'Avram Noam Chomsky' 등으로 표기하기도 한다. CLICK 촘스키

노인【老人】the old / the aged / old person / aged person

연령을 기준으로 노인을 구분할 때, 인구학, 사회학 및 심리학 등의 분야에서는 일반적으로 65세 이상 된 사람들을 의미한다. 일반적으로 노인들은 연령 증가에 따라 신체적, 생리적, 심리적 및 행동상의 기능 약화와 함께 사회적인 역할의 축소 경향을 나타낸다.

노인심리학【老人心理學】senescent psychology / psychology of senescence

노인 또는 노년기에 초점을 맞추어 연구를 진행하는 발달심리학의 한 분야. '노년심리학'이라고도 한다.

노인심리학자【老人心理學者】senescent psychologist / psychologist of senescence

노인심리학 분야에서 활동하는 심리학자. '노년심

리학자'라고도 한다.

노인학 【老人學】 gerontology

'노년학'이라고도 한다. CLICK 노년학

노인 학대 【老人 虐待】 elder abuse

노인에게 가하는 학대 행위. 즉, 노인에 대해 신체적, 정서적, 경제적, 성적 또는 사회적 측면 등에서 가하는 일체의 학대 행위를 말한다. 유형별로 살펴보면, 노인에 대한 신체적 학대, 정서적 학대, 경제적 학대, 성적 학대, 방임, 유기 등의 학대가 포함된다.

노화 【老化】 aging / ageing

'늙어가는 과정'을 의미한다. 구체적으로 인간(또는 유기체)의 발달 과정에서 연령 증가와 함께 특히 신체적 및 생리적 측면의 다양한 조직 및 기관들의 기능이 약화 또는 저하되어 가는 과정을 말한다. 흔히 노화는 항상성(homeostasis)의 붕괴로 이어진다.

논란이 많은 아동 【論難이 많은 兒童】 controversial children / controversial child

또래들이 '좋아하는 아동'과 '싫어하는 아동'을 지명(평가)하는 과정을 통해 분류된 또래 지위의 한 유형으로, 그를 좋아하는 또래들도 많고 싫어하는 또래들도 많은 아동을 말한다. 이 아동(들)은 '인기 있는 아동'으로 분류될 수도 있고, 반대로 '거부된 아동'으로 분류될 수도 있기 때문에 'controversial children(논란이 많은 아동)'이라고 명명되는 것이다. 같은 이유에서 일부 학자들은 이 영어 표현을 '인기-거부 아동'으로 번역하기도 한다. 또래 지위(peer status)란 또래 집단 속에서 개별 아동이 또래들로부터 수용되거나 거부되는 정도에 따라 평가/측정된 결과로 또래들 사이에서의 상대적인 위상(또는 위치)을 의미한다. 이러한 또래 지위의 여러 유형들 가운데 하나가 '논란이 많은 아동'이다. '인기-거부 아동'이라고도 한다. 그동안 학자들은 또래들 사이에서 개별 아동이 위치하고 있는 또래 지위를 파악하기 위해 '사회 측정적 지명(sociometric nomination)' 또는 '사회 측정적 기법(sociometric techniques)'이라는 기법을 많이 사용해 왔는데, 이 기법은 어떤 또래 집단에 소속된 아동들에게 그들이 좋아하는 아이들과 싫어하는 아이들을 몇 명씩 지명하도록 하는 절차가 포함된 기법이다. 이러한 방법을 사용한 연구를 통해 분류된 아동들의 또래 지위는 일반적으로 5가지 유형으로, 여기에는 인기 있는 아동(popular children), 평균 지위의 아동(average-status children), 거부된 아동(rejected children), 무시된 아동(neglected children), 논란이 많은 아동(controversial children) 등의 유형들이 포함된다. 그 중에서 '논란이 많은 아동'은 또래들로부터 좋다는(또는 긍정적인) 지명과 싫다는(또는 부정적인) 지명 모두를 많이 받은 아동들이다. 또래 지위는 아동들의 생활 적응, 학업, 정신 건강 등 발달의 여러 주요 영역들에 큰 영향을 미치는 중요한 요인으로 알려져 왔다. 예컨대, '또래 지위'의 유형 중에서 '거부된 아동'으로 분류된 아동들은 그렇지 않은 아동들(예를 들면, '인기 있는 아동'이나 '평균 지위의 아동' 또는 '무시된 아동' 등)에 비해 우울, 분노 표출, 공격성, 반사회적 행동 및 여러 가지 적응 문제들을 보일 가능성이 더 높다. 또래 지위에 영향을 미치는 주요 요인은 개별 아동들이 가진 긍정적 특성들로, 여기에는 또래들이 좋아하는 사회적 기술 또는 사회적 유능성, 또래에 대한 관심, 또래에 대한 존중, 또래에 대한 지지 행동, 밝고 유쾌한 기질(또는 성격), 학업 능력과 기술 등과 같은 특성들이 포함된다. 이와 같은 긍정적 특성들을 많이 가진 아동들은 그렇지 못한 아동들에 비해 대체로 더 많은 또래 수용과 인기를 받는 경향이 있고, 또래 지위 면에서는 '인기 있는 아동' 유형으로 분류될 가능성이 더 높다. 반대로 그러한 특성들이 적거나 없는 경우에는 '거부된 아동' 유형으로 분류될 가능성이 더 높아진다.

논렘 수면【논렘 睡眠】non-REM sleep / NREM sleep

인간의 수면 단계는 크게 다섯 단계로 구분할 수 있는데, 그 중 신체가 혼수상태를 보이면서 수면자가 빠른 안구 운동(REM, 렘)과 함께 선명한 꿈을 꾸는 수면 단계를 렘수면(REM sleep) 또는 렘수면 단계라고 한다. 이러한 렘수면 단계 이외의 다른 수면 단계들을 지칭할 때 '비렘 수면' 또는 '비렘 수면 단계'라고 한다. 이 단계들에서는 빠른 안구 운동이 나타나지 않으며, 꿈은 렘수면 단계에서 꾸는 꿈에 비해 생생함이나 선명도가 상대적으로 낮은 경향이 있다. '비렘 수면'이라고도 한다.

논렘 수면 꿈【논렘 睡眠 꿈】NREM dream

비렘 수면(NREM sleep) 단계에서 꾸는 꿈. 흔히 이 단계에서 꾸는 꿈은 렘수면(REM sleep) 단계에서 꾸는 꿈에 비해 상대적으로 꿈 내용의 생생함이나 선명함이 덜하고 기억이 잘 안 되는 특징이 있다. '비렘 수면 꿈'이라고도 한다.

논리【論理】logic

사고나 추론 또는 말이나 글 속에 담긴 추론을 법칙이나 이치에 맞게 전개해 가는 원리나 법칙.

논리-수학적 지능【論理-數學的 知能】logical-mathematical intelligence

추상적 사고, 논리적 사고, 분석적 사고, 수학적 사고 등과 관련된 지능 또는 능력. 수학이나 자연 과학 등의 직업군과 관련이 많은 지능이다. 미국의 심리학자 '하워드 얼 가드너(Howard Earl Gardner: 1943~)'가 제안한 '다중 지능 이론(theory of multiple intelligences)'에서는 인간의 지능은 서로 독립적으로 기능하는 8가지의 지능(최근에는 9번째 지능을 추가로 제시)으로 구성되어 있다고 보는데, 그 가운데 하나가 논리-수학적 지능이다. 이외에도 다중 지능 이론에서는 언어적 지능, 공간적 지능, 신체-운동적 지능, 음악적 지능, 개인 내적 지능, 개인 간 지능(또는 대인 관계적 지능), 자연주의적 지능, 그리고 가장 최근에 새로운 지능의 한 영역으로 실존적 지능(또는 존재론적 지능) 등을 제시하고 있다. 논리-수학적 지능은 간단히 '논리-수학 지능'이라고도 한다.

논리-수학 지능【論理-數學 知能】logical-mathematical intelligence

'논리-수학적 지능'이라고도 한다.

CLICK 논리-수학적 지능

놀람 반사【놀람 反射】startle reflex

선천적으로 가지고 태어나는 반사들 가운데 하나로, 생후 초기의 영아에게 큰 소리를 들려주거나 아기를 앉고 자세를 갑작스럽게 변경시키는 동작(예를 들면, 아기를 내려놓거나 흔드는 동작)을 취하면, 아기가 놀람 반응과 함께 등을 활처럼 구부리면서 팔과 다리를 벌리고 껴안듯이 움츠리는 동작을 취하는데, 이와 같은 선천적인 반사 행동을 '놀람 반사'라고 한다. 다른 많은 선천적 반사들처럼, 놀람 반사도 생후 약 4개월 무렵을 전후하여 사라진다. '경악 반사'라고도 하며, '모로 반사(Moro reflex)', 껴안기 반사(embracing reflex: '포옹 반사'라고도 함), 모로 껴안기 반사(Moro embracing reflex: '모로 포옹 반사'라고도 함)라고도 한다. 흔히 '모로 반사'라는 표현을 많이 사용한다.

놀이 play

생존과 관련된 신체 활동(호흡, 섭식, 수면 등)과 일을 제외한, 재미나 즐거움을 누리기 위해 행하는 일체의 행동 또는 활동. 놀이 행동(또는 놀이 활동) 이외의 다른 목적을 갖지 않고 오로지 그 행동이나 활동에 따른 재미나 즐거움을 추구하는 행동을 의미한다. 놀이는 사람들(특히 발달 초기의 영아들, 유아들 및 아동들)의 신체적인 측면의 발달뿐만 아니라 타인에 대한 배려, 규칙 준수와 협동, 언어 및 의사소통, 사고(인지), 창의성 및 문제해결 등과 같은 다양한 심리적 및 행동적 영역들에서의 발달을 도와준다. 나아가 놀이를 통해 이루어지는 다양한 감정(기쁨, 분노, 슬픔, 불안, 좌절, 질투 등)의 표현과 표출은 아동의 정서나 행동상의 부적응 및 문제를 치료하는 효과도 있다.

놀이 요법【놀이 療法】play therapy

'놀이 치료'라고도 한다. CLICK 놀이 치료

놀이 치료【놀이 治療】play therapy

심리적 또는 행동상의 문제를 가지고 있는 아동들을 진단하거나 치료하기 위한 목적으로, 또는 그들의 성격을 이해할 목적으로 놀이를 사용하는 기법. 흔히 아동은 놀이 치료를 받는 과정에서 자신의 감정과 갈등을 표출하고 정화되는 효과를 경험하게 된다. 놀이 치료는 '놀이 요법', '유희 치료' 또는 '유희 요법'이라고도 한다.

놀이 행동【놀이 行動】play behavior

'놀이'와 같은 의미로 사용되기도 하고, 또는 놀이적 특성을 띄는 행동이나 활동을 지칭하기도 한다. 특히 후자의 경우에는 발달 초기에 영유아들에게서 나타나는 활동들이 놀이적 특성을 갖는 경우에 이를 지칭하기 위해 '놀이'라는 표현을 사용하기도 한다.

높은 진폭의 빨기 방법【높은 振幅의 빨기 方法】high-amplitude sucking method

영아의 지각 능력 및 반응을 평가하기 위해 고안된 연구 방법의 하나로, 특별히 전자회로가 내장된 젖꼭지(빠는 속도와 세기를 전자회로가 탐지하도록 되어 있음)를 영아에게 물게 한 후, 특정 자극을 제시했을 때 이것에 대해 영아가 흥미롭게 여기는 경우에는 젖꼭지를 빠르게 또는 세게 빠는 행동을 함으로써 그 특정 자극이 지속되도록 할 수 있는 능력을 활용하여 영아의 지각 능력과 반응을 평가하는 방법이다. 또한 이 방법은 영아가 두 가지 자극들 가운데 더 선호하는 자극에 반응하도록 함으로써 아기의 선호 반응 또는 선호 반응 능력을 평가할 수도 있다. '고진폭 빨기 방법' 또는 '고진폭 빨기 기법'이라고도 한다. CLICK 고진폭 빨기 방법

뇌【腦】brain

인간의 신경계(神經系)를 구분하면 크게 중추 신경계와 말초 신경계로 나뉘며, 이 가운데 중추 신경계는 다시 뇌와 척수(脊髓)로 구분된다. 뇌는 머리 안에 위치한 중추 신경계의 핵심 부분으로, 신경 계통 중에서도 가장 중요하고 고차적인 기능을 수행하는 기관이다. 인간을 포함한 척추동물(脊椎動物)의 뇌는 대뇌(大腦, cerebrum), 간뇌(間腦, diencephalon), 중뇌(中腦, midbrain), 소뇌(小腦, cerebellum) 및 후뇌(後腦, hindbrain) 등으로 구분된다.

뇌 가소성【腦 可塑性】brain plasticity

경험이나 환경 변화에 따라 특정 기능과 관련된 뇌의 활동이나 뇌 구조 또는 뇌 부위의 크기 등은 계속해서 변화한다. 이처럼 신경계의 중추인 뇌의 활동이나 구조는 고정불변한 상태로 있는 것이 아니라 삶의 과정에서 이루어지는 다양한 경험(새로운 것을 보거나 듣는 등의 감각 경험에서부터 배우고, 기억하고, 판단하고 나아가 실행하는 등의 다양한 경험들)에 따라 변화하는 특성(또는 변화 가능성)을 가지고 있는데, 이런 현상을 지칭하여 '뇌 가소성'이라고 한다. 뇌 가소성은 독서와 같은 경험을 통해 다양한 지식을 습득하고 세상을 이해하거나 사물을 탐구하고 연구하는 등의 지적 활동의 기반이 되며, 질병이나 부상으로 인해 뇌의 특정 부위가 손상을 입어 초래된 기능 약화나 결손을 다른 뇌 부위가 떠맡아 대체 기능하도록 하기도 한다. '신경 가소성(neuroplasticity / neural plasticity)'과 같은 의미로 사용하는 경우가 많다.

뇌간【腦幹】brain stem

뇌와 척수가 연결되는 부위에 위치한 뇌의 하부 구조로, 여기에는 교(또는 뇌교), 망상체, 연수 등의 구조들이 포함된다.

뇌교【腦橋】pons

뇌의 조직 가운데 일부로, 뇌의 윗부분에 위치하는 대뇌와 소뇌를 연결하는 부분이다. 연수 바로 위에 위치한다. '교(橋)'라고도 한다.

뇌량【腦梁】corpus callosum

대뇌(cerebrum)의 두 반구(좌반구와 우반구)를 연결하는 두꺼운 신경 섬유의 다발. 좌반구와 우반구 사이의 안쪽에 위치하고 있으며, 두 반구 간의 정보를 전달하는 교량 역할을 한다.

뇌 성장 급등【腦 成長 急騰】brain growth spurt

특정한 시기(대략 임신 7개월 무렵부터 생후 2세경까지의 기간) 동안에 뇌의 성장이 급격하게 이루어지는 현상. 즉, 태내기의 마지막 3개월 동안과 출생 후 약 2년까지의 시기 동안에 뇌가 급격하게 성장하는 현상을 말하며, 뇌 성장이 모두 이루어진 성인 뇌 무게의 약 50% 이상이 이 시기 동안에 성장한다.

뇌전도【腦電圖】electroencephalogram

뇌의 신경세포들의 전기적 활동 또는 파동을 기록한 그림. 즉, 뇌에서 발생하는 전기적 활동을 뇌파계(electroencephalograph)를 이용하여 두피에서 측정한 기록 또는 기록도를 말한다. '뇌파도' 또는 'EEG'라고도 한다.

뇌전증【腦電症】epilepsy

뇌의 전기적 활동의 이상과 함께 발작적으로 경련을 일으키거나 의식 상실을 일으키는 장애. '간질(癎疾)'이라고도 한다. CLICK 간질

뇌졸중【腦卒中】stroke

뇌의 조직과 세포들에 혈액을 공급하는 혈관이 막히거나 출혈이 발생하여 혈액 공급이 제대로 이루어지지 않음에 따라 뇌세포 및 조직의 손상과 이에 따른 운동 능력의 장애나 이상, 의식 장애, 호흡곤란 등의 증상을 수반하는 뇌 질환.

뇌파계【腦波計】electroencephalograph

뇌에서 발생하는 전기적 활동을 두피에서 측정(또는 기록)하는 기계 장치. 뇌파계를 이용하여 뇌의 전기적 활동을 측정하여 기록한 그림을 '뇌전도' 또는 '뇌파도'라고 한다. 뇌파계는 '뇌파전위 기록장치'라고도 한다.

뇌하수체【腦下垂體】pituitary / pituitary gland

척추동물의 신체 내에 존재하는 호르몬을 분비하는 내분비선의 하나이며, 특히 여러 내분비선들을 통제하는 주선<主腺>으로서 흔히 '우두머리선(master gland)'이라고도 한다. 성장호르몬을 생산하며, 또한 다른 내분비선들에서 호르몬을 분비하도록 자극하는 여러 가지 호르몬들을 분비한다. 인간의 경우에는 뇌의 시상하부 바로 아래에 위치하며, 무게는 약 0.5g 정도가 채 되지 않는다. 시상하부의 영향을 크게 받으며, 시상하부와 함께 다른 호르몬의 분비 여부와 분비량을 통제하는 기능을 한다. 뇌하수체는 전엽, 중엽 그리고 후엽 등 세 부분으로 구성되어 있다. '뇌하수체선', '우두머리선' 또는 '우두머리 분비선'이라고도 한다.

뇌하수체선【腦下垂體腺】pituitary gland

'뇌하수체', '우두머리선(master gland)' 또는 '우두머리 분비선'이라고도 한다. CLICK 뇌하수체

뇌회【腦回】gyrus / gyri(복수형)

뇌의 구조 중에서 주름진 모양을 하고 있는 대뇌 피질의 평평한 표면을 이루고 있는 부분. '회(回)'라고도 한다. 한편 뇌회와 뇌회 사이에 골짜기처럼 움푹 들어간 부분은 '구(溝, sulcus)'라고 한다.

누적적 결함 가설【累積的 缺陷 假說】cumulative-deficit hypothesis

지능 지수(IQ)가 시간 경과에 따라 유의하게 감소하는 개인(특히 아동 또는 청소년)들을 설명하기 위해 제안된 가설로, 이 가설에서는 개인에게 지속적으로 제공된 박탈 환경(예를 들면, 가난이나 부모의 저조한 양육 방식 또는 양육 행동)이 지적 성장을 저해하고, 이러한 박탈 환경에 의한 지능 발달의 저해 효과가 시간 경과에 따라 누적된 결과로 인해 지능에서의 지속적인 저하(또는 저하 경향)가 초래된다고 설명한다.

눈 깜박거리기 반사【눈 깜박거리기 反射】blinking reflex / blink reflex / eye-blink reflex

'눈 깜박 반사' 또는 '순목 반사'라고도 한다.

CLICK 눈 깜박 반사

눈 깜박 반사【눈 깜박 反射】blinking reflex / blink reflex / eye-blink reflex

인간이 선천적으로 가지고 태어나는 반사들 가운데 하나로, 눈에 바람이나 이물질 등과 같은 자극이 들어오면 자동적이고 무의식적으로 눈을 깜박이는 반사 행동을 나타내는데, 이와 같은 선천적인 반사 행동을 '눈 깜박 반사'라고 한다. 눈 깜박 반사는 생존 반사의 하나로 분류된다. '눈 깜박거리기 반사', '순목 반사'라고도 한다.

뉴런 neuron

신경계의 기본 단위가 되는 신경세포. 신경계를 구성하고 있는 여러 유형의 세포들 가운데 정보 전달 기능을 가진 세포 유형으로, 뉴런들 간에 시냅스(연접)를 형성하고, 이를 통해 다른 뉴런으로부터 신경 충격(또는 정보)을 받아들이고, 또 이것을 다른 뉴런으로 전달하는 기능을 한다. 이와 같은 뉴런의 기능을 통해 유기체는 외부로부터의 정보를 받아들이고, 또 뇌의 명령이나 정보를 신체의 다른 조직이나 기관들에 전달함으로써 심리 및 행동 과정이 일어나게 된다. 즉, 우리가 외부로부터의 자극들을 감각, 지각 및 인지 과정을 통해 인식하고, 나아가 그 자극들에 대해 반응하거나 대처 행동을 할 수 있게 되는 것은 우리 신체 전반에 분포하는 뉴런들의 기능이 있기 때문에 가능한 일이다. 신경계를 구성하는 뉴런은 여러 유형이 있고 각기 모양과 크기 등에서 차이가 있지만, 공통적으로 세포체(cell body), 수상 돌기(dendrite), 축색(axon) 및 종말 단추(terminal button) 등의 부분들을 포함하고 있다. '신경세포' 또는 '신경원'이라고도 한다.

능동성-수동성 이슈【能動性-受動性 이슈】activity-passivity issue

인간의 발달 또는 발달적 변화에 대해 발달학자들 사이에서 오랫동안 제기되어온 논쟁점 가운데 하나로, 인간(영아 및 유아를 포함한 발달의 당사자인 인간)은 자신의 발달(또는 발달적 변화)에 대해 능동적으로 기여하는 존재인지 아니면 환경의 영향을 수동적으로 받는 존재인지에 관한 논쟁 또는 이슈를 말한다. '능동성-수동성 논쟁(activity-passivity debate)'이라고도 한다.

능동적 유전자형-환경 상관【能動的 遺傳子型-環境相關】active genotype-environment correlation

부모로부터 특정 유전적 성향(또는 유전적 속성)을 전달받은 개인은 그 성향에 가장 적합한(또는 적절한) 환경을 선택할 가능성이 높다고 보는 관점이 반영된 개념이 바로 '능동적 유전자형－환경 상관'이다. 유전자와 환경은 각각 독립적으로 작용하여 발달에 영향을 미치는 것이 아니라 개인이 타고난 유전자가 앞으로 그 개인의 발달에 영향을 미치게 될 환경을 선택하는 데 영향을 미친다고 보는 관점을 유전자형－환경 상관 모델이라 한다. 이 모델에 따르면, 유전자와 환경 간에는 밀접한 상관이 있는데, 이런 상관을 지칭하여 '유전자형－환경 상관'이라고 한다. '유전자형－환경 상관'은 다시 몇 가지 하위 유형으로 구분되는데, 그 중 하나가 '능동적 유전자형－환경 상관'이다. 이 상관 모델에서는 부모로부터 유전자를 물려받은 자녀는 그 유전적 특성에 가장 적합한(또는 조화로운) 환경을 선택하거나 조성하게 되고, 이렇게 하여 만들어진 환경이 다시 자녀에 영향을 미치게 된다. 결국 자녀의 유전자형과 자녀가 경험하게 되는 환경 간에는 상관이 있게 되는 것이다. 예를 들면, 유전적으로 활달하고 외향적인 성향을 타고난 개인은 활달한 활동을 할 수 있는 환경(예컨대, 친구들과 어울리고 노는 활동들)을 좋아하고 실제로 그런 상황이나 환경을 선택할 가능성이 높다. 개인이 선택한 그런 상황이나 환경은 그 개인의 성격적, 정서적, 사회적, 지적 및 언어적 발달 등에 의미 있는 영향을 미치게 되기 쉽다. 이처럼 자녀의 유전자형과 그것이 능동적으로 작용하여 선택하거나 조성한 환경 간에 형성되는 상관을 '능동적 유전자형－환경 상관' 또는 '능동적 유전자－환경 상관(active gene－environment correlation)'이라고 한다.

능력 검사【能力 檢査】ability test

특정 분야에서 한 개인이 현재 가지고 있는 능력의 정도를 측정하기 위한 검사. 향후 그 개인이 특정 과제를 수행해낼 수 있는 능력을 추정하는 기초 자료로 활용될 수 있다. '최대 수행 검사(maximal performance test)'와 같은 의미로 사용된다.

능력의 본질 관점【能力의 本質 觀點】entity view of ability

능력의 변화(향상 또는 감퇴)에 대한 관점의 하나로, 특히 사람들이 가진 능력은 후천적인 노력이나 연습을 통해 변화하거나 향상시킬 수 있는 것이 아니며, 상당히 고정적이고 안정적인 특성이라고 믿는 관점을 말한다.

능력의 증가 관점【能力의 增加 觀點】incremental view of ability

능력의 변화(향상 또는 감퇴)에 대한 관점의 하나로, 특히 사람들이 가진 능력은 후천적인 노력과 연습(또는 학습)을 통해 향상시킬 수 있다고 믿는 관점을 말한다. 이 관점을 가진 학자들은 사람들의 능력은 선천적이거나 안정적이기보다는 노력과 연습 또는 학습을 통해 발전되고 향상될 수 있다는 신념을 갖는 경향이 있다.

니콜라스 틴버겐 Nikolaas Tinbergen (1907~1988)

네덜란드 태생의 영국 동물 행동학자. 1973년 콘라트 로렌츠(Konrad Lorenz: 1903~1989) 및 카를 폰 프리슈(Karl von Frisch: 1886~1982) 등과 공동으로 노벨상(생리·의학상)을 받았다. '틴버겐', 'Tinbergen', 'Nikolaas Tinbergen' 등으로 표기하기도 한다.

CLICK 틴버겐

ㄷ

다문화 가정【多文化 家庭】multicultural family

국적, 문화, 인종 등이 다른 사람들로 구성된 가정. '다문화 가족'이라고도 한다. CLICK 다문화 가족

다문화 가족【多文化 家族】multicultural family

(1) 국적, 문화, 인종 등이 다른 사람들로 구성된 가족. (2) 배우자 가운데 한쪽이 내국인으로 국제결혼을 통해 외국인 배우자와 가정을 이루어 생활하는 가족. 흔히 한국에서는 국제결혼을 한 부부 가운데 한쪽이 한국인으로 구성된 가정을 의미한다. '다문화 가정'이라고도 한다.

다수인 대상 애착【多數人 對象 愛着】multiple attachment

'다수인 애착', '다중 애착' 또는 '복합 애착'이라고도 한다. CLICK 다수인 애착

다수인 대상 애착 단계【多數人 對象 愛着 段階】phase of multiple attachment

'다수인 애착 단계', '다중 애착 단계' 또는 '복합 애착 단계'라고도 한다.

CLICK 다수인 애착 단계

다수인 애착【多數人 愛着】multiple attachment

영아가 두 명 이상의 대상에게 각각 애착을 형성하는 것. 즉, 영아가 다양한 환경들(예를 들면, 영아의 가정 외에 보육원이나 친척집 등)을 접하게 되는 경우에는 자연히 다양한 사람들을 만나서 상호작용하게 되고, 그 과정에서 여러 사람들과 긍정적 또는 부정적 애착을 발달시키게 될 가능성이 높다. 이처럼 영아가 주 양육자(흔히 어머니) 외에 다른 사람(들)에게도 애착을 형성하게 되는 것을 '다수인 애착'이라고 한다. '다수인 대상 애착', '다중 애착' 또는 '복합 애착'이라고도 한다.

다수인 애착 단계【多數人 愛着 段階】phase of multiple attachment

애착 발달 과정에서 주 양육자 외에 여러 사람들에게 애착을 형성하는 단계. 루돌프 셰퍼(Rudolph Schaffer)와 페기 에머슨(Peggy Emerson)은 출생 시부터 18개월까지의 영아들을 대상으로 애착발달에 관한 연구를 진행하였고, 그 결과를 바탕으로 영아가 양육자 및 다른 사람들에게 형성하는 애착의 발달 양상을 4개의 단계(애착의 비사회적 단계, 비변별적 애착 단계, 특정인 애착 단계, 다수인 애착 단계)로 구분하였다. 그 중에서 네 번째인 '다수인 애착 단계'는 생후 약 9개월부터 18개월까지의 기간에 해당하며, 이 기간 동안의 영아는 특정인 한 명(흔히 주 양육자인 어머니)에 대해 애착을 형성하던 이전의 시기와는 달리, 다른 여러 사회적 대상들(예를 들면, 아버지, 할머니, 할아버지, 이웃집 어른, 고모, 이모 등)에 대해서도 애착을 형성할 수 있게 된다. '다수인 대상 애착 단계', '다중 애착 단계' 또는 '복합 애착 단계'라고도 한다.

다요인성 유전【多要因性 遺傳】multifactorial inheritance

여러 요인의 영향을 받는 유전(방식). 예컨대, 키나 체중 또는 지능에 대해 여러 유전자 요인들뿐만 아니라 환경 요인들이 함께 영향을 미쳐 이루어지는 발달 과정은 다요인성 유전의 대표적인 예라 할 수 있다. 일반적인 유전 법칙을 따르지 않는 유전 현상을 설명하기 위해 제시된 유전 모델의 하나이다. '다요인 유전' 또는 '다인자 유전'이라고도 한다.

다운 Down (1828~1896)

존 랭던 헤이든 다운(John Langdon Haydon Down). 영국의 의사. 1866년 상염색체(구체적으로 21번째 염색체)의 이상에서 비롯되는 다운 증후군(Down's syndrome: 인간이 가진 23쌍의 염색체 중에서 21번째 염색체를 정상에 비해 1개 더 가지게 됨에 따라 나타나는 염색체 이상 장애)을 처음으로 보고하였다. 다운 증후군(Down's syndrome)이라는 명칭은 발견자인 이 의사의 이름을 따서 붙여진 것이다. '랭던 다운', 'Down', 'Langdon Down', 'John Langdon Haydon Down' 등으로 표기하기도 한다.

다운 증후군【다운 症候群】Down syndrome / Down's syndrome

염색체 이상에서 비롯되는 선천성 장애의 하나로, 인간이 가지고 있는 23쌍의 염색체 중에서 21번째 염색체를 정상에 비해 1개 더 가지게 됨에 따라 나타나는 염색체 이상 장애이다. 인간의 염색체(총 23쌍)를 분류하면 1번째 염색체부터 22번째 염색체까지를 상염색체(常染色體)라고 하고, 23번째 염색체를 성염색체(性染色體)라고 하는데, 다운 증후군을 가진 사람은 이 염색체들 중에서 상염색체에 해당하는 21번째 염색체가 쌍(2개)이 아니라 3개인 삼염색체성(Trisomy)이다. 그 결과, 이 증후군을 가진 사람은 신체적 장애와 지적 장애를 동반하게 된다. 구체적으로 작은 키, 작은 머리, 납작한 코 등 얼굴과 머리 그리고 손과 다리 등 신체의 여러 부분에서 독특한 외모를 나타내고, 심장이나 신장 등의 장기에서 기형을 나타내며, 중간 정도에서 심한 정도에 이르는 정신지체를 보인다. 그 외에도 운동 신경의 발달과 기억력 및 언어 등에서 미숙한 발달을 보이기도 한다. 1866년 영국의 의사인 랭던 다운(Langdon Down: 1828~1896)에 의해 처음으로 보고되면서 알려지게 되었기 때문에 그의 이름을 붙여 다운 증후군으로 명명한 것이다. 아직까지 그 발생 원인은 명확하게 밝혀져 있지 않다. 발생 비율을 보면, 다운 증후군은 상염색체 이상에서 비롯되는 장애들 가운데 발생률이 가장 높은 장애로, 신생아 750명당 1명 정도로 발생한다. 특히 35세 이상의 임신한 여성들에서 발생 비율이 상대적으로 높다. 건강과 수명 측면에서 보면, 의학이 발달하지 못했던 과거에는 다운 증후군을 가진 사람들이 대부분 성인기 초기를 넘기지 못하고 사망하는 경우가 많았으나 의학이 많이 발달한 오늘날에는 성인기 초기를 넘어 더 오래 생존하는 경우가 많아졌다. 발생 원인은 아직 명확하게 밝혀져 있지 않지만, 난자의 미성숙이나 부부의 나이 증가에 따른 난자와 정자에서의 이상 발생이나 약화 등의 요인들이 원인으로 작용하고 있을 것으로 추측되고 있다. 다운씨 증후군 또는 21 삼염색체성(Trisomy 21)이라고도 한다. 과거에는 다운 증후군이라는 표현 대신에 '몽고증(蒙古症)' 또는 '몽골리즘(Mongolism)'이라는 표현도 사용되었지만, 현재는 사용하지 않는다.

다원 유전【多元 遺傳】polygenic inheritance

여러 개의 유전자가 개입하여 하나의 특성(예를 들면, 지능이나 성격 또는 피부색 등)에 영향을 미치거나 또는 그 특성을 결정하는 유전(방식). '다원 유전자 유전' 또는 '다중 유전'이라고도 한다.

CLICK 다원 유전자 유전

다원 유전자【多元 遺傳子】polygene

하나의 특성(또는 형질)을 결정하는 데 영향을 미치는 복수의 유전자. '다중 유전자' 또는 '폴리진'이라고도 한다. CLICK 다원 유전자 유전

다원 유전자 유전【多元 遺傳子 遺傳】polygenic inheritance

유전자가 인간 특성(신체적, 심리적 및 행동적 특성 전반)의 발달에 작용하여 영향을 미치는 방식은 매우 다양하다. 예를 들면, 어떤 특성(들)의 발달에 대해서는 단일의 유전자가 작용하여 영향을 미치기도 하지만, 또 다른 어떤 특성(들)의 발달에 대해서는 두 개 또는 그 이상의 유전자들이 작용하여 영향을 미치기도 한다. 이처럼 복수(또는 여러 개)의 유전자들이 작용하여 어떤 특성의 발달에 영향을 미치는 유전을 지칭하여 다원 유전자 유전이라고 한다. 다원 유전자 유전에 의해 나타나는 대표적인 특질들로는 체중, 키, 피부색, 암 발병, 지능, 성격 등이 있다. '다중 유전자 유전', '다중 유전' 또는 '다원 유전'이라고도 한다.

다원 유전자 특질【多元 遺傳子 特質】polygenic trait

복수의 유전자의 영향을 받아 결정되는(형성되는) 특질. 이러한 특질들로는 체중, 키, 피부색, 암 발병, 지능, 성격 등이 있다. '다원 유전적 특질', '다유전자적 특질', '다중 유전적 특질'이라고도 한다.

다원 유전적 특질【多元 遺傳的 特質】polygenic trait

'다원 유전자 특질', '다유전자적 특질', '다중 유전적 특질'이라고도 한다. CLICK 다원 유전자 특질

다윈 Darwin (1809~1882)

찰스 로버트 다윈(Charles Robert Darwin). 영국의 박물학자. 진화론을 체계적으로 연구한 학자로, 저서 '종의 기원'으로 유명하다. 의사였던 아버지 '로버트 워링 다윈(Robert Waring Darwin: 1766~1848)'의 다섯 번째 자녀로 태어났다. 처음엔 의학 및 신학을 공부하였으나 적성에 맞지 않았고, 프랑스의 박물학자였던 '라마르크(Lamarck: 1744~1829)'의 영향을 받아 박물학에 더 많은 관심을 갖게 되었다. 이후 생물학 분야에 대하여 관심과 연구를 기울이게 되었다. 22세 되던 해인 1831년부터 1836년까지 영국 해군측량선이었던 비글호를 타고 세계 각지의 대양과 대륙 및 섬 지역 여행을 통해 태평양의 '갈라파고스 제도' 등지에서 수많은 동물 종들을 관찰하게 되었고, 그 경험과 수집한 자료들을 통해 진화론을 뒷받침하는 지리학적, 생물학적 및 해부학적 증거들을 제시하였다. Darwin의 연구는 생물학, 동

물학 및 심리학 등을 비롯하여 인류의 많은 부분에 큰 영향을 미쳤다. 대표적인 저서로는 그의 진화론적 입장을 담아 1859년에 발표한 <종의 기원(On the Origin of Species by Means of Natural Selection or the Preservation of Favoured Race in the Struggle for Life)>, 1871년에 발표한 <인류의 유래와 성에 관한 선택(The Descent of Man and Selection in Relation to Sex)> 등이 있다. 특히 <종의 기원>을 출판한 이후에 그의 이론에 대한 수많은 비난과 저항이 있었지만 계속해서 자신의 이론을 발전시켜 나갔다. 다윈의 연구와 그가 발전시킨 이론은 그의 사후부터 현대에 이르는 동안 인류에 대한 가장 영향력 있는 업적들 가운데 하나로 평가되고 있다. 유년시절 눈에 띄는 재능을 나타내지 못했던 다윈의 평범함은 대학시절 그리고 역사적인 세계일주를 위해 비글(Beagle)호를 타기 전까지 이어진 듯하다. 그랬던 그가 인류의 역사상 가장 영향력 있는 연구 업적과 이론 가운데 하나를 체계화했던 것이다. 사후에는 웨스트민스트 사원의 아이작 뉴튼(Isaac Newton: 1642~1727)의 묘 옆에 잠들어 있다. '찰스 다윈', '찰스 로버트 다윈', 'Darwin', 'Charles Darwin', 'Charles Robert Darwin' 등으로 표기하기도 한다.

다유전자적 특질【多遺傳子的 特質】polygenic trait

복수의 유전자의 영향을 받아 결정되는(형성되는) 특질. '다원 유전자 특질', '다원 유전적 특질', '다중 유전자 특질', '다중 유전적 특질'이라고도 한다.

다중 모드의 모성어【多重 모드의 母性語】multi-modal motherese

부모(또는 성인)나 연상의 아동이 나이가 어린 아동에게 단어가 가리키는 대상(또는 사물)으로 주의를 끌기 위해 두 가지 이상의 감각 정보를 동원하여 과장된 발화와 함께 사용하는 모성어. '다중 양식의 모성어' 또는 '다중 양태의 모성어'라고도 한다.

다중 성격【多重 性格】multiple personality

한 개인의 내면세계에 비교적 잘 통합된 두 개 이상의 성격 체계가 존재하는 상태. 이와 같은 성격 체계들은 상황에 따라 번갈아가면서 등장하여 각기 독립적인 인격체로 기능하게 된다. '다중 인격'이라고도 한다.

다중 애착【多重 愛着】multiple attachment

영아가 두 명 이상의 대상에게 각각 애착을 형성하는 것. 즉, 영아가 다양한 환경들(예를 들면, 영아의 가정 외에 보육원이나 친척집 등)을 접하게 되는 경우에는 자연히 다양한 사람들을 만나서 상호작용하게 되고, 그 과정에서 여러 사람들과 긍정적 또는 부정적 애착을 발달시키게 될 가능성이 높다. 이처럼 영아가 주 양육자(흔히 어머니) 외에 다른 사람(들)에게도 애착을 형성하게 되는 것을 '다중 애착'이라고 한다. '다수인 애착', '다수인 대상 애착' 또는 '복합 애착'이라고도 한다.

다중 애착 단계【多重 愛着 段階】phase of multiple attachment

애착 발달 과정에서 주 양육자 외에 여러 사람들에게 애착을 형성하는 단계. 일반적으로 생후 약 9~18개월 사이의 기간에 해당한다. 이 기간에 영아는 특정인 한 명(흔히 주 양육자인 어머니)에 대해 애착을 형성하던 이전의 시기와는 달리, 다른 여러 사회적 대상들(예를 들면, 아버지, 할머니, 할아버지, 이웃집 어른, 고모, 이모 등)에 대해서도 애착을 형성할 수 있게 된다. '다수인 애착 단계', '다수인 대상 애착 단계' 또는 '복합 애착 단계'라고도 한다.

CLICK 다수인 애착 단계

다중 양식의 모성어【多重 樣式의 母性語】multi-modal motherese

'다중 모드의 모성어' 또는 '다중 양태의 모성어'라

고도 한다. CLICK 다중 양태의 모성어

다중 양태의 모성어【多重 樣態의 母性語】multi-modal motherese

부모(또는 성인)나 연상의 아동이 나이가 어린 아동에게 단어가 가리키는 대상(또는 사물)으로 주의를 끌기 위해 두 가지 이상의 감각 정보를 동원하여 과장된 발화와 함께 사용하는 모성어. '다중 모드의 모성어' 또는 '다중 양식의 모성어'라고도 한다.

다중 유전【多重 遺傳】polygenic inheritance

여러 개의 유전자가 개입하여 하나의 특성(예를 들면, 지능이나 성격 또는 피부색 등)에 영향을 미치거나 또는 그 특성을 결정하는 유전(방식). '다중 유전자 유전' 또는 '다원 유전'이라고도 한다.

CLICK 다중 유전자 유전

다중 유전자【多重 遺傳子】polygene

하나의 특성(또는 형질)을 결정하는 데 영향을 미치는 복수의 유전자. '다원 유전자' 또는 '폴리진'이라고도 한다. CLICK 다중 유전자 유전

다중 유전자 유전【多重 遺傳子 遺傳】polygenic inheritance

유전자가 인간 특성(신체적, 심리적 및 행동적 특성 전반)의 발달에 작용하여 영향을 미치는 방식은 매우 다양하다. 예를 들면, 어떤 특성(들)의 발달에 대해서는 단일의 유전자가 작용하여 영향을 미치기도 하지만, 또 다른 어떤 특성(들)의 발달에 대해서는 두 개 또는 그 이상의 유전자들이 작용하여 영향을 미치기도 한다. 이처럼 복수(또는 다중)의 유전자들이 작용하여 어떤 특성의 발달에 영향을 미치는 유전을 지칭하여 다중 유전자 유전이라고 한다. 다중 유전자 유전에 의해 나타나는 대표적인 특질들로는 체중, 키, 피부색, 암 발병, 지능, 성격 등이 있다. '다원 유전자 유전', '다중 유전' 또는 '다원 유전'이라고도 한다.

다중 유전자 특질【多重 遺傳子 特質】polygenic trait

복수의 유전자의 영향을 받아 결정되는(형성되는) 특질. 이러한 특질들로는 체중, 키, 피부색, 암 발병, 지능, 성격 등이 있다. '다유전자적 특질', '다원 유전자 특질', '다원 유전적 특질', '다중 유전적 특질'이라고도 한다.

다중 유전적 특질【多重 遺傳的 特質】polygenic trait

'다유전자적 특질', '다원 유전자 특질', '다원 유전적 특질', '다중 유전자 특질'이라고도 한다.

CLICK 다중 유전자 특질

다중 인격【多重 人格】multiple personality

한 개인의 내면세계에 비교적 잘 통합된 두 개 이상의 인격 체계가 존재하는 상태. 이와 같은 인격 체계들은 상황에 따라 번갈아가면서 등장하여 각기 독립적인 인격체로 기능하게 된다. '다중 성격'이라고도 한다.

다중 저장 모델【多重 貯藏 모델】multistore model

사람들의 인지 체계와 과정을 정보처리적 관점에서 설명하는 모델(또는 이론)의 하나로, 1960년대 후반에 리처드 앳킨슨(Richard Atkinson)과 리처드 쉬프린(Richard Shiffrin)에 의해 제안되었다. 이 모델에서는 사람들의 정보처리 활동은 세 단계(영역)를 거치며 진행된다고 설명한다. 첫 번째 단계(영역)는 감각 저장(sensory store) 또는 감각 기억(sensory memory)이다. 이 단계는 정보처리의 첫 번째 단계로, 감각 기관(시각, 청각, 후각 등의 감각 기관)에 입력된 자극

(또는 정보)이 아주 짧은 시간 동안 유지되는 저장(또는 기억)을 말한다. 따라서 이 자극들은 잠시 동안 사용될 수 있으며, 만일 이어지는 후속 처리 과정이 없으면 소멸되고 만다. 두 번째 단계(영역)는 단기 저장(short-term store, STS) 또는 단기 기억(short-term memory)이다. 이 단계는 앞 단계인 '감각 저장' 단계에서 입력된 자극들 가운데 일부 자극에 대해 주의를 기울이면 그 자극은 몇 초 동안 저장되어 후속 처리(또는 조작)를 할 수 있는 상태가 되는데, 이런 자극의 저장 상태를 단기 저장 또는 단기 기억이라고 한다. 단기 저장 단계에서는 사람들이 일부 자극에 대해 주의를 기울이고, 선택하고, 이를 유지하거나 저장하는 등의 처리 과정을 거친다. 이와 같이 단기 저장 또는 단기 기억 단계에서 이루어지는 정보처리 활동은 모든 의식적인 지적 활동의 기반이 되기 때문에 단기 저장 또는 단기 기억을 일컬어 '작업 기억(working memory)'이라고도 한다. 마지막 세 번째 단계(영역)는 장기 저장(long-term store, LTS) 또는 장기 기억(long-term memory)이다. 앞 단계인 단기 저장 단계에서 다룬 자극을 유지하는 동시에 이 자극에 대한 추가적인 조작을 가함에 따라 자극이 비교적 영구적인 저장 상태로 전환되는데, 이와 같은 자극의 저장 상태를 지칭하여 장기 저장 또는 장기 기억이라고 한다. 즉, 단기 저장 단계의 자극에 대한 유지, 검토, 해석 등의 인지적 조작 과정을 통해 자극이 비교적 영구적으로 저장되는 상태인 것이다. 사람들이 가지고 있는 세상에 대한 방대한 지식이나 정보들이 저장되어 있는 정보 저장소가 바로 장기 저장 또는 장기 기억이다. 한편 다중 저장 모델을 처음으로 제안한 앳킨슨과 쉬프린은 기억을 세 단계(영역)로 구분하면서 각각 감각 저장(sensory store: 'store'는 '저장' 또는 '저장소'로 번역됨), 단기 저장(short-term store, STS), 장기 저장(long-term store, LTS) 등으로 명명하였고, 각각의 저장소(또는 저장: store)에 저장되어 있는 저장 정보를 기억(memory)이라고 보았다. 오늘날에 와서 많은 인지심리학자들은 저장소(또는 저장: store)를 기억(memory)과 같은 개념으로 보면서 각각의 기억 구조(감각 저장, 단기 저장, 장기 저장 등)를 감각 기억(sensory memory), 단기 기억(short-term memory), 장기 기억(long-term memory) 등으로 표현하기도 한다. 따라서 현재는 두 가지 표현 방식이 모두 사용되고 있다. 다중 저장 모델은 '다중 저장 모형'이라고도 한다.

다중 저장 모형【多重 貯藏 模型】multistore model

인지 체계와 과정을 정보처리적 관점에서 설명하는 모형(또는 이론)의 하나로, 리처드 앳킨슨(Richard Atkinson)과 리처드 쉬프린(Richard Shiffrin)에 의해 제안되었다. 이 모형에서는 사람들의 정보처리 활동은 세 단계(영역), 즉 (1) 감각 저장(sensory store) 또는 감각 기억(sensory memory) 단계, (2) 단기 저장(short-term store, STS) 또는 단기 기억(short-term memory) 단계, 그리고 (3) 장기 저장(long-term store, LTS) 또는 장기 기억(long-term memory) 단계 등을 포함하는 세 단계를 거치며 진행된다고 설명한다. '다중 저장 모델'이라고도 한다.

CLICK 다중 저장 모델

다중 지능【多重 知能】multiple intelligence

단일 능력으로서의 일반 지능이 아닌 서로 다른 범주로 나뉘어 존재하는 여러 개의 지능. 즉, 인간의 지능은 단일의 능력으로 존재하는 것이 아니라 서로 다른 범주로 나뉘어 각기 다른 특성을 가진 여러 개의 지능들로 이루어져 있다고 보는 개념이다. 미국의 심리학자 '하워드 얼 가드너(Howard Earl Gardner: 1943~)'가 1983년에 처음으로 제안한 '다중 지능 이론(theory of multiple intelligences)'의 핵심 개념이다. 가드너가 제시하고 있는 다중 지능에는 언어적 지능, 논리-수학적 지능, 공간적 지능, 신체-운동적 지능, 음악적 지능, 개인 내적 지능, 개인 간 지능(대인 관계적 지능), 자연주의적 지능, 그리고 가장 최근에 새로운 지능의 한 영역으로 포함시키고 있는 실존적 지능 또는 존재론적 지능 등이 포함된다.

다중 지능 이론【多重 知能 理論】multiple-intelligences theory / theory of multiple intelligences

미국의 심리학자인 하워드 얼 가드너(Howard Earl Gardner: 1943~)가 1983년에 제안한 지능에 관한 이론. 이 이론에 따르면, 인간의 지능은 하나의 숫자로 표현되는 단일의 능력이 아니라 서로 다른 여러 종류의 지능들로 구성되어 있으며, 이러한 여러 지능들은 각기 다른 뇌의 특정 부위와 관련이 있고, 나름대로의 규칙에 의해 작동된다고 한다. 1983년에 등장한 다중 지능 이론에서는 인간의 지능은 서로 독립적으로 기능하는 7가지의 지능으로 구성된다고 제안하였으나, 그 이후에 8번째 지능을 추가하였고, 최근에는 9번째 지능을 추가로 제시하고 있다. 따라서 이 이론에서는 인간의 지능이 총 9개의 서로 다른 지능들로 구성된다고 보는 것으로, 여기에는 언어적 지능, 논리-수학적 지능, 공간적 지능, 신체-운동적 지능, 음악적 지능, 개인 내적 지능, 개인 간 지능(대인 간 지능), 자연주의적 지능, 그리고 가장 최근에 제시하고 있는 실존적 지능 등이 포함된다. 구체적으로 다중 지능 이론에서 소개되고 있는 9가지 지능들에 관해 간략히 살펴보면 다음과 같다. (1) 언어적 지능(言語的 知能, linguistic intelligence): 언어를 이해하고 사용하는 능력과 관련된 지능. 구체적으로 문법, 말소리와 단어의 의미, 의사소통이 이루어지는 다양한 상황 등을 고려하고 이해하며, 나아가 적절하게 표현하는 능력을 의미한다. (2) 논리-수학적 지능(論理-數學的 知能, logical-mathematical intelligence): 추상적 사고, 논리적 사고, 분석적 사고, 수학적 사고 등과 관련된 능력. 수학이나 자연 과학 등의 직업군과 관련이 많은 지능이다. (3) 공간적 지능(空間的 知能, spatial intelligence): 사물이나 현상을 시각적 또는 공간적으로 지각하고 표현하며, 나아가 이를 회전시키거나 변경할 수 있는 능력. 디자이너나 건축가 등과 같은 분야에서 활동하는 사람들에게서 요구되는 능력이다. (4) 신체-운동적 지능(身體-運動的 知能, bodily-kinesthetic intelligence): 다양한 스포츠 활동, 춤추기, 무언가를 만들기 등과 같이 다양한 방식으로 자신의 신체를 활용하고 운동을 수행할 수 있는 능력이다. (5) 음악적 지능(音樂的 知能, musical intelligence): 소리의 고저나 멜로디 등과 같은 음악적 요소들에 민감하게 반응하고 표현하는 능력. 가수, 연주자, 지휘자 등과 같은 직업군과 관련이 많은 지능이다. (6) 개인 내적 지능(個人 內的 知能, intrapersonal intelligence): 자기 자신의 감정, 의도, 동기 등과 같은 내적 상태를 정확하게 이해하고, 이를 바탕으로 자신의 삶을 효율적이고 행복한 방향으로 만들어가는 능력이다. (7) 개인 간 지능(個人 間 知能, interpersonal intelligence): 대인 관계에서 상대방의 기분이나 감정, 의도, 동기 등을 이해하고 이를 관계에 반영하는 능력이다. '대인 간 지능'이라고도 한다. (8) 자연주의적 지능(自然主義的 知能, naturalistic intelligence): 자연을 대하면서 자연의 세계 속에 존재하는 특징이나 아름다움을 발견하고, 나아가 자연과 인간 존재 간의 상호작용과 공존의 관계 등을 인식할 수 있는 능력이다. 식물학자, 생태학자, 농부, 생물학자 등과 같은 직업군과 관련이 많은 지능이다. (9) 실존적 지능(實存的 知能, existential intelligence): 삶과 죽음의 문제, 인간 존재의 이유와 본성의 문제 등과 같은 인간의 궁극적이고 실존적인 문제들을 인식하고 다루는 능력이다. '존재론적 지능'이라고도 한다. 가드너는 사람들은 누구나 9가지의 다중 지능 모두를 가지고 있다고 주장한다. 다만 9가지의 다중 지능 가운데 어떤 지능 영역에서 더 강하고 뛰어난지 또 어떤 지능 영역에서 약한지는 개인에 따라 차이가 있다는 것이다. 즉, 각각의 개별 지능에 따라 그 높고 낮은 수준에서 개인 간에 차이가 있을 뿐이라는 것이다.

다태 임신【多胎 妊娠】multifetal gestation / multiple pregnancy

한 명의 태아를 임신하는 단태 임신과 달리, 두 명 이상의 태아를 동시에 임신한 경우를 말한다. 즉, 쌍생아(또는 쌍둥이) 임신을 의미하며, 배란되어 수정된 난자의 수(또는 수정란의 수)에 따라 일란성 쌍생아와 이란성 쌍생아로 구분된다. 일란성 쌍생아는 1개의 난자가 배란되어 1개의 정자와 수정된 후 세포 분열 과정에서 수정란이 2개로 나누어지고, 이로부터 유전적으로 동일한 2명의 태아가 발달하게 된 경우를 말한다. 이란성 쌍생아는 2개 이상의 난자가 배란되어 각각 1개씩의 정자와 수정된 후, 각각의 수정란이 독립된 태아로 발달하게 된 경우를 말한다. 이란성 쌍생아의 경우, 수정란 및 이로부터 발달한 태아의 수에 따라 태아의 수가 두 명인 경우에는 이란성 쌍생아(또는 이란성 쌍둥이), 세 명인 경우에는 이란성 세쌍둥이, 네 명인 경우에는 이란성 네쌍둥이 등으로 불린다.

단기 기억【短期 記憶】short-term memory (STM)

인지 체계와 과정을 설명하기 위해 제안한 다중 저장 모델(multistore model)에서는 기억을 세 영역(감각 저장, 단기 저장, 장기 저장)으로 구분하고, 사람들의 정보처리 활동은 이들 세 영역(단계)을 거치면서 진행된다고 보고 있다. 그 가운데 두 번째 영역(단계)이 단기 저장(short-term store, STS) 또는 단기 기억(short-term memory)이다. 앞 단계인 '감각 저장(또는 감각 기억)' 단계에서 외부로부터 입력된 자극들 가운데 일부 자극에 대해 주의를 기울이면 자극이 몇 초(30초 내외) 동안 저장(기억)되어 후속 처리나 조작을 가할 수 있는 상태가 되는데, 이런 자극의 저장 상태를 단기 저장 또는 단기 기억이라고 한다. 예를 들면, 책이나 논문을 읽다가 글과 관련된 사람이나 기관에 문의전화를 걸기 위해 책(또는 논문)에 적혀 있는 전화번호를 확인하고, 이를 잠시 기억한 후 전화버튼을 누르는 경우에서와 같이, 그 순간에 감각 기관(전화번호를 보고 버튼을 누르는 것은 시각 기관의 기능과 관련되며, 그 외에도 자극의 유형에 따라 청각 기관, 후각 기관, 미각 기관 등이 각기 관련될 수 있음)을 통해 입력되는 많은 자극들(예를 들면, 전화 걸려고 보고 있는 전화번호, 자동차 소리, 음악 소리, 음식 냄새, 주변 사람들의 말소리 등) 중에서 선택된 특정 정보(즉, 전화 걸려고 보고 있는 전화번호)를 비교적 짧은 시간(약 30초 내외) 동안 저장하는 형태의 기억이 단기 기억(또는 단기 저장)의 예에 해당한다. 단기 기억 단계에서는 일부 자극에 대해 주의를 기울이고, 선택하고, 이를 유지하거나 저장하는 등의 처리 과정을 거치게 되는데, 이와 같은 정보처리 활동은 모든 의식적인 지적 활동의 기반이 된다. 이처럼 단기 기억 단계에서는 일부의 정보를 잠시 동안 저장할 뿐만 아니라 그 정보들을 처리하여 사용하는 인지 활동이 이루어지기 때문에 단기 기억을 일컬어 '작업 기억(working memory)'이라고도 한다. 저장 용량 면에서는 단기 기억(또는 단기 저장)은 감각 기억(또는 감각 저장)보다는 많고, 장기 기억(또는 장기 저장)보다는 적다. 한편 '단기 기억'과 '단기 저장' 또는 '단기 저장소' 등의 표현들이 모두 같은 의미를 가진 표현으로 사용되고 있는 데에는 다음과 같은 배경이 있다. 1960년대 후반에 다중 저장 모델을 처음으로 제안한 앳킨슨과 쉬프린은 기억을 세 영역으로 구분하면서 각각 감각 저장(sensory store: 'store'는 '저장' 또는 '저장소'로 번역됨), 단기 저장(short-term store, STS), 장기 저장(long-term store, LTS) 등으로 명명하였고, 각각의 저장소(또는 저장: store)에 저장되어 있는 정보를 기억(memory)이라고 보았다. 오늘날에 와서 많은 인지심리학자들은 저장소(또는 저장: store)를 기억(memory)과 같은 개념으로 보기 때문에 각각의 기억 구조(감각 저장, 단기 저장, 장기 저장)를 감각 기억(sensory memory), 단기 기억(short-term memory), 장기 기억(long-term memory) 등으로 표현하기도 한다. 따라서 현재는 두 가지 표현 방식이 모두 같은 의미로 사용되고 있는 상황이다.

단기 저장【短期 貯藏】short-term store (STS)

1960년대 후반에 리처드 앳킨슨(Richard Atkinson)과 리처드 쉬프린(Richard Shiffrin)이 인간의 인지 체계와 과정을 설명하기 위해 제안한 다중 저장 모델(multistore model)에서는 기억을 세 영역(감각 저장, 단기 저장, 장기 저장)으로 구분하면서 사람들의 정보처리 활동은 이들 세 영역(단계)을 거치면서 진행된다고 주장한다. 그 가운데 두 번째 영역(단계)이 단기 저장이다. 앞 단계인 '감각 저장' 단계에서 입력된 자극들 가운데 일부 자극에 대해 주의를 기울이면 자극이 몇 초(30초 내외) 동안 저장되어 후속 처리(또는 조작)를 할 수 있는 상태가 되는데, 이런 자극의 저장 상태를 단기 저장 또는 단기 기억이라고 한다. 저장 용량 면에서는 단기 저장은 감각 저장보다는 많고 장기 저장보다는 적다. 단기 저장 단계에서는 일부 자극에 대해 주의를 기울이고, 선택하고, 이를 유지하거나 저장하는 등의 처리 과정을 거치게 되는데, 이런 단기 저장 단계에서 이루어지는 정보처리 활동은 모든 의식적인 지적 활동의 기반이 되기 때문에 단기 저장 또는 단기 기억을 일컬어 '작업 기억(working memory)'이라고도 한다. '단기 저장소'라고도 하며, '단기 기억'과 같은 의미로 사용된다. 다중 저장 모델(multistore model)을 처음으로 제안한 앳킨슨과 쉬프린은 기억을 세 영역으로 구분하면서 각각 감각 저장(sensory store: 'store'는 '저장' 또는 '저장소'로 번역됨), 단기 저장(short-term store, STS), 장기 저장(long-term store, LTS) 등으로 명명하였고, 각각의 저장소(또는 저장: store)에 저장되어 있는 저장 정보를 기억(memory)이라고 보았다. 오늘날에 와서 많은 인지심리학자들은 저장소(또는 저장: store)를 기억(memory)과 같은 개념으로 보면서 각각의 기억 구조(감각 저장, 단기 저장, 장기 저장 등)를 감각 기억(sensory memory), 단기 기억(short-term memory), 장기 기억(long-term memory) 등으로 표현하기도 한다. 따라서 현재는 두 가지 표현 방식이 모두 같은 의미로 사용되고 있다.

단기 저장소【短期 貯藏所】short-term store (STS)

인간의 인지 체계와 과정을 설명하는 모델 가운데 하나인 다중 저장 모델(multistore model)에서는 기억을 세 영역(감각 저장소, 단기 저장소, 장기 저장소)으로 구분하면서 사람들의 정보처리 활동은 이들 세 영역(단계)을 거치면서 진행된다고 주장한다. 그 가운데 두 번째 영역(단계)이 단기 저장소(short-term store, STS)로, 앞 단계인 '감각 저장소'로 입력된 자극들 가운데 일부 자극에 대해 주의를 기울이면 그 자극이 몇 초(30초 내외) 동안 저장되어 후속 처리(또는 조작)를 할 수 있는 상태가 되는데, 이런 자극의 저장 상태 또는 저장 공간을 단기 저장소라고 한다. 저장 용량 면에서는 단기 저장소는 감각 저장소보다는 많고 장기 저장소보다는 적다. '단기 저장'이라고도 하며, '단기 기억'과 같은 의미로 사용된다. 한편 이 단계에서는 일부 자극에 대해 주의를 기울이고, 선택하고, 이를 유지하거나 저장하는 등의 처리 과정을 거치게 되는데, 이와 같은 정보처리 활동은 모든 의식적인 지적 활동의 기반이 되기 때문에 단기 저장(소) 또는 단기 기억을 일컬어 '작업 기억(working memory)'이라고도 부른다.

단독 놀이【單獨 놀이】solitary play

사회적 놀이의 한 형태. 사회적 놀이는 사회적 측면, 즉 타인과의 상호작용 측면과 관련된 놀이(또는 사회적 상호작용 측면에서 분류한 놀이) 형태를 말하며, 그 중 하나가 '단독 놀이'이다. 이 놀이는 주변에 다른 또래나 친구가 있지만 그(들)와의 상호작용 없이 자신만의 놀잇감을 가지고 단독으로 하는 형태의 놀이를 말한다. '혼자 놀이'라고도 한다.

단서【端緖】cue

(1) 행위자(또는 피험자, 학습자, 유기체 등)의 행동을 이끌거나 통제하는 변별 자극 또는 신호. (2) 기억 또는 정보처리 과정에서 인출해야 할 기억 정보나 처리해야 할 대상을 나타내는 제2의 자극 또는 정보.

단서 회상【端緖 回想】cued recall

기억 체계(또는 기억 저장고)에 저장되어 있는 정보를 단서가 제공된 상태에서 또는 단서 제공되지 않은 상태에서 인출해내는 인지 과정(또는 정보처리 과정)을 '회상(recall)'이라고 한다. 회상 중에서 앞의 경우, 즉 인출할 정보와 관련된 단서가 제공된 상태에서 이루어지는 회상을 '단서 회상(cued recall)'이라고 한다. 단서 회상과 달리, 인출할 정보와 관련된 단서(또는 단서와 관련된 질문)가 주어지지 않은 상태에서 이루어지는 회상을 '자유 회상(free recall)'이라고 한다.

단순 우성-열성 유전【單純 優性-劣性 遺傳】simple dominant-recessive inheritance

대립 유전자(對立 遺傳子, alleles)는 염색체 상의 특정한 유전자 자리에 위치하여 쌍을 이루는 대립 형질의 유전자로, 부계(또는 아버지)로부터 받은 유전자 한 개와 모계(또는 어머니)로부터 받은 유전자 한 개로 구성된다. 흔히 대립 유전자들은 우성과 열성의 관계를 나타내기 때문에 대립 유전자들은 개인의 어떤 특정 형질을 발현시키기 위해 경쟁한다. 이 과정에서 대립 유전자 하나와 다른 하나의 대립 유전자 간의 관계에서 우세한 한쪽 대립 유전자가 표현형으로 나타나게 되는 유전의 패턴을 지칭하여 '단순 우성-열성 유전'이라고 한다. 두 대립 유전자 중에서 더 우세하여 표현형으로 나타나는 대립 유전자를 '우성 대립 유전자(dominant allele)'라 하고, 상대적으로 열세하여 표현형으로 나타나지 않는 대립 유전자를 '열성 대립 유전자(recessive allele)'라 한다. 인간을 포함한 유기체들의 자손들에서 나타나는 표현형은 부모가 가진 특성(또는 유전자)의 단순한 조합이나 혼합이 아니라 '단순 우성-열성 유전'에 의한 경우가 적지 않다.

달력에 의한 연령【달曆에 依한 年齡】chronological age

출생한 이후 경과한 연(年)과 월(月)의 수와 같은 시간 단위로 표시되는 연령(또는 나이). 즉, 출생 이후 살아온 달력상에 표시된 시간의 양을 의미한다. '달력에 의한 나이', '생활 연령', '생활 나이', '역연령(曆年齡)' 등의 표현들과 같은 의미로 사용된다.

대근육 운동【大筋肉 運動】gross motor / gross-motor

몸통이나 팔 또는 다리의 움직임 등과 같은 큰 근육을 사용하여 이루어지는 운동. 구체적으로 걷기, 던지기, 뛰기, 몸통 돌리기 등과 같이 신체의 큰 근육이 사용되는 운동을 말한다.

대근육 운동 기술【大筋肉 運動 技術】gross motor skills / gross-motor skills

대근육을 사용하여 이루어지는 운동을 수행하는 능력 또는 기술. CLICK 대근육 운동

대뇌【大腦】cerebrum

뇌의 구조 중에서 가장 큰 부분을 차지하며, 동시에 가장 높은 수준의 정신 기능을 담당하는 뇌 영역이다. 뇌의 위쪽에 위치하고 있으며, 대뇌 피질(또는 대뇌 겉질), 기저핵 및 변연계 등을 포함하는 구조를 말한다. 좌우 두 개의 반구로 구성되어 있으며, 감각, 기억, 판단, 언어, 운동 등의 고차적 정신 기능을 담당한다. 특히 대뇌의 표층(또는 바깥층)을 이루고 있는 회백질의 조직을 대뇌 피질(또는 대뇌 겉질)이라고 한다.

대뇌 겉질【大腦 겉質】cerebral cortex / cortex

대뇌(cerebrum)의 두 반구인 좌반구와 우반구의 표층(바깥층)을 구성하고 있는 회백질의 조직으로, 가장 복잡하고 높은 수준의 주요 정신 능력 및 활동(지각, 사고, 판단, 정서, 학습, 언어, 수의적 행동 등)들을 조절하는 기능을 담당한다. 대뇌 피질은 동물들 중에서도 인간에게서 가장 잘 발달되어 있으며, 특히 인간의 경우에는 대뇌 겉질이 뇌 전체 무게의 약 80%를 차지한다. 신경계 중에서 가장 최근에 진화된 조직으로 생각되고 있다. '대뇌 피질'이라고도 한다.

대뇌 반구【大腦 半球】cerebral hemisphere

대뇌(cerebrum)의 좌우에 위치하고 있는 반구 형태의 부분. 좌측의 반구를 좌반구(left hemisphere)라고 하고, 우측의 반구를 우반구(right hemisphere)라고 한다. 두 개의 반구는 중심부의 안쪽에 위치하고 있는 뇌량(corpus callosum)에 의해 연결되어 있다. 감각, 기억, 판단, 언어, 운동 등의 고차적 정신 기능을 담당한다.

대뇌 편재화【大腦 偏在化】cerebral lateralization

대뇌(cerebrum)의 두 반구(좌반구와 우반구)가 담당하는 기능의 분화. 즉, 좌반구와 우반구가 각각 담당하고 있는 기능이 분화되어 있는 것을 의미한다. 구체적으로 두 반구 중에서 좌측에 위치하고 있는 좌반구는 신체의 우측을 통제하며, 동시에 듣기, 말하기 등의 언어적 기능과 의사 결정 및 긍정적 감정의 표현 등의 기능을 담당한다. 이에 비해 우측에 위치하고 있는 우반구는 신체의 좌측을 통제하며, 동시에 시공간 관련 정보와 음악, 촉각 및 부정적 감정의 표현 등의 기능을 담당한다. 이와 같은 각 반구의 기능은 출생 시부터 분리되기 시작한다. 한편 언어적 기능 가운데 많은 부분을 좌반구에서 담당하고 있는 것은 사실이지만, 모든 언어적 기능을 좌반구에서만 담당하는 것은 아니다. 예컨대, 문맥에 맞는 적절한 언어의 사용이나 은유 및 비유 등과 같은 언어 처리는 우반구에서 담당하고 있는 것으로 밝혀지고 있다. 또한 논리적 사고나 창의적 사고 등과 같은 복잡한 사고 기능에 있어서도, 좌반구나 우반구 가운데 어느 한쪽에서만 담당하는 것이 아니라 양쪽이 서로 상호작용하는 과정에서 이루어진다는 사실이 밝혀지고 있다. 이러한 사실은 대뇌 편재화가 두 반구의 완전한 기능 분리나 분화를 의미하는 것이 아님을 보여준다. '편재화' 또는 '반구 전문화'라고도 한다.

대뇌 피질【大腦 皮質】cerebral cortex / cortex

대뇌(cerebrum)의 두 반구인 좌반구와 우반구의 표층(바깥층)을 구성하고 있는 회백질의 조직으로, 가장 복잡하고 높은 수준의 주요 정신 능력 및 활동(지각, 사고, 판단, 정서, 학습, 언어, 수의적 행동 등)들을 조절하는 기능을 담당한다. 대뇌 피질은 동물들 중에서도 인간에게서 가장 잘 발달되어 있으며, 특히 인간의 경우에는 대뇌 피질이 뇌 전체 무게의 약 80%를 차지한다. 신경계 중에서 가장 최근에 진화된 조직으로 이해되고 있다. '대뇌 겉질'이라고도 한다.

대리모【代理母】surrogate mother

다른 사람을 위해 대신 임신하여 아이를 낳아주는 여성. 정상적인 방법으로 임신이 어려운 부부나 결혼하지 않았지만 자녀 양육을 원하는 독신자 등을 위해 대신 임신하여 아이를 낳아주는 여성을 말한다. '대리 어머니'라고도 한다.

대리적 강화【代理的 强化】vicarious reinforcement

앨버트 반두라(Albert Bandura: 1925~)의 사회 학습 이론(social learning theory)에서 사용되는 주요 개념들 가운데 하나이다. 만일 타인(모델)이 특정 행동을 한 후에 '강화'를 받는 장면을 관찰하게 되면, 관찰자는 이러한 간접적인 경험을 통해 자신이 직접 강화를 받지는 않았어도 마치 강화를 받은 것과 같은 효과가 나타나게 되는데, 이러한 간접적인 강화 효과를 지칭하여 대리적 강화라고 한다. 따라서 만일 관찰자가 모델이 행한 특정 행동 후에 강화(보상)를 받는 장면을 관찰하게 된다면, 관찰자도 간접적인 강화(즉, 대리적 강화)를 받게 되고, 그 결과 관찰자는 앞서서 모델이 처했던 것과 유사한 상황에 놓이게 되면 모델이 했던 행동 또는 그와 유사한 행동을 하게 될 가능성이 증가된다. '대리 강화'라고도 한다.

대리적 처벌【代理的 處罰】vicarious punishment

앨버트 반두라(Albert Bandura: 1925~)로 대표되는 사회 학습 이론(social learning theory)에서 사용되는 주요 용어 가운데 하나이다. 관찰자가 타인(모델)이 특정 행동을 한 후에 처벌(punishment)을 받는 장면을 관찰하게 되면, 관찰자는 이러한 간접적인 경험을 통해 자신이 직접 처벌을 받지는 않았어도 마치 처벌을 받은 것과 같은 효과를 나타내게 되는데, 이러한 간접적인 처벌 효과를 지칭하여 대리적 처벌이라고 한다. 따라서 만일 관찰자가 모델이 행한 특정 행동 후에 처벌을 받는 장면을 관찰하게 된다면, 관찰자도 간접적인 처벌(즉, 대리적 처벌)을 받게 되고, 그 결과 관찰자는 앞서서 모델이 처했던 것과 유사한 상황에 놓이게 되면 모델이 했던 행동을 하지 않거나 또는 다른 행동(흔히 모델이 처벌받았던 행동과 반대되는 행동)을 하게 될 가능성이 증가된다. '대리 처벌'이라고도 한다.

대리적 학습【代理的 學習】vicarious learning

앨버트 반두라(Albert Bandura: 1925~)로 대표되는 사회 학습 이론(social learning theory)에서 사용되는 주요 용어들 가운데 하나로, 직접적인 경험을 통해 이루어지는 학습(또는 학습 유형)과 달리, 학습자가 타인(모델)의 행동을 관찰하는 과정을 통해 이루어지는 학습(또는 학습 유형)을 의미한다. 구체적으로 모델이 행동 후에 보상(또는 강화)을 받는지, 처벌을 받는지, 아니면 보상도 처벌도 없이 무시되고 있는지 등의 결과에 따라 관찰자의 행동이 결정되는 학습 형태를 말한다. 만일, 관찰자(학습자)가 타인(또는 모델)이 특정 행동을 한 후에 보상받는 장면을 관찰하게 된다면, 관찰자(학습자)는 유사한 상황에 처했을 때 타인이 했던 행동을 하게 될 가능성이 증가되고(대리적 강화), 반대로 모델이 특정 행동을 한 후에 처벌받는 장면을 관찰하게 된다면, 관찰자(학습자)는 유사한 상황에 처했을 때 모델이 했던 행동을 하지 않거나(대리적 처벌) 다른 행동을 하게 될 가능성이 증가된다. '대리 학습'이라고도 한다.

대립 유전자【對立 遺傳子】alleles

염색체 상의 특정한 유전자 자리에 위치하여 쌍을 이루는 대립 형질의 유전자로, 부계(또는 아버지)로부터 받은 유전자 한 개와 모계(또는 어머니)로부터 받은 유전자 한 개로 구성된다. 대립 유전자는 하나의 특정 형질을 발현시키기 위해 쌍을 이루는 다른 대립 형질의 유전자와 경쟁한다. 따라서 대립 유전자들은 흔히 우성과 열성의 관계를 나타낸다. 신체적, 심리적 및 행동적 특성들이 망라된 인간의 많은 특성들은 대립 유전자의 영향을 받아 발달한다.

대발작【大發作】grand mal seizure / grand mal

흔히 간질의 대표적인 한 유형인 대발작 간질에서 나타나는 발작의 형태로, 신체의 전반에서 일어나는 발작을 의미한다. 가장 심한 발작에 해당하며, 대발작을 일으키는 환자들 가운데는 대발작이 일어나기 전 단계에서 기분의 변화나 근육 경련과 같은 전조 경험을 하는 경우가 많으며, 대발작 시에는 의식의 상실과 함께 자율 신경계의 기능 이상에 따른 다양한 증상들이 수반된다.

대사 【代謝】 metabolism

유기체가 몸 밖으로부터 받아들인 물질을 체내의 화학적 과정을 통해 자신의 생명 유지와 활동에 필요한 성분과 에너지로 변화시켜 사용하고, 나머지 물질(일종의 찌꺼기)을 몸 밖으로 배출시키는 일련의 작용. '신진 대사' 또는 '물질 대사'라고도 한다.

대상 【對象】 object

(1) 사람이나 사물 등과 같은 관계의 상대가 되거나 목적 또는 목표가 되는 환경 속의 어떤 것. (2) 대상관계 이론(object relations theory) 또는 대상관계(object relations)에서 말하는 대상(object)은 개인이 가진 욕망이나 행동이 지향하는(또는 관련되어 있는) 상대를 의미한다. 예를 들면, 우리가 무엇인가를 갈망할 때 그 상대가 되는 것이 하나의 '대상'이다. 우리가 누군가를 좋아할 때 그 상대방 또한 '대상'이다. 따라서 인간의 희노애락과 관련된 모든 감정이나 정서에는 각기 그 '대상'이 존재한다고 볼 수 있다.

대상관계 【對象關係】 object relations

대상관계 이론(object relations theory)에서 사용되는 주요 개념 가운데 하나로, 개인이 가진 욕망이나 행동이 지향하는(또는 관련되어 있는) 상대를 대상(object)이라고 하며, 이러한 대상에 대한 내적 경험이나 태도를 대상관계(object relations)라고 한다. 즉, 대상관계란 어떤 대상과 관련하여 개인 내적으로 표상된 경험이나 태도를 지칭하는 것으로, 이것은 실제 생활 속에서 개인의 상호작용과 행동에 큰 영향을 미치게 된다.

대상관계 이론 【對象關係 理論】 object relations theory

일종의 정신분석적 접근을 통해 발달 과정을 설명하는 이론으로, 발달 과정(특히 영아기, 유아기 및 아동기) 동안에 이루어지는 개인들 간의 상호작용과 그 과정에서 발달하는 타인에 대한 애착을 중요하게 다루는 이론이다. 고전적인 정신분석 이론에 비해 자아의 기능을 중요하게 고려한다.

대상 영속성 【對象 永續性】 object permanence

대상(사물이나 사람)이 지각되지 않지만, 즉 대상이 현재 보이지 않거나 확인되지 않지만 그 대상이 여전히 어딘가에 존재한다는 것에 대한 인식 또는 개념. 즉 대상 영속성은 개인(지각자<知覺者>)의 지각이나 행위와 관계없이, 어떤 특정 대상(물체나 사람 등)이 계속해서 존재한다는 것에 대한 인식 또는 개념을 의미한다. 어떤 대상(예컨대, 지각자가 알고 있는 어떤 장난감이나 사람 등)이 현재 지각자의 눈앞에 없기 때문에 보이지는 않지만 다른 곳 어딘가에 계속해서 존재한다는 사실을 인식하는 것을 의미한다. 예를 들면, 눈앞에 보이던 장난감을 수건이나 다른 물체로 가렸을 때 이 장난감이 현재 자신의 시각상에서 바로 보이지는 않지만 이를 가리고 있는 수건이나 물체의 아래나 뒤에 있다는 것을 인식하는 경우, 또 자신과 함께 있다 방을 나간 사람(어머니 등)이 다른 방이나 문 밖의 어딘가에 있다는 것을 인식하는 경우 등과 같은 정신 활동이 대상 영속성의 예가 된다.

대안 교육 【代案 教育】 alternative education

기존의 공교육이 가진 문제점을 지적하면서 이에 대한 대안적인 프로그램을 갖추고 진행되는 교육. 대안 교육 프로그램을 갖추고 운영되는 학교를 대안 학교라고 한다.

대안 학교 【代案 學校】 alternative school

기존의 공교육 제도가 가진 문제점을 지적하면서 이에 대한 대안적인 교육 프로그램을 갖추고 운영되는 학교. 흔히 학습자 중심의 교육 프로그램 운영과 학습자의 자율적인 참여 등을 주요 특징으로 한다.

대인 간 지능【對人 間 知能】interpersonal intelligence

대인 관계에서 상대방의 기분이나 감정, 의도, 동기 등을 이해하고 이를 관계에 반영하는 능력 또는 그런 지능. 미국의 심리학자 '하워드 얼 가드너(Howard Earl Gardner: 1943~)'가 제안한 '다중 지능 이론(theory of multiple intelligences)'에서는 인간의 지능은 서로 독립적으로 기능하는 8가지의 지능(최근에는 9번째 지능을 추가로 제시)으로 구성되어 있다고 보는데, 그 가운데 하나가 대인 간 지능이다. 이외에도 다중 지능 이론에서는 언어적 지능, 논리-수학적 지능, 공간적 지능, 신체-운동적 지능, 음악적 지능, 개인 내적 지능, 자연주의적 지능, 그리고 가장 최근에 새로운 지능의 한 영역으로 실존적 지능(또는 존재론적 지능) 등을 제안한다. 대인 간 지능은 '개인 간 지능'이라고도 한다.

대인 관계【對人 關係】interpersonal relations

사회적 존재인 사람들 간의 관계. 즉, 생활 속에서 이루어지는 사람과 사람 간의 관계를 의미한다. '사회적 관계' 및 '인간관계'와 비슷한 의미로 사용된다.

대인 지능【對人 知能】interpersonal intelligence

대인 관계에서 상대방의 기분이나 감정, 의도, 동기 등을 이해하고 이를 관계에 반영하는 능력. '대인 간 지능'이라고도 한다. 미국의 심리학자인 하워드 가드너(Howard Gardner: 1943~)가 '다중 지능 이론'에서 제안하고 있는 지능의 아홉 가지 하위 유형들 가운데 하나이다.

더딘 기질【더딘 氣質】slow-to-warm-up temperament

기질의 한 유형으로, 새로운 상황이나 경험에 적응하는 과정에서 까다로운 기질의 아이들에 비해 다소 부드럽지만 수동적인 방식으로 반응하고, 활달하지 못하며, 순한 기질의 아이들에 비해서는 적응하는 데 더 느린 경향을 나타내는 기질을 말한다. 이러한 기질 특성을 가진 아이를 '더딘 아이(slow-to-warm-up child)'라고 한다.

더딘 아이 slow-to-warm-up child

더딘 기질의 특성을 가진 아이. CLICK 더딘 기질

데이비드 웩슬러 David Wechsler (1896~1981)

루마니아 태생의 미국 심리학자. 세계적으로 가장 많이 사용되고 있는 '아동용 지능 검사'(웩슬러 아동 지능 검사, Wechsler Intelligence Scale for Children <WISC>)와 '성인용 지능 검사'(웩슬러 성인 지능 검사, Wechsler Adult Intelligence Scale<WAIS>)를 개발하였다. '웩슬러' 또는 'Wechsler'로 표기하기도 한다.

데이비드 프리맥 David Premack (1925~2015)

미국의 심리학자. '프리맥 원리(Premack Principle)'를 발견하고, 처음으로 발표한 학자이다. '프리맥', 'Premack', 'David Premack' 등으로 표기하기도 한다.

CLICK 프리맥

덱스트로암페타민 dextroamphetamine

암페타민(amphetamine) 성분을 포함하는 약물을 총칭하는 암페타민류(amphetamines)의 일종으로, 중추신경계(특히 대뇌 피질)를 자극하여 흥분과 각성을 일으키며 강한 중독성을 갖는다. '덱스트린암페타민' 또는 '덱세드린(Dexedrine)'이라는 명칭으로도 사용된다. CLICK 암페타민(amphetamine)

도구적 공격【道具的 攻擊】instrumental aggression

'도구적 공격성'이라고도 한다.

CLICK 도구적 공격성

도구적 공격성【道具的 攻擊性】instrumental aggression

공격의 주 목적이 상대방에게 해를 입히거나 고통을 주는 데 있는 것(이러한 공격성을 지칭하여 '적대적 공격성'이라고 함)이 아니라 다른 특정한 목적을 이루기 위한 수단으로 사용되는 경우를 의미한다. 즉, 다른 특정한 목적을 이루기 위한 수단으로 행해지는 상대방에 대한 공격 행동(또는 공격성향)을 지칭하여 '도구적 공격성'이라고 한다. 예컨대, 아동들이 좋아하는 장난감을 차지하기 위해 상대방을 밀치거나 때리는 행동을 한 후에 장난감을 차지하는 행동은 도구적 공격성의 한 예가 될 수 있다. '도구적 공격'이라고도 한다.

도구적 역할【道具的 役割】instrumental role

많은 사회에서 구성원들이 고정관념적으로 남성에 대해 기대하는 '남성 역할' 가운데 하나로, 남성은 삶의 과정에서 또는 사회적 측면에서 경쟁적이고, 주장적이고, 독립적이고, 지배적이고, 목표 지향적이고, 가족에 대한 부양과 보호의 책임을 지는 자세를 가져야 한다고 기대되는 것과 같이 삶과 가족 부양 등에 대한 주도적이고 책임 있는 자세와 수행에 초점이 맞추어진 역할을 의미한다. 이와 달리, '표현적 역할(expressive role)'은 여성에 대해 기대하는 '여성 역할' 가운데 하나로, 여성은 사회적 측면이나 관계적 측면에서 친절하고, 부드럽고, 협동적이고, 타인의 요구에 민감하고 배려적이어야 하며, 자녀 양육에 대한 책임과 헌신하는 자세를 가져야 한다고 기대되는 것과 같이 긍정적 표현과 지지를 통한 좋은 관계 형성과 유지 및 통합, 긴장 완화 등의 수행에 초점이 맞추어진 역할을 의미한다.

도구적 조건 형성【道具的 條件 形成】instrumental conditioning

'도구적 조건화' 또는 '도구적 학습'이라고도 하며, '조작적 조건 형성'과 같은 의미로 사용된다.

CLICK 조작적 조건 형성

도구적 조건화【道具的 條件化】instrumental conditioning

'도구적 조건 형성' 또는 '도구적 학습'이라고도 하며, '조작적 조건 형성'과 같은 의미로 사용된다.

CLICK 조작적 조건 형성

도구적 학습【道具的 學習】instrumental learning

'도구적 조건 형성' 또는 '조작적 조건 형성'과 같은 의미로 사용된다. CLICK '조작적 조건 형성'

도날드 우즈 위니캇 Donald Woods Winnicott (1896~1971)

영국의 소아과 의사·정신분석학자. 영국정신분석학회 회장을 역임했고, 아동 발달 분야의 연구와 실천 분야에서 많은 업적을 남겼다. 특히 자신만의 고유한 정신분석학적 관점을 발전시켰고, 이를 바탕으로 아동 발달을 연구하였다. 오늘날 대상관계 이론에서 중요하게 사용되는 '참 자기(true self)', '거짓 자기(false self)', '충분히 좋은 어머니(good enough mother)' 등의 몇몇 주요 개념들은 그에 의해 처음으로 사용된 것이다. '위니캇', '도날드 위니캇', 'Winnicott', 'Donald Winnicott', 'Donald Woods Winnicott' 등으로 표기하기도 한다.

도날드 위니캇 Donald Winnicott (1896~1971)

도날드 우즈 위니캇(Donald Woods Winnicott). 영국 출신의 소아과 의사·정신분석학자.

CLICK 도날드 우즈 위니캇

도덕【道德】morals

삶을 살아가는 과정에서 선악(善惡) 및 옳고 그름을 구분하고, 나아가 관습이나 양심 등에 비추어 사회적 관계에서 지켜야 할 규범.

도덕발달【道德 發達】moral development

도덕성 또는 도덕적 능력(도덕적 감정 또는 정서, 도덕적 사고 또는 추론 그리고 도덕적 행동 등)이 형성되는 발달 또는 발달 과정. '도덕성 발달'이라고도 한다.

CLICK 도덕성 발달

도덕성【道德性】morality

삶을 살아가는 과정에서 해야 할 일들과 해서는 안 되는 일(또는 옳고 그름)에 대한 인지적, 행동적 및 정서적 능력. 흔히 도덕성을 판단이나 추론과 같은 인지의 영역에 초점을 맞추어 정의하는 경우가 많지만, 넓은 의미에서는 판단이나 추론을 포함하는 인지적 영역뿐만 아니라 옳고 그름에 따라 행동하는 행동적 영역과 정서적 영역(또는 정의적 영역)을 포함하여 정의한다. 이러한 넓은 관점에서 보면 도덕성이란 선악(善惡)과 옳고 그름을 추론하고 구분하고 판단하는 능력(도덕 사고 또는 도덕 추론 능력), 옳고 그름에 따라 행동하는 능력(도덕 행동 능력), 그리고 옳고 그름과 관련된 행동에 대해서 긍정적 정서나 죄책감과 같은 부정적 정서나 감정을 느끼는 능력(도덕 정서 능력)까지를 의미한다. 이렇게 본다면 도덕성은 우리의 인지적, 정서적(또는 정의적) 및 행동적 영역 등이 관련된 포괄적인 능력 또는 특성을 의미한다고 할 수 있다. 즉, 도덕성이란 선악이나 옳고 그름에 대해 추론하거나 판단하기, 그러한 추론이나 판단에 따라 행동하기, 그리고 선한 행동이나 옳은 행동에 대한 긍정적 감정이나 정서(예를 들면, 자긍심, 뿌듯함 등) 느끼기, 선한 행동이나 옳은 행동을 하지 않거나 옳지 못한 행동(또는 악한 행동)을 한 것에 대한 부정적 감정이나 정서(예를 들면, 죄책감, 부끄러움 등) 느끼기 등과 같이 선악이나 옳고 그름과 관련된 사고, 행동 및 정서 반응을 나타내는 능력을 말한다. 도덕성은 생활 속에서 개인이 자신의 이익과 권리 추구만이 아니라 다른 사람들이나 집단의 이익과 권리를 침해하지 않으면서 자신의 삶을 영위해 갈 수 있도록 해주는 능력이라고 할 수 있다. 도덕성에 관한 연구와 이론의 발전은 연구자들의 관점이나 필요에 따라 도덕성의 한 영역 또는 여러 영역에 초점을 맞추어 진행되어 오고 있다.

도덕성 발달【道德性 發達】moral development

도덕성(morality)은 삶을 살아가는 과정에서 해야 할 일들과 해서는 안 되는 일들 또는 옳은 것들과 그른 것들에 대한 인지적 능력(도덕적 추론 또는 도덕적 판단), 행동적 능력(도덕적 행동), 그리고 정서적 능력(도덕적 정서)을 말하는 것으로, 도덕성 발달이란 나이에 따라 도덕성에서 나타나는 발달 또는 발달적 변화를 의미한다. 구체적으로 도덕성은 삶의 많은 부분들과 관련된 개념으로, 책임, 법규 준수, 타인들의 복지에 대한 사회적 의무, 책임, 그리고 개인적 권리 등의 영역들이 포함된다. '도덕적 발달' 또는 '도덕발달'이라고도 한다.

도덕적 정서【道德的 情緖】moral affect

도덕성(道德性, morality)을 구성하는 요소들 중 정서적 측면을 지칭하는 것으로, 내면화된 도덕적 규범(또는 도덕적 기준)에 따라 행동하거나 행동하지 못했을 때 느끼는 자부심(긍정적 감정)이나 수치심 또는 죄책감(부정적 감정) 등과 같은 감정 또는 정서를 의미한다. '도덕 정서(道德 情緖)'라고도 한다.

도덕적 추론【道德的 推論】moral reasoning

도덕성(道德性, morality)을 구성하는 요소들 중에서 인지적 측면을 지칭하는 것으로, 삶을 살아가는 과정에서 만나게 되는 다양한 행동들이나 상황들에 대해 선악이나 옳고 그름을 판단하거나 결정하는 과정에서 하는 사고(思考) 또는 생각을 의미한다. '도덕 추론(道德 推論)'이라고도 한다.

도덕적 판단【道德的 判斷】moral judgement

도덕적 주제나 문제에 대한 판단. 즉, 삶을 살아가는 과정에서 선악(善惡)이나 옳고 그름을 구분하고 지켜야 할 규범에 대해 판단하는 것을 의미한다. '도덕 판단'이라고도 한다.

도덕적 행동【道德的 行動】moral behavior

도덕성(道德性, morality)을 구성하는 요소들 중에서 행동적 측면을 지칭하는 것으로, 내면화된 도덕적 규범(또는 도덕적 기준)에 일치하는 행동을 의미한다. '도덕 행동'이라고도 한다.

도덕 정서【道德 情緖】moral affect

'도덕적 정서'라고도 한다. CLICK 도덕적 정서

도덕 추론【道德 推論】moral reasoning

'도덕적 추론'이라고도 한다. CLICK 도덕적 추론

도덕 판단【道德 判斷】moral judgement

'도덕적 판단'이라고도 한다. CLICK 도덕적 판단

도덕 행동【道德 行動】moral behavior

'도덕적 행동'이라고도 한다. CLICK 도덕적 행동

도발적 공격자【挑發的 攻擊者】proactive aggressors

개인적 목표를 이루거나 문제해결을 위해 공격 행동을 사용하는 것이 효과적이라는 믿음을 가지고 손쉽게 공격 행동을 행하는 성향을 가진 사람.

도발적 피해자【挑發的 被害者】provocative victim

(1) 피해를 입기 전에 그 원인이 되는 행위(예를 들면, 상대방에 대한 공격이나 괴롭힘)를 함으로써 그에 대한 반격이나 보복을 받아 피해를 입은 사람. (2) (만성적인 도발적 피해자의 경우) 피해를 입기 전에 그 원인이 되는 행위(예를 들면, 상대방에 대한 공격이나 괴롭힘)를 함으로써 그에 대한 반격이나 보복을 받아 피해를 입는 일이 되풀이 되는 사람. 도발적 피해자들의 심리적 특성을 보면, 흔히 급한 성격을 가지고 있고, 불안 수준이 높으며, 적대적인 성향을 나타낸다.

도벽광【盜癖狂】kleptomania

'도벽증', '도벽광' 또는 '절도광'이라고도 한다.

CLICK 도벽증

도벽증【盜癖症】kleptomania

타인의 물건이나 상품을 훔치고 싶은 충동을 통제하지 못하여 도둑질을 반복하는 장애. 정신 장애의 한 유형으로, '도벽광', '병적 도벽' 또는 '절도광'이라고도 한다. DSM−5에서는 '도벽증'을 일군의 장애 유형인 '파괴적, 충동통제 및 품행 장애(disruptive, impulse control, and conduct disorders)'의 하위 유형들 가운데 하나로 분류하고 있다.

도식【圖式】schema / scheme

세상(또는 환경) 속의 자극이나 사건을 이해하기 위해, 또한 그런 자극이나 사건이 발생한 상황에 적응하기 위해 가지고 있는 조직화된 사고 및 행동 양식(또는 패턴). 영어 표현 'schema('스키마'로 발음)'와 프랑스어 표현 'scheme('셰마'로 발음)'는 모두 우리말 '도식(圖式)'으로 번역하여 사용되고 있다. 이 용어는 사고와 인지, 정보처리 및 기억 등의 주제를 연구하는 인지심리학, 발달심리학, 사회심리학 및 여러 인지과학의 분야에서 사용되는 주요 개념 가운데 하나이다. 사고, 기억 및 정보처리를 주로 다루는 분야에서는 '세상의 어떤 부분(예를 들면, 사람이나 물체 또는 사건 등)'에 관한 정보들을 또는 개념들을 상호 관련지어 의미 있게 조직화하는 인지적 구조'라는 의미로 사용하는 경우가 많다. Piaget(1896~1890)의 인지발달 이론에서는 '스키마(schema)' 대신 프랑스어인 '셰마(scheme)'라는 표현을 사용하는 경우가 많으며, 이 말은 아동이 '자신이 살아가는 세상의 어떤 측면들을 이해하거나 그 상황들에 적응하기 위해 구성한 조직화된 사고 및 행동 양식(또는 패턴)'을 의미한다.

독서 요법【讀書 療法】bibliotherapy

독서를 이용하여 내담자가 가진 심리적 고민이나 행동적 문제의 해결을 도와주는 치료법. '독서 치료'라고도 한다.

CLICK 독서 치료

독서 치료【讀書 治療】bibliotherapy

심리 치료의 한 형태로, 독서를 이용하여 내담자가 가진 심리적 고민이나 행동적 문제의 해결을 도와주는 치료를 말한다. 독서 치료가 진행되는 과정을 살펴보면, 먼저 독서가 진행되기 전에 내담자와의 상담(또는 면접) 과정을 통해 내담자가 호소하는 고민이나 문제를 파악한 후, 이와 관련하여 모범이나 도움이 될 수 있는 책을 선정하고, 이를 내담자에게 읽도록 하거나 읽어준 다음에 이에 대한 토론과 시연 및 실천 과정을 거쳐 변화를 이끌고, 이 변화를 생활화해가도록 도와주는 절차를 따른다. '독서 요법'이라고도 하며, '읽기 치료(reading therapy)' 또는 '읽기 요법'과 같은 의미로 사용된다.

독자적 놀이【獨自的 놀이】independent play

사회적 놀이의 한 형태이다. 사회적 놀이는 사회적 측면, 즉 타인과의 상호작용 측면과 관련된 놀이 또는 사회적 상호작용 측면에서 분류한 놀이 형태를 말하며, 그 중 하나가 '독자적 놀이'이다. 이 놀이는 다른 또래나 친구(들)가 있지만 그(들)와 떨어진 상태에서 서로 간 상호작용 없이 독자적으로 진행하는 형태의 놀이를 말한다. '독립적 놀이'라고도 한다.

독재적【獨裁的】autocratic / dictatorial

'특정 개인이 집단이나 조직의 운영과 문제해결을 위한 의사 결정을 모두 독단적으로 처리하거나 결정하는'이라는 의미를 가진 표현이다.

독재적 양육【獨裁的 養育】authoritarian parenting

'권위주의적 양육'과 같은 의미로 사용된다.

CLICK 권위주의적 양육

독재적 양육 방식【獨裁的 養育方式】authoritarian parenting

'권위주의적 양육'과 같은 의미로 사용된다.

CLICK 권위주의적 양육

돌연변이【突然變異】mutation

하나 또는 그 이상의 유전자 상에서 일어나는 화학적 구조의 변화에 의한 변이 현상. 이러한 현상은 생물체 내에서 우연히 자연적으로 발생하기도 하고, 또 인간의 산업 활동 과정에서 발생하거나 사용되는 다양한 유해 화학물질들이나 방사능 물질 등에 의해 초래되기도 한다. 즉, 다양한 유해 환경 요인에 의해 유전자를 이루는 유전 물질인 DNA가 변화(또는 변이)를 일으킴으로써 어버이의 계통에 없던 형질이 새로이 나타나는 현상을 말하는 것으로, 이 변화된 형질은 자손에게 유전된다.

동기【動機】motive

개체(또는 유기체)로 하여금 행동을 하도록 하는 동

시에 행동의 방향을 결정지으며, 나아가 그 행동을 인내하면서 추진하도록 만드는 힘. 구체적으로 개체(유기체)가 특정 목표를 이루기 위해 행동하도록 활성화시키고, 동시에 그 행동이 특정 방향(즉, 목표)을 향해 진행되도록 하는 힘을 말한다. 흔히 개체(유기체)의 내·외부에서 발생하는 욕구나 요구에서 비롯된다.

동기 유발【動機 誘發】motivation

'동기화'라고도 한다. CLICK 동기화

동기 집단【同期 集團】cohort

'동시대 집단'이라고도 한다. CLICK 동시대 집단

동기 집단 효과【同期 集團 效果】cohort effect

'동시대 집단 효과', '동시대 출생 집단 효과', '동년배 효과' 또는 '동년배 집단 효과'라고도 한다.

CLICK 동시대 집단 효과

동기화【動機化】motivation

동기(motive)와 관련된 개념으로, 동기와 동기화 두 용어를 명확하게 구분하기는 어렵지만, 흔히 동기는 유기체의 '상태' 측면을 나타내는 의미로 사용되고, 동기화는 그러한 상태(즉, 동기)가 '행동으로 나타나는 과정'의 측면을 나타내는 의미로 사용된다. '동기 유발'이라고도 한다. 한편 'motivation'이라는 단어가 다른 단어와 결합되어 함께 사용될 경우에는 그 번역을 '동기화'보다는 '동기'로 하는 경우가 많다. CLICK 동기

동기화된 망각【動機化된 忘却】motivated forgetting

고통스럽거나 불쾌한 사실이나 사건에 대한 기억으로 인해 심한 고통을 받거나 위협을 느끼는 상황에서 자아 또는 자기 자신을 보호하기 위해 의식적으로 또는 무의식적으로 그 사건이나 사실에 대한 기억을 억제하거나 억압함으로써 야기되는 망각 또는 망각 현상.

동년배 집단【同年輩 集團】cohort

발달 과정에서 비슷한 사회·문화적 환경과 역사적 사건을 경험한 비슷한 연령대의 사람들 또는 집단. '동시대 집단' 또는 '동기 집단'이라고도 한다.

CLICK 동시대 집단

동년배 효과【同年輩 效果】cohort effect

'동시대 집단 효과', '동시대 출생 집단 효과', '동기 집단 효과' 또는 '동년배 집단 효과'라고도 한다.

CLICK 동시대 집단 효과

동년배 집단 효과【同年輩 集團 效果】cohort effect

'동시대 집단 효과', '동시대 출생 집단 효과', '동기 집단 효과' 또는 '동년배 효과'라고도 한다.

CLICK 동시대 집단 효과

동료애【同僚愛】companionate love

삶의 과정에서 서로 밀접하게 연결되어 있는 사람들에 대해 느끼는 깊고 따뜻한 애정 또는 애착.

동물 행동학【動物 行動學】ethology

동물들의 행동에 관한 체계적인 연구를 하는 학문 분야. 특히 동물들의 자연적 서식지와 같은 자연 상태에서 나타나는 동물들의 행동을 비교하고, 나아가 그러한 행동이 종의 발달과 생존에 어떤 기여를 하는지를 탐구함으로써 동물들이 하는 특정 행동의 생물진화적 근거를 밝히는 활동을 하는 학문이다. 오스트리아 출신의 학자인 콘라트 로렌츠(Konrad Lorenz:

1903~1989)에 의해 창시되었다. 이 분야에서 연구하는 주요 주제들 중에는 다양한 동물 종들의 본능, 종 특유의 행동, 그리고 해발 기제 등과 같은 주제들이 포함된다. 생물학의 한 분야로 분류하기도 하며, 인간과 동물의 행동과 정신을 연구하는 학문인 심리학(특히 동물심리학 또는 비교심리학) 분야와도 많은 관련이 있다. 동물 행동학의 영어 단어 'ethology'는 흔히 '동물 행동학'이라고 번역하는 경우가 많지만, 이외에도 '비교 행동학', '동물 생태학', '행동생물학' 등으로 번역되어 사용되고 있다.

동물 행동학자【動物 行動學者】ethologist

'동물 행동학' 분야에서 활동하는 학자.

동성애【同性愛】homosexuality

동성(同性)을 성애(性愛: 성적 사랑)의 대상으로 느끼고 행동하는 경향성. 즉, 남성과 남성 또는 여성과 여성 간에 성애적으로 이끌리고 행동하는 경향을 의미하며, '동성연애(同性戀愛)'라고도 한다. 동성애를 나타내는 영어 표현인 'homosexuality'는 남성 간의 동성애를 지칭하는 의미로도 사용되며, 여성 간의 동성애만을 지칭할 때는 주로 레즈비어니즘(lesbianism)이라는 표현을 사용한다. 또한 동성애를 하는 사람 또는 동성애 경향을 가지고 있는 사람을 지칭할 때는 동성애자(homo / homosexual) 또는 호모라고 부르며, 그 중에서도 특히 여성 동성애자를 지칭할 때는 주로 레즈비언(lesbian)이라는 표현이 사용되고, 남성 동성애자를 지칭할 때는 게이(gay)라는 표현이 주로 사용된다. 한편 '동성애(同性愛)'의 상대적인 개념으로, 일반적인 이성 간 또는 남녀 간의 성애적 사랑을 지칭할 때는 '이성애(異性愛: heterosexuality)'라는 표현이 사용된다.

동성애자【同性愛者】homo / homosexual

이성(異性)에 대한 성적인 관심을 나타내는 이성애자(異性愛者: heterosexual)들과는 달리, 이성에 대한 성적인 관심이 매우 적거나 없는 반면에, 동성(同性)을 성애(性愛: 성적 사랑)의 대상으로 느끼는 사람 또는 그러한 경향을 가진 사람을 지칭한다. '동성연애자(同性戀愛者)'라고도 한다. 특히 남성 동성애자를 일컬어 '게이(gay)'라고 하고, 여성 동성애자를 일컬어 '레즈비언(lesbian)'이라고 한다. 발생 원인을 설명하는 대표적인 이론으로는 선천적 발생을 주장하는 선천론과 성장 환경 및 경험에서 원인을 찾는 환경론 등이 있다. '호모(homo)'라고도 한다.

동시대 집단【同時代 集團】cohort

발달 과정에서 비슷한 사회·문화적 환경과 역사적 사건을 경험한 비슷한 연령대의 사람들 또는 집단. 즉, 같거나 비슷한 연령의 사람들로서 비슷한 사회적, 문화적 환경을 공유하면서 동일한 역사적 사건이나 배경하에서 발달해 온 사람들의 집단을 말한다. '동기 집단', '동시대 출생 집단', '동년배 집단', '출생 동시 집단' 또는 '코호트'라고도 한다.

CLICK 동시대 집단 효과

동시대 집단 효과【同時代 集團 效果】cohort effect

동일한 시대에 태어나 동일한 사회적, 문화적 및 역사적 배경하에서 자란 사람들의 집단(즉, 이러한 집단을 '동시대 집단', '동시대 출생 집단' 또는 '코호트'라고 한다)은 출생 연도가 서로 다르고 상이한 사회적, 문화적 및 역사적 배경을 가지고 자란 사람들의 집단에 비하여 보다 더 비슷한 환경하에서 비슷한 경험을 하면서 성장 및 발달을 하였기 때문에 다양한 발달적 특성들, 즉 가치관, 인생관, 사고방식, 지능 및 다양한 사회적 태도와 행동 등에서 보다 더 많은 유사성과 공통점을 나타내는 경향이 있는데, 이러한 경향 또는 효과를 지칭하여 '동시대 집단 효과'라고 한다. '동시대 출생 집단 효과', '동기 집단 효과', '동년배 집단 효과', '동년배 효과', '출생 동시 집단 효과' 또는 '코호트 효과'라고도 한다.

동시대 출생 집단【同時代 出生 集團】cohort

발달 과정에서 비슷한 사회·문화적 환경과 역사적 사건을 경험한 비슷한 연령대의 사람들 또는 집단. '동시대 집단'이라고도 한다. CLICK 동시대 집단

동시대 출생 집단 효과【同時代 出生 集團 效果】cohort effect

'동시대 집단 효과'라고도 한다.

CLICK 동시대 집단 효과

동시적 일과【同時的 日課】synchronized routines

'동시적 일상 행동'이라고도 한다.

CLICK 동시적 일상 행동

동시적 일상 행동【同時的 日常 行動】synchronized routines

상대의 얼굴표정을 통해 그 사람의 행동이나 감정 상태를 헤아리고(또는 이해하고), 그것에 대한 반응으로 자신의 표정이나 몸짓과 같은 행동을 조절함으로써 두 사람 간의 조화로운 상태를 이루려는 상호작용적 행동. '동시적 일과'라고도 한다.

동아리 crowd

한시적으로 공통의 관심사(또는 흥미)나 가치 또는 규준을 가지고 그와 관련된 공동 활동을 하는 사람들의 무리. 중·고등학교나 대학교 또는 사회인들이 참여하는 다양한 형태의 동아리들이 있다.

동일성 훈련【同一性 訓練】identity training

보존 개념을 발달시키지 못한 아동에게 보존 개념을 형성하도록(학습하도록) 도와주는 훈련 과정. 보존(保存, conservation)이란 물체나 물질의 겉모양이나 형태가 변해도 그 물체나 물질의 속성(질량, 수, 부피 등)에서 변함이 없음을 이해하는 능력을 말한다. 삐아제(Piaget: 1896~1980)의 인지발달 이론에 따르면, 7세 이전의 시기에 해당하는 전조작기(preoperational stage)의 아동들은 보존 개념을 아직 발달시키지 못한 인지발달 수준에 위치해 있다. 삐아제는 보존 개념(또는 보존 능력)은 전조작기를 지나 구체적 조작기(concrete operational stage)에 도달하면서 점차적으로 획득하게 된다고 보았다. 이와 관련하여 일부의 학자들은 전조작기의 아동들에게 보존 개념을 획득하도록 도와주는 훈련을 고안하여 적용했는데, 그 방법이 바로 '동일성 훈련'이다. 구체적으로 동일성 훈련은 아직 보존 개념을 획득하지 못한 아동(들)에게 특정 물체나 물질의 겉모습이나 형태가 변하더라도 그것이 가진 속성에는 변화가 없는 동일한 물체(또는 물질)임을 알도록 가르침으로써 보존 개념을 획득하도록 돕는 훈련 과정을 말한다. 예를 들면, 3세 또는 4세 아동에게 액체 보존 또는 양 보존 과제를 통해 액체의 겉모습이나 외양의 변화가 있기 전후의 과정을 반복해서 보여주고 설명해줌으로써 변화 전후의 액체(또는 액체의 양)가 동일하다는 것을 알도록 하여 보존 개념을 획득하도록 돕는 훈련 절차를 생각해볼 수 있다.

동일시【同一視】identification

개인이 자신을 다른 어떤 사람과 비슷하게 생각하거나 그와 비슷해지려고 하는 심리 현상. 흔히 자신이 좋아하거나 중요하게 생각하는 개인이나 집단에 대해 강한 유대감을 형성하고 호감이나 일체감을 나타내기 위해 그(또는 그들)가 가진 어떤 특징이나 모습의 일부 또는 전부를 받아들이거나 모방하는 심리 현상을 의미한다. 프로이트(Freud: 1856~1939)의 정신분석학에서는 남근기의 아동이 동성인 부모의 행동 및 태도를 모방하는 현상을 의미하며, 방어 기제의 하나로 본다.

동작성 가족화【動作性 家族畵】Kinetic Family Drawing (KFD)

심리 치료 또는 상담 과정에서 내담자의 가족 체계, 환경, 가족 구성원들 간의 관계 및 특징 등을 파악하고 이해할 목적으로 내담자(또는 피검자)에게 자신의 가족 구성원들이 무엇을 하고 있는지를 그리게 하는 투사적 그림 검사. 또는 그러한 그림 검사를 활용하는 기법. '동적 가족화', '동작성 가족화 검사', '동적 가족화 검사', '동작성 가족화 기법', '동적 가족화 기법' 등으로 표기하기도 한다.

동정적인 공감 각성【同情的인 共感 覺醒】sympathetic empathic arousal

타인의 불행이나 고통을 보고 공감하는 과정에서 경험하는 동정심이나 연민의 감정. 이런 동정적인 공감 각성은 어려움에 처한 타인에 대한 친사회적 행동 또는 이타적 행동을 증진시키는 요인으로 작용한다.

동종 접합【同種 接合】homozygosis

'동형 접합' 또는 '호모 접합'이라고도 한다.

CLICK 동형 접합

동종 접합체【同種 接合體】homozygote

'동형 접합체' 또는 '동형 접합 개체'라고도 한다.

CLICK 동형 접합체

동형 접합【同型 接合】homozygosis

염색체 상에 동일한 대립 유전자를 가진 두 배우자(配偶子, gamate)가 결합하는 것. 즉, 염색체 상의 특정한 위치에 동일한 효과를 갖는 동일한 대립 유전자를 가진 두 배우자(gamate)가 결합하여 접합체('접합자'라고도 함)가 형성되는 것을 의미한다. '동종 접합' 또는 '호모접합'이라고도 한다.

동형 접합 개체【同型 接合 個體】homozygote

'동형 접합체' 또는 '동종 접합체'라고도 한다.

CLICK 동형 접합체

동형 접합의【同型 接合의】homozygous

'염색체 상의 특정한 위치에 동일한 효과를 갖는 동일한 대립 유전자를 갖는 또는 그런 상태의'라는 의미를 가진 말이다. 즉, 어떤 개체의 유전(또는 유전자)과 관련된 특성을 나타내는 표현으로, 그 개체가 염색체 상에서 특정 유전 형질(또는 특성)에 대해 동일한 효과를 갖는 2개의 동일한 대립 유전자(쌍)를 갖고 있는 상태라는 것을 의미한다. 이처럼 동형 접합을 이루고 있는 개체에서 2개의 동일한 대립 유전자(쌍)는 각각 부계(아버지)와 모계(어머니)로부터 하나씩 전달받은 것이다.

동형 접합체【同型 接合體】homozygote

염색체 상의 특정한 위치에 동일한 효과를 갖는 동일한 대립 유전자를 가진 개체. 즉, 염색체 상에서 특정 유전 형질(또는 특성)에 대해 동일한 효과를 갖는 2개의 동일한 대립 유전자(쌍)를 가진 개체를 의미한다. '동종 접합체' 또는 '동형 접합 개체'라고도 한다.

동화【同化】assimilation

삐아제(Piaget: 1896~1980)의 인지발달 이론에서 사용되는 주요 개념들 가운데 하나로, 개인(또는 아동)이 새로 접하는 자극이나 현상을 자신이 가지고 있는 기존의 인지구조(도식이나 개념)에 통합하는 과정을 말한다. 즉, 개인이 환경 속에서 새로 접하는 자극이나 현상을 기존 자신이 가지고 있는 도식이나 개념을 사용하여 해석하고 이해하는 인지 과정을 말한다. 즉, 동화는 개인이 이미 알고 있는 것(즉, 도식이나 개념)을 사용하여 새로 접하는 자극이나 현상을 이해하고 설명하는 인지활동(또는 인지 과정)을 말하는 것으로, 달리 표현하면 새로 접하는 자극이나 현상을 자신이 이미 가지고 있는 도식이나 개념에 통합하는 과정이라고 할 수 있다. 따라서 동화는 기존 도식의 변화를 수반하지 않는다. 동화의 한 예를 들면, 평소 자신의 집에서 키우는 '개(dog)'를 보고 자라온 3세 아이를 생각해보자. 이 아이는 오랫동안 자신의 집에서 키우는 '개'를 보면서 개가 어떤 모습과 특징을 가진 존재인지에 관한 도식을 형성해 왔을 것이다. 이 아이가 어느 날 부모와 함께 외부로 소풍을 나와서 놀다가 저 멀리 있는 '소(cow)'를 보고 "멍멍이(개)다!"라고 외치는 상황을 생각해보라. 지금 이 아이는 기존 자신이 가지고 있던 '멍멍이(개)' 도식(또는 개념)을 사용하여 새로 접한 자극인 '소'를 이해(또는 해석)한 것이다. 즉, 새로운 자극이나 현상을 기존 자신의 도식 체계 속으로 통합하는 '동화'를 하고 있는 것이다. 따라서 '동화'를 하는 인지 과정에서는 새로운 자극이나 현상을 이해하고 그 상황에 적응하기 위해 기존의 도식이나 개념을 적용할 뿐 더 이상의 인지적 변화(또는 인지발달)는 이루어지지 않는다. 하지만 위에서 살펴본 경우에서 아동이 기존 자신의 도식을 사용하여 새로운 자극('소')을 이해하고 설명하려한 '동화'는 잠재적으로 부적응을 초래하게 된다. 왜냐하면 아이가 소를 보고 "멍멍이(개)다"라고 외친(즉, 동화를 한) 후에 부모와 함께 가까이 다가가서 보게 된 실물 '소'의 모습은 기존 자신이 가지고 있던 '멍멍이(개)' 도식과 큰 차이가 있음을 알게 되기 때문이다. 이제 아이는 이런 생각을 하게 될 것이다. "멍멍이(개)가 아니네. 이 동물은 뭐지?" 지금 이 아이는 일종의 인지적 부적응 상황을 겪고 있는 것이다. 물론 아동이 야외의 공원이나 길을 오고 가는 과정에서 만난 개를 본 후에 자신이 가지고 있던 '개' 도식을 적용하여 이해하고 설명한다면, 이 '동화'의 경우는 적절하고 성공적인 이해와 설명에 해당하므로 적응적이라고 할 수 있다. 하지만 위의 경우에서처럼 '동화'가 실패한 경우에는 일종의 인지적 부적응 또는 인지적 갈등 상황이 초래되고, 자연히 이 상황으로부터 벗어나고자 하는 동기를 갖게 된다. 그 방법은 자신이 가지고 있던 기존의 도식이나 개념으로는 이해하고 설명할 수 없었던 새로운 자극이나 현상을 적절히 이해하고 설명할 수 있는 새로운 도식이나 개념을 도입하는 것이다. 이런 인지 과정을 '조절(accommodation)'이라고 한다. 위 경우에서라면 아이가 멀리서 볼 때는 멍멍이(개)처럼 보였지만 실제 가까이서 본 실물 '소'는 크기나 울음소리 및 행동 등 여러 측면에서 '멍멍이(개)'와 다른 존재임을 알게 되고, 이에 따라 새로 접한 '소'가 자신이 알고 있던 '멍멍이(개)'와 다르다는 것을 알게 될 것이다. 이처럼 이전에는 몰랐던 자극(대상)에 대해 새로이 알게 되는 것은 그의 인지 체계 또는 인지구조 속에 새로운 도식이 형성된다는 것을 의미한다. '소' 도식이 새로 형성되는 것이다. 이 상황은 '소'에 대해 잘 몰랐던, 즉 '소' 도식이 없었던 이전 시기에 비해 인지적으로 더 발달하게 됨을 의미한다. 결국 위의 예에서 아이는 '조절' 과정을 거치면서 더 향상된 인지발달을 이루게 되는 것이다.

동화【童話】fairy tale / nursery story / nursery tale / children's story / juvenile story

어린이에게 읽히거나 들려줄 목적으로 동심을 바탕으로 하여 지은 이야기 또는 문학작품.

되뇌기 rehearsal

기억 전략의 하나로, 기억(또는 정보 저장)이 더 잘 되도록 하기 위해 저장하려고 하는 정보(또는 항목)를 의식적으로 반복하는 것. '시연' 또는 '리허설'이라고도 한다.

두미【頭尾】cephalocaudal

'두미의'라고도 한다. CLICK 두미의

두미 경향【頭尾 傾向】cephalocaudal trend

'두미 방향'과 같은 의미로 사용되는 말이다.

CLICK 두미 방향

두미 발달【頭尾 發達】cephalocaudal development

발달의 진행 경향을 나타내는 것으로, 두부(머리 부분)에서부터 시작하여 미부(꼬리 부분) 방향의 순서로 진행되는 발달을 의미한다. '두미 방향 발달'이라고도 한다.

두미 방향【頭尾 方向】cephalocaudal direction

발달이 진행되는 방향적 경향 가운데 하나로, 발달이 두부(머리 부분)에서부터 시작하여 미부(꼬리 부분) 방향으로 진행되는 순서적 경향을 의미한다. '두미 경향'과 같은 의미로 사용된다.

두미 방향 발달【頭尾 方向 發達】cephalocaudal development

'두미 발달'이라고도 한다. CLICK 두미 발달

두미의【頭眉의】cephalocaudal

(1) '머리부터 꼬리로' 또는 '두부(머리 부분)에서 미부(꼬리 부분)로'의 의미를 가진 말이다. (2) 임신 기간 및 생후 초기의 신체 발달에서 나타나는 특징적인 발달 경향의 하나로, '머리 부분에서 다리와 팔 등의 미부 쪽으로 진행되는 신체적 성장과 성숙의 순서'를 의미하는 표현이다.

두 세대 중재【두 世代 仲裁】two-generation intervention

'보충적 중재(compensatory intervention)'의 한 형태로, 한 세대(예를 들면, 자녀세대와 부모세대 중에서 어느 한 쪽 세대)에만 초점을 맞추어 지원하는 것이 아니라 두 세대 모두에 초점을 맞추어 지원하는 보충적 중재를 말한다. 구체적으로 아동(자녀세대)을 위해서는 학령 전의 적절한 보육과 교육 지원을 통해 지적 발달과 향후 학업성취 및 진로발달에 도움이 될 수 있도록 지원하는 동시에, 부모(또는 부모세대)를 위해서는 가난에서 벗어나도록 하기 위해 경제적 지원이나 직업 준비 및 일자리 지원 등을 병행하는 보충적 중재 형태를 말한다.

두정엽【頭頂葉】parietal lobe

대뇌의 위쪽부터 뒤쪽에 걸쳐 위치한 피질 영역으로, 신체의 시각, 청각, 체감각 등으로부터 오는 감각 정보를 전달받아 통합하여 신체부위의 위치나 공간적 소재 등을 인식할 수 있도록 하는 동시에, 앞으로 행할 운동을 기획하는 등의 기능을 한다. 구체적으로 뇌의 가장 바깥쪽의 최상층부에 위치하는 구조인 대뇌 피질(cerebral cortex)은 좌반구와 우반구 등 두 개의 반구로 구분되고, 이 두 개의 반구는 다시 각각 4개의 영역(전두엽, 두정엽, 측두엽, 후두엽 등)으로 구분된다. 그 가운데 한 영역이 두정엽이다.

둔감화 가설【鈍感化 假說】desensitization hypothesis

현대인들이 생활 속에서 또는 사회적으로 발생하는 폭력이나 공격 행동에 대해 점차 무덤덤해지거나 둔감해지는 현상을 설명하는 가설의 하나. 이 가설에서는 사람들이 다양한 대중 매체를 통해 폭력적 또는 공격적인 자극들에 노출되는 빈도가 많아짐에 따라 점차 폭력이나 공격 행동에 대해 둔감해지게 되고, 그 결과 삶의 과정에서 발생하는 폭력이나 공격 행동들에 대해 무덤덤한 반응을 보이거나 묵인하는 경향을 보이게 된다고 설명한다.

둔위【臀位】breech presentation / breech position

출산 시 태아의 정상적인 자세는 머리가 아래를 향하고 있는 상태여야 하는데, 이와는 달리 태아의 엉덩이가 아래를 향하고 있는 비정상적인 자세를 둔위라고 한다. '역위(逆位)'라고도 한다. 한편 둔위 상태로 진행되는 분만을 '둔위 분만(breech birth)'이라고 한다.

둔위 분만【臀位 分娩】breech birth / breech delivery

출산 시 정상적으로 아기의 머리가 먼저 나오지 않고 엉덩이가 먼저 나오는 분만. 둔위 분만은 신경파열, 산소 결핍증 등과 같은 심각한 장애를 일으키거나 사망 등으로 이어질 가능성이 높기 때문에 현대의학에서는 둔위자세의 아기를 보호하기 위해 대부분의 경우에 제왕절개 수술을 통한 분만을 진행하고 있다.

디옥시리보핵산【디옥시리보核酸】deoxyribonucleic acid (DNA)

인간의 모든 세포의 핵 안에 들어 있는 염색체(총 23쌍<46개>)를 구성하고 있는 이중 나선형의 분자들로, 유전에 관한 정보(즉, 유전 정보)를 담고 있다. 유기체에 존재하는 두 가지 유형의 핵산 가운데 한 종류로, 아데닌(A), 구아닌(G), 티민(T), 시토신(C) 등 4종 염기로 이루어진 고분자화합물이다. 디옥시리보핵산은 유전자의 본체로서, 인간을 포함한 유기체의 모든 유전 정보는 4종 염기의 배열로 이루어진 디옥시리보핵산에 담겨 있다. 보통 'DNA'라고 부른다.

디지털 digital

수량 또는 데이터를 나타내기 위해 수치로 바꾸어 처리하거나 숫자로 나타내는 일. 또는 그러한 방식을 의미한다. 데이터를 연속적인 물리량으로 나타내는 아날로그(analog) 방식에 대응하는 의미로 사용된다.

디지털 세대【디지털 世代】digital generation

성장 과정에서 아날로그가 제공하는 기술이나 요소들에 비하여, 디지털이 제공하는 기술이나 요소들이 경제 및 사회 활동의 중심이 되는 환경 하에서 성장한 세대(또는 사람들)를 지칭한다. 이에 대응되는 표현이 '아날로그 세대(analog generation)'이다.

또래 peer

연령, 발달적 수준 또는 행동적 수준이나 복잡성 등의 측면에서 서로 같거나 비슷한 사람(들). 흔히 아동기나 청소년기 동안에 서로 어울리며 상호작용하는 같은 연령의 친구를 지칭하는 경우가 많다.

또래 문화【또래 文化】peer group

또래들 또는 또래 집단의 구성원들이 공유하는 문화. 하위문화의 한 유형으로 또래 구성원들이 공유하는 가치관, 관심과 흥미, 기호, 규칙, 행동 등을 포함하는 문화 전반을 의미한다.

또래 수용【또래 受容】peer acceptance

또래들 간의 관계에서 개별 아동이 또래들로부터 호감과 인정을 받으면서 동료로서 수용되는(또는 받아들여지는) 것. 또는 그런 정도를 의미한다. 이러한 또래 수용은 아동들이 발달하는 과정(특히 사회생활 측면)에서 매우 중요한 의미를 갖는데, 그 이유는 또래 수용 여부나 정도가 아동들의 생활 적응, 학업, 정신 건강 등 발달의 여러 주요 영역들에 큰 영향을 미치기 때문이다. 이와 관련된 많은 연구들은 '또래 수용' 여부 또는 정도를 나타내는 '또래 지위'에 따른 분류에서 또래로부터 '거부된 아동'은 그렇지 않은 아동들(예를 들면, '인기 있는 아동'이나 '평균적인 아동' 등)에 비해 우울, 분노 표출, 공격성, 반사회적 행동 및 여러 가지 적응 문제들을 보일 가능성이 더 높다는 것을 보여준다. 이러한 또래 수용과 인기를 좌우하는 것은 개별 아동이 가진 긍정적 특성들로, 여기에는 또래들이 좋아하는 사회적 기술 또는 사회적 유능성, 또래에 대한 관심, 또래에 대한 존중, 또래에 대한 지지 행동, 밝고 유쾌한 기질(또는 성격), 학업 능력과 기술 등과 같은 특성들이 포함된다. 이와 같은 긍정적 특성들을 많이 가진 아동들은 그렇지 못한 아동들에 비해 대체로 더 많은 또래 수용과 인기를 받는 경향이 있다. 한편 '또래 수용' 여부 또는 정도를 나타내는 또 하나의 개념인 '또래 지위(peer status)'는 개별 아동이 또래들로부터 수용되거나 거부되는 정도에 따라 평가/측정된 결과로 또래들 사이에서의 상대적인 위상(또는 위치)을 나타낸다. 또래 지위에 관한 연구를 진행해온 학자들은 또래 집단 속에서 나타나는 아동들의 또래 지위를 대략 5가지 유형으로 분류하고 있는데, 여기에는 인기 있는 아동(popular children), 평균적인 아동(average children), 거부된 아동(rejected children), 무시된 아동(neglected children), 논란이 많은 아동(controversial children) 등이 포함된다. '인기 있는 아동'은 많은 또래들이 좋다고(또는 긍정적으로) 지명한 반면에 싫다고(또는 부정적으로) 지명한 또래들은 적거나 거의 없는 아동이다. '평균적인 아동'은 '평균 지위의 아동(average–status children)'이라고도 하며, 중간 정도 되는 수의 또래들이 좋다고(또는 긍정적으로) 지명을 한 동시에 또 다른 중간 정도 되는 수의 또래들이 싫다고(또는 부정적으로) 지명한 아동이다. '거부된 아동'은 많은 또래들이 싫다고(또는 부정적으로) 지명한 반면에 좋다고(또는 긍정적으로) 지명한 또래들은 적거나 거의 없는 아동이다. '무시된 아동'은 마치 또래들로부터 무시당하고 있는 듯이, 또래들로부터 좋다는(또는 긍정적인) 지명과 싫다는(또는 부정적인) 지명 모두를 거의 받지 못한 아동이다. '논란이 많은 아동'은 '인기–거부 아동'이라고도 하며, 또래들로부터 좋다는(또는 긍정적인) 지명과 싫다는(또는 부정적인) 지명 모두를 많이 받은 아동이다. 이처럼 '논란이 많은 아동'은 긍정적인 지명과 부정적인 지명에서 양분된 지명을 받은 아동이기 때문에 어느 한 쪽으로 분류되지 않는 유형이라는 의미에서 '논란이 많은(controversial) 아동'이라는 분류 명칭이 사용된 것이다.

또래 지위【또래 地位】peer status

'또래 수용(peer acceptance)' 여부 또는 정도를 나타내는 또 하나의 개념으로, 개별 아동이 또래들로부터 수용되거나 거부되는 정도에 따라 평가/측정된 결과로 또래들 사이에서의 상대적인 위상(또는 위치)을 말한다. 또래 지위를 파악하기 위해 학자들이 자주 사용해 온 방법은 '사회 측정적 지명(sociometric nomination)' 또는 '사회 측정적 기법(sociometric techniques)'이라는 방법으로, 이것은 또래 집단에 소속된 아동들에게 그들이 좋아하는 아이들과 싫어하는 아이들을 몇 명씩 지명하도록 하는 절차가 포함된 기법이다. 이러한 방법을 사용하여 나타난 아동들의 또래 지위는 일반적으로 5가지 유형이 알려져 있다. 여기에는 인기 있는 아동(popular children), 평균적인 아동(average children), 거부된 아동(rejected children), 무시된 아동(neglected children), 논란이 많은 아동(controversial children) 등이 포함된다. '인기 있는 아동'은 많은 또래들이 좋다고(또는 긍정적으로) 지명한 반면에 싫다고(또는 부정적으로) 지명한 또래들은 적거나 거의 없는 아동이다. '평균적인 아동'은 '평균 지위의 아동(average–status children)'이라고도 하며, 중간 정도 되는 수의 또래들이 좋다고(또는 긍정적으로) 지명을 한 동시에 또 다른 중간 정도 되는 수의 또래들이 싫다고(또는 부정적으로) 지명한 아동이다. '거부된 아동'은 많은 또래들이 싫다고(또는 부정적으로) 지명한 반면에, 좋다고(또는 긍정적으로) 지명한 또래들은 적거나 거의 없는 아동이다. '무시된 아동'은 마치 또래들로부터 무시당하고 있는 듯이, 또래들로부터 좋다는(또는 긍정적인) 지명과 싫다는(또는 부정적인) 지명 모두를 거의 받지 못한 아동이다. '논란이 많은 아동'은 '인기-거부 아동'이라고도 하며, 또래들로부터 좋다는(또는 긍정적인) 지명과 싫다는(또는 부정적인) 지명 모두를 많이 받은 아동이다. 이처럼 '논란이 많은 아동'은 긍정적인 지명과 부정적인 지명에서 양분된 지명을 받은 아동이기 때문에 어느 한 쪽으로 분류되지 않는 유형이라는 의미에서 '논란이 많은(controversial) 아동'이라는 분류 명칭이 사용된 것이다. 이처럼 또래 수용 여부나 정도를 나타내는 또래 지위는 아동들의 생활 적응, 학업, 정신 건강 등 발달의 여러 주요 영역들에 큰 영향을 미치는 것으로 알려져 왔다. 구체적으로 '또래 지위'에 따른 분류에서 '거부된 아동'으로 분류된 아동들은 그렇지 않은 아동들(예를 들면, '인기 있는 아동'이나 '평균적인 아동' 등)에 비해 우울, 분노 표출, 공격성, 반사회적 행동 및 여러 가지 적응 문제들을 보일 가능성이 더 높다는 연구 결과들이 보고되어 왔다. 또래 수용 여부나 정도 또는 인기를 좌우하는 요인은 개별 아동들이 가진 긍정적 특성들로, 여기에는 또래들이 좋아하는 사회적 기술 또는 사회적 유능성, 또래에 대한 관심, 또래에 대한 존중, 또래에 대한 지지 행동, 밝고 유쾌한 기질(또는 성격), 학업 능력과 기술 등과 같은 특성들이 포함된다. 이와 같은 긍정적 특성들을 많이 가진 아동들은 그렇지 못한 아동들에 비해 대체로 더 많은 또래 수용과 인기를 받는 경향이 있고, 또래 지위 면에서는 '인기 있는 아동' 유형으로 분류될 가능성이 더 높다.

또래 집단【또래 集團】peer group

(1) 또래로 구성된 무리 또는 집단. (2) 연령, 성별, 관심사, 사회경제적 지위, 사회활동이나 직업, 교육 수준, 경험 등과 같은 특성들 중에서 하나 또는 그 이상을 공유하며, 나름의 행동방식이나 규칙을 가지고 상호작용하면서 서로의 정서, 태도, 행동 등에 영향을 미치는 집단. (3) 같은 연령 또는 비슷한 연령의 아이들로 이루어진 전형적인 또래 집단은 5세 무렵부터 본격적으로 나타나기 시작하며, 초등학교 시기를 통해 보다 더 구체적이고 정교한 또래 집단 내의 상호작용이 이루어진다.

뚜렛 장애【뚜렛 障碍】Tourette's disorder

틱 장애(tic disorder)의 한 유형으로, 한 가지 이상의 음성 틱(vocal tic)과 여러 가지의 운동 틱(motor tic)을 나타내는 장애로, 틱 장애의 하위 유형들 가운데 가장 심한 유형이다. 뚜렛 장애를 가진 환자 중에는 강박 장애를 보이는 경우도 종종 있고, 또한 뚜렛 장애를 가진 환자들 가운데 약 50% 정도는 ADHD를 동시에 가지고 있는 것으로 알려지고 있다. 뚜렛 장애에서 보이는 틱 증상은 1년 이상의 기간 동안 지속되며 하루 중에도 수차례에 걸쳐 반복된다. 발병 시기는 18세 이전, 특히 아동기 또는 청소년기 초기에 시작되는 경우가 많으며, 청소년기 및 성인기 동안에 감소되는 경향이 있다. 뚜렛 장애의 발생 원인은 아직 명확히 밝혀져 있지 않으나 유전 요인 및 뇌의 기저핵 이상과 관련이 있을 것으로 추측되고 있다.

ㄹ

라마즈 분만 Lamaze birth / Lamaze method

호흡법, 이완법, 연상법 등과 같은 심리적·신체적 훈련을 통해 산모가 출산 시의 고통을 완화시키면서 분만에 이르도록 도와주는 방법. 구소련의 의사들이 파블로프(Pavlov: 1849~1936)의 고전적 조건화(classical conditioning: '고전적 조건형성'이라고도 함)의 원리를 응용하여 사용하기 시작했고, 이 방법을 보다 체계화하여 발전시킨 사람은 프랑스의 산부인과 전문의 페르낭 라마즈(Fernand Lamaze: 1891~1957) 박사였다. '라마즈 분만'의 명칭은 그의 이름을 따서 붙여진 것이다.

래취키 차일드 latchkey child / latchkey children

맞벌이 부부의 어린 자녀를 의미한다. 맞벌이 부부의 아이들은 학교수업이 끝난 후 또는 방과후부터 부모 중 최소한 한 사람이 퇴근하기 전까지의 일정한 시간 동안 보호자 또는 어른의 관리 또는 보살핌이 없는 상황에서 집에 홀로 머물게 된다. 따라서 이들은 집의 열쇠를 휴대하고(특히 끈으로 묶어 목에 걸고 다니는 경우가 많음) 다녀야 하는데, 이러한 아이들을 지칭하여 생겨난 표현이 '래취키 차일드(latchkey child)'이다.

레즈비어니즘 lesbianism

동성애 가운데, 특히 여성들 간의 동성애를 의미한다. '레즈비언 사랑(lesbian love)'이라고도 한다.

레즈비언 lesbian

여성 동성애자를 의미한다. 이성(異性)에 대한 성적인 관심을 나타내는 이성애자(異性愛者, heterosexual)들과는 달리, 이성에 대한 성적인 관심이 매우 적거나 없으면서 동성(同性)을 성애(性愛: 성적 사랑)의 대상으로 느끼는 사람(또는 그러한 경향을 가진 사람)을 지칭하여 호모(homo: '동성연애자' 또는 '동성애자'라고도 함)라고 하며, 그 중에서도 특히 여성 동성애자를 일컬어 '레즈비언(lesbian)'이라고 한다. 남성 동성애자의 경우에는 '게이(gay)'라는 표현이 사용된다. 영어 단어 'lesbian'은 동성애자였던 것으로 알려진 고대 그리스의 여류 시인 사포(Sappho: BC 612?~BC 560?)의 출생지가 레스보스(Lesbos) 섬이었다는 데서 비롯된 말로 알려져 있다.

레즈비언 사랑 lesbian love

여성들 간의 동성애를 의미하는 '레즈비어니즘(lesbianism)'과 같은 의미를 가진 표현이다.

레트 Rett (1924~1997)

안드레아스 레트(Andreas Rett). 오스트리아 출신의 신경학자, 소아 과학자. 신경학, 소아발달 및 장애 분야에서 많은 활동을 하였고, 250편 이상의 논문을 발표하였다. 특히 1966년 임상적 관찰과 연구를 통해 '레트 증후군(Rett syndrome)'을 처음으로 보고하였다. '렛', '안드레아스 레트', 'Rett', 'Andreas Rett' 등으로 표기하기도 한다.

레트 신드롬 Rett syndrome / Rett's syndrome

'레트 증후군'이라고도 한다. CLICK 레트 증후군

레트 장애【레트 障碍】Rett's disorder

'레트 증후군'과 같은 의미로 사용된다.

CLICK 레트 증후군

레트 증후군【레트 症候群】Rett syndrome / Rett's syndrome

주로 여아에게서 나타나며 남아에게서는 매우 희박하게 발생하는 장애로, 여아 10,000~15,000명당 1명 정도로 발생한다. 흔히 생후 7~18개월경까지 정상적으로 발달하다가 그 이후 언어와 운동 영역에서 발달 정지 또는 퇴행을 나타낸다. 머리 성장의 저하와 함께 지능, 운동 기능, 언어 및 사회적 상호작용 등에서 손상을 보인다. 구체적으로 손 씻는 듯한 행동, 손뼉 치기, 입에 손 집어넣기 등의 행동을 반복적으로 나타내고, 걷기 행동에서 장애와 언어 발달 및 의사소통에서의 정지 또는 퇴행을 보이게 된다. 또한 간질, 수면 장애 등의 합병증이 동반되는 경우도 많다. 발병 원인은 X 염색체 안에 위치한 MECP2라는 유전자 이상에 의한 것으로 밝혀졌으나 그 대부분은 유전에 의한 것이 아니라 자연적인 유전자의 돌연변이에 의한 것으로 알려지고 있다. 오스트리아 출신의 신경학자 안드레아스 레트(Andreas Rett: 1924~1997)가 1966년에 처음으로 이 증후군을 보고하면서 세상에 알려지게 되었다. '레트 증후군(Rett syndrome)'이라는 명칭은 최초 보고자인 안드레아스 레트의 이름을 따서 지어진 것이다. '레트 신드롬', '레트 장애(Rett's disorder)'라고도 하며, '렛 증후군', '렛 신드롬' 또는 '렛 장애' 등으로 표기하는 경우도 있다.

레프 스메노비치 비고츠키 Lev Semenovich Vygotsky (1896~1934)

벨라루스 태생의 구소련 심리학자로, 보통 '비고츠키(Vygotsky)'라고 부른다. 유태계 부모 밑에서 성장한 그는 1914년 모스크바 대학교에 입학하여 심리학을 비롯하여 법학, 철학, 예술 등의 분야를 공부하였고, 1925년(29세) 질병(결핵) 치료 중에 집필한 논문인 '예술심리학(The Psychology of Art)'으로 박사 학위를 받았다. 비고츠키는 인간은 사회·문화의 영향을 받아 발달하는 존재임을 강조하였다. 따라서 인간이 가지고 있는 추상적 사고 능력 및 언어 등의 고차적 정신 기능은 역사 및 사회적 기원을 가지고 있다고 보았다. 즉, 비고츠키는 아동이 이루는 추상적 사고, 세상에 대한 이해, 언어 등에서의 인지발달은 사회생활을 하는 과정에서 타인들과의 상호작용을 통해 발달한다고 보았다. 이런 관점은 아동 자신이 능동적으로 세상을 탐구하고, 경험하고, 이해하면서 지식을 습득하는(즉, 능동적으로 자신의 인지발달을 이루어가는) 경향이 많은 존재로 보았던 스위스의 발달심리학자 삐아제(Piaget: 1896~1980)의 관점과 큰 차이를 보이는 부분이다. 비고츠키는 1934년(37세)에 결핵으로 사망하기 전까지 자신의 이론을 보완하고, 새로운 논문을 발표하기 위해 마지막 열정을 쏟은 것으로 알려져 있다. 짧은 생애 동안 이룬 그의 연구와 이론은 당대에는 큰 평가를 받지 못했을 뿐만 아니라 오히려 스탈린 정부 치하에서 탄압을 받기까지 했다. 이후 그의 이론과 연구 성과가 점차 서방세계에 알려지게 되었는데, 특히 1970년대 이후 오늘날에 이르면서 그의 이론은 삐아제의 이론과 함께 발달심리학과 교육심리학 등의 분야에서 인지 발달을 설명하는 주요 이론으로서, 두 개의 큰 축을 이루고 있다. 오늘날에 와서 학문적 측면에서뿐만 아니라 발달 및 교육 등의 측면에서 실제적인 큰 기여와 영향력을 발휘하고 있는 비고츠키의 이론은 그가 활동했던 동시대의 여러 유명 학자들–예를 들면, 프로이트, 파블로프, 삐아제, 손다이크, 스키너 등–에 비하면 당대에는 상대적으로 잘 알려지지 않았고, 영향력도 적었다. 그런 배경에는 먼저 비고츠키가 활동했던 구소련이 학문을 포함하여 사회 활동의 여러 측면에서 폐쇄적이고 억압적이었다는 점을 꼽을 수 있고, 또 프로이트와 스키너 등의 이론이 많은 사람들의 관심을 불러일으키거나 지지를 받음으로써 오랫동안 학문적 영향력을 갖게 되었다는 점, 그리고 무엇보다도 비고츠키 자신이 그의 연구 성과와 이론을 세상에 널리 알리기 전에 일찍 사망하게 되었다는 점 등이 주된 원인으로 작용했다. 비고츠키가 인간의 발달을 설명하기 위해 사용했던 주요 개념들로는 근접발달영역(zone of proximal development, ZPD), 발판화(scaffolding: '비계' 또는 '비계설정'이라고도 함) 등이 있다. 비고츠키는 심리학 분야 외에도 예술, 문학, 철학 등 다방면에 걸친 관심과 천재성을 발휘하면서 37세라는 짧은 생애를 살았던 인물로, 간혹 그와 비슷하게 음악계에서 큰 업적을 이루며 짧은 생애를 살았던 천재 음악가 모차르트에 비유되곤 한다. 이런 이유에서 비고츠키를 '심리학의 모차르트'라고 부르기도 한다. 간단히 '비고츠키' 또는 'Vygotsky'로 표기하는 경우가 많다.

렘 REM

'rapid eye movement(빠른 안구 운동)'의 줄임말로, 수면 중에 안구가 빠르게 움직이는 현상을 의미한다. 수면 단계 가운데 '렘수면 단계'에서 나타나는 현상으로, 이 단계에서 수면자는 '빠른 안구 운동' 현상을 나타내며, 동시에 대부분 선명한 꿈을 꾼다. '빠른 안구 운동' 또는 '급속 안구 운동'이라고도 한다.

렘 반등【렘 反騰】REM rebound

수면 중에 렘수면 단계로 들어가는 과정에 있거나 렘수면 단계에 들어가 있는 사람의 수면을 중단시키거나 방해한 후, 다시 (수면 중단이나 방해 없이) 렘수면 기회를 충분히 제공해주면 렘수면 시간이 정상적인 렘수면 시간에 비하여 두 배 정도로 훨씬 더 증가되는 현상을 말한다. '렘 반발'이라고도 한다.

렘 반발【렘 反撥】REM rebound

'렘 반등'이라고도 한다. CLICK 렘 반등

렘수면【렘睡眠】REM sleep

렘수면을 의미하는 영어 표현 'REM sleep'은 '빠른 안구 운동 수면'을 의미하는 'rapid eye movement sleep'의 줄임말이다. '빠른 안구 운동 수면', '급속 안구 운동 수면' 또는 '빠른 눈 운동 수면'이라고도 하며, 흔히 '렘수면'이라는 표현을 많이 사용한다. 인간의 수면 단계 가운데 하나로, 이 단계에서 대부분 수면자의 신체는 혼수상태에 가까운 반면에 안구만은 빠르게 운동을 하는 수면 상태를 나타내며, 동시에 대부분의 사람들은 선명한 꿈을 꾸는 경향이 있다. 한편 렘수면은 또 다른 표현으로 '역설적 수면' 또는 '기묘한 수면'이라고도 하는데, 그 이유는 이 수면 단계에서, 동시에 발생하는 것이 잘 이해되지 않는 몇 가지 신체적 및 생리적 반응들이 함께 나다나기 때문이다. 구체적으로 렘수면 상대의 수면자는 객관적으로 깊은 수면 상태에 있고, 동시에 신체의 수의근이 기본적으로 마비 상태를 나타내는데, 이와 달리 혈압, 심장 박동 및 대뇌 활동 등은 깨어 있는 의식 상태에서의 생리적 반응과 유사한 경향을 나타낸다. 일반적으로 인간의 수면 패턴은 빠른 안구 운동을 나타내는 수면인 '렘수면'과 빠른 안구 운동을 나타내지 않는 수면인 비렘 수면(NREM sleep, Non-Rapid Eye Movement)이 번갈아 나타난다. 일반 성인의 경우에는 전체 수면 중에서 렘수면이 차지하는 비율은 약 20% 정도가 된다. 그러나 출생 초기에는 전체 수면 중에서 렘수면이 차지하는 비율이 훨씬 높아, 신생아들의 경우에는 이들이 하루 동안 취하는 수면(약 16~18시간) 중에서 약 50%가 '렘수면'을 이룬다. 이후 렘수면이 차지하는 비율은 점차 감소하는 흐름을 보여, 생후 3개월 무렵이 되면 영아의 렘수면은 전체 수면 중에서 약 40% 정도로 감소하고, 3~5세 무렵에는 거의 성인과 같은 비율로 줄어든다. 오늘날 뇌신경 및 발달을 연구하는 학자들은 출생 후 영유아기 무렵까지 높은 비율을 차지하는 렘수면 동안에 뇌 신경세포들 간의 활발한 시냅스 형성 및 가지치기 과정이 이루어지면서 뇌 발달이 촉진되는 것으로 이해하고 있다. 렘수면은 'REM 수면' 또는 '빠른 안구 운동 수면'으로 표기하기도 한다.

렘수면 꿈 【렘睡眠 꿈】 REM dream

렘수면 단계에서 꾸는 꿈. 흔히 사람들은 렘수면 단계에서 계속해서 꿈을 꾸는 경향이 있는데, 이 꿈들은 생생하고 선명하기 때문에 잠에서 깬 후에 다른 사람에게 이야기할 만큼 기억이 잘 되는 특징이 있다. '렘수면의 꿈'이라고도 한다.

렛 Rett (1924~1997)

안드레아스 렛(Andreas Rett). 오스트리아 출신의 신경학자, 소아 과학자. 1966년 임상적 관찰과 연구를 통해 '레트 증후군(Rett syndrome)'을 처음으로 보고하였다. '레트', '안드레아스 레트', 'Rett', 'Andreas Rett' 등으로 표기하기도 한다.

CLICK 레트

렛 장애 【렛 障碍】 Rett's disorder

'렛 증후군' 또는 '레트 증후군'과 같은 의미로 사용된다.

CLICK 레트 증후군

렛 증후군 【렛 症候群】 Rett syndrome / Rett's syndrome

'레트 신드롬', '레트 증후군', '레트 장애(Rett's disorder)'라고도 하며, '렛 신드롬' 또는 '렛 장애' 등으로 표기하는 경우도 있다.

CLICK 레트 증후군

로렌스 콜버그 Lawrence Kohlberg (1927~1987)

미국의 심리학자. 도덕 발달(3수준 6단계) 이론을 제시한 학자이다. '콜버그', 'Kohlberg', 'Lawrence Kohlberg' 등으로 표기하기도 한다.

CLICK 콜버그

로렌츠 Lorenz (1903~1989)

콘라트 로렌츠(Konrad Lorenz). 오스트리아의 동물 행동학자로, 현대 동물 행동학(Ethology)의 창시자 또는 아버지로 평가받고 있다. 비엔나 대학에서 동물학을 전공하여 박사학위를 받았다. 일찍이 진화적 측면에서 동물들의 신체적 특징들뿐만 아니라 선천적 행동 패턴들도 진화적으로 이해할 수 있다고 생각하였고, 오랫동안 야생동물들에 대한 관찰과 연구를 통해 동물 행동학 분야에서 중요한 많은 연구 업적을 이루었다. 특히 조류 등의 어린 새끼가 생후 초기의 짧은 기간 동안 노출된 대상에게 강력한 애착을 형성하고 그 대상을 (어미처럼) 따르는 현상을 각인(imprinting)이라고 하는데, 로렌츠는 각인 현상의 최초 발견자는 아니지만, 각인이 생후 초기의 짧은 기간인 '결정적 시기' 동안에 이루어진다는 것을 관찰하고 이를 처음으로 발표한 인물로 평가받고 있다. 이외에도 각인이 이루어지는 대상의 범위가 조류들 간에도 차이가 있다는 사실과, 각인이 특정 대상(또는 어미)을 따르는 행동뿐만 아니라 성적 행동과 같은 사회적 행동의 발달에도 영향을 미친다는 것을 발견했다. 이런 공로를 인정받아 1973년 니콜라스 틴버겐(Nikolaas Tinbergen: 1907~1988) 및 카를 폰 프리슈(Karl von Frisch: 1886~1982) 등과 공동으로 노벨상(생리 · 의학상)을 받았다. '콘라트 로렌츠', 'Lorenz', 'Konrad Lorenz' 등으로 표기하기도 한다.

로르샤흐 Rorschach (1884~1922)

헤르만 로르샤흐(Herman Rorschach). 스위스의 정신의학자. 로르샤흐 검사(Rorschach test)의 개발자이다. '로샤', '로르샤', '로르샤하', '허먼 로르샤하', 'Rorschach', 'Herman Rorschach' 등으로 표기하기도 한다.

로르샤흐 검사 【로르샤흐 檢査】 Rorschach test

스위스의 정신의학자인 로르샤흐(Rorschach: 1884~1922)가 개발한 투사적 성격 검사 기법. 10장의 좌우 대칭형 잉크 반점의 그림으로 구성되어 있으며, 이 그림들을 한 장씩 보여주면서 이에 대한 피검사자의 해석 · 반응을 분석함으로써 성격, 감정 등의 심리적 상태를 평가(또는 진단)하게 된다. '로르샤흐 잉크 반점 검사', '로샤 검사', '로샤 잉크 반점 검사', '로르샤 검사', '로르샤하 검사', '로르샤하 잉크 반점 검사' 등으로 표기하기도 한다.

로버트 스턴버그 Robert Sternberg (1949~)

로버트 제프리 스턴버그(Robert Jeffrey Sternberg). 미국의 심리학자. 그가 제안한 지능의 삼두 이론(triarchic theory of intelligence)과 사랑의 삼각형 이론(triangular theory of love)으로 잘 알려져 있다. '스턴버그', '로버트 제프리 스턴버그', 'Sternberg', 'Robert Sternberg' 등으로 표기하기도 한다.

CLICK 스턴버그

로버트 제임스 하비거스트 Robert James Havighurst (1900~1991)

미국의 교육학자, 인간발달학자, 심리학자. '발달 과업(developmental tasks)' 개념을 처음으로 제안한 학자이다. '하비거스트', '해비거스트', '로버트 하비거스트', 'Havighurst', 'Robert Havighurst', 'Robert James Havighurst' 등으로 표기하기도 한다.

CLICK 하비거스트

로저스 Rogers (1902~1987)

칼 랜섬 로저스(Carl Ransom Rogers). 미국의 심리학자. 인간중심 치료(또는 내담자중심 치료)의 창시자이다. '칼 로저스', '칼 랜섬 로저스', 'Rogers', 'Carl Rogers', 'Carl Ransom Rogers' 등으로 표기하기도 한다.

CLICK 칼 로저스

로크 Locke (1632~1704)

존 로크(John Locke). 영국의 철학자. 영국 서미싯(Someset) 출신으로, 시민전쟁에서 의회 편에서 싸웠던 아버지의 영향을 받아 일찍이 민주주의에 대한 신념을 갖게 되었다. 옥스퍼드 대학교에서 공부했으며, 당시 많은 사람들이 가지고 있던 인간발달의 선천론을 거부하고, 인간은 그들이 살아가는 사회적 환경, 특히 교육환경과 학습의 영향을 받아 발달한다고 보는 경험론(또는 경험주의)적 관점을 취하였다. 그는 출생 시 인간의 심리(또는 마음)는 백지상태(white paper: 로크 이후 '아무것도 씌어있지 않은 서판'을 의미하는 'tabula rasa<타불라 라사>라는 표현이 많이 사용되어 오고 있음)이며, 살아가는 과정에서 경험들이 축적됨에 따라 백지에 글을 쓰듯이 백지상태의 정신에 경험의 내용들이 더해지고 채워지는 과정을 통해 정신의 내용과 능력을 형성하게 된다고 보았다. 이 관점에서 보면, 인간의 정신(심리)과 정신적 능력은 출생 이후에 이루어진 경험의 결과인 셈이다. 즉, 태어난 이후의 경험이 인간 정신의 발달과 내용을 형성하는 결정적 요인이라고 본 것이다. 이러한 Locke의 후천론적 견해는 오늘날 인간발달에 대한 선천성-후천성 논쟁의 한 축을 형성하고 있으며, 심리학사(心理學史)에서 중요한 관점의 하나로 평가받고 있다. 로크의 대표 저서인 <인간오성론(人間悟性論, An Essay Concerning Human Understanding)>(1690)은 그의 경험론적 사상을 소개한 책으로, 이 책에 담긴 내용과 관점을 통해 로크는 철학 영역에서는 '경험론'의 시조로, 심리학 영역에서는 경험론적 관점과 연결되는 '학습 이론'의 시조로 평가받고 있다. '존 로크', 'Locke', 'John Locke' 등으로 표기하기도 한다.

루소 Rousseau (1712~1778)

장 자크 루소(Jean-Jacques Rousseau). 스위스 태생의 프랑스 사상가, 사회학자, 교육학자, 소설가. 아동은 성인과는 다른 존재라는 존 로크(John Locke: 1632~1704)의 견해에 동의했지만, 로크가 생각했던 '백지설'에 대해서는 다른 입장을 취하였다. 즉, 인간의 아기는 태어날 때 정신 능력 측면에서 아무것도 씌어있지 않은 '백지상태'가 아니라 특유의 사고양식과 감정을 갖고 있다고 보았다. 이런 특유의 특성과 역량을 가진 아동을 자연의 계획에 따라 성장하도록 허용하고 인도함으로써, 각각의 아동은 나름의 방식으로 학습해가면서 자신의 역량을 키우고 건강한 개인으로 발달해갈 수 있다고 보았다. 즉, 아동들은 자연의 계획에 따라, 자연이 이끄는 방향으로 따라가면서, 또한 세상의 물리적 사물들을 다루고 경험해가면서 스스로의 역량과 판단력을 키우고 완성시켜가게 된다. 이런 과정을 통해 독립적인 정신을 가진 청소년기를 거쳐 건강한 성인으로 발달해간다고 보았던 것이다. 환경론자들의 주장과 달리, 환경(또는 사회적 환경)의 개입과 영향은 오히려 아이가 자신의 관점과 판단력을 신뢰하는 건강한 개인으로 커가는 것을 방해하게 된다고 보았다. 루소는 인간의 발달은 자연의 내재적인 계획(또는 스케줄)에 따라 전개된다고 보았다. 이런 루소의 견해는 현대에 와서 발달을 설명하는 주요 관점의 하나인 '생물학적 관점'의 출발이라고 평가되고 있다. 따라서 이와 같은 발달의 관점을 제시한 루소는 현대 '발달심리학의 아버지'라는 평가를 받고 있다. 루소의 사상을 담은 대표적인 저서로는 그의 교육론을 담아 소설 형식으로 쓴 <에밀(ÉMILE)>(1762)과 <사회계약론(Du Contrat Social)>(1762)(영어 번역 표현: The Social Contract)이 있다. 특히 <에밀>에서는 에밀이라는 고아 주인공을 중심으로 루소의 아동발달과 교육에 관한 사상을 기술하고 있다. '장 자크 루소', 'Rousseau', 'Jean-Jacques Rousseau' 등으로 표기하기도 한다.

루이 브라유 Louis Braille (1809~1852)

프랑스 태생의 6점자 체계 고안자 · 교육자. 유년기에 두 눈을 실명했지만 기존의 어렵고 복잡한 점자 체계를 대신하여 보다 쉽게 배우고 사용할 수 있는 6점자 체계를 창안한 인물이다. 브라유의 6점자 체계가 만들어지기 전까지 사용되던 바르비에(Barbier) 점자 체계는 야간 작전 수행을 위한 군사용 목적으로 개발된 것으로, 12개의 점을 사용하였기 때문에 배워 사용하기에 어렵고 복잡했다. 파리 왕립 시각장애학교에 다니던 브라유는 바르비에의 점자 체계가 배워 사용하기에 어렵고 불편하다는 사실을 절감하고, 그 대안으로 쉽게 배우고 효율적으로 사용할 수 있는 점자 체계를 만들고자 하였다. 이에 약 3년간의 노력 끝에 12개의 점을 6개로 줄인 점자 체계를 고안하게 되었다. 브라유의 6점자 체계는 6개의 점만으로 알파벳 26개를 모두 표기할 수 있고, 글자를 나타내는 6개의 점들의 위치를 손가락을 움직이지 않고 읽어낼 수 있는 쉽고 효율적인 문자 체계로 평가 받고 있다. 간단히 '브라유'로 표기하기도 한다.

루이스 서스톤 Louis Thurstone (1887~1955)

루이스 레온 서스톤(Louis Leon Thurstone). 미국의 심리학자. 요인 분석을 통해 분석해낸 7가지의 '기본 정신 능력(primary mental abilities)'을 제안한 것을 비롯하여, 요인 분석을 적용한 지능 연구 분야에서 큰 업적을 남겼다. '서스톤', 'Thurstone', 'Louis Thurstone', 'Louis Leon Thurstone' 등으로 표기하기도 한다.

루이스 터먼 Lewis Terman (1877~1956)

루이스 매디슨 터먼(Lewis Madison Terman). 미국의 심리학자. 지능, 천재 및 행복한 결혼 등의 주제에 관한 연구를 통해 많은 학문적 업적을 이루었고, 특히 그가 개발한 '스탠퍼드-비네(Stanford-Binet) 지능 검사'로 잘 알려져 있다. '터먼', 'Terman', 'Lewis Terman', 'Lewis Madison Terman' 등으로 표기하기도 한다.

리비도 libido

지그문트 프로이트(Sigmund Freud: 1856~1939)의 정신분석 이론에서 사용되는 주요 개념들 가운데 하나인 리비도(libido)는 '성적 욕망', '정욕(情慾)' 등의 의미를 갖는 라틴어에서 유래한 말로, 성격을 구성하고 있는 세 가지 요소들 가운데 본능적 측면인 원초아(id, 이드)의 에너지, 성 본능 또는 성 본능 에너지 등의 의미를 갖고 있다. 정신분석 이론에서는 리비도가 발달 단계에 따라 상이한 신체 부위에 집중되고, 그와 관련된 활동과 경험을 통해 성격의 주요 발달이 이루어진다고 설명한다.

리허설 rehearsal

기억 전략의 하나로, 기억(또는 정보 저장)이 더 잘 이루어지도록 하기 위해 저장하려고 하는 정보(또는 항목)를 의식적으로 반복하는 것. '시연' 또는 '되뇌기'라고도 한다.

마거릿 미드 Margaret Mead (1901~1978)

미국의 문화인류학자. 태평양의 사모아 섬 및 발리 섬 등에서 수행한 아동 및 청소년들의 성역할 및 성 행동에 관한 비교 문화 연구로 유명하다. '미드', 'Mead', 'Margaret Mead' 등으로 표기하기도 한다.

마더리즈 motherese

'모성어(母性語)'라고도 한다.

CLICK 모성어

마라스무스 marasmus

생후 초기의 불충분한 영양 섭취(특히 단백질 및 열량의 부족)로 인해 영아에게 초래되는, 성장이 지체되고 건강 전반의 약화가 초래되는 질병. 특히 생후 초기 영아기 동안에 어머니가 영양 결핍 상태이고, 동시에 어머니의 부족한 젖을 보충하기 위해 영아에게 줄 수 있는 적절한 음식이나 영양(특히 단백질 및 열량)의 공급이 어려운 상황에서 자라는 아동들에게서 발생하기 쉽다. 이 질병에 걸린 아동이 나타내는 주요 증상으로는 성장의 지체, 체중 감소, 쇠약 및 전염병에 대한 저항력 저하 등이 있다. 이 아동들은 심한 경우에는 사망에 이르게 되며, 다행히 목숨을 건지더라도 다 성장한 후에 키가 작거나 사회적 및 인지적 발달 등에서 적지 않은 손상을 보이게 될 가능성이 높다. '소모증(消耗症)'이라고도 한다.

마리아 몬테소리 Maria Montessori (1870~1952)

마리아 테클라 아르테미시아 몬테소리(Maria Tecla Artemisia Montessori). 이탈리아의 교육학자, 정신과 의사, 몬테소리 교육법의 창시자. 몬테소리의 교육철학 및 발달에 대한 관점은 아동들 및 정신지체아들에게 도움이 되는 교구의 개발과 교육 프로그램의 개발로 이어졌고, 오늘날 '몬테소리 교육법'이라는 명칭으로 세계의 많은 교육자, 교육학자 및 발달심리학자들에게 영향을 미치고 있다. '몬테소리', 'Montessori', 'Maria Montessori' 등으로 표기하기도 한다.

CLICK 몬테소리

마시멜로 marshmallow

부드럽고 달콤한 과자의 일종. 특히 설탕, 계란의 흰자, 젤라틴, 색소, 향미료 등을 혼합하여 거품을

낸 후에 이것을 굳혀 만든 부드럽고 달콤한 맛이 나는 과자이다.

마시멜로 실험【마시멜로 實驗】marshmallow experiment

'마시멜로(marshmallow)'를 사용하여 진행됐던 만족 지연(delayed gratification)에 관한 실험을 말한다. 이 실험은 미국 스탠퍼드 대학교 교수인 심리학자 월터 미셸(Walter Mischel)이 1960년대부터 1970년대에 걸쳐 4세의 유아 653명을 대상으로 진행했던 연구로, '스탠퍼드 마시멜로 실험(Stanford marshmallow experiment)'이라고도 한다. 이 실험에서, 연구자는 유아들에게 마시멜로를 1개씩 주고 나서 이것을 15분 동안 먹지 않고 기다리면 1개를 더 주겠다고 이야기한 후 유아를 남겨 두고 밖으로 나간다. 그 결과, 유아들 가운데 많은 수는 15분을 기다리지 못하고 마시멜로를 먹어 버렸지만, 일부의 유아들(약 30%)은 연구자가 제시한 시간(15분)을 기다린 후에 1개씩을 더 받을 수 있었다. 이 실험 연구는 개인(유아)이 미래의 더 큰 보상과 만족을 위해 현재의 욕구를 참아내는 만족 지연 능력을 알아볼 목적으로 진행된 연구였다. 계속 진행된 종단 연구에서 나타난 결과를 보면, 15년이 지난 후에 이 실험 연구에서 마시멜로를 바로 먹지 않고 '높은' 만족 지연 능력을 나타냈던 유아들은 '낮은' 만족 지연 능력을 보였던 유아들에 비해 학교생활, 학업성취도, 대인관계, 규칙 준수 행동 등을 포함한 생활의 여러 측면들에서 더 뛰어난 경향을 나타냈다. 이 실험 연구 결과는 어린 시절에 보이는 욕구(또는 충동)를 통제하는 능력, 즉 앞으로 있을 더 큰 만족을 위해 현재의 욕구 만족(또는 욕구 충족)을 지연시키는 능력이 실제로 미래의 삶에서의 성취 및 성공과 연결될 가능성이 높다는 것을 시사해준다.

마음 mind

개인 내적으로 진행되는 정신의 과정 혹은 활동. 구체적으로 마음이란 감각, 지각, 인지(사고, 판단, 문제 해결 등), 감정, 기억, 학습 등과 같은 의식 또는 무의식의 요소들이 포함되어 개인 내적으로 이루어지는 정신의 과정이나 활동을 의미한다. 흔히 심리(心理) 또는 정신(精神)과 같거나 비슷한 의미로 사용된다.

마음 갖춤새 mental set

자극(또는 대상)이나 상황(또는 문제)을 특정한 방식으로 지각하거나 기억하거나 사고하는 경향성.

마음의 이론【마음의 理論】theory of mind (ToM)

'마음 이론'이라고도 한다. CLICK 마음 이론

마음 이론【마음 理論】theory of mind (ToM)

아동 또는 개인이 가지고 있는 사람들의 마음(또는 정신 활동)에 대한 이해 또는 개념. 영·유아기 및 아동기를 거치면서 인지적으로 더욱 발달하게 되는 아동이 사람들의 내면에서 진행되는 정신적 상태 및 정신적 활동에 대해 가지는 이해와 개념, 즉 아동(물론 성인도 해당됨)이 사람을 인지적 존재로 이해하면서 타인의 의도나 지식 등에 대한 파악, 타인의 행동 예측 등에 대해 가지고 있는 이해와 개념을 지칭하여 마음 이론이라고 한다. 아동은 자신을 포함한 모든 사람들에게는 감정, 지각, 사고, 신념, 동기, 지식, 의도 등과 같은 심리적 세계가 있고, 이것들에 의해 정신 활동이 이루어지며, 이것들이 개인의 행동 과정에서 직접적으로 또는 간접적으로 작용한다는 것에 대해 나름대로의 이해와 개념을 형성하고 있다. 이처럼 아동이 가지고 있는 사람들의 마음에 대한 이해와 개념을 나타내는 표현이 '마음 이론'이다. 아동이 가지는 마음에 대한 '이해' 또는 '개념'을 일종의 '이론'으로 표현한 것이다. '마음의 이론'이라고도 한다.

만출기【晩出期】expulsive stage / expulsive stage of labor

분만(출산) 과정은 보통 세 단계로 구분되며, 그 두 번째 단계인 만출기는 첫 번째 단계인 개구기(開口期: 자궁경부가 열릴 때까지의 시기) 이후 복압(腹壓)의 작용에 의해 태아가 산도(産道)를 통과하여 산모의 몸 밖으로 나올 때까지의 시기를 말한다. '분만 제2기'라고도 한다. 흔히 분만의 세 단계 가운데 '만출기(분만 제2기)'를 지칭하여 '분만' 또는 '출산'이라고 말하기도 한다.

만회 성장【挽回 成長】catch-up growth

성장 과정에서 일정 기간 동안 심각하지 않은 영양 부족(또는 영양실조)으로 인해 성장 결핍을 겪은 아동이 충분한 영양 섭취가 이루어지면 일반적인 성장 속도보다 훨씬 빠른 성장이 이루어지면서 이전의 성장 결핍을 만회하는 현상. 성장 결핍 또는 성장 장애의 시작 시점과 원인에 따라 만회 성장의 가능성에서 차이를 나타낸다. 일반적으로 생후 초기의 발달 과정에서 단기간에 걸쳐 심각하지 않은 영양 부족에 의해 성장 결핍이 초래된 경우에는 충분한 영양 섭취의 기회가 제공되면 만회 성장을 이룰 가능성이 높지만, 성장 결핍이 출생 전에 시작된 경우(예를 들면, 미숙아, 자궁 내 발육 지연 등의 경우)거나 출생 후의 발달 과정에서 발생한 영양 부족으로 인한 성장 결핍의 기간이 길고 심한 경우에는 충분한 영양 섭취의 기회가 제공되더라도 만회 성장을 이룰 가능성은 낮아진다. '따라잡기 성장'이라고도 하며, '보상 성장(compensatory growth)'과도 같은 의미로 사용된다.

말더듬 stuttering

의사소통 장애(communication disorders)의 한 유형으로, 말을 더듬는 증상으로 인해 말을 자연스럽게 구사하는 능력인 유창성(fluency) 상의 곤란이나 어려움을 겪는 장애를 말한다. 상대방에게 자신의 생각이나 감정 또는 메시지를 전하려 할 때 말의 흐름이 유창하지 못한 경우로, 이 장애를 가진 사람들이 보이는 언어 패턴 상의 주요 특징으로는 단어와 단어 사이의 간격이 비정상적으로 긴 말의 멈춤 증상(예: 나는 배가~~고프다), 음이나 음절의 반복이나 길게 하기(예: 오늘은 내 새~앵일이다), 단어의 반복 사용(예: 사과–사과–사과 좀 주세요) 등이 있다. 이 장애는 또래 관계, 학교나 사회활동 등에서 어려움을 초래하며, 발달적으로 여러 측면에서 잠재력 계발 및 성취에 지장을 초래할 수 있다. 발병 원인으로는 기질적 이상, 심리적 압박감 또는 스트레스, 정서 불안, 외상적 경험 등이 제시되어 왔으나 아직 명확한 원인은 밝혀져 있지 않다. 다만 신경과민에 의해 악화되는 경향이 있는 것으로 보아 심리적 원인이 이 장애의 주요 원인 가운데 하나인 것으로 생각되고 있다. 여아들에 비해 남아들에서의 발생률이 약 3배 정도 더 높게 나타나며, 약 80% 정도에서 치료가 가능한 것으로 알려져 있다. '말더듬증' 또는 '말더듬기'라고도 한다.

말더듬기 stuttering

'말더듬' 또는 '말더듬증'이라고도 한다.

CLICK 말더듬

말더듬증 stuttering

'말더듬' 또는 '말더듬기'라고도 한다.

CLICK 말더듬

말이집 형성【말이집 形成】myelinization

신경계에서 정보 전달을 담당하는 세포 유형인 뉴런(neuron: 신경세포)들이 밀랍 성분으로 이루어진 수초의 막으로 감싸여지는 것. 또는 그러한 과정.

말이집 형성은 뉴런 내에서 진행되는 신경 충격(또는 신경 신호)의 전달 속도를 증가시킴으로써 신경계에서의 효율적인 정보 전달을 돕는 작용을 한다. 흔히 '수초화' 또는 '수초 형성'이라고 하며, 또한 '수초 발생'이라고도 한다.

말초 신경계【末梢 神經系】peripheral nervous system (PNS)

신경계는 크게 중추 신경계와 말초 신경계 두 부분으로 구성되어 있다. 그 중에서 말초 신경계는 중추 신경계(즉, 뇌와 척수)와 신체의 각 부분들 및 기관들을 연결하는 신경계로, 외부로부터의 자극이나 정보를 중추 신경계로 전달하고, 다시 중추 신경계로부터의 명령을 신체 말단의 조직이나 주요 기관들로 전달하는 기능을 한다. '말초 신경시스템'이라고도 한다. '말초 신경계'라는 우리말 대신 영어 'peripheral nervous system'의 줄임말인 'PNS'로 표현하는 경우도 있다.

망상【妄想】delusion

개인이 속한 사회와 문화 속의 현실이나 사실과 동떨어진, 즉 개인이 속한 사회와 문화 속에서 일반적으로 공유되지 않는 기괴하거나 잘못된 사고(思考)나 신념. 특히 사실을 제시하거나 논리적인 설명을 하더라도 잘 바뀌지 않는 잘못된 사고나 신념을 말한다. 지속적이고 체계적인 망상은 정신 장애의 주요 특징으로 고려된다. 망상의 주요 유형으로 피해망상(被害妄想), 과대망상(誇大妄想), 애정망상(愛情妄想) 등이 있다.

망상체【網狀體】reticular formation

뇌 구조의 일부분으로, 연수와 교 및 중뇌 등의 내부에 위치하여 이 조직들을 연결해주는 뇌의 구조로, 수많은 신경세포들이 마치 그물과 같은 모양으로, 즉 망상(網狀)으로 밀집되어 있는 신경망이다. 수면과 깨어있는 상태를 포함한 각성 수준을 통제하는 기능을 한다. 구체적으로 뇌를 각성시켜 특정 자극들에 주의를 집중하도록 하는 것이 바로 망상체가 담당하는 기능이다. 흔히 수술 과정에서 사용되는 많은 마취제들은 환자의 망상체의 작용을 일시적으로 억제하는 기능을 하며, 그 결과 환자는 각성 및 의식이 일어나지 않게 된다. '망상계'라고도 한다.

매독【梅毒】syphilis

스피로헤타(spirochete)라는 매독균에 의해 감염되는 성병. 임신 중 태내에서 감염되는 선천적인 경우와 출생 후에 성 접촉을 통해 감염되는 후천적인 경우가 있다. 임신 중에는 임신 18주 무렵까지는 매독균이 태반 장벽을 통과하지 못하기 때문에 감염의 위험이 거의 없는 반면에, 그 이후 임신 중기와 후기에는 매독균이 태반의 장벽을 통과할 수 있기 때문에 감염 위험이 높다. 특히 임신 중에 감염되면 어머니 자신뿐만 아니라 태아에게도 영향을 미쳐 유산이나 심각한 장애를 유발할 수 있다. 이러한 장애들에는 태아의 눈, 귀, 심장, 뇌 등에서의 손상이 포함된다. 일반적으로 이 질병의 감염 여부는 혈액검사를 통해 진단할 수 있으며, 감염 후 빠른 진단과 치료가 이루어지면 이 질병으로 인해 태아가 받게 될 손상을 예방하거나 최소화할 수 있다.

매스 커뮤니케이션 mass communication

(1) 일반 대중을 대상으로 TV, 신문, 라디오, 영화, 잡지 등과 같은 대중 매체를 사용하여 오락, 교육, 광고 또는 기타 다양한 주제와 관련된 대량의 정보를 전달하는 일. (2) 일반 대중을 대상으로 오락, 교육, 광고 또는 기타 다양한 주제와 관련된 대량의 정보를 전달하는 기능을 하는 TV, 신문, 라디오, 영화, 잡지 등과 같은 매체. 두 가지 정의 중에서 (2)의 경우에는 '매스 미디어(mass media)', 즉 '대중 매체'와 같은 의미라고 할 수 있다. 한편 '매스 커뮤니케이션

(mass communication)'을 우리말로 나타낸 '대중 전달', '대중 언론', '대중 언론 기관' 등의 표현을 사용하기도 하지만, 그보다는 줄임말인 '매스컴(masscom)'이라는 표현을 사용하는 경우가 많다.

매스컴 masscom / mass communication

'매스 커뮤니케이션(mass communication)'의 약자.

CLICK 매스 커뮤니케이션

매슬로우 Maslow (1908~1970)

에이브러햄 해럴드 매슬로우(Abraham Harold Maslow). 미국의 심리학자. 인본주의 심리학의 창시자이며, '욕구 위계 이론' 이론을 제시하였다. 뉴욕의 브루클린에서 러시아에서 이주해온 유대인 가정의 7남매 중 장남으로 태어났다. 대학 생활은 처음에 법학 전공으로 뉴욕 시립대학에 진학하였으나 흥미를 느끼지 못하고 다시 코넬 대학을 거쳐 위스콘신 대학에서 심리학 전공으로 학사 학위를 받고, 이후 대학원에서도 심리학 전공으로 석사 및 박사 학위를 받았다. 손다이크(Thorndike)와 할로우(Harlow) 밑에서 엄격한 실험 및 연구 수련을 받았고, 이후 브르클린 대학과 브랜디스 대학에서 학생들을 가르쳤다. 그 과정에서 유럽 출신의 아들러(Adler), 호나이(Horney) 등을 만나 교류하였다. 학문 초기에는 행동주의 심리학에 깊이 몰입했으나 인간이 외부 환경뿐만 아니라 내적 세계를 가진 존재이고, 성장과 창조성, 자유의지와 선택 및 자아실현 등의 잠재력을 가진 존재임을 느낌과 동시에, 행동주의의 지나친 일방적 관점에 회의를 느끼고 당시 행동주의 심리학과 정신분석학에 의해 주도되던 심리학 분야에서 이에 대안으로 제3세력의 심리학으로 평가받는 인본주의 심리학을 창시하게 되었다. 인본주의 심리학은 인간의 자아실현 욕구, 비언어적 경험, 마음의 통일성, 변화된 의식 상태 및 구속받지 않는 자유 의지 등을 강조하는 학파로, 이 학파는 인간을 지나치게 기계론적이고 결정론적으로 보았던 행동주의 심리학과 정신분석학적 입장에 반대하고, 그 대신에 존엄성과 변화 가능성 및 자유 의지를 가진 인간상을 강조한다. '매슬로', '에이브러햄 매슬로우', 'Maslow', 'Abraham Maslow' 등으로 표기하기도 한다.

매우 심한 정신지체【매우 甚한 精神遲滯】profound mental retardation

'최고도 정신지체', '고중증도 정신지체', '최중도 정신지체', '극심한 정신지체' 또는 '아주 심한 정신지체'라고도 한다. 또한 '최고도 지체', '최고도 지적장애' 등과도 같은 의미로 사용된다.

CLICK 최고도 정신지체

맥락【脈絡】context

어떤 사건이나 사물들이 서로 관련성을 가지고 이어져 있는 상태 또는 연관 상태.

맥락-독립적 학습【脈絡-獨立的 學習】context-independent learning

학습자가 현재 활동하고 있거나 경험하고 있는 상황이나 맥락과 직접적인 관련성이 없는 지식을 학습하는 것. 학습의 한 형태를 나타내는 개념으로, 특히 맥락과 관계없이(즉, 맥락-독립적으로) 진행되는 학습 또는 학습 과정을 말한다. 학습은 학습자가 처해 있는 맥락 속에서 이루어질 수도 있지만, 맥락과 무관하게 진행될 수도 있다. 예컨대, 거실의 소파에 앉아서 해외여행의 절차나 비행기 탑승 과정 등에 대해 이야기를 나누는 과정을 통해 그것에 관한 학습이 이루어질 수 있다. 이처럼 학습이 이루어지고 있는 상황의 맥락과 관계없이 이루어지는 학습 형태를 지칭하여 맥락-독립적 학습이라고 한다.

맥락적 접근【脈絡的 接近】contextual approach

발달을 설명하는 접근(또는 관점)의 하나로, 특히 개인의 발달을 이해하고 설명하기 위해서는 개인이 살아가고 있는 환경 또는 환경적 맥락을 관찰하고, 분석하고, 이해해야 한다고 주장하는 접근을 말한다. 맥락(context)이란 어떤 사건들이나 사물들이 서로 관련성을 가지고 이어져 있는 상태를 의미한다. 마찬가지로 인간의 '발달'이라는 현상은 개인이 살아가고 있는 환경 속의 여러 요인들과 그 요인들이 서로 관련되어 전개되는 상황과 맥락 속에서 이루어진다. 맥락적 접근에서는 이런 맥락을 고려하여 체계적으로 분석하고 이해해야만 발달에 대한 좋은 설명을 할 수 있다고 주장한다. 이런 맥락적 접근의 타당성을 이론적으로 뒷받침하는 대표적인 학자로는 먼저 구소련의 심리학자 비고츠키(Vygotsky: 1896~1934)와 미국의 심리학자 브론펜브레너(Bronfenbrenner: 1917~2005)가 있다. 비고츠키는 인간의 추상적 사고 및 언어 능력과 같은 고차적 정신 기능을 설명하기 위해 개인이 살아가는 환경의 역사와 사회문화적 배경 및 맥락을 이해해야 함을 강조하였고, 마찬가지로 브론펜브레너도 개인이 살아가는 환경을 생태적 맥락에서 이해해야 함을 강조하였다.

맥박【脈搏】pulse

심장의 박동으로 인해 동맥으로 이동한 혈액이 피부 가까이에 위치한 동맥의 벽에 닿아 일으키는 일종의 파동. 즉, 심장의 주기적인 박동에 따라 동맥으로 이동하는 혈액이 팽창과 이완을 반복하게 되는데, 이러한 팽창과 이완의 주기적인 파동을 맥박이라고 한다. 이러한 맥박의 주기나 강약에 따라 심장 등의 건강 상태를 파악할 수 있다. 일반적으로 정상적인 맥박수는 성인의 경우에는 1분에 60~80회 정도이며, 50회 이하로 너무 적은 경우(서맥), 100회 이상으로 너무 많은 경우(빈맥), 그리고 불규칙한 경우인 부정맥의 경우에는 비정상적인 상대로 본다. 신생아의 경우에는 1분에 120~160회 정도로 성인에 비해 빠르고 불규칙한 경향을 나타내지만 생후 며칠이 지나면서 다소 느려진다.

맹시【盲視】blindsight

뇌의 시각피질 손상으로 인해 앞의 사물이나 자극을 보지 못하지만, 자신이 의식하지 못하는 상태에서 사물이나 자극의 존재를 느끼고 반응하는 상태 또는 현상. 일부 시각 장애인들 중에서 드물게 발견되며, 과거 전쟁 부상자들에게서 보고된 바 있다. 사례가 매우 적은 관계로 이에 관한 많은 연구가 이루어지지 못했기 때문에 현재 그 기제에 대한 명확한 설명을 하지 못하고 있지만, 맹시 현상은 우리가 '보는 것(seeing)'과 '지각하는 것(perceiving)'이 다른 것임을 보여주는 현상으로 이해되고 있다.

먹이 찾기 반사【먹이 찾기 反射】rooting reflex

인간이 선천적으로 가지고 태어나는 반사들 가운데 하나로, 영아의 입 주위나 뺨을 자극하면 영아가 자극이 가해진 쪽으로 고개를 돌리는 반응을 나타내는데, 이러한 선천적인 반사 행동을 '먹이 찾기 반사'라고 한다. 이 반사는 생후 초기에는 입에서 먼 위치의 뺨에 자극을 가할 때에도 나타나지만 점차 시간(월령)이 경과해 가면서 입 가까이에 가해진 자극들에 대해서만 반응하는 경향을 보이게 된다. 이 반사는 자동적인 반응을 통해 쉽게 엄마의 젖을 향하도록 함으로써 생후 초기의 적응과 생존력을 높여주는 기능을 한다. '근원 반사', '찾기 반사', '젖 찾기 반사', '포유 반사'라고도 한다.

메리 에인스워스 Mary Ainsworth (1913~1999)

메리 딘스모어 샐터 에인스워스(Mary Dinsmore Salter Ainsworth). 미국 및 캐나다 여성 심리학자. 미국 오하이오 주에서 태어났으나 부친의 근무지를 따라 캐나다에서 주로 성장하였고, 토론토 대학교에서 심리학을 전공하여 학사, 석사 및 박사학위를 받았다. 애착 이론으로 유명한 영국의 정신분석학자이자 정신과 의사인 존 볼비(John Bowlby: 1907~1990)와 함께 40여년에 걸쳐 애착에 관한 연구를 진행하였다. 남편의 근무지였던 우간다에 머무는 기간(약 2년)에 진행했던 유아의 애착발달에 관한 연구와 그 이후 미국의 볼티모어에서 진행했던 볼티모어 연구를 통해 영·유아의 애착발달의 양상과 특징을 세밀하게 관찰하고 기술함으로써 생후 아동들에게서 나타나는 애착발달을 이해하는 데 큰 공헌을 하였다. 특히 미국의 볼티모어 지역과 그 지역에 위치한 존스 홉킨스 대학교에서 진행한 영·유아들의 행동 관찰과 낯선이 상황(stranger situation) 연구를 통해 애착의 세 가지 양상(안정 애착, 불안정－회피 애착, 불안정－저항 애착 또는 불안정－교차 애착 등)을 기술하고 제시한 것으로 유명하다. 에인스워스의 연구는 애착발달에 관한 이해와 연구 및 발달심리학 발전에 큰 공헌을 한 것으로 평가되고 있다. '에인스워스', 'Ainsworth', 'Mary Ainsworth' 등으로 표기하기도 한다.

메스암페타민 methamphetamin

암페타민(amphetamine) 성분을 포함하는 약물을 총칭하는 암페타민류(amphetamines)의 일종으로, 중추신경계(특히 대뇌 피질)를 자극하여 흥분과 각성을 일으키며 강한 중독성을 갖는다. 19세기 후반 일본에서 처음으로 발견된 물질로, 흔히 필로폰 또는 히로뽕으로 알려져 있다. 필로폰(Philopon)은 1941년 일본의 한 제약회사에서 판매하기 시작한 메스암페타민의 상품명이고, 필로폰의 일본식 발음을 나타낸 표현이 히로뽕이다.

CLICK 암페타민(amphetamine)

메인스트리밍 mainstreaming

장애가 있는 학생들을 특별 학급에서 생활하도록 하는 것이 아니라 일반학생들이 생활하고 있는 환경과 흐름에 포함시켜 교육 받고 생활하도록 하는 교육 접근 또는 방법. '주류화' 또는 '통합 교육'이라고도 한다.

멘델 Mendel (1822~1884)

그레고어 요한 멘델(Gregor Johann Mendel). 오스트리아의 수도사, 식물학자, 유전학자. 완두콩을 가지고 진행한 유전 실험 연구를 통해 식물들이 가지고 있는 특징들이 유전된다는 것을 증명한, 이른바 '멘델의 유전 법칙'을 발견하였다. 이 법칙은 유전에 관한 전대미문의 놀라운 연구 성과로 평가되고 있으며, 여기에 붙여진 명칭은 발견자인 멘델(Mendel)의 이름을 딴 것이다. 멘델은 이 법칙의 발견을 통해 '유전학'이라는 새로운 분야의 창시자 또는 선구자라는 칭호를 받게 되었다. '그레고어 멘델', '그레고어 요한 멘델', 'Mendel', 'Gregor Mendel', 'Gregor Johann Mendel' 등으로 표기하기도 한다.

멘사 MENSA

지능 지수(IQ)가 매우 높은 사람들(구체적으로 지능 지수가 전체인구 중에서 상위 2% 안에 드는 사람들)로 구성된 국제적 모임.

면역【免疫】immunity

신체의 자기 보호 또는 방어 능력을 말하는 것으로, 구체적으로 자기(自己)와 비자기(非自己)를 구분하고 나아가 외부로부터 들어온 생물(예를 들면, 각종 병원균)과 물질을 제거함으로써 자기를 지키고 유지하는 자기 보호 또는 방어 능력. 태어날 때부터 가지고 나는 선천 면역('자연 면역'이라고도 함)과 태어난 이후 후천적으로 획득하게 되는 후천 면역('획득 면역'이라고도 함)으로 구분된다.

면역 체계【免疫 體系】immune system

면역이 작용하는 신체 내의 체계. 즉, 자기를 보호하기 위해 자기(自己)와 비자기(非自己)를 구분하고 나아가 외부로부터 들어온 생물(예를 들면, 각종 병원균)과 물질을 제거함으로써 자기를 지키고 유지하는 면역(免疫, immunity)이 작용하는 체계를 말한다.

면접【面接】interview

특정한 사람을 대상으로 하여 그에 관한(또는 그가 관여하는 일이나 활동에 관한) 정보나 자료를 획득할 목적으로 만나 질문하고 이에 대한 답변을 듣는 방식으로 진행하는 정보(또는 자료) 수집 방법. 연구 방법으로서뿐만 아니라 상담이나 심리 치료 과정의 중요한 한 부분으로 사용된다. '인터뷰', '면접법', '면담' 또는 '면담법'이라고도 한다.

면접법【面接法】interview method

'면접'과 같은 의미로 사용된다. CLICK 면접

명료한 꿈【明瞭한 꿈】lucid dream

수면자가 꿈을 꾸고 있는 동안 자신이 꿈을 꾸고 있다는 사실을 자각하면서 꾸는 꿈. 꿈속의 사건이나 내용을 생생하게 기억하는 특징이 있다. 수면자가 자신이 꿈꾸고 있음을 자각하면서 꾸는 꿈이기 때문에 이를 '의식 있는 꿈(conscious dream)'이라고도 한다. 한편 'lucid dream'은 '명료한 꿈'이라는 표현 이외에도 '자각몽(自覺夢)' 또는 '명석몽(明晳夢)' 등으로도 번역되며, 원어 발음을 따라 '루시드 드림'이라고도 한다.

명명 폭발【命名 暴發】naming explosion

어휘의 습득, 특히 사물들의 이름을 중심으로 한 단어나 어휘의 습득이 폭발적으로 증가하는 현상. 일반적으로, 언어발달 과정에서 생후 약 16~18개월 이후에 명명 폭발 현상이 나타난다. 이 과정에서 영아들이 습득하는 단어들 가운데 많은 수가 사물의 명칭(이름)이기 때문에 '명칭<이름>을 붙인다'는 의미의 '명명(命名, naming)'을 사용하여 명명 폭발이라고 부른다.

명시적 인지【明示的 認知】explicit cognition

자신이 생각을 하고 있다는 인식 하에 이루어지는 인지 또는 사고. 즉, 의식적인 인식이나 자각이 있는 상태에서 이루어지는 인지 또는 사고를 말한다.

모니터링 monitoring

개인이나 집단의 행동, 태도 또는 특정 사건의 전개 과정 등을 체계적으로 관찰하거나 기록하는 일. '감시(監視)', '감찰(監察)' 또는 '점검(點檢)'이라고도 한다.

모델 model

본보기나 관찰의 대상이 되는 물건이나 사람 또는 행동. '모형' 또는 '모범'이라고도 한다.

모델링 modeling

행동수정(또는 행동 치료)에서 사용하는 치료 기법의 하나로, 특정한 상황에서 모델(특히 사람)이 하는 행동(흔히 적절한 행동 또는 바람직한 행동)을 관찰하는 과정을 통해 이루어지는 행동 변화 또는 학습. 또는 모델의 행동에 대한 관찰을 통해 행동 변화 또는 학습을 유도하는 치료 절차. '본뜨기'라고도 한다.

모로 Moro (1874~1951)

에른스트 모로(Ernst Moro). 오스트리아의 내과 및 소아과 의사. 생후 초기 영아들에게서 나타나는 모로 반사(Moro reflex)의 발견자이다. 이 반사는 영아에게 큰 소리를 들려주거나 아기를 안고 자세를 갑작스럽게 변경시키는 동작(영아를 내려놓거나 흔드는 동작)을 취하면, 영아가 놀람 반응과 함께 등을 활처럼 구부리면서 팔과 다리를 벌리고 손으로는 무언가를 잡으려는 동작을 취하는 반사 행동으로, 발견자인 모로(Moro)의 이름을 따서 명명된 것이다. '에른스트 모로', 'Moro', 'Ernst Moro' 등으로 표기하기도 한다.

모로 껴안기 반사【모로 껴안기 反射】Moro embracing reflex

선천적 반사들 가운데 하나로, 생후 초기의 영아에게 큰 소리를 들려주거나 아기를 안고 자세를 갑작스럽게 변경시키는 동작(예를 들면, 아기를 안은 팔을 갑자기 낮추거나 아기를 내려놓는 행동, 또는 아기를 갑자기 빠르게 흔드는 행동 등)을 취하면, 아기가 놀람 반응과 함께 등을 활처럼 구부리면서 팔과 다리를 벌리고 껴안듯이 움츠리는 동작을 취하는데, 이와 같은 선천적인 반사 행동을 '모로 껴안기 반사'라고 한다. '모로 포옹 반사'라고도 하며, 간단히 '껴안기 반사' 또는 '포옹 반사'라고도 한다. 이외에도 '모로 반사(Moro reflex)', '놀람 반사(startle reflex: '경악 반사'라고도 함)'라고도 한다. 흔히 '모로 반사'라는 표현을 많이 사용한다.

모로 반사【모로 反射】Moro reflex

선천적으로 가지고 태어나는 반사들 가운데 하나로, 생후 초기의 영아에게 큰 소리를 들려주거나 아기를 안은 상태에서 자세를 갑작스럽게 변경시키는 동작(예를 들면, 아기를 안은 팔을 갑자기 낮추거나 아기를 내려놓는 행동, 또는 아기를 갑자기 빠르게 흔드는 행동 등)을 취하면, 아기가 놀람 반응과 함께 등을 활처럼 구부리면서 팔과 다리를 벌리고 껴안듯이 움츠리는 동작을 취하는데, 이와 같은 선천적인 반사 행동을 '모로 반사'라고 한다. 이 반사는 아기가 처한 신체 위치의 갑작스런 변화로 인해 유발되는 놀라는 행동의 하나로 볼 수 있기 때문에 놀람 반사(startle reflex: 또는 '경악 반사'라고도 함)라고도 하며, 또한 이 반사에서 영아가 보이는 행동이 마치 앞에 있는 대상을 껴안으려는 듯한 동작을 포함하고 있기 때문에 껴안기 반사(embracing reflex: '포옹 반사'라고도 함) 또는 모로 껴안기 반사(Moro embracing reflex: '모로 포옹 반사'라고도 함)라고도 한다. 'Moro 반사'로 표기하기도 한다. '모로 반사(Moro reflex)'라는 명칭은 이 반사의 발견자인 오스트리아의 내과·소아과 의사 '에른스트 모로(Ernst Moro: 1874~1951)'의 이름을 따서 명명된 것이다. 시간이 경과하면서 점차 사라지는 다른 선천적인 많은 반사들처럼, 모로 반사도 생후 약 4~6개월을 전후하여 사라진다.

모리스 윌킨스 Maurice Wilkins (1916~2004)

모리스 휴 프레더릭 윌킨스(Maurice Hugh Frederick Wilkins). 영국의 생리학자, 생물 물리학자. DNA에 관한 연구 업적을 인정받아 1962년 제임스 왓슨(James Watson: 1928~) 및 프랜시스 크릭(Francis Crick: 1916~2004) 등과 공동으로 노벨상(생리·의학상)을 수상하였다. '윌킨스', 'Wilkins', 'Maurice Wilkins' 등으로 표기하기도 한다.

모방【模倣】imitation / copying

유기체가 다른 개체의 행동을 관찰한 후, 전체적으로 또는 부분적으로 그 행동과 유사하게 따라하는 것. 관찰자(모방하는 유기체) 및 관찰 대상자의 특징, 경향, 경험 및 양자(兩者) 간의 유사성 등에 따라 모방의 내용과 범위 등에서 차이를 나타낸다.

모방 범죄【模倣 犯罪】copycat crime

텔레비전의 뉴스나 드라마, 영화, 컴퓨터 게임, 소설이나 잡지 등에서 소개된 실제 인물 또는 가상의 인물이 저지른 범죄를 모방해 저지르는 범죄.

모방 효과【模倣 效果】imitation effect

일종의 군중 심리가 반영되어 나타나는 현상으로, 군중 속이나 많은 사람들이 있는 상황에서 어떤 특정한 행동을 하는 사람이 많을수록 이 행동을 따라 하게 될 가능성이 증가되는 현상.

모성 박탈【母性 剝奪】maternal deprivation

인간의 애착 및 정서발달과 같은 주요 발달이 건강하게 이루어지기 위해서는 생후 몇 년 동안 어머니(또는 양육자)와 아이 간의 지속적인 접촉과 상호작용이 요구된다. 이와 같은 어머니(또는 양육자)와 아이 간의 지속적인 접촉과 상호작용이 박탈되거나 심각하게 방해받는 상황 또는 그러한 경험을 지칭하여 모성 박탈이라고 한다.

모성어【母性語】motherese

성인(흔히 어머니)이 생후 초기의 영·유아와 소통할 때 사용하는 말투로, 말이 짧고, 간단하고, 명확하고, 음조가 높고, 반복적인 표현이 사용되는 특징을 가지고 있다. 모성어의 사용은 전 세계적으로 성인이 영·유아와 같은 어린 아동을 대할 때 나타나는 언어 현상이다. '어머니의 아기식 말투' 또는 '마더리즈'라고도 하며, '아동 지향어'와 같은 의미로 사용된다.

목 울리기 cooing

생후 초기의 어린 영아들이 즐겁거나 만족스런 상태일 때 반복적으로 내는 모음과 같은 소리. 흔히 생후 2~3개월경의 영아들이 즐겁거나 만족스러울 때 내는 '아 ~~' 또는 '우 ~~' 등의 경우에서 볼 수 있듯이, 목젖을 울리며 내는 모음과 같은 소리를 말한다. '쿠잉', '목젖 울림', '꾸르륵 소리내기'라고도 한다.

CLICK 쿠잉

목젖 울림 cooing

'쿠잉', '목 울리기', '꾸르륵 소리내기'라고도 한다.

CLICK 쿠잉

목표【目標】goal

(1) 어떤 행동을 통해 달성하고자 하는 대상. (2) 유기체의 기대나 행동이 지향하는 최종의 결과.

몬테소리 Montessori (1870~1952)

마리아 테클라 아르테미시아 몬테소리(Maria Tecla Artemisia Montessori). 이탈리아의 교육학자, 정신과 의사, 몬테소리 교육법의 창시자. 교육, 정신의학, 발달심리학 등의 분야에서 이룬 그녀의 뛰어난 업적과 활동은 유년시절을 통해, '그녀의 인생에서 그녀의 재능을 발휘하여 할 수 있는 모든 것을 할 수 있기를 바랐던' 그녀의 어머니의 영향을 많이 받은 것으로 알려져 있다. 여성의 대학 진학 및 사회 진출이 많지 않았던 시기였지만, 로마 대학교에 진학하여 자연과학을 공부했고(1890~1892), 특히 여성에게 의대 진학이 허용되지 않던 때였음에도 불구하고 뜻을 굽히지 않고 수많은 사람들을 설득한 끝에 로마 대학교 의과대학에 진학하여 공부했고(1892~1896), 26세에 이탈리아 역사상 최초의 여성 의사가 되었다. 그 후 로마 대학교 부속 정신병원에서 정신지체자들을 대상으로 치료 활동을 하면서 이들을 대상으로 사용하고 있는 기존의 교육방법이 비효과적일 뿐만 아니라 이들에게 좌절감만 줄 뿐이라는 것을 알게 되었다. 몬테소리는 기존의 방법과 다른 올바른 방법을 사용하여 가르치고 도와주면 이들을 훨씬 더 잘 가르칠 수 있고 효과적인 발달을 도울 수 있을 것이라고 생각하게 되었다. 이와 같은 치료 현장에서의 경험과 생각에 더하여, 그녀의 교육 및 발달 사상을 체계화하고 구체화하는 데 영향을 미친 인물로는 루소(Rousseau), 페스탈로찌(Pestalozzi), 프뢰벨(Froebel), 세강(Seguin), 이타르(Itard) 등과 같은 여러 사상가와 교육자들이 있었다. 특히 프랑스의 유명한 정신지체아 전문가인 세강과 유명한 정신과 의사인 이타르의 영향을 많이 받았다. 아동교육 및 발달과 관련하여, 몬테소리는 아동들은 성인과 다르게 사고하고 배우는 존재로 보았다. 또한 아동들 스스로가 자신의 힘으로 배우고 성장해갈 수 있는 고유의 성장 촉진 경향을 가지고 있기 때문에 성인들의 생각이나 기대에 맞도록 아동들을 키우려고 하는 것은 옳지 못하며, 그보다는 아동들 개개인이 가지고 태어난 내재된 유전적 계획에 따라 그들의 능력과 특성을 자연스럽게 표출하고 발달시켜갈 수 있도록 그들의 자율성과 자발성을 장려해주고, 자연스럽게 자기 계발 과정이 진행될 수 있는 적절한 환경을 만들어주는 것이 필요하다고 보았다. 아동들에 대한 관찰과 그들의 성향, 특성, 흥미 등에 대한 이해, 그리고 그에 맞는 환경 제공이 필요하다고 보았으며, 또한 아동들에게 감각 경험과 훈련의 기회를 제공하는 것이 중요하다는 점을 강조하였다. 이와 같은 몬테소리의 교육 및 발달에 대한 관점은 아동들, 정신지체아들에게 도움이 되는 교구의 개발과 교육 프로그램의 개발로 이어졌고, 오늘날 '몬테소리 교육법'이라는 명칭으로 세계의 많은 교육자, 교육학자 및 발달심리학자들에게 영향을 미치고 있다. 몬테소리의 이론에서 제시된 주요 개념들 가운데 하나는 '결정적 시기' 개념과 유사한 '민감기(sensitive period)' 개념이다. 이것은 아동들이 '특정한 능력과 숙달을 경험하고 발달시킬 수 있는 적절한 시기(또는 기간)'를 의미하며, 발달과 관련하여 유전적으로 계획된 기간이라고 생각되고 있다. '마리아 몬테소리', 'Montessori', 'Maria Montessori' 등으로 표기하기도 한다.

몽정【夢精】nocturnal emission / wet dream / nocturnal pollution / night pollution

수면 중에 사정하는 현상. 일반적으로 사춘기 이후의 남성이 수면 중에 성(性)과 관련된 꿈을 꾸면서 성적 흥분과 함께 사정(射精, ejaculation)하는 현상을 말한다. '몽설(夢泄)' 또는 '야간 유정(夜間 遺精)'이라고 한다. 정상적인 현상이다.

무뇌증【無腦症】anencephaly

선천적으로 뇌의 대부분(특히 대뇌 부분)이 없는 상태로 태어난 출산 결함 또는 기형. 흔히 무뇌증을 가진 아기들은 뇌를 덮고 있는 두개골이 없이 태어나며, 대부분 사산하거나 생후 초기 짧은 기간 생존하다 사망하는 경우가 많다. 1년 이상 생존하는 경우도 있다.

무선 표집【無選 標集】random sampling

표본을 선정하는 과정에서 그 구성원들이 모집단으로부터 동등한 확률을 가지고 추출되는 통계 기법 또는 절차. '임의 추출법'이라고도 한다.

무시당하는 아동【無視當하는 兒童】neglected children / neglected child

'무시된 아동'이라고도 한다. CLICK 무시된 아동

무시된 아동【無視된 兒童】neglected children / neglected child

또래들이 '좋아하는 아동'과 '싫어하는 아동'을 지명(평가)하는 절차를 통해 분류된 또래 지위의 한 유형으로, 또래들로부터 무시당하는 것과 같은 또래 지위를 가진 아동을 말한다. 이 아동의 경우에는 그를 좋아하는 또래들도 거의 없고 마찬가지로 싫어하는 또래들도 거의 없는 경우이다. 또래 지위(peer status)는 또래 집단 속에서 개별 아동이 또래들로부터 수용되거나 거부되는 정도에 따라 평가/측정된 결과로 또래들 사이에서의 상대적인 위상(또는 위치)을 의미한다. 이러한 또래 지위의 여러 유형들 가운데 하나가 '무시된 아동'으로, 마치 또래들로부터 무시당하듯이, 또래들로부터 좋다는(또는 긍정적인) 지명과 싫다는(또는 부정적인) 지명 모두를 거의 받지 못한 아동이다. '무시당하는 아동'이라고도 한다. 그동안 학자들은 또래들 사이에서 개별 아동이 위치하고 있는 또래 지위를 파악하기 위해 '사회 측정적 지명(sociometric nomination)' 또는 '사회 측정적 기법(sociometric techniques)'이라는 기법을 많이 사용해 왔는데, 이 기법은 어떤 또래 집단에 소속된 아동들에게 그들이 좋아하는 아이들과 싫어하는 아이들을 몇 명씩 지명하도록 하는 절차가 포함된 기법이다. 이러한 기법을 사용하여 나타난 아동들의 또래 지위는 일반적으로 5가지 유형이다. 여기에는 인기 있는 아동(popular children), 평균 지위의 아동(average-status children), 거부된 아동(rejected children), 무시된 아동(neglected children), 논란이 많은 아동(controversial children) 등의 유형들이 포함된다. 그 가운데 한 유형이 '무시된 아동'이다. 또래 지위는 아동들의 생활 적응, 학업, 정신 건강 등 발달의 여러 주요 영역들에 큰 영향을 미치는 중요한 요인으로 알려져 왔다. 예컨대, '또래 지위'의 유형 중에서 '거부된 아동'으로 분류된 아동들은 그렇지 않은 아동들(예를 들면, '인기 있는 아동'이나 '평균 지위의 아동' 또는 '무시된 아동' 등)에 비해 우울, 분노 표출, 공격성, 반사회적 행동 및 여러 가지 적응 문제들을 보일 가능성이 더 높다. 또래 지위에 영향을 미치는 주요 요인은 개별 아동들이 가진 긍정적 특성들로, 여기에는 또래들이 좋아하는 사회적 기술 또는 사회적 유능성, 또래에 대한 관심, 또래에 대한 존중, 또래에 대한 지지 행동, 밝고 유쾌한 기질(또는 성격), 학업 능력과 기술 등과 같은 특성들이 포함된다. 이와 같은 긍정적 특성들을 많이 가진 아동들은 그렇지 못한 아동들에 비해 대체로 더 많은 또래 수용과 인기를 받는 경향이 있고, 또래 지위 면에서는 '인기 있는 아동' 유형으로 분류될 가능성이 더 높다. 반대로 그러한 특성들이 적거나 없는 경우에는 '거부된 아동' 유형으로 분류될 가능성이 더 높아진다.

무의식【無意識】unconscious

기억, 사고, 소망, 충동, 욕망, 동기 등을 모두 포함하는 마음의 세계 중에서 의식적인 자각 밖에서 존재하면서 작동하기 때문에 의식적인 인식을 할 수는 없지만 의식 영역에서 이루어지는 사고, 판단, 감정 및 행동 등에 지속적으로 영향을 미치는 마음의 영역 또는 세계. 의식적인 인식을 할 수 없다는 말의 의미는 의식을 통해 접근할 수 없음을 의미하는 것으로, 이 무의식 영역에서 이루어지는 과정이 우리의 마음(또는 심리)의 세계에서 가장 크고 중요한 기능을 한다고 보는 입장이 바로 프로이트(Freud: 1856~1939)의 정신분석 이론이다. 과거와 달리 오늘날에 와서는 무의식이 의식 영역에서 이루어지는 사고, 감정 및 행동 등의 과정에 지속적으로 많은 영향을 미친다는 주장에 대해 동의하는 입장을 취하는 학자들도 많다. 이처럼 무의식은 성격의 주요 부분이 자리 잡고 있는 마음의 영역으로서 우리의 사고 및 행동에 큰 영향을 미친다고 생각되고 있지만, 아직 이에 대해 객관적으로 명확하게 밝혀진 사실은 매우 적으며, 연구나 접근을 위한 방법 또한 매우 제한적이거나 간접적인 방식을 따르고 있기 때문에 객관적인 접근을 강조하는 학자들로부터 비과학적인 이론이라는 비판을 받고 있다.

무의식【無意識】unconsciousness

'자기 자신이나 세상에서 일어나는 일들에 대한 인식이나 의식이 결여된'이라는 의미를 가진 표현인 '무의식의(unconscious)'의 명사형으로, '자기 자신이나 세상에서 일어나는 일들에 대한 인식이나 의식의 결여'라는 의미를 갖는 표현이다. '비의식(nonconsciousness)'이라는 표현으로도 사용된다.

무의식적 동기【無意識的 動機】unconscious motive

인간의 행동과 동기를 설명하는 프로이트(Freud: 1856~1939)의 주요 용어들 가운데 하나로, 의식되지 않는 무의식의 수준에 위치하여 개인의 사고와 행동에 영향을 미치는 감정이나 욕구와 같은 동기 요인들을 의미한다.

무조건 반응【無條件 反應】unconditioned response (UCR)

고전적 조건 형성 이론에서 사용되는 개념의 하나로, 무조건 자극에 대하여 무조건적으로 유발되는 반응을 의미한다. 기본적으로 무조건 반응은 생득적으로 획득된 반응이다. '무조건 반사(unconditioned reflex)'라고도 한다.

무조건 자극【無條件 刺戟】unconditioned stimulus (UCS)

이전의 학습 경험이나 별도의 훈련 과정이 없이도 특정 반응을 유발시키는 자극. 고전적 조건 형성 이론에서 사용되는 주요 개념들 가운데 하나이다. 무조건 자극에 대해 무조건적으로(자동적으로) 유발되는 반응을 일컬어 무조건 반응(unconditioned response)이라고 한다.

무조건적 긍정적 배려【無條件的 肯定的 配慮】unconditional positive regard

'무조건적 긍정적 존중'이라고도 한다.

CLICK 무조건적 긍정적 존중

무조건적 긍정적 존중【無條件的 肯定的 尊重】unconditional positive regard

상담 과정에서 사용되는 중요한 기법의 하나로, 상대방(또는 내담자)에 대하여 특별한 조건 없이, 즉 상대방이 감정, 사고, 가치관, 태도 또는 행동 등의 측면에서 어떤 특징이나 장단점을 가지고 있는지와 관계없이 긍정적으로 수용하고 배려하는 절대적인 존중을 해주는 태도. 즉, 상대방에 대한 존중이 조건 없이 이루어짐을 의미한다. '무조건적 긍정적 배려(無條件的 肯定的 配慮)'라고도 한다.

무통 분만【無痛 分娩】anodinia

산모가 출산 시의 고통을 느끼지 않도록 하거나 완화시켜 주고, 동시에 출산·고통에 대한 두려움을 완화시켜주면서 출산에 이르도록 도와주는 분만 방법. 통증 감각을 마비시키는 마취제나 진통제 또는 분만을 촉진시켜주는 촉진제 등의 약물이 사용된다. 무통 분만법은 19세기 중반 영국 왕실의 의사에 의해 처음으로 사용되기 시작한 것으로 알려져 있다.

문법【文法】grammar

올바른 언어 사용을 위한 규칙. 즉, 한 언어 또는 언어 체계에서 올바른 문장을 만들거나 정확한 표현을 위해 요구되는 규칙을 '문법'이라고 한다.

문법적 형태소【文法的 形態素】grammatical morphemes

태양, 사랑, 음악, 운동 등의 단어들처럼 언어에서 의미를 갖는 최소의 단위를 형태소(morphemes)라고 하며, 그 중에서도 특히 문장 속에서 주요 단어들과 구를 수식해줌으로써 문장이 더욱 정확한 의미를 갖도록 만들어주는 형태소를 지칭하여 '문법적 형태소'라고 한다. 예를 들면, 전치사, 접미사, 접두사, 조동사 등이 문법적 형태소에 해당한다.

문제아【問題兒】problem child

성격, 사회성, 지능, 태도 또는 행동 등에 있어서 일반적인 아동들 또는 정상적인 아동들과는 다른 문제성을 가진 아동. '문제 아동'이라고도 한다.

문제 아동【問題 兒童】problem child

'문제아'라고도 한다.

CLICK 문제아

문제 행동【問題 行動】problem behavior

문제가 되는 행동 또는 문제를 일으키는 행동. 구체적으로 문제 행동이란 '자신이나 타인의 신체적, 심리적 또는 행동적 측면이나 물질적, 경제적 측면 등에 피해를 초래하거나 초래할 수 있는 다양한 행동'을 총칭한다. '문제 행동'이란 표현에 포함된 문제(problem)란 '귀찮거나 곤란한 또는 어려움이 따르는 일이나 사건'을 의미하는 말로, 문제 행동은 문제가 있는 또는 문제가 되는 행동을 의미한다. 일반적으로 문제 행동은 외현적인 행동들, 즉 폭력 행동이나 가출 등과 같은 비행 행동이나 기타의 외현화된 행동들을 지칭하지만, 문제 행동을 넓은 의미에서 정의할 때는 우울, 불안, 자살 생각 등과 같은 내현적인 문제들까지도 포함시키는 경우가 많다.

문제 행동 증후군【問題 行動 症候群】problem behavior syndrome

한 개인이 여러 가지의 문제 행동들을 동시에 일으키는 상태를 나타내는 표현이다.

문화【文化】culture

문화란 특정 사회의 구성원들이 공유하는 가치관, 지식 및 신념 등의 심리적 영역과 행위의 총체를 의미하며, 넓은 의미에서는 이에 더하여 사회 구성원들이 공유하는 유형적인 것과 물질적인 것까지를 포괄하는 생활양식 전체를 의미한다.

문화 공정 검사【文化 公正 檢査】culture-fair test

'문화 공평 검사', '문화적으로 공정한 검사' 또는 '문화적으로 공평한 검사'라고도 한다.

CLICK 문화 공평 검사

문화 공평 검사【文化 公平 檢査】culture-fair test

심리 검사(특히 지능 검사)의 내용이나 진행 절차가 문화적으로 편향됨으로 인해 검사 수행에서 차별적인 영향을 줄 수 있기 때문에 이런 문화적 편향 요인이 최소화되도록 하여 만든 검사를 말한다. 지능과 같은 심리적 능력이나 특성을 검사(또는 측정)하기 위해 제작된 도구의 검사 내용이 문화적 측면에서 다양한 문화의 사람들에게 공정하지 못한 채 어느 일부 문화의 사람들에게 익숙하거나 유리하도록 치우친 상태를 '문화적 편향(cultural bias)'이라고 한다. 이와 같이 문화적으로 편향된 도구들은 이 도구의 내용에 익숙하지 못한 사람들에게는 그들이 가진 실제 능력이나 특성에 비해 더 낮은 성취나 점수를 얻게 만들고, 나아가 이와 관련된 불이익이나 손해를 초래하게 될 가능성이 높기 때문에 공정한 검사가 되지 못한다. 이처럼 문화적으로 공평하지 못한 검사의 불공평성을 개선하여 문화적으로 편향되지 않게 만든 공평한 검사를 지칭하여 '문화 공평 검사'라고 한다. '문화 공정 검사', '문화적으로 공평한 검사' 또는 '문화적으로 공정한 검사'라고도 한다.

문화변용【文化變容】acculturation

둘 또는 그 이상의 서로 다른 문화가 접촉했을 때, 그 중 일부의 문화 또는 모든 문화에서 변화가 발생하는 현상.

문화변용 스트레스【文化變容 스트레스】acculturative stress / acculturation stress

다른 국가나 사회·문화권으로 이주해온 이민자들이 새로운 문화(특히 새로 맞이한 주류 문화의 가치와 삶의 방식)에 적응하는 과정에서 직면하게 되는 불안감이나 긴장감을 포함하는 스트레스. '문화적응 스트레스'라고도 한다.

문화적 검사 편향 가설【文化的 檢査 偏向 假說】cultural test-bias hypothesis

중류층에 비해 소수 민족이나 하류층의 아동들이

상대적으로 낮은 지능 지수(IQ)를 나타내는 경향의 원인을 문화적 편향(cultural bias) 또는 문화적 검사 편향(cultural test-bias)으로 설명하는 가설. 이 가설에 따르면, 지능 검사의 구성 내용이나 진행 절차 등의 측면에서 문화적으로 중류층에게 더 친숙하게 편향되어 있어 검사 수행에서 유리하게 작용하고, 그 결과로 중류층의 아동들이 소수 민족이나 하류층의 아동들에 비해 높은 지능 지수(IQ)를 획득하게 된다고 설명한다. 따라서 이 집단들 간의 지능 지수 차이는 실제적인 지능의 차이가 아닌, 검사 내용과 절차상의 편향으로 인한 부정확한 측정치에 불과하다고 주장한다. '문화적 편향 가설(cultural bias hypothesis)'이라고도 한다.

문화적 도구【文化的 道具】cultural tools

정신적 능력을 증대시켜주거나 효과적인 의사소통을 도와주는 것과 같이 인간의 정신적 및 문화적 삶에서 도구로 사용되어 삶의 활력과 질 및 생산성 향상에 도움을 주는 작용을 하는 문화 요소들. 생활 속에서 사용하는 망치, 못, 삽, 칼, 자 등과 같은 전형적인 유형의 물리적 도구들과 달리, 문화적 도구는 숫자, 문자, 말 등과 같은 상징 체계, 기억책략의 일환으로 구구단이나 노래 곡조에 붙인 특정 왕조의 왕 이름의 순서, 그리고 사회의 구성원들에게 공유되는 태도나 가치관 등과 같은 정신적이고 문화적인 특성들을 갖는 요소들을 지칭하며, 이것은 시대나 사회 및 문화에 따라 차이를 나타낸다. 일반적으로 문화적 도구는 사회화 과정 및 교육 과정을 통해 학습되며, 삶의 과정에서 인간의 정신 능력을 증대시켜주고 의사소통의 효율성을 높여주는 기능을 한다.

문화적 상대주의【文化的 相對主義】cultural relativism / cultural relativity

세상의 다양한 문화들은 각기 독자적인 경로를 따라 발전해온 것이기 때문에 이를 어떤 특정한 기준이나 절대적인 기준에 따라 비교하여 우열을 논하거나 가릴 수 없다고 보는 관점 또는 태도. '문화 상대주의(文化 相對主義)'라고도 한다.

문화적응 스트레스【文化適應 스트레스】acculturative stress / acculturation stress

다른 국가나 사회·문화권으로 이주해온 이민자들이 새로운 문화(특히 새로 맞이한 주류 문화의 가치와 삶의 방식)에 적응하는 과정에서 직면하게 되는 불안감이나 긴장감을 포함하는 스트레스. '문화변용 스트레스'라고도 한다.

문화적 편파【文化的 偏頗】cultural bias

'문화적 편향'이라고도 한다. CLICK 문화적 편향

문화적 편향【文化的 偏向】cultural bias

지능 검사와 같은 심리 검사의 검사 항목이나 내용이 특정 문화나 하위문화 집단의 사람들에게 익숙한 것으로 구성되어 있어 다른 문화나 집단의 사람들에게는 익숙하지 않거나 불리한 경향을 내포하고 있는 상태. 즉, 검사나 척도 등의 내용이 문화적인 측면에서 편향적으로 구성된 상태를 의미한다. 공정하지 못하고 어느 한쪽으로 치우친 상태나 경향을 지칭하여 편향(bias: 편파라고도 함)이라고 한다. 특히 지능과 같은 심리적 능력이나 특성을 검사(또는 측정)하기 위해 제작된 도구의 문항들(또는 내용들)이 문화적 측면에서 다양한 문화의 사람들에게 공정하지 못한 채 어느 일부 문화의 사람들에게 익숙하거나 유리하도록 치우친 상태. 이처럼 문화적으로 편향된 도구들은 이것에 익숙하지 못한 사람들에게는 그들이 가진 실제 능력이나 특성에 비해 더 낮은 성취나 점수를 얻게 만들고, 나아가 이와 관련된 불이익이나 손해를 초래하게 될 가능성을 높이게 된다. '문화적 편파'라고도 한다.

문화적 편향 가설【文化的 偏向 假說】cultural bias hypothesis

중류층에 비해 소수 민족이나 하류층의 아동들이 상대적으로 낮은 지능 지수(IQ)를 나타내는 경향의 원인을 문화적 편향(cultural bias) 또는 문화적 검사 편향(cultural test–bias)으로 설명하는 가설. 이 가설에 따르면, 지능 검사의 구성 내용이나 진행 절차 등의 측면에서 문화적으로 중류층에게 더 친숙하게 편향되어 있어 검사 수행에서 유리하게 작용하고, 그 결과로 중류층의 아동들이 소수 민족이나 하류층의 아동들에 비해 높은 지능 지수(IQ)를 획득하게 된다고 설명한다. 따라서 이 집단들 간의 지능 지수 차이는 실제적인 지능의 차이가 아닌 검사 내용과 절차상의 편향으로 인한 부정확한 측정치에 불과하다고 주장한다. '문화적 검사 편향 가설(cultural test–bias hypothesis)'이라고도 한다.

물활론【物活論】animism

세상의 모든 만물은 생명을 가지고 있다고, 즉 살아 있다고 믿는 생각이나 사고 경향. 따라서 이런 사고를 하는 아동은 생물 또는 생명체에 대해서뿐만 아니라 바위, 태양, 구름 등과 같은 무생물에 대해서도 생명이 있다고 믿고 행동하는 경향을 보인다. 삐아제(Piaget: 1896~1980)의 인지발달 이론에서 두 번째 단계인 '전조작기(preoperational stage)'의 아동들에게서 나타나는 인지적 특징들 가운데 하나이다.

물활론적 사고【物活論的 思考】animistic thinking

바위나 구름과 같은 무생물을 포함한 세상의 모든 만물이 생명을 가지고 있고, 또 생물처럼 움직일 수 있다는 믿음이나 생각.

미각【味覺】sense of taste / taste

맛을 느끼는 감각. 주로 혀의 윗면에 분포하고 있는 맛의 감각 기관인 미뢰(味蕾)를 통해 감각된다. 기본적인 미각에는 단맛, 신맛, 짠맛, 쓴맛 등 네 가지가 있다. 미각에 대한 연구에서, 생후 초기 신생아들도 단맛, 신맛, 쓴맛 등에 대한 구분이 가능한 것으로 나타나는 바, 기본적인 미각 능력은 선천적인 것으로 이해되고 있다. 이후 영아기를 거치면서 맛에 대한 민감도와 선호도가 더욱 뚜렷하게 발달한다.

미네랄 결핍 mineral deficiency

정상적인 성장과 건강 유지에 요구되는 미네랄의 섭취가 부족한 상태. 발달적으로 생후 초기(특히 영아기 및 유아기)에는 빠른 성장이 이루어지는 과정에서 많은 미네랄을 필요로 하기 때문에 일반적인 식사에서 제공되는 미네랄의 양보다 더 많은 양이 공급되어야 한다. 이를 간과하는 경우에는 미네랄 결핍을 초래할 수 있고, 그 결과는 정상적인 성장을 방해하거나 건강상의 문제로 이어질 가능성을 높인다. 예를 들면, 철분의 결핍은 '철 결핍성 빈혈'을, 아연의 결핍은 '성장의 지체'를 초래하게 된다.

미드 Mead (1901~1978)

마거릿 미드(Margaret Mead). 미국의 문화인류학자. 태평양의 사모아 섬 및 발리 섬 등지에서 수행한 아동 및 청소년들의 성역할(性役割) 및 성행동(性行動)에 관한 비교 문화 연구로 유명하다. '마거릿 미드', 'Mead', 'Margaret Mead' 등으로 표기하기도 한다.

미래 추적 전략【未來 追跡 戰略】follow–up strategy

개인(특히 영아, 유아 또는 아동)에 대한 오랜 기간 동안의 추적 관찰 및 조사를 통해 건강 또는 정신병리를 예측하거나 설명해주는 자료를 수집하는 방법 또는 전략. '추수 전략'이라고도 한다.

미세 체계【微細 體系】microsystem

개인(또는 아동이나 청소년)이 발달 과정에서 직접적인 접촉과 상호작용을 하면서 영향을 주고받는 환경 또는 환경 체계. '미시 체계'라고도 한다.

CLICK 미시 체계

미시 발생적 발달【微視 發生的 發達】microgenetic development

한 개체(개인)가 한 평생을 살아가는 동안 나타내는 발달적 변화를 지칭하여 '개체 발생적 발달(ontogenetic development)'이라고 하고, '미시 발생적 발달'은 개체 발생적 발달에 비해 상대적으로 짧은 기간(예를 들면, 몇 주 또는 몇 개월) 동안 일어나는 발달 또는 발달적 변화를 의미한다. '미시 발생학적 발달'이라고도 한다.

미시 발생적 설계【微視 發生的 設計】microgenetic design

발달 연구 방법의 하나로, 일정 기간 동안 집중적이고 반복적인 관찰이나 조사를 통해 연구 대상자들의 특정 발달 영역(예를 들면, 언어발달, 인지발달 등)에서의 변화를 연구하는 방법. 구체적으로 미시 발생적 설계는 동일한 연구 대상자를 짧은 시간(예를 들면, 매일, 매주 또는 매달) 간격으로 관찰하거나 조사하는 방식으로 연구를 진행하는 설계를 말한다. 특히 이 설계는 미세한 수준의 발달적 변화와 원인 또는 발달적 변화를 초래하거나 촉진하는 요인을 알아내기 위해 특정한 발달적 변화가 일어나는 기간 동안에 집중적이고 반복적인 관찰과 모니터링 등을 통해 연구를 진행하기 위해 사용하는 경우가 많다.

미시 발생학적 발달【微視 發生學的 發達】microgenetic development

개체(또는 개인)에게서 비교적 짧은 기간(예를 들면, 몇 주 또는 몇 개월) 동안 일어나는 발달 또는 발달적 변화. '미시 발생적 발달'이라고도 한다.

CLICK 미시 발생적 발달

미시 체계【微視 體系】microsystem

개인(또는 아동이나 청소년)이 발달 과정에서 직접적인 접촉과 상호작용을 하면서 영향을 주고받는 환경 또는 환경 체계. 러시아 태생의 미국 심리학자인 브론펜브레너(Bronfenbrenner: 1917~2005)가 제안한 '생태학적 체계 이론'의 다섯 개의 환경 체계(미시 체계, 중간 체계, 외체계, 거시 체계 및 시간 체계 등) 중 하나. 환경 체계들 중에서 가장 안쪽 부분에 위치하는 환경층(또는 환경 맥락)으로, 발달하는 개인(또는 아동)이 직접 접촉하면서 상호작용하는 환경 체계를 의미한다. 이 체계에는 부모와 형제, 학교와 교사, 또래 등이 포함된다. '미세 체계'라고도 한다.

민감기【敏感期】sensitive period

언어, 애착, 사회성 등과 같은 특정한 발달이 이루어지기 위한 최적의 시기. '결정적 시기'와 비슷한 의미로 사용된다. 흔히 인간이나 동물의 발달 과정에서 특정 능력이나 기술을 발달시킬 수 있는 준비가 가장 잘 되어 있는 시기를 지칭하여 '결정적 시기(critical period)'라고 한다. 이 시기가 지나면 동일한 환경 자극이나 조건이 제공되더라도 이 시기에서와 같은 정도의 발달을 이루기가 어렵거나 불가능하다. 결정적 시기를 보여주는 대표적인 예는 생후 초기의 조류들에게서 나타나는 '각인(imprinting)'에서 찾아볼 수 있다. 조류들이 나타내는 각인 현상은 알에서 부화된 이후 며칠간의 짧은 기간 동안에 형성 및 결정되는데, 바로 이 시기가 대표적인 결정적 시기에 해당한다. 간단히 '결정기'라고도 한다. 많은 발달심리학자들과 동물 행동학자들은 인간의 발달에 대해서는 '결정적 시기(또는 결정기)'라는 표현보다는 '민감기(sensitive period)'라는 표현을 사용하는 것이 더 적절하다고 보고 있다. 그 이유는 인간의 주요 발달에서 나타나는 발달의 형성 및 결정 기간이 조류의 각인의 발달 등에서 나타나는 결정적 시기에 비해 상대적으로 더 길고 덜 결정적이기 때문에 '결정적 시기'라는 표현보다는 '민감기'라는 표현을 사용하는 것이 더 적절하다고 보는 것이다. 흔히 인간의 발달에 적용되는 '시간틀'은 조류들의 각인이 형성되는 시기와 같은 '시간틀'에 비해 엄격성이 덜하고 그 시간틀의 규정력 또한 상대적으로 약하다. 즉, 특정 발달이 이루어지는 시간의 범위나 동일 시간 내에 이루어지는 발달의 결정성 측면에서 인간 발달은 조류의 각인 형성과 같은 발달에 비해 그 강도나 정도가 약하다. 구체적으로 결정적 시기의 개념이 적용되는 조류의 '각인'의 발달은 알에서 부화된 후 며칠 이내(보통 3일 정도)에 결정되는 반면, 인간이 생후 초기에 발달시키는 친밀한 정서적 유대, 즉 애착(attachment)의 발달은 생후 약 3년 내외의 기간(언어발달의 경우에는 더 긴 기간)이 다른 시기에 비해 상대적으로 더 큰 영향력을 갖는 중요한 시기이다. 따라서 상대적으로 긴 시간틀을 갖는 인간에게는 '결정적 시기(또는 결정기)'라는 표현보다는 '민감기'라는 표현을 사용하는 것이 더 적합하다고 주장하는 것이다. 그러나 두 가지 표현 중에서 어떤 것을 사용하는 것이 더 적합한지에 대한 논쟁보다 더 중요한 메시지는 발달 과정에서 민감기(또는 결정적 시기)를 지나면, 그 이후에는 특정 발달을 이루는 것이 불가능한 것은 아니지만 민감기(또는 결정적 시기) 동안에 이루는 것에 비해 훨씬 더 긴 시간이 소요되거나 기대하는 발달을 이루는 것이 불가능할 수 있다는 사실이다. 결정적 시기(또는 민감기) 개념은 인간을 포함한 동물들의 발달에 대한 선천적 또는 생물학적 요인의 영향이 매우 크다는 것을 시사한다.

민감기 가설【敏感期 假說】sensitive-period hypothesis

언어, 애착, 사회성 등과 같은 특정한 발달이 이루어지기 위한 최적의 시기(즉, 민감기)가 있다고 보는 견해 또는 가설.

민감성【敏感性】sensitivity

자극에 대하여 빠르게 반응하고 느끼는 경향.

민감한 반응성【敏感한 反應性】sensitive responsiveness

발달 과정에서 양육자(또는 부모)가 아이의 욕구나 상태에 대하여 신속하면서도 애정적으로 반응하는 경향성 또는 특성. 아이에 대한 양육자의 '민감한 반응성'은 애착(愛着, attachment)의 발달에 영향을 미치는 가장 중요한 환경 요인으로, 아이가 '안정 애착'을 발달시키게 될지 아니면 '불안정 애착'을 발달시키게 될지를 좌우하는 가장 중요한 요인으로 파악되고 있다.

민감화【敏感化】sensitization

특정 자극에 지속적으로(또는 반복적으로) 노출되어 감에 따라 그 자극에 대한 반사적 반응이 증가되는 현상. 이와 반대되는 현상이 '습관화(habituation)'이다. 많은 경우에 있어서, 자극에 대한 노출이 지속됨에 따라 반사적 반응이 감소하는 습관화를 나타내지만, 간혹 특정 조건에서는 자극에 대한 노출이 지속됨에 따라 반사적 반응이 증가하는 '민감화'를 일으키게 된다.

믿음-소망 추론【믿음-所望 推論】belief-desire reasoning

개인이 가진 믿음(믿는 것)과 소망(바라는 것)에 근거하여 그 개인의 행동을 추론하고 예측하고 설명하는 것.

바빈스키 Babinski (1857~1932)

요제프 쥘 프랑수아 펠릭스 바빈스키(Joseph Jules Francois Felix Babinski). 폴란드계 프랑스의 의사·신경의학자. 생후 초기 영아들에게서 나타나는 여러 유형의 반사들 가운데 하나인 바빈스키 반사(Babinski reflex)를 발견한 학자이다. 이 반사는 생후 초기에 신생아의 발바닥을 손가락이나 물건을 사용하여 뒤꿈치에서 발가락 쪽 방향으로 간질이면 엄지발가락을 발등 쪽으로 굽히면서 나머지 네 개의 발가락을 부챗살처럼 펼치는 행동을 나타내는 반사로, 1896년 이 반사를 처음 발견한 Babinski의 이름을 따서 명명된 것이다. 'Babinski'로 표기하기도 한다.

바빈스키 반사【바빈스키 反射】Babinski reflex

선천적으로 가지고 태어나는 반사들 가운데 하나로, 생후 초기에 신생아의 발바닥을 손가락이나 물건을 사용하여 뒤꿈치에서 발가락 쪽 방향으로 간질이면 엄지발가락을 발등 쪽으로 굽히면서 나머지 네 개의 발가락을 부챗살처럼 펼치는 행동을 나타내는데, 이와 같은 선천적인 반사 행동을 지칭하여 바빈스키 반사라고 한다. 일반적으로 많은 선천적 반사들은 시간이 경과하면서 생후 6개월 무렵을 전후하여 점차 사라지는 경향을 보인다. 바빈스키 반사는 다른 선천적 반사들에 비해 상대적으로 오랜 기간 지속되는 편으로 생후 약 12~16개월 사이에 사라진다. 이 반사는 정상적으로는 생후 초기에 해당하는 위 기간 동안에 나타나며, 만일 이 반사가 성인기에 나타날 경우에는 신경계와 관련된 장애에서 비롯되었을 가능성이 있기 때문에 추가적인 검사가 필요할 수 있다. 바빈스키 반사의 명칭은 1896년 이 반사를 처음 발견한 프랑스 의사·신경의학자 조제프 바빈스키(Joseph Babinski: 1857~1932)의 이름을 따서 붙여진 것이다. 한편 바빈스키 반사는 아기의 발바닥을 중심으로 일어나기 때문에 '발바닥 반사(plantar reflex)' 또는 '족저 반사(足低 反射)'라고도 한다.

박탈【剝奪】deprivation

어떤 대상(사람이나 동물 등)이 필요로 하는 특정한

자극이나 조건(음식이나 산소 등)을 제공하지 않거나 빼앗는 것.

박탈 왜소증【剝奪 矮小症】deprivation dwarfism

정서적 박탈과 애정 결핍에 의해 초래되는 성장 장애. 구체적으로 박탈 왜소증은 정상적인 섭식 행동과 영양 섭취가 이루어지지만, 양육 과정에서 부모(또는 양육자)가 보이는 애정의 결핍이나 정서적 박탈 그리고 그 과정에서 겪게 되는 스트레스 등의 심리사회적 환경 요인들에서 비롯되는 것으로 이해되고 있는 성장 장애의 한 유형. 이 장애에 걸린 아이들은 성장 호르몬 분비의 감소, 키와 체중에서의 성장 지체 등과 같은 증상들을 특징적으로 나타낸다. 많은 학자들은 이러한 특징들이 나타나는 이유는 아이들이 성장 과정에서 겪는 애정의 결핍, 정서적 박탈과 스트레스 등과 같은 부정적인 심리사회적 환경 요인들이 내분비 계통에 영향을 미쳐 정상적인 성장 호르몬의 분비를 방해하는 데서 비롯되는 것으로 보고 있다. 보통 생후 2세에서 15세 사이에 나타난다. '모성 박탈 왜소증', '박탈성 왜소증' 또는 '결핍성 왜소증'이라고도 한다.

반구 전문화【半球 專門化】hemispheric specialization

대뇌(cerebrum)의 두 반구(좌반구와 우반구)가 담당하는 기능의 분화 또는 전문화. 즉, 좌반구와 우반구는 각기 다른 기능을 하도록 전문화되어 있다. 구체적으로 두 반구 중 좌측에 위치하고 있는 좌반구는 신체의 우측을 통제하며, 동시에 듣기, 말하기 등의 언어적 기능과 의사 결정 및 긍정적 감정의 표현 등의 기능을 담당한다. 이에 비해 두 반구 중 우측에 위치하고 있는 우반구는 신체의 좌측을 통제하며, 동시에 시공간 관련 정보와 음악, 촉각 및 부정적 감정의 표현 등의 기능을 담당한다. '뇌반구 전문화'라고도 하며, '대뇌 편재화(cerebral lateralization)' 또는 '편재화'와 같은 의미로 사용된다.

반동 형성【反動 形成】reaction formation

Freud의 정신분석 이론에서 사용되는 '방어 기제(防禦 機制, defense mechanism)'의 하나로, 개인이 가지고 있는 충동이나 동기들 가운데 인정하기 어려운 충동이나 동기를 그와 반대로 표현하는 것. 또는 그러한 방어 기제.

반두라 Bandura (1925~)

앨버트 반두라(Albert Bandura). 캐나다 태생의 미국 심리학자. 교사가 2명뿐인 시골지역의 학교를 다니면서 초등학교 과정부터 고등학교 과정을 졸업한 후, 한때 노동 현장에서 활동하다가 대학에 진학하게 되었다. 브리티시 컬럼비아 대학교에서 심리학을 전공하여 1949년 우수한 성적으로 졸업한 후, 1951년 아이오와 대학교 대학원에서 석사 학위를, 그리고 1952년에 박사 학위를 받았고, 이후 스탠퍼드 대학교 교수로 근무하고 있다. 미국심리학회 회장을 역임했고(1974), 관찰 학습(observational learning) 개념 및 이론을 처음으로 제시한 학자로, 학습심리학 분야의 연구 및 이론의 발달에 큰 공헌을 하였다. '앨버트 반두라', '알버트 반두라', 'Bandura', 'Albert Bandura' 등으로 표기하기도 한다.

반복 검증【反復 檢證】replication

선행 연구에서 나타난 결과를 다시 확인·검증하기 위해 다른 연구자가 선행 연구에서 실행했던 방법과 절차에 따라 연구(또는 실험)를 반복하는 것. '반복 연구' 또는 '반복'이라고도 한다.

CLICK 반복 연구

반복 연구【反復 硏究】replication study

선행 연구에서 나타난 결과를 다시 확인·검증하기 위해 다른 연구자가 선행 연구에서 실행했던 방법과 절차에 따라 연구(또는 실험)를 반복하는 것을 말한다. 특히 중요하고 영향력이 큰 연구 결과(또는 성과)일수록, 비록 선행 연구에서 가설을 지지하거나 뒷받침하는 결과가 나왔다 하더라도 연구 진행 과정에서 오류가 존재할 수 있기 때문에 동일한 연구를 다른 연구자가 진행하여 동일한 결과가 나오는지를 검증하는 반복 연구가 필요하다. '반복 검증(replication)' 또는 '반복'이라고도 한다.

반사【反射】reflex

외부로부터의 자극에 대해 무의식적이고 자동적으로 일어나는 반응. 반사는 선천적 반사와 후천적 반사로 구분할 수 있다. 먼저 선천적 반사를 알아보면, 신생아는 선천적으로 호흡 반사, 잡기 반사, 모로 반사, 걷기 반사, 바빈스키 반사, 밥킨 반사, 찾기 반사, 빨기 반사, 수영 반사, 동공 수축 반사, 눈 깜박임 반사, 무릎 반사 등 대략 40여 가지의 반사를 가지고 태어난다. 이런 선천적 반사는 다시 두 가지 범주로 분류할 수 있는데, 하나는 생존 반사(生存 反射, survival reflexes)이고, 다른 하나는 원시 반사(原始 反射, primitive reflexes)이다. 생존 반사는 아기가 생후 초기를 생존해 가는 데 꼭 필요한 기능을 하는 반사들로, 여기에는 호흡 반사, 찾기 반사, 빨기 반사, 삼키기 반사, 눈 깜박임 반사 등이 포함된다. 이 반사들은 대부분 출생 후 수개월에서 1년을 전후하여 사라지지만, 각각 생후 초기에 아기의 생존을 위해 꼭 필요한 것들이다. 원시 반사는 생후 초기 아기의 생존과 의미 있는 관련이 없고, 그 기능이 불분명한 반사이다. 즉, 원시 반사는 현생 인류에게 별로 유용하지 않은 반사들로 생각되고 있으며, 다만 인류 진화 과정의 흔적으로 추정되기 때문에 원시 반사라고 명명된 것이다. 여기에는 모로 반사, 걷기 반사, 수영 반사, 바빈스키 반사, 밥킨 반사, 갈란트 반사, 파악 반사 등이 포함된다. 원시 반사들도 생존 반사처럼 대부분 수개월에서 1년을 전후하여 사라진다. 비록 선천적 반사들은 생후 초기의 생존이나 적응과 관련된 기능 여부에 따라 생존 반사와 원시 반사로 구분되고 있지만, 다른 한편으로는 생존이나 적응 관련 기능과 관계없이 생존 반사와 원시 반사는 모두 신생아의 신경 및 신체의 건강 상태와 정상성을 판단하기 위한 중요한 지표가 된다. 대표적으로 출생 직후부터 신생아기를 통해 영아의 건강 및 이상 여부를 판단하는 대표적인 척도(검사)인 아프가 척도(Apgar scale)와 브래즐턴 신생아 행동평가 척도(Brazelton Neonatal Behavioral Assessment Scale) 모두에서 선천적 반사들을 중요한 검사 항목으로 포함시키고 있다. 한편 성인들이 하는 행동들 중에는 빨기 행동, 삼키기 행동, 잡기 행동, 걷기 행동, 수영 등과 같이 생후 초기의 아기들에게서 나타났다가 사라지는 반사처럼 보이는 많은 행동들이 있음을 알 수 있다. 이런 성인의 행동들은 생후 초기의 반사들이 사라진 이후에 환경 적응을 위한 필요에 따라 새로이 획득한 학습된 행동들이라는 점에서 선천적 반사와 구분된다. 한편 선천적 반사와는 달리 후천적으로 학습 과정을 통해 새로이 획득하게 되는 반사로 '조건 반사(conditioned reflex)'가 있다. '조건 반사'는 고전적 조건화(classical conditioning: '고전적 조건형성'이라고도 함) 과정을 통해 학습되는 후천적인 반사 유형으로, 러시아의 생리학자 파블로프(Pavlov: 1849~1936)에 의해 발견되고 체계적으로 연구되었다. 조건 반사는 무조건 반사(unconditioned reflex)와 비교되는 개념으로, 무조건 반사가 자극에 대해 자동적이고 무의식적 반응을 일으키는 선천적 반사인 반면에, 조건 반사는 원래 선천적인 자극-반응의 관계가 없었지만 학습 과정(조건 반사가 형성되는 학습 과정 또는 학습 유형을 '고전적 조건화'라고 함)을 통해 새로이 획득하게 된 반사이다. 인간을 포함한 많은 유기체들은 살아가는 동안 각기 다양한 상황에서 경험하는 학습 과정을 통해 수많은 조건 반사를 형성하게 된다. 이처럼 후천적으로 학습되는 조건 반사는 삶의 과정에서 경험을 통해 이루어지기 때문에 그 유형과 특징은 개인마다 큰 차이를 보이게 된다.

반사 활동【反射 活動】reflex activity

반사 또는 반사 반응이 중심이 되어 이루어지는 활동. 삐아제(Piaget: 1896~1980)는 그의 인지발달 이론을 통해 인지발달의 네 단계를 제시하였고, 그 가운데 첫 번째 단계인 감각 운동기(sensorimotor stage: 출생~약 2세 경까지의 시기)를 다시 하위 6개 단계로 분류하였다. 이런 하위 6개 단계 가운데 첫 번째가 반사 활동(reflex activity) 단계(출생~1개월경까지의 시기)로, 이 단계의 영아들은 선천적인 반사 중심의 활동(즉, 반사 활동)을 통해 환경에 반응하고 적응해 간다. 예를 들면, 젖찾기 반사, 빨기 반사, 삼키기 반사 등이 포함된다. 이 시기에 나타나는 선천적인 다양한 반사 활동들은 세상을 탐색하고 적응해가는 능력으로서의 도식(schemes)으로 기능하기 때문에 반사 도식이라고 할 수 있다. 반사 활동 단계에서 영아는 새로 접하는 사물이나 대상들(예를 들면, 장난감, 과자 등)을 반사 도식에 동화시킨다. 즉, 엄마의 젖이나 우유병을 빨듯이 장난감, 과자, 손톱깍기 등과 같은 새로 접하는 다양한 물체들에 대해서도 모두 빠는 행동을 한다. 이런 활동들은 아주 단순하고, 원시적인 낮은 수준의 활동으로 보이지만, 이 시기 동안의 생존을 뒷받침하는 중요한 적응 활동으로, 이후 더 향상된 인지적 성장을 위한 기초가 되기 때문에 생후 초기에 신생아들이 보이는 반사 활동은 일종의 도식(즉, 반사 도식)으로서 인지적 성장의 출발이라고 할 수 있다. 이처럼 생후 초기의 영아들은 선천적으로 타고난 반사들을 활용하여 세상을 탐색하고 이해해가며, 그 과정에서 동화 및 조절 과정을 통해 환경에 적응하는 동시에 새로운 도식을 발달시켜 나간다.

반사회성 성격 장애【反社會性 性格 障碍】antisocial personality disorder

성격 장애의 하위 유형들 가운데 하나. 성격 장애는 성격 상에서 지속적인 손상과 문제가 있어 대인 관계 또는 사회적 관계에서 정상적인 기능을 하지 못하고 부적응을 초래하고 있는 상태 또는 그런 상태를 나타내는 장애를 말한다. 미국정신의학회에서 발간한 DSM－IV－TR(정신 장애 진단 및 통계 편람－제4판－수정판)과 DSM－5(정신 장애 진단 및 통계 편람－제5판)에서는 성격 장애를 총 10가지 유형으로 분류하면서 이를 다시 3개의 집단(또는 군집)으로 나누어 제시하고 있는데, 여기에는 A군(cluster A) 성격 장애, B군(cluster B) 성격 장애, 그리고 C군(cluster C) 성격 장애 등이 포함된다. 이 중 B군(cluster B) 성격 장애는 극적인, 정서적인 또는 변덕스러운 성격 특성을 보이는 성격 장애 유형들의 집단을 말하며, 여기에는 반사회성 성격 장애(antisocial personality disorder), 경계선 성격 장애(borderline personality disorder), 연극성 성격 장애(histrionic personality disorder), 자기애성 성격 장애(narcissistic personality disorder) 등이 포함된다. 이 가운데 하나인 '반사회성 성격 장애'는 '반사회성 성격(antisocial personality)'을 특징으로 하는 성격 장애 유형을 말한다. 반사회성 성격 장애를 가진 사람들은 반복적으로 무책임한 행동을 하고, 다른 사람들의 권리에 무관심하거나 이를 무시하며, 사회 질서 및 법규를 위반하고, 거짓말, 도둑질, 공격적이고 무자비한 행동, 싸움 등을 자주 하며, 자신의 잘못된 행동에 대해 처벌을 받은 이후에도 변화나 교정이 잘 되지 않는 특징을 보인다. 전반적으로 반사회성 성격 장애는 반사회적 행동 및 범죄 행동과 밀접한 관련이 있다. 하지만, 반사회성 성격 장애를 가진 사람들이 모두 범죄자가 되는 것은 아니며, 또한 범죄자들이 모두 반사회성 성격 장애를 가진 것은 아니다. '반사회성 성격 장애'라는 표현 대신 '반사회적 성격 장애', '반사회 성격 장애', '반사회적 인격 장애', '반사회성 인격 장애' 또는 '반사회 인격 장애'라는 표현이 사용되기도 한다.

반사회적 성격【反社會的 性格】antisocial personality

충동성, 사회적 가치의 내면화 부족, 양심의 결여, 책임감 부족, 자신의 욕구만을 즉각적으로 충족시키려는 경향, 수치심이나 죄책감 및 불안 등과 같은 정상적인 정서 반응의 결여, 타인에 대한 공감 능력의 결여 및 관계 형성의 어려움 등과 같은 특징을 포함하는 성격 유형. '반사회적 성격'이라는 표현 대신 '반사회성 성격', '반사회 성격', '반사회적 인격', '반사회성 인격' 또는 '반사회 인격'이라는 표현이 사용되기도 한다. 한편 이외에도 '반사회적 성격'과 같은 의미를 가진 또 다른 말로 '정신 병질적 성격(psychopathic personality)' 또는 '사회 병질적 성격(sociopathic personality)' 등의 용어가 있다.

반사회적 행동【反社會的 行動】antisocial behavior

사회의 이익에 반(反)하여 사회의 규범이나 질서를 지키지 않거나(위반하거나) 무시함으로써 사회에 해를 끼치는 행동.

반성(의)【伴性(의)】sex-linked

(1) '성염색체(23번째 염색체) 상에 위치하는 유전자와 관련된(연관된)' 또는 '성염색체 상에 위치하는 유전자에 의해 결정되는'이라는 의미를 가진 표현임. '성-관련(의)'이라는 표현으로도 사용된다. (2) (글자 뜻풀이) 반(伴; 동반할 반, 따를 반, 짝 반), 성(性; 성별 성, 남녀 성).

반성 장애【伴性 障碍】sex-linked disorders

성염색체(sex chromosome) 상에서 특정 염색체(X 염색체 또는 Y 염색체)의 수가 정상 범위(2개)를 벗어나거나, 성염색체 상의 특정 유전자가 없거나 결함을 가지고 있을 때 이로 인해 유발되는 여러 유형의 장애들 또는 이상들을 총칭하여 '반성 장애'라고 한다. '성-관련 장애(性-關聯 障碍)'라고도 한다. 반성 장애의 구체적인 예를 알아보면, 먼저 성염색체 가운데 X 염색체 상의 열성 유전자와 관련된 장애로 색맹, 혈우병, 근위축증, 안구백색증 등이 있고, 염색체 수(즉, X 염색체 또는 Y 염색체의 수)의 이상과 관련된 장애로 클라인펠터 증후군(Klinefelter's syndrome)과 터너 증후군(Turner's syndrome) 등이 있다.

반성 특성【伴性 特性】sex-linked characteristics

염색체 가운데 23번째 염색체인 성염색체(sex chromosome) 상에 위치하는 유전자에 의해 결정되는 특성. 성염색체와 관련된 특성들 중에서도 장애에 초점을 맞출 경우에는 '반성 장애(sex-linked disorders)'라는 표현을 사용하기도 한다. 한편 성염색체를 이루는 X 염색체와 Y 염색체 중에서도 X 염색체(특히 X 염색체 상에 위치하는 열성유전자)가 '반성 특성'들을 결정하는 경우가 많으며, 성염색체의 구성(여성의 경우 XX, 남성의 경우 XY)상 여성들에 비해 남성들에서 '반성 특성'의 발생 비율이 훨씬 더 높다. 그 이유는 남성과 달리, 여성의 경우에는 두 개의 X 염색체 중에서 한 쪽 X 염색체 상에 위치하는 이상이 있는 열성유전자를 다른 쪽 X 염색체 상에 있는 정상적인 대립 유전자가 지배하여 이상(또는 장애) 특성이 나타나는 대신 정상 특성이 나타날 가능성이 높아지기 때문이다. 남성의 경우에는 X 염색체가 하나 밖에 없기 때문에 그러한 상쇄 가능성이 없다. 즉, 남성의 경우에는 X 염색체가 하나밖에 없는 관계로 X 염색체 상에 이상이 있는 열성유전자가 존재하는 경우에 이를 상쇄할 수 있는 다른 X 염색체가 없기 때문에 이상(또는 장애) 특성이 나타날 수밖에 없다. 이와 같은 '반성 특성'들(특히 X 염색체 상의 열성 유전자와 관련되어 나타나는 특성들 또는 장애들)에는 색맹, 혈우병, 근위축증, 안구백색증 등이 있다. '반성 특성'이라는 표현 대신에 '성-관련 특성(性－關聯 特性)'이라는 표현을 사용하기도 한다.

반응 【反應】 response

자극에 대해 유기체가 일으키는 신체적, 심리적 또는 행동적 측면에서의 변화나 행동.

반응 범위 【反應 範圍】 range-of-reaction / reaction range

발달에 대한 유전과 환경의 영향을 설명하는 개념들 가운데 하나로, 발달 과정에서 개인들이 다양한 환경에서 보일 수 있는 가능한 표현형(phenotype)의 범위를 유전자형(genotype)이 제한하는 것을 의미한다. 반응 범위가 발달에 적용되는 원리를 지칭하여 '반응 범위 원리(range－of－reaction principle)'라고 한다. 미국의 유전학자 고테스만(Gottesman: 1930~2016)에 의해 처음으로 사용된 개념으로 알려져 있다.

반응 범위 원리 【反應 範圍 原理】 range-of-reaction principle / principle of reaction range

발달에 대한 유전과 환경의 영향을 설명하는 원리 가운데 하나로, 사람들이 어떤 발달 특성(또는 발달 측면)에서 이룰 수 있는 발달적 결과의 가능한 범위는 각 개인이 타고난 유전자형이 설정하고, 이 유전자형이 설정한 범위 내에서 어떤 수준의 발달을 이루게 될 지는 환경에 의해 결정된다고 보는 원리를 말한다. 사람들은 예외 없이 유전과 환경의 영향을 받는다. 하지만 세부적으로 각 개인에 대한 유전과 환경의 영향은 매우 다양하게 작용한다. 인간은 환경의 영향을 받아 변화(또는 발달)하기 때문에 환경이 변하면 인간은 그 영향을 받게 되고, 변화된 환경의 크기에 비례하여 인간의 발달도 달라진다는 것이 일반적인 우리의 발달 인식이다. 하지만 반응 범위 원리에 따르면, 사람들은 누구나 환경의 변화에 따라 그에 비례하여 발달적 변화를 나타내는 것이 아니라는 것이다. 그보다는 비록 환경이 다양한 수준에서 제공될 수 있지만 그에 대해 인간이 어떤 발달적 특성이 나타날 수 있는 가능한 표현형(phenotype)의 범위는 유전자형(genotype)에 의해 제한된다고 주장한다. 따라서 이 원리는 유전자형에 의해 제한을 받는 발달적 속성은 비록 환경이 다양한 수준에서 제공되더라도 유전적으로 설정되어 제한받는 범위 내에서만 반응하고 표현될 수 있다고 설명한다. 사람들은 대부분 유전적으로 서로 다르게 태어나기 때문에 반응 범위는 개인에 따라 다르다. 자연히 어떤 발달적 특성에서 개인들이 나타내는 발달적 반응과 표현형은, 비록 동일하거나 유사한 환경 조건이 제공되더라도 서로 다르게 나타나게 된다. 이 원리를 설명하기 위해 다음과 같은 지능 발달의 예를 생각해 볼 수 있다. 지능은 환경의 영향을 받기 때문에 풍요로운 환경 조건에서는 높은 수준의 지능 발달을 이루게 되고, 열악한 환경 조건에서는 낮은 수준의 지능 발달을 이루게 된다는 것이 일반적인 우리의 인식이다. 하지만 '반응 범위 원리'에 따르면 사람들이 환경(또는 환경 수준이나 조건)에 따라 지능에서 나타낼 수 있는 반응 범위는 유전의 영향을 받아 제한되기 때문에 개인에 따라 차이를 보이게 된다. 따라서 어떤 개인이 다양한 환경 수준이나 조건들에 따라 나타낼 수 있는 지능 발달 수준은 그의 유전자형이 제한하는 반응 범위 내에서 이루어지게 된다. 예를 들면, 지능에서의 반응 범위가 IQ 80~140인 개인 A의 경우를 보면, 그에게 제공되는 지적 발달 관련 환경 조건이 열악한 경우에 그가 성취할 수 있는 지적 발달 수준(IQ)은 최저 80이고, 반대로 지적 발달 관련 환경 조건이 좋은 경우에는 그가 성취할 수 있는 최고의 지적 발달 수준(IQ)은 140이라는 것을 말해준다. 이에 비해 개인 B의 지능에서의 반응 범위가 IQ 50－90이라면, 그에게 제공되는 지적 발달 관련 환경 조건이 열악한 경우에 그가 성취할 수 있는 지적 발달 수준(IQ)은 최저 50이 되고, 반대로 지적 발달 관련 환경 조건이 좋은 경우에는 그가 성취할 수 있는 최고의 지적 발달 수준(IQ)은 90이라는 것을 의미한다.

반응적 공격자【反應的 攻擊者】reactive aggressors

타인에 대한 경계심이 많고 의심을 많이 하며, 나아가 타인과의 갈등이나 문제 상황에서 매우 강압적이거나 적대적인 방식으로 보복 공격 행동을 하는 성향을 가진 사람.

반향어【反響語】echolalia

타인과의 관계 또는 대화 과정에서, 상대방이 한 말을 따라 똑같이 반복하는 것 또는 그렇게 반응하는 증상. 정신분열증이나 자폐증 등의 정신 장애에서 나타나는 증상들 가운데 하나이다. '반향 언어' 혹은 '반향 언어증'이라고도 한다.

발달【發達】development

모든 생명체의 일생에서 일어나는 변화를 기술하기 위해 발달 개념을 사용하는 것이 가능할 것이다. 특히 여기서 '인간의 발달'에 초점을 맞추어 정의하면, 정자와 난자가 만나 수정이 이루어진 순간부터 임신 기간을 거쳐 출생한 후 생을 마칠 때까지 전생애를 통해 신체와 심리 및 행동 상에서 이루어지는 모든 변화의 양상과 과정이라고 할 수 있다. 구체적으로 발달이란 수정된 이후 임신 기간(인간의 경우 약 266일)을 거쳐 태어나고, 이어서 영아기서부터 노년기에 이르기까지의 성장 및 성숙(노화 과정 포함) 과정을 거쳐 사망할 때까지 전생애를 통해 신체적, 심리적(정신적) 및 행동적 측면에서 나타나는 체계적인 변화 또는 변화 과정을 말한다. 여기서 '체계적인 변화'라 함은 발달 과정에서 일어나는 변화가 지속적으로 이루어지며, 동시에 그 변화가 순서적이고 일정한 양상을 띠면서 진행된다는 것을 의미한다. 한편으로는 발달의 개념에 변화의 측면만이 아니라 '연속성'의 측면을 포함시키는 경우도 있는데, 이것은 발달(또는 발달 과정)의 어느 시점에서 개인이 나타내는 발달에는 과거로부터 지속되어 왔거나 남아있는 특징이나 특성이 포함되어 있음을 의미한다. 발달의 주요 하위 영역으로는 신경계의 발달, 신체 및 운동 발달, 감각 및 지각 발달, 인지발달, 지능 발달, 언어발달, 정서발달, 사회성 발달, 도덕성 발달 등이 포함된다.

발달 과업【發達 課業】developmental tasks

특정 발달 단계나 시기에 있는 개인이 적응적·정상적으로 또는 건강하게 발달해 가기 위해 성취해야 하는 중요한 발달상의 능력이나 기술을 말한다. 흔히 발달 과업은 개인이 자신이 속한 환경이나 사회에서 생존하고 적응해 가는 데 필요한 능력이나 기술을 포함한다. 예를 들면, 듣기, 말하기, 읽기와 같은 언어 능력, 기기나 걷기와 같은 운동 능력 등이 포함된다. 이와 같은 발달 과업의 성취는 개인의 적응을 돕고, 나아가 다음 단계에서의 건강하고 적응적인 발달을 위한 중요한 기반이 된다. 로버트 제임스 하비거스트(Robert James Havighurst: 1900~1991)에 의해 제안된 개념으로, 이 개념을 강조하는 학자들은 어떤 발달 단계에서 이루어야 할 발달 과업이 만족스럽게 성취되지 못하면 다음 단계의 발달에 부정적인 영향을 미치게 된다고 주장한다.

발달 과학【發達 科學】sciences of development

과학적인 방법을 사용하여 발달을 연구하는 학문 분야들을 총칭한다. 즉, 유기체의 발달을 연구하는 발달심리학, 아동학, 청소년학, 성인 및 노년학, 가정학, 교육학 및 유아 교육학, 생물학, 의학, 교육학, 사회학, 인류학 등의 분야들이 포함된다.

발달 단계【發達 段階】stage of development / developmental stage

일생을 통해 이루어지는 발달의 과정을 연령에 따라 주요 특징이나 질적인 변화의 차이 등을 고려하여 구분한 단계. 각 단계들 간에는 구조 또는 기능상에서 질적인 변화와 차이를 나타낸다고 추정한다. 일반적으로 발달 단계는 연령에 따라 몇 개의 단계로 구분되는데, 발달의 영역(예를 들면, 인지발달, 성격 발달, 사회성 발달 등)이나 학자들 및 발달 관련법들에 따라 차이를 보인다. 예를 들면, 한국의 '청소년기본법'에서는 '청소년'을 만 9세 이상 24세 이하로 규정하고 있고, '아동복지법'에서는 '아동'의 범위를 18세 미만인 사람으로 규정하고 있다. 또 '유아교육법'에서는 '유아'의 범위를 만 3세부터 초등학교 입학 전까지의 어린이로 규정하고 있다. 이처럼 세 법규에서 규정하는 청소년과 아동 및 유아의 범위가 서로 상당 부분 중복되고 있음을 알 수 있다. 따라서 발달 단계 및 발달 단계를 나누는 연령의 기준은 절대적인 것이 아님을 이해하는 것이 필요하다. '발달의 단계'라고도 한다.

발달성 운동조정 장애【發達性 運動調整 障碍】developmental coordination disorder

'운동 장애(motor disorders)'의 한 유형으로, 연령 및 지능 수준을 고려할 때 운동 능력이나 신체의 움직임이 기대 수준에 비해 크게 떨어지는 장애로, 앉기, 기기, 서기, 걷기, 뛰기, 잡기, 쓰기 등의 운동발달이 느리고 운동을 잘하지 못하는 특징을 나타낸다. 따라서 일상생활에서 수행하는 활동들이나 학업수행 과정에서 큰 어려움을 나타낼 가능성이 높다.

발달심리학【發達心理學】developmental psychology

인간의 발달을 과학적으로 연구하는 심리학의 한 분야. 즉, 발달심리학은 과학적 연구 방법을 사용하여 발달 과정에서 나타나는 신체적, 심리적 및 행동적 변화의 내용과 특징, 발달적 변화의 기저에 담긴 심층 구조 및 기제, 그리고 그런 발달적 변화를 가져오는 영향 요인을 밝히는 데 목적을 둔 심리학 분야이다. 일반적으로 발달심리학에서는 수정의 순간부터 시작되는 태내기(임신 기간), 영아기, 유아기, 아동기, 청소년기(청년기), 성인기 및 노년기를 거쳐 사망에 이르기까지 인간에게서 나타나는 신체적, 심리적 및 행동적 변화와 특징, 발달적 변화에 담긴 심층 구조 및 기제, 그리고 그런 변화에 영향을 미치는 영향 요인 등에 관한 주제를 연구한다. 이처럼 발달심리학은 연령에 따라 신체, 심리 및 행동 등의 제 영역에서 어떤 변화가 일어나는지, 그러한 변화를 가져오는 유전적 요인이나 환경적 요인 또는 기타의 요인은 무엇인지, 그리고 이런 요인들이 발달적 변화와 어떻게 연관되는지에 대한 물음에 답을 하고자 하며, 나아가 연령에 따른 공통된 발달적 변화뿐만 아니라 발달 과정에서 나타나는 개인차에 대해서도 연구한다. 오늘날의 발달 연구는 일반적으로 전생애 관점(life-span view)에서 이루어지고 있다. 이 관점은 발달은 생후 초기 또는 인생의 전반부(예컨대, 영아기, 유아기, 아동기 및 청소년기 등) 동안에만 진행되고 완성되는 것이 아니라 그 이후 성인기와 노년기를 거쳐 사망에 이를 때까지 계속된다고 보는 관점이다. 따라서 오늘날의 발달심리학은 전생애에 걸친 인간의 발달을 연구하기 때문에 흔히 발달심리학을 지칭하여 전생애 발달심리학(全生涯 發達心理學, life-span developmental psychology)이라고도 한다.

발달심리학자【發達心理學者】developmental psychologist

발달심리학 분야에서 활동을 하는 심리학자. 발달심리학자들은 일생을 통해 연령 변화에 따라 나타나는 심리적, 행동적 및 신체적 특징들과, 그러한 변화가 일어나는 원인, 즉 발달적 변화에 영향을 미치는 요인들에 대해 연구한다.

발달심리학회【發達心理學會】Society for Developmental Psychology

발달심리학(developmental psychology) 및 발달심리학과 관련된 분야의 학자들 및 종사자들로 구성되어 있으며, 발달심리학 분야의 발전, 구성원들 간의 학술적 교류와 친목을 도모하는 데 목적을 둔 학술 단체. CLICK 한국발달심리학회

발달 연령【發達 年齡】developmental age

특정 발달 영역(예를 들면, 다양한 신체적, 심리적 및 행동적 영역들)에서 특정 수준에 도달하는(즉, 특정 수준의 능력이나 특징을 나타내는) 연령.

발달 연속성【發達 連續性】developmental continuity

'발달(development)'은 '개인의 일생을 통해 일어나는 신체, 심리 및 행동 상에서의 체계적인 변화와 연속성'으로 정의할 수 있다. 이 정의에 포함된 '연속성'을 지칭하는 개념이 '발달연속성'이다. 나이가 들어감에 따라 지속적이고, 순서적이며, 일정한 패턴을 보이면서 일어나는 발달의 '변화' 측면과 달리, '발달연속성'은 시간의 흐름 속에서도 과거의 특징이나 모습을 지속적으로 나타내고 유지하는 경향을 의미한다.

발달 요인【發達 要因】developmental factors

발달에 영향을 미치는 요인. 유전적 또는 선천적 요인들과 다양한 환경적 요인들이 발달 요인으로 작용한다.

발달 장애【發達 障碍】developmental disability

신체적, 심리적 또는 행동적 측면에서의 발달 상태나 수준이 특정 연령에 대해 기대하는 상태나 수준에 비해 현저하게 미달되는 경우를 지칭하는 표현으로, 흔히 하나 또는 그 이상의 영역이 포함된 발달 과정상의 이상(또는 문제)으로 인해 나타나는 장애를 말한다. 넓은 의미에서는 앞으로 이루어지게 될 발달이나 그 과정에 문제나 이상을 초래할 것으로 예상되는 상태까지를 포함하여 지칭한다. 간단히 정리하여 기술하면, 발달 장애는 신체나 심리 또는 행동 측면에서 특정 연령에서의 정상적인 발달의 범주에 도달하지 못한 상태를 의미한다. 유전 요인이나 질병 또는 기타의 요인들에 의해 초래되며, '발달 이상'이라고도 한다.

발달적 위기【發達的 危機】developmental crisis

발달 과정에서 중요한 비중을 차지하거나 중요한 의미를 갖는 변화의 시기를 총칭하는 용어로, 출생, 진학, 결혼 및 갱년기 등과 같이 흔히 많은 스트레스나 혼란스러운 경험 또는 다양한 기회를 동반하는 시기를 의미한다. '발달 위기'라고도 한다.

발달적 일탈【發達的 逸脫】developmental deviation

일반적으로 발달 단계마다 각 단계에서 나타날 것으로 기대되는, 즉 각 단계에 맞게 정상적인 것으로 기대되는 심리적 및 행동적 기능들이 있다. 발달 단계에서 기대되는 그러한 기능으로부터 벗어난, 정상적인 기능과는 질적으로 다른 기능이 발생하는 것(또는 발생한 상태)을 지칭하여 발달적 일탈이라고 한다. '정신병리'를 정의할 때 자주 사용되는 개념들 가운데 하나이다.

발달정신병리【發達精神病理】developmental psychopathology

'발달정신병리학'과 같은 의미로 사용된다.

CLICK 발달정신병리학

발달정신병리학【發達精神病理學】developmental psychopathology

이상 발달이나 정신 장애에 대한 진단, 치료 및 예방을 위해 기존의 임상심리학이나 이상심리학적 관점 또는 정신의학적 관점이 아닌 발달적 관점을 적용하여 접근해 가는 학문 분야. 즉, 발달정신병리학에서는 성장이나 성숙 또는 발달을 발달 규준(developmental norms)을 사용하여 설명하고, 이상 발달이나 정신 장애를 정상적인 발달 과정에서의 '일탈'로 본다. 따라서 이 분야의 학자들은 어떤 과정과 요인이 작용하여 정상 발달에서 이상 발달이나 정신 장애로 변하게 되는지를 연구하는 동시에, 어떻게 하면 이상 발달이나 정신 장애를 정상적인 발달로 이끌 수 있는지의 문제에 관심을 두고 연구한다. 나아가 이상 발달이나 정신 장애의 치료뿐만 아니라 그 예방에 관해서도 관심을 두고 연구를 진행한다. '발달정신병리'라고도 한다.

발달 준비도【發達 準備度】developmental readiness

어떤 특정 과제나 과업을 수행하기 위해 요구되는 개인의 인지나 성격 등의 발달적 영역(들)에서의 준비된 수준. '발달 준비성'이라고도 한다.

발달 지수【發達 指數】developmental quotient (DQ)

개인(흔히 영아기 및 유아기의 아동)이 발달의 일부 영역 또는 전반적인 영역에서 나타내는 수행 수준을 같은 연령의 또래들이 보이는 평균 수준과 비교하여 수치로 나타낸 점수.

발달 지체【發達 遲滯】developmental retardation

운동 능력, 지각 능력, 수용 언어 및 표현 언어 능력, 독립성 및 사회성 등과 같은 발달의 영역들 가운데 하나 이상의 영역에서 발달 지수가 70(또는 75) 이하로 낮은 상태. 학자들이나 분류 방법에 따라 발달 지체를 진단하거나 분류하는 기준에서 차이를 보인다.

발달학자【發達學者】developmentalist

발달을 연구하는 학자. 전공하는 학문 영역과 관계없이 발달(흔히 인간의 발달)을 연구하는 학자들을 의미하지만, 특히 발달에 대한 과학적인 접근과 연구를 진행하는 발달 과학(sciences of development) 분야에서 활동하는 학자들을 지칭하는 경우가 많다. 예를 들면, 발달심리학자, 인간발달학자, 신경학자, 생리학자 등이 해당된다.

발바닥 반사【발바닥 反射】plantar reflex

선천적 반사들 가운데 하나로, 생후 초기에 신생아의 발바닥을 손가락이나 물건을 사용하여 뒤꿈치에서 발가락 쪽 방향으로 간질이면 엄지발가락을 발등 쪽으로 굽히면서 나머지 네 개의 발가락을 부챗살처럼 펼치는 행동을 나타내는데, 이와 같은 선천적인 반사 행동을 '발바닥 반사' 또는 '족저 반사(足低 反射)'라고 한다. 흔히 '바빈스키 반사(Babinski reflex)'라고도 한다. 이 명칭은 1896년 이 반사를 처음 발견한 프랑스 의사·신경의학자 조제프 바빈스키(Joseph Babinski: 1857~1932)의 이름을 따서 붙여진 것이다. 이 반사는 다른 선천적 반사들에 비해 상대적으로 오랜 기간 지속되는 편으로 생후 약 12~16개월 사이에 사라진다.

발산적 사고【發散的 思考】divergent thinking

하나의 답 또는 정답이 없는 문제나 상황을 해결하기 위해 다양한 해결방안을 찾고 생성해내는 사고 또는 사고방식. '확산적 사고'라고도 하며, 흔히 창의적인 사람들이 나타내는 사고의 특징으로 간주된다. 이와 반대되는 사고 또는 사고방식을 '수렴적 사고(convergent thinking)'라고 한다.

발생적 인식론【發生的 認識論】genetic epistemology

'발생학적 인식론'이라고도 한다.

CLICK 발생학적 인식론

발생학【發生學】embryology

수정이 이루어지는 시점에서부터 접합체기(배종기 또는 발아기라고도 함), 배아기 및 출생 전 태아기에 이르기까지 태내 기간 동안 진행되는 개체의 발생 및 발달 과정을 해부학적 측면 등에서 연구하는 과학 분야. '태생학(胎生學)'이라고도 한다.

발생학적 인식론【發生學的 認識論】genetic epistemology

지식의 기원(또는 지식의 발달)에 관한 실험적인 연구를 진행하는 과학 분야로, 스위스 출신의 심리학자 삐아제(Piaget: 1896~1980)에 의해 처음으로 시작된 학문 분야이다. 삐아제가 초기에 관심을 가졌던 분야인 동물학과 인식론을 통합하여 만들어진 분야로 알려지고 있다. '발생적 인식론'이라고도 한다.

발아기【發芽期】germinal period / germinal stage / period of the zygote

태내기(임신 기간)를 이루는 하위 세 단계 가운데 첫 번째 단계로, 수정 후 약 2주간의 시기를 말한다. 수정의 순간부터 출생 전까지의 시기(약 266일, 38주의 기간)를 태내기(prenatal period)라고 하며, 이 기간은 다시 발아기, 배아기, 태아기 등 세 개의 하위 단계로 구분된다. 이 세 단계 가운데 첫 번째 단계인 발아기는 정자와 난자가 만나 수정이 이루어진 순간부터 이 수정란이 나팔관을 통과하여 자궁으로 이동한 후, 자궁벽에 착상할 때까지 약 2주간의 시기를 말한다. 이와 같이 안전하게 착상이 이루어지면 태내기의 첫 번째 단계인 발아기는 끝나고 두 번째 단계인 배아기가 시작된다. 발아기는 접합기, 접합체기 또는 배종기라고도 한다.

발음 장애【發音 障碍】phonological disorder

상대방의 말을 알아듣고 말을 할 수는 있지만, 그 말소리가 유아가 말하는 것처럼 정확하지 않거나 이상하게 발음되는 증상을 보이는 장애. 의사소통 장애의 한 유형으로, 증세가 가벼운 경우에는 8세 무렵에 자연히 증상이 해결되며, 더 심한 경우라 해도 언어 치료를 통해 완전히 치료될 수 있다. '조음 장애' 또는 '음운 장애'라고도 한다.

발작【發作】seizure

간질과 같이 비정상적인 뇌신경의 과흥분 활동으로 인해 뇌의 기능에서 이상이 초래되어 부분적 또는 전반적인 신체의 마비나 경련 등의 증상을 보이는 상태(또는 장애).

발작성 수면【發作性 睡眠】narcolepsy

주요 증상인 '수면 발작(sleep attack)'이 반복적이고 지속적으로 나타나는 수면 장애. '수면 발작증' 또는 '기면 발작'이라고도 한다. CLICK 수면 발작

발판화【발板化】scaffolding / scaffold

인지발달 및 문제 해결과 관련하여 러시아의 심리학자 비고츠키(Vygotsky: 1896~1934)가 사용한 주요 개념들 가운데 하나로, 과제나 문제 해결 과정에서 아동이 혼자서 해결할 수 있는 것보다 더 높은 수준의 사고를 통한 문제 해결을 돕기 위해, 아동보다 더 유능한 타인(예를 들면, 부모, 형제, 선배, 교사 등)이 현재 상황에서 아동이 나타내는 수준을 고려하여 이보다 더 높은 수준의 사고와 문제 해결을 할 수 있는 일시적인 틀을 제공하는 과정을 의미한다. 세부적으로 발판화에는 현재 아동이 해결하고자 하는 과제나 문제의 목표 설정하기, 조력자가 과제나 문제를 해결하는 시범 보여주기, 아동이 직접 과제

나 문제를 해결해 보기, 아동이 해결하는 과정에서 어려워하거나 안 되는 부분에 대해 도와주기 등과 같은 과정들이 포함된다. '발판화'는 '비계(飛階)' 또는 '비계설정'이라고도 한다. CLICK 비계

발화【發話】speech

소리 형태로 표현되는 언어 또는 언어 행위.

발화음 장애【發話音 障碍】speech sound disorder

지적 능력(지능)이 정상(또는 정상적 범위)임에도 불구하고 말하기나 언어를 사용하는 의사소통에 어려움을 보이는 의사소통 장애(communication disorders)의 4개 하위 유형들 가운데 하나로, 특히 발화의 곤란(잘못된 발음이나 부정확한 발음 등)으로 인해 언어적 의사소통에 큰 지장을 초래하는 장애를 말한다. 발화음 장애는 사회생활(학교생활이나 직장생활 등)에서의 의사소통에 어려움을 초래하고 학업 및 직업적 활동과 성취 면에서 많은 곤란과 문제로 이어질 가능성이 높다.

밥킨 반사【밥킨 反射】Babkin reflex

선천적 반사들 가운데 하나로, 생후 초기의 누워있는 신생아의 손바닥을 꼭 누르면 아기가 눈을 감으면서 입을 벌리고 팔을 들어 올리는 행동을 나타내는데, 이와 같은 선천적인 반사 행동을 '밥킨 반사'라고 한다. 다른 많은 선천적 반사들처럼, 밥킨 반사도 생후 약 4주를 전후하여 점차 사라진다. 그러나 미숙아들의 경우에는 이 반사가 일반적인 경우보다 더 늦게까지 지속되기도 하는 것으로 보고되고 있다. 이 반사의 명칭은 발견자인 러시아의 생리학자 보리스 밥킨(Boris Babkin: 1877~1950)의 이름을 따서 명명된 것이다.

방관자 놀이【傍觀者 놀이】onlooker play

아동 활동 또는 놀이의 한 형태로, 다른 아동들의 활동이나 놀이를 주위에서 마치 방관자처럼 구경하지만 그들의 활동이나 놀이에 직접 참여하지는 않는 형태의 활동이나 놀이. '방관자적 놀이' 또는 '구경꾼 놀이'라고도 한다.

방관자적 놀이【傍觀者的 놀이】onlooker play

'방관자 놀이' 또는 '구경꾼 놀이'라고도 한다.

CLICK 방관자 놀이

방략【方略】strategy

문제 해결 또는 과제 수행을 위해 의도적이고 목표 지향적으로 이루어지는 인지적 또는 정신적 조작 활동. 인지 활동 또는 정보처리 과정의 중요한 일부분이다. 일상생활 속에서 처리해야 할 일들이나 쇼핑하려는 물품의 목록을 잊지 않기 위해 메모하기, 메모할 필기구나 종이가 없을 경우에 기억해야 할 목록이나 내용을 잊지 않기 위해 입으로 중얼중얼하며 외우기 등과 같은 인지 활동들이 '전략'의 예에 해당한다. '전략' 또는 '책략'이라고도 한다.

방어 기제【防禦 機制】defense mechanism

정신분석 이론에서 사용하는 주요 개념 가운데 하나로, 개인이 불안을 감소시키거나 없애기 위해 시도하는 다양한 무의식적인 책략(또는 방법)을 말한다. 자아(ego)가 불안을 감소시키기 위해 발달시킨 일종의 심리적 도구이다. 즉, 자아(ego)가 원초아(id)나 초자아(superego)에서 비롯되는 무의식적인 위협이나 현실의 위협으로부터 오는 불안을 감소시키기 위해 발달시킨 무의식적인 방어 책략(또는 방법)이다. 방어 기제에는 여러 종류가 있는데, 그 가운데 대표적인 것으로 억압(repression), 투사(projection), 반동형성(reaction formation), 부인(denial), 합리화(rationalization), 주지화(intellectualization) 및 승화(sublimation) 등이 있다. 지그문트 프로이트(Sigmund Freud: 1856~1939)의 딸로서 방어 기제에 관한 많은 연구를 진행한 안

나 프로이트(Anna Freud: 1895~1982)는 발달 단계에 따라 개인이 주로 사용하는 방어 기제가 다르다고 보았다. '자아 방어 기제' 또는 '자기 방어 기제'라고도 한다.

방임적 양육【放任的 養育】uninvolved parenting

양육 방식의 한 유형으로, 전반적으로 부모가 자녀에 대해 관심이 없고, 자녀가 하는 일에 거의 관여하지 않는 양육 방식을 말한다. 즉, 자녀에 대해 냉담하거나 무관심하며, 마치 자녀를 방치하듯이 행동하는 양육 방식으로, 자녀를 위한 양육 행동이라고 할 수 있는 부모 역할이 거의 이루어지지 않는 경우라고 할 수 있다. '방임적 양육 방식'이라고도 한다.

방화증【放火症】pyromania

불을 지르고 싶은 강항 충동에 이끌려 방화를 반복적으로 저지르는 증상을 나타내는 장애. '방화광', '방화벽' 또는 '병적 방화'라고도 한다. DSM-5에서는 '방화증'을 일군의 장애 유형인 '파괴적, 충동통제 및 품행 장애(disruptive, impulse control, and conduct disorders)'의 하위 유형들 가운데 하나로 분류하고 있다.

배냇 솜털 lanugo hair

태아의 피부를 덮고 있는 가는 털. 태아의 피부를 덮고 있는 태지(胎脂, vernix caseosa)가 태아의 피부에 잘 달라붙어 있도록 하는 기능을 한다. '태모(胎毛)'라고도 한다.

배란【排卵】ovulation

여성 또는 동물 암컷의 난소에서 난자 또는 난세포가 배출되는 현상.

배려【配慮】care

타인 또는 상대방에 대해 관심을 가지고 보살펴주거나 도와주는 행위.

배려 관점【配慮 觀點】care perspective

미국의 심리학자이자 페미니스트인 길리건(Gilligan: 1936~)이 콜버그(Kohlberg: 1927~1987)의 도덕성 발달에 관한 이론을 비판하면서 제시한 도덕적 관점('배려 관점'과 '정의 관점') 가운데 하나로, 인간의 복지(또는 행복)에 대한 관심, 배려 및 연민에 기초한 관점을 말한다. '배려 관점(care perspective)'에서는 인간의 발달 과정에서 개인의 독립적인 판단과 결정 및 권리보다는 다른 사람들과의 관계와 그 과정에서의 배려, 이해, 존중, 의사소통 등을 강조하며, 이와 같은 관점은 사회·문화적으로 여성들의 사회화 과정에서 강조되고 학습된다. 그 결과 이와 같은 '배려 관점'을 거의 반영하지 못한 콜버그의 도덕성 발달 이론 및 측정 과정에서 여성들의 도덕성 발달 수준이 낮게 나타나는 것이라고 설명한다. '배려 관점'은 '배려 중심의 관점' 또는 '배려적 관점'이라고도 하며, 또한 '배려의 도덕성(morality of care)'이라는 표현과도 같은 의미로 사용된다. 결국, 길리건은 남성들에 비해 여성들의 도덕성 발달 수준이 더 낮게 나타나고 있음을 보여주는 콜버그의 연구 결과는 그 관점 및 측정 도구가 '남성 중심적'으로 편향된 결과라고 주장한다. '배려적 관점' 또는 '배려 중심의 관점'이라고도 한다.

배려의 도덕성【配慮의 道德性】morality of care

미국의 심리학자이자 페미니스트인 길리건(Gilligan: 1936~)이 콜버그(Kohlberg: 1927~1987)의 도덕성 발달에 관한 이론 및 연구 결과를 비판하면서 제시한 도덕적 지향의 하나로, 인간의 복지(또는 행복)에 대한 관심, 배려 및 연민에 기초한 관점인 '배려 관점(care perspective)'에 기반을 둔 도덕적 지향을 의

미한다. CLICK 배려 관점

배반포【胚盤胞】blastocyst / blastodermic vesicle

배종기(정자와 난자가 만나 수정이 이루어진 이후 착상이 이루어지기 전까지 약 2주간의 기간) 동안에 한 개의 수정란이 세포 분열을 해가면서 형성되는 여러 개의 세포들로 구성된 공 모양의 세포 덩어리. 정자와 난자가 만나 이루어진 수정란은 한 개의 세포 상태로 출발하며, 이후 세포가 유사 분열을 해가면서 공 모양을 한 여러 개의 세포로 구성된 덩어리를 형성하게 되는데, 이를 배반포라고 한다. 이후에 배반포의 내층은 배아(胚兒, embryo)가 되고, 외층은 배아에게 영양을 공급하고 또 배아를 보호해주는 기능을 하는 조직이 된다.

배설 장애【排泄 障碍】elimination disorders

질병이나 약물 사용에 따른 부작용이 없는 상태에서, 대소변을 가릴 수 있는 충분한 연령이 되었거나 지났음에도 불구하고 대소변 가리는 행동을 적절히 해내지 못하는 증상을 보이는 장애. 즉, 연령에 맞지 않게 대소변을 가리지 못하는 장애를 말하며, 유뇨증(enuresis)과 유분증(encopresis)으로 구분된다. DSM-5에서 분류하고 있는 장애의 한 유형이다.

배아【胚兒】embryo

임신 기간(또는 태내기) 중 처음 2주 이후부터 8주째까지의 태내 유기체를 의미한다. 흔히 임신 기간, 즉 태내 발달이 이루어지는 약 38주(266일)의 기간은 크게 세 단계로 구분되는데, 그 중 두 번째 단계에 해당된다. 즉, 수정란이 자궁벽에 안전하게 착상한 배종기(처음 2주) 이후 약 3주서부터 8주까지 시기의 유기체를 말한다. 이 기간 동안 유기체는 신체의 주요 기관들과 해부학적 구조들이 형태를 갖추는 발달이 진행된다.

배아기【胚兒期】embryonic period / embryonic stage / period of the embryo

세 개의 단계로 구분되는 태내 발달 단계 중 두 번째 단계. 수정란이 자궁벽에 안전하게 착상하는 시기인 배종기(수정 이후 2주까지의 시기) 이후 약 3주서부터 8주까지의 시기로 신체의 주요 기관들과 해부학적 구조들이 형태를 갖추는 발달이 진행된다.

CLICK 태내 발달

배아 이식【胚兒 移植】embryo transplant / embryo transfer

임신한 여성의 자궁 내 배아를 외과적으로 채취하여 다른 여성의 자궁으로 옮겨 이식하는 것. 흔히 대리모가 임신한 배아를 외과적으로 채취하여 의뢰한 불임 여성의 자궁에 이식하는 경우를 말한다. 대리모에 의한 임신, 출산 및 출산 이후의 양육 과정에서 제기되는 문제점에 대한 대안으로 등장한 방법이지만 아직은 비용이 너무 많이 들고 성공률이 낮다는 한계가 있다. '배이식(胚移植)'이라고도 한다.

배우자【配偶子】gamete

성(性)을 달리하는 생물의 유성생식에서 서로의 접합에 의해 새로운 개체를 발생시키게 되는 두 생식세포. 생식체(生殖體) 또는 생식자(生殖子)라고도 한다. 흔히, 동물의 경우에 수컷 배우자인 정자(精子)와 암컷 배우자인 난자(卵子)를 각각 지칭한다. 한편 두 배우자의 접합 결과로 생긴 새로운 개체를 접합체(接合體) 또는 접합자(接合子)라고 한다.

배우자【配偶者】spouse

부부(夫婦)로서 짝이 되는 사람 또는 상대방. 즉, 남편에 대하여 아내를, 아내에 대하여 남편을 지칭한다.

배우자 학대 【配偶者 虐待】 spouse abuse

신체적, 정신적, 성적 및 기타 삶의 중요한 측면에서 배우자의 건강과 복지를 해칠 수 있는 폭력이나 가혹 행위 또는 부당 행위.

배이식 【胚移植】 embryo transplant / embryo transfer

'배아 이식'이라고도 한다. CLICK 배아 이식

배종기 【胚腫期】 germinal period / germinal stage / period of the zygote

태내기(임신 기간)를 이루는 하위 세 단계 가운데 첫 번째 단계로, 수정 후 약 2주간의 시기를 말한다. 수정의 순간부터 출생 전까지의 시기(약 266일, 38주의 기간)를 태내기(prenatal period)라고 하며, 이 기간은 다시 배종기, 배아기, 태아기 등 세 개의 하위 단계로 구분된다. 이 세 단계 가운데 첫 번째 단계인 배종기는 정자와 난자가 만나 수정이 이루어진 순간부터 이 수정란이 나팔관을 통과하여 자궁으로 이동한 후, 자궁벽에 착상할 때까지 약 2주간의 시기를 말한다. 이와 같이 안전하게 착상이 이루어지면 태내기의 첫 번째 단계인 배종기는 끝나고 두 번째 단계인 배아기가 시작된다. 배종기는 접합기, 접합체기 또는 발아기라고도 한다.

백일몽 【白日夢】 daydreaming

이 용어에서 '백일(白日)'은 '구름이 끼지 않아 해가 밝게 빛나는 대낮'이라는 의미를 가지고 있다. 이러한 어의에 따라 풀이하면, '백일몽(白日夢)'이란 '해가 밝게 빛나는 대낮에 꾸는 꿈'이라는 의미를 가지고 있다. 구체적으로 심리학에서 사용되는 백일몽의 의미는 '별도의 노력을 기울이지 않고 일어나는 것으로 생각되는 의식(意識, consciousness)의 변화 상태로, 수면 상태가 아니라 깨어있는 의식 상태에서 현실과 관계가 없는 상상적인 장면을 떠올리거나 공상을 하는 정신 활동'을 말한다. 일부의 학자들은 백일몽을 통해 자신의 인생 또는 특정 업무나 활동과 관련된 목표(또는 포부)를 정리하거나 명료화하는 부분이 포함될 수 있기 때문에 백일몽이 정신 건강에 긍정적인 기능을 하는 측면도 있다는 주장을 펴기도 한다.

백지 【白紙】 tabula rasa

'백지 상태'라고도 한다.

백지 상태 【白紙 狀態】 tabula rasa

백지 또는 백지 상태를 의미하는 표현으로 알려진 'tabula rasa(타불라 라사)'는 라틴어에서 유래한 말로, 원뜻은 '글자가 씌어 있지 않은 서판(書板)'을 의미한다. 17세기 영국의 철학자 존 로크(John Locke: 1632~1704)는 그의 저서 <인간오성론>(1690)에서 인간의 심리(또는 마음)는 출생 시에는 텅 비어 있는 흰 종이 또는 백지와 같은 상태라는 의미로 'white paper'라는 표현을 사용한 바 있고, 'tabula rasa(타불라 라사)'는 로크의 주장을 비판하기 위해 라이프니츠(Leibniz: 1646~1716)가 저술한 <신인간오성론>(1704)에서 로크의 'white paper' 견해를 지칭하기 위해 사용했던 표현으로 알려져 있다. 그 이후 오늘날에 이르면서 'tabula rasa(타불라 라사)'라는 표현이 마음 상태가 텅 비어 있는 '백지' 또는 '백지 상태'라는 의미로 사용되고 있는 것이다.

CLICK 타불라 라사

백지설 【白紙說】 theory of tabula rasa

출생 시 인간의 마음은 텅 비어 있는 백지와 같은 상태라고 주장하는 견해(또는 학설). 즉, 인간의 지식과 관념은 선천적으로 가지고 태어나는 것이 아니라 삶의 과정에서 이루어지는 후천적인 경험 또는 감각적인 경험을 통해 형성된다고 주장하는 견해를 말한다. 인간의 지식과 관념은 태어날 때부터 가지고 태어난다고 보는 선천론에 반대하는 관점으로 17세기 영국의 철학자 존 로크(John Locke: 1632~1704)에 의해 처음으로 제기된 학설이다. 이 학설에 따르면, 출생 시 인간 아기의 심리(또는 마음)는 하얀 백지처럼 텅 비어 있는 상태로, 삶을 살아가면서 하게 되는 경험들을 통해 세상에 대한 지식과 능력이 형성되는 것이라고 주장한다. 따라서 백지 상태의 마음을 가지고 태어난 아기가 자신이 살아가는 환경 속에서 어떤 경험들을 하게 되느냐에 따라 백지 위에 기록되는 지식과 능력의 내용이 달라진다는 것이다. 이러한 견해는 발달의 후천론 또는 경험론과 맥을 같이 하며, 경험을 통한 변화를 제시하고 있다는 점에서 오늘날 주요 학습 이론들의 기초를 이루고 있다고 할 수 있다. 백지설이 실린(소개된) 로크의 저서는 <An Essay Concerning Human Understanding>(1690)('인간오성론' 또는 '인간지성론'으로 번역)이다.

백질 【白質】 white matter

신경계에서 뇌와 척수를 포함하는 중추신경계의 조직은 육안으로 관찰할 때 그 빛깔에 따라 크게 회백질과 백질로 구분된다. 그 중에서 백질은 수초로 둘러싸인 축색 다발로 흰빛을 띠는 부분을 말한다. 이와 달리 회백질(grey matter)은 수초가 없는 신경세포들이 밀집되어 있는 집합체로 회색빛을 띠는 부분을 말하며, 대뇌(cerebrum)의 대뇌 피질(cerebral cortex), 기저핵(basal ganglia) 그리고 변연계(limbic system) 등의 부분들이 포함된다.

백치 【白痴】 idiot

뇌 이상이나 뇌 질환 등의 이유로 지적 능력이 매우 낮은 상태. 또는 그런 상태를 가진 사람을 비하적으로 지칭하는 표현. 현재 심리학이나 정신의학 등의 분야에서는 백치라는 표현은 거의 사용하지 않고 있고, 그보다는 정신지체(인) 또는 지적 장애(인)라는 표현이 주로 사용되고 있다.

버나드 삭스 Bernard Sachs (1858~1944)

미국의 신경학자, 신경과 의사. 상염색체 열성으로 유전되는 유전병의 한 종류인 '테이삭스병(Tay-Sachs disease)'에 관한 주요 연구 업적을 남겼다. 특히 이 병을 가진 사람(영·유아)들에게서 나타나는 여러 가지 주요 특징들에 대해 기술하였고, 또한 이 병이 중부 및 동부 유럽에 거주하는 유태인의 자손들에게서 두드러지게 많이 발생한다는 사실을 발견하였다. '테이삭스병(Tay-Sachs disease)'이라는 명칭은 버나드 삭스가 명명한 것으로, 이 병의 영어 표현 'Tay-Sachs disease'는 버나드 삭스에 앞서 이 병에 관한 주요 연구를 수행했던 영국의 안과의사 워런 테이(Warren Tay: 1843~1927)의 이름과 버나드 삭스(Bernard Sachs)의 이름을 따서 명명한 것이다. 워런 테이는 1881년 테이삭스병을 가진 사람의 눈(특히 망막 영역)에서 나타나는 병리적 특징을 처음으로 기술하였다. '삭스', 'Sachs', 'Bernard Sachs' 등으로 표기하기도 한다.

버릇 habit

'습관'이라고도 한다. CLICK 습관

버지니아 아프가 Virginia Apgar (1909~1974)

미국의 여성 마취과 의사. 신생아의 건강 상태를 신속하게 판단하기 위해 실시하는 '아프가 검사(Apgar test)'의 개발자이다. 이 검사의 명칭은 개발자인 Apgar의 이름을 따서 붙여진 것이다.

CLICK 아프가 검사(Apgar test)

번 Berne (1910~1970)

에릭 번(Eric Berne). 캐나다 태생의 미국 정신의학자. '교류분석(이론)'의 창시자. '에릭 번', 'Berne', 'Eric Berne' 등으로 표기하기도 한다.

CLICK 에릭 번

번아웃 burnout

신체적, 심리적, 또는 정서적 측면에서 개인의 에너지(또는 기력)가 고갈된 상태. 흔히 적절한 휴식이 이루어지지 않는 상태에서 지속적으로 진행되는 과도한 업무나 스트레스의 결과로 초래된다, '소진', '탈진' 또는 '탈진 상태'라고도 한다.

벌【罰】punishment

특정 행동(흔히 부적절한 행동이나 문제 행동)을 금지시키기(즉, 하지 않도록 만들기) 위해 그 행위에 대하여 흔히 고통이나 불편이 수반되는 일정한 제한이나 제재를 가하는 것을 의미한다. '처벌(處罰)'이라고도 한다.

범주적 자기【範疇的 自己】categorical self

연령, 성, 학력, 직업, 사회경제적 지위나 계층 등과 같은 범주나 차원에 따라 분류한 자기. '나(또는 자신)'를 구성하고 있거나 나와 의미 있게 관련되어 있어 '나'를 특징짓는다고 여겨지는 모든 속성들에 대한 지각이나 인식을 지칭하여 '자기(self)'라고 하며, 그 중에서도 범주 차원에 따라 분류한 자기를 지칭하여 '범주적 자기'라고 한다. 예컨대, 성별이나 연령 또는 직업 등에 따라 자신을 분류할 때 일종의 '범주적 자기'가 형성된다.

범주화【範疇化】categorization

대상들(예를 들면, 물건이나 동물 등과 같은 사물들, 사건들 또는 개념들 등)을 공통적이거나 동일한 특성(또는 성질)이나 용도를 바탕으로 분류하고 조직하는 것.

병적 방화【病的 放火】pyromania

불을 지르고 싶은 강항 충동에 이끌려 방화를 반복적으로 저지르는 증상을 나타내는 장애. '방화증', '방화벽' 또는 '방화광'이라고도 한다. DSM－5에서는 '병적 방화'를 일군의 장애 유형인 '파괴적, 충동통제 및 품행 장애(disruptive, impulse control, and conduct disorders)'의 하위 유형들 가운데 하나로 분류하고 있다.

베르니케 Wernicke (1848~1905)

카를 베르니케(Carl Wernicke). 독일의 신경학자, 의사. 브레슬라우 대학교에서 의학을 전공하였고, 브레슬라우 대학교의 교수가 되어 1904년까지 근무하였다. 뇌의 특정 부위들과 정신 활동 및 언어활동 간의 관계에 관한 많은 연구를 진행하였다. 특히 실어증에 관한 연구로 유명하며, '베르니케 실어증(Wernicke's aphasia)'은 발견자인 그의 이름을 따서 지어진 것이다. '카를 베르니케', '칼 베르니케' 등으로 표기하기도 한다.

베르니케 실어증【베르니케 失語症】Wernicke's aphasia

언어 장애의 한 유형으로, 대뇌 좌반구 측두엽의 후반부에 위치한 베르니케 영역(Wernicke's area)의 손상에 의해 초래되는 실어증을 말한다. 독일의 신경정신과 의사인 카를 베르니케(Carl Wernicke: 1848~1905)가 1874년 26세의 나이 때 발견하였다. 베르니케 실어증을 가진 환자는 언어의 이해 곤란, 즉 다른 사람의 말이나 단어를 듣기는 하지만 그 의미를 이해하지 못하는 증상을 나타낸다. '수용성 실어증(receptive aphasia)'이라고도 한다.

베르니케 영역【베르니케 領域】Wernicke's area

대뇌 좌반구 측두엽의 후반부에 위치한 영역으로, 언어 기능 중에서 듣고 이해하기 기능(즉, 수용성 언어 기능)을 담당한다. 이 영역에 손상을 입게 되면 언어 장애의 한 유형인 '베르니케 실어증('수용성 실어증'이라고도 함)'이 초래된다. 베르니케 실어증은 언어의 이해 곤란, 즉 다른 사람의 말이나 단어를 듣지만 그 의미를 이해하지 못하는 증상을 나타내는 장애이다.

변형 문법【變形 文法】transformational grammar

'변형 생성 문법'이라고도 한다.

CLICK 변형 생성 문법

변형 생성 문법【變形 生成 文法】transformational generative grammar

미국의 언어학자인 촘스키(Chomsky: 1928~)가 기존의 미국 구조주의 언어학 이론이 가진 문제점을 지적하면서 제안한 문법 이론. 인간은 언어를 통해 무수히 많은 다양한 문장과 표현을 생성해내고 이를 이해할 수 있는 능력을 발휘하는데, 이와 같은 인간의 언어와 언어 사용 능력을 설명하는 문법 이론이 '변형 생성 문법'이다. 이 문법 이론에 따르면, 인간이 언어를 통해 무수히 많은 다양한 문장과 표현을 생성해낼 수 있는 것은 그 기저에서 작용하는 한정된 수의 규칙으로 이루어진 문법 때문이라고 설명한다. '변형 문법' 또는 '생성 문법'이라고도 한다.

병리학【病理學】pathology

병(또는 질병)이나 기형 등의 병리적 상태의 원리와 본질을 밝힐 목적으로 병의 발생원인, 발생 기제(또는 발생기전), 경과, 변화 양상 등에 초점을 맞추어 연구하는 학문 분야이다. 기초 의학의 한 분야로 모든 의학의 과학적 기초가 되는 분야이다. 병리학을 의미하는 영어 'pathology'는 그리스어의 병(또는 질병)을 나타내는 말인 'pathos'와 진리, 이성, 법칙, 학문 등의 의미를 가진 말인 'logos'의 합성어로 알려져 있다.

병적 도박【病的 賭博】pathological gambling

심각한 부적응이나 문제를 초래하는 반복적인 도박 행위. 정신 장애 가운데 '충동 통제 장애'의 한 유형으로, '병적 도박증'이라고도 한다.

병적 도박증【病的 賭博症】pathological gambling

'병적 도박'이라고도 한다. CLICK 병적 도박

병적 도벽【病的 盜癖】kleptomania

타인의 물건이나 상품을 훔치고 싶은 충동을 통제하지 못하여 도둑질을 반복하는 장애. 정신 장애 가운데 '충동 통제 장애'의 한 유형으로, '도벽증', '도벽광' 또는 '절도광'이라고도 한다.

병행놀이【竝行놀이】parallel play

사회적 놀이의 한 형태. 사회적 놀이란 사회적 측면, 즉 타인과의 상호작용 측면과 관련된 놀이 또는 사회적 상호작용 측면에서 분류한 놀이 형태를 말하며, 그 가운데 하나가 '병행놀이'이다. 이 놀이는 주변에 다른 또래나 친구가 있는 상태에서 그(들)와 같은 놀잇감을 가지고 놀지만 그(들)와의 상호작용 없이 혼자서 하는 놀이의 형태를 말한다. '비상호적 놀이'라고 할 수 있다.

보보 Bobo

'보보 인형(Bobo doll)'이라고도 한다.

보보 인형【보보 人形】Bobo doll

반두라(Bandura: 1925~)의 관찰 학습에 관한 실험 연구에서 사용된 인형의 이름으로, 커다란 오뚜기 인형의 일종이다. '보보(Bobo)'라고도 한다.

보복적 공격【報復的 攻擊】retaliatory aggression

'보복적 공격성'이라고도 한다.

CLICK 보복적 공격성

보복적 공격성【報復的 攻擊性】retaliatory aggression

상대방으로부터 실제로 공격을 받거나 공격이 있을 것이라는 예상에 의해 일어나는 공격 행동 또는 그런 공격 성향. '보복적 공격'이라고도 한다.

보상【補償】compensation

개인이 자신이 갖지 못했거나 부족하여 약점이 되고 있는 부분(심리적 측면, 행동적 측면, 신체적 측면 또는 기타 자신과 관련된 어떤 측면이 해당될 수 있음)을 다른 어떤 것(자신의 어떤 측면 또는 활동이나 물건 등 어떤 것이라도 될 수 있음)으로 대체하여 보충하려는 경향. 방어 기제의 일종이다.

보상【報償】reward

특정 행동에 대하여 그 행위자(인간이나 다른 동물)에게 주어지는 긍정적인(또는 '바람직한'이나 '매력적인' 등으로도 표현됨) 대가를 의미한다. 이러한 긍정적인 대가는 물질적인 것(예를 들면, 돈, 음식 및 옷 등)일 수도 있고 비물질적인 것(예를 들면, 칭찬, 인정해주기 및 감사의 인사 등)일 수도 있다. 흔히 특정 행동에 뒤따르는 보상은 강화 기능을 하게 되어 그 이후에도 유사한 상황에서 그 행동을 하게 될 가능성(발생 가능성)을 증가시키는 효과를 나타낸다.

보상 교육【補償 敎育】compensatory education

균등한 교육기회를 제공할 목적으로, 경제적 요인이나 사회적 요인 또는 문화적 요인 등으로 인해 교육 기회를 제대로 갖지 못한 사람들을 대상으로 실시하는 보충적인 교육 활동 또는 교육프로그램.

보상 성장【補償 成長】compensatory growth

성장 과정에서 일정 기간 동안 영양 부족(또는 영양 실조)으로 인해 성장 결핍을 겪은 아동이 충분한 영양 섭취의 기회가 제공되면 일반적인 성장 속도보다 훨씬 빠른 성장이 이루어지면서 이전의 성장 결핍을 만회하는 현상. 보상 성장은 인간뿐만이 아니라 다른 동물(예를 들면, 다양한 종류의 가축)들의 발달 과정에서도 나타난다. '만회 성장(catch-up growth)'이라고도 한다. CLICK 만회 성장

보상적 중재【補償的 仲裁】compensatory intervention

빈곤과 같은 불리한 환경으로 인해 지적(또는 인지적) 발달, 교육 및 학업성취 등에서 불리하거나 지체될 위험성이 있는 사람들(흔히 영아, 유아 및 아동들)을 도와주기 위해 마련된 특별 교육/지원 활동(또는 프로그램). 대표적인 보상적 중재 프로그램 가운데 하나가 '헤드 스타트(Head Start)' 프로그램이다. '보상 중재', '보충적 중재' 또는 '보충 중재'라고도 한다.

보상 중재【補償 仲裁】compensatory intervention

'보상적 중재', 보충적 중재' 또는 '보충 중재'라고도 한다. CLICK 보상적 중재

보인자【保因者】carrier

염색체 상에 정상의 대립 유전자와 함께 열성유전자를 가지고 있어 그 열성유전자를 자손에게 전달할 수 있는 개체(또는 사람).

보존【保存】conservation

물체나 물질의 겉모양이나 형태가 변해도 그 물체나 물질이 가진 속성(질량, 수, 부피 등)에는 변함이 없음을 인식하는(또는 이해하는) 것. 또는 그런 능력을 의미한다. 삐아제(Piaget: 1896~1980)의 인지발달 이론에서 중요하게 고려되는 인지 능력으로, 그의 이론에 따르면 인지발달 단계 중에서 전조작기(preoperational stage)의 아동은 물체나 물질의 보존

에 대한 개념이 없다. 즉, 이들은 아직 보존 능력이 발달하지 못한 상태이기 때문에 물체나 물질의 겉모양이나 형태가 다소 바뀌더라도 그 물체나 물질의 특정한 속성(양, 질량, 수, 부피 등)에는 변함이 없다는 것을 이해(또는 인식)하지 못한다. 아동들은 전조작기를 지나 다음 단계인 구체적 조작기(concrete operational stage)에 도달하면서 보존 개념을 획득하게 된다고 본다. 따라서 보존 개념(또는 보존 능력)을 획득한 구체적 조작기의 아동들은 물체나 물질의 겉모양이나 형태가 다소 바뀌더라도 그 물체나 물질이 본래 가지고 있던 속성(양, 질량, 수, 부피 등)에는 변함이 없음을 이해할 수 있게 된다. 보존 또는 보존 개념을 여러 가지 유형으로 구분되는데, 여기에는 양의 보존, 질량의 보존, 수의 보존, 부피의 보존 등이 포함된다. 한편 '보존'이라는 표현 대신에 같은 의미로 '보존 개념', '보존 능력' 또는 '보존성' 등의 표현이 사용되고 있다.

보존 개념【保存 概念】conservation / conservation concept / concept of conservation

물체나 물질의 겉모양이나 형태가 변해도 그 물체나 물질의 물리적 양(질량, 수, 부피 등)에서 변함이 없다는 것에 대한 이해(또는 인식). 즉, 보존 개념은 물체나 물질과 같은 대상의 모양이 변하더라도 그것이 가진 질량이나 부피와 같은 속성은 변하지 않음을 이해하는 것을 의미한다. '보존', '보존 능력', '보존성'이라고도 한다.

보존 과제【保存 課題】conservation task

삐아제(Piaget: 1896~1980)가 보존(conservation) 개념(또는 보존 능력)의 발달, 즉 보존 개념이 있는지의 여부를 검사하기 위해 고안하여 사용했던 과제. 전조작기 및 구체적 조작기 아동들의 보존 능력을 비교하는 데 많이 사용했다. 대표적으로 '액체의 보존' 과제가 유명하며, 이외에도 '수의 보존', '면적의 보존', '길이의 보존' 등과 같은 다양한 보존 능력을 검사하기 위한 과제들이 고안되어 사용되었다.

보존 능력【保存 能力】conservation

물체나 물질의 겉모양이나 형태가 변해도 그 물체나 물질의 물리적 양(질량, 수, 부피 등)에서 변함이 없다는 것에 대한 이해(또는 인식) 또는 이해하는 능력. '보존', '보존 개념', '보존성'이라고도 한다.

CLICK 보존

보존성【保存性】conservation

물체나 물질의 겉모양이나 형태가 변해도 그 물체나 물질의 특정한 속성(양, 질량, 수, 부피 등)에는 변함이 없다는 것을 이해(또는 인식)하는 것. '보존', '보존 개념' 또는 '보존 능력'이라고도 한다.

CLICK 보존

보충적 놀이【補充的 놀이】complementary social play

사회적 놀이의 한 형태. 사회적 놀이는 사회적 측면, 즉 타인과의 상호작용 측면과 관련된 놀이 또는 사회적 상호작용 측면에서 분류한 놀이 형태를 말하며, 그 중 하나가 '보충적 놀이'이다. 이 놀이는 두 명 이상의 또래나 친구가 모여 함께 진행하는 놀이의 형태로, 서로 협력하여 놀이를 진행하지만 서로 상대방을 인식할 뿐이며 상대방에게 사회적 지지를 보내거나 받으려 함이 없이 이루어지는 형태의 놀이를 말한다.

보충적 중재【補充的 仲裁】compensatory intervention

빈곤과 같은 불리한 환경으로 인해 지적(또는 인지적) 발달, 교육 및 학업성취 등에서 불리하거나 지체될 위험성이 있는 사람들(흔히 영아, 유아 및 아동들)을 도와주기 위해 마련된 특별 교육/지원 활동(또는 프로그램). 대표적인 보충적 중재 프로그램 가운데 하나가 '헤드 스타트(Head Start)' 프로그램이다. '보충 중재', '보상적 중재' 또는 '보상 중재'라고도 한다.

보통 염색체【普通 染色體】autosome

인간의 모든 체세포의 핵 안에는 23쌍(46개)의 염색체가 들어 있는데, 그 중에서 성(性)을 결정하는 23번째의 성염색체 쌍을 제외한 나머지 1번부터 22번째까지의 염색체 쌍들을 일컬어 '보통 염색체'라고 한다. 염색체(chromosome)는 유전자를 이루는 유전물질인 DNA로 이루어져 있으며, 인간에게는 모두 23쌍의 염색체가 존재한다. 그 가운데 성을 결정하는 23번째 염색체를 제외한 나머지 22쌍의 염색체들은 성 이외의 인간 발달 전반에 대한 유전적 특성을 결정한다. '상염색체(常染色體)'라고도 한다.

보편 문법【普遍 文法】universal grammar

언어 습득과 발달 과정에서 세계의 모든 언어들에 공통적으로 적용된다고 가정하는 언어의 기본적인 문법 또는 문법 규칙. 촘스키(Chomsky: 1928~)와 같은 언어 습득과 발달에 대한 생득론적인 입장을 취하는 학자들이 제안하고 사용하는 개념으로, 이들은 아동이 세계의 어떤 언어를 접하더라도 그 언어의 규칙을 배우고 단어와 문장을 자유롭게 생산하고 이해하면서 활용할 수 있는 것은 선천적으로 타고나는 '언어 습득 장치(language acquisition device<LAD>)'에 포함되어 있는 '보편 문법' 때문이라고 본다. '보편적 문법'이라고도 한다.

보편적 문법【普遍的 文法】universal grammar

'보편 문법'이라고도 한다. CLICK 보편 문법

보호 관찰【保護 觀察】probation

범죄인에 대한 처분의 한 형태. 구체적으로 범죄인을 교도소에 수감하는 대신 일상적인 사회생활을 하도록 하면서 동시에 관계 기관이나 기관 관계자의 일정한 감독과 지도를 받도록 하는 처분을 말한다.

보호 관찰 청소년【保護 觀察 青少年】adolescent under probation

'보호 관찰(probation)' 처분이 내려진 청소년.

보호 요인【保護 要因】protective factor

(1) 건강한 발달을 유지 또는 촉진시키는 기능을 하는 요인. (2) 건강한 발달이나 적응을 방해하는 위험 요인으로부터의 부정적인 영향을 차단하거나 감소시키는 기능을 하는 요인. '보호적 요인', '보호 요소', '보호적 요소'라고도 한다.

복합 애착【複合 愛着】multiple attachment

영아가 두 명 이상의 대상에게 각각 애착을 형성하는 것. 즉, 영아가 다양한 환경들(예를 들면, 영아의 가정 외에 보육원이나 친척집 등)을 접하게 되는 경우에는 자연히 다양한 사람들을 만나서 상호작용하게 되고, 그 과정에서 여러 사람들과 긍정적 또는 부정적 애착을 발달시키게 될 가능성이 높다. 이처럼 영아가 주 양육자(흔히 어머니) 외에 다른 사람(들)에게도 애착을 형성하게 되는 것을 '복합 애착'이라고 한다. '다수인 애착', '다수인 대상 애착' 또는 '다중 애착'이라고도 한다.

복합 애착 단계【複合 愛着 段階】phase of multiple attachment

애착 발달 과정에서, 주 양육자 외에 여러 사람들에게 애착을 형성하는 단계. 일반적으로 생후 약 9~18개월 사이의 기간에 해당한다. 이 기간에 영아는 특정인 한 명(흔히 주 양육자인 어머니)에 대해 애착을 형성하던 이전의 시기와는 달리, 다른 여러 사회적 대상들(예를 들면, 아버지, 할머니, 할아버지, 이웃집 어른, 고모, 이모 등)에 대해서도 애착을 형성할 수 있게 된다. '다수인 애착 단계', '다수인 대상 애착 단계' 또는 '다중 애착 단계'라고도 한다.

복합 정서【複合 情緖】complex emotion

두 가지 또는 그 이상의 정서가 결합되어 만들어진 정서를 말하는 것으로, 출생 이후의 인지 능력의 발달에 따라 새로이 형성되는 정서이다. 예를 들면, 질투심, 공감, 당황스러움, 미움 등과 같은 정서들이 복합 정서에 해당한다. 복합 정서는 인지 능력의 발달에 따라 생후 1년 6개월 무렵부터 나타나는 자기 의식적이고 자기 평가적인 정서이다. '복합적 정서'라고도 한다.

본능【本能】instinct

인간이나 동물의 행동들 가운데 학습된 행동들을 제외한 생득적인 행동 경향 또는 행동 양식을 총칭한다. 흔히 본능 또는 본능적 행동은 목표 지향적이며 종(種)에 따라 차이를 보인다. 따라서 최근에는 본능이라는 표현 대신에 '종 특유의 행동(species-specific behavior)'이라는 용어를 사용하는 경우가 많다. CLICK 종 특유의 행동

본능적 표류【本能的 漂流】instinctive drift

'본능 표류'라고도 한다. CLICK 본능 표류

본능 표류【本能 漂流】instinctive drift

강화(reinforcement)를 통해 특정한 행동을 학습한 동물이 학습한 행동을 해야 하는 상황에서 그 행동 대신에 본능적인 또는 선천적인 행동(즉, 자연 상태하에서 그 동물들이 나타내는 행동)을 하는 경향. '본능적 표류' 또는 '향본능 표류'라고도 한다.

본뜨기【本뜨기】modeling

'모델링'이라고도 한다. CLICK 모델링

본성【本性】nature

개인이 태어날 때부터 가지고 있는 특성이나 성질. 개개인이 가지고 있는 유전자 속의 프로그램에 따라 형성된 특성이나 성질 또는 그러한 프로그램에 따라 특성이나 성질이 발달하게 됨을 의미한다. '천성(天性)'과 같은 의미로 사용된다.

본성-양육 논쟁【本性-養育 論爭】nature-nurture debate / nature-nurture issue

'천성-양육 논쟁'이라고도 한다.

CLICK 천성-양육 논쟁

볼비 Bowlby (1907~1990)

존 볼비(John Bowlby). 영국의 정신과 의사, 정신분석학자. 아기와 양육자(흔히 어머니 또는 부모) 간의 관계에서 형성되는 강한 유대 경향인 애착과 애착 발달에 관한 많은 연구 업적을 남겼다. 또한 애착(attachment) 개념 및 애착 이론(attachment theory)을 처음으로 제시한 학자로 평가받고 있다. 볼비는 인간의 행동은 진화 과정에서의 적응 행동으로 이해해야 하며, 그런 맥락에서 영·유아기에 나타나는 애착 행동(attachment behaviors)을 설명할 수 있다고 보았다. 즉, 진화 역사 속에서 인류가 오랫동안 경험했을 이동과 약탈, 싸움 등의 환경 조건에서 인간의 아기들은 생존을 위해 양육자(부모 또는 성인) 가까이에 있어야만 했고, 이런 반복된 생존활동이 애착 행동으로 이어진 것이라고 본 것이다. 볼비와 함께 오랫동안 애착에 관한 연구를 진행한 학자로는 메리 에인스워스(Mary Ainsworth: 1913~1990)가

유명하다. '존 볼비', 'Bowlby', 'John Bowlby' 등으로 표기하기도 한다.

부모 영향 모델【父母 影響 모델】parent effects model

'부모 영향 모형' 또는 '부모 효과 모델'이라고도 한다.

CLICK 부모 효과 모델

부모의 투자【父母의 投資】parental investment

부모가 자녀를 양육하는 과정에서 돈, 시간, 심리적 에너지 등의 자원을 투입하는 것. '부양 투자'라고도 한다.

부모 효과 모델【父母 效果 모델】parent effects model

자녀와 부모와의 관계에서 영향을 미치는 방향은 주로 부모로부터 자녀에게로 일방향적으로 작용한다고 보는 모델. 즉, 자녀의 발달 과정에서 부모는 주로 자녀에게 영향을 미치는 존재이고, 자녀는 주로 부모로부터 영향을 받는 존재라고 보는 관점을 말한다. '부모 영향 모델', '부모 영향 모형' 또는 '부모 효과 모형'이라고도 한다.

부부 치료【夫婦 治療】marital therapy

부부 관계에서 발생하는 문제를 해결하기 위해 진행하는 심리 치료의 한 형태로, 부부가 개별적으로 치료에 참가하거나 두 사람 중 한 사람만이 참여하는 방식이 아니라 두 사람이 함께 치료자(또는 상담자)를 만나 문제를 해결해가는 치료이다. 부부 치료를 진행하는 배경에는, 부부 관계에서 발생하는 문제의 원인은 부부 두 사람 가운데 어느 한 사람만의 문제나 병리 때문이라기보다는 두 사람 모두 또는 두 사람 사이의 관계 때문이라고 가정하기 때문에 부부를 대상으로 하여 두 사람 모두가 참여하는 치료적 접근을 취한다.

부분 태아 알코올 증후군【部分 胎兒 알코올 症候群】partial fetal alcohol syndrome / pFAS / p–FAS

임신 중에 임신한 여성이 알코올(술)을 마시면 태내의 유체(幼體: 임신 기간 동안의 생명체는 기간에 따라 접합체, 배아 및 태아라는 표현이 사용되고, 이 모두를 총칭하여 유체라고도 한다)는 알코올에 노출되고, 그 결과 유체에게서는 신체적, 심리적 및 행동적 측면에서 정도에 따라 다양한 알코올 관련 이상이나 장애가 발생하게 된다. 이처럼 임신 기간(즉, 태내기) 동안 태내의 유체가 알코올에 노출된 결과로 인해 신체적, 심리적 및 행동적 측면에서 발생하는 장애를 총칭하여 '태아 알코올 스펙트럼 장애(fetal alcohol spectrum disorder, FASD)'라고 한다. 태아 알코올 스펙트럼 장애는 장애의 심각한 정도에 따라 몇 가지 하위 유형으로 구분되는데, 그 중 가장 심한 증상을 보이는 유형은 '태아 알코올 증후군(fetal alcohol syndrome, FAS)'으로, 얼굴을 중심으로 한 신체의 기형, 체중 미달, 신체 발육의 부진 및 정신지체 등이 주요 특징으로 나타난다. '태아 알코올 증후군' 다음으로 심한 증상을 보이는 유형이 '부분 태아 알코올 증후군'으로, 이 경우는 임신 중에 어머니가 알코올을 섭취한 경력이 있는 아이, 즉 임신 중에 알코올에 노출된 적이 있는 아이로서 이 아이가 보이는 증상들이 태아 알코올 증후군의 여러 기준들을 충족시키지는 않지만 부분적으로 알코올 관련 신체적 또는 신경발달적인 결함을 보이는 경우를 말한다. 태아 알코올 스펙트럼 장애 중에서 상대적으로 경미한 증상을 보이는 유형은 '알코올 관련 신경발달 장애(alcohol–related neurodevelopmental disorder, ARND)'로, 이 장애는 임신 중에 알코올에 노출된 적이 있는 아이로서 부분적으로 알코올 관련 신경발달적인 결함을 보이는 경우를 말한다.

부양 투자【扶養 投資】parental investment

부모가 자녀를 양육하는 과정에서 돈, 시간, 심리적 에너지 등의 자원을 투입하는 것. '부모의 투자'라고도 한다.

부인【否認】denial

프로이트(Freud: 1856~1939)가 제안한 방어 기제의 하나로, 자아가 원초아나 초자아 또는 현실로부터 오는 수용 불가능한 충동이나 위협이 있음을 인정하지 않는 방어 기제를 말한다. 성인들에 비하여 아동들에게서 더 자주 나타나는 것으로 알려져 있다. '부정(否定)'이라고도 한다.

부적응【不適應】maladjustment

일정한 조건이나 환경에서 정상적인 반응을 하지 못하는 상태. 또는 그러한 상황에 맞추어 조화를 이루지 못하는 상태.

부주의【不注意】inattention

외부로부터 감각 기관으로 들어오는 여러 자극들 중 특정한 하나 또는 일부의 자극(또는 정보)에 주의(attention)를 기울이지 못하는 것. 일반적으로 사람들이 정상적인 생활을 해가기 위해서는 특정 자극이나 정보에 대해 주의를 기울이는 활동과 능력을 필요로 한다. 부주의는 개인의 컨디션이나 상황 요인에 의해 일시적으로 나타날 수 있지만, 그러한 요인들과 관계없이 부주의한 상태가 지속적으로 나타난다면 이는 일종의 장애 또는 장애의 특징으로 간주될 수 있다. 부주의를 특징적으로 나타내는 대표적인 장애로 ADHD(주의력결핍 과잉 행동 장애)를 들 수 있다.

부호화【符號化】encoding

외부로부터 감각 기관을 통해 들어온 자극(정보)이 기억 체계 속에 저장될 수 있도록 심적(또는 정신적) 표상으로 전환되는 과정. 정보처리 또는 기억 과정의 중요한 일부분이다. 감각 기관으로 유입된 수많은 감각 자극(정보)들은 이에 대해 주의를 기울이지 않으면(즉, 자극들이 주의를 끌지 못하면), 소멸되고 만다. 오직 주의를 기울이는 자극만이 부호화 과정을 거쳐 단기 기억이나 장기 기억으로 전환된다. 즉, 외부로부터 들어온 자극은 부호화 과정을 거쳐야만 기억 체계 속에 저장될 수 있다. 구체적으로 환경으로부터 감각 기관을 통해 입력된 자극(정보)을 감각 기억이라 하며, 이 자극이 단기 기억으로 전환될 때와, 또 단기 기억에서 장기 기억으로 전환될 때 '부호화'가 일어난다.

부호화 단계【符號化 段階】encoding stage

정보처리 또는 기억이 진행되는 단계들 가운데 중요한 일부분으로, '부호화(符號化, encoding)'가 이루어지는 과정 또는 단계를 의미한다. 구체적으로 환경으로부터 감각 기관을 통해 들어온 물리적 자극(정보)이 의미 있는 표상으로 전환되어 기억(단기 기억이나 장기 기억) 체계에 저장되는 과정 또는 단계를 말한다.

분노【忿怒 / 憤怒】anger / rage

성취하고자 했던 목표를 이루어 가는 과정에서 어떤 대상(또는 장애물)에 의해 좌절되었을 때, 그 대상에 대해 분개하여 크게 화를 내는 상태. 분노는 흔히 공격성을 유발한다.

분류【分類】classification

사물(事物: 물건이나 사건 또는 사람이나 동물 등)들을 공통적이거나 동일한 속성(또는 특성)에 따라 범주나 집단으로 나누는 것. 또는 그렇게 하는 능력. 예를 들면, 여러 개의 구슬들을 색깔별로 나누거나 여러 개의 인형들을 크기에 따라 나누거나 사람인형과 동물인형으로 나누는 것 등이 분류의 예가 된다.

분리뇌【分離腦】split brain / split-brain

대뇌의 두 반구인 좌반구와 우반구를 연결하는 신경 구조인 뇌량이 절단되어 좌반구와 우반구가 분리된 상태. 또는 그렇게 분리된 상태의 뇌. '분할뇌'라고도 한다.

분리 불안【分離 不安】separation anxiety

애착 발달 과정에서 아동이 애착 대상(흔히 어머니나 양육자)으로부터 분리(또는 격리)될 때 나타내는 불안 반응. 정상적인 애착을 형성한 아이라면 누구나 부모나 보호자로부터 분리되는 상황에서 어느 정도의 불안을 느끼게 된다. 하지만 부모나 보호자와의 분리 상황에서 아이가 보이는 불안이 과도한 경우에는 불안정 애착의 발달이나 분리 불안 장애를 의심할 수 있다. '분리 불안'이라는 표현 대신 '격리 불안'라는 표현을 사용하기도 한다.

분리 불안 장애【分離 不安 障碍】Separation Anxiety Disorder (SAD)

아동이 애착 대상(흔히 어머니 또는 양육자)으로부터 분리될 때 지나친 불안 반응을 나타내는 장애. 영아기 이후 청소년기 사이에 나타나는 불안 장애의 한 형태로, 부모 또는 보호자로부터 분리(또는 격리)되는 것에 대해 과도한 불안(또는 두려움)을 나타내는 장애를 말한다. 보호자로부터 격리되거나 분리되는 것을 두려워하는 감정은 어린이들에게서 나타나는 일반적인 현상이지만 아동의 발달 수준이나 문화에 따라 차이를 보일 수 있다. 따라서 분리 불안 장애의 진단은 아동의 발달 수준과 문화적 맥락을 고려하더라도 아동이 나타내는 불안 반응이 분명히 과도한 것이라고 판단되는 경우에 내려질 수 있다. 분리 불안 장애의 증상은 아동의 연령 및 개인별 차이가 있을 수 있지만, 일반적으로 행동, 인지 및 신체·생리적 수준에서 특징적인 증상을 보이는데, 여기에는 보호자와의 격리를 피하기 위해 매달리기, 울기, 비명지르기 및 특정한 요구하기 등의 행동과 격리에 대한 비합리적인 과도한 불안, 그리고 구토나 복통, 두통, 빠른 심장 박동 등과 같은 신체·생리적 증상들이 포함된다.

분만【分娩】delivery / labor / birth

아기를 출산하는 일. 구체적으로 임신한 여성이 자궁에서 자란 태아와 태반 및 그 부속물을 모체(母體)의 밖으로 내어놓는 현상을 말한다.

분만의 두 번째 단계【分娩의 두 번째 段階】second stage of labor

'분만 제2기'라고도 한다. CLICK 분만 제2기

분만의 세 번째 단계【分娩의 세 번째 段階】third stage of labor

'분만 제3기'라고도 한다. CLICK 분만 제3기

분만의 첫 번째 단계【分娩의 첫 번째 段階】first stage of labor

'분만 제1기'라고도 한다. CLICK 분만 제1기

분만 제1기【分娩 第1期】first stage of labor

분만(출산) 과정은 보통 세 단계로 구분되며, 그 첫 번째 단계인 제1기는 규칙적인 자궁 수축 및 진통과 함께 태아가 통과할 수 있도록 자궁경부가 열릴 때까지의 시기를 말한다. '개구기(開口期, stage of dilatation)'라고도 한다. '분만의 첫 번째 단계'로 표기하기도 한다.

분만 제2기【分娩 第2期】second stage of labor

분만(출산) 과정은 보통 세 단계로 구분되며, 그 두

번째 단계인 제2기는 제1기(자궁경부가 열릴 때까지의 시기) 이후 복압(腹壓)의 작용에 의해 태아가 산도(産道)를 통과하여 산모의 몸 밖으로 나올 때까지의 시기를 말한다. '만출기(晩出期, expulsive stage)'라고도 한다. '분만의 두 번째 단계'로 표기하기도 한다. 흔히 분만의 세 단계 가운데 '분만 제2기(만출기)'를 지칭하여 '분만' 또는 '출산'이라고 부르는 경우가 많다.

분만 제3기【分娩 第3期】third stage of labor

분만(출산) 과정은 보통 세 단계로 구분되며, 그 세 번째 단계인 제3기는 제2기(아기가 산도를 통과하여 모체의 밖으로 나올 때까지의 시기) 이후 자궁 내에 남아있던 태반과 난막 등이 모두 배출될 때까지의 시기를 말한다. '후산기(後産期, placental stage)' 또는 '태반기(胎盤期)'라고도 한다. '분만의 세 번째 단계'로 표기하기도 한다.

분만 환경【分娩 環境】perinatal environment

출산 전후의 환경. 즉, 출산을 둘러싼 환경을 의미한다. 분만 이후 아기의 건강과 발달에 영향을 줄 수 있는 민감하고 중요한 요소들이 포함된 출산 전후의 환경 조건을 말한다. 구체적으로 분만 환경에는 출산 전후의 산모와 아기에게 제공되는 심리사회적 환경, 무통 분만 여부 및 산모와 태아에게 투여되는 약물, 분만 과정 등이 포함된다.

분석심리학【分析心理學】analytic psychology

스위스의 정신의학자, 심리학자인 칼 구스타프 융(Carl Gustav Jung: 1875~1961)에 의해 창시된 심리학 및 정신의학 이론. 이 이론에서는 성격 발달과 관련하여 지그문트 프로이트(Sigmund Freud: 1856~1939)의 정신분석학에서 강조하는 성(또는 리비도), 공격성 및 정신결정론적 관점 등을 상대적으로 덜 강조하면서 정신분석학에서 중요하게 고려하는 무의식의 개념을 확장하여 개인 무의식과 집단 무의식으로 나누어 설명하였다. 개인 무의식은 개인의 삶 및 발달 과정에서 겪었던 의식적 경험들이 억압되어 무의식화되어 있는 마음의 영역으로 그 개인의 감정, 사고, 행동 등에 영향을 미치며, 프로이트의 정신분석에서 말하는 전의식처럼 노력을 통해 의식화하는 것이 가능한 영역으로 보았다. 이에 비해 집단 무의식은 인류가 오랜 역사 속의 경험을 통해 쌓아온 경험의 산물이자 기억 흔적으로 의식화되지는 않지만 지식과 지혜의 원천이 되는 영역으로 보았다. 융은 많은 민족들에서 전승되는 전설이나 신화 속에 인류의 집단 무의식의 원형이 담겨있다고 보고 이에 대한 광범위한 분석 연구를 진행하였다. 융의 분석심리학에서 가장 초점을 맞춘 주제는 인간 성격의 본질을 밝히는 것으로 성격은 내면의 다양한 요소들이 역동적으로 상호작용하고 있는 상태로 보았다. 이를 설명하기 위해 융은 의식, 무의식, 자아, 페르조나, 개인 무의식, 집단 무의식 등의 개념들을 사용하였다. '융 심리학'과 같은 의미로 사용된다.

분석적 지능【分析的 知能】analytical intelligence

기존의 지능 검사에서 측정하는 내용 가운데 수학적 능력이나 언어적 능력 등과 관련된 지능으로, 어떤 상황이나 문제를 이해하고 해결하기 위해 이를 분석하고 평가하고 판단하는 능력을 의미한다.

불균형【不均衡】disequilibrium

삐아제(Piaget: 1896~1980)가 인지발달을 설명하기 위해 사용한 주요 개념들 가운데 하나로, 개인의 인지구조(도식이나 개념)와 새로이 접한 사상(事象: 사건이나 현상 또는 대상) 간의 불일치가 존재하는 상태를 말한다. 개인의 인지구조와 현재 경험하고 있는 사상 간의 불일치나 모순이 발생하고 있는 상태인 불균형 상태에 처한 개인은 인지적 불안정 또는 인지적 갈등에 놓이게 되는데, 이것은 일종의 인지적 부적응 상태로 개인은 이 상태에서 벗어나려는 동기를 갖게 된다. 즉, 개인은 현재 자신이 접하고 있는 사건이나 대상에 대한 불균형 상태에서 벗어나 잘 이해하고 적응할 수 있는 상태인 인지적 '균형' 상태를 추구하게 된다. 이를 위해 개인은 현재 접하고 있는 사건이나 대상에 대한 이해와 적응을 이루지 못하는 기존의 인지구조를 바꾸거나 확장하게 된다. 구체적으로 새로운 도식이나 개념을 도입하여 현재 접하는 사건이나 대상에 대한 이해와 적응을 하는 것이다. 삐아제는 이처럼 기존의 도식이나 개념을 바꾸거나 새로운 도식이나 개념을 도입하는 인지적 적응 또는 인지적 변화의 과정을 지칭하여 '조절(accommodation)'이라고 하였다. 개인은 '조절' 과정을 통해 비로소 인지적 안정 상태인 인지적 '균형' 상태에 도달하게 된다. 이와 같은 '조절' 과정을 통해 세상에 대한 이해와 적응의 능력(즉, 인지 능력)은 더욱 향상된다. 즉, '인지발달(cognitive development)'이 이루어지는 것이다. '불균형'은 '불평형' 또는 '비평형'이라고도 한다. 일반적으로 '불평형'이라는 표현이 많이 사용된다.

불변적 발달 순서【不變的 發達 順序】invariant development sequence

'불변적인 발달 순서'라고도 한다.

CLICK 불변적인 발달 순서

불변적인 발달 순서【不變的인 發達 順序】invariant development sequence

영·유아기, 아동기 및 청소년기 등을 거치면서 이루어지는 인간의 발달은 항상 같은 순서의 단계들을 거치게 되며, 각각의 단계들에서의 발달은 이전 단계에서의 성취와 발달을 바탕으로 이루어진다. 따라서 순서적인 단계들 가운데 어느 단계를 건너뛰거나 넘어서는 경우는 있을 수 없음을 의미하는 개념이 '불변적인 발달 순서'이다. 삐아제(Piaget: 1896~1980)는 인간의 인지발달은 모두 네 단계(감각 운동기, 전조작기, 구체적 조작기, 그리고 형식적 조작기)를 거치면서 진행되며, 각각의 단계들은 질적으로 서로 다른 인지적 기능들을 포함하고 있다고 보았다. 모든 개인들은 이 네 개의 인지발달 단계들을 발달시켜 가는 과정에서 모두 동일한 발달 순서를 따르게 된다고 보았는데, 그 이유는 이 네 개의 인지발달 단계들 각각은 이전 단계에서의 인지적 성취가 기반이 되어 다음 단계의 성취가 가능해지기 때문이라고 보았다. 이와 같이 사람들의 인지발달은 어느 단계를 뛰어넘거나 생략한 채 그 다음 단계로 도약하는 경우는 없으며, 모두 동일한 순서로 진행되는데, 이러한 경향을 지칭하여 '불변적인 발달 순서' 또는 '불변적 발달 순서'라고도 한다.

불안 장애【不安 障碍】anxiety disorder

비합리적인 과도한 걱정이나 불안을 특징으로 하는 심리 장애(또는 정신 장애). 분리 불안 장애, 일반화된 불안 장애, 공포 장애(또는 공포증이라고도 함), 강박 장애 및 공황 장애 등으로 구분된다.

불안전 애착【不安全 愛着】insecure attachment / insecurely attachment

'불안정 애착'이라고도 한다. CLICK 불안정 애착

불안정 애착【不安定 愛着】insecure attachment / insecurely attachment

애착의 유형 중에서 양육자(흔히 어머니)와의 긴밀한 유대 관계를 형성한 안정 애착(secure attachment)과는 달리 유대 관계가 긴밀하지 못하고 불안정하게 형성된 애착의 형태. 불안정 애착은 크게 세 가지의 하위 유형으로 구분되며, 여기에는 저항 애착, 회피 애착, 그리고 혼란 애착 등이 포함된다. 먼저, 저항 애착(resistant attachment)을 형성한 영아는 낯선 상황(또는 낯선 상황 절차: 영아가 애착 대상인 양육자에 대해 발달시킨 애착의 질을 평가하기 위해 마련된 실험 상황 또는 절차)에서 양육자와 분리되는 것에 대해 강한 저항을 보이고, 또한 분리된 이후 양육자가 돌아와 다시 영아와 접촉을 시도하는 것에 대해서도 저항 반응을 나타내는 특징이 있다. 다음으로, 회피 애착(avoidance attachment)을 형성한 영아는 양육자와 분리되는 것에 대해 거의 저항을 보이지 않으며, 분리되었던 양육자가 돌아와 다시 영아와 접촉을 시도하는 것에 대해서도 회피하거나 무시하는 반응을 나타내는 특징이 있다. 끝으로, 혼란 애착(disorganized attachment)을 형성한 영아는 다른 두 유형인 '저항 애착'과 '회피 애착'을 결합한 것 같은 반응 경향을 특징적으로 보인다. 즉, 혼란 애착을 형성한 영아는 낯선 상황에서 가장 고통스러워하며, 양육자와 분리된 이후 양육자가 돌아와 접촉을 시도할 때 접근해야 할지 아니면 회피해야 할지에 대해 혼란을 느끼는 듯한 모순된 반응 경향을 특징적으로 보인다. 한편 '불안정 애착'이라는 표현 대신 '불안전 애착'이라는 표현을 사용하기도 한다.

불안정 저항 애착【不安定 抵抗 愛着】insecure-resistant attachment

애착의 유형 중에서 영아와 양육자(흔히 어머니) 간에 불안정하게 형성된 애착(즉, 불안정 애착)의 한 유형으로, 이 유형의 영아는 낯선 상황(또는 낯선 상황 절차: 영아가 애착 대상인 양육자에 대해 발달시킨 애착의 질을 평가하기 위해 마련된 실험 상황 또는 절차)에서 양육자와 분리되는 것에 대해 강한 저항을 보이고, 또한 분리된 이후 양육자가 돌아와 다시 영아와 접촉을 시도하는 것에 대해서도 저항 반응을 나타내는 특징이 있다.

불안정 회피 애착【不安定 回避 愛着】insecure-avoidance attachment

애착의 유형 중에서 영아와 양육자(흔히 어머니) 간에 불안정하게 형성된 애착(즉, 불안정 애착)의 한 유형으로, 이 유형의 영아는 낯선 상황(또는 낯선 상황 절차: 영아가 애착 대상인 양육자에 대해 발달시킨 애착의 질을 평가하기 위해 마련된 실험 상황 또는 절차)에서 양육자와 분리되는 것에 대해 거의 저항을 보이지 않으며, 분리되었던 양육자가 돌아와 다시 영아와 접촉을 시도하는 것에 대해서도 회피하거나 무시하는 반응을 나타내는 특징이 있다.

불임【不姙】infertility / sterility

'불임증'이라고도 한다. CLICK 불임증

불임증【不姙症】infertility / sterility

부부가 피임하지 않은 상태에서 정상적이고 지속적인 성관계(性關係)를 통해 임신을 하려고 하지만 임신이 되지 않는 상태가 일정 기간(보통 1년 이상) 지속되는 증상. 임신을 희망하는 부부 가운데 약 10~15% 정도가 결혼 후 1년 이상 임신을 하지 못하는 불임증 진단을 받는 것으로 알려지고 있다. 불임증의 원인은 남성 측 요인에서 비롯되는 경우(남성 불임증, male infertility)와 여성 측 요인에서 비롯되는 경우(여성 불임증, female infertility)로 구분할 수 있고, 또 불임증이 나타나기 전의 임신 경험 유무에 따라 원발성 불임증과 속발성 불임증으로 구분하기도 한다. 한 번도 임신이 되지 않는, 즉 임신 경험이 전혀 없는 불임증의 경우를 원발성 불임증(primary infertility: 1차성 불임증이라고도 한다)이라 하고, 1회 이상의 임신 경험이 있는 불임증의 경우를 속발성 불임증(secondary infertility: 2차성 불임증이라고도 한다)이라고 한다. '불임증' 대신 '불임'이라고 표현하는 경우가 많다.

불평형【不平衡】disequilibrium

삐아제(Piaget: 1896~1980)가 인지발달을 설명하기 위해 사용한 주요 개념들 가운데 하나로, 개인의 인지구조(도식이나 개념)와 새로이 접한 사상(事象: 사건이나 현상 또는 대상) 간의 불일치가 존재하는 상태를 말한다. '불평형'과는 반대로, 개인의 인지구조와 사상 간의 모순이나 불일치가 없이 균형 있고 조화로운 상태를 지칭하여 '평형(equilibrium)'이라고 한다. 개인의 인지구조와 현재 경험하고 있는 사상 간의 불일치나 모순이 발생하고 있는 상태인 불평형 상태에 처한 개인은 인지적 불안정 또는 인지적 갈등에 놓이게 되는데, 이것은 일종의 인지적 부적응 상태로 개인은 이 상태에서 벗어나려는 동기를 갖게 된다. 즉, 개인은 현재 자신이 접하고 있는 사건이나 대상에 대한 불평형 상태에서 벗어나 잘 이해하고 적응할 수 있는 상태인 인지적 '평형' 상태를 추구하게 된다. 하지만 개인은 자신이 가지고 있는 인지구조(도식이나 개념)를 가지고서는 현재 접하고 있는 사건이나 대상을 이해하고 적응하는 것이 어렵다는 것을 알게 된다. 기존의 인지구조를 가지고는 현재 접하고 있는 상황을 이해하고 적응할 수 없는 상태에 처한 것이다. 이 상황에서 개인이 선택할 수 있는 대안은 현재 접하고 있는 사건이나 대상에 대한 이해와 적응을 이루지 못하는 기존의 인지구조를 바꾸거나 확장하는 것이다. 구체적으로 새로운 도식이나 개념을 도입하여 현재 접하는 사건이나 대상에 대한 이해와 적응을 하는 것이다. 삐아제는 이처럼 기존의 도식이나 개념을 바꾸거나 새로운 도식이나 개념을 도입하는 인지적 적응 또는 인지적 변화의 과정을 지칭하여 '조절(accommodation)'이라고 하였다. 개인은 '조절' 과정을 통해 비로소 인지적 안정 상태인 '평형' 상태에 도달하게 된다. 이와 같이 인지적 불평형 상태로부터 평형 상태로의 이행 과정을 '평형화'라고 하며, 이를 통해 세상에 대한 이해와 적응의 능력(즉, 인지 능력)은 더욱 향상된다. 즉, '인지발달(cognitive development)'이 이루어지게 되는 것이다. 건강한 개인의 경우에 '평형화' 과정을 통한 인지발달은 평생 동안 계속된다. '불평형'은 '비평형'이라고도 하며, 간혹 '불균형'이라는 표현을 사용하는 경우도 있다. 일반적으로 '불평형'이라는 표현을 많이 사용한다.

붙잡기 반사【붙잡기 反射】grasping reflex / grasp reflex

선천적 반사들 가운데 하나로, 생후 초기의 영아의 손바닥에 물건이나 끈을 쥐어주면 매우 강하게 꽉 쥐는 동작을 취하는데, 이처럼 생후 초기의 영아가 손바닥에 닿은 물체를 꽉 쥐는 선천적인 반사 행동을 '붙잡기 반사'라고 한다. 이런 붙잡기 반사의 강도는 영아가 자신의 손으로 성인의 손가락이나 가는 막대기를 잡고 약 1분 내외의 시간 동안 공중에 매달려 있을 정도이다. 흔히 이 반사는 현실적으로 생존적 또는 기능적 가치가 없거나 불분명하기 때문에 흔히 '원시 반사'의 한 유형으로 분류한다. 시간이 지나면서 점차 사라지는 다른 많은 선천적 반사들처럼, 붙잡기 반사도 생후 약 3~4개월이 경과하면서 점차 사라진다. '파악 반사', '잡기 반사', '움켜잡기 반사', '쥐기 반사' 또는 '손바닥 쥐기 반사(palmar grasp reflex)'라고도 한다.

브라유 Braille (1809~1852)

루이 브라유(Louis Braille). 프랑스 태생의 6점자 체계 고안자·교육자. 기존의 어렵고 복잡한 점자 체계를 대신하여 보다 쉽게 배우고 사용할 수 있는 6점자 체계를 고안해냈다. 브라유의 6점자 체계는 6개의 점만으로 알파벳 26개를 모두 표기할 수 있고, 글자를 나타내는 6개의 점들의 위치를 손가락을 움직이지 않고 읽어낼 수 있는 쉽고 효율적인 문자 체계로 평가된다.

브라유 점자 braille / Braille

프랑스 태생의 루이 브라유(Louis Braille: 1809~1852)가 고안한 점자 체계(點字 體系). '브라유 점자법'이라고도 한다. 브라유 점자를 나타내는 단어인 'braille',

'Braille'는 간단히 '점자' 또는 '점자법'을 나타내는 말로 사용되기도 한다.

브래즐턴 Brazelton (1918~2018)

토머스 베리 브래즐턴(Thomas Berry Brazelton). 미국의 소아과 의사·의학자. 영유아들에 관한 수많은 논문과 저서를 발표했고, 또 신생아의 정상 여부 및 건강 상태를 확인하기 위해 생후 초기 영아의 반사, 신경 발달, 사람들과의 상호작용 등을 포함하는 신경학적 및 행동적 영역에서의 반응을 평가하는 브래즐턴 신생아 행동평가 척도(Brazelton Neonatal Behavioral Assessment Scale, NBAS)를 개발했다. 이 척도는 세계적으로 많은 소아과 의료진과 연구자에 의해 영아 진단 및 연구 도구로 사용되고 있다. '브라젤턴', '브래즐튼', '토머스 브래즐턴', '토머스 브라젤턴', 'Brazelton', 'Thomas Brazelton' 등으로 표기하기도 한다.

브래즐턴 신생아 행동평가 척도【브래즐턴 新生兒 行動評價 尺度】Brazelton Neonatal Behavioral Assessment Scale (NBAS)

미국의 소아과 의사인 토머스 베리 브래즐턴(Thomas Berry Brazelton: 1918~2018) 박사가 생후 초기 신생아의 정상 여부 및 건강 상태를 판단하기 위해 개발한 척도이다. 생후 수분 이내에 신생아의 상태에 대해 신속하게 대략적인 평가를 내릴 목적으로 실시하는 아프가 척도(Apgar scale: 생후 1분 및 5분, 2회 측정)에서 놓칠 수 있는 신생아의 건강 상태에 대한 전반적인 평가를 내리기 위해 미세한 신경학적 상태, 사람에 대한 반응성 및 여러 가지 반사 등 광범위한 영역들을 측정하여 평가한다. 구체적으로 이 척도의 측정 목록에는 재채기, 젖 찾기, 눈 깜박이기 등 18개의 반사 행동 관련 항목들과 딸랑이에 대한 아기의 반응과 같이 환경 자극들에 대한 아기의 반응성을 포함한 28개의 행동 관련 항목들이 포함되어 있다. 이 행동 관련 항목들은 다음과 같이 크게 4개의 범주로 분류된다. 먼저 체온 조절이나 호흡과 같은 신체 기능을 통제하는 능력(자율 신경 영역 또는 생리적 상태 영역), 신체의 움직임과 활동 수준을 통제하는 아기의 능력(운동 신경 영역 또는 운동 능력 영역), 깨어 있거나 잠들어 있는 것과 같은 특정 상태를 유지하는 아기의 능력(상태<state> 영역 또는 전반적인 상태 영역), 그리고 사람들과 상호작용하는 아기의 능력(사회성 영역 또는 상호작용 영역) 등이다. 이 척도는 출생 후 24~36시간 이내에 실시하며, 출생 후 2개월 이내의 영아를 대상으로 신경학적 및 행동적 영역 등에서의 건강 상태를 평가하기 위해 사용된다. 이상에서 살펴본 것처럼 이 척도는 주로 생후 초기 영아들의 정상 여부 및 건강 상태를 평가하기 위해 사용되어 왔지만 근래에는 이 척도로 측정된 점수가 다른 변인들(예를 들면, 임신 중 기형유발물질에 대한 노출, 출생 저체중아의 발달 예측)과 의미 있는 상관이 있음이 드러남에 따라 연구를 위한 또 하나의 좋은 도구로 사용되는 경우도 많아지고 있다. 1973년에 처음 개발되었고, 현재 사용되고 있는 척도는 그동안 보완 과정을 거쳐 발전시켜온 것이다. 간단히 '신생아 행동평가 척도(Neonatal Behavioral Assessment Scale, NBAS)'라고도 한다.

브레인스토밍 brainstorming / brain storming

특정한 주제나 문제 또는 그 해결 방법과 관련하여 참여자(또는 토론자)들이 자유롭게 가능한 한 많은 의견이나 아이디어를 제시하도록 하는 토론 방법. '창의적 집단 사고' 또는 '창의적 집단 사고법'이라고도 한다.

브로이어 Breuer (1842~1925)

요제프 브로이어(Josef Breuer). 오스트리아의 내과 의사, 생리학자. 정신분석학의 창시자인 지그문트 프로이트(Sigmund Freud: 1856~1939)의 스승으로

프로이트의 연구와 이론 발전에 큰 영향을 미쳤다. 브로이어는 유명한 '안나 오(Anna O.)'의 히스테리를 치료하면서 '대화 치료(Talking cure)'를 발전시켰고, 프로이트와 함께 진행했던 히스테리 환자의 치료와 연구는 그 이후 프로이트가 '정신분석 이론'을 창시하고 발전시키는 데 큰 밑거름이 된 것으로 평가되고 있다.

브로카 Broca (1824~1880)

폴 브로카(Paul Broca). 프랑스의 외과 의사, 인류학자. 세계 최초의 인류학회로 평가되는 '파리 인류학회'를 창설했고(1859), 선사시대를 포함하여 많은 인류 종족들의 두개골을 비교하는 연구를 진행하였다. 또 뇌를 연구하는 과정에서 대뇌의 좌측 전두엽에 언어를 관장하는 영역이 있음을 발견하였는데, 이 영역은 오늘날 브로카 영역(Broca's area)으로 알려져 있다. 이 영역은 대뇌 좌반구의 전두엽에 위치하고 있으며 언어 표현을 관장하기 때문에, 이 영역에 손상을 입으면 표현성 실어증(表現性 失語症, expressive aphasia)을 초래하게 된다. '폴 브로카', 'Broca', 'Paul Broca' 등으로 표기하기도 한다.

브로카 실어증 【브로카 失語症】 Broca's aphasia

언어의 표현, 즉 말의 생성(말하는 것)이 어렵거나 불가능한 언어 장애. 언어 장애의 한 유형으로, 대뇌 좌반구 전두엽에 위치한 '브로카 영역(Broca's area)'의 손상으로 인해 초래된다. 이 장애가 있는 사람은 말을 하기가 힘들고 느리며, 단어를 정확하게 발음하는 데 곤란을 겪는다. '표현성 실어증'이라고도 한다.

브로카 영역 【브로카 領域】 Broca's area

대뇌 좌반구의 전두엽에 위치한 영역으로, 언어 기능 중에서 말하기(또는 표현성 언어)를 담당한다. 이 영역의 손상은 '브로카 실어증('표현성 실어증'이라고도 함)'을 초래하게 된다. 브로카 영역(Broca's area)이라는 명칭은 이 영역의 위치와 기능을 발견한 프랑스의 의사이자 인류학자 폴 브로카(Paul Broca: 1824~1880)의 이름을 따서 명명된 것이다.

브론펜브레너 Bronfenbrenner (1917~2005)

유리 브론펜브레너(Urie Bronfenbrenner). 러시아 태생의 미국 심리학자. 생태학적 체계 이론(ecological system theory)을 체계화하여 제시한 학자로, 이 이론은 인간발달에 관한 가장 영향력 있는 이론들 가운데 하나로 평가받고 있다. 이 이론을 통해, 브론펜브레너는 인간발달에 영향을 미치는 다섯 개의 환경 체계(미시 체계, 중간 체계, 외체계, 거시 체계, 시간 체계 등)를 제시하고 있다. '유리 브론펜브레너', 'Bronfenbrenner', 'Urie Bronfenbrenner' 등으로 표기하기도 한다.

비가역성 【非可逆性】 irreversibility

가역성 또는 가역적 사고 능력이 없는 상태. 내적(또는 정신적) 과정을 통해 어떤 특정한 활동을 역순으로 진행하면 처음의 상태로 되돌릴 수 있음을 이해하는 능력을 가역성(可逆性, reversibility)이라 하며, 이 말은 가역적 사고와 같은 의미로 사용된다. 이에 비해 가역성 또는 가역적 사고 능력이 없는(즉, 미발달의) 상태를 지칭하여 '비가역성'이라고 한다. 따라서 '비가역성' 수준이나 상태에 있는 아동은 내적 과정을 통해 어떤 특정한 활동을 역순으로 진행하면 처음의 상태로 되돌릴 수 있음을 이해하는 능력이 없다. 삐아제(Piaget: 1896~1980)의 인지발달 이론에서 제시하는 인지발달 4단계 중에서 두 번째 단계인 전조작기(preoperational stage: 2~7세 경까지의 시기)의 유아들은 아직 가역적 사고를 하지 못하는 '비가역성'의 수준에 머물러 있지만, 세 번째 단계인 구체적 조작기(operational stage: 7~11, 12세 경까지의 시기)의 아동들은 가역적 사고를 할 수 있게 된다. 이러한 사실은 구체적 조작기에 '가역성'이 발달하게 됨을 의미한다.

비계【飛階】scaffolding / scaffold

비계는 다음과 두 가지 의미로 사용된다. (1) 건축 현장이나 무대의 높은 곳에서 건축 공사나 무대 장치 조작 등을 원활히 할 수 있도록 설치된 임시 가설물. (2) 인지발달 및 문제 해결과 관련하여 러시아의 심리학자 비고츠키(Vygotsky: 1896~1934)가 사용한 주요 개념들 가운데 하나로, 과제나 문제 해결 과정에서 아동이 혼자서 해결할 수 있는 것보다 더 높은 수준의 사고를 통한 문제 해결을 돕기 위해, 아동보다 더 유능한 타인(예를 들면, 부모, 형제, 선배, 교사 등)이 현재 상황에서 아동이 나타내는 수준을 고려하여 이보다 더 높은 수준의 사고와 문제 해결을 할 수 있는 일시적인 틀을 제공하는 과정을 의미한다. (2)의 '비계'는 '사회적 비계(social scaffolding)'라는 표현과 같은 의미를 가지고 있으며, 두 표현 모두가 인지발달과 관련하여, 특히 비고츠키의 이론을 설명할 때 같은 의미로 사용된다. '비계'의 의미를 좀 더 자세히 살펴보자. 비계는 건축 과정에서 건물의 공사 진행 부분에 설치하는 철제 또는 목재의 가설물로, 공사 관계자들이 이동하거나 자재를 나르기 위해 설치한 일종의 통로이다. 일반적으로 비계는 현재 지어지고 있는 건축물의 건설 공사의 지점(위치)을 중심으로 설치된다. 다시 말하면, 10층짜리 건물을 짓는 공사에서 현재 진행되고 있는 건설 공사의 지점(위치)이 5층이라면 비계는 공사 중인 5층에 맞추어 설치된다. 당연한 말이지만, 그래야만 공사 중인 지점인 5층에 공사 관계자들이 필요한 자재를 나르고 또 그 자재들을 사용하여 공사를 진행할 수 있다. 학습자(또는 아동)의 인지발달과 관련하여 비고츠키가 사용한 비계(또는 발판화)의 개념도 마찬가지이다. 교육 과정에 참여하는 학습자를 가르칠 때 학습자의 현재 수준과 특성을 고려하여 어떤 도움을 제공하는 것이 적절한지를 결정하고 개입하는 것이 필요하고 또 합리적이라 할 수 있다. 이처럼 학습자의 학습이나 발달을 돕기 위해 학습자의 수준을 고려하여 제공할 도움의 수준과 방법을 결정하는 과정을 지칭하여 비계 또는 발판화라고 한다. '비계 설정'이라고도 한다. 비계를 실행하는 과정에서 학습자를 도와주기 위해 어느 정도의 개입(또는 참여)을 해야 하는 지를 결정하는 책임이 항상 교육자나 성인에게 있는 것은 아니다. 학습자의 학습 동기나 능동성 여부를 고려하여 학습 동기가 높고 능동적인 학습자의 경우에는 학습자가 스스로 문제 해결을 해갈 수 있는 가능성이 상대적으로 높기 때문에 교육자나 학습자의 개입 정도를 낮추는 것이 적절하다고 할 수 있다. 반대로 학습자가 학습 동기가 낮고 수동적인 자세를 가진 경우에는 스스로 문제 해결을 해갈 수 있는 가능성이 상대적으로 낮기 때문에 교육자나 성인이 좀 더 많이 개입하여 도움을 제공하는 것이 적절하다고 할 수 있다. 세부적으로 비계에는 현재 아동이 해결하고자 하는 과제나 문제의 목표 설정하기, 조력자가 과제나 문제를 해결하는 시범 보여주기, 아동이 직접 과제나 문제를 해결해 보기, 아동이 해결하는 과정에서 어려워하거나 안 되는 부분에 대해 도와주기 등과 같은 과정들이 포함된다. '비계'는 '비계설정' 또는 '발판화'라고도 한다.

비계설정【飛階設定】scaffolding

인지발달 및 문제 해결과 관련하여 러시아의 심리학자 비고츠키(Vygotsky: 1896~1934)가 사용한 주요 개념들 가운데 하나로, 과제나 문제 해결 과정에서 아동이 혼자서 해결할 수 있는 것보다 더 높은 수준의 사고를 통한 문제 해결을 돕기 위해, 아동보다 더 유능한 타인(예를 들면, 부모, 형제, 선배, 교사 등)이 현재 상황에서 아동이 나타내는 수준을 고려하여 이보다 더 높은 수준의 사고와 문제 해결을 할 수 있는 일시적인 틀을 제공하는 과정을 의미한다. '비계' 또는 '발판화'라고도 한다. CLICK 비계

비고츠키 Vygotsky (1896~1934)

레프 스메노비치 비고츠키(Lev Semenovich Vygotsky). 벨라루스 태생의 구소련 심리학자. 유태계 부모 밑에서 성장한 그는 1914년 모스크바 대학교에 입학하여 심리학을 비롯하여 법학, 철학, 예술 등의 분야를 공부하였고, 1925년(29세) 질병(결핵) 치료 중에 집필한 논문인 '예술심리학(The Psychology of Art)'으로 박사 학위를 받았다. 비고츠키는 인간은 사회·문화의 영향을 받아 발달하는 존재임을 강조하였다. 따라서 인간이 가지고 있는 추상적 사고 능력 및 언어 등의 고차적 정신 기능은 역사 및 사회적 기원을 가지고 있다고 보았다. 즉, 비고츠키는 아동이 이루는 추상적 사고, 세상에 대한 이해, 언어 등에서의 인지발달은 사회생활을 해가면서 타인들과의 상호작용을 통해 발달한다고 보았다. 이런 관점은 아동 자신이 능동적으로 세상을 탐구하고, 경험하고, 이해하면서 지식을 습득하는(즉, 능동적으로 자신의 인지발달을 이루어가는) 경향이 많은 존재로 보았던 스위스의 발달심리학자 삐아제(Piaget: 1896~1980)의 관점과 큰 차이를 보이는 부분이다. 비고츠키는 1934년(37세)에 결핵으로 사망하기 전까지 자신의 이론을 보완하고, 새로운 논문을 발표하기 위해 마지막 열정을 쏟은 것으로 알려져 있다. 짧은 생애 동안 이룬 그의 연구와 이론은 당대에는 큰 평가를 받지 못했을 뿐만 아니라 오히려 스탈린 정부 치하에서 탄압을 받기까지 했다. 이후 그의 이론과 연구 성과가 점차 서방세계에 알려지게 되었는데, 특히 1970년대 이후 오늘날에 이르면서 그의 이론은 삐아제의 이론과 함께 발달심리학과 교육심리학 등의 분야에서 두 개의 큰 축을 이루고 있다. 오늘날에 와서 학문적 측면에서뿐만 아니라 발달 및 교육 등의 측면에서 실제적인 큰 기여와 영향력을 발휘하고 있는 비고츠키의 이론은 그가 활동했던 동시대의 여러 유명 학자들—예를 들면, 프로이트, 파블로프, 삐아제, 손다이크, 스키너 등—에 비하면 당대에는 상대적으로 잘 알려지지 않았고, 영향력도 적었다. 그런 배경에는 먼저 비고츠키가 활동했던 구소련이 학문을 포함하여 사회 활동의 여러 측면에서 폐쇄적이고 억압적이었다는 점을 꼽을 수 있고, 또 프로이트와 스키너 등의 이론이 그 당시에 많은 사람들의 관심을 불러일으키거나 지지를 받음으로써 오랫동안 학문적 영향력을 갖게 되었다는 점, 그리고 무엇보다도 비고츠키 자신이 그의 연구 성과와 이론을 세상에 널리 알리기 전에 일찍 사망하게 되었다는 점 등이 주요 요인으로 작용했다. 비고츠키가 인간의 발달을 설명하기 위해 사용했던 주요 개념들로는 근접발달영역(zone of proximal development, ZPD), 비계(scaffolding: '발판화' 또는 '비계설정'이라고도 함) 등이 있다. 비고츠키는 심리학 분야 외에도 예술, 문학, 철학 등 다방면에 걸친 관심과 천재성 발휘하면서 37세라는 짧은 생애를 살았던 인물로, 간혹 그와 비슷하게 음악계에서 큰 업적을 이루며 짧은 생애를 살았던 천재 음악가 모차르트에 비유되곤 한다. 이런 이유에서 비고츠키를 '심리학의 모차르트'라고 부르기도 한다. 'Vygotsky'로 표기하기도 한다.

비공식적 교과과정 【非公式的 敎科課程】 informal curriculum

흔히 학교교육에서, 공식적인 교과과정이나 목표 이외의 목표들(예를 들면, 교통질서 준수, 어른 공경 및 예법, 사회적 관계에서의 규칙 준수와 협동 등)을 이루기 위해 진행하는 교과과정.

비공유적 환경 【非共有的 環境】 nonshared environment

'비공유 환경'이라고도 한다. CLICK 비공유 환경

비공유적 환경 경험 【非共有的 環境 經驗】 nonshared environmental experience

함께 살고 있는 가족 구성원들(예를 들면, 같은 부모에게서 태어나 함께 살고 있는 형제들)이 서로 공유하

발달 심리 용어 ㅂ

지 않는 환경을 지칭하여 '비공유적 환경(nonshared environment)'이라고 하고, 이런 비공유 환경을 접하고 경험하는 것을 '비공유적 환경 경험'이라고 한다. 삶의 과정에서 가족 구성원들이 각기 접하는 비공유적 환경과 경험은 그들의 발달에 서로 다른 영향을 미치게 된다. 함께 생활해온 형제들이 보이는 차이 가운데 일정 부분은 비공유적 환경 경험에서 비롯된 것이다. '비공유 환경 경험'이라고도 한다.

비공유적 환경 영향【非共有的 環境 影響】nonshared environmental influence

함께 사는 사람들(예를 들면, 형제들)이 서로 공유하지 않는 환경의 측면을 지칭하여 '비공유 환경(nonshared environment)'이라고 하고, 비공유 환경을 접하고 경험해가는 과정에서 받는 영향을 '비공유 환경 영향'이라고 한다. 가족 구성원들이 보이는 발달적 차이 또는 개인차 가운데 일정 부분은 비공유 환경 영향에서 비롯된 것이다. '비공유 환경 영향'이라고도 한다.

비공유 환경【非共有 環境】nonshared environment / unshared environment

함께 살고 있는 가족 구성원들(예를 들면, 같은 부모에게서 태어나 함께 살고 있는 형제들)이 공유하지 않는 환경. 흔히 사람들은 같은 부모에게서 태어나 한 가정에서 생활하는 형제들은 발달 환경 면에서 같다고 생각하기 쉽다. 하지만 그런 통념과 달리 함께 살아가고 있는 형제들이지만 서로 공유하지 않는 다양한 많은 환경들이 존재한다. 이처럼 함께 사는 사람들이 서로 공유하지 않는 환경의 측면을 지칭하여 비공유 환경이라고 한다. 예를 들면, 형제들이 각기 학교나 사회에서 만나는 또래들이나 선생님과 같은 환경 측면들은 서로 다르기 때문에 각각의 형제에 따라 고유한 환경적 측면이 된다. 이와 같은 비공유 환경을 통해 형제들은 서로 다른 경험을 하게 되고, 또 그로부터 서로 다른 영향을 받게 된다. 비공유 환경과 경험 및 영향의 차이는 형제들 간의 차이를 가져오는 주요 요인으로 작용한다. 비공유 환경이 인간의 발달에 영향을 미친다는 것은 다양한 자료들을 통해 확인할 수 있지만, 그 중에서도 일란성 쌍생아들에 관한 연구에서 나온 자료들은 좋은 보기가 될 수 있다. 일반적으로 일란성 쌍생아들은 이란성 쌍생아들이나 일반적인 형제들에 비해 발달의 전반적인 측면들에서 더 유사하다. 즉, 일란성 쌍생아들은 키, 체중, 지능, 성격, 공격성, 정서, 정신 장애 등과 같은 신체적, 심리적 및 행동적 측면 등 발달의 전반에서 이란성 쌍생아들이나 일반적인 형제들에 비해 더 높은 유사성을 보인다. 하지만 일란성 쌍생아들이 나타내는 발달이 완전히 동일한 것은 아니다. 그 차이는 어디서 비롯되는 것일까? 일란성 쌍생아들은 유전적으로 동일하다. 그렇다면 일란성 쌍생아들이 보이는 차이는 환경에서 비롯된 것이라고 말할 수 있다. 환경 중에서도 같은 부모, 같은 집에서의 거주 등과 같은 공유 환경이 아니라 서로 공유하지 않은 비공유 환경이 이들의 발달적 차이(또는 개인차)를 만든 것이라고 볼 수 있다. 한편 비공유 환경은 '비공유적 환경'이라고도 한다.

비공유 환경 경험【非共有 環境 經驗】nonshared environmental experience

'비공유적 환경 경험'이라고도 한다.

CLICK 비공유적 환경 경험

비공유 환경 영향【非共有 環境 影響】nonshared environmental influence

'비공유적 환경 영향'이라고도 한다.

CLICK 비공유적 환경 영향

비기질성【非器質性】nonorganic

'비기질적'과 같은 의미로 사용된다.

CLICK 비기질적

비기질성 성장 실패【非器質性 成長 失敗】nonorganic failure to thrive

'비기질적 성장 장애'와 같은 의미로 사용된다.

CLICK 비기질적 성장 장애

비기질성 성장 장애【非器質性 成長 障碍】nonorganic failure to thrive

'비기질적 성장 장애'와 같은 의미로 사용된다.

CLICK 비기질적 성장 장애

비기질적【非器質的】nonorganic

'생물체(또는 유기체)의 생물학적 기관(器官)이나 조직과 관련된'이라는 의미를 나타낼 때 사용하는 말이 '기질적(器質的, organic)'이라는 표현이고, 이와 반대의 의미를 가진 말이 '비기질적'이라는 표현이다. 즉, '비기질적(非器質的, nonorganic)'이라는 말은 '생물체(또는 유기체)의 생물학적 기관(器官)이나 조직과 관련이 없는'이라는 의미를 가지고 있다. '비기질적인', '비기질성' 또는 '비기질성의' 등의 표현들과 같은 의미로 사용된다.

비기질적 성장 실패【非器質的 成長 失敗】nonorganic failure to thrive

'비기질적 성장 장애', '비기질성 성장 장애' 또는 '비기질성 성장 실패'라고도 한다.

CLICK 비기질적 성장 장애

비기질적 성장 장애【非器質的 成長 障碍】nonorganic failure to thrive

비기질적 요인에 의해 초래되는 성장 장애. 구체적으로 비기질적 성장 장애란 분명한 질병이나 생물학적 요인이 존재하지 않는 상황에서, 애정의 결핍이나 정서적 박탈 또는 스트레스, 그리고 그 과정에서 나타나는 취약한 섭식 행동 등과 같은 일련의 비기질적(非器質的)인 요인들에 의해 성장이 지체되거나 멈추는 장애를 말한다. 이 장애를 가진 아동들은 적절하고 충분한 섭식 행동을 하는 데 어려움을 보이며, 그로 인해 초래되는 영양 부족이 성장 장애로 나타나는 경우이다. 많은 학자들은 이 장애를 가진 아동들에게서 영양 부족과 성장 장애를 초래하는 취약한 섭식 행동의 원인은 부모(또는 양육자)와 아동과의 관계, 특히 부모가 아동에 대해 나타내는 행동과 관련이 많은 것으로 보고 있다. 즉, 이 부모들은 아동과의 관계에서 애정적이고 친밀한 행동을 하기보다는 차갑고 비애정적이며 학대적인 태도와 행동을 보이는 경향이 있으며, 그러한 태도와 행동은 아동들에게 심리적, 행동적 및 신체적 위축을 초래하고, 나아가 섭식 행동을 어렵게 하거나 제한하는 결과로 이어지게 된다고 설명한다. 보통 생후 18개월경에 나타난다. '비기질성 성장 장애', '비기질적 성장 실패' 또는 '비기질성 성장 실패'라고도 한다.

비네 Binet (1857~1911)

알프레드 비네(Alfred Binet). 프랑스의 심리학자. 최초의 지능 검사를 개발한 학자로 지능 검사의 아버지로 불리며, 또한 발달심리학의 발전에 기여한 초기 발달심리학자 가운데 한 명으로 평가받고 있다. 프랑스 교육부로부터 정규 학교 교육을 받기 어려운 학생들을 선별해 낼 수 있는 검사를 만들어 달라는 의뢰를 받은 후, 1905년 시어도어 시몬(Theodore Simon: 1872~1961)과 함께 최초의 지능 검사를 개발하였다. 또한 아동의 사고, 기억 및 언어의 발달에 관해 연구하였고, 이를 통해 아동과 성인의 사고 간에는 질적인 차이가 있음을 제시하기도 하였다. '알프레드 비네', 'Binet', 'Alfred Binet' 등으로 표기하기도 한다.

비네-시몬 검사【비네-시몬 檢査】Binet-Simon test

알프레드 비네(Alfred Binet: 1857~1911)와 시어도어

시몬(Theodore Simon: 1872~1961)이 프랑스 교육부로부터 정규 학교 교육을 받기 어려운 학생들을 선별해 낼 수 있는 검사를 만들어 달라는 의뢰를 받은 후, 1905년에 개발한 최초의 지능 검사.

비대칭성 긴장성 목 반사【非對稱性 緊張性 목 反射】asymmetric tonic neck reflex (ATNR)

인간이 선천적으로 가지고 태어나는 반사들 가운데 하나로, 생후 초기에 영아를 눕혀 놓은 상태에서 머리를 좌측이나 우측 가운데 어느 한 쪽을 향하도록 돌려놓으면 아기는 얼굴이 향하는 쪽의 팔을 곧게 뻗는 동작을 취하면서 다른 쪽의 팔은 구부리는 동작을 나타내는데, 이와 같은 선천적인 반사 행동을 '비대칭성 긴장성 목 반사'라고 한다. 이 반사의 명칭에 '비대칭성(asymmetric)'이라는 표현이 붙은 이유는 이 반사를 일으키는 아기의 자세(또는 신체 동작의 모습)가 신체 좌측과 우측 간에 비대칭을 이루기 때문이다. 이 반사는 생후 초기에 아기가 옆으로 눕거나 엎드린 자세에서 원활한 호흡을 위한 기도 확보에 도움을 주는 기능을 한다. 비대칭성 긴장성 목 반사는 간단히 '긴장성 목 반사(tonic neck reflex)'또는 '긴장성 경 반사'라고도 한다. 또한 '긴장성 목 반사'를 나타내는 영어 표현의 발음을 따서 '토닉 넥 반사'라고도 하며, 이 반사를 일으키는 아기의 동작(자세)이 마치 스포츠 종목의 하나인 펜싱을 하는 사람의 모습과 비슷하기 때문에 '펜싱 반사(fencing position reflex)'라고 부르기도 한다. 대부분의 다른 선천적 반사들처럼, 이 반사도 생후 약 4~6개월이 지나면서 점차 사라진다.

비드키드 vidkid

'비디오 게임(video game)에 몰두하는(빠진) 아동'을 지칭하는 표현이다.

비렘 수면【非렘 睡眠】non-REM sleep / NREM sleep

인간의 수면 단계는 크게 다섯 단계로 구분할 수 있는데, 그 중 신체가 혼수상태를 보이면서 수면자가 빠른 안구 운동(REM, 렘)과 함께 선명한 꿈을 꾸는 수면 단계를 렘수면(REM sleep) 또는 렘수면 단계라고 한다. 이러한 렘수면 단계 이외의 다른 수면 단계들을 지칭할 때 '비렘 수면' 또는 '비렘 수면 단계'라고 한다. 이 단계들에서는 빠른 안구 운동이 나타나지 않으며, 또한 이 단계에서의 꿈은 렘수면 단계에서 꾸는 꿈에 비해 생생함이나 선명도가 상대적으로 낮은 경향이 있다. '논렘 수면'이라고도 한다.

비렘 수면 꿈【非렘 睡眠 꿈】NREM dream

비렘 수면(NREM sleep) 단계에서 꾸는 꿈. 흔히 이 단계에서 꾸는 꿈은 렘수면(REM sleep) 단계에서 꾸는 꿈에 비해 상대적으로 꿈 내용의 생생함이나 선명함이 덜하고 기억이 잘 안 되는 특징이 있다. '논렘 수면 꿈'이라고도 한다.

비만【肥滿】obesity

개인의 키, 나이, 성별 등과 관련하여 설정하고 있는 이상적인 체중의 범위를 과도하게 초과한 상태로, 특히 체중을 구성하고 있는 체지방의 과다가 문제가 된다. 흔히 현재의 체중이 이상체중의 20% 이상을 초과한 상태를 비만으로 본다. 신진 대사 및 생활 기능에서 다양한 장애를 초래할 뿐만 아니라 고혈압, 당뇨병, 심장 질환 등과 같은 각종 성인병의 원인이 된다. 오늘날에는 '비만'을 하나의 질병으로 보는 시각이 많아지고 있다. '비만증(肥滿症)'이라고도 한다.

비만인【肥滿人】obese

이상적인 체중을 초과하여 과도하게 살이 찐 사람. 일반적으로 이상적인 체중에 비해 20% 이상을 초과한 사람을 말한다.

비만증【肥滿症】obesity

'비만'이라고도 한다. CLICK 비만

비변별적 애착 단계【非辨別的 愛着 段階】phase of indiscriminate attachment

루돌프 셰퍼(Rudolph Schaffer)와 페기 에머슨(Peggy Emerson)은 출생 시부터 18개월까지의 영아들을 대상으로 애착발달에 관한 연구를 진행하였고, 그 결과를 바탕으로 영아가 양육자 및 다른 사람들에게 형성하는 애착의 발달 양상을 4개의 단계(애착의 비사회적 단계, 비변별적 애착 단계, 특정인 애착 단계, 다수인 대상 애착 단계)로 구분하였다. 그 중에서 두 번째인 '비변별적 애착 단계'는 생후 약 6주부터 7개월까지 기간으로, 이 기간의 영아는 물건이나 장난감과 같은 비사회적 대상이나 자극들에 비해 사회적 자극인 사람들을 더 선호하는 경향을 나타낸다. 사회적 자극들 가운데서도 양육자 및 가족과 같은 친숙한 대상들과의 상호작용과 반응이 좀 더 긍정적인 것으로 보이지만, 전반적으로 양육자를 포함한 친숙한 사람들과 친숙하지 않은(낯선) 사람들을 특별히 구분하여 반응하지는 않는 것으로 보인다. 그저 사회적 자극인 사람들의 관심과 주목 자체를 즐기는 경향이 있는 것으로 보인다.

비사회적 단계【非社會的 愛着 段階】asocial phase

애착 발달 과정에서 생후 초기 약 6주까지의 기간. 이 기간에 영아는 사회적 자극(또는 대상)과 비사회적 자극(또는 대상)을 구분하지 않고 흥미로운 자극에 대해 동등하게 관심과 호의적 반응을 나타낸다. 루돌프 셰퍼(Rudolph Schaffer)와 페기 에머슨(Peggy Emerson)은 출생 시부터 18개월까지의 영아들을 대상으로 애착발달에 관한 연구를 진행하였고, 그 결과를 바탕으로 영아가 양육자 및 다른 사람들에게 형성하는 애착의 발달 양상을 4개의 단계(애착의 비사회적 단계, 비변별적 애착 단계, 특정인 애착 단계, 다수인 대상 애착 단계)로 구분하였다. 그 중에서 첫 번째가 '애착의 비사회적 단계(asocial phase of attachment)'로, 이를 간단히 나타낸 표현이 '비사회적 단계'이다.

비사회적 활동【非社會的 活動】nonsocial activity

아동들의 활동 또는 놀이의 한 형태로, 사회적인 관계나 교류가 없는 상태에서 이루어지는 활동이나 놀이. 예를 들면, 혼자놀이, 다른 아이들의 놀이나 활동을 쳐다보기 등과 같은 활동들이 포함된다.

비연속성【非連續性】discontinuity

발달과학 또는 발달심리학 분야에서 사용하는 개념 가운데 하나로, '발달(또는 발달적 변화)은 연령에 따라 큰 차이를 보이면서 변화하기 때문에 앞의 단계와 뒤의 단계가 질적으로 서로 다르게 구분되는 경향(또는 특징)'이 있음을 의미한다. 이와 반대로, 연속성(連續性, continuity)의 개념은, '발달(또는 발달적 변화)은 연령에 따라 질적 차이가 아니라 양적으로 점진적인 변화를 보이며 진행되는 경향(또는 특징)'이 있음을 의미한다.

비의식【非意識】nonconsciousness

'자기 자신이나 세상에서 일어나는 일들에 대한 인식이나 의식이 결여된'이라는 의미를 가진 표현인 '비의식의(nonconscious)'의 명사형으로, '자기 자신이나 세상에서 일어나는 일들에 대한 인식이나 의식의 결여'라는 의미를 갖는 표현이다. '무의식(無意識, unconsciousness)'과 같은 의미를 가진 말이다.

비참여 관찰【非參與 觀察】non-participant observation

관찰자(연구자)가 관찰 대상자(들)의 집단에 참여하거나 개입하는 일 없이 관찰 대상자들의 행동이나 특징만을 관찰하는 방법. '비참여 관찰법'이라고 한다.

비참여 관찰법【非參與 觀察法】non-participant observation

연구 방법의 하나인 관찰법(observation method)은 연구 참여자를 관찰하여 연구를 위한 자료를 수집하는 방법을 말한다. 비참여 관찰법은 관찰법의 여러 가지 하위 유형들 가운데 하나로, 관찰자(연구자)가 관찰 대상자(들)의 집단에 참여하거나 개입하는 일 없이 관찰 대상자들의 행동이나 특징만을 관찰하는 방식의 관찰법. '비참여 관찰'이라고 한다. 이와는 달리, 관찰자(연구자)가 관찰 대상자가 포함되어 있는 집단에 참여하여 함께 생활하면서 관찰 대상자가 나타내는 행동이나 특징을 관찰하는 방법을 '참여 관찰법(participant observation)' 또는 '참여 관찰'이라고 한다.

비평형【非平衡】disequilibrium

삐아제(Piaget: 1896~1980)가 인지발달을 설명하기 위해 사용한 주요 개념들 가운데 하나로, 개인의 인지구조(도식이나 개념)와 새로이 접한 사상(事象: 사건이나 현상 또는 대상) 간의 불일치가 존재하는 상태를 말한다. '비평형'과는 반대로, 개인의 인지구조와 사상 간의 모순이나 불일치가 없이 균형 있고 조화로운 상태를 지칭하여 '평형(equilibrium)'이라고 한다. 개인의 인지구조와 현재 경험하고 있는 사상 간의 불일치나 모순이 발생하고 있는 상태인 비평형 상태에 처한 개인은 인지적 불안정 또는 인지적 갈등에 놓이게 되는데, 이것은 일종의 인지적 부적응 상태로 개인은 이 상태에서 벗어나려는 동기를 갖게 된다. 즉, 개인은 현재 자신이 접하고 있는 사건이나 대상에 대한 비평형 상태에서 벗어나 잘 이해하고 적응할 수 있는 상태인 인지적 '평형' 상태를 추구하게 된다. 하지만 개인은 자신이 가지고 있는 인지구조(도식이나 개념)를 가지고서는 현재 접하고 있는 사건이나 대상을 이해하고 적응하는 것이 어렵다는 것을 알게 된다. 기존의 인지구조를 가지고는 현재 접하고 있는 상황을 이해하고 적응할 수 없는 상태에 처한 것이다. 이 상황에서 개인이 선택할 수 있는 대안은 현재 접하고 있는 사건이나 대상에 대한 이해와 적응을 이루지 못하는 기존의 인지구조를 바꾸거나 확장하는 것이다. 구체적으로 새로운 도식이나 개념을 도입하여 현재 접하는 사건이나 대상에 대한 이해와 적응을 하는 것이다. 삐아제는 이처럼 기존의 도식이나 개념을 바꾸거나 새로운 도식이나 개념을 도입하는 인지적 적응 또는 인지적 변화의 과정을 지칭하여 '조절(accommodation)'이라고 하였다. 개인은 '조절' 과정을 통해 비로소 인지적 안정 상태인 '평형' 상태에 도달하게 된다. 이와 같이 인지적 비평형 상태로부터 평형 상태로의 이행 과정을 '평형화'라고 하며, 이를 통해 세상에 대한 이해와 적응의 능력(즉, 인지 능력)은 더욱 향상된다. 즉, '인지발달(cognitive development)'이 이루어지게 되는 것이다. 건강한 개인의 경우에 '평형화' 과정을 통한 인지발달은 평생 동안 계속된다. '불평형(不平衡)'이라고도 한다.

비합리성【非合理性】irrationality

이성적인 사고와 이론에 부합하지 않는 특성이나 경향.

비합리적 사고【非合理的 思考】irrational thinking

정서적 및 행동적 혼란과 부적응을 초래하는 비이성적인 사고 또는 생각. '비합리적 신념'과 비슷한 의미로 사용된다.

비합리적 신념【非合理的 信念】irrational belief

정서적 및 행동적 혼란과 부적응을 초래하는 비이성적인 신념 또는 믿음. '비합리적 사고'와 비슷한 의미로 사용된다.

비행 【非行】 delinquency

그릇되거나 잘못된 행동. 구체적으로 교육적, 사회·윤리적, 문화적 또는 법적 측면에서의 위반 행동이나 그릇된 행동. '비행 행동'이라고도 한다. 한편 범죄(犯罪, crime)는 법적 측면에서의 위반 행동으로 넓은 의미에서 비행의 일부분으로 분류할 수 있다.

비행 소년 【非行 少年】 juvenile delinquent

좁은 의미에서는 비행을 저지른 소년을 말하며, 넓은 의미에서는 과거에 비행을 저질렀거나 비행을 저지를 위험이 있는 소년까지를 포괄하여 지칭한다. '비행 청소년'이라고도 한다.

비행 청소년 【非行 靑少年】 juvenile delinquent

'비행 소년'이라고도 한다. CLICK 비행 소년

빅토르 프랭클 Viktor Frankl (1905~1997)

빅토르 에밀 프랭클(Viktor Emil Frankl). 유태계 오스트리아의 정신의학자, 신경학자. 의미 치료(logotherapy)의 창시자이다. 제2차 세계대전 시 나치에 의한 유태인 대학살 현장인 아우슈비츠에 수용되어 온갖 고초를 겪은 후 극적으로 생존하였으며, 그 경험을 바탕으로 심리 치료 이론인 '의미 치료'를 창시하였다. '프랭클', '프랑클', '빅토르 프랭클', '빅터 프랭클', '빅토르 에밀 프랭클', 'Frankl', 'Viktor Frankl', 'Viktor Emil Frankl' 등으로 표기하기도 한다.

빅토르 에밀 프랭클 Viktor Emil Frankl (1905~1997)

유태계 오스트리아의 정신의학자, 신경학자. 의미 치료의 창시자. '프랭클' 또는 '빅토르 프랭클'이라고도 한다. CLICK 빅토르 프랭클

빅 파이브 Big Five

'5요인 모델'에서 제시하는 기본적인 5가지 성격 요인. 구체적으로 외향성(extraversion, E), 성실성(conscientiousness, C), 우호성(agreeableness, A), 신경증적 성향(neuroticism, N), 경험에 대한 개방성(openness to experience, O) 등 5가지 성격 요인을 말한다. CLICK 5요인 모델

빈둥지 증후군 【빈둥지 症候群】 empty nest syndrome

자녀가 성장하는 동안 자녀 양육과 발달적 지원 등의 역할을 하던 주부(또는 어머니)가 자녀가 성인으로 장성하여 더 이상 부모의 도움을 필요로 하지 않거나 결혼하여 부모의 곁을 떠나게 됨에 따라 커다란 상실감을 경험하거나 자신의 정체감(正體感, identity)에 대하여 큰 혼란을 경험하게 되는 심리적인 부적응 상태에 빠지게 되는 경우가 많은데, 이러한 현상을 '빈둥지 증후군'이라고 한다. '공소 증후군(空巢 症候群)'이라고도 한다.

빠른 안구 운동 【빠른 眼球 運動】 rapid eye movement (REM)

수면 중에 안구(눈알)가 빠르게 움직이는 현상. 수면 단계 가운데 '렘수면 단계'에서 나타나는 현상으로, 이 단계에서 수면자는 '빠른 안구 운동' 현상을 나타내며, 동시에 대부분 선명한 꿈을 꾼다. '급속 안구 운동', '빠른 눈 운동' 또는 '렘(REM)'이라고도 한다.

빠른 안구 운동 수면 【빠른 眼球 運動 睡眠】 rapid eye movement sleep / REM sleep

'렘수면' 또는 '빠른 눈 운동 수면' 이라고도 한다. CLICK 렘수면

빨기 반사【빨기 反射】sucking reflex

인간이 선천적으로 가지고 태어나는 반사들 가운데 하나로, 신생아의 입에 자극이 가해지면 그것이 무엇이든 자동적으로 빠는 반사 행동을 나타내는데, 이와 같은 선천적인 반사 반응을 '빨기 반사'라고 한다. 빨기 반사는 엄마의 젖을 빠는 것을 포함한 섭식(또는 영양 섭취)을 위해 꼭 필요한 행동으로 생후 초기의 적응과 생존에 있어 매우 중요한 기능을 하는 반사이다. 시간이 경과해 가면서 점차 사라지는 다른 많은 선천적인 반사들처럼, 빨기 반사도 출생 후 3개월 무렵이 되면 점차 사라지고, 그 이후에는 후천적으로 새로이 학습한 빨기 행동이 앞서 사라진 선천적인 빨기 반사를 대체하게 된다.

삐아제 Piaget (1896~1980)

장 삐아제(Jean Piaget). 스위스 태생의 심리학자. 대학에서 동물학을 전공하였고, 21세에 연체동물에 관한 논문으로 박사 학위를 받았다. 동물들의 환경 적응과 변화 과정을 연구하면서 인간이 세상에 대해 알게 되는 지식이 어떻게 생겨나는지, 즉 지식의 기원에 많은 관심을 갖게 되었다. 이와 같은 배경 속에서 삐아제는 '발생학적 인식론'적 관점을 바탕으로 아동의 인지발달에 관한 오랜 연구 활동을 통해 유명한 그의 '인지발달 이론(theory of cognitive development)'을 발전시켰다. 삐아제의 인지발달 이론은 출생 이후 이루어지는 인지발달을 세마(scheme: 도식), 동화(assimilation), 조절(accommodation) 그리고 평형화(eqilibration) 등의 개념과 원리를 사용하여 설명하고 있으며, 연령에 따른 인지발달의 내용과 특징을 감각운동기, 전조작기, 구체적 조작기, 형식적 조작기 등 모두 4개의 단계로 나누어 설명하고 있다. 삐아제가 인간의 인지발달에 집중하여 오랜 연구를 진행하게 된 주요 계기는 프랑스의 심리학자로서 최초의 지능 검사를 개발(1905)한 학자로 평가받고 있는 알프레드 비네(Alfred Binet: 1857~1911)의 연구소에서 활동했던 경험에서 비롯되었다. 삐아제는 당시 비네연구소에서 개발하고 사용했던 지능 검사에서 아동들이 나타낸 연령에 따른 일관된 정답과 오답 반응 경향을 보게 되었고, 이를 통해 연령에 따라 인지 수준(또는 인지 능력)이 질적으로 다르다는 생각을 하게 되었다. 이런 경험이 그의 '인지발달 이론'의 바탕이 되었다. 삐아제는 심리학, 특히 발달심리학의 인지발달 분야에서 가장 영향력 있는 학자 가운데 한 명으로 평가받고 있다. 특히 아동이 문제를 이해하고 해결하는 인지 능력의 발달을 연구하고, 이를 바탕으로 가장 영향력 있는 이론을 체계화한 선구적인 학자로, 또한 현대의 인지발달 분야에 관한 연구의 주요 기초를 마련한 학자로 평가받고 있다. 연구 방법 면에서도 아동을 대상으로 간단하면서도 창의적인 연구 방법을 사용한 학자로 유명하다. 삐아제가 인지발달 연구를 수행하는 과정에서 그의 세 자녀들을 대상으로 세심한 관찰과 실험을 진행했다는 것은 또 하나의 유명한 일화로 남아 있다. 이처럼 삐아제는 인지발달에 관한 선구적인 연구와 새로운 관점 및 이론 제시를 통해 인간의 인지 및 인지발달을 이해하는 데 큰 공헌을 하였다. 삐아제의 학문 영역을 일컬어 발생학적 인식론(genetic epistemology)이라고도 하며, 그의 연구 성과와 이론은 심리학뿐만 아니라 교육학 및 철학을 포함한 많은 분야에 지대한 영향을 미쳤다. 다른 한편으로는 지난 수십 년에 걸쳐 삐아제의 관점과 이론을 검증하기 위한 수많은 연구들이 진행되었는데, 그 연구들 가운데는 삐아제의 관점과 이론을 지지하는 결과를 제시한 연구들이 있는가 하면, 반대로 삐아제의 관점과 이론이 정확하지 않았음을 보여주는 연구들도 있었다. 이런 후속 연구 결과들은 삐아제 이론에 대한 대안적인 이론(예를 들면, 신삐아제 이론)들이 출현하는 계기가 되었다. 프랑스어 발음에 따라 '삐아제', '장 삐아제' 또는 '장 삐아제' 등으로 표현하는 경우가 많으며, 영어식 발음에 따라 '피아제' 또는 '진 피아제', '장 피아제'라고도 한다. 'Piaget', 'Jean Piaget'로 표기하기도 한다.

삐아제의 인지발달 이론【삐아제의 認知發達 理論】 Piaget's theory of cognitive development / Piaget's cognitive development theory

스위스의 심리학자인 장 삐아제(Jean Piaget: 1896~1980)가 제시한 인지발달의 원리와 연령에 따른 인지적 변화의 내용과 특징을 설명하는 이론이다. 이 이론에서는 출생 이후 이루어지는 인간의 인지발달을 도식(scheme: 셰마), 동화(assimilation), 조절(accommodation), 평형화(equilibration) 등의 개념과 원리를 사용하여 설명하고 있다. 또한 연령에 따른 인지발달의 내용과 특징을 감각운동기(sensorimotor stage), 전조작기(preoperational stage), 구체적 조작기(concrete operational stage), 형식적 조작기(formal operational stage) 등 모두 4개의 단계로 분류하여 설명하고 있다. 삐아제의 인지발달 이론은 삶의 과정을 통해 끊임없이 반복적으로 진행되는 동화와 조절의 과정을 통해 인지발달이 이루어지고, 이런 과정을 통해 발달하는 인지 능력과 수준에서의 차이는 행동 및 정서적 경험과 밀접하게 연관된다는 사실을 알려주고 있다. 이처럼 삐아제의 인지발달 이론은 인간의 인지가 연령에 따라 어떤 과정을 통해 발달해가는지에 대한 깊이 있고 풍부한 이해를 할 수 있도록 도와주었고, 또한 인지가 행동 및 정서와 같은 다른 심리적 영역들과도 밀접하게 관련된다는 것을 이해하는 데 많은 도움을 주었다. 삐아제 이론의 공헌점과 제한점(이론에 대한 도전)에 대해 좀 더 구체적으로 알아보면 다음과 같다. 먼저, 인지 및 인지발달 분야에 대한 삐아제의 연구와 이론의 주요 공헌점으로 다음의 몇 가지를 들 수 있다. (1) 삐아제는 인지발달에 관한 선구적이고 창의적인 연구와 접근을 통해 중요한 발달 영역이자 연구 분야의 하나인 '인지발달' 분야를 확립하는 계기를 마련하였고, 이후 이 분야에 관한 수많은 후속 연구가 이루어지도록 자극하였다. (2) 아동의 인지(능력)와 성인의 인지(능력)는 질적으로 다르기 때문에 성인의 인지에 대한 연구를 통해 도출한 개념이나 결론을 그대로 아동에게 적용하는 것은 적절하지 않음을 이해하는 계기가 되었다. 즉, 삐아제 연구와 이론을 통해, 아동의 인지는 성인의 인지의 연속선 상에서 그 차이를 비교하고 이해할 수 있는 것이 아니라는 점을 이해할 수 있게 되었다. (3) 아동은 세상에 대한 많은 호기심을 가지고 있고 능동적으로 세상을 탐구하는 존재로서, 이러한 특성들은 아동 자신의 인지발달을 이루어가는 중요한 토대가 된다는 점을 이해하도록 해주었다. 즉, 아동은 자신의 인지발달 과정에서 가장 중요한 능동적인 기여자라는 것이다. (4) 삐아제의 이론은 인지발달 과정에서 나타나는 변화와 특징을 기술하는 데 그치지 않고, 그런 변화와 특징이 나타나도록 만드는 원인(또는 요인)을 설명하려고 하였다. (5) 인지 및 인지발달에 대한 삐아제의 선구적이고 창의적인 연구와 이론은 발달심리학뿐만 아니라 교육학, 유아교육, 아동학 등 많은 학문 분야에 영향을 미쳤고, 후대의 많은 연구자들이 삐아제의 연구 및 이론과 관련된 수많은 후속 연구를 수행하도록 자극하였다. 나아가 삐아제의 관점과 이론을 바탕으로 한 수많은 발달 및 교육 프로그램이 개발될 수 있는 기반이 되었다. 한편 삐아제의 연구와 이론에 대해 제기되고 있는 한계점은 다음과 같다. (1) 삐아제의 연구는 소수의 아동을 대상으로 진행되었기 때문에 그의 연구 결과와 이론을 아동 전체에게로 일반화하는 것은 무리가 있다는 견해가 제시되어 왔다. 즉, 삐아제의 연구는 주로 그의 세 자녀와 소수의 아동들을 대상으로 이루어졌으며, 이들에게 인지 능력과 발달을 검사하기 위해 제시된 문제와 질문들의 제시가 아이들의 반응에 따라 달라지기도 했기 때문에 연구 방법 및 도구의 신뢰도가 높지 않다는 것이다. 따라서 이런 방법과 도구를 사용하여 얻은 연구 결과를 전체 아동들에게로 일반화하는 데에는 무리가 있다는 것이다. (2) 삐아제는 아동의 능력과 수행을 구분하지 못했거나 구분하지 않은 오류를 범했다는 지적도 제기되어 왔다. 즉, 삐아제는 '인지 능력'을 인지과제를 해결하는 수행을 통해 확인하는 접근을 취하였다. 하지만 인지 능력과 수행이 항상 일치하는 것은 아니기 때문에 인지 능력은 있지만(발달되었지만) 수행을 하지 않거나 못할 뿐인 경우에는 삐아제의 접근법이 적합하지 못하다는 것이다. 인지 능력은 있지만 과제 해결을 위한 수행을 하지 않거나 수행을 해내지 못하는 경우도 있기 때문에, 인지 능력과 수행을 동일시한 삐아제는 아동들의 인지 능력을 실제보다 과소평가하는 오류를 범했다는 지적이다. 이와 같이 삐아제를 비판하는 학자들은 대상 영속성 개념이나 보존 개념 등의 인지 능력 발달은 삐아제가 제시한 연령보다 더 일찍 발달한다고 주장한다. 이런 문제 제기는 인지 능력과 수행을 동일시했던 삐아제가 사용한 수행 과제와 관련이 있다. 삐아제 비판론자들은 삐아제가 사용한 방식의 과제 제시가 아닌, 다른 방식의 과제를 사용한다면 삐아제가 생각했던 것보다 아이들의 인지 능력이 더 일찍 발달한다는 것을 알 수 있다고 주장한다. 즉, 이들은 아이들의 인지 능력은 삐아제가 생각한 것보다 더 일찍 발달한다고 보고 있다. 이외에도 삐아제가 제시한 각각의 인지발달 단계(4단계) 내에서 아동들이 나타내는 사고가 삐아제가 생각했던 것보다 일관적이지 못하다는 점, 개인들에 따라 인지발달의 특정 단계(예를 들면, 형식적 조작기)에 도달하지 못하는 경우도 있다는 점, 인지발달에 대한 사회문화적 영향을 중요하게 고려하지 않았다는 점, 그리고 인지발달의 한 단계에서 다음 단계로의 이행 기제에 대한 적절하고 충분한 설명을 하지 못했다는 점 등이 삐아제 연구와 이론에 대한 한계점으로 제기되어 왔다.

사건 기억【事件 記憶】event memory

사건에 대한 기억. 기억 중에서 장기 기억(long-term memory)의 한 형태로, 과거에 있었던 일이나 사건에 대한 기억을 말한다.

사건 도식【事件 圖式】script

도식(圖式, schema)의 한 형태로, 패스트푸드점에서 식사하기, 지하철 타기, 산책하기 등과 같은 친숙한 어떤 상황에서 이루어지는 사건의 전형적인 순서(또는 절차)에 대한 일반적인 도식(또는 표상). 즉, 사건 도식이란 생활 속의 친숙한 특정 상황에서 일반적으로 일어나는 행동 시나리오에 대한 도식 또는 표상을 의미한다. '스크립트'라고도 한다.

사례사【事例史】case history

특정 사례(또는 개인)에 대한 과학적인 이해를 위해 그 사례에 대한 검사, 인터뷰, 주변 인물들의 증언, 관찰 등을 통해 나온 자료를 포함하여 그 사례에 관한 이용 가능한 모든 정보들의 체계적인 수집과 기록을 의미한다. 구체적으로 분야에 따라 다음과 같은 의미로 사용된다. (1) (임상심리학이나 정신의학과 같은 진단 및 치료 관련 분야에서) 환자(또는 개인)의 정신 건강이나 정신 장애 또는 질병 발생과 관련된 개인의 역사, 즉 어떤 개인의 현재 상태와 관련된 과거서부터 현재에 이르기까지의 건강력 또는 병력(病歷)을 말한다. (2) (발달심리학이나 인간발달 등과 같은 발달 과학 분야에서) 임신 시점에서부터 출생 후 현재에 이르기까지의 발달의 역사 또는 생활사(life history)를 의미한다. 여기에는 개인의 가족 배경, 가정환경, 사회경제적 지위, 교육의 과정과 정도, 주요 생활사건, 질병이나 건강 문제 등에 관한 내용이 포함된다.

사례 연구【事例 研究】case study

소수의 사례(개인이나 집단 또는 프로그램 등)를 대상으로 체계적이고 심층적으로 자료(또는 정보)를 수집하여 연구하는 방법. 심리학이나 사회학 등과 같은 사회 과학에서 진행하는 연구는 흔히 다수의 개인(피험자 또는 참여자)들로 구성된 표본을 대상으로 하는 경우가 많지만, 어떤 연구에서는 한 개인이나 집단 또는 하나의 프로그램 등과 같은 사례를 연구 대상으로 하기도 한다. 이처럼 1명 또는 5명 이내의 소수의 사람이나 한 집단 또는 한 개의 프로그램 등과 같은 적은 사례를 대상으로 하여 체계적이고 심층적인 자료(또는 정보) 수집을 통해 연구를 수행하는 방법을 사례 연구라고 한다. 일반적으로 사례 연구는 자주 발생하지 않는 희귀한 사례에 대해 집중적이고 체계적인 연구를 수행할 때 사용된다. 사례 연구와 비슷한 의미로 쓰이는 표현 중에 사례 보고(case report)가 있는데, 이 말은 일반적으로 상담이나 관찰의 대상이 되었던 사례의 특징이나 문제, 변화 및 결과 등에 대한 기술적(記述的)인 보고를 의미한다. 사례 연구는 사례 보고에서와 같은 기술(記述)에 더하여 체계적인 분석과 해석 과정이 포함된 연구 형식을 의미한다. '사례 연구법'이라고도 한다.

사례 연구법【事例 研究法】case study method

소수의 사례(개인이나 집단 또는 프로그램 등)를 대상으로 체계적이고 심층적으로 자료(또는 정보)를 수집하여 연구하는 방법. '사례 연구'라고도 한다.

CLICK 사례 연구

사별【死別】bereavement

배우자 또는 가까운 사람이 죽어서 서로 이별하게 된 상태.

사염색체성 X【四染色體性 X】tetrasomy X

성염색체(23번째 염색체)의 수(정상적인 여성은 XX로 X 염색체의 수가 2개임)가 1개 이상 더 많은 여성에게서 나타나는 지능 결함이 포함된 일군의 장애 증상을 지칭하여 '초자 증후군(superfemale syndrome)' 또는 '초여성 증후군'이라 하며, 그 중에서도 정상 여성에 비해 추가적으로 X 염색체 수가 2개 더 많은 경우를 '사염색체성 X'라고 한다. '사중 X(quadruple X)' 또는 'XXXX 증후군(XXXX syndrome)'이라고도 한다. '초자 증후군'을 가진 여성들은 흔히 외모 면에서는 정상적인 모습을 가지고 있고 임신도 가능하며, 일반적으로 보통의 성염색체 수를 가진 아기를 출산한다. 하지만 이 장애를 가진 여성들 중에는 부분적으로 월경 이상을 보이는 경우가 있고, 자폐증을 나타내기도 한다. 지적 능력 면에서는 정상적인 경우가 많고, 15~20% 정도에서 가벼운 정신지체를 나타낸다. 그 결함이나 지체의 정도는 추가적인 X 염색체의 수가 증가함에 따라 심해지는 경향이 있다. 발생 원인은 생식세포가 생성되는 과정에서 감수 분열이 정상적으로 이루어지지 않는 비분리 현상에 의해 X 염색체 수가 정상보다 많아짐으로써 초래된다.

사이버 cyber

(1) 컴퓨터와 관련된, 컴퓨터 네트워크상의, 인터넷상의. (2) 컴퓨터상에서 또는 인터넷과 같이 컴퓨터들을 연결하는 네트워크를 통해 구현하는 조건이나 상태. 특히 이러한 네트워크상에서 형성되는 가상의 공간을 지칭하여 '사이버 공간(cyberspace)'이라고 한다.

사이버 공간【사이버 空間】cyberspace

실재하는 현실의 세계가 아닌, 컴퓨터 상에서 또는 인터넷과 같은 네트워크로 연결된 컴퓨터들 사이에서 형성된 가상의 공간. '가상공간(假想空間)'이라고도 한다.

사이버 관계 중독【사이버 關係 中毒】cyber-relationship addiction

사이버 공간에서 이루어지는 관계에 과도하게 몰입하는 중독 또는 중독 상태. 즉, 사이버 관계 중독은 인터넷과 같은 사이버 공간에서 이루어지는 타인과의 관계에 과도하게 몰입하거나 빠짐으로써 오히려 현실세계에서 이루어지는 인간관계를 등한시하게 되고 나아가 일상적인 사회생활이나 가정생활에도 부정적인 영향을 미치게 되는 상태를 말한다.

사이버 성폭력【사이버 性暴力】cyber sexual violence

사이버 공간에서 이루어지는 성과 관련된 폭력 행위를 의미한다. 사이버 상에서 상대방의 의사와 관계없이 이루어지는 성적인 대화 요구, 성적인 메시지 전달 및 성적인 문제와 관련된 개인의 신상 정보 게시 등의 방식으로 상대방을 괴롭히거나 고통을 주는 행위를 총칭한다.

사이버 일탈【사이버 逸脫】cyber deviance

컴퓨터 및 인터넷 등과 같은 사이버 공간에서 발생하는 일탈 또는 일탈 행위를 의미한다. 대표적인 사이버 일탈로는 인터넷이나 PC통신을 이용하여 이루어지는 다음의 문제 행동들을 들 수 있다. 즉, 컴퓨터 바이러스의 제작 및 유포, 해킹, 음란물 제작, 전시, 유포 및 판매 행위, 도박, 유언비어 유포, 마약류를 포함한 불법적인 약물이나 상품의 거래, 욕설, 성폭력 등이 사이버 일탈의 범주에 포함될 수 있다.

사이버 중독【사이버 中毒】cyber addiction

행위 중독(또는 과정 중독)의 한 형태로, 특히 컴퓨터나 인터넷과 같은 사이버 공간에 병적으로 과도하게 의존하거나 몰입되어 있는 중독 상태를 의미한다.

사이버 폭력【사이버 暴力】cyber violence

사이버 공간에서 이루어지는 모든 형태의 폭력 행위를 총칭한다. 사이버 상에서 이루어지는 상대방에 대한 욕설, 음해 의도를 가진 루머, 협박, 성과 관련된 폭력 그리고 상대방의 의사와 관계없이 이루어지는 상대방의 신상 정보 게시 등과 같은 방법으로 상대방을 괴롭히거나 고통을 주는 모든 형태의 행위를 말한다.

사이코패스 psychopath

'정신 병질적 성격(psychopathic personality)' 또는 반사회적 성격을 가진 사람. '정신 병질자'라고도 하며, '사회 병질자(sociopath)' 및 '반사회적 성격 장애(antisocial personality disorder)' 등과 같은 의미로 사용된다.

CLICK 반사회적 성격

사적 언어【私的 言語】private speech

구소련의 심리학자 비고츠키(Vygotsky: 1896~1934)가 사용한 주요 용어들 가운데 하나로, 아동 자신의 사고(思考)를 이끌어주고 자기 의사소통의 기능을 하는 자기를 향한 아동의 혼잣말. 비고츠키는 관찰을 통해, 아동들이 과제나 문제를 해결해갈 때, 또는 어떤 중요한 목표를 달성하려고 할 때 사적 언어를 많이 사용한다는 것을 알게 되었다. 따라서 비고츠키는 사적 언어는 학령기 전후의 아동들이 문제해결을 위해 활동을 조직하고, 조정하는 과정에서 중요한 도구적 기능을 한다고 보았다. 이와 같은 비고츠키의 관점은 비사회적인 특징을 갖는 아동들의 사적 언어 또는 혼잣말이 삐아제(Piaget: 1896~1980)가 생각했던 것처럼 인지발달과 무관한 자기중심적 언어일 뿐인 것이 아닌, 아동 자신의 문제나 목표 달성을 효율적이고 조직적으로 해낼 수 있도록 도와주는 중요한 의사소통적 기능을 한다는 것을 의미한다. 또한 비고츠키는 아동들이 생활 속에서 사적 언어를 사용하는 과정은 아동들의 인지발달에 크게 기여한다고 보았다. 이런 면에서 비고츠키의 관점은 삐아제의 관점과 큰 차이를 보인다. '혼잣말'이라고도 한다.

사적 자기【私的 自己】private self

자기(自己, self)를 구성하는 한 부분으로, 타인들이 모르는, 자신만이 아는 자기의 측면(들)을 말한다.

'자기'는 개인의 신체적 특징, 건강, 용모 등의 신체적 측면들, 가치관, 사고방식, 기대, 희망, 감정, 태도, 성격, 도덕성 및 지적 능력 등의 심리적 측면들, 삶의 과정에서 이루어지는 다양한 행동적 측면들 그리고 사회적 관계, 역할 및 활동 등을 포함하는 사회적 측면들에 이르기까지 개인에 관한 모든 부분들과 속성들의 총체 또는 전체를 의미한다. 따라서 개인에 관한 총체로서의 자기는 개인을 이루고 있는(또는 개인과 관련된) 수많은 하위 자기들을 포함한다. 그 가운데 하나가 사적 자기로, 타인들은 모르는, 타인들에게 알려지지 않은 개인 내면의 진심, 감정, 신념 등과 같은 자신만이 아는 자기의 측면들을 의미한다.

사중 X【四重 X】quadruple X

성염색체(23번째 염색체)의 수(정상적인 여성은 XX로 X 염색체의 수가 2개임)가 1개 이상 더 많은 여성에게서 나타나는 지능 결함이 포함된 일군의 장애 증상을 지칭하여 '초자 증후군(superfemale syndrome)' 또는 '초여성 증후군'이라 하며, 그 중에서도 정상 여성에 비해 추가적으로 X 염색체 수가 2개 더 많은 경우를 '사중 X'라고 하며, '사염색체성 X(tetrasomy X)' 또는 'XXXX 증후군(XXXX syndrome)'이라고도 한다.

CLICK 사염색체성 X

사춘기【思春期】puberty

성적 성숙이 이루어지고, 임신과 아이를 낳는 일이 가능해지는 시기. 청소년기의 시작을 알리는 급격한 신체적 성장과 생리적 변화들이 일어나고, 성적 성숙이 이루어짐에 따라 임신이 가능해지는 시기를 말한다. 소녀의 경우에는 만 11~12세 무렵에, 소년의 경우에는 만 13세 무렵에 도달한다. 영양 섭취 및 건강의 향상이 지속적으로 진행되어 옴에 따라 과거에 비해 성적 성숙과 사춘기에 도달하는 시기가 점차 빨라지고 있다. 사춘기의 출발은 뇌의 영역 중 시상하부의 기능과 깊이 관련되어 있다는 사실이 밝혀져 있지만 아직 전반적인 기제와 작용에 관해서는 정확하게 밝혀져 있지 있다. 한편 '사춘기'를 의미하는 영어 'puberty'는 라틴어 'pubertas(털이 자라다)'에서 유래한 말이다.

사춘기 타이밍 효과【思春期 타이밍 效果】timing of puberty effect

사춘기(puberty)에 도달하는 시기(예를 들면, 빠른 사춘기 도달 또는 늦은 사춘기 도달)에 따라 발달에서 차이를 나타내는 현상. 예를 들면, 사춘기에 도달하는 시기가 늦은, 즉 늦게 성숙하는 남아와 여아는 빠르게 성숙하는 남아와 여아에 비해 시공간(visual-spatial) 과제 수행이 앞서는 경향을 보였는데, 이런 현상은 공간적 기능에 관여하는 우반구의 기능이 빠른 성숙보다 느린 성숙으로 인해 더 많이 향상되기 때문인 것으로 추측되고 있다. 그러나 공간적 기능에 대한 사춘기 타이밍 효과보다는 과거 공간 활동과 관련된 경험 및 자기개념의 발달이 공간적 기능과 수행에 더 큰 기여를 한다고 주장하는 견해도 있다.

사회 공포증【社會 恐怖症】social phobia

타인과 상호작용을 하는 사회적 상황에 대해 과도한 불안을 느끼고 이를 회피하는 반응을 특징적으로 나타내는 장애. 타인에 의해 관찰되는 사회적 상황에서 또는 타인에 의해 관찰될 수 있는 사회적 상황을 예상함으로써 비이성적인 공포가 지속적으로 일어나는 불안 장애의 한 유형이다. '사회 불안 장애(social anxiety disorder)'라고도 한다.

사회 규범【社會 規範】social norm

사회 구성원들이 안정되고 평화로운 사회생활을 해 가기 위해서는 서로의 합의에 의해 만들어져 받아들여지고 있는 규칙을 따르지 않으면 안 된다. 이처럼 사회생활을 해가는 과정에서 구성원 개개인이 어떻게 생각하고, 태도를 취하고, 말하고, 행동해야 하는가를 기대하는 묵시적 또는 명시적 기준이나 규칙을 의미한다. 구성원이 이를 따르고 지키면 사회나 집단으로부터 인정이나 포상 등의 긍정적 반응이 주어지지만, 따르지 않거나 위반하게 되면 부정이나 처벌 등의 부정적 반응이 주어지게 된다. '사회적 규범'이라고도 한다. 한편 사회 규범은 도덕 규범, 윤리 규범, 법규범 및 기타의 규범으로 세분화될 수 있다.

사회극 놀이【社會劇 놀이】sociodramatic play

인지적 놀이의 한 형태. 인지적 놀이는 인지적 측면과 관련된 놀이 또는 인지적 측면에서 분류한 놀이 형태를 말하며, 그 중 하나가 '사회극 놀이'이다. 이 놀이는 인지발달적 측면과 놀이의 발달 측면에서 '상징 놀이'가 더욱 발전된 형태로, 두 명 이상의 아동들이 모여 현실의 사회 속에서 보았거나 직접 경험한 사람들의 역할이나 상황을 모방하여 각자의 역할을 수행하거나 대화하는 방식으로 상호작용하는 형태의 놀이를 말한다.

사회 기술【社會 技術】social skills

사회적 상황에서 다른 사람(또는 조직)과 조화를 유지하면서 자신의 목표를 이루어가는 것을 가능하도록 도와주는 개인의 인지(또는 사고)적, 정서적 및 행동적 측면에서의 조절 능력 또는 조절 행동. '사회적 기술'이라고도 한다.

사회문화적 관점【社會文化的 觀點】sociocultural perspective

행동 및 심리(정신) 과정을 설명하는 관점의 하나로, 특히 인간의 삶에 대한 외부 환경의 영향을 모두 인정하며, 특히 사회와 사회를 구성하는 타인 및 문화가 인간의 행동과 심리(정신) 과정에 미치는 영향을 중요한 부분으로 강조하는 관점이다. 행동주의적 관점에서는 관찰 가능한 행동과 외부 환경의 영향을 받아 이루어지는 조건형성 및 이를 통한 행동의 변화와 학습을 강조하는 반면에, 사회문화적 관점에서는 행동주의적 관점에 더하여 내적으로 진행되는 인지 과정과 인지 학습도 인간 이해를 위한 중요한 부분으로 본다. 흔히 '사회문화적 이론(sociocultural theory)'과 같은 의미로 사용된다.

사회문화적 이론【社會文化的 理論】sociocultural theory

인지발달은 사회문화적 맥락에서 일어나며, 특히 부모, 형제, 교사 등과 같이 아동보다 유능한 사회와 문화 속의 협력자들과 상호작용하는 과정을 통해 가치, 신념, 제도, 문제 해결 방식 등과 같은 인지적 능력이 발달하게 된다고 보는 이론. 즉, 사회문화적 이론은 사회문화적 요소들이 인지발달에 가장 큰 영향을 미친다고 보는 이론으로, 구소련의 발달심리학자인 비고츠키(Vygotsky)에 의해 처음으로 제안된 이론이다. 흔히 '사회문화적 관점(sociocultural perspective)'과 같은 의미로 사용된다.

사회 불안 장애【社會 不安 障碍】social anxiety disorder

타인과 상호작용을 하는 사회적 상황에 대해 과도한 불안을 느끼고 이를 회피하는 반응을 특징적으로 나타내는 장애. 타인에 의해 관찰되는 사회적 상황에서 또는 타인에 의해 관찰될 수 있는 사회적 상황을 예상함으로써 비이성적인 불안 또는 공포가 지속적으로 일어나는 불안 장애의 한 유형이다. '사회 공포증(social phobia)'이라고도 한다.

사회성【社會性】sociability

사회생활을 통해 다른 사람들과의 관계에 참여하고 동료로서의 관계 구축과 함께 관심과 인정을 받으면서 상호작용을 원활히 해나가는 능력 또는 기술. 개인의 건강한 발달과 적응 또는 장애를 판단하는 데 있어서 중요한 지표들 가운데 하나이다.

사회성 발달【社會性 發達】social development

개인이 사회 속에서의 다양한 사회적 관계(즉, 다른 사람들과의 관계)에서 상호작용을 원활하고 효과적으로 해가는 능력을 '사회성(sociability)'이라고 하고, 이러한 사회성 측면에서의 발달(또는 성장)을 지칭하여 '사회성 발달'이라고 한다. 사회성 발달을 통해 개인은 자신이 살아가는 사회 환경 속에서 다른 사람들과 원활한 인간관계를 맺으면서 적응해 갈 수 있게 된다. 사회성 발달은 개인의 여러 측면들을 포함하는 복합적인 특성을 가진 발달로, 여기에는 사회적 상호작용 과정에서 타인들과의 관계를 유지하고, 자신의 정서를 적절히 통제하며, 가치 있게 느껴지는 개인적 정체감을 형성하고, 성인기의 삶을 살아가면서 발생하는 다양한 위기와 도전들을 감당하고 헤쳐 나갈 수 있는 능력을 발달시키는 것 등의 측면들이 포함된다. '사회적 발달'이라고도 한다.

사회성 측정 기법【社會性 測定 技法】sociometric technique / sociometric method

또래수용이나 사회적 관계 등과 같은 아동들의 사회성 측면을 측정하기 위해 사용하는 기법의 하나로, 이 기법을 통해 아동들은 그들이 좋아하거나 싫어하는 아동들을 말하거나 지면에 표시하도록 하는 절차를 따르게 된다. '사회 측정 기법', '사회성 측정법' 또는 '사회 측정법'이라고도 한다.

사회성 측정법【社會性 測定法】sociometric technique / sociometric method

'사회성 측정 기법'이라고도 한다.

CLICK 사회성 측정 기법

사회 언어적 이해【社會 言語的 理解】sociolinguistic understanding

'사회 언어적 지식'과 같은 의미로 사용된다.

CLICK 사회 언어적 지식

사회 언어적 지식【社會 言語的 知識】sociolinguistic knowledge

사회적 상황이나 맥락 속에서 효과적인 의사소통을 위해 언어를 어떻게 구조화하여 사용해야 하는가에 관한 문화적 규칙 또는 그러한 규칙에 관한 지식. '사회언어적 이해(sociolinguistic understanding)'과 같은 의미로 사용된다.

사회언어학【社會言語學】sociolinguistics

언어학의 한 분야로, 특히 언어와 사회 간의 관계 또는 언어와 사회적 환경이나 사회적 상황들 간의 관계 등의 주제들에 관해 연구하는 학문 분야. 특히 이 분야의 연구에서는 언어가 사용되는 지역, 사회경제적 계층, 성별, 연령, 학력, 직업, 민족이나 인종 등의 변인들이 중요한 요소로 고려된다.

사회 역사적 발달【社會 歷史的 發達】sociohistorical development

개인의 발달에 영향을 미칠 수 있는 사회, 문화 및 역사적 측면에서 일어나는 발달 또는 변화. 구체적으로 개인이 소속되어 있기 때문에 개인의 발달에 큰 영향을 미칠 수 있는 사회, 문화 및 역사에 의해 발생되어 온 가치, 신념, 규범, 기술 등에서의 변화 또는 발달을 의미한다.

사회 인지【社會 認知】social cognition

개인의 인간관계 및 사회생활과 적응의 기초가 되는 능력이라고 할 수 있는 부분으로, 특히 사회적 상황 및 그 속에서의 대인 관계를 통해 타인의 감정, 사고 및 의도, 집단이나 조직에서의 관계 등과 같은 사회적 세계와 그에 관한 정보를 이해하고, 기억하고, 선택하고, 판단하는 등의 인지적 과정. 즉, 사회 인지란 사회적 상황과 관계를 이해하고 처리하는 사고 과정 또는 인지 과정을 의미한다. '사회적 인지'라고도 한다.

사회 인지 이론【社會 認知 理論】social cognitive theory

미국의 심리학자 앨버트 반두라(Albert Bandura: 1925 ~)가 제안한 이론으로, 이 이론에서는 사회적 상황에서 이루어지는 학습은 학습자의 인지가 포함된 개인적 측면(개인 변인)들과 행동, 그리고 환경 등 세 가지 요소들 간의 상호작용의 결과라고 설명한다.

CLICK 사회 학습 이론

사회-인지적 관점【社會-認知的 觀點】social-cognitive perspective

개인의 행동은 단순히 심리적 특성이나 생물학적 특성의 측면에서만 볼 수 없으며, 그보다는 개인과 사회적 환경 또는 개인과 사회적 맥락 간의 상호작용의 측면에서 볼 때 보다 더 정확하게 이해될 수 있다고 보는 입장. 다시 말하면, 이 입장에서는 개인의 행동은 그 개인과 사회적 환경(또는 맥락) 간의 상호작용의 영향을 받는 것으로 본다. '사회－인지적 관점'이라고도 한다. '사회－인지적 조망'이라고도 한다.

사회적 강화【社會的 强化】social reinforcement

학습의 한 유형인 '조작적 조건 형성'에서 반응 또는 행동이 일어난 뒤에 보상(또는 정적 강화인)이 주어지거나 혐오적 자극(또는 부적 강화인)이 제거되는 절차를 지칭하여 강화라고 하며, 이 같은 강화의 결과로 강화를 받은 반응(또는 조작적 반응)의 발생확률은 증가된다. 이와 같은 강화 과정에서 사용되는 자극이나 사상을 지칭하여 강화인(reinforcer)이라고 하는데, 여기에는 물, 음식, 물건 등과 같은 물질적인 자극(즉, 물질적 강화인)과 "잘했어", "고마워", "멋지다" 등과 같은 사회적인 자극(즉, 사회적 강화인)이 있다. 이 가운데 사회적인 자극(즉, 사회적 강화인)이 강화인으로 사용되는 강화의 형태를 지칭하여 '사회적 강화'라고 한다. 이와같은 사회적 강화에 사용된 사회적 자극을 지칭하여 사회적 강화인(social reinforcer) 또는 사회적 강화원이라고 한다.

사회적 고립【社會的 孤立】social isolation

사회적 관계가 없이 다른 사람들로부터 격리된 상태. 즉, 다른 사람들과의 관계가 없는 외톨이의 상태. 일반적으로 지속적인 사회적 고립 상태는 심리적 건강뿐만 아니라 신체적 건강에도 부정적인 영향을 미치게 된다.

사회적 관계【社會的 關係】social relations

사회적 존재인 사람들인 사회생활을 해가는 과정에서 맺는 사람과 사람(또는 집단) 간의 관계를 의미한다. '대인 관계' 및 '인간관계'와 비슷한 의미로 사용된다.

사회적 기술【社會的 技術】social skills

사회적 상황에서 다른 사람(또는 조직)과 조화를 유지하면서 자신의 목표를 이루어가는 것을 가능하도록 도와주는 개인의 인지(또는 사고)적, 정서적 및 행동적 측면에서의 조절 능력 또는 조절 행동. '사회 기술'이라고도 한다.

사회적 기술 훈련【社會的 技術 訓練】social skills training

사회적 기술(즉, 대인 관계에서 조화를 유지하면서 자신의 목표를 이루어갈 수 있도록 도와주는 인지, 정서 및 행동 상에서의 조절 능력)의 향상을 위해 진행하는 일종의 행동 요법. 모델링, 조형, 강화 및 반복적인 행동 연습 등의 기법이 사용된다.

사회적 놀이【社會的 놀이】social play

놀이의 한 유형으로, 특히 사회적 측면, 즉 타인과의 상호작용 측면과 관련된 놀이 또는 사회적 상호작용 측면에서 분류한 놀이를 말한다. 여기에는 혼자 놀이 또는 단독 놀이, 병행 놀이, 연합놀이, 협동놀이, 보충적 놀이, 독자적 놀이, 근접 놀이, 연관놀이, 상호작용 놀이 등과 같은 다양한 하위 유형의 놀이들이 포함된다. 흔히 놀이를 구분할 때 놀이의 어느 측면에 초점을 맞추느냐에 따라 크게 사회적 놀이와 인지적 놀이(cognitive play)로 구분하는데, 그 가운데 한 유형이 사회적 놀이이고, 또 다른 한 유형이 인지적 놀이이다. 인지적 놀이는 인지적 측면과 관련된 놀이 또는 인지적 측면에서 분류한 놀이를 말한다. 여기에는 기능 놀이 또는 반복 놀이, 구성 놀이, 역할 놀이, 상징 놀이, 사회극 놀이 등과 같은 다양한 하위 유형의 놀이들이 포함된다.

사회적 바람직성【社會的 바람직性】social desirability

사회적으로 일정한 방식(방향)으로 생각하거나 행동하는 것이 옳고 바람직하다고 인정되는 생각과 행동의 기준. 이와 같은 사회적 바람직성은 사회의 모든 구성원들에게 그것에 따라 생각하고 행동하도록 권장되는데, 흔히 사람들은 사회적으로 또는 다른 사람들에게 자신이 좋은 모습으로 비춰지길 바라고 또 그렇게 되기 위해 노력하는 경향이 있기 때문에, 대부분의 사람들은 사회적 바람직성에 따라 생각하고 행동하기 위해 노력하게 된다.

사회적 바람직성 효과【社會的 바람직性 效果】social desirability effect

흔히 사람들은 사회적으로 또는 다른 사람들에게 자신이 좋은 모습으로 비춰지길 바라고 또 그렇게 되기 위해 노력하는 경향이 있기 때문에, 대부분의 사람들은 사회적 바람직성에 따라 생각하고 행동하려는 경향이 있다. 이러한 경향이 개인의 특성이나 능력을 알아보는 심리 검사나 설문조사 등의 평가 과정에 반영되어 솔직한 반응을 하기보다 사회적으로 바람직한 평가를 받을 수 있는 반응을 하도록 만드는 하는 경향이 있는데, 이러한 반응 경향을 '사회적 바람직성 효과'라고 한다. '사회적 바람직성 편향', '사회적 바람직성 편파' 등의 표현과 같은 의미로 사용된다.

사회적 발달【社會的 發達】social development

개인이 사회 속에서의 다양한 사회적 관계(즉, 다른 사람들과의 관계)에서 상호작용을 원활하고 효과적으로 해가는 능력을 '사회성(sociability)'이라고 하고, 이러한 사회성 측면에서의 발달(또는 성장)을 지칭하여 '사회적 발달'이라고 한다. 사회적 발달을 통해 개인은 자신이 살아가는 사회 환경 속에서 다른 사람들과 원활한 인간관계를 맺으면서 적응해 갈 수 있게 된다. 사회적 발달은 개인의 여러 측면들을 포함하는 복합적인 특성을 가진 발달로, 여기에는 사회적 상호작용 과정에서 타인들과의 관계를 유지하고, 자신의 정서를 적절히 통제하며, 가치 있게 느껴지는 개인적 정체감을 형성하고, 성인기의 삶을 살아가면서 발생하는 다양한 위기와 도전들을 감당하고 헤쳐 나갈 수 있는 능력을 발달시키는 것 등의 측면들이 포함된다. '사회성 발달'이라고도 한다.

사회적 비교【社會的 比較】social comparison

자신과 자신이 가진 특징들(신체적, 심리적, 행동적 및 사회적 특징 등)을 타인과 비교함으로써 자기를 평가하고 이해하는 과정. 발달적으로 유아기(대략 4~5세 경)부터 또래들과의 비교를 하기 시작하며, 그 이후 연령 증가에 따라 사회적 비교는 더 증가하게 된다.

이런 사회적 비교와 그 결과는 개인의 자기 가치감(또는 자기 존중감) 형성에 중요한 요소로 작용하게 된다.

사회적 상호작용【社會的 相互作用】social interaction

사회 속에서 이루어지는 개인들 및 집단 간에 이루어지는 모든 상호 관계를 의미한다.

사회적 역할【社會的 役割】social role

삶을 살아가는 과정에서 사회의 구성원인 개인에게 그 지위에 따라 부과되고 기대되는 행동 또는 행동의 내용. '사회 역할'이라고도 한다.

사회적 역할 가설【社會的 役割 假說】social roles hypothesis

성역할 기대나 성 고정관념 등과 같은 성차(gender differences)나 성 유형화(gender typing)의 발생 원인은 생물학적 또는 진화적 과정의 결과가 아니라 사회(또는 사회 환경)가 사회화 과정을 통해 남녀에게 부여한 결과라고 보는, 즉 사회의 역할에 의한 결과라고 보는 관점 또는 가설을 말한다.

사회적 영향 이론【社會的 影響 理論】social impact theory

우리는 타인들과 상호작용을 해가는 과정에서 영향을 주고받게 된다. 이때 개개인이 서로 주고받는 영향력은 상대방의 조건이나 특성에 따라 차이를 보이게 되는데, 특히 한 개인이 타인으로부터 받는 영향력은 타인이 가진 힘(지위나 경제력 또는 정보력 등), 타인의 수, 그리고 타인과의 가까운 정도 등이 증가할수록 커진다고 보는 이론이다. '사회 영향 이론'이라고도 한다.

사회적 유능성【社會的 有能性】social competence

사회적인 측면에서 가지고 있는 개인의 능력. 즉, 사회적 상황에서 다른 사람들과 좋은 관계를 맺고 이를 지속해가며, 나아가 그러한 상호작용을 통해 자신의 기대나 목표를 이루어가는 능력. 사회적 유능성은 여러 하위 요소들을 포함하는데, 정서적 측면에서 발휘하는 개인의 능력인 '정서적 유능성' 측면을 중요한 한 가지 요소로 꼽을 수 있다.

사회적 의사소통 장애【社會的 意思疏通 障碍】social communication disorder

지적 능력(지능)이 정상(또는 정상적 범위)임에도 불구하고 말하기나 언어를 사용하는 의사소통에 어려움을 보이는 의사소통 장애의 하위 4개 유형들 가운데 하나로, 특히 언어적 및 비언어적 의사소통 기술을 사회적 상황이나 맥락에 맞게 적절하게 사용하는 데 지속적으로 곤란을 나타내는 장애를 말한다. 흔히 아동기 초기에 시작되며, 사회적 상황이나 맥락에 맞는 적절한 의사소통 기술에서의 부재로 인해 사회생활과 적응에 큰 어려움을 겪는 상태이다. 구체적으로 사회적 의사소통 장애를 가진 사람들은 사회적 상황이나 맥락에 맞게 인사하고 정보 교환하기, 맥락과 상대방에 따라 의사소통을 적절하게 변화시키기, 대화의 기본 규칙 준수하기, 상대방의 언어 속에 담긴 함축적 의미나 이중적 의미 이해하기 등의 능력들 가운데 한 가지 이상이 부재하거나 문제를 포함하고 있다.

사회적 자기【社會的 自己】social self / social-self

자기(自己, self)를 구성하는 한 부분으로, 사회적 관계, 역할 및 활동 등의 측면들과 관련된 자기를 말한다. '자기'는 개인의 신체적 특징, 건강, 용모 등의 신체적 측면들, 가치관, 사고방식, 기대, 희망, 감정, 태도, 성격, 도덕성 및 지적 능력 등의 심리적 측면들, 삶의 과정에서 이루어지는 다양한 행동적 측면들 그리고 사회적 관계, 역할 및 활동 등을 포함하는 사회적 측면들에 이르기까지 개인에 관한 모든 부분들과 속성들의 총체 또는 전체를 의미한다. 따라서 개인에 관한 총체로서의 자기는 개인을 이루고 있는(또는 개인과 관련된) 수많은 하위 자기들을 포함한다. 그 가운데 하나가 사회적 자기로, 사교성이 '좋다' 또는 '나쁘다', 자신이 맡은 일을 '잘 해낸다' 또는 '잘 해내지 못 한다', 낯선 사람들을 대할 때 '긴장한다' 또는 '긴장하지 않는다', 모임의 분위기를 즐겁게 만드는 재능이 '있다' 또는 '없다' 등과 같은 사회적 관계, 역할 및 활동 등과 관련된 자기의 측면을 의미한다. 사회적 자기와 비슷한 의미로 사용되는 '대인 관계적 자기'는 특히 사회적 자기에 포함된 여러 부분들 중에서 주로 대인 관계 측면에 초점을 맞추어 사용되는 개념이다.

사회적 지각【社會的 知覺】social perception

사람들이 사회 상황에서 다른 사람(또는 집단)의 특성을 지각하고 이해하는 과정. '사회 지각'이라고도 한다.

사회적 지능【社會的 知能】social intelligence (SI)

사회성과 밀접한 개념으로, 사회적 관계 또는 인간관계에서 타인을 이해하고 동시에 그 관계 속에서 적절하게 대처하고 행동하는 능력. '사회 지능'이라고도 한다.

사회적 지원【社會的 支援】social support

'사회적 지지'라고도 한다. CLICK 사회적 지지

사회적 지지【社會的 支持】social support

타인과의 관계를 통해 제공되는 심리적 및 물리적인 형태의 모든 긍정적인 자원을 총칭하는 말로, 여기에는 타인으로부터 제공되는 존경 및 애정 등의 정서적 지지, 정보 및 지식 형태의 인지적 지지, 그리고 경제적 또는 물질적 지지 등이 포함된다. 일반적으로 사회적 지지는 개인의 정신 건강 및 적응에 대하여 직접 및 간접적으로 긍정적인 영향을 미치는 중요한 심리·사회적 변인으로 알려지고 있다. '사회적 지원'이라는 표현으로도 사용된다.

사회적 참조【社會的 參照】social referencing

익숙하지 않거나 애매모호한 상황에서 그 상황의 의미를 해석하고 알기 위해 다른 사람의 정서적 반응 또는 정서적 표현(예를 들면, 다른 사람의 얼굴 표정)을 활용하거나 참조하는 것. 즉, 어떤 상황에서 다른 사람(들)이 보이는 반응이나 행동을 통해 상황을 파악하거나 상황에 대처하는 데 필요한 정보를 얻는 심리적 과정 또는 심리적 활동을 '사회적 참조'라고 한다.

사회 측정 기법【社會 測定 技法】sociometric techniques

또래 집단 속에서 개별 아동들이 위치하고 있는 '또래 지위'를 파악하기 위해 학자들이 사용해온 대표적인 기법으로, '사회 측정적 기법'이라고도 한다. 이 기법은 어떤 또래 집단에서 아동들에게 그들이 좋아하는 아이들과 싫어하는 아이들을 몇 명씩 지명하도록 하는 절차가 포함된 방법이다. '사회 측정적 지명(sociometric nomination)'과 같은 의미로 사용된다. CLICK 사회 측정적 지명

사회 측정적 기법【社會 測定的 技法】sociometric techniques

'사회 측정 기법'이라고도 하며, '사회 측정적 지명(sociometric nomination)'과 같은 의미로 사용된다.
CLICK 사회 측정적 지명

사회 측정적 지명【社會 測定的 指名】sociometric nomination

또래 수용(peer acceptance) 여부 또는 정도를 나타내는 또 하나의 개념인 '또래 지위(peer status)'는 또래 집단 속에서 개별 아동이 또래들로부터 수용되거나 거부되는 정도에 따라 평가/측정된 결과로서 또래들 사이에서의 상대적인 위상(또는 위치)을 의미한다. 또래 집단 속에서 개별 아동들이 위치하고 있는 또래 지위를 파악하기 위해 학자들이 사용해온 대표적인 방법이 '사회 측정적 지명'이다. 이 방법은 어떤 또래 집단에서 아동들에게 그들이 좋아하는 아이들과 싫어하는 아이들을 몇 명씩 지명하도록 하는 절차가 포함된 기법이다. 그동안 이 방법을 사용하여 나타난 아동들의 또래 지위의 유형은 대략 5가지로, 여기에는 인기 있는 아동(popular children), 평균적인 아동(average children), 거부된 아동(rejected children), 무시된 아동(neglected children), 논란이 많은 아동(controversial children) 등이 포함된다. '인기 있는 아동'은 많은 또래들이 좋다고(또는 긍정적으로) 지명한 반면에 싫다고(또는 부정적으로) 지명한 또래들은 적거나 거의 없는 아동이다. '평균적인 아동'은 '평균 지위의 아동(average-status children)'이라고도 하며, 중간 정도 되는 수의 또래들이 좋다고(또는 긍정적으로) 지명을 한 동시에 또 다른 중간 정도 되는 수의 또래들이 싫다고(또는 부정적으로) 지명한 아동이다. '거부된 아동'은 많은 또래들이 싫다고(또는 부정적으로) 지명한 반면에, 좋다고(또는 긍정적으로) 지명한 또래들은 적거나 거의 없는 아동이다. '무시된 아동'은 마치 또래들로부터 무시당하고 있는 듯이, 또래들로부터 좋다는(또는 긍정적인) 지명과 싫다는(또는 부정적인) 지명 모두를 거의 받지 못한 아동이다. '논란이 많은 아동'은 '인기-거부 아동'이라고도 하며, 또래들로부터 좋다는(또는 긍정적인) 지명과 싫다는(또는 부정적인) 지명 모두를 많이 받은 아동이다. 한편 '사회 측정적 지명'이라는 표현 대신에 같은 의미를 가진 '사회 측정 기법' 또는 '사회 측정적 기법'이라는 표현이 사용되기도 한다.

사회 통념【社會 通念】social common notion / socially accepted idea

사회 전반에 널리 퍼져 일반적으로 통하는 생각이나 관념 또는 개념.

사회 학습 이론【社會 學習 理論】social learning theory

미국의 심리학자 앨버트 반두라(Albert Bandura: 1925~)가 제시한 학습 이론으로, 사회적 상황에서 이루어지는 학습은 전통적인 학습 이론(고전적 조건 형성과 조작적 조건 형성)에서 강조하는 것과 달리, 학습자의 인지를 포함하는 개인적 측면(개인 변인)들과 행동, 그리고 환경 등 세 가지 요소들 간의 상호작용의 결과라고 설명한다. 구체적으로 이 이론에서는 학습자가 환경의 영향을 받는 직접적인 경험을 통해 학습이 이루어지는 것으로 설명하는 고전적 조건 형성이나 조작적 조건 형성과는 달리, 학습자가 사회적 상황에서 다른 사람(모델이라고도 함)의 행동을 관찰하는 과정이나 경험을 통해 모델이 행동 후에 보상(또는 강화)을 받는지, 반대로 처벌을 받는지, 아니면 보상도 처벌도 없이 무시되고 있는지 등의 결과를 간접적으로 경험할 수 있다는 점을 강조하면서 이러한 과정을 통해 특정 행동을 학습할 수 있다고 본다. 이 이론에 따르면, 관찰자가 모델이 특정 행동을 한 후에 보상을 받는 것을 관찰했다면, 즉 대리적 강화를 받았다면 그 이후에 유사한 상황에서 모델이 했던 것처럼 행동하게 될 가능성이 증가되고, 반대로 모델이 특정 행동을 한 후에 처벌을 받는 것을 관찰했다면, 즉 대리적 처벌을 받았다면 그 이후에 유사한 상황에서 모델이 했던 행동을 하지 않거나 그 행동과 다르게 행동하게 될 가능성이 증가된다. 한편 최근에 와서는 '사회 학습 이론'을 '사회 인지 이론(social cognitive theory)'이라고 부르기도 한다.

사회화【社會化】socialization

개인이 자신이 속한 사회의 한 구성원으로 살아가는 데 요구되는 가치관, 지식, 태도, 행동 등의 능력을 습득(또는 학습)하는 과정. 모든 사회는 구성원들에게 가치관, 지식, 태도, 행동 등 삶의 전반에서 이루어지는 심리 및 행동적 부분들에 대해 바람직하다고 기대하는 일정한 틀이나 기준을 명시적 또는 묵시적으로 제시하고 있다. 문화나 규칙 또는 법 체계 등이 여기에 해당한다. 사회의 구성원들이 이와 같은 사회의 틀이나 기준을 습득하고 이를 바탕으로 생활함으로써 사회의 질서가 유지되고 존속할 수 있는 것이다. 이처럼 개인이 사회의 구성원으로서 사회의 가치관, 지식, 태도, 행동 등을 습득해 가는 과정을 사회화라고 한다.

사회화 대리인【社會化 代理人】agent of socialization / socialization agent

개인이 사회의 구성원으로 살아가는 데 요구되는 사회의 가치관, 지식, 태도, 행동 등을 습득해 가는 과정을 사회화(socialization)라고 하며, 그 과정에서 지도나 교육을 통해 개인의 사회화가 가능하도록 도와주는 역할을 담당하는 사람이나 조직 또는 기관을 사회화 대리인이라 한다. 즉, 사회화 과정에서 개인에게 사회의 가치관, 지식, 태도, 행동 등을 가르쳐줌으로써 사회의 일원으로 살아갈 수 있도록 돕는 역할을 담당하는 사람이나 조직 또는 기관 등을 말하는 것으로, 여기에는 부모, 형제자매, 학교, 교사, 선배, 국가나 사회의 여러 기관, 매체 등이 포함된다. '사회화 대행자'라고도 한다.

사회화 대행자【社會化 代行者】agent of socialization / socialization agent

'사회화 대리인'이라고도 한다.

CLICK 사회화 대리인

사회화되지 못한 비행【社會化되지 못한 非行】under-socialized delinquency

비행(delinquency)을 분류하는 한 가지 방식으로, 비행을 '사회화된 비행'과 '사회화되지 못한 비행' 두 가지로 구분할 수 있다. 이 가운데 '사회화되지 못한 비행'은 다른 사람이나 또래들과 어울리는 과정(일종의 사회화 과정)과 무관하게 발생하는 비행을 말하는 것으로, 흔히 비행자의 내적 또는 심리적 고민이나 문제가 원인이 되어 발생하는 경우가 많다. '사회화되지 않은 비행'이라고도 한다. 이에 비해 '사회화된 비행'은 비행이나 일탈 성향이 있는 사람이나 또래들과 어울리는 과정에서 저지르는(발생하는) 비행을 의미한다.

사회화되지 않은 비행【社會化되지 않은 非行】under-socialized delinquency

'사회화되지 못한 비행'이라고도 한다.

CLICK 사회화되지 못한 비행

사회화된 비행【社會化된 非行】socialized delinquency

비행(delinquency)을 분류하는 한 가지 방식으로, 비행을 '사회화된 비행'과 '사회화되지 못한 비행' 두 가지로 구분할 수 있다. 이 가운데 '사회화된 비행'은 비행이나 일탈 성향이 있는 사람이나 또래들과 어울리는 과정(일종의 사회화 과정)에서 저지르는(발생하는) 비행을 의미한다. 이에 비해 '사회화되지 못한 비행'은 다른 사람이나 또래들과 어울리는 과정과 무관하게 발생하는 비행을 말하는 것으로, 흔히 비행자의 내적 또는 심리적 고민이나 문제가 원인이 되어 발생하는 경우가 많다.

삭스 Sachs (1858~1944)

버나드 삭스(Bernard Sachs). 미국의 신경학자. '테이삭스병(Tay-Sachs disease)'의 명명자로, 이 병에 관한 주요 연구 업적을 남겼다. '버나드 삭스', 'Sachs', 'Bernard Sachs' 등으로 표기하기도 한다.

CLICK 버나드 삭스

산소 결핍증【酸素 缺乏症】anoxia

체내의 각 조직에서 필요로 하는 산소량이 결핍된 상태. 산소 결핍증의 영향과 결과를 살펴보면, 심한 경우에는 사망에 이를 수 있고, 뇌 손상, 뇌성 마비, 신경 및 근육 계통의 이상, 심장과 같은 신체의 주요 장기의 심각한 손상이나 장애, 그리고 정신 장애 등이 초래될 수 있다. 산소 결핍증의 발생 원인은 호흡기 계통의 장애나 혈액의 산소운반 능력 저하 등 여러 가지 이유에서 비롯된다. 특히 신생아에게서 발생하는 산소 결핍증의 주요 원인은 출산 과정에서 탯줄이 뒤엉키거나 눌림으로 인한 경우와 둔위 자세로 출산하게 되는 경우 등에서 산소공급이 차단되거나 원활하지 못해 발생하기 쉽다. 또한 분만 시 산모에게 투여한 마취제의 양이 과도한 경우에도 산소 결핍증이 초래될 수 있다.

산출 결함【産出 缺陷】production deficiency

어린 아동들이 보이는 인지적 과제 수행의 어려움이나 실패를 설명하는 개념 가운데 하나로, 인지적 과제(기억, 학습 등)를 효율적으로 해결하는 데 도움이 되는 전략(strategies)을 가지고 있음에도 불구하고 이를 적절하게 산출하지 못하는 결함이 있는 상태. 즉, 제시된 과제나 문제를 해결하는 데 도움이 되는 전략(들)을 가지고 있지만 이를 생성해내지 못하는 결함을 말한다. 그 결과로 과제나 문제를 해결하는 데 실패하거나 곤란을 겪게 된다는 것이다.

산출된 언어【産出된 言語】productive language

말하는 사람(화자, 話者, speaker)이나 글 쓰는 사람(writer)에 의해 산출된 언어. 메시지 또는 의미를 상대방에게 전달하기 위해 표현된(산출된) 음성적 언어와 문자 및 기호 등과 같은 시각적 언어를 포함한다. 언어활동 가운데 말하기(speaking)와 쓰기(writing) 등이 산출된 언어에 해당한다. '산출 언어'라고도 하며, '표현성 언어(expressive language)'와 같은 의미로 사용된다. 상대적 개념은 '수용성 언어(receptive language)'로, 이것은 듣는 사람(청자, 聽者, listener)나 읽는 사람(독자, 讀者, reader)에 의해 수용된(접수된) 언어를 의미한다. 개인이 가진 수용성 언어 능력은 그가 가진 표현성 언어 능력과 상당한 차이를 보일 수 있다. '산출 언어'라고도 한다.

산출 언어【産出 言語】productive language

말하는 사람(화자, 話者, speaker)이나 글 쓰는 사람(writer)에 의해 산출된 언어. 메시지 또는 의미를 상대방에게 전달하기 위해 표현된(산출된) 음성적 언어와 문자 및 기호 등과 같은 시각적 언어를 포함한다. '산출된 언어'라고도 한다. 산출 언어와 달리, 타인이 하는 말을 듣고 이해하는 언어를 '수용 언어(receptive language)'라고 한다.

CLICK 산출된 언어

산후 기간【産後 期間】postpartum period

출산 후 산모가 적응 과정을 거쳐 신체적, 심리적 및 행동적인 측면에서 임신 전의 상태와 같거나 비슷한 수준으로 회복되기까지의 기간.

산후 우울증【産後 憂鬱症】postpartum depression / postnatal depression

출산 후에 산모가 경험하는 우울증으로, 짧게는 수

일에서 길게는 수개월 이상 지속될 수 있다. 발생 원인으로는 여러 가지가 있는데, 여기에는 출산 과정에서의 고통과 스트레스, 부모 역할 및 양육에 대한 불안, 원하지 않은 임신과 출산, 호르몬의 변화 등이 포함된다. 산후 우울증을 가진 산모들은 그렇지 않은 산모들에 비해 상대적으로 아기를 더 부정적으로 지각하고 또 아기와의 관계에서 긍정적인 상호작용을 할 가능성이 더 낮다.

삼두 이론【三頭 理論】triarchic theory

지능을 맥락(context), 경험(experience), 정보처리 기술(information-processing skills) 등의 세 요인(또는 세 측면)으로 설명하는 이론. 스터버그(Sternberg: 1949~)가 정보처리적 관점을 반영하여 체계화한 지능에 관한 이론으로, 이 이론에서는 지능을 설명하기 위해 행동이 발생하는 맥락적 요인(적절한 환경의 선택, 환경이나 상황에 대한 적응 등), 과제 또는 상황에 대한 개인의 경험적 요인(자동화, 새로운 상황에 대한 반응 등), 과제 또는 상황에 대해 개인이 적용하는 정보처리적 요인(과제나 상황에 관한 지식, 정보처리적 전략 등) 등 세 가지 측면들을 강조한다. 이러한 측면들은 기존의 지능 이론이나 지능 검사에서 잘 다루지 않았거나 포함되지 않았던 영역들이라고 평가받고 있다. '지능의 삼두 이론(triarchic theory of intelligence)'이라고도 한다.

삼염색체성 X【三染色體性 X】trisomy X

성염색체(23번째 염색체)의 수(정상적인 여성은 XX로 X 염색체의 수가 2개임)가 1개 이상 더 많은 여성에게서 나타나는, 지능 결함이 포함된 일군의 장애 증상을 지칭하여 '초자 증후군(superfemale syndrome)' 또는 '초여성 증후군'이라 하며, 그 중에서도 정상 여성에 비해 추가적으로 X 염색체 수가 1개 더 많은 경우를 '삼염색체성 X'라고 하며, '삼중 X 증후군(triple X syndrome)' 또는 'XXX 증후군(XXX syndrome)'이라고도 한다. CLICK 삼중 X 증후군

삼중 X 증후군【三重 X 症候群】triple X syndrome

성염색체(23번째 염색체)의 수(정상적인 여성은 XX로 X 염색체의 수가 2개임)가 1개 이상 더 많은 여성에게서 나타나는 지능 결함이 포함된 일군의 장애 증상을 지칭하여 '초자 증후군(superfemale syndrome)' 또는 '초여성 증후군'이라 하며, 그 중에서도 정상 여성에 비해 추가적으로 X 염색체 수가 1개 더 많은 경우를 '삼중 X 증후군'이라고 하며, '삼염색체성 X(trisomy X)' 또는 'XXX 증후군(XXX syndrome)'이라고도 한다. '초자 증후군'을 가진 여성들은 흔히 외모 면에서는 정상적인 모습을 가지고 있고 임신도 가능하며, 일반적으로 보통의 성염색체 수를 가진 아기를 출산한다. 하지만 이 장애를 가진 여성들 중에는 부분적으로 월경 이상을 보이는 경우가 있고 자폐증을 나타내기도 하며, 지적 능력 면에서는 정상적인 경우가 많고 15~20% 정도에서 가벼운 정신지체를 나타내기도 한다. 그 결함이나 지체의 정도는 추가적인 X 염색체의 수가 증가함에 따라 심해지는 경향이 있다. 발생 원인은 생식세포가 생성되는 과정에서 감수 분열이 정상적으로 이루어지지 않는 비분리 현상에 의해 X 염색체 수가 정상보다 많아짐으로써 초래된다.

삼차 순환 반응【三次 循環 反應】tertiary circular reaction

새롭고 흥미로운 결과를 산출하는 행동(또는 방법)을 찾기 위해 다양한 시도를 시행착오적으로 반복하는 행동. '3차 순환 반응'으로 표기하기도 한다.

CLICK 3차 순환 반응

삼키기 반사【삼키기 反射】swallowing reflex

인간이 선천적으로 가지고 태어나는 반사들 가운데 하나로, 신생아가 입 안에 들어온 물이나 젖 또는

기타의 음식물을 삼키려는 반사 행동을 나타내는데, 이와 같은 선천적인 반사 행동을 '삼키기 반사'라고 한다. 삼키기 반사는 생후 초기의 적응과 생존력을 높여주는 기능을 하는 것으로 이해되고 있다.

삽화【揷話】episode

어떤 사건이나 이야기의 중간에 들어 있는 짧은 이야기(또는 토막 이야기). '에피소드'라고도 한다.

상동 염색체【相同 染色體】homologous chromosome

인간의 모든 체세포의 핵 안에는 23쌍(46개)의 염색체가 들어 있다. 각각은 이중 나선형의 DNA(디옥시리보핵산)로 이루어져 있으며, 여기에는 유전 정보를 담고 있는 유전자(gene)들이 담겨 있다. 염색체들은 각각 크기, 모양, 유전자의 위치가 똑같은 것들끼리 염색체 쌍을 이루고 있는데 이를 지칭하여 상동 염색체라고 한다. 상동 염색체를 이루고 있는 두 개의 염색체 쌍 가운데 하나는 아버지(또는 부계)로부터 온 것이고, 다른 하나는 어머니(또는 모계)로부터 온 것이다.

상상【想像】imagination

실제로 경험하지 않은 사상(事象: 사물이나 현상) 또는 현실에 존재하지 않는 사상을 마음속에 떠올리는 일.

상상 속의 관중【想像 속의 觀衆】imaginary audience

'상상 속의 청중'이라고도 한다.

CLICK 상상 속의 청중

상상 속의 청중【想像 속의 聽衆】imaginary audience

청소년기에 새롭게 나타나는 자기 중심성의 두 가지 형태 가운데 하나. 청소년기에는 이 시기에 이루어지는 인지발달의 결과로 새로운 자기 중심성이 나타나는데, 그 가운데 하나는 '상상 속의 청중'이다. 이것은 자기의 모습이나 행동에 대해 자기 자신이 관심을 갖는 것처럼 다른 사람들도 이런 자기에게 관심을 가지고 있기 때문에 많은 다른 사람들이 자신의 모습이나 행동을 주시한다고 상상하는 사고 경향을 말한다. '상상 속의 청중'이라는 표현 대신 '상상 속의 관중', '상상의 청중', '상상적 청중' 또는 '상상의 관중' 등과 같은 표현이 같은 의미로 사용된다. 한편 청소년기 자기 중심성의 또 다른 한 형태는 '개인적 우화(personal fable)'로, 이것은 자기의 경험은 매우 개별적이고 특별한 것이기 때문에 다른 사람들은 이에 대해 알 수 없다고 믿는 사고 경향을 말한다.

상상의 관중【想像의 觀衆】imaginary audience

'상상 속의 청중'이라고도 한다.

CLICK 상상 속의 청중

상상의 청중【想像의 聽衆】imaginary audience

'상상 속의 청중'이라고도 한다.

CLICK 상상 속의 청중

상상적 청중【想像的 聽衆】imaginary audience

'상상 속의 청중'이라고도 한다.

CLICK 상상 속의 청중

상염색체【常染色體】autosome

인간의 모든 체세포의 핵 안에는 23쌍(46개)의 염색체가 들어 있는데, 그 중에서 성(性)을 결정하는 23번째의 성염색체 쌍을 제외한 나머지 1번부터 22번째까지의 염색체 쌍들을 일컬어 '상염색체'라고 한다. 염색체(chromosome)는 유전자를 이루는 유전물질인 DNA로 이루어져 있으며, 인간에게는 모두 23쌍의 염색체가 존재한다. 그 가운데 성을 결정하는 23번째 염색체를 제외한 나머지 22쌍의 염색체(즉, 상염색체)들은 성 이외의 인간 발달 전반에 대한 유전적 특성을 결정한다. 성별(남성과 여성)을 결정하는 것은 23번째 염색체인 성염색체 쌍이고, 나머지 1번부터 22번째까지의 상염색체 쌍들에서는 성별의 차이가 없다. '보통 염색체(普通 染色體)'라고도 한다.

상염색체 유전자【常染色體 遺傳子】autosomal gene

'상염색체' 상에 위치해 있는 유전자.

상위 기억【上位 記憶】metamemory

상위 인지(metacognition)의 한 형태로, 자신의 기억 능력, 기억 정보들에 따른 기억 효과의 차이, 기억 전략에 따른 기억 효과의 차이 등과 같은 기억 및 기억 과정에 대한 지식을 지칭하여 '상위 기억'이라고 한다.

상위 언어적 인식【上位 言語的 認識】metalinguistic awareness

언어 및 언어의 특징에 대해 사고하고 이해하는 인지적 능력.

상위 의사소통【上位 意思疏通】metacommunication

의사소통에 대한 의사소통. 즉, 현재까지 진행되어 왔거나 현재 진행되고 있는 의사소통의 내용이나 방식 등에 대한 의사소통을 의미한다. 흔히 상위 의사소통은 의사소통 당사자들이나 집단 참여자들 간에 이루어지는 의사소통과 의사소통을 통해 이루어지는 상호작용 및 과정을 이해하는 데 목적을 두고 진행된다.

상위 인지【上位 認知】metacognition

자신의 인지 및 인지 과정에 관한 사고(思考) 또는 지식. 우리는 정신 활동을 하는 과정에서 각자 자신의 기억이나 생각 또는 사고방식 등에 대해 생각할 수 있고 이것을 앞으로 있게 될 자신의 기억이나 생각 또는 사고방식에 반영하고, 또 이를 통해 인지 능력을 향상시키기도 한다. 이처럼 '자신의 정신 활동의 내용이나 특징에 대한 사고나 그에 대해 알고 있는 지식'을 지칭하여 '상위 인지'라고 한다. '초인지'라고도 한다.

상위 주의【上位 注意】meta-attention

자극 또는 대상에 대해 주의(attention)를 기울이는 과정과 그 과정에 영향을 미치는 요소들을 스스로 인식하고 이해하는 인지활동. 상위 인지(metacognition)의 일종이다.

상위 표상【上位 表象】metarepresentation

표상이란 외부의 대상을 지각하고 인식하는 과정에서 그 '대상을 어떤 형태로 추상화하고 심상화하여 나타낸 것'을 의미한다. 그 중에서 지도나 동상과 같이 '외부의 대상을 모사하여 외적으로 나타낸 표상'을 '외재적 표상(external representation)'이라 하고, 다른 하나는 '외부의 대상을 어떤 형태로 추상화하고 심상화하여 내적으로 나타낸 표상'을 '내재적 표상(internal representation)', '정신적 표상' 또는 '심적 표상'이라고 한다. 또한 표상은 '일차적 표상', '이차적 표상' 및 '상위 표상' 등으로 구분할 수 있다. 그 중에서 '상위 표상(metarepresentation)'은 표상에 대한 표상, 즉 표상이 무엇인지에 대해 생각하고 이해하는 것을 의미한다. 구체적으로 상위 표상 수준에서는 자기 자신이나 타인의 생각 또는 마음의 상태를 이해할 수 있게 된다. 즉, 이 수준에서는 자기 자신이나 타인이 무슨 생각을 하는지, 어떤 마음의 상태일지에 대해 표상할 수 있게 된다. 이에 비해, '일차적 표상(primary representation)'은 개인(또는 아동)이 현재 발생하고 있는, 즉 현재 개인이 경험하고 있거나 보고 있는 실제 장면이나 대상을 표상하는 것을 의미하며, '일차 표상'이라고도 한다. '이차적 표상(secondary representation)'은 현재 개인이 자신의 앞에서 발생하고 있는 상황이나 대상이 아닌, 이전에 자신이 보았거나 경험했던 장면이나 대상, 또는 다른 장면에서 보았거나 경험했던 장면이나 대상을 표상하는 것을 의미하며, '이차 표상'이라고도 한다.

상징【象徵】symbol

어떤 것(또는 대상)을 나타내거나 표상하는 다른 어떤 것. 즉, 어떤 것 또는 어떤 대상(예를 들면, 어떤 사물이나 사건 또는 추상적인 관념 등)을 나타내거나 표상하기 위해 다른 어떤 것이 사용될 때 이 다른 어떤 것을 상징이라고 한다. 상징으로 사용되는 사물이나 표식은 그것이 대신하고 있는 다른 것(사물, 사건 또는 추상적 관념 등)을 알게 해주는 작용을 한다. 예를 들면, '사랑'을 나타내거나 표현하기 위해 하트(heart)를 나타내는 이미지(♡)를 사용하는 경우에서 하트 이미지 '♡'는 사랑을 상징하고 있는 것이다. 또 실뭉치를 들고 사과인 척하면서 먹는 흉내를 낸다면, 이때 사용된 실뭉치는 사과를 상징하고 있는 것이다. 실뭉치 외에도 사과를 나타내기 위해 다른 물체들이나 이미지들이 동원된다면 이것들도 또한 사과를 나타내는 상징이 된다. 이외에도 세상의 수많은 사물들을 나타내고 표상하기 위해 사용하는 말과 글, 즉 언어는 가장 광범위하게 사용되는 대표적인 상징(또는 상징 체계)이다. '심벌'이라고도 한다.

상징 놀이【象徵 놀이】symbolic play

어떤 대상(예를 들면, 어떤 사물이나 사건 또는 추상적인 관념 등)을 나타내거나 표상하기 위해 기호로 사용된 표식이나 사물을 상징(symbol, '심벌'이라고도 함)이라고 하며, 상징으로 사용된 표식이나 사물은 그것이 대신하고 있는 다른 것(인물, 사건 또는 추상적 관념 등)을 알게 해주는 기능을 한다. 이와 같은 상징을 사용하여 이루어지는 놀이를 상징 놀이라고 한다. 상징 놀이는 내적(정신적) 표상 능력이 발달하고 상징적 사고가 가능한 아동에게서 나타나는 놀이의 형태로, 어떤 특정한 대상(인물이나 사건 등), 역할, 상황 등을 나타내기 위해 그것을 대신하는 다른 재료나 활동을 사용하여 실제와 비슷하게 꾸미거나 변경한 후에 마치 실제인 것처럼 행하는 놀이를 말한다. 상징 놀이의 대표적인 예를 들면, 아이들이 하는 병원 놀이나 의사 놀이, 총싸움이나 칼싸움과 같은 전쟁놀이, 주방 놀이, 우주비행사 놀이 등이 포함된다. 상징 놀이는 인지적 놀이의 한 형태로 분류하기도 한다. 인지적 놀이는 인지적 능력 또는 인지적 측면이 반영된 놀이 형태를 모두 지칭하는 것으로, 상징 놀이는 그런 인지적 놀이의 한 유형으로 분류될 수 있다. 발달적으로 상징 놀이가 나타나기 시작하는 것은 영아기(출생~2세 경) 후반부, 또는 삐아제(Piaget: 1896~1980)의 인지발달 이론에서 제시하는 4개의 발달단계 중에서 첫 번째 단계인 감각운동기의 후반부(생후 18개월~24개월)로, 이와 같은 상징 놀이를 한다는 것은 인지발달 측면에서 아이의 인지 수준이 감각과 운동(또는 감각운동적 도식)이 중심이 되었던 감각운동기를 벗어나 다음의 인지 수준(단계)으로 넘어가고 있음을 시사해준다.

상징적【象徵的】symbolic

'상징(symbol)'은 어떤 것(예를 들면, 어떤 사물이나 사건 또는 추상적인 관념 등)을 나타내거나 표상하기 위해 사용된 다른 어떤 것을 말한다. 예를 들면, '사랑'을 나타내기 위해 하트(heart) 이미지 '♡'를 사용하는 경우에 '♡'는 사랑을 나타내는 상징이다. '상징(symbol)'의 형용사인 '상징적(symbolic)'이란 '어떤 사물이나 추상적인 관념 등을 나타내거나 표상하기 위해 다른 어떤 것(사물, 언어 등)을 사용하는'이라는 의미를 가진 말이다.

상징적 기능【象徵的 機能】symbolic function

어떤 사물이나 경험을 나타내기 위해 상징(symbol)을 사용하는 기능(또는 능력). 상징이란 어떤 것(또는 대상)을 나타내거나 표상하는 다른 어떤 것을 말한다. 즉, 어떤 사물이나 사건 또는 추상적인 관념 등을 나타내거나 표상하기 위해 다른 어떤 것이 사용될 때 이 다른 어떤 것을 상징이라고 한다. 상징으로 사용되는 사물이나 표식은 그것이 대신하고 있는 다른 것(사물, 사건 또는 추상적 관념 등)을 알게 해주는 작용을 한다. 예를 들면, '사랑'을 나타내거나 표현하기 위해 하트(heart)를 나타내는 이미지(♡)를 사용하는 경우에서 하트 이미지 '♡'는 사랑을 상징하고 있는 것이다. 또 실뭉치를 들고 사과인 척하면서 먹는 흉내를 낸다면, 이때 사용된 실뭉치는 사과를 상징하고 있는 것이다. 또한 개를 나타내기 위해 '멍멍이'라는 말을 사용한다면 '멍멍이'는 개를 상징하고 있는 것이다. 이처럼 특정한 사물이나 경험을 나타내거나 표상하기 위해 상징을 사용하는 기능 또는 능력을 지칭하는 표현이 '상징적 기능'이다.

상징적 표상【象徵的 表象】symbolic representation

어떤 대상이나 현상을 그림이나 언어 또는 놀이와 같은 상징적 수단을 사용하여 표현하는 것. 인지발달 단계 중에서 감각 운동기(sensorimotor stage) 후반부터 전조작기(preoperational stage)에 걸쳐 활발하게 나타나는 인지활동이다.

상호반응적 관계【相互反應的 關係】mutually responsive relationship

부모-자녀 간의 관계의 한 양상으로, 특히 부모와 자녀가 서로의 요구와 필요 또는 목표에 대해 상호적 반응을 주고받으며, 동시에 양자 모두가 긍정적 정서를 공유하고 경험하는 관계를 의미한다. 이런 관계가 이루어지는 환경 속에서 자녀(또는 아동)들은 심리적, 사회적 및 행동적 측면에서 긍정적 특성과 능력을 발달시키게 될 가능성이 높다.

상호작용 놀이【相互作用 놀이】interactive play

사회적 놀이의 한 형태. 사회적 놀이는 사회적 측면, 즉 타인과의 상호작용 측면과 관련된 놀이 또는 사회적 상호작용 측면에서 분류한 놀이 형태를 말하며, 그 중 하나가 '상호작용 놀이'이다. 이 놀이는 두 명 이상의 또래나 친구가 모여 동일한 놀이를 대화를 나누면서 함께 해가는 형태의 놀이를 말한다.

상호주관성【相互主觀性】intersubjectivity

사회적 관계에서 상대방과 주관적 세계(예를 들면, 가치관, 삶의 의미나 목표, 동기 등)를 서로 공유하는 것. 또는 그렇게 하는 능력.

상황적 순종【狀況的 順從】situational compliance

(1) 강압이나 권력 관계 하에서 수동적으로 이루어지는 순종. (2) 부모-자녀 관계에서, 아동이 자신을 통제하려는 부모의 권력이나 강압 또는 힘에 대해 어쩔 수 없이 따르는 순종. 이와는 달리, 헌신적 순종(committed compliance)은 아동이 부모가 제시한 제안, 요구, 규칙 등에 대해 별다른 저항 없이 능동적이고 수용적인 과정을 통해 협조적으로 이루어지는 순응을 말한다. 헌신적 순종은 부모와 자녀가 서로의 요구와 필요 또는 목표에 대해 상호적 반응을 주고받으면서 양자 모두가 긍정적 정서를 공유하고 경험하는 관계 속에서, 아동이 부모에게 협조하고 호응하려는 동기에서 비롯되는 능동적 순종이라고 할 수 있다.

상황적 위기【狀況的 危機】situational crisis

개인의 발달이나 적응과 관련하여 발생하는 위기의 한 형태로, 특히 자신이나 가족의 갑작스런 사고나 사망, 화재나 범죄 피해 등과 같은 예상하기 어려운 스트레스적인 사건이나 상황으로 인해 발달이나 적응상의 어려움이나 고비가 초래된 상태.

색【色】color

사물이 흡수하고 반사하는 빛의 파장에 따라 빨강, 파랑, 노랑, 초록, 검정 등과 같이 상이한 지각을 일으키는 사물의 물리적 속성. 또는 그러한 상이한 지각을 일으키는 물리적 현상.

색맹【色盲】color blindness

색채(色彩)를 지각 또는 식별하는 능력이 부분적으로 또는 전적으로 결여되어 있는 상태를 말한다. 흔히 선천적으로 발생하며, 부분적으로는 후천적인 시각 기관의 이상이나 질병에 의해 나타나기도 한다. 색맹은 크게 전색맹(全色盲)과 부분 색맹(部分色盲) 두 가지 유형으로 구분된다. '색각 이상(色覺異常)'이라고도 한다.

색맹 검사【色盲 檢査】color blindness test

색채지각 능력이 부분적으로 또는 전적으로 결여된 상태를 색맹이라고 하며, 이러한 색맹과 관련하여 개개인이 색맹인지의 여부, 색맹의 정도 및 유형 등을 알아보기 위해 실시하는 검사를 말한다. 대표적인 색맹 검사법에는 크게 색맹 검사표(色盲 檢査表)를 이용하는 방법과 색맹 검사경(色盲 檢査鏡)을 이용하는 방법이 있다.

생득【生得】being innate / being inborn

태어날 때부터 가지고 남.

생득론【生得論】nativism

인간을 포함한 유기체가 가진 어떤 능력이나 심리적(또는 정신적) 기능은 선천적으로 타고 나는 것이라고 보는 관점. 즉, 유기체의 능력이나 심리적 기능은 태어날 때부터 갖추어져 있다고 보는 관점이나 입장을 생득론이라고 한다. 이와 같은 생득론과 반대로, 유기체의 능력이나 심리적 기능은 태어난 후에 이루어지는 경험(관찰이나 학습 등)에서 비롯된다고 보는 관점을 '경험론(經驗論, empiricism)', '후천설(後天說)' 또는 '후천론(後天論, Aposteriorism)'이라고 한다. 한편 생득론은 '생득설(生得說)', '선천론(先天論)', '선천설(先天說)', '선천 견해(先天 見解, nature view)', '천부설(天賦說)' 등으로도 불린다.

생득설【生得說】nativism

'생득론'이라고도 한다. CLICK 생득론

생리【生理】menses / menstruation

'월경(月經)'이라고도 한다. CLICK 월경

생리【生理】physiology

생물의 체내에서 이루어지는 생물학적 과정과 기능 및 작용.

생리적(인)【生理的(인)】physiological

(1) 유기체의 신체적 또는 생물학적 조직이나 기능 또는 원리에 관계된(또는 근거한). (2) 이성적 또는 합리적 사고에 의한 것이 아닌 선천적이고 본능적인 또는 육체적인.

생리적 욕구【生理的 慾求】physiological needs

욕구(needs)의 한 유형으로, 개체의 생존 또는 동질정체(同質正體, homeostasis)를 유지하기 위해 요구되는 요소들을 말하며, 여기에는 물, 산소, 음식, 배설 등과 같은 요소들에 대한 요구가 포함된다.

CLICK 욕구

생리학적(인) 【生理學的(인)】 physiological

유기체의 신체적 또는 생물학적 조직이나 기능 또는 원리를 연구하는 학문에 관계된.

생리학적 관점 【生理學的 觀點】 physiological perspective

인간이나 동물의 행동과 심리적 현상을 뇌를 포함하는 신경계와 신체 내의 생리적 측면에서 이해하려는 접근. '생리학적 설명', '생리학적 접근'이라고도 하며, '생물학적 관점'과도 같은 의미로 사용된다.

생물심리사회적 관점 【生物心理社會的 觀點】 biopsychosocial perspective

인간의 행동을 설명하는 관점들 가운데 하나로, 특히 인간을 통합적 측면에서 설명하는 관점이다. 이 관점에서는 인간의 심리적 및 행동적 영역뿐만 아니라 건강이나 질병 영역들조차도 인간의 어느 한 가지 측면이나 요인에 의해서 결정된다고 설명하지 않고 생물학적 측면(또는 요인), 심리적 측면(또는 요인), 사회·문화적 측면(또는 요인) 등 여러 측면에서 통합적으로 이해하고 접근하려는 관점을 취한다. '생물심리사회적 설명', '생물심리사회적 모형', '생물심리사회적 접근', '생물심리사회적 조망' 또는 '심신사회적 모형'이라고도 한다.

생물학적 관점 【生物學的 觀點】 biological perspective

심리학의 제문제(인간의 행동과 심리 과정 등)를 설명하는 방식 가운데 하나로, 인간이나 동물의 행동과 심리적 현상을 뇌가 포함된 신경계의 전기적 및 화학적 활동을 중심으로 신체 전반에서 이루어지는 신경 및 생리적인 측면에서 이해하려는 접근. '생물학적 조망' 또는 '생물학적 접근'이라고도 하며, '생리학적 관점'과 같은 의미로 사용된다.

생산성 【生産性】 productivity

(1) 일정한 비용이나 노동력 등을 투입하여 생산해 낸 생산물의 양. 또는 투입된 것의 양과 생산된 것(생산물)의 양 간의 비율. (2) 삶의 과정에서 자신의 가족이나 사회 또는 미래의 세대나 세상에 도움이 되는 가치 있는 결과를 만들어내는(또는 생산하는) 활동을 하는 것 또는 그러한 활동의 정도.

생산적 사고 【生産的 思考】 productive thinking

새로운 기술이나 도구를 고안해내거나 새로운 문제를 해결해내는 것과 같은 가치 있는 결과를 창출해내는 사고 또는 사고 활동. '창조적 사고' 및 '창의적 사고'와 같은 의미로 사용된다.

생산적 활동 【生産的 活動】 productive activity

삶의 과정에서 가치 있는 결과를 만들거나 창출해 내는 활동.

CLICK 생산성

생식 【生殖】 reproduction

생물이 자신과 같은(또는 닮은) 새로운 개체를 만들어(생산하여) 종족을 유지해가는 것 또는 그러한 현상. 즉, 생식이란 생물들이 자신의 종족을 유지해가는 활동을 지칭하는 것으로, 유기체가 자신과 같은 종의 새로운 개체를 생산해 내는 활동을 의미한다. 무성 생식(無性 生殖)과 유성 생식(有性 生殖)으로 구분된다.

생식기 【生殖期】 genital stage

프로이트(Freud: 1856~1939)는 심리성적 발달 이론을 통해 성격 발달이 이루어지는 다섯 단계(구강기,

항문기, 남근기, 잠복기, 생식기 등)를 제시하였다. 그 중에서 다섯 번째 단계인 생식기는 대략 11, 12세 이후의 시기에 해당한다. 사춘기에 접어들면서 전 단계인 잠복기 동안 억압되었던 성적 충동(또는 성적 욕구)이 재각성되고 되살아나게 되며, 이성과의 관계를 통해 이를 충족하고자 한다. Freud는 이러한 경향을 남근기 동안에 부모와의 관계에서 해결할 수 없었던 갈등이 청소년기로 와서 다시 나타나는 것으로 보았다. 따라서 이 시기의 청소년들은 성적 충동(또는 성적 욕구)을 사회적으로 받아들여지는 방식으로 표현하는 방법을 배워야 하는데, 이러한 과정이 원만히 진행될 때 그 개인은 성숙하고 건강한 성인으로 발달해가게 된다. '성기기' 또는 '생식 단계'라고도 한다.

생식 단계【生殖 段階】genital stage

'생식기' 또는 '성기기'라고도 한다. CLICK 생식기

생식선【生殖腺】sexual gland / gonad

성호르몬을 분비하는 내분비선. 인간의 경우에는 남성의 경우 정소(精巢)라고도 하는 고환이 이에 해당하며, 여성의 경우에는 난소(卵巢)가 이에 해당한다. 생식샘(生殖샘), 생식소(生殖巢), 성선(性腺), 성소(性巢) 등으로도 표현된다.

생식선 자극 호르몬【生殖腺 刺戟 호르몬】gonadotropic hormone / gonadotrophin

내분비선 중에서도 '우두머리선'으로 일컬어지는 '뇌하수체'의 주요 부분들 가운데 전엽에서 분비되는 호르몬. 여기에는 '여포 자극 호르몬'과 '황체 형성 호르몬' 두 가지의 호르몬이 포함된다. 이 호르몬들은 생식선인 '성선(sex gland)'에 영향을 미친다. '성선 자극 호르몬' 또는 '고나도트로핀'이라고도 한다.

생식세포【生殖細胞】reproductive cell / gamete

생식 과정에 관여하는 세포. 일반적으로 유성생식을 하는 생물들의 정세포(또는 정자)와 난세포(또는 난자)가 여기에 해당한다. 즉, 인간의 경우에는 남성의 정자와 여성의 난자가 생식세포에 해당한다. 이외에도 무성생식을 하는 생물들에서는 포자가 생식세포에 해당한다.

생식세포 유전자 치료【生殖細胞 遺傳子 治療】germline gene therapy

그동안 학자들은 당뇨병, 이분척추, 혈우병, 겸상적혈구 빈혈증, 헌팅턴병, 테이삭스병, 페닐케톤뇨증 등과 같은 주요 유전 장애(또는 유전 질환)들을 포함하여 수많은 종류(약 7,000여 가지 이상)의 유전 장애들을 밝혀 왔다. 어떤 예비부모가 이러한 유전 장애들을 일으키는 유전자를 가지고 있는 경우에, 아이가 태어나기 전 임신 초기 단계(갓 수정이 이루어진 배종기 또는 배아기 단계)에서 예비부모로부터 전달받은 유전 장애(또는 유전 질환)를 일으키는 이상 유전자를 건강한 상태로 고치거나 아니면 그 이상 유전자를 다른 건강한 유전자로 대체하는 처치를 함으로써 아이의 이상 유전자를 치료하고 나아가 이 아이가 앞으로 후손들에게 치료된 건강한 유전자를 전달할 수 있도록 만드는 획기적인 유전자 치료 기법(또는 치료 절차)을 지칭하여 '생식세포 유전자 치료'라고 한다. 이 치료법은 동물을 대상으로 한 연구에서 부분적으로 성공을 거두어 왔으나 아직 완전한 기술 개발이 이루어진 단계는 아니며, 동시에 이 치료법을 인간에 적용하는 데 따른 여러 가지 윤리적 및 의료적 문제들이 제기되고 있기 때문에 이 방법을 인간에 적용하는 것은 아직 허용되지 않고 있는 상황이다.

생식 체계【生殖 體系】reproductive system

유기체 내에 있는 생식을 위해 작용하는 관련 기관

들 또는 조직들의 체계. 즉, 한 유기체(또는 생물체) 내에서 생식(生殖, reproduction)을 위해 관련 기관들(또는 조직들)이 유기적으로 함께 작용하는 체계를 지칭하여 생식 체계라고 한다.

생애【生涯】life-span

한 개인이 태어나서 어느 특정 시점까지 또는 사망할 때까지 살아온 시간. 즉, 한 개인이 살아온 삶 또는 인생 전체를 의미한다. CLICK 전생애

생애 발달심리학【生涯 發達心理學】life-span developmental psychology

최근의 발달심리학의 주요 관점을 반영한 또 다른 표현으로, 특히 생애적 접근 또는 전생애적 접근(全生涯的 接近)을 취하는 발달심리학을 의미한다. '전생애 발달심리학'이라고도 한다.

CLICK 전생애 발달심리학

생애사【生涯史】life history

특정 개인의 생애에서의 시간 과정과 경험 등을 포함하는 개인의 역사.

생애사 연구【生涯史 硏究】life history research

특정 개인의 생애 동안의 시간 과정과 경험 등을 포함하는 개인 역사에 대한 연구. 질적 연구 방법의 한 형태이다.

생애적 접근【生涯的 接近】life-span approach

인간의 주요 발달은 청년기 이전까지의 시기, 즉 인생의 전반기에서만 이루어지는 것이 아니라 그 이후 성인기 및 노년기를 거치면서도 많은 주요 변화들이 진행되기 때문에 인간의 발달을 연구하는 발달심리학에서는 인생의 일부분(예를 들면, 아동기 및 청년기)에서만이 아니라 성인기 및 노년기를 포함한 전생애 기간 동안에 발달이 이루어진다는 관점에서 연구를 진행해 가려는 접근 또는 관점을 일컬어 생애적 접근 또는 전생애적 접근이라고 한다.

생존 가능 연령【生存 可能 年齡】age of viability

태내의 태아가 모체 밖으로 나왔을 때 생존하는 것이 가능한 연령의 범위. 대략 임신 7개월을 전후한 시기인 약 22주에서 28주 사이의 시기를 생존 가능 연령으로 본다.

생존 반사【生存 反射】survival reflexes

선천적으로 가지고 태어나는 반사들 중에서 분명한 생존적 가치(또는 적응적 가치)를 가진 반사를 지칭하여 생존 반사라고 한다. 반사(reflexes)는 자극에 대하여 자동적이고 불수의적으로 일어나는 반응을 말한다. 반사들 중에서 인간이 태어날 때부터 가지고 있는 반사를 지칭하여 선천적 반사라고 하는데, 이런 선천적 반사들 중에서 신생아기 또는 생후 초기의 삶을 살아가는 과정에서 아기가 생존하고 적응해 가는 데 도움이 되는 반사들이 있는가 하면, 이와 달리 딱히 생존적 혹은 적응적 가치를 찾기 어려운 반사들이 포함되어 있다. 그 중에서 앞의 경우처럼 아기가 생존하고 적응해 가는 데 도움이 되는 반사들, 즉 생존적 또는 적응적 가치를 가진 반사들을 지칭하는 표현이 생존 반사이다. 생존 반사에 해당하는 반사들의 목록에는 호흡 반사, 찾기 반사, 빨기 반사, 삼키기 반사, 동공 반사, 눈 깜박임 반사 등이 포함된다. 이와 달리, 생존적 또는 적응적 가치가 없는 반사들, 즉 아기의 삶의 과정에서 유용성이 거의 없거나 유용성이 명확하지 않은 반사들을 지칭할 때는 원시 반사(primitive reflexes) 또는 원시적 반사라는 표현을 사용하며, 여기에는 걷기 반사, 수영 반사, 바빈스키 반사, 밥킨 반사, 모로 반사, 파악 반사 등이 포함된다. 이와 같은 원시 반사의 분류와 관련하여, 학자들 중에는 다소 다른 견해를 나타내

는 경우도 있다. 이들은 원시 반사로 분류되는 반사들 가운데 일부 반사들의 경우에는 어느 정도의 생존적 또는 적응적 가치가 있다고 주장한다. 예를 들면, 수영 반사는 비가 많이 오거나 물이 많은 자연적 또는 사회문화적 생활환경에서 살아가는 사람들에게 있어서 생후 초기의 아기가 자주 부모의 등에 업히거나 품에 안겨서 또는 부모 곁에서 생활해야 하는 일이 많기 때문에 우물이나 웅덩이 등에 빠질 가능성이 있고, 그때 수영 반사는 구조될 때까지 아기의 생존을 어느 정도 유지시켜 줄 수 있다는 점에서 생존적 및 적응적 가치를 가진다고 보는 것이다.

생태【生態】ecology

(1) 생물이 살아가는 모양이나 상태. (2) 생물들의 생활환경과 생활 상태 그리고 생물들과 환경 간의 상호관계 및 상호작용 등에 관해 과학적으로 연구하는 학문. 이 경우에는 '생태학(生態學)'과 같은 의미를 갖는다.

생태계【生態系】ecosystem

어느 지역 안에서 살아가는 생물들과 그 생물들에게 영향을 미치는 환경의 제반 요소들이 상호작용하고 있는 복합적인 체계. 흔히 '생태학'에서 연구하는 대상이 된다.

생태 체계 모형【生態 體系 模型】ecological system model

인간발달에 대한 환경의 영향을 설명하기 위해 생태학 개념을 도입하여 체계적이고 포괄적으로 설명하는 모형. '생태 체계 모델'이라고도 하며, '생태학적 체계 이론' 및 '생태 체계 이론'과도 같은 의미로 사용된다. CLICK 생태학적 체계 이론

생태학【生態學】ecology

생물학의 한 분야로, 생물들의 생활환경과 생활 상태 그리고 생물들과 환경 간의 상호 관계 및 상호작용 등에 관해 과학적으로 연구하는 학문.

생태학적 관점【生態學的 觀點】ecological perspective

인간발달에 대한 환경의 영향을 설명하기 위해 생태학 개념을 도입하여 체계적이고 포괄적으로 설명하는 관점. '생태학적 접근', '생태학적 모델', '생태학적 모형', '생태학적 이론', '생태학적 체계 이론' 등과 같은 의미로 사용된다.

CLICK 생태학적 체계 이론

생태학적 체계 이론【生態學的 體系 理論】ecological system theory

인간발달에 대한 환경의 영향을 설명하기 위해 생태학 개념을 도입하여 일련의 환경 체계들을 제시하고, 각 체계들의 특징과 기능 및 체계들 간의 상호작용에 대한 설명을 통해 발달에 대한 환경의 영향을 체계적이고 포괄적으로 설명하는 이론이다. 이 이론을 제안한 러시아 태생의 미국 심리학자인 브론펜브레너(Bronfenbrenner: 1917~2005)는 인간발달에 대한 환경의 영향을 다섯 개의 체계(미시 체계, 중간 체계, 외체계, 거시 체계 및 시간 체계 등)로 나누어 설명하고 있다. 오늘날 이 이론은 인간의 발달에 미치는 환경의 영향을 가장 체계적이고 포괄적으로 설명하는 이론 가운데 하나로 평가받고 있다. 한편 '생태학적 체계 이론'은 여러 가지 다른 명칭으로 표현되고 있는데, 예를 들면, '생태 체계 이론', '생태학적 체계 모델', '생태 체계 모델', '생태학적 체계 모형', '생태 체계 모형', '생태학적 체계 접근', '생태 체계 접근', '생태학적 이론', '생태학적 모델', '생태학적 모형', '생태학적 관점', '생태학적 접근' 등의 표현들이 같은 의미로 사용되고 있다.

생활 연령【生活 年齡】chronological age

출생한 이후 경과한 연(年)과 월(月)의 수와 같은 시간 단위로 표시되는 연령(또는 나이). 즉, 출생 이후 살아온 달력상 표시된 시간의 양을 의미한다. '생활 연령'이라는 표현 대신 '생활 나이', '역연령(曆年齡)', '달력에 의한 연령' 또는 '달력에 의한 나이' 등의 표현이 같은 의미로 사용되고 있다.

생활 지도【生活 指導】guidance

학생들의 건강한 발달과 생활 적응 능력을 도와주는 체계적 지도 활동. 구체적으로 생활 지도란 학생들의 생활에 대한 지도를 통해 개개인이 가지고 있는 특성과 잠재력을 최대로 발달 및 발휘하도록 돕는 동시에 생활 속에서 겪게 되는 문제들을 스스로 해결해 갈 수 있도록 도와주는 체계적인 지도 과정을 말한다. '가이던스'라고도 한다.

샤르코 Charcot (1825~1893)

장 마르탱 샤르코(Jean Martin Charcot). 프랑스의 의사·신경병리학자. 현대 신경의학의 창시자로 평가받고 있다. 1853년 파리 대학교 의학부를 졸업하였고, 1882년 사르페토리에르 병원의 신경병과 교수가 되었다. 히스테리 환자들을 이해하고 치료하기 위해 최면술을 사용하였고, 모든 신경증의 원인이 성(性)적인 문제에 있다고 보았다. 프로이트(Freud: 1856~1939)의 스승이기도 했으며, Freud의 학문 세계에 큰 영향을 미쳤다. '샤르꼬', '장 샤르코', '장 마르탱 샤르코', 'Charcot', 'Jean Charcot', 'Jean Martin Charcot' 등으로 표기하기도 한다.

샴쌍둥이 Siamese twins

태어날 때 신체의 일부가 붙은 상태로 태어난 쌍둥이. 1811년 태어나 18세 무렵 미국으로 가서 생활하다 1874년에 사망한 샴쌍둥이 Change Bunker(창 벙커)와 Eng Bunker(엥 벙커) 형제가 태어난 나라인 태국(Thailand)의 옛 이름인 Siam(흔히 '샴' 또는 '시암'으로 표기한다)에서 유래한 말이다. '시암 쌍둥이'라고도 하며, 결합된 쌍둥이라는 의미에서 '결합 쌍둥이', '접합 쌍둥이', '접착 쌍둥이'라는 명칭으로도 불린다.

서번트 savant

'savant'의 우리말 표현으로, 영어 발음에 따라 보다 더 정확하게 표기하면 '새반트' 또는 '새번트'라고 해야 한다. 이 용어는 다음과 같은 몇 가지의 의미를 가지고 있다. (1) 대학자 혹은 석학. 즉, 특정 분야에서 큰 학문적 업적을 이루었거나 학식이 깊은 사람. (2) 학자. 즉, 특정 분야의 발전에 도움이 되는 전문적인 연구 활동을 하는 사람. (3) 일반인에 비해 지적 능력이 현저하게 떨어지는 정신지체나 자폐증 혹은 정신분열증 등과 같은 정신 장애를 가지고 있지만, 이런 능력과는 극도로 대비되는 특정 영역(예를 들면, 기억력, 음악적 재능 또는 미술적 재능 등)에서 놀랍게 뛰어난 재능(능력)을 나타내는 사람. '백치천재' 또는 '이디엇 서번트(idiot savant)'라고도 하며, 이들이 가진 놀랍고 뛰어난 재능 또는 그런 재능을 보이는 현상을 지칭하여 '서번트 증후군(savant syndrome)'이라고 하며, 이외에도 '서번트 신드롬', '새반트 신드롬', '새번트 신드롬', '새반트 증후군', '새번트 증후군', '석학 증후군' 등의 표현으로도 사용된다.

서번트 증후군【서번트 症候群】savant syndrome

일반적인 사람들에 비해 지적 능력이 현저하게 떨어지는 정신지체나 자폐증 혹은 정신분열증 등과 같은 정신 장애를 가지고 있는 사람이 특정 영역(기억이나 음악 또는 미술 등과 같은 특정 분야)에서 놀라울 정도로 뛰어난(또는 천재적인) 재능을 나타내는 현상. 기록상 처음으로 세상에 알려진 서번트 증후군을 가진 사람은 1707년 영국의 더비셔(Derbyshire)

지역에서 태어난 여디디아 벅스턴(Jedediah Buxton)이라는 인물로, 그는 교육이 어려운 학습 장애로 진단 받았으나 암산에서 놀랍도록 뛰어난 능력을 발휘했다고 한다. 학자들은 오늘날까지 오랫동안 서번트 증후군의 비밀을 풀고 그 치료법을 알아내려 노력해오고 있지만 아직 완전한 답을 찾지 못하고 있다. 서번트 증후군을 가진 사람을 지칭하여 '서번트(savant)'라고 한다. 한편 서번트 증후군은 '서번트 신드롬', '새반트 신드롬', '새번트 신드롬', '새반트 증후군', '새번트 증후군', '석학 증후군', '현자 증후군' 등과 같은 다양한 표현으로도 불린다.

서술 기억【敍述 記憶】declarative memory

기억의 한 유형으로, 어떤 사건이나 사실에 대한 이야기 또는 지식 형태의 기억을 말한다. '서술적 기억'이라고도 한다.

서열화【序列化】seriation

사물(事物)들을 그 속성(예를 들면, 무게, 크기, 부피, 높이, 수 등)에 따라 순서대로 배열하는 것. 또는 그렇게 하는 능력. 예를 들면, 여러 개의 막대기들을 그 길이에 따라 순서대로 배열하는 것이나 여러 개의 구슬들을 그 색깔에 따라 많은 색의 구슬들부터 적은 색의 구슬들 순으로 배열하는 것 등이 서열화의 예가 된다. 삐아제(Piaget: 1896~1980)의 인지발달 이론에 따르면 서열화는 구체적 대상에 대해 조작적 사고가 가능해지는 구체적 조작기(concrete operational stage)에 와서 발달하는 능력들 가운데 하나이다.

선【腺】gland

체내의 여러 부분에 위치하여 특정 기능을 수행하는 기관으로, 각기 다른 특정 기능을 담당하는 액체 물질을 체내 혹은 체외로 분비하거나 배설하는 작용을 한다. 체내에는 다양한 선(腺, gland)들이 존재하며, 그 중에서 물질을 체내로 분비하는 선들을 지칭하여 내분비선이라 하고, 체외로 분비(또는 배설)하는 선들을 외분비선이라고 한다. 좀 더 구체적으로 알아보면, 인간을 포함한 생물체의 신체 조직 가운데 분비 기능을 담당하는 세포를 선세포(腺細胞)라고 하고, 이러한 선세포들이 하나 이상 모여서, 또는 하나 이상의 선세포들과 함께 다른 조직이 모여서 분비 기능을 담당하는 신체 기관을 선이라고 한다. 신체내의 선은 크게 내분비선과 외분비선으로 구분된다. 내분비선은 분비 물질을 체내의 림프액이나 혈액 속에 직접 분비하는 선을 말하는 것으로 여기에는 갑상선(甲狀腺, thyroid gland), 부신 피질(副腎 皮質, adrenal cortex) 및 뇌하수체(腦下垂體, pituitary gland) 등이 포함된다. 반면에, 외분비선은 분비 물질을 소화관이나 신체 밖으로 분비하는 선(腺)을 말하는 것으로, 여기에는 소화선(消化腺, digestive gland), 한선(汗腺, sweat gland) 및 타액선(唾液腺, salivary gland) 등이 포함된다. '샘'이라고도 한다.

선별 번식【選別 繁殖】selective breeding

어떤 특성(예를 들면, 지능, 학습 능력, 성적 충동 및 행동, 정서 반응, 공격성이나 공격 행동 등)의 수준이나 능력에 따라 동물들을 선별한 후에 이들을 교배시켜 번식시키는 절차 또는 방법을 말한다. 이 방법은 흔히 인간 이외의 동물을 대상으로 사용하는 방법으로, 특정한 유형의 동물(또는 개체)을 생산하기 위해 그에 부합하는 유전적 특성을 가지고 있는 동물(또는 개체)들을 선별하여 번식시키는 것이다. 이와 같은 '선별 번식' 방법을 사용하여 이루어지는 실험(연구)을 지칭하여 '선별 번식 실험(selective breeding experiment)'이라고 한다.

선별 번식 실험【選別 繁殖 實驗】selective breeding experiment

'선별 번식(selective breeding)' 방법을 사용하여 이루어지는 실험(연구). 구체적으로 선별 번식 실험은

발달 심리 용어

ㅅ

유전학, 행동유전학, 심리학 등의 분야에서 생물이 가진 특성(예를 들면, 동물의 어떤 특질이나 행동)에 대한 유전의 영향을 밝히기 위해 사용하는 주요 연구 방법들 가운데 하나이다. 이 방법은 주로 인간 이외의 동물을 대상으로 사용하는 방법으로, 특정한 유형의 동물(또는 개체)을 생산하기 위해 그에 부합하는 유전적 특성을 가지고 있는 동물(또는 개체)들을 선별하여 번식시킨 후, 이 과정을 통해 태어난 개체들의 특성 및 수준을 비교함으로써 유전의 영향을 밝히는 연구 방법이다. 예를 들면, 동물들이 나타내는 지능, 학습 능력, 성적 충동 및 행동, 정서 반응, 공격성(또는 공격 행동) 등과 같은 특성들에 대해 유전이 영향을 미치는지, 영향을 미친다면 어느 정도로 영향을 미치는지를 밝히기 위해 각 특성별 높은 수준을 나타낸 동물들과 낮은 수준을 나타낸 동물들을 선별한 후, 같은 수준의 동물들끼리 여러 세대에 걸쳐 교배시킨다. 이후 그러한 교배 과정을 통해 태어난 동물(후손)들을 대상으로 위의 특성들에서 차이가 있는지를 비교함으로써 그러한 특성들에 대한 유전의 영향을 밝힐 수 있다. 이와 같은 '선별 번식 실험' 방법을 사용하여 진행된 많은 연구들은 다양한 종류의 동물들에서 지능, 학습 능력, 성적 충동 및 행동, 정서 반응, 공격성(또는 공격 행동) 등과 같은 특성들이 유전의 영향을 받고 있음을 지지하고 있다.

선별적 감소【選別的 減少】selective attrition

대표적으로 종단적 연구에서 나타나기 쉬운 연구 참여자들의 이탈(감소) 현상. 일정 기간 동안 진행되는 연구(특히 긴 기간 동안 진행되는 종단적 연구)에서 연구 대상인 연구 참여자들이 싫증이 나거나 이사 또는 사고 등의 이유로 연구에서 비무선적으로 빠지게(또는 이탈하게) 되는 현상을 말한다. 이처럼 연구 참가자들이 비무선적으로 감소하게 되면 표본(sample)의 대표성은 떨어지게 된다. 연구 진행 과정에서 발생하는 '선별적 감소'의 문제점은 제한된 연구 참여자들의 감소 문제뿐만 아니라 연구에서 이탈한(감소된) 연구 참여자들이 이탈하지 않고 연구에 계속 참여하는 사람들에 비해 개인적, 가족적 및 사회경제적 상황이나 환경 등의 측면들에서 상대적으로 더 열악한 수준이나 지위에 있을 가능성이 높고, 또한 자녀 교육이나 사회활동 전반에서 상대적으로 소극적일 가능성이 높다는 점이다. 반대로, 연구에서 이탈하지 않고 계속 참여하는 사람들의 경우에는 개인적, 가족적 및 사회경제적 상황이나 환경 등의 측면들에서 상대적으로 더 나은 수준이나 지위를 가지고 있을 가능성이 높고, 또한 자녀 교육이나 사회활동 전반에서 상대적으로 적극적이고 능동적일 가능성이 높다. 이와 같은 가능성은 대부분 연구의 중요한 측면인 연구 참여자들(즉, 연구 집단)의 대표성이 떨어지게 됨을 의미한다. 그 결과는 해당 연구에서 도출된 결과를 일반화하는 과정에서 제약 요인으로 작용할 수밖에 없다. 이처럼 연구 참여자들의 선별적 감소는 표본의 대표성을 떨어뜨리고, 나아가 연구 결과의 일반화를 어렵게 만드는 요인으로 작용한다.

선적응적 특성【先適應的 特性】preadapted characteristic

조류에게서 나타나는 각인(imprinting) 반응과 같이, 특정 개체나 종이 생존할 수 있는 가능성을 높여주는 기능을 하는 선천적인 특성. 진화 과정의 산물로 생겨난 특성들 가운데 하나로 이해되고 있다.

선천【先天】innateness

태어나면서부터 가지고 있는 것. 구체적으로 태어나면서부터 가지고 있는 특성이나 성질을 지칭할 때 '선천성(先天性)'이라는 표현을 사용한다.

선천 견해【先天 見解】nature view

'생득론'과 같은 의미로 사용된다. CLICK 생득론

선천 결손【先天 缺損】congenital defect / innate defect

'선천적 결함(先天的 缺陷)'이라고도 한다.

CLICK 선천적 결함

선천 결함【先天 缺陷】congenital defect / innate defect

'선천적 결함(先天的 缺陷)'이라고도 한다.

CLICK 선천적 결함

선천론【先天論】nativism

'생득론'과 같은 의미로 사용된다. CLICK 생득론

선천설【先天說】nativism

'생득론'과 같은 의미로 사용된다. CLICK 생득론

선천성【先天性】apriority / innateness

태어나면서부터 가지고 있는 특성이나 성질.

선천성 결함【先天性 缺陷】congenital defect / innate defect

개체가 출생 시부터 가지고 있는 결함 또는 문제. 이런 선천성 결함은 유전적 요인의 영향, 임신 기간(태내기 동안)의 영향, 출산 과정에서의 문제나 이상 등과 같은 여러 원인에서 비롯된다. '선천적 결함'이라고도 한다. CLICK 선천적 결함

선천성 부신 과다생성【先天性 副腎 過多生成】congenital adrenal hyperplasia (CAH)

여성 태아의 비정상적인 남성화 및 외부 생식기의 기형적 발달을 초래하는 태내기 부신에서의 비정상적인 호르몬 과다생성 현상. 이 증후군을 가진 여성 태아는 유전적 이상에 의해 부신에서 과도한 수준의 안드로겐을 생성함으로써 남성화를 초래하는데, 특히 여성의 내부 생식 기관을 가지고 있지만 남성의 외부 생식기와 유사한 외부 생식기를 발달시키게 된다. '선천 부신 과다생성', '선천성 부신 과다형성', '선천 부신 과다형성'이라고도 한다.

선천성 상구순 파열【先天性 上口脣 破裂】cleft lip

선천적으로 구강의 윗입술이 세로로 갈라져 있는 상태. 구순열(口脣裂) 또는 입술 갈림증이라고도 한다. '언청이'라는 말은 이 증상을 가진 사람을 낮잡아 이르는 표현이다. CLICK 구순열

선천적【先天的】innate / congenital / inborn

태어날 때부터 가지고 있는. '선천적인'과 같은 말로 사용된다.

선천적 결손【先天的 缺損】congenital defect / innate defect

개체가 출생 시부터 가지고 있는 결손 또는 문제. 이런 선천적 결손은 유전적 요인의 영향, 임신 기간(태내기 동안)의 영향, 출산 과정에서의 문제나 이상 등과 같은 여러 원인에서 비롯된다. '선천적 결함(先天的 缺陷)'이라고도 한다. CLICK 선천적 결함

선천적 결함【先天的 缺陷】congenital defects / innate defects

개체가 출생 시부터 가지고 있는 결함 또는 문제. 이런 선천적 결함은 유전적 요인의 영향, 임신 기간(태내기 동안)의 영향, 출산 과정에서의 문제나 이상 등과 같은 여러 원인에서 비롯된다. 유전과 관련된 결함은 염색체 수가 정상보다 많거나 적은 경우 또는 염색체가 손상된 경우 등과 같은 염색체 이상에서 비롯되는 결함과 비정상적인 유전자(즉, 유전자 이상)에서 비롯되는 결함으로 구분할 수 있다. 염색

체 수의 이상에서 비롯되는 결함들 가운데 대표적인 경우가 다운 증후군(Down's syndrome)이다. 다운 증후군은 23쌍의 염색체들 중에서 상염색체에 해당하는 21번째 염색체 쌍에 염색체 하나가 더 있어서 발생하는 장애로, 특징적인 외모와 정신지체 등의 결함을 나타낸다. 23쌍의 염색체들 중에서 성염색체에 해당하는 23번째 염색체의 이상에서 비롯되는 대표적인 장애로는, 여성에게서 나타나는 터너 증후군(Turner's syndrome)과 남성에게서 나타나는 클라인펠터 증후군(Klinefelter's syndrome) 등이 있다. 유전자 이상에서 비롯되는 대표적인 장애로는 헌팅턴 무도병(Huntington's chorea)이 있다. 또한 유전자 이상은 돌연변이에 의해 초래될 수 있다. 돌연변이는 유전자의 화학적 구조의 변화를 말하는 것으로, 이러한 변화는 자연적으로 발생하기도 하고, 또 인간의 산업 활동 과정에서 발생하거나 사용되는 다양한 유해 화학물질들과 방사능 물질 등에 의해 초래되기도 한다. 한편 임신 기간(태내기 동안)의 영향에 의한 결함은 태내기 발달 중에 태아에게 제공되는 유해한 환경 조건에서 비롯되는 결함을 말하며, 출산 과정에서의 결함은 난산이나 합병증 등에 의해 초래되는 결함을 말한다. '선천 결함', '선천성 결함', '선천적 결손', '선천 결손' 등의 표현으로도 사용된다.

선천-후천 논쟁【先天-後天 論爭】nature-nurture debate

인간의 심리와 행동에 관한 심리학 연구의 역사에서 가장 오랫동안 지속되어온 논쟁 가운데 하나로, 인간의 심리와 행동 능력은 선천적으로 타고나는 것인가(즉, 생득적인가) 아니면 후천적으로 획득하게 되는 것인가(즉, 경험을 통해 습득하게 되는 것인가)라는 물음에 대해 서로 상반되는 관점들, 즉 선천론과 후천론이 각기 자기의 관점이 옳음을 주장하면서 맞서온 논쟁을 말한다.

선택적 주의【選擇的 注意】selective attention

환경 속의 여러 자극들 가운데 (다른 자극들은 제외하고) 어떤 특정 자극을 선택하여 주의를 기울이는 인지 과정. 즉, 많은 자극들 중에서 특정 자극에 초점을 맞추어 주의를 기울이는 정신 활동을 말한다. 선택적 주의의 결과로 선택된 자극은 이어지는 정보처리 과정을 거치게 되는 반면에, 선택되지 못한 다른 자극들은 무시되고 자연히 정보처리 대상이 되지 못한다. 흔히 우리들은 삶을 살아가는 과정에서 매순간 수많은 자극들에 노출되지만, 그 모든 자극들을 지각하고 정보처리할 수 없기 때문에 그 가운데 하나 또는 일부의 자극에만 주의를 기울이는 과정을 통해 정보처리를 하게 된다. 물론 그 순간에 우리가 주의를 기울이게 되는 하나 또는 일부의 자극은 우리들 개개인이 선택한 자극이다. 이처럼 어느 순간에 수많은 자극들 가운데 하나 또는 일부의 자극을 선택하여 주의를 기울이는 것을 '선택적 주의' 또는 '선택적 주의 집중'이라고 한다. 자신이 해야 할 일이나 과제를 잘 수행하기 위해서는 일이나 과제와 관련된 자극(또는 정보)에 초점을 맞추어 주의를 기울여야 하고, 일이나 과제와 관련이 없는 자극들은 무시해야 한다. 일반적으로 어린 시기의 아동일수록 여러 자극들 가운데 목표 성취에 필요한 자극에 선택적 주의를 기울이는 능력이 떨어진다. 이런 선택적 주의 능력은 나이가 많아짐에 따라 점차 향상되는 경향을 나타낸다. 한편 선택적 주의는 특정 자극에 집중하여 정확하고 효율적으로 정보처리를 하도록 도와주는 효과가 있지만, 다른 한편으로는 그 순간 선택되지 못한 수많은 자극들, 특히 그 많은 자극들 중에 존재하는 잠재적으로 중요한 자극들에 대해서 주의를 기울이지 못하도록 만드는 한계가 있다. 그 결과 우리는 잠재적으로 중요한 자극을 놓쳐버리게 되는데, 이러한 현상을 '부주의 맹(inattentional blindness)'이라고 한다. 이런 현상은 효율적인 정보처리(또는 인지활동)에 필요한 인지 능력인 선택적 주의가 갖는 제한점이라고 할 수 있다.

선호도 방법【選好度 方法】preference method

(1) 피험자(또는 피험 동물)에게 두 가지 이상의 자극들을 제시한 후 그 가운데 하나를 고르도록 하는 연구 기법. (2) 팬츠(R. L. Fantz)가 1960년대 초에 언어 표현과 의사소통이 어려운 영아들의 지각 발달을 연구하기 위해 개발한 기법으로, 영아에게 두 가지 이상의 자극을 제시한 후에 영아가 그 자극들 중에서 어느 자극을 향해 고개를 돌리고 더 오랫동안 주시하는 지를 관찰함으로써 자극에 대한 영아의 흥미와 관심(선호도)과 자극들 간의 변별 능력을 확인하는 연구 방법. '선호법', '선호도법' 또는 '지각적 선호법'이라고도 한다.

선호도법【選好度法】preference method

'선호법', '선호도 방법' 또는 '지각적 선호법'이라고도 한다. CLICK 선호법

선호법【選好法】preference method

(1) 사람이나 다른 동물들(쥐, 개, 고양이 등)을 대상으로 사용하는 연구 기법의 하나로, 피험자(또는 피험 동물)에게 두 가지 이상의 자극들을 제시한 후에 그 가운데 하나를 고르도록 하는 기법을 말한다. 예를 들면, 피험자가 사람인 경우에는 흔히 선호하는 도형이나 얼굴 사진 등을 제시한 후에 그 가운데 하나를 선택하도록 하는 방식의 절차를 포함하며, 동물인 경우에는 여러 가지 먹이를 제시한 후에 그 가운데 어떤 특정 먹이를 선택하도록 하는 절차를 포함한다. 흔히 이 경우에 동물은 제시된 여러 가지 먹이들 중에서 어떤 한 가지 먹이를 먹게 되는데, 이런 행동은 피험 동물이 다른 음식(들)보다 선택한 먹이를 더 선호함을 의미하는 것으로 해석한다. (2) 영아기의 지각 발달을 연구하던 발달심리학자 팬츠(R. L. Fantz)가 1960년대 초에 언어 표현과 의사소통이 어려운 영아들의 지각 발달을 연구하기 위해 개발한 기법으로, 영아에게 두 가지 이상의 자극을 제시한 후에 영아가 그 자극들 중에서 어느 자극을 향해 고개를 돌리고 더 오랫동안 주시하는 지를 관찰함으로써 자극에 대한 영아의 흥미와 관심(선호도)과 자극들 간의 변별 능력을 확인할 수 있는데, 이와 같은 방식으로 영아의 지각 능력 및 지각 발달에 대한 정보를 얻는 연구 방법을 말한다. 이 방법을 사용한 연구에서 영아가 두 가지 또는 그 이상의 자극(들) 중에서 어느 한 자극을 향해 고개를 돌리고 그 자극을 다른 자극보다 더 오랫동안 쳐다본다면, 그리고 반복 연구 절차를 통해서도 같은 반응을 나타낸다면, 이 결과는 다음의 두 가지 사실을 의미하는 것으로 해석할 수 있다. 첫째, 영아는 다른 자극(들)보다 자신이 쳐다보는 자극을 더 선호한다(또는 흥미와 관심이 더 많다)는 것을 의미한다. 둘째, 영아는 두 자극들을 구별할 수 있음을 의미한다. 이것은 영아가 두 자극이 가진 특징과 차이를 지각할 수 있다는 것을 말해준다. 생후 초기의 영아들이 나타내는 이와 같은 지각 능력은 인간의 아기가 태어날 때부터 지각이나 선호 등과 관련하여 선천적으로 가지고 있는 능력이 있음을 시사해 준다. '선호도법', '선호도 방법' 또는 '지각적 선호법'이라고도 한다.

섬망【譫妄】delirium

의식의 상태가 빠르게 혼미해지는 현상(또는 증상). 주의 집중 곤란, 기억력 저하 및 사고의 일관성 결여와 같은 인지 능력에서의 변화, 잠을 안자고 소리를 지르고 안절부절못하는 등의 과다 행동, 정서적 불안정, 초조함, 착시, 환각, 망상 등의 특징을 나타낸다. 마약류나 알코올과 같은 약물 중독, 쇼크, 뇌의 손상, 감염, 고열, 전신 마취 등과 같은 다양한 원인들에 의해 발생한다.

섭식【攝食】eating

음식물을 섭취하는(먹는) 것. '먹기'라고도 한다.

섭식 장애【攝食 障碍】eating disorder

음식섭취 또는 식사와 관련하여 발생하는 심각한 행동 장애를 총칭한다. 흔히 자신의 체중에 관한 비합리적인 사고 및 부적절한 체중 조절 행동이 포함된 경우가 많다. 대표적인 식사 장애로는 신경성 식욕 부진증(anorexia nervosa)과 신경성 대식증(bulimia nervosa)이 있다. 거식증 또는 신경성 식욕 상실증이라고도 하는 신경성 식욕 부진증의 경우에는 흔히 젊은 여성들(특히 10대의 여자 청소년들)에게서 자주 발생하는데, 자신의 신체 상태 또는 용모에 대한 비현실적인 자기상(自己像) 및 기대, 그리고 비만에 대한 강한 공포와 아름다운 신체에 대한 비합리적인 기준을 가지게 된 결과로 음식섭취를 비정상적으로 거부하는 경향을 나타내며, 심한 경우에는 사망에까지 이를 수 있다. 신경성 폭식증(神經性 暴食症)이라고도 하는 신경성 대식증의 경우에는 습관적으로 잘 통제가 되지 않는 과식 또는 폭식을 한 후에 이를 보상하려는 의도에서 고의적으로 토하는 행동, 즉 자기 유도적 구토 행위를 하거나 단식, 과도한 운동 또는 설사를 유발하는 약물 복용 등과 같은 비정상적이고 건강하지 못한 행위를 하는 경향을 나타낸다. 한편 '섭식 장애'는 '식사 장애' 또는 '식이 장애'라고도 한다.

성【性】sex / gender

'섹스(sex)' 및 '젠더(gender)'라고도 한다.

CLICK '섹스' 및 '젠더'

성 강화【性 强化】gender intensification

남성 또는 여성이라는 존재에 대한 인식과 성별 역할에 부합하도록 사고하고 행동하는 경향에서의 강화 또는 증가. 성 강화 경향은 사회화 과정에서 전통적인 성 인식과 성역할에 부합하는 방향으로 사고하고 행동할 것을 요구하는 사회문화적 환경의 압력에 따라 출생 이후 청소년기로 오면서 더욱 심화되는 경향을 나타낸다.

성격【性格】personality

어떤 특정 상황에서 사람들이 보이는 심리적 반응(예를 들면, 인지, 동기, 감정 또는 정서 등의 측면에서 나타내는 반응)이나 행동 반응을 보면 개인마다 많은 차이를 보인다는 사실을 알 수 있다. 바로 이러한 차이를 가져오는 개인 내면의 심리적 특성(혹은 속성)을 지칭하는 표현이 성격이다. 그동안 성격을 정의하기 위해 많은 학자들이 다양한 견해와 이론을 제시해 왔다. 예컨대, 정신역동 이론, 행동주의 이론, 특질 이론, 인간중심 및 현상학적 이론, 인지주의 이론, 그리고 생물학적 이론 등이 대표적인 성격 이론들이다. 하지만 이 몇 개의 이론들은 수많은 성격 이론들 가운데 일부일 뿐이다. 이처럼 다양한 견해와 이론들이 존재한다는 사실은 성격에 관해 보편적으로 수용되는 단일의 정의를 내리는 일이 쉽지 않음을 시사한다. 그럼에도 많은 학자들은 성격이 개인의 삶에서 독특성, 안정성 및 일관성을 제공해 주는 심리적 특성(혹은 속성)으로 개인의 인지, 동기, 감정 등의 심리적 측면들과 행동적 측면들에 영향을 미쳐 이 측면들에서의 특징적인 반응 패턴을 이끈다고 보고 있다. 나아가 성격은 총체적인 인격체인 한 개인이 심리 및 행동 전반에서 다른 사람들과 구분되는 반응을 하도록 만드는 내적 체계로, 삶의 과정에서 개인들이 보이는 적응이나 부적응(예를 들면, 정신 장애나 문제 행동) 등에서의 차이도 상당 부분은 성격의 영향을 받은 결과라고 이해되고 있다. 이와 같은 성격의 주요 내용과 특징들을 종합하여 정의하면, 성격이란 '인간 내면의 심리적인 체계로서, 다른 심리적 측면들(인지, 동기, 감정 또는 정서 등)과 행동적 측면들의 전반에서 나타나는 지속적이고 독특한 반응 패턴에 영향을 미치는 개인의 심리적 특성(또는 속성)들의 체계'라고 할 수 있다.

성격 장애 【性格 障碍】 personality disorder (PD)

성격 상에서 지속적인 손상과 문제가 있어 대인 관계 또는 사회적 관계에서 정상적인 기능을 하지 못하고 부적응을 초래하고 있는 상태. 또는 그런 상태를 나타내는 장애. 성격 장애를 가진 사람들은 일반적으로 인지, 정서, 충동성 통제, 대인 관계 등에서 어려움이나 문제를 보이며, 이와 같은 어려움이나 문제를 보이는 증상이 생활 전반에서 광범위하고 지속적으로 나타난다. 미국정신의학회에서 발간한 DSM－IV－TR(정신 장애 진단 및 통계 편람－제4판－수정판)과 DSM－5(정신 장애 진단 및 통계 편람－제5판)에서는 성격 장애를 총 10가지 유형으로 분류하면서 이를 다시 3개의 집단(또는 군집)으로 나누어 제시하고 있다. 먼저 A군(cluster A) 성격 장애는 괴이하거나 자기중심적이며 사회적으로 고립된 성격 특성을 보이는 집단으로, 여기에는 편집성 성격 장애(paranoid personality disorder), 분열성 성격 장애(schizoid personality disorder), 분열형 성격 장애(schizotypal personality disorder) 등이 포함된다. B군(cluster B) 성격 장애는 극적인, 정서적인 또는 변덕스러운 성격 특성을 보이는 집단으로, 여기에는 반사회성 성격 장애(antisocial personality disorder), 경계선 성격 장애(borderline personality disorder), 연극성 성격 장애(histrionic personality disorder), 자기애성 성격 장애(narcissistic personality disorder) 등이 포함된다. C군(cluster C) 성격 장애는 많은 불안감이나 두려움을 느끼는 성격 특성을 보이는 집단으로, 여기에는 회피성 성격 장애(avoidant personality disorder), 의존성 성격 장애(dependent personality disorder), 강박성 성격 장애(obsessive compulsive personality disorder) 등이 포함된다.

성 고정관념 【性 固定觀念】 gender stereotype

고정관념(stereotype)이란 집단을 범주화하는 단순화된 도식의 하나로, 어떤 개인의 독특한 개성이나 개인차 또는 능력을 무시한 채 단순히 그 개인이 특정 집단의 구성원이라는 이유만으로 그 개인의 개성(또는 특성)이나 능력을 특정 범주로 귀속시키는 관념이나 기대를 의미한다. 이런 고정관념 중에서 남성과 여성의 특성이나 성역할 또는 성역할 행동에 대해 가지고 있는 고정관념을 '성 고정관념'이라고 한다. 이런 '성 고정관념'은 어떤 개인의 독특한 개성이나 개인차 또는 능력을 무시한 채 단순히 그 개인이 남성 또는 여성이라는 이유만으로 그 개인의 개성(또는 특성)이나 능력을 '남성 범주' 또는 '여성 범주'로 귀속시키는 판단이나 결론을 내리도록 만들 가능성을 높인다.

성-관련(의) 【性-關聯(의)】 sex-linked

'성염색체(23번째 염색체) 상에 위치하는 유전자와 관련된(연관된)' 또는 '성염색체 상에 위치하는 유전자에 의해 결정되는'이라는 의미를 가진 표현임. '반성(伴性)의'라는 표현으로도 사용된다.

성-관련 장애 【性-關聯 障碍】 sex-linked disorders

성염색체(sex chromosome) 상에서 특정 염색체(X 염색체 또는 Y 염색체)의 수가 정상 범위(2개)를 벗어나거나, 성염색체 상의 특정 유전자가 없거나 결함을 가지고 있을 때 이로 인해 유발되는 여러 유형의 장애들 또는 이상들을 총칭하여 '성－관련 장애'라고 한다. '반성 장애(伴性 障碍)'라고도 한다. 성－관련 장애의 구체적인 예를 알아보면, 먼저 성염색체 가운데 X 염색체 상의 열성 유전자와 관련된 장애로 색맹, 혈우병, 근위축증, 안구백색증 등이 있고, 염색체 수(즉, X 염색체 또는 Y 염색체의 수)의 이상과 관련된 장애로 클라인펠터 증후군(Klinefelter's syndrome)과 터너 증후군(Turner's syndrome) 등이 있다.

성-관련 특성【性-關聯 特性】sex-linked characteristics

염색체 가운데 23번째 염색체인 성염색체(sex chromosome) 상에 위치하는 유전자에 의해 결정되는 특성. 성염색체와 관련된 특성들 중에서도 장애에 초점을 맞출 경우에는 '성-관련 장애(sex-linked disorders)'라는 표현을 사용하기도 한다. 한편 성염색체를 이루는 X 염색체와 Y 염색체 중에서도 X 염색체(특히 X 염색체 상에 위치하는 열성유전자)가 '성-관련 특성'들을 결정하는 경우가 많으며, 성염색체의 구성(여성의 경우 XX, 남성의 경우 XY) 상 여성들에 비해 남성들에서 '성-관련 장애'의 발생 비율이 훨씬 더 높다. 그 이유는 남성과 달리, 여성의 경우에는 두 개의 X 염색체 중에서 한 쪽 X 염색체 상에 위치하는 이상이 있는 열성유전자를 다른 쪽 X 염색체 상에 있는 정상적인 대립 유전자가 지배하여 이상(또는 장애) 특성이 나타나는 대신 정상 특성이 나타날 가능성이 높아지기 때문이다. 남성의 경우에는 X 염색체가 하나 밖에 없기 때문에 그러한 상쇄 가능성이 없다. 즉, 남성의 경우에는 X 염색체가 하나 밖에 없는 관계로 X 염색체 상에 이상이 있는 열성유전자가 존재하는 경우에 이를 상쇄할 수 있는 다른 X 염색체가 없기 때문에 이상(또는 장애) 특성이 나타날 수밖에 없다. 이와 같은 '성-관련 특성'들(특히 X 염색체 상의 열성 유전자와 관련되어 나타나는 특성들 또는 장애들)에는 색맹, 혈우병, 근위축증, 안구백색증 등이 있다. '성-관련 특성'이라는 표현 대신에 '반성 특성(伴性 特性)'이라는 표현을 사용하기도 한다.

성 기능 장애【性 機能 障碍】sexual dysfunctions

정상적으로 일어나는 성적 반응이 억제되거나 이상 상태가 되어 성행위에 어려움을 겪는 장애. 구체적으로 어떤 형태로든 성행위 또는 성교(性交) 과정에서 적절한 반응을 하지 못하거나 불쾌감 또는 고통을 느낌으로써 성행위나 성교를 하는 데 어려움을 겪는 성적 기능에서의 장애를 말한다. '성 기능 부전(性 機能 不全)'이라고도 한다.

성 도식【性 圖式】gender schema

'젠더(性, gender)'에 대해 가지고 있는 심적 구조 또는 도식(圖式, schema). 생물학적으로 결정된 '성(性)'을 의미하는 '섹스(sex)'와 달리, '젠더(gender)'는 사회·문화적으로 개인들에게 부여되어 학습된 '심리적 성'을 의미한다. 즉, '젠더'는 선천적 또는 생물학적으로 결정된 '성'이 아니라 사회·문화적으로 '성(性)' 또는 '성별(性別)'에 따라 다르게 기대하는 인식, 태도, 행동 등이 사회화 과정을 통해 학습되어 형성된 '심리적 성'을 의미한다. 이와 같이 사회·문화적으로 '성' 또는 '성별'에 따라 다르게 기대하는 인식, 태도 및 행동이 학습 과정을 통해 내면의 세계에 형성된 심적 구조 또는 도식을 '성 도식'이라고 한다.

성 도착증【性 倒錯症】paraphilias

성행위 대상이나 성행위 방식에서 정상적인 기준을 벗어나 비정상적인 행태를 나타내는 장애. 구체적으로 성 도착증에 포함되는 행위로는 이성(특히 여성)의 속옷이나 양말과 같은 물건에 대해 성적 흥분이나 쾌감을 느끼는 물품 음란증, 타인에게 자신의 성기를 노출시키는 과정을 통해 성적 흥분이나 쾌감을 느끼는 노출증, 자신과 반대 성의 옷을 입는 것을 통해 성적 흥분이나 쾌감을 느끼는 복장 도착증, 옷을 벗고 있거나 성행위를 하는 타인의 모습을 몰래 관찰하는 과정을 통해 성적 흥분이나 쾌감을 느끼는 관음증, 그리고 이외에도 소아 애호증, 성적 가학증, 성적 피학증 및 마찰 도착증 등이 있다. '성 도착', '변태 성욕증' 또는 '변태 성욕'이라고도 한다.

성 분리【性 分離】gender segregation

성(性, gender)에 따라 나타나는 사고, 태도 및 행동 등에서의 분리 현상. 구체적으로 출생 후의 성별 사회화 과정을 거치면서 생후 이른 시기(2세 무렵)부터 여아들은 주로 여아들과 어울리고 남아들도 주로 남아들과 어울리는 경향, 즉 동성끼리 어울리면서 이성에 대해서는 외집단으로 간주하여 잘 어울리지 않으려고 하는 경향을 '성 분리'라고 한다. 이와 같은 동료 또는 놀이친구로서의 동성에 대한 선호 경향은 2세 무렵부터 나타나기 시작하며, 4~5세 무렵에는 동성 놀이친구에 대한 선호와 함께 이성 놀이친구에 대한 강한 거부 경향을 나타난다.

성비【性比】sex ratio

자웅이체(雌雄異體)인 생물 종 내에서 암컷의 개체 수와 수컷의 개체 수의 비율을 말한다. 인간의 경우 남자의 수와 여자의 수의 비율을 말한다. 흔히 암컷 개체 수 100 또는 1에 대한 수컷 개체 수를 나타낸다.

성선【性腺】sexual gland / gonad

'생식선'이라고도 한다. CLICK 생식선

성선 자극 호르몬【性腺 刺戟 호르몬】gonadotropic hormone / gonadotrophin

내분비선 중에서도 '우두머리선'으로 일컬어지는 '뇌하수체'의 주요 부분들 가운데 전엽에서 분비되는 호르몬. 여기에는 '여포 자극 호르몬'과 '황체 형성 호르몬' 등 두 가지의 호르몬이 포함된다. 이 호르몬들은 생식선인 '성선(sex gland)'에 영향을 미친다. '생식선 자극 호르몬' 또는 '고나도트로핀'이라고도 한다.

성소【性巢】sexual gland / gonad

성호르몬을 분비하는 내분비선. 인간의 경우에는 남성의 경우 정소(精巢)라고도 하는 고환이 이에 해당하며, 여성의 경우에는 난소(卵巢)가 이에 해당한다. 성소는 생식선, 생식샘, 생식소(生殖巢) 또는 성선(性腺)이라고도 한다.

성숙【成熟】maturation

유전의 영향에 의해 이루어지는 발달 또는 발달적 변화. 특정 동물 종(種)의 개체가 학습, 피로 또는 질병과 같은 후천적인 경험과 관계없이 나이가 들어가는 과정에서 유전의 영향에 의해 이루어지는 신체, 행동 및 심리 측면에서의 발달적 변화를 의미한다. 그러나 발달의 전체 부분 중에서 성숙이 차지하는 부분의 비중이나 비율을 정량화하는 것은 현재 불가능하며, 앞으로도 매우 어려운 일이 될 것으로 생각된다. 성숙은 특정 동물 종의 개체들에서 보편적으로 이루어지는 발달적 변화와 관련이 있는 것으로 이해되고 있다. 인간의 경우에는 생후 초기에 나타나는 기기 행동, 앉기 행동, 걷기 행동, 그리고 사춘기에 나타나는 주요 신체적 및 생리적 변화들이 성숙에 의해 일어나는 발달적 변화로 이해되고 있다.

성실성【誠實性】conscientiousness

규칙적임, 체계적임, 철저함, 신뢰로움, 책임감, 목표 지향적임 등의 특징을 포함하는 성격 특성을 말하는 것으로, 성실성이 높은 사람은 목표와 성취를 지향하는 동기 수준이 높고, 높은 성취도를 나타내는 경향이 있다. 성격의 '5요인 모델'에서 제안하는 기본적인 5가지 성격 특성들(traits) 가운데 하나이다. CLICK 5요인 모델

성 안정성【性 安定性】gender stability

(1) 자신의 성(gender) 또는 성 정체성(gender identity)에 대한 인식이 시간 경과에 따라 변화하지 않고 안정적으로 유지되는 경향 또는 상태. (2) 미국의

심리학자 로렌스 콜버그(Lawrence Kohlberg: 1927~1987)는 아동들의 성 정체성(gender identity) 발달은 기본적 성 정체성(basic gender identity) 단계, 성 안정성(gender stability) 단계, 성 일관성(gender consistency) 단계 등을 포함하는 세 단계를 거치면서 진행된다고 보았다. 그 중에서 두 번째 단계가 '성 안정성' 단계이다. 3세 무렵에 자신의 성별에 따라 자신을 '남자' 또는 '여자'로 지칭하게 되는 '기본적 성 정체성' 단계를 거친 아동은 얼마 지나지 않아(4세를 전후한 무렵이 되면) 두 번째 단계인 '성 안정성' 단계에 이르게 되는데, 이 단계에서 아동은 개인의 성 또는 성별은 시간이 지나도 변하지 않고 계속된다는 것을 인식하게 된다. 따라서 남자아동은 나이가 들면 자신이 남자성인이 되고, 여자아동은 나이가 들면 자신이 여자성인이 된다는 것을 알게 된다. 성 정체성에서의 안정화 단계라고 할 수 있다.

성역할【性役割】gender role

개개인의 사회적 소속이나 그 안에서의 지위 또는 연령이나 성별 등에 따라 적절한 것으로 기대되는 행동이나 임무를 지칭하여 역할(role)이라고 한다. 이러한 역할은 다양한 측면에서 고려될 수 있는데, 그 중에서도 사회·문화적으로 학습된 성(性)인 '젠더(gender)'에 기초하여 남녀 성별(性別)에 따라 기대되는 역할을 지칭하여 '성역할(性役割)'이라고 한다. 즉, '성역할'은 사회화 과정을 통해 학습되는 '사회·문화적 기대가 반영된 성별에 따른 역할'을 의미한다. '젠더롤'이라고도 한다.

성역할【性役割】sex role

남성과 여성의 생물학적인 성(sex)을 바탕으로 하여 남성과 여성이 갖게 되는 역할.

성역할 기준【性役割 基準】gender role standard

사회·문화적으로 학습된 '성(性)'인 '젠더(gender)'에 기초하여 남녀 성별(性別)에 따라 기대되는 역할을 성역할(性役割)이라고 하며, 이러한 성역할에 따라 적절하다고 기대되는 사고, 가치, 태도, 동기 및 행동의 기준을 '성역할 기준'이라고 한다.

성역할 정체감【性役割 正體感】gender-role identity

사회·문화적으로 성별에 근거하여 개개인에게 부여하고 기대하는 역할(즉, 성역할)에 대해 갖는 안정된 느낌이나 인식. '성역할 정체성(性役割 正體性)'이라고도 한다.

성역할 정체성【性役割 正體性】gender-role identity

'성역할 정체감'이라고도 한다.

CLICK 성역할 정체감

성역할 학습【性役割 學習】gender-role learning

개개인의 성별에 따라 사회적 및 문화적으로 적절한 것으로 기대되는 '성역할(gender role)'을 사회화 과정을 통해 학습(또는 획득)해 가는 과정을 말한다. 이러한 성역할 학습은 생후 이른 시기부터 시작된다.

성역할 행동【性役割 行動】gender-role behavior

개개인의 성별(性別)에 따라 적절한 것으로 기대되는 역할 행동. '성역할(gender role)'과 마찬가지로 사회 및 문화(文化)의 영향을 받아 사회화 과정을 통해 학습된다.

성 연관 유전자【性 聯關 遺傳子】sex-linked gene

'성염색체'상에 위치해 있는 유전자.

성염색체【性染色體】sex chromosome

인간의 모든 체세포의 핵 안에는 23쌍(46개)의 염색체가 들어 있는데, 그 중에서 23번째의 염색체(쌍)를 성염색체라고 한다. 이 염색체(쌍)가 개체의 성(性)을 결정하는 데 관여하기 때문에 붙여진 명칭이다. 인간에게는 X와 Y 두 가지의 성염색체가 있는데, 수정 과정에서 XY 결합이 이루어지면 태아는 남성이 되고, XX 결합이 이루어지면 여성이 된다. 한편 23쌍의 염색체 중에서 성염색체를 제외한 나머지 1번째부터 22번째까지 22쌍의 염색체들은 '상염색체(常染色體, autosome)' 또는 '보통 염색체(普通染色體)'라고 하며, 성 이외의 인간 발달 전반에 대한 유전적 특성을 결정한다.

성유형화【性類型化】gender typing

개인이 사회·문화적으로 자신에게 부여한 '성(性, gender)'을 인식하고 이에 맞는 인식, 가치, 태도, 행동 등을 학습해 가는 과정. 이와 같은 과정을 통해 사회적으로 기대되는 남성화와 여성화가 이루어진다.

성 의사소통【性 意思疏通】sexual communication

부부 또는 성적 관계를 맺고 있는 사람들 간의 관계에서 성생활이나 성행동과 관련하여 의견이나 감정 등을 나누는 의사소통.

성인【成人】adult

'자라서 어른이 된 사람'이라는 의미를 가지고 있다. 대략 청소년기 이후의 사람들을 지칭할 때 사용하는 표현이다. 대략 20세경 이후부터 사망할 때까지의 시기에 해당하는 사람들을 지칭한다.

성인기【成人期】adulthood

발달 단계 가운데 청소년기 이후부터 사망할 때까지의 시기를 말한다. 대략 청소년기의 후반부에 해당하는 24~25세 무렵 이후부터 사망할 때까지의 시기를 의미한다. 성인기는 다시 다음과 같이 세 개의 단계로 세분할 수 있다. 즉, 청소년기의 후반부인 24~25세 무렵 이후부터 40세경까지의 시기를 성인 전기(early adulthood), 40세 무렵 이후부터 65세경까지의 시기를 성인 중기(middle adulthood), 그리고 65세 무렵 이후부터 사망할 때까지의 시기를 성인 후기(late adulthood)로 구분할 수 있다. 이 가운데 성인 중기는 흔히 '중년기(中年期)'라고도 하고, 성인 후기는 '노년기(老年期)'라고도 한다.

성인병【成人病】adult disease

일반적으로 30대 초반에서 나타나기 시작하며, 중년기 이후의 성인 및 노인들에게서 많이 발생하는 질병을 의미한다. 현대 사회의 경제적 발전과 함께 생활의 풍족함, 영양 상태의 개선 및 의약의 발전에 따라 과거에 인간에게 위협적이었던 전염성 질환이 감소하게 된 반면에, 고혈압, 당뇨병, 뇌졸중, 동맥 경화증이나 심근 경색증과 같은 혈관 및 심장관련 질환이 증가하게 되었다. 이러한 질병들이 성인기에 와서 많이 발생하는 경향이 있기 때문에 이를 나타내기 위해 사용하는 표현이 '성인병'이라는 명칭이다. 흔히 고혈압, 당뇨병 및 동맥 경화증을 3대 기본 성인병이라고 한다.

성인 전기【成人 前期】early adulthood

성인기(adulthood)를 성인 전기, 성인 중기, 성인 후기 등 세 단계로 구분할 때 제일 앞 단계에 해당한다. 구체적으로 청소년기가 끝나는 시점인 대략 24~25세 이후부터 40세 무렵까지의 시기를 말한다. '초기 성인기' 또는 '성인 초기'라고도 한다.

성인 중기【成人 中期】middle adulthood

대략 40세 이후부터 65세 무렵까지의 시기. 발달 단계 가운데 하나로, 특히 성인기(adulthood)를 성인 전기, 성인 중기, 성인 후기 등 세 단계로 구분할 때 두 번째 단계를 말한다. 즉, 성인 전기(초기 성인기 또는 성인 초기라고도 함) 이후부터 성인 후기(후기 성인기 또는 노년기라고도 함) 이전까지의 시기를 말한다. 흔히 '중년기'라고 부르는 시기로, '중기 성인기'라고도 한다. 다른 한편으로 이 시기는 부모 세대와 자녀 세대를 모두 부양해야 하는 위치에 있기 때문에 윗세대와 아랫세대 사이에 낀 세대라는 의미에서 '샌드위치 세대'라고 부르기도 한다.

성인 초기【成人 初期】early adulthood

성인기(adulthood)를 성인 초기, 성인 중기, 성인 후기 등 세 단계로 구분할 때 제일 앞 단계에 해당한다. 구체적으로 청소년기가 끝나는 시점인 대략 24~25세 이후부터 40세 무렵까지의 시기를 말한다. '초기 성인기' 또는 '성인 전기'라고도 한다.

성인 후기【成人 後期】late adulthood

대략 65세 이후부터 사망할 때까지의 시기. 발달의 단계 가운데 하나로, 특히 성인기(adulthood)를 성인 전기, 성인 중기, 성인 후기 등 세 단계로 구분할 때 마지막 단계를 말한다. 즉, 성인 중기(중년기 또는 중기 성인기라고도 함) 이후부터 사망할 때까지의 시기를 말한다. 흔히 '노년기'라고 부르는 시기로, '후기 성인기'라고도 한다. 신체적(또는 생물학적), 심리적 및 행동적 영역 등 발달 전반에서 노화와 쇠퇴가 일어나는 시기이지만 최근으로 오면서 이 시기 동안에 일어나는 긍정적 발달의 측면(예를 들면, '지혜'의 발달)에 대한 많은 관심과 연구가 증가해 오고 있다.

성 일관성【性 一貫性】gender constency

미국의 심리학자 로렌스 콜버그(Lawrence Kohlberg: 1927~1987)는 아동들의 성 정체성(gender identity) 발달은 기본적 성 정체성(basic gender identity) 단계, 성 안정성(gender stability) 단계, 성 일관성(gender consistency) 단계 등을 포함하는 세 단계를 거치면서 진행된다고 보았다. 그 중에서 세 번째 단계는 5~7세 무렵에 도달하게 되는 '성 일관성' 단계로, 이 단계에 도달한 아동들은 다양한 상황들에서 역할(또는 활동)이나 복장 등과 같은 행동이나 겉모습의 변화가 있더라도 개인의 성(또는 성별)은 변하지 않고 지속된다는 것을 인식하게 된다. 따라서 '성 일관성' 단계에서 나타나는 '성 일관성'이란 성(또는 성별)에 대한 인식과 개념이 상황 변화와 관계없이 지속되는, 즉 성 정체성에서의 일관성을 의미한다.

성장【成長】growth

키가 크거나 체중이 늘어나는 것과 같이 신체 크기나 신체 능력 면에서 긍정적 또는 상승적 변화가 이루어지는 발달적 변화를 말한다. 발달(development)은 나이가 들어감에 따라 신체적, 심리적 및 행동적 측면에서 일어나는 체계적인 모든 변화를 말하는데, 그 중에서도 신체적 측면에서 양적 증가가 이루어지는 발달(또는 발달적 변화)을 지칭하여 성장이라고 한다. 즉, 성장은 발달의 하위 개념으로, 신장이나 체중 등의 신체 크기나 근육의 세기와 같은 신체 능력에서 일어나는 긍정적 또는 상승적 변화(또는 양적 증가) 현상을 의미한다.

성장 급등【成長 急騰】growth spurt

신체적으로 급격한 성장이 일어나는 현상. 일반적으로 영아기 전기(생후 약 1년간의 시기)와 청소년기 전기 몇 년 동안에 성장 급등이 이루어진다. 특히 청소년기의 성장 급등을 통해 신장과 체중에서의 급격한 증가와 함께 성인의 모습에 가까운 체형과 외모를 갖게 된다.

성장 동기【成長 動機】growth motive

'성장 욕구'와 같은 의미로 사용된다.

성 장애【性 障碍】sexual disorder

'성(性)'과 관련된 장애. 성 기능 장애(sexual dysfunction:

'성 기능 부전'이라고도 함)와 성 도착증(paraphilia)이 포함된다. '성적 장애'라고도 한다.

CLICK 성적 장애

성장 욕구【成長 慾求】growth need

성장과 발전을 지향하는 욕구. 매슬로우(Maslow: 1908~1970)의 욕구 위계 중에서 상위 욕구에 해당하는 존경의 욕구와 자아실현의 욕구가 여기에 해당된다. Maslow에 의해 처음으로 제시되고 사용된 개념으로, '성장 동기'와 같은 의미로 사용된다.

성장 호르몬【成長 호르몬】growth hormone (GH)

신체의 빠른 성장과 발달을 촉진하는 호르몬. 뇌의 시상하부 바로 아래에 위치한 뇌하수체에서 분비되는 호르몬으로, 특히 청소년기의 성장급등의 주요 요인으로 작용한다. 성장 과정에서 이 호르몬의 과소 분비는 소인증과 관련이 있고, 과다 분비는 거인증과 관련이 있다.

성적 가학증【性的 加虐症】sexual sadism

성 도착증(paraphilias: 성행위 대상이나 성행위 방식에서 정상적인 기준을 벗어나 비정상적인 행태를 나타내는 장애)의 한 유형으로, 성적 상대에게 신체적 또는 정신적 고통을 주는 과정을 통해 성적 흥분이나 쾌감을 느끼는 장애.

성적 각본【性的 脚本】sexual script

인간의 성적 행동(또는 성 행동)은 부분적으로 진화에 따른 산물이지만 세부적으로 어떤 성적 행동이 적절한 것으로 받아들여질지의 여부는 개인이 속한 사회와 문화에 따라 상당한 차이를 보인다. 다시 말해서 어떤 성적 행동을 언제, 어디서, 어떻게 하는 것이 적절하고 정상적인 것으로 수용되는지는 사회와 문화에 따라 달라진다는 말이다. 따라서 어떤 특정 사회·문화에서 정상적인 것으로 받아들여지는 학습된 성적 행동의 각본－즉, 특정 성적 행동을 해야 할 시기, 장소, 행위의 방법과 내용 등을 포함하는 일련의 반응－을 '성적 각본'이라고 한다. 종종 가해자와 피해자 간의 큰 견해(또는 관점) 차이를 보이는 문제인 '성희롱(sexual harassment)'은 부분적으로 가해자(남성인 경우가 많음)와 피해자(여성인 경우가 많음)가 가지고 있는 '성적 각본'의 차이에서 비롯된다.

성적 공상【性的 空想】sexual fantasy

실제 현실과 관계없이, 즉 대상(사람, 동물 등), 장소, 시간 또는 조건 등과 같은 현실의 제약을 받지 않고 이루어지는 성적 행위(또는 성적 활동)에 대한 상상 또는 생각. '성적 환상'이라고도 한다.

성적 괴롭힘【性的 괴롭힘】sexual harassment

'성희롱(性戲弄)'이라고도 한다. CLICK 성희롱

성적 일탈【性的 逸脫】sexual deviation / sexual deviance

정상적인 기준에서 벗어나 '비정상적'이거나 잘못된 것으로 평가되는 성적 행동. 성적 가학증이나 피학증, 노출증, 수간 등과 같은 다양한 형태의 변태적인 성행위를 포함하여 성희롱, 성추행, 강간 등의 성폭력 행위들을 포괄하는 의미로 사용된다. 어떤 성적 행동이 정상적인지 아니면 비정상적인지를 가늠하는 기준은 사회와 문화에 따라 차이를 보인다.

성적 장애【性的 障碍】sexual disorder

'성(性, sex)'과 관련된 장애를 의미하며, 여기에는 성 기능 장애(sexual dysfunction: '성 기능 부전'이라고도 함)와 성 도착증(paraphilia)이 포함된다. '성 기능 장애'는 성 행동 또는 성교(性交) 과정에서 적절한 반응을 하지 못하거나 고통 또는 불쾌감을 느낌으로써 정상적인 성 행동이나 성교를 이루는 데 어려움을 갖는 기능상의 문제 또는 장애를 말하고, '성 도착증'은 물품 음란증, 노출증, 복장 도착증 및 관음증 등과 같이 성행위 대상이나 성행위 방식에서 정상적인 기준을 벗어나 비정상적인 행태를 나타내는 장애를 말한다. 한편 '성적 장애'는 '성 장애'라고도 한다.

성적 지향【性的 指向】sexual orientation

개인이 이성이나 동성 또는 양성에 대해 성적으로 이끌리고 선호하는 경향 또는 성향. 흔히 일반적인 경우로 간주되는 이성(異性)을 대상으로 한 성적 지향과 동성을 대상으로 한 성적 지향 등을 생각할 수 있다. '성적 지향성' 또는 '성 지향성'이라고도 한다.

성적 피학증【性的 被虐症】sexual masochism

성 도착증(paraphilias: 성행위 대상이나 성행위 방식에서 정상적인 기준을 벗어나 비정상적인 행태를 나타내는 장애)의 한 유형으로, 성적 상대로부터 신체적 또는 정신적 고통을 당하는 과정을 통해 성적 흥분이나 쾌감을 느끼는 장애.

성적 환상【性的 幻想】sexual fantasy

실제 현실과 관계없이, 즉 대상(사람, 동물 등), 장소, 시간 또는 조건 등과 같은 현실의 제약을 받지 않고 이루어지는 성적 행위(또는 성적 활동)에 대한 상상 또는 생각. '성적 공상'이라고도 한다.

성적 흥분【性的 興奮】sexual arousal

성적 행동의 파트너가 성 행동과 관련하여 나타내는 소리, 행동 및 성호르몬 분비 등의 성적 자극에 의해 정서적, 생리적 및 인지적 측면에서 유발되는 성적 긴장을 포함하는 동기적 상태.

성 정체감【性 正體感】gender identity

사회문화적으로 규정하는 성별 역할 및 역할 기대에 따라 학습된 남성(또는 남성적) 또는 여성(여성적)으로서의 정체감. 즉, 남성 또는 여성으로서의 자기 성과 그 의미 및 역할 등에 대한 정체감 또는 인식을 의미하며, 주로 사회문화적 요인의 영향을 받아 발달하게 되는 것으로 이해되고 있다. 'sexual identity'가 '생물학적 성 정체감'을 의미하는 데 비해, 'gender identity'는 '사회문화적으로 형성되고 학습되는 성 정체감'을 의미하는 말로, 개인이 속해 있는 사회와 문화 속에서 일반적으로 인식되고 통용되는 여성다움과 남성다움에 관한 인식과 가치판단의 기준에 따라 학습된 여성(또는 여성적) 또는 남성(또는 남성적)이라는 것에 대한 정체감을 의미한다. '성 정체성'이라고도 한다.

성 정체감【性 正體感】sexual identity

생물학적으로 또는 해부학적으로 구분되는 남성 또는 여성에 대한 정체감. 일반적으로 '성 정체감'으로 번역되는 두 표현 'sexual identity'와 'gender identity' 가운데 'sexual identity'는 '생물학적 성 정체감'을 의미하는 표현으로 사용되고, 'gender identity'는 '사회문화적으로 형성되고 학습되는 성 정체감'을 의미하는 표현으로 사용된다. '성 정체성'이라고도 한다.

성 정체감 장애【性 正體感 障碍】gender identity disorder (GID)

자신이 원래부터 가지고 있는, 즉 자신이 타고난 성(性)과 현재 느끼고 인식되는 성이 다르게(또는 반대로) 경험되는 상태에 있는 장애. 즉, 자신이 원래부터 가지고 있는 성은 잘못된 것이라고 느끼면서 동시에 자신을 반대의 성이라고 느끼고 인식하는 상태를 말하며, '성 정체성 장애' 또는 '성 정체 장애'라고도 한다.

성 지향성【性 指向性】sexual orientation

개인이 이성이나 동성 또는 양성에 대해 성적으로 이끌리고 선호하는 경향 또는 성향. 흔히 일반적인 경우로 간주되는 이성(異性)을 대상으로 한 성적 지향과 동성을 대상으로 한 성적 지향 등을 생각할 수 있다. '성적 지향' 또는 '성적 지향성'이라고도 한다.

성징【性徵】sex character / sex characteristic / sexual characteristic

인간의 남성과 여성, 동물들의 암수를 구별짓는 특징을 총칭한다. 남녀 및 암수의 성기(性器)의 형태 및 그 생리 기능에서의 차이를 나타내는 제1차 성징과 성호르몬(남성의 경우 안드로겐, 여성의 경우 에스트로겐으로 대표됨)에 의한 제2차 성징으로 구분된다.

성차【性差】sex differences / gender differences

인간 남성과 여성 또는 동물들의 수컷과 암컷 사이에서 나타나는 차이를 총칭한다. 이러한 차이에는 신체적 및 생리적 측면에서의 성별 차이가 포함되며, 이외에도 심리적 및 행동적 측면에서의 성별 차이도 포함된다. 인간의 경우를 보면, 신체적 및 생리적 측면에서 나타나는 차이는 정자와 난자가 만나 수정이 이루어진 이후 약 4개월을 전후한 시기에 나타나는 남녀의 생식기 발달과 구분이 포함된 제1차 성징의 출현과 사춘기 동안에 나타나는 제2차 성징의 출현으로 대표된다. 다른 한편 심리적 및 행동적 측면에서 나타나는 차이는 선천적 및 유전적 요인에 기반을 둔 성숙 요인과 환경 요인(사회·문화적 요인)의 영향이 모두 관련된 것으로 이해되고 있는데, 흔히 여성은 남성에 비해 언어적 능력에서 앞서는 반면에, 남성은 여성에 비해 시공간적 능력 및 수학적 능력에서 보다 더 뛰어난 것으로 알려져 있다. 그러나 이러한 차이를 부정하는 견해도 있다. 한편 학자들에 따라서는 성차를 생물학적 측면 및 사회·문화적 측면에 근거하여 구분하기도 한다. 구체적으로 생물학적 요인에서 비롯되는 성차를 'sex differences'로 보는 반면에, 이와는 달리 사회·문화적 요인에서 비롯되는 성차를 'gender differences'로 구분하기도 한다. 그러나 남성과 여성 간의 차이, 즉 성차를 이러한 두 개념의 범주로 구분하는 것은 쉽지 않은데, 그 이유는 다양한 성차들 가운데 생물학적 요인에서 비롯되는 성차(부분)와 사회·문화적 요인에서 비롯되는 성차(부분)를 명확하게 구분하는 것은 상당히 어려운 일이기 때문이다.

성 차별【性 差別】sex discrimination

남성과 여성이라고 하는 성(性)의 차이를 기초로 하여 개개인을 차별적으로 또는 다르게 대하는 행위를 의미한다. 흔히 이러한 성차별에 따른 부당한 피해나 손해를 입는 것은 여성들인 경우가 많다.

성 차별주의【性 差別主義】sexism

개인의 능력이나 다양한 특성보다는 남성과 여성이라는 성(性)의 차이를 기초로 하여 개인들을 차별적으로 또는 다르게 대해야 한다고 보는 사고방식이나 신념을 의미한다. 사람들에 따라서는 'sexism'이라는 용어를 'sex discrimination(성 차별)'과 같은 의미로 사용하는 경우도 있다. '섹시즘'이라고도 한다.

성취【成就】achievement

목적한 것 또는 의도한 것을 이룸.

성취 귀인【成就 歸因】achievement attribution

귀인(attribution)이란 행동의 원인을 찾는 추론 과정을 말한다. 그런 귀인의 하위 유형 중에서도 성공이나 실패와 관련된 '성취에 대한 귀인'을 '성취 귀인'이라고 한다. 성공 및 실패와 관련된 원인은 크게 개인의 능력, 수행 과제의 난이도, 개인의 노력, 운 등 네 가지가 있다. 만일 개인이 자신의 성공을 능력이나 노력과 같은 내적인 원인으로 귀인하게 되면 그 개인은 자신에 대해 높은 자존감을 형성하게 된다. 이에 비해 자신의 성공을 과제의 쉬운 난이도나 운으로 귀인하게 되는 경우에는 자존감 형성에 큰 영향을 미치지 않게 된다.

성취 기대【成就 期待】achievement expectancy

특정한 목표를 이루기 위해 기울이는 노력(또는 수행)에 따라올 성취에 대한 기대.

성취도【成就度】level of achievement / achievement level

목적한 것 또는 의도한 것을 이루어낸 정도나 수준. 흔히 학업에서의 성취, 업무나 과제 수행에서의 성취 등과 관련하여 자주 사용되는 표현이다.

성취도 검사【成就度 檢査】achievement test

특정한 과업이나 분야에 관한 학습이나 훈련을 받은 후에 개인 또는 피검사자(검사를 받는 사람)가 과업수행 능력의 수준이나 지식 등에서 어느 정도의 학습을 이루었는지를 측정하는 검사. 중·고등학교 및 대학교에서 실시하는 교과별 시험도 일종의 성취도 검사로 볼 수 있다. '성취 검사'라고도 한다.

성취동기【成就動機】achievement motive / achievement motivation

높은 성취 기준에 도달하려 하거나 어렵고 도전적인 과제를 성공적으로 수행하려는 동기. 흔히 성취동기가 높은 사람은 그렇지 않은 사람들에 비해 과제 수행 또는 학습과 관련하여 적절한 수준의 목표를 설정하고, 이 목표를 성취해 가는 과정에서 발생하는 어려움을 더 잘 극복하는 것으로 알려져 있다.

성폭력【性暴力】sexual violence

상대방의 의사에 반하는 성적인 언어 표현이나 행위 및 그와 관련된 요구 등으로 상대방에게 심리적, 신체적 또는 사회적 측면에서 고통이나 불이익을 주는 일체의 행위. 성폭력은 성과 관련하여 불쾌감을 유발하는 농담이나 음란전화와 같은 언어적 폭력에서부터 강제추행이나 강간에 이르기까지 성과 관련하여 이루어지는 일체의 폭력 행위를 의미한다. 성희롱(性戱弄, sexual harassment)도 성폭력의 한 유형으로 분류할 수 있다.

성폭행【性暴行】sexual violence / rape

강간과 강간 미수를 완곡하게 나타내는 표현. 성폭력(性暴力)의 한 유형으로 분류할 수 있다.

성학대【性虐待】sexual abuse

학대란 상대방을 가혹하게 대하거나 몹시 괴롭히는 행위를 지칭하는 말로, 특히 성적인 측면에서 행해지는 학대를 성학대라고 한다. 구체적으로 성학대란 상대방(흔히 정신적 및 신체적으로 약자의 위치에 있는 아동이나 청소년 또는 기타 심신 미약자)에게 강요, 강압, 속임수 또는 꼬임 등의 방법으로 성적인 관계나 성적인 행위를 하는 것을 의미한다.

성학대 피해 아동【性虐待 被害 兒童】sexually abused child

성학대 피해를 당한 아동.

CLICK '성학대' 및 '아동 성학대'

성학대 피해 청소년【性虐待 被害 青少年】sexually abused adolescent

성학대 피해를 당한 청소년. CLICK 성학대

성행동【性行動】sexual behaviour

'성(性)'과 관련하여 이루어지는 모든 행동을 총칭한다. 동물 종(種)들에 따라 서로 다른 다양한 성행동을 나타낸다.

성희롱【性戱弄】sexual harassment

상대방의 의사에 반하는 성적 언동(性的 言動)을 하여 상대방에게 성적 굴욕감이나 혐오감 등의 고통(또는 스트레스)을 주는 행위. 흔히 성희롱은 직장이나 조직 상황에서 발생하는 성적 언동으로 인한 피해를 의미한다. 구체적으로 성희롱이란, 집단이나 조직 상황에서 사업주나 근로자 등 상호 이해관계가 있는 사람들 간의 관계에서 한 명 또는 그 이상의 사람들이 상대방의 의사에 반하는 성적 언어 표현이나 행위를 함으로써 상대방에게 성적 굴욕감이나 혐오감 등의 고통(또는 스트레스)을 주는 것을 말하며, 또한 성적 언동이나 성과 관련된 기타의 요구(성적 접촉이나 관계 등)에 대하여 불응했다는 이유로 업무나 고용상의 불이익을 주는 일체의 행위들을 포함하여 지칭한다. 성희롱을 나타내는 영어 표현인 'sexual harassment'는 의미상으로 '성적 괴롭힘'이라는 표현에 가깝다고 보는 견해가 많지만, 현재 우리나라에서는 '성희롱'이라는 표현을 관용적으로 널리 사용하고 있다. 한편 성희롱은 성희롱을 유발하는 자극의 형태에 따라 언어적 성희롱(verbal sexual harassment), 시각적 성희롱(visual sexual harassment), 신체적 성희롱(physical sexual harassment: 육체적 성희롱이라고도 함) 등 3가지 유형으로 구분되며, 다른 한편으로는 성희롱 행위에 따른 대가성 여부에 따라 대가형(또는 대가 보복형) 성희롱(quid pro quo sexual harassment)과 환경형 성희롱(hostile work environment sexual harassment: 적대적 환경형 성희롱 또는 적대적 작업 환경형 성희롱이라고도 함) 등 두 가지 유형으로 구분된다.

세 산 검사【세 山 檢査】three-mountains test

아동의 인지발달 과정에서 자기 중심성(egocentrism)과 관련된 인지발달 수준을 파악하기 위해 사용하는 검사. '세 산 모형 검사', '세 개의 산 검사' 또는 '세 개의 산 모형 검사'라고도 한다. 또한 '세 산 실험(three-mountains experiment)' 및 '세 산 과제(three-mountains task) 등의 표현들과 같은 의미로 사용된다. CLICK 세 산 실험

세 산 실험【세 山 實驗】three-mountains experiment

쟝 삐아제(Jean Piaget: 1896~1980)와 그의 제자이자 공동 연구자인 인헬더(Inhelder)가 고안한 실험 방법으로, 아동의 인지발달 과정에서 자기 중심성(egocentrism)과 관련된 인지발달 수준을 검사하는 데 사용된다. 이 실험 절차는 아동에게 '세 산 모형'을 제시한 후, 아동을 세 산 모형의 어느 한 지점에 위치시킨다. 이어 아동이 위치한 곳과 다른 지점들(즉, 아동의 위치에서 볼 때 맞은 편과 좌·우측 편 등)에 인형을 배치한 다음, 아동에게 각기 다른 인형의 위치에서 세 산 모형이 어떤 모양으로 보일지를 물어보고 그것에 해당하는 것(모양)을 고르도록 하는 절차를 진행한다. 이 실험 절차를 통해, 연구자는 아동이 타인의 관점(이 실험에서는 각 인형의 관점)에 대한 이해도 및 인지발달 수준을 파악할 수 있다. '세 개의 산 실험', '세 산 모형 실험' 또는 '세 개의 산 모형 실험'이라고도 한다. 또한 같은 의미로 '세 산 과제(three-mountains task)' 및 '세 산 검사(three-mountains test)'라는 표현이 사용되기도 한다.

세포 분열【細胞 分裂】cell division

한 개의 세포가 두 개의 세포로 나뉘는 현상. 나뉘기 전, 즉 분열하기 전의 세포를 모세포(mother cell) 또는 어미세포라 하고, 분열 후 나뉜 두 개의 세포를 딸세포(daughter cell)라고 한다.

섹스 sex

'성(性)'과 관련된 용어로, 다음과 같은 여러 가지 의미로 사용된다. (1) 생물학적으로 결정된 남녀의 구분 또는 남녀의 신체적 특징을 의미하며, 우리말로는 '성(性)' 또는 '성별(性別)' 등으로 표현된다. (2) 성교(性交), 성행위(性行爲) 또는 성관계(性關係). (3) 남성 및 여성 집단, 또는 수컷 및 암컷 집단.

셀프-모니터링 self-monitoring

자신에 대한 타인의 피드백이나 자기 성찰 과정을 통해 자신의 행동이나 태도 또는 특성에 대해 관찰하거나 기록하는 것. '자기 모니터링' 또는 '자기 감시'라고도 한다.

셰마 scheme

삐아제(Piaget: 1896~1980)의 인지발달 이론에서 사용되는 주요 개념 가운데 하나로, 아동이 자신이 생활하는 환경의 어떤 측면들을 이해하거나 그 상황들에 적응하기 위해 구성하는 사고나 행동의 패턴(유형)을 의미한다. 우리말로는 '도식(圖式)'이라고 번역되어 사용되고 있으며, '스키마(schema)'라고도 한다. 또한 '셰마'를 '쉐마'로 표기하기도 한다.

CLICK 스키마

소근육 운동 【小筋肉 運動】 fine motor / fine-motor

손가락이나 발가락의 움직임 등과 같은 미세한(또는 작은) 근육을 사용하여 이루어지는 운동. 구체적으로 손가락을 사용하여 과자나 연필 잡기, 젓가락질, 기구를 사용하여 손톱 깎기, 발가락 움직이기, 바늘에 실 꿰기, 단추 잠그기 등과 같이 미세한 근육이 사용되는 운동을 말한다.

소근육 운동 기술 【小筋肉 運動 技術】 fine motor skills / fine-motor skills

소근육을 사용하여 이루어지는 운동을 수행하는 능력 또는 기술.

CLICK 소근육 운동

소년 비행 【少年 非行】 juvenile delinquency

'청소년 비행'이라고도 한다.

CLICK 청소년 비행

소뇌 【小腦】 cerebellum

인간의 뇌(brain)는 대뇌 , 중뇌, 후뇌 등으로 구분되는데, 그 중 후뇌를 구성하고 있는 일부 구조가 소뇌로 중뇌의 뒤쪽에 위치하고 있으며, 그 크기는 대뇌의 약 1/8 정도이다. 소뇌가 담당하는 주 기능은 신체의 평형 유지와 미세한 운동 기능을 통제하는 것이다. 구체적으로 소뇌는 자전거타기, 운전하기, 운동하기, 피아노치기 등과 같은 행동에서 균형을 유지하거나 미세한 행동을 조율하고 통제하는 기능을 담당한다.

소모증 【消耗症】 marasmus

'마라스무스(marasmus)'라고도 한다.

CLICK 마라스무스

소속감 【所屬感】 belongingness

가족 또는 친구들의 모임 등과 같이 자신이 참여하고 있는 사회 집단이나 단체에 소속되어 있다는 느낌 또는 그 집단과 동일시되는 느낌을 의미한다.

소아마비 【小兒痲痺】 infantile paralysis

어린이(보통 1~4세 정도의 아이)들에게서 발병하는 질병으로, 팔과 다리 등에서의 부분적인 또는 심한 마비가 초래된다. 척수성 소아마비(영어 표현은 polio 또는 poliomyelitis라고 함)와 뇌성 소아마비(cerebral infantile palsy)로 구분하기도 한다. 척수성 소아마비는 폴리오바이러스(poliovirus)가 척수에 감염되어 유발되는, 이완성 마비증상을 나타내는 질병이다. 급성 전염병의 일종으로, 오늘날에는 잘 발달된 예방접종의 보급으로 거의 발생하지 않고 있다. '급성회백수염(acute anterior poliomyelitis)' 또는 '폴리오(polio)'라고도 한다. 이에 비해 뇌성 소아마비는 임신 중 또는 출산 과정이나 출산 후의 여러 가지 원인들(예를 들면, 임신 중의 병원균에 의한 감염, 출산 과정에서의 뇌 손상, 수막염 등)에 의한 뇌 손상의 결과로 초래되는, 강직성 마비증상으로 나타내는 질병으로, '뇌성 마비(cerebral palsy)'라고도 한다. 뇌성 소아마비의 경우에는 전염성은 없다.

소아마비바이러스【小兒痲痺바이러스】poliovirus

소아마비 중에서도 '척수성 소아마비(영어 표현은 polio 또는 poliomyelitis라고 함)'를 유발하는 병원체인 바이러스. 영어 발음 그대로 '폴리오바이러스'라고도 한다. 척수성 소아마비는 이 바이러스가 척수에 감염되어 유발되는 질병으로 이완성 마비증상을 나타낸다. 급성 전염병의 일종으로, 오늘날에는 잘 발달된 예방접종의 보급으로 거의 발생하지 않는다.

소아성애【小兒性愛】pedophilia

소아(아동 및 청소년 포함)에게 성적 욕망을 느끼거나 소아에 의해서만 성적 각성이 일어나는 병적 상태. 정신 장애의 일종이다. 특히 성도착증의 한 유형으로, '소아성애증(小兒性愛症)', '소아애호증(小兒愛好症)', '소아기호증(小兒嗜好症)', '기아성도착증(嗜兒性倒錯症)', '소아애(小兒愛)', '기아증(嗜兒症)', '페도필리아' 등으로도 불린다.

소아성애자【小兒性愛者】pedophile

소아성애(pedophilia) 증상을 가진 사람. 즉, 소아(아동 및 청소년 포함)에게 성적 욕망을 느끼거나 소아에 의해서만 성적 각성이 일어나는 증상을 가진 사람. '소아성애 병자' 또는 '소아애 병자'라고도 한다.

소아심리학【小兒心理學】pediatric psychology

소아(아동 및 청소년 포함)와 그 가족의 건강 및 질병 관련 주제들(즉, 건강 상태, 건강 증진 행동, 질병, 질병의 원인과 치료 및 예방 등을 포함하는 다양한 건강 및 질병 관련 주제들)과 함께 이 주제들과 밀접한 관련은 가지고 상호작용하고 있는 신체적, 인지적, 정서적 및 행동적 발달을 학제적으로 연구하고, 생활 실제에 적용하는 활동을 하는 학문 분야.

소질【素質】diathesis

외부로부터 오는 어떤 자극이나 상황에 대해 독특한 방식으로 반응하는 신체의 조건이나 상태 또는 체질.

소질-스트레스 모형【素質-스트레스 模型】diathesis-stress model

개인에게서 발생하는 장애나 질병은 그 개인이 가지고 있는 소질(素質, diathesis)과 스트레스 간 상호작용의 결과로 보는 관점. '소질-스트레스 모델'이라고도 하며, '취약성-스트레스 모델(vulnerability-stress model)'과 같은 의미로 사용된다.

CLICK 취약성-스트레스 모델

소프트웨어 software

(1) 컴퓨터를 작동시키는 프로그램 측면. 컴퓨터의 구성을 분류하면 크게 하드웨어(hardware)와 소프트웨어로 나눌 수 있다. 하드웨어는 가시적으로 확인될 수 있는 컴퓨터의 기계 장치(본체와 주변 장치로 구분)를 총칭하는 반면에, 소프트웨어는 컴퓨터를 작동시키는 기능을 하는 프로그램들, 즉 정보를 저장하고 조작하는 등의 정보처리를 위해 사용되는 프로그램들을 총칭한다. 예를 들면, 문서 작업을 하는 데 사용되는 아래아 한글 프로그램과 같은 워드

프로세싱 프로그램들, 파워포인트, 엑셀, 그리고 SPSS나 SAS와 같은 통계 프로그램들, 기타 컴퓨터를 작동시키고 운용하는 데 사용되는 프로그램들이 모두 소프트웨어에 해당된다. (2) 인간의 인지를 설명하는 이론들 중에서 특히 정보처리적 접근을 취하는 이론들은 흔히 인간을 컴퓨터에 비유하여 설명한다. 이 이론들은 인간도 컴퓨터처럼 하드웨어와 소프트웨어 측면을 포함하고 있다고 본다. 구체적으로 인간의 하드웨어 측면에는 신경세포와 교세포 및 이들 간의 신경망 등으로 구성된 신경계 전체와 감각 기관 등이 포함된다고 본다. 인간의 소프트웨어 측면에는 외부로부터 받아들인 자극(정보)을 부호화 또는 등록하고, 해석하고, 저장하고, 분석하고, 인출하는 것 등과 같은 정보처리 과정에 사용되는 전략, 규칙, 그리고 그 이외에 인지활동에 사용되는 프로그램들이 포함된다고 본다.

속도 검사【速度 檢査】speed test

개인의 능력을 평가하기 위한 검사의 한 형태로, 특히 일정한 시간 동안에 문제 해결을 최대로 수행할 것을 요구하는 검사를 말한다. 일반적으로, 개인의 능력을 알아보는 능력 검사(예를 들면, 지능 검사)는 검사에서 요구하는 문제를 해결해내는 속도에 초점을 맞추는지, 아니면 해결해내는 역량에 초점을 맞추는지에 따라 속도 검사와 역량 검사로 구분할 수 있다. 그 중에서 속도 검사는 피검사자가 일정한 시간 동안에 요구하는 문제들 가운데 얼마나 많은 문제를 해결해내는지를 알아보는 검사의 형태를 말한다. 반면에, 역량 검사(power test)는 시간의 제한을 거의 두지 않고 충분한 시간을 준 상태에서 피검사자가 검사에서 요구하는 문제들 가운데 해결해낸 문제의 수뿐만 아니라 어느 정도 수준의 문제까지 해결해내는지를 알아보는 검사의 형태를 말한다.

속발성 불임증【續發性 不姙症】secondary infertility

여성 불임증의 한 유형으로, 한 번 이상의 임신 경험이 있는 여성이 보이는 불임증. '속발성 불임', '2차성 불임증', '2차성 불임'이라고도 한다.

CLICK 불임증

손가락으로 잡기 pincer grasp

엄지손가락이 다른 손가락들(특히 집게손가락)과 반대의 위치에서 오므리는 동작으로 물건을 잡는 행동. 이 행동은 생후 약 9~10개월경에 나타나며, 그 전에 비해 영아가 물건을 잡고 들어올리는 등의 동작과 행동을 더욱 능숙하게 할 수 있도록 만든다.

손다이크 Thorndike (1874~1949)

에드워드 리 손다이크(Edward Lee Thorndike). 미국의 심리학자. 웨슬레언(Wesleyan) 대학교에 다닐 무렵, 기능주의 심리학의 선구자인 윌리엄 제임스(William James: 1842~1910)의 저서 <심리학의 원리(The Principles of Psychology)>를 접한 후 심리학에 깊은 관심을 갖게 되었고, 이후 하버드 대학교 대학원에 입학하여 윌리엄 제임스의 지도를 받으면서 심리학 연구(특히 동물 실험 연구 분야)에 몰두하여 학습심리학 및 이론 분야에서 많은 업적을 이루었다. 그는 고양이 등을 대상으로 한 동물 실험 연구를 통해 '동물들은 시행착오를 통한 우연한 성공에 의해 학습을 하게 된다.'라는 견해를 제시하였고, 이러한 동물 학습에 관한 그의 많은 연구 성과는 이후의 학습심리학 및 이론의 발전에 크게 기여하였다. '손다이크', '에드워드 손다이크', 'Thorndike', 'Edward Thorndike' 등으로 표기하기도 한다.

손바닥 쥐기 반사【손바닥 쥐기 反射】palmar grasp reflex

선천적 반사들 가운데 하나로, 생후 초기의 영아의 손바닥에 물건이나 끈을 쥐어주면 매우 강하게 꽉 쥐는 동작을 취하는데, 이처럼 생후 초기의 영아가 손바닥에 닿은 물체를 꽉 쥐는 선천적인 반사 행동을 '손바닥 쥐기 반사'라고 한다. 이런 손바닥 쥐기 반사의 강도는 영아가 자신의 손으로 성인의 손가락이나 가는 막대기를 잡고 약 1분 내외의 시간 동안 공중에 매달려 있을 정도이다. 흔히 이 반사는 현실적으로 생존적 또는 기능적 가치가 없거나 불분명하기 때문에 흔히 '원시 반사'의 한 유형으로 분류한다. 시간이 지나면서 점차 사라지는 다른 많은 선천적 반사들처럼, 손바닥 쥐기 반사도 생후 약 3~4개월이 경과하면서 점차 사라진다. '파악 반사(grasping reflex)', '잡기 반사', '붙잡기 반사', '움켜잡기 반사' 또는 '쥐기 반사'라고도 한다.

수동적 유전자형-환경 상관【受動的 遺傳子型-環境 相關】passive genotype-environment correlation

유전자와 환경은 각각 독립적으로 작용하여 발달에 영향을 미치는 것이 아니라 개인이 타고난 유전자가 앞으로 그 개인의 발달에 영향을 미치게 될 환경을 선택하는 데 영향을 미친다고 보는 관점을 유전자형-환경 상관 모델이라 한다. 이 모델에 따르면 유전자와 환경 간에는 상관이 있음을 의미하는데, 이런 상관을 지칭하여 '유전자형-환경 상관'이라고 한다. '유전자형-환경 상관'은 다시 몇 가지 하위 유형으로 구분되는데, 그 중 하나가 '수동적 유전자형-환경 상관'이다. 이 모델에서는 부모는 자녀에게 부모 자신의 유전자를 제공하는 동시에 부모 자신의 유전자 특성에 맞는 환경을 조성하여 자녀를 양육하는 경향이 있기 때문에, 결국 자녀의 유전자형과 자녀가 경험하게 되는 환경 간에는 상관이 있게 되고, 그 환경은 자녀의 유전자형에 적합할 가능성이 있다. 이처럼 부모가 자녀에게 물려주는 유전자형과 부모가 자녀 양육 과정에서 제공하는 환경 간에 형성되는 상관을 '수동적 유전자형-환경 상관' 또는 '수동적 유전자-환경 상관'이라고 한다. 실제로 농구, 야구 또는 배구와 같은 운동선수 출신의 부모들과 그 자녀들이 부모들처럼 운동에서 뛰어난 능력을 발휘하는 많은 사례들은 '수동적 유전자형-환경 상관' 개념을 뒷받침하는 좋은 실례로 생각되고 있다. 그 부모들은 농구나 야구와 같은 운동을 잘하는 유전자를 자녀들에게 물려주는 동시에 부모 자신이 운동을 좋아하고 즐기는 환경을 만들고, 나아가 자녀들에게도 이런 운동을 좋아하고 즐길 수 있도록 하면서 자녀들의 이런 활동에 대해 지지와 격려를 보내줌으로써 자녀들도 운동을 잘할 수 있는 환경을 제공해왔을 가능성이 높다. 결국 운동선수 출신 부모들의 자녀들은 유전자와 환경 측면 모두에서 운동을 즐기고 잘 할 수 있는 조건을 갖게 될 가능성이 높기 때문에 나타나는 발달적 결과라고 할 수 있다. 이런 사례들은 유전자와 환경 간에는 밀접한 상관이 있음을 뒷받침해준다.

수동적 유전자-환경 상관【受動的 遺傳子-環境 相關】passive gene-environment correlation

'수동적 유전자형-환경 상관'이라고도 한다.

CLICK 수동적 유전자형-환경 상관

수동적 피해자【受動的 被害者】passive victim

(1) 피해를 입을 원인 제공이나 행동을 하지 않은 상태에서 피해를 당한 피해자. (2) (만성적으로 피해를 입고 있는 수동적 피해자의 경우) 피해를 입을 원인 제공이나 행동을 하지 않지만 (지속적 또는 반복적으로) 피해를 당하는 피해자. 수동적 피해자들의 일반적인 심리적 특성은 자존감이 낮고, 불안 수준이 높으며, 사회적 또는 관계적 측면에서 위축된 경향을 나타낸다.

수렴【收斂】convergence

다양한 견해나 사상(事象)들을 하나로 모으거나 하나로 정리하는 것.

수렴적 사고【收斂的 思考】convergent thinking

질문이나 문제에 대해 하나의 답(또는 하나의 해결 방안)을 찾거나 생각해낼 것을 요구하는 사고 또는 사고방식. 이와 반대되는 사고를 '확산적 사고(divergent thinking)' 또는 '발산적 사고'라고 한다.

수로화【水路化】canalization

발달에 대한 유전과 환경의 영향을 설명하는 개념들 가운데 하나로, 발달의 어떤 영역이나 측면에 대하여 유전자(또는 유전 요인)가 절대적인 영향을 미치는 현상을 말한다. 즉, 발달의 어떤 영역이나 측면에 대한 유전의 영향이 절대적이어서 환경의 영향을 거의 받지 않고 유전적 프로그램에 따라 마치 수로(물길)를 따라 물이 흘러가듯이 정해진 유전적 경로를 따라 발달이 진행되어 가는 현상을 의미한다. 수로화가 발달에 적용되는 원리를 지칭하여 '수로화 원리'('운하화 원리'라고도 함)라고 한다. '수로화'는 '운하화(運河化)'라고도 한다.

수로화 원리【水路化 原理】canalization principle

발달에 대한 유전과 환경의 영향을 설명하는 원리 가운데 하나로, 이 원리에 따르면 어떤 발달적 특성(또는 발달적 특성의 표현형)은 유전의 영향이 매우 강력하고 결정적이기 때문에 환경의 영향을 거의 또는 전혀 받지 않으며, 그 결과 예외가 없거나 거의 비슷한 발달적 결과를 나타낸다고 설명한다. 이 원리의 핵심 개념인 수로화(canalization: 운하화라고도 함)는 발달의 어떤 영역이나 측면이 유전의 절대적인 영향을 받아 마치 물이 수로(물길)를 따라 흘러가듯이 유전자(또는 유전적 프로그램)가 만들어 놓은 방향을 따라 발달이 이루어진다고 설명하는 개념이다. 이 개념을 처음 사용한 학자는 콘러드 와딩턴(Conrad Waddington)으로 알려져 있다. 이 수로화 원리에 동의하는 학자들은 생후 초기에 나타나는 '옹알이(babbling)'를 대표적인 예로 제시한다. 옹알이는 구체적인 낱말이나 문장을 사용하기 전의 영아들이 생후 초기(생후 4~6개월경부터 12개월 전후의 시기)에 내는 자음과 모임이 결합된 '바바~', '부부부~', '빠빠빠~' 등의 소리를 말하는 것으로, 이런 옹알이는 전 세계의 아기들에게서 공통적으로 나타나는 현상이다. 심지어 선천적인 청각 장애나 언어 장애를 갖고 태어난 농아들도 정상적인 영아들과 같은 '옹알이' 행동을 나타낸다. 이와 같은 현상은 옹알이가 선천적으로 유전의 영향을 받아 나타나는 발달 특성임을 의미하는 동시에 발달에 대한 유전의 강력한 작용을 설명하는 수로화 및 수로화 원리를 뒷받침한다. 이외에도 전 세계의 모든 아기들에게서 생후 초기에 공통적으로 나타나는 기는 행동이나 걸음마(걷기) 행동 등은 발달에 대한 유전의 강력한 작용을 설명하는 수로화(또는 수로화 원리)의 또 다른 예라고 할 수 있다. '운하화 원리'라고도 한다.

수면 무호흡증【睡眠 無呼吸症】sleep apnea

수면 중에 호흡이 일시적으로 멈춰지는 증상. 보통 대부분의 사람들은 매일 밤 수면 중에 몇 차례의 수면 무호흡증을 경험하게 되지만, 심한 수면 무호흡증을 보이는 사람들의 경우에는 하룻밤에 수십 번에서 수백 번의 수면 무호흡증을 겪기도 한다. 이처럼 심한 무호흡증을 보이는 사람들의 경우에는 비록 많은 시간의 수면을 취하더라도 수면의 질이 저하된 상태에서 이루어지는 수면이기 때문에 낮 시간에도 계속해서 피로와 졸음을 겪게 될 가능성이 높다. '무호흡증'과 같은 의미로 사용된다.

수면 박탈【睡眠 剝奪】sleep deprivation

어떤 대상에 대하여 수면(잠)을 취하지 못하도록 하는 것. 흔히 수면이나 꿈 또는 스트레스 등에 관한 연구를 진행하는 과정에서 수면 박탈 상황을 만드는 경우가 많다.

수면 발작【睡眠 發作】sleep attack

정상적으로는 잠을 잘 수 없는 상황(예를 들면, 업무, 회의, 강의, 운전, 보행 등)에서 자신이 통제할 수 없는 불가항력적인 졸음에 의해 자신도 모르게 갑자기 잠에 빠지는 것. 수면 발작에 의해 수면에 빠지게 되면 보통 5~20분 정도의 수면을 취하게 되며, 수면 중에 꿈을 꾸는 경우가 많고, 수면 후에는 어느 정도 피로가 회복되는 경험을 하지만 1회적인 경우보다는 하루 중에도 몇 차례(약 2~6회 정도) 반복되는 경우가 많다. 한편 '수면 발작'이 지속적이고 반복적으로 나타나는 수면 장애를 '수면 발작증(narcolepsy)'이라고 한다. '수면 발작증'은 '발작성 수면', '기면발작' 또는 '기면증'이라고도 한다.

수면자 효과【睡眠者 效果】sleeper effect

설득이나 광고가 이루어진 이후, 설득자나 광고원의 신뢰성과 관계없이 시간이 지남에 따라 설득이나 광고에 포함된 메시지의 효과가 증가하는 현상.

수면 장애【睡眠 障碍】sleep disorder

수면 양의 부족이나 수면 질의 저하 등과 같이 수면을 잘 취하지 못하고 그 결과로 인해 깨어 있는 동안에 진행되는 일상적인 업무나 활동에 손상이 초래하는 상태를 반복적이고 지속적으로 나타내는 장애. 드물게 수면의 양이 지나치게 많은 경우도 수면 장애에 포함된다.

수 보존【數 保存】conservation of numbers

삐아제(Piaget: 1896~1980)의 인지발달 이론에서 나오는 주요 개념들 가운데 하나로, 일정한 수의 물체들로 구성된 집합에서 이 물체들의 공간적 배열에 변화가 있더라도 이 물체들의 수는 변화가 없다는 것을 이해하는 능력.

CLICK 보존

수상 돌기【樹狀 突起】dendrites

뉴런의 일부분인 세포체(cell body)로부터 뻗어 나온 짧은 섬유들로서, 다른 뉴런으로부터 들어오는 정보(또는 메시지)를 받아서 이를 세포체로 전달하는 기능을 한다.

수영 반사【水泳 反射】swimming reflex

선천적으로 가지고 태어나는 반사들 가운데 하나로, 생후 초기의 영아를 물에 넣으면 수면 위로 뜨기 위해 팔과 다리를 젓는 수영 동작을 하는 행동을 나타내는데, 이와 같은 선천적인 반사 행동을 '수영 반사'라고 한다. 이처럼 생후 초기에 나타나는 수영 반사는 생존적 가치가 없거나 거의 없는 반사로, 단지 인류 진화 역사의 흔적 정도로 이해되기 때문에 흔히 '원시 반사'로 분류된다. 하지만 어떤 사회·문화권에서는 수영 반사가 어느 정도의 적응적 가치를 갖는다고 보는 견해도 있다. 예컨대, 어떤 사고 상황에서 강이나 연못 또는 우물 등에 아기가 빠지는 사고를 당했을 때, 수영 반사는 아기가 일정 시간 동안 물에 떠있게 해줌으로써 구조 과정 등을 통해 생존 가능성을 높여 주는 기능을 할 수 있다는 것이다. 출생 후 시간이 경과하면서 점차 사라지는 다른 많은 선천적 반사들처럼, 수영 반사도 생후 약 6개월을 전후하여 사라진다.

수용기【受容器】receptor

(1) 특정한 자극에 대해 민감하게 반응하는 신체의 전문화된 세포 또는 구조. (2) 신경계에서 정보 전달에 관여하는 세포인 뉴런(neuron)의 구조 중에서 수상 돌기(dendrite)에 위치하여 다른 뉴런으로부터 오는 신경전달물질을 수용하는 작용을 하는 부분(또는 구조).

수용/반응성【受容/反應性】acceptance/responsiveness

양육 과정에서 부모가 자녀를 대하는 반응 양상은 크게 '수용/반응성' 차원과 '요구/통제(demandingness/control)' 차원 등 두 차원(또는 두 측면)으로 구분할 수 있다. 그 가운데 한 차원인 '수용/반응성' 차원은 부모가 자녀의 태도나 행동에 대해 수용적이면서 적절하게 반응해주는 경향을 의미한다. 이런 경향성을 가진 부모들은 자녀와의 관계에서 온정적으로 대하기, 칭찬과 격려해주기, 밝은 표정으로 대하기 등과 같은 행동을 하는 경향이 있다. 즉, 자녀들에게 긍정적인 태도와 반응을 통해 지지와 애정을 더 자주 전달하는 경향을 보인다. 이와 같은 '수용/반응성' 중심의 수용적이고 온정적이며 반응적인 양육을 받으며 자란 자녀들은 그렇지 못한 환경에서 자란 자녀들에 비해 애착, 자존감, 도덕성, 사회성 등과 같은 발달의 주요 지표들에서 보다 더 긍정적인 발달을 이루는 경향이 있다.

수용성 실어증【受容性 失語症】receptive aphasia

언어 장애의 한 유형으로, 대뇌 좌반구의 측두엽 후반부에 위치한 베르니케 영역(Wernicke's area)의 손상에 의해 초래되는 실어증을 말한다. 독일의 신경정신과 의사인 카를 베르니케(Carl Wernicke: 1848~1905)가 1874년 26세의 나이 때 발견하였다. 수용성 실어증을 가진 환자는 언어의 이해 곤란, 즉 다른 사람의 말이나 단어를 듣기는 하지만 그 의미를 이해하지 못하는 증상을 나타낸다. '베르니케 실어증(Wernicke's aphasia)'이라고도 한다.

수용 언어【受容 言語】receptive language

타인이 하는 말을 듣고 이해하는 언어. '수용 언어'와 달리, 자신이 단어나 문장을 사용하여 표현해내는 언어를 지칭하여 '산출 언어' 또는 '산출된 언어(productive language)'라고 한다.

CLICK 산출된 언어

수의근【隨意筋】voluntary muscle

의지(意志)나 의도(意圖)에 따라 통제가 되는 근육 또는 근육조직을 말한다. 이와는 달리 의지나 의도에 따라 통제되지 않는, 즉 유기체의 의지나 의도에 따라 조절되지 않는 근육 또는 근육조직을 '불수의근(不隨意筋, involuntary muscle)'이라고 한다.

수의적【隨意的】voluntary

'자신의 의지나 의도에 따라 통제할 수 있는'이라는 의미를 가진 표현이다. 이와 반대로 '불수의적(不隨意的, involuntary)'은 '자신의 의지나 의도에 의해 통제할 수 없는'이라는 의미를 가진 표현이다.

수의적 행동【隨意的 行動】voluntary behavior

자신의 의지나 의도에 따라 통제할 수 있는 행동. 이와 반대로 자신의 의지나 의도에 의해 통제할 수 없는 행동을 불수의적 행동(involuntary behavior)이라고 한다.

수정【受精】fertilization / conception

암수의 생식세포(즉, 포유동물의 경우 난자와 정자)가 새로운 생명체 또는 개체를 형성하기 위해 합쳐지는 현상. 구체적으로 정자가 난자에 침투하여 접합체를 이루는 현상을 의미한다.

수정란【受精卵】fertilized egg

난자가 정충(또는 정자라고도 함)을 받아들여 수정이 이루어진 상태.

수중 분만【水中 分娩】water birth

수중에서 이루어지는 출산. 즉, 임신 중 아기의 환

경인 태내 양수와 비슷한 조건의 물속에서 아기를 출산하는 분만법을 말한다. 이 방법을 사용하는 목적은 태중의 양수와 비슷한 상태의 수중에서 출산이 이루어지기 때문에 태아가 느끼는 환경 변화에 따른 충격을 최소화하면서 편안하게 모체 밖의 세상으로 나오도록 도와주고, 또한 산모에게도 분만 시 양수와 비슷한 상태의 수중에서 앉은 자세로 출산함으로써 전반적으로 출산의 고통과 두려움을 감소시켜주는 데 있다. 그러나 수중 분만 과정에서 물의 오염 가능성이 있고, 이 오염된 물로 인해 아기와 산모의 감염 가능성이 있다는 점이 주요 단점으로 지적되고 있다. 수중 분만은 고대 그리스 및 로마시대 때부터 사용되어온 분만법으로 알려져 있으며, 20세기에 와서 출산 전문가인 프랑스의 산부인과 전문의 미셸 오당(Michel Odent: 1930~)에 의해 체계적인 연구와 대중화가 이루어졌다. 한국에서는 1999년 한양대학교병원에서 처음으로 시행되었다.

수초 발생【髓鞘 發生】myelinization

'수초화', '수초 형성' 또는 '말이집 형성'이라고도 한다.

CLICK 수초화

수초 형성【髓鞘 形成】myelinization

'수초화', '수초 발생' 또는 '말이집 형성'이라고도 한다.

CLICK 수초화

수초화【髓鞘化】myelinization

신경계에서 정보 전달을 담당하는 세포 유형인 뉴런(neuron: 신경세포)들이 밀랍 성분으로 이루어진 수초의 막으로 감싸여지는 것. 또는 그러한 과정. 수초화는 뉴런 내에서 진행되는 신경 충격(또는 신경 신호)의 전달 속도를 증가시킴으로써 신경계에서의 효율적인 정보 전달을 돕는 작용을 한다. '수초 형성', '수초 발생' 또는 '말이집 형성'이라고도 한다.

수평 세포【水平 細胞】horizontal cell

눈의 안쪽에 위치하고 있는 망막을 구성하는 여러 종류의 신경세포들 가운데 한 종류로, 가로 방향으로 넓게 분포하면서 망막의 다른 신경세포들과 시냅스를 형성함으로써 이들을 서로 연결시켜 신호가 전달되도록 하는 기능을 한다.

수평적 격차【水平的 隔差】horizontal decalage

동일한 수준의 정신적 조작을 요구하는 인지과제들이지만 이 과제들을 이해하고 성공적으로 해결하는 발달 시기에서 차이를 보이는 현상. 삐아제(Piaget: 1896~1980)가 아동들의 인지발달을 기술하기 위해 사용한 개념들 가운데 하나로, 동일한 정신적 조작을 요구하는 인지과제들을 이해하고 해결해내는 인지 능력이 예상되는 것과는 다르게(즉, 동일한 정신적 조작을 요구하는 것처럼 보이는 인지과제들이기 때문에 이를 이해하고 해결하는 인지 능력이 동시에 발달될 것으로 기대할 수 있다), 상이한 수준을 나타내는 발달적 경향을 지칭하여 '수평적 격차'라고 한다.

수행 평가【遂行 評價】performance assessment

학습자(또는 피검자)의 능력이나 지식을 평가하기 위한 방법의 하나로, 학습자(또는 피검자)에게 능력이나 지식을 행동으로 나타내는 구체적 수행을 하도록 요구한 후, 이를 통해 평가하는 방식.

숙달 동기【熟達 動機】mastery motivation

자신이 생활하는 환경이나 역할에 대하여 충분한 탐색을 통해 이해하고 이에 대한 통제력을 갖고자 하는 동기.

숙달 지향【熟達 指向】mastery orientation

더 많은 노력을 통해 능력을 향상시킬 수 있으며, 실패도 극복할 수 있다는 믿음을 가지고 숙달(또는 숙달 상태)에 도달하기 위해 지속적으로 노력을 기울이는 경향성.

순목 반사【瞬目 反射】blinking reflex / blink reflex / eye-blink reflex

'눈깜박 반사'라고도 한다. CLICK 눈깜박 반사

순수 실독증【純粹 失讀症】pure alexia

듣기, 쓰기, 말하기 및 이해하기 등과 같은 다른 언어 기능에서는 문제가 없으나 '읽기'에서만 장애를 나타내는 증상.

순진한 사실주의【純眞한 寫實主義】naive realism

사람들은 흔히 자신과 달리 다른 사람들은 객관적이지 못하고 주관적으로 사고하지만, 자기 자신은 객관적으로 사고하고 현실과 세상을 직시하고 있다고 생각하는 경향이 있는데, 이러한 경향을 '순진한 사실주의'라고 한다. '순진한 현실주의', '소박한 사실주의', '소박한 현실론', '소박한 현실주의' 또는 '순진한 현실론'이라고도 한다.

순진한 이론【純眞한 理論】naive theories

'이론' 이론('theory' theory)에 따르면, 영아는 선천적으로 세계에 대한 어느 정도의 지식이나 이해를 포함하는 일종의 '이론(theory)'을 가지고 있다고 주장한다. 하지만 이런 생후 초기의 이론은 아직 미숙하고 불완전하기 때문에 살아가면서 경험을 통해 이를 점차 수정·보완해 가면서 세계를 더 잘 이해하고 설명할 수 있는 향상된 '이론'으로 발전해 가게 된다고 본다. 이 이론을 주장하는 사람들은 경험을 통해 이루어지는 '이론'의 수정·보완 과정이 바로 '인지발달(cognitive development)'이라고 주장한다. 혹자는 '이론' 이론에서 말하고 있는 생후 초기 영아들이 가지고 태어나는 세계에 대한 미숙한 '이론'을 지칭하여 '순진한 이론' 또는 '전개념(preconceptions)'이라고 부르기도 한다. 따라서 '순진한 이론'이라는 표현은 대상 또는 세상에 대한 구체적이고 실제적인 정보가 뒷받침 되지 않은, 선천적인 미숙한 '이론'이라는 의미를 가진 말로 이해할 수 있다.

순한 기질【순한 氣質】easy temperament

토마스(Thomas)와 체스(Chess) 등에 의해 제시된 기질의 세 가지 유형 중 하나로, 차분하고 긍정적이며, 새로운 상황이나 경험에 대해 개방적이고 쉽게 적응하며, 수면과 섭식 등의 일상생활 행동에서 규칙적인 경향을 나타내는 기질. '쉬운 기질'이라고도 한다. 한편 '순한 기질'을 가진 아이를 지칭하여 '순한 아이(easy child)' 또는 '쉬운 아이'라고 한다.

순한 아이 easy child

순한 기질의 특성을 가진 아이. CLICK 순한 기질

순환 반응【循環 反應】circular reaction

자신의 손가락을 반복해서 빠는 행동과 같이 동일한 행동을 반복해서 나타내는 행동 또는 반응. 일반적으로 생후 초기 영아기 동안의 아기가 나타내는 행동들 가운데 다양한 형태와 수준의 순환 반응이 관찰된다. 삐아제(Piaget: 1896~1980)는 생후 초기 영아기에 해당하는 감각운동기(sensorimotor stage: 출생~2세 무렵)의 영아들에게서 다양한 순환 반응이 나타나고 있음을 관찰하였다. 특히 삐아제는 그의 인지발달 이론에서 순환 반응들이 감각운동기의 하위 단계별로 다양하게 나타나고 있음을 기술하였다. 감각운동기는 삐아제 인지발달 이론의 첫 번째 단계에 해당하는 시기로, 이 시기는 다시 하위 6개 단계로 구분된다. 그 가운데 특징적인 순환 반응이 나타나는 단계는 두 번째 하위 단계인 1차 순환 반응(primary circular reaction) 단계(생후 1개월~4개월), 세 번째 하위 단계인 2차 순환 반응(secondary circular reaction) 단계(생후 4개월~8개월), 네 번째 하위 단계인 2차 순환 반응의 협응(coordination of secondary circular reaction) 단계(생후 8개월~12개월), 그리고 다섯 번째 하위 단계인 3차 순환 반응(tertiary circular reaction) 단계(생후 12개월~18개월) 등이다. 구체적으로 1차 순환 반응 단계에서는 영아가 우연히 자신이 했던 어떤 반응(예를 들면, 자신의 손가락 빨기)을 반복하는 행동 경향을 나타낸다. 이와 같이 자신의 특정한 신체 부위를 이용한 활동이 재미있고 만족스럽다는 것을 발견하고 이 활동을 반복하는 반응 경향은 1차 순환 반응 단계에서 흔히 나타나는 특징적인 순환 반응이다. 2차 순환 반응 단계에서는 영아가 자신의 신체 이외의 물체(예를 들면, 장난감)를 가지고 하는 활동이 재미있고 만족스럽다는 것을 우연히 발견하고 이 활동을 반복하는 반응 경향을 나타낸다. 이와 같이 자신의 신체가 아닌 외부의 물체를 가지고 하는 활동이 재미있고 만족스럽다는 것을 발견하고 이 활동을 반복하는 반응 경향은 2차 순환 반응 단계에서 많이 나타나는 특징적인 순환 반응이다. 2차 순환 반응의 협응 단계에서는 영아가 자신이 목표로 한 것을 이루기 위해 두 가지 이상의 행동을 협응시키는 행동을 하게 된다. 예를 들면, 이 시기의 영아가 보는 앞에서 수건 밑에 인형을 넣어두면, 영아는 한 손으로 수건을 들어 올리고 다른 한 손으로는 인형을 잡는 행동을 한다. 이것은 목표 지향적인 행동이라고 할 수 있는 계획적인 반응이 최초로 출현하게 되었음을 의미한다. 3차 순환 반응 단계에서는 영아가 흥미 있고 새로운 상태나 결과를 만들기 위해 능동적이고 탐색적이며 시행착오적인 다양한 활동을 하게 되는데, 그 과정에서 특정한 상태나 결과를 가져오는 활동을 발견하고 이를 학습하고 반복하게 되는데, 이런 시행착오적인 탐색적 도식을 3차 순환 반응이라고 한다. 예를 들면, 손으로 누르면 삑 소리가 나는 고무 장난감을 가지고 놀던 영아는 장난감을 흔들어보기도 하고 던져보기도 한다. 그때 벽에 부딪친 장난감에서 삑 소리가 나는 것을 발견하고는 그때부터 한동안 장난감을 벽에 던지고 삑 소리가 나는 결과를 반복해서 즐긴다. 이것은 영아가 탐색을 통해 장난감을 벽에 던지면 삑 소리가 난다는 것을 발견하고 이를 학습한 것으로, 일종의 새로운 도식이 발달했음을 의미한다.

숨은 비행【숨은 非行】hidden delinquency

실제로 발생했지만 경찰이나 검찰과 같은 관련 기관에 의해 적발되지 않아서 공식적인 비행 통계에 포함되지 않은 비행을 의미한다. 검찰이나 경찰에 의해 인지되거나 적발되어 기록된 비행이나 범죄사건 이외에도 드러나지 않은 비행이나 범죄 행위가 적지 않을 것으로 추정하는 학자들이 많다.

스크립트 script

마트에서 물건 사기, 지하철 타기, 산책하기 등과 같이 친숙한 맥락에서 이루어지는 사건이나 일의 전형적인 순서(또는 절차)에 대한 일반적인 표상. 도식(schema)의 일종이다. '사건도식'이라고도 한다.

스키너 Skinner (1904~1990)

벌허스 프레더릭 스키너(Burrhus Frederic Skinner). 미국의 심리학자. 해밀턴 대학에 진학하여 영문학을 전공했고, 졸업 후에는 작가가 되려 했으나 문학과 작가의 길이 자신과 맞지 않음을 느끼게 되었다고 한다. 그 대신 왓슨(Watson: 1878~1958)의 행동주의(Behaviorism)에 자극을 받아 인간과 동물의 행동을 공부하기 위해 하버드 대학교 대학원에 진학하여 심리학을 전공하였고, 1931년에 박사학위를 받았다. 인디애나 대학교 등에서 교수로 근무했고, 1948년 이후 1974년까지는 하버드 대학교 교수로 활동했으며, 그 이후 타계할 때까지 명예교수로 있었다. 행동주의 심리학을 대표하는 학자로, 심리학의 역사에서 가장 많은 영향을 미친 연구자 가운데 한 명으로 평가받고 있다. 연구에서 많은 업적을 이루었을 뿐만 아니라 작가, 사상가, 그리고 실험 장치의 개발자로서 뛰어난 역량을 발휘하였다. 특히 학습 심리학 분야에서 이룬 그의 대표적인 업적은 인간을 포함한 유기체의 행동이 강화를 통해 학습된다는 것을 보여주는 조작적 조건 형성(operant conditioning: '조작적 조건화'라고도 함) 이론의 체계화라고 할 수 있다. 그의 연구와 이론에 등장하는 주요 개념으로는 강화, 벌, 소거, 자발적 회복, 강화 계획, 부분 강화 효과 등이 있다. '벌허스 스키너', '버러스 스키너', 'Skinner', 'Burrhus Skinner', 'B. F. Skinner' 등으로 표기하기도 한다.

스키마 schema

사고와 인지, 정보처리 및 기억 등의 주제를 연구하는 인지심리학, 발달심리학, 사회심리학 및 여러 인지과학의 분야에서 사용되는 주요 개념 가운데 하나로, 사고, 기억 및 정보처리를 주로 다루는 분야에서는, '세상의 어떤 부분(예를 들면, 사람이나 물체 또는 사건 등)에 관한 정보 또는 개념들을 상호 관련지어 의미 있게 조직화하는 인지적 구조'라는 의미로 사용하는 경우가 많다. 삐아제(Piaget: 1896~1980)의 인지발달 이론에서는 '스키마(schema)' 대신 프랑스어인 '셰마(scheme)'라는 표현을 사용하고 있으며, 이 말은 아동이 자신이 생활하는 환경의 어떤 측면들을 이해하거나 그 상황들에 적응하기 위해 구성하는 사고나 행동의 패턴(유형)을 의미한다. 스키마(schema)나 셰마(scheme) 두 용어 모두 우리말로는 '도식(圖式)'이라고 번역하여 사용되고 있다. 한편 '셰마'는 '쉐마'로 표기하기도 한다.

스탠퍼드 마시멜로 실험【스탠퍼드 마시멜로 實驗】 Stanford marshmallow experiment

과자의 일종인 '마시멜로(marshmallow)'를 사용하여 진행됐던 만족 지연(delayed gratification)에 관한 실험을 말한다. 이 실험은 미국 스탠퍼드 대학교 교수인 심리학자 월터 미셸(Walter Mischel)이 1960년대부터 1970년대에 걸쳐 4세의 유아 653명을 대상으로 진행했던 연구이다. 이 실험 연구에서, 연구자는 유아들에게 마시멜로를 1개씩 주고 나서 이것을 15분 동안 먹지 않고 기다리면 1개를 더 주겠다고 이야기한 후 유아를 남겨 두고 밖으로 나간다. 그 결과, 유아들 가운데 많은 수는 15분을 기다리지 못하고 마시멜로를 먹어 버렸지만, 일부의 유아들(약 30%)은 연구자가 제시한 시간(15분)을 기다린 후에 1개씩을 더 받을 수 있었다. 이 실험 연구는 개인(유아)이 미래의 더 큰 보상과 만족을 위해 현재의 욕구를 참아내는 만족 지연 능력을 알아볼 목적으로 진행된 연구였다. 계속 진행된 종단 연구에서 나타난 결과를 보면, 15년이 지난 후에 이 실험 연구에서 마시멜로를 바로 먹지 않고 '높은' 만족 지연 능력을 나타냈던 유아들은 '낮은' 만족 지연 능력을 보였던 유아들에 비해 학교생활, 학업성취도, 대인관계, 규칙 준수 행동 등을 포함한 생활의 여러 측면들에서 더 뛰어난 경향을 나타냈다. 이 실험 연구 결과는 어린 시절에 보이는 욕구(또는 충동)를 통제하는 능력, 즉 앞으로 있을 더 큰 만족을 위해 현재의 욕구 만족(또는 욕구 충족)을 지연시키는 능력이 실제로 미래의 삶에서의 성취 및 성공과 연결될 가능성이 높다는 것을 시사해준다. '마시멜로 실험(marshmallow experiment)'이라고도 한다.

스탠퍼드-비네 지능 검사【스탠퍼드-비네 知能 檢査】 Stanford-Binet Intelligence Scale

지능 검사의 역사에서 최초의 성공적인 지능 검사로 평가받는 검사로, 이 검사에서는 일반지능과 4가지 요인의 정신 능력(언어적 사고, 공간적 사고, 양적 사고, 단기 기억 등)을 측정한다. 1905년 프랑스의 심리학자 비네(Binet)와 시몬(Simon)에 의해 개발된 세계 최초의 지능 검사인 '비네-시몬 검사(Binet-Simon test)'를 1916년 미국 스탠퍼드 대학교의 터먼(Terman: 1877~1956)이 미국의 아동들에게 적용하기 위해 번안 및 개정 과정을 거쳐 출간한 지능 검사이다. 이 검사는 일반 지능과 함께 4가지 정신 능력인 언어적 사고, 공간적 사고, 양적 사고 및 단기 기억 등의 요인들을 측정하는 문항들로 구성되어 있다. 'Stanford–Binet 지능척도'와 같은 의미로 사용되며, 'Stanford–Binet 지능 검사'로 표기하기도 한다.

스탠퍼드-비네 지능척도【스탠퍼드-비네 知能尺度】 Stanford-Binet Intelligence Scale

1916년 미국의 심리학자 터먼(Terman: 1877~1956)이 출간한 지능척도. '스탠퍼드–비네 지능 검사'라고도 한다. CLICK 스탠퍼드-비네 지능 검사

스턴버그 Sternberg (1949~)

로버트 제프리 스턴버그(Robert Jeffrey Sternberg). 미국의 심리학자. 지능과 사랑 등의 분야에서 많은 연구와 업적을 쌓아왔으며, 그의 공로를 인정받아 미국 내외의 대학들로부터 10개의 명예 학위를 받았다. 특히 스턴버그는 그가 제안한 지능의 삼두 이론(triarchic theory of intelligence)과 사랑의 삼각형 이론(triangular theory of love)으로 잘 알려져 있다. '로버트 스턴버그', '로버트 제프리 스턴버그', 'Sternberg', 'Robert Sternberg', 'Robert Jeffrey Sternberg' 등으로 표기하기도 한다.

습관【習慣】habit

반복적인 학습 과정이나 훈련을 통해 형성되어 특정 자극이나 상황하에서 자동적으로 되풀이 되는 안정화된 행동(또는 반응). '버릇'이라고도 한다.

습관화【習慣化】habituation

특정 자극에 대해 주의나 반응을 나타내던 유기체가 동일 자극에 대한 노출이 반복됨에 따라 그 자극이 친숙해지면서 자연스럽게 자극에 대한 주의나 반응도 감소하는 경향을 나타내는데, 이런 현상을 '습관화'라고 한다. 즉, 습관화란 특정 자극에 지속적 또는 반복적으로 노출됨에 따라 그 자극에 대한 주의나 반응이 감소하는 현상을 말한다. 이와 반대되는 현상이 '민감화(sensitization)'이다. 흔히 자극에 대한 노출이 지속됨에 따라 주의나 반응이 감소하는 '습관화' 현상을 나타내는 경우가 많지만, 어떤 자극(흔히 유기체의 생존이나 적응에 중요한 자극들)에 대해서는 노출이 지속 또는 반복됨에 따라 그 자극에 대한 주의나 반응이 증가하는 경향을 나타내는데, 이런 현상을 '민감화'라고 한다. 간혹 '습관화'라는 표현 대신에 '습성화(習性化)'라는 표현을 사용하는 경우도 있지만 흔한 경우는 아니다.

승화【昇華】sublimation

정신분석학에서 사용되는 용어로, 방어 기제(defense mechanism)의 한 형태이다. 그대로 표출될 경우에는 사회적으로 제재를 받을 수 있는 원초아(id)의 본능적 충동을 예술, 스포츠 및 문학 활동 등과 같이 사회적으로 수용될 수 있는 방향으로 바꾸어 표출하는 무의식적 과정 또는 작용을 말한다. 다시 말하면, 승화란 개인이 가지고 있는 본능 또는 본능적 욕구를 내적으로 고통 받지 않으면서도 사회·문화적으로 갈등이나 문제를 유발하지 않고, 보다 친사회적이고 친문화적인 방식으로 표출하는 무의식적인 심리 작용을 의미한다.

시각【視覺】sight / sense of sight / vision

감각 기관의 하나인 눈을 통해 물체나 현상의 색과 형태를 구별하는 감각 작용. 출생 후 신생아의 시각은 여러 감각 중에서 가장 미숙한 상태로, 일반 성인에 비해 훨씬 낮은 수준을 나타내지만 이후 빠르게 발달하여 생후 1년 무렵이 되면 영아의 시각은 성인과 비슷한 수준에 도달하게 된다.

시각-공간적 지능【視覺-空間的 知能】visual-spatial intelligence

사물이나 현상을 시각적 또는 공간적으로 지각하고 표현하며, 나아가 이를 회전시키거나 변경할 수 있는 능력 또는 그런 지능. '공간적 지능' 또는 '시각-공간 지능'이라고도 한다. CLICK 공간적 지능

시각-공간 지능【視覺-空間 知能】visual-spatial intelligence

'공간적 지능' 또는 '시각-공간적 지능'이라고도 한다.

CLICK 공간적 지능

시각 벼랑【視覺 벼랑】visual cliff

영아의 깊이 지각(depth perception) 능력을 평가하기 위해 고안된 실험도구로, 깊이 착각을 유발하는 플랫폼을 포함하고 있다. '시각 절벽'이라고도 한다.

CLICK 시각 절벽

시각 우세【視覺 優勢】visual dominance

자극에 대한 감각 및 지각 과정에서, 여러 감각들(예를 들면, 시각, 청각, 미각, 촉각, 후각 등) 중에서 상대적으로 시각적 정보처리가 더 빠르고 우세하게 작용하는 경향. '시각 지배'라고도 한다.

시각적 선호도 방법【視覺的 選好度 方法】visual preference method

자신의 의사 표현이나 행동이 어려운 영아들의 지각적 능력을 연구하기 위한 '선호도 방법(preference method)'의 일종으로, 특히 '시각적 자극'을 사용하여 이루어지는 '선호도 방법'을 말한다. 이 방법을 사용한 연구(또는 실험)에서는 영아에게 몇 가지 시각적 자극들(예를 들면, 여러 가지 물체들 또는 스크린 상에 비춰진 여러 가지 모양의 그림이나 사진 등)을 보여준 후, 영아가 어떤 시각 자극을 더 오랫동안 바라보는지를 관찰한다. 이러한 관찰을 통해, 연구자는 영아가 어떤 자극을 다른 자극(들)보다 더 선호하는지의 여부와 영아가 여러 가지 자극들을 구분할 수 있는지의 여부 등을 확인함으로써 영아의 감각 또는 지각 능력이 어느 정도인지를 파악할 수 있게 된다.

시각적 예민성【視覺的 銳敏性】visual acuity

먼 거리의 사물, 작은 사물, 사물의 미세한 부분 등을 볼 수 있는 능력. 일반적으로 생후 초기 신생아의 시각 능력(시력)은 가장 덜 발달된 감각으로, 다른 감각 능력들에 비해 상대적으로 떨어지는 경향을 나타내며, 특히 건강한 성인에 비하면 상당히 낮은 수준에 해당한다. 이런 생후 초기의 시각 능력은 그 이후 수개월이 경과하는 동안 빠르게 향상되어 점차 성인 수준에 가까워지며, 6세 경에는 거의 성인 수준에 도달하게 된다.

시각 절벽【視覺 絶壁】visual cliff

영아의 깊이 지각(depth perception) 능력을 평가하기 위해 고안된 실험도구로, 깊이 착각을 유발하는 플랫폼을 포함하고 있다. 구체적으로 시각 절벽은 인간의 유아 및 동물의 어린 새끼들의 깊이 지각 능력을 연구하기 위해 깁슨(Gibson)과 워크(Walk)가 고안한 실험 장치로, 큰 유리 책상으로 되어 있으며, 중간의 나무판을 경계로 하여 두 부분으로 구성된다. 즉, 한 쪽 부분은 유리판 바로 아래에는 바둑판처럼 생긴 무늬가 붙여져 있어 바로 밑바닥처럼 보이고, 다른 한 쪽 부분은 유리판에서 1m 정도 아래에 위치한 푹 꺼진 것처럼 보이는 부분(즉, 절벽)으로 이루어져 있다. '시각 벼랑'이라고도 한다.

시간 체계【時間 體系】chronosystem

러시아 태생의 미국 심리학자인 브론펜브레너(Bronfenbrenner: 1917~2005)가 제안한 '생태학적 체계 이론'의 다섯 환경 체계(미시 체계, 중간 체계, 외체계, 거

시 체계 및 시간 체계) 중 하나로, 시간 경과에 따라 일어나는 개인이나 환경의 변화 측면을 지칭하며, 이는 개인(또는 아동)의 발달 또는 발달의 방향에 영향을 미치게 된다. 예를 들면, 부모의 이혼은 대부분의 자녀들에게 영향을 미치지만, 그 영향의 정도나 크기는 자녀의 나이와 발달 시기에 따라 차이를 나타낸다. 일반적으로 부모 이혼의 영향은 그 시기가 자녀가 아직 어린 유아기나 아동기일 때보다 중·고등학교 시기나 대학생 시기일 때의 영향이 상대적으로 적은 경향이 있다.

시간 표집【時間 標集】time-sampling

특정한 개인 또는 집단을 대상으로 진행하는 관찰 연구 방법의 하나로, 정해진 시간 동안에 연구의 대상이 되는 피관찰자(또는 연구 참가자)가 보이는 행동 특징 또는 특정 행동을 관찰하여 기록하는 연구 절차 또는 연구 방법.

시개【視蓋】tectum

뇌의 구조 중에서, 중뇌(midbrain)의 한 부분으로 눈, 귀, 피부 등으로부터 들어온 자극(또는 정보)을 받아 그 자극이 있는 방향이나 지점을 향해 몸이나 주의를 기울이도록 만드는 작용을 한다.

시공간 능력【視空間 能力】visual-spatial ability

지도 읽기, 미로 탐색, 장소 찾기 등과 같은 시각적 및 공간적 요소와 관련된 과제 수행을 위해 정보들을 내적(또는 심적)으로 표상하고 조작하고 추론해 내는 능력.

시냅스 synapse

신경계에서 정보 전달을 담당하는 신경세포(neuron: 뉴런)들 사이에서 한 신경세포와 다른 신경세포가 미세한 간극을 두고 서로 연접해 있는 공간(또는 지점). 즉, 신경계를 구성하는 여러 종류의 세포들 중에서 정보 전달을 담당하는 신경세포(뉴런)들이 서로 연접하고 있는 상태를 말한다. 구체적으로 뉴런의 구조 중에서 축색의 끝부분인 축색 종말과 이와 인접해 있는 다른 뉴런의 수상 돌기 및 그 두 구조 사이에 미세한 간극을 두고 형성되어 있는 공간(즉, 시냅스 공간)을 포함하는 기능적 연접 상태를 지칭하여 시냅스라고 한다. 이 시냅스를 통해 한 뉴런에서 다른 뉴런으로의 정보 전달이 이루어진다.

시냅스 가소성【시냅스 可塑性】synaptic plasticity

신경계를 구성하는 주요 세포로 정보 전달에 관여하는 세포를 뉴런(neuron)이라고 한다. 이 뉴런들 간에는 서로 밀접한 기능적 연접 상태인 시냅스(synapse)를 형성하고 이를 통해 시냅스 전 뉴런(시냅스 후 뉴런으로 정보를 전달하는 뉴런)과 시냅스 후 뉴런(시냅스 전 뉴런으로부터 정보를 전달받는 뉴런) 간의 정보 전달이 이루어지게 된다. 이러한 뉴런들 간의 연접 상태인 시냅스(신경계를 구성하는 뉴런의 수는 수백억 개 또는 그 이상으로 추정되고 있으며, 이들 간에는 무수히 많은 시냅스가 형성되어 있다)는 고정 불변한 상태가 아니라 학습이나 기억 등과 같은 개인의 경험에 따라 그 상태나 형태가 지속적으로 변하게 되는데, 이와 같은 시냅스의 가변적인 특성을 지칭하여 '시냅스 가소성'이라고 한다.

시냅스 상실【시냅스 喪失】synaptic pruning

신경세포인 뉴런들 간에 형성되었던 시냅스가 제거되는(또는 소멸되는) 현상. '가지치기(pruning)'라고도 한다.

시냅스 생성【시냅스 生成】synaptogenesis

신경계에서 정보 전달을 담당하는 세포 유형인 신경세포(neuron: 뉴런)들 간의 시냅스(연접)를 형성하는 것. 한 개의 뉴런은 다른 뉴런들과 1만여 개의 시냅스를 형성하는 것으로 알려져 있다.

시냅스 전달【시냅스 傳達】synaptic transmission

신경계에서 한 뉴런과 다른 뉴런 사이의 접합 부위를 시냅스라고 하는데, 이 중 앞쪽에 위치해 있는 '시냅스 전 뉴런'이 시냅스(또는 시냅스 공간)에 정보를 담고 있는 신경전달물질을 분비하면 뒤쪽에 위치해 있는 '시냅스 후 뉴런'이 수상 돌기의 수용기로 이 신경전달물질을 받아들인다. 그 결과 새로운 활동 전위가 생성되고 이어서 이 뉴런과 시냅스를 형성하고 있는 또 다른 뉴런으로 정보를 전달하는 연쇄적인 과정이 이루어지게 된다. 이와 같이 시냅스를 통해 뉴런들 간 연쇄적인 정보 전달이 이루어지는 과정을 시냅스 전달이라고 한다. 이러한 시냅스 전달을 통해 우리는 사물을 지각하고 느끼고 생각하고 나아가 행동하게 된다. 우리의 모든 정신 활동과 행동 과정이 모두 시냅스 전달을 통해 이루어지는 셈이다.

시몬 Simon (1872~1961)

시어도어 시몬(Theodore Simon: 1872~1961). 프랑스의 심리학자로, 1905년에 알프레드 비네(Alfred Binet: 1857~1911)와 함께 최초의 지능 검사인 '비네-시몬 검사(Binet-Simon test)'를 개발하였다. '시몽', '시어도어 시몬', '시어도어 시몽', 'Simon' 등으로 표기하기도 한다.

시상【視床】thalamus

뇌간의 바로 위에 위치하고 있는 간뇌의 대부분을 구성하는 신경세포 조직으로, 대뇌 피질과 가장 관계가 깊은 기능을 담당한다. 후각을 제외한 모든 감각 수용기로부터 오는 정보를 대뇌 피질로 전달하는 기능을 담당하며, 이외에도 시상하부, 소뇌 및 연수 등의 구조(또는 조직)들과 밀접하게 관련되어 기능한다.

시상하부【視床下部】hypothalamus

뇌의 구조 중에서 뇌간의 바로 위에 위치하고 있는 시상(視床, thalamus)의 아래에 위치하고 있는 구슬 한 개 정도 크기의 작은 신경세포 조직으로, 배고픔, 갈증, 체온, 성 행동, 월경 주기 등의 욕구와 활동을 통제한다. 시상하부를 나타내는 말인 'hypothalamus'에서 'hypo'는 '아래(under)'를 의미하는 그리스어로, 'hypothalamus'는 'thalamus(시상)'의 아래에 위치한 구조(또는 조직)라는 의미이다.

시어도어 시몬 Theodore Simon (1872~1961)

프랑스의 심리학자. 프랑스의 교육부로부터 정규 학교 교육을 받기 어려운 학생들을 선별해 낼 수 있는 검사를 만들어 달라는 요청을 받고, 1905년에 알프레드 비네(Alfred Binet: 1857~1911)와 함께 최초의 지능 검사인 '비네-시몬 검사(Binet-Simon test)'를 개발하였다. '시몬', '시몽', '시어도어 시몽', 'Simon' 등으로 표기하기도 한다.

시연【試演】rehearsal

기억 전략의 하나로, 기억(또는 정보 저장)이 더 잘 되도록 하기 위해 저장하려고 하는 정보(또는 항목)를 의식적으로 반복하는 것. '되뇌기' 또는 '리허설'이라고도 한다.

시행【試行】trial

시험적으로 행함. 학습 연구에서 자주 사용되는 개념으로, 특히 시행착오 학습(trial and error learning)에서 시행이 갖는 의미는 행위자가 특정한 문제 해결 장면에서 문제 해결을 위해 특정 행동을 시험적으로 행하는 것을 의미한다.

시행착오【試行錯誤】trial and error

문제 해결 장면에 처한 행위자(사람이나 동물)가 문

제 해결에 성공적인 행동을 발견하게 될 때까지 실패(또는 착오)를 반복하면서 여러 가지 반응 또는 행동을 무선적으로 시도해 가는 것 또는 그러한 과정을 말한다. 이러한 시행착오를 통해 문제 해결 행동을 학습하게 되는 것을 '시행착오 학습(trial and error learning)'이라고 한다.

시행착오 학습 【試行錯誤 學習】 trial and error learning

시행착오를 통해 문제 해결 행동을 습득해 가는 학습을 말한다. 즉, 행위자가 문제 해결 장면에서 문제 해결에 적합한 또는 효과적인 행동 또는 반응을 해낼 때까지 다양한 반응을 무선적으로 시도해 가는 과정을 통해 문제 해결 행동을 습득하게 되는 형태의 학습을 말한다.

시행착오 학습 이론 【試行錯誤 學習 理論】 trial and error learning theory

시행착오를 많이 하면 할수록 점차 착오가 줄어들고 문제 해결에 소요되는 시간이 짧아진다는 학습 이론.

신경 【神經】 nerve

수많은(수백 또는 수천의) 뉴런(neuron)들로부터 뻗어 나와 연장된 축색(axon)의 다발. 인간을 포함한 동물들의 신체 내·외부로부터 발생한 각종 자극이나 변화에 대응하여 신체의 각 부분 또는 기관들의 기능을 통합하는 작용을 한다. 신체의 각 부분에서 발생한 자극 정보를 중추에 전달하고, 동시에 중추에서 발생한 흥분을 신체의 각 부분에 전달하는 기능을 한다.

신경 가소성 【神經 可塑性】 neuroplasticity / neural plasticity

신경세포들로 구성되어 체내의 주요 정보 전달에 관여하는 신경계(神經系, nervous system)는 고정불변한 상태로 있는 것이 아니라 삶의 과정에서 하는 다양한 경험(무언가를 보거나 듣는 등의 감각 경험에서부터 배우고, 기억하고, 판단하고 나아가 실행하는 등의 다양한 경험들)에 따라 변화하는 특성(또는 변화 가능성)을 가지고 있는데, 이런 현상을 지칭하여 '신경 가소성'이라고 한다. 특히 개인의 경험이나 환경 변화에 따라 특정 기능과 관련된 뇌의 활동이나 뇌 구조나 부위의 크기 등은 계속해서 변화한다. 이처럼 신경 가소성이 주로 일어나는 신경계는 뇌(brain)이기 때문에, 흔히 신경 가소성은 뇌 가소성(brain plasticity)과 같은 의미로 사용하는 경우가 많다.

신경계 【神經系】 nervous system

체내에서 전기화학적 방식을 통해 정보 전달을 하는 뉴런(신경세포)들이 서로 정교하게 연결되어 있는 체계. 구체적으로 신체 내·외부로부터의 정보를 전달하는 기능을 수행하는 수백억 개 이상의 신경세포(즉, 뉴런)들이 복잡하고 정교한 네트워크를 형성하고 있는 체계를 말한다. 신경계는 크게 '중추 신경계(central nervous system)'와 '말초 신경계(peripheral nervous system)'로 구분된다. 그중 중추 신경계는 뇌와 척수를 포함하며, 말초 신경계는 체성 신경계와 자율 신경계를 포함한다. 신경계 내에서의 정보 전달은 전기화학적 방식으로 진행된다. 신경계는 '신경 계통'이라고도 한다.

신경발달 장애 【神經發達 障碍】 Neurodevelopmental disorders

신경계의 발달 이상에 의해 초래되는 정신 장애. 특히 신경계 중에서도 중추신경계의 뇌 발달의 지체나 손상에서 비롯되는 장애를 말하며, 여기에는 지적 장애('정신지체'라고도 함), 의사소통 장애, 자폐 스펙트럼 장애, 주의력결핍/과잉 행동 장애(ADHD), 특정 학습 장애, 운동 장애 등 모두 6가지 하위 유형의 장애들이 포함된다. 2013년 미국정신의학회(APA)에서 발간한 '정신 장애 진단 및 통계 편람－제5판(Diagnostic and Statistical Manual of Mental Disorders－Fifth edition＜DSM－5＞)'에서는 정신 장애를 22개의 주요 범주들로 나누고 있는데, 그 범주들 가운데 하나가 '신경발달 장애'이다. 흔히 이 장애는 발달 초기에 시작된다.

신경 발생【神經 發生】neurogenesis

신경계에서 새로운 뉴런(neuron, 신경세포)이 생성되는 현상. '신경 생성'이라고도 한다.

신경 섬유【神經 纖維】nerve fiber

신경계에서 정보 전달에 관여하는 세포인 뉴런의 한 구조를 이루는 부분으로, 특히 수상 돌기를 통해 세포체로 들어온 자극을 받아 전달하는 가늘고 긴 끈 모양의 돌기와 이것을 감싸고 있는 구조를 합쳐 신경 섬유라고 한다. '축색(軸索, axon)'이라고도 한다. CLICK 축색

신경성 식욕 부진증【神經性 食慾 不振症】anorexia nervosa / anorexia

섭식 장애의 한 유형으로, 자신의 신체 상태 또는 용모에 대한 비현실적인 자기상(自己像) 및 기대, 그리고 비만에 대한 강한 공포와 아름다운 신체에 대한 비합리적인 기준 등을 가지고 음식 섭취를 지나치게 줄이거나 거부(식욕 부진)함으로써 비정상적인 체중 감소와 (여성의 경우) 무월경 등의 증상들을 나타내는 장애를 말한다. 이들은 정상 체중의 하한계보다 최소한 15% 이상 미달되는 체중을 보이며, 더욱 심한 환자들 중에는 자신의 정상 체중의 50% 미만의 상태를 보이는 경우도 있다. 문제가 심각한 수준으로 진행되면 초기와는 달리 자신의 의지와 관계없이 식사를 하기가 어려워지며, 심한 경우에는 사망에 이르게 된다. 흔히 젊은 여성들(특히 10대의 여자 청소년들)에게서 자주 나타나는 정신 장애의 일종으로, '신경성 식욕 부진증'이라는 표현 이외에도 거식증, 신경성 거식증, 다이어트 장애, 신경성 식욕 감퇴증, 신경성 식욕 결여증, 신경성 식욕 상실증, 아노렉시아, 아노렉시아 너버사 등의 표현들이 같은 의미로 사용된다.

신경성 폭식증【神經性 暴食症】bulimia nervosa

습관적으로 통제가 잘 되지 않는 과식(또는 폭식)을 한 후에 그에 대한 보상 행동으로 고의적인 구토(토하는 행동), 설사를 유발하는 약물(하제) 복용, 단식이나 다이어트 또는 과도한 운동 등과 같은 비정상적이고 건강하지 못한 행위를 하는 섭식 장애의 한 유형. 이 장애를 가진 사람들은 부정적 자기 개념 및 자기 존중감, 수줍음, 자신의 체형이나 체중에 대한 불만, 그리고 자신감의 결여 등의 심리적 특징을 나타낸다. 이 장애로 인한 신체적 영향으로는 균형적인 영양 공급의 방해에 따른 신경계, 간장이나 위장 등의 장기 손상, 저혈당, 탈수증, 치아손상, 전해질 불균형 및 식도파열 등이 있다. 한편 신경성 폭식증이라는 말과 같은 의미로 '신경성 대식증', '신경성 식욕 항진증', '블리미아 너버사', '블리미아', '먹고－토하기 증후군', '폭식증' 등의 표현을 사용하기도 한다.

신경세포【神經細胞】neuron / nerve cell

신경계를 구성하는 기본 단위가 되는 세포. 외부로부터의 정보를 받아들이고 신체의 다른 조직이나 기관들에 신경 충동 또는 정보를 전달하는 기능을 한다. 흔히 뉴런(neuron)이라고 부른다. CLICK 뉴런

신경인지【神經認知】neurocognition

신경계 가운데 특히 '뇌신경의 활동이나 기제로 설명되는 인지 과정 또는 인지기능'을 의미한다.

신경인지 장애【神經認知 障碍】neurocognitive disorders

신경계 가운데 특히 뇌(또는 뇌신경)의 손상으로 인해 인지활동이나 기능(예를 들면, 기억, 의식, 언어, 판단 등) 상에서 심각한 이상이나 결손을 나타내는 장애. DSM-5에서 분류하고 있는 일군의 장애 유형으로, 크게 '주요 신경인지 장애(major neurocognitive disorder)', '경도신경인지 장애(minor neurocognitive disorder)', 섬망(delirium) 등의 하위 유형으로 구분된다.

신경증적 성향【神經症的 性向】neuroticism

개인의 불안, 걱정, 정서적 불안정 등의 특징들을 포함하는 성격 특성을 말하는 것으로, 신경증적 성향이 높은 사람은 변화된 상황이나 스트레스적인 상황이 닥치면 상황에 대처하거나 문제를 해결하는 과정에서 평소와 달리 불안을 많이 경험하며, 차분하지 못하고 쉽게 흥분하며, 타인에 대한 자세나 태도의 변화를 나타내는 경향이 있다. 한스 아이젱크(Hans Eysenck: 1916~1997)의 이론에서 성격 특성의 하나로 제시되었고, 또한 더 최근에 등장한 성격의 '5요인 모델'에서도 기본적인 5가지 성격 특성들(traits) 가운데 하나로 제시되고 있다. 특히 Eysenck의 이론에서는 신경증적 성향은 신경증이나 정신신체 장애에 걸리기 쉬운 특성으로 분류한다. '신경증 성향' 또는 '신경증 경향'이라고도 한다.

CLICK 5요인 모델

신뢰도【信賴度】reliability

과학적 연구에서 사용되는 도구(검사나 척도 등)가 동일한 절차를 통해 다른 전문가에 의해서나 다른 상황에서 실시되더라도 동일한 측정 결과(측정치 또는 측정값)가 산출되는 정도. 신뢰도를 추정하기 위해 여러 가지 방법이 사용되는데 그 중 하나는 하나의 측정도구를 동일 집단에 적용하여 시간 간격을 두고 반복 측정했을 때 같은 값(점수)이 산출되는 정도를 통해 신뢰도를 추정하는 것으로, 이를 '검사-재검사 신뢰도(test-retest reliability)'라고 한다. 검사 또는 측정 도구를 통해 동일한(또는 비슷한) 수준의 측정 결과를 기대할 수 있는 것은 그 도구를 사용할 때 발생하는 측정 오차가 적거나 없다는 것을 의미한다. 따라서 학자들에 따라서는 신뢰도를 간단히 '측정도구(검사나 척도)에 존재하는 측정오차의 상대적 부재'라고 정의하기도 한다. 만일 발달의 어떤 특성(예를 들면, 애착이나 지능 등)을 측정하는 검사를 몇 차례에 걸쳐 반복적으로 적용했을 때 그 측정 결과들에서 큰 오차를 보이지 않고 일관된 값을 나타낼 때, 그 측정도구(검사나 척도)는 '신뢰도가 높다', 또는 '신뢰롭다'고 말할 수 있게 된다. 신뢰도를 추정하기 위해 사용되는 방법들로는 '검사-재검사 신뢰도' 외에도 '평가자간 신뢰도(interrater reliability)', '동형 검사 신뢰도(alternative forms reliability)', '내적 일치도(internal consistency)', '반분 신뢰도(split-half reliability)' 등이 있다. 이 중에서 '검사-재검사 신뢰도'는 어떤 동일한 측정도구나 검사를 동일 집단에 적용하여 시간 간격을 두고 반복 측정했을 때 같은 수준의 값(점수)이 산출되는 정도를 통해 신뢰도를 추정한다. '신뢰성'이라고도 한다.

신뢰성【信賴性】reliability

과학적 연구에서 사용되는 심리 검사나 척도 등의 도구가 동일한 절차를 통해 다른 전문가에 의해서나 다른 상황에서 실시되더라도 동일한 측정 결과가 산출되는 정도. '신뢰도'라고도 한다.

CLICK 신뢰도

신생득론【新生得論】neo-nativism / neonativism

인간의 아기는 출생 시에 대상 영속성 개념이나 상징의 사용, 언어의 사용 능력 등과 같은 인지적 지식이나 능력을 상당한 정도로 갖고 태어난다고 보는 견해(또는 믿음). 이런 견해를 가진 사람들은 인지발달은 생물학적 특성(또는 생물학적 제약)에 의해 영향을 받는다고 주장한다.

신생아【新生兒】neonate / newborn

출생 후 약 4주 또는 1개월까지의 아기. 이 기간을 신생아기(新生兒期, neonatal period)라고 한다.

신생아기【新生兒期】neonatal period

아기가 태어난 후 약 4주 또는 1개월까지의 기간. 이 시기의 아기를 신생아(neonate)라고 한다.

신생아 반사【新生兒 反射】neonatal reflexes

생후 초기의 신생아들이 보이는 반사 반응. 반사(reflex)란 특정한 감각 자극에 대하여 무의식적이고 자동적으로 유발되는 특정한 운동 반응을 말하는 것으로, 생후 초기의 신생아들은 약 20여 가지의 반사를 나타낸다.

신생아 행동평가 척도【新生兒 行動評價 尺度】Neonatal Behavioral Assessment Scale (NBAS)

미국의 소아과의사인 토머스 베리 브래즐턴(Thomas Berry Brazelton: 1918~2018)이 개발한 검사도구로, 흔히 신생아를 대상으로 실시하며, 생후 2개월 된 영아에 이르기까지 이들의 신경학적 및 행동적 측면에서의 정상적인 상태 여부를 평가하는 데 목적이 있다. 생후 수 분 이내에 실시하는 아프가 검사(Apgar test)에서 놓칠 수 있는 신생아의 미세한 행동 특징과 신경학적 상태를 측정하여 아기의 상태를 평가한다. 구체적으로 움직이는 공이나 빛 등과 같은 다양한 자극들에 대한 반응성 평가가 포함된다. 1973년에 처음 개발되었고, 최근의 척도에는 14개의 신경학적 평가 항목들과 26개의 행동적 평가 항목들이 포함되어 있다. 개발자의 이름을 붙여 '브래즐턴 신생아 행동평가 척도(Brazelton Neonatal Behavioral Assessment Scale)'라고도 부른다.

신진 대사【新陳 代謝】metabolism

유기체가 몸 밖으로부터 받아들인 물질을 체내의 화학적 과정을 통해 자신의 생명 유지와 활동에 필요한 성분과 에너지로 변화시켜 사용하고 나머지 물질(일종의 찌꺼기)을 몸 밖으로 배출시키는 일련의 작용. '물질 대사' 또는 '대사'라고도 한다.

신체 발달【身體 發達】physical development

발달의 여러 영역들(예를 들면, 신체 영역, 심리 영역, 행동 영역 등) 가운데 신체 영역에서 일어나는 발달.

CLICK 발달

신체상【身體像】body image

개개인이 자신의 신체에 관하여 가지고 있는 심상(心象, image)을 의미한다. 즉, 각 개인이 자신의 마음속에서 그리는(떠올리는) 자신의 신체에 관한 정신적인(또는 내적인) 표상을 의미한다. 흔히 신체상에는 자신의 신체에 대한 지각, 감정, 생각, 태도 등이 포함된다. 신체상은 출생 후 어린 시절부터 부모나 형제를 포함하는 타인들의 평가나 피드백을 받는 과정을 통해 발달하며, 전생애를 통해 변화된다. 자아 개념을 구성하는 주요 요소들 가운데 하나이며, 특히 아동 및 청소년기의 자아 개념 및 자아 존중감의 발달 과정에 많은 영향을 미친다. '신체 이미지' 또는 '신체 심상'이라고도 한다.

신체-운동적 지능【身體-運動的 知能】bodily-kinesthetic intelligence

다양한 스포츠 활동, 춤추기, 무언가를 만들기 등과 같이 다양한 방식으로 자신의 신체를 활용하고 운동을 수행할 수 있는 능력(또는 지능). 미국의 심리학자 '하워드 얼 가드너(Howard Earl Gardner: 1943~)'가 제안한 '다중 지능 이론(theory of multiple intelligences)'

에서는 인간의 지능은 서로 독립적으로 기능하는 8가지의 지능(최근에는 9번째 지능을 추가로 제시)으로 구성되어 있다고 보는데, 그 가운데 하나가 신체-운동적 지능이다. 이외에도 다중 지능 이론에서는 언어적 지능, 논리-수학적 지능, 공간적 지능, 음악적 지능, 개인 내적 지능, 개인 간 지능(또는 대인관계적 지능), 자연주의적 지능, 그리고 가장 최근에 새로운 지능의 한 영역으로 실존적 지능(또는 존재론적 지능) 등을 제시하고 있다. 신체-운동적 지능은 간단히 '신체-운동 지능'이라고도 한다.

신체-운동 지능【身體-運動 知能】bodily-kinesthetic intelligence

신체를 활용하고 운동을 수행할 수 있는 능력(또는 지능). '신체-운동적 지능'이라고도 한다.

CLICK 신체-운동적 지능

신체적 성희롱【身體的 性戱弄】physical sexual harassment

성희롱의 하위 유형 가운데 하나로, 상대방의 의사에 반하거나 또는 상대방이 원치 않는 신체적(또는 육체적) 접촉이나 행위(예를 들면, 손을 잡는 행위, 신체의 특정 부위를 접촉하거나 만지는 행위, 포옹이나 애무 등)를 상대방에게 함으로써 성적 굴욕감이나 혐오감을 느끼도록 만드는 것. 또는 그러한 성희롱. '신체형 성희롱', '육체적 성희롱' 또는 '육체형 성희롱'이라고도 한다.

CLICK 성희롱

신체적 자기【身體的 自己】physical self

자기(自己, self)를 구성하는 한 부분으로, 자신의 신체 또는 신체적 측면들과 관련된 자기를 말한다. '자기'는 개인의 신체적 특징, 건강, 용모 등의 신체적 측면들, 가치관, 사고방식, 기대, 희망, 감정, 태도, 성격, 도덕성 및 지적 능력 등의 심리적 측면들, 삶의 과정에서 이루어지는 다양한 행동적 측면들 그리고 사회적 관계, 역할 및 활동 등을 포함하는 사회적 측면들에 이르기까지 개인에 관한 모든 부분들과 속성들의 총체 또는 전체를 의미한다. 따라서 개인에 관한 총체로서의 자기는 개인을 이루고 있는(또는 개인과 관련된) 수많은 하위 자기들을 포함한다. 그 가운데 하나가 신체적 자기로, 얼굴이 '잘생겼다' 또는 '못생겼다', 키가 '크다' 또는 '작다', '살이 많이 쪘다' 또는 '날씬하다' 등과 같은 신체와 관련된 자기의 측면을 의미한다.

신체 활동 놀이【身體 活動 놀이】physically active play

신체적으로 이루어지는 활동을 포함하는 놀이. 체육시간을 통해 자주 진행되는 달리기, 기어오르기, 높이뛰기, 멀리뛰기 등의 놀이 활동이 포함된다. 이런 놀이 활동들의 공통된 특징 및 장점으로는 높은 신진대사율과 체지방 수준의 감소, 근육의 힘과 인내력 향상 등이 있다. 또한 이런 활동에 대한 긍정적인 참여 경험은 아동들 및 청소년들의 자기 존중감 또는 자기 가치감을 향상시키는 데 도움이 되는 경우가 많다.

신프로이트학파【新프로이트學派】neo-Freudian

지그문트 프로이트(Sigmund Freud: 1856~1939)의 추종자들 중에서도 프로이트의 정신분석 이론에 비하여 다소 수정된 견해를 지지하는 학자들을 지칭한다. 특히 성인기 및 방어 기제의 기능을 더 많이 강조한다. 신프로이트학파의 대표적인 인물로는 프로이트의 딸인 안나 프로이트(Anna Freud: 1895~1982)와 카렌 호나이(Karen Horney: 1885~1952) 등이 있다.

신호【信號】signal

특정한 내용이나 정보를 전달하는 자극. 실험 상황에서는 피험자 또는 관찰자에게 제시되어 특정한 반응을 유도하는 기능을 하는 자극을 의미한다.

실독증【失讀症】alexia

시력에는 장애가 없으나 문자 언어를 읽는 능력에서 장애를 보이는 증상. 대뇌의 기질적 손상 또는 이상에서 비롯된다.

실서증【失書症】agraphia

글을 쓸 수 없는 증상으로 뇌의 장애에서 비롯된다. 손가락, 손, 시각 및 글씨를 쓰는 데 필요한 신체 부위에 이상이 없음에도 불구하고 글을 쓰지 못하는 증상을 말하며, 대뇌 피질의 측두엽 등의 부위에서 발생한 이상에서 비롯된다. '쓰기 언어 상실증'이라고도 한다.

실서증 없는 실독증【失書症 없는 失讀症】alexia without agraphia

'실서증(손가락, 손, 시각 및 글씨를 쓰는 데 필요한 신체 부위에 이상이 없음에도 불구하고 글을 쓰지 못하는 증상)'은 없으나 '실독증(시력에서는 장애가 없으나 문자 언어를 읽는 능력에서 장애를 보이는 증상)'을 보이는 증상.

실어증【失語症】aphasia

뇌 손상(뇌혈관 파열 또는 뇌출혈, 뇌종양 및 뇌를 침투하는 부상)에 의해 초래되는 언어적 결손 또는 이상 상태. 즉, 언어의 기능 가운데 하나 또는 그 이상의 측면을 상실하게 되는 증상(또는 장애)을 말하며, 흔히 뇌의 언어 담당 영역(브로카 영역, 베르니케 영역 등)의 손상에 의해 발생한다. 실어증의 하위 유형으로는 뇌의 브로카 영역(Broca's area)의 손상에 의해 초래되는 표현성 실어증(expressive aphasia)과 베르니케 영역(Wernicke's area)의 손상에 의해 초래되는 수용성 실어증(receptive aphasia)이 있다. 표현성 실어증이 있는 사람은 말을 하기가 힘들고 느리며, 단어를 정확하게 발음하는 데 곤란을 겪는다. '브로카 실어증'이라고도 한다. 수용성 실어증이 있는 사람은 상대방이 하는 말을 들을 수는 있지만 단어의 의미를 이해하지 못하며, 말의 어법에서 오류를 범하는 경우가 많고, 그가 하는 말이 '의미가 없는' 경향을 나타낸다. '베르니케 실어증'이라고도 한다.

실용적 지능【實用的 知能】practical intelligence

실생활에서 필요에 따라 적절한 아이디어를 내고 적용하는 것과 관련된 지능. '실용 지능'이라고도 하며, '암묵적 지능' 또는 '암묵 지능'과도 같은 의미로 사용된다.

실용주의【實用主義】pragmatism

사고나 관념의 객관적인 타당성과 실천적인 유용성 및 행동을 중시하는 철학 사상. 미국의 대표적인 철학 사상이다. '프래그머티즘'이라고도 한다.

실용 지능【實用 知能】practical intelligence

'실용적 지능'이라고도 하며, '암묵적 지능' 또는 '암묵 지능'과도 같은 의미로 사용된다.

CLICK 실용적 지능

실인증【失認症】agnosia

자극 또는 사물을 인식하지 못하는 증상. 또는 그러한 증상을 보이는 장애. 감각 기관의 상태나 기능에는 이상이 없으나 늘 보고 접촉해왔던 사물에 대한 인식을 하지 못하는 증상을 말한다. 흔히 뇌 손상에서 비롯된다.

실제적 자기【實際的 自己】actual self

'나(또는 자신)'를 구성하고 있거나 나와 의미 있게 관련되어 있어 '나'를 특징짓는다고 여겨지는 모든 속성들에 대한 지각이나 인식을 '자기(自己)' 또는 '자아(自我)'라고 한다. 이러한 '자기' 중에서 현재의 자신이 가지고 있다고 믿는 자기를 '실제적 자기'라고 한다. 즉, '실제적 자기'란 '자기'를 구성하는 한 부분으로, 현재 자신의 모습이라고 믿는 '자기'에 대한 지각이나 인식을 의미한다.

실존【實存】existence

철학적 관점, 특히 실존주의 철학(existentialism)의 핵심적 개념으로, 객관적인 대상으로서의 존재가 아닌 개별적이고 주체적인 존재로서, 스스로에 대해 자각하고 진실되게 자기 자신을 느끼면서 살아가는 주체적 존재로서의 상태를 의미한다.

실존적 지능【實存的 知能】existential intelligence

삶과 죽음의 문제, 인간 존재의 이유와 본성의 문제 등과 같은 인간의 궁극적이고 실존적인 문제들을 인식하고 다루는 능력 또는 그런 지능. 미국의 심리학자 '하워드 얼 가드너(Howard Earl Gardner: 1943~)'가 제안한 '다중 지능 이론(theory of multiple intelligences)'에서는 인간의 지능은 서로 독립적으로 기능하는 8가지의 지능(최근에는 9번째 지능을 추가로 제시)으로 구성되어 있다고 보는데, 그 가운데 하나가 실존적 지능이다. 이외에도 다중 지능 이론에서는 언어적 지능, 논리-수학적 지능, 공간적 지능, 신체-운동적 지능, 음악적 지능, 개인 내적 지능, 개인 간 지능(또는 대인 간 지능), 그리고 자연주의적 지능 등을 제시하고 있다. 실존적 지능은 가장 최근에 지능의 한 영역으로 제안된 개념으로, 간단히 '실존 지능'이라고도 하며, 또는 '존재론적 지능'이라고도 한다.

실존주의【實存主義】existentialism

개인의 진정한 실존, 주체적 실존을 강조하는 철학적 관점 또는 철학적 사조의 하나. 개인의 자유, 책임, 선택과 결정, 주관적 및 주체적 관점과 경험을 중요하게 고려한다.

실존 지능【實存 知能】existential intelligence

삶과 죽음의 문제, 인간 존재의 이유와 본성의 문제 등과 같은 인간의 궁극적이고 실존적인 문제들을 인식하고 다루는 능력 또는 그런 지능. 실존 지능은 '실존적 지능' 또는 '존재론적 지능'이라고도 한다.

실존 치료【實存 治療】existential therapy

실존 및 실존주의적 관점을 바탕으로 진행하는 심리 치료(또는 상담) 이론 또는 접근. 주요 심리 치료 이론들 가운데 하나지만, 다른 이론들에 비하여 치료 이론과 기법으로서의 체계화 및 구체화 정도가 상대적으로 낮은 것으로 평가받고 있다. 치료 과정에서 상담자는 내담자 개인의 주체적 실존을 존중하며, 삶의 가치 및 의미를 찾을 수 있도록 돕는 역할을 하는데, 그 이유는 이러한 과정을 통해 내담자가 주체적 실존으로서 스스로에 대해 자각하게 되고, 삶의 가치와 의미를 찾게 되는 것 그 자체가 치료의 큰 부분을 이룬다고 보기 때문이다. 이외에도 개인의 자유, 선택, 그리고 책임 등을 중요하게 고려한다. '실존주의 치료', '실존적 치료'라고도 하며, '실존 상담', '실존주의 상담', '실존주의 카운슬링' 또는 '실존적 상담' 등과 같은 의미로 사용된다.

실행적 통제 과정【實行的 統制 過程】executive control process

정보처리 과정에서 스스로 다양한 자극이나 정보들 가운데 어떤 것에 주의를 기울이고, 나아가 어떤 인지전략을 사용하여 자극이나 정보를 처리할지를 계획하고 집행하는 인지 능력. '실행적 통제 처리' 또는 '실행적 제어 과정'이라고도 하며, '실행적 통제', '실행 통제 과정', '실행적 제어', '실행 통제', '실행 제어' 등의 표현들과 같은 의미로 사용된다.

CLICK 실행적 통제 처리

실행적 통제 처리【實行的 統制 處理】executive control process

현 시점에서 볼 때, 정보처리 과정에서 나타나는 인간과 컴퓨터 간의 중요한 차이점 가운데 하나로 간주되는 기능(또는 능력)으로, 인지활동을 시작하고 자극이나 정보를 조직화해가는 정보처리 능력을 의미한다. 인간은 정보처리 과정에서 스스로 다양한 자극이나 정보들 가운데 어떤 것에 주의를 기울이고, 나아가 어떤 인지전략을 사용하여 자극이나 정보를 처리할지를 계획하고 집행하는 인지 능력을 발휘하는데, 이런 인지적 처리 과정(또는 능력)을 지칭하여 '실행적 통제 처리'라고 한다. '실행적 통제 과정' 또는 '실행적 제어 과정'이라고도 하며, '실행적 통제', '실행 통제 과정', '실행적 제어', '실행 통제', '실행 제어' 등의 표현들과 같은 의미로 사용된다.

실행증【失行症】apraxia

대뇌 피질의 장애에서 비롯되며, 지능, 감각 및 운동 기능, 근육의 약화나 마비, 이해력 및 동기 등의 신체 및 인지영역에서 분명한 문제나 이상이 없음에도 불구하고 과거에 할 수 있었던 목적 있는 신체 활동이나 운동을 하지 못하는 증상(또는 장애)을 말한다.

실험【實驗】experiment

변인들 간에 인과적(因果的)인 관계가 있는지를 밝히기 위해 실시하는 연구 방법의 하나. 일반적으로 실험(또는 실험 연구)에서는 독립 변인(종속 변인에 영향을 미칠 것으로 예상되는 변인)을 체계적으로 변화시키고, 이에 따라 종속 변인(독립 변인의 영향을 받을 것으로 예상되는 변인)에서 나타나는 결과(측정치)의 차이를 가지고 인과적인 관계성이 있는지의 여부를 결정하게 된다.

실험 가설【實驗 假說】experimental hypothesis

통계학에서 사용하는 가설 가운데 하나로, '영 가설(null hypothesis: 실험 집단에서 나타난 결과와 통제 집단에서 나타난 결과 간에는 통계학적인 유의한 차이 <significant difference>가 없을 것이라는 예측을 포함하고 있는 가설)'에 반대되는 논리를 포함하고 있는 가설로, '대립 가설(alternative hypothesis)'이라고도 한다.

실험법【實驗法】experimental method

과학적인 연구 활동에서 사용되는 주요 연구 방법의 하나. 변인들 간의 인과적(因果的)인 관계를 밝히기 위해 다른 가외 변인들을 통제한 상태에서 관련 변인들(흔히 독립 변인과 종속 변인) 가운데 독립 변인(종속 변인에 영향을 미칠 것으로 예상되는 변인)의 수준을 구체적으로 변화시킨 후, 그 결과가 종속 변인(독립 변인의 영향을 받을 것으로 예상되는 변인)에 어떤 영향을 어떻게 미치는지를 밝히는 연구 방법. '실험 연구법(experimental research method)'이라고도 한다.

실험 설계【實驗 設計】experimental design

실험 또는 실험 연구를 진행하기 위해 요구되는 일련의 과정을 위한 체계화된 계획 또는 설계. 구체적으로 실험 대상자(피험자) 및 실험자 선정, 실험 절차와 방법, 결과 측정 및 분석 등 실험 연구 진행에 포함되는 전 과정을 포함하는 계획 또는 설계를 의미한다.

실험실 관찰【實驗室 觀察】laboratory observation

관찰법(observation method)의 한 형태로, 실험실 상황에서 연구 참여자(또는 피험자)가 나타내는 행동이나 특징을 관찰하여 자료를 수집하는 방법을 말한다. '실험실 관찰법'이라고도 한다.

실험실 관찰법【實驗室 觀察法】laboratory observation

연구 방법의 하나인 관찰법(observation method)은 연구 참여자를 관찰하여 연구를 위한 자료를 수집하는 방법을 말한다. 실험실 관찰법은 관찰법의 여러 가지 하위 유형들 가운데 하나로, 연구자가 만들어 놓은 실험실 상황에서 연구 참여자(또는 피험자)가 나타내는 행동이나 특징을 관찰하는 방법을 말한다. 그러나 실험실 관찰법은 연구 참여자가 연구를 진행하는 실험자와 실험이 진행되는 상황이나 환경의 영향을 받을 수 있기 때문에 그 관찰 결과를 사람들의 실생활에 적용하거나 일반화하는 데 신중을 기해야 하며, 이를 위해서는 추가적인 고려와 연구가 필요할 수 있다. '실험실 관찰'이라고도 한다.

실험자 효과【實驗者 效果】experimenter effect

실험 연구를 진행하는 과정에서 실험자가 가진 특성(성별, 외모 및 연령 등)과 같은 요인으로 인하여 피험자 및 피험자 반응에 영향을 미침으로써 실험 결과를 왜곡시키게 되는 현상 또는 효과를 말한다.

실험적 통제【實驗的 統制】experimental control

'실험(experiment)'이란 변인들 간에 인과적(因果的)인 관계가 있는지를 밝히기 위해 실시하는 연구 방법의 하나로, 특히 독립 변인(종속 변인에 영향을 미칠 것으로 예상되는 변인)을 체계적으로 변화시키고, 이에 따라 종속 변인(독립 변인의 영향을 받을 것으로 예상되는 변인)에서 나타나는 결과(측정치)의 차이를 가지고 인과적인 관계성이 있는지의 여부를 결정하게 된다. 이와 같은 실험 연구에서 밝히고자 하는 '종속 변인에 대한 독립 변인의 영향'을 명확히 하기 위해서는 연구 과정에서 종속 변인에 영향을 미친 변인이 오로지 독립 변인이라는 점을 확신할 수 있어야 한다. 그러기 위해서는 독립 변인 이외의 변인들(흔히 '가외 변인'이라고 함)이 연구 과정에 개입되어 종속 변인에 영향을 미치는 일이 없도록 철저한 통제가 이루어져야 한다. 이와 같이 실험 과정에서 독립 변인 이외의 가외 변인이 개입되어 종속 변인에 영향을 미치지 않도록 실험 상황을 관리 및 통제하는 활동을 지칭하여 '실험적 통제'라고 한다. '실험 통제'라고도 한다.

실험 조건【實驗 條件】experimental condition

실험 연구에서, 독립 변인의 처치 수준에 따라 피험자(또는 실험 참가자)들이 배치되는 조건.

실험 집단【實驗 集團】experimental group

실험 연구에서 다른 변인에 영향을 미치는지를 밝히고자 하는 변인(독립 변인)과 관련된 실험적 처치를 받는 피험자 집단을 말한다. 실험 집단과 비교되는 집단을 '통제 집단(統制 集團)'이라고 한다. 실험 집단과 달리, 통제 집단은 독립 변인과 관련된 실험적 처치를 받지 않는다.

실현 경향성【實現 傾向性】actualizing tendency

인간의 심리와 행동을 설명하는 심리학의 다양한 관점들 중에는 사람들 개개인에게는 각자의 특성과 잠재력이 있으며, 이를 발휘하고 실현하려는 경향성을 가지고 있다고 보는 관점이 있다(예를 들면, 인본주의 심리학적 관점). 이러한 관점에서 보는 것처럼, 사람들 개개인이 각자 가지고 있는 특성과 잠재력 또는 역량을 발휘하고 실현하려는 경향성을 지칭하여 '실현 경향성(actualizing tendency)'이라고 한다.

심리【心理】psychology / mentality

(1) 마음의 상태나 작용 또는 활동. (2) 심리학. 즉, 인간을 포함한 유기체의 심리(또는 정신, 마음) 과정과 행동을 과학적인 방법을 사용하여 연구하는 학문.

심리 검사【心理 檢査】psychological test

지능, 성격, 정서, 적성 및 태도 등 인간의 다양한 심리적 특성들을 이해할 목적으로 특별히 고안된 도구들을 사용하여 이런 특성들을 양적 또는 질적으로 측정하고 평가하는 일련의 절차를 의미한다. 경우에 따라서는 인간의 심리적 특성들을 측정하고 평가하기 위해 사용되는 도구 자체를 지칭하여 심리 검사라 부르기도 한다. 심리 검사는 이것을 통해 파악하려는 인간의 심리적 영역들과 그 특성들이 직접 관찰되지 않는다는 점과 심리 검사를 통해 나온 결과가 개인들의 생활과정에 많은 영향을 미치게 된다는 점 등을 고려할 때 엄격한 과학적 절차를 거쳐 개발되고 사용되어야 한다. 실제로 심리학 등의 학문 분야들에서는 심리 검사를 과학적 절차에 따라 개발하여 사용하고 있다. 만일 이러한 과학적 절차를 따르지 않고 임의로 만든 심리 검사(또는 심리 테스트)를 사용하게 되면 이 도구를 통해 나온 결과를 신뢰할 수 없을 뿐만 아니라 그것으로 인한 다양한 문제들을 초래하게 된다. 심리 검사는 '심리테스트'라고도 한다.

심리 결정론【心理 決定論】psychic determinism

'정신 결정론'이라고도 한다. CLICK **정신 결정론**

심리극【心理劇】psychodrama

심리 치료 기법의 하나로, 흔히 집단 치료의 형태로 진행된다. 매우 오랜 역사를 가진 심리 치료 기법으로 모레노(Moreno)에 의해 체계적으로 발전되었다. 심리극에서 환자는 직접 극중에서 자신의 문제와 관련된 상황에서 자신의 역할, 감정, 생각 및 환상을 말과 행위로 제한 없이 자유롭게 표현하게 되며, 때로는 자신의 생활에 중요한 영향을 미치는 인물의 역할을 대행하기도 한다. 주요 치료 목표로는 환자의 건강한 사고 및 행동 수행 촉진 등이 포함된다. 임상심리학자, 정신과의사 또는 상담심리학자 등의 전문가들의 지도하에 진행된다. '사이코드라마'라고도 한다.

심리사회적【心理社會的】psychosocial

사람들이 삶을 살아가는 과정에서 접하는 다양한 사회적 측면들 가운데 특히 '개인의 적응과 발달에 영향을 미치는 사회적 측면들(즉, 사회적 관계나 사회적 상황 또는 사회적 행동 등)과 관련된'이라는 의미를 담고 있는 표현이다. 예를 들면, '가족의 수와 구성, 부모와의 관계, 부모 간의 조화나 불화 또는 이혼, 가족 또는 형제들 간의 관계와 행복도, 친구나 이웃과의 관계 등과 같이 개인의 적응과 발달에 영향을 미칠 수 있는 사회적 측면들'을 지칭할 때 '심리사회적'이라는 용어로 표현할 수 있다.

심리사회적 단계【心理社會的 段階】psychosocial stage

미국 정신분석학자이자 심리학자인 에릭 에릭슨(Erik Erikson: 1902~1994)이 제안한 심리사회적 발달이 이루어지는 단계를 말하는 것으로, 인간은 일생을 통해 총 8개의 단계를 거친다고 보았다. 각 단계마다 특징적인 위기 또는 갈등이 존재한다고 보았고, 각 단계에서의 갈등(또는 위기)은 완전히 사라지거나 완전히 해결되기는 어렵지만 충분히 해결되어야만 다음 단계에서의 발달 과정과 그 단계에서의 갈등(또는 위기)을 성공적으로 대처하고 해결할 수 있다고 보았다. 이와 같은 8개의 단계를 통해 이루어지는 심리적(또는 성격) 발달을 설명하는 에릭슨의 이론을 '심리사회적 이론(psychosocial theory)' 또는 '심리사회적 발달 이론(psychosocial developmental theory)'이라고 한다. CLICK **심리사회적 발달 이론**

심리사회적 발달 이론【心理社會的 發達 理論】psychosocial developmental theory

에릭 에릭슨(Erik Erikson: 1902~1994)에 의해 제안된

발달 이론. 이 이론은 프로이트(Freud: 1856~1939)의 이론을 수정하고 확장한 이론으로, 인간의 능동적 탐색과 적응 및 사회·문화적 요인들의 영향을 강조한다. 전생애에 걸친 8개의 발달 단계(흔히 '심리사회적 단계'라고도 부른다)를 제시하면서 각각의 단계마다 심리사회적 갈등이 발생한다고 보았다. 각 단계에서 발생하는 심리사회적 갈등을 성공적으로 해결하는 것은 건강한 적응과 다음 단계의 발달을 위한 중요한 조건이라고 보았다. 에릭슨의 심리사회적 발달 이론에서 제시하고 있는 심리사회적 단계(8단계)는 다음과 같다. (1단계) 유아기(infancy): '기본적 신뢰감 대 불신감(basic trust versus mistrust)' 단계로 출생 후 대략 1년까지이며, 프로이트의 심리성적 발달 이론에서 구강기에 해당한다. (2단계) 걸음마기(toddlerhood): '자율성 대 수치심 및 회의(autonomy versus shame and doubt)' 단계로, 대략 1~3세까지이며, 프로이트 이론에서 항문기에 해당한다. (3단계) 전학령기(preschool age): '주도성 대 죄책감(initiative versus guilt)' 단계로, 대략 3~6세까지이며, 프로이트 이론에서 남근기에 해당한다. (4단계) 학령기(school age): '근면성 대 열등감(industry versus inferiority)' 단계로, 대략 6~12세까지이며, 프로이트 이론에서 잠복기에 해당한다. (5단계) 청소년기(adolescence): '정체감 대 정체감 혼미(identity versus identity confusion)' 단계로, 대략 12~20세까지이며, 프로이트 이론에서 생식기에 해당한다. (6단계) 성인 초기(young adulthood): '친밀성 대 고립감(intimacy versus isolation)' 단계로, 대략 20~40세까지의 시기에 해당한다. (7단계) 성인 중기 또는 중년기(middle age): '생산성 대 침체감(generativity versus stagnation)' 단계로, 대략 40~65세까지의 시기에 해당한다. 마지막 (8단계) 성인 후기 또는 노년기(older adulthood): '통합감 대 절망감(integrity versus despair)' 단계로 대략 65세 이후의 시기에 해당한다. 프로이트의 심리성적 발달 이론에서는 모두 다섯 개의 단계를 제시하고 있고, 그 중에서 마지막 단계는 생식기이다. 따라서 에릭슨의 심리사회적 단계 중에서 청소년기를 포함하는 뒷부분의 네 단계(5~8단계)는 연령 분류의 측면에서 보면 프로이트 이론의 마지막 단계인 생식기에 해당한다고 할 수 있다. '에릭슨의 심리사회적 발달 이론(Erikson's psychosocial developmental theory)' 또는 '에릭슨의 심리사회적 이론(Erikson's psychosocial theory)'이라고도 하며, 간단히 '심리사회적 이론(psychosocial theory)'이라고 부르기도 한다.

심리사회적 성【心理社會的 性】gender

'젠더'라고도 한다. CLICK 젠더

심리사회적 스트레스【心理社會的 스트레스】psychosocial stress

개인이 경험하는 스트레스 중에서 '심리사회적인 측면(또는 요인)'과 관련되어 발생하는 스트레스.

CLICK 심리사회적

심리사회적 이론【心理社會的 理論】psychosocial theory

독일 태생의 미국 정신분석학자이자 심리학자인 에릭 에릭슨(Erik Erikson: 1902~1994)에 의해 제안된 발달 이론. 프로이트(Freud: 1856~1939)의 이론을 수정하고 확장한 이론으로, 성격의 발달 과정에서 생물학적 충동과 성적인 측면을 강조했던 프로이트와는 달리, 에릭슨은 자신의 이론을 통해 인간의 능동적 탐색과 적응 및 사회·문화적 요인들의 영향을 강조했다. 전생애를 통해 모두 8개의 발달 단계 ―흔히 이 8개의 발달 단계를 일컬어 '심리사회적 단계'라고도 부른다―를 가정하고 있으며, 각각의 시기마다 심리사회적 갈등이 발생한다고 보았다. 각각의 시기에서 발생하는 심리사회적 갈등을 성공적으로 해결하는 것은 건강한 적응과 다음 단계의 발달을 위한 중요한 조건이라고 보았다. '에릭슨의 심리사회적 발달 이론(Erikson's psychosocial developmental theory)', '심리사회적 발달 이론(psychosocial developmental theory)' 또는 '에릭슨의 심리사회적 이론(Erikson's psychosocial theory)'이라고도 한다. CLICK 심리사회적 발달 이론

심리사회적 정체감【心理社會的 正體感】psychosocial identity

자아 정체감의 한 부분 또는 하위 유형 가운데 하나를 일컫는 표현으로, 자아 정체감(ego identity)이 자아의 총체적인 측면을 포함하는 개념이라면, 심리사회적 정체감은 자아 정체감 가운데서도 개인이 상호작용하고 있는 사회적 대상이나 집단과 관련된 정체감을 의미한다. 흔히 개인이 관계를 맺고 있는 사회적 대상이나 집단에 대한 일체감이나 소속감과 관련이 있다. E. 에릭슨은 자아 정체감을 심리사회적 정체감과 개별적 정체감(individual identity)으로 구분한 바 있다.

심리사회적 환경【心理社會的 環境】psychosocial environment

개인에게 영향을 미치는 환경 중에서 '심리사회적인 측면'과 관련된 환경 부분. CLICK 심리사회적

심리생물사회적 모형【心理生物社會的 模型】psychobiosocial model

인간의 발달을 선천적 요인과 후천적 요인 간의 상호작용으로 설명하는 관점의 하나로, 특히 이 관점에서는 인간의 발달이 진행되는 과정에서 심리적 측면, 생물학적 측면, 그리고 사회적 및 환경적 측면이 연쇄적인 상호작용을 통해 서로 영향을 미치게 된다고 설명한다. '심리생물사회적 모델'이라고도 한다.

심리성적【心理性的】psychosexual

심리적 측면의 발달을 성과 관련된 힘이나 요소의 영향으로 보는 관점이 담긴 표현이다. 즉, '심리성적(psychosexual)'이라는 말은 '심리적 영역에서의 발달 또는 현상은 성(性, sexuality) 또는 성적 욕망에 기반을 두고 있는 힘이나 동기의 영향을 받아 이루어진다.'라는 의미를 담고 있다.

심리성적 단계【心理性的 段階】psychosexual stages

프로이트(Freud: 1856~1939)의 심리성적 발달 이론에서는 인간의 성격 발달이 이루어지는 과정에서 성(性) 또는 성적 욕망에 기반을 두고 있는 힘이나 동기의 영향이 크게 작용한다고 보고 이를 크게 다섯 단계로 나누어 설명하고 있는데, 이러한 단계를 지칭하여 '심리성적 단계'라고 한다.

심리성적 발달【心理性的 發達】psychosexual development

인간의 발달을 '심리성적'인 관점에서 설명하는 개념으로, '심리성적 발달'이란 '성(性, sexuality) 또는 성적 욕망에 기반을 두고 있는 힘이나 동기의 영향을 받아 이루어지는 발달'을 의미한다.

CLICK 심리성적

심리성적 발달 이론【心理性的 發達 理論】psychosexual developmental theory

인간의 발달을 '심리성적(psychosexual)'인 관점에서 설명하는 이론으로, 특히 프로이트(Freud: 1856~1939)의 성격 발달 이론을 의미한다. 이 이론에서는 심리적 영역, 특히 성격의 발달은 성(性, sexuality) 또는 성적 욕망에 기반을 두고 있는 힘이나 동기의 영향을 받아 이루어진다고 보면서, 크게 다섯 개의 성격 발달 단계를 제시하고 있다. '심리성적 이론(psychosexual theory)'이라고도 한다.

CLICK '심리성적' 및 '심리성적 발달'

심리성적 이론【心理性的 理論】psychosexual theory

인간의 발달을 '심리성적(psychosexual)'인 관점에서 설명하는 프로이트(Freud: 1856~1939)의 이론. '심리성적 발달 이론(psychosexual developmental theory)'이라고도 한다. CLICK 심리성적 발달 이론

심리언어학【心理言語學】psycholinguistics

언어의 구조와 기능, 언어발달(언어 습득과 이해 및 사용), 언어 이론 등의 주제에 관해 심리학적인 접근과 연구를 진행하는 학문.

심리언어학자【心理言語學者】psycholinguist

'심리언어학' 분야에서 활동하는 학자. 이들이 하는 연구 주제들 가운데는 영아기, 유아기 및 아동기 동안에 이루어지는 언어발달, 언어의 구조와 기능 등이 포함된다.

심리적 결정론【心理的 決定論】psychic determinism

'정신 결정론'이라고도 한다. CLICK 정신 결정론

심리적 비교【心理的 比較】psychological comparison

자신이나 타인들에 대한 이해의 수단이나 방법으로 심리적 특성(또는 심리적 차원)들을 비교하는 것. '심리 비교'라고도 한다.

심리적 비교 단계【心理的 比較 段階】psychological comparison phase

타인들에 대한 이해와 인상 형성을 위해 타인들이 다양한 상황에서 보이는 심리적 특성(또는 심리적 차원)들을 서로 비교하는 과정이 특징적으로 나타나는 시기 또는 단계. 아동기 후반과 청소년기 초기부터 특징적으로 나타난다. '심리 비교 단계'라고도 한다.

심리적 에너지【心理的 에너지】psychological energy

인간이 가지고 있는 에너지를 신체적(또는 생리적)인 부분과 심리적인 부분으로 나누어 기술하는 것은 그렇게 간단하거나 쉬운 일은 아니지만, 인간에 대한 개념적 이해를 위한 필요에 따라 인간의 에너지를 신체적 또는 생리적 에너지(physiological energy)와 심리적 에너지(psychological energy)로 구분하기도 한다. 이 중에서 심리적 에너지는 자신이나 타인의 욕구를 충족시키는 데 사용될 수 있는 개인 내적인(또는 심리적인) 역동적 자원을 말하는 것으로, 여기에는 개인이 가진 의욕, 동기, 희망, 목표, 긍정적 신념, 성공 경험, 성취감, 자신감 등과 같은 개인의 내적인 요소들이 포함된다.

심리적 욕구【心理的 慾求】psychological needs

욕구의 한 유형으로, 개인의 생존이나 동질정체와 직접 관련된 것은 아니지만 개인의 안정, 행복, 적응 및 발달 등 삶의 전반에 영향을 미칠 수 있는 심리적 또는 정신적 요소들에 대한 욕구를 지칭하여 '심리적 욕구'라고 한다. 여기에는 안전, 사랑, 관계, 자존감 등과 같은 요소들에 대한 욕구가 포함된다.

CLICK 욕구

심리적 전기【心理的 傳記】psychobiography

심리학의 이론과 연구를 체계적으로 적용하여 한 개인의 삶을 심리적 발달(특히 성격)과 특징을 중심으로 일관된 기술을 통해 이해하려는 일종의 심리학적 및 정신의학적 목적을 가진 전기.

심리 측정【心理 測定】psychometry / psychometrics

심리적(또는 정신적) 능력이나 특성을 계량화하기 위한(또는 수치나 점수로 나타내기 위한) 활동.

심리 측정적 접근【心理 測定的 接近】psychometric approach

지능이나 성격과 같은 심리적(정신적) 능력이나 특성을 수량화하여 측정해낼 수 있다고 보는 이론적 접근 또는 관점. 이 접근에서는 개인들 간에는 지능이나 성격 등과 같은 심리적 능력이나 특성에서 차이가 있다고 본다. 이 접근을 취하는 연구자들의 노력을 통해 표준화된 지능 검사나 성격 검사 등의 많은 심리 검사들이 연구·개발되어 왔다. '심리 측정 접근'이라고도 한다.

심리 측정 접근【心理 測定 接近】psychometric approach

'심리 측정적 접근'이라고도 한다.

CLICK 심리 측정적 접근

심리 치료【心理 治療】psychotherapy

인지, 정서, 성격 등의 정신적 측면이나 행동적 측면에서의 무 능력, 부적응 또는 기능 장애를 개선(완화, 수정, 제거)시킬 목적으로, 전문적인 훈련을 받은 사람과 환자 간의 관계에서 심리학적 이론과 기법을 사용하여 진행하는 의도된 치료 활동. 심리학 분야에서는 '심리 치료'라는 표현을 주로 사용하는 반면에, 정신의학 분야에서는 '정신 치료(精神 治療)'라는 표현을 사용하는 경우가 많다. '심리 요법(心理 療法)'이라고도 한다. 심리 치료에 사용되는 기법으로는 Freud의 이론에 근거한 정신분석 치료, 융(Jung)의 이론에 근거한 분석적 심리 치료, 행동주의 이론에 근거한 행동 치료(또는 행동수정), 아들러(Adler)의 이론에 근거한 아들러 심리 치료, 그 외에 인간중심 치료, 게슈탈트 치료, 현실 치료, 합리적-정서적 치료, 실존 치료, 가족 치료 등이 있다. 한편 심리 치료와 비슷한 의미로 사용되는 용어로 '상담(相談, counseling)'을 들 수 있다. 심리 치료와 상담, 이 두 용어의 차이 및 유사점에 대해서는 학자들에 따라 차이를 보이고 있지만, 일반적으로 심리 치료와 상담을 명확하게 구분하는 것은 매우 어렵다는 점과 서로 동일하거나 중복되는 활동 내용에 대하여 각기 심리 치료 또는 상담이라는 표현을 사용하고 있다는 점은 분명한 사실로 받아들여지고 있다. '심리적 치료' 또는 '정신 치료'라고도 한다.

심리 평가【心理 評價】psychological assessment

개인의 신체적, 심리적, 행동적 및 사회적 측면 등에서의 특성이나 능력을 파악하고 이해할 목적으로 심리 검사, 관찰, 면접, 설문조사 등의 다양한 방법을 사용하여 평가하는 전문적인 과정 또는 전문적인 절차.

심리학【心理學】psychology

인간을 포함한 유기체의 심리(또는 정신, 마음) 과정과 행동을 과학적인 방법을 사용하여 연구하는 학문. 인류는 수 만년 혹은 그보다 더 오랜 기간 동안 자신들이 경험하는 마음과 행동에 대해 물음을 던져 왔다. 즉, 인류는 우리가 생각하고, 느끼고, 행동하는 방식과 그 이유에 대해 끊임없이 알고자 했으며, 이에 대한 답을 찾으려는 과학적 노력과 활동이 심리학이라고 할 수 있다. 심리학은 유기체의 심리 과정과 행동을 이해하기 위한 기초적인 연구뿐만 아니라 이 연구 성과를 응용하여 현실의 문제를 해결하고 동시에 더욱 향상된 삶의 조건을 만들기 위한 지식과 방법을 탐구하는 학문이다. 연구 주제 및 영역에 따라 많은 심리학 분야로 세분화되며, 크게 이론심리학 분야와 응용심리학 분야로 구분된다. 이론심리학 분야에는 실험심리학, 학습심리학, 발달심리학, 성격심리학, 사회심리학, 지각심리학, 생리심리학 등의 분야들이 포함되며, 응용심리학 분야에는 산업 및 조직심리학, 임상심리학, 상담심리학, 학교심리학, 교육심리학, 건강심리학, 환경심리학 등의 분야들이 포함된다. 사회심리학은 그 주제나 관점에 따라 이론심리학 분야 또는 응용심리학 분야로 분류한다. 심리학을 의미하는 단어인 'psychology'라는 용어는 '영혼', '마음'이라는 의미를 가진 그리스어 'psyche'라는 말과 '연구하다'라는 의미를 가진 'logos'가 합쳐져서 만들어진 말이다. 따라서 심리학을 의미하는 단어인 'psychology'라는 말의 원래 뜻은 '영혼' 또는 '마음'을 연구하는 학문이었다. 하지만 20세기 초반에 등장한 행동주의의 영향으로 '행동'이 심리학의 중요한 연구 영역으로 자리 잡게 되는 역사적 과정을 거쳐 오늘날에는 심리학을 '심리(또는 정신) 과정과 행동을 연구하는 과학' 또는 '심리(또는 정신) 과정과 행동을 과학적인 방법을 사용하여 연구하는 학문'이라고 정의하고 있다.

심리학적 장【心理學的 場】psychological field

삶 속에서 어떤 순간에 개인에 의해 지각되고 경험되는 생활공간 또는 환경. 독일의 심리학자 커트 레빈(Kurt Lewin)에 의해 처음 사용된 개념이다.

심박수【心搏數】heart rate

단위 시간 당 일어나는 심장 박동의 수. 심장의 건강 상태를 포함하여, 개인의 건강 이상 여부를 검사하거나 진단하기 위해 측정한다. 일반적으로 1분당 일어나는 심장 박동의 수(beats per minute, bpm)로 나타낸다. 정상인의 심박수는 20세 이상 성인의 경우에는 1분 당 약 70~75회이다. 신생아의 경우에는 성인보다 훨씬 많아 1분 당 약 130회의 심박수를 나타내다가 연령 증가에 따라 점차 감소하면서 성인 수준에 이르게 된다.

심벌 symbol

어떤 대상(예를 들면, 어떤 사물이나 사건 또는 추상적인 관념 등)을 나타내거나 표상하기 위해 기호로 사용된 표식이나 사물. 이처럼 심벌로 사용되는 표식이나 사물은 그것이 대신하고 있는 다른 것(사물, 사건 또는 추상적 관념 등)을 알게 해주는 작용을 한다. 예를 들면, 실뭉치를 들고 사과인 척하면서 먹는 것처럼 흉내 낸다면, 이때 사용된 실뭉치는 하나의 심벌로서 사과를 나타내고 있는 것이다. 실뭉치 외에도 사과를 나타내기 위해 다른 물체들이나 이미지들이 동원된다면 이것들도 모두 사과를 나타내는 심벌이 된다. 이외에도 인간이 세상의 수많은 사상(事象)들을 나타내고 설명하기 위해 사용하는 말과 글, 즉 언어는 가장 광범위하게 사용되는 대표적인 심벌이다. '상징'이라고도 한다.

심상【心象】image

개인의 마음속에서 떠올리는 사상(事象)들에 대한 정신적 또는 내적인 표상(表象). 현재 감각 기관을 통해 접하고 있지 않은 대상이나 현상을 마음속으로(또는 내적으로) 떠올리는 표상을 말한다. '이미지'라고도 한다.

심상 없는 사고【心象 없는 思考】imageless thought

심상(image) 또는 이미지 없이 이루어지는 사고. '무심상 사고'라고도 한다.

심상적 사고【心象的 思考】imaginal thought

'심상(image)' 차원에서 이루지는 사고.

심장 박동【心臟 搏動】heartbeat / heart beat

신체 전반에 혈액을 공급하는 기능을 하는 심장(heart)이 주기적으로 수축과 확장(또는 이완)을 반복하는 운동. 심장이 수축할 때는 혈액을 심장 밖으로 내보냄으로써 산소와 영양분을 함유한 신선한 혈액이 신체를 구성하는 조직과 기관의 세포에 공급되도록 하고, 반대로 심장이 확장(또는 이완)할 때는 각 조직과 기관을 구성하는 세포들에서 생성된 이산화탄소와 노폐물을 포함하고 있는 혈액을 받아들인 후, 후속 과정을 통해 체외로 이산화탄소와 노폐물을 배출하게 된다. 간단히 '심박'이라고 한다.

심적 표상【心的 表象】mental representation

외부의 대상을 지각하고 인식하는 과정에서, '외부의 대상을 어떤 형태로 추상화하고 심상화하여 내적(內的) 또는 정신적(精神的)으로 나타내는 것'을 '정신적 표상' 또는 '심적 표상'이라고 한다. '심적 표상'은 '정신적 표상(精神的 表象)'이라고도 하며, 동시에 '내재적 표상(內在的 表象)' 또는 '내적 표상(內的 表象)'과도 같은 의미로 사용된다.

심적 회전【心的 回轉】mental rotation

실제의 대상이나 물체를 회전시키는 것처럼, 심적으로(또는 내적으로) 떠오르는 심상화된 대상이나 물체를 회전시키는 정신 활동.

심한 정신지체【심한 精神遲滯】severe mental retardation

'고도 정신지체', '중증도 정신지체', '중증 정신지체' 또는 '고도 지체'라고도 한다. 또한 '고도 지적장애'와도 같은 의미로 사용된다.

CLICK 고도 정신지체

쌍둥이【雙둥이】twins

한 명의 모체에서 거의 동시에 임신이 이루어진 후에 태내 발달을 거쳐 태어난 두 명 또는 두 명 이상의 아이(또는 개체)들. '쌍생아'라고도 한다.

CLICK 쌍생아

쌍둥이 설계【雙둥이 設計】twin design

인간의 신체적, 심리적 및 행동적 특성들에 미치는 유전과 환경의 영향을 밝히기 위해 쌍둥이들을 대상으로 하여 진행하는 연구 방법 또는 연구 설계를 말한다. '쌍생아 설계'라고도 하며, '쌍둥이 연구(twin study)' 또는 '쌍생아 연구'와 같은 의미로 사용된다.

쌍둥이 연구【雙둥이 研究】twin study

인간의 신체적, 심리적 및 행동적 특성들에 미치는 유전과 환경의 영향을 밝히기 위해 쌍둥이들을 대상으로 하여 진행하는 연구 방법을 말한다. '쌍생아 연구'라고도 하며, '쌍둥이 설계(twin design)' 또는 '쌍생아 설계'와 같은 의미로 사용된다.

쌍생아【雙生兒】twins

한 명의 모체에서 거의 동시에 임신이 이루어진 후 태내 발달을 거쳐 태어난 두 명 또는 두 명 이상의 아이(또는 개체)들을 의미한다. 한 개의 수정란에서 분리되어 각각 독립적인 개체로 발달한 일란성 쌍생아(일란성 쌍생아들은 서로 유전적으로 동일함)와 두 개 또는 그 이상의 수정란에서 각각 독립적으로 발달한 이란성 쌍생아(이란성 쌍생아들은 서로 유전적으로 동일하지 않음)로 구분한다. '쌍둥이'라고도 한다.

쌍생아 설계【雙生兒 設計】twin design

인간의 신체적, 심리적 및 행동적 특성들에 미치는 유전과 환경의 영향을 밝히기 위해 쌍생아들을 대상으로 하여 진행하는 연구 방법 또는 연구 설계를 말한다. '쌍둥이 설계'라고도 하며, '쌍생아 연구(twin study)' 또는 '쌍둥이 연구'와 같은 의미로 사용된다.

쌍생아 연구【雙生兒 研究】twin study

인간의 신체적, 심리적 및 행동적 특성들에 미치는 유전과 환경의 영향을 밝히기 위해 쌍생아들을 대상으로 하여 진행하는 연구 방법을 말한다. 쌍생아 연구에서는 한 개의 수정란에서 분리되어 발달한 일란성 쌍생아(일란성 쌍생아들은 서로 유전적으로 동일함)와 두 개 또는 그 이상의 수정란에서 각각 독립적으로 발달한 이란성 쌍생아(이란성 쌍생아들은 서로 유전적으로 동일하지 않음)를 비교하여 이들의 주요 행동 및 심리적 특성들의 발달에 대한 유전과 환경의 영향을 연구하는 경우가 많다. 인간이 아닌 다른 동·식물을 대상으로 한 유전 연구에서는 체계적으로 진행되는 '선별 번식'(또는 선별 번식 실험) 방법을 사용하여 연구하는 경우가 많지만 인간의 경우에는 선별 번식 방법을 사용하기 어렵기 때문에 그 대안으로 '가족 연구' 방법을 사용하는 경우가 많다. 가족 연구 방법 중에서도 대표적인 두 가지 방법은 쌍생아 연구(twin study)와 입양 연구(adoption study)이다. 쌍생아 연구는 '쌍둥이 연구'라고도 하며, '쌍생아 설계(twin design)' 또는 '쌍둥이 설계'와 같은 의미로 사용된다.

쓰기 언어 상실증【쓰기 言語 喪失症】agraphia

대뇌 피질의 측두엽 등에서 발생한 장애에서 비롯되는 글을 쓸 수 없는 증상을 나타내는 장애. '실서증'이라고도 한다.

CLICK 실서증

ㅇ

아기 baby

어린 아이를 지칭하는 표현으로, 그 시기를 명확하게 규정하기는 어렵지만 대략 아직 걸음마를 하지 못하는 1세 이전 젖먹이 시기의 영아(嬰兒, infant)를 의미한다.

아기말투 child-directed speech (CDS)

'아동 지향어'라고도 한다. CLICK 아동 지향어

아기 전기 【아기 傳記】 baby biography

생후 초기, 대략 신생아기를 포함하는 영아기 동안의 아기가 시간이 지나가면서 보이는 발달적인 변화에 대한 상세한 기록.

아날로그 analog

전류나 전압 또는 소리 등과 같이 연속적으로 변화하는 물리량을 나타내는 일 또는 그 방식. '디지털(digital)'과 대응되는 의미로 사용된다.

CLICK 디지털

아날로그 세대 【아날로그 世代】 analog generation

디지털(digital)에 제공하는 기술이나 요소들이 경제 및 사회 활동의 중심적인 위치를 차지하기 이전, 즉 산업사회에 기반을 둔 성장 환경에서 자란 사람들 또는 세대를 지칭하는 용어이다. 이에 대응되는 용어로 '디지털 세대(digital generation)'라는 표현이 사용된다.

아널드 게젤 Arnold Gesell (1880~1961)

아널드 루시우스 게젤(Arnold Lucius Gesell). 미국의 심리학자. 발달의 진단 방법과 기준을 체계화하는 데 크게 공헌하였다. '게젤', '아널드 루시우스 게젤', 'Gesell', 'Arnold Gesell', 'Arnold Lucius Gesell' 등으로 표기하기도 한다. CLICK 게젤

아널드 루시우스 게젤 Arnold Lucius Gesell (1880~1961)

미국의 심리학자. 발달의 진단 방법과 기준을 체계화하는 데 크게 공헌하였다. '게젤', '아널드 게젤', 'Gesell', 'Arnold Gesell', 'Arnold Lucius Gesell'

등으로 표기하기도 한다. CLICK 게젤

아동【兒童】child

발달 단계 또는 발달 과정상 유아기 이후 청소년기 이전까지의 시기에 해당하는 어린이를 지칭한다. 연령으로 구분하면 대략 6~7세 이후 12~13세경까지의 어린이로 흔히 초등학교 시기의 어린이가 해당된다.

아동기【兒童期】childhood

발달 단계 또는 발달 과정상 유아기 이후 청소년기 이전까지의 시기. 연령으로 구분하면, 대략 6~7세 이후 12~13세경까지의 시기. 흔히 초등학교 시기가 아동기에 해당된다.

아동기 기억 상실【兒童期 記憶 喪失】childhood amnesia

'아동기 기억 상실증'이라고도 한다.

CLICK 아동기 기억 상실증

아동기 기억 상실증【兒童期 記憶 喪失症】childhood amnesia

사람들이 자신의 과거 또는 어린 시절을 회상(기억)할 때 흔히 생후 처음 약 2.5년~3년간의 일이나 경험에 대한 회상(기억)을 못하는 경향이 있는데, 이러한 경향을 지칭하여 아동기 기억 상실증이라고 한다. '아동기 기억 상실'이라고도 하며, 특히 영아기를 포함하는 생후 초기 몇 년간의 기억이 잘 안 되는 현상이라는 의미에서 '영아기 기억 상실증' 또는 '영아기 기억 상실'이라고도 한다.

아동기 발생 유창성 장애【兒童期 發生 流暢性 障碍】childhood-onset fluency disorder

지적 능력(지능)이 정상(또는 정상적 범위)임에도 불구하고 말하기나 언어를 사용하는 의사소통에 어려움을 보이는 의사소통 장애(communication disorders)의 4개 하위 유형들 가운데 하나로, 특히 말더듬기(stuttering) 증상을 가지고 있어 언어를 자연스럽게 구사하는 능력인 유창성에 어려움을 나타내는 장애를 말한다. 말더듬기란, 말을 할 때 특정 음을 길게 하거나(예: 오늘은 내 새~앵일이다), 반복하기(예: 넌-넌-넌-넌 잘한다), 한 단어와 다른 단어 간의 간격이 김(예: 나는 배가~~고프다), 단어의 반복 사용(예: 사과-사과-사과 좀 주세요) 등과 같은 특징을 나타냄으로써 말을 자연스럽게 구사하는 능력인 유창성(fluency) 상의 곤란이나 장애를 보이는 상태를 말한다.

아동기 정신 장애【兒童期 精神 障碍】childhood mental disorder

아동기에 발생하는 정신 장애를 총칭하는 표현이다.

아동 성범죄【兒童 性犯罪】child sexual crime

아동을 대상으로 한 성범죄. 흔히 '아동 성폭력' 또는 '아동 성학대'와 같은 의미로 사용된다.

아동 성폭력【兒童 性暴力】child sexual violence

아동을 대상으로 가해지는 성폭력. 흔히 '아동 성학대'와 같은 의미로 사용된다. CLICK 아동 성학대

아동 성학대【兒童 性虐待】child sexual abuse

아동 학대의 한 형태로 아동 및 미성년자를 대상으로 한 성적 학대. 구체적으로 성인 또는 연장자가 아동 및 미성년자를 대상으로 강요, 강압, 속임수 및 꼬임 등의 방법을 사용하여 가하는 모든 성적인 관계나 성적 행위를 의미한다. 흔히 '아동 성폭력'과 같은 의미로 사용된다.

아동심리학【兒童心理學】child psychology

아동 및 아동기에 초점을 맞추어 연구하는 심리학 분야.

아동심리학자【兒童心理學者】child psychologist

아동심리학(child psychology) 분야에서 활동하는 심리학자.

아동 지향어【兒童 指向語】child-directed speech (CDS)

어린 아이가 언어를 배우는 과정에서 양육자나 성인 또는 손위의 형제가 영아나 아동에게 말을 할 때 사용하는 아기식 말투. 일반적으로 성인들 사이에서 사용하는 말과는 달리, 영아나 아동에게 초점을 맞추어 이들이 보다 쉽게 알아듣고 배울 수 있는 언어, 즉 말의 속도가 느리고 억양이 과장되게 높으며 큰 소리로 말하는 특징이 있다. 이외에도 말이 짧고 단순하며, 명확하고 반복적인 표현 등이 아동 지향어에서 나타나는 특징이다. '아동 지향적 말', '아기 말투', '아기식 말투' 또는 '아동에게 하는 말'이라고도 한다. 영어 표현인 'child-directed speech' 대신 'infant-directed speech'라는 표현이 사용되기도 하는데 이 말은 '영아지향어' 또는 '영아지향적 말' 등으로 번역되지만, 앞의 '아동 지향어(child-directed speech)'와 같은 의미로 사용된다. 한편 '모성어(motherese)'라는 말도 이 두 표현과 유사한 의미로 사용된다.

아동 학대【兒童 虐待】child abuse

신체적, 정신적, 성적인 측면에서 아동의 건강과 복지를 해치거나 정상적인 발달을 저해할 수 있는 성인(보호자 포함)의 폭력이나 가혹 행위 및 유기와 방임(아동을 적절하게 보호하지 않는 행위)을 총칭한다. 이 경우 아동의 연령 기준을 어떻게 설정하는가 하는 것은 국가와 사회에 따라 다소 차이를 보이는데, 1975년에 미국 교육복지부에서 출간된 자료를 보면 미국 의회에서는 아동 학대를 "18세 이하 아동의 건강 또는 복지가 해를 당하거나 위협받는다고 여겨지는 상황에서, 아동 복지의 책임이 있는 사람에 의해 행해지는 신체 또는 정신적 손상, 성적(性的) 학대, 무관심한 대우"라고 규정한 바 있다.

아동 효과 모델【兒童 效果 모델】child effects model

자녀와 부모와의 관계에서 영향을 미치는 방향은 주로 자녀로부터 부모에게로 일방향적으로 작용한다고 보는 모델. 즉, 자녀의 발달 과정에서 자녀는 주로 부모에게 영향을 미치는 존재이고, 부모는 주로 자녀로부터 영향을 받는 존재라고 보는 관점을 말한다. '아동 영향 모델', '아동 영향 모형' 또는 '아동 효과 모형'이라고도 한다.

아드레날린 adrenaline

신장의 윗부분에 위치한 아드레날린선에서 분비되는 호르몬의 하나로, 급박한 사태를 맞이하는 것과 같이 스트레스를 경험하게 되는 상황에서 분비된다. 혈압의 증가, 심장 박동 및 골격근의 긴장을 증가시키는 작용을 하는 것으로 알려져 있다.

아들러 Adler (1870~1937)

알프레드 아들러(Alfred Adler). 오스트리아의 정신의학자, 정신분석학자. 개인심리학의 창시자. 의학을 공부하여 박사 학위를 받았다. 지그문트 프로이트(Sigmund Freud: 1856~1939)의 정신분석학의 영향을 받아 프로이트의 제자가 되었고, 또한 정신분석학회의 주요 회원으로 활동하였으나 프로이트와 이론적인 견해 차이(특히 Freud가 성격 발달 과정에서 성(性)적인 측면을 강조하는 것에 대해 반대하는 입장을 취함)를 보이면서 프로이트 학파로부터 탈퇴하여 자신의 독립적인 이론 체계이자 학파인 '개인심리학(Individual Psychology)'을 창시하였다. 개인심리학에서는 개인의 성장과 발달을 이끄는 원동력은 사람들이 우월성을 추구하는 삶의 과정에서 실패와 좌절을 겪게 되고, 그에 따라 발생하는 열등감과 이것을 극복하려는 보상적 심리 또는 보상적 욕구라고 보았다. 이와 같은 삶의 과정에서 열등감의 발생과 함께 분노와 불안정감 등의 복합적인 심리가 혼재된 상태를 지칭하여 열등 콤플렉스(inferiority complex)라 불렀다. 아들러는 개인적으로나 역사적으로 업적을 남긴 인물들의 크고 위대한 성과들 가운데 많은 부분이 열등 콤플렉스를 극복하기 위한 노력의 결과물이라고 보았다. '알프레드 아들러', 'Adler', 'Alfred Adler' 등으로 표기하기도 한다.

아버지 요인【아버지 要因】father factor

자녀의 발달에 영향을 미치는 아버지 변인 또는 아버지 역할 변인.

아버지 효과【아버지 效果】father effects

아버지가 자녀의 양육 과정에서 부모로서의 적절한 역할 학습을 바탕으로 적극적으로 참여하는 가정의 자녀들이 그렇지 않은 가정의 자녀들에 비해 발달 및 삶의 적응 관련 여러 측면들에서 더 나은 결과를 나타내고, 나아가 인생 전반을 통해 더 만족스럽고 행복한 삶을 살아가는 경향을 나타내는 긍정적인 현상. 아버지의 역할 행동에 관한 많은 연구들에 따르면, 아버지가 자녀의 양육 과정에서 적절한 역할 학습을 바탕으로 적극적으로 참여할 때 그 자녀들은 그렇지 않은 가정의 자녀들에 비해 학업성취도, 정서 및 사회성 발달, 삶의 과정에서 발생하는 스트레스에 대한 감내 및 대처 능력, 자기 통제력 등 개인의 전반적인 발달 및 적응적 특성들에서 긍정적인 결과를 나타내고, 나아가 인생 전반에서 만족스럽고 행복한 삶을 살아갈 가능성이 높은 것으로 나타나고 있다. 이처럼 아버지의 적극적이고 적절한 자녀 양육 참여에 따라 그 자녀들의 발달 및 삶의 과정 전반에서 나타나는 긍정적인 현상을 지칭하여 아버지 효과라고 한다.

아세틸콜린 acetylcholine

신경계에서 작용하는 신경전달물질의 한 종류로, 신경세포인 뉴런과 골격근이 만나는 부분에서 많이 발견되며, 신경의 자극을 근육으로 전달하는 기능을 한다. 수의적 운동의 통제를 비롯하여 주의, 학습, 기억, 수면 등을 통제하는 과정에도 작용한다. 새로운 기억을 형성하는 과정에 관여하는 '해마' 영역에서 많이 발견된다.

아스퍼거 Asperger (1906~1980)

한스 아스퍼거(Hans Asperger). 오스트리아의 소아과 의사, 의학자. 비엔나 대학교에서 의학을 공부했고, 아동기 정신 장애에 관한 중요한 연구 업적을 남겼다. Asperger가 체계적으로 연구하고 1944년 처음으로 발표했던 아스퍼거 증후군(Asperger's syndrome)은 그의 이름을 따서 붙여진 명칭으로, 그의 노력에 힘입어 세상에 알려지고 많은 사람들의 주목을 받게 된 장애이다. 하지만 그의 연구 업적은 그가 살아있는 동안에는 큰 주목을 받지 못하다가 사후에야 많은 사람들의 관심과 인정을 받게 되었다. '한스 아스퍼거', 'Asperger', 'Hans Asperger' 등으로 표기하기도 한다.

아스퍼거 장애【아스퍼거 障碍】Asperger's disorder

'아스퍼거 증후군'이라고도 한다.

CLICK 아스퍼거 증후군

아스퍼거 증후군【아스퍼거 症候群】Asperger's syndrome

자폐증과 비슷한 전반적 발달 장애의 한 유형으로, 지능과 언어발달 측면에서는 두드러진 지체를 보이지 않지만, 관심분야나 활동 분야가 제한되어 있고,

사회적 활동 및 사회적 상호작용에서 어려움을 보이는 장애이다. 'Asperger's syndrome(아스퍼거 증후군)'이라는 명칭은 이 장애를 체계적으로 연구하고, 1944년에 처음으로 발표한 오스트리아의 의사인 한스 아스퍼거(Hans Asperger: 1906~1980)의 이름을 따서 붙여진 것이다. '아스퍼거 장애'라고도 한다.

아이젱크 Eysenck (1916~1997)

한스 위르겐 아이젱크(Hans Jurgen Eysenck). 독일 태생의 영국 심리학자. 성격 이론, 성격 검사 및 이상 행동 등의 분야에서 많은 연구 업적을 남겼다. '한스 아이젱크', '한스 위르겐 아이젱크', 'Eysenck', 'Hans Eysenck', 'Hans Jurgen Eysenck' 등으로 표기하기도 한다.

아이트래킹 eye-tracking / eye tracking

피검자(예를 들면, 의사 표현이나 활동을 하기 어려운 영아)의 안구(눈) 운동을 추적하여 그 움직임을 측정하는 것을 말하는 것으로, 피검자의 안구의 움직임의 방향, 범위, 속도 등을 측정하기 위해 사용된다. '시표 추적' 또는 '시표 측정'이라고도 한다. 한편 '아이트래킹 검사(eye-tracking test)' 또는 '시표 추적 검사'는 '아이트래킹'을 사용한 검사를 의미하는 것으로, 흔히 '아이트래킹' 또는 '시표 추적'과 같은 의미로 사용된다.

아이트래킹 검사 【아이트래킹 檢査】 eye-tracking test / eye tracking test

피검자(예를 들면, 의사 표현이나 활동을 하기 어려운 영아)의 안구(눈) 운동을 추적하여 그 움직임의 방향, 범위, 속도 등을 측정하는 검사 방법. '시표 추적 검사'라고도 한다.

아주 심한 정신지체 【아주 甚한 精神遲滯】 profound mental retardation

'최고도 정신지체', '고중증도 정신지체', '최중도 정신지체', '매우 심한 정신지체' 또는 '극심한 정신지체'라고도 한다. 또한 '최고도 지체', '최고도 지적 장애' 등과도 같은 의미로 사용된다.

CLICK 최고도 정신지체

아프가 Apgar (1909~1974)

버지니아 아프가(Virginia Apgar). 미국의 여성 마취과 의사. 신생아의 건강 상태를 신속하게 판단하기 위해 실시하는 '아프가 검사(Apgar test)'의 개발자이다. 이 검사의 명칭은 개발자인 Apgar의 이름을 따서 붙여진 것이다.

CLICK 아프가 검사(Apgar test)

아프가 검사 【아프가 檢査】 Apgar test

신생아의 정상 여부 및 건강 상태를 신속하게 판단하기 위해 아기의 주요 건강 관련 항목들 몇 가지를 측정하는 검사로, 미국의 마취과 의사인 버지니아 아프가(Virginia Apgar: 1909~1974) 박사가 1953년에 개발하였다. 이 검사는 출생 후 수분 이내(보통 출생 후 1분 및 5분에 각 1회씩 총 2회 측정)에 실시한다. 이 검사에서 체크하는 항목은 모두 5가지로, 먼저 외적으로 드러나는 혈색 또는 피부색(Appearance), 심장 박동(Pulse), 반사에 대한 민감성(Grimace), 근육 상태 또는 근육 긴장(Activity), 그리고 호흡 수준(Respiration) 등이 포함된다. 총 5가지의 항목들은 각각 0~2점의 범위 내에서 평정되며, 총 점수의 범위는 0~10점이다. 측정 점수가 높을수록 더 양호한 상태임을 의미한다. 1차 검사를 실시하고 나서 5분이 경과한 후에 반복 검사를 실시하게 되는데, 각 항목별 측정 점수의 합이 7~10점인 신생아는 정상적인 또는 양호한 상태로 평가되고, 4~6점인 신생아는 발달 장애가 있을 가능성이 있기 때문에 도움이 필요한 상태로 평가된다. 그리고 3점 이하의 점수를 받는 신생아는 생존 가능성이 불확실하여 긴급하거나 위험한 상태이기 때문에 신속한 의료적 처치를 받아야 하는 상태로 평가된다. 이 검사의 명칭인 아프가(APGAR)는 이 검사를 구성하는 5가지의 항목들 각각의 영어 명칭의 머리글자(A, P, G, A, R)를 따서 만든 표현이다. 동시에 개발자인 버지니아 아프가(Virginia Apgar: 1909~1974) 박사의 이름과도 같다. '아프가 척도(Apgar scale)'라고도 한다.

아프가 점수 【아프가 點數】 Apgar score

'아프가 척도(또는 아프가 검사)'를 사용하여 측정한 점수. 즉, 아프가 척도(또는 아프가 검사)에서 획득한 점수를 말한다. 이 척도에서 체크하는 항목은 모두 5가지로, 먼저 외적으로 드러나는 혈색 또는 피부색(Appearance), 심장박동(Pulse), 반사에 대한 민감성(Grimace), 근육 상태 또는 근육 긴장(Activity), 그리고 호흡 수준(Respiration) 등이 포함된다. 총 5가지의 항목들은 각각 0~2점의 범위 내에서 평정되며, 총 점수의 범위는 0~10점이다. 측정 점수가 높을수록 더 양호한 상태임을 의미한다. 1차 검사를 실시하고 나서 5분이 경과한 후에 반복 검사를 실시하게 되는데, 각 항목별 측정 점수의 합이 7~10점인 신생아는 정상적인 또는 양호한 상태로 평가되고, 4~6점인 신생아는 발달 장애가 있을 가능성이 있기 때문에 도움이 필요한 상태로 평가된다. 그리고 3점 이하의 점수를 받는 신생아는 생존 가능성이 불확실하여 긴급하거나 위험한 상태이기 때문에 신속한 의료적 처치를 받아야 하는 상태로 평가된다.

아프가 척도 【아프가 尺度】 Apgar scale

출생 직후 신생아의 정상 여부 및 건강 상태를 신속하게 판단하기 위해 아기의 주요 건강 관련 항목들 몇 가지를 측정하는 척도로, 미국의 마취과 의사인 버지니아 아프가(Virginia Apgar: 1909~1974) 박사가 1953년에 개발하였다. 이 척도는 출생 후 수분 이내(보통 출생 후 1분 및 5분에 각 1회씩 총 2회 측정)에 실시한다. 이 척도에서 체크하는 항목은 모두 5가지로, 먼저 외적으로 드러나는 혈색 또는 피부색(Appearance), 심장박동(Pulse), 반사에 대한 민감성(Grimace: 찡그린 표정, 찡그림), 근육 상태 또는 근육 긴장(Activity: 활동, 움직임), 그리고 호흡 수준(Respiration: 호흡) 등이 포함된다. 이 척도를 사용한 측정은 보통 산부인과 병원의 의사나 간호사가 실시하며, 평정 및 평가 기준은 다음과 같다. 즉, 총 5가지의 항목들은 각각 0~2점의 범위 내에서 평정되며, 총 점수의 범위는 0~10점이다. 측정 점수가 높을수록 더 양호한 상태임을 의미한다. 1차 검사를 실시하고 나서 5분이 경과한 후에 반복 검사를 실시하게 되는데, 각 항목별 측정 점수의 합이 7~10점인 신생아는 정상적인(또는 양호한) 상태로 평가되고, 4~6점인 신생아는 발달 장애가 있을 가능성이 있기 때문에 도움이 필요한 상태로 평가된다. 그리고 3점 이하의 점수를 받는 신생아는 생존 가능성이 불확실하여 긴급하거나 위험한 상태이기 때문에 신속한 의료적 처치를 받아야 하는 상태로 평가된다. 이 척도의 명칭인 아프가(APGAR)는 이 척도를 구성하는 5가지의 항목들 각각의 영어 명칭의 머리글자(A, P, G, A, R)를 따서 구성한 표현이다. 동시에 개발자인 버지니아 아프가(Virginia Apgar: 1909~1974) 박사의 이름과도 같다. '아프가 검사(Apgar test)'라고도 한다.

안나 프로이트 Anna Freud (1895~1982)

오스트리아 출신의 정신분석학자. 지그문트 프로이트(Sigmund Freud: 1856~1939)의 자녀 중 여섯 번째이자 막내딸. 아버지를 이어 정신분석학 분야에서 많은 연구를 하였다. 특히 아동 및 청소년에 관한 연구 분야에서 큰 공헌을 하였다는 평가를 받고 있다. 성격 발달에 대한 관점에서, 아버지 Freud와 달리 자아(ego)의 기능과 사회적 영향을 강조하였다.

'Anna Freud'로 표기하기도 한다.

안드레아스 레트 Andreas Rett (1924~1997)

오스트리아 출신의 신경학자, 소아 과학자. 신경학, 소아발달 및 장애 분야에서 많은 활동을 하였고, 250편 이상의 논문을 발표하였다. 특히 1966년 임상적 관찰과 연구를 통해 '레트 증후군(Rett syndrome)'을 처음으로 보고하였다. '렛', '안드레아스 렛', '레트', 'Rett', 'Andreas Rett' 등으로 표기하기도 한다.

안드로겐 androgen

남성호르몬. 남성의 생식기를 포함하는 생식계의 성장, 발달 및 기능에 작용하여 영향을 미치는 호르몬을 총칭한다. 여성호르몬의 일종인 에스트로겐의 전구체로 여성의 생리활동에도 중요한 요소로 작용한다. 대부분 남성의 고환(정소)에서 분비되지만, 일부는 부신 피질 및 여성의 난소 등에서도 분비된다. 흔히 남성호르몬 및 이와 유사한 작용을 하는 물질을 총칭하는 표현으로 사용된다. 대표적인 안드로겐으로는 테스토스테론이 있다. 'androgen'으로 표기하기도 한다.

안드로겐화 여성 【안드로겐化 女性】 androgenized female

임신 중에 남성 호르몬에 노출되어 남아의 외부 생식기와 같은 외부 생식기를 발달시킨 여아. 이 여아들은 출생 후의 발달 과정에서도 여아들의 놀이나 활동보다 남아들의 놀이나 활동을 선호하며, 정신 능력 측면에서도 남성적인 특징을 보이는 경향이 있다. 이런 경향은 그들의 양육자가 여성적 장난감과 놀이를 하도록 격려하고 칭찬하는 경우에도 지속되었고, 청소년이 된 이후에는 이들 중 상당수가 스스로 양성애자나 동성애자로 느끼는 경향을 나타냈다. '남성화된 여성'이라고도 한다.

안면 실인증 【顔面 失認症】 prosopagnosia

시각 능력이나 시력에는 이상이 없지만 사람의 얼굴을 인식하지 못하는 증상 또는 장애. 대부분 뇌경색, 뇌출혈, 뇌의 외상 등으로 인한 뇌손상에서 비롯된다. '안면 인식 장애'라고도 한다.

안전기지 【安全基地】 secure base

정서적 지지를 받을 수 있고 의지할 수도 있는 심리적 안식처로서의 애착 대상. 애착 발달 분야 및 이에 관한 이론에서 사용되는 주요 개념 가운데 하나로, 자신의 환경을 탐색하거나 사회적 활동을 하다가 정서적 지원을 받기 위해 돌아갈 수 있고 의지할 수 있는 애착의 대상을 지칭한다. 건강한 애착 발달을 이룬(안전 애착을 발달시킨) 아이에게 있어서 애착 대상인 어머니나 주 양육자가 안전 기지가 된다. 많은 애착 이론가들은 건강한 애착 발달을 이룬 아이(안전 애착아)는 애착 대상을 안전 기지로 삼아 주변 환경에 대한 호기심을 발달시키고 탐색할 수 있게 되며, 다른 사람과 상호작용을 해가는 과정에서 즐거움을 느끼고, 나아가 내재적 동기 및 성취동기가 강한 사람으로 발달해 갈 가능성이 더 높은 것으로 나타나고 있다.

안전 애착 【安全 愛着】 secure attachment / securely attachment

신뢰로운 보살핌과 애정을 바탕으로 긴밀한 유대 관계를 이루고 있는 영아와 양육자(흔히 어머니) 간의 애착 상태. 메리 에인스워스(Mary Ainsworth: 1913~1999)가 연구에서 사용한 '낯선 상황' 절차를 통해 건강하고 바람직한 유형으로 분류된 애착으로, 이 애착을 발달시킨 영아는 애착 대상인 양육자를 안전기지로 삼아 또래들이나 다른 사회적 대상들과의 관계를 호의적으로 받아들이면서 세상을 적극적으로 탐색할 가능성이 높다. '안정 애착'이라고도 한다.

안정 애착【安定 愛着】secure attachment / securely attachment

'안전 애착'이라고도 한다. CLICK 안전 애착

알로이스 알츠하이머 Alois Alzheimer (1864~1915)

독일의 의사, 정신의학자, 신경병리학자. 1906년 '알츠하이머병(Alzheimer's disease)'을 처음으로 발견하고 보고하였다. '알츠하이머', '알쯔하이머', 'Alzheimer', 'Alois Alzheimer' 등으로 표기하기도 한다.

CLICK 알츠하이머병

알버트 반두라 Albert Bandura (1925~)

앨버트 반두라(Albert Bandura). 캐나다 태생의 미국 심리학자. 관찰 학습(observational learning)의 개념 및 이론을 처음으로 제시한 학자이다. '반두라', '앨버트 반두라', 'Bandura', 'Albert Bandura' 등으로 표기하기도 한다. CLICK 반두라

알쯔하이머 Alzheimer (1864~1915)

알로이스 알쯔하이머(Alois Alzheimer). 독일의 의사, 정신의학자, 신경병리학자. 1906년 '알츠하이머병(Alzheimer's disease)'을 처음으로 발견하고 보고하였다. '알츠하이머', '알로이스 알츠하이머', 'Alzheimer', 'Alois Alzheimer' 등으로 표기하기도 한다.

CLICK 알츠하이머병

알츠하이머 Alzheimer (1864~1915)

알로이스 알츠하이머(Alois Alzheimer). 독일의 의사, 정신의학자, 신경병리학자. 1906년 '알츠하이머병(Alzheimer's disease)'을 처음으로 발견하고 보고하였다. '알로이스 알츠하이머', '알쯔하이머', 'Alzheimer', 'Alois Alzheimer' 등으로 표기하기도 한다.

CLICK 알츠하이머병

알츠하이머병【알츠하이머病】Alzheimer's disease (AD)

중추 신경계, 특히 뇌세포의 점진적인 파괴로 인해 치매 증상이 심화되어 가는 뇌 질환으로, 처음에는 미세한 망각 또는 기억 장애와 언어 장애를 나타내다가 점차 기분 변화 및 방향 감각 상실 등이 포함된 다양하고 심각한 치매 상태로 진행하게 된다. 알츠하이머병은 전형적인 치매의 형태로, 치매의 원인 중 가장 많은 경우이다. 1906년 이 병을 처음으로 발견하고 보고했던 독일의 의사 알로이스 알츠하이머(Alois Alzheimer: 1864~1915) 박사의 이름을 따서 명명된 것이다. '알쯔하이머병', '알쯔하이머씨병', '알츠하이머씨병', '알쯔하이머형 치매', '알츠하이머형 치매' 등으로도 불린다. 한편 알츠하이머병의 공식적인 의학 용어는 'Senile Dementia of the Alzheimer Type(SDAT, 알츠하이머형 노인성 치매)'이며, 이외에도 'Alzheimer disease' 또는 'Alzheimer's'라는 표현이 사용되고 있다.

알코올 관련 신경발달 장애【알코올 關聯 神經發達 障碍】alcohol-related neurodevelopmental disorder (ARND)

임신 중에 임신한 여성이 알코올(술)을 마시면 태내의 유체(幼體: 임신 기간 동안의 생명체는 기간에 따라 접합체, 배아 및 태아라는 표현이 사용되고, 이 모두를 총칭하여 유체라고도 한다)는 알코올에 노출되고, 그 결과 유체에게서는 신체적, 심리적 및 행동적 측면에서 정도에 따라 다양한 알코올 관련 이상이나 장애가 발생하게 된다. 이처럼 임신 기간(즉, 태내기) 동안 태내의 유체가 알코올에 노출된 결과로 인해 신체적, 심리적 및 행동적 측면에서 발생하는 장애를 총칭하여 '태아 알코올 스펙트럼 장애(fetal alcohol spectrum disorder, FASD)'라고 한다. 태아 알코올 스펙트럼 장애는 장애의 심각한 정도에 따라 몇 가지 하위 유형으로 구분되는데, 그 중 가장 심한 증상을

보이는 유형은 '태아 알코올 증후군(fetal alcohol syndrome, FAS)'으로, 얼굴을 중심으로 한 신체의 기형, 체중 미달, 신체 발육의 부진 및 정신지체 등이 주요 특징으로 나타난다. '태아 알코올 증후군' 다음으로 심한 증상을 보이는 유형이 '부분 태아 알코올 증후군(partial fetal alcohol syndrome, p-FAS)'으로, 이 경우는 임신 중에 어머니가 알코올을 섭취한 경력이 있는 아이, 즉 임신 중에 알코올에 노출된 적이 있는 아이로서 이 아이가 보이는 증상들이 태아 알코올 증후군의 여러 기준들을 충족시키지는 않지만 부분적으로 알코올 관련 신체적 또는 신경발달적인 결함을 보이는 경우를 말한다. 태아 알코올 스펙트럼 장애 중에서 상대적으로 경미한 증상을 보이는 유형이 '알코올 관련 신경발달 장애'로, 이 장애는 임신 중에 알코올에 노출된 적이 있는 아이로서 부분적으로 알코올 관련 신경발달적인 결함을 보이는 경우를 말한다.

알코올 중독【알코올 中毒】alcoholism / alcohol addiction

음주자가 신체적, 심리적, 행동적 및 사회적 측면에서 심한 부적응이나 문제를 초래하면서도 알코올(술) 섭취 행동을 지속적으로 반복하는 상태. 점진적인 음주 충동의 증가와 음주 통제 곤란 상태를 나타내다가 결국에는 건강, 대인 관계 및 사회 활동 등에서 심각한 부적응이나 문제를 초래하게 되는 장애이다. '알코올 중독증'이라고도 한다. 한편 미국정신의학회(American Psychiatric Association, APA)에서 발간하고 있는 정신 장애 진단 및 통계 편람 제4판(DSM-IV)에서는 알코올 중독이라는 표현 대신 알코올 남용(alcohol abuse)과 알코올 의존(al cohol dependence)으로 구분하고 있다. 이 중 알코올 남용은 알코올(술)을 과도하고 지속적으로 마심으로 인해 신체적, 정신적 및 행동적 측면에서 심각한 부적응 또는 장애가 초래되는 상태를 말하고, 이보다 더 진행되어 신체적, 정신적 및 행동적 측면에서 보이는 부적응이나 장애의 정도가 더 심해진 경우를 알코올 의존이라고 한다. 정신 장애 진단 및 통계 편람 제5판(DSM-5)에서는 알코올을 사용하면서 초래되는 신체적, 심리적, 행동적 측면에서 나타나는 여러 가지 장애들을 총칭하여 '알코올 관련 장애(alcohol-related disorders)'라는 개념을 사용하고 있으며, 이것을 다시 알코올 사용 장애(alcohol use disorder)와 알코올 유도성 장애(alcohol-induced disorders)로 구분하고 있다.

알코올 중독【알코올 中毒】alcohol intoxication

알코올을 많이 마신 결과로 심하게 취한 상태에서 다양한 심리적 및 행동적 부적응과 문제들, 그리고 신체적(또는 생리적) 증상들을 나타내는 상태. 정신 장애 진단 및 통계 편람 제5판(DSM-5)에서는 알코올을 사용하면서 초래되는 신체적, 심리적, 행동적 측면에서 나타나는 여러 가지 장애들을 총칭하여 '알코올 관련 장애(alcohol-related disorders)'로 분류하고 있으며, 이것은 다시 알코올 사용 장애(alcohol use disorder)와 알코올 유도성 장애로 구분된다. 이 중 알코올 유도성 장애는 알코올을 과도하게 사용함에 따라 초래되는 부작용 또는 후유증을 의미하는 것으로, 세부적으로 알코올 중독(alcohol intoxication), 알코올 금단(alcohol withdrawal), 그리고 알코올 사용에 따라 유도된 여러 형태의 하위 정신 장애들이 포함된다. 이 가운데 알코올 중독(alcohol intoxication)은 알코올을 많이 마신 결과로 심하게 취한 상태에서 다양한 심리적 및 행동적 부적응과 문제들, 그리고 신체적(또는 생리적) 증상들을 나타내는 상태를 말하는 것으로, 여기에는 불분명한 말투, 운동 조정의 어려움, 불안정한 걸음, 안구 진탕, 집중력과 기억력에서의 손상, 혼미 혹은 혼수상태 등의 증상들이 포함된다. 알코올 중독은 이 중 1가지 이상의 증상을 나타내는 경우를 의미한다. '중독(中毒)'이라고 번역한 'intoxication'은 알코올이나 마약류와 같은 물질을 사용했을 때 심리적, 행동적,

생리적 측면에서 일시적으로 손상이나 변화가 초래된 상태를 의미한다. 구체적으로 심리적 측면에서는 지각, 기분, 주의, 기억, 판단력 등에서의 손상이나 변화가, 행동적 측면에서는 말하기, 신체 운동 등에서의 손상이나 변화가, 그리고 생리적 측면에서는 심장 박동이나 혈압 또는 호흡 등에서의 손상이나 변화가 포함된다.

알코올 중독자【알코올 中毒者】alcoholic

알코올에 중독된 사람. 또는 알코올 중독증을 가진 사람.

CLICK 알코올 중독

알코올 중독증【알코올 中毒症】alcoholism / alcohol addiction

음주자가 자신의 신체적, 심리적, 행동적 및 사회적 측면에서 심각한 부적응이나 문제를 초래하면서도 알코올(술) 섭취 행동을 지속적으로 반복하는 상태. 점진적인 음주 충동의 증가와 음주 통제 곤란 상태를 나타내다가 결국에는 건강, 대인 관계 및 사회 활동 등에서 심각한 부적응이나 문제를 초래하게 되는 장애이다. 흔히 '알코올 중독'이라고도 한다.

CLICK 알코올 중독

알파걸 alpha girl

미국의 심리학자로 하버드 대학교에서 아동심리학을 가르친 댄 킨들런(Dan Kindlon)이 2006년 저술한 그의 저서 <Alpha Girls: Understanding the New American Girl and How She Is Changing the World>에서 처음으로 사용하기 시작한 말로, 과거와 달리 공부(학업), 운동, 리더십이나 사회적 활동 등 많은 면에서 남성들에게 결코 뒤지지 않을 뿐만 아니라 오히려 더 뛰어난 성취와 능력을 발휘하는 엘리트 소녀들을 지칭한다. 많은 알파걸들의 등장과 이러한 현상을 자연스럽게 받아들이고 있는 현실은, 과거 남성들에 비해 여성들의 사회 진출이나 성취가 뒤지는 것은 여성들이 '성공에 대한 두려움 또는 공포'를 가지고 있기 때문이라는 관점이 있었던 것을 고려하면 큰 변화가 아닐 수 없다. 이 같은 알파걸의 등장은 사회·문화적 측면에서의 변화와 무관하지 않은 현상으로, 특히 지난 수십 년간 진행되어 온 페미니즘 운동과 같은 요인의 영향으로 여아들의 발달환경이 과거에 비해 개선된 것에서 비롯된 결과로 이해된다.

알파맘 alpha mom

자신의 직업과 자녀 양육 그리고 남편에 대한 역할 사이에서 적절한 균형을 유지하면서 생활하는 여성을 지칭하는 표현이다.

알프레드 비네 Alfred Binet (1857~1911)

프랑스의 심리학자. 최초의 지능 검사를 개발한 학자로, 지능 검사의 아버지로 불린다. '비네', 'Binet', 'Alfred Binet' 등으로 표기하기도 한다.

CLICK 비네

알프레드 아들러 Alfred Adler (1870~1937)

오스트리아의 정신의학자, 정신분석학자. 개인심리학의 창시자이다. '아들러', 'Adler', 'Alfred Adler' 등으로 표기하기도 한다.

CLICK 아들러

암묵 기억【暗默 記憶】implicit memory

과거의 경험이나 학습을 통해 획득한 기억(또는 기억 정보)으로 현재의 활동에 영향을 미치지만 이 기억에 대한 의식적인 인식 또는 의식 수준에서의 기억을 하지 못하는 기억의 유형을 의미한다. 암묵 기억은 과거의 경험이나 학습 과정을 통해 획득한 기억 정보로 현재의 행동이나 과제 수행 또는 학습 과정에 영향을 미치지만, 이 기억을 가지고 있는 개인(본인)은 이 기억에 대해 인식하지 못하는 경우를 말한다. '암묵적 기억' 또는 '내현적 기억'이라고도 한다. 한편 암묵 기억과는 달리, 개인이 의식(또는 인식)하고 있는 유형의 기억을 지칭하여 '외현 기억(explicit memory)' 또는 '명시적 기억'이라고 한다.

암묵 인지【暗默 認知】implicit cognition

자신이 생각을 하고 있다는 인식이 없이 이루어지는 인지 또는 사고. 즉, 의식하거나 자각은 하지 못하는 상태에서 이루어지는 인지 또는 사고를 말한다. '암묵적 인지'라고도 한다.

암묵적【暗默的】implicit

'의식적인 인식이나 자각은 하지 못하지만 은연중에 현재의 사고와 행동에 영향을 미치는'이라는 의미를 가진 표현.

암묵적 지능【暗默的 知能】tacit intelligence

실생활의 문제들을 해결하는 지능 또는 능력. 기존의 지능 검사나 지능 지수(IQ)를 통해 잘 드러나지는 않지만 실생활에서 문제들을 해결하고 적응해 가는 과정에서 유용하고 중요하게 기능하는 지능을 의미한다. '암묵 지능'이라고도 하며, 동시에 '실용 지능', '실용적 지능'이라는 말과도 같은 의미로 사용된다.

암묵적 지식【暗默的 知識】implicit knowledge

의식적인 인식이나 자각은 하지 못하지만 은연중에 현재의 생활, 사고, 행동 등에 영향을 미치는 지식. 흔히 이 지식에 대하여 의식적으로 서술하거나 기술하기 어렵다는 특징이 있다. '암묵 지식'이라고도 한다.

암묵적 학습【暗默的 學習】implicit learning

무언가 새로운 것을 학습하고 있다는(또는 무언가 새로운 지식을 습득하고 있다는) 인식을 하지 못하는 상태에서 이루어지는 학습 또는 학습 과정. 즉 의식적인 인식이나 자각은 하지 못하지만 은연중에 현재의 사고와 행동에 영향을 미치는 암묵적 과정을 통해 이루어지는 학습을 말한다. '암묵 학습'이라고도 한다.

암묵 지능【暗默 知能】tacit intelligence

'암묵적 지능'이라고도 하며, 동시에 '실용 지능', '실용적 지능'이라는 말과도 같은 의미로 사용된다.

CLICK 암묵적 지능

암묵 지식【暗默 知識】implicit knowledge

'암묵적 지식'이라고도 한다. CLICK 암묵적 지식

암묵 학습【暗默 學習】implicit learning

'암묵적 학습'이라고도 한다. CLICK 암묵적 학습

암페타민 amphetamine

1887년 미국에서 처음으로 합성된 약물로 중추신경계(특히 대뇌 피질)를 자극하여 흥분과 각성, 다행감을 유발하고, 말하는 행동과 육체 활동의 증가를 초래하는 각성제의 일종이다. 필로폰으로 알려져 있는 메스암페타민의 주성분으로, 강한 중독성이 있어 남용될 가능성이 높다. 이 약물의 반복적 사용이나 과다복용 등의 남용은 환각, 망상, 강박증 등의 정신증을 초래하고, 신체적으로는 발열, 두통, 뇌혈관 파열, 심장발작과 사망을 초래할 수 있다. 임신한 여성이 이 약물을 복용하는 경우에는 태아 발달에 부정적인 영향을 미쳐 미숙아를 출산하거나 사산(死産)할 수 있으며, 출산한 신생아의 과민성과 부진한 섭식 행동 등의 이상을 초래할 가능성이 높다.

암페타민류 【암페타민類】 amphetamines

암페타민(amphetamine) 성분을 포함하는 일군의 약물들을 총칭하는 표현이다. 이 약물들은 공통적으로 중추신경계(특히 대뇌 피질)를 자극하여 흥분과 각성을 일으키며 강한 중독성을 갖는다. 암페타민류에 해당하는 약물들에는 암페타민, 덱스트로암페타민(dextroamphetamine), 필로폰으로 알려진 메스암페타민(methamphetamine) 등이 있고, '도리도리'로 알려진 엑스터시(ecstasy, XTC)도 암페타민 계열의 화합물이다.

애도 【哀悼】 mourning

(1) 사람의 죽음 또는 죽은 사람에 대해 안타까워하면서 슬퍼하는 것. (2) 넓은 의미에서 애도는 사람의 죽음뿐만 아니라 애정의 대상이 되는 모든 존재(예를 들면, 반려견의 죽음 등)의 상실에 대한 안타까움이나 슬픔을 의미한다.

애정 철회 【愛情 撤回】 love withdrawal

부모가 자녀 양육 과정에서 사용하는 훈련 방법의 한 가지로, 자녀의 잘못된 행동이나 태도를 수정하기 위해 애정(또는 사랑)이나 애정 관련 변인(인정, 지지, 관심 등)을 철회하는 훈육 방식. '애정 철회 기법' 또는 '애정 철회법'이라고도 한다.

애정 철회 기법 【愛情 撤回 技法】 love withdrawal

'애정 철회' 또는 '애정 철회법'이라고도 한다.

CLICK 애정 철회법

애정 철회법 【愛情 撤回法】 love withdrawal

부모가 자녀 양육 과정에서 사용하는 훈련 방법의 한 가지로, 자녀의 잘못된 행동이나 태도를 수정하기 위해 애정(또는 사랑)이나 애정 관련 변인(인정, 지지, 관심 등)을 철회하는 훈육 방법. '철회'는 '거두어들임 또는 회수함'이라는 의미를 가진 표현으로, '애정 철회법'은 자녀에게 부모의 애정(또는 사랑)을 철회하는 절차를 통해 불안을 유발함으로써 이에 대한 대응으로 자녀가 잘못된 행동이나 태도를 하지 않거나 수정하도록 이끄는 훈육 방법이다. '애정 철회' 또는 '애정 철회 기법'이라고도 한다.

애착 【愛着】 attachment

(1) 두 사람(흔히 아기와 양육자) 사이에 형성되는 친밀하고 상호적이며 가까이 하려는 강한 정서적 유대 경향을 말한다. (2) 애착의 주요 특징은 두 사람 상호 간의 애정과 가까이 하려는(즉, 근접성을 유지하려는) 경향이다. (3) 영국의 정신의학자이자 심리학자인 볼비(Bowlby: 1907~1990)가 1958년에 처음으로 제안하여 사용하기 시작한 표현으로, 그 이전까지 '의존'이라는 표현으로 사용해 왔던 말을 대체하게 된 말이 '애착(attachment)'이다. 구체적으로 애착은 두 사람 또는 그 이상의 사람들 간의 관계에서 형성되는 긴밀한 정서적 관계 또는 유대를 지칭하는 말로, 특히 아이와 그 양육자(흔히 어머니) 간의 정서적으로 친밀한 관계 또는 유대를 의미한다. 생후 초기 양육자와 자녀 간의 관계에서 형성되는 애착은 발달, 적응 및 생존의 측면에서 매우 중요하게 고려되는 요인이다. 그 이유는 양육자에 대해 형성하는 애착은 개인의 생존 가능성을 높여줄 뿐만 아니라, 자신의 유전자를 다음 세대로 전달할 수 있는 가능성을 높여주기 때문이다. 볼비는 애착 이론(attachment theory)을 제안한 최초의 학자로 평가받고 있다.

CLICK 애착 이론

애착의 비사회적 단계 【愛着의 非社會的 段階】 asocial phase of attachment

루돌프 셰퍼(Rudolph Schaffer)와 페기 에머슨(Peggy Emerson)은 출생 시부터 18개월까지의 영아들을 대상으로 애착발달에 관한 연구를 진행하였고, 그 결과를 바탕으로 영아가 양육자 및 다른 사람들에게 형성하는 애착의 발달 양상을 4개의 단계(애착의 비사회적 단계, 비변별적 애착 단계, 특정인 애착 단계, 다수인 대상 애착 단계)로 구분하였다. 그 중에서 첫 번째인 '애착의 비사회적 단계'는 생후 약 6주까지의 기간으로, 이 기간 동안의 영아는 사회적 대상과 비사회적 대상을 구분하지 않고 흥미로운 대상 모두에게 동등한 관심과 호의적 반응을 나타낸다. 간단히 '비사회적 단계'라고도 한다.

애착 대상【愛着 對象】attachment object

애착을 형성한 대상. 즉, 애착을 형성하여 친밀하게 느끼거나 친밀한 관계를 형성하고 있는 대상을 의미한다.

애착 이론【愛着 理論】attachment theory

애착의 개념과 발달의 관계를 설명하는 이론으로, 영국의 정신의학자인 볼비(Bowlby: 1907~1990)에 의해 처음으로 제안되었다. 이 이론에 따르면 생후 초기에 어린 자녀와 그 양육자(흔히 어머니) 간에 형성된 애착의 질이 그 이후 아동의 심리(특히 정서) 및 행동발달과 적응에 핵심적인 역할을 하게 된다고 본다. 특히 애착 대상과의 관계 경험은 일종의 관계의 모델로 작용하기 때문에 아동이 성장하면서 접하게 되는 다른 많은 사람들과의 관계에까지 큰 영향을 미치게 된다고 보고 있다. CLICK 애착

애착 장애【愛着 障碍】attachment disorder

애착은 생후 양육자(흔히 어머니인 경우가 대부분임)와의 관계를 통해 아이와 양육자 및 아이와 관계가 있는 그 이외의 사람들 간의 관계에서 형성되는 긴밀한 정서적 관계 또는 유대를 지칭하는 말이다. 적절한 또는 정상적인 애착 발달의 상태인 '안전 애착('안정 애착'이라고도 함)'을 발달시킨 아동은 양육자(흔히 어머니)와의 관계뿐만 아니라 다른 사회적 관계를 통해 애착을 형성하게 되는 특정 대상과의 관계에서도, 다른 대상에 비해 애착 대상에게 보다 더 많은 주의를 보내고, 함께 하고 서로 의존하려는 반응 경향성을 보이게 된다. 하지만 이 같은 적절한 또는 정상적인 상태인 '안전 애착'을 발달시키지 못한 아동은 양육자와의 관계에서뿐만 아니라 가정 밖에서 이루어지는 친구나 직장 동료 또는 기타의 사회적 관계에서 안전한 관계(또는 안정된 관계)를 형성하기보다는 불안전한(또는 불안정한) 관계를 형성하고 부적응적인 삶을 살아가게 될 가능성이 높다. 이와 같이, 생후 초기(특히 영아기, 유아기 및 아동기) 동안에 애착 발달이 적절히(또는 정상적으로) 이루어지지 못하여 양육자나 다른 사람들(가족 및 가족 밖의 사회적 활동에서 접하는 사람들)과 지속적으로 적절한 관계를 형성하지 못하고 부적응을 보이는 발달 장애를 말한다.

애착 Q-set【愛着 Q-set】attachment Q-set (AQS)

아동의 애착의 질을 평가하기 위해 개발된 도구의 하나. 아동의 애착을 평정하는 90가지의 행동평가 진술문으로 구성되어 있으며, 생후 1세에서 5세경까지의 아동들을 대상으로 사용한다. 부모나 기타의 관찰자에게 적절한 교육과 훈련을 시킨 후에 가정에서 아동의 애착 관련 행동을 관찰하고 이를 바탕으로 아동의 애착의 질(또는 애착의 안정성)을 평정하도록 개발된 도구이다. 영아기부터 학령 전(약 1~5세)까지의 아동들에게 사용한다. 영어의 줄임말인 'AQS'로 표현하기도 한다.

앨버트 반두라 Albert Bandura (1925~)

캐나다 태생의 미국 심리학자. 관찰 학습(observational learning)의 개념 및 이론을 처음으로 제시한 학자이다. '반두라', '알버트 반두라', 'Bandura', 'Albert Bandura' 등으로 표기하기도 한다.

CLICK 반두라

야생아 【野生兒】 feral child

어떤 이유에서든 생후 초기부터 짧지 않은 기간 동안 인간환경(또는 인간 사회)에서 격리되어 야생 상태에서 발달한 아이(또는 사람)를 총칭한다. 역사적으로 인도, 스리랑카 등 여러 나라에서 수차례의 야생아 사례가 보고된 바 있는데, 그 중 대표적인 사례로는 1920년경에 인도에서 발견된 두 소녀로, 이들은 발견 당시에 늑대무리와 함께 발견되었다(발견된 이후에 이 두 야생소녀들에게는 '카마라' 및 '아마라'라는 이름이 주어졌음). 야생아에 관한 보고 및 관련 연구 자료가 관심을 끄는 이유는 이들이 인간의 특징으로 분류될 수 있는 기본적인 언어 및 행동 등의 발달을 거의 또는 전혀 이루지 못한 상태였을 뿐만 아니라, 발견된 이후에 체계적인 접근을 통해 이들의 지체된 주요 영역(언어 등)의 발달을 도와주기 위한 노력을 기울였으나 그 효과가 매우 적었거나 거의 없었다는 점에서 심리학(특히 발달심리학)적으로 큰 시사점을 주기 때문이다. 이와 같은 야생아들의 사례는 신체적, 심리적, 언어적 및 사회적 측면 등을 포함하는 인간의 발달이 정상적으로 이루어지기 위해서는 성장 환경이 매우 중요하며, 특히 특정 영역의 발달을 이루기 위해서는 각기 가장 적합한 시기(이와 같은 적절한 시기를 지칭하여 민감기 또는 결정적 시기라는 표현이 사용되고 있음) 동안의 적절한 환경 및 자극 제공이 꼭 필요하다는 점을 시사해 주고 있다.

약물 【藥物】 drug

신체나 정신 또는 행동 상에서의 변화를 초래하는 물질. 흔히 질병이나 장애를 치료하는 의학적인 목적으로 사용되지만, 질병 치료와는 무관하게 기분이나 행동상의 변화를 일으킬 목적으로 사용되는 경우도 있다.

양극성 장애 【兩極性 障碍】 bipolar disorder

극단적인 기분 상태(극히 좋은 기분 상태와 극히 나쁜 기분 상태)의 반복, 즉 조증 상태와 울증(또는 우울증) 상태를 반복적으로 경험하는 것을 특징으로 하는 기분 장애의 한 유형. 기분이 들뜨고 신나는 조증 상태와 기분이 가라앉고 무기력한 경향을 나타내는 울증 상태가 반복되는 특징을 나타낸다. 양극성 장애 Ⅰ형(bipolar Ⅰ disorder)과 양극성 장애 Ⅱ형(bipolar Ⅱ disorder)으로 나뉜다. '양극 장애', '양극성 기분 장애' 또는 '조울증(躁鬱症, manic-depressive psychosis)'이라고도 한다.

양녀 【養女】 adopted daughter

입양(adoption)을 통해 자식의 자격을 얻은 딸.

양립 불능-반응 기법 【兩立 不能-反應 技法】 incompatible-response technique

양립할 수 없는 두 행동들 중에서 한 행동에 대해서는 강화를 하는 반면에, 다른 한 행동에 대해서는 무시함으로써 강화를 사용한 행동은 더 하도록 하고, 무시된 행동은 더 이상 하지 않도록 만드는 행동수정 기법. 예를 들면, 형제나 또래와의 관계에서 서로 배려하고 돕는 행동에 대해서는 칭찬을 해주거나 다른 강화인을 제공해 주는 방식으로 강화를 해주는 반면에, 이 행동과 양립할 없는 괴롭히기 행동이나 욕하기, 때리기와 같은 폭력 행동 등과 같은 바람직하지 않은 행동에 대해서는 무시하는 방법을 사용하는 것이다. 이 방법을 통해 자녀(혹은 아동)는 사회적 관계에서 배려하고 돕는 행동을 하게 될 가능성은 높아지게 되고, 괴롭히는 행동과 같은 바람직하지 않은 행동을 하게 될 가능성은 낮아지게 된다.

양막 【羊膜】 amnion

척추동물 중 인간을 포함한 포유류 및 파충류 등의 유양막류(有羊膜類)와 무척추동물인 곤충류에서 발견되는 배(胚, embryo, '배아'라고도 함)를 둘러싸고 있는 막(膜). 인간의 경우에 태내기 중에서 특히 배아기와 태아기 동안에 양막의 내부를 채우고 있는 양수(羊水, amniotic fluid, '양막액'이라고도 함)와 함께 배아·태아를 충격으로부터 보호하는 기능을 한다.

양막액【羊膜液】amniotic fluid

태내기 동안 배아·태아를 둘러싸고 있는 양막(羊膜, amnion)의 내부를 채우고 있는 액체(液體). 배아·태아의 온도를 조절하고 충격으로부터 보호하는 완충 작용을 하며, 출산 시에는 태아의 분만을 수월하게 해주는 기능을 한다. '양수(羊水)'라고도 한다.

양막 천자【羊膜 穿刺】amniocentesis

임신 중 태아의 정상 여부나 건강 상태를 진단하기 위해 태아를 감싸고 있는 양수를 뽑아 검사하는 방법. 그 절차는 먼저 산모의 복부에서 초음파 검사를 통해 태아의 위치를 확인하고 주사바늘을 삽입할 위치를 정한다. 이어 그 부위에 대한 소독과 부분 마취를 시행한 후에 주사바늘을 꽂고 태아를 감싸고 있는 양수를 일정량 뽑아낸다. 경우에 따라서는 자궁 부분으로 바늘을 투입하는 방법을 사용하기도 한다. 1회 시행을 통해 뽑아내는 양수의 양은 약 20~25ml 정도이다. 뽑아낸 양수 속에 포함되어 있는 태아로부터 떨어져 나온 피부나 태발(胎髮) 등의 세포를 분석함으로써 태아에게 있을 수 있는 염색체나 유전자의 이상 여부를 파악한다. 이 검사를 통해 기본적으로 태아의 성별을 파악할 수 있을 뿐만 아니라 다운 증후군이나 헌팅턴병과 같은 염색체 이상 여부를 파악할 수 있고, 페닐케톤뇨증, 겸상적혈구 빈혈증, 테이삭스병, 혈우병, 당뇨병 등을 포함한 100여 가지 이상의 유전 장애(또는 질환)들을 파악하여 진단할 수 있다. 이런 정보들은 예비부모들을 대상으로 진행하는 유전 상담에서 가장 중요한 정보 자료로 사용된다. 일반적으로 양수 검사는 임신 15~20주 무렵에 시행하지만, 태아의 건강 상태나 성숙도 등을 파악해야 할 필요가 있는 경우에는 임신 후반부에 시행하기도 한다. 한편 양막 천자로 인한 유산이나 태아에 대한 주사바늘 자극 등의 부작용이 발생할 수 있기 때문에 산모에게서 염색체 이상과 같은 선천성 출산결함 문제의 발생 가능성이 낮은 연령(대략 35세 이전)에서는 양막 천자의 적용 여부에 대한 신중한 고려가 필요하다. '양수 천자' 또는 '양수 검사'라고도 한다.

양모【養母】adoptive mother

입양(入養, adoption)을 통해 자식을 들인 어머니. 입양을 통해 자식을 들인 아버지를 지칭할 때는 양부(養父, adoptive father)라는 표현을 사용한다.

양방향 이중 언어 교육【兩方向 二重 言語 敎育】two-way bilingual education

주류 언어와 비주류 언어 교육을 위해 교육 프로그램의 반 또는 일부는 주류 언어를 사용하여 진행하고, 나머지 프로그램 동안에는 비주류 언어를 사용하여 진행하는 방식의 교육 프로그램. 미국과 같은 나라에서 주류 언어인 영어의 사용에 제한적이거나 어려움을 갖는 소수 민족 출신 아동들의 효과적인 수업 참여와 적응을 돕기 위해 하루 중에서 반나절은 영어로, 나머지 반나절은 소수 민족 아동의 모국어로 교육을 진행하는 프로그램이 '양방향 이중 언어 교육'의 대표적인 예가 된다.

양 보존【量 保存】conservation of quantity

삐아제(Piaget: 1896~1980)의 인지발달 이론에서 나오는 주요 개념들 가운데 하나로, 일정한 액체의 양(量)은 그 겉모양이 변해도 그 양은 변하지 않는다는 것을 이해(또는 인식)하는 것. 예를 들면, 일정한 양의 어떤 액체(물이나 우유 등)를 담고 있는 용기를 다른 모양 또는 다른 크기의 용기로 옮겨 담으면 이

액체의 겉모양은 변하겠지만 그 양은 변화가 없다는 것을 이해(또는 인식)하는 것. '양의 보존'이라고도 한다.

CLICK 보존

양부【養父】adoptive father

입양(入養, adoption)을 통해 자식을 들인 아버지. 입양을 통해 자식을 들인 어머니를 지칭할 때는 양모(養母, adoptive mother)라는 표현을 사용한다.

양부모【養父母】adopter

입양(入養, adoption)을 통해 자식을 들인 부모. 즉, 양자(養子, adopted child)의 부모를 의미한다. 양부모 중에서 아버지를 지칭할 때는 양부(養父, adoptive father), 어머니를 지칭할 때는 양모(養母, adoptive mother)라는 표현을 사용한다.

양성성【兩性性】androgyny

개인이 여성성과 남성성을 모두 가지고 있는 상태 또는 경향. 즉, 개인이 성 및 성역할 지각(또는 지향성)과 관련하여 여성적인 특성과 남성적인 특성을 모두 가지고 있는 상태나 경향을 의미한다. 양성성을 의미하는 영어 단어 'androgyny'는 그리스어의 남자를 뜻하는 'andro'와 '여자'를 뜻하는 'gyn'이 합쳐져 만들어진 말로 알려져 있다.

양성애【兩性愛】bisexuality

이성 간의 성애적(性愛的) 사랑이나 관계를 의미하는 이성애(異性愛, heterosexuality)나 동성 간의 성애적(性愛的) 사랑이나 관계를 의미하는 동성애(homosexuality)와 비교되는 표현으로, 이성애적 경향과 동성애적 경향을 모두 가지고 있는 상태를 의미한다. 이러한 경향을 가진 사람들은 남성과 여성 모두에게 성적인 호감을 느끼고 성관계를 맺는 행동 경향을 나타낸다. 양성애는 다음과 같은 세 가지 유형으로 구분할 수 있다. 먼저 bi－bi는 이성과 동성에 대해 거의 같은 비중으로 성적 매력을 느끼고 행동하는 사람을 지칭하고, bi－gay는 양성에 대해 모두 성적 매력을 느끼지만 특히 남성에 대해 더 많은 성적 매력을 느끼고 행동하는 사람을 지칭하며, bi－straight는 양성에 대해 모두 성적 매력을 느끼지만 특히 이성에게 더 많은 성적 매력을 느끼고 행동하는 사람을 지칭한다. '양성애적 소질(兩性愛的 素質)'이라고도 한다.

양성애자【兩性愛者】bisexual

양성애(bisexuality)적 경향성을 가진 사람. 이성과 동성 모두에게 성적 관심과 매력을 느끼는 사람을 의미한다. 따라서 양성애자는 자신이 타고난 성과 관계없이 남성과 여성 모두에게 성적 관심과 매력을 느끼고 행동하는 경향을 나타낸다.

양성애적 소질【兩性愛的 素質】bisexuality

이성애적 지향과 동성애적 지향을 모두 가지고 있는 상태. 즉, 이성과 동성 모두에게 성적 관심과 매력을 느끼는 경향성을 의미한다. '양성애'와 같은 의미로 사용된다.

양수【羊水】amniotic fluid

포유류 및 파충류 등의 유양막류(有羊膜類)와 무척추 동물인 곤충류에서 그 개체가 발생 및 발달하는 과정에서, 특히 인간의 경우 임신 중에 배아·태아를 둘러싸고 있는 양막(羊膜, amnion)의 내부를 채우고 있는 액체를 말하는 것으로, '양막액(羊膜液)'이라고도 한다. 양막(羊膜)과 함께 배아·태아를 충격으로부터 보호하고 온도를 조절하는 기능을 하며, 출산 시에는 태아의 분만을 수월하게 해주는 기능을 한다. 임신 초기에는 무색 상태로 있다가 점차 임신 후반으로 가면서 탁해지는데, 그 이유는 태아로부터 떨어져 나온 태지(胎脂), 피부(皮膚) 및 태발(胎髮) 등이 섞이기 때문이다. 태아의 건강 상태나 이상 여부를 파악하기 위해 일정량의 양수를 뽑아 양수 검사(amniocentesis)를 실시하기도 하는데, 주 목적은 양수에 포함된 태아로부터 떨어져 나온 피부 등의 세포를 분석함으로써 태아의 염색체 또는 유전자의 이상 여부를 파악하는 데 있다. 임신 후기의 태내 양수의 양은 약 600~800㎖ 정도이다.

양수 검사【羊水 檢査】analysis of amniotic fluid

임신 중 태아의 염색체 이상이나 유전병 등과 같은 이상 여부를 진단하기 위해 태아를 감싸고 있는 양수를 뽑아 검사하는 방법. '양수 검사법'이라고도 한다.

양수 검사법【羊水 檢査法】analysis of amniotic fluid

임신 중 태아의 염색체 이상이나 유전병 등과 같은 이상 여부를 진단하기 위해 태아를 감싸고 있는 양수를 뽑아 검사하는 방법. '양수 검사'라고도 한다. 이 방법은 태아를 감싸고 있는 양막 안으로 빈 주사바늘을 투입하여 일정양의 양수를 뽑은 후에 그 속에 포함되어 있는 태아의 세포를 검사하는 절차를 따르기 때문에 흔히 양수 검사법은 '양막 천자('양수 천자'라고도 함)'와 같은 의미로 사용된다.

양수 천자【羊水 穿刺】amniocentesis

'양막 천자'라고도 하며, '양수 검사법'과 같은 의미로 사용된다. CLICK 'ᅟ양막 천자' 및 '양수 검사법'

양육【養育】nurture

(1) 아이를 보살펴 자라게 함. (2) 출생 전(임신 기간) 및 출생 후에 개체의 발달적 변화를 일으키는 모든 환경적 요인이나 조건들의 영향. 개인이 생활해가는 환경의 영향을 받아 발달이 이루어짐을 의미한다. '육성(育成)'과 같은 의미로 사용된다.

양육 가설【養育 假說】caregiving hypothesis

양육자에 대해 아이가 발달시키는 애착은 아이가 양육자로부터 받아온 양육에 의해 결정된다고 보는 가설. 애착의 발달과 관련하여 메리 에인스워스(Mary Ainsworth: 1913~1990)가 제안한 가설로, 이 가설에 따르면 영아가 특정 양육자(흔히 어머니)와의 관계에서 발달시키게 되는 애착의 유형과 질은 그 양육자와의 관계에서 어떤 양육을 제공받느냐에 달려 있다고 한다. 예컨대, 건강한 애착 관계라 할 수 있는 '안전 애착(secure attachment: '안정 애착'이라고도 함)'을 발달시킨 영아의 경우에는 양육자로부터 민감하고 반응적인 양육을 지속적으로 받아온 결과라고 설명한다.

양육 방식【養育方式】parenting style

부모가 자녀를 양육하는 방식. 자녀의 요구에 대한 수용성(또는 반응성) 차원과 자녀의 행동이나 태도에 대한 통제성 차원이 어느 정도 비중으로 적용되는지에 따라 여러 유형의 양육 방식으로 구분된다. 일반적으로 양육 방식은 크게 '권위 있는 양육 방식', '권위주의적(또는 독재적) 양육 방식', '허용적 양육 방식', '방임적 양육 방식' 등 네 가지 유형으로 구분한다. 이 가운데 '권위 있는 양육 방식'은 자녀의 요구에 대한 수용성 차원과 자녀의 행동이나 태도에 대한 통제성 차원이 균형 있게 모두 반영된 양육 방식으로, 흔히 적응적이고 건강한 자녀 발달을 이루는 데 있어 가장 효과적이고 바람직한 양육 방식으로 평가된다.

양의 보존【量의 保存】conservation of quantity

'양 보존'이라고도 한다. CLICK 양 보존

양자【養子】adopted child / adopted son

(1) 입양(adoption)을 통해 자식의 자격을 얻은 사람. (2) 입양을 통해 자식의 자격을 얻은 아들.

양자 연구【養子 硏究】adoption study

인간의 신체적, 심리적 및 행동적 특성들에 미치는 유전과 환경의 영향을 밝히기 위해 생물학적 부모(즉, 친부모)가 아닌 양부모(養父母)에게 입양되어 발달한 아동(흔히 이 아동을 남아의 경우에는 '양자', 여아의 경우에는 '양녀'라고 부름)들을 대상으로 진행하는 연구 또는 연구 방법을 말한다. '입양 연구'라고도 하며, '입양 설계'와도 같은 의미로 사용된다.

양적 변화【量的 變化】quantitative change

발달(development) 또는 발달적 변화를 기술하는 개념 가운데 하나로, 발달에서 어떤 두 시기 사이에 나타난 변화가 뚜렷하게 구분되는 큰 변화를 포함하고 있을 때를 지칭하는 '질적 변화'와 달리, 발달의 두 시기 사이에 양적인 측면에서 그 크기나 정도(degree)의 차이를 비교할 수 있는 점진적인 변화를 포함하고 있을 때 이런 변화를 지칭하여 '양적 변화(量的 變化, quantitative change)' 또는 '양적인 변화'라고 한다. 즉, 발달의 두 시기 사이에 발달적 변화의 크기나 정도가 점진적으로 진행되는 과정을 포함하고 있을 때 이러한 발달 과정 또는 발달적 변화의 과정을 지칭하여 '양적 변화' 또는 '양적인 변화'라고 한다. 이와 달리, 발달의 두 시기 사이에 갑작스런 큰 변화를 나타내기 때문에 변화 전의 시기와 변화 이후의 시기를 점진적인 크기나 정도의 차이로 기술하기 어려운, 따라서 두 시기 간의 차이를 질적 변화 또는 질적 차이로 기술해야 하는 발달적 변화를 지칭할 때는 '질적 변화(質的 變化, qualitative change)' 또는 '질적인 변화'라는 표현을 사용한다. 양적 변화와 질적 변화의 개념을 더 구체적으로 살펴보면, 먼저 변화 과정을 통해 이루어진 둘 또는 둘 이상의 발달적 국면들에서 나타난 차이가 '더 많이' 또는 '더 적게' 등으로 묘사될 수 있는 양적 차이의 변화를 지칭할 경우에는 '양적 변화'라는 표현을 사용하고, 이와 달리 전혀 다른 수준이나 차원을 나타내는 변화를 지칭할 때는 '질적 변화'라는 표현을 사용한다. 따라서 '질적 변화'라는 말에는 '더 많이' 또는 '더 적게'와 같은 양적 개념을 사용한 비교가 불가능하다는 의미가 포함되어 있다.

양적 연구【量的 硏究】quantitative research

연구는 사용된 데이터(자료)의 특성에 따라 양적 연구와 질적 연구로 구분할 수 있는데, 그 중 다수의 연구 참여자를 대상으로 다량의 데이터를 수집하고 이를 분석한 결과를 바탕으로 하여 결론에 도달하는 방식을 취하는 연구 형태를 양적 연구라고 한다. 오늘날 사회 과학에서 취하고 있는 큰 흐름인 경험적 연구에서 사용하는 두 가지 연구 형태(양적 연구와 질적 연구) 가운데 하나로, 설문조사를 바탕으로 하는 조사 연구, 인과관계를 밝히기 위해 실시하는 실험 연구 등이 양적 연구에 해당한다.

양적인 변화【量的인 變化】quantitative change

발달(development) 또는 발달적 변화를 기술하는 개념 가운데 하나로, 발달의 두 시기 사이에 나타난 변화가 양적인 측면에서 그 크기나 정도(degree)의 차이를 비교할 수 있는 점진적인 변화를 포함하고 있을 때 이런 변화를 지칭하여 '양적인 변화' 또는 '양적 변화'라고 한다. 이와 달리, 발달의 두 시기 사이에 나타난 변화가 뚜렷하게 구분되는 큰 변화를 포함하고 있을 때 이런 변화를 지칭하여 '질적인 변화' 또는 '질적 변화'라고 한다.

어머니 요인【어머니 要因】mother factor

자녀의 발달에 영향을 미치는 어머니 변인 또는 어머니 역할 변인.

어머니의 게이트키핑 maternal gatekeeping

'어머니의 문지기 행동'이라고도 한다.

CLICK 어머니의 문지기 행동

어머니의 문지기 행동【어머니의 門지기 行動】maternal gatekeeping

자녀의 양육 과정에서 아버지의 참여를 제지하거나 방해하는 어머니의 신념이나 행동. 또는 그와 같은 어머니의 심리적 특성을 지칭하기도 한다. 일반적으로 자녀 양육 과정에서 어머니는 아이와 더 많은 접촉을 하면서 자녀 양육에 대해 주도적 역할을 하는 위치에 있기 때문에 자녀 양육에 대해 어머니의 가치관이나 관점에 따라 아버지가 자녀 양육 과정에서 하는 역할이나 행동에는 상당한 제한을 받게 되기 쉽다. '어머니의 게이트키핑'이라고도 한다.

어머니의 아기식 말투【어머니의 아기式 말투】motherese

성인(흔히 어머니)이 생후 초기의 영·유아와 소통할 때 사용하는 말투. '모성어(母性語)'라고도 한다.

CLICK 모성어

어빙 이자도어 고테스만 Irving Isadore Gottesman (1930~2016)

미국의 행동유전학자. 행동유전학 분야, 특히 정신분열증(조현병)의 유전에 관한 많은 연구를 수행했다. '고테스만'으로 표기하기도 한다.

CLICK 고테스만

어휘 급증【語彙 急增】vocabulary spurt

언어발달 과정에서 생후 초기(약 10~15개월경)의 영아가 첫 단어를 말하기 시작한 이후에 나타나는 어휘의 급격한 발달 현상. 일반적으로 어휘 급증 현상은 대략 생후 18개월을 전후한 무렵에 나타나기 시작한다.

억압【抑壓】repression

프로이트(Freud: 1856~1939)의 이론에서 사용되는 주요 개념들 가운데 하나로, 개인에게서 불안을 유발하는 사고, 감정, 욕구 및 갈등 등과 같은 요소들을 의식이 되지 않는 무의식 수준(또는 무의식의 세계)으로 밀어내는 자아의 작용.

억제【抑制】inhibition

(1) 어떤 감정, 욕구, 인지활동 또는 행동 등의 반응이 일어나는(또는 실행되는) 것을 제어하여 금지하는 것. 또는 그렇게 하는 능력. (2) 흥분한 신경세포의 작용에 의해 다른 신경세포의 활동이나 흥분이 감소 또는 제지되는 것.

억제적 통제력【抑制的 統制力】inhibitory control

금지된 행동을 하고 싶은 유혹이나 욕망을 억제(또는 저항)하는 힘 또는 능력.

언어【言語】language

생각이나 감정 또는 메시지를 전달하거나 표현하기 위해 사용하는 음성이나 문자 등의 상징 체계.

언어문화【言語文化】language culture

언어 및 언어 사용과 관련된 문화 또는 문화적 특징.

언어 사회학【言語 社會學】linguistic sociology

언어(또는 언어 현상)가 사회 집단 및 사회활동과 어떤 관련이 있는지에 초점을 맞추어 연구하는 학문 분야. 집단 속에서 사용되는 언어의 특징, 사회(또는 사회 구조)의 변화에 따른 언어의 변화 양상과 특징 등의 주제를 다룬다.

언어 산출【言語 産出】language production

언어발달 과정에서 아동이 단어나 문장을 사용하여 말을 생성해내는 것. '언어 생성'이라고도 한다.

언어 상대성【言語 相對性】linguistic relativity

언어는 세상을 보고 인식하는 방식에 영향을 미치기 때문에 서로 다른 언어를 사용하는 문화들에 따라 각 문화 속의 사람들이 세상을 지각하고 인식하는 방식에서 차이를 보이게 되는데, 이러한 경향이나 특성을 지칭하여 '언어 상대성'이라고 한다.

언어 상대성 가설【言語 相對性 假說】linguistic relativity hypothesis

사피어(E. Sapir)와 워프(B. L. Whorf)에 의해 제안된 문화와 언어의 관련성을 주장하는 학설. 이 가설에 따르면 언어는 세상을 보고 인식하는 방식에 영향을 미치기 때문에 서로 다른 언어를 사용하는 문화들에 따라 각 문화 속의 사람들이 세상을 보고 인식하는 방식에서 차이를 보이게 된다고 설명한다. '사피어－워프 가설(Sapir－Whorf hypothesis)'이라고도 한다.

언어 생성【言語 生成】language production

'언어 산출'이라고도 한다. CLICK 언어 산출

언어 생성 능력【言語 生成 能力】language-making capacity (LMC)

인간의 뛰어난 언어 습득 또는 학습을 가능하도록 만들어주는 언어 처리 및 학습과 관련된 고도로 전문화된 인지적 능력. 이 개념을 사용하는 학자들은 인간의 풍부한 언어 습득과 사용을 가능하게 하는 것은 촘스키(Chomsky: 1928~)가 제안한 '언어 습득 장치(language acquisition device, LAD)'와 같은 언어 습득을 위한 장치나 지식을 가지고 태어나기 때문이라고 보는 대신에, 언어 습득 또는 학습을 가능하게 해주는 뛰어난 전문화된 인지적이고 지각적인 능력을 가지고 태어난 결과라고 본다.

언어 습득 기제【言語 習得 機制】language acquisition device (LAD)

인간이 언어 습득을 할 수 있도록 선천적으로 타고난 언어 습득 능력 또는 언어 습득을 위한 장치. 미국의 언어학자인 촘스키(Chomsky: 1928~)가 제안한 개념으로, 인간이 언어 습득을 가능하게 만들어주는 선천적인 가상의 장치(또는 기제)를 의미한다.

CLICK 언어 습득 장치

언어 습득 장치【言語 習得 裝置】language acquisition device (LAD)

인간이 언어 습득을 할 수 있도록 선천적으로 타고난 언어 습득 능력 또는 언어 습득을 위한 장치. 미국의 언어학자인 촘스키(Chomsky: 1928~)가 제안한 개념으로, 인간의 언어 습득을 가능하게 만들어주는 선천적인 가상의 장치를 의미한다. 촘스키는 인간이 언어를 지배하는 규칙인 문법을 이해하고, 이를 통해 새롭고 다양한 문장과 표현을 무한하게 생성해내고, 또 이해할 수 있는 것은 문법에 관한 지식과 능력을 담고 있는 장치를 선천적으로 가지고 태어나기 때문이라고 보았다. 이와 같이 인간이 언어의 규칙, 즉 문법을 이해하고 풍부한 언어 사용을 가능하도록 만들어주는 가상의 선천적인 언어 습득의 장치(또는 기제)를 지칭하여 붙여진 명칭이 '언어 습득 장치'이다. '언어 습득 기제', '언어 획득 장치', '언어 획득 기제'라고도 하며, 영어 표현의 약자인 'LAD'라고도 한다.

언어심리학【言語心理學】psychology of language / psycholinguistics

인간의 언어 행동에 관하여 연구하는 심리학의 한 분야. 특히 언어의 획득, 이해, 사용 및 그와 관련된 심리적 과정 등에 관한 주제를 다루며, 언어학, 논리학 및 철학 등의 학문 분야들과도 밀접한 관련이 있다.

언어의 5요소【言語의 5要素】five components of language

언어를 이해하고 능숙하게 사용하기 위해 요구되는 5가지 요소. 여기에는 음운론적 지식, 의미론적 지식, 형태론적 지식, 통사론적 지식, 그리고 화용론적 지식 등 5가지 요소가 포함된다. 구체적으로 살펴보면, 먼저 음운론(phonology)은 한 언어가 가지고 있는 음성(또는 말소리)의 체계 및 이 음성들이 유기적으로 결합하여 의미 있는 단어나 문장을 만들어내는 관계 또는 규칙을 의미하며, '음운 체계'라고도 한다. 의미론(semantics)은 한 언어에서 사용되는 단어와 문장이 표현하는 의미를 말하며, 형태론(morphology)은 한 언어에서 소리들이 결합하여 뜻을 가진 단어를 형성하는 규칙을 의미한다. 구문론(syntax)은 한 언어에서 의미를 가진 문장을 구성하기 위해 단어들과 문법적 요소를 결합하는 규칙을 의미하며, '통사론'이라고도 한다. 끝으로, 화용론(pragmatics)은 특정한 사회적인 맥락과 관계 속에서 효과적으로 의사소통하기 위해서 언어를 어떻게 사용해야 하는가에 관한 규칙을 의미한다.

언어 이전기 의사소통【言語 以前期 意思疏通】prelinguistic commucation

'언어 이전 단계(prelinguistic phase)'에서 이루어지는 의사소통.

CLICK 언어 이전 의사소통

언어 이전 단계【言語 以前 段階】prelinguistic phase / prelinguistic period

출생 후의 언어발달 과정에서 아동이 의미 있는 말, 즉 의미 있는 단어를 사용하기 이전의 시기(또는 단계). '전언어 단계', '언어 이전 시기', '전언어 시기'라고도 한다.

언어 이전 시기【言語 以前 時期】prelinguistic phase / prelinguistic period

'언어 이전 단계'라고도 한다.

CLICK 언어 이전 단계

언어 이전 의사소통【言語 以前 意思疏通】prelinguistic commucation

'언어 이전 단계(prelinguistic phase)'에서 이루어지는 의사소통. 흔히 언어 이전의 시기 동안에 아기들은 울음, 미소, 눈맞춤, 옹알이 등과 같은 선천적인 기제들을 활용하여 양육자와 의사소통을 하게 된다. '언어 이전기 의사소통'이라고도 한다.

언어 이해【言語 理解】language comprehension

언어발달 과정에서 아동이 듣거나 접한 단어 또는 문장을 이해하는 것. 또는 이해할 수 있는 언어(단어나 문장 등)를 의미하기도 한다.

언어 장애【言語 障碍】language disorders

지적 능력(지능)이 정상(또는 정상적 범위)임에도 불구하고 말하기나 언어를 사용하는 의사소통에 어려움을 보이는 의사소통 장애(communication disorders)의 4개 하위 유형들 가운데 하나로, 특히 언어 기능이나 능력이 떨어져 대인 관계나 사회생활 등에서 상호작용의 어려움 및 이와 관련된 부적응을 겪는 장애를 말한다. 즉, 언어 이해나 언어 표현 능력의 손상(사용하는 어휘 부족 및 문장 구조의 빈곤 등)으로 인해 사회활동 참여, 의사소통, 학업, 직업생활 및 수행 등에서 어려움 또는 부적응을 나타내는 장애를 말한다. 구체적으로 언어 장애는 생각이나 감정 또는 메시지를 말로 표현하는 언어인 표현성 언어(expressive language)나 상대방이 하는 말을 듣고 이해하는 언어인 수용성 언어(receptive language)의 기능이 현저히 떨어지기 때문에 또래 관계, 학교생활과 학업, 사회생활, 직업 활동 등이 포함된 타인과의 관계 및 사회적 상호작용에서 곤란을 겪는 장애이다. 흔히 이 장애는 유아기나 아동기 또는 청소년기 동안에 확인되거나 진단되는 경우가 많다. 언어장애의 하위 유형에는 표현성 언어 장애(expressive language disorder), 말더듬(stuttering), 혼재성 수용성–표현성 언어 장애(mixed receptive–expressive language disorder) 등이 포함된다.

언어적 보편성【言語的 普遍性】linguistic universal

언어적 보편성은 전 세계의 아동들이 언어발달 과정에서 보편적으로 나타나는 변화와 특징들을 의미한다. 구체적으로 전 세계의 아동들은 거의 같은 시기에 옹알이를 하고(생후 약 4~6개월경 옹알이 시작), 거의 같은 시기에 첫 단어를 사용하며(생후 약 12~13개월경 첫 단어 사용하기 시작), 또한 거의 같은 시기에 문장을 구성하여 사용한다(생후 약 4~5세경). 이와 같이 전 세계의 아동들이 언어발달에서 보이는 보편적인 변화와 특징들을 지칭하여 '언어적 보편성'이라고 한다.

언어적 성희롱【言語的 性戱弄】verbal sexual harassment

성희롱의 하위 유형 가운데 하나로, 상대방의 의사에 반하는 또는 상대방이 원치 않는 성적인 언어 자극이나 표현(예를 들면, 성적인 농담이나 음담패설 또는 기타 성적인 말이나 표현 등)을 함으로써 성적 굴욕감이나 혐오감을 느끼도록 만드는 행위 또는 그러한 성희롱. '언어형 성희롱'이라고도 한다.

CLICK 성희롱

언어적 역량【言語的 力量】linguistic competence

언어의 문법을 이해하고 이를 반영하여 의미 있는 문장과 표현을 만들며, 나아가 그러한 문장과 표현을 이해하는 역량 또는 능력.

언어적 지능【言語的 知能】linguistic intelligence

언어를 이해하고 사용하는 능력과 관련된 지능. 구체적으로 문법, 말소리와 단어의 의미, 의사소통이 이루어지는 다양한 상황 등을 고려하고 이해하며, 나아가 적절하게 표현하는 능력을 의미한다. 미국의 심리학자 '하워드 얼 가드너(Howard Earl Gardner: 1943~)'가 제안한 '다중 지능 이론(theory of multiple intelligences)'에서는 인간의 지능은 서로 독립적으로 기능하는 8가지의 지능(최근에는 9번째 지능을 추가로 제시)으로 구성되어 있다고 보는데, 그 가운데 하나가 언어적 지능이다. 이외에도 다중 지능 이론에서는 논리–수학적 지능, 공간적 지능, 신체–운동적 지능, 음악적 지능, 개인 내적 지능, 개인 간 지능(또는 대인 관계적 지능), 자연주의적 지능, 그리고 가장 최근에 새로운 지능의 한 영역으로 실존적 지능(또는 존재론적 지능) 등을 제안하고 있다.

언어 지능【言語 知能】linguistic intelligence

'언어적 지능'이라고도 한다. CLICK 언어적 지능

언어 획득 기제【言語 獲得 機制】language acquisition device (LAD)

미국의 언어학자인 촘스키(Chomsky: 1928~)가 제안한 개념으로, 인간의 언어 습득을 가능하게 만들어주는 선천적인 가상의 장치. '언어 습득 장치', '언어 습득 기제', '언어 획득 장치'라고도 한다.

CLICK '언어 습득 장치' 또는 '언어 획득 장치'

언어 획득 장치【言語 獲得 裝置】language acquisition device (LAD)

미국의 언어학자인 촘스키(Chomsky: 1928~)가 제안한 개념으로, 인간의 언어 습득을 가능하게 만들어주는 선천적인 가상의 장치. 촘스키는 인간이 언어를 지배하는 규칙인 문법을 이해하고, 이를 통해 새롭고 다양한 문장과 표현을 무한하게 생성해내고, 또 이해할 수 있는 것은 문법에 관한 지식과 능력을 담고 있는 장치를 선천적으로 가지고 태어나기 때문이라고 보았다. 이와 같이 인간이 언어의 규칙, 즉 문법을 이해하고 풍부한 언어 사용을 가능하도록 만들어주는 가상의 선천적인 언어 획득의 장치(또는 기제)를 지칭하여 붙여진 명칭이 '언어 획득 장치'이다. '언어 습득 장치', '언어 습득 기제', '언어 획득 기제'라고도 하며, 영어 표현의 약자인 'LAD'라고도 한다.

언청이 cleft lip

선천적으로 구강의 윗입술이 세로로 갈라져 있는 상태를 '구순열(口脣裂)', '선천성 상구순 파열(先天性 上口脣 破裂) 또는 '입술 갈림증'이라고 하는데, '언청이'라는 말은 이 증상을 가진 사람을 낮잡아 이르는 표현이다. CLICK 구순열

얼굴 선호 【얼굴 選好】 facial preference

영아기의 어린 아기들은 다른 모양의 그림이나 사진들보다 사람의 얼굴 모양을 더 선호하는 반응을 나타낸다. 이와 같이 인간의 아기들이 보이는 선천적으로 가지고 태어나는 것으로 이해되고 있는 사람 얼굴에 대한 선호 경향을 지칭하여 '얼굴 선호' 또는 '얼굴 선호 경향'이라고 한다.

얼굴 선호 경향 【얼굴 選好 傾向】 facial preference

'얼굴 선호'라고도 한다. CLICK 얼굴 선호

얼굴 실인증 【얼굴 失認症】 prosopagnosia

얼굴을 재인하는 '얼굴 지각 능력'에서의 손상을 나타내는 증상으로, 뇌 손상에서 비롯된다.

에고 ego

프로이트(Freud: 1856~1939)가 제안한 성격을 구성하는 세 요소 가운데 하나. '자아'라고도 한다.

CLICK 자아

에른스트 모로 Ernst Moro (1874~1951)

오스트리아의 내과 및 소아과 의사. 모로 반사(Moro reflex)의 발견자이다. '모로', 'Moro', 'Ernst Moro' 등으로 표기하기도 한다. CLICK 모로

에릭 번 Eric Berne (1910~1970)

캐나다 태생의 미국 정신의학자. 성격, 대인 관계 및 의사소통에 관한 체계적인 분석 기법 또는 이론 체계인 '교류분석(이론)'의 창시자. 맥길 대학교에서 의학을, 예일 대학교에서 정신분석을 공부하였고, 유명한 정신분석학자이자 심리학자인 에릭 에릭슨(Erik Erikson: 1902~1994)의 지도를 받기도 했다. 정신분석학에 대한 비판적 시각을 가지고 오랜 연구 끝에 개발한 이론이 '교류분석 이론('교류분석'이라고도 한다)'이다. 이 이론은 일반 사람들 또는 환자들로 구성된 특정 집단의 구성원들 간에 이루어지는 교류(交流, transaction)의 측면에서 상호관계를 분석하는 기법 또는 이론 체계이다. '번', 'Berne', 'Eric Berne' 등으로 표기하기도 한다.

에릭슨 Erikson (1902~1994)

에릭 홈부르거 에릭슨(Erik Homburger Erikson). 독일 출신의 미국 심리학자, 정신분석학자. '심리사회적 발달(8단계) 이론'의 창시자이다. 덴마크 출신의 부모 사이에서 태어났는데, 그가 태어나기 전에 부모는 헤어졌고, 어머니는 에릭슨이 3살 때 유태인으로 소아과 의사였던 홈부르거(Homburger) 박사와 재혼했다. 소년 시절 평범한 학생이었던 에릭슨은 고등학교 졸업 후에 진로를 정하지 못한 채 유럽

을 여행하면서 자기 자신을 찾는 기간에 해당하는, 소위 유예기(moratorium)를 갖게 되었고, 그 이후 정신분석학의 창시자인 지그문트 프로이트(Sigmund Freud: 1856~1939)의 딸인 정신분석학자 안나 프로이트(Anna Freud: 1895~1982)가 비엔나에 설립한 학교에서 아동들을 가르치는 동시에 안나 프로이트와 정신분석을 연구하게 되면서 본격적으로 정신분석학의 길로 들어서게 되었다. 정신분석학과 지그문트 프로이트의 심리성적 발달 이론(psychosexual developmental theory)을 공부한 에릭슨은 프로이트 이론에서 제시하는 5개의 발달 단계에 더하여 청소년기 이후인 성인기 동안에 해당하는 새로운 3개의 단계들을 추가하고, 각 단계들에서 성공적인 적응과 발달을 위해 개인이 수행해야 하는 발달 과업을 담은 심리사회적 발달 이론(psychosocial developmental theory)을 제시하였다. 그의 이론을 통해, 에릭슨은 성격의 발달 과정에서 생물학적 충동과 성적인 측면을 강조했던 프로이트와는 달리, 에릭슨은 자아의 기능, 능동적 탐색과 적응 및 사회·문화적 측면의 영향을 강조하였다. 또한 인간의 발달이 8단계를 거치면서 진행된다고 보았고, 각 단계마다 개인이 해결해 가야 할 심리사회적 과제가 있다고 보았다. 각 단계에서 부과되는 심리사회적 과제를 성공적으로 해결하면 긍정적인 자아의 발달과 함께 다음 단계에서의 긍정적인 발달의 토대가 이루어지지만, 그렇지 못하고 불만족스런 해결 과정을 거치게 되면 자아가 손상을 입게 되며, 나아가 다음 단계에서의 부정적인 발달로 이어지게 될 가능성이 증가된다고 보았다. 자아 심리학(Ego pshchology) 분야의 발전에 크게 기여하였고, 정체감 위기(Identity crisis) 개념을 처음으로 만들어 제시한 학자로 평가받고 있다. '에릭 에릭슨', '에릭 홈부르거 에릭슨', 'Erikson', 'Erik Erikson', 'Erik Homburger Erikson' 등으로 표기하기도 한다.

에릭슨의 심리사회적 발달 8단계【에릭슨의 心理社會的 發達 8段階】Erikson's eight stages of psychosocial development

독일 태생의 미국 정신분석학자이자 심리학자인 에릭 에릭슨(Erik Erikson: 1902~1994)은 일생을 통해 이루어지는 인간의 성격 발달을 설명하기 위해 '심리사회적 발달 이론(psychosocial developmental theory)'을 제시하였다. 이 이론은 프로이트(Freud: 1856~1939)의 이론을 수정하고 확장한 이론으로, 성격의 발달 과정에서 생물학적 충동과 성적인 측면을 강조했던 프로이트와는 달리, 인간의 능동적 탐색과 적응 및 사회·문화적 요인들의 영향을 강조했다. 또한 전생애를 통해 모두 8개의 단계를 거치며 발달이 이루어진다고 보았기 때문에 에릭슨의 심리사회적 발달 이론을 지칭하여 '에릭슨의 심리사회적 발달 8단계' 또는 '에릭슨의 8단계 심리사회적 발달 이론'이라고도 한다. 에릭슨은 사람은 일생을 통해 8개의 단계를 거치면서 각각의 시기마다 심리사회적 갈등이 발생한다고 보았고, 각각의 시기에서 발생하는 심리사회적 갈등을 성공적으로 해결하는 것은 건강한 적응과 다음 단계의 발달을 위한 중요한 조건이라고 보았다. 에릭슨의 심리사회적 발달 이론에서 제시하고 있는 8단계는 다음과 같다. (1단계) 유아기(infancy): '기본적 신뢰감 대 불신감(basic trust versus mistrust)' 단계로, 출생 후 대략 1년까지이며 프로이트의 심리성적 발달 이론의 구강기에 해당한다. (2단계) 걸음마기(toddlerhood): '자율성 대 수치심 및 회의(autonomy versus shame and doubt)' 단계로, 대략 1~3세까지이며 프로이트 이론의 항문기에 해당한다. (3단계) 전학령기(preschool age): '주도성 대 죄책감(initiative versus guilt)' 단계로, 대략 3~6세까지이며 프로이트 이론의 남근기에 해당한다. (4단계) 학령기(school age): '근면성 대 열등감(industry versus inferiority)' 단계로, 대략 6~12세까지이며 프로이트 이론의 잠복기에 해당한다. (5단계) 청소년기(adolescence): '정체감 대 정체감 혼미

(identity versus identity confusion)' 단계로, 대략 12~20세까지이며 프로이트 이론의 생식기에 해당한다. (6단계) 성인 초기(young adulthood): '친밀성 대 고립감(intimacy versus isolation)' 단계로, 대략 20~40세까지의 시기에 해당한다. (7단계) 성인 중기 또는 중년기(middle age): '생산성 대 침체감(generativity versus stagnation)' 단계로, 대략 40~65세까지의 시기에 해당한다. 마지막 (8단계) 성인 후기 또는 노년기(older adulthood): '통합감 대 절망감(integrity versus despair)' 단계로 대략 65세 이후의 시기에 해당한다. 프로이트의 심리성적 발달 이론에서는 모두 다섯 개의 단계를 제시하고 있고, 그 중에서 마지막 단계는 생식기이기 때문에 에릭슨의 심리사회적 단계 중에서 청소년기를 포함하는 뒷부분의 네 단계(5~8단계)는 연령 분류의 측면에서 보면 프로이트 이론의 마지막 단계인 생식기에 해당한다.

에릭 에릭슨 Erik Erikson (1902~1994)

에릭 홈부르거 에릭슨(Erik Homburger Erikson). 독일 출신의 미국 심리학자, 정신분석학자. '심리사회적 발달(8단계) 이론'의 창시자. '에릭슨', '에릭 홈부르거 에릭슨', 'Erikson', 'Erik Erikson', 'Erik Homburger Erikson' 등으로 표기하기도 한다. CLICK 에릭슨

에릭 홈부르거 에릭슨 Erik Homburger Erikson (1902~1994)

독일 출신의 미국 심리학자, 정신분석학자. '심리사회적 발달(8단계) 이론'의 창시자. '에릭슨', '에릭 에릭슨', 'Erikson', 'Erik Erikson', 'Erik Homburger Erikson' 등으로 표기하기도 한다. CLICK 에릭슨

에스트로겐 estrogen

여성의 성적 성숙을 일으키는 작용을 하는 여성호르몬. 여성의 난소에서 분비되는 성호르몬의 하나로, 여성의 제2차 성징의 발현, 자궁근(子宮筋)의 발육 및 자궁내막의 증식, 배란 및 월경 주기 통제, 유선관의 증식 및 분비 촉진 등의 기능을 한다. 동물들의 경우에는 발정(發情) 현상을 통제하는 기능을 한다.

에이브러햄 매슬로우 Abraham Maslow (1908~1970)

에이브러햄 해럴드 매슬로우(Abraham Harold Maslow). 미국의 심리학자. 인본주의 심리학의 창시자이며, '욕구 위계 이론'을 제시하였다. '매슬로', '매슬로우', '에이브러햄 해럴드 매슬로우', 'Maslow', 'Abraham Maslow' 등으로 표기하기도 한다.

CLICK 매슬로우

에인스워스 Ainsworth (1913~1999)

메리 딘스모어 샐터 에인스워스(Mary Dinsmore Salter Ainsworth). 미국 및 캐나다 여성 심리학자. 미국 오하이오 주에서 태어났으나 부친의 근무지를 따라 캐나다에서 주로 성장하였고, 토론토 대학교에서 심리학을 전공하여 학사, 석사 및 박사학위를 받았다. 애착 이론으로 유명한 영국의 정신분석학자이자 정신과 의사인 존 볼비(John Bowlby: 1907~1990)와 함께 40여년에 걸쳐 애착에 관한 연구를 진행하였다. 남편의 근무지였던 우간다에 머무는 기간(약 2년)에 진행했던 유아의 애착발달에 관한 연구와 그 이후 미국의 볼티모어에서 진행했던 볼티모어 연구를 통해 영·유아의 애착발달의 양상과 특징을 세밀하게 관찰하고 기술함으로써 생후 아동들에게서 나타나는 애착발달을 이해하는 데 큰 공헌을 하였다. 특히 미국의 볼티모어 지역과 그 지역에 위치한 존스 홉킨스 대학교에서 진행한 영·유아들의 행동 관찰과 낯선 상황 또는 낯선이 상황(stranger situation) 연구를 통해 애착의 세 가지 양상(안정 애착, 불안정-회피 애착, 불안정-저항 애착 또는 불안정-교차 애

착 등)을 기술하고 제시한 것으로 유명하다. 에인스워스의 연구는 애착발달에 관한 이해와 연구 및 발달심리학 발전에 큰 공헌을 한 것으로 평가되고 있다. '메리 에인스워스', 'Ainsworth', 'Mary Ainsworth' 등으로 표기하기도 한다.

에피소드 episode

어떤 사건이나 이야기의 중간에 들어 있는 짧은 이야기(또는 토막 이야기). '삽화(揷話)'라고도 한다.

엑스 결함 증후군【엑스 缺陷 症候群】fragile X syndrome / fragile-X syndrome

유전 장애의 하나로, 결함이 있는 X 염색체가 원인이 되어 발생한다. 이 증후군을 가진 사람들은 정신지체, 과잉 활동성, 학습 장애, 주의력 결핍, 사회적 불안 등과 같은 일련의 발달적 문제들을 나타낸다. 'X 결함 증후군' 또는 'X-결함 증후군'으로 표기하는 경우가 많으며, '취약 X 증후군'이라고도 한다.

CLICK 취약 X 증후군

엑스 염색체【엑스 染色體】X-chromosome / X chromosome

인간의 모든 체세포의 핵 안에는 23쌍(46개)의 염색체가 들어 있는데, 그 중에서 23번째의 염색체(쌍)는 성(性)을 결정하는 데 관여하기 때문에 성염색체(性染色體, sex chromosome)라고 한다. 성염색체는 성(남성과 여성 또는 암·수)을 결정하는 유전 명령을 담고 있으며, 두 가지 유형(X 염색체와 Y 염색체)이 있는데, 그 가운데 하나가 엑스 염색체(X 염색체)이다. 염색체의 유형 구분은 그 모양에서 비롯된 것으로, 인간, 개, 소 등이 포함되는 포유동물들은 여성(또는 암컷)의 경우 두 염색체가 모두 X 염색체로 구성되어 있고, 남성(또는 수컷)의 경우에는 한 개의 X 염색체와 한 개의 Y 염색체로 구성되어 있다. 이와 같은 성염색체 조합에 따른 성 결정은 수정 과정에서 이루어지는 것으로, 수정 시 23번째 염색체인 성염색체 쌍이 결합되는 과정에서 XY 결합이 이루어지면 태아는 남성이 되고, XX 결합이 이루어지면 여성이 된다.

엔 세대【엔 世代】N generation

'net generation'의 약자로, Scott(1997)가 'Growing up digital: The Rise of the Net'에서 처음으로 사용한 용어로 알려져 있다. 이러한 N세대를 인구·통계적으로 정의하면, 미국에서의 경우 제2차 세계대전 이후인 1946년부터 1964년 사이에 출생한 '베이비붐' 세대의 자녀들로 대략 1977년 이후의 출생자들이 중심이 된다. 이들은 디지털(digital)이 제공하는 기술 및 요소들이 중심이 되는 경제 및 사회환경에서 성장한 세대에 해당하며, 디지털 시대 이전의 산업사회 속에서 주로 성장해온 기성세대와 비교할 때 자주 사용되는 표현이다. 이러한 엔 세대(N generation)는 기성세대에 비하여 심리 및 행동적 측면에서 많은 차이를 나타낸다고 보는 견해가 많다. '넷 세대(net generation)'라고도 한다.

엘렉트라 Electra

그리스 신화에 나오는 인물. 왕 아가멤논과 왕비 클리템네스트의 딸이다. 트로이 전쟁의 총사령관으로 10년간 전쟁에 나갔다 돌아온 아버지가 어머니와 어머니의 정부(情夫)에 의해 살해되자 남동생 오레스테스와 힘을 합쳐 어머니와 그 정부를 죽임으로써 아버지의 원수를 갚는다. 정신분석 이론에 나오는 '엘렉트라 콤플렉스(Electra complex)'라는 용어에 포함된 '엘렉트라(Electra)'는 바로 그녀의 이름에서 따온 것이다. '일렉트라'라고도 한다.

엘렉트라 복합【엘렉트라 複合】Electra complex

'엘렉트라 콤플렉스'라고도 한다.

CLICK 엘렉트라 콤플렉스

엘렉트라 복합 감정 【엘렉트라 複合 感情】 Electra complex

'엘렉트라 콤플렉스'라고도 한다.

CLICK 엘렉트라 콤플렉스

엘렉트라 콤플렉스 Electra complex

부친이 가진 남근에 대한 선망과 부친에 대한 근친상간적 소망을 주요 특징으로 하는 남근기(생후 약 3~6세)의 여아들이 갖는 복합적 심리 상태. 같은 시기에 남아들에게서 나타나는 '오이디푸스 콤플렉스(Oedipus complex)'의 여성 버전에 해당한다. 프로이트(Freud: 1856~1939)의 정신분석 이론에서 가정하는 주요 무의식적 특성들 가운데 하나로, 심리성적 발달 단계(총 5단계) 중 3단계(남근기)에서 경험하는 여자 아이들의 복합적인 심리 상태를 말한다. 남근기 동안의 여아들은 아버지에 대한 심리적 유대 및 애정의 감정을 갖는 반면에, 어머니에 대해서는 경쟁적 감정을 갖게 되고, 나아가 이에 따르는 충동, 불안 및 갈등의 복잡한 심리적 상태를 경험하게 된다고 보는데, 이를 지칭하여 '엘렉트라 콤플렉스(Electra complex)'라고 한다. 한편 이 시기 동안에 남아들의 경우에는 어머니에 대하여 심리적 유대 및 성적 욕망을 갖는 반면에, 아버지에 대해서는 경쟁상대로서 적대감을 갖게 되며, 동시에 아버지로부터 거세를 당할지 모른다는 두려움인 거세 불안(castration anxiety)을 경험하게 된다. 나아가 이러한 두려움으로부터 벗어나기 위해 어머니에 대한 이성 감정은 억압되고, 반대로 위협의 대상이었던 아버지를 동일시하게 되는 과정을 거치게 된다고 보았는데, 이러한 복합적인 심리 상태 또는 경험을 일컬어 '오이디푸스 콤플렉스'라고 한다. 엘렉트라 콤플렉스라는 말은 '엘렉트라 복합', '엘렉트라 복합 감정', '일렉트라 복합', '일렉트라 복합 감정'또는 '일렉트라 콤플렉스' 등의 표현으로도 사용되고 있다.

CLICK 오이디푸스 콤플렉스

여기–지금 【여기–只今】 here-and-now

게슈탈트 치료를 비롯한 주요 집단 치료나 집단 상담에서 중요하게 고려되는 개념들 가운데 하나로, 공간적으로는 다른 장소나 다른 공간이 아닌 바로 이곳, 여기에서의 관계와 경험을, 또 시간적으로는 과거나 미래가 아닌 현재, 지금, 이 순간의 관계와 경험을 강조하는 개념이다. '지금–여기'라고도 한다.

여기–지금 상호작용 【여기–只今 相互作用】 here-and-now interaction

게슈탈트 치료를 비롯한 주요 집단 치료나 집단 상담에서 중요하게 고려되는 개념들 가운데 하나로, 공간적으로는 다른 장소나 다른 공간이 아닌 바로 이곳, 여기에서, 또 시간적으로는 과거나 미래가 아닌 현재, 지금 만나고 있는 사람(들)과의 관계에서 이루어지고 있는 상호작용을 나타내는 표현이다. '지금–여기 상호작용'이라고도 한다.

여성 불임 【女性 不姙】 female infertility / female sterility

불임의 원인이 여성에게 있는 경우. '여성 불임증'이라고도 한다.

CLICK 불임증

여성 불임증 【女性 不姙症】 female infertility / female sterility

불임증의 원인이 여성에게 있는 경우. '여성 불임'이라고도 한다.

CLICK 불임증

여성 해방 운동 【女性 解放 運動】 Women's Liberation Movement

양성(여성과 남성)에 대한 차별적 의식과 제도적 차별을 바꾸기 위한 운동. '우먼리브 운동'이라고도 한다.

여성호르몬【女性호르몬】female hormone

인간의 여성 및 척추동물 암컷의 난소에서 주로 분비되는 성호르몬으로 제2차 성징 및 성기의 발육 그리고 기타 생식 기능에 관여하며, 여포에서 분비되는 여포 호르몬과 황체에서 분비되는 황체 호르몬이 있다. 한편 여성호르몬은 주로 난소에서 분비되기 때문에 난소 호르몬이라고도 한다.

여포 자극 호르몬【濾胞 刺戟 호르몬】follicle stimulating hormone (FSH)

뇌하수체에서 분비되는 생식선 자극 호르몬 가운데 하나로, 여성의 난소와 남성의 정소(고환)에 작용하여 각각 난자와 정자의 생성을 자극하는 기능을 한다.

역동【力動】dynamics

(1) 힘 있게 활동적으로 움직이고 있는 상태. (2) 정신분석학 또는 정신분석적 이론에서, 성격의 요소들(자아와 원초아 또는 자아와 초자아) 간의 갈등으로 인한 긴장과 불안 그리고 유동성이 존재하는 관계 또는 그러한 상태.

역동적 체계 이론【力動的 體系 理論】dynamical systems theory

영·유아기 및 아동기 동안에 이루어지는 운동 기술의 발달은 아이의 호기심의 호기심, 신체적 및 운동적 발달과 능력, 환경 탐색 및 목표 추구, 과거의 신체적 및 운동적 경험 등을 포함하는 여러 요인들 간의 복잡하고 역동적인 교류와 상호작용을 통한 재조직화로 설명하는 이론.

역동적 평가【力動的 評價】dynamic assessment

전통적인 지능 검사와는 다른 방식으로 지능을 측정하는 새로운 평가 방식의 하나로, 검사자가 피검사자에게 학습하게 될 자료를 학습하는 데 도움이 되는 지시나 안내를 해줄 때 피검사자가 자료를 얼마나 잘 학습하는지를 평가하는 지능 측정 방식을 말한다.

역량 강화【力量 强化】empowerment

개인의 능력이나 역량 또는 삶에 대한 통제력을 강화시키는 과정. '임파워먼트'라고도 한다.

역량 검사【力量 檢査】power test

개인의 능력을 평가하기 위한 검사의 한 형태. 일반적으로, 개인의 능력을 알아보는 능력 검사(예를 들면, 지능 검사)는 검사에서 요구하는 문제를 해결해내는 속도에 초점을 맞추는지, 아니면 해결해내는 역량에 초점을 맞추는지에 따라 속도 검사와 역량 검사로 구분할 수 있다. 그 중에서 역량 검사는 시간의 제한을 거의 두지 않고 충분한 시간을 준 상태에서 피검사자가 검사에서 요구하는 문제들 가운데 해결해낸 문제의 수뿐만 아니라 어느 정도 수준의 문제까지 해결해내는지를 알아보는 검사의 형태를 말한다. 반면에, 속도 검사(speed test)는 피검사자가 일정한 시간 동안에 요구하는 문제들 가운데 얼마나 많은 문제를 해결해내는지를 알아보는 검사의 형태를 말한다.

역메인스트리밍【逆메인스트리밍】reverse mainstreaming

장애가 있는 학생들을 일반학생들이 생활하는 교실 환경과 흐름에 포함시켜 교육을 받고 생활하도록 하는 교육 접근(방법)을 지칭하여 '메인스트리밍(mainstreaming)'이라고 하며, 이와 반대로 장애를 갖지 않은 일반학생들을 장애학생들을 위해 만들어 놓은 교실 및 교육 환경에 들어가서 일정 기간 동안 생활하도록 하는 교육 접근(방법)을 '역메인스트리밍'이라고 한다.

역위【逆位】breech presentation / breech position

'둔위(臀位)'라고도 한다. CLICK 둔위

역전이【逆轉移】countertransference

상담이나 심리 치료 과정에서 상담자에 의해 일어나는 전이 현상. 내담자에 의해 일어나는 '전이(transference)' 현상과는 반대로, 상담자가 내담자를 상대로 하여 일으키는 전이 현상을 지칭하여 '역전이'라고 한다. 즉, 상담이나 심리 치료 과정에서 상담자가 무의식적으로 과거 특정인에 대해 가졌던 자신의 태도나 감정 또는 욕망을 내담자에게 투입하여 반응하는 현상을 말한다. 이와 같은 '역전이' 현상은 흔히 상담이나 심리 치료의 진행과 효과를 방해하는 요소로 작용한다.

역할【役割】role

사회·문화적으로 특정 지위(또는 위치)에 있는 사람에 대해 기대하는 행동, 행동 양식 또는 임무. 즉, 개개인의 사회적 소속이나 그 안에서의 지위 또는 연령이나 성별 등에 따라 적절한 것으로 기대되는 행동이나 임무를 의미한다.

역할 기대【役割 期待】role expectation

사회·문화적으로 특정 지위(또는 위치)에 있는 사람에 대해 기대하는 행동, 행동 양식 또는 임무를 지칭하여 '역할(role)'이라고 한다. 이러한 역할과 관련하여, 사회나 집단(예를 들면, 부모가 포함된 가족, 교사, 또래, 그리고 사회 일반)은 개개인에게 이러한 역할에 맞는 행동(양식)을 수행하고 준수할 것을 기대하는데, 이러한 기대를 지칭하여 '역할 기대'라고 한다.

역할 놀이【役割 놀이】role playing / role-playing / role play

'역할 연기'라고도 한다. CLICK 역할 연기

역할 맡기【役割 맡기】role taking

'역할 수용'이라고도 한다. CLICK 역할 수용

역할 모델【役割 모델】role model

특정 역할 또는 역할 수행과 관련하여 모범이나 본보기가 되어 그 역할을 본받거나 본뜨고자 하는 대상. '역할 모형'이라고도 한다.

역할 모형【役割 模型】role model

'역할 모델'이라고도 한다. CLICK 역할 모델

역할 수용【役割 受容】role taking

인지 수준의 발달에 따라 발달하게 되는 능력으로, 추론 과정을 통해 타인의 입장이 되어 그 사람의 감정이나 기분, 욕구, 생각 및 행동을 이해하는 것 또는 그러한 능력. '역할 맡기' 또는 '역할 취득'이라고도 한다. 한편 '역할 수용 능력(role taking ability)'이라는 표현은 일반적으로 '역할 수용(role taking)'과 같은 의미로 사용되지만, 특히 '역할 수용'의 능력과 수준 측면을 강조할 때 종종 사용된다.

역할 수용 능력【役割 受容 能力】role taking ability

타인의 입장이 되어 그 사람의 감정이나 기분, 욕구, 생각 및 행동을 이해하는 능력.

CLICK 역할 수용

역할 연기【役割 演技】role playing / role-playing / role play

상담이나 심리 치료 장면에서 치료나 역할 이해의 목적으로 연기 또는 놀이 형식으로 진행하는 가상의 역할 경험. 역할 연기를 통해 평소에 현실에서 하기 어려운 다른 사람의 역할과 입장을 경험해보는 기회를 갖게 되고, 그 과정에서 맡았던 역할(다른 사람의 역할)과 그 입장에 대한 이해 증진 및 태도와 행동의 변화를 기대할 수 있다. '역할 놀이' 또는 '롤플레잉'이라고도 한다.

역할 취득【役割 取得】role taking

'역할 수용'이라고도 한다. CLICK 역할 수용

역할 학습【役割 學習】role learning

사회·문화적으로 특정 지위나 위치에 있는 사람에 대해 기대하는 행동, 행동 양식 또는 임무를 지칭하여 '역할(role)'이라고 하며, 이러한 역할을 생활 속에서 수행하기 위해서는 이에 대한 학습 또는 학습 과정을 필요로 한다. 이와 같이 개인에게 부여된 또는 기대되는 역할을 학습하는(또는 학습해가는) 과정을 지칭하여 '역할 학습'이라고 한다.

역할 행동【役割 行動】role behavior

사회·문화적으로 특정 지위나 위치에 있는 사람에 대해 기대하는 행동, 행동 양식 또는 임무를 지칭하여 '역할(role)'이라고 하며, 이러한 역할 또는 역할 수행에 따르는 행동을 '역할 행동'이라고 한다.

연관 놀이【聯關 놀이】relational play

사회적 놀이의 한 형태. 사회적 놀이란 사회적 측면, 즉 타인과의 상호작용 측면과 관련된 놀이 또는 사회적 상호작용 측면에서 분류한 놀이 형태를 말하며, 그 중 하나가 '연관 놀이'이다. 이 놀이는 다른 또래나 친구가 가까이서 놀이를 하고 있는 상태에서 상대방의 놀이에 참여하지는 않지만 서로 간 의사소통은 하면서 진행하는 형태의 놀이를 말한다.

연구 윤리【研究 倫理】research ethics

연구 수행 과정에서 연구자가 준수해야 하는 윤리. 일반적으로 연구에 참여하는 연구 참가자 또는 피험자들을 신체적 및 정신적 손상 등으로부터 보호하고, 나아가 연구 참가 및 지속 등을 연구 참가자 스스로가 선택할 수 있는 권리 등의 내용이 포함된다.

연령차별주의【年齡差別主義】ageism

연령만을 근거로 하여 특정 연령 집단이나 특정 연령층에 속하는 개인에 대한 고정관념을 갖고 이들에 대해 다른 연령 집단과 다른 차별적 태도를 취하거나 차별 행동을 하는 경향을 말한다. 이런 경향은 특히 노인을 대상으로 발생하는 경우가 많으며, 흔히 이들에 대한 취업이나 일자리 등의 기회 박탈이나 소외시키기 등의 형태로 나타난다. 연령차별주의를 나타내는 영어 'ageism'은 1969년 미국의 정신의학자인 로버트 N. 버틀러(Robert N. Butler)가 노인층에 대한 고정관념과 차별을 사회적으로 이슈화하기 위해 처음으로 사용하기 시작한 말이다. '연령차별', '연령주의', '노인차별' 또는 '에이지즘'이라고도 한다.

연상【聯想】association

어떤 대상에 대한 생각이나 관념이 이와 관련이 있는 다른 대상에 대한 생각이나 관념을 불러일으키는 현상. 예를 들면, '가을'이라는 말이 '낙엽'을 떠오르게 만드는 것이나 '여름'이 '장마'를 떠오르게 만드는 현상이 연상의 예라고 하겠다. 연상은 연상되는 두 대상이나 두 사건이 과거에 함께 발생 또는 함께 경험되는 과정에서 두 대상(또는 두 사건)에 대한 기억이나 표상이 내적(또는 심리적)으로 연결되어 나타나는 현상으로 이해할 수 있다.

연속성【連續性】continuity

발달과학 또는 발달심리학 분야에서 사용하는 개념 가운데 하나로, '발달(또는 발달적 변화)은 연령에 따라 질적 차이가 아니라 양적으로 점진적인 변화를 보이며 진행되는 경향(또는 특징)'이 있음을 의미한다. 이와는 반대로, 비연속성(非連續性, discontinuity) 개념은, '발달(또는 발달적 변화)은 연령에 따라 큰 차이를 보이면서 변화하기 때문에 앞의 단계와 뒤의 단계가 질적으로 서로 다르게 구분되는 경향(또는 특징)'이 있음을 의미한다.

연속성-비연속성 논쟁【連續性-非連續性 論爭】continuity-discontinuity debate

'연속성 – 비연속성 이슈'라고도 한다.

CLICK 연속성-비연속성 이슈

연속성-비연속성 이슈【連續性-非連續性 이슈】continuity-discontinuity issue

인간의 발달 또는 발달적 변화에 대해 발달학자들 사이에서 오랫동안 제기되어온 논쟁점 가운데 하나로, 발달 또는 발달적 변화는 연속적으로 진행되는(즉, 질적인 차이를 나타내는 단계적인 과정이 아니라 양적인 측면에서 연속적으로 변화해 가는) 과정인지 아니면 비연속적인(즉, 단계적 또는 질적으로 서로 다른 단계를 거치는) 과정인지에 관한 논쟁 또는 이슈. '연속성 – 비연속성 논쟁(continuity – discontinuity debate)'이라고도 한다.

연수【延髓】medulla / medulla oblongata

뇌(brain)는 대뇌(大腦, cerebrum), 간뇌(間腦, diencephalon), 중뇌(中腦, midbrain), 후뇌(後腦, hindbrain) 등으로 구분된다. 이 가운데 후뇌를 구성하고 있는 한 부분이 연수로, 연수는 뇌의 최하부에 위치하는 동시에 아래로 척수와 연결되어 있다. 호흡과 관련된 폐의 활동, 혈액 순환과 관련된 심장 활동 및 혈관의 운동을 통제하는 기능을 한다.

연습 효과【練習 效果】practice effect

종단적 연구의 타당도를 낮추거나 위협할 수 있는 효과의 하나로, 종단적 연구에서와 같이 연구 참가자(들)가 특정 검사나 질문에 대해 반복적으로 응답을 하게 되는 경우에 연구 참가자(들)가 이러한 검사나 질문 또는 그 내용에 대해 익숙해지게 되고, 그 결과 자연스러운 반응이 아닌 변화된 반응 또는 의식적으로 특정한 방향으로 반응하게 될 가능성이 높은데, 이러한 현상을 연습 효과라고 한다.

연역【演繹】deduction

보편적인(또는 일반적인) 사실이나 원리로부터 특수한(또는 개별적인) 사실이나 원리를 이끌어내는 것.

연역법【演繹法】deductive method / deduction

연역을 통한 추론 방식 또는 연구 방법. 즉, 보편적인(또는 일반적인) 사실이나 원리로부터 특수한(또는 개별적인) 사실이나 원리를 이끌어내는 추론 방식 또는 연구 방법을 말한다.

연역적 추론【演繹的 推論】deductive reasoning

추론의 한 유형으로, 일반적인 지식이나 정보에서 특수한 지식이나 정보를 이끌어내는(또는 생각해내는) 추론 방식. 이와 반대로 특수한 지식이나 정보에서 일반적인 지식이나 정보를 이끌어내는(또는 생각해내는) 추론 방식을 귀납적 추론이라고 한다. '연역적 추론'은 '연역적 추리', '연역 추론' 또는 '연역 추리'라고도 한다.

연합 【聯合】 association

(1) 어떤 상황에서 경험한 자극과 자극 또는 자극과 반응 간의 관계성이 형성되는 현상. 즉, 연합은 어떤 상황에서 경험한 특정 자극과 자극 또는 특정 자극과 반응 간의 관계성을 경험자가 학습하게 된 상태를 의미한다. 이처럼 연합을 통해 이루어지는 학습 유형을 연합 학습(associative learning)이라고 하며, 여기에는 고전적 조건 형성과 조작적 조건 형성이 포함된다. (2) 어떤 목적이나 계획을 가지고 둘 이상의 개인이나 집단 또는 국가가 합하여 하나의 조직체나 공동체를 만드는 것. 또는 그런 과정을 통해 만들어진 조직체나 공동체.

연합놀이 【聯合놀이】 associative play

사회적 놀이의 한 형태. 사회적 놀이란 사회적 측면, 즉 타인과의 상호작용 측면과 관련된 놀이 또는 사회적 상호작용 측면에서 분류한 놀이 형태를 말하며, 그 중 하나가 '연합놀이'이다. 이 놀이는 주변에 있는 다른 또래나 친구와 함께 하는 놀이의 형태로, 상대방과 놀잇감을 빌리거나 빌려주기도 하고 의사소통도 하지만, 놀이의 내용면에서 보면 서로의 역할을 나누어 맡는 일 없이 각자 하는, 조직적이지 않은 형태의 놀이를 말한다. '연합적 놀이'라고도 한다.

연합적 놀이 【聯合的 놀이】 associative play

'연합놀이'라고도 한다. CLICK 연합놀이

연합 영역 【聯合 領域】 association area

'대뇌 피질(cerebral cortex)' 중에서 일차적 운동 및 감각(시각, 청각, 촉각 등) 기능을 담당하는 피질 부분들 이외의 나머지 영역으로 대뇌 피질을 구성하는 전두엽, 두정엽, 측두엽, 후두엽 등의 네 개의 엽(lobes) 모두에 존재하며, 인간 대뇌 피질의 대부분을 차지한다. 연합 영역은 일차 감각 피질로 들어온 감각 정보를 해석하고, 의미를 부여하고, 통합하고, 저장되어 있는 기억 정보들과 연계시키는 것과 같은 기능들을 포함하여 인간이 다른 동물들과 구분되는 뛰어난 사고, 기억, 학습, 언어 등의 고등 정신 활동이 이 영역에서 이루어진다.

연합 학습 【聯合 學習】 associative learning / association learning

연합(聯合, association) 과정을 통해 이루어지는 학습 형태를 지칭하는 것으로, 두 가지 사건(자극과 자극 또는 자극과 반응)이 함께 발생한다는 것을 학습하는 것. 즉, 두 가지 사건이 함께 발생하는 것을 반복해서 경험함으로써 두 사건을 결합시키게 되는 학습 형태를 말한다. 이런 연합 학습에 포함되는 학습 형태로는 '고전적 조건 형성'과 '조작적 조건 형성'이 있다.

열등 【劣等】 inferiority

수준이나 등급이 다른 대상(들)이나 보통 정도에 비해 낮음(또는 낮은 상태).

열등감 【劣等感】 sense of inferiority / feeling of inferiority

자신의 능력이나 수준이 다른 사람(들)이나 이상적인 자기(또는 자기상)에 비해 낮거나 부적절하다고 느끼는 마음 또는 감정 상태. 누구에게나 어느 정도 존재하는 정상적인 심리 상태로 보는 견해가 많다.

열등 콤플렉스 【劣等 콤플렉스】 inferiority complex

오스트리아의 정신의학자이자 '개인심리학'의 창시자인 알프레드 아들러(Alfred Adler: 1870~1937)가 제안한 주요 개념들 가운데 하나. Adler는 개인의 성장과 발달을 이끄는 원동력은 사람들이 우월성을 추구하는 삶의 과정에서 실패와 좌절을 겪게 되고, 그에 따라 발생하는 열등감과 이것을 극복하려는 보상적 심리 또는 보상적 욕구라고 보았다. 이와 같이 삶의 과정에서 나타나는 열등감의 발생과 함께 분노와 불안정감 등의 복합적인 심리가 혼재된 상태를 지칭하여 열등 콤플렉스(inferiority complex)라 불렀다. Adler는 개인적으로나 역사적인 인물들의 크고 위대한 성과들 가운데 많은 부분이 열등 콤플렉스를 극복하기 위한 노력의 결과물이라고 보았다.

열린 마음 open mindedness / open-mindedness

자신이 가지고 있는 생각이나 신념 또는 태도 등과 다른 새로운 생각이나 신념 또는 태도를 존중하며, 나아가 이를 자신이 가지고 있는 것들(생각이나 신념 또는 태도)과 동등한 위치에서 객관적으로 검토하고 비교하며, 그 결과 새로운 증거가 뒷받침될 때에는 기존 자신이 가지고 있던 것들(생각이나 신념 또는 태도)을 바꿀 수 있는 마음가짐 또는 자세를 말한다. '개방적 태도' 또는 '개방성'이라고도 한다. 한편 이 말과 반대의 의미를 갖는 표현은 '닫힌 마음(closed mindedness)' 또는 '폐쇄적 태도'로, 이것은 자신이 가지고 있는 생각이나 신념 또는 태도와 다른 새로운 생각이나 신념 또는 태도를 거부하려는 마음가짐 또는 자세를 의미한다.

열성【劣性】recessive

서로 대립적인 형질을 가진 양친(또는 부모)가 만나 수정이 되었을 때 나타나지 않는 형질을 말한다. 반면에, 나타나는 형질을 우성(優性, dominance)이라고 한다.

열성 대립 유전자【劣性 對立 遺傳子】recessive alleles

'대립 유전자(allele)'의 하나로, 우성 대립 유전자와 짝지어지는 관계에서 상대적으로 덜 강력하여 표현형으로 나타나지 않는 유전자. '열성 대립 형질'이라고도 한다. 대립 유전자(alleles)는 염색체 상의 특정한 유전자 자리에 위치하여 쌍을 이루는 대립 형질의 유전자로, 부계(또는 아버지)로부터 받은 유전자 한 개와 모계(또는 어머니)로부터 받은 유전자 한 개로 구성된다. 흔히 대립 유전자들은 우성과 열성의 관계를 나타내기 때문에 이 대립 유전자들은 개인의 어떤 특정 형질을 발현시키기 위해 경쟁한다. 이러한 대립 유전자 하나와 다른 대립 유전자 하나 간의 관계에서 상대적으로 강력한 한쪽 대립 유전자가 상대적으로 약한 다른 쪽 대립 유전자의 효과를 차단하고 표현형으로 나타나게 되는 유전 패턴(흔히 이와 같은 유전 패턴을 '단순 우성-열성 유전'이라고 함)에서, 두 대립 유전자 중 상대적으로 열세하여 표현형으로 나타나지 않는 대립 유전자를 지칭하여 '열성 대립 유전자(recessive allele)'라고 한다. 이와 반대로 상대적으로 더 강력하여 표현형으로 나타나는 대립 유전자를 지칭하여 '우성 대립 유전자(dominant allele)'라고 한다.

열성 대립 형질【劣性 對立 形質】recessive allele

'열성 대립 유전자'라고도 한다.

CLICK 열성 대립 유전자

열정【熱情】passion

사랑하는 관계에서 경험하는 상대방에 대한 성적 욕망(性的 慾望)과 성적 매력(性的 魅力)이 포함된 강렬한 감정. 이와 같은 '열정'이라는 강렬한 감정은 긍정적일 수도 있고 부정적일 수도 있다.

염색체【染色體】chromosome

유기체의 세포핵 내에 있는 실 같은 형상을 하고 있는 물질로, 유전자를 포함하고 있다. 인간의 모든 체세포의 핵 안에는 23쌍(46개)의 염색체가 들어 있는데, 각각은 이중 나선형의 DNA(디옥시리보핵산)로 이루어져 있으며, 여기에는 유전 정보를 담고 있는 유전자(gene)들이 담겨 있다. 전체 23쌍의 염색체들 가운데 1번부터 22번째까지의 염색체 쌍들을 일컬어 '상염색체(autosome)' 또는 '보통 염색체'라고 하고, 마지막 23번째 염색체 쌍을 '성염색체(sex chromosome)'라고 한다. 성염색체는 개체의 성(性)을 결정하는 데 관여하고, 나머지 22쌍의 상염색체들은 성 이외의 인간 발달 전반에 대한 유전적 특성을 결정한다.

엽【葉】lobe

(1) 인간의 뇌나 폐 등과 같은 장기 중 윤곽이 뚜렷하게 드러나는 부분. (2) 인간의 뇌의 영역들 가운데 가장 크고 넓은 부분을 차지하면서 동시에 다양한 기능을 수행하는 대뇌 피질의 넓게 드러난 영역(또는 넓게 드러난 부분).

엽산【葉酸】folic acid

태아의 신경계 발달과 혈액 생산에 중요하게 관여하는 비타민 B 복합체. 콩, 시금치와 같은 신선한 녹색채소와 과일, 참치와 같은 생선류, 간 등에 풍부하게 함유되어 있으며, 임신 중 충분한 섭취는 태아의 신경계 발달을 돕고 다운 증후군이나 무뇌증, 이분척추증 등을 예방하는 데 도움이 되는 것으로 알려져 있다. 또한 아동이나 성인 모두 최소한의 엽산이 필요하며, 부족 시에는 빈혈이나 혈소판 감소를 일으키는 원인이 된다. 1941년 시금치에서 처음으로 추출되었고, 1945년 화학적으로 합성해내는 데 성공했다. 엽산을 의미하는 영어 단어인 'folic acid'는 식물의 '잎'을 나타내는 라틴어 'folium'에서 유래한 말이다. '폴산'이라고도 한다.

영 가설【零 假說】null hypothesis

통계적 검정 절차에 따라 진위를 판단하게 되는 가설로, 둘 이상의 측정치나 검사치 또는 둘 이상의 조건이나 집단 간에 차이가 없을 것이라는 예측을 포함하는 가설. '귀무 가설(歸無 假說)' 또는 '귀무 가정(歸無 假定)'이라고도 한다.

영아【嬰兒】infant

출생 후 대략 2세경까지의 아이를 지칭한다.

영아기【嬰兒期】infancy

발달 단계 가운데 하나로, 일반적으로 출생 후 대략 24개월(2세)까지의 시기를 말한다. 그 기간 중에서도 특히 출생 후 1개월(또는 약 4주)까지의 시기를 지칭하여 신생아기(neonatal period)라고 한다. 영아기는 태내 환경에서 발달해온 아기가 모체 밖으로 나와 신체적, 심리·사회적 및 행동적 영역에서 많은 발달을 이루면서 새로운 환경에 적응해가는 시기이다.

영아기 기억 상실【嬰兒期 記憶 喪失】infantile amnesia

'영아기 기억 상실증', '아동기 기억 상실증' 또는 '아동기 기억 상실'이라고도 한다.

CLICK 영아기 기억 상실증

영아기 기억 상실증【嬰兒期 記憶 喪失症】infantile amnesia

생후 초기 몇 년 동안의 삶에 대한 기억의 실패 경향. 사람들이 자신의 과거 또는 어린 시절을 회상(기억)할 때 흔히 생후 처음 약 2.5년~3년간의 일이나 경험에 대한 회상(기억)을 못하는 경향이 있는데, 이러한 경향을 지칭하여 영아기 기억 상실증이라고 한다. '영아기 기억 상실', '아동기 기억 상실증' 또는 '아동기 기억 상실'이라고도 한다.

영아 돌연사【嬰兒 突然死】sudden infant death (SID)

영아가 수면 중에 명확하지 않은 원인에 의해 갑작스럽게 호흡이 멈춰 사망하는 것. 흔히 '영아 돌연사 증후군'으로 불린다. '영아'라는 표현 대신에 '유아'를 사용하여 '유아 돌연사(幼兒 突然死)'라고도 한다.

영아 돌연사 증후군【嬰兒 突然死 症候群】sudden infant death syndrome (SIDS)

영아가 수면 중에 명확하지 않은 원인에 의해 갑작스럽게 호흡이 멈춰 사망하는 현상. 발생 원인에 대해서는 아직 명확히 밝혀져 있지 않지만, 가장 유력한 원인으로 추정되는 것은 '호흡 조직과 관련된 뇌 기능의 이상'이다. 영아 돌연사 증후군은 산업화된 국가들에서 나타나는 영아 사망 원인 가운데 가장 큰 비중을 차지하는 요인으로, 발생 빈도는 전 세계적으로 1,000명의 영아 중 약 1~3명 정도로 알려져 있으며, 미국의 경우에는 매년 5,000~6,000명 정도의 영아들이 이것으로 인해 사망한다. 특히 조산아, 미숙아, 남아, 빈곤 계층의 아기, 10대 미혼모의 아기, 임신 중 담배나 술 등의 약물을 복용한 어머니의 아기, 엎어 재운 아기, 푹신한 요나 이불을 사용하여 재운 아기 등의 경우에서 발생 빈도가 높게 나타나고 있다.

영아 지향어【嬰兒 指向語】infant-directed speech

'아동 지향어(child-directed speech)'와 같은 의미로 사용된다. CLICK 아동 지향어

영아 지향적 말【嬰兒 指向的 말】infant-directed speech

'아동 지향어(child-directed speech)'와 같은 의미로 사용된다. CLICK 아동 지향어

영역 일반적【領域 一般的】domain general

어떤 수준이나 능력(예를 들면, 특정 발달 단계에서 아동이 나타내는 사고 수준)이나 특성이 특정 주제나 맥락에 국한되지 않고 전반적인 다양한 주제나 맥락에 일반적으로 적용된다는 것을 의미하는 표현이다. 특히 이 개념은 발달 이론들 가운데 단계 이론으로 분류되는 삐아제(Piaget: 1896~1980)의 인지발달 이론의 내용과 특징을 기술할 때 자주 사용된다. 예를 들면, 삐아제의 인지발달 이론에서 두 번째 단계인 전조작기(약 2~7세)의 아동들이 나타내는 사고 수준(또는 사고 능력)인 '전조작적 사고'는 이 단계의 아동들이 특정 영역에서의 과제를 수행할 때만이 아니라 다른 여러 영역들에서의 과제들을 수행할 때에도 전반적으로(또는 일반적으로) 적용된다. 이는 전조작기의 사고 수준(또는 사고 능력)이 발달의 영역들에 관계없이 '영역 일반적'으로 적용됨을 의미한다.

영재【英才】gifted child / gifted person / talented person

영재성(giftedness)을 가진 사람. 즉, 일반적인 지능이나 일반적인 지능 검사로 쉽게 측정되지 않는 음악, 미술, 스포츠 또는 기타의 특수 분야에서 일반인(또는 일반아동)에 비해 매우 뛰어난 능력이나 재능 또는 잠재성을 가진 사람을 의미한다. 영재성을 가진 사람들 통칭할 때는 'gifted person'이나 'talented person' 등의 표현을, 영재아 또는 영재 아동을 지칭할 때는 'gifted child'라는 표현을 사용한다.

영재성【英才性】giftedness

지적 능력(또는 지능)이 매우 높거나 특수 분야에서 뛰어난 능력이나 잠재력을 가진 상태. 즉, 영재성은 지적 능력 면에서 매우 뛰어나거나 또는 일반적인 지능 검사로 쉽게 측정되지 않는 음악, 미술, 스포츠 또는 기타의 특수 분야에서 일반적인 사람들이

나타내는 능력에 비해 매우 뛰어난 능력이나 재능 또는 잠재성을 의미한다.

영재아【英才兒】gifted child

'영재'라고도 한다. CLICK 영재

예후【豫後】prognosis

특정한 신체적 질병이나 정신 장애 또는 행동 장애와 관련하여, 그 질병이나 장애의 상태와 증세가 향후 어떤 경과를 보일지(나타낼지)에 관한 의학적 또는 심리학적 예측(또는 전망)을 말한다.

오염색체성 X【五染色體性 X】pentasomy X

성염색체(23번째 염색체)의 수(정상적인 여성은 XX로 X 염색체의 수가 2개임)가 1개 이상 더 많은 여성에게서 나타나는 지능 결함이 포함된 일군의 장애 증상을 지칭하여 '초자 증후군(superfemale syndrome)' 또는 '초여성 증후군'이라 하며, 그 중에서도 정상 여성에 비해 추가적으로 X 염색체 수가 3개 더 많은 경우를 '오염색체성 X'라고 하며, 'XXXXX 증후군(XXXXX syndrome)'이라고도 한다. '초자 증후군'을 가진 여성들은 흔히 외모 면에서는 정상적인 모습을 가지고 있고 임신도 가능하며, 일반적으로 보통의 성염색체 수를 가진 아기를 출산한다. 하지만 이 장애를 가진 여성들 중에는 부분적으로 월경 이상을 보이는 경우가 있고, 자폐증을 나타내기도 하며, 지적 능력 면에서는 정상적인 경우가 많고 15~20% 정도에서 가벼운 정신지체를 나타내기도 한다. 그 결함이나 지체의 정도는 추가적인 X 염색체의 수가 증가함에 따라 심해지는 경향이 있다. 발생 원인은 생식세포가 생성되는 과정에서 감수 분열이 정상적으로 이루어지지 않는 비분리 현상에 의해 X 염색체 수가 정상보다 많아짐으로써 초래된다.

오용【誤用】misuse

특정한 약물 또는 물질을 사용하는 과정에서 의학적인 용도 또는 목적으로 사용하기는 하지만, 의사의 처방이나 지시에 따르지 않고 임의로 사용하는 경우 또는 행위를 의미한다.

오이디푸스 콤플렉스 Oedipus complex / Oedipal complex

모친에 대한 근친상간적 소망과 부친에 대한 질투와 경쟁심 및 거세 불안 등을 주요 특징으로 하는 남근기(생후 약 3~6세)의 남아들이 갖는 복합적 심리적 상태. 정신분석 이론에서 가정하는 주요 무의식적 증상 가운데 하나로, 같은 시기에 여아들에게서 나타나는 '엘렉트라 콤플렉스(Electra complex)'의 남성 버전에 해당한다. 좀 더 구체적으로 살펴보면, 남근기(男根期) 동안의 남아(男兒)는 어머니에 대하여 심리적 유대 및 성적 욕망을 갖는 반면에, 아버지에 대해서는 경쟁 상대로서 적대감을 갖게 되며, 나아가 아버지로부터 거세를 당할지 모른다는 두려움(거세 불안, castration anxiety)을 경험하게 된다. 이러한 두려움이 증가해감에 따라 어머니에 대한 이성 감정은 억압되고, 반대로 위협의 대상이었던 아버지를 동일시하게 되는 과정을 거치게 된다고 본다. 이처럼 남근기의 남아들이 경험하게 되는 충동, 불안 및 갈등의 복잡한 심리적 상태를 지칭하여 '오이디푸스 콤플렉스'라고 한다. '외디푸스 콤플렉스'라는 말은 '외디푸스 복합', '외디푸스 복합 감정', '오이디푸스 복합', '오이디푸스 복합 감정' 또는 '오이디푸스 콤플렉스' 등의 표현으로도 사용되고 있다. 이 표현은 Freud가 그리스 신화 가운데 외디푸스(Oedipus)에 얽힌 신화에서 따온 표현으로 알려져 있다. 한편 남근기 동안에 여아들은 남아들과 반대로, 남근을 소유하고 있는 아버지에 대하여 선망(부러움)과 함께 아버지를 성적 대상으로 생각하는 등 강한 심리적 유대 및 애정의 감정을 갖게 되지만, 어머니에 대해서는 경쟁적인 감정을 갖게 되며, 나아가 이에 따르는 충동, 불안 및 갈등의 복합적인 심리적 상태를 경험하게 된다고 보는데, 이를 지칭하여 '엘렉트라 콤플렉스'라고 한다.

온정적 성차별주의【溫情的 性差別主義】benevolent sexism

개인의 능력이나 다양한 특성보다는 남성과 여성이라는 성(性)의 차이를 기초로 하여 개인들을 차별적으로 또는 다르게 대해야 한다고 보는 사고방식이나 신념을 지칭하여 '성차별주의(sexism)'라고 한다. 이러한 성차별주의의 한 형태가 '온정적 성차별주의'로, 이것은 여성들의 전통적인 성역할과 행동을 바람직하고 긍정적인 것으로 보는 동시에, 여성은 약하기 때문에 보호와 도움을 받아야 한다는 온정적인 태도를 취하는 경향이나 사고방식을 말한다. 하지만 이러한 온정적인 태도나 사고방식의 저변에는 여성을 나약하게 여기면서 무시하는 차별적이고 부정적인 태도나 인식이 깔려 있다고 보는 견해도 많다.

올포트 Gordon Allport (1897~1967)

고든 윌라드 올포트(Gordon Willard Allport). 미국의 심리학자. 미국의 하버드 대학교 및 독일과 영국 등의 여러 대학에서 수학하였다. 특히 독일의 형태주의 심리학의 영향을 많이 받았다. 미국 하버드 대학교 교수로 재직하였으며, 성격심리학 및 사회심리학 분야, 특히 성격 이론 및 사회심리학의 응용 분야에서 많은 업적을 남겼다. '고든 올포트', '고든 윌라드 올포트', 'Allport', 'Gordon Allport', 'Gordon Willard Allport' 등으로 표기하기도 한다.

옹알이 babbling

구체적인 낱말이나 문장을 사용하기 전인 생후 4~6개월경의 영아들이 내는 자음과 모음이 결합된 소리. 예컨대, '바바~', '부부부', '빠빠빠' 등의 소리이다. 옹알이는 어떤 특정한 의미를 가지고 있지 않으며, 청각 장애가 있는 영아들, 심지어 청각 장애가 있어 수화를 이용하여 의사소통하는 부모에게서 태어난 청각 장애가 있는 영아들도 정상적인 영아들처럼 옹알이를 하는 것으로 나타나고 있다.

와이 염색체【와이 染色體】Y chromosome / Y-chromosome

인간의 모든 체세포의 핵 안에는 23쌍(46개)의 염색체가 들어 있는데, 그 중에서 23번째의 염색체(쌍)는 성(性)을 결정하는 데 관여하기 때문에 성염색체(性染色體, sex chromosome)라고 한다. 성염색체는 성(남성과 여성 또는 암·수)을 결정하는 유전 정보를 담고 있는 염색체로 두 가지 유형(X 염색체와 Y 염색체)이 있으며, 그 가운데 하나가 와이 염색체(Y 염색체)이다. 염색체의 유형 구분은 그 모양에서 비롯된 것으로, 인간, 개, 소 등이 포함되는 포유동물들은 여성(또는 암컷)의 경우 두 염색체가 모두 X 염색체로 구성되어 있고, 남성(또는 수컷)의 경우에는 한 개의 X 염색체와 한 개의 Y 염색체로 구성되어 있다. 이와 같은 성염색체 조합에 따른 성 결정은 수정 과정에서 이루어지는 것으로, 수정 시 23번째 염색체인 성염색체 쌍이 결합되는 과정에서 XY 결합이 이루어지면 태아는 남성이 되고, XX 결합이 이루어지면 여성이 된다.

와해된 애착【瓦解된 愛着】disorganized attachment

'낯선 상황' 절차를 통해 분류된 애착의 유형들 중에서 '불안전 애착(또는 불안정 애착)'의 한 유형으로, 불안전 애착의 또 다른 두 유형인 '저항 애착'과 '회피 애착'을 결합한 것 같은 반응 경향을 특징적으로 나타낸다. 즉, 와해된 애착을 형성한 영아는 낯선 상황에서 가장 고통스러워하면서, 동시에 양육자(흔히 어머니)와 분리된 이후 양육자가 돌아와 접촉을 시도할 때는 접근해야 할지 아니면 회피해야 할지에 대해 혼란을 느끼는 것 같은 모순된 반응 경향을 특징적으로 보인다. '해체 애착'이라고도 하며, '혼란 애착(disoriented attachment)'과 같은 의미로 사용된다.

왓슨 Watson (1928~)

제임스 듀이 왓슨(James Dewey Watson). 미국의 분자생물학자. 프랜시스 크릭(Francis Crick: 1916~2004) 등과 함께 'DNA의 이중 나선 구조 모델'을 제안하였고, 1962년 노벨상(생리 · 의학상)을 공동 수상하였다. '제임스 왓슨', '제임스 듀이 왓슨', 'Watson', 'J. D. Watson' 등으로 표기하기도 한다.

CLICK 제임스 듀이 왓슨

왓슨 Watson (1878~1958)

존 브로더스 왓슨(John Broadus Watson). 미국의 심리학자로 행동주의 심리학의 창시자이다. 퍼먼 대학교 및 시카고 대학교 대학원에 진학하여 동물을 대상으로 한 심리학 연구를 하였다. 박사학위를 받은 후에는, 1929년 이혼했다는 이유로 해임되기 전까지 존스 홉킨스 대학교에서 교수로 근무하였다. 그의 심리학 연구와 이론의 발전 과정에서 러시아의 생리학자 파블로프(Pavlov: 1849~1936)와 미국의 심리학자 손다이크(Thorndike: 1874~1949)의 영향을 많이 받았다. 특히 러시아의 생리학자 파블로프의 조건반사(또는 고전적 조건형성) 원리와 이론이 심리학의 중요한 한 축이 되도록 하는 데 가장 큰 기여를 하였다. 또한 파블로프의 조건반사 연구와 이론의 영향을 받아 심리학이 자연과학과 같은 과학이 되기 위해서는 마음, 정신, 의식, 상상, 만족, 욕구 등과 같은 정신적 · 심리적 측면을 기술하는 개념들을 버리고 '행동, 행동의 예언과 통제'에 초점을 맞춘 연구만을 수행해야 한다고 주장했다. 오늘날 그는 최초로 행동주의 심리학을 주창한 학자로, 행동주의 심리학의 아버지로 평가받고 있다. 행동주의 심리학은 인간 및 다른 동물들의 행동을 환경(자극)과의 관계로 설명하는 이론 체계로 1920년대와 1930년대 미국 심리학의 주류를 형성했고 오늘날에도 심리학 분야에서 가장 영향력 있는 이론 체계의 하나로 받아들여지고 있다. 행동주의자였고, 환경론자였던 왓슨은 1924년에 출간한 저서 <행동주의(Behaviorism)>에서 다음과 같은 글을 통해 그의 행동주의에 대한 신념을 표현하고 있다. "나에게 건강한 12명의 아기들과 그들을 양육할 잘 형성된 나의 특별한 세계(환경)를 제공해준다면, 나는 그 아기들 중에서 한 명을 무작위로 택하여 내가 원하는(또는 선택하는) 어떤 유형의 전문가 - 그 아기가 가진 재능, 기호, 성향, 능력, 적성(또는 소질), 그리고 (그의 조상으로부터 물려받은) 인종에 관계없이 의사, 법률가, 예술가, 상인, 장관뿐만 아니라 심지어 거지와 도둑에 이르기까지 - 가 되도록 훈련시킬 수 있음을 보장할 수 있다." 이처럼 인간의 발달과 양육에도 관심을 가졌던 왓슨은 발달 및 양육의 문제에 행동주의 원리를 최초로 적용시킨 심리학자로도 평가되고 있다. 이와 관련된 대표적인 연구로 1920년대에 발표된 '어린 앨버트 실험(Little Albert experiment)'이 있다. 'Watson', 'John B. Watson' 등으로 표기하기도 한다.

왓슨-크릭 모델 Watson-Crick model

'왓슨 - 크릭 모형'이라고도 한다.

CLICK 왓슨-크릭 모형

왓슨-크릭 모형【왓슨-크릭 模型】Watson-Crick model

1953년 미국의 분자생물학자인 제임스 듀이 왓슨(James Dewey Watson: 1928~)과 영국의 분자생물학자인 프랜시스 크릭(Francis Crick: 1916~2004)이 공동 연구를 통해 밝힌 DNA의 형태와 구조에 관한 모형. '왓슨 - 크릭 모델'이라고도 한다. 이 모형에 따르면, DNA는 이중 나선 형태의 분자 구조를 이루고 있으며, 두 가닥의 나선 형태의 사슬 사이에는 아데닌(A), 티민(T), 구아닌(G), 시토신(C) 등 4가지 종류의 염기들이 수소 결합에 의해 서로 다른 염기쌍을 이루고 있다.

외디푸스 콤플렉스 Oedipus complex / Oedipal complex

모친에 대한 근친상간적 소망과 부친에 대한 질투와 경쟁심 및 거세 불안 등을 주요 특징으로 하는 남근기(생후 약 3~6세)의 남아들이 갖는 심리적 상태. 정신분석 이론에서 가정하는 주요 무의식적 증상 가운데 하나로, 같은 시기에 여아들에게서 나타나는 '엘렉트라 콤플렉스(Electra complex)의 남성 버전에 해당한다. '외디푸스 복합', '외디푸스 복합 감정', '오이디푸스 복합', '오이디푸스 복합 감정', '오이디푸스 콤플렉스' 등의 표현으로도 사용되고 있다. CLICK 오이디푸스 콤플렉스

외로움 loneliness

자신이 홀로 된 듯하여 쓸쓸함을 느끼는 정서 상태. '고독감(孤獨感)'과 같은 의미로 사용된다.

외모 지상주의【外貌 至上主義】lookism

사람을 대할 때 다른 어떤 측면보다 외모(특히 얼굴의 생김새)를 중요하게 여기면서 이를 중심으로 사람을 평가하거나 판단하는 태도나 경향. '룩키즘'이라고도 한다.

외배엽【外胚葉】ectoderm

수정이 이루어진 이후 배종기(정자와 난자가 만나 수정이 이루어진 이후 착상이 이루어지기 전까지 약 2주간의 기간)를 거쳐 배반포가 자궁벽에 착상한 이후의 시기를 배아기라고 하는데, 이 시기 초기의 배아는 세 개의 세포층(구체적으로 외배엽, 중배엽 및 내배엽)으로 나뉜다. 그 중 가장 바깥을 덮는 층이 외배엽으로, 외배엽은 이후에 피부, 손발톱, 모발, 입과 항문의 점막, 신경계 등으로 분화된다.

외상【外傷】trauma

전쟁이나 심한 폭행을 당하는 것과 같이 충격적이었던 사건 경험을 통해 받은 심한 정신적 상처 또는 충격. '트라우마'라고도 한다. 외상(trauma)을 경험한 후에 발생하는 대표적인 정신 장애가 '외상 후 스트레스 장애(post-traumatic stress disorder, PTSD)'이다.

외상적 사건【外傷的 事件】traumatic event

일상적인 생활 속에서는 경험하기 어려운 매우 위험하고 충격적인 외상을 유발하는 또는 유발할 수 있는 사건. '충격적 사건'이라고도 한다.

외상 후 성장【外傷 後 成長】post-traumatic growth (PTG)

외상(trauma)을 경험한 후에 신체적 및 정신적 측면에서 다양한 부정적인 증상들을 나타내는 장애인 '외상 후 스트레스 장애(post-traumatic stress disorder, PTSD)'와 대비되는 개념으로, 사랑하는 사람과의 이별이나 사별, 자연재해, 큰 질병, 큰 사건이나 사고 등과 같은 외상적인 일들을 겪은 후에 장애를 나타내기보다는 오히려 긍정적인 변화 또는 성장을 보이는 현상을 지칭하여 '외상 후 성장'이라고 한다. '충격 후 성장'이라고도 한다.

외상 후 스트레스 장애【外傷 後 스트레스 障碍】post-traumatic stress disorder (PTSD)

외상(trauma)을 경험한 후에 나타나는 다양한 신체적 및 정신적인 증상들을 총체적으로 지칭한다. 주요 증상으로는 고통스러웠던 외상적 사건의 반복적인 재경험, 수면 장애 및 잦은 악몽, 정서적 무감각,

예민한 각성 상태의 지속 및 해리 등이 있다. '충격 후 스트레스 장애'라고도 한다.

외양/실체 구별【外樣/實體 區別】appearance/reality distinction

'외양/실체 구분'이라고도 한다.

외양/실체 구분【外樣/實體 區分】appearance/reality distinction

어떤 대상이 가진 겉모습(외양)을 넘어 그 대상의 실체를 이해하고 알아내는 능력. 즉, 어떤 대상이나 사물이 나타내는 표면적인 모습(겉모습)에도 불구하고 그 대상의 진정한 속성이나 실체를 이해하고 파악하는 것 또는 그런 능력을 지칭하여 '외양/실체 구분'이라고 한다. '외양/실체 구별'이라고도 한다. '외양과 실체 구분' 또는 '외양과 실체 구별'로 표기하기도 한다.

외재적 동기【外在的 動機】extrinsic motivation

호기심이나 만족감 등과 같은 내재적 요인에 의해서가 아니라 음식이나 물 또는 돈 등과 같은 외재적 요인(또는 외적 요인)에 의해 유발된 동기. '외재 동기' 또는 '외적 동기'라고도 한다.

외재적 표상【外在的 表象】external representation

넓은 의미에서, '표상(表象)'은 실제의 대상(물체나 현상)을 다른 어떤 것으로 대표(代表)한다는 의미를 가지고 있으며, 크게 외재적 표상과 내재적 표상 등 두 가지 유형으로 구분할 수 있다. 그 중 하나는 지형이나 건물의 위치를 도면상에 나타내는 지도나 어떤 사람을 조각한 동상 등과 같이 '외부의 대상을 모사하여 외적(外的)으로 나타낸 표상'을 '외재적 표상'이라고 한다. 다른 하나는 외부의 대상에 대한 지각 및 인식이 이루어지는 과정에서 '외부의 대상을 어떤 형태로 추상화하고 심상화하여 내적(內的)으로 나타낸 표상'을 '내재적 표상(內在的 表象, internal representation)'이라고 한다. 한편 '외재적 표상'은 '외적 표상(外的 表象)'이라고도 하고, '내재적 표상(內在的 表象, internal representation)'은 '내적 표상(內的 表象)'이라고도 한다. CLICK 표상

외적 동기【外的 動機】extrinsic motivation

'외재적 동기' 또는 '외재 동기'라고도 한다.

CLICK 외재적 동기

외적 표상【外的 表象】external representation

'외적 표상'은 '외재적 표상(外在的 表象)'이라고도 한다. CLICK 외재적 표상

외집단 도식【外集團 圖式】outgroup schema / out-group schema

도식(schema)이란, '세상의 어떤 부분(예를 들면, 사람이나 물체 또는 사건 등)에 관한 정보 또는 개념들을 상호 관련지어 의미 있게 조직화하고 있는 인지적 구조'를 의미한다. 개인이 가진 세상에 관한 다양한 도식 또는 인지적 구조들 가운데 '외 집단(outgroup)'에 대해 형성하고 있는 도식을 지칭하여 '외 집단 도식'이라고 한다.

외체계【外體系】exosystem

개인(또는 아동이나 청소년)이 직접 접촉하면서 상호작용을 하지는 않지만 미시 체계의 요소들(예를 들면, 부모나 교사 등)이나 중간 체계에 영향을 줌으로써 간접적으로 개인의 발달에 영향을 미치는 환경 또는 환경 체계. 러시아 태생의 미국 심리학자인 브론펜브레너(Bronfenbrenner: 1917~2005)가 제안한 '생태학적 체계 이론'의 다섯 환경 체계(미시 체계, 중간 체계, 외체계, 거시 체계 및 시간 체계) 중 하나. 환

경 체계 중 세 번째 층에 위치하는 체계로, 발달하는 개인(또는 아동)이 직접 접촉하거나 직접 상호작용 또는 직접 경험하는 것은 아니지만 간접적인 과정을 통해 개인(또는 아동)의 발달에 영향을 미치는 환경 측면을 지칭한다. 여기에는 부모가 근무하는 직장, 가족들이 이용하는 지역사회의 복지시설 등이 포함된다.

외향성【外向性】extraversion

(1) 개인이 가진 에너지나 흥미 또는 관심의 지향이 자신의 외부(타인, 타인과의 관계 및 외부의 대상 등)로 향하여 타인과 함께 있거나 타인과의 관계 또는 활동을 선호하는 사교적 경향을 보이는 특성 또는 성격. (2) 칼 융(Carl Jung: 1875~1961)에 의해 처음으로 제시되었고, 또 한스 아이젱크(Hans Eysenck: 1916~1997)의 특질 이론에서도 주요 차원 가운데 하나로 제시된 개념이다. '내향성-외향성' (3) 성격의 '5요인 모델'에서 제안하는 기본적인 5가지 성격 특성들(traits) 가운데 하나이다.

CLICK 5요인 모델

외향성의 사람【外向性의 사람】extrovert

'외향적인 사람'이라고도 한다.

CLICK 외향적인 사람

외향적 문제【外向的 問題】externalizing problem

문제란 심리적 문제, 행동 문제, 이성 문제 등과 같이 곤란함을 초래하거나 해결을 위해 어려움이 따르는 사건이나 상태를 의미하는데, 그러한 문제들 중에서도 외적으로 관찰 가능한 형태로 행동화되어 표출된 문제를 지칭하여 외향적 문제라고 한다. 예를 들면, 청소년의 가출, 폭력 행동, 흡연 등과 같은 문제 행동들이 포함된다. 한편 외향적 문제와는 달리 내적으로 또는 심리적으로 진행되는 문제를 지칭하여 내향적 문제(internalizing problem)라고 하며, 여기에는 우울, 불안, 공포증 등과 같은 심리적 또는 정신적인 고민이나 장애들이 포함된다.

외향적인 사람【外向的인 사람】extrovert

개인의 에너지 또는 관심이나 사상 등의 지향이 자신의 내부로 향하는지 아니면 외부(타인, 타인과의 관계 및 기타 외부의 대상)로 향하는지를 나타내는 성격 차원(내향성-외향성) 중에서, 에너지 또는 지향이 자신의 외부(타인, 타인과의 관계 및 외부의 대상 등)로 향하여 타인과 함께 있거나 타인과의 관계 또는 활동을 선호하는 사교적 경향을 보이는 성격을 외향성(extraversion)이라고 하고, 이러한 성격을 가진 사람을 '외향적인 사람'이라고 한다. 이와 반대되는 성격을 가진 사람을 '내향적인 사람'이라고 한다. 외향적인 사람과 달리, 내향적인 사람은 다른 사람들을 만나거나 어울리기보다는 조용히 사색하거나 혼자만의 시간을 보내는 것을 선호하는 경향이 있다. '외향적인 사람'은 '외향성의 사람'이라고도 한다.

외현 기억【外現 記憶】explicit memory

과거의 경험이나 학습 과정을 통해 획득한 기억 가운데 자신이 의식(또는 인식)하고 있는 유형의 기억(또는 기억 정보)을 '외현 기억(explicit memory)'이라고 하며, '외현적 기억' 또는 '명시적 기억'이라고도 한다. 이와는 달리, 과거의 경험이나 학습을 통해 획득한 기억으로 현재의 활동에 영향을 미치기는 하지만 이 기억에 대한 의식적인 인식 또는 의식 수준에서의 기억을 하지 못하는 유형의 기억을 지칭하여 '암묵 기억(暗默 記憶, implicit memory)'이라고 한다.

요구/통제【要求/統制】demandingness/control

양육 과정에서 부모가 자녀를 대하는 반응 양상은 크게 '수용/반응성(acceptance/responsiveness)' 차원과 '요구/통제' 차원 등 두 차원(또는 두 측면)으로 구분할 수 있다. 그 가운데 한 차원인 '요구/통제' 차원은 부모가 자녀의 태도나 행동에 대해 제한하고 통제하는 동시에 보다 더 요구적으로 행동하는 경향을 의미한다. 이런 경향성을 가진 부모들은 자녀와의 관계에서 자녀의 의견 표현의 기회를 잘 주지 않고 지시적이며, 요구를 많이 하는 경향을 나타낸다. 이와 같은 '요구/통제' 중심의 양육을 받으며 자란 자녀들은 '수용/반응성' 중심의 양육을 받은 자녀들에 비해 전반적으로 애착, 자존감, 사회성 및 정신건강과 적응 등 발달의 주요 지표들에서 보다 더 부정적인 경향을 나타내는 것으로 알려져 있다.

요인【要因】factor

통계 및 통계 분석(예를 들면, 변량 분석이나 요인 분석 등)에서 사용되는 주요 개념의 하나로 다음과 같은 뜻을 가지고 있다. (1) 변인의 일종으로, 특히 종속 변인에 영향을 미치는 독립 변인. (2) 요인 분석에서 추출된(또는 발견된) 상호 관련된 변인들의 집합 또는 이 변인들의 집합으로 대표되는 특성이나 특징.

요인 분석【要因 分析】factor analysis

척도나 검사와 같은 측정 도구들을 구성하는 문항들 또는 변인들 간의 상호 관련성을 계산하여 이들 중에서 상호 관련성이 있는 것들끼리 묶음으로써 전체 문항들 또는 변인들을 보다 적은 수의 집합인 '요인'으로 줄이는 통계 분석 기법. 척도나 검사를 이루는 항목들 가운데 서로 높은 상관을 나타내지만 다른 항목들과는 상관이 없는 항목들의 군집(즉, 요인)을 분석을 통해 밝혀내는 기법이다. 일련의 변인들 간의 상호 관련성을 분석해내는 통계 기법의 하나이다.

욕구【慾求】needs

개인의 생존, 건강, 복지 및 웰빙을 위해 필요한 요소(들)에 대한 요구. 욕구는 크게 두 가지 유형으로 구분되는데, 하나는 물이나 음식, 산소 등과 같은 요소(들)에 대한 요구인 생리적 욕구(physiological needs)이고, 다른 하나는 안전, 사랑, 관계, 자존감 등과 같은 심리적 또는 정신적 요소(들)에 대한 요구인 심리적 욕구(psychological needs)이다. 욕구의 결핍은 개인으로 하여금 그러한 욕구를 충족시키기 위한 행동을 하도록 동기화시키는 작용을 한다.

욕구 위계【慾求 位階】hierarchy of needs

'욕구의 위계'라고도 한다. CLICK 욕구의 위계

욕구의 위계【慾求의 位階】hierarchy of needs

매슬로우(Maslow: 1908~1970)가 제안한 욕구에 대한 견해로, 인간에게는 선천적으로 타고난 여러 유형의 욕구들이 있는데, 여기에는 가장 기본적인 욕구에 해당하는 생리적 욕구에서부터 안전의 욕구, 소속감 및 사랑 등의 사회적 욕구, 존경의 욕구 및 자아실현의 욕구 등과 같은 여러 유형의 심리적 욕구들이 있다고 보았고, 이를 피라미드 형태의 위계로 나타내고 있다. 이 욕구들은 인간을 특정한 방향으로 행동(욕구 충족을 위한 행동)하도록 활성화시키는데, 그 과정에서 욕구들 간에는 우선순위의 위계가 있다고 보았다. 즉, 기본적인 욕구에 해당하는 생리적 욕구가 가장 먼저 활성화되고 이것을 충족한 이후에야 다음 순위에 해당하는 안전의 욕구가 활성화되어 이를 충족시키기 위한 행동을 하도록 동기화시키게 된다고 보았다. 이와 같은 순서에 따라 욕구들이 위계적으로 동기화되어 충족되는 과정을 거친다고 보았는데, 이러한 견해를 '욕구의 위계'라고 한다. '욕구 위계'라고도 한다.

용서【容恕】forgiveness

자신에게 잘못을 저지른 상대방에 대한 부정적인 감정이나 생각 및 행동을 극복해 가는 심리적 및 행동적 과정. 즉, 가해자 또는 잘못이나 죄를 저지른 상대방에 대하여 분노와 같은 부정적 감정이나 공격 행위를 표출하기보다는 상대방에 대한 이해와 공감 및 수용을 통해 긍정적인 감정과 사고 및 행동 등으로 표현하고자 하는 노력 또는 행위. 종교적으로 자주 사용되는 자비, 사랑, 동정심 등과 관련이 있고, 인지적, 정서적 및 행동적 반응이 복합적으로 관련된 개념이다. 최근 큰 관심과 함께 많은 연구가 진행되고 있는 긍정심리학(positive psychology) 분야에서 중요하게 다루고 있는 주제들 가운데 하나이기도 하다.

우먼리브 운동【우먼리브 運動】Women's Liberation Movement

양성(여성과 남성)에 대한 차별적 의식과 제도적 차별을 바꾸기 위한 운동. '여성 해방 운동'이라고도 한다.

우먼파워 womanpower

여성 해방 운동(Women's Liberation Movement)과 관련하여 여성의 지위가 과거에 비해 더욱 신장됨에 따라 정치, 사회, 경제 및 문화적인 면에서 상당한 영향력을 발휘하게 되었는데, 이처럼 여성들의 향상된 영향력을 지칭하여 우먼파워라고 한다.

우반구【右半球】right hemisphere

대뇌(大腦, cerebrum)의 좌우에 위치하고 있는 반구 형태의 두 부분을 지칭하여 대뇌 반구(大腦半球, cerebral hemisphere)라고 하며, 이 중 우측의 반구를 우반구(右半球, right hemisphere)라고 하고, 좌측의 반구를 좌반구(左半球, left hemisphere)라고 한다. 한편 두 개의 반구, 즉 우반구와 좌반구는 중심부의 안쪽에 위치하고 있는 신경 조직인 뇌량(腦梁, corpus callosum)에 의해 연결되어 있다.

우성【優性】dominance

서로 대립적인 형질을 가진 양친 또는 부모가 만나 수정이 되었을 때 나타나는 형질을 말한다. 반면에, 나타나지 않는 형질을 '열성(劣性, recessive)'이라고 한다.

우성 대립 유전자【優性 對立 遺傳子】dominant allele

대립 유전자(對立 遺傳子, alleles)는 염색체 상의 특정한 유전자 자리에 위치하여 쌍을 이루는 대립 형질의 유전자로, 부계(또는 아버지)로부터 받은 유전자 한 개와 모계(또는 어머니)로부터 받은 유전자 한 개로 구성된다. 흔히 대립 유전자들은 우성과 열성의 관계를 나타내기 때문에 이 대립 유전자들은 개인의 어떤 특정 형질을 발현시키기 위해 경쟁한다. 이러한 대립 유전자 하나와 다른 대립 유전자 하나 간의 관계에서 상대적으로 강력한 한쪽 대립 유전자가 상대적으로 약한 다른 쪽 대립 유전자의 효과를 차단하고 표현형으로 나타나게 되는 유전 패턴(흔히 이와 같은 유전 패턴을 '단순 우성-열성 유전'이라고 함)에서, 두 대립 유전자 중 상대적으로 더 강력하여 표현형으로 나타나는 대립 유전자를 지칭하여 '우성 대립 유전자'라고 한다. 이와 반대로 상대적으로 열세하여 표현형으로 나타나지 않는 대립 유전자를 '열성 대립 유전자(recessive allele)'라고 한다.

우성의 법칙【優性의 法則】law of dominance

'우열의 법칙' 또는 '지배의 법칙'이라고도 한다.

CLICK 우열의 법칙

우열의 법칙【優劣의 法則】law of dominance

멘델의 유전 법칙 가운데 하나로, 서로 대립하는 유전 형질인 우성 형질(잘 발현되는 형질)과 열성 형질(잘 발현되지 않는 형질)이 있을 때, 이 중 우성 형질만이 발현된다는 법칙. '우성의 법칙' 또는 '지배의 법칙'이라고도 한다.

우울【憂鬱】depression

흔히 불행감과 관련이 있으며, 심리적 및 생리적인 측면들에서 비정상적으로 침체된 상태를 말한다. 가장 자주 나타나는 증상으로는 식욕이나 성욕의 저하, 슬픔, 특정한 경험에 대한 관심의 상실, 세상에 대한 무관심, 개인적인 무가치감, 그리고 자살관념이나 자살의도 등을 들 수 있다. 증상의 정도나 지속 기간 등에 따라 다양한 하위 유형으로 구분된다. '우울증'이라고도 하며, 특히 정신 장애로 발전된 우울의 상태를 지칭할 때는 흔히 '우울 장애'라는 표현을 사용한다.

우울 장애【憂鬱 障碍】depressive disorder

슬픔, 낙담, 실망 또는 절망감이 심리적 상태를 지배하는 기분 장애의 한 유형. 상태의 심각한 정도에 따라 몇몇 하위 유형으로 구분되는데, 여기에는 우울 일화(憂鬱 逸話)를 주 증상으로 하는 주요 우울 장애(major depressive disorder), 기분 부전 장애(dysthymic disorder), 미분류 우울 장애(depressive disorder not otherwise specified) 등이 포함된다.

우울증【憂鬱症】depression

흔히 불행감과 관련이 있으며, 낙담, 절망감, 세상에 대한 무관심, 그리고 개인적인 무가치감 등의 증상을 포함하여 심리적 및 생리적인 측면들에서 비정상적으로 침체된 상태를 말한다. '우울'이라고도 한다.

CLICK 우울

우호성【友好性】agreeableness

타인에 대한 친절함, 온정적임, 우호적임, 봉사 등의 특징을 포함하는 성격 특성을 말하며, 친화성 또는 친애성이라고도 한다. 성격의 '5요인 모델'에서 제안하는 기본적인 5가지 성격 특성들(traits) 가운데 하나로, 이와 반대되는 특성은 '적대성'이다.

CLICK 5요인 모델

우화【寓話】fable

교훈적인 생각이나 의견 또는 교훈적인 메시지를 다른 동물들이나 사물들에 비유하여 표현한 이야기. 흔히 인간의 지나친 욕심, 용기, 지혜 등을 동물과 같은 대상에 비유하여 쉽고 재미있게 묘사하는 경우가 많다. 우언(寓言)이라고도 한다.

운동【運動】motor

신체의 움직임 또는 활동. 특히 근육을 사용하여 이루어지는 신체 활동을 총칭하는 표현이다.

운동【運動】physical exercise / exercise

심신의 단련, 건강의 증진 혹은 수련을 목적으로 신체를 움직이는 활동.

운동 뉴런【運動 뉴런】motor neuron

뇌나 척수에서 오는 정보를 신체 각 부위의 근육이나 분비선으로 전달하는 기능을 하는 뉴런을 말한다. 원심성 뉴런(efferent neuron)이라고도 한다.

운동 발달【運動 發達】motor development

근육(소근육 또는 대근육 등)을 사용한 신체 운동 능력 및 신체 통제 능력에서의 발달(또는 발달적 변화). 예를 들면, 갓 태어난 신생아의 경우에는 손가락을 이용해 사물을 잡는 것과 같은 미세한 운동 및 신체 통제 능력부터 기기, 걷기, 뛰기 등과 같은 큰 동작을 포함하는 운동 및 신체 통제 능력에 이르기까지 전반적인 운동 발달이 이루어지지 못한 상태이지만 시간이 지나면서 점차적으로 그런 운동 및 신체 통제 능력들을 획득하게 된다. 이와 같이 출생 이후 시간 경과에 따라 이루어지는 운동 및 신체 통제 능력에서의 변화 과정을 지칭하여 운동 발달이라고 한다.

운동 신경【運動 神經】motor nerves

신경계 중에서 체성 신경계를 이루고 있는 주요 부분으로, 중추 신경계(뇌와 척수)에서 발생한 명령이나 충동을 근육으로 전달하는 기능을 하는 신경을 말한다. 중추 신경계에서 발생한 명령이나 충동이 운동 신경을 통해 근육으로 전달되어 운동이 일어나게 된다.

운동 장애【運動 障碍】motor disorders

연령 및 지능 수준을 고려할 때 운동 및 신체 움직임이나 동작 능력에서 기대하는 수준에 비해 현저하게 떨어지거나 부적응적인 움직임을 반복적으로 나타내는 장애. 운동 장애는 다시 틱 장애(tic disorder), 발달성 운동조정 장애(developmental coordination disorder), 정형적 동작 장애(stereotypic movement disorder) 등의 하위 유형들로 구분된다.

운동 틱【運動 틱】motor tic

틱(tic)이란 어떤 특별한 원인이나 이유가 없는 상태에서 자신의 의도나 의지와 관계없이 눈 깜빡이기, 머리 돌리기, 안면 찡그리기, 소리내기 등과 같은 비목적적인 행동이 갑작스럽고 빠르게 일어나고 또 반복되는 증상(또는 현상)을 말하는 것으로, 크게 '운동 틱(motor tic)'과 '음성 틱(vocal tic)'으로 구분된다. 이 가운데 '운동 틱'은 신체의 특정 부위(머리, 입, 눈, 손, 손가락, 다리 등)가 목적이나 의도 없이 갑작스럽고 빠르게 움직이고 또 반복되는 증상을 말한다.

운동 피질【運動 皮質】motor cortex

대뇌 피질을 구성하는 네 개의 엽(lobes) 가운데 하나인 전두엽의 뒤쪽 부분에 위치하여 띠를 이루고 있는 피질 부분으로, 신체의 수의적 행동을 통제한다. 이러한 운동 피질의 각 부분은 신체의 서로 다른 부분을 통제한다. '일차 운동 피질' 또는 '일차 운동 영역'이라고도 한다. 19세기 후반 독일의 의사들에 의해 발견되었다.

운하화【運河化】canalization

발달의 어떤 영역이나 측면에 대하여 유전자(또는 유전 요인)가 절대적인 영향을 미치는 현상을 말한다. 즉, 발달의 어떤 영역이나 측면에 대한 유전의 영향이 절대적이어서 환경의 영향을 거의 받지 않고 유전적 프로그램에 따라 마치 운하(큰 물길을 의미하는 말로, '수로'라는 표현을 사용하기도 함)를 따라 물이 흘러가듯이 정해진 유전적 경로를 따라 발달이 진행되어 가는 현상을 의미한다. 운하화가 발달에 적용되는 원리를 지칭하여 '운하화 원리'('수로화 원리'라고도 함)라고 한다. 운하화는 '수로화(水路化)'라고도 한다.

운하화 원리【運河化 原理】canalization principle

발달에 대한 유전과 환경의 영향을 설명하는 원리 가운데 하나로, 이 원리에 따르면 어떤 발달적 특성(또는 발달적 특성의 표현형)은 유전의 영향이 매우 강력하고 결정적이기 때문에 환경의 영향을 거의 또는 전혀 받지 않으며, 그 결과 예외가 없거나 거의 비슷한 발달적 결과를 나타낸다고 설명한다. 이 원리의 핵심 개념인 운하화(canalization: '수로화'라고도 함)는 발달의 어떤 영역이나 측면이 유전의 절대적인 영향을 받아 마치 물이 운하(수로라고도 함)를 따라 흘러가듯이 유전자(또는 유전적 프로그램)가 만들어 놓은 방향에 따라 발달이 이루어진다고 설명하는 개념이다. '수로화 원리'라고도 한다.

움켜잡기 반사【움켜잡기 反射】grasping reflex / grasp reflex

선천적 반사들 가운데 하나로, 생후 초기의 영아의 손바닥에 물건이나 끈을 쥐어주면 매우 강하게 꽉 쥐는 동작을 취하는데, 이처럼 생후 초기의 영아가 손바닥에 닿은 물체를 꽉 쥐는 선천적인 반사 행동을 '움켜잡기 반사'라고 한다. 이런 움켜잡기 반사의 강도는 영아가 자신의 손으로 성인의 손가락이나 가는 막대기를 잡고 약 1분 내외의 시간 동안 공중에 매달려 있을 정도이다. 흔히 이 반사는 현실적으로 생존적 또는 기능적 가치가 없거나 불분명하기 때문에 흔히 '원시 반사'의 한 유형으로 분류한다. 시간이 지나면서 점차 사라지는 다른 많은 선천적 반사들처럼, 움켜잡기 반사도 생후 약 3~4개월이 경과하면서 점차 사라진다. '파악 반사', '잡기 반사', '붙잡기 반사', '쥐기 반사' 또는 '손바닥 쥐기 반사(palmar grasp reflex)'라고도 한다.

워런 테이 Warren Tay (1843~1927)

영국의 안과의사. 상염색체 열성으로 유전되는 유전병의 한 종류인 '테이삭스병(Tay-Sachs disease)'을 연구하여, 1881년 이 병을 가진 사람의 눈(특히 망막 영역)에서 나타나는 병리적 특징을 처음으로 기술하였다. 테이삭스병을 나타내는 영어 표현 'Tay-Sachs disease'는 워런 테이(Warren Tay)와 이 병을 연구한 또 한 명의 학자인 미국의 신경학자 버나드 삭스(Bernard Sachs: 1858~1944)의 이름을 따서 명명한 것이다. 버나드 삭스는 이 병을 가진 사람(영·유아)들에게서 나타나는 여러 가지 주요 특징들에 대해 기술하였고, 특히 이 병이 중부 및 동부 유럽에 거주하는 유태인의 자손들에게서 두드러지게 많이 발생한다는 사실을 발견하였다.

원발성 불임【原發性 不姙】primary infertility

'원발성 불임증' 또는 '1차성 불임증'이라고도 한다.

CLICK '원발성 불임증' 및 '불임증'

원발성 불임증【原發性 不姙症】primary infertility

여성 불임증의 한 유형으로, 임신 경험이 한 번도 없는 여성이 보이는 불임증. '원발성 불임', '1차성 불임', '1차성 불임증'이라고도 한다.

CLICK 불임증

원시 반사【原始 反射】primitive reflexes

반사(reflexes)는 자극에 대하여 자동적이고 불수의적으로 일으키는 반응을 말하며, 특히 반사들 중에서도 인간이 태어날 때부터 가지고 있는 반사를 지칭하여 선천적 반사라고 한다. 이런 선천적 반사들 중에서 생존적 또는 적응적 가치가 없는 반사들, 즉 삶의 과정에서 유용성이 거의 없거나 유용성이 명확하지 않은 반사들을 원시 반사 또는 원시적 반사라고 한다. 즉, 원시 반사는 생존과 관련된 기능적 가치가 없는 반사들을 지칭하는 것으로, 인류 진화의 흔적으로 이해되고 있다. 구체적으로 원시 반사에 포함되는 반사의 예를 들면, 걷기 반사, 수영 반사, 바빈스키 반사, 밥킨 반사, 모로 반사, 파악 반사 등이 포함된다. 이런 원시 반사의 분류와 관련하여 학자들 중에는 다소 다른 견해를 나타내는 경우도 있다. 이들은 원시 반사로 분류되는 반사들 가운데 일부 반사들의 경우에는 어느 정도의 생존적 또는 적응적 가치가 있다고 주장한다. 예를 들면, 수영 반사는 비가 많이 오거나 물이 많은 자연적 또는 사회문화적 생활환경에서 살아가는 사람들에게 있어서 생후 초기의 아기가 자주 부모의 등에 업히거나 품에 안겨서 또는 부모 곁에서 생활해야 하는 일이 많은 경우에 우물이나 웅덩이 등에 빠질 가능성이 있고, 그때 수영 반사는 구조될 때까지 아기의 생존을 어느 정도 유지시켜 줄 수 있다는 점에서 생존적 및 적응적 가치를 가진다고 보는 것이다. 대체로 원시 반사는 생존적 또는 기능적 가치가 거의 없는 반사로 보는 견해가 많지만, 다른 한편으로는 생후 초기 신생아의 정상 여부를 평가할 때 중요한 기준이 된다. 생후 초기 신생아에게서 원시 반사들을 포함하여 주요 반사들이 나타나지 않으면 아기의 신경 계통이나 발달에서 이상이 있을 가능성이 있는 것으로 판단하게 된다. 한편 원시 반사와 달리,

선천적 반사들 중에서 신생아기 또는 생후 초기의 삶을 살아가는 과정에서 아기가 생존하고 적응해 가는 데 도움이 되는 반사들을 지칭하여 생존 반사(生存 反射, survival reflexes)라고 한다. 즉, 생존 반사는 선천적으로 가지고 태어나는 반사들 중에서 분명한 생존적 가치(또는 적응적 가치)를 가진 반사를 지칭하는 것으로, 여기에는 호흡 반사, 찾기 반사, 빨기 반사, 삼키기 반사, 동공 반사, 눈 깜박임 반사 등의 반사들이 포함된다.

원시적 반사【原始的 反射】primitive reflexes

'원시 반사'라고도 한다. CLICK 원시 반사

원심성 신경【遠心性 神經】efferent nerve

중추 기관(뇌 및 척수)에서 발생한 명령이나 신경 충격을 피부, 근육 및 내장 기관(위나 심장 등) 등의 말초 기관으로 전달하는 기능을 하는 신경을 말한다. '원심 신경(遠心 神經)'이라고도 한다. 이에 대응하는 용어로 '구심성 신경(求心性 神經, afferent nerve)'이 있다.

원자아【原自我】id

'원초아', '이드' 또는 '원초적 자아'라고도 한다.

CLICK 원초아

원초아【原初我】id

프로이트(Freud: 1856~1939)가 자신의 정신분석 이론 및 성격 이론에서 제안하고 있는 성격을 구성하는 세 가지 주요 요소 가운데 하나로, 무의식 영역에 위치하고 있으며, 본능적이고 맹목적인 쾌락을 추구한다. '원자아', '이드' 또는 '원초적 자아'라고도 한다.

원초적 자아【原初的 自我】id

'원초아', '원자아' 또는 '이드'라고도 한다.

CLICK 원초아

원형【原型】archetype

칼 융(Carl Jung: 1875~1961)의 이론에서 사용되는 주요 개념 가운데 하나로, 아니마, 아니무스, 그림자 등과 같이 집단 무의식의 기초가 되는 무의식적인 원시적 심상을 의미한다.

월경【月經】menses / menstruation

임신이 가능한 가임기 여성의 자궁에서 약 28일을 주기로 일어나는, 출혈을 동반하는 생리 현상. 구체적으로 가임기의 여성이 임신하지 않은 경우에 약 28일을 주기로 자궁의 내막이 벗겨져 출혈이 발생하는 생리 현상을 말한다. '생리(生理)'라고도 한다.

월경전 증후군【月經前 症候群】premenstrual syndrome

가임기(可姙期)의 여성들에게서 월경(月經, menstruation) 전에 나타나는 일련의 증상들을 포함하는 증후군. 구체적으로 월경이 시작되기 전 며칠 동안에 걸쳐 신체적 통증과 함께 심리적 불안정이나 부정적인 기분의 변화 등을 나타내는 현상을 말한다.

웩슬러 Wechsler (1896~1981)

데이비드 웩슬러(David Wechsler). 루마니아 태생의 미국 심리학자. 전 세계적으로 가장 많이 사용되고 있는 '아동용 지능 검사'(웩슬러 아동 지능 검사, Wechsler Intelligence Scale for Children <WISC>)와 '성인용 지능 검사'(웩슬러 성인 지능 검사, Wechsler Adult Intelligence Scale<WAIS>)를 개발하였다.

웩슬러 성인 지능 검사【웩슬러 成人 知能 檢査】 Wechsler Adult Intelligence Scale (WAIS)

세계적으로 가장 많이 사용되고 있는 성인용 개인 지능 검사 도구로 미국의 심리학자인 웩슬러(Wechsler: 1896~1981)에 의해 개발되었다. 언어성 영역을 검사하는 6가지의 하위 척도와 동작성 영역을 검사하는 5가지의 하위 척도로 구성되어 있으며, 16세 이상의 청소년과 성인을 대상으로 한다. '웩슬러 성인용 지능 검사' 또는 '웨이스(WAIS)'라고도 한다.

웩슬러 아동 지능 검사-제4판【웩슬러 兒童 知能 檢査-第四版】 Wechsler Intelligence Scale for Children -IV (WISC-IV)

개정 과정을 거쳐 출간된 '웩슬러 아동 지능 검사'의 네 번째 판.

웩슬러 아동 지능 검사【웩슬러 兒童 知能 檢査】 Wechsler Intelligence Scale for Children (WISC)

아동의 지능을 측정하기 위해 미국의 심리학자인 웩슬러(Wechsler: 1896~1981)가 개발한 개인용 지능 검사 도구. 대략 6세에서 16세 사이의 아동을 대상으로 한다. '웩슬러 아동용 지능 검사' 또는 '위스크(WISC)'라고도 한다.

웩슬러 유아 지능 검사【웩슬러 幼兒 知能 檢査】 Wechsler Preschool and Primary Scale of Intelligence (WPPSI)

유아의 지능을 측정하기 위해 미국의 심리학자인 웩슬러(Wechsler: 1896~1981)가 개발한 개인용 지능 검사 도구. 대략 4세에서 6세 6개월 사이의 유아를 대상으로 한다. '웩슬러 유아용 지능 검사' 또는 '윕씨(WPPSI)'라고도 한다.

위기【危機】crisis

(1) 위험한 고비나 상황. (2) 어떤 측면(예를 들면, 발달의 어떤 측면)과 관련된 중요한 고비나 단계. 혹은 어떤 측면(예를 들면, 발달의 어떤 측면)과 관련된 중요한 변화가 (빠르게) 진행되고 있는 상태. (3) 심리학에서 자주 사용되는 위기의 또 다른 의미는, 개인의 욕구가 충족되는 것과 같은 긍정적 경험과 반대로 욕구가 좌절되는 부정적 경험이 교차되는 상황에서 개인의 자아가 겪는 양극적인 갈등 상태를 말한다.

위기 반응【危機 反應】emergency reaction

위기 상황에 처한 유기체가 작동시키는 교감 신경계의 강한 각성 상태 또는 반응.

위기 상담【危機 相談】crisis counseling

위기 상황에 처한 내담자로 하여금 위기에 대한 대처 능력을 향상시켜 주는 데 초점을 맞추어 진행되는 상담을 말하는 것으로, 일차적으로 내담자의 심리적 상태를 안정시켜 주고 동시에 현재의 위기를 포함한 여러 상황들을 잘 극복해 갈 수 있다는 자신감을 심어주는 과정을 포함한다.

위기 청소년【危機 青少年】at-risk youth / youth-at risk

건강한 개인으로 발달해 가는 과정에 위협이 되는 상황에 처해 있는 청소년. 구체적으로 위기 청소년이란 심리적, 행동적, 학업적, 직업적, 가정적 또는 사회적 영역 등에서 개인의 발달이나 적응을 상당히 방해하거나 위협할 수 있는 상황에 노출되어 있어 국가나 사회 또는 주변의 적절한 개입이 이루어지지 않으면 향후 발달의 일부 측면 또는 여러 측면에서 문제를 나타낼 가능성(또는 위험성)이 높은 청소년을 의미한다.

위니콧 Winnicott (1896~1971)

도날드 우즈 위니콧(Donald Woods Winnicott). 영국 출신의 소아과 의사·정신분석학자. 영국정신분석학회 회장을 역임했고, 아동 발달 분야의 연구와 실천 분야에서 많은 업적을 남겼다. 특히 자신만의 고유한 정신분석학적 관점을 발전시켰고, 이를 바탕으로 아동 발달을 연구하였다. 오늘날 대상관계 이론에서 중요하게 사용되는 '참 자기(true self)', '거짓 자기(false self)', '충분히 좋은 어머니(good enough mother)' 등의 주요 개념들은 그에 의해 처음으로 사용된 것이다. '도날드 위니콧', '도날드 우즈 위니콧', 'Winnicott', 'Donald Winnicott', 'Donald Woods Winnicott' 등으로 표기하기도 한다.

위대한 창의성【偉大한 創意性】big creativity

매우 많은 사람들에게 크거나 광범위하게 영향을 미치는 창의성. 흔히 과학이나 예술 분야에서 자주 나타난다. 한편 일상생활 속에서 부딪히는 가정의 일이나 업무 관련 일들을 해결하는 과정에서 발휘하는 창의성을 지칭할 경우에는 '일상적 창의성(everyday creativity)'이라는 표현을 사용한다.

위스크 WISC

'Wechsler Intelligence Scale for Children'의 약자. '웩슬러 아동 지능 검사' 또는 '웩슬러 아동용 지능 검사'를 의미한다. CLICK 웩슬러 아동 지능 검사

위험 감수【危險 甘受】risk-taking / risk taking

신체적, 심리적, 법적, 경제적 또는 기타의 주요 한 측면에서 야기될 수 있는 위험이나 부담을 기꺼이 또는 달갑게 받아들임. 또는 그러한 행동. '모험 시도'라고도 한다.

위험 감수 행동【危險 甘受 行動】risk-taking behavior / risk taking behavior

일반적으로 '신체적, 심리적, 법적, 경제적 또는 기타 주요 한 측면에서의 부담을 감수하는 행동'이라고 정의되며, 비슷한 의미로 위험 행동(risk behavior)이라는 표현이 사용된다. 청소년기의 대표적인 위험 행동에는 음주, 흡연, 음주 운전, 무면허 운전, 컨닝, 성관계, 절도, 공공 시설이나 기물 파괴, 싸움 및 폭행, 도박, 무단결석 및 수업불참 등이 포함된다.

CLICK 위험 행동

위험도가 높은 거주 지역【危險度가 높은 居住 地域】high-risk neighborhood

개인의 심리적, 행동적, 사회적 및 신체적 발달이나 적응 또는 건강을 해치거나 불리하게 작용하기 쉬운 요인들을 상대적으로 많이 포함하고 있는 지역.

위험 요소【危險 要素】risk factor

'위험 요인'이라고도 한다. CLICK 위험 요인

위험 요인【危險 要因】risk factor

발달(심리적, 행동적, 사회적 및 신체적 발달)이나 발달적 변화의 일부 또는 전반에 대해 부정적인 영향을 미치거나 장애(또는 이상)를 초래할 위험성이 있는 요소. 예를 들면, 아동이나 청소년의 발달 과정에서 가족 내의 심각한 갈등이나 폭력 등과 같은 요인을 대표적인 위험 요인으로 볼 수 있다. '위험 요소'라고도 한다.

위험 행동【危險 行動】risk behavior

일반적으로 '신체적, 심리적, 법적, 경제적 또는 기타 주요 한 측면에서의 부담을 감수하는 행동'이라고 정의되며, 비슷한 의미로 위험 감수 행동(risk-taking behavior)이라는 표현이 사용된다. 청소년기

의 대표적인 위험 행동에는 음주, 흡연, 음주 운전, 무면허 운전, 컨닝, 성관계, 절도, 공공시설이나 기물 파괴, 싸움 및 폭행, 도박, 무단결석 및 수업 불참 등이 포함된다. 한편 위험 행동의 범위는 연령 및 지위에 따라 다소 상대적이어서 특정 연령층 또는 지위에 있는 사람에게는 위험 행동으로 간주되지 않는 행동이 또 다른 연령층 또는 지위에 있는 사람들에게는 위험 행동으로 분류되는 경우가 있다. 예를 들면, 음주의 경우는 성인들에게 일반적으로 허용적이고 정상적인 행동으로 간주되지만, 초등학교 및 중·고등학교 시기의 청소년들에게는 비행 또는 위험 행동으로 분류될 수 있다. 청소년 비행의 대부분을 청소년들의 위험 행동으로 분류하는 학자들도 있다.

윌리엄 제임스 William James (1842~1910)

미국의 심리학자, 철학자. 기능주의 심리학의 창시자로, 현대 심리학의 출발과 발전에 많은 공헌을 하였다. 하버드 대학교 의대에 입학하여 공부하였고, 졸업 후에는 그곳에서 생리학 및 심리학 강의와 함께 연구를 진행하였다. 또 다른 유명한 심리학자인 에드워드 리 손다이크(Edward Lee Thorndike: 1874~1949)의 스승이기도 하다. 한편 James가 약 12년에 걸쳐 집필한 저서 <심리학의 원리(The Principles of Psychology)>(1890)는 오늘날 심리학 분야의 최고 고전 가운데 하나로 평가받고 있다. '제임스', '윌리엄 제임스', 'James', 'William James' 등으로 표기하기도 한다.

유기체【有機體】organism

(1) 물질 대사, 호흡, 소화, 배설 및 생식 등과 같은 생활 기능을 가진 생명체. 즉, 유기적인 생활 기능을 가진 살아 있는 생명체를 지칭하는 말로, '생물'이라는 말과 거의 같은 의미로 사용된다. 따라서 가장 자주 사용하는 유기체 분류는 동물과 식물로 구분하는 것이다. (2) 심리학 분야에서도 유기체라는 용어를 사용하는 경우가 많은데, 대부분의 경우에 '동물(animals)'을 지칭하는 의미로 사용된다.

유뇨증【遺尿症】enuresis

질병이나 약물 사용에 따른 부작용이 없는 상태에서, 소변을 가릴 수 있는 충분한 연령(대략 5세)이 되었거나 지났음에도 불구하고 소변 가리는 행동을 적절히 해내지 못하는 증상을 보이는 장애. 즉, 연령에 맞지 않게 소변을 가리지 못하는 장애를 말한다. DSM−5에서 분류하고 있는 '배설 장애(elimination disorders)'의 하위 유형(유뇨증 및 유분증) 가운데 하나로, 일차성 유뇨증(primary enuresis)과 이차성 유뇨증(secondary enuresis)으로 구분된다. 이 중에서 일차성 유뇨증은 소변 가리는 행동을 한 번도 제대로 하지 못하는 경우를 말하고, 이차성 유뇨증은 한동안 소변 가리는 행동을 잘 해오다가 유뇨증 증상을 나타내는 경우를 말한다.

유능성【有能性】competence / competency

다양한 능력을 가진 경우들에 대하여 포괄적으로 사용되는 개념으로, 일반적으로 자신에게 주어진 일정한 과제 또는 일을 효율적으로 수행하는 능력 또는 그러한 특성을 의미한다.

유대【紐帶】bond / bonding

(1) 둘 이상의 사물이나 대상을 서로 연결하거나 결속시키는 것. (2) 두 사람 또는 그 이상의 사람들 간의 관계에서 정서적으로 상대에게 긴밀히 결속된 상태. 이런 상태를 지칭하여 '정서적 유대'라고 한다. 흔히 아기와 양육자 간의 관계에서 발달하는 애착의 주요 특징은 아기가 양육자에게 가까이 하려는 강한 정서적 유대 경향이다. (3) 발달학자들 가운데는 유대란 부모가 자신의 아기에게 느끼는 강한 애정적 결속 상태라고 보는 경우도 있다. (4) 많

은 발달학자들은 아기와 양육자 간의 강한 유대 경향은 출생 직후 몇 년 동안의 민감기(sensitive period)에 이루어진다고 보고 있다.

유동성【流動性】fluidity

(1) 상황이나 경우에 따라 변화할 수 있는 성질. (2) 액체와 같이 흘러 움직이는 성질.

유동성 지능【流動性 知能】fluid intelligence

학습과 문화의 영향을 덜 받는 유형의 지능으로, 특히 빠른 문제 해결, 빠른 지식 습득 및 새로운 상황에 대한 빠르고 효율적인 적응을 가능하게 하는 지능을 말한다. 문제 해결, 대인 관계 지각, 귀납적인 추론 등의 과제들을 빠르고 효율적으로 처리하는 개인의 사고(또는 인지활동)의 기반이 되는 지능이라고 할 수 있다. 연령 증가에 따라 감소되는 경향을 나타낸다. '유동적 지능' 또는 '유동 지능'이라고도 한다. '결정적 지능(crystallized intelligence)'과 구분하여 사용되는 개념이다.

유동적 지능【流動的 知能】fluid intelligence

'유동성 지능' 또는 '유동 지능'이라고도 한다.

CLICK 유동성 지능

유리 브론펜브레너 Urie Bronfenbrenner (1917~2005)

러시아 태생의 미국 심리학자. 생태학적 체계 이론(ecological system theory)의 창시자이다. '브론펜브레너', 'Bronfenbrenner', 'Urie Bronfenbrenner' 등으로 표기하기도 한다. CLICK 브론펜브레너

유리 천장【琉璃 天障】glass ceiling

여성이나 소수민족 출신의 사람들이 보이지 않는 사회적 또는 문화적 차별에 의해 그들이 가진 능력을 제대로 인정받지 못하거나 승진 등에서 불이익을 받는 현상. 특히 여성들이 남성들에 비해 뒤지지 않는 자격과 능력을 가졌음에도 고위직 승진 과정에서 보이지 않게 작용하는 부당한 차별이 장벽으로 작용하여 승진에 실패하는 현상을 지칭하는 의미로 사용하는 경우가 많다. 이와 같이 불이익을 초래하는 차별은 법이나 제도에 명시되어 있는 것이 아니라 보이지 않는 과정을 통해 암묵적인 장벽으로 작용하기 때문에 이를 유리에 비유한 것이며, 특히 상위 직급으로의 승진을 막는다는 점에서 천장에 비유한 것이다. '유리 천장 효과'와 같은 의미로 사용된다.

유리 천장 효과【琉璃 天障 效果】glass ceiling effect

'유리 천장(glass ceiling)'과 같은 의미로 사용된다.

CLICK 유리 천장

유발적 유전자형-환경 상관【誘發的 遺傳子型-環境 相關】evocative gene-environment correlation / evocative genotype-environment correlation

개인이 부모로부터 전달받은 유전자(또는 유전적 속성)들이 그 개인의 환경을 이루는 타인들(예를 들면, 부모, 형제, 교사, 또래 등)의 행동에 영향을 미쳐 타인들의 특정 행동을 유발하고, 나아가 이 행동은 결과적으로 그 개인의 환경이 되어 개인에게 영향을 주게 된다. 그러므로 개인이 가진 유전자형과 그 개인의 환경 간에는 유의미한 상관이 있다고 보는 관점이 바로 '유발적 유전자형 - 환경 상관' 모델이다. 유전자와 환경은 각각 독립적으로 작용하여 발달에 영향을 미치는 것이 아니라 개인이 타고난 유전자가 앞으로 그 개인의 발달에 영향을 미치게 될 환경을 선택하는 데 영향을 미친다. 그러므로 유전자와 환경 간에는 상관이 있게 되는데, 이런 상관을 지칭하여 '유전자형 - 환경 상관'이라고 한다. '유전자형

-환경 상관'은 다시 몇 가지 하위 유형으로 구분되는데, 그 중 하나가 '유발적 유전자형-환경 상관'이다. 이 모델에서는 부모로부터 유전자를 물려받은 자녀의 유전적 특성들이 자녀에게 영향을 미치게 될 환경(구체적으로 다른 사람들의 행동)을 유발하게 되고, 이렇게 하여 형성된 환경이 다시 자녀에 영향을 미치게 된다. 결국 자녀의 유전자형과 자녀가 경험하게 되는 환경 간에는 상관이 있게 되는 것이다. 예를 들면, 유전적으로 밝은 표정을 잘 짓고 잘 웃으며 반응하는 아기는 그렇지 않은 아기들에 비해 주변의 타인들을 긍정적으로 자극하고 이들로부터 긍정적이고 능동적인 돌봄 반응을 불러일으킬 가능성이 높다. 결과적으로 아기 개인의 유전적 특성이 자신의 발달에 영향을 미칠 환경(타인들의 특정한 반응)을 유발하고 있는 것이다. 개인의 유전적 특성이 자신의 환경에 일정 부분 영향을 미치는 셈이다. 이처럼 개인의 유전자형과 그것에 의해 유발된 환경 간에 형성되는 상관을 '유발적 유전자형-환경 상관' 또는 '유발적 유전자-환경 상관'이라고 한다. '촉발적 유전자(형)-환경 상관' 또는 '자극 유발적 유전자형-환경 상관'이라고도 한다.

유발적 유전자-환경 상관【誘發的 遺傳子-環境 相關】 evocative gene-environment correlation / evocative genotype-environment correlation

'유발적 유전자형-환경 상관'이라고도 한다.

CLICK 유발적 유전자형-환경 상관

유분증【遺糞症】encopresis

질병이나 약물 사용에 따른 부작용이 없는 상태에서, 대변을 가릴 수 있는 충분한 연령(대략 4세)이 되었거나 지났음에도 불구하고 대변 가리는 행동을 적절히 해내지 못하는 증상을 보이는 장애. 즉, 연령에 맞지 않게 대변을 가리지 못하는 장애를 말한다. DSM-5에서 분류하고 있는 '배설 장애(elimination disorders)'의 하위 유형(유뇨증 및 유분증) 가운데 하나로, 대변을 가리지 못하는 행동을 3개월 이상에 걸쳐 1주일에 1회 이상 나타내는 아동에 대해 유분증 진단을 내리게 된다.

유사분열【有絲分裂】mitosis

세포 분열의 한 형태로, 세포 분열에서 세포가 핵 내의 염색체를 두 배로 복제한 후에 두 개의 동일한 딸세포로 만들어 분리하는 과정을 말한다.

유선【乳腺】mammary glands

인간을 포함한 포유동물의 유방 안에서 젖을 분비하는 분비선(分泌腺)으로, 외분비선(外分泌腺, exo-crine gland)의 일종으로 분류된다. '젖샘'이라고도 한다.

유성어【有聲語】vocables

언어를 습득하기 전의 영아들이 어떤 사물이나 행위 등을 포함하여 무언가를 표현하거나 표상하기 위해 내는 독특한 패턴의 소리.

유아【幼兒】toddler / preschooler / preschool child

영아기 이후부터 아동기 전까지의 아이. 즉, 대략 2세 이후 6~7세경까지의 아이를 지칭한다. 한편 이 시기의 아이들을 구분하여, 먼저 유아기 중 앞의 시기 동안에 걸음마를 배우는 아이를 지칭하는 표현이 'toddler(토들러: 걸음마 하는 아이)'이고, 그 이후 학교에 들어가기 전까지의 아이를 지칭할 때 자주 사용하는 표현이 'preschooler(프리스쿨러: 취학 전 아이)'이다.

유아기【幼兒期】toddlerhood / early childhood / preschool period

발달 단계의 하나로, 영아기 이후부터 아동기 전까지의 시기. 즉, 대략 2세 이후 6~7세경까지의 시기를 의미한다. 이 시기를 구분하는 것은 학자들에 따라 다소 차이를 보이고 있다.

유아 돌연사【幼兒 突然死】sudden infant death (SID)

원인이 명확하지 않은 상황에서 생후 1년 내외(內外)의 어린 아기가 갑작스럽게 사망하는 현상. 흔히 수면 중에 발생하며 명확한 원인이 밝혀지지 않는 경우가 많다. '영아 돌연사'라는 표현을 사용하는 경우가 많다.

유전【遺傳】heredity

생물학적으로 부모(또는 양친)의 형질이 자손(또는 자식)에게로 전달되는 현상을 의미한다. 특히 유전이 이루어지기 위해서는 부모로부터 자손에게 유전 정보를 담고 있는 세포 내의 물질이 전해져야 하는데, 이를 '디엔에이(DNA)'라고 한다.

유전 가능비【遺傳 可能比】heritability

유전 연구에서 사용되는 통계적 추정치 가운데 하나로, 신체적, 심리적 또는 행동적 특성들 가운데 어떤 특성이나 기능의 발생(또는 발달)에 대해 유전의 영향이 차지하는 비율을 의미한다. 0부터 1까지의 범위로 나타낸다. '유전성', '유전율' 또는 '유전 가능성'이라고도 하며, '유전 가능비 추정치(heritability estimate: 유전성 추정치, 유전 가능성 추정치 또는 유전율 추정치라고도 함)'와 같은 의미로 사용된다.

CLICK 유전 가능성

유전 가능비 계수【遺傳 可能比 係數】heritability coefficient

유전의 영향(또는 유전 요인)으로 설명할 수 있는 특정한 특성(또는 속성)의 변산량을 통계적으로 추정한 수치. 쌍생아(twin)들에 대한 연구를 바탕으로 그 값을 계산할 수 있다. '유전성 계수', '유전 가능성 계수' 또는 '유전율 계수'라고도 한다.

CLICK 유전 가능성 계수

유전 가능비 추정치【遺傳 可能比 推定値】heritability estimate

키, 체중, 지능, 성격, 정서, 공격성, 정신 장애 등과 같은 개인의 특성이나 기능이 유전될 가능성(또는 유전되는 정도)을 추정한 통계치로, 0부터 1까지의 범위로 나타낸다. '유전성 추정치', '유전 가능성 추정치' 또는 '유전율 추정치'라고도 하며, '유전 가능비(heritability: 유전성, 유전율 또는 유전 가능성이라고도 함)'와 같은 의미로 사용된다.

CLICK 유전 가능성

유전 가능성【遺傳 可能性】heritability

유전 연구에서 사용되는 통계적 추정치 가운데 하나로, 많은 신체적, 심리적 또는 행동적 특성들 가운데 어떤 특성이나 기능의 발생(또는 발달)에 대해 유전의 영향이 차지하는 비율을 의미한다. 즉, 유전 가능성은 키, 체중, 지능, 성격, 정서, 공격성, 정신 장애 등과 같은 개인의 특성이나 기능이 유전될 가능성(또는 유전되는 정도)을 추정한 통계치를 말한다. 유전 가능성은 0부터 1까지의 범위로 나타내는데, 이때 유전 가능성이 0이라 함은 어떤 특성이나 기능에 대한 유전 요인의 기여도가 전혀 없음을 의미하고, 반대로 유전 가능성이 1이라 함은 어떤 특성이나 기능에 대한 유전 요인의 기여도가 100%임을 의미한다. '유전성', '유전율' 또는 '유전 가능비'라고도 하며, '유전 가능성 추정치(heritability estimate:

'유전성 추정치', '유전 가능비 추정치' 또는 '유전율 추정치'라고도 함)'와 같은 의미로 사용된다.

유전 가능성 계수【遺傳 可能性 係數】heritability coefficient

유전 연구에서 정서, 성격, 지능, 공격성 등과 같은 심리적 및 행동적 특성들, 정신 장애(또는 행동 장애)들, 그리고 키, 체중, 시력 등과 같은 신체적 특성들에 대한 유전의 영향을 수학적으로 추정한 값(수치)의 하나로, 특히 유전의 영향(또는 유전 요인)으로 설명할 수 있는 특정한 특성(또는 속성)의 변산량을 통계적으로 추정한 수치를 말한다. 쌍생아(twin)들에 대한 연구를 바탕으로 그 값을 계산할 수 있으며, 그 계산 절차는 다음과 같다. 먼저, 특정한 특성(예를 들면, 키나 공격성 또는 우울증 등) 변인에 대한 일란성 쌍생아들 간의 상관 계수를 계산한다. 이어 같은 방법으로 이란성 쌍생아들 간의 상관 계수를 계산한다. 끝으로, 일란성 쌍생아들 간의 상관 계수와 이란성 쌍생아들 간의 상관 계수 간의 차를 구한 후에 2를 곱해준다. 이 계산 절차를 간단한 공식으로 나타내면 다음과 같다. 유전 가능성 계수(H)=(일란성 쌍생아들 간의 상관 계수－이란성 쌍생아들 간의 상관 계수)×2. 예를 들면, 일란성 쌍생아 집단에서 나타난 쌍생아들 간의 지능 지수의 상관계수가 .87이고, 이란성 쌍생아 집단에서 나타난 쌍생아들 간의 지능 지수의 상관계수가 .59로 나타났다고 가정하자. 이 자료를 토대로 지능에 대한 유전의 영향을 추정하기 위한 유전성 계수를 다음과 같이 계산할 수 있다. 유전성 계수(H)=(.87－.59)×2=.56이 된다. 유전성 계수는 0부터 1까지의 범위로 나타내는데, 이때 유전성이 0이라 함은 어떤 특성이나 기능에 대한 유전 요인의 기여도가 전혀 없음을 의미하고, 반대로 유전성이 1이라 함은 어떤 특성이나 기능에 대한 유전 요인의 기여도가 100%임을 의미한다. 따라서 .56이라는 유전성 계수는 중간 정도를 조금 상회하는 수치이므로, 위 가상의 자료를 통해 추정된 쌍생아들의 지능에 대한 유전의 기여도는 중간 정도를 조금 상회하는 수준이라고 결론지을 수 있다. 한편 유전 가능성 계수는 '유전성 계수', '유전 가능비 계수' 또는 '유전율 계수'라고도 한다.

유전 가능성 추정치【遺傳 可能性 推定値】heritability estimate

키, 체중, 지능, 성격, 정서, 공격성, 정신 장애 등과 같은 개인의 특성이나 기능이 유전될 가능성(또는 유전되는 정도)을 추정한 통계치로, 0부터 1까지의 범위로 나타낸다. '유전성 추정치', '유전 가능비 추정치' 또는 '유전율 추정치'라고도 하며, '유전 가능성(heritability: 유전성, 유전율 또는 유전 가능비라고도 함)'과 같은 의미로 사용된다.

유전 가설【遺傳 假說】genetic hypothesis

민족이나 인종 집단들 간에 나타나는 능력(예를 들면, 지능 또는 지능 지수)의 차이를 유전에 의한 것으로 설명하는 가설 또는 관점. '유전적 가설'이라고도 한다.

유전 결함【遺傳 缺陷】genetic defect

유전자 자체가 가지고 있는 결함. 선천적인 유전병의 원인이 된다. '유전적 결함' 또는 '유전적 결손'이라고도 한다.

유전된 행동 특질【遺傳된 行動 特質】inherited behavior trait

유전에 기초를 두고 있는 행동 또는 행동 경향을 의미한다.

유전병【遺傳病】hereditary disease / inherited disease / genetic disease

유전에 의해 부모로부터 자손에게 전해지는 병. 많은 병들이 유전에 의해 발생하는데, 이를 총칭하여 유전병이라고 한다. '유전 질환' 또는 '유전 장애'라고도 한다.

유전 상담【遺傳 相談】genetic counseling / genetic counselling

선천적 이상이나 장애 등의 유전 가능성, 임신과 출산 및 이에 따른 이상이나 장애 예방을 위한 대책 등에 관한 정보(예를 들면, 의학적 및 교육적 정보)를 제공해줌으로써 예비부모들이 앞으로 나타날 수 있는 결과나 상황을 예측하고, 나아가 임신과 출산 등의 문제를 스스로 결정하고 선택할 수 있도록 도와주는 전문적인 상담을 말한다. 실제 장면에서 유전 상담자들은 유전과 관련된 진단자, 정보 제공자, 교육자, 상담자(또는 치료자) 등의 역할을 수행하게 된다. 이들이 예비부모들을 상담하기 위해 사용하는 주요 정보는 가족과 친인척의 병력을 여러 대에 걸쳐 작성한 가계도와 예비부모의 혈액을 검사하여 얻은 DNA 분석 결과를 통해 수집할 수 있다. 이를 통해 유전상담자들은 예비부모의 자녀에게서 나타날 수 있는 유전 장애(또는 유전 질환)의 종류와 발생 가능성(또는 확률) 등을 파악하여 상담에 활용하게 된다. 유전 상담을 통해 그 발생 가능성을 파악할 수 있는 장애에는 일반적으로 많이 알려져 있는 당뇨병부터 이분척추, 혈우병, 겸상 적혈구 빈혈증, 헌팅턴병, 테이삭스병, 페닐케톤뇨증 등과 같은 주요 유전 장애들이 포함된다. 이외에도 수많은 종류(약 7,000여 가지 이상)의 유전 장애가 밝혀져 왔으나 대다수의 유전 장애들의 경우에는 그 발생 빈도가 매우 낮은 것으로 알려져 있다. 유전 상담자가 되기 위해서는 유전학에 관한 전문적인 지식뿐만 아니라 가족력을 해석하는 능력 및 상담에 관한 기본적인 지식과 훈련 등을 필요로 한다. 흔히 유전학이나 의학(특히 유전병 관련 의학) 등과 같은 유전 및 유전병 관련 전공 배경을 가진 사람들이 유전 상담 분야에서 활동한다.

유전 상담사【遺傳 相談士】genetic counselor / genetic counsellor

'유전 상담' 분야에서 활동하는 상담사. '유전 상담자'라고도 한다.

CLICK 유전 상담자

유전 상담자【遺傳 相談者】genetic counselor / genetic counsellor

'유전 상담' 분야에서 활동하는 상담자. 선천적 이상이나 장애 등의 유전 가능성, 임신과 출산 및 이에 따른 이상이나 장애 예방을 위한 대책 등에 관한 정보(예를 들면, 의학적 및 교육적 정보)를 제공해줌으로써 예비부모들이 앞으로 나타날 수 있는 결과나 상황을 예측하고, 나아가 임신과 출산 등의 문제를 스스로 결정하고 선택할 수 있도록 도와주는 전문적인 상담을 수행하는 상담자를 말한다. '유전 상담사'라고도 한다.

CLICK 유전 상담

유전성【遺傳性】heritability

'유전율', '유전 가능비' 또는 '유전 가능성'이라고도 하며, '유전성 추정치(heritability estimate: '유전 가능성 추정치', '유전 가능비 추정치' 또는 '유전율 추정치'라고도 함)'와 같은 의미로 사용된다.

CLICK 유전 가능성

유전성 계수【遺傳性 係數】heritability coefficient

유전성 계수는 '유전 가능성 계수', '유전 가능비 계수' 또는 '유전율 계수'라고도 한다.

CLICK 유전 가능성 계수

유전성 추정치【遺傳性 推定値】heritability estimate

'유전 가능성 추정치', '유전 가능비 추정치' 또는 '유전율 추정치'라고도 하며, '유전성(heritability: 유전 가능성, 유전율 또는 유전 가능비라고도 함)'과 같은 의미로 사용된다. CLICK 유전 가능성 추정치

유전율【遺傳率】heritability

'유전성', '유전 가능성' 또는 '유전 가능비'라고도 하며, '유전율 추정치(heritability estimate: 유전성 추정치, 유전 가능성 추정치 또는 유전 가능비 추정치라고도 함)'와 같은 의미로 사용된다. CLICK 유전 가능성

유전율 계수【遺傳率 係數】heritability coefficient

유전의 영향(또는 유전 요인)으로 설명할 수 있는 특정한 특성(또는 속성)의 변산량을 통계적으로 추정한 수치. 흔히 쌍생아(twin)들에 대한 연구를 바탕으로 그 값을 계산할 수 있다. '유전성 계수', '유전 가능성 계수' 또는 '유전 가능비 계수'라고도 한다.

CLICK 유전성 가능성 계수

유전율 추정치【遺傳率 推定値】heritability estimate

'유전 가능성 추정치', '유전 가능비 추정치' 또는 '유전성 추정치'라고도 하며, '유전율(heritability: 유전 가능성, 유전성 또는 유전 가능비라고도 함)'과 같은 의미로 사용된다. CLICK 유전 가능성 추정치

유전 인자【遺傳 因子】gene

'유전자'라고도 한다. CLICK 유전자

유전자【遺傳子】gene

유전 정보를 담고 있는 인자. 즉, 개인(개체)의 발달에 대한 유전적 정보를 담고 있는 인자로, 앞 세대(부모 세대)에서 다음 세대(자녀 세대)로 전달된다. 구체적으로 유전자는 특수화된 분자 구조로 되어 있는 DNA 조각을 말하며, 각각의 DNA는 발달에 대한 유전적 정보를 담고 있다. '유전 인자'라고도 한다.

유전자 지도【遺傳子 地圖】genetic map

유기체의 유전 정보는 염색체를 구성하는 수많은 DNA 속에 담겨 있다. 인간의 염색체는 총 23쌍(46개)으로 구성되어 있다. 이 중에서 22번째까지의 염색체는 상염색체이고, 나머지 하나인 23번째 염색체가 성염색체이다. 이와 같이 염색체 속에 담겨 있는 DNA의 수, 각각의 기능, 그리고 각각이 자리 잡고 있는 위치 등에 관한 정보를 지도로 나타낸 것을 '유전자 지도'라고 한다. '게놈 지도(genome map)'라고도 한다.

유전자 치료【遺傳子 治療】gene therapy

선천적인 발달 장애나 질병 등의 이상을 초래하는 비정상적인 유전자를 제거한 후, 이를 정상적인 유전자로 교체함으로써 이 유전자가 원인이 되어 발생하는 장애나 질병 등의 이상을 치료하는 방법.

유전자형【遺傳子型】genotype

개인(또는 개체)이 갖고 있는, 앞 세대(부모 세대)로부터 물려받은 유전적 특성을 말하는 것으로, 실제로 그 개인이 DNA를 통해 가지고 있는 유전 물질이다. 그러나 이런 유전자형 전체가 관찰되거나 측정 가능한 특성으로 발현(또는 표현)되는 것은 아니다. 실제로 개인이 가진 유전자형 전체가 관찰되거나 측정 가능한 특성으로 발현되는 경우는 없다. '유전자형'의 상대적인 표현으로, 개인이 가진 유전자형 가운데 관찰되거나 측정 가능한 특성으로 발현(또는 표현)되는 방식을 지칭하여 '표현형(phenotype)'이라고 한다. '유전형(遺傳型)'이라고도 한다.

유전자형-환경 상관【遺傳子型-環境 相關】genotype-environment correlation

발달에 대한 유전과 환경의 영향을 설명하는 모델 가운데 하나이다. 특히 유전과 환경 두 요인이 각기 독립적으로 작용하여 발달에 영향을 미치는 것이 아니라 개인이 타고난 유전자가 앞으로 그 개인이 경험하게 될, 또 그로 인해 발달에 영향을 미치게 될 환경의 조건(또는 환경의 종류)을 형성하는 데 영향을 미친다고 보는 관점이 꾸준히 제시되어 왔다. 이 관점에서 보면 유전자와 환경 간에는 밀접한 상관이 있는데, 이러한 상관을 '유전자형-환경 상관' 또는 '유전자-환경 상관'이라고 하며, 나아가 이 관점에서 발달을 설명하는 모델을 지칭하여 '유전자형-환경 상관 모델'이라고 한다.

유전자-환경 상관【遺傳子-環境 相關】gene-environment correlation

'유전자형-환경 상관'이라고도 한다.

CLICK 유전자형-환경 상관

유전 장애【遺傳 障碍】hereditary disorder

'유전병' 또는 '유전 질환'이라고도 한다.

CLICK 유전병

유전적 결함【遺傳的 缺陷】genetic defect

유전자 자체가 가지고 있는 결함. 선천적인 유전병의 원인이 된다. '유전 결함', '유전자 결함' 또는 '유전적 결손'이라고도 한다.

유전 정보【遺傳 情報】genetic information

생물학적으로 어버이의 형질이 자손에게로 전달되는 현상을 유전(heredity)이라고 하며, 유전에 담겨 있는 정보를 지칭하여 유전 정보라고 한다. 유전 정보를 담고 있는 세포 내의 물질이 'DNA'이다. '유전 정보'는 '유전자 정보'라고도 한다.

유전 질환【遺傳 疾患】hereditary disease / inherited disease / genetic disease

'유전병'이라고도 한다.

CLICK 유전병

유전체【遺傳體】genome

'게놈' 또는 '지놈'이라고 한다.

CLICK 게놈

유전학【遺傳學】genetics

유전의 생물학적 과정을 연구하는 학문. 구체적으로 동물이나 식물이 가지고 있는 다양한 특질이 한 세대로부터 다음 세대로 전달되는 것과 관련된 주제들을 연구하는 분야이다.

유전학자【遺傳學者】geneticist

'유전학(遺傳學, genetics)' 분야에서 활동하는 학자를 지칭한다.

유전형【遺傳型】genotype

개인(또는 개체)이 갖고 있는, 앞 세대(부모 세대)로부터 물려받은 유전적 특성을 말하는 것으로, 실제로 그 개인이 DNA를 통해 가지고 있는 유전 물질이다. '유전자형'이라고도 한다. 그러나 이런 유전형 전체가 관찰되거나 측정 가능한 특성으로 발현(또는 표현)되는 것은 아니다. 실제로 개인이 가진 유전형 전체가 관찰되거나 측정 가능한 특성으로 발현되는 경우는 없다. '유전형'의 상대적인 표현으로, 개인이 가진 유전형 가운데 관찰되거나 측정 가능한 특성으로 발현(또는 표현)되는 방식을 지칭하여 '표현형(phenotype)'이라고 한다.

유전-환경 논쟁【遺傳-環境 論爭】nature-nurture debate

'유전-환경 영향에 대한 논쟁'을 의미한다.

CLICK 유전-환경 영향에 대한 논쟁

유전-환경 문제【遺傳-環境 問題】nature-nurture problem / nature-nurture issue

'유전-환경 영향에 대한 논쟁'과 같은 의미로 사용된다.

유전-환경 영향에 대한 논쟁【遺傳-環境 影響에 對한 論爭】nature-nurture debate

발달심리학의 역사에서 오랫동안 계속되어 오고 있는 쟁점 가운데 하나로, 특히 인간의 발달 과정에서 유전의 영향과 환경의 영향 가운데 어느 쪽이 더 크고 중요한가에 대한 논쟁을 말한다. 유전-환경 논쟁, 유전-환경 문제(nature-nurture problem / nature-nurture issue) 등으로도 표현된다.

유치증【幼稚症】infantilism

연령상 유아기를 지나 나이가 들어가면서도 신체적, 심리적 및 행동적으로 적절한 발달을 나타내지 못한 채 유아기의 상태를 나타내거나 또는 발달이 유아기의 상태로 퇴행하는 증상을 의미한다.

육성【育成】nurture

(1) 아이를 보살펴 자라게 함. (2) 출생 전(임신 기간) 및 출생 후에 개체의 발달적 변화를 일으키는 모든 환경적 요인이나 조건들의 영향. 개인이 생활해가는 환경의 영향을 받아 발달이 이루어짐을 의미한다. '양육(養育)'과 같은 의미로 사용된다.

육체적 성희롱【肉體的 性戱弄】physical sexual harassment

'신체적 성희롱', '신체형 성희롱' 또는 '육체형 성희롱'이라고도 한다.

CLICK 신체적 성희롱

융 Jung (1875~1961)

칼 구스타프 융(Carl Gustav Jung). 스위스의 정신의학자, 심리학자. 분석심리학(Analytic Psychology)의 창시자이다. '칼 융', '칼 구스타프 융', 'Jung', 'Carl Jung', 'Carl Gustav Jung' 등으로 표기하기도 한다.

CLICK 칼 융

융모【絨毛】villus / villi(복수형)

(1) 소장(小腸, 작은창자)의 안쪽 벽에 손가락 모양으로 돌출해 있는 돌기들. (2) 임신 초기 태아와 모체 사이에 형성되는 태반 중에서 태아 측의 가장 바깥 표면인 융모막에 촘촘한 돌기 형태로 솟아나 있는 조직. 자궁벽에 연결되어 모체의 혈액을 통해 영양분과 산소를 공급받는 기능을 한다. '융모막 융모'라고도 한다.

융모막【絨毛膜】chorion

임신 중 자궁 안에 있는 태아와 양수를 담고 있는 양막(羊膜)을 둘러싸고 자궁의 조직에 부착되어 있는 막(膜). 융모막판과 나뭇가지 모양의 돌기인 융모로 이루어져 있다. '융털막'이라고도 한다.

융모막 검사【絨毛膜 檢査】chorionic villi sampling / chorionic villus sampling (CVS)

태아의 이상(염색체 이상이나 유전 질환 등) 여부를 진단하기 위해, 흔히 시행하는 '양막 천자(羊膜 穿刺, amniocentesis)'의 대안적 방법으로 융모막의 융모를 채취하여 분석하는 검사법. 이 방법은 출산 전에 염색체 이상이나 유전 질환을 진단하는 데 목적을 두고 있다는 점에서는 양막 천자의 시행 목적과 다르지 않다. 하지만 양막 천자법의 경우에는 양막 안에 형성된 양수의 양이 검사를 위해 필요한 양을 뽑을 수 있을 만큼 충분해지기 전(흔히 임신 14, 15주 이전)에는 시행하기 어렵기 때문에 태아의 심각한 선천성 질환(또는 결함)에 따른 임신 중절 등의 판단을 좀 더 빨리 적절한 시점에서 내리기 위해 양막 천자의 시행보다 더 이른 임신 초기(임신 8~9주 사이)에 실시할 수 방법으로 융모막 검사가 사용될 수 있다. 이 방법은 자궁 경관을 통해 시술 기구를 넣어 융모막에 있는 융모를 채취하거나 산모의 복부를 통해 주사바늘을 찔러 융모를 채취하는 방법을 사용한다. 이후 채취한 융모 속에 포함된 태아 세포를 분리한 후 이를 분석하여 염색체 이상이나 유전 질환 여부를 진단하게 된다. '융모막 융모 검사', '융모 조직 검사' 또는 '융모막 채취법'이라고도 한다.

융모막 융모【絨毛膜 絨毛】chorionic villi / chorionic villus

임신 초기 태아와 모체 사이에 형성되는 태반 중에서 태아 측의 가장 바깥 표면인 융모막에 촘촘한 돌기 형태로 솟아나 있는 조직. 자궁벽에 연결되어 모체의 혈액을 통해 영양분과 산소를 공급받는 기능을 한다.

융모막 융모 검사【絨毛膜 絨毛 檢査】chorionic villi sampling / chorionic villus sampling (CVS)

임신 중 태아의 염색체 이상이나 유전 질환 여부를 진단할 목적으로, 융모막의 융모를 채취하여 그 안에 포함된 태아의 세포를 분리하여 분석하는 검사법. '융모막 검사', '융모 조직 검사' 또는 '융모막 채취법'이라고도 한다. CLICK 융모막 검사

융모막 채취법【絨毛膜 採取法】chorionic villi sampling / chorionic villus sampling (CVS)

임신 중인 태아의 이상 여부를 진단하기 위해 융모막의 융모를 채취하여 진행하는 검사법. '양막 천자'보다 더 이른 임신 초기(임신 8~9주 사이)에 실시할 수 있는 검사 방법으로, 자궁 경관을 통해 시술 기구를 넣어 융모막 융모를 채취하는 방법을 사용하거나 복부를 통해 주사바늘을 찔러 융모를 채취하는 방법을 사용하며, 이를 통해 융모 속에 포함된 태아 세포를 추출한 후 이를 검사하여 염색체 이상이나 유전 질환 여부를 진단하게 된다. '융모막 검사', '융모 조직 검사' 또는 '융모막 융모 검사'라고도 한다. CLICK 융모막 검사

융모 조직 검사【絨毛 組織 檢査】chorionic villi sampling / chorionic villus sampling (CVS)

임신 중 태아의 염색체 이상이나 유전 질환 여부를 진단할 목적으로, 융모막의 융모를 채취하여 그 안에 포함된 태아의 세포를 분리하여 분석하는 검사법. '융모막 검사', '융모막 채취법' 또는 '융모막 융모 검사'라고도 한다. CLICK 융모막 검사

융 심리학【융 心理學】Jungism Psychology

스위스의 정신의학자인 칼 융(Carl Jung: 1875~1961)이 발전시킨 심리학 이론. 원형 및 집단 무의식 등에 관한 내용들을 특징으로 한다. '분석심리학'이라고도 한다.

음부포진【陰部疱疹】genital herpes / herpes genitalis

단순포진 바이러스 2형(herpes simplex virus type Ⅱ)의 감염에 의해 발병하는 바이러스성 만성 질병. 주로 성교 과정을 통해 전염되며, 흔히 남녀 생식기 주변, 엉덩이, 허벅지 등의 피부와 점막에 물집과

같은 발진을 일으킨다. 임신 전 또는 임신 중 감염된 경우에는 이 바이러스가 임신 18주 무렵까지 태반을 통과할 수 있기 때문에 태아에게 감염될 수 있으며 출산 시에는 모체의 생식기와 같은 감염된 조직을 통해 신생아에게 전염된다. 자궁경부암을 일으키는 한 원인으로 알려져 있고, 모체를 통해 감염된 신생아들 가운데 많은 수에서는 뇌 손상을 포함한 여러 신경학적 장애와 시각 장애(또는 실명)를 일으킬 수 있고, 더 심한 경우에는 사망하게 된다. 현재 이 질병에 대한 완전한 치료 방법은 없다. 따라서 이 질병으로 인한 발진과 같은 병변이 있는 경우에는 성생활의 금지나 주의를 권고 받게 되고, 특히 결혼 전후의 감염 여성은 임신 및 출산과 관련한 적절한 도움을 받기 위해 감염에 관한 정보를 의료진에게 알리는 것이 필요하다. 감염 여성이 임신한 경우에는 출산 시 신생아에 대한 전염 가능성을 최소화하기 위해 제왕절개 방법을 사용하도록 안내받는 경우가 많다.

음성 장애【音聲 障碍】phonological disorder

단어 선택과 구사에는 문제가 없지만 그 발음(또는 음성)이 어린 아이가 말하는 것처럼 불명확하게 표현되는 장애. 8세를 전후하여 자연적 회복이 이루어지며, 그 이전에라도 언어 치료를 통해 치료될 수 있다.

음성 틱【音聲 틱】vocal tic

틱(tic)이란, 어떤 특별한 원인이나 이유가 없는 상태에서 자신의 의도나 의지와 관계없이 눈 깜빡이기, 머리 돌리기, 안면 찡그리기, 소리내기 등과 같은 비목적적인 행동이 갑작스럽고 빠르게 일어나고 또 반복되는 증상(또는 현상)을 말하는 것으로, 크게 '음성 틱(vocal tic)'과 '운동 틱(motor tic)'으로 구분된다. 이 가운데 '음성 틱'은 목적이나 의도 없이 갑작스럽고 재빠르게 소리를 내는 행동을 반복하는 증상을 말한다. '음성 틱'에서 내는 소리로는 '응응거리기', '킁킁거리기', '억억거리기' 등이 있고, 또 '상황이나 맥락에 맞지 않는 단어나 말을 반복하기'와 같은 행동도 있다.

음소【音素】phonemes

언어에서 음성을 구성하는 유의미한 최소의 음성 단위. 한 언어에서 사용되는 말소리의 기본이 되는 가장 작은 음성 단위로, 더 이상 작게 나눌 수 없는 음성의 최소 단위를 말한다. 흔히 자음과 모음으로 구분된다.

음소론【音素論】phonemics

언어의 음소와 음소 체계를 연구하는 언어학의 한 분야.

음악적 지능【音樂的 知能】musical intelligence

소리의 고저나 멜로디 등과 같은 음악적 요소들에 민감하게 반응하고 표현하는 능력 또는 그런 지능. 가수, 연주자, 지휘자 등과 같은 직업군과 관련이 많은 지능이다. 미국의 심리학자 '하워드 얼 가드너(Howard Earl Gardner: 1943~)'가 제안한 '다중 지능 이론(theory of multiple intelligences)'에서는 인간의 지능은 서로 독립적으로 기능하는 8가지의 지능(최근에는 9번째 지능을 추가로 제시)으로 구성되어 있다고 보는데, 그 가운데 하나가 음악적 지능이다. 이 외에도 다중 지능 이론에서는 언어적 지능, 논리-수학적 지능, 공간적 지능, 신체-운동적 지능, 개인 내적 지능, 개인 간 지능(또는 대인 관계적 지능), 자연주의적 지능, 그리고 가장 최근에 새로운 지능의 한 영역으로 실존적 지능(또는 존재론적 지능) 등을 제안한다. 음악적 지능은 간단히 '음악 지능'이라고도 한다.

음악 지능【音樂 知能】musical intelligence

'음악적 지능'이라고도 한다. CLICK 음악적 지능

음운【音韻】phoneme

언어에서 말의 뜻을 구분해주는 기능을 하는 소리의 가장 작은 단위.

음운론【音韻論】phonology

언어가 가지고 있는 음성(또는 말소리)의 체계 및 이 음성들이 유기적으로 결합하여 의미 있는 단어나 문장을 만들어내는 관계 또는 규칙. '음운 체계'라고도 한다.

음운 장애【音韻 障碍】phonological disorder

상대방의 말을 알아듣고 말을 할 수는 있지만, 그 말소리가 유아가 말하는 것처럼 정확하지 않거나 이상하게 발음되는 증상을 보이는 장애. 의사소통 장애의 한 유형으로, 증세가 가벼운 경우에는 8세 무렵에 자연히 증상이 해결되며, 더 심한 경우라 해도 언어 치료를 통해 완전히 치료될 수 있다. '조음 장애' 또는 '발음 장애'라고도 한다.

음운 체계【音韻 體系】phonology

'음운론'이라고도 한다. CLICK 음운론

의만【擬娩】couvade

임신한 아내가 출산하기 전후해서 남편이 아내와 함께 출산에 따른 고통을 공유하는 모습을 상징적으로 나타내는 행위. 여기에는 아내의 진통과 분만에 따른 고통을 흉내 내는 것과 함께 식사나 잠자리 등과 관련된 금기사항들이 포함된다. 과거 인도양과 오세아니아 지역의 여러 섬들과 유럽 지역의 여러 곳에서 존재했던 풍습으로, 아직도 일부 소수 민족 사회에서 행해지고 있는 것으로 알려져 있다. '쿠바드', '남성 산욕' 또는 '남자 산욕'이라고도 한다.

의미【意味】meaning

(1) 단어나 문장과 같은 말이나 글이 가진 뜻 또는 개념. (2) 행위나 사물 또는 현상이 가지고 있는 가치.

의미 기억【意味 記憶】semantic memory

기억 중에서도 장기 기억(long-term memory)의 한 형태로, 세상의 다양한 대상이나 사건 또는 현상에 대하여 가지고 있는 일반적인 의미나 정보 또는 지식 등의 형태로 저장되어 있는 기억을 의미한다. '의미적 기억', '의미론적 기억' 또는 '어의적 기억'이라고도 한다.

의미론【意味論】semantics

한 언어에서 사용되는 단어와 문장이 표현하는 의미.

의미론적 기억【意味論的 記憶】semantic memory

세상의 다양한 대상이나 사건 또는 현상에 대하여 가지고 있는 일반적인 의미나 정보 또는 지식 등의 형태로 저장되어 있는 기억. '의미 기억', '의미적 기억' 또는 '어의적 기억'이라고도 한다.

의미 치료【意味 治療】logotherapy

유태계 오스트리아의 정신의학자이자 신경학자인 빅토르 프랭클(Victor Frankl: 1905~1997)에 의해 창시된 심리 치료 이론. 프랭클은 제2차 세계대전 때 나치에 의한 유태인 대학살 현장인 아우슈비츠에 수용되어 온갖 고초를 겪은 후 극적으로 생존하였으며, 그 경험을 바탕으로 창시하게 된 심리 치료 이론 체계가 의미 치료(logotherapy)이다. 프랭클은 '의미'와 '의미의 추구'를 삶에서 가장 중요한 정신적 차원으로 보았는데, 그 이유는 자신의 경험을 통해 삶의 의미를 찾은 사람은 어떠한 난관도 극복할 수 있다는 사실을 깨달았기 때문이다. 이와 같은 프랭클의 생생한 삶과 의미에 대한 이해를 바탕으로 만들어진 '의미 치료'에서는 개인(내담자)에게 삶에서의 '의미'를 찾을 수 있도록 도와주며, 이를 통해 심리적 고통과 장애로부터 벗어나 건강한 삶을 찾을 수 있다고 본다. '의미 요법'이라고도 한다.

의사소통【意思疏通】communication

사람들(개인들 또는 집단들) 간에 서로의 생각이나 감정 또는 정보 등이 전달되어 통하는 상태. 언어적 의사소통, 비언어적 의사소통 및 부언어적 의사소통 등으로 구분된다.

의사소통 장애【意思疏通 障碍】communication disorders

신경계(특히 뇌)의 발달 이상에 의해 초래되는 것으로 생각되고 있는 신경발달 장애(neurodevelopmental disorders)의 6개 하위 유형들 가운데 하나로, 지적 능력(지능)이 정상(또는 정상적 범위)임에도 불구하고 말하기나 언어를 사용하는 의사소통에 어려움을 보이는 장애를 말한다. 의사소통 장애는 다시 언어 장애(language disorder), 발화음 장애(speech sound disorder), 아동기 발생 유창성 장애(childhood-onset fluency disorder), 사회적 의사소통 장애(social communication disorder) 등 4개의 하위 유형으로 구분된다.

의식【意識】conscious

지그문트 프로이트(Sigmund Freud: 1856~1939)의 정신분석 이론에서는 마음의 영역을 세 부분(의식, 전의식, 무의식)으로 구분하고 있는데, 그 중에서 외부의 세계나 자신에 대해 인식하고, 또 그와 관련된 사고나 판단이 이루어지고 있는 마음의 영역을 지칭하여 '의식(conscious)'이라고 한다. 이와 달리, 의식적인 인식을 할 수 없거나 의식을 통해 접근할 수 없는 또 다른 마음의 영역을 '무의식(無意識, unconscious)'이라고 한다.

의식【意識】consciousness

이 용어는 쓰이는 맥락에 따라 몇 가지 의미로 사용되고 있다. 그 중 대표적인 의미를 소개하면 다음과 같다. (1) 정신이 깨어 있는 상태. 즉, 자신이 현재 접하고 있거나 경험하고 있는 일이나 현상에 대해 인식하는 상태. (2) 자기 자신이나 세상에 대해 인식하는 마음의 과정이나 작용. 이 경우에는 인식(awareness)과 비슷한 의미를 갖는다.

의존【依存】dependency / dependence

여러 가지 의미로 사용되는 용어로 다음과 같이 몇 가지 의미로 정리할 수 있다. (1) 부모와 자녀(특히 영·유아) 간의 관계에서 볼 수 있는 것처럼, 특정 개인이 다른 사람의 도움이나 지원을 지속적으로 필요로 하는 불균형적인 의존 관계를 표현하는 용어로 사용될 수 있다. (2) 심리학을 포함한 과학 또는 과학적 연구에서 특정 변인(A)이 변화함에 따라 또 다른 변인(B)의 양 또는 수준이 변화하는 경우에서 변인 A에 대한 변인 B의 관계를 표현하는 용어로도 사용된다. (3) 특정한 물질이나 약물 또는 활동에 대하여 강렬한 집착이나 열망을 나타내고, 그러한 물질(또는 약물)의 이용이나 활동에 대한 통제력이 적거나 상실된 상태에 있으며, 나아가 그러한 행위로부터 초래되는 부작용이나 부정적인 결과를 나타내는 경우에서, 특정 물질(또는 약물)이나 활동에 대한 행위자의 태도나 상태를 나타내는 용어로도 사용된다. 이 경우는 흔히 남용 과정을 거치면서 발전하게 되며, 신체적 의존과 심리적 의존으로 구분할 수 있다. '의존성'이라고도 한다.

의존성【依存性】dependency / dependence

'의존'이라고도 한다. CLICK 의존

의존적 기대 수명【依存的 期待 壽命】dependent life expectancy

개인이 질병 또는 건강상의 요인에 의해 독립성을 잃고 생활 속에서 스스로 해야 할 많은 활동들(예컨대, 옷 입기, 목욕, 보행, 요리 등)을 다른 사람들의 도움을 받으면서 생활하게 되는 시점서부터 사망 시까지 예상되는 연수. 즉, 개인이 독립성을 잃고 다른 사람들의 도움을 받으면서 생활해 갈 것으로 예상되는 기간을 연수로 나타낸 것을 말한다. 이에 비해 개인이 다른 사람들의 도움을 받지 않고 독립적이고 활동적인 생활을 해 갈 것으로 예상되는 기간을 '활동적 기대 수명(active life expectancy)'이라고 한다. 개인이 누리게 될 활동적 기대 수명과 의존적 기대 수명의 기간은 개인이 타고난 유전적인 요인들과 태어난 이후 삶의 과정에서 접하는 환경적 요인들 간의 상호작용에 의해 결정된다. '의존적 기대 여명'이라고도 한다.

의존적 기대 여명【依存的 期待 餘命】dependent life expectancy

'의존적 기대 수명'이라고도 한다.

CLICK 의존적 기대 수명

의지력【意志力】willpower

좀 더 장기적인 목표 또는 큰 목표를 이루기 위해 현재의 욕구나 만족을 지연시키면서 어려움을 극복해 가는 자발적인 자기 통제력 또는 자기 통제 능력.

이드 id

프로이트(Freud: 1856~1939)의 이론에서 제시하고 있는 성격을 구성하는 세 요소 가운데 하나로, 그 중에서 본능적 또는 생물학적 욕구(또는 욕망)에 따라 행동하도록 추동하는 성격 요소를 말한다. '원초아', '원자아' 또는 '원초적 자아'라고도 한다.

CLICK 원초아

이란성(의)【二卵性(의)】dizygotic

'두 개의 수정란으로부터 발생한' 또는 '두 개의 수정란에서 발달한'이라는 의미를 가진 말이다.

이란성 쌍둥이【二卵性 雙둥이】fraternal twins / dizygotic twins

'이란성 쌍생아'라고도 한다.

CLICK 이란성 쌍생아

이란성 쌍생아【二卵性 雙生兒】fraternal twins / dizygotic twins

두 개의 독립된 난자가 서로 다른 두 개의 정자에 의해 각각 수정된 수정란(또는 접합체)으로부터 발달하여 출생한 쌍생아. 어머니가 거의 동일한 시기에 연속해서 두 개의 난자를 배란하고, 이 두 개의 난자가 각각 한 개의 정자에 의해 수정됨으로써 발생한다. 이 두 개의 수정란은 일란성 쌍생아(유전적으로 동일한 쌍생아임)와 달리, 유전적으로 서로 다르며, 둘 간의 유전적 일치도는 일반적인 형제들(같은 어머니로부터 서로 다른 시기에 출생한 형제들) 간의 유사성 및 차이의 정도와 다르지 않다. 따라서 이란성 쌍생아들은 일반적인 형제들처럼 혈액형이 다를 수 있으며, 외모 등의 신체적 특성들 및 심리적 특성들(예를 들면, 지능이나 성격 등)과 행동적 특성들을 포함한 발달의 전반에 있어서 일란성 쌍생아들에 비해 더 많은 차이를 나타내게 된다. 이란성 쌍생아가 발생하는 비율은 전 세계적으로 출산 125건당 약 1건 정도로 알려지고 있다. 이러한 비율은 일란성 쌍생아의 발생 비율(전 세계적으로 출산 250건당 약 1건 정도)에 비해 두 배 정도되는 것이다. '이란성 쌍둥이'라고도 한다.

이론【理論】theory

현상을 설명하는 체계적이고 논리적인 명제들의 집합.

'이론' 이론【'理論' 理論】'theory' theory / theory-theory

인간이 태어난 이후에 세계를 이해하고 인지발달을 이루어가는 과정을 설명하는 여러 이론들 가운데 하나로, 영아는 선천적으로 세계에 대한 '이론(theory)'을 가지고 태어나며, 점차 이를 수정·보완해 가면서 세계를 더 잘 이해하고 설명할 수 있는 향상된 '이론'으로 발전시켜 가게 되는데, 이런 과정이 인지발달이라고 설명하는 이론이 '이론' 이론이다. 구체적으로 '이론' 이론은 영아는 출생 시부터 사람의 얼굴, 말소리, 언어 등을 이해하고 학습할 수 있는 능력과 준비 상태 및 어느 정도의 지식(이런 지식을 가지고 세계를 이해하고 파악한다는 점에서 일종의 '이론'으로 볼 수 있음)을 갖고 태어나며, 그 이후에는 삶의 과정 속에서 경험을 통해 세계(물리적 세계, 생물적 세계, 심리적 세계, 사회적 세계 등)를 이해하고 설명하는 '이론'을 형성하게 되고 이를 검증하고 수정해가면서 더욱 세련되고 향상된 '이론'을 발전시키게 되는데, 이와 같은 '이론'의 형성과 변화 및 발전 과정이 바로 인지발달이라고 보는 이론이다. '이론'의 형성과 변화 및 발전 과정은 생후 초기의 제한되고 불완전한 지식 또는 '이론'을 보완하고 수정하는 과정이기 때문에 영·유아는 점차 더 유능한 개인으로 발전해 가게 된다. 이처럼 '이론' 이론은 인간은 태어나면서부터 세계에 대한 어느 정도의 지식 또는 '이론'을 갖고 있으며, 삶의 경험을 통해 '이론'을 실험하고 검증하는 과정을 거치면서 더 세련되고 유능한 '이론'을 발전시켜 간다고 본다. 또한 생후 초기부터 영유아가 갖고 있는 '이론'과 그것의 변화·발전 과정이 인지발달이라는 것이다. '이론' 이론은 인간의 아기가 출생 시부터 세계의 본질에 대한 적지 않은 지식을 갖고 태어난다고 주장하는 신생득론(neo-nativism)의 견해와 삐아제(Piaget)를 포함하는 구성주의자들의 견해가 결합된 이론이라고 할 수 있다. '이론' 이론 개념은 영·유아를 포함하는 생후 초기의 아기들이 보이는 능력을 이해하고 설명하는 데 도움을 주며, 나아가 이런 생후 초기의 능력을 이후의 발달과 교육에 적용하여 활용할 수 있도록 도움을 준다는 점에서 학문적 및 실제적인 기여를 하는 개념으로 평가되고 있다. 반면에, 생후 초기의 영·유아가 어떻게 '이론'을 갖게 되었는지, 즉 그 기원에 대한 설명이 부족하다는 점, '이론'의 개념 정의가 다소 불분명하다는 점, 그리고 이런 '이론'이 오히려 발달 초기에 아이들의 학습을 방해할 수 있다는 점 등에서 '이론' 이론의 개념이 가진 제한점을 지적하는 학자들도 있다. '이론'-이론, 'theory' theory, theory-theory 등으로 표기하기도 한다.

이름 효과【이름 效果】name-letter effect

이름(name)이 그 개인의 생각과 행동에 영향을 미치는 현상. 최근 관심과 연구가 이루어지고 있는 주제로, '이름 효과'를 주장하는 학자들은 사람들이 사고와 행동을 하는 과정에서 무의식적으로 자신 이름의 영향을 받게 된다고 본다. 따라서 사람들은 자신도 잘 의식하지 못하는 사이에 직업 선택이나 상품 구매와 같은 행동을 하는 과정에서 자신의 이름이나 이름을 구성하고 있는 철자의 영향을 받게 된다고 주장한다. '성명 효과(姓名 效果)'라고도 한다.

이반 페트로비치 파블로프 Ivan Petrovich Pavlov (1849~1936)

옛 제정(帝政) 러시아 시대부터 소련에 걸쳐 활동했던 생리학자. 고전적 조건화(또는 고전적 조건형성) 원리의 발견자이다. '파블로프', '이반 파블로프', 'Pavlov',

'Ivan Pavlov', 'Ivan Petrovich Pavlov' 등으로 표기하기도 한다. CLICK 파블로프

이분척추【二分脊椎】spina bifida

선천성 척추 기형의 일종으로, 척추 기둥의 특정 뼈가 불완전하게 닫혀 있고 그 틈으로 척수 일부분이 돌출하는 이상 상태를 말한다. 손상 부위가 클수록 신체 기능에 미치는 영향이 크며, 그 증상은 손상 부위와 관련된 다양한 신경 증상과 마비, 걷기 행동이나 방광 기능의 이상 등으로 나타난다. 신생아 1,000명 중 1~2명 정도의 비율로 발생한다. 발생 원인은 명확히 밝혀져 있지 않으나 임신 중 엽산(folic acid)의 적정량 섭취가 이분척추의 예방에 도움이 되는 것으로 알려져 있다.

이상【異常】abnormality

일반적으로 '이상'이란 '정상적이지 않은 상태' 또는 '정상으로부터 벗어난 상태'라는 의미를 가지고 있다. 그러나 '이상'의 의미가 무엇인지를 정확하게 정의하는 일은 '정상'의 의미가 무엇인지를 정의하는 것과 마찬가지로 쉽지 않은 일이다. '이상'이 무엇인지, 어떻게 정의해야 할지에 대해서는 이 용어가 사용되는 분야와 맥락에 따라 다를 뿐만 아니라 학자들 간에도 차이를 보이기 때문에 이상의 의미를 쉽게 정의하는 것은 어려운 일이다. 따라서 현재 '이상' 또는 '이상의 상태'를 간단히 확인하거나 진단할 수 있는 단일의 검사나 방법은 없으며, 그보다는 이상을 나타내거나 이상과 관련된 증상들 또는 특징들을 종합하여 이상 여부를 판단하는 경우가 많다. 이를 위해 흔히 이상과 관련된 몇 가지 주요 규준들을 적용하여 이로부터 벗어난 경우를 이상의 근거로 채택하고 있다. 구체적으로 이상을 판단할 때 적용되는 주요 규준들로는 개인이 보이는 특징이나 상태가 그 개인이 속한 모집단의 평균치와 비교하여 어느 정도 차이를 보이는지를 고려하는 통계적 규준, 개인이 속한 사회와 문화의 기대와 기준을 고려하는 사회·문화적 규준, 개인이 보이는 행동이 적응적인지 아니면 부적응적인지를 고려하는 행동의 적응성 규준, 개인의 주관적인 경험을 고려하는 주관적 규준(이 규준에서는 개인이 처한 객관적인 조건이나 상태와는 관계없이 개인이 느끼고 경험하는 기분이나 고민 등의 심리적인 상태를 고려한다) 등이 포함된다. 한편 어떤 개인의 이상 여부를 판단하는 일은 매우 중요한 문제이기 때문에 정신 건강 전문가들은 흔히 위에서 제시된 몇 가지 주요 규준들을 모두 고려하며, 이를 반영한 여러 검사와 절차를 통해 신중하게 판단하게 된다. '비정상'과 같은 의미로 사용된다.

이상심리학【異常心理學】abnormal psychology

성격이나 정서의 장애 및 기타 다양한 정신 장애 등에서 볼 수 있는 것과 같이 정상(正常)이 아니라 이상(異常)으로 판단되는 심리 상태 또는 행동을 연구하고 치료하는 심리학의 한 분야.

이상적 자기【理想的 自己】ideal self

'나(또는 자신)'를 구성하고 있거나 나와 의미 있게 관련되어 있어 '나'를 특징짓는다고 여겨지는 모든 속성들에 대한 지각이나 인식을 '자기(自己)' 또는 '자아(自我)'라고 한다. 이러한 '자기' 중에서 자신이 그렇게 되고 싶거나 그렇게 되기를 바라는 자기(또는 자기의 모습)를 '이상적 자기'라고 한다. 즉, '이상적 자기'란 '자기'를 구성하는 한 부분으로, 자신이 그렇게 되었으면 하고 바라거나 희망하는 '자기' 또는 '자기의 모습'에 대한 지각이나 인식을 의미한다.

이상 행동【異常 行動】abnormal behavior

개인이 속한 사회나 문화 속에서 부적응적이며, 흔히 자신이나 타인에게 유해한 결과를 초래하는 행동을 총칭한다. 우울증, 과도한 불안, 비합리적이거

나 비현실적 신념 및 가치관 등과 같은 내적인 경향을 보이는 형태의 이상 행동과 절도, 자살시도, 폭행 및 강간 등과 같은 외적이고 행동적인 경향을 보이는 형태의 이상 행동으로 구분하기도 한다.

이성애【異性愛】heterosexuality

대부분의 인간 사회와 문화에서 일반적인 성적 지향으로 간주되는 이성 간의 성애적(性愛的) 사랑 또는 성애적 관계나 행동 경향을 의미한다. 동성(同性)을 성애(性愛: 성적 사랑)의 대상으로 느끼고 행동하는 경향성, 즉 남성과 남성 또는 여성과 여성 간에 성애적으로 이끌리고 행동하는 경향을 의미하는 동성애(homosexuality)와 비교되는 표현이다.

이성애자【異性愛者】heterosexual

이성에 대해 성적으로 끌리고 행동하는 경향을 나타내는 사람. 즉 이성 간의 성애적(性愛的) 사랑이나 관계 또는 행동 경향을 나타내는 사람을 의미한다. 반면에, 동성(同性)을 성애적 대상으로 느끼고 행동하는 경향을 나타내는 사람을 지칭하여 '동성애자(同性愛者, 'homo' 또는 'homosexual'이라고 함)'라고 하며, 그 중에서도 남성 동성애자를 일컬어 '게이(gay)'라고 하고, 여성 동성애자를 일컬어 '레즈비언(lesbian)'이라고 한다.

이순위 마음 이론【二順位 마음 理論】second-order theory of mind (ToM2)

'마음 이론(theory of mind)'이란, 사람들(자신이나 타인 포함)에게는 심리적 세계(감정, 지각, 사고, 신념, 동기, 지식 및 의도 등)가 있고 이를 통해 심리적 활동(또는 정신적 활동)을 하며, 이러한 것들이 그 사람의 행동 과정에서 직접적으로 또는 간접적으로 작용한다는 것에 대해 이해하는 것을 의미한다. 이에 비해 '이순위 마음 이론'이란 자신이 아닌 타인(들)이 또 다른 사람들(즉, 제3자들)의 마음의 세계(또는 마음의 상태)에 대해 생각하고 있거나 생각할 수 있다는 것에 대해 이해하는 것 또는 그런 능력을 의미한다. '이차순위 마음 이론' 또는 '이차적 마음 이론'이라고도 한다.

이종접합【異種接合】heterozygosis

염색체 상에 상이한 대립 유전자를 가진 두 배우자(配偶子, gamate)가 결합하는 것. 즉, 염색체 상의 특정한 위치에 서로 다른 효과를 갖는 상이한 대립 유전자를 가진 두 배우자(gamate)가 결합하여 접합체('접합자'라고도 함)가 형성되는 것을 의미한다. '이형접합' 또는 '헤테로접합'이라고도 한다.

이종접합체【異種接合體】heterozygote

염색체 상의 특정한 위치에 서로 다른 효과를 갖는 상이한 대립 유전자를 가진 개체. 즉, 염색체 상에서 특정 유전 형질(또는 특성)에 대해 서로 다른 효과를 갖는 2개의 상이한 대립 유전자를 가진 개체를 의미한다. '이형접합체' 또는 '이형접합 개체'라고도 한다.

이중 구속【二重 拘束】double bind / double binding

부모나 교사 등과 같은 중요하고 영향력 있는 사회적 대상들과의 관계에서 이들 중 한 명 또는 그 이상의 사람들이 자녀나 학생에게 전하는 두 개 또는 그 이상의 메시지들이 서로 모순되거나 일치하지 않을 때 이 메시지를 받은 자녀나 학생은 모순된 메시지들 가운데 어떤 것을 선택하여 행동해야 할지, 아니면 아무 행동도 하지 말아야 할지를 판단하기 어려운 상태에 빠지게 되는데, 이러한 상태를 나타내는 표현이 이중 구속이다. 이와 같은 이중 구속 상태에서는 행동을 선택하기도 어렵고 행동을 선택하여 하더라도 긍정적이거나 만족스러운 결과로 이어지기 어렵다는 문제가 있다. 이러한 상태는, 특히 이러한 상태가 생활 속에서 반복되고 누적되면 자녀나 학생의 발달, 교육 및 학습, 적응, 그리고 정신 건강 등 생활 전반에 부정적인 영향을 미치게 된다. '이중 구속 이론'에서는 부모가 사용하는 이중 구속적인 의사소통 방식이 자녀의 정신분열증 발병의 주요 원인이 된다고 본다.

이중 구속 이론【二重 拘束 理論】double bind / double binding

정신분열증 발병의 원인을 설명하는 이론 가운데 하나로, 이 이론에 따르면 정신분열증 환자의 부모는 평소 자녀에게 애매모호하고 불명확한 메시지나 일관성 없고 모순된 메시지를 사용하는 경향이 있고, 이러한 이중 구속적인 메시지를 사용한 의사소통 방식은 자녀를 이중 구속 상태에 빠뜨리고 이성적, 논리적 및 합리적인 사고를 방해함으로써 정신분열증의 발병을 초래하게 된다고 설명한다.

CLICK 이중 구속

이중 기준【二重 基準】double standard

한 개인이나 집단에 적용하는 기준(또는 잣대)과 또 다른 개인이나 집단에 대해 적용하는 기준(또는 잣대)이 다른 것. 즉, 이중 기준이란 두 대상이나 집단에 대해 서로 다른(흔히 차별적이거나 모순되는) 두 가지 기준을 적용하는 것을 의미한다. 이중 기준에 해당하는 대표적인 예를 들면, 결혼 전의 남성과 여성의 성행위 또는 성경험에 대한 적절성 기준을 달리 적용하는 사회·문화적 경향을 그 예로 들 수 있다. 즉, 결혼 전 남성의 성행위나 성경험에 대한 태도와 달리, 여성의 성행위나 성경험에 대해 더 엄격한 기준을 적용하는 경우로, 구체적으로 여성들의 결혼 전 성행위나 성경험을 더 부도덕한 것으로 보는 경우가 그 예에 해당한다. 이러한 경향은 과거에 비해 많이 줄어들었지만, 아직도 남자들에게는 더 허용적인 경향이, 여자들에게는 더 보수적인 기대를 적용하는 경향이 남아 있다. '이중 잣대'라고도 한다.

이중 언어 사용자【二重 言語 使用者】bilingual

두 개의 언어를 사용할 수 있는 사람.

이중 표상【二重 表象】dual representation

어떤 것(또는 사물)을 나타내기 위해 다른 형태나 방식으로 추상화하고 심상화하는 것을 표상(representation)이라고 한다. '이중 표상'이란 어떤 하나의 대상을 동시에 두 가지의 다른 형태나 방식으로 나타내거나 생각하는 것(또는 능력)을 의미한다. 즉, 한 대상을 두 가지의 다른 형태나 방식으로 표상하는 것, 또는 그렇게 하는 능력을 지칭하는 말이 '이중 표상'이다.

이차 강화인【二次 强化因】secondary reinforcer

처음에는 강화 효과를 갖지 못했으나 강화 효과를 갖고 있는 자극과의 연합 과정을 통해 새로이 강화 효과를 갖게 된 자극. 이차 강화인은 연합(일종의 경험) 과정을 통해 자극의 효과가 변화되었다는 점에서 학습의 결과로 생성된 강화 자극이라고 할 수 있다. 이차 강화인의 예를 들면, 칭찬, 인정 및 격려 등이 포함된다. 이차 강화인이라는 용어에서 강화인(强化因)이라는 표현 대신에 강화물(强化物) 또는 강화원(强化源)이라는 표현이 사용되기도 한다. 한편 '이차적 강화인'과 같은 의미를 가진 말로 '조건화된 강화인', '조건화된 강화물', '조건화된 강화원', '조건 강화인', '조건 강화물', '조건 강화원', '이차적 강화물', '이차적 강화원', '학습된 강화인', '학습된 강화물', '학습된 강화원' 등의 표현들이 사용된다.

이차 기억【二次 記憶】secondary memory

'장기 기억'과 비슷한 의미로 사용되는 표현으로, 특히 장기 기억을 기억의 지속 시간 차원보다는 기억의 처리 수준 차원에서 설명하는 개념이다. '이차적 기억', '2차적 기억' 또는 '2차 기억'이라고도 한다.

이차성 유뇨증 【二次性 遺尿症】 secondary enuresis

유뇨증의 한 형태로, 한동안 소변 가리는 행동을 잘 해오다가 유뇨증 증상을 나타내는 장애. 구체적으로 질병이나 약물 사용에 따른 부작용이 없는 상태에서, 소변을 가릴 수 있는 충분한 연령(대략 5세)이 되었거나 지났음에도 불구하고 소변 가리는 행동을 적절히 해내지 못하는 증상을 보이는 장애를 '유뇨증(enuresis)'이라고 한다. 유뇨증은 DSM−5에서 분류하고 있는 '배설 장애(elimination disorders)'의 하위 유형(유뇨증 및 유분증) 가운데 하나로, 다시 일차성 유뇨증(primary enuresis)과 이차성 유뇨증(secondary enuresis)으로 구분된다. 이 중에서 이차성 유뇨증은 한동안 소변 가리는 행동을 잘 해오다가 유뇨증 증상을 나타내는 경우를 말한다. 이차성 유뇨증과 달리, 일차성 유뇨증은 소변 가리는 행동을 한 번도 제대로 하지 못한 경우를 말한다.

이차 성징 【二次 性徵】 secondary sex characteristic / secondary sexual characteristic

남녀의 성기(性器)의 차이와 같은 일차적인 성 기관(性 器官)의 발달에 따라 나타나는 차이 외에 성호르몬의 분비가 왕성해지면서 새로이 나타나는 성별에 따른 신체적 특징의 변화 또는 차이. 흔히 사춘기와 함께 나타나기 시작하며, 여성의 경우에는 생리(또는 월경)의 시작 및 유방의 발달, 남성의 경우에는 몽정, 변성 및 수염의 발달 등으로 대표된다. '제2차 성징' 또는 '2차 성징'으로 표기하기도 한다.

이차 순위 마음 이론 【二次 順位 마음 理論】 second-order theory of mind (ToM2)

'마음 이론(theory of mind)'이란, 사람들(자신이나 타인 포함)에게는 심리적 세계(감정, 지각, 사고, 신념, 동기, 지식 및 의도 등)가 있고 이를 통해 심리적 활동(또는 정신적 활동)을 하며, 이러한 것들이 그 사람의 행동 과정에서 직접적으로 또는 간접적으로 작용한다는 것에 대해 이해하는 것을 의미한다. 이에 비해 이차 순위 마음 이론이란 자신이 아닌 타인(들)이 또 다른 사람들(즉, 제3자들)의 마음의 세계(또는 마음의 상태)에 대해 생각하고 있거나 생각할 수 있다는 것에 대해 이해하는 것 또는 그런 능력을 의미한다. '이순위 마음 이론' 또는 '이차적 마음 이론'이라고도 한다.

이차 순환 반응 【二次 循環 反應】 secondary circular reaction

영아가 자신의 신체가 아닌 외부의 물체를 가지고 행하는 반복적인 반응. '2차 순환 반응'으로 표기하기도 한다. CLICK 2차 순환 반응

이차 순환 반응의 협응 【二次 循環 反應의 協應】 coordination of secondary circular reaction

목표를 이루려는 의도를 가지고 두 개 이상의 행동을 협응시키는 활동. '2차 순환 반응의 협응'으로 표기하기도 한다. CLICK 2차 순환 반응의 협응

이차적 기억 【二次的 記憶】 secondary memory

'장기 기억'과 비슷한 의미로 사용되는 표현으로, 특히 장기 기억을 기억의 지속 시간 차원보다는 기억의 처리 수준 차원에서 설명하는 개념이다. '이차 기억', '2차 기억' 또는 '2차적 기억'이라고도 한다.

이차적 마음 이론 【二次的 마음 理論】 second-order theory of mind (ToM2)

자신이 아닌 타인(들)이 또 다른 사람들(즉, 제3자들)의 마음의 세계(또는 마음의 상태)에 대해 생각하고 있거나 생각할 수 있다는 것에 대해 이해하는 것 또는 그런 능력. '이차순위 마음 이론' 또는 '이순위 마음 이론'이라고도 한다.

이차적 정서 【二次的 情緖】 secondary emotion

태어난 이후 사회적 관계와 경험을 통해 새로이 형성되는 정서. 흔히 일차 정서들(예를 들면, 놀람, 기쁨, 분노, 슬픔, 공포, 혐오 등) 가운데 두 개 이상이 결합되어 만들어지며, 문화에 따라 차이를 보인다. '이차적 정서', '2차 정서', '2차적 정서'라고도 한다.

CLICK 이차 정서

이차적 표상 【二次的 表象】 secondary representation

표상이란 외부의 대상을 지각하고 인식하는 과정에서 그 '대상을 어떤 형태로 추상화하고 심상화하여 나타낸 것'을 의미한다. 그 중에서 지도나 동상과 같이 '외부의 대상을 모사하여 외적으로 나타낸 표상'을 '외재적 표상(external representation)'이라 하고, 다른 하나는 '외부의 대상을 어떤 형태로 추상화하고 심상화하여 내적으로 나타낸 표상'을 '내재적 표상(internal representation)', '정신적 표상' 또는 '심적 표상'이라고 한다. 또한 표상은 '일차적 표상', '이차적 표상' 및 '상위 표상' 등으로 구분할 수 있다. 그 중에서 '이차적 표상(secondary representation)'은 현재 개인이 자신의 앞에서 발생하고 있는 상황이나 대상이 아닌, 이전에 자신이 보았거나 경험했던 장면이나 대상, 또는 다른 장면에서 보았거나 경험했던 장면이나 대상을 표상하는 것을 의미하며, '이차 표상'이라고도 한다. 이에 비해, '일차적 표상(primary representation)'은 개인(또는 아동)이 현재 발생하고 있는, 즉 현재 개인이 경험하고 있거나 보고 있는 실제 장면이나 대상을 표상하는 것을 의미하며, '일차 표상'이라고도 한다. '상위 표상(metarepresentation)'은 표상에 대한 표상, 즉 표상이 무엇인지에 대해 생각하고 이해하는 것을 의미한다. 구체적으로 상위 표상 수준에서는 자기 자신이나 타인의 생각 또는 마음의 상태를 이해할 수 있게 된다. 즉, 이 수준에서는 자기 자신이나 타인이 무슨 생각을 하는지, 어떤 마음의 상태일지에 대해 표상할 수 있게 된다.

이차 정서 【二次 情緖】 secondary emotion

태어난 이후 사회적 관계와 경험을 통해 새로이 형성되는 정서. 일차 정서들(예를 들면, 놀람, 기쁨, 분노, 슬픔, 공포, 혐오 등) 가운데 두 개 이상이 결합되어 만들어진다.

CLICK 2차 정서

이차 표상 【二次 表象】 secondary representation

'이차적 표상'이라고도 한다.

CLICK 이차적 표상

이큐 EQ

'정서 지능'을 수량화하여 나타낸 지수. 'EQ'는 'emotional quotient(정서 지수)' 또는 'emotional intelligence quotient(정서 지능 지수)'의 약자이다. intelligence(지능)를 수량화한 'IQ(intelligence quotient, 지능 지수)'에 대응하여 emotional intelligence(EI, 정서 지능)를 수량화하여 나타내기 위해 사용되기 시작한 용어인 'emotional quotient(정서 지수)' 또는 'emotional intelligence quotient(정서 지능 지수)'의 약자이다. '정서 지수' 또는 '정서 지능 지수'라고도 한다. 간혹 emotional intelligence(EI)를 '감성 지능'으로, emotional quotient(EQ)를 '감성 지수'로 번역하는 경우가 있는데, 이보다는 각각 '정서 지능'과 '정서 지수'라고 번역하는 것이 적절한 표현이다.

CLICK 정서 지능

이타성 【利他性】 altruism

자신의 이익에 대한 고려 없이 타인에게 도움을 주려는 태도 또는 성향. 즉, 이타성은 자신에게 올 이익이나 손해를 따지지 않고 다른 사람들(또는 다른 사람들의 안녕과 이익)에 대한 관심과 배려를 생활과 행동의 중요한 기준으로 생각하고 행동하는 태도나 성향을 의미하는 것으로, 이러한 성향은 실생활에서 다른 사람을 돕는 행동, 자선 행동, 기부 행동, 자원 공유 등과 같은 이타적인 행동을 하게 될 가능성을 증가시킨다. '이타주의'라고도 한다.

이타주의【利他主義】altruism

자신의 이익에 대한 고려 없이 타인에게 도움을 주려는 태도 또는 성향. '이타성'이라고도 한다.

CLICK 이타성

이타 행동【利他 行動】altruistic behavior

행위에 대한 대가나 이익을 기대하지 않고 다른 사람이나 집단을 도와주는 행동. '이타적 행동(利他的行動)'이라고도 한다.

이행【移行】transitivity

여러 대상들(또는 요소들)이 순서에 따라 연속적으로 배열되어 있을 때, 각 대상들(또는 요소들) 간의 관계를 이해하고 파악하는 인지 능력. 예를 들면, 'A가 B보다 많고 B가 C보다 많다면, A는 C보다 많다는 것을 이해하는 것'이 이행의 한 예가 된다. 또한 상자 속에 담긴 책들의 위치와 관련하여 국어책이 사회책보다 아래에 담겨 있고, 사회책이 음악책보다 아래에 담겨 있다면, 국어책은 음악책보다 아래에 있다는 사실을 이해하는 것도 '이행'의 또 하나의 예가 된다. 아동의 인지발달 수준을 가늠하는 능력들 가운데 하나이다.

이행추론【移行推論】transitive inference

추론을 통해 복수의 서열 과제들 속에서 새로운 관계를 유추해내는 것. 또는 그렇게 하는 능력. 즉, 사람이나 물체 등과 같은 여러 개의 대상들 가운데 A와 B를 비교하고, 이어서 B와 C를 비교한 후에 이 비교를 통해 A와 C의 관계를 유추하여 추론하는 것을 말한다. 예를 들면, 친구인 영희의 가족 소개를 통해, 영희의 언니는 오빠보다 크고, 오빠는 영희보다 크다면, 언니는 영희보다 크다는 것을 추론해내는 것은 이행추론의 한 예가 될 수 있다. 즉, 영희의 언니, 오빠 및 영희 등 세 사람이 함께 모여 키를 비교해보지 않더라도 영희의 가족 소개를 듣는 것만으로도 영희의 형제자매들 간의 키 순서 또는 키 순위 관계를 추론해낼 수 있다. 이런 이행추론 능력은 삐아제(Piaget: 1896~1980)의 인지발달 이론에서 제시하는 인지발달 네 단계 가운데 세 번째 단계인 구체적 조작기(concrete operational stage: 7세~11, 12세 경까지의 시기)에 와서 발달하는 능력이다. 구체적 조작기에 도달한 아동은 구체적 대상에 대해 조작적 사고를 할 수 있는 능력을 발달시킨다. 그런 능력 가운데 하나가 이행추론으로, 이 시기의 아동들은 내적(정신적) 조작 과정을 통해 대상들 간의 서열적 관계를 추론할 수 있게 된다. '이행추론'은 '전이적 추론'이라고도 한다.

이형접합【異型接合】heterozygosis

염색체 상에 상이한 대립 유전자를 가진 두 배우자(配偶子, gamate)가 결합하는 것. 즉, 염색체 상의 특정한 위치에 서로 다른 효과를 갖는 상이한 대립 유전자를 가진 두 배우자(gamate)가 결합하여 접합체('접합자'라고도 함)가 형성되는 것을 의미한다. '이종접합' 또는 '헤테로접합'이라고도 한다.

이형접합 개체【異型接合 個體】heterozygote

염색체 상의 특정한 위치에 서로 다른 효과를 갖는 상이한 대립 유전자를 가진 개체. 즉, 염색체 상에서 특정 유전 형질(또는 특성)에 대해 서로 다른 효과를 갖는 2개의 상이한 대립 유전자를 가진 개체를 의미한다. '이형접합체' 또는 '이종접합체'라고도 한다.

이형접합의【異型接合의】heterozygous

'염색체 상의 특정한 위치에 서로 다른 효과를 갖는 상이한 대립 유전자를 갖는 또는 그런 상태의'라는 의미를 가진 말이다. 즉, 어떤 개체의 유전(또는 유전자)과 관련된 특성을 나타내는 표현으로, 그 개체가 염색체 상에서 특정 유전 형질(또는 특성)에 대해 서로 다른 효과를 갖는 2개의 상이한 대립 유전자를 갖고 있는 상태라는 것을 의미한다. 이처럼 이형접합을 이루고 있는 개체에서 2개의 상이한 대립 유전자는 각각 부계(아버지)와 모계(어머니)로부터 하나씩 전달받은 것이다.

이형접합체【異型接合體】heterozygote

'이종접합체' 또는 '이형접합 개체'라고도 한다.

CLICK 이형접합 개체

인간관계【人間關係】human relations

살아가는 과정에서 이루어지는 사람과 사람 간의 관계. '대인 관계' 및 '사회적 관계'와 비슷한 의미로 사용된다.

인간발달【人間發達】human development

인간의 발달. 인간이 수정이 된 시점부터 태내기를 거쳐 출생한 후 사망에 이르기까지 일생을 통해 신체적, 심리적(정신적) 및 행동적 영역에서 나타나는 순서적이고 체계적인 변화(과정)를 의미한다.

CLICK 발달(development)

인간 성장 호르몬【人間 成長 호르몬】human growth hormone (HGH)

뇌하수체에서 분비되는 호르몬 가운데 하나로, 신체의 뼈 성장과 형성에 작용하여 영향을 미친다. 이 호르몬의 과소 분비는 소인증을 초래하고, 과다 분비는 거인증을 초래한다.

인공수정【人工受精】artificial insemination (AI) / artificial fertilization

(1) 자연적인 임신이 어려운 부부를 대상으로 시행하는 수정 방법으로, 남성의 정자를 가는 튜브와 같은 기구를 통해 여성의 자궁 안으로 주입하여 수정이 되도록 하는 방법을 말한다. (2) 인공수정은 배우자의 정자를 사용한 경우와 비배우자의 정자를 사용한 경우로 구분할 수 있다. 그 중에서도 비배우자(흔히, 익명의 기증자)의 정자를 사용한 인공수정을 지칭할 때는 'donor insemination'이라는 표현이 사용된다. (3) 가축과 어류의 경우에도 대량 번식 및 품종 개량 등을 목적으로 시행한다.

인과추론【因果推論】causal reasoning

추론이란 알고 있는 사실이나 정보 또는 전제를 바탕으로 하여 새로운 어떤 것에 대한 논리적인 결론이나 판단을 도출해내는 사고 과정을 의미한다. 이러한 추론의 일종인 '인과추론'은 어떤 사건이나 현상의 인과관계(즉, 원인과 결과의 관계)를 밝히기 위한 추론을 의미한다. '인과추리'라고도 한다.

인기【人氣】popularity

어떤 특정 대상에게 집중되는 많은 사람들로부터의 호의적인 관심이나 기세. 흔히 인기 있는 아동·청소년은 외모 등의 측면에서 매력이 있거나 좋은 운동 능력 등과 같은 선호되는 특징이나 속성들을 가지고 있으며, 또래들로부터 호의와 인정을 받고 있거나 유명한 경우가 많다. 이와 같은 인기는 아동·청소년기의 또래관계에서 중요한 발달적 변인으로 작용한다. 하지만 때로는 인기 있는 아동이나 청소년들 가운데는 싸움을 잘 하거나 관계적 측면에서의 공격성을 잘 사용하는 경우도 있다. 따라서 비록 많은 아동·청소년들이 인기를 선호하고, 인기 있는 사람은 관계적 측면에서 높은 지위를 갖게 되지만 이런 인기가 본인이나 또래들에게 항상 긍정적인 요인으로만 작용하는 것은 아니다.

인기-거부 아동 【人氣-拒否 兒童】 controversial children / controversial child

또래들이 '좋아하는 아동'과 '싫어하는 아동'을 지명(평가)하는 과정을 통해 분류된 또래 지위의 한 유형으로, 그를 좋아하는 또래들도 많고 싫어하는 또래들도 많은 아동을 말한다. 그래서 이 아동을 '인기 있는 아동'으로 분류할 수도 있을 것 같고, 반대로 '거부된 아동'으로 분류할 수도 있을 것 같기 때문에 'controversial children(논란이 많은 아동)'이라고 명명한 것이다. 이 영어를 번역한 표현이 '인기-거부 아동'이다. '논란이 많은 아동'이라고도 한다.

CLICK 논란이 많은 아동

인기 있는 아동 【人氣 있는 兒童】 popular children / popular child

또래 지위(peer status)는 또래 집단 속에서 개별 아동이 또래들로부터 수용되거나 거부되는 정도에 따라 평가/측정된 결과로 또래들 사이에서의 상대적인 위상(또는 위치)을 의미한다. 이러한 또래 지위의 여러 유형들 가운데 하나가 '인기 있는 아동'으로, 이 유형의 아동들은 많은 또래들로부터 좋은(또는 긍정적인) 아이라는 지명(또는 평가)을 받은 반면에, 싫은(또는 부정적인) 아이라는 지명(또는 평가)은 적게 또는 거의 받지 않은 경우를 말한다. 그동안 학자들은 또래들 사이에서 개별 아동이 위치하고 있는 또래 지위를 파악하기 위해 '사회 측정적 지명(sociometric nomination)' 또는 '사회 측정적 기법(sociometric techniques)'이라는 기법을 많이 사용해 왔는데, 이 기법은 어떤 또래 집단에 소속된 아동들에게 그들이 좋아하는 아이들과 싫어하는 아이들을 몇 명씩 지명하도록 하는 절차가 포함된 기법이다. 이러한 방법을 사용하여 나타난 아동들의 또래 지위는 일반적으로 5가지 유형이다. 여기에는 인기 있는 아동(popular children), 평균적인 아동(average children), 거부된 아동(rejected children), 무시된 아동(neglected children), 논란이 많은 아동(controversial children) 등의 유형들이 포함된다. 그 가운데 '인기 있는 아동'은 많은 또래들이 좋다고(또는 긍정적으로) 지명한 반면에 싫다고(또는 부정적으로) 지명한 또래들은 적거나 거의 없는 아동이다. 또래 지위는 아동들의 생활 적응, 학업, 정신 건강 등 발달의 여러 주요 영역들에 큰 영향을 미치는 중요한 요인으로 알려져 왔다. 예컨대, '또래 지위'의 유형 중에서 '거부된 아동'으로 분류된 아동들은 그렇지 않은 아동들(예를 들면, '인기 있는 아동'이나 '평균적인 아동' 등)에 비해 우울, 분노 표출, 공격성, 반사회적 행동 및 여러 가지 적응 문제들을 보일 가능성이 더 높다. 또래 지위에 영향을 미치는 주요 요인은 개별 아동들이 가진 긍정적 특성들로, 여기에는 또래들이 좋아하는 사회적 기술 또는 사회적 유능성, 또래에 대한 관심, 또래에 대한 존중, 또래에 대한 지지 행동, 밝고 유쾌한 기질(또는 성격), 학업 능력과 기술 등과 같은 특성들이 포함된다. 이와 같은 긍정적 특성들을 많이 가진 아동들은 그렇지 못한 아동들에 비해 대체로 더 많은 또래 수용과 인기를 받는 경향이 있고, 또래 지위 면에서는 '인기 있는 아동' 유형으로 분류될 가능성이 더 높다. 반대로 그러한 특성들이 적거나 없는 경우에는 '거부된 아동' 유형으로 분류될 가능성이 더 높아진다.

인물 칭찬 【人物 稱讚】 person praise

성취 과정에서 좋은 결과나 성취를 위해 '노력하는 과정'에 대한 칭찬(이러한 형태의 칭찬을 '과정-지향 칭찬'이라고 한다)과는 달리, 인물(개인)이 가지고 있는 지능이나 성격과 같은 내적 능력이나 특성에 대한 칭찬을 지칭하여 '인물 칭찬'이라고 한다.

인본주의【人本主義】humanism

모든 요소들 중에서 '인간' 또는 '인간의 가치'를 주된 관심사로 삼거나 가장 중요한 대상으로 고려하는 관념이나 사상. '휴머니즘'이라고도 한다.

인본주의 심리학【人本主義 心理學】humanistic psychology

프로이트(Freud: 1856~1939)의 정신분석 이론과 행동주의 심리학에 대한 반작용으로 등장한 심리학의 한 학파로, 1960년대 들어 실존주의 철학의 영향을 받아 에이브러햄 매슬로우(Abraham Maslow: 1908~1970)에 의해 시작되었다. 인본주의 심리학은 인간은 무한한 잠재력, 개성, 자아실현 욕구, 비언어적 경험, 마음의 통일성, 변화된 의식 상태 및 자유의지 등을 강조하며, 인간을 지나치게 결정론적이고 기계론적으로 보았던 정신분석 이론과 행동주의 심리학에 반대하면서 그 대신에 인간의 존엄성과 변화 가능성 및 자유 의지를 가진 인간상을 강조한다. 인간의 행동은 정신분석 이론이나 행동주의 심리학에서 강조하는 무의식이나 환경이 아니라 개인이 가진 삶의 목적, 가치 및 자유의지 등의 요소들이라고 보았다. 심리학의 역사에서 가장 큰 영향력을 발휘해온 정신분석 이론과 행동주의 심리학에 이어 새롭게 등장한 영향력 있는 학파라는 의미에서 제3세력의 심리학으로 일컬어지기도 한다. 인본주의 심리학의 대표적인 학자로는 에이브러햄 매슬로우(Abraham Maslow)와 칼 로저스(Carl Rogers: 1902~1987)가 있다.

인본주의적 관점【人本主義的 觀點】humanistic perspective

인간의 행동을 설명하는 주요 관점들 가운데 하나로, 특히 이 관점은 1960년대에 기존의 정신분석적 관점과 행동주의적 관점에 대한 비판과 함께 그에 대한 대안으로 등장한 관점이다. 이 관점에서는 인간과 인간의 행동은 정신분석적 관점에서 주장하는 것처럼 무의식 세계에 자리 잡고 있는 본능적인 욕구들과 성격 요소들에 의해 움직이는 것이 아닐 뿐만 아니라 행동주의적 관점에서 주장하는 것처럼 단지 환경의 영향을 받기만 하는 것도 아니라고 본다. 그보다 인간은 선천적으로 자율적이고 능동적인 측면과 함께 개성과 잠재력을 가지고 태어난다고 본다. 따라서 심리학에서 해야 할 일은 이러한 잠재력과 자율성 및 능동성을 개발하고 성장하도록 도와주는 것이라고 주장한다. '인본주의적 설명', '인본주의적 접근' 또는 '인본주의적 조망'이라고도 한다.

인생 주기【人生 週期】life cycle

인간이 태어나서 성장 과정을 거쳐 사망에 이르기까지 일생의 과정. 일반적으로 인생 주기의 각 시기마다 독특한 특징이 있고, 또한 각 시기마다 이루거나 수행해야 할 발달 과제(또는 발달 과업)들이 있다.

인습적 도덕성【因襲的 道德性】conventional morality

'인습적 수준'의 도덕 추론 능력.

CLICK 인습적 수준

인습적 수준【因襲的 水準】conventional level

콜버그(Kohlberg: 1927~1987)가 제안한 도덕 추론 능력의 발달 수준(세 수준) 가운데 두 번째 수준으로, 대략 청소년기 중반에 해당하는 대부분의 청소년들이 도달하게 되며, 성인들 가운데 많은 경우도 이 도덕 판단 수준을 나타내는 것으로 알려지고 있다. 이 수준의 사람들은 기존의 사회질서 지지 및 사회의 기대에 대한 부응에 근거하여 행위의 옳고 그름을 판단한다. 한편 인습적 수준은 하위 두 단계(제3단계 및 4단계)로 구분되는데, 그 특징을 살펴보면 다음과 같다. 제3단계는 자기중심적 지향에서 사회중심적인 지향으로 변화해 가는 단계로 다른 사람들과의 조화가 강조된다. 따라서 이 단계에서는 어떤 행위가 타인(특히 중요한 타인)과의 관계에 긍정적으로 작용하거나 관계를 발전시키는 경우에는 옳은 행위로 추론되지만, 그렇지 않고 관계를 저해하거나 방해한다면 잘못된 행위로 판단된다. 제4단계는 법과 질서를 지향하는, 즉 기존의 사회질서 유지를 주요 가치로 인식하는 단계이다. 따라서 이 단계의 사람들은 사회적 질서를 유지하기 위해 개개인의 쾌락을 억제하고 사회의 법과 질서를 준수해야 한다는 추론을 하게 된다. 이처럼 제4단계의 추론은 이전 단계에 비해 보다 더 추상적인 경향을 나타낸다. Kohlberg에 따르면, 대부분의 사람들은 인습적 수준을 넘어 보다 상위의 도덕발달을 이루기가 어렵다. 한편 인습적 수준의 도덕 추론 능력을 '인습적 도덕성(因襲的 道德性, conventional morality)'이라고도 한다.

인습적 추론【因襲的 推論】conventional reasoning

콜버그(Kohlberg: 1927~1987)의 도덕발달 이론의 두 번째 발달 수준인 인습적 수준에 위치한 사람들이 보이는 도덕적 사고 수준을 의미한다.

CLICK 인습적 수준

인식【認識】awareness

어떤 대상이나 현상에 대한 지각이나 이해 또는 지식.

인식론【認識論】epistemology

인식(認識, knowledge) 또는 지식의 기원, 본질, 구조, 과정 및 방법 등에 관해 연구하는 학문 또는 철학의 한 부문. 인식론의 영어 표현인 'epistemology'는 고대 그리스어에서 인식 또는 지식을 뜻하는 말인 'episteme'과 이성, 논리, 이론 등의 의미를 가진 'logos'가 합쳐져서 만들어진 말이다. '지식론(知識論)'이라고도 한다.

인종차별주의【人種差別主義】racism

사람들의 피부색과 같은 인종별 생물학적 특징을 근거로 사회적, 정치적 및 경제적 측면 등에서 차별하거나 또는 그런 차별 행위를 정당화(또는 합리화)하는 사상이나 태도. '인종차별' 또는 '인종주의'라고도 한다.

인지【認知】cognition

세상에 대해 이해하고 지식을 습득하며, 나아가 기억 및 추론 등을 통해 판단이나 결론을 내리는 것과 같이 문제 해결 과정에서 이루어지는 정신 과정 또는 정신 활동. 넓은 의미에서는 주의, 지각, 기억, 사고 및 학습 등과 같은 정신 활동을 총칭하지만, 좁은 의미에서는 지적인 사고 과정 또는 정신 활동을 나타내는 표현으로 사용하기도 한다.

인지과정【認知過程】cognitive process

인지적 작용 또는 활동이 이루어지는 과정. 구체적으로 환경 속의 자극이나 사상(事象)에 대하여 감각, 지각 및 사고와 판단 등의 활동을 통해 해석하고 이해하는 정신적 또는 심적 과정. '인지적 과정'이라고도 한다.

인지과학【認知科學】cognitive science

인간이 지식을 어떻게 획득하고 조직하는지, 어떻게 인식에 도달하게 되는지 등과 같은 문제를 규명하고 이해하기 위해 심리학(특히 인지심리학), 언어학 및 인공지능 등의 분야들 간에 학제적인 접근을 시도하는 과학 또는 학문.

인지구조【認知構造】cognitive architecture

'인지적 구조'라고도 한다. CLICK 인지적 구조

인지도【認知圖】cognitive map

인간이나 동물이 학습(과정)을 통해 형성하게 된 것으로 가정되는 특정한 환경의 공간적 구조나 문제해결 방법에 대한 내적 또는 정신적 상(像, image)을 의미한다.

인지발달【認知 發達】cognitive development

인지 또는 인지 능력(지적 능력이라고도 함)에서 일어나는 발달 또는 발달적 변화. 인지(cognition)는 정보나 지식을 이해하고 활용하며 나아가 어떤 현상이나 문제와 관련하여 사고하고 판단하는 능력을 말하는 것으로, 인지발달이란 나이에 따라 인지 또는 인지 능력(지적 능력)에서 일어나는 발달 또는 발달적 변화를 의미한다. 일반적으로 인생의 전반부, 특히 출생 후 영아기, 유아기, 아동기 및 청소년기까지의 기간 동안에 일어나는 인지 능력에서의 긍정적 또는 향상된 변화를 의미한다. 인지발달을 연구한 대표적인 학자로 스위스 태생의 심리학자인 삐아제(Piaget: 1896~1980)를 들 수 있다. 그는 아동들에게 간단하면서도 창의적인 방법을 사용하여 연구한 것으로 유명하다. 삐아제는 아동들에게 새로운 문제를 제시한 후 이에 대해 아동들이 내놓는 답을 듣고, 왜 그렇게 생각하는지, 왜 그런 답을 내놓게 되었는지 등에 관한 질문을 다시 하는 방식으로 연구를 진행하였다. 이와 같은 연구를 통해 나온 삐아제의 연구 성과와 이론(흔히 삐아제의 '인지발달 이론'이라고 부름)은 아동들의 인지(또는 인지 능력)는 성인들의 인지와는 질적으로 다른 것임을 이해하는 중요한 전환점이 되었다.

인지 스타일【認知 스타일】cognitive style

인지(또는 사고)하는 과정에서 개인이 선호하거나 추구하는 방식이나 틀. '인지적 스타일'이라고도 한다.

인지신경과학【認知神經科學】cognitive neuroscience

인지 과정(또는 사고 과정)과 뇌를 중심으로 한 신경계의 작용 간의 관계를 연구하는 학문 분야.

인지적【認知的】cognitive

'인지와 관련된', '인지에 관한' 또는 '인지가 개입된' 등의 의미로 사용되는 표현이다.

인지적 과정【認知的 過程】cognitive process

인지 작용 또는 활동이 이루어지는 과정. '인지 과정'이라고도 한다.

CLICK 인지 과정

인지적 관점【認知的 觀點】cognitive perspective

'인지주의적 관점'이라고도 한다.

CLICK 인지주의적 관점

인지적 구조【認知的 構造】cognitive architecture

컴퓨터나 특정한 건물 또는 시설이 그 내부의 위치에 따라 여러 구조를 포함하고 있고, 각각의 구조가 서로 다른 기능을 담당하는 것처럼, 인간의 인지(認知)도 위치에 따라 여러 구조를 포함하고 있으며, 각각의 구조가 담당하는 인지적 기능 또한 다르다고 보는 관점에서 인간의 인지를 구조의 개념으로 설명하는 개념이 '인지적 구조'이다. '인지구조'라고도 한다.

인지적 놀이【認知的 놀이】cognitive play

놀이의 한 유형으로, 특히 인지적 측면과 관련된 놀이 또는 인지적 측면에서 분류한 놀이를 말한다. 여기에는 기능 놀이 또는 반복 놀이, 구성 놀이, 역할 놀이, 상징 놀이, 사회극 놀이 등과 같은 다양한 하위 유형의 놀이들이 포함된다. 흔히 놀이를 구분할 때 놀이의 어느 측면에 초점을 맞추느냐에 따라 크게 사회적 놀이(social play)와 인지적 놀이로 구분한다. 그 가운데 사회적 놀이는 사회적 측면, 즉 타인과의 상호작용 측면과 관련된 놀이 또는 사회적 상호작용 측면에서 분류한 놀이를 말하며, 여기에는 혼자 놀이 또는 단독 놀이, 병행놀이, 연합놀이, 협동놀이, 보충적 놀이, 독자적 놀이, 근접 놀이, 연관 놀이, 상호작용 놀이 등과 같은 다양한 하위 유형의 놀이들이 포함된다.

인지적 유연성【認知的 柔軟性】cognitive flexibility

자극에 대한 주의나 책략 등의 인지적 활동을 상황 변화에 따라 유연하게 변화시켜 적용하는 인지적 능력.

인지적 자기【認知的 自己】cognitive self

'나(또는 자신)'를 구성하고 있거나 나와 의미 있게 관련되어 있어 '나'를 특징짓는다고 여겨지는 모든 속성들에 대한 지각이나 인식을 '자기(自己)' 또는 '자아(自我)'라고 한다. 이러한 '자기' 중에서 자신의 인지(認知, cognition)나 인지적 능력 또는 인지적 측면에 대한 자기를 '인지적 자기'라고 한다. 즉, '인지적 자기'란 '자기'를 구성하는 한 부분으로, 자신의 '인지'나 '인지적 능력' 또는 '인지적 측면'에 대한 지각이나 인식을 의미한다. '지적인 자기(intellectual self)'와 거의 같은 의미로 사용된다.

인지적 자기 안내 체계【認知的 自己 案內 體系】cognitive self guidance system

비고츠키(Vygotsky: 1896~1934)의 이론에서 사용되는 주요 개념들 가운데 하나이다. 사적 언어(private speech)는 아동 자신의 사고를 이끌어주고 자기 의사소통의 기능을 하는 자기를 향한 아동의 혼잣말을 말한다. 이런 '사적 언어'의 주요 역할 가운데 하나가 '인지적 자기 안내 체계'로, 이것은 '문제 해결을 위한 행동을 이끌어주는 것'을 의미한다.

인지적 평가【認知的 評價】cognitive appraisal

자신의 안녕이나 스트레스와 관련하여 특정한 상황이나 자극에 대해 개인이 내리는 해석 또는 평가. 이러한 해석이나 평가에 따라 특정한 상황이나 자극이 개인에게 위협적인 또는 스트레스적인 것이 되기도 하고 그렇지 않은 것이 되기도 한다. 이 개념은 스트레스의 효과와 대처에 관한 연구 분야들에서 사용하는 주요 개념들 가운데 하나이다.

인지적 평형【認知的 平衡】cognitive equilibrium

삐아제(Piaget: 1896~1980)가 인지발달을 설명하기 위해 사용한 개념들 가운데 하나로, 개인(또는 아동)의 인지구조와 현재 경험하고 있는 사상(事象: 사건이나 대상) 간의 불일치나 모순이 없이 인지적으로 균형과 조화를 이루고 있는 상태를 의미한다. 일종의 인지적 안정 상태라고 할 수 있다. 개인이 환경 속에서 겪고 있는 사건이나 대상을 자신이 가지고 있는 인지구조나 인지 능력으로 이해하는 인지적 적응 또는 인지적 안정의 상태를 의미한다. 흔히 '평형(equilibrium)'과 같은 의미로 사용된다. 한편 '인지적 평형'과는 반대로 개인의 인지구조와 환경적 사건 간의 불일치나 모순이 존재하는 상태를 지칭하여 '인지적 불평형(cognitive disequilibrium)' 또는 '불평형(disequilibrium)'이라고 하는데, 이 상태는 개인이 환경 속에서 겪고 있는 사건을 자신이 가지고 있는 인지구조나 인지 능력으로 이해하지 못하여 인지적 적응이 안 되는 인지적 부적응 또는 인지적 불안정의 상태를 의미한다. 흔히 이 상태에서 개인은 인지적 불평형 상태를 인지적 평형 상태로 전환시키고자 동기화되며, 이를 위해 자신의 인지구조를 바꾸는 과정(흔히 '조절<accommodation>'이라고 하는 적응을 위한 변화 과정)을 통해 인지적 불평형 상태에서 인지적 평형 상태로 변화하게 된다. 이런 변화 과정은 세상(또는 환경)에 대한 개인의 이해 능력 또는 이해 수준의 증가를 의미하며, 곧 인지구조의 증가 또는 확장을 의미한다. 또한 그 변화된 만큼 인지발달이 이루어졌음을 의미하기도 한다. 한편 '인지구조(認知構造)'란 Piaget가 사용한 개념들 가운데 하나로, Piaget는 사건이나 경험을 해석하고 이해하는 조직화된 사고 또는 행위의 패턴을 지칭하여 셰마(scheme: '도식'이라고 번역됨)라고 하였고, 이와 같은 의미로 '인지구조'라는 표현을 사용하였다.

인지주의【認知主義】cognitivism

인간 이해를 위해 행동에 초점을 맞추었던 행동주의 또는 행동주의 심리학에 대한 반발로 등장한 이론 체계의 하나로, 특히 인간의 인지적 측면, 즉 인간은 사고하는 존재이며 이러한 사고 과정이 인간의 행동과 삶에 중요한 작용을 한다는 점을 인정하고 강조하면서, 이러한 인간의 인지가 어떻게 구조화되어 있고 인지 과정이 어떻게 진행되는지에 관심을 갖고 연구하는 이론 체계를 말한다.

인지주의적 관점【認知主義的 觀點】cognitive perspective

심리학의 제 문제들 또는 현상들을 설명하기 위해 인지적 측면 중심의 심리 과정에 초점을 맞추어 접근하고 설명하려는 관점. 즉, 인간을 이해하기 위해 지각, 기억, 사고, 추론, 평가와 판단(또는 의사 결정) 및 문제 해결 과정 등과 같은 인지적 과정 중심의 심리 과정에 초점을 맞추어 설명하려는 관점을 말한다. '인지주의적 설명', '인지주의적 접근', '인지주의적 조망', '인지적 관점', '인지적 설명', '인지적 접근' 그리고 '인지적 조망'이라고도 한다.

인지 치료【認知 治療】cognitive therapy

상담이나 정신과 치료 과정에서 사용되는 심리 치료 방법의 하나로, 내담자(또는 환자)가 가지고 있는 비합리적이거나 부적응적인 또는 부정적인 사고나 신념을 변화시킴으로써 문제나 장애를 치료(또는 해결)하는 기법을 말한다.

인지 학습【認知 學習】cognitive learning

학습의 한 형태로, 가시적 또는 직접적으로 관찰할 수 없는 심리적 과정, 특히 인지적 과정을 통해 일어나는 학습 형태를 의미한다. 구체적으로 인지 학습에 포함되는 하위 유형으로는 통찰 학습(洞察 學習, insight learning), 잠재 학습(潛在 學習, latent learning) 및 관찰 학습(觀察 學習, observational learning) 등이 포함된다. 한편 인지 과정, 즉 내적인 과정에 의존한다는 의미에서 인지 학습을 '내적 학습(內的 學習, internal learning)'이라고도 한다.

인지 행동적 접근【認知 行動的 接近】cognitive-behavioral approach

부적응 행동이나 정신 장애(또는 심리 장애)를 비합리적이거나 오류가 있는 사고나 신념이 학습된 결과로 설명하는 접근. '인지 행동 접근'이라고도 한다.

인지 행동 치료【認知 行動 治療】cognitive-behavioral therapy / cognitive behavior therapy (CBT)

부적응 행동이나 이상 행동 또는 정신 장애(또는 심리 장애)가 있는 사람들이 가진 비합리적이거나 오류가 있는 사고를 합리적인 사고로 수정하고 부적응적인 행동을 적응적인 행동으로 변화시키는 치료를 위해 인지 치료와 행동 치료(또는 행동수정)의 이론과 치료 기법을 통합적으로 적용하는 치료 또는 치료적 접근을 말한다. 즉, 인지 치료 전략과 행동 치료 전략을 조합한 치료적 접근이라고 할 수 있다. 구체적으로 인지 행동 치료에서는 내담자(또는 환자)에게 그동안 자신이 겪었던 경험을 자기 방식으로 해석한 결과가 어떻게 자신의 정서 경험과 행동 과정에 영향을 미쳤는지를 이해하도록 돕고, 부적응 행동 또는 정신 장애의 발생 기제를 이해할 수 있도록 도와준다. 나아가 자신의 부적응 행동이나 정신 장애를 해결하기 위해 그동안 자신이 해온 왜곡된(또는 비합리적인) 인지(신념이나 사고 등)와 부적응적인 행동을 바꿀 수 있도록 도와주는 치료 절차를 사용한다. '인지 행동적 치료'라고도 한다.

인출 【引出】 retrieval

기억 저장고(특히 장기 저장고)에 저장되어 있는 정보를 불러내는 인지 과정. 즉, 저장되어 있는 기억 내용(또는 정보)을 불러내는 인지 과정 또는 그러한 정보처리 과정을 의미한다.

인출 단서 【引出 端緖】 retrieval cue

기억 과정에서, 인출 또는 인출 과정에 도움을 주는 단서가 되는 자극.

인터넷 중독 【인터넷 中毒】 Internet addiction

행위 중독(行爲 中毒) 또는 과정 중독(過程 中毒)으로 분류되는 사이버 중독(cyber addiction)의 한 형태로, 특히 인터넷을 병적으로 과도하게 사용하는 중독 상태를 의미한다. 오늘날 인터넷이 사이버 공간을 대표하고 있기 때문에, 인터넷 중독은 사이버 중독과 거의 같은 의미로 사용되고 있다.

인터뷰 interview

특정한 사람을 대상으로 그에 관한(또는 그가 관여하는 일이나 활동에 관한) 정보나 자료를 획득할 목적으로 만나 질문하고 이에 대한 답변을 듣는 방식으로 진행하는 정보(또는 자료) 수집 방법. 흔히 상담이나 심리 치료 과정의 중요한 한 부분으로 이루어진다. '면접', '면접법', '면담' 또는 '면담법'이라고도 한다.

일기 연구 【日記 硏究】 diary study

발달 연구법 가운데 한 유형으로, 연구자(또는 연구 진행자)가 특정 시간을 알려줄 때마다 연구 참여자(아동, 청소년 또는 성인)가 미리 준비된 일기나 노트에 있는 하나 이상의 질문에 대해 자신의 경험이나 반응을 기록하도록 하는 연구 방법. '일기 연구법'이라고도 한다.

일기 연구법 【日記 硏究法】 diary study

'일기 연구'라고도 한다. CLICK 일기 연구

일란성(의) 【一卵性(의)】 identical / monozygotic / monozygous / monovular

하나의 정자와 하나의 난자가 만나 형성된 한 개의 수정란에서 태어난(또는 발달한).

일란성 세쌍둥이 【一卵性 세雙生兒】 identical triplets

한 개의 수정란이 세 개로 분열하여 세 명의 태아로 발달한 후 태어난 유전적으로 동일한 세 명의 쌍둥이를 말한다. 따라서 이들은 성별에서 일치할 뿐만 아니라 외모에서도 거의 같은 특징을 보인다. '일란성 삼둥이' 또는 '일란성 삼생아'라고도 한다.

일란성 쌍둥이 【一卵性 雙둥이】 identical twins / monozygotic twins

일란성 쌍생아'라고도 한다. CLICK 일란성 쌍생아

일란성 쌍생아 【一卵性 雙生兒】 identical twins / monozygotic twins

난자 한 개와 정자 한 개가 결합하여 형성된 하나의 수정란(또는 접합체)이 두 개의 개체로 분열하여 발달한 쌍생아를 말한다. 이들은 유전적으로 동일하기 때문에 성별(性別)과 혈액형 등에서 같을 뿐만 아니라 외모나 체질과 같은 유전의 영향을 많이 받는 신체적 특성, 심리적 특성(성격이나 지능 등) 및 행동적 특성 등의 발달에서 상당히 높은 유사성을 보인다. 구체적으로 일란성 쌍생아 두 사람 간의 신체적, 심리적 및 행동적 측면에서의 발달적 유사성은 이란성 쌍생아들이나 일반 형제들 간의 발달적 유사성에 비해 유의미하게 더 높다. 즉, 유전적으로 동일한 일란성 쌍생아들은 발달 과정에서 전반적으로 매우 유사한 발달(또는 발달적 변화)을 나타낸다. 수많은 일란성 쌍생아 사례들에서 일관되게 나타나고 있는 발달적 유사성은 유전이 인간의 발달에 매우 강력하게 영향을 미치고 있음을 뒷받침한다. 한 개의 수정란이 하나의 개체로 발달하는 일반적인 임신 사례와 달리 일란성 쌍생아의 경우처럼 한 개의 수정란이 분열 과정에서 분리되어 두 개의 개체로 발달하게 되는 원인은 아직 명확하게 밝혀져 있지 않다. 일란성 쌍생아가 발생하는 비율은 세계적으로 출산 250건 당 약 1건 정도이며, 불임 치료를 통해 출생하는 경우들에서는 그 비율이 좀 더 증가하는 것으로 알려져 있다. 일란성 쌍생아가 발생하는 비율에 비하여 극히 드믄 비율(약 1백만분의 1 또는 2백만분의 1 정도)로 일란성 세쌍생아가 태어나기도 한다. 한편 한 개의 수정란(또는 접합체)이 2개의 개체로 분열하는 과정에서 완전한 분리가 이루어지지 않는 경우에는 두 개체의 머리나 가슴 등의 신체의 일부(또는 많은 부분)가 결합된 기형적인 상태로 태어나기도 하는데, 이와 같은 쌍생아를 지칭하여 '시암쌍둥이(Siamese twins)' 또는 '샴쌍둥이'라고 한다. 일란성 쌍생아는 '일란성 쌍둥이'라고도 한다.

일면경【一面鏡】one-way mirror

'일방경' 또는 '일방 거울'이라고도 한다.

CLICK 일방경

일반 요인【一般 要因】g factor (g)

'일반 지능 요인'과 같은 의미로 사용된다.

CLICK 일반 지능 요인

일반 정신 능력【一般 精神 能力】generalized mental ability

다양한 유형의 인지적 과제들을 성공적으로 수행하는 데 기반(또는 토대)이 된다고 가정되는 일반적 능력. '일반적 정신 능력'이라고도 한다.

일반 지능 요인【一般 知能 要因】general mental factor / g factor (g)

지능 및 요인 분석 연구의 선구자로 지능의 2요인설을 제창한 영국의 심리학자 찰스 에드워드 스피어맨(Charles Edward Spearman: 1863~1945)이 지능을 구성하는 일반적 요인을 기술하기 위해 사용한 개념. 스피어맨은 다양한 인지 과제들을 수행하는 데 공통적으로 작용하면서 영향을 미치는 일반적인 지능 요인이 있다고 보았고, 이를 나타내기 위해 사용한 개념이 'g factor(g요인)'이다. 이 개념은 특수한 정신 능력들의 기저에서 작용하는 일반적인 지능 요인을 의미하며, 간단히 'g'로 표기한다. '일반 요인' 또는 'g요인'이라고도 한다.

일반화【一般化】generalization

학습의 원리나 결론 또는 규칙 등에 있어서 개별적이거나 특정한 범위에 국한되어 적용되던 것이 다른 것들로 적용 범위를 넓히는 것 또는 그러한 현상.

일방 거울【一方 거울】one-way mirror

'일방경' 또는 '일면경'이라고도 한다.

CLICK 일방경

일방경【一方鏡】one-way mirror

사람이나 동물들을 대상으로 한 실험실 연구에서 많이 사용되는 특수 유리창으로, 창의 한 편에 있는 실험자 또는 연구자는 이 창을 통해 다른 편에 위치한 피험자들을 관찰할 수 있는 반면에, 피험자들은 이 창이 거울처럼 보이도록 되어 있다. '일방거울' 또는 '일면경(一面鏡)'이라고도 한다.

일상적 창의성【日常的 創意性】everyday creativity

일상생활 속에서 부딪히는 가정의 일이나 업무 관련 일들을 해결하는 과정에서 발휘하는 창의성. 즉, 일상적인 일들을 창의적으로 해결해 가는 능력을 의미한다. 한편 과학이나 예술 분야에서 많이 볼 수 있는 것처럼, 상대적으로 매우 많은 사람들에게 크거나 광범위하게 영향을 미치는 창의성을 지칭할 경우에는 '위대한 창의성(big creativity)'이라는 표현을 사용한다. CLICK 창의성

일시성 틱 장애【一時性 틱 障碍】provisional tic disorder

틱 장애(tic disorder)의 한 유형으로, 1년 이내의 기간에 걸쳐 운동 틱(motor tic)이나 음성 틱(vocal tic) 가운데 한 가지 이상의 틱이 나타나는 장애를 말한다.

일어문【一語文】holophrase

한 단어로 된 구문 또는 문장. 일어문은 비록 한 단어로 된 발화지만, 문장의 의미를 가진 표현인 것으로 이해되고 있다.

일어문기【一語文期】holophrastic period

언어발달 과정에서, 특히 언어발달 초기 단계에서 영아의 말이 한 단어, 즉 일어문(holophrase: 한 단어로 된 구문 또는 문장)으로 발화(發話)되는 시기(또는 단계)를 말한다.

일차 가족【一次 家族】primary family

개인이 성장한 이후에 소속된 가족(또는 현재의 가족)과 비교되는 개념으로, 특히 개인이 태어난 생후 초기부터 부모 및 형제자매들과 함께 지내며 생활하던 인생 초기의 가족을 의미한다. 흔히 상담이나 치료에 참여하는 내담자(또는 환자)들은 일차 가족 속에서 이루어진 대인 관계를 통해 깊은 상처나 고통 또는 왜곡을 경험하게 된 경우가 많다. '초기 가족'이라고도 한다.

일차 기억【一次 記憶】primary memory

단기 기억과 비슷한 의미로 사용되는 표현으로, 특히 현재 시연 과정을 거치고 있는 기억 정보를 의미한다. '1차 기억', '1차적 기억' 또는 '일차적 기억'이라고도 한다.

일차성 유뇨증【一次性 遺尿症】primary enuresis

유뇨증의 한 형태로, 출생 이후 소변 가리는 행동을 한 번도 제대로 하지 못하는 증상을 가진 장애. 구체적으로 질병이나 약물 사용에 따른 부작용이 없는 상태에서 소변을 가릴 수 있는 충분한 연령(대략 5세)이 되었거나 지났음에도 불구하고 소변 가리는 행동을 적절히 해내지 못하는 증상을 보이는 장애를 '유뇨증(enuresis)'이라고 한다. 유뇨증은 DSM-5에서 분류하고 있는 '배설 장애(elimination disorders)'의 하위 유형(유뇨증 및 유분증) 가운데 하나로, 다시 일차성 유뇨증(primary enuresis)과 이차성 유뇨증(secondary enuresis)으로 구분된다. 이 중에서 일차성 유뇨증은 소변 가리는 행동을 한 번도 제대로 하지 못한 경우를 말한다. 일차성 유뇨증과 달리, 이차성 유뇨증은 한동안 소변 가리는 행동을 잘 해오다가 유뇨증 증상을 나타내는 경우를 말한다.

일차 성징 【一次 性徵】 primary sex characteristic / primary sexual characteristic

남성과 여성의 성기(性器)의 차이와 같이 일차적인 성 기관(性 器官)의 발달에 따라 나타나는 성별 차이 또는 그러한 특징을 의미한다. '제1차 성징'이라고도 한다.

일차 순환 반응 【一次 循環 反應】 primary circular reaction

자신의 신체를 이용한 반응을 습관적으로 반복하는 활동. 일차 순환 반응에서 대상이 되는 활동은 항상 영아 자신의 신체에 국한된다. '1차 순환 반응'으로 표기하기도 한다.

CLICK 1차 순환 반응

일차 시각 피질 【一次 視覺 皮質】 primary visual cortex

대뇌 피질(大腦 皮質, cerebral cortex)을 구성하는 네 개의 엽(lobes) 가운데 하나인 후두엽의 뒷부분에 위치하고 있는 피질 부분으로, 시각적 정보의 처리 및 경험을 담당한다. 즉, 우리가 사물을 보고 지각할 수 있는 것은 바로 일차 시각 피질의 기능에 의한 것이다. '일차 시각 영역'이라고도 한다.

일차 운동 피질 【一次 運動 皮質】 primary motor cortex

대뇌 피질(大腦 皮質, cerebral cortex)을 구성하는 네 개의 엽(lobes) 가운데 하나인 전두엽의 뒤쪽 부분에 위치하여 띠를 이루고 있는 피질 부분으로, 신체의 수의적 행동을 통제한다. 이러한 운동 피질의 각 부분은 신체의 서로 다른 부분을 통제한다. 간략히 '운동 피질'이라고도 하고, 또 '일차 운동 영역'이라고도 한다. 19세기 후반 독일의 의사들에 의해 발견되었다.

일차적 기억 【一次的 記憶】 primary memory

단기 기억과 비슷한 의미로 사용되는 표현으로, 특히 현재 시연 과정을 거치고 있는 기억 정보를 의미한다. '1차적 기억', '1차 기억' 또는 '일차 기억'이라고도 한다.

일차적 정서 【一次的 情緖】 primary emotion

출생 시부터 가지고 태어나거나 또는 생후 초기(대략 생후 1년 이내)에 기본적으로 제일 먼저 나타나는 정서. 놀람, 기쁨, 분노, 슬픔, 공포, 혐오 등의 정서들이 포함된다. '일차 정서', '1차 정서', '1차적 정서', '기본 정서', '기본적 정서'라고도 한다.

CLICK 1차 정서

일차적 표상 【一次的 表象】 primary representation

표상이란 외부의 대상을 지각하고 인식하는 과정에서 그 '대상을 어떤 형태로 추상화하고 심상화하여 나타낸 것'을 의미한다. 그 중에서 지도나 동상과 같이 '외부의 대상을 모사하여 외적으로 나타낸 표상'을 '외재적 표상(external representation)'이라 하고, 다른 하나는 '외부의 대상을 어떤 형태로 추상화하고 심상화하여 내적으로 나타낸 표상'을 '내재적 표상(internal representation)', '정신적 표상' 또는 '심적 표상'이라고 한다. 또한 표상은 '일차적 표상', '이차적 표상' 및 '상위 표상' 등으로 구분할 수 있다. 그 중에서 '일차적 표상(primary representation)'은 개인(또는 아동)이 현재 발생하고 있는, 즉 현재 개인이 경험하고 있거나 보고 있는 실제 장면이나 대상을 표상하는 것을 의미하며, '일차 표상'이라고도 한다. 이에 비해, '이차적 표상(secondary representation)'은 현재 개인이 자신의 앞에서 발생하고 있는 상황이나 대상이 아닌, 이전에 자신이 보았거나 경험했던 장면이나 대상, 또는 다른 장면에서 보았거나 경험했던 장면이나 대상을 표상하는 것을 의미하며,

'이차 표상'이라고도 한다. '상위 표상(metarepresentation)'은 표상에 대한 표상, 즉 표상이 무엇인지에 대해 생각하고 이해하는 것을 의미한다. 구체적으로 상위 표상 수준에서는 자기 자신이나 타인의 생각 또는 마음의 상태를 이해할 수 있게 된다. 즉, 이 수준에서는 자기 자신이나 타인이 무슨 생각을 하는지, 어떤 마음의 상태일지에 대해 표상할 수 있게 된다.

일차 정서【一次 情緖】primary emotion

놀람, 기쁨, 분노, 슬픔, 공포, 혐오 등과 같이 출생 시부터 가지고 태어나거나 또는 생후 초기(대략 생후 1년 이내)에 기본적으로 제일 먼저 나타나는 정서. '1차 정서', '일차적 정서', '기본 정서', '기본적 정서'라고도 한다.

CLICK 1차 정서

일차 정신 능력【一次 精神 能力】primary mental abilities (PMA)

미국의 심리학자인 루이스 레온 서스톤(Louis Leon Thurstone: 1887~1955)이 지능을 설명하기 위해 제안한 개념. '기본 정신 능력'이라고도 하며, '1차 정신 능력' 또는 '1차적 정신 능력' 등으로 표기하기도 한다.

CLICK 1차 정신 능력

일차 정신 능력 검사【一次 精神 能力 檢査】primary mental abilities Test (PMAT)

'1차 정신 능력 검사'로 표기하기도 한다.

CLICK 1차 정신 능력 검사

일차 청각 영역【一次 聽覺 領域】primary auditory area

대뇌 피질(cerebral cortex) 중에서 좌우 반구의 측두엽에 위치하고 있는 일부 영역으로, 청각적 정보의 처리 및 경험이 이 영역에서 일어난다.

일차 체감각 피질【一次 體感覺 皮質】primary somatosensory cortex

대뇌 피질(cerebral cortex)의 4개의 엽(lobes) 가운데 전두엽과 두정엽 사이를 나누고 있는 중심구의 뒷부분(두정엽의 앞쪽 부분)에 위치하여 띠를 이루고 있는 피질 부분으로, 뜨겁거나 차가운 온도, 촉감, 압력, 통증 등의 해석과 이 경험을 대뇌 피질에 등록하는 기능을 담당한다. 즉, 우리가 피부를 통해 입력된 온도나 촉감, 압력, 통증 등을 느끼고 경험하며, 나아가 이 경험을 기억하는 것은 바로 일차 체감각 피질의 기능에 의한 것이다. 간략히 '체감각 피질'이라고도 하고, 또 '일차 체감각 영역'이라고도 한다.

일치비【一致比】concordance rate / concordance ratio

유전 연구에서 정서, 성격, 지능, 공격성 등과 같은 심리적 및 행동적 특성들이나 여러 가지 정신 장애들 또는 행동 장애들의 발생(또는 발달)에 대한 유전의 영향을 수학적으로 계산한 값(수치)의 하나로, 특히 쌍생아들(일란성 쌍생아들 및 이란성 쌍생아들), 입양아와 양부모, 혈연관계의 친척들 사이에서 어느 한쪽 사람이 특정한 특성이나 장애를 가지고 있을 때 나머지 다른 사람에게서도 그런 특성이나 장애가 나타나는 비율(또는 백분율)을 의미한다. '일치비율', '일치성 비율' 또는 '일치율'이라고도 한다.

CLICK 일치율

일치 비율【一致 比率】concordance rate / concordance ratio

'일치비', '일치성 비율' 또는 '일치율'이라고도 한다.

CLICK 일치율

일치성 비율【一致性 比率】concordance rate / concordance ratio

'일치비', '일치 비율' 또는 '일치율'이라고도 한다.

CLICK 일치율

일치율【一致率】concordance rate / concordance ratio

유전 연구에서 정서, 성격, 지능, 공격성 등과 같은 심리적 및 행동적 특성들이나 여러 가지 정신 장애들 또는 행동 장애들의 발생(또는 발달)에 대한 유전의 영향을 수학적으로 계산한 값(수치)의 하나로, 특히 쌍생아들(일란성 쌍생아들 및 이란성 쌍생아들), 입양아와 양부모, 혈연관계의 친척들 사이에서 어느 한쪽 사람이 특정한 특성이나 장애를 가지고 있을 때 나머지 다른 사람에게서도 그런 특성이나 장애가 나타나는 비율(또는 백분율)을 지칭하여 '일치율'이라고 한다. 일반적으로 일치율은 0퍼센트에서 100퍼센트까지의 범위로 나타내는데, 이때 일치율이 0이라 함은 비교하는 대상들(예를 들면, 일란성 또는 이란성 쌍생아들, 입양아와 양부모 또는 친척들) 간의 관계에서 한 사람이 어떤 특성(예를 들면, 우울증이나 조현병과 같은 정신 장애, 동성애 경향 또는 성적 지향 등)을 가지고 있을 때 비교 대상인 다른 사람에게서는 그런 특성을 나타내는 경우가 없다는 것을 의미한다. 반대로 일치율이 100이라 함은 비교하는 대상들 간의 관계에서 한 사람이 어떤 특성을 가지고 있을 때 비교 대상인 다른 사람도 매번 그런 특성을 가지고 있다는 것을 의미한다. 인간의 특성들에 대한 유전 연구에서 0이나 100의 일치율을 나타내는 경우는 거의 없고, 대부분 그 중간의 어떤 값을 나타낸다. 많은 쌍생아 연구들에서 보고되어 온 일치율을 보면, 정서, 성격, 지능, 공격성 등과 같은 심리적 및 행동적 특성들이나 여러 가지 정신 장애들 또는 행동 장애들에서 이란성 쌍생아들에 비해 일란성 쌍생아들의 일치율이 유의미하게 더 높음을 알 수 있다. 이러한 연구 결과들은 인간의 많은 특성들과 장애들이 유전의 영향을 받고 있음을 시사해준다. '일치비', '일치 비율' 또는 '일치성 비율'이라고도 한다.

일탈【逸脫】deviance

사회적 규범에서 벗어나는 행위 또는 그러한 짓. 비행(非行, delinquency)과 비슷한 의미를 가지고 있어 이 두 용어를 혼용하는 경우가 많다. 사회학 관련 분야에서는 일탈이라는 표현을 사용하는 경우가 많다. 일반적으로 청소년들이 보이는 문제 행동을 지칭할 때는 일탈이라는 표현보다는 비행이라는 표현을 사용하여 '청소년 비행' 또는 '비행 청소년' 등으로 표현하는 경우가 많다.

일화 기록법【逸話 記錄法】anecdotal records

구조화되지 않은 관찰법, 즉 비표준화된 관찰법의 일종으로, 관찰자(또는 연구자)가 자연스런 상황에서 관찰 대상이 보이는 행동 또는 관찰 대상이 포함된 사건이나 일화를 관찰하고 객관적으로 기술 또는 기록하는 방법. '일화 기록'이라고도 한다.

일화 기억【逸話 記憶】episodic memory

기억 중에서도 장기 기억(long-term memory)의 한 형태로, 특히 과거에 있었던 일화(에피소드, episode)가 포함된 기억을 의미한다. 구체적으로 기억의 주체인 개인이 과거에 경험했던 크고 작은 사건들(예를 들면, 학창시절 선생님께 칭찬을 받았던 일이나 꾸중을 받았던 일, 동창회에 가서 친구들과 어울렸던 일, 생일날 축하를 받았던 일 또는 대학 입학식이나 결혼식 등)에 관한 기억을 의미한다. 한편 일화 기억은 '일화적 기억', '삽화 기억(揷話 記憶)' 또는 '삽화적 기억'이라고도 한다.

읽기 치료【읽기 治療】reading therapy

책 읽기를 통해 개인이 가진 고민이나 문제를 치료하는 심리 치료의 한 형태. '읽기 요법'이라고도 하며, '독서 치료'와 같은 의미로 사용된다.

CLICK 독서 치료

임신【姙娠】pregnancy

난자와 정자가 결합된 수정의 순간에서부터 태내 발달 과정을 거쳐 출산하기 전까지의 시기. 구체적으로 난자(또는 난세포)와 정자(또는 정세포)가 결합된 수정란이 자궁으로 이동하여 자궁의 내막에 성공적으로 착상(着床)하여 출산되기 전까지 태내 발달이 진행되고 있는 상태를 말한다.

임의【任意】random

'어떤 제한이나 제약을 받지 않고 이루어지는 행동이나 선택'의 의미를 가진 말로, 심리학에서는 흔히 '무선', '무선적', '무작위' 등과 같은 의미로 사용된다.

임의의【任意의】random

'어떤 제한이나 제약을 받지 않고 이루어지는'의 의미를 가진 말로, 심리학에서는 흔히 '무선', '무선적', '무작위' 등과 같은 의미로 사용된다.

임의 추출법【任意 抽出法】random sampling

표본(標本, sample)을 선정하는 과정에서, 그 구성원 또는 대상이 모집단(母集團)으로부터 동등한 확률을 가지고 추출되는 통계 기법. '무선 표집'이라고도 한다.

임파워먼트 empowerment

개인의 능력이나 역량 또는 삶에 대한 통제력을 강화시키는 과정. '역량 강화'라고도 한다.

입술 갈림증【입술 갈림症】cleft lip

선천적으로 구강의 윗입술이 세로로 갈라져 있는 상태. '구순열(口脣裂)' 또는 '선천성 상구순 파열(先天性 上口脣 破裂)'이라고도 한다. '언청이'라는 말은 이 증상을 가진 사람을 낮잡아 이르는 표현이다.

입양【入養】adoption

법률에 따라 생물학적으로 혈연관계에 있는 부모-자녀관계가 아닌 사람들, 즉 양친(養親)과 양자(養子)가 서로 간에 부모-자녀관계를 맺는 것 또는 그러한 행위 과정을 의미한다.

입양 설계【入養 設計】adoption design

인간의 신체적, 심리적 및 행동적 특성들에 미치는 유전과 환경의 영향을 밝히기 위해, 생물학적 부모(즉, 친부모)가 아닌 양부모(養父母)에게 입양되어 발달한 아동(또는 자녀)들을 대상으로 진행하는 연구 방법 또는 연구 설계를 말한다. '입양 연구(adoption study)'와 같은 의미로 사용된다.

CLICK 입양 연구

입양 연구【入養 硏究】adoption study

인간의 신체적, 심리적 및 행동적 특성들에 미치는 유전과 환경의 영향을 밝히기 위해, 생물학적 부모(즉, 친부모)가 아닌 양부모(養父母)에게 입양되어 발달한 아동(또는 자녀)들을 대상으로 진행하는 연구 또는 연구 방법을 말한다. 인간이 아닌 다른 동·식물을 대상으로 한 유전 연구에서는 체계적으로 진행되는 선별 번식(또는 선별 번식 실험) 방법을 사용하여 연구하는 경우가 많지만 인간의 경우에는 선별 번식 방법을 사용하기 어렵기 때문에 그 대안으로 '가족 연구' 방법을 사용하는 경우가 많다. 가족 연구 방법 중에서도 대표적인 두 가지 방법이 '입양 연구'와 '쌍생아 연구(twin study)'이다. 그 중에서 '입양 연구'는 인간의 신체적, 심리적 및 행동적 특성들에 미치는 유전과 환경의 영향을 밝히기 위해,

친부모가 아닌 양부모(養父母)에게 입양되어 자란 자녀들을 대상으로 진행하는 연구 방법을 말한다. 만일 입양되어 자란 사람들이 그들을 낳은 친부모보다 양부모의 특성들과 더 많은 유사성을 나타낸다면, 이는 입양된 사람들의 특성들이 유전의 영향보다는 환경의 영향을 더 많이 받아 발달했다고 해석할 수 있다. 이와 반대로 입양되어 자란 사람들의 특성들이 그들을 양육한 양부모보다 친부모와 더 비슷하다면, 이 경우에는 이들의 특성들이 환경의 영향보다는 유전의 영향을 더 많이 받아 발달했다고 해석하게 될 것이다. 입양 연구는 '입양 설계(adoption design)'와 같은 의미로 사용되며, '양자 연구'라고 부르는 경우도 있다.

입천장 갈림증【입天障 갈림症】cleft palate

선천적으로 구강의 입천장이 갈라져 홈이나 틈이 있는 상태. '구개열' 또는 '구개 파열'이라고도 한다.

ㅈ

자각몽【自覺夢】lucid dream

수면자가 꿈을 꾸고 있는 동안 자신이 꿈을 꾸고 있다는 사실을 자각하면서 꾸는 꿈. '명료한 꿈'이라고도 한다.

자궁【子宮】uterus / womb

여성의 생식 기관의 일부로, 나팔관에서 수정된 수정란이 이동하여 착상한 후 분만할 때까지 태아가 자라는 곳. '아기집'이라고도 한다.

자궁경부암【子宮頸部癌】cervix cancer

여성의 부인과암 중에서 가장 흔하게 발생하는 암으로, 특히 자궁경부(자궁의 입구)에서 발생하는 암을 말한다. 발생 원인은 주로 성관계를 통해 전염되는 인유두종 바이러스(HPV)로 알려져 있으며, 이 바이러스의 감염 가능성을 높이는 많은 사람들과의 성 접촉, 성관계를 맺는 상대방 남성의 포경 상태나 음경암, 17세 이전의 이른 나이에 행해지는 성 접촉 등이 위험 요인으로 알려져 있다.

자궁관【子宮管】fallopian tube / oviduct

난소에서 배출된 난자를 자궁으로 운반하는 기능을 하는 나팔 모양의 관. '나팔관' 또는 '난관'이라고도 한다.

자극【刺戟】stimulation

어떤 대상에게 자극(stimulus)을 주는(또는 제시하는) 일.

자극【刺戟】stimulus

유기체(또는 생명체)의 감각 기관에 작용하는 외부로부터의 에너지 또는 환경 속의 사상(事象). 그 결과로 유기체의 반응을 유발하거나 유기체에게 영향을 미치게 된다. 자극을 의미하는 영어 단어(단수형)는 'stimulus'이고, 이 단어의 복수형은 'stimuli'이다.

자극 동기【刺戟 動機】stimulus motive

인간을 포함한 유기체들은 일반적으로 최적의 각성 수준을 유지하고자 하는 욕구를 가지고 있는 것으로 생각되고 있다. 따라서 자신의 각성 수준이 최적 수준보다 높거나 낮으면 이 수준을 조정하여 최적의 상태가 되도록 만들려는 노력을 기울이게 된다. 특히 각성 수준이 최적의 각성 수준보다 낮을 때, 개인(또는 개체)은 자신의 각성 수준을 높이기 위한 노력의 일환으로 자극을 유발하거나 증가시킬 수 있는 놀이나 스포츠, 약물 사용 등과 같은 활동을 하려는 동기를 갖게 되는데, 이러한 동기를 지칭하여 '자극 동기'라고 한다.

자극 유발적 유전자형-환경 상관【刺戟 誘發的 遺傳子型-環境 相關】evocative genotype-environment correlation / evocative gene-environment correlation

'유발적 유전자형-환경 상관'이라고도 한다.

CLICK 유발적 유전자형-환경 상관

자극 유발적 유전자-환경 상관【刺戟 誘發的 遺傳子-環境 相關】evocative gene-environment correlation / evocative genotype-environment correlation

'유발적 유전자형-환경 상관'이라고도 한다.

CLICK 유발적 유전자형-환경 상관

자극-주도적 주의【刺戟-主導的 注意】stimulus-driven attention

자극에 주의를 기울이는 과정에서, 개체가 가진 목표와 관계없이 자극이 가진 특징이나 속성 때문에 자극 정보 가운데 하나 또는 일부에 주의를 기울이게 되는 인지 과정.

자기【自己】self

자기 개념(self-concept), 자기 존중감(self-esteem) 및 자기 정체성(self-identity)의 근간이 되는 개념으로, 개인으로서의 '나(또는 자신)'를 구성하고 있는, 또는 나와 의미 있게 관련되어 있어 '나'를 특징짓는다고 여겨지는 모든 부분들과 속성들의 총체(또는 전체). 즉, 개인으로서의 '나'와 관련된 신체적, 심리적, 행동적 그리고 사회적 측면들이 모두 포함된 총체 또는 전체를 의미한다. 구체적으로 개인의 신체적 특징, 건강, 용모 등의 신체적 측면들, 가치관, 사고방식, 기대, 희망, 정서, 동기, 태도, 성격, 도덕성 및 지적 능력 등의 심리적 측면들, 삶의 과정에서 이루어지는 다양한 행동적 측면들 그리고 부모, 형제, 친구, 이웃, 직장 동료나 사업 파트너 등과의 사회적 관계, 역할 및 활동 등을 포함하는 사회적 측면들에 이르기까지 개인에 관한 모든 부분들과 속성들이 모두 포함된 총체 또는 전체를 의미한다. '자아(自我)'라고 표현하는 경우도 있다.

자기 가치감【自己 價值感】self-worth

자기 자신을 가치 있는 존재로 느끼는 정도. '자기 존중감(self-esteem)'과 비슷한 의미로 사용된다.

자기 감시【自己 監視】self-monitoring

자신에 대한 타인의 피드백이나 자기 성찰 과정을 통해 자신의 행동이나 태도 또는 특성에 대해 관찰하거나 기록하는 것. '자기 모니터링' 또는 '셀프 모니터링'이라고도 한다.

자기 강화【自己 强化】self-reinforcement

강화의 한 형태로, 외부로부터 주어지는 강화와 달리, 자신이 행한 행동에 대해 자기 스스로가 부여하는 강화. 구체적으로 자신이 설정한 목표를 달성하기 위해 노력 행동을 한 결과 목표가 달성되었다면, 그때 느끼는 성취감이나 자부심 또는 기쁨 등과 같이 자기 내부에서의 긍정적 경험은 스스로가 자신에게 부여하는 강화, 즉 자기 강화로 작용한다.

자기 개념【自己 槪念】self-concept / self concept

개인이 자기 자신의 신체, 심리, 행동, 사회적 관계 등을 포함하는 전반적 특성이나 본성에 대해 가지고 있는 지식이나 신념. '자기 개념'은 한 개인이 자기 자신의 신체적 특징, 건강, 용모 등의 신체적 측면에서부터 자신의 가치관, 사고방식, 기대, 희망, 정서, 태도, 성격, 도덕성 및 지적 능력 등의 심리적 측면, 그리고 자신의 사회적 관계, 역할 및 활동 등을 포함하는 사회적 측면에 이르기까지 자신에 관한 모든 부분에 대하여 가지고 있는 지식이나 신념 또는 이해의 집합체를 의미한다. 우리는 누구나 다양하고 많은 측면들을 포함하는 존재이기 때문에 각각의 측면들이 자기와 자기 개념을 이룬다. 즉, 우리들 개개인은 여러 가지의 자기를 가지고 있다는 의미이다. 따라서 개인이 가진 자기 개념은 수많은 자기에 대한 지식과 이해의 복합체이자 집합체라고 할 수 있다. 학자들은 자기 개념을 구성하는 수많은 자기(自己)의 측면들(또는 범주들)을 제시하고 있다. 자기 개념을 구성하는 주요 자기의 측면들의 예를 들면, 자신의 신체적 측면들과 관련된 신체적 자기, 성격 측면들과 관련된 성격적 자기, 정서적 측면들과 관련된 정서적 자기, 지적 능력의 측면들과 관련된 지적 자기, 사회적 관계, 역할 및 활동 등의 측면들과 관련된 사회적 자기 또는 대인 관계적 자기, 타인들은 모르는 자신만이 아는 사적 자기, 자신에 대한 솔직하고 진지한 성찰과 지각 과정을 통해 알게 된 지각된 자기(지각된 자기는 '사적 자기'와 비슷하거나 같은 의미로 사용되는 경우가 많다), 타인들과의 관계에서 알려졌거나 공개된 공적 자기, 자신이 실제로 가지고 있다고 믿는 실제적 자기, 자신이 가지고 있어야 한다거나 그렇게 되어야 한다고 믿는 당위적 자기, 자신이 가지기를 바라거나 그렇게 되기를 바라는 이상적 자기, 자신이 가능하다고 생각하거나 그리는 미래의 자기 모습과 관련된 가능한 자기 등이 포함된다. 인간은 출생 이후 사회적 존재로서 부모, 형제자매, 또래, 교사, 이웃, 직장이나 직업과 관련하여 접하는 사람들 등과 같은 타인들과 함께 삶을 살아가면서 자기와 타인들이 서로 다른 특징들을 가지고 있고 각기 독립적인 개체로 존재한다는 사실을 점차 인식하게 되고, 이런 경험과 인식을 바탕으로 자기에 대한 개념(즉, 자기 개념)을 형성하고 발달시킨다. 그 과정에서 자기 개념의 형성과 발달에 영향을 미치는 주요 요인으로는 먼저 자기 개념을 구성하는 자기의 다양한 측면들에 대한 스스로의 관찰, 자기에 대한 타인들의 피드백, 자기와 타인의 비교, 자기 평가의 근거가 되는 문화적 준거나 지침들 등이 있다. 이러한 자기 개념의 형성과 발달은 평생을 통해 계속되는 과정이다. 하지만 자기 개념은 주관적이며 변화에 저항하는 경향도 있음을 이해할 필요가 있다. 흔히 우리는 자기 개념이 자신에 대한 상당히 정확하고 신뢰로운 개념이라고 믿는 경우가 많지만 이런 믿음과는 달리 자기 개념은 실제 자기의 모습이나 특징과 차이가 있거나 왜곡된 경우도 적지 않다. 동시에 자기 개념은 자기에 대한 새로운 사실이나 증거가 제시되는 상황에서 (심지어 새로운 사실이나 증거가 이전의 자기 개념에 비해 더 긍정적이거나 우호적인 상황에서도) 잘 변하지 않는 경향을 보이는 특징이 있다. '자아 개념(自我 槪念)'이라고도 한다.

자기 도식【自己 圖式】self-schema

자기에 대한 도식. 도식(圖式, schema)이란 '세상의 어떤 부분(예를 들면, 사람이나 물체 또는 사건 등)에 관한 정보 또는 개념들을 상호 관련지어 의미 있게 조직화하는 인지적 구조'를 말한다. '자기 도식'이란 지나온 삶의 과정 속에서 형성된 나(또는 자기)에 대한 인지적 구조로, 살아가면서 나(또는 자기)와 관련된 정보들을 처리하는 과정에서 이 정보들을 의미있게 조직화하는 기능을 하게 된다. '자아 도식'이라고도 한다.

자기도취【自己陶醉】narcissism

자신의 외모나 신체적 속성, 행위 또는 능력이 뛰어나다고 느끼는 정도가 과도하며 동시에 자기를 지나치게 사랑하여 스스로에게 도취되는 심리 상태. 정신분석학에서 사용되기 시작한 용어로 리비도가 타인이 아닌 자기 자신에게로 향한 상태이다. '자기애', '자기도취증', '나르시시즘'이라고도 한다.

자기 모니터링【自己 모니터링】self-monitoring

자신에 대한 타인의 피드백이나 자기 성찰 과정을 통해 자신의 행동이나 태도 또는 특성에 대해 관찰하거나 기록하는 것. '셀프 모니터링' 또는 '자기 감시'라고도 한다.

자기 보고【自己 報告】self-report

검사나 측정에서 알아보려는 내용(예를 들면, 가치, 흥미, 태도, 정서 등)을 피검사자가 자신을 관찰한 후에 보고하도록 하는 방법. '자기 보고법'이라고도 한다.

자기 복잡성【自己 複雜性】self-complexity

'나(또는 자신)'를 구성하고 있거나 나와 의미 있게 관련되어 있어 '나'를 특징짓는다고 여겨지는 모든 속성들에 대한 지각이나 인식을 '자기(自己)' 또는 '자아(自我)'라고 한다. 이러한 '자기'는 자신과 관련된 매우 다양한 측면들이 매우 다양한 수준에서 관련되어 있기 때문에 자신과 관련된 각 측면(또는 영역)들마다 '다양한' 자기를 상정할 수 있다. 따라서 '하나의' 자기 또는 '전체적인' 자기를 말하기란 간단하거나 쉬운 문제가 아니라고 할 수 있다. 이처럼 '자기' 또는 '자기 개념'이 얼마나 단순한지 아니면 복잡한지의 정도를 지칭하여 '자기 복잡성'이라고 한다.

자기 분석【自己 分析】self-analysis

(1) 자기의 내면의 세계 또는 내면의 상태(사고나 신념, 감정, 정서, 욕망, 동기, 태도, 꿈 등)를 이해하기 위한 분석 활동. (2) 정신분석에서, 자신의 내면의 세계, 특히 자신의 무의식 세계 또는 무의식 세계의 내용이나 구조를 이해하기 위한 분석 활동.

자기 불일치【自己 不一致】self-discrepancy

'나 또는 자신'을 구성하고 있거나 나와 의미 있게 관련되어 있어 '나'를 특징짓는다고 여겨지는 모든 속성들에 대한 지각이나 인식을 '자기(自己)' 또는 '자아(自我)'라고 한다. 이러한 '자기'를 구성하고 있거나 자기와 관련된 자신의 속성 또는 특성들은 일반적으로 다양한 영역들이 관련되어 있기 때문에, '자기'는 '전체적인 자기'와 함께 자신과 관련된 세부적인 영역들에 따른 다양한 자기(예를 들면, 실제적 자기, 이상적 자기, 당위적 자기, 사회적 자기, 정서적 자기, 신체적 자기 등)를 생각할 수 있다. 일반적으로 이러한 다양한 자기들 간에는 항상 일치 또는 불일치의 가능성이 있다. '자기'는 각 개인의 자기 개념이나 자기 존중감 또는 자기 정체감 등의 핵심적인 측면으로, 각 개인이 가진 다양한 '자기'들 간의 일치는 정신 건강 등의 측면에서 바람직하고 이상적인 상태라고 할 수 있다. 자연히 다양한 '자기'들 간의 불일치가 있거나 그 불일치의 정도가 클수록 바람직하지 못한 상태라고 할 수 있다. 하지만 실제로 각 개인이 가진 다양한 '자기'들 간에는 일치를 나타내는 경우보다는 불일치를 나타내는 경우가 더 많은 것으로 이해되고 있다.

자기상【自己像】self-image

자기 자신이 어떤 사람인지에 대한 스스로의 주관적인 지각과 평가를 바탕으로 하여 내적으로 형성하고 있는 자기에 대한 심리적 그림 또는 이미지. 자신의 신체적 측면(키, 체중, 외모 등), 심리적 측면

(성격, 지능, 가치관 등) 및 다양한 행동적 측면들을 모두 망라하는 개념으로, 삶의 과정에서 자기상의 주체인 개인이 스스로를 어떻게 지각하고 평가하고 있는가 하는 점과 그 개인에 대해 타인들이 어떻게 지각하고 평가하는가 하는 점 등이 개인의 자기상 형성과 발달에 큰 영향을 미친다. '자아상'이라고도 한다. 자기상(또는 자아상)과 비슷한 의미를 가진 용어로는 '자기 개념(또는 자아 개념)'과 '자기 도식(자아 도식)' 등이 있다.

자기 성 도식【自己 性 圖式】own-sex schema

자신의 성(性)과 일치하는(또는 부합하는) 사고, 역할, 행동 등에 관한 도식. 도식(schema)이란 세상의 어떤 부분(예를 들면, 사람이나 물체 또는 사건 등)에 관한 정보 또는 개념들을 상호 관련지어 의미 있게 조직화하고 있는 인지적 구조를 의미한다. 개인이 가진 세상에 관한 다양한 도식 또는 인지적 구조들 가운데 '자기의 성(own−sex)'에 대해 가지고 있는 도식을 지칭하여 '자기 성 도식'이라고 한다. 구체적으로 '자기 성 도식'에는 자기의 성 및 성역할과 관련하여 적절한 것으로 기대되는 사고, 태도, 행동 등에 대한 이해와 지식이 포함되며, 나아가 그와 같은 이해와 지식은 그것에 부합하는 행동 또는 수행을 하도록 만든다.

자기 손상【自己 損傷】self-harm

자신의 신체에 상처를 내거나 손상을 일으키려는 목적을 가지고 고의적으로 자신의 신체에 직접 상처를 내거나 손상을 가하는 행동. 자살하려는 의도는 없이 단지 자신의 몸에 손상을 유발하려는 의도를 가지고 이루어지는 행동이라는 면에서 '자살' 또는 '자살 행동'과 구분된다. '자기 손상'의 영어 표현인 'self−harm'은 간단히 '자해(自害)'로 번역하기도 한다. 이 말과 마찬가지로 '자해'로 번역되어 사용되는 'self−harm', '자해 행동'으로 번역되어 사용되는 'self−injurious behavior', '고의적 자해'로 번역되어 사용되는 'deliberate self−harm', '자살 의도가 없는 자해'로 번역되어 사용되는 'nonsuicidal self−injury' 등의 표현들과 같은 의미로 사용된다.

자기 수용【自己 受容】self-acceptance / self acceptance

자기가 가지고 있는 특징이나 특성들(심리적, 신체적 또는 행동적 측면들)에 대해 비판이나 왜곡을 하지 않고 있는 그대로 인정하고 받아들이는 것.

자기 수용 감각【自己 受容 感覺】proprioception / proprioceptive sense

자신의 신체 내부에서 일어나는 신체 운동 및 자세에 대한 감각. 팔과 다리 및 신체 부분들의 근육, 관절, 힘줄 등에 위치한 자기 수용기(proprioceptors)에 가해진 자극을 통해 일어난다.

자기 수용기【自己 受容器】proprioceptors

신체 내부의 자극을 감지하는 기능을 하는 수용기로, 근육, 관절, 힘줄 등에 분포한다. 신체의 운동과 자세에 민감하여 팔과 다리를 포함한 신체의 여러 부분들의 위치, 방향, 운동 등을 감지하는 기능을 한다.

자기 수용 자극【自己 受容 刺戟】proprioceptive stimulus

'자기 수용기(proprioceptors)'에 의해 감지되는 신체 내부에서 발생하는 자극. 자기 수용기는 신체 내부의 자극을 감지하는 기능을 하는 수용기로, 팔과 다리를 포함한 신체 여러 부분들의 위치, 방향, 운동(또는 움직임) 등을 감지한다. '자기 수용적 자극'이라고도 한다.

자기 수용적 피드백 【自己 受容的 피드백】 proprioceptive feedback

어떤 공간 내에서 신체의 자세를 잡거나 적절히 유지하는 데 도움이 되는 팔과 다리 등에 있는 근육, 관절, 힘줄 등으로부터 오는 감각 정보.

자기실현 【自己實現】 self-actualization

로저스(Rogers: 1902~1987), 매슬로우(Maslow: 1908~1970) 등의 인본주의 심리학자들이 중요하게 사용하는 개념 가운데 하나로, 이들은 인간에게는 선천적으로 타고난 성장과 완성을 향한 잠재력 및 이것을 실현하려는 기본적인 경향성이 있다고 가정한다. 이와 같이 개인들이 저마다 타고난 잠재력을 삶의 과정을 통해 발휘하여 실현해 가는 것 또는 그러한 경향성을 지칭하여 '자기실현'이라고 한다.

자기실현 욕구 【自己實現 慾求】 self-actualization needs

매슬로우(Maslow: 1908~1970)가 제안한 '욕구의 위계(hierarchy of needs)' 중에서 최고의 단계(수준)에 위치하는 욕구. 인간에게는 기본적으로 선천적으로 타고난 성장과 완성을 향한 잠재력 및 이를 실현하려는 경향성이 있다고 보며, 이러한 경향성을 추구하는 욕구를 지칭하여 '자기실현 욕구'라고 한다. '자기실현의 욕구'라고도 한다.

CLICK '욕구의 위계' 및 '자기실현'

자기 암시 【自己 暗示】 autosuggestion

자기 자신을 대상으로 이루어지는 암시(suggestion). 흔히 어떤 특정한 메시지나 관념에 대해 반복적으로 사고하는 과정을 통해 이루어진다.

자기애 【自己愛】 narcissism

자신의 외모나 신체적 속성, 행위 또는 능력이 뛰어나다고 느끼는 정도가 과도하며 동시에 자기를 지나치게 사랑하여 스스로에게 도취되는 심리 상태. 정신분석학에서 사용되기 시작한 용어로 리비도가 타인이 아닌 자기 자신에게로 향한 상태이다. '자기도취', '자기도취증', '나르시시즘'이라고도 한다.

자기의식 【自己意識】 self-consciousness

(1) 자아 또는 자기(self)에 대한 의식이나 생각 또는 성찰. (2) 자아 또는 자기(self)에 대해 의식하거나 생각 또는 성찰하는 경향. '자아의식' 또는 '자의식(自意識)'이라고도 한다.

자기 이해 【自己 理解】 self-understanding

몰랐던 자기의 특성이나 모습을 발견하고 알게 되는 것. '자기 지식'과 비슷한 의미를 갖는다.

자기 인식 【自己 認識】 self-awareness

자기 자신에 대한(또는 자기 자신에 초점을 맞춘) 주의 집중이나 인식 또는 알아차림. '자각'이라고도 한다.

자기 인지 【自己 認知】 self-cognition

자기 자신에 대하여 스스로 어떻게 인지하고 있는가를 나타내는 개념으로, 자기 개념과 비슷한 의미를 갖는 말이다.

자기 재인 【自己 再認】 self-recognition

자기 자신을 알아보는 것. 또는 자기 자신을 알아보는 인지 능력. 즉 사진이나 거울에 비친 자기의 모습을 보고 그것이 자기라는 사실을 알아보거나 인식하는 것 또는 그런 능력을 의미한다. 영아의 얼굴에 빨간색 루즈를 묻힌 후에 영아를 거울 앞으로 데려가서 '자기 재인' 능력이 있는지를 알아보는 검사에서 생후 약 15~17개월 된 영아들은 소수만이 자기 재인 능력을 나타낸 반면에, 생후 약 18~24개월

된 영아들의 경우에는 대부분이 자기 재인 능력이 있는 것으로 나타나고 있다.

자기 조절【自己 調節】self-regulation

개인이 특정 자극이나 상황에 대해 보이는 반응을 조절(또는 통제)하는 능력을 의미한다. 즉, 특정 자극이나 상황에서 일어나는 자신의 반응(또는 행동)을 관찰하고, 평가하고, 방향 설정을 하고, 또 방향을 수정하는 등의 통제 과정을 통해 조절하는 것 또는 조절하는 능력을 의미한다.

자기 존중감【自己 尊重感】self-esteem

자기 자신의 전반적인 측면에 대한 총체적인 평가의 결과로 형성된 자기 가치감. 즉, 자기 자신을 소중하고 가치 있는 존재로 느끼는 정도를 의미한다. 구체적으로 자기 존중감은 자기 자신이 가지고 있는 성격, 지능, 가치관, 생활 자세나 태도, 능력, 인간관계, 신체, 건강 등과 같은 자신의 전반적인 측면들, 즉 심리적, 행동적 및 신체적 측면들 전반에 대한 총체적인 평가에 따라 나타나는 결과로, 자신을 가치 있는 또는 긍정적인 존재로 느끼는 정도를 의미한다. 즉, 자기개념을 구성하는 자기의 여러 측면들과 특성들에 대한 평가를 바탕으로 형성된 자기 자신에 대한 존중감이라고 할 수 있다. 자기 존중감은 정신 건강의 중요한 측면으로 이해되고 있으며, 개개인이 삶의 과정에서 보이는 다양한 적응 또는 부적응 행동들과 관련이 있는 중요한 변인으로 평가되고 있다. 전반적으로 높은 자기 존중감은 개인의 적응적 또는 긍정적인 행동이나 특성들과 관련이 많은 반면에, 낮은 자기 존중감은 부적응적 또는 부정적인 행동이나 특성들과 관련이 많은 것으로 나타나고 있다. '자아 존중감' 또는 '자존감'이라고도 한다.

자기 주도적 학습【自己 主導的 學習】self-directed learning

타인(부모나 교사 등)이나 다른 외적인 요소에 의존하거나 영향을 받지 않고 학습자 자신이 중심이 되어 스스로 학습 목표와 이 목표를 이루기 위한 계획을 세우고, 계획에 따라 학습을 진행하고, 나아가 스스로 학습 결과를 평가해 가는 학습 형태. '자기 주도 학습'이라고도 한다.

자기 주도 학습【自己 主導 學習】self-directed learning

'자기 주도적 학습'이라고도 한다.

CLICK 자기 주도적 학습

자기 중심성【自己 中心性】egocentrism

세상을 자신의 관점(또는 시각)에서만 바라보고 이해하기 때문에 타인의 관점이나 생각을 인식하지 못하거나 인식하는 데 어려움을 겪는 경향. 즉, 세상을 바라보고 지각할 때 자신이 바라보는 관점과 다른 타인의 관점이 있을 수 있다는 것을 알지 못하는 인지적 특성 또는 인지 능력의 한계를 말한다. '자아 중심성'이라고도 한다. CLICK 자아 중심성

자기중심적 언어【自己中心的 言語】egocentric speech

스위스의 심리학자 삐아제(Piaget: 1896~1980)가 학령 전 전조작기의 아동들이 특징적으로 보이는 언어 행동을 지칭하기 위해 사용한 개념으로, 상대방과 어떤 의사나 메시지를 교환하기 위한 언어라기보다는 상대방과 관계없이 자기가 하고 싶은 말을 하는 자기 지향적인 언어를 의미한다. 구체적으로 아동이 다른 또래들과 함께 이야기를 나누고 있는 상황에서 상대방과 의견이나 정보를 주고받는 대화가 아닌, 혼자만의 말을 하는 경우에서 그 예를 찾아볼 수 있다. 예를 들면, 외견상으로 서로 사이좋

게 놀고 있는 것처럼 보이는 둘 또는 세 명의 학령 전 아동들이 서로 대화를 나누고 있는 상황으로 들어가 보면, 이들이 서로 이야기를 나누는 것처럼 보이지만 상대방 아동과 의견이나 정보를 주고받는 의사소통적인 대화가 아닌 혼자만의 말, 즉 독백에 해당하는 '자기중심적 언어'를 하고 있는 경우를 자주 관찰할 수 있다. 또래와 함께 놀고 있는 한 아동이 다음과 같이 혼자서 중얼거리듯이 말하며 인형놀이를 하고 있는 상황을 살펴보자. "이 인형을 여기에 있으면 안 돼! 이것은 집 옆에 놓고 그네는 나무 아래에 놓는 거야!" 함께 놀고 있지만 다른 장난감을 가지고 놀고 있는 상대방 아동(들)을 특정하여 하는 말이 아니다. 비록 상대방 아동(들)이 그 말을 들더라도 흔히 이해하지 못한다. 그(들)에게는 의미없는 말일 뿐이다. 또한 혼자 놀고 있는 아동이 아무도 없는 상황에서 중얼거리듯이 혼잣말을 하는 경우도 자기중심적인 언어의 또 다른 예가 된다. 삐아제는 자기중심적 언어는 학령 전의 전조작기(preoperational stage)의 아동들에게서 특징적으로 나타나는 언어 형태로 보았고, 이런 유형의 언어가 인지발달에 미치는 영향은 거의 없다고 보았다. 이와 같은 비사회적인 자기중심적 언어가 덜 자기중심적이며 사회적이고 상호적인 언어로 바뀌기 시작하는 것은 전조작기가 끝날 무렵부터로, 다음 단계인 구체적 조작기에 가서는 보다 더 두드러진 변화를 나타낸다. 삐아제는 이런 변화 과정에 대해, 먼저 인지발달이 이루어지고 그에 따라 언어발달이 일어나기 때문에 나타나는 현상으로 보았다. 즉, 언어발달을 인지발달의 결과로 본 것이다. 전조작기의 아동들이 자기중심적 사고(또는 자기 중심성)에서 벗어나 자신과 다른 타인의 관점이 있을 수 있다는 것을 이해하고, 타인의 관점에서 생각할 수 있는 인지 능력이 발달함에 따라 상대방이 알아들을 수 있도록 그에 맞추어 자신의 언어를 바꾸는, 일종의 조절의 결과로 본 것이다.

자기 지각 이론【自己 知覺 理論】self-perception theory

흔히 다른 사람들의 행동을 관찰한 후에 귀인 과정을 통해 그 사람의 신념이나 태도 등에 대해 추론하게 되는 것처럼, 개인이 자신에 대하여 알게 되는 것은 직접적으로 바로 아는 것이 아니라 자신이 행한 행동을 관찰한 후에 이 행동에 대한 귀인 과정을 통해 알아가게 된다고 설명하는 이론. 이 이론에 따르면 개개인이 가지고 있는 신념이나 태도 등은 각 개인이 자신이 한 행동에 대한 관찰, 지각, 추론 및 귀인 과정의 영향을 받는다.

자기 지식【自己 知識】self-knowledge

자기의 특성이나 모습에 대해 알고 있는 지식. '자기 이해'와 비슷한 의미를 갖는다.

자기 지향적 고통【自己 指向的 苦痛】self-oriented distress

타인의 불행이나 고통을 보고 공감하는 과정에서 경험하는 관찰자의 개인적 고통이나 불편한 감정. 이런 자기 지향적 고통은 어려움에 처한 타인에 대한 친사회적 행동 또는 이타적 행동을 제한하거나 방해하는 요인으로 작용하는 경향이 있다. '자기 지향적 디스트레스'라고도 한다.

자기 충족적 예언【自己 充足的 豫言】self-fulfilling prophecy

누군가(자신이나 타인)에 대해 갖는 기대와 믿음이 그 사람으로 하여금 기대와 믿음에 따라 행동하도록 하여 일이나 목표의 성취(또는 실현)에 이르도록 만드는 현상. 즉, 자기 자신이나 다른 어떤 사람에 대한 기대나 예언이 실제로 자신이나 타인으로 하여금 그 기대나 예언과 같은 행동을 하도록 만듦으로써 결과적으로 그 기대나 예언이 실현되는 현상을 말한다. '자기 충족 예언', '자성 예언', '자성적 예언', '자기실현적 예언', '자기 이행적 예언', '자기 성취 예언'이라고도 한다. 또한 '피그말리온 효과'와도 같은 의미로 사용된다.

자기 통제【自己 統制】self-control

어떤 행동이나 활동 과정에서 자신에 대해 스스로 행하는 통제. 즉, 어떤 일이나 행동을 진행하기 위해 스스로 계획하고, 결정하고, 선택하며, 동시에 자신의 즉각적인 충동이나 욕망을 억제하기도 하면서 실행해가는 것과 같이, 특정 행동이나 활동과 관련하여 자기 자신에 대하여 행하는 일련의 통제 또는 통제 행위를 의미한다.

자기 효능감【自己 效能感】self-efficacy

자기 자신이 어떤 과제나 목표를 이루기 위해 발휘할 수 있는 능력이나 유능성에 대한 신념. 즉, 자기 효능감이란 개인이 가진 '자신이 어떤 과제나 목표를 잘 해낼 수 있다는 신념'을 말하는 것으로, 자기 효능감이 높은 개인은 자기 효능감이 낮은 개인에 비해 자신의 과제나 목표를 이루기 위해 필요한 노력과 행동을 더 지속적으로 하는 경향이 있으며, 그 결과 더 높은 수준의 과제 수행이나 목표 달성을 보이게 된다. 미국의 심리학자인 알버트 반두라(Albert Bandura: 1925~)가 처음으로 제안한 개념이다.

자녀 효과 모델【子女 效果 모델】child effects model

자녀와 부모와의 관계에서 영향을 미치는 방향은 주로 자녀로부터 부모에게로 일방향적으로 작용한다고 보는 모델. 즉, 자녀의 발달 과정에서 자녀는 주로 부모에게 영향을 미치는 존재이고, 부모는 주로 자녀로부터 영향을 받는 존재라고 보는 관점을 말한다. '아동 효과 모델', '아동 영향 모형' 또는 '자녀 효과 모형'이라고도 한다.

자살【自殺】suicide

스스로 자신의 생을 마감하기 위해 목숨을 끊는 행위. 자살은 일련의 과정을 포함하는데, 여기에는 자살 사고, 자살 시도, 자살 행동(또는 자살 행위) 등이 포함된다. 흔히 '자살'은 '자살 행동'과 같은 의미로 사용된다.

자살 관념【自殺 觀念】suicidal ideation

'자살 사고(自殺 思考)'라고도 한다.

CLICK 자살 사고

자살 사고【自殺 思考】suicidal ideation

'자살' 혹은 '자살 행동'을 단행하기에 앞서서 이루어지는 자살에 대한 일련의 사고 또는 사고 과정. '자살 생각' 또는 '자살 관념'이라고도 한다.

자살 생각【自殺 생각】suicidal ideation

'자살 사고(自殺 思考)'라고도 한다.

CLICK 자살 사고

자살 시도【自殺 試圖】suicide attempt / attempted suicide

자살하기 위한 계획을 세우거나 행동을 하는 것.

자살 의도가 없는 자해【自殺 意圖가 없는 自害】nonsuicidal self-injury

자살하려는 의도는 없이 단지 자신의 신체에 상처를 내거나 손상을 일으키려는 목적으로 이루어지는 자해 또는 자해 행동. 고의적으로 자신의 신체에 직접 상처를 내거나 손상을 가하는 행동이지만, 자살하려는 의도가 없이 단지 자신의 몸에 손상을 유발하려는 의도를 가지고 이루어지는 행동이라는 면에서 '자살' 또는 '자살 행동'과 구분된다. '자해'로 번역되어 사용되는 표현인 'self-injury'와 'self-harm', '자해 행동'으로 번역되어 사용되는 'self-injurious behavior', '고의적 자해'로 번역되어 사용되는 'deliberate self-harm' 등의 표현들도 자살하려는 의도가 없이 단지 자신의 몸에 손상을 유발하려는 의도를 가지고 이루어지는 행동을 나타내는 말들로, '자살 의도가 없는 자해(nonsuicidal self-injury)'와 같은 의미로 사용된다.

자살 행동【自殺 行動】suicidal behavior

자살하기 위해 행하는 행동. '자살 행위'라고도 하며, 흔히 '자살'과 같은 의미로 사용된다.

자서전적 기억【自敍傳的 記憶】autobiographic memory / autobiographical memory

자신이 관련된 과거의 일이나 사건들에 대한 기억. 사건기억(event memory)의 일종이다. '자전적 기억'이라고도 한다.

자성 예언【自成 豫言】self-fulfilling prophecy

'자성적 예언' 또는 '자기 충족적 예언'이라고도 한다.

CLICK 자기 충족적 예언

자아【自我】ego

프로이트(Freud: 1856~1939)가 자신의 정신분석 이론 및 성격 이론에서 제안하고 있는 성격을 구성하는 세 가지 주요 요소 가운데 하나로, 원초아(id)의 본능적이고 맹목적인 쾌락의 추구를 현실의 상황과 요구를 고려하여 조절하고 조화시키는 역할을 한다. 즉, 자아는 성격을 구성하는 요소들 가운데 합리적인 기능을 담당하는 요소라 할 수 있다. '에고' 또는 '이고'라고도 한다.

자아 강도【自我 强度】ego strength

자아 기능의 세기(또는 강도), 즉 자아가 가지고 있는 기능적 측면의 강도를 의미한다. 자아 강도는 자아의 기능이 얼마나 잘 이루어지고 있는지를 나타내기 위해 사용하는 표현으로, 자아 강도가 '약하다', '보통 정도이다', 또는 '강하다' 등으로 표현된다.

CLICK 자아 기능

자아 개념【自我 槪念】self-concept

자기 자신에 대한 지식 또는 개념. '자아 개념'은 한 개인이 자기 자신의 신체적 특징, 건강, 용모 등의 신체적 측면에서부터 자신의 가치관, 사고방식, 감정, 태도, 성격, 도덕성 및 지적 능력 등의 심리적 측면, 그리고 자신의 사회적 지위 및 관계의 특징 등의 사회적 측면에 이르기까지 자신에 관한 모든 부분에 대하여 가지고 있는 개념 또는 지식이나 이해를 의미한다. '자기 개념(自己 槪念)'이라고도 한다.

자아 기능【自我 機能】ego function

성격 체계의 일부인 자아(ego)는 성격 체계 안에서 현실의 상황과 요구를 고려하여 개인(또는 개체)의 욕구나 욕망을 조절하고 적절히 충족시켜 가는 합리적인 역할을 담당한다. 이와 같은 역할을 수행하는 과정 또는 그 과정에서 자아가 발휘하는 현실에 대한 지각, 검토, 판단 및 조절 등의 기능을 지칭하여 '자아 기능'이라고 한다. 자아 기능은 개인이 생활 속에서 자신에게 맡겨진 역할의 수행과 상황에 따른 주도성, 탄력성, 유연성, 강인성, 자신과 삶에 대한 긍정적 인식 등 개인의 긍정적이고 적응적인 내적 특성들을 모두 포함하는 변인으로, 개인의 사회성, 유능성, 환경 적응, 삶에 대한 만족, 정신 건강 등의 주요 변인들과도 밀접하게 관련된 심리적 변인으로 밝혀지고 있다.

자아 도식【自我 圖式】self-schema

자기 자신에 대한 도식. 도식(圖式, schema)이란 '세상의 어떤 부분(예를 들면, 사람이나 물체 또는 사건 등)에 관한 정보 또는 개념들을 상호 관련지어 의미 있게 조직화하는 인지적 구조'를 말한다. '자아 도식'이란 지나온 삶의 과정 속에서 형성된 나 자신(자아 또는 자기)에 대한 인지적 구조로, 삶의 과정에서 나(또는 자신)와 관련된 정보들을 처리할 때 이 정보들을 의미 있게 조직화하는 기능을 한다. '자기 도식'이라고도 한다.

자아 방어 기제【自我 防禦 機制】ego defense mechanism

'방어 기제'라고도 한다. CLICK 방어 기제

자아상【自我像】self-image

자신이 어떤 사람인지에 대한 스스로의 주관적인 지각과 평가를 바탕으로 하여 내적으로 형성하고 있는 자아(또는 자기)에 대한 심리적 그림 또는 이미지. 자신의 신체적 측면(키, 체중, 외모 등), 심리적 측면(성격, 지능, 가치관 등) 및 다양한 행동적 측면들을 모두 망라하는 개념으로, 삶의 과정에서 자아상의 주체인 개인이 스스로를 어떻게 지각하고 평가하고 있는가 하는 점과 그 개인에 대해 타인들이 어떻게 지각하고 평가하는가 하는 점 등이 개인의 자아상 형성과 발달에 큰 영향을 미친다. '자기상'이라고도 한다. 자아상(또는 자기상)과 비슷한 의미를 가진 용어로는 '자아 개념(또는 자기 개념)'과 '자아 도식(자기 도식)' 등이 있다.

자아의식【自我意識】self-consciousness

(1) 자아 또는 자기(self)에 대한 의식이나 생각(또는 성찰). (2) 자아 또는 자기(self)에 대해 의식하거나 생각(또는 성찰)하는 경향. '자기의식' 또는 '자의식(自意識)'이라고도 한다.

자아 정체감【自我 正體感】ego identity

개인이 자신의 존재와 독특성에 대해 형성하는 비교적 안정되고 일관된 총체적인 느낌이나 인식을 말한다. 지나온 삶의 과정을 통해 형성되는 것으로, 자신이 누구이며 어떤 특징을 가지고 있는지, 무엇을 해왔는지, 무엇을 할 수 있는지, 무슨 생각과 꿈을 가지고 있는지 등의 물음과 관련이 있다. 즉, 자아 정체감은 자신은 다른 사람들과 구분되는 특징을 가진 고유한 존재라는 총체적인 느낌이나 인식을 말하는 것으로, 여기에는 다음과 같은 몇 가지 특성이 포함된다. 먼저 개별성 또는 독특성으로, 이것은 다른 사람들과 구분되는 자신만의 사고방식, 가치관, 관심, 태도, 동기 등의 개별적이고 독특한 측면을 말한다. 총체성은 자신의 사고방식, 가치관, 관심, 태도, 동기 등과 같은 다양한 심리적 측면들뿐만 아니라 다양한 행동적 측면들과 신체적 측면들이 전체적으로 통합되어 자아 정체감을 형성한다는 것을 의미한다. 연속성 또는 계속성은 시간이 과거에서 현재로 그리고 미래로 흘러가는 과정에서도 자신은 변함없이 동일한 사람이라는 느낌이나 인식을 의미한다. 에릭 에릭슨(Erik Erikson: 1902~1994)은 자아 정체감의 발달(또는 성취)이 청소년기에 이루어야 할 가장 중요한 발달 과업이라고 보았다. 자아 정체감은 간단히 '정체감(identity)'이라고도 한다.

자아 존중감【自我 尊重感】self-esteem

자기 자신의 전반적인 측면에 대한 총체적인 평가의 결과로 형성된 자기 가치감. 즉, 자기 자신을 소중하고 가치 있는 존재로 느끼는 정도를 의미한다. '자기 존중감' 또는 '자존감'이라고도 한다.

CLICK 자기 존중감

자아 중심성【自我 中心性】egocentrism

자기 관점에서만 세상을 지각하는 경향. 즉, 세상을 바라보고 지각할 때 자신이 바라보는 관점('조망'이라고도 함)과 다른, 타인의 관점이 있을 수 있다는 것을 알지 못하는 인지적 특성 또는 인지 능력의 한계를 말한다. 따라서 자아 중심성을 가진 개인은 타인의 관점과 지각이 자신과 다를 수 있음을 이해하지 못하기 때문에, 자신이 보고 지각하는 것처럼 타인(들)도 세상을 그렇게 지각한다고 생각한다. 따라서 이들은 부모를 포함한 다른 모든 사람들이 자신과 같은 방식으로 사물을 바라보고 지각한다고 인식한다. 이런 사고 특징은 삐아제(Piaget: 1896~1980)의 인지발달 이론의 4단계 중에서 두 번째 단계인 전조작기(preoperational stage)의 유아들이 나타내는 인지적 특징 가운데 하나이다. 삐아제가 전조작기 유아들의 자아 중심성에 관한 연구를 수행하기 위해 사용했던 방법들 가운데 '세 산 모형실험'이 유명하다. '자기 중심성'이라고도 한다.

자연 관찰【自然 觀察】naturalistic observation / natural observation

'자연 관찰법', '자연적 관찰법' 또는 '자연적 관찰'이라고도 한다. CLICK 자연 관찰법

자연 관찰법【自然 觀察法】naturalistic observation / natural observation

연구 방법의 하나인 관찰법(observation method)은 연구 참여자(또는 관찰 대상자)를 관찰하여 연구를 위한 자료를 수집하는 방법을 말한다. 자연 관찰법은 관찰법의 여러 가지 하위 유형들 가운데 하나로, 관찰자(연구자)가 자연적인 상황에서 관찰 대상자에 대한 영향력 행사나 개입 없이 그들이 평상시에 하는 자연스런 행동이나 특징을 관찰하고 기록하는 방법을 말한다. '자연 관찰', '자연적 관찰' 또는 '자연적 관찰법'이라고도 한다.

자연 도태【自然 淘汰】natural selection

'자연 선택'이라고도 한다. CLICK 자연 선택

자연 분만【自然 分娩】normal delivery

출산 과정에서 제왕절개와 같은 수술 방법을 사용하지 않고 임부(妊婦)의 산도(産道)를 통해 아기를 출산하는 것. 임신 37~42주 사이에 정상적으로 이루어지는 분만을 '정상 자연 분만'이라 하고, 임신 24~36주 사이에 정상적으로 이루어지는 분만을 '미숙아 자연 분만'이라고 한다.

자연 선택【自然 選擇】natural selection

진화론의 핵심적 개념 가운데 하나. 환경이 특정 생물 종의 형질적 변이(變異, variation)에 작용하여 특정한 변이를 가진 개체를 선택하거나 도태시키는 기제. 즉, 환경에 적응적인 변이(또는 특성)를 가진 개체는 생존하여 동일한 변이를 가진 후손을 남길 수 있게 되고, 그렇지 못한 개체는 도태되는 현상을 말한다. 찰스 다윈(Charles Darwin: 1809~1882)이 진화론을 설명하면서 사용한 개념으로, 다윈은 모든 종류의 생물체는 이런 자연 선택 과정을 거쳐 분화되어 왔다고 보았으며, 따라서 모든 생물 종들 간에는 어떤 식으로든 계통적인 관계가 있다고 보았다. '자연 도태'라고도 한다.

자연 실험【自然 實驗】natural experiment

실험실에서 이루어지는 실험처럼 연구자(또는 실험자)가 직접 독립 변인을 통제하는 것이 아니라 자연적인 상태 또는 자연적으로 발생하는 독립 변인(흔히 사람들의 삶에 영향을 미치는 사건이나 경험)을 관찰하고 측정하는 방식으로 진행하는 실험. '유사 실험(quasi-experiment)'이라고도 한다.

자연적 관찰【自然的 觀察】naturalistic observation / natural observation

유기체(인간을 포함한 생명체)의 행동을 관찰하고 기록하는 연구 방법의 하나로, 유기체의 행동에 영향을 미칠 수 있는 인위적인 또는 통제가 이루어지는

조건이나 상황에서 일어나는 유기체의 행동을 관찰하는 실험 연구와는 달리, 인위적인 조건이나 통제가 없는 자연적인 조건이나 상황에서 일어나는 유기체의 행동을 관찰하고 기록하는 연구 방법을 말한다. '자연 관찰', '자연 관찰법' 또는 '자연적 관찰법'이라고도 한다.

자연적 관찰법【自然的 觀察法】naturalistic observation / natural observation

인위적인 조건이나 통제가 없는 자연적인 조건이나 상황에서 일어나는 유기체의 행동을 관찰하고 기록하는 연구 방법. '자연 관찰', '자연 관찰법' 또는 '자연적 관찰'이라고도 한다.

자연주의자 지능【自然主義者 知能】naturalistic intelligence

'자연주의적 지능' 또는 '자연주의 지능'이라고도 한다.

CLICK 자연주의적 지능

자연주의적 지능【自然主義的 知能】naturalistic intelligence

자연을 대하면서 자연의 세계 속에 존재하는 특징이나 아름다움을 발견하고, 나아가 자연과 인간 존재 간의 상호작용과 공존의 관계 등을 인식할 수 있는 능력 또는 그런 지능. 식물학자, 생태학자, 농부, 생물학자 등과 같은 직업군과 관련이 많은 지능이다. 미국의 심리학자 '하워드 얼 가드너(Howard Earl Gardner: 1943~)'가 제안한 '다중 지능 이론(theory of multiple intelligences)'에서는 인간의 지능은 서로 독립적으로 기능하는 8가지의 지능(최근에는 9번째 지능을 추가로 제시)으로 구성되어 있다고 보는데, 그 가운데 하나가 자연주의적 지능이다. 이외에도 다중 지능 이론에서는 언어적 지능, 논리-수학적 지능, 공간적 지능, 신체-운동적 지능, 음악적 지능, 개인 내적 지능, 개인 간 지능(또는 대인 간 지능), 그리고 가장 최근에 새로운 지능의 한 영역으로 실존적 지능(또는 존재론적 지능) 등을 제시하고 있다. 자연주의적 지능은 '자연주의 지능' 또는 '자연주의자 지능'이라고도 한다.

자연주의 지능【自然主義 知能】naturalistic intelligence

'자연주의적 지능' 또는 '자연주의자 지능'이라고도 한다.

CLICK 자연주의적 지능

자웅 동체【雌雄 同體】hermaphrodite

한 개체의 생물이 암수 양성의 생식 기관을 모두 갖추고 있는 상태. '자웅 이체(gonochorism)'에 대응하는 말로 '암수한몸'이라고도 한다.

자웅 이체【雌雄 異體】gonochorism / dioecism

한 개체의 생물이 암수 양성이 각각 독립된 개체로 나뉘어져 존재하는 상태. 보통 동물의 세계에서 웅성 생식세포를 만드는 개체(수컷)와 자성 생식세포를 만드는 개체(암컷)의 구분이 분명히 나뉘어져 있는 경우를 의미한다. 자웅 동체(hermaphrodite)에 대응하는 말로 '암수딴몸'이라고도 한다.

자원 봉사【自願 奉仕】voluntarism

외부의 압력이나 지시 또는 대가에 대한 기대 없이 행위자의 자발적인 의사와 의지에 따라 이루어지는 봉사 활동.

자유 연상【自由 聯想】free association

정신분석적 심리 치료에서 사용하는 치료 기법의 하나로, 프로이트는 앞서 브로이어(Breuer: 1842~1925, 오스트리아의 내과의사·생리학자)와 함께 치료와 연구를 진행하면서 사용했던 최면 요법이 일부 환자들에게만 제한적으로 사용할 수 있을 뿐이고, 효과 또한 일시적이라는 한계가 있음을 깨닫고 새로이 개발한 기법이 '자유 연상'이다. 이 기법에서, 치료자는 환자(또는 내담자)의 무의식 세계에 접근하기 위해 환자의 긴장을 풀게 한 후에 마음에서 연상되는(또는 떠오르는) 감정이나 생각을 아무런 검열이나 제한 없이 자유롭게 보고하도록 지시한다. 이때 환자는 떠오르는 감정이나 생각이 아무리 비합리적이고 사소해 보여도 치료자에게 보고하도록 지시받는다. 치료자는 환자가 나타내는 증상이 자유 연상을 통해 알게 된 무의식 세계에 억압되어 있는 어떤 생각이나 감정과 관련이 있는지, 어떤 의미를 갖는지를 이해할 수 있게 되며, 환자는 치료자의 도움을 받아 자신의 증상이나 문제와 관련된 무의식 속의 원인을 찾는 과정을 통해 자신의 증상과 관련된 억압되어 있던 무의식 세계의 생각이나 감정에 대한 통찰에 이르게 된다. 이러한 통찰은 환자의 치료를 위한 가장 중요한 부분을 이룬다. '자유 연상법'이라고도 한다.

자유 연상법【自由 聯想法】free association

환자(또는 내담자)의 무의식 세계에 접근하기 위해 환자의 긴장을 풀게 한 후에 마음에서 연상되는(또는 떠오르는) 감정이나 생각을 아무런 검열이나 제한 없이 자유롭게 보고하도록 함으로써 환자의 무의식 세계를 탐색하는 과정을 통해 환자의 증상이나 문제와 관련된 무의식 세계의 억압된 생각이나 감정에 대한 통찰에 이르도록 돕는 치료 기법. '자유 연상'이라고도 한다. CLICK 자유 연상

자유 연상 검사【自由 聯想 檢査】free association test

자유 연상법을 이용한 심리 검사의 한 형태이다. 특정 자극이나 단어를 제시하고 이에 대하여 연상되는 모든 생각을 반응하도록 한다.

자유 의지【自由 意志】free will

어떤 외부의 힘이나 압력에 의하지 않고 스스로의 내적 동기와 판단에 따라 자신의 사고와 행동을 선택 및 결정하고 실행할 수 있는 의지.

자유 형태소【自由 形態素】free morphemes

형태소(morphemes)는 '언어에서 뜻(또는 의미)을 갖는 최소의 단위'를 의미하며, 크게 '자유 형태소'와 '한정 형태소(bound morphemes)' 등 두 가지로 구분된다. 그 중에서 '자유 형태소'는 '책(book)', '행성(planet)', '사랑(love)', '음악(music)' 등과 같이 각기 하나의 단어로서 독립적인 의미를 가지고 사용될 수 있는 형태소를 의미한다. 이에 비해 '한정 형태소'는 각기 독립적으로 사용될 수 없으며, '자유 형태소'와 결합하여 의미를 더하거나 변화시키는 기능을 하는 형태소를 말한다. 예를 들면, 영어에서 다른 단어에 결합하여 현재 진행형을 만드는 데 사용되는 '–ing', 동사와 결합하여 과거형을 만드는 데 사용되는 '–ed' 등이 한정 형태소에 해당한다.

자유 회상【自由 回想】free recall

기억 체계(또는 기억 저장고)에 저장되어 있는 정보를 단서 없이 또는 단서가 제공된 상태에서 인출해 내는 인지 과정(또는 정보처리 과정)을 '회상(recall)'이라고 한다. 회상 중에서 앞의 경우, 즉 인출할 정보와 관련된 단서나 단서와 관련된 질문이 주어지지 않은 상태에서 이루어지는 회상을 '자유 회상'이라고 한다. 자유 회상과 달리, 인출할 정보와 관련된 단서가 제공된 상태에서 이루어지는 회상을 '단서 회상(cued recall)'이라고 한다.

자율성【自律性】autonomy

자신의 과제나 행동과 관련하여 타인에 의존하지 않고 스스로 결정하고 통제해 가는 능력이나 특성.

자율 신경【自律 神經】autonomic nerve

신경 계통 중에서 혈관, 내분비선, 그리고 심장이나 위장과 같은 내장 기관 등에 분포하여 이 기관들을 불수의적으로 통제하는 기능을 하는 신경을 말한다.

CLICK 자율 신경계

자율 신경계【自律 神經系】autonomic nervous system (ANS)

인간을 포함한 동물들의 신체 내·외부로부터 발생한 각종 자극과 정보를 효과적으로 처리하기 위해 수백억 개가 넘는 신경세포들이 정교하게 연결되어 있는 체계를 '신경계(nervous system)'라고 하는데, 이러한 신경계는 크게 '중추 신경계(central nervous system)'와 '말초 신경계(peripheral nervous system)'로 구분되며, 이 가운데 말초 신경계는 다시 체성 신경계(somatic nervous system)와 자율 신경계(autonomic nervous system)로 구분된다. 체성 신경계는 피부, 골격근, 관절 등의 신체 각 부분에 연결되어 수의적(隨意的)으로 작용하는 신경 다발로서, 신체의 외부로부터 들어오는 정보를 중추 신경계로 보내기도 하고 중추 신경계에서 내린 명령이나 정보를 신체 각 부분으로 전달하는 기능을 한다. 이와는 달리, 자율 신경계는 수의적인 통제를 받지 않고 불수의적(不隨意的)으로 기능하여 혈관이나 내분비선, 그리고 심장이나 위장 등을 포함한 내장 기관들을 자동적으로 통제하는 신경 계통을 말하며, 이는 다시 교감 신경계(交感 神經系, sympathetic nervous system)와 부교감 신경계(副交感 神經系, parasympathetic nervous system)로 나뉜다. 이 중 교감 신경계는 긴급하거나 스트레스적인 상황에서 신속하게 대처하는 데 요구되는 신체적 자원 또는 에너지를 동원하는 기능을 하며(예를 들면, 혈액의 양을 증가시키고 혈류의 흐름을 촉진하기 위한 혈관 확장 및 심장 박동 증가, 소화 억제 등), 이와는 반대로 부교감 신경계는 신체의 자원 또는 에너지를 저장하고 생명 유지에 필요한 생리 기능을 활성화시키는 기능(예를 들면, 심장 박동 및 혈압의 감소, 소화 활동 증가 등)을 한다. '자율 신경 시스템(自律 神經 시스템)'이라고도 한다.

자율적 단계【自律的 段階】autonomous stage

삐아제(Piaget: 1896~1980)의 도덕발달 이론에서, 두 번째 단계인 '자율적 도덕성 단계'를 의미한다. 이 단계의 아동들이 보이는 도덕 수준을 '자율적 도덕성'이라고 한다.

CLICK 자율적 도덕성

자율적 도덕성【自律的 道德性】autonomous morality

삐아제(Piaget: 1896~1980)의 도덕발달 이론에서, 도덕발달 두 번째 단계의 도덕성 수준을 나타내기 위한 개념. 자율적 도덕성 수준의 아동들은 규칙이나 법은 사람들 간의 약속이나 협의에 의해 만들어진다고 인식하기 시작하며, 나아가 사람들 간의 협의나 동의에 의해 바꿀 수도 있다고 생각한다. 또한 이 수준의 아동들은 행위의 옳고 그름을 판단할 때, 행위의 결과뿐만 아니라 행위자의 의도나 동기도 중요한 요소로 고려할 수 있게 된다.

자율적 도덕성 단계【自律的 道德性 段階】stage of autonomous morality

삐아제(Piaget: 1896~1980)의 도덕발달 이론에서 도덕발달의 두 번째 단계로, 이 단계의 아동들이 보이는 도덕 수준을 '자율적 도덕성'이라고 한다.

CLICK 자율적 도덕성

자의식【自意識】self-consciousness

(1) 자아 또는 자기(self)에 대한 의식이나 생각 또는 성찰. (2) 자아 또는 자기(self)에 대해 의식하거나 생각 또는 성찰하는 경향. '자기의식' 또는 '자아의식'이라고도 한다.

자전적 기억【自傳的 記憶】autobiographic memory / autobiographical memory

자신이 관련된 과거의 일이나 사건들에 대한 기억. 사건기억(event memory)의 일종이다. '자서전적 기억'이라고도 한다.

자존감【自尊感】self-esteem

자기 자신의 전반적인 측면에 대한 총체적인 평가의 결과로 형성된 자기 가치감. 즉, 자기 자신을 소중하고 가치 있는 존재로 느끼는 정도를 의미한다. '자기 존중감' 또는 '자아 존중감'이라고도 한다.

CLICK 자기 존중감

자폐 스펙트럼 장애【自閉 스펙트럼 障碍】autism spectrum disorder (ASD)

DSM－5(정신 장애 진단 및 통계 편람－제5판)에 와서 그 이전까지 전반적 발달 장애에서 다루었던 자폐증(autism), 렛 증후군(Rett syndrome), 아스퍼거 장애(Asperger's disorder), 아동기(소아기) 붕괴성 장애(Childhood Disintegrative disorder) 등을 통합하여 분류하고 있는 장애로, 이 장애는 일반적으로 학령기 이전 시기에 시작되며, 의사소통과 사회적 상호작용에서의 큰 어려움을 특징적으로 나타낸다. 자연히 이 장애를 가진 사람은 학교, 직장 및 사회생활에서 큰 어려움을 겪기 쉽다. 구체적으로 자폐 스펙트럼 장애의 진단에 적용되는 주요 기준으로는 먼저, 사회적 의사소통 및 상호작용 측면에서는 사회적－정서적 상호관계의 장애(또는 결함), 비언어적 의사소통 행동 측면에서의 장애(또는 결함), 다양한 사회적 맥락 및 상황에서 관계를 형성·발전시키기 및 유지하기, 이해하기 등의 측면에서의 장애(또는 결함), 정형화된 혹은 반복적인 운동 동작, 사물 사용이나 언어 사용, 이해하기 등의 측면에서의 장애(또는 결함) 등이 포함된다. 이외에도 정형화된 또는 반복적인 운동 동작, 단조롭고 동일한 것에 대한 고집, 언어 또는 비언어적 행동의 의식화된 패턴들, 제한된 물건이나 대상에 대한 지나친 집착, 감각 자극들에게 대한 비정상적인(과도한 또는 과소한) 반응성 등이 포함된다.

자폐증【自閉症】autism

광범위성 발달 장애 중 가장 많이 알려진 장애로 대부분 3세 이전의 영·유아기에 시작된다. 흔히 사회적 상호작용과 의사소통에서 심각한 장애를 보이고, 제한적이고 반복적인 또는 상동적인 행동 패턴을 특징적으로 나타내며, 지적 능력 면에서는 중간 정도의 정신지체를 보이는 경우가 많다. 자폐증에 관한 연구자들 중 대표적인 학자로는 미국의 Leo Kanner와 오스트리아의 Hans Asperger가 있다. 자폐증의 영어 표현인 'autism'은 '자기 또는 자아(self)'를 의미하는 라틴어 'auto'에서 유래한 말이다.

작업 기억【作業 記憶】working memory

단기 기억(또는 단기 저장)을 지칭하는 또 다른 표현. 즉, 단기 기억(또는 단기 저장)은 자극(정보)에 대해 적극적으로 주의를 기울이고, 선택하고, 이를 유지 또는 저장하는 등의 여러 적극적인 정보처리 작업 포함하는 인지 활동이기 때문에 '작업 기억'이라고도 한다. 1960년대 후반에 리처드 앳킨슨(Richard Atkinson)과 리처드 쉬프린(Richard Shiffrin)이 인간의 인지 체계와 과정을 설명하기 위해 제안한 다중 저장 모델(multistore model)에서는 기억을 세 영역(감각 저장, 단기 저장, 장기 저장)으로 구분하면서, 사람들의 정보처리 활동은 이들 세 영역(단계)을 거치면서 진행된다고 보고 있다. 그 가운데 두 번째 영역(단계)이 단기 저장(short－term store, STS) 또는 단기 기억(short－term memory)이다. 앞 단계인 '감각 저장(또는 감각 기억)' 단계에서 외부로부터 입력된 자극(정보)들 가운데 특정 자극(정보)에 대해 주의를 기울이면 그 자극(정보)이 몇 초(30초 내외) 동안 저장(기억)되어 후속 처리나 조작을 가할 수 있는 상태가 되는데, 이런 자극(정보)의 상태를 단기 저장(단기 기억)이라고 한다. '단기 저장(단기 기억)' 단계에서 이루어지는 정보처리는 앞 단계인 '감각 저장(감각 기억)' 단계로부터 넘어온 정보를 단지 저장만 하는 것이 아니라 특정 자극(정보)에 대해 적극적으로 주의를 기울이고, 선택하고, 이를 유지 또는 저장하는 등의 여러 적극적인 정보처리 작업을 포함하고 있기 때문에 단기 저장(단기 기억)을 일컬어 '작업 기억(working memory)'이라고도 부른다. 이와 같은 정보처리 활동은 인간의 모든 의식적인 지적 활동의 기반이 된다.

잠복기【潛伏期】latency period

프로이트(Freud: 1856~1939)는 심리성적 발달 이론을 통해 성격 발달이 이루어지는 다섯 단계(구강기, 항문기, 남근기, 잠복기, 생식기 등)를 제시하였다. 그 중에서 네 번째 단계에 해당하는 잠복기는 대략 6세부터 11, 12세경까지의 시기(학령기)에 해당한다. 이 시기의 아동들은 전반적으로 성적 충동과 관심을 억압하고, 그 대신에 성적 충동(또는 성적 욕구)을 동성의 또래들과의 놀이나 학업 또는 사회적 기술을 발달시키는 활동에 쏟는다. 즉, 성적 충동 에너지를 사회적으로 용인되는 활동을 하거나 사회적으로 바람직한 것으로 인정되는 가치관이나 행동을 습득하는 데 투입한다. 이와 같이 이 시기의 아동은 자신의 에너지를 정서적으로 안정된 영역을 통해 발산하면서 동시에 남근기 동안 겪었던 많은 갈등과 스트레스를 잊게 되는 효과를 얻게 된다. '잠재기' 또는 '잠복 단계'라고도 한다.

잠재 학습【潛在 學習】latent learning

학습(學習, learning)의 유형들 가운데 하나. 특히 인지 학습(cognitive learning)의 하위 유형 가운데 하나로 분류되는 학습 형태로, 학습이 이루어진 이후에 바로 행동으로 나타나지 않고 잠재되어 있다가 적절한 상황이나 조건(특히 유인가가 주어지는 상황이나 조건)에서 행동으로 나타나는 학습을 의미한다. 학습이 즉시 행동으로 나타나는 것이 아니라 유인가가 주어지기 전까지 잠재되어 있다는 의미에서 명명된 표현이다. 일찍이 잠재 학습의 실재를 실험적으로 입증한 대표적인 연구로는 1920년대 쥐를 대상으로 진행한 에드워드 톨먼(Edward Tolman: 1886~1959)의 미로 학습 연구를 들 수 있다.

잡기 반사【잡기 反射】grasping reflex / grasp reflex

선천적 반사들 가운데 하나로, 생후 초기의 영아의 손바닥에 물건이나 끈을 쥐어주면 매우 강하게 꽉 쥐는 동작을 취하는데, 이처럼 생후 초기의 영아가 손바닥에 닿은 물체를 꽉 쥐는 선천적인 반사 행동을 '잡기 반사'라고 한다. 이런 잡기 반사의 강도는 영아가 자신의 손으로 성인의 손가락이나 가는 막대기를 잡고 약 1분 내외의 시간 동안 공중에 매달려 있을 정도이다. 이 반사는 현실적으로 생존적 또는 기능적 가치가 없거나 불분명하기 때문에 흔히 '원시 반사'의 한 유형으로 분류한다. 시간이 지나면서 점차 사라지는 다른 많은 선천적 반사들처럼, 잡기 반사도 생후 약 3~4개월이 경과하면서 점차 사라진다. '파악 반사', '붙잡기 반사', '움켜잡기 반사', '쥐기 반사' 또는 '손바닥 쥐기 반사(palmar grasp reflex)'라고도 한다.

장기 기억【長期 記憶】long-term memory (LTM)

감각 기억(sensory memory)이나 단기 기억(short-term memory)에 비해 거의 무제한적으로 많은 양의 자극(정보)이 저장되며 비교적 영구적으로 유지되는 기억. 예를 들면, 사람들이 가지고 있는 과거 경험에 대한 기억들이나 수많은 지식들이 바로 장기 기억에 해당한다. 1960년대 후반에 리처드 앳킨슨(Richard Atkinson)과 리처드 쉬프린(Richard Shiffrin)이 인간의 인지 체계와 과정을 설명하기 위해 제안한 다중 저장 모델(multistore model)에서는 기억을 세 영역(감각 저장, 단기 저장, 장기 저장)으로 구분하면서 사람들의 정보처리 활동은 이들 세 영역(단계)을 거치면서 진행된다고 주장한다. 그 가운데 마지막 세 번째 영역(단계)이 장기 저장으로, 이를 장기 기억이라고도 한다. 앞 단계인 단기 저장 단계에서 다루어진 자극(정보)을 유지하는 동시에 이 자극에 대한 추가적인 조작을 가함에 따라 자극이 비교적 영구적인 저장 상태로 전환되는데, 이와 같은 자극의 저장 상태를 지칭하여 장기 저장(장기 기억)이라고 한다. 즉, 장기 저장(장기 기억)은 단기 저장 단계의 자극에 대한 유지, 검토, 해석 등의 인지적 조작 과정을 통해 자극이 비교적 영구적으로 저장된 상태를 말한다. 사람들이 가지고 있는 과거 경험에 대한 기억, 세상에 대한 다양하고 방대한 지식이나 정보들이 저장되어 있는 정보 저장소가 바로 장기 저장(장기 기억)인 것이다. 우리들이 가지고 있는 과거에 대한 많은 기억들과 수없이 다양한 지식들이 모두 장기 저장(장기 기억)에 해당한다. 세 가지 기억 영역들 중에서 장기 저장(장기 기억)은 저장 용량 면에서 가장 크고, 자극(정보) 저장 후 지속 시간도 다른 기억 영역들에 비해 상대적으로 훨씬 더 길다. 또한 사용하는 기억 책략에 따라서는 무한정으로 오랫동안 지속될 수 있다. 한편 다중 저장 모델을 처음으로 제안한 앳킨슨과 쉬프린은 기억을 세 영역으로 구분하면서 각각 감각 저장(sensory store, 'store'는 '저장' 또는 '저장소'로 번역됨), 단기 저장(short-term store, STS), 장기 저장(long-term store, LTS) 등으로 명명하였고, 각각의 저장소(또는 저장: store)에 저장되어 있는 저장 정보를 기억(memory)이라고 보았다. 오늘날에 와서 많은 인지심리학자들은 저장소(또는 저장: store)를 기억(memory)과 같은 개념으로 보면서 각각의 기억 구조(감각 저장, 단기 저장, 장기 저장 등)를 감각 기억(sensory memory), 단기 기억(short-term memory), 장기 기억(long-term memory) 등으로 표현하기도 한다. 따라서 현재는 두 가지 표현 방식이 모두 같은 의미로 사용되고 있다.

장기 저장【長期 貯藏】long-term store (LTS)

1960년대 후반에 리처드 앳킨슨(Richard Atkinson)과 리처드 쉬프린(Richard Shiffrin)이 인간의 인지 체계와 과정을 설명하기 위해 제안한 다중 저장 모델(multistore model)에서는 기억을 세 영역(감각 저장, 단기 저장, 장기 저장)으로 구분하면서 사람들의 정보처리 활동은 이들 세 영역(단계)을 거치면서 진행된다고 주장한다. 그 가운데 마지막 세 번째 영역(단계)이 장기 저장이다. 장기 기억(long-term memory)이라고도 한다. 앞 단계인 단기 저장 단계에서 다루어진 자극(또는 정보)을 유지하는 동시에 이 자극에 대한 추가적인 조작을 가함에 따라 자극이 비교적 영구적인 저장 상태로 전환되는데, 이와 같은 자극의 저장 상태를 지칭하여 장기 저장이라고 한다. 즉, 단기 저장 단계의 자극에 대한 유지, 검토, 해석 등의 인지적 조작 과정을 통해 자극이 비교적 영구적으로 저장된 상태를 말한다. '장기 기억(long-term memory)'과 같은 의미로 사용된다.

CLICK 장기 기억

장기 저장소【長期 貯藏所】long-term store (LTS)

인간의 인지 체계와 과정을 설명하는 모델 가운데 하나인 다중 저장 모델(multistore model)에서는 기억을 세 영역(감각 저장소, 단기 저장소, 장기 저장소)으로 구분하면서 사람들의 정보처리 활동은 이들 세 영역(단계)을 거치면서 진행된다고 주장한다. 그 가운데 마지막 세 번째 영역(단계)이 장기 저장소(long-term store, LTS)이다. 앞 단계인 단기 저장소에서 다루어진 자극을 유지하는 동시에 이 자극에 대한 추가적인 조작을 가함에 따라 자극이 비교적 영구적인 저장 상태로 전환되는데, 이와 같은 자극의 저장 상태 또는 그런 자극들이 저장되는 공간을 지칭하여 장기 저장소라고 한다. 사람들이 가지고 있는 세상에 대한 방대한 지식이나 정보들이 저장되어 있는 정보 저장소가 바로 장기 저장소이다. '장기 저장'이라고도 하며, '장기 기억'과도 같은 의미로 사용된다.

장 마르탱 샤르코 Jean Martin Charcot (1825~1893)

프랑스의 신경병리학자. 현대 신경의학의 창시자로 평가받고 있다. '샤르코', '샤르꼬', '장 샤르코', 'Charcot', 'Jean Charcot', 'Jean Martin Charcot' 등으로 표기하기도 한다. CLICK 샤르코

장 샤르코 Jean Charcot (1825~1893)

장 마르탱 샤르코(Jean Martin Charcot). 프랑스의 신경병리학자. 현대 신경의학의 창시자로 평가받고 있다. '샤르코', '샤르꼬', '장 마르탱 샤르코', 'Charcot', 'Jean Charcot', 'Jean Martin Charcot' 등으로 표기하기도 한다. CLICK 샤르코

장수【長壽】longevity / long life

(1) 오래도록 생존함. (2) 출생 이후 사망할 때까지의 생존 기간이 일반적 또는 평균적인 기간보다 더 긴 상태.

장애【障碍】disorder

심리(또는 정신)의 영역이나 행동 영역 또는 신체 영역들 중 어느 한 부분 또는 여러 부분에 어떤 문제가 있어 정상적인 기능(機能, function) 또는 기대되는 기능을 하지 못하는 상태.

장 자크 루소 Jean-Jacques Rousseau (1712~1778)

스위스 태생의 프랑스 사상가, 사회학자, 교육학자, 소설가. '루소', 'Rousseau', 'Jean-Jacques Rousseau' 등으로 표기하기도 한다. CLICK 루소

장 삐아제 Jean Piaget (1896~1980)

스위스 태생의 심리학자. 인지발달 이론(theory of cognitive development)으로 유명하다. '삐아제', '피아제', '장 피아제', 'Piaget', 'Jean Piaget' 등으로 표기하기도 한다. CLICK 삐아제

장 피아제 Jean Piaget (1896~1980)

스위스 태생의 심리학자. 인지발달 이론(theory of cognitive development)으로 유명하다. '삐아제', '피아제', '장 삐아제', 'Piaget', 'Jean Piaget' 등으로 표기하기도 한다. CLICK 삐아제

재구성적 기억【再構成的 記憶】reconstructive memory

특정 정보나 상황에 대한 세부적인 기억을 다 하지 못할 때, 기존의 기억 체계에 저장되어 있는 일반적인 유형의 지식이나 경험 내용을 바탕으로 빠져 있는 세부적인 기억 부분을 재구성하여 만드는 인지 과정. 또는 그런 과정을 통해 형성된 기억.

재구조화【再構造化】restructuring

특정 상황(또는 문제)에 대해 형성하고 있는 도식이나 표상을 바꾸어 재조직화 하는 것. 기존의 도식이나 표상으로 해결할 수 없는 새로운 상황(또는 문제)을 해결하기 위해 요구되는 인지적 과정이라고 할 수 있다.

재구조화 과정【再構造化 過程】restructuring process

특정 상황의 문제를 해결하기 위해 기존의 도식이나 표상을 바꾸어 재조직화 하는 과정.

재인【再認】recognition

기억 활동의 한 형태로, 현재 보거나 접하고 있는 자극(또는 사물)이나 정보를 이전에 보았거나 접촉했던 경험이 있음을 기억해내는 인지 활동. 즉, 재인이란 현재 보거나 접하고 있는 자극이나 정보가 과거의 경험(학습 또는 기억 등)을 통해 기억 체계 속에 저장되어 있는 자극이나 정보와 같은 것임을 알아보는(확인하는) 인지 과정을 말한다.

재인 검사【再認 檢査】recognition test

재인(또는 재인 능력)을 알아보는 검사.

CLICK 재인

재활【再活】rehabilitation

신체, 정신 및 사회적 측면에서의 기능 장애나 무능력 상태를 예방하거나 또는 감소 및 제거시킴으로써 개인의 신체적, 정신적 및 사회적인 측면에서의 기능과 능력을 회복시키기 위한 일련의 활동 또는 노력을 의미한다. '리허빌리테이션'이라고도 한다.

저장【貯藏】storage

(1) 인지, 정보처리 및 기억 과정에서, 일련의 기억 과정(또는 단계) 중 입력된 정보를 유지(또는 파지)하는 과정. (2) 일반적으로 사용하는 의미는, 어떤 물질이나 물건 또는 재화를 쌓아서 간수하는 것을 뜻한다.

저장 단계【貯藏 段階】storage stage

인지, 정보처리 및 기억 과정에서, '저장(storage)'은 입력된 정보를 유지(또는 파지)하는 과정을 말하는 것으로, '저장 단계'란 일련의 기억 과정을 몇 개의 단계(즉 정보의 입력 단계, 저장 단계 및 인출 단계 등)로 구분할 때 '저장'이 이루어지는 단계를 지칭한다.

저장 용량【貯藏 容量】storage capacity

기억 체계에 유지(또는 파지)할 수 있는 정보의 양. 일반적으로 단기 기억(또는 작업 기억)에 비해 장기 기억의 저장 용량이 훨씬 더 크다.

저체중아【低體重兒】small-for-date baby / small-for-date infant

정상적인 예정일 또는 예정된 날짜에 가까이 태어났지만 출생 시의 체중이 정상적인 경우(약 3.3kg)보다 훨씬 적은 상태(2.5kg 이하)로 태어난 신생아. '체중미달아'라고도 한다.

저출생체중아【低出生體重兒】low birth weight infant

출생 시 체중이 2.5kg 이하인 신생아. 흔히 저출생체중아에는 두 가지 유형이 있는데, 하나는 예정된 출산일보다 일찍 태어난 아기를 말하는 조산아이고, 다른 하나는 정상적인 예정일 또는 예정된 날짜에 가까이 태어났지만 출생 시의 체중이 정상적인 경우보다 훨씬 적은 상태(2.5kg 이하)로 태어난 아기를 말하는 저체중아이다.

저항【抵抗】resistance

(1) 상담 및 심리 치료 과정에서 사용될 때, 내담자(또는 환자)가 상담자(또는 치료자)에게 특정 주제나 문제에 관해 말하거나 연상하는 것을 의식적 또는 무의식적으로 거부하는 현상. 특히 정신분석적 치료에서는 내담자가 편안한 상태에서 머리에 떠오르는 것을 자유롭게 이야기하는 자유 연상을 하지 못하는 것을 의미한다. (2) 일반적으로 사용될 때, 어

떤 사람이나 상황에 대해 순응하거나 따르지 않고 버티거나 반발하는 것. (3) 자연 과학 및 실험 연구 분야에서 사용될 때, 힘 또는 자극의 작용을 방해하거나 그와 반대 방향으로 작용하는 것 또는 그러한 경향.

저항 애착【抵抗 愛着】resistant attachment

'낯선 상황' 절차를 통해 분류된 애착의 유형들 중에서 '불안전 애착(또는 불안정 애착)'의 한 유형으로, 저항 애착을 형성한 영아는 양육자(흔히, 어머니)와 분리되는 것에 대해 강하게 저항하며, 분리 이후 양육자가 돌아와 접촉을 시도하는 것에 대해서도 저항 반응을 보이는 경향이 있다.

적대적 공격【敵對的 攻擊】hostile aggression

'적대적 공격성'이라고도 한다.

CLICK 적대적 공격성

적대적 공격성【敵對的 攻擊性】hostile aggression

공격의 주 목적이 상대방에게 고통을 주거나 해를 입히는 데 있는 공격 행동 또는 공격 성향. '적대적 공격'이라고도 한다. '적대적 공격성'과는 달리, 다른 특정한 목적을 이루기 위한 수단으로 행하는 공격 또는 공격 성향을 지칭하여 '도구적 공격성'이라고 한다.

적대적 귀인 편파【敵對的 歸因 偏跛】hostile attributional bias

'적대적 귀인 편향'이라고도 한다.

CLICK 적대적 귀인 편향

적대적 귀인 편향【敵對的 歸因 偏向】hostile attributional bias

귀인 과정에서 공정하지 못하거나 객관적이지 못한 기준 또는 편견에 따라 어느 한쪽 방향으로 치우쳐 이루어지는 귀인을 지칭하여 '귀인 편향'이라고 한다. 특히 원인이 명확하지 않은 상황과 결과(특히 부정적인 상황과 결과)에 대하여 귀인할 때, 다양한 가능성을 배제한 채 그 원인을 상대방의 적대성이나 적의로 돌리는 귀인 또는 귀인 경향을 지칭하여 '적대적 귀인 편향'이라고 한다. '적대적 귀인 편파'라고도 한다.

적대적 반항 장애【敵對的 反抗 障碍】oppositional defiant disorder

성인 또는 권위적 인물에게 부정적, 반항적 또는 적대적 행동을 만성적으로 나타내는 장애를 말한다. 이 장애의 주요 특징으로는 발끈하면서 성질을 부리는 행동, 잦은 짜증, 규칙 위반 행동, 완강한 태도 등이다. DSM-5에서는 '적대적 반항 장애'를 일군의 장애 유형인 '파괴적, 충동통제 및 품행 장애(disruptive, impulse control, and conduct disorders)'의 하위 유형들 가운데 하나로 분류하고 있다.

적성【適性】aptitude

개인이 어떤 특정한 분야에서의 역할이나 임무를 성공적으로 수행해낼 수 있는 능력(또는 잠재 능력)의 정도. 따라서 적성은 개인이 어떤 특정 분야에서 미래에 성공할 수 있을지의 여부를 예측해주는 주요 변인들 가운데 하나라고 할 수 있다.

적성 검사【適性 檢査】aptitude test

어떤 특정한 분야에서의 적성 여부나 적성의 정도를 평가하기 위해 실시하는 검사.

적응【適應】adaptation

일반적으로 유기체가 환경의 요구에 맞추어 가는(또는 부합하는) 과정을 의미한다. 구체적으로 적응이 가진 의미를 다음과 같이 세분화하여 살펴볼 수 있다. (1) (생물학, 동물 행동학, 심리학 등의 분야에서 사용될 때) 유기체가 자신의 생존을 위해 또는 생존력을 높이기 위해 환경이나 상황의 요구(또는 변화)에 맞추어 자신의 구조나 기능을 변화시키는 것 또는 그러한 과정. 특히 삐아제(Piaget: 1896~1980)의 인지발달 이론에서 사용될 때, 개인이 환경과 상호작용을 하는 과정에서 환경에 대한 이해 또는 적합성을 높이기 위해 조절 과정을 통해 자신의 도식을 변화시키거나 새로이 만들어가는 과정. (2) (심리학, 학습 등의 분야에서 사용될 때) 특정 자극에 반복적으로(또는 지속적으로) 노출됨에 따라 그 자극에 대해 나타내던 반응 수준 또는 민감도가 점차 감소하는 현상. 이 '적응'의 의미는 '습관화(habituation)'와 비슷하다.

적응【適應】adjustment

자신이 생활하고 있는 환경과 조화롭고 만족스런 관계를 맺고 있는 상태.

적응 기능【適應 機能】adaptive functions

가정생활, 학교생활 및 사회생활 등을 포함하여 삶을 살아가면서 맞게 되는 다양한 환경이나 상황에 적응하는 능력. 구체적으로 타인의 말을 경청하거나 자신의 의사를 적절히 표현하고 주장하는 의사소통 능력과 사회활동에의 참여 및 협력하기 등과 같은 기능들이 포함된다.

적응 장애【適應 障碍】adjustment disorder

적응상의 문제 또는 어려움을 가진 상태를 말하는 것으로, 구체적으로 일이나 직업, 학업, 사회적 관계 또는 기타 생활 속의 활동 등에서 기대하는 적절한 수준을 벗어난 부적응적 반응을 보이는 상태. 흔히 하나 이상의 스트레스원 또는 스트레스 상황을 겪은 이후에 발생한다. 따라서 적응 장애를 치료하거나 해결하는 효과적인 방법 가운데 하나는 상담이나 심리 치료를 통해 스트레스에 효과적으로 대처하는 방법을 배우는 것이다. 물론 부적응적 반응을 유발하는 원인이 되는 스트레스원이 사라진다면 적응 장애도 자연히 사라지게 되겠지만 실생활에서 그런 상태를 이루는 것이 그리 간단치 않다는 것이 삶을 살아가는 대부분의 사람들의 현실이라고 할 수 있다.

적응적 가치【適應的 價値】adaptive value

환경이나 상황에 대한 개인(또는 유기체)의 적응이나 적합성에 긍정적으로 작용하는(또는 도움이 되는) 기능 또는 가치.

적응적 전략 선택 모델【適應的 戰略 選擇 모델】adaptive strategy choice model

아동의 다중 전략 사용에 관한 시글러(Siegler)의 모델로, 개인(또는 아동)이 가지고 있는 문제 해결 관련 전략들이 시간 경과에 따라 어떻게 변화하는지에 관해 설명하는 이론 체계이다. 이 모델에 따르면, 각 개인(또는 아동)은 어떤 시점에서나 문제 해결 또는 상황 적응과 관련된 다중의 전략들을 가지고 있으며, 어떤 순간에 이 전략들 가운데 어떤 전략이 사용될지 서로 경쟁한다고 설명한다. 연령과 경험이 많아지고 정보처리 능력이 향상되면서 여러 전략들 가운데, 또는 새로이 발전시킨 전략들 중에서 더 세련된 어떤 전략이 경쟁에서 이기게 되면 이 전략이 기존에 사용해 오던 다른 전략(들)을 대체하게 된다고 주장한다. '적응적 전략 선택 모형'이라고도 한다.

적응적 전략 선택 모형【適應的 戰略 選擇 模型】adaptive strategy choice model

'적응적 전략 선택 모델'이라고도 한다.

CLICK 적응적 전략 선택 모델

적응적 행동【適應的 行動】adaptive behavior

'적응(adaptation)'의 가치를 갖는 행동 또는 적응에 도움이 되는 행동. 즉, 유기체가 자신의 생존을 위해서나 생존력을 높이기 위해서 환경이나 상황의 요구(또는 변화)에 맞게 행하는 행동 또는 반응. '적응 행동'이라고도 한다.

CLICK 적응

적의적 공격성【敵意的 攻擊性】hostile aggression

상대방(또는 타인)을 해치려는 목적(또는 의도)을 가지고 이루어지는 공격 성향 또는 공격 행동.

적합성【適合性】goodness-of-fit / goodness of fit

'조화의 적합성'이라고도 한다.

CLICK 조화의 적합성

전개념【前槪念】preconceptions

어떤 특정 대상에 대한 구체적이고 실제적인 정보를 갖지 못한 상태에서 그 대상에 대해 가지고 있는 개념(또는 신념이나 기대). '이론' 이론('theory' theory)에 따르면, 영아는 선천적으로 세계에 대한 어느 정도의 지식이나 이해를 포함하는 일종의 '이론(theory)'을 가지고 있다고 한다. 하지만 이런 생후 초기의 이론은 아직 미숙하고 불완전하기 때문에 살아가면서 경험을 통해 이를 점차 수정·보완해 가면서 세계를 더 잘 이해하고 설명할 수 있는 향상된 '이론'을 발전시키게 된다는 것이다. 이 이론을 주장하는 사람들은 경험을 통해 이루어지는 '이론'의 수정·보완 과정이 바로 '인지발달(cognitive development)'이라고 주장한다. 혹자는 '이론' 이론에서 말하고 있는 생후 초기 영아들이 가지고 태어나는 세계에 대한 미숙한 '이론'을 지칭하여 '전개념' 또는 '순진한 이론(naive theories)'이라고 부르기도 한다.

전기화학적 작용【電氣化學的 作用】electrochemical action

신경계에서 정보 전달이 이루어지는 두 가지 방식을 함께 지칭하는 표현. 신경계에서 정보 전달이 이루어지는 방식은 크게 화학적 작용에 의한 방식과 전기적 작용에 의한 방식 등 두 가지가 있다. 그 중 화학적 작용에 의한 방식은 뉴런과 뉴런 사이의 시냅스에서 시냅스 전 뉴런이 분비하는 신경전달물질이 시냅스 후 뉴런의 수상 돌기에 수용되면서 정보 전달이 이루어지는 방식을 말하고, 전기적 작용에 의한 방식은 각각의 뉴런 내에서, 즉 뉴런의 수상 돌기에서부터 세포체를 경유하여 축색에 이르기까지 전기적 작용에 의해 정보 전달이 이루어지는 방식을 말한다. 이 두 가지 방식을 모두 지칭하여 '전기화학적 작용'이라고 표현한다.

전뇌【前腦】forebrain

뇌의 전방에 위치하고 있으며, 대뇌 피질, 시상, 시상하부, 변연계 및 뇌하수체 등을 포함하는 영역을 의미한다. 인간을 포함한 포유동물의 뇌에서 전뇌가 차지하는 부분이 대부분이라고 할 만큼 가장 큰 비중을 차지하고 있는 구조이다.

전도덕기【前道德期】premoral period

도덕(성)과 관련하여 사회적으로 규정(또는 정의)하고 있는 규칙과 개념에 대한 관심이나 인식이 없는 시기. 삐아제(Piaget: 1896~1980)의 도덕발달 이론에서 제시하는 도덕(성)발달의 두 단계(타율적 도덕성 단계 및 자율적 도덕성 단계) 가운데 첫 번째인 타율적 도덕성 단계가 시작되기 전에 나타나는 시기로, 아직 도덕과 관련된 사회적 규칙이나 약속 등에 대한 이해나 인식이 없는 시기를 의미한다. 대략 생후 4~5세경까지의 아동들이 이 시기에 해당한다.

전두엽【前頭葉】frontal lobe

뇌의 가장 바깥쪽의 최상층부에 위치하는 구조인 대뇌 피질(cerebral cortex)은 좌반구와 우반구 등 두 개의 반구로 구분되고, 이 두 개의 반구는 다시 각각 4개의 영역(전두엽, 두정엽, 측두엽, 후두엽 등)으로 구분된다. 그 가운데 한 영역이 전두엽으로, 이 영역은 중심구(中心溝) 앞쪽(외부에서 볼 때 이마의 안쪽)에 위치한 부분으로 운동 피질을 포함하고 있으며, 근육 운동, 사고, 기억, 상상, 예상, 판단, 계획 등과 같은 중요한 고등 정신 활동을 담당한다. 1848년 미국 철도공사 현장에서 발생한 화약폭발 사고로 튀어 오른 쇠막대에 의해 전두엽의 손상을 입은 피니어스 게이지(Phineas Gage: 1823~1860)의 사례는 전두엽이 성격에도 관여한다는 사실을 알게 해주었다. 이처럼 인간의 고등 정신 활동과 성격 등에 관여하는 전두엽은 우리 인간이 다른 어떤 종들보다도 잘 발달되어 있는 영역으로, 인간을 다른 동물 종들과 구분되도록 만드는 가장 두드러진 특징이자 능력이라고 할 수 있다.

전략【戰略】strategy

문제 해결 또는 과제 수행을 위해 의도적이고 목표 지향적으로 이루어지는 인지적 또는 정신적 조작 활동. 인지 활동 또는 정보처리 과정의 중요한 일부분이다. 일상생활 속에서 처리해야 할 일들이나 쇼핑하려는 물품의 목록을 잊지 않기 위해 메모하기, 메모할 필기구나 종이가 없을 경우에 기억해야 할 목록이나 내용을 잊지 않기 위해 입으로 중얼중얼하며 외우기 등과 같은 인지 활동들이 '전략'의 예에 해당한다. '방략' 또는 '책략'이라고도 한다.

전략적 기억【戰略的 記憶】strategic memory

의도적이고 의식적인 노력이나 기억 증진법 등을 사용하여 정보를 유지(또는 저장)하거나 인출하는 형태의 기억. '책략적 기억' 또는 '방략적 기억'이라고도 한다. 이에 비해 사건 기억(event memory)은 과거에 일어났던 사건이나 경험에 대한 기억을 의미한다. 특히 사건 기억은 전략적 기억과 달리, 기억을 위한 전략을 사용하지 않고도 자연스럽게 이루어지는 기억을 말한다.

전반적 발달 장애【全般的 發達 障碍】pervasive developmental disorder

'발달 장애'란 신체적, 심리적 또는 행동적 측면에서의 발달 상태나 수준이 특정 연령에 대해 기대하는 상태나 수준에 현저하게 미달되는 경우를 의미한다. 이러한 발달 장애 중에서 발달의 여러 영역 또는 전반적인 영역에서 장애를 보이는 경우를 지칭하여 '전반적 발달 장애'라고 한다.

전반적 실어증【全般的 失語症】global aphasia

언어 기능의 전반에 장애를 보이는 실어증. 흔히 언어를 담당하는 뇌의 영역(브로카 영역, 베르니케 영역 등)의 전반에 걸친 손상이나 이상에 의해 발생한다.

전보식 발화【電報式 發話】telegraphic speech

문법의 규칙과 관계없이 전보문처럼 단어들을 짧고 간결하게 결합하여 표현하는 방식의 발화(또는 말하기). 문장 속에서 주요 의미를 담고 있는 내용어를 중심으로 구성하는 화법으로, 전치사, 조동사, 관사 등과 같이 내용어에 비해 그 의미의 중요성이 상대적으로 약한 단어들은 문장에서 생략하는 경향이 있다. 언어발달 과정에서 생후 약 18~24개월 무렵부터 두 단어를 사용한 구문을 만들어 표현하기 시작하는데, 이러한 구문들 가운데 많은 경우가 전보식 발화의 형태로 나타난다. 대부분의 경우에 있어서 전보식 발화는 전치사, 대명사, 관사 등과 같이 구문 속에서 의미의 비중이 적은 부분은 생략하고 주요 의미와 내용을 담고 있는 두 단어나 세 단어만으로 구성된다. 예컨대, "엄마 맘마 줘요"라는 의미를 담고 있는 "엄마 맘마"라는 구문과 "아빠 저기 멍멍이가 있어요"라는 의미를 담고 있는 "아빠 멍멍"이라는 구문을 '전보식 발화'의 예로 들 수 있다. '전보어', '전보문', '전보식 화법' 또는 '전보식 말하기'라고도 한다.

전보식 화법【電報式 話法】telegraphic speech

'전보식 발화'라고도 한다. CLICK 전보식 발화

전색맹【全色盲】monochromatism

한 가지 색(흔히 흑백)만을 볼 수 있을 뿐 다양한 색(또는 색채)들을 전혀 구분하지 못하는, 색 지각에서의 결함 상태. 즉, 완전 색맹을 의미한다. '완전 색맹', '단색시', '단색형 색각'이라고도 한다.

전색맹자【全色盲者】monochromat

색(또는 색채)을 전혀 구분하지 못하는 색 지각에서의 결함을 가진 사람. 매우 드문 경우에 해당한다. '단색시자', '단색 시각자', '완전 색맹자', '단색형 색각자'라고도 한다.

전생애【全生涯】life-span

한 개인이 살아온(살아가는) 삶 또는 인생 전체를 의미한다. '생애(生涯)'라고도 한다. 과거 청년기 이전의 시기를 중심으로 연구·진행되었던 발달심리학의 대상을 성인 및 노년기까지 포함한 전체 생애로 확대해야 한다는, 비교적 최근의 관점이 강조되고, 동시에 그 타당성이 인정되면서 많이 사용되고 있는 용어(표현)이다. 최근 발달심리학 분야에서는 이러한 전생애적 접근을 수용하는 것이 일반적인 관점이 되었고, 나아가 이러한 관점이 반영되어 최근에는 '발달심리학(developmental psychology)'이라는 표현 대신에 '전생애 발달심리학' 또는 '생애 발달심리학(life-span developmental psychology)'이라는 표현을 사용하는 학자들도 있다.

전생애 관점【全生涯 관점】life-span view

발달은 생후 초기 또는 인생의 전반부(예컨대, 영아기, 유아기, 아동기 및 청소년기 등) 동안에만 진행되고 완성되는 것이 아니라 그 이후 성인기와 노년기를 거쳐 사망에 이를 때까지 전생애를 통해 계속된다고 보는 관점. 이런 관점에 따라 오늘날의 발달 연구는 전생애에 걸친 인간의 발달을 고려하고 연구하기 때문에, 흔히 발달심리학을 지칭하여 전생애 발달심리학(全生涯 發達心理學, life-span developmental psychology)이라고도 한다. '전생애적 접근(life-span approach)'과 비슷한 의미를 가진 표현이다.

전생애 발달심리학【全生涯 發達心理學】life-span developmental psychology

인간의 전생애에 걸쳐 일어나는 발달적 변화를 연구하는 발달심리학, 즉 전생애적 접근(life-span approach)을 취하는 발달심리학을 의미한다. 발달심리학(developmental psychology)은 인간의 발달(또는 발달적 변화)을 과학적으로 연구하는 심리학 분야로, 인간의 발달 과정에서 나타나는 신체적, 심리적 및 행동적 변화의 내용과 특징, 발달적 변화의 기저에 담긴 심층 구조 및 기제, 그리고 그런 발달적 변화를 가져오는 영향 요인을 밝히는 데 목적을 두고 있다. 오늘날 발달심리학 분야에서는 인간의 일생, 즉 전생애에 걸쳐 일어나는 인간의 모든 발달적 변화를 연구하기 때문에 흔히 발달심리학은 전생애 발달심리학(life-span developmental psychology)을 의미한다. '생애 발달심리학'이라고도 한다.

전성설【前成說】preformation theory / theory of preformation

인간의 형성 및 발달을 설명하는 견해의 하나로, 신체적 구조와 특징을 비롯한 인간의 형상은 정자와 난자가 만나 이루어진 수정란 단계부터 또는 수정이 이루어지기 전부터 이미 정자 또는 난자 속에 완성되어 있다고 보는 견해를 말한다. 이런 견해는 서양의 중세 시대를 지나 18세기 무렵까지 지속되었다. 그 결과 그 당시의 아동들은 신체가 작은 성인으로 간주되었고, 6~7세 무렵부터는 성인이 하는 일들을 분담하여 수행했으며, 성인과 같은 옷차림을 하고, 성인들이 하는 놀이를 했다고 한다. 전성설의 사상적 뿌리는 고대 그리스 시대부터 존재해 왔고, 중세를 거쳐 18세기까지도 계속되었다. 이런 전성설이 틀렸음을 밝혀준 결정적인 계기는 16세기와 17세기를 거치면서 발명된 현미경의 등장이었다. 현미경을 통해 사람들은 정자와 난자 및 수정란을 비롯한 작은 세포와 미생물의 세계를 관찰할 수 있게 되었고, 그 결과 인간이 수정란이나 수정 전 정자 또는 난자 속에 온전한 형상을 갖춘 상태로 존재하는 것이 아님을 분명히 알게 되었다.

전언어 단계【前言語 段階】prelinguistic phase / prelinguistic period

언어 발달 과정에서 아동이 의미 있는 말, 즉 의미 있는 단어를 사용하기 이전의 단계 또는 시기. '언어 이전 단계', '언어 이전 시기' 또는 '전언어 시기'라고도 한다.

전언어 시기【前言語 時期】prelinguistic phase / prelinguistic period

'언어 이전 시기', '전언어 단계' 또는 '언어 이전 단계'라고도 한다. CLICK 전언어 단계

전위【轉位】displacement

정신분석 이론의 방어 기제 가운데 하나로, 현실적으로 용납되기 어려운 특정 대상에 대한 강한 욕망이나 감정 또는 공격적 충동 등을 현실적으로 용납되거나 위험성이 적은 대상(상대적으로 약한 사람이나 동물 등)에게로 전환하여 표출(또는 표현)하는 것. '전치'라고도 한다.

전의식【前意識】preconscious

즉각적으로 접근하거나 의식화하기는 어렵지만, 충분한 주의와 함께 노력을 기울이면 의식(意識, conscious) 수준으로 이끌어 낼 수 있는 마음의 영역을 의미한다. 의식(意識, conscious)이란 특정한 시점에서 쉽게 자각(自覺)되는 또는 자각할 수 있는 마음의 세계 또는 영역을 지칭하며, 이와는 달리, 어떠한 시도나 노력을 통해서도 의식적인 자각이나 접근이 불가능한 마음의 영역을 지칭하여 '무의식(無意識, unconscious)'이라고 한다.

전의식 기억【前意識 記憶】preconscious memory

전의식 상태에 있는 기억. 즉각적으로 접근하거나 의식화하기는 어렵지만, 충분한 주의와 함께 노력을 기울이면 의식(意識, conscious) 수준으로 이끌어 낼 수 있는 기억 또는 기억의 내용을 말한다. '전의식적 기억'이라고도 한다.

전의식적 기억【前意識的 記憶】preconscious memory

'전의식 기억'이라고도 한다. CLICK 전의식 기억

전이【轉移】transfer

(정보처리 또는 인지 연구에서) 어떤 과제 수행이나 문제 해결 과정에 사용되었던 지식이나 기술이 다른 과제 수행이나 문제 해결 과정으로 옮겨 사용(또는 적용)되는 것.

전이【轉移】transference

정신분석학이나 정신분석적 치료 또는 상담에서 사용되는 주요 용어 가운데 하나로, 환자(또는 내담자)가 과거에 자신에게 중요했거나 중요한 영향을 미쳤던 사람(예를 들면, 부모나 형제 등)에 대해 가졌던 태도나 감정을 치료(또는 상담) 장면에서 치료자나

상담자에게 옮겨 대하는 무의식적 과정 또는 현상을 의미한다. '감정 전이(感情 轉移)'라는 표현으로도 사용된다.

전이적 추론【轉移的 推論】transitive inference

추론을 통해 복수의 서열 과제들 속에서 새로운 관계를 유추해내는 것. 또는 그렇게 하는 능력. 즉, 사람이나 물체 등과 같은 여러 개의 대상들 가운데 A와 B를 비교하고, 이어서 B와 C를 비교한 후에 이 비교를 통해 A와 C의 관계를 유추하여 추론하는 것을 말한다. 예를 들면, 친구인 영희의 가족 소개를 통해, 영희의 언니는 오빠보다 크고 오빠는 영희보다 크다면, 언니는 영희보다 크다는 것을 추론해내는 능력을 말한다. 즉, 영희의 언니, 오빠 및 영희 등 세 사람이 함께 모여 키를 비교해보지 않더라도 영희의 가족 소개를 듣는 것만으로도 영희의 형제자매들 간의 키 순서 또는 키 순위 관계를 추론해낼 수 있다. 이런 적이적 추론 능력은 삐아제(Piaget: 1896~1980)의 인지발달 이론에서 제시하는 인지발달 네 단계 가운데 세 번째 단계인 구체적 조작기(concrete operational stage: 7세~11, 12세 경까지의 시기)에 와서 발달하는 능력이다. 구체적 조작기에 도달한 아동은 구체적 대상에 대해 조작적 사고를 할 수 있는 능력을 발달시킨다. 그런 능력 가운데 하나가 전이적 추론으로, 이 시기의 아동들은 내적(정신적) 조작 과정을 통해 대상들 간의 서열적 관계를 추론할 수 있게 된다. '적이적 추론'은 '이행추론(移行推論)'이라고도 한다.

전인습적 도덕성【前因襲的 道德性】preconventional morality

도덕성 발달에 관한 콜버그(Kohlberg: 1927~1987)의 이론에서 제시하는 도덕 판단(또는 추론) 능력의 세 수준 가운데 가장 미숙한 수준에 해당하는 '전인습적 수준의 도덕성'을 의미한다.

CLICK 전인습적 수준

전인습적 수준【前因襲的 水準】preconventional level

콜버그(Kohlberg: 1927~1987)의 도덕 판단 능력의 발달 수준 가운데 첫 번째 수준. Kohlberg는 연구에 참여한 사람들(아동 및 청소년들)에게 하인즈(Heinz)라는 인물이 주인공으로 등장하는 도덕적 딜레마 사태를 담고 있는 이야기를 들려주고, 이 사태를 어떻게 해결할지를 판단하도록 요구한 후, 이러한 판단의 추론 구조 또는 추론 유형에 따라 사람들의 도덕 수준을 평가했다. 그 결과, Kohlberg는 도덕 판단 능력을 세 수준으로 구분하고, 나아가 각 수준별 하위 두 단계를 제안하였다. 첫 번째 수준은 전인습적 수준으로, 이 수준의 사람들이 전인습적이라고 지칭되는 이유는 이들이 자신들을 아직 사회의 규칙을 만드는 과정의 참여자로 인식하지 못하는 수준에 있기 때문에 인습 이전의 수준이라는 의미에서 명명된 것으로 알려져 있다. 이 수준의 사람들은 주로 행위의 결과에 근거하여 잘잘못을 판단하는데, 특히 이 수준의 제1단계(처벌 및 복종지향 단계)에 해당하는 사람들은 처벌을 피하기 위해 규칙 및 상위 권위자들(신, 부모 및 선생님 등)의 지시에 따라야 한다는 관점을 나타내며, 규칙 준수 및 권위자들의 지시에 대한 복종 여부에 따라 잘잘못을 판단하게 된다. 제2단계는 쾌락주의적 지향을 나타내는 단계로, 이 단계의 사람들은 자신의 욕구 또는 욕망을 만족시키는지의 여부에 따라 행위의 잘잘못을 판단한다. 즉, 어떤 행위의 결과로 자신의 욕구가 만족되었다면, 그 행위는 옳은 것으로 판단된다. 한편 이 단계에서는 상호성(reciprocity)의 개념이 나타나기 시작하는데, 구체적으로 특정 상황에서 상호성이 자신에게 이익이 되는 경우에는 타인의 욕구도 고려된다. 그러나 이 단계의 사람들은 타인의 입장이나 관점을 객관적으로 고려할 수 있을 정도로 충분한 사고의 발달을 이루지는 못한 상태이다. 이 수준의 도덕 추론 능력을 '전인습적 도덕성(preconventional morality)'이라고도 한다.

전인습적 추론【前因襲的 推論】preconventional reasoning

콜버그(Kohlberg: 1927~1987)의 도덕발달 이론의 첫 번째 발달 수준인 전인습적 수준(preconventional level)에 있는 사람들이 나타내는 사고 경향을 의미한다. CLICK 전인습적 수준

전전두엽【前前頭葉】prefrontal lobe

대뇌 피질을 구성하는 네 개의 엽(lobes) 가운데 하나인 전두엽(frontal lobe)의 앞쪽에 위치한 부분. 뇌의 구조 중에서 이마의 바로 뒷부분에 위치하고 있는 대뇌 피질 부분을 말한다.

전전두엽 절제술【前前頭葉 切除術】prefrontal lobotomy

정신 장애(또는 심리 장애)를 치료하기 위한 수술 기법의 하나로, 전전두엽에서 뇌의 다른 부위로 연결되는 신경 섬유들을 절단하거나 손상시키는 방법. 특정한 장애를 치료하는 효과와 함께 수술에 따른 부작용으로 인해 다른 정신 및 행동상의 문제나 이상을 초래하는 경우가 많기 때문에 매우 제한적으로 사용된다. '전전두 절제술'이라고도 한다.

전전두 피질【前前頭 皮質】prefrontal cortex

대뇌 피질을 구성하는 네 개의 엽(lobes) 가운데 하나인 전두엽의 앞쪽에 위치한 전전두엽(前前頭葉, prefrontal lobe)의 피질 부분. 새로 접하는 정보에 대한 처리와 기억, 판단, 계획하기 등과 같은 정신 활동을 담당한다.

전정 기관【前庭 器官】vestibular organ

전정 감각을 담당하는 신체의 기관으로 귀의 가장 안쪽에 있는 내이(內耳) 안쪽의 달팽이관과 반고리관 사이에 위치하고 있다.

전조작기【前操作期】preoperational stage

삐아제(Piaget: 1896~1980)의 인지발달 이론에서 제시하고 있는 인지발달이 이루어지는 네 단계 가운데 두 번째 단계. 약 2세부터 7세경까지의 시기로, 이 시기의 유아들은 감각운동기 후반에 발달하기 시작한 내적 표상 능력(대상이나 행동을 내적<또는 정신적>으로 표상하는 능력)이 더욱 발달함에 따라 대상이나 대상의 행동 또는 현상을 내적으로 표상하는 것을 더욱 잘 할 수 있게 되고, 상징적 사고를 할 수 있게 된다. 하지만 이 시기의 유아들에게는 아직 조작적 사고 능력이 없기 때문에 그에 따른 인지 능력상의 한계를 나타낸다. 조작(operation)이란 정보나 활동 또는 과거의 경험에 대해 논리적 사고(예를 들면, 서열화, 범주화, 보존, 가역성 등과 같은 정신 활동)를 가능하게 하는 내적 활동을 의미한다. 따라서 이와 같은 조작(또는 조작적 사고) 능력이 없는 전조작기의 유아들은 대상이나 대상의 행동 또는 사건 등을 체계적으로 조작하거나 서로 관련짓는 사고 활동을 하지 못한다. 전조작기의 유아들이 나타내는 자기 중심성(egocentrism), 중심화(centration), 보존(conservation) 능력의 부재, 물활론(animism)적 사고 등은 이 시기의 인지적 한계를 보여주는 특징적인 사고라고 할 수 있다. '전조작 단계'라고도 한다.

전조작 단계【前操作 段階】preoperational stage

삐아제(Piaget: 1896~1980)의 인지발달 이론에서 제시하고 있는 인지발달이 이루어지는 네 단계 가운데 두 번째 단계. 약 2세부터 7세경까지의 시기로, 감각운동기 후반에 비해 대상이나 대상의 행동 또는 현상을 내적으로 표상하는 것을 더욱 잘 할 수 있게 되고, 상징적 사고를 할 수 있게 되지만 조작(또는 조작적 사고) 능력이 없기 때문에 대상이나 대상의 행동 또는 사건 등을 체계적으로 조작하거나 서로 관련짓는 사고 활동을 하지 못한다. '전조작기(前操作期)'라고도 한다.

절충적 접근【折衷的 接近】eclectic approach

어떤 주제나 문제(예를 들면, 심리학적인 주제나 문제)를 연구하고 해결해 갈 때, 이 주제나 문제에 대해 다양한 조망이나 관점에서 바라보고 접근하는 것. '절충적 관점', '절충적 조망' 또는 '절충적 설명'이라고도 한다.

절충주의【折衷主義】eclecticism / eclectics

인간발달과 같은 어떤 현상을 설명하기 위해, 하나의 이론이나 패러다임에 얽매이는 것이 아니라 다양한 이론들로부터 그 현상을 설명하는 데 도움이 된다고 판단되면 무엇이든지 도입하여 사용하는 입장이나 관점. '절충론(折衷論)'이라고도 하며, '절충적 접근'이라는 표현과도 같은 의미를 갖는다.

점성성 원리【漸成性 原理】epigenetic principle

발달의 원리들 가운데 하나로, 발달이 이루어지는 과정에서 어떤 시기나 단계에서의 발달은 그 앞 시기 또는 앞 단계에서 이루어진 발달을 바탕으로 하여 이루어지게 되는데, 이러한 발달의 원리를 지칭하여 '점성성 원리' 또는 '점성적 원리'라고 한다.

점자【點字】braille / Braille

점(點)들의 위치를 손가락으로 접촉하여 읽을 수 있도록 만들어진 시각 장애인을 위한 문자 또는 문자 체계. 프랑스 태생의 '루이 브라유(Louis Braille: 1809~1852)'가 고안한 점자 체계(6점자 체계)가 가장 유명하고 많이 사용되고 있는데, '점자' 또는 '점자법'을 나타내는 단어인 'braille', 'Braille'는 그의 이름에서 유래한 표현이다.

접착 쌍둥이【接着 雙둥이】conjoined twins

선천적으로 신체의 일부가 붙은 상태로 태어난 쌍둥이. 즉, 결합된 쌍둥이라는 의미로, '결합 쌍둥이', '접합 쌍둥이', '샴쌍둥이'라고도 한다.

접촉 위안【接觸 慰安】contact comfort

아기가 양육자(흔히 어머니)와 신체적 접촉을 할 때 느끼는(경험하는) 위안 또는 편안함.

접합기【接合期】period of the zygote / germinal period / germinal stage

정자와 난자가 만나 수정이 이루어진 순간부터 이 수정란이 나팔관을 통과하여 자궁으로 이동한 후, 자궁벽에 착상할 때까지 약 2주간의 시기를 말한다. 접합기는 접합체기, 배종기 또는 발아기라고도 한다.

CLICK 접합체기

접합 쌍둥이【接合 雙둥이】conjoined twins

'접합 쌍둥이', '접착 쌍둥이', '샴쌍둥이'라고도 한다.

CLICK 접착 쌍둥이

접합자【接合子】zygote

'접합체'라고도 한다.

CLICK 접합체

접합체【接合體】zygote

두 개의 배우자(配偶子, gamete, 또는 생식세포)인 정자와 난자의 접합에 의해 생긴 세포. 인간을 포함한 동물의 수컷의 정자와 암컷의 난자의 접합(수정)에 의해 생긴 세포인 수정란을 말한다. '접합자(接合子)'라고도 한다.

접합체기【接合體期】period of the zygote / germinal period / germinal stage

태내기(임신 기간)를 이루는 세 단계 가운데 첫 번째 단계로, 수정 후 약 2주간의 시기를 말한다. 수정의 순간부터 출생 전까지의 시기(약 266일, 38주의 기간)를 태내기(prenatal period)라고 하며, 이 기간은 다시 접합체기, 배아기, 태아기 등 세 개의 하위 단계로 구분된다. 이 세 단계 가운데 첫 번째 단계인 접합체기는 정자와 난자가 만나 수정이 이루어진 순간부터 이 수정란이 나팔관을 통과하여 자궁으로 이동한 후, 자궁벽에 착상할 때까지 약 2주간의 시기를 말한다. 이와 같이 안전하게 착상이 이루어지면 태내기의 첫 번째 단계인 접합체기는 끝나고 두 번째 단계인 배아기가 시작된다. 접합체기는 접합기, 배종기 또는 발아기라고도 한다.

정보처리【情報處理】information processing (IP)

(1) 감각, 지각 및 인지 등의 과정을 통해 특정 자극이나 정보를 처리하는 일련의 심리적 과정 또는 활동. (2) 계산이나 문제 해결(예를 들면, 천체 탐사를 위한 로켓의 이동 경로, 날씨 변화 예측 등)을 목적으로 컴퓨터를 이용하여 자료(data)를 처리하는 활동.

정보처리 이론【情報處理 理論】information-processing theory

컴퓨터의 정보처리 과정을 하나의 모델로 사용하여 인간의 사고와 인지구조 및 인지 과정을 설명하고 연구하는 이론 체계. 이 이론에서는 인간이 자극(정보)을 처리하는 감각, 지각 및 인지 과정을 컴퓨터의 정보처리 과정에 비유하여 설명한다. 구체적으로 인간의 정보처리 과정은 감각 기억(sensory memory), 단기 기억(short-term memory) 또는 작업 기억(working memory), 그리고 장기 기억(long-term memory) 등 세 기억 단계를 거쳐 진행된다고 설명한다. 정보처리 이론은 인간의 인지 과정과 체계(또는 구조)를 이해하기 위해 컴퓨터의 정보처리 과정을 도입함으로써 인간의 인지 과정과 체계에 대한 보다 더 객관적이고 체계적인 연구를 할 수 있도록 만들어주었고, 이를 통해 인간의 마음, 특히 인지 과정과 체계를 이해하는 데 도움이 되는 풍부한 자료와 정보를 제공해주고 있다. 과거 영·유아들에 대한 연구, 특히 이들의 감각, 지각 및 인지 영역에 대한 연구는 언어적 미발달에 따른 표현과 의사소통의 제한으로 인해 연구에 어려움이 많다. 이런 어려움을 극복하고 오늘날 영유아들의 감각, 지각 및 인지 등의 영역에 대한 체계적이고 과학적인 연구를 할 수 있게 된 데에는 정보처리 이론의 등장과 함께 발전된 연구 방법들, 특히 신체·생리적 반응의 측정을 활용한 연구 방법들이 크게 도움을 주었다. 이런 방법들 가운데는 심장박동, 안구 운동, 호흡 등을 측정하여 활용하는 방법들이 포함된다. '정보처리 모형', '정보처리 모델(information-processing model)' 또는 '정보처리 관점(information-processing perspective)' 등의 표현들과도 같은 의미로 사용된다. 한편 단수 형태로 표현된 '정보처리 이론(information-processing theory)' 대신에 복수 형태의 표현을 사용한 '정보처리 이론들(information-processing theories)'로 표현하기도 하는데, 그 이유는 정보처리 이론으로 분류되는 여러 이론들이 있기 때문이다. 즉, 인지 및 인지발달에 관해 정보처리적 접근을 취하는 정보처리 이론은 하나만 있는 것이 아니라 다수의 이론들이 있기 때문에 단수 형태의 표현이 아닌 복수 형태의 표현을 사용하는 것이다. 이런 정보처리 이론들이 가지고 있는 공통된 특징은 모두 인지 체계의 구조와 문제를 이해하고 해결하는 데 목적을 두고 있으며, 또한 사람들은 인지활동 과정에서 한정된 정보 저장 용량 체계를 가지고 정보를 처리하기 위해 다양한 인지적 조작 활동이나 전략을 사용한다고 보는 공통된 관점을 가지고 있다.

정보 혁명【情報 革命】information revolution

컴퓨터 기술의 발달에 따라 통신(通信, communication), 계산(計算, computation) 및 제어(制御, control) 등의 분야에서 나타나고 있는 급격하고 혁신적인 정보 기술의 변화 및 발전의 흐름을 지칭하는 표현이다.

정보화 사회【情報化 社會】information society

이전의 산업 및 공업화 시대에 비하여 정보의 가치가 가장 중요시되는 사회를 말한다. 중심적인 경제 및 사회 활동은 정보의 생산과 전달을 통해 이루어지며, 그 과정에서 컴퓨터와 인터넷이 가장 중요한 수단으로 이용된다. '정보 사회'라고도 한다.

정상【正常】normality

정상이 무엇인지에 대해서는 이 용어가 사용되는 분야와 맥락에 따라 다를 뿐만 아니라 학자들 간에도 다양한 견해가 제시되고 있기 때문에 이를 간단하게 정의하기란 어려운 일이다. 다양한 의미로 사용되고 있는 정상에 관한 정의들 가운데 몇 가지를 제시하면 다음과 같다. (1) 특정 기준이나 준거에 부합되는(또는 적합한) 상태. (2) 자신이 생활해 가고 있는 상황이나 환경 속에서 특별한 이상이나 문제가 없이 잘 적응하고 있는 상태. (3) 다음과 같은 특징들을 포함하는 상태. 즉, 적절한 현실지각, 자기 자신의 행동을 통제하는 능력, 자기 존중감, 자신이 타인들에게 수용되고 있는 존재라는 믿음, 타인들과 우호적인 관계를 형성하는 능력, 의미 있고 생산적인 활동을 해가는 것. (4) 빈도 분포에서 집중경향치(평균치, 중앙치 및 최빈치 등)가 모두 동일하고 분포의 곡선이 좌우 대칭적인 종 모양을 하고 있는 상태. 이 경우에는 정상이라는 표현 이외에도 '정상성' 또는 '정규성'이라는 표현을 사용하는 경우가 많다.

정상 곡선【正常 曲線】normal curve

측정된 대부분의 점수들이 평균치 주변에 위치하고 있고, 집중경향치(평균치, 중앙치 및 최빈치 등)가 모두 동일하며, 좌우 대칭적인 종 모양을 한 이상적인 분포의 곡선. '정규 곡선'이라고도 한다.

정상 분포【正常 分布】normal distribution

측정된 대부분의 점수들이 평균치 주변에 위치하고 있고, 집중경향치(평균치, 중앙치 및 최빈치 등)가 모두 동일하며, 좌우 대칭적인 종 모양을 한 이상적인 분포. 정상 분포에서는 평균치 주변에 대부분의 점수들이 분포하고 있는 반면에, 양쪽 극단으로 갈수록 상대적으로 적은 수의 점수들이 분포하는 특징을 나타낸다. '정규 분포'라고도 한다.

정상 이하인 지능【正常 以下인 知能】subnormal intelligence

정신지체(mental retardation)를 정의하거나 분류할 때 사용하는 개념의 하나로, 지능이 평균 지능(또는 평균 지능 지수) 이하로 현저하게 이탈된 경우를 의미한다. 구체적으로 지능 지수(IQ)가 평균으로부터 아래로 2표준편차 이상 떨어진 것을 말한다. 일반적으로 표준화된 지능 검사를 사용한 지능 지수의 분포(평균 100)에서 1표준편차의 점수 범위는 15이고, 2표준편차의 점수 범위는 30이다. 따라서 '정상 이하인 지능'을 정의할 때 적용하는 지능 지수는 IQ 70이 된다. 즉, IQ 70을 절단 점수로 하여 'IQ 70 이하' 또는 'IQ 70 미만'을 '정상 이하의 지능'으로 분류한다. 흔히 '정상 이하의 지능'을 가진 상태를 '정신지체' 또는 '지적 장애'라고 부른다.

정서【情緖】emotion

생리적 각성, 표정 반응, 감정 및 의식의 경험 등이 수반되는 복합적인 반응. 구체적으로 기쁨, 슬픔, 분노, 공포 등과 같이 생리적 각성, 표정 반응 및 의식적 경험 등이 수반되며, 동시에 특정한 목표 달성과 관련된 행동에 영향을 미치는 복합적이고 비교적 강렬한 감정 반응. '정동(情動, affect)'과 비슷한 의미로 사용하는 경우가 많다.

정서교육【情緖敎育】emotional education

적절한 교육 조건 또는 환경 조건의 조성을 통해 건강한 정서발달을 지향하는 교육 또는 교육 활동.

정서발달【情緖發達】emotional development

기쁨, 슬픔, 분노, 공포, 수치심 등과 같이 생리적 각성과 표정 반응, 그리고 감정 및 의식의 경험 등이 수반되는 복합적인 반응을 의미하는 '정서(emotion)'는 개인의 여러 발달 영역들과 상호작용할 뿐만 아니라 사회적 및 대인 관계적 측면과 개인적 성취 과정에 큰 영향을 미치는 발달 영역이다. 이와 같은 정서 영역에서 나타나는 발달 또는 발달적 변화를 지칭하여 '정서발달'이라고 한다. 정서발달에는 출생 시부터 가지고 태어나거나 또는 생후 초기(대략 생후 1년 이내)에 나타나는 기본 정서(놀람, 즐거움, 분노, 슬픔, 공포, 혐오 등)와 그 이후의 인지의 발달에 따라 나타나는 복합 정서의 출현 등의 과정이 포함된다. '정서의 발달' 또는 '정서적 발달'이라고도 한다.

정서성【情緖性】emotionality

개인(또는 영·유아나 아동)이 특정 자극이나 상황에 대해 부정적인 정서 반응을 나타내는 정도. 구체적으로 개인이 큰 소음을 듣거나 낯선 장소나 낯선 사람과 마주하는 상황, 배고픈 상황, 양육자와 분리되는 상황 등과 같은 스트레스적인 자극이나 상황에 처했을 때 공포, 분노, 슬픔 등의 부정적인 정서 반응을 자주 그리고 강하게 나타내는 정도(또는 경향)를 의미한다.

정서의 발달【情緖의 發達】emotional development

'정서발달'이라고도 한다. CLICK 정서발달

정서 자기 조절【情緖 自己 調節】emotional self-regulating

자신의 정서의 강도나 수준 또는 정서 표출 여부를 적절하게 관리하고 통제하는 조절 전략 또는 능력. '정서적 자기 조절'이라고도 한다.

정서 장애【情緖 障碍】emotional disorder

정서의 혼란과 그에 따른 부적응성이 지속적 또는 반복적으로 나타나는 상태 또는 장애. 우울증, 조증, 양극성 장애 등이 포함된다.

정서적 부적응【情緖的 不適應】emotional maladjustment

개인이 가지고 있는 정서의 내용이나 표출 방식이 발달적 수준과 기대에 미치지 못하거나 그것에서 벗어나 사회적 관계 속에서 갈등이나 문제를 초래하는 상태. 지나친 분노 표출이나 지나친 질투심으로 인해 타인들과의 관계에서 갈등이나 문제가 발생하는 경우를 그 예로 들 수 있다.

정서적 불안【情緖的 不安】emotional unstability

정서 상태가 안정적이지 못하고 잦은 변화나 기복을 나타내는 상태. 생활 속의 스트레스가 원인이 되어 일시적으로 발생하기도 하고, 불안과 관련된 신경증이나 정신 장애의 증상으로 나타나기도 한다.

정서적 안정성【情緖的 安定性】emotional stability

변화된 상황이나 스트레스적인 상황에서 정서적으로 불안을 적게 경험하며, 쉽게 흥분하지 않고 차분함을 유지하며, 타인에 대한 자세나 태도 면에서 큰 변화를 보이지 않는 성향을 가진 특성. 성격의 '5요인 모델'에서 제안하는 기본적인 5가지 성격 특성들(traits) 가운데 하나인 '신경증적 성향(neuroticism)'과 반대되는 특성으로, '정서 안정성' 또는 '안정성'이라고도 한다. CLICK 5요인 모델

정서적 유능성【情緖的 有能性】emotional competence

정서적인 측면에서 가지고 있는 개인의 능력. 사회적 유능성(social competence)에서 가장 중요한 부

분이다. 정서적 유능성에는 여러 하위 요소들이 포함되는데, 여기에는 자신의 정서 상태를 이해하고, 자신의 정서 수준이나 강도 및 정서 표출 여부를 상황에 맞게 또는 자신의 목표를 이루는 데 도움이 되도록 적절히 조절하는 능력(유능한 정서 조절), 타인의 정서를 이해하고 그런 감정이나 정서를 유발하는 요인들을 정확하게 파악하는 능력(유능한 정서 지식), 그리고 사회적 상황에서 부정적인 정서 표현보다는 긍정적인 정서 표현을 상대적으로 더 많이 사용하는 능력(유능한 정서 표현성) 등이 포함된다.

정서적 유대【情緖的 紐帶】emotional bonding / emotional bond

어떤 관계나 대상에 대한 정서적인 측면에서의 결속. 구체적으로 두 사람 또는 그 이상의 관계에서 상대에게 정서적으로 긍정적이고 호의적으로 느끼는 동시에 가까이 하려는 경향을 가진 결속 상태를 의미한다. CLICK '애착' 및 '유대'

정서적으로 쓸모없는 부모【情緖的으로 쓸모없는 父母】emotionally unavailable parents

자녀의 정서 상태나 정서발달에 필요하고 도움이 되는 심리적 및 관계적 지지와 자원을 제공해주지 못하는 부모. 이런 부모들이 자녀들에게 보이는 주요 반응과 특징에는 무관심, 무시, 냉소나 냉담, 지지의 부족이나 부재, 온정적이지 못한 태도 등이 있다. 부부 간의 심한 갈등 후에 원만한 해결을 이루지 못하는 부모들에게서 자주 나타나는 현상으로, 이와 같은 양상의 반복(또는 지속)은 어린 자녀가 성장하는 과정에서 품행 문제, 공격적 행동, 또래들과의 갈등해결에 필요한 사회적 기술의 부족 등과 같은 발달상의 문제나 부적응을 초래할 가능성을 증가시킨다.

정서적 이혼【情緖的 離婚】emotional divorce

법적으로는 혼인 상태이지만, 정서적으로는 서로 간에 멀리 떨어져 있어 부부간의 정상적인 정서적 교감과 교류가 이루어지지 못하는 상태.

정서적 자기【情緖的 自己】emotional self / emotional-self

자기(自己, self)를 구성하는 한 부분으로, 자신의 정서(emotion) 측면들과 관련된 자기를 말한다. '자기'는 개인의 신체적 특징, 건강, 용모 등의 신체적 측면들, 가치관, 사고방식, 기대, 희망, 감정, 태도, 성격, 도덕성 및 지적 능력 등의 심리적 측면들, 삶의 과정에서 이루어지는 다양한 행동적 측면들 그리고 사회적 관계, 역할 및 활동 등을 포함하는 사회적 측면들에 이르기까지 개인에 관한 모든 부분들과 속성들의 총체 또는 전체를 의미한다. 따라서 개인에 관한 총체로서의 자기는 개인을 이루고 있는(또는 개인과 관련된) 수많은 하위 자기들을 포함한다. 그 가운데 하나가 정서적 자기로, 화를 '잘 낸다' 또는 '잘 내지 않는다', '쉽게 긴장한다' 또는 '긴장하지 않는다', '행복감을 많이 느낀다' 또는 '불행감을 많이 느낀다', '두려움을 많이 느낀다' 또는 '많이 느끼지 않는다' 등과 같은 정서 상태나 정서 경험과 관련된 자기의 측면을 의미한다.

정서적 자기 조절【情緖的 自己 調節】emotional self-regulating

자신의 정서의 강도나 수준 또는 정서 표출 여부를 적절하게 관리하고 통제하는 조절 전략 또는 능력. '정서 자기 조절'이라고도 한다.

정서적 통찰【情緖的 洞察】emotional insight

자신의 정서 상태(즉, 자신이 경험하고 있는 정서의 종류와 수준 등)와 발생의 원인 및 그로 인해 초래될 수 있는 결과 등에 대한 이해와 자각을 하는 것.

정서 조절【情緒 調節】emotion regulation

어떤 상황에서 느끼는(또는 경험하는) 슬픔, 화 또는 분노, 기쁨, 공포 등과 같은 정서의 상태를 조절하는 것 또는 조절하는 능력. 예를 들면, 대인 관계에서의 갈등이나 좌절 상황에서 느끼기(또는 경험하기) 쉬운 분노나 슬픔과 같은 정서의 발생, 정서의 강도나 수준, 정서의 지속 시간 등을 조절하는 것 또는 조절하는 능력을 의미한다.

정서 지능【情緒 知能】emotional intelligence (EI)

자신과 타인의 정서를 지각하고, 평가하고, 이해하고, 표현하며, 동시에 자신과 타인의 정서를 효과적으로 조절하고, 나아가 자신의 업무나 대인 관계와 같은 인생의 중요한 과제들을 성공적으로 진행해 가기 위해 정서를 적절하게 활용할 수 있는 능력. 'emotional intelligence(정서 지능)'라는 용어가 사용되기 시작한 배경은 그 동안 개인의 성취나 성공과 관련하여 가장 중요한 요인 가운데 하나로 고려되었던 지능(intelligence)과 지능 지수(intelligence quotient, IQ) 이외에도 정서적 능력, 즉 정서 지능이 개인의 성공이나 성취를 예측해 주는 중요한 요인이 된다고 보는 관점에서 비롯되었다. 정서 지능의 중요성을 강조하는 학자들 중에는 정서 지능이 개인의 성취나 성공을 예측하는 데 있어서 지능(또는 지능 지수)에 비해 훨씬 더 중요한 요인으로 작용한다고 보는 경우도 많으며, 나아가 개인의 행복이나 불행까지도 예측해 준다고 보고 있다. 1990년 미국의 심리학자인 피터 샐로베이(Peter Salovey)와 존 메이어(John Mayer)에 의해 처음으로 사용되었다. 한편 정서 지능이라는 표현 대신 '감성 지능'이라는 표현을 사용하는 경우도 많은데, 이는 1990년대 중반에 정서 지능의 개념이 국내에 처음 소개되는 과정에서 일부 학자가 정서 지능을 나타내는 영어 표현인 'emotional intelligence'를 '감성 지능'으로 번역하였고, 이 번역 표현이 당시 대중사회에 빠르게 보급되어 사용되어 온 결과이다. 그러나 심리학 분야의 주요 개념 가운데 하나인 'emotion'을 한국의 심리학 분야에서는 '정서'라는 표현으로 통일하여 번역·사용하고 있기 때문에 '정서 영역에서의 능력'을 의미하는 'emotional intelligence'는 '정서 지능'이라는 표현으로 번역·사용하는 것이 적절하다고 할 수 있다.

정서 지능 지수【情緒 知能 指數】emotional intelligence quotient (EQ)

'정서 지능'을 수량화하여 나타낸 지수. '이큐(EQ)'라고도 한다. CLICK 이큐

정서 지수【情緒 指數】emotional quotient (EQ)

'정서 지능'을 수량화하여 나타낸 지수. '이큐(EQ)'라고도 한다. CLICK 이큐

정서 표출 규칙【情緒 表出 規則】emotional display rules

상황에 따라 특정 정서를 표출(또는 표현)해야 할지 아니면 하지 말아야 할지에 관한 규칙. 즉, 어떤 상황이나 환경에서 어떤 정서를 표현해야 할지 아니면 하지 말아야 할지를 규정하는 규칙을 말한다. 이런 규칙은 사회·문화 속에서 만들어져 구성원들에게 부여된다. 따라서 어떤 상황에서 어떤 정서를 표출하는 것이 적절한지의 여부는 사회·문화에 따라 차이를 보이게 된다.

정신 결정론【精神 決定論】psychic determinism

프로이트(Freud: 1856~1939)의 정신분석 이론에서 사용되는 개념의 하나로, 인간의 정신적(심리적) 활동이나 행동적 반응 또는 증상들은 과거(특히 어린 시절)의 발달 과정에서 있었던 경험에 의해 결정된다고 보는 관점 또는 가정. '정신적 결정론', '심리 결정론', '심리적 결정론'이라고도 한다.

정신박약【精神薄弱】feeble-mindedness / feeblemindedness / mental deficiency

과거에 '정신지체'를 의미하는 말로 사용하던 표현이다. CLICK 정신지체

정신박약아【精神薄弱兒】feeble-minded child

과거에 '정신지체아'를 의미하는 말로 사용하던 표현이다. CLICK 정신지체아

정신박약자【精神薄弱者】feeble-minded person

과거에 '정신지체인(또는 정신지체자)'를 의미하는 말로 사용하던 표현이다. CLICK 정신지체인

정신병【精神病】psychosis

정신분열증, 우울증, 편집증과 같이 그 상태가 심각한 정신 장애들을 일반적으로 지칭할 때 사용되는 표현으로, '정신증(精神症)'이라고도 한다. 최근에는 정신병이나 정신증이라는 표현 대신 '정신 장애(mental disorder)'라는 표현을 사용하는 경우가 많다. 정신의학 분야에서는 보통 '정신 질환(mental disease)'이라는 표현을 사용한다.

정신병리학【精神病理學】psychopathology

정신 장애 또는 이상 행동의 증상과 특징을 관찰·분석하고 나아가 그 원인 및 결과를 밝히는 연구를 진행하는 정신의학의 한 분야. 일반적으로 병리학(病理學, pathology)은 신체병리학과 정신병리학을 포괄하는 표현이다. 정신병리학과 같은 연구를 진행하는 심리학의 한 분야로 '이상심리학(異常心理學, abnormal psychology)'이 있다.

정신병리학자【精神病理學者】psychopathologist

'정신병리학(psychopathology)' 분야에서 활동하는 학자. 일반적으로 정신 장애(또는 정신 질환, 이상 행동)의 증상과 특징을 관찰·분석하고 나아가 그 원인 및 결과를 밝히는 연구를 수행한다.

정신분석【精神分析】psychoanalysis

'정신분석학'이라고도 한다. CLICK 정신분석학

정신분석가【精神分析家】psychoanalyst

정신 장애(또는 심리 장애)나 이상 행동을 치료하는 전문가의 한 유형으로, 특히 정신분석 치료의 이론과 기법에 대해 전문적인 교육과 훈련을 받은 후 이 접근을 바탕으로 치료 활동을 하는 전문가를 말한다.

정신분석 이론【精神分析 理論】psychoanalytic theory

인간의 심리와 행동을 이해하고 설명하는 지그문트 프로이트(Sigmund Freud: 1856~1939)의 이론 체계로, 특히 의식 과정 밖에서 진행되는 무의식 및 무의식적 정신 과정을 강조한다. '정신분석' 또는 '정신분석학'과 같은 의미로 사용되는 표현이다.

정신분석적 접근【精神分析的 接近】psychoanalytic approach

'정신분석학적 관점'이라고도 한다.

CLICK 정신분석학적 관점

정신분석학【精神分析學】psychoanalysis

지그문트 프로이트(Sigmund Freud: 1856~1939)에 의해 창시된 성격 발달 및 정신 장애 치료에 관한 이론 체계로, 생후 초기의 발달과 무의식적 과정을 강조한다. 프로이트는 신경증과 같은 정신적 장애가 있는 환자들을 관찰하고 치료하는 과정에서 인간의 마음 속 심연에는 무의식 세계가 존재한다는 것을 알게 되었고, 그 세계 속에 들어 있지만 평소 우리가 의식하지 못하는 욕구(무의식적 욕구)들이 환

자의 신경증 증상들과 관계가 있음을 알게 되었다. 나아가 성인기에 나타나는 병리적 증상들은 어린 시절의 경험을 통해 억압된 무의식적 욕구들이나 고착에서 비롯된다고 주장했다. 이처럼 환자들에 대한 분석과 치료 경험을 통해 체계화한 이론 체계인 정신분석학은 인간의 성격은 생의 초기 몇 년 동안의 경험을 통해 발달하고 결정되며, 이렇게 형성된 성격은 무의식적 과정을 통해 인간의 정신과 행동에 영향을 미친다는 점을 강조한다. '정신분석'이라고도 한다.

정신분석학적 관점【精神分析學的 觀點】psychoanalytic perspective

인간의 행동은 기본적으로 무의식 세계에 자리 잡고 있는 충동과 성격 요소들에 의해 이루어진다고 보면서 동시에 생후 초기의 발달을 강조하는 '정신분석학(psychoanalysis)'의 입장을 따라 인간과 인간의 행동을 설명하는 관점. '정신분석학적 설명', '정신분석학적 접근', '정신분석적 접근', '정신분석학적 조망'이라고도 한다.

정신분열병【精神分裂病】schizophrenia

성격의 와해, 지각의 혼란, 현실 왜곡, 망상적 사고, 부적절한 정서 표현 및 경험, 대인간 행동을 포함한 다양한 상황에서의 부적절한 행동과 무능 등을 주요 특징으로 나타내는 정신 장애를 말한다. 이와 같은 특징들로 인해 정신분열병이 있는 사람들 가운데는 정상적인 일상생활(특히 사회활동)을 하기가 어려운 경우가 많다. 쌍생아들(일란성 및 이란성 쌍생아들)에 관한 연구들은 일란성 쌍생아들의 정신분열병 발생 일치율이 이란성 쌍생아들의 정신분열병 발생 일치율에 비해 더 높음을 보여주는데, 이런 결과는 정신분열병이 유전의 영향을 받는다는 것을 시사한다. 정신분열병은 '정신분열증'이라고도 하며, 최근에는 '조현병(調絃病)'이라는 명칭으로 불리는 경우가 많다.

정신분열증【精神分裂症】schizophrenia

'정신분열병' 또는 '조현병(調絃病)'이라고도 한다.

CLICK 정신분열병

정신연령【精神年齡】mental age (MA)

지능 검사를 위해 제안된 척도 단위의 하나로 볼 수 있으며, 특정 연령 집단을 대표하는 아동이 풀 수 있는 검사 수행 수준에 대응하는 생활 연령을 의미한다. 이 개념에 따르면, 만일 어떤 개인의 정신연령(MA)이 생활 연령(CA)보다 높으면 이 개인은 우수한 정신 능력(또는 지적 능력)을 가졌음을 의미한다. 반대로 어떤 개인의 정신연령이 생활 연령보다 낮으면 이 개인은 정신 능력(또는 지적 능력)이 지체되어 있음을 의미한다. 지능 검사의 아버지로 일컬어지는 프랑스의 심리학자 비네(Binet: 1857~1911)와 의학자 시몬(Simon)이 프랑스 정부의 의뢰를 받아 고안한 최초의 지능 검사에서 사용된 '지능' 또는 '정신적 수준'이라는 개념에 대해 독일의 심리학자 윌리엄 스턴(William Stern)이 명명한 표현이다.

정신외과【精神外科】psychosurgery

정신 장애(또는 심리 장애)나 이상 행동의 증상 완화나 치료를 목적으로 외과적 수술(특히 뇌 조직의 절개, 제거 또는 파괴 등을 포함하는 수술) 및 그에 준하는 처치를 하는 의학적 활동 또는 그러한 활동을 하는 의학 분야. 흔히 '정신외과술' 또는 '정신외과 수술' 등과 같은 의미로 사용된다.

정신의학【精神醫學】psychiatry

의학(medicine)의 한 분야로, 특히 정신 장애(또는 정신 질환)를 진단하고 치료하는 활동과 함께 그 방법을 연구하는 임상 의학 분야. 정신의학을 뜻하는 단어인 'psychiatry'는 그리스어의 마음을 뜻하는 'psyche'와 치료를 뜻하는 'iatreia'에서 유래되었다. 일반적으로 의학의 여러 분야들 가운데 정신의학 분야에서는 주로 정신 현상을 대상으로 하고 그 외의 다른 의학 분야들은 대부분 신체 현상을 주 대상으로 하지만, 유기체로서 인간의 신체와 정신은 밀접하게 관련되어 있기 때문에 기본적으로 정신의학을 포함한 대부분의 의학 분야에서는 신체 현상과 정신 현상을 모두 다룬다. 이 점은 인간의 정신과 행동을 연구하는 심리학에도 적용되어 현대 심리학에서는 인간의 신체와 정신이 긴밀하게 상호작용을 하고 있다는 것을 인정하고 있으며, 이러한 관련성을 바탕으로 인간의 행동과 정신, 그리고 신체(특히 신경계 및 내분비계)와의 관계를 탐구해 가고 있다.

정신 장애 진단 및 통계 편람【精神 障碍 診斷 및 統計 便覽】Diagnostic and Statistical Manual of Mental Disorders (DSM)

미국정신의학회(APA)에서 출간하고 있는 정신 장애에 관한 체계적인 분류 및 진단을 위한 편람. 전 세계적으로 정신 장애를 진료하고 연구하는 임상가들과 연구자들이 세계보건기구(WHO)의 '국제질병분류(ICD)'와 함께 가장 많이 사용하고 있다. 1952년에 첫 번째 판인 '정신 장애 진단 및 통계 편람-제1판(DSM-I)'이 출간된 이래로 새로운 연구 결과들을 반영하는 동시에 임상적 측면에서의 실제적 유용성을 고려하여 여러 차례에 걸친 개정이 이루어져 오고 있다. 그 첫 번째 판인 '정신 장애 진단 및 통계 편람-제1판(DSM-I)'은 1952년에 출간되었고 모두 108개의 정신 장애를 소개하고 있다. 두 번째 판인 '정신 장애 진단 및 통계 편람-제2판(DSM-II)'은 1968년에 출간되었고 모두 180개의 정신 장애를 소개하고 있다. 세 번째 판인 '정신 장애 진단 및 통계 편람-제3판(DSM-III)'은 1980년에 출간되었고 모두 265개의 정신 장애를 소개하고 있다. 1987년에는 제3판을 부분적으로 수정한 '정신 장애 진단 및 통계 편람-제3판-수정판(DSM-III-R)'이 출간되었다. 네 번째 판으로 1994년에 출간된 '정신 장애 진단 및 통계 편람-제4판(DSM-IV)'에서는 정신 장애를 크게 17가지 유형으로 분류하고, 모두 300여 개가 넘는 정신 장애를 소개하고 있다. 2000년에는 제4판을 부분적으로 수정한 '정신 장애 진단 및 통계 편람-제4판-수정판(DSM-IV-TR)'이 출간되었는데, 제4판과 비교하여 정신 장애의 진단 범주나 기준 상에서는 크게 변화된 것이 없고, 다만 최근의 연구 결과를 바탕으로 하여 유병률, 경과, 병인학적 측면 등에 관한 논의 자료가 추가되었다. 2013년에는 다섯 번째 판인 '정신 장애 진단 및 통계 편람-제5판(DSM-5)'이 출간되었다. 제5판에서는 진단 체계 상에서 세계보건기구(WHO)의 '국제질병분류 제10개정판(ICD-10)'과의 일치되지 않았던 측면들을 보완함으로써 후속판(2018)인 '국제질병분류 제11개정판(ICD-11)'과 상호 비교 및 조화될 수 있도록 하였다. 또 제4판인 DSM-IV에서 적용한 다축 진단 체계를 폐기하고, 진단 분류를 명료화하고 간소화하였다. 또 최신 연구 결과들을 반영하여 일부 진단명을 새로 추가하는 한편 일부 진단명을 삭제하거나 통합하였다. 'DSM'으로 표기하기도 한다.

정신 장애 진단 및 통계 편람-제5판【精神 障碍 診斷 및 統計 便覽-第五版】Diagnostic and Statistical Manual of Mental Disorders-Fifth edition (DSM-5)

'정신 장애 진단 및 통계 편람(Diagnostic and Statistical Manual of Mental Disorders, DSM)'은 미국정신의학회(APA)에서 출간하고 있는 정신 장애에 관한 체계적인 분류 및 진단을 위한 매뉴얼로, 전 세계적으로 정신 장애(또는 이상 행동)를 진료하고 연구하는 임상 전문가들과 연구자들이 세계보건기구(WHO)에서 출간하는 또 다른 매뉴얼인 '국제질병분류(ICD)'와 함께 가장 많이 사용하고 있다. 1952년에 첫 번째 판인 '정신 장애 진단 및 통계 편람-제1판(DSM-I)'이 출간된 이래로 새로운 연구 결과들을 반영하는 동시에 임상적 측면에서의 실제적 유용성을 고려하여 여러 차례에 걸친 개정이 이루어져 왔다.

'정신 장애 진단 및 통계 편람-제5판(DSM-5)'은 '정신 장애 진단 및 통계 편람(DSM)'의 다섯 번째 판으로 2013년에 출간되었다. 이전 판인 '정신 장애 진단 및 통계 편람-제4판(DSM-IV)'이 총 17개의 장(chapters)으로 구성된 것에 비해, '정신 장애 진단 및 통계 편람-제5판(DSM-5)'은 총 22개의 장으로 구성되어 있다. 즉 정신 장애를 22가지의 주요 범주로 구분하고, 그 하위 범주들에는 총 200개 이상의 정신 장애들을 소개하고 있다. 1994년에 출간된 '정신 장애 진단 및 통계 편람-제4판(DSM- IV)' 및 제4판을 부분적으로 수정하여 2000년에 출간된 '정신 장애 진단 및 통계 편람-제4판-수정판(DSM-IV-TR)'과 비교하여, '정신 장애 진단 및 통계 편람-제5판(DSM-5)'의 주요 내용 변화와 특징을 살펴보면 다음과 같다. 첫째, 그동안 지적되어온 것처럼 진단 체계 상에서 세계보건기구(WHO)의 '국제질병분류-제10개정판(ICD-10)'과 서로 일치되지 않았던 측면들을 보완함으로써 후속판(2018)인 '국제질병분류-제11개정판(ICD-11)'과 상호 비교 및 조화될 수 있도록 하였다. 둘째, 내용의 타당성 및 임상적용 과정에서의 유용성이 적다고 평가되어온 '정신 장애 진단 및 통계 편람-제4판(DSM-IV)'의 '다축 진단 체계'를 폐기하였고, 또 제4판의 축 II에 속하는 성격 장애와 축 III에 속하는 의학적인 상태 등을 단일의 축에서 진단할 수 있도록 구성하였다. 셋째, '범주적 평가(categorical evaluation)'를 사용한 제4판의 진단 체계의 단점을 보완하기 위해 '차원적 평가(dimensional evaluation)' 체계를 도입하여 적용하고 있다. 제4판의 범주적 평가 체계를 적용할 때는, 예컨대, 진단 기준 9개 항목 중에서 5개 항목 이상에 해당되면 장애가 '있다'로 진단하고, 5개 미만이면 장애가 '없다' 또는 '아니다'라고 판단하는 방식을 적용함으로써 정신 장애의 정도나 수준에서의 차이를 적절하게 반영하지 못한다는 지적을 받아 왔다. 넷째, 제4판의 일부 진단명을 관련된 몇 개를 통합하여 진단하도록 하였고(예를 들면, 자폐 스펙트럼 장애, 공황 장애, 망상 장애 등), 일부 진단명은 제외하였으며(예를 들면, 성적 혐오 장애), 일부 진단명은 그 명칭을 변경하였다(예를 들면, 정신지체<mental retardation>가 지적 무능<intellectual disability>으로 변경됨). 또 일부 진단명은 새로 추가되었다(예를 들면, 월경 전 불쾌 장애, 사회적 의사소통 장애, 피부 벗기기 장애 등). 다섯째, 생애 전반을 통해 특정 발달 시기나 단계에서 더 자주 발생하는 장애를 고려하여 구성하였다. 즉, 앞부분에서는 일반적으로 유년기에 주로 진단되는 장애들을 중심으로 제시하였고, 후반부로 가면서 성인기에 자주 진단되는 장애들을 고려하여 제시하였다. 여섯째, 제5판인 DSM-5에서는 첫 번째 판인 DSM-I부터 네 번째 판인 DSM-IV 및 DSM-IV를 부분적으로 수정한 DSM-IV-TR에 이르기까지 사용해온 로마숫자를 사용하지 않고 아라비아숫자를 사용하고 있다. 이런 변화는 앞으로도 지속적으로 이루어질 DSM의 개정판 출간을 고려하여 기존의 로마숫자를 사용한 표기보다 더 편리하고 또 더 많은 사람들이 사용하고 있는 아라비아숫자를 사용하는 것이 유용하다고 판단했기 때문이다. 전반적으로 제5판인 DSM-5는 이전 판에 비해 새로운 연구 결과들을 반영하고 사용자들이 보다 더 편리하고 쉽게 사용할 수 있도록 구성 및 기술되었다는 점에서 긍정적으로 평가되지만, 다른 한편으로는 정신 장애의 진단 기준을 다소 완화함으로써 이전 판을 사용할 때는 정신 장애로 진단되지 않을 사람들이 추가적으로 정신 장애로 분류될 가능성이 높아졌고, 그 결과 일상적인 삶을 실제 이상으로 과도하게 정신병리화할 수 있다는 점에서 부정적인 평가를 받고 있다.

정신적 서열화【精神的 序列化】mental seriation

대상들 또는 항목들을 크기, 높이, 질량 등과 같은 양적 차원에 따라 정신적으로(또는 내적으로) 배열하거나 순서 짓는 인지 능력. 아동의 인지발달 수준을 가늠하는 능력들 가운데 하나이다.

정신적 조작【精神的 操作】mental operation

사물이나 사건들과 관련된 과제나 문제를 해결하거나 그와 관련된 추론을 하는 과정에서 정신적(특히 인지적) 과정을 통해 체계적이며 효율적인 규칙과 전략(또는 책략)을 사용하는 것을 의미한다. 삐아제(Piaget: 1896~1980)의 인지발달 이론에서 제시하는 인지발달 단계들 중에서 세 번째인 '구체적 조작기'에 와서 나타나는 능력이다.

정신적 표상【精神的 表象】mental representation

외부의 대상을 지각하고 인식하는 과정에서, '외부의 대상을 어떤 형태로 추상화하고 심상화하여 내적(內的) 또는 정신적으로 나타내는 것'을 정신적 표상이라고 한다. '정신적 표상'은 '심적 표상(心的表象)'이라고도 하며, 동시에 '내재적 표상(內在的 表象, internal representation)' 또는 '내적 표상(內的 表象)'과도 같은 의미로 사용된다.

정신지체【精神遲滯】mental retardation

삶을 살아가는 데 요구되는 지적 기능 및 주요 적응 행동상에서 현저한 제한이 있는 상태를 말하며, 다음과 같이 세분화하여 살펴볼 수 있다. (1) 지능 지수(IQ)에 국한하여 정의하는 경우, 정신지체는 일반적으로 표준화된 지능 검사에서 획득한 점수인 지능 지수(IQ)가 70 이하(또는 미만)인 경우를 의미한다. (2) 지능 지수(IQ)와 일상생활 능력의 측면에서 정의하는 경우, 정신지체는 일반적인 지능 검사에서 획득한 점수인 지능 지수(IQ)가 70 이하(또는 미만)이면서, 학습이나 사회적 적응 등과 같은 일상생활을 해 나가는 능력 면에서 심각한 결함을 나타내는 경우를 의미한다. 정신지체의 발생률은 인구의 약 1% 정도이고, 남자 대 여자의 비율은 약 6 대 4 정도로 남자에서의 발생률이 더 높게 나타나고 있다. (3) 정신지체는 그 심각한 정도를 지능 지수(IQ)의 범위에 따라 4개의 등급으로 분류한다. 구체적으로 IQ 50~69(또는 70)까지의 경우는 정신지체 가운데 가장 양호한 수준에 해당하는 '경도 정신지체(mild mental retardation)'로 분류되며, '가벼운 정신지체' 또는 '경미한 정신지체'라고도 한다. 이 수준의 정신지체자들은 운동 능력 및 지적 학습 능력에서 미숙한 특징을 나타내지만, 초등학교 고학년 수준의 지적 능력을 획득할 수 있고, 어느 정도의 사회적 능력 및 의사소통 능력을 발달시키는 것이 가능하여 타인의 적절한 도움과 지도를 받게 되면 기본적인 사회생활이 가능하다. 정신지체자의 약 80~85%가 이 수준에 해당한다. 다음으로, IQ 35~49까지의 경우는 '중등도 정신지체(moderate mental retardation)'로 분류되며, '중간 정도의 정신지체'라고도 한다. 이 수준의 정신지체자들은 초등학교 1~3학년 수준 이상으로 발달하기 어렵고, 적절한 도움과 지도를 받게 되면 어느 정도의 사회적 기술과 의사소통 능력을 발달시키는 것이 가능하지만, 일반적인 사회생활이나 직장생활을 수행하기는 어렵다. 보호와 감독이 잘 이루어지는 시설이나 환경에서 간단한 기능을 요구하는 단순한 일을 수행하는 것이 가능하다. 정신지체자의 약 10~12% 정도가 이 수준에 해당한다. 다음으로, IQ 20~34까지의 경우는 '고도 정신지체(severe mental retardation)'로 분류되며, '중증도 정신지체' 또는 '심한 정신지체'라고도 한다. 이 수준의 정신지체자들은 감각과 운동 능력에서 미숙한 발달 수준을 나타내고, 초보적인 언어발달 수준을 보이기 때문에 다른 사람과의 정상적인 의사소통이 매우 어렵다. 적절한 도움과 지도를 받는 경우에 기본적인 자기 보살핌 정도가 가능하다. 정신지체자의 약 3~7% 정도가 이 수준에 해당한다. 끝으로, 정신지체 가운데 가장 심한 수준인 IQ 20 미만의 경우는 '최고도 정신지체(profound mental retardation)'로 분류되며, '고중증도 정신지체', '극심한 정신지체', '매우 심한 정신지체' 또는 '아주 심한 정신지체'라고도 한다. 이 수준의 정신지체자들은 대부분 신경학적 결함을 가지고 있고, 학습 능력이 거의 없기 때문에 기본적인 자기 보살핌, 의사소통 및 사회적 관계가 거의 불가능하다. 따라서 이들은 생활을 위해 누군가의 지속적인 보살핌과 도움을 필요로 한다. 또한 이들은 다른 신체적 이상이나 질환을 동반한 경우가 많아 이른 시기에 사망에 이를 가능성이 높다. 정신지체자의 약 1~2% 정도가 이 수준에 해당한다. '정신지체'라는 표현을 사용하기 전에는 '정신박약'이라는 표현을 사용했다. 현재는 '정신지체'라는 표현과 함께 '지적 장애(intellectual disability)'라는 표현이 많이 사용되고 있다.

정신지체아【精神遲滯兒】mentally retarded child

정신지체(mental retardation)를 가진 아동. 선천적 요인이나 양육 환경과 같은 후천적 요인, 그리고 두 요인의 상호작용에 의해 발생할 수 있다. '정신지체아'라는 표현을 사용하기 전에는 '정신박약아'라는 표현을 사용했다.

CLICK 정신지체

정신지체인【精神遲滯人】mentally retarded person

정신지체(mental retardation)를 가진 사람. 선천적 요인이나 양육 환경과 같은 후천적 요인, 그리고 두 요인의 상호작용에 의해 발생할 수 있다. '정신지체자'라고도 한다. 한편 '정신지체인'이라는 표현을 사용하기 전에는 '정신박약자' 또는 '정신박약인'이라는 표현을 사용했다.

CLICK 정신지체

정위 반사【定位 反射】orienting reflex

유기체가 환경 속에서 발생한 자극이나 자극 변화에 대해 그쪽을 향해 머리를 돌리거나 귀를 쫑긋 세우는 것과 같이 신체의 전부 또는 일부를 사용하여 즉각적으로 보이는 반응. 직접 관찰되는 신체 반응을 통해 확인되기도 하지만 심장 박동, 뇌파, 전기 피부 반응, 근전도 등과 같은 생리적 반응을 측정하여 확인할 수도 있다. 정향 반사 또는 지향 반사라고도 한다. 영어 표현인 'orienting reflex' 대신에 'orienting response'를 사용하기도 하며, 이 경우에는 '정위 반응', '정향 반응' 또는 '지향 반응' 등으로 번역한다.

정위 반응【定位 反應】orienting response

'정위 반사'와 같은 의미로 사용된다.

CLICK 정위 반사

정의 관점【正義 觀點】justice perspective

미국의 심리학자이자 페미니스트인 길리건(Gilligan: 1936~)이 콜버그(Kohlberg: 1927~1987)의 도덕성 발달에 관한 이론을 비판하면서 제시한 도덕적 관점('정의 관점'과 '배려 관점') 가운데 하나로, 사회적 합의 과정을 거쳐 정의되고 법 체계를 통해 관리되는 '정의(justice)'에 기초한 관점을 말한다. '정의 관점'에서는 개별적 존재로서의 개인의 독립적 판단과 결정 및 권리를 강조하며, 이와 같은 관점은 사회·문화적으로 남성들의 사회화 과정에서 강조되고 학습된다. 그 결과 이 관점을 중심으로 만들어진 콜버그의 도덕성 발달 이론 및 측정 과정에서 여성들에 비해 남성들이 더 유리한 점수와 수준을 보이게 된다고 주장한다. '정의 관점'은 '정의 중심의 관점' 또는 '정의적 관점'이라고도 하며, 또한 '정의의 도덕성(morality of justice)'이라는 표현과도 같은 의미로 사용된다. 결국, 길리건은 여성들에 비해 남성들의 도덕성 발달 수준이 더 높게 나타나고 있음을 보여주는 콜버그의 연구 결과는 그 관점 및 측정 도구가 '남성 중심적'으로 편향된 결과라고 주장한다. '정의적 관점'이라고도 한다.

정의의 도덕성【正義의 道德性】morality of justice

미국의 심리학자이자 페미니스트인 길리건(Gilligan: 1936~)이 콜버그(Kohlberg: 1927~1987)의 도덕성 발달에 관한 이론 및 연구 결과를 비판하면서 제시한 도덕적 지향의 하나로, 사회적 합의 과정을 거쳐 정의되고 법 체계를 통해 관리되는 '정의(justice)'에 기초한 관점인 '정의 관점(justice perspective)'에 기반을 둔 도덕적 지향을 의미한다.

CLICK 정의 관점

정의적 관점【正義的 觀點】justice perspective

도덕성에 대한 관점의 하나로, 사회적 합의 과정을 거쳐 정의되고 법 체계를 통해 관리되는 '정의(justice)'에 기초한 관점을 말한다. '정의 관점'이라고도 한다.

CLICK 정의 관점

정의적 미비【情意的 未備】flattening of affect

개인이 환경 속에서 접하는 자극들이나 상황들에 대한 적절한 반응을 보이지 못하는 상태. '감정적 미비(感情的 未備)'라고도 한다.

정의적 설명【情意的 說明】affective explanation

아동의 문제 행동(흔히 타인을 해치거나 괴롭히는 행동)에 대한 훈육 방법으로 정의(affection)적 측면에 초점을 맞추어 진행하는 훈육. 여기서 말하는 '정의(情意)'는 '감정' 또는 '정서'의 의미를 포함하는 표현으로, 행위를 한 아동에게 그가 한 행동이 타인(또는 상대방 아동)에게 고통이나 괴로움을 주었음을 알도록 도와줌으로써 행위를 한 아동의 동정심과 후회 또는 반성의 태도록 키우는 효과를 기대할 수 있다. '정서적 설명'이라고도 한다.

정의 중심의 관점【正義 中心의 觀點】justice perspective

'정의 관점'이라고도 한다. CLICK 정의 관점

정자【精子】sperm

'정충(精蟲)'이라고도 한다. 사람을 포함한 유기체의 남성 또는 수컷의 정소(또는 인간 남성의 고환)에서 만들어지는 웅성(雄性) 생식세포로 여성 또는 암컷의 난자와 수정되어 하나의 개체인 수정란을 형성하게 된다.

정자은행【精子銀行】sperm bank

앞으로 있을 인공수정이나 연구를 목적으로 인간 또는 동물의 정액을 보관하고 있는 전문 기관 또는 시설.

정체감【正體感】identity

자기 존재에 대한 확고한 인식 또는 느낌. 구체적으로 정체감은 자신은 누구이며, 자신이 하고 있는 현재의 역할과 앞으로 해가게 될 미래의 역할은 무엇인지, 그리고 자신이 가야할 삶의 방향은 무엇인지 등과 같은 문제를 포함한 자기 존재 전반에 대한 확고한 인식 또는 느낌을 의미한다. 이와 같은 의미를 포함하고 있는 정체감을 간결하게 정의하면 '자기 존재에 대한 성숙한 자기 정의'라고 할 수 있다. '정체성', '자아 정체감', '자아 정체성' 등의 표현들과 같은 의미로 사용된다.

정체감 성취【正體感 成就】identity achievement

제임스 마르샤(James Marcia)가 제안한 청소년들의 네 가지 정체감 지위(또는 정체감 상태) 가운데 하나로, 자신의 존재와 현재 및 미래의 역할 등에 대한 의문과 탐색 과정을 거쳐 정체감 위기를 잘 해결하고 안정된 정체감을 획득한 상태에서 자신의 진로나 직업 및 가치 체계에 전념하는 상태에 있는 정체감 지위. '정체성 성취'라고도 한다.

정체감 위기【正體感 危機】identity crisis

정체성이 확립되지 못한 상태에서 '나'라는 존재에 대한 이해와 자신이 하고 있는 현재의 역할 및 앞으로 해가게 될 미래의 역할 등에 대한 회의와 혼란을 겪고 있는 상태. 에릭 에릭슨(Erik Erikson: 1902~1994)에 의해 처음으로 사용된 개념으로, 그의 심리사회적 발달 이론에서 중요하게 사용되는 개념들 가운데 하나이다. 정체감을 연구하는 많은 학자들은 정체감의 형성과 발달이 평생을 통해 진행되는 과제이지만, 이 문제가 특히 청소년기 동안에 중요하게 등장하는 이유로 다음과 같은 몇 가지를 제시하고 있다. 그 주요 내용은 청소년기에 나타나는 많은 발달적 변화들과 관련된다. 구체적으로 신체적 및 성적 변화와 그에 따른 성적 충동 및 욕구의 증가, 이성관계 및 친구관계 문제, 높은 수준의 인지능력의 발달, 학업과 진학 및 진로의 문제, 아동기에서 성인기로 옮겨가는 과도기적 상황에서 겪는 혼란과 갈등 등의 문제들이 포함된다. '정체성 위기'라고도 한다.

정체감 유실【正體感 流失】identity foreclosure

제임스 마르샤(James Marcia)가 제안한 청소년들의 네 가지 정체감 지위(또는 정체감 상태) 가운데 하나로, 자신의 정체감에 대한 깊은 탐색 없이, 즉 자신이 누구이고 현재와 미래의 역할은 어떠해야 하는지 등에 대한 의문과 탐색이 충분히 이루어지지 않은 상태에서 결정을 내리고 미숙한 채로 자신의 진로나 직업 및 가치 체계에 전념하는 상태에 있는 정체감 지위. '정체성 유실', '정체감 폐쇄' 또는 '정체성 폐쇄'라고도 한다.

정체감 유예【正體感 猶豫】identity moratorium

제임스 마르샤(James Marcia)가 제안한 청소년들의 네 가지 정체감 지위(또는 정체감 상태) 가운데 하나로, 현재 정체감 위기를 경험하고 있으며, 자신의 진로나 직업 및 가치 체계를 적극적으로 탐색하는 상태에 있는 정체감 지위. '정체성 유예'라고도 한다.

정체감 폐쇄【正體感 閉鎖】identity foreclosure

'정체감 유실', '정체성 유실' 또는 '정체성 폐쇄'라고도 한다.

CLICK 정체감 유실

정체감 혼미【正體感 昏迷】identity diffusion

제임스 마르샤(James Marcia)가 제안한 청소년들의 네 가지 정체감 지위(또는 정체감 상태) 가운데 하나로, 자신이 누구이고 현재와 미래의 역할은 어떠해야 하는지 등에 대한 의문과 탐색이 이루어지지 않은 상태, 즉 정체감 문제에 대한 생각이나 노력을 하지 않은 상태에 있는 정체감 지위. '정체성 혼미' 또는 '정체감 확산'이라고도 한다.

정체성【正體性】identity

자기 존재에 대한 확고한 인식 또는 느낌. 구체적으로 정체성은 자신은 누구이며, 자신이 하고 있는 현재의 역할과 앞으로 해가게 될 미래의 역할은 무엇인지, 그리고 자신이 가야할 삶의 방향은 무엇인지 등과 같은 문제를 포함한 자기 존재 전반에 대한 확고한 인식 또는 느낌을 의미한다. 이와 같은 의미를 포함하고 있는 정체감을 간결하게 정의하면 '자기 존재에 대한 성숙한 자기 정의'라고 할 수 있다. '정체감', '자아 정체성', '자아 정체감' 등의 표현들과 같은 의미로 사용된다.

정체성 위기【正體性 危機】identity crisis

정체성이 확립되지 못한 상태에서 '나'라는 존재에 대한 이해와 자신이 하고 있는 현재의 역할 및 앞으로 해가게 될 미래의 역할 등에 대한 회의와 혼란을 겪고 있는 상태. 에릭 에릭슨(Erik Erikson: 1902~1994)에 의해 처음으로 사용된 개념으로, 그의 심리사회적 발달 이론에서 중요하게 사용되는 개념들 가운데 하나이다. 정체성 위기는 특히 청소년기 동안에 중요한 문제로 등장하는데, 그 이유는 청소년기 동안에 신체적, 성적 및 인지적 측면에서 나타나는 많은 발달적 변화와 학업 및 진로의 문제 등과 관련이 있다. '정체감 위기'라고도 한다.

정향 반사 【定向 反射】 orienting reflex

유기체가 환경 속에서 발생한 자극이나 자극 변화에 대해 그쪽을 향해 머리를 돌리거나 귀를 쫑긋 세우는 것과 같이 신체의 전부 또는 일부를 사용하여 즉각적으로 보이는 반응. 직접 관찰되는 신체 반응을 통해 확인되기도 하지만 심장 박동, 뇌파, 전기 피부 반응, 근전도 등과 같은 생리적 반응을 측정하여 확인할 수도 있다. 정위 반사 또는 지향 반사라고도 한다. 영어 표현인 'orienting reflex' 대신에 'orienting response'를 사용하기도 하며, 이 경우에는 '정향 반응', '정위 반응' 또는 '지향 반응' 등으로 번역한다.

정향 반응 【定向 反應】 orienting response

'정위 반응'이라고도 하며, '정위 반사' 또는 '정향 반사'와 같은 의미로 사용된다. CLICK 정향 반사

정향하는 【定向하는】 orienting

'특정 자극이나 대상을 향하는' 또는 '특정 자극이나 대상을 향하여 주의를 기울이는'이라는 의미를 가진 말이다.

정형성 동작 장애 【定形性 動作 障碍】 stereotypic movement disorder

'운동 장애(motor disorders)의 한 유형으로, 머리나 어깨 흔들기, 손이나 발 흔들기, 손가락 깨물기 등과 같이 자신에게 도움이 되지 않으며 비목적적인 특정한 패턴의 행동을 지속적으로 반복하는 장애를 말한다. 자신의 신체에 손상을 일으키고 사회적(또는 관계적) 측면에서는 부적응을 초래하기 쉽다.

정화 【淨化】 catharsis

직접적이거나 간접적인 표현 또는 언어적이거나 공상적인 표현을 통해 억압되어 있던 감정이나 충동(예를 들면, 성적 또는 공격적 감정이나 충동)을 발산시킴으로써 이를 해소하는 것을 의미한다. 정신분석 이론에서 사용되는 주요 개념 가운데 하나이다. '카타르시스' 또는 '감정 정화'라고도 한다.

정화 가설 【淨化 假說】 catharsis hypothesis

'정화(淨化)'의 효과를 주장하는 학설. 즉, 직접적이거나 간접적인 표현 또는 언어적이거나 공상적인 표현을 통해 억압되어 있던 성적 또는 공격적 감정이나 충동을 해소시키는 효과가 있음을 주장하는 학설을 말한다.

정화 효과 【淨化 效果】 catharsis effect

성적 및 공격적 감정이나 충동과 관련하여, 실제적으로 행동을 하거나, 아니면 TV나 영화를 보는 것과 같은 간접적인 경험을 통해 그러한 감정이나 충동이 감소되는 효과 또는 그러한 현상을 의미한다. '카타르시스 효과'라고도 한다.

젖 찾기 반사 【젖 찾기 反射】 rooting reflex

인간이 선천적으로 가지고 태어나는 반사들 가운데 하나로, 영아의 입 주위나 뺨을 자극하면 영아가 자극이 가해진 쪽으로 고개를 돌리는 반응을 나타내는데, 이러한 선천적인 반사 행동을 '젖 찾기 반사'라고 한다. 이 반사는 생후 초기에는 입에서 먼 위치의 뺨에 자극을 가할 때에도 나타나지만 점차 시간(월령)이 경과해 가면서 입 가까이에 가해진 자극들에 대해서만 반응하는 경향을 보이게 된다. 이 반사는 자동적인 반응을 통해 쉽게 엄마의 젖을 향하도록 함으로써 생후 초기의 적응과 생존력을 높여주는 기능을 한다. '근원 반사', '찾기 반사', '포유 반사', '먹이 찾기 반사'라고도 한다.

제왕절개 【帝王切開】 cesarean section / cesarean operation / cesarean

'제왕절개 수술'이라고도 한다.

CLICK 제왕절개 수술

제왕절개 분만 【帝王切開 分娩】 cesarean delivery / cesarean birth

산모의 복부와 자궁을 외과적으로 절개하여 태아를 출산하는 방법. 즉, '제왕절개 수술(cesarean section)' 통한 분만법을 말한다. 이 방법은 흔히 자연 분만이 어려운 경우에 시행한다. 대표적으로 전치 태반, 태아의 위치 이상, 산모의 좁은 골반으로 인한 자연 분만 곤란, 산모가 이전 출산에서 제왕절개 분만을 한 경우, 산모가 가진 질병으로 인해 아기가 출산 과정에서 감염될 가능성이 있는 경우 등에서 제왕절개 분만을 시행한다. 전반적으로 산모의 연령이 많아짐에 따라 제왕절개 분만법을 사용하는 비율도 증가하는 경향이 있다.

제왕절개 수술 【帝王切開 手術】 cesarean section / cesarean operation / cesarean

임신한 모체의 복부와 자궁을 외과적으로 절개한 후에 아기를 출산하는 방법. 흔히 출산 과정에서 태아의 크기, 모양, 모체의 산도 등에 이상이나 문제가 있어 자연 분만이 어려운 경우에 실시한다. '제왕절개술' 또는 '제왕절개'라고도 한다.

제왕절개 출산 【帝王切開 出産】 cesarean delivery

'제왕절개 수술(cesarean section)' 방법을 사용한 출산. '제왕절개 분만'이라고도 한다.

CLICK 제왕절개 수술

제2차 성징 【第二次 性徵】 secondary sex characteristic / secondary sexual characteristic

남녀의 성기(性器)의 차이와 같은 일차적인 성 기관(性 器官)의 발달에 따라 나타나는 차이 외에 성호르몬의 분비가 왕성해지면서 새로이 나타나는 성별에 따른 신체적 특징의 변화 또는 차이. 흔히 사춘기와 함께 나타나기 시작하며, 여성의 경우에는 생리(또는 월경)의 시작 및 유방의 발달, 남성의 경우에는 몽정, 변성 및 수염의 발달 등으로 대표된다. '2차 성징' 또는 '이차 성징'으로 표기하기도 한다.

제1차 성징 【第一次 性徵】 primary sex characteristic / primary sexual characteristic

남성과 여성의 성기(性器)의 차이와 같이 일차적인 성 기관(性 器官)의 발달에 따라 나타나는 성별 차이 또는 그러한 특징을 의미한다.

제임스 James (1842~1910)

윌리엄 제임스(William James). 미국의 심리학자, 철학자. 기능주의 심리학의 창시자이다.

CLICK 윌리엄 제임스

제임스 듀이 왓슨 James Dewey Watson (1928~)

미국의 분자생물학자. 프랜시스 크릭(Francis Crick: 1916~2004) 등과 함께 공동 연구를 진행하면서 DNA를 구성하고 있는 4개의 염기가 정확하게 쌍을 이루고 있다는 사실을 발견하였고, 이러한 발견을 토대로 DNA가 이중 나선 구조로 되어 있다는 DNA의 이중 나선 구조 모델을 제안하였다. 이와 같은 DNA에 관한 연구 업적을 인정받아 1962년 프랜시스 크릭(Francis Crick) 및 모리스 윌킨스(Maurice Wilkins: 1916~2004) 등과 공동으로 노벨상(생리·의학상)을 수상하였다. '왓슨', '제임스 왓슨', 'Watson', 'James Watson', 'James Dewey Watson' 등으로 표기하기도 한다.

제임스-랑게 이론【제임스-랑게 理論】James-Lange theory

'정서(emotion)'를 설명하는 고전적인 이론 중의 하나로, 흔히 생각하듯이 특정 자극 또는 사건이 발생하면, 먼저 주관적 정서 경험을 한 후에 신체 및 생리적 반응이 뒤따라 발생하는 것이 아니라 자극 또는 사건에 대하여 먼저 신체 및 생리적 반응이 일어나고, 이에 관한 정보가 뇌로 전달된 이후에 주관적 정서 경험을 하게 된다고 설명하는 이론이다. '제임스-랑게의 정서 이론(James-Lange theory of emotion)'이라고도 한다.

제임스 매킨 카텔 James McKeen Cattell (1860~1944)

미국의 심리학자. 개인차 및 성격 분야에 관한 많은 연구로 성격심리학 분야 및 심리학 발전에 크게 공헌하였다. '카텔', '커텔', '제임스 카텔', 'Cattell', 'James Cattell', 'James McKeen Cattell' 등으로 표기하기도 한다.

CLICK 제임스 카텔

제임스 왓슨 James Watson (1928~)

제임스 듀이 왓슨(James Dewey Watson). 미국의 분자생물학자. 프랜시스 크릭(Francis Crick: 1916~2004) 등과 함께 'DNA의 이중 나선 구조 모델'을 제안하였고, 1962년 노벨상(생리 · 의학상)을 공동 수상하였다. '왓슨', '제임스 듀이 왓슨', 'Watson', 'J. D. Watson' 등으로 표기하기도 한다.

CLICK 제임스 듀이 왓슨

제임스 카텔 James Cattell (1860~1944)

제임스 매킨 카텔(James McKeen Cattell). 미국의 심리학자. 빌헬름 분트(Wilhelm Wundt: 1832~1920)와 프란시스 갈톤(Francis Galton: 1822~1911) 등으로부터 지도를 받았다. 개인차 및 성격 분야에 관한 많은 연구로 성격심리학 분야 및 심리학 발전에 크게 공헌하였다. '카텔', '커텔', '제임스 매킨 카텔', 'Cattell', 'James Cattell', 'James McKeen Cattell' 등으로 표기하기도 한다.

제임스 플린 James Flynn (1934~)

뉴질랜드의 심리학자. 지능에 관한 많은 연구 업적을 남겼다. 특히 지난 20세기 동안에 전 세계적으로 나타난 IQ에서의 지속적인 증가 현상을 관찰하고 발견하였으며, 이 현상에 대해 그의 이름을 따서 명명한 '플린 효과(Flynn effect)'로 잘 알려져 있다. '플린', 'Flynn', 'James Flynn' 등으로 표기하기도 한다.

젠더 gender

생물학적으로 결정된 '성(性)'을 의미하는 'sex(섹스)'와 구분되는 개념으로, 사회 · 문화적으로 학습된 심리적 '성(性)'을 의미한다. 즉, 'gender(젠더)'는 선천적 또는 생물학적으로 결정된 '성'이 아니라 사회 · 문화적으로 '성(性)' 또는 '성별(性別)'에 따라 다르게 기대하는 인식, 태도 및 행동이 사회화 과정을 통해 학습되어 형성된 심리적 성을 의미한다. '심리사회적 성'이라고도 한다.

조건 반응【條件 反應】conditioned response (CR)

처음에는 특정 반응을 유발시키지 못했던 자극(즉, 중립 자극: neutral stimulus)이 원래부터 특정 반응을 유발시키는 효과를 가지고 있던 자극(즉, 무조건 자극: unconditioned stimulus)과 짝지어 제시되는 경험을 하게 됨에 따라 무조건 자극에 대해서만 유발되던 반응(즉, 무조건 반응: unconditioned response)과 같은 또는 유사한 반응을 일으키게 되는데, 이와 같은 학습된 반응을 지칭하여 조건 반응이라고 한다. 이때 조건 반응을 일으키게 되는 자극, 즉 무조건 자극과 연합된 이후에 조건 반응을 일으키게 된 자극(무조건 자극과 연합되기 전에는 중립 자극이었음)을 일컬어 조건 자극(conditioned stimulus)이라고 한다. 조건 반응은 학습된 행동의 일종으로, 조건 반응이 이루어지는 일련의 학습 절차를 지칭하여 '고전적 조건화' 또는 '고전적 조건 형성(classical conditioning)'이라고 한다. 이 학습 형태를 처음으로 발견하고 체계적으로 연구한 학자는 구 소련의 생리학자 파블로프(Pavlov: 1849~1936)로, 그가 사용했던 조건 반사(conditioned reflex) 개념은 파블로프 이후의 심리학자들에 의해 인간을 포함한 유기체의 전반적인 행동으로 확대·적용되면서 보다 폭넓은 개념인 '조건 반응'이라는 표현으로 대체되어 사용하는 경우가 많아졌다. 한편 파블로프는 조건 반사라는 표현을 사용하기에 앞서서 '심리적 반사(psychic reflex: '심적 반사' 또는 '정신 반사'라고도 함)'라는 표현을 사용하였다.

조건 자극【條件 刺戟】conditioned stimulus (CS)

처음에는 특정 반응을 유발시키지 못했던 자극(즉, 중립 자극: neutral stimulus)이었지만, 원래부터 특정 반응을 유발하는 효과를 가지고 있던 무조건 자극(unconditioned stimulus)과 짝지어 제시되는 경험을 하게 됨에 따라 무조건 자극이 유발하는 반응(즉, 무조건 반응: unconditioned response)과 유사한 반응을 새로이 유발시킬 수 있게 된 자극. 즉, 처음에는 그 자체만으로는 특정 반응(A)을 유발시키지 못했던 자극(중립 자극)이 특정 반응(A)을 무조건 유발시키는 무조건 자극과 연합된 이후에는, 그 자극(처음의 중립 자극)만으로도 특정 반응(A)을 유발시킬 수 있게 된 자극을 지칭한다. 조건 자극이 유발시키는 반응을 조건 반응(conditioned response)이라고 한다.

조산【早産】premature birth / premature delivery

임신부가 임신 기간을 다 채우지 못하고 아기를 출산하는 것.

조산아【早産兒】preterm baby / preterm infant

정상적인 태내 발달 기간(임신 기간)을 채우지 못하고 예정일보다 앞서 태어난 아기. 보통 정상적인 출산은 수정이 이루어진 순간부터 38주(약 266일)가 되어 이루어진 경우를 말하는 반면에, 조산아는 수정 이후 37주 미만에 출생한 아기의 경우를 말한다. 일반적으로 조산아는 근육, 신경 계통, 반사 기능, 혈관 상태, 면역력 등과 같은 발달 전반에서 미숙하거나 이상을 포함하고 있는 경우가 많다. 특히 신생아의 체중이 평균 체중(약 3.3kg)에 비해 현저히 미달된 경우에 발달의 이상 상태를 포함하고 있을 가능성이 높다. 태내 발달 기간(임신 기간)과 관계없이 출생 시의 체중이 2,500g 미만인 경우를 지칭하여 저체중출생아(low birth weight infant: '저출생체중아'라고도 함)라고 하는데, 이들 가운데 약 2/3는 조산아인 것으로 알려져 있다.

조울증【躁鬱症】manic-depressive psychosis

극단적인 기분 상태(극히 좋은 기분 상태와 극히 나쁜 기분 상태)의 반복, 즉 조증 상태와 울증(또는 우울증) 상태를 반복적으로 경험하는 것을 특징으로 하는 장애를 말한다. 기분 장애의 한 유형으로, '양극성 장애(兩極性 障碍)'라고도 한다.

조음 장애【調音 障碍】phonological disorder

상대방의 말을 알아듣고 말을 할 수는 있지만, 그 말소리가 유아가 말하는 것처럼 정확하지 않거나 이상하게 발음되는 증상을 보이는 장애. 의사소통 장애의 한 유형으로, 증세가 가벼운 경우에는 8세 무렵에 자연히 증상이 해결되며, 더 심한 경우라 해도 언어 치료를 통해 완전히 치료될 수 있다. '음운 장애' 또는 '발음 장애'라고도 한다.

조작적 조건 형성【操作的 條件 形成】operant conditioning

행동에 뒤이어 발생한 결과에 따라 그 행동의 지속 가능성이 결정되는 학습 유형. 즉, 행동에 뒤따라온 결과가 앞으로 그 행동이 더 많이 발생할지 아니면 더 적게 발생할지의 가능성을 결정하는 학습 유형을 말한다. 행동에 뒤따라온 결과가 그 후에 그 행동의 발생을 증가시킨다면, 앞서 그 행동에 뒤따라온 결과는 강화(reinforcement)로 작용한 것이고, 반대로 행동에 뒤따라온 결과가 그 후에 그 행동의 발생을 감소시킨다면, 앞서 그 행동에 뒤따라온 결과는 벌(punishment: 또는 처벌이라고도 함)로 작용한 것이다. 조작적 조건 형성은 '조작적 조건화'라고도 하며, 또한 '도구적 조건 형성(instrumental conditioning)', '도구적 조건화' 및 '도구적 학습' 등의 표현들과도 같은 의미로 사용된다. 또한 '조작적 학습(operant learning)'이라고 부르기도 한다.

조작적 조건화【操作的 條件化】operant conditioning

행동에 뒤이어 발생한 결과에 따라 그 행동의 지속 가능성이 결정되는 학습 유형. 즉, 행동에 뒤따라온 결과가 앞으로 그 행동이 더 많이 발생할지 아니면 더 적게 발생할지의 가능성이 결정되는 학습 유형을 말한다. 조작적 조건화는 '조작적 조건 형성'이라고도 하며, 또한 '도구적 조건 형성(instrumental conditioning)', '도구적 조건화'라는 표현들과도 같은 의미로 사용된다. 또한 '조작적 학습(operant learning)'이라고 부르기도 한다. CLICK 조작적 조건 형성

조절【調節】accommodation

(1) 시각 과정에서, 대상 또는 물체가 위치하고 있는 거리 또는 원근(遠近)에 따라 초점을 맞추기 위해 눈 속에 있는 수정체의 두께를 조정하는 작용을 지칭하여 조절이라고 한다. (2) 새로운 자극을 이해하고 설명하는 과정에서 개인이 가지고 있던 기존의 도식이나 개념을 변화시키거나 새로운 도식이나 개념을 도입하는 인지 과정을 지칭하여 조절이라고 한다. 즉, 조절은 개인(또는 아동)이 새로운 자극에 적응하기 위해 자신이 가지고 있던 기존의 도식(圖式, 셰마, scheme) 또는 인지구조를 바꾸는 인지 과정을 의미한다. 이 과정을 통해 인지적 향상, 즉 인지발달이 이루어진다. '조절' 개념은 스위스의 심리학자 Piaget(1896~1980)의 인지발달 이론에서 사용되는 주요 개념들 가운데 하나이다. 삐아제는 개인이 환경에 적응해가는 과정을 통해 인지발달이 이루어진다고 보았으며, 이런 적응 과정을 상보적인 두 개의 인지 과정인 동화(assimilation)와 '조절(accommodation)' 개념을 사용하여 설명하고 있다. 먼저 동화에 대해 알아보자. 동화는 개인이 새로 접하는 자극이나 현상을 기존 자신이 가지고 있는 도식이나 개념을 사용하여 해석하고 이해하는 인지 과정(또는 인지 활동)을 말한다. 달리 표현하면 동화는 새로 접하는 자극이나 현상을 자신이 이미 가지고 있는 도식이나 개념에 통합하는 과정이라고 할 수 있다. 따라서 동화는 기존 도식의 변화를 수반하지 않는다. 동화의 한 예를 들면, 평소 자신의 집에서 키우는 '개(dog)'를 보고 자라온 3세 아이를 생각해보자. 이 아이는 오랫동안 자신의 집에서 키우는 '개'를 보면서 개가 어떤 모습과 특징을 가진 존재인지에 관한 도식을 형성해 왔을 것이다. 이 아이가 어느 날 부모와 함께 외부로 소풍을 나와서 놀다가 저 멀리 있는 '소(cow)'를 보고 "멍멍이(개)다!"라고 외치는 상황을 생각해보라. 지금 이 아이는 기존 자신이 가지고 있던 '멍멍이(개)' 도식(또는 개념)을 사용하여 새로 접한 자극인 '소'를 이해(또는 해석)한 것이다. 즉, 새로운 자극이나 현상을 기존 자신의 도식 체계 속으로 통합하는 '동화'를 하고 있는 것이다. 따라서 '동화'를 하는 인지 과정에서는 새로운 자극이나 현상을 이해하고 그 상황에 적응하기 위해 기존의 도식이나 개념을 적용할 뿐 더 이상의 인지적 변화(또는 인지

발달)는 이루어지지 않는다. 하지만 위에서 살펴본 경우에서 아동이 기존 자신의 도식을 사용하여 새로운 자극('소')을 이해하고 설명하려 한 '동화'는 잠재적으로 부적응을 초래하게 된다. 왜냐하면 아이가 소를 보고 "멍멍이(개)다"라고 외친(즉, 동화를 한) 후에 부모와 함께 가까이 다가가서 보게 된 실물 '소'의 모습은 기존 자신이 가지고 있던 '멍멍이(개)' 도식과 큰 차이가 있음을 알게 될 것이기 때문이다. 이제 아이는 이런 생각을 하게 될 것이다. '멍멍이(개)가 아니네. 이 동물은 뭐지?' 지금 이 아이는 일종의 인지적 부적응 상황을 겪고 있는 것이다. 물론 아동이 야외의 공원이나 길을 오고 가는 과정에서 만난 개를 본 후에 자신이 가지고 있던 '개' 도식을 적용하여 이해하고 설명하는 '동화'의 경우는 적절하고 성공적인 이해와 설명에 해당하므로 적응적이라고 할 수 있다. 하지만 위의 경우에서처럼 '동화'가 실패한 경우에는 일종의 인지적 부적응 또는 인지적 갈등 상황이 초래되고, 자연히 이 상황으로부터 벗어나고자 하는 동기를 갖게 된다. 그 방법은 자신이 가지고 있던 기존의 도식이나 개념으로 이해하고 설명할 수 없었던 새로운 자극이나 현상을 적절히 이해하고 설명할 수 있는 새로운 도식이나 개념을 도입하는 것이다. 이런 인지 과정을 '조절(accommodation)'이라고 한다. 위 경우에서라면 아이가 멀리서 볼 때는 멍멍이(개)처럼 보였지만 실제 가까이서 본 실물 '소'는 크기나 울음소리 및 행동 등 여러 측면에서 '멍멍이(개)'와 다른 존재임을 알게 될 것이다. 비로소 새로 접한 '소'가 자신이 알고 있던 '멍멍이(개)'와 다르다는 것을 알게 된 것이다. 이처럼 이전에는 몰랐던 자극(대상)에 대해 새로이 알게 된다는 것은 그의 인지 체계 또는 인지구조 속에 새로운 도식이 형성됨을 의미한다. '소' 도식이 새로 형성된 것이다. 세상을 이해하는 틀인 도식이 증가한 것이다. 이 상황은 '소'에 대해 잘 몰랐던, 즉 '소' 도식이 없었던 이전 시기에 비해 인지적으로 더 발달했음을 의미한다. 인지구조가 그만큼 더 확장되고 복잡해졌다. 그만큼 인지발달이 이루어진 것이다. 결국 위의 예에서 아이(개인)는 '조절' 과정을 거치면서 더 향상된 인지발달을 이루게 되는 것이다.

조절 변인【調節變人】moderate variable

서로 영향을 미치고 영향을 받는 두 변인들 간의 관계에서, 영향을 미치는 변인(독립 변인이라고 함)과 영향을 받는 변인(종속 변인이라고 함) 사이에서 독립 변인의 영향이나 효과를 조절하는-흔히 완화시키는-작용을 하는 변인을 조절 변인이라고 한다.

조지 헌팅턴 George Huntington (1850~1916)

미국의 의사·의학자. '헌팅턴병(Huntington's disease)'의 발견자이다. '헌팅턴', '헌팅톤', 'Huntington', 'George Huntington' 등으로 표기하기도 한다.

CLICK 헌팅턴

조직화【組織化】organization

(1) 다수의 사람이나 사물을 통합하거나 구조화하여 일정한 질서를 가진 유기적인 조직으로 만드는 것. (2) 삐아제(Piaget: 1896~1980)의 인지발달 이론에서 사용되는 주요 개념들 가운데 하나로, 개인이 가지고 있는 분리된(또는 통합되지 않은) 도식(schemes) 가운데 둘 또는 그 이상을 통합하여 더 복잡하고 적응적인 도식(또는 인지구조)으로 만들어가는 과정을 의미한다. 이것은 개인의 인지 수준 또는 인지 능력의 향상을 가져오는 동시에 환경 적응을 도와주는 기능을 한다. 삐아제는 이와 같은 조직화 경향성을 선천적인 능력으로 보았다. 삐아제는 개인은 자신이 살아가고 있는 환경 속에서 세상을 이해하고 적응하기 위해 자신이 가진 도식이나 경험을 조직하는 능동적인 경향성이 있음을 기술하기 위해 '조직화' 개념을 사용하였다.

조화의 적합성【調和의 適合性】goodness-of-fit / goodness of fit

생후 초기에 아이들이 나타내는 기질적 특성과 관련하여, 이러한 기질적 특성이 앞으로 어떤 기질적 특성 또는 성격으로 발달해 갈지는 양육자가 아이의 기질적 특성에 대해 얼마나 민감하게 반응하고 조화를 이루어 가는가에 달려 있다. 따라서 양육자가 아이의 기질적 특성에 잘 적응하여 민감하게 반응해주면서 조화를 이루게 될 때 아이의 발달은 최적화 될 수 있는데, 이를 나타낸 개념이 '조화의 적합성'이다. 토마스(Thomas)와 체스(Chess)에 의해 제시된 개념이다. '적합성'이라고도 한다.

족저 반사【足低 反射】plantar reflex

선천적 반사들 가운데 하나로, 생후 초기에 신생아의 발바닥을 손가락이나 물건을 사용하여 뒤꿈치에서 발가락 쪽 방향으로 간질이면 엄지발가락을 발등 쪽으로 굽히면서 나머지 네 개의 발가락을 부챗살처럼 펼치는 행동을 나타내는데, 이와 같은 선천적인 반사 행동을 '족저 반사' 또는 '발바닥 반사'라고 한다. 흔히 '바빈스키 반사(Babinski reflex)'라고도 한다. 이 명칭은 1896년 이 반사를 처음 발견한 프랑스 의사·신경의학자 조제프 바빈스키(Joseph Babinski: 1857~1932)의 이름을 따서 붙여진 것이다. 이 반사는 다른 선천적 반사들에 비해 상대적으로 오랜 기간 지속되는 편으로 생후 약 12~16개월 사이에 사라진다.

존 가르시아 John Garcia (1917~2012)

미국의 심리학자. 미각 혐오 학습에 관한 연구 분야에서 업적을 남겼다. 특히 쥐와 같은 동물들이 특정한 먹이(또는 음식)의 맛과 그에 따르는 질병 간의 관계를 학습하는 과정에서 신기할 정도로 뛰어난 능력을 보이는 것을 발견하였는데, 이러한 현상을 지칭하여 '가르시아 효과(Garcia effect)'라고 한다. 이것은 발견자인 존 가르시아(John Garcia)의 이름을 따서 붙여진 명칭이다. '가르시아' 또는 'Garcia'로 표기하기도 한다.

존 랭던 다운 John Langdon Down (1828~1896)

존 랭던 헤이든 다운(John Langdon Haydon Down). 영국의 의사로, '다운 증후군(Down's syndrome)'을 체계적으로 기술하고, 처음으로 보고한 학자이다. '다운', '존 랭던 헤이든 다운', 'Down', 'John Langdon Down', 'John Langdon Haydon Down' 등으로 표기하기도 한다.

CLICK 다운

존 로크 John Locke (1632~1704)

영국의 철학자. 영국의 철학자. 백지설을 주장한 학자로, 경험론 사상의 선구자이다. '로크', 'Locke', 'John Locke' 등으로 표기하기도 한다.

CLICK 로크

존 볼비 John Bowlby (1907~1990)

영국의 정신과 의사, 정신분석학자. 아기와 양육자(흔히 어머니 또는 부모) 간의 관계에서 형성되는 강한 유대 경향인 애착과 애착 발달에 관한 많은 연구 업적을 남겼다. 또한 애착(attachment) 개념 및 애착 이론(attachment theory)을 처음으로 제시한 학자로 평가받고 있다. 볼비는 인간의 행동들은 진화 과정에서의 적응 행동으로 이해해야 하며, 그런 맥락에서 영·유아기에 나타나는 애착 행동(attachment behaviors)을 설명할 수 있다고 보았다. 즉, 진화 역사 속에서 인류가 오랫동안 경험했을 이동과 약탈, 싸움 등의 환경 조건에서 인간의 아기들은 생존을 위해 양육자(부모 또는 성인) 가까이에 있어야만 했고, 이런 반복된 생존활동이 애착 행동으로 이어진 것이라고 본 것이다. 볼비와 함께 오랫동안 애착에 관한 연구를 진행한 학자로는 메리 에인스워스(Mary Ainsworth: 1913~1990)가 유명하다. '볼비', 'Bowlby',

'John Bowlby' 등으로 표기하기도 한다.

종단적 방법【縱斷的 方法】longitudinal method

'종단적 연구'에 사용되는 방법.

CLICK 종단적 연구

종단적 설계【縱斷的 設計】longitudinal design

발달 연구를 위한 설계(법)의 한 유형으로, 동일한 연령의 집단을 표집한 후 이들을 대상으로 긴 기간(수개월에서 수십 년) 동안 발달의 전반 또는 일부 영역의 수준이나 특징을 일정 시간 간격으로 반복 측정하여 비교함으로써 시간 경과에 따라 나타나는 발달적 변화나 경향을 밝히는 연구 설계(법)를 말한다.

CLICK 종단적 연구

종단적 연구【縱斷的 硏究】longitudinal study

종단적 설계를 적용한 연구. 동일한 연령의 집단을 표집한 후 이들을 대상으로 긴 기간(수개월에서 수십 년) 동안 발달의 전반 또는 일부 영역의 수준이나 특징을 일정 시간 간격으로 반복 측정하여 비교함으로써 시간 경과에 따라 나타나는 발달적 변화나 경향을 밝히는 연구 또는 연구 방법을 말한다. 종단적 연구는 수개월이나 수년 또는 수십 년에 걸쳐 진행되기도 한다. 예를 들면, 연령에 따른 지능의 변화를 밝히기 위해 특정 연령(예를 들면, 5세나 10세)의 아동을 일정 수 표집한 후, 몇 십 년에 걸쳐 이들의 지능을 측정하여 연령에 따라 변화하는 지능에 대해 연구하는 경우를 생각할 수 있다. 종단적 연구는 발달의 전반이나 특정 영역에서 시간 경과에 따른 변화 경향이나 차이를 알 수 있는 이상적인 방법이라고 평가된다. 즉, 연구를 통해 밝히고자 하는 발달 또는 발달적 변화에 대한 연령의 순수한 효과를 알 수 있는 가장 이상적인 방법이라고 할 수 있다. 하지만 이 연구 방법에는 몇 가지 중요한 문제점들이 포함되어 있다. 먼저 연구 기간이 오래 걸린다는 점(수개월에서 길게는 수십 년이라는 긴 시간이 소요되기도 함)과 그 진행 과정에서 많은 비용이 요구된다는 점에서 수행하기가 쉽지 않다. 또한 오랜 기간에 걸쳐 연구가 진행되는 만큼 진행되는 도중에 연구를 수행하는 연구자들이나 연구의 대상인 연구 참여자들의 이탈 가능성도 적지 않다. 특히 연구 대상자(연구 참여자)들이 오랜 연구가 진행되는 과정에서 질병과 같은 개인적 요인이나 가정적 또는 사회적 요인에 의해 연구에 참여할 수 없게 되는 경우, 즉 연구 참여자의 선별적 감소(selective attrition)의 발생 가능성이 적지 않다는 점도 중요한 단점의 하나로 지적된다. 종단적 연구라는 표현 외에도 종단적 방법, 종단적 연구법, 종단적 연구 방법, 종단적 설계 그리고 종단적 접근 등의 표현들이 같은 의미로 사용되고 있다.

종단적 연구 방법【縱斷的 硏究 方法】longitudinal method

'종단적 연구법' 또는 '종단적 방법'이라고도 한다.

CLICK 종단적 연구

종단적 연구법【縱斷的 硏究法】longitudinal method

'종단적 연구 방법' 또는 '종단적 방법'이라고도 한다.

CLICK 종단적 연구

종단적 접근【縱斷的 接近】longitudinal approach

'종단적 연구'라고도 한다. CLICK 종단적 연구

종말 단추【終末 단추】terminal button

뉴런 구조의 일부분인 축색은 끝부분으로 가서 여러 개의 작은 가지로 나누어지는데, 이러한 작은 가지들의 끝부분을 이루고 있는 작은 혹 형태의 구조를 말한다. 이곳에 신경전달물질을 담고 있는 '시냅스 낭('시냅스 주머니'라고도 함)'이 들어 있다. 종말

단추는 인접한 다른 뉴런과 함께 시냅스(synapse)를 형성한다. '종말버튼', '시냅스 단추(synaptic button)', '시냅스 혹(synaptic knob)', '축색 종말(axon terminal)'이라고도 한다.

종 특유의 행동 【種 特有의 行動】 species-specific behavior

'본능(本能, instinct)'이라는 표현 대신에 자주 사용되는 용어로, 특정한 상황(또는 환경)하에서 특정한 종의 동물들이 나타내는 행동들 중에서 특히 학습되지 않고(또는 학습되지 않았거나) 복합적이고 비교적 수정하기 어려운 행동을 지칭하여 '종 특유의 행동'이라고 한다. 종 특유의 행동이 전적으로 학습되지 않은 행동인지(즉 학습과 관계없이 결정된 것인지) 아니면 부분적으로 학습이 포함된 것인지에 대해서는 학자들 간에 견해 차이를 보이고 있다. 예컨대, 새들의 '날아다니는 행동'과 같은 종 특유의 행동은 학습과 관계없이 결정된 행동인가 아니면 부분적으로 어린 시절 어미로부터 훈련(학습)받는 경험을 필요로 하는 행동인가에 관한 논쟁을 한 가지 예로 들 수 있다.

좌반구 【左半球】 left hemisphere

대뇌(大腦, cerebrum)의 좌우에 위치하고 있는 반구 형태의 두 부분을 지칭하여 대뇌 반구(大腦 半球, cerebral hemisphere)라고 하며, 이 중 좌측의 반구를 좌반구(左半球, left hemisphere)라고 하고 우측의 반구를 우반구(右半球, right hemisphere)라고 한다. 한편 두 개의 반구, 즉 좌반구와 우반구는 중심부의 안쪽에 위치하고 있는 신경조직인 '뇌량(腦梁, corpus callosum)'에 의해 연결되어 있다.

좌절 【挫折】 frustration

원하는 목표를 달성하려는 욕구나 노력이 외적 요인(예를 들면, 다른 사람들의 방해나 사고 등)이나 내적 요인(예를 들면, 자신의 준비 부족이나 능력 부족 등)으로 인해 실패하거나 무산된 상태.

좌절-공격 가설 【挫折-攻擊 假說】 frustration-aggression hypothesis

'좌절－공격성 가설'이라고도 한다.

CLICK 좌절-공격성 가설

좌절-공격성 가설 【挫折-攻擊性 假說】 frustration-aggression hypothesis

좌절로 인해 공격성이 증가되고 그 결과로 공격 행동이 나타나게 될 가능성이 증가하게 된다고 보는 가설. 즉, 사람들은 자신이 이루고자 하는 목표 달성(또는 목표를 이루기 위해 하는 행동)이 방해받거나 실패하게 되는 상황(즉, 좌절)에 처하게 되면 화가 나면서 동시에 공격적 욕구(또는 공격적 동기)가 발생하게 되고 이러한 상태는 자연히 공격 행동으로 이어질 가능성을 증가시킨다. 따라서 이 가설에 따르면, 어떤 일이나 경험을 하는 과정에서 좌절 상황에 처한 사람들은 그렇지 않은 사람들에 비해 공격 행동을 할 가능성이 높다고 예측된다. '좌절－공격 가설'이라고도 한다.

주관 【主觀】 subject

외부의 세계를 바라보고 해석하는 과정에서 다른 사람들의 견해나 관점과는 별도로 작용하는 자기 나름대로의 견해나 관점.

주관적 웰빙 【主觀的 웰빙】 subjective well-being

본인 스스로가 느끼고 지각하는 웰빙. '웰빙(well－being)'은 '삶에 대한 만족' 또는 '삶에 대해 만족하는 상태'를 의미하는 개념으로, 주관적 웰빙이란 삶에 대해 스스로가 느끼고 지각하는 만족 또는 만족하는 상태라고 정의할 수 있다. 행복 및 삶의 질을 평가할 때 중요하게 고려하는 개념으로, 흔히 삶의 질을 평가할 때 객관적인 측면의 웰빙을 의미하는 '객관적 웰빙' 개념과 함께 사용된다. '주관적 강녕' 또는 '주관적 안녕'이라고도 한다.

주변인【周邊人】marginal man / marginal person

발달적으로 또는 사회적으로 둘 이상의 서로 다른 발달 단계나 집단에 걸쳐 있어 이 둘의 특성을 모두 가지고 있지만, 동시에 명확히 어느 한 단계나 집단에 소속되어 있지 않기 때문에 그 특성이나 행동이 불분명하여 어느 하나로 명확히 규정하기 어려운 상태에 있는 사람. 흔히 발달적으로 아동에서 성인으로 이행하는 중간 단계에 위치하고 있는 청소년을 지칭하는 표현으로 사용하는 경우가 많다.

주요 신경인지 장애【主要 神經認知 障碍】major neurocognitive disorder

뇌(또는 뇌신경)의 손상에 의해 한 가지 이상의 인지적 영역(예를 들면, 기억, 학습, 지각-운동기능, 사회적 인지, 복합 주의, 실행기능 등)에서 심각한 기능 저하를 나타내는 장애. DSM-5에서 분류하고 있는 '신경인지 장애(neurocognitive disorders)'의 하위 유형들 가운데 하나이다. 신경인지 장애의 하위 유형들 가운데 또 다른 하나인 '경도 신경인지 장애'는 인지 영역에서의 기능 손상이 있긴 하지만, '주요 신경인지 장애'에 비해 인지기능 상의 손상 정도가 경미하여 일상생활을 해나가는 데 크게 문제가 되지는 않는 경우를 말한다.

주요 우울 일화【主要 憂鬱 逸話】major depressive episode

기분 장애(mood disorder)는 기분 일화(mood episode)의 유형에 따라 구분되며, 주요 우울 일화는 이러한 기분 일화의 한 유형이다. 구체적으로 생활 속의 대부분 또는 많은 활동에 대한 흥미와 관심의 상실감을 경험하거나 우울한 기분을 갖는 상황이 약 2주일 이상 지속되는 것 또는 그러한 상태를 말한다.

주요 우울 장애【主要 憂鬱 障碍】major depressive disorder

극단적인 우울 상태 또는 우울 정서로 고통을 받는 단극성 장애로, 주요 우울 일화(major depressive episode)가 1회 이상 나타나는 경우에 주요 우울 장애로 진단된다.

CLICK 주요 우울 일화

주의【注意】attention

환경 속의 특정 자극(또는 정보)들 가운데 특정한 자극(또는 대상)을 선택하여 인지적으로 집중하는 상태. '주의 집중'이라고도 한다.

주의력결핍 과잉행동 장애【注意力缺乏 過剩行動 障碍】attention-deficit hyperactivity disorder (ADHD)

학령기를 전후한 시기에 아동 또는 청소년들에게서 가장 일반적으로 발생하며, 부주의(또는 주의력결핍, inattention), 과잉행동(hyperactivity) 및 충동성(impulsive) 등을 주요 증상으로 나타내는 발달 장애. 이에 더하여 학습 장애, 품행 장애, 불안 장애, 정서 장애, 낮은 자아 존중감(자존감) 그리고 부적응적인 사회적 상호작용 등의 문제를 동반하는 경우가 있다. 이 장애의 증상은 상황에 따라, 가정이나 학교 등 하나의 상황에서만 나타나기도 하고, 여러 상황에서 나타나기도 한다. 흔히 이 장애의 증상은 7세 이전에 시작되며, 이 장애의 증상들은 학교생활과 학업, 직장 및 사회활동 등에서의 기능에 큰 어려움을 초래하게 된다. 유병률은 학령기 아동들의 약 3~5% 정도로 추정되며, 여아보다는 남아에게서 더 많이 발생하는 것으로 알려지고 있다. '주의력결핍 과잉활동 장애', '주의력결핍 과다행동 장애' 또는 'ADHD'라고도 한다.

주의력결핍 과잉활동 장애【注意力缺乏 過剩活動 障碍】attention-deficit hyperactivity disorder (ADHD)

'주의력결핍 과잉행동 장애'라고도 한다.

CLICK 주의력결핍 과잉행동 장애

주의 집중【注意集中】attention

'주의(注意)'라고도 한다. CLICK 주의

주의폭【注意幅】attention span

특정한 자극이나 활동 또는 과제에 대해 지속적으로 주의를 기울이는(또는 유지하는) 능력 또는 그렇게 하는 시간의 길이. 발달적으로 생후 초기의 아기들은 특정 자극에 대해 주의를 기울이는 시간의 길이(즉, 주의폭)가 짧지만 나이가 들어가면서 점차 길어지는 경향을 나타낸다.

주제통각 검사【主題統覺 檢査】Thematic Apperception Test (TAT)

1935년 헨리 알렉산더 머레이(Henry Alexander Murray: 1893~1988)와 크리스티아나 드러먼드 모건(Christiana Drummond Morgan: 1897~1967)이 공동으로 개발한 투사적 성격 검사로, 흑백으로 된 총 31장의 그림카드들로 구성되어 있다. 이 그림카드들 중 한 장은 완전한 백지<도판 16>이고, 나머지 30장의 카드는 어떤 상황이나 장면을 묘사하고 있으며 대부분 한 명 이상의 인물이 등장한다. 검사를 실시하기 전에 피검자(被檢者)의 성별과 연령에 따라 전체 그림카드들 중 20장을 선택한 후, 피검자에게 한 장씩 보여주면서 각 그림에 대해 이야기해보도록 요구한다. 보통 20장의 카드를 이용하지만, 경우에 따라서는 카드의 수를 9~12장 정도로 줄여서 실시하기도 한다. 검사자는 피검자에게 그림카드를 한 장씩 보여주면서 각 그림에 대해 이야기를 지어보도록 요구한다. 즉, 카드의 그림에서 어떤 일이 벌어지고 있는지, 그리고 그림 속의 인물은 어떤 상태에 있는지에 관해 상상하여 이야기해보도록 요구한다. 이 검사를 통해 피검자가 구성하는 이야기 속에는 피검자의 과거 경험, 성격, 긴장, 갈등, 불안이나 걱정, 욕구나 충동, 공상 등이 무의식적으로 투사되어 나타나게 된다고 가정한다. 이 검사는 기본적으로 정신분석적 이론에 토대를 두고 있는 투사적 검사라 할 수 있다. 피검자에게 진심, 즉 진짜 감정이나 욕구를 직설적으로 물어보면 이에 대해 말하지 못하거나 말하기를 거부할 수도 있고 또는 솔직하지 않은 말을 할 수도 있다. 이같이 피검자들이 말하기 어렵거나 억압되어 있는 감정 혹은 욕구들이 애매모호한 그림을 보고 해석하는 과정에 투사되어 나타나게 된다고 보는 것이다. 검사자는 채점 기준에 따라 피검자의 이야기를 듣고 분석함으로써 이야기 속에 투사된 피검자의 감정이나 욕구, 동기, 갈등, 긴장, 대인 관계 및 문제 해결 방식 등과 같은 성격과 관련된 다양한 부분들에 대해 평가하고 이해할 수 있게 된다. 한편 '주제통각 검사'는 'TAT'라고도 하는데, 이 말은 주제통각 검사의 영어 표현인 'thematic apperception test'의 약자로, 보통 '주제통각 검사'라는 표현 대신 'TAT'라는 표현을 사용하는 경우가 많다.

주지화【主知化】intellectualization

정신분석에서 다루는 방어 기제의 하나로, 개인이 자신에게 위협이 되는 상황을 지적(지성적)이고 추상적인 표현을 사용함으로써 그 상황의 위협으로부터 초연해지거나 벗어나려는 시도 또는 노력을 의미한다. '지성화' 또는 '지식화'라고도 한다.

죽음의 단계【죽음의 段階】stages of dying

스위스 태생의 미국 정신의학자 엘리자베스 퀴블러로스(Elisabeth Kübler-Ross: 1926~2004)에 의해 제안된 죽음에 이르는 5가지의 단계를 말하며, 부정과 충격 단계, 분노 단계, 협상 단계, 우울 단계, 수용 단계 등으로 구분된다. 죽음을 맞이하는 사람이 죽음에 가까이 다가감에 따라 나타내는 정서적 및 행동적 반응과 특징을 5개의 단계로 나누어 기술하고 있다. 개인에 따라 단계의 순서에서 차이를 보이기도 한다.

줄기 세포【줄기 細胞】stem cell

세포의 한 종류로, 신체를 구성하고 있는 각종 장기, 근육, 뼈, 피부, 뇌 등과 같은 어떤 조직으로도 분화할 수 있는 기본 세포. 간세포(幹細胞)라고도 한다. 인간의 줄기 세포에는 크게 두 가지 형태가 있는데, 하나는 정자와 난자가 만나 수정이 이루어진 이후 약 14일이 경과되지 않은, 즉 신체를 구성하는 다양한 조직과 이를 구성하는 세포로 분화되기 이전의 미분화된 세포인 배아 줄기 세포(embryonic stem cell)이고, 다른 하나는 신체의 골수나 혈액 및 제대혈(탯줄 혈액) 등에 존재하는 성체 줄기 세포(adult stem cell)이다.

중간 뉴런【中間 뉴런】interneuron

감각 뉴런과 운동 뉴런 사이에서 두 뉴런을 이어주는, 즉 한 뉴런으로부터 다른 뉴런으로 정보(또는 메시지)를 전달하는 기능을 하는 뉴런. 중추 신경계에 있는 뉴런들 가운데 약 99%를 차지하고 있는 연합 뉴런은 신경계에서 이루어지는 활동 대부분을 담당하는 것으로 알려져 있다. '개재 뉴런', '사이 뉴런' 또는 '연합 뉴런(association neuron)'이라고도 한다.

중간 정도의 정신지체【中間 程度의 精神遲滯】moderate mental retardation

'중등도 정신지체' 또는 '중등도 지체'라고도 한다.

CLICK 중등도 정신지체

중간 체계【中間 體系】mesosystem

미시 체계를 구성하는 요소들(예를 들면, 부모, 형제, 교사, 또래 등) 간의 관계 및 상호작용이 이루어지는 환경 또는 환경 체계. 러시아 태생의 미국 심리학자인 브론펜브레너(Bronfenbrenner: 1917~2005)가 제안한 '생태학적 체계 이론'의 다섯 환경 체계(미시 체계, 중간 체계, 외체계, 거시 체계 및 시간 체계 등) 중 하나. 환경 체계 중 가장 안쪽에 위치하는 미시 체계에 이어 두 번째 층에 위치하는 체계로, 발달하는 개인(또는 아동)이 직접 접촉하면서 상호작용하는 환경 체계인 미시 체계를 구성하는 요소들(부모와 형제, 학교와 교사, 또래 등) 간의 관계 또는 상호작용 측면을 의미한다. 이처럼 중간 체계를 이루는, 즉 미시 체계의 요소들 간의 관계나 상호작용이 긍정적인 경우에는 그 영향을 받는 개인(또는 아동)의 발달에 긍정적인 영향을 미치지만, 반대로 미시 체계의 요소들 간의 관계나 상호작용이 부정적인 경우에는 그 영향을 받는 개인(또는 아동)의 발달에 부정적인 영향을 미치게 된다.

중기 성인기【中期 成人期】middle adulthood

발달의 단계 가운데 하나로, 초기 성인기(성인 초기 또는 성인 전기라고도 함) 이후부터 후기 성인기(성인 후기 또는 노년기라고도 함) 이전까지의 시기. 구체적으로 초기 성인기가 끝나는 시점인 대략 40세 이후부터 65세 무렵까지의 시기를 말한다. 성인기(adulthood)를 초기 성인기, 중기 성인기, 후기 성인기 등 세 단계로 구분할 때 두 번째 단계에 해당한다. 즉, 중기 성인기는 그 앞의 단계인 초기 성인기와 후기 성인기 사이에 위치하는 단계이다. 중기 성인기는 발달적 측면에서 보면 신체적(또는 생물학적) 영역에서 노화가 진행되고 인지적 및 행동적 영역들의 여러 측면에서 그 능력이 약화되는 경향을 나타낸다. 하지만 그 동안의 삶을 통해 축적해온 풍부한 경험과 전문적 역량, 그리고 지혜는 이들의 삶의 깊이를 더해주고 생산성을 최고 수준에 도달하도록 돕는다. 개인의 삶의 측면에서는 생존해 있는 부모 세대와 아직 출가하지 않은 자녀 세대를 모두 부양해야 하는 경우가 많기 때문에 윗세대와 아랫세대 사이에 낀 세대라는 의미에서 이 시기를 '샌드위치 세대'라고 부르기도 한다. 다른 한편으로는 이 시기의 후반부로 가면서 그동안 양육하고 뒷바라지해온 자녀 세대가 대부분 출가함에 따라 마치 어린 새 새끼들이 커서 둥지를 떠나는 것처럼 가정에 두 부부만 남게 되는 상황을 빈둥지에 비유하면서, 이 상황에서 경험하는 중년 부모의 심리적 공허감을 지칭하여 '빈둥지 증후군(empty nest syndrome)'이라고 부르기도 한다. 중기 성인기는 흔히 '중년기'라고 부르는 시기로, '성인 중기'라고도 한다.

중기 아동기【中期 兒童期】middle childhood

6세경부터 11~12세 무렵까지의 시기를 말한다. 초등학교 교육 과정에 참여하는 시기에 해당하기 때문에 학령기(學齡期)라고도 한다. 중기 아동기의 전단계인 초기 아동기(대략 2세부터 5세 또는 6~7세 무렵까지의 시기)는 학령 전기 또는 유아기라는 명칭으로도 불리기 때문에, 초기 아동기라는 표현 대신에 학령 전기나 유아기라는 명칭을 사용하는 경우에는 중기 아동기라는 표현보다는 간단히 '아동기(childhood)'라는 명칭을 사용하는 경우가 많다.

중년기【中年期】middle adulthood

대략 40세 이후부터 65세 무렵까지의 시기. 발달단계 가운데 하나로, 특히 성인기(adulthood)를 초기 성인기, 중기 성인기, 후기 성인기 등 세 단계로 구분할 때 두 번째 단계, 즉 초기 성인기(성인 초기 또는 성인 전기라고도 함) 이후부터 후기 성인기(성인 후기 또는 노년기라고도 함) 이전까지의 시기를 말한다. '중기 성인기' 또는 '성인 중기'라고도 하며, 다른 한편으로 이 시기는 부모 세대와 자녀 세대를 모두 부양해야 하는 위치에 있기 때문에 윗세대와 아랫세대 사이에 낀 세대라는 의미에서 '샌드위치 세대'라고 부르기도 한다.

중뇌【中腦】midbrain / mesencephalon

중추 신경계의 핵심 부분인 뇌(腦, brain)는 영역에 따라 대뇌(大腦, cerebrum), 간뇌(間腦, diencephalon), 중뇌(中腦, midbrain), 소뇌(小腦, cerebellum) 및 연수(延髓, hindbrain) 등으로 구분된다. 그 중에서 중뇌는 위로는 간뇌에 이어져 있고 아래로는 교(橋)에 이어져 있는 영역으로 '가운데골'이라고도 한다. 중뇌는 세부적으로 시개(tectum)와 피개(tegmentum)를 포함하고 있으며, 시각, 청각 등의 감각과 운동에 관여한다.

중독【中毒】addiction

약물을 포함한 특정한 물질(알코올, 담배 및 각종 마약류 등)이나 행위(도박, 경마 등)에 대해 심리적 또는 생리적으로 과도하게 의존되어 있어 자신과 자신의 주변 사람들에게 폐해를 초래하지만 이를 조절할 수 있는 통제력을 잃고 그러한 행동을 만성적으로 반복하는 상태. 중독 상태에 있는 사람들이 공통적으로 나타내는 특징으로는 갈망, 내성 및 금단 증상 등이 있으며, 크게 두 가지 유형으로 구분될 수 있다. 먼저, 기분을 변화시키기 위해 특정 물질에 의존하는 상태인 물질 중독(중독 물질이 대부분 약물이라는 점에서 물질 중독이라는 표현 대신에 약물 중독이라는 표현을 사용하기도 함)과 특정한 행위 또는 활동에 의존하는 상태인 행위 중독(또는 과정 중독이라고도 함)으로 구분할 수 있다. 흔히 알려져 있는 물질 중독에는 니코틴(담배) 중독, 알코올 중독, 마약류를 포함한 다양한 약물들에 대한 중독, 그리고 기타의 물질들에 대한 중독이 포함된다. 행위 중독에는 도박 중독, 성 중독, 일 중독, 운동 중독, 쇼핑 중독, 경마 중독, TV 중독 및 기타의 행위들에 대한 중독이 포함된다. 일반적으로 중독자들은 중독된 물질 사용이나 행위 과정을 통해 기분 변화를 추구하지만, 중독과 관련하여 문제가 되는 가장 중요한 측면은 그와 같은 반복적인 물질 사용과 행위가 당사자는 물론이고 주변의 많은 사람들(가족을 포함)에게도 경제적, 정신적, 신체적, 사회적 및 관계적 측면에서 큰 고통을 주게 되고 정상적인 생활을 하기 어렵게 만드는 등의 심각한 부적응을 초래하게 된다는 점이다. 최근에는 컴퓨터 중독(computer addiction) 또는 인터넷 중독(Internet addiction), 그리고 게임 중독(game addiction) 등과 같은 새로운 형태의 행위 중독이 심각한 사회적 문제로 등장하고 있다.

중독【中毒】intoxication

독성이 있는 물질(특정 약물, 독극물, 가스 등)이나 병원균에 노출되거나 그것을 섭취함으로 인해 신체적, 심리적 또는 행동적인 측면에서 손상이나 장애가 초래된 상태.

중등도 정신지체【中等度 精神遲滯】moderate mental retardation

정신지체는 일반적인 지능 검사에서 획득한 점수인 지능 지수(IQ)가 70 이하(또는 미만)이면서, 학습이나 사회적 적응 등과 같은 일상생활을 해 나가는 능력 면에서 심각한 결함을 나타내는 경우를 의미한다. 정신지체는 지능 지수(IQ)의 범위에 따라 네 수준으로 분류할 수 있는데, 그 중 IQ 35~49까지의 경우를 '중등도 정신지체'라고 하며, '중간 정도의 정신지체'라고도 한다. 이 수준의 정신지체자들은 초등학교 1~3학년 수준 이상으로 발달하기 어렵고, 적절한 도움과 지도를 받게 되면 어느 정도의 사회적 기술과 의사소통 능력을 발달시키는 것이 가능하지만, 일반적인 사회생활이나 직장생활을 수행하기는 어렵다. 보호와 감독이 잘 이루어지는 시설이나 환경에서 간단한 기능을 요구하는 단순한 일을 수행하는 것이 가능하다. 정신지체자의 약 10~12% 정도가 이 수준에 해당한다. '중등도 지체', '중등도 지적 장애' 등과도 같은 의미로 사용된다.

중등도 지적 장애【中等度 知的 障碍】moderate intellectual disability

'지적 장애'의 한 유형으로, IQ 35~49까지의 경우를 말한다. 초등학교 1~3학년 수준 이상으로 발달하기 어렵고, 적절한 도움과 지도를 받게 되면 어느 정도의 사회적 기술과 의사소통 능력을 발달시키는 것이 가능하지만, 일반적인 사회생활이나 직장생활을 수행하기는 어렵다. 보호와 감독이 잘 이루어지는 시설이나 환경에서 간단한 기능을 요구하는 단순한 일을 수행하는 것이 가능하다. 성인의 경우에, 중등도 지적 장애는 정신연령이 약 6~9세 정도에 해당한다. '중등도 정신지체' 및 '중등도 지체'와 같은 의미로 사용된다.

중등도 지체【中等度 遲滯】moderate retardation

정신지체의 한 유형으로, IQ 35~49까지의 경우를 말한다. 이 수준의 정신지체자들은 초등학교 1~3학년 수준 이상으로 발달하기 어렵고, 적절한 도움과 지도를 받게 되면 어느 정도의 사회적 기술과 의사소통 능력을 발달시키는 것이 가능하지만, 일반적인 사회생활이나 직장생활을 수행하기는 어렵다. 보호와 감독이 잘 이루어지는 시설이나 환경에서 간단한 기능을 요구하는 단순한 일을 수행하는 것이 가능하다. 정신지체자의 약 10~12% 정도가 이 수준에 해당한다. '중등도 정신지체', '중등도 지적 장애' 등과도 같은 의미로 사용된다.

중배엽【中胚葉】mesoderm

수정이 이루어진 이후 배종기(정자와 난자가 만나 수정이 이루어진 이후 착상이 이루어지기 전까지 약 2주간의 기간)를 거쳐 배반포가 자궁벽에 착상한 이후의 시기를 배아기라고 하는데, 이 시기 초기의 배아는 세 개의 세포층(구체적으로 외배엽, 중배엽 및 내배엽)으로 나뉜다. 그 중 가장 바깥을 덮고 있는 외배엽과 가장 안쪽 층인 내배엽의 중간에 형성되는 세포층이 중배엽으로, 중배엽은 이후에 근육계, 골격계, 순환계, 생식계 등으로 분화된다.

중심-말단 경향【中心-末端 傾向】proximodistal trend

'중심－말초 경향'이라고도 한다. '중심－말단 방향', '중심－말초 방향' 및 '근원 방향'과 같은 의미로 사용되는 말이다. CLICK 중심-말단 방향

중심-말단 방향【中心-末端 方向】proximodistal direction

발달이 진행되는 방향적 특징 가운데 하나로, 발달이 중심부(中心部: 몸통 부분)에서부터 시작하여 말단부 방향으로 진행되는 순서적 경향을 의미한다. '중심－말초 방향'이라고도 한다. '중심－말단 경향', '중심－말초 경향' 및 '근원 경향' 등과 같은 의미로 사용된다.

중심-말단 방향으로의 발달【中心-末端 方向으로의 發達】proximodistal development

발달의 진행 경향을 나타내는 것으로, 중심부(또는 몸통 부분)에서부터 시작하여 말단부 방향으로 진행되는 발달 또는 발달 순서를 의미한다. '중심－말초 방향으로의 발달', '근원 방향으로의 발달', '중심－말단 방향의 발달', '중심－말초 방향의 발달' 및 '근원 방향의 발달' 등의 표현과 같은 의미로 사용된다.

중심-말단의【中心-末端의】proximodistal

(1) '중심부터 말단으로' 또는 '중심부에서 말단부로'의 의미를 가진 표현이다. (2) 생후 초기의 신체 및 운동 발달 과정에서 나타나는 특징적인 경향의 하나로, '신체의 중심 부분(몸통)에서 팔과 다리 등을 포함하는 말단 부분으로 진행되는 성장과 성숙의 순서'를 의미하는 표현이다. '중심－말초의', '근원의', '중심－말단' 또는 '중심－말초'라고도 한다.

중심-말초【中心-末梢】proximodistal

'중심－말단' 또는 '근원'이라고도 한다.

CLICK 중심-말단의

중심-말초 경향【中心-末梢 傾向】proximodistal trend

'중심－말단 경향'이라고도 한다. '중심－말단 방향', '중심－말초 방향' 및 '근원 방향' 등과 같은 의미로 사용되는 말이다. CLICK 중심-말단 방향

중심-말초 방향【中心-末梢 方向】proximodistal direction

발달이 진행되는 방향적 특징 가운데 하나로, 발달이 중심부(몸통 부분)에서부터 시작하여 말초부 방향으로 진행되는 순서적 경향. '중심－말단 방향'이라고도 한다. '중심－말단 경향', '중심－말초 경향' 및 '근원 경향' 등과 같은 의미로 사용된다.

중심-말초의【中心末梢의】proximodistal

'중심부터 말초로' 또는 '중심부에서 말초부로'의 의미를 가진 표현이다. '중심－말단의', '근원의', '중심－말초', '중심－말단' 및 '근원' 등과 같은 의미로 사용된다.

중심화【中心化】centration

어떤 사물이나 상황이 가진 여러 측면들 가운데 어느 하나의 측면만을 고려하여 반영하는 사고 경향. 삐아제(Piaget: 1896~1980)의 인지발달 이론에서, '전조작기'의 아동들이 나타내는 인지적 특징들 가

운데 하나이다. '중심화 사고' 또는 '중심화된 사고(centered thinking)'라고도 한다.

중심화된 사고【中心化된 思考】centered thinking

'중심화'라고도 한다. CLICK 중심화

중이【中耳】middle ear / tympanum

귀의 구조 중에서 외이를 통해 들어온 소리를 내이로 전달하는 기능을 하는 귀의 한 부분이다. 귀의 해부학적 구조를 보면, 겉으로부터 외이(外耳), 중이(中耳), 내이(內耳) 등 세 부분으로 구성되며, 그 중 외이와 내이 사이에 위치한 부분을 중이라고 한다. 중이는 그 구조 측면에서 고막과 세 개의 작은 뼈들—추골('망치뼈'라고도 함), 침골('모루뼈'라고도 함), 등자골 등—을 포함하는 구조로 이루어져 있고, 기능 측면에서는 외이를 통해 들어온 소리를 내이로 전달하는 기능을 한다. '가운뎃귀'라고도 한다.

중이염【中耳炎】otitis media / tympanitis

중이(中耳)에 세균이 감염되어 발생하는 염증으로, 제때에 적절한 치료가 이루어지지 않으면 청각 장애를 초래할 수 있다. 이로 인한 청각 장애의 수준은 가벼운 정도부터 청각 상실을 포함한 심한 정도의 청각 장애가 포함된다. 특히 영·유아기의 만성 중이염은 청각 및 언어발달의 문제와 함께 인지 및 사회적 발달에도 부정적인 영향을 미칠 가능성이 있다.

중재【仲裁】intervention

(1) 양자 간의 갈등이나 분쟁에 끼어들어 이를 조정하는 역할을 하는 것. (2) 발달이나 교육적 측면에서 이루어지는 지원이나 개입. 흔히, 심리학이나 교육학 등의 분야에서는 '중재(intervention)'를 두 번째 의미로 사용하는 경우가 많다. '개입'이라고도 한다.

중증 정신지체【重症 精神遲滯】severe mental retardation

'고도 정신지체', '중증도 정신지체', '심한 정신지체' 또는 '고도 지체'라고도 한다. 또한 '고도 지적 장애'와도 같은 의미로 사용된다. CLICK 고도 정신지체

중추 신경계【中樞 神經系】central nervous system (CNS)

신경계는 크게 중추 신경계와 말초 신경계 두 부분으로 구성되어 있다. 그 중에서 중추 신경계는 뇌(腦, brain)와 척수(脊髓, spinal code)를 포함하는 부분으로, 신체 각 부분 및 기관들을 유기적으로 연결하는 신경계에서 가장 중심적인 기능을 하며, 대부분의 신경세포와 신경 섬유가 밀집해 있다. '중추 신경계'라는 우리말 대신 영어 'central nervous system'의 줄임말인 'CNS'로 표현하는 경우도 있다.

쥐기 반사【쥐기 反射】grasping reflex / grasp reflex

선천적 반사들 가운데 하나로, 생후 초기의 영아의 손바닥에 물건이나 끈을 쥐어주면 매우 강하게 꽉 쥐는 동작을 취하는데, 이처럼 생후 초기의 영아가 손바닥에 닿은 물체를 꽉 쥐는 선천적인 반사 행동을 '쥐기 반사'라고 한다. 이런 쥐기 반사의 강도는 영아가 자신의 손으로 성인의 손가락이나 가는 막대기를 잡고 약 1분 내외의 시간 동안 공중에 매달려 있을 정도이다. 흔히 이 반사는 현실적으로 생존적(또는 기능적) 가치가 없거나 불분명하기 때문에 흔히 '원시 반사'의 한 유형으로 분류한다. 시간이 지나면서 점차 사라지는 다른 많은 선천적 반사들처럼, 쥐기 반사도 생후 약 3~4개월이 경과하면서 점차 사라진다. '파악 반사', '잡기 반사', '붙잡기 반사', '움켜잡기 반사' 또는 '손바닥 쥐기 반사(palmar grasp reflex)'라고도 한다.

즐거움 enjoyment

마음에 들어 기쁘고 좋으며 흐뭇한 정서 반응 또는 정서 상태. 즉, 즐거움이란 좋아함, 기쁨, 흐뭇함, 재미 등과 같은 긍정적인 정서들을 포함하거나 또는 그런 정서들과 중복되는 의미를 갖는 긍정적인 정서 반응 또는 정서 상태를 의미한다. 일반적으로 사람들은 삶의 과정에서 즐거움을 추구하며, 또한 즐거움이 하나의 중요한 동기가 되어 어떤 일이나 활동을 하게 된다. 이런 측면에서 보면, 즐거움은 인간의 동기와 행동을 이해하는 데 있어서 매우 중요하게 다루어져야 할 변인이라고 할 수 있다. 그럼에도 아직까지는 이에 관한 많은 심리학적 관심과 연구가 이루어지지 못해왔다. 최근에 행복, 건강, 복지 또는 웰빙 등에 대한 관심의 증가와 함께 즐거움에 대한 관심도 증가하고 있는 바, 향후 이에 관한 연구도 더욱 많아질 것으로 예상된다.

증오【憎惡】hate

다양한 요소를 포함하는 복합적인 정서 상태의 하나. 흔히 다른 사람을 싫어하고 미워하며, 나아가 그를 해치고 싶어 하는 감정 또는 정서 반응을 의미한다.

증후군【症候群】syndrome

원인이 명확하지는 않지만 공통성을 가진 일련의 병적 증상들 또는 그런 증상들의 모임.

지각【知覺】perception

외부로부터 감각 기관으로 들어온 자극(또는 정보)을 식별하고 해석하는 과정. 즉, 외부로부터 감각 기관으로 들어온 자극들을 식별하고 해석하여 그 자극을 파악하는 심리 과정을 말한다. 구체적으로 감각(sensation)이 이루어진 이후, 이 감각 정보를 뇌 수준에서 조직화하고, 식별하고, 해석함으로써 자극 대상에 대한 정신적 표상을 형성하는 과정을 말하는 것으로, 이 과정에서 유기체는 자극 대상이 무엇인지를 파악할 수 있게 된다. 세상에 존재하는 모든 물체나 현상이 지각의 대상이 된다.

지각 기억【知覺 記憶】perceptual memory

과거의 지각 경험을 통해 접했던 지각 대상(또는 자극)의 구조나 특징 또는 내용에 대한 기억. 이렇게 형성된 지각 기억은 그 이후 새로운 자극이나 대상을 지각할 때 영향을 미치게 된다.

지각 도식【知覺 圖式】perceptual schema

지각 과정에서, 자극(또는 대상)에 대한 지각 반응의 준거 또는 틀을 제공하는 인지적 구조 또는 도식.

지각 발달【知覺 發達】perceptual development / development of perception

지각 능력에서의 발달 또는 발달적 변화. 지각은 시각, 청각, 후각, 미각, 촉각 등의 감각 능력을 이용해 정보를 습득하고, 통합하고, 파악하는 능력을 말하는 것으로, 출생 후 시간 경과에 따라 일어나는 지각 능력에서의 발달 또는 발달적 변화를 지칭하여 지각 발달이라고 한다. 인간의 지각 능력은 출생 후 시간이 경과해 가면서 급속하게 발달하게 되는데, 특히 생후 초기 몇 개월 사이에 여러 지각 능력에서 급속한 발달이 이루어진다. 예를 들면, 신생아의 시력은 정상 성인의 40분의 1 정도에 불과하지만 만 6세 무렵이 되면 거의 성인과 같은 수준에 도달하게 된다.

지각 상【知覺 象】percept

지각 과정의 결과로 마음의 세계에 형성된 외부 자극(사람, 물체, 사건 또는 현상 등)에 대한 내적 표상.

지각심리학【知覺心理學】psychology of perception / perceptive psychology

주로 인간의 감각 및 지각과 관련된 현상을 연구하는 심리학의 한 분야. 구체적으로 우리가 감각 기관을 통해 들어오는 외부의 자극들을 어떻게 지각하게 되는지, 또한 이러한 감각 및 지각 과정에 영향을 미치는 요인들에는 어떤 것들이 있는지 등의 문제를 연구한다.

지각 양식【知覺 樣式】perceptual style

지각이 이루어지는 과정에서, 개개인은 지각 대상이 되는 자극을 수용하고 처리하고 해석하는 방식에 있어서 차이를 보인다. 이와 같이 자극(또는 지각 대상)을 수용하고 처리하고 해석하는 지각 과정에서 사람들마다 차이를 보이는 개별적이고 독특한 지각 방식을 지칭하여 '지각 양식'이라고 한다. '지각적 양식'이라고도 한다.

지각적 범주화【知覺的 範疇化】perceptual categorization

범주화는 대상들(예를 들면, 물건이나 동물 등과 같은 사물들, 사건들 또는 개념들 등)을 공통적이거나 동일한 특성(또는 성질)이나 용도를 바탕으로 분류하고 조직하는 것을 말한다. 이러한 범주화의 일종인 '지각적 범주화'는 지각적 속성(예를 들면, 색깔, 모양, 크기 등)에 따라 대상들(예를 들면, 물건들이나 동물들 등)을 분류하고 조직하는 것을 의미한다.

지각적 선호법【知覺的 選好法】preference method

영아기의 지각 발달을 연구한 발달심리학자 팬츠(R. L. Fantz)가 1960년대 초에 언어 표현과 의사소통이 어려운 영아들의 지각 발달을 연구하기 위해 개발한 기법으로, 영아에게 두 가지 이상의 자극을 제시한 후에 영아가 그 자극들 중에서 어느 자극을 향해 고개를 돌리고 더 오랫동안 주시하는지를 관찰함으로써 자극에 대한 영아의 흥미와 관심(선호도)과 자극들 간의 변별 능력을 확인할 수 있는데, 이와 같은 방식으로 영아의 지각 능력 및 지각 발달에 대한 정보를 얻는 연구 방법을 말한다. 이 방법을 사용한 연구에서 영아가 두 가지 또는 그 이상의 자극(들) 중에서 어느 한 자극을 향해 고개를 돌리고 다른 자극보다 더 오랫동안 쳐다본다면, 그리고 반복 연구 절차를 통해서도 같은 반응을 나타낸다면 이 결과는 다음의 두 가지 사실을 의미하는 것으로 해석할 수 있다. 첫째, 영아는 다른 자극(들)보다 자신이 쳐다보는 자극을 더 선호한다(또는 흥미와 관심이 더 많다)는 것을 의미한다. 둘째, 영아는 두 자극들을 구별할 수 있음을 의미한다. 이것은 영아가 두 자극이 가진 특징과 차이를 지각할 수 있다는 것을 말해준다. 생후 초기의 영아들이 나타내는 이와 같은 지각 능력은 인간의 아기가 태어날 때부터 선천적으로 가지고 있는 능력이 있음을 보여준다. '선호법', '선호도법' 또는 '선호도 방법'이라고도 한다.

지각적 세트【知覺的 세트】perceptual set

사물이나 사건에 대한 지각이 이루어지는 과정에서 그 대상(사물이나 사건)을 어떤 특정한 방식이나 틀에 맞추어 지각하려는 준비성 또는 경향성. 즉, 어떤 대상에 대한 지각이 이루어지기 전에 그 대상을 어떤 일정한 방식이나 틀에 맞게 지각하려 준비되어 있는 경향성으로, 실제로 그 대상을 지각할 때 영향을 미치게 된다. 이러한 경향성은 '지각(perception)'이 대상에 대한 객관적 모사나 반영이 아니라 개인들마다 준비되어 있는 지각 경향성, 즉 '지각적 세트'에 의해 영향을 받아 차이를 보이게 된다는 것을 말해 준다. '지각 세트', '지각적 경향성', '지각 경향성', '지각적 갖춤새' 또는 '지각 갖춤새'라고도 한다.

지각적 학습【知覺的 學習】perceptual learning

환경 속의 자극(또는 사물)들 간의 관계성이나 차이

를 지각하는 능력의 학습. 경험되는 자극들 간의 관계나 차이를 지각하고 파악하는 능력과 그런 자극들로부터 정보를 추출해내는 능력은 살아가고 있는 환경(특히 문화)의 영향을 받아 학습되고, 또 발달해 간다.

지그문트 프로이트 Sigmund Freud (1856~1939)

오스트리아 출신의 신경학자, 정신의학자. 정신분석학의 창시자이다. 20세기 이후 지금에 이르기까지 학자이면서 동시에 사상가로서 심리학과 정신의학 분야에서뿐만 아니라 인류학, 교육학, 범죄학, 사회학 및 문화계의 여러 분야에 이르기까지 수많은 분야들에 지대한 영향을 미친 인물이다. 오늘날 체코의 프라이베르크 지역에서 전처와의 사이에서 두 아들을 둔 40세 아버지와 20세 어머니 사이에서 장남으로 태어났다. 유년기의 프로이트는 매우 영리했고, 여러 분야에 걸쳐 지적 관심과 흥미를 나타냈다. 부모들은 이런 프로이트의 지적 관심과 학업을 격려해주는 환경에서 성장했다. 빈 대학교 의학부를 졸업한 후, 1885년 파리에서 샤르코(Charcot: 1825~1893)의 지도하에 히스테리 환자를 관찰하면서 연구하였고, 이후 최면술, 카타르시스 및 자유 연상법 등에 관한 오랜 연구를 통해 정신분석 이론을 체계화하였다. 프로이트의 대표적인 저서로는 <꿈의 해석>(1900)과 <정신분석입문>(1917) 등이 있으며, 이외에도 후세의 사람들에게 큰 영향을 미친 다수의 저술이 있다. Freud는 성격 발달 및 형성 과정에서 인간의 성(性)과 생후 초기의 경험을 강조함으로써 이에 대한 인식을 증가시키는 계기를 제공했고, 또한 무의식 개념을 도입했다는 점 등에서 인간의 심리와 행동을 이해하는 데 있어서 큰 공헌을 했다는 평가를 받고 있다. 반면에 성과 성적 충동, 그리고 생후 초기 경험, 성격의 고정성 등에 대해 지나치게 강조하면서, 인간이 본능적이고 이기적이며 공격적인 특성에 의해 움직이는 존재라고 보는 부정적인 관점을 제시했다는 점 등에서 비판을 받고 있다. 1938년 나치의 박해를 피해 오스트리아 비엔나를 떠나 영국 런던으로 망명했고, 그곳에서 나머지 여생을 보내다 1939년 83세를 일기로 사망했다. 그를 사망에 이르게 한 질병은 1923년에 발병 진단을 받은 이래로 16년 동안 고통받으며 33번에 걸친 수술을 받았던 '구강암'이었다. 프로이트는 고통스런 암 투병 중에도 세상을 뜨기 전까지 연구와 저술 작업을 중단하지 않았다고 한다. 프로이트의 연구와 이론 발전에 큰 영향을 미친 주요 학자로는 프로이트의 스승이기도 한 오스트리아의 내과의사이자 생리학자인 '요제프 브로이어(Josef Breuer: 1842~1925)'가 있다. 그는 안나 오(Anna O.)의 히스테리를 치료하면서 '대화 치료(Taking cure)'를 발전시켰고, 또한 프로이트와의 공동 치료(특히 히스테리 치료)와 연구를 통해 '정신분석학'의 탄생에 큰 기여를 한 것으로 평가되고 있다. '프로이트', 'Freud', 'Sigmund Freud' 등으로 표기하기도 한다.

지능【知能】intelligence

지능의 개념과 관련하여 학자들 간에 매우 다양한 견해가 제시되고 있기 때문에 모든 사람들이 보편적으로 수용할 수 있는 지능의 정의를 내리는 것은 매우 어려운 일이다. 다양한 지능의 정의 가운데 몇 가지를 제시하면 다음과 같다. (1) 세상을 이해하고 자신이 처한 환경이나 상황의 요구에 맞게 빠르고 효과적으로 대처하고 적응하는 개인의 능력. 이와 유사하게, 삐아제(Piaget: 1896~1980)는 지능을 유기체가 자신이 생활해가는 환경에 적응하도록 도와주는 근본적인 삶의 기능이라고 보았다. (2) 빠르고 효과적으로 학습하는 개인의 능력. (3) 표준화 과정을 거쳐 개발된 지능 검사에서 개인이 획득한 점수.

지능 검사【知能 檢査】intelligence test

지적 능력, 즉 지능을 측정하기 위해 개발된 검사. 일반적으로, 지적 능력을 알아보기 위한 문제 형식의 여러 문항들로 구성되며, 표준화 절차를 통해 만들어진다. 최초의 지능 검사는 1905년 프랑스의 심리학자인 비네(Binet: 1857~1911)와 시몬(Simon: 1872~1961)이 프랑스 교육부로부터 정규 학교 교육을 받기 어려운 학생들을 선별해낼 수 있는 검사를 만들어달라는 의뢰를 받고 제작한 '비네-시몬(Binet-Simon) 지능 검사'이다.

지능 구조 모델【知能 構造 모델】structure-of-intellect model

'지능 구조 모형'이라고도 한다.

CLICK 지능 구조 모형

지능 구조 모형【知能 構造 模型】structure-of-intellect model

미국의 심리학자인 길포드(Guilford: 1897~1987)가 요인 분석을 적용하여 지능을 분석한 후, 그 결과를 통해 제안한 지능을 설명하는 모형의 하나. 이 모형을 통해, 길포드는 지능이 180개의 서로 다른 정신 능력들로 구성되어 있다고 주장하였다. '지능의 구조 모형' 또는 '지능 구조 모델'이라고도 한다.

지능의 삼두 이론【知能의 三頭 理論】triarchic theory of intelligence

지능을 맥락(context), 경험(experience), 정보처리 기술(information-processing skills) 등의 세 요인(또는 세 측면)으로 설명하는 이론. 스터버그(Sternberg: 1949~)가 정보처리적 관점을 반영하여 체계화한 지능에 관한 이론으로, 이 이론에서는 지능을 설명하기 위해 행동이 발생하는 맥락적 요인(적절한 환경의 선택, 환경이나 상황에 대한 적응 등), 과제 또는 상황에 대한 개인의 경험적 요인(자동화, 새로운 상황에 대한 반응 등), 과제 또는 상황에 대해 개인이 적용하는 정보처리적 요인(과제나 상황에 관한 지식, 정보처리적 전략 등) 등 세 가지 측면들을 강조한다. 이러한 측면들은 기존의 지능 이론이나 지능 검사에서 잘 다루지 않았거나 포함되지 않았던 영역들이라고 평가받고 있다. 간단히 '삼두 이론(triarchic theory)'이라고도 한다.

지능의 위계적 모델【知能의 位階的 모델】hierarchical model of intelligence

지능을 위계적인 구조로 설명하는 모델. '지능의 위계적 모형'이라고도 한다.

CLICK 지능의 위계적 모형

지능의 위계적 모형【知能의 位階的 模型】hierarchical model of intelligence

지능을 위계적인 구조로 설명하는 모형으로, 이 모형에서는 지능 구조의 최상층부에는 일반적 지능(또는 일반적 능력)이 위치하고, 그 아래로 다수의 전문화된 특수 지능들이 위치한다고 본다. 구체적으로 지능의 위계적 모형에서 지능 구조의 최상층부에는 개인의 전반적인 수행이나 활동에 영향을 미치는 하나의 일반적 지능(또는 일반적 능력)이 위치하고 있고, 그 아래에 위치하는 하층부에는 보다 특수한(또는 전문화된) 수행이나 활동에 영향을 미치는 여러 개의 특수한 또는 전문화된 지능들이 위치하고 있다고 설명한다. '지능의 위계적 모델'이라고도 한다.

지능의 2요인설【知能의 二要因說】two factor theory of intelligence

1904년 영국의 심리학자 찰스 에드워드 스피어먼(Charles Edward Spearman: 1863~1945)이 제안한 지능에 관한 이론. 일반적으로 특정 영역에서 뛰어난 개인은 다른 영역들에서도 뛰어난 경향이 있다고 생각했던 스피어먼은 지능의 2요인설을 통해, 지능은 모든 영역에서의 지적 능력의 기초가 되는 능력인 '일반적 지능 요인(g 요인, g factor)'과 영역별 '특수 지능 요인(s 요인, s factor)'으로 이루어져 있다고 보았다. 일반적 지능 요인인 g 요인은 여러 지적 능력들의 기초가 되는 능력이고, 특수 지능 요인인 s 요인은 수, 단어, 언어 추리, 기억 등과 같은 세부 영역들에서 보이는 특수 지능을 나타낸다. '지능의 2요인 이론', '2요인설' 또는 '2요인 이론'이라고도 한다.

지능의 2요인 이론【知能의 二要因 理論】two factor theory of intelligence

영국의 심리학자 찰스 에드워드 스피어먼(Charles Edward Spearman: 1863~1945)이 제안한 지능에 관한 이론으로, 이 이론에서는 지능이 모든 영역에서의 지적 능력의 기초가 되는 능력인 '일반적 지능 요인(g 요인, g factor)'과 영역별 '특수 지능 요인(s 요인, s factor)' 등 2가지 요인으로 이루어져 있다고 주장한다. '지능의 2요인설', '2요인설' 또는 '2요인 이론'이라고도 한다.

CLICK 지능의 2요인설

지능의 3계층 모델【知能의 三階層 모델】three-stratum theory of intelligence

지능을 3개 층의 위계로 설명하는 모형. '지능의 3계층 모형'이라고도 한다.

CLICK 지능의 3계층 모형

지능의 3계층 모형【知能의 三階層 模型】three-stratum theory of intelligence

존 캐롤(John Carroll)에 의해 제안된 지능을 위계적으로 설명하는 모형. 지능에 관한 수백 편의 연구를 분석한 후에 만든 이 모형에서, 캐롤은 지능의 위계 구조 중 최상층부에는 일반 지능(g)이 위치하고, 그 아래의 두 번째 층에는 특수하고 전문화된 세부적인 8개의 지능들이 위치하며, 마지막 최하층부인 세 번째 층에는 보다 세부적인 영역들을 반영하는 지능들이 위치하고 있다고 주장한다. '지능의 3계층 모델'이라고도 한다.

지능 지수【知能 指數】intelligence quotient (IQ)

(1) 표준화 과정을 통해 개발된 지능 검사에서 개인이 획득한 점수. (2) 지능 수준을 지수(또는 점수)로 나타낸 것.

지성화【知性化】intellectualization

정신분석에서 다루는 방어 기제의 하나로, 개인이 자신에게 위협이 되는 상황을 지적(지성적)이고 추상적인 표현을 사용함으로써 그 상황의 위협으로부터 초연해지거나 벗어나려는 시도 또는 노력. '주지화' 또는 '지식화'라고도 한다.

지속성 운동 또는 음성 틱 장애【持續性 運動 또는 音聲 틱 障碍】persistent motor or vocal tic disorder

틱 장애(tic disorder)의 한 유형으로, 1년 이상의 기간 동안 운동 틱(motor tic)이나 음성 틱(vocal tic) 가운데 한 가지가 지속해서 나타나는 장애를 말한다.

지속적 주의【持續的 注意】sustained attention

특정 자극이나 대상에 대해 긴 시간 동안 지속적으로 주의를 기울이는 것.

지 스탠리 홀 G. Stanley Hall (1844~1924)

그랜빌 스탠리 홀(Granville Stanley Hall). 흔히 지 스탠리 홀(G. Stanley Hall)이라고 한다. 미국의 심리학자. 초대 미국심리학회 회장을 역임하였고 초기 미국 심리학 발전에 크게 기여한다. 학문적으로는 아동 · 청소년 분야의 연구에 큰 기여를 하였다. 처음 대학에서 신학을 전공하였으나 현대 심리학의 시조로 일컬어지고 있는 빌헬름 분트(Wilhelm Wundt: 1832~1920)의 저서를 읽고 감명을 받아 심리학 분야로 관심을 전환한 후 하버드 대학교에서 박사 학위를 받았고, 그 이후 독일로 건너가 Wundt로부터 지도를 받았다. 이후 다시 미국으로 돌아와 미국 최초의 심리학 실험실을 개설하는 한편 미국심리학회를 발족하고 초대 미국심리학회장에 올랐으며, 최초로 심리학 분야의 전문 학술지를 창간하는 등 초창기 미국 심리학의 발전에 큰 공헌을 하였다. 학문적으로는 아동 및 청년 연구에 최초로 질문지법을 사용하는 등 아동 및 청년기의 과학적 연구에 큰 영향을 미쳤다. 대표적인 저서는 생애 발달 연구에 관한 저서인 <청년기>(1904)가 있다. 인간발달에 관한 Hall의 기본적인 생각은 '인간은 임신 기간 중 인류의 진화적 진전을 반복한다는, 즉 수정에서부터 출생하기까지 하등동물로부터 인간유아로 변화하는 과정을 거친다'는 진화재현설이었다. '홀', '그랜빌 스탠리 홀', 'Hall', 'G. Stanley Hall', 'Granville Stanley Hall' 등으로 표기하기도 한다.

지식 기반【知識 基盤】knowledge base

어떤 문제나 주제 또는 현상 등과 관련하여 개인(또는 집단)이 가지고 있는 지식 또는 정보. 특정한 현상, 문제 또는 주제에 대한 지식 기반은 그러한 것들을 이해하고 해결하는 과정에서 요구되는 자료로 활용된다.

지식화【知識化】intellectualization

정신분석에서 다루는 방어 기제의 하나로, 개인이 자신에게 위협이 되는 상황을 지적(지성적)이고 추상적인 표현을 사용함으로써 그 상황의 위협으로부터 초연해지거나 벗어나려는 시도 또는 노력. '지성화' 또는 '주지화'라고도 한다.

지연【遲延】delay

어떤 일이나 행동 또는 상태의 진행이 늦추어짐.

지연 모방【遲延 模倣】deferred imitation

타인의 행동을 관찰한 후에 관찰한 행동을 기억하고 있다가 시간(몇 분, 며칠 또는 그 이상의 시간)이 지난 뒤에 관찰했던 행동을 모방하는 것. 즉, 관찰 대상(모델)의 행동을 관찰하고 나서 즉시 모방 행동이 나타나는 것이 아니라 일정한 시간이 경과한 후에 나타나는 모방 행동을 말한다. 이와 같은 모방 행동 능력은 아동이 내적(또는 정신적)으로 사물을 표상할 수 있는 능력과 관찰한 것을 일정 시간 동안 파지(기억)하는 능력을 가지고 있음을, 즉 그러한 능력을 발달시켰음을 의미하는 것으로, 생후 18~24개월 무렵부터 나타나기 시작한다. 이 시기는 삐아제(Piaget: 1896~1980)의 인지발달 이론에서 제시하는 감각운동기의 후반부(특히 감각운동기의 6개 하위 단계 중에서 마지막 단계)에 해당한다.

지위 비행【地位 非行】status offense

특정한 지위에서 벗어나는, 비교적 심각성이 적은 비행 행동을 의미한다. 흔히 가출, 무단결석, 음주 및 흡연 등과 같이 특정 연령 이하의 청소년에 의해 행해지는 비행을 지칭하는 의미로 사용된다.

지적 기능【知的 機能】intellectual functions

사고하기, 계획하기, 추론하기, 판단하기, 문제를 풀거나 해결하기, 학습하기 등과 같은 인지적 활동을 수행하는 기능(또는 능력).

지적 발달 장애【知的 發達 障碍】intellectual developmental disorder

지적 능력(지능)이 같은 연령 집단의 수준에 비해 현저히 낮아서 학습, 추론, 계획 세우기, 문제 해결 등과 같은 다양한 인지적 기능, 그리고 가정 및 사회생활에 요구되는 적응 행동 상에서 심각한 어려움이나 제약을 나타내는 장애. 일반적으로 IQ 70 이하 또는 미만인 상태를 지칭하며, 그 심각한 정도에 따라 경도 지적 장애(IQ 50~69), 중등도 지적 장애(IQ 35~49), 고도(또는 중증도) 지적 장애(IQ 20~34), 최고도(또는 고중증도) 지적 장애(IQ 20 미만) 등 4개의 등급으로 구분된다. '지적 장애' 또는 '정신지체'와 같은 의미로 사용된다. CLICK 지적 장애

지적 자기【知的 自己】intellectual self

자기(自己, self)를 구성하는 한 부분으로, 자신의 지적 능력(또는 지능)과 관련된 자기의 측면(들)을 말한다. '자기'는 개인의 신체적 특징, 건강, 용모 등의 신체적 측면들, 가치관, 사고방식, 기대, 희망, 감정, 태도, 성격, 도덕성 및 지적 능력 등의 심리적 측면들, 삶의 과정에서 이루어지는 다양한 행동적 측면들 그리고 사회적 관계, 역할 및 활동 등을 포함하는 사회적 측면들에 이르기까지 개인에 관한 모든 부분들과 속성들의 총체 또는 전체를 의미한다. 따라서 개인에 관한 총체로서의 자기는 개인을 이루고 있는(또는 개인과 관련된) 수많은 하위 자기들을 포함한다. 그 가운데 하나가 지적 자기로, 지능이 '높다' 또는 '낮다', 외국어를 '잘 한다' 또는 '잘 못한다', 기억력이 '좋다' 또는 '나쁘다', 판단력이 '좋다' 또는 '나쁘다', 수학을 '잘 한다' 또는 '잘 못한다' 등과 같은 지적 능력과 관련된 자기의 측면들을 의미한다. '인지적 자기(cognitive self)'와 비슷한 의미로 사용된다.

지적 장애【知的 障碍】intellectual disability

신경계(특히 뇌)의 발달 이상에 의해 초래되는 신경발달 장애(neurodevelopmental disorders)의 하위 6개 유형들 가운데 하나로, 지적 능력(지능)이 같은 연령 집단의 수준에 비해 현저히 낮아서 학습, 추론, 계획 세우기, 문제 해결 등과 같은 다양한 인지적 기능, 그리고 가정 및 사회생활에 요구되는 적응행동 상에서 심각한 어려움 또는 제약을 나타내는 장애를 말한다. 일반적으로 지적 장애는 IQ 70 이하 또는 미만인 상태를 지칭하며, 그 심각한 정도에 따라 (1) 경도(mild) 지적 장애(IQ 50~69), (2) 중등도(moderate) 지적 장애(IQ 35~49), (3) 고도 또는 중증도(severe) 지적 장애(IQ 20~34), (4) 최고도 또는 고중증도(profound) 지적 장애(IQ 20 미만) 등과 같이 4개의 등급으로 구분한다. 지적 장애를 가진 성인의 경우에는, 경도 지적 장애는 정신연령이 약 8~12세 정도, 중등도 지적 장애는 정신연령이 약 6~9세 정도, 고도(또는 중증도) 지적 장애는 정신연령이 약 3~6세 정도, 그리고 최고도(또는 고중증도) 지적 장애는 정신연령이 약 3세 미만에 해당한다. 지적 장애는 같은 의미로 '지적 발달 장애(intellectual developmental disorder)'라고도 하며, 또한 이전까지는 주로 '정신지체(mental retardation)'라는 명칭으로 불려왔다.

지적 적응의 도구【知的 適應의 道具】tools of intellectual adaptation

삶의 과정에서 개인(또는 아동)이 가진 기본적인 지적 능력 또는 정신 기능을 보다 더 적응적으로 사용할 수 있도록 해주는, 사회·문화에 의해 개인에게 학습 과정을 통해 전수된 가치와 신념 등의 사고 및 문제 해결 방식. 사회와 문화에 따라 다양하게 형성되어 개인에게 전수되는 '지적 적응의 도구'들은 적절하게 사고하는 방식이나 효과적인 기억 책략 등과 같은 형태로 개인의 삶과 적응에 영향을 미치게 된다. 구소련의 발달심리학자인 비고츠키(Vygotsky)가 사용하기 시작한 용어이다.

지지【支持】support

개인이나 집단 또는 조직이 가지고 있는 관점이나 생각, 상황, 태도 또는 경험 등에 대하여 찬성하는 입장을 보이는 것. 그러한 찬성의 입장 표시와 함께 도움을 주기 위한 일련의 노력이나 활동을 포함하는 의미로 사용되기도 한다. '지원'이라고도 한다.

지체【遲滯】retardation

(1) 일의 진행 과정이나 속도가 늦어짐. (2) 발달의 속도나 발달 과정이 늦거나 지연되는 상태. (3) 지능(또는 지적 능력)이 평균적인 수준보다 유의미하게 낮은 상태. 특히 지능 또는 지적 능력이 지체된 상태를 지칭할 때에는 흔히 '정신지체'라는 표현을 사용한다.

지향 반사【指向 反射】orienting reflex

'정위 반사' 또는 '정향 반사'라고도 한다.

CLICK 정위 반사

지향 반응【指向 反應】orienting response

'지향 반사' 또는 '정위 반사'와 같은 의미로 사용된다.

CLICK 정위 반사

지혜【智慧 / 知慧】wisdom

삶과 세상에 관한 이치를 깨닫고, 또 이를 바탕으로 삶의 과정에서 접하는 일이나 문제들을 현명하고 적절하게 처리할 수 있는 방안을 찾고 적용할 수 있는 심리적(또는 정신적) 능력. 최근으로 오면서 심리학 및 정신 건강 관련 학문 분야들의 주요 관심 및 연구 주제로 등장하고 있다.

직관【直觀】intuition

이성적 사고, 판단, 선택 등과 같은 복잡한 인지적 과정을 거치지 않고 어떤 사물이나 사건에 대하여 즉각적으로 지각하거나 파악하는 심리 작용 또는 활동.

직관적 사고【直觀的 思考】intuitive thought

'직관(intuition)'은 어떤 대상이나 현상 또는 사건에 대해 이성적 사고, 판단, 선택 등과 같은 복잡한 인지 과정을 거치지 않고 즉각적으로 지각하거나 파악하는 심리 작용이나 활동을 의미하며, 이런 직관을 바탕으로 이루어지는 사고(思考, thought)를 지칭하여 '직관적 사고'라고 한다. 삐아제(Piaget: 1896~1980)의 인지발달 이론에서 제시하는 인지발달 4단계 중에서 두 번째 단계인 전조작기의 유아들이 보이는 인지적 특징이자 한계 가운데 하나로, 이러한 특징은 전조작기의 유아들이 보이는 보존(conservation) 개념(또는 보존 능력)의 부재(미발달)에서 찾아볼 수 있다. 보존 개념의 발달 여부를 밝히기 위해 사용한 실험이 보존 과제 실험으로, 전조작기의 유아들은 이 실험에서 제시하는 보존 과제를 성공적으로 해결하지 못하고 실패하게 된다. 그 주요 원인 가운데 하나로 '직관적 사고'가 꼽힌다. 보존 과제를 성공적으로 해결하기 위해서는 보존 과제의 여러 측면들과 그들 간의 관계를 고려해야 하는데, 직관적 사고는 그런 사고 과정을 거치지 않고 즉각적으로 이루어지기 때문이다. 그 결과 보존 과제의 여러 측면들과 그들 간의 관계를 고려하지 못한 채 한 측면 또는 일부만을 보고 판단하기 때문에 보존 과제 해결에 실패하게 되는 것이다.

직업【職業】vocation

(1) 보수나 대가를 받으며 일정 기간 동안 계속하여 종사하는 특정 유형의 일. (2) 개인이 지속적으로 수행하는 경제적 또는 사회적 활동.

직업 교육【職業 教育】vocational education

직업에 대한 개인의 탐색, 선택, 계획, 준비, 적응을 돕고, 나아가 직업 활동을 통한 발전에 도움을 줄 목적으로 진행되는 일련의 교육 또는 교육 활동. 즉, 직업 교육이란, 개개인이 일과 직업의 세계를 탐색함과 동시에 자신의 흥미와 관심 및 적성을 탐색하고 고려하여 이에 맞는 일이나 직업을 선택하고, 선택한 일이나 직업을 얻고, 그 일이나 직업을 수행하기 위해 요구되는 지식이나 기술 및 태도 등을 학습하는 것과 같은 계획과 준비 과정, 나아가 그 일이나 직업에 적응하고 발전해 갈 수 있도록 도움을 주기 위해 제공되는 교육 또는 교육 활동을 총칭한다.

직접 관찰【直接 觀察】direct observation

연구 또는 자료 수집을 위한 관찰(또는 관찰법)의 한 형태로, 실험실과 같은 인위적인 상황에서 일어나는 연구 대상자(들)의 행동을 관찰하는 것이 아니라, 연구 대상자(들)의 행동이나 연구하려는 현상을 자연 상태에서 직접 관찰하는 방법을 의미한다. '직접 관찰법'이라고도 한다.

직접 관찰법【直接 觀察法】direct observation

'직접 관찰'이라고도 한다. CLICK 직접 관찰

직접적 의사소통【直接的 意思疏通】direct communication

의사소통을 하는 두 사람 또는 그 이상의 사람들 간의 관계에서 제3자를 통하지 않고 당사자들 간에 서로의 생각이나 감정 등을 직접적으로 주고받으면서 이루어지는 의사소통의 형태.

직접 지도【直接 指導】direct tuition

사회 학습 이론가들이 행동의 학습이 이루어지는 방식(또는 유형)을 구분하기 위해 관찰 학습(observational learning)과 함께 사용한 개념으로, 특히 아동(또는 개인)이 하는 행동에 대해 직접적인 강화나 처벌을 사용하여 학습시키는 지도 방식을 말한다. 흔히 아동의 바람직한 행동이나 적응적인 행동에 대해서는 격려, 칭찬, 보상 등의 방식으로 강화를 해주고, 바람직하지 못한 행동이나 부적응적인 행동에 대해서는 처벌을 사용함으로써 그 행동을 제지하는 절차를 사용한다. 이에 비해 관찰 학습은 아동(또는 개인)이 타인의 행동을 관찰한 후에 모방하거나 강화지향적인 행동 또는 처벌회피적인 행동을 하게 되는 학습 유형을 말한다.

진단【診斷】diagnosis

정신이나 신체 상태에 관한 검사 및 평가 결과를 토대로 하여 이상이나 질병 여부, 질병의 유형 및 진행 정도 등에 관하여 해석하고 판단하는 전문적 과정을 말한다. 세계적으로 심리학(임상심리학이나 상담심리학 등)이나 정신의학 등의 분야에서 활동하는 임상가들과 연구자들은 내담자(또는 환자)의 정신장애(또는 이상 행동) 여부와 유형 등을 진단하거나 연구하기 위해 미국정신의학회(APA)에서 발간하는 매뉴얼인 DSM(정신 장애 진단 및 통계 편람)과 세계보건기구(WHO)에서 발간하는 매뉴얼인 ICD(국제질병분류)를 가장 많이 사용하고 있다. 2017년 현재, DSM의 경우에는 2013년에 발간된 DSM－5(정신장애 진단 및 통계 편람－제5판)가 많이 사용되고 있고, ICD의 경우에는 1992년에 발간된 ICD－10(국제질병분류 제10개정판)이 지속적인 수정 과정을 거치면서 사용되고 있다. 이어서 ICD－10을 개정한 ICD－11(국제질병분류 제11개정판)이 출간될 예정이다.

진단 검사【診斷 檢査】diagnostic test

내담자 또는 환자를 진단하는 데 사용(또는 참고)할 목적으로 실시되는 검사를 총칭한다. 성격 검사나 지능 검사 등이 포함될 수 있다.

진로【進路】career

한 개인이 일생 동안 일과 관련하여 거쳐 가는 모든 경험 또는 활동. 과거, 현재 및 미래의 인생에서 거쳐 가게 될 인생의 행로라는 의미를 포함하는 미래지향적인 표현으로, 단순히 급료를 받고 하는 활동인 직업뿐만 아니라 어린 시절부터 직장에서 은퇴한 후인 노년기까지도 포함된 일과 관련된 모든 경험이나 활동을 의미한다.

진로 발달【進路 發達】career development

개인이 평생을 통해 이루어가는(또는 거쳐 가는) 진로(進路, career)에서의 변화 과정. 구체적으로 진로 발달이란 일에 대한 가치와 진로에 대한 인식이 발달하고, 일에 대한 흥미와 적성 그리고 직업 등에 대해 탐색함과 동시에 일과 진로에 관한 정체성을 형성하며, 나아가 진로 목표를 설정하고 이 목표를 이루기 위해 계획과 준비 및 실천을 해 가는 것 등을 포함하는, 평생을 통해 진행되는 일련의 과정을 말한다.

진로 상담【進路 相談】career counseling

개인의 진로와 진로 문제 해결을 돕기 위해 진행되는 상담. 즉, 진로 상담이란, 진로와 관련된 개인의 문제나 고민을 해결하거나 진로 발달을 돕기 위해 진행되는 상담을 말한다. 구체적으로 진로 상담에서 다루어지는 주제들로는 진로 발달 촉진, 진로 선택과 결정, 진로 계획과 준비, 실천, 직업적 적응과 발전, 진로 변경 등의 내용들이 포함되며 이를 돕기 위한 일련의 과정이 상담을 통해 진행된다. 한편 진학 상담은 진로 상담의 하위 유형 중 하나로 볼 수 있으며, 상급 학교로 진학하는 것과 관련된 전공이나 계열 선택, 학과 및 학교 선택 등의 문제를 돕는 상담 활동을 말한다.

진로 성숙【進路 成熟】career maturity

진로와 관련하여, 개인이 자기 자신, 일과 직업의 세계, 그리고 진로의 개념 등에 대해 이해하고 이를 바탕으로 진로 탐색, 진로 계획 및 진로 선택 등의 과제(또는 문제)들을 조정하고 통합해 나가는 발달 수준. 특히 인지 및 태도 측면에서의 발달 수준을 의미한다. '진로 성숙도'라고도 한다.

진로 지도【進路 指導】career guidance

개인의 진로 발달과 진로 문제 해결을 돕기 위해 교사나 상담자와 같은 전문인에 의해 이루어지는 일련의 지원 활동. 즉, 진로 지도란, 개인이 자신의 흥미와 관심 및 적성을 탐색하는 동시에, 일과 직업의 세계를 탐색하고 이해하며, 이를 통해 자신의 진로를 선택하고, 이런 선택을 이루기 위해 계획과 준비를 하고, 실천하며, 나아가 종사하는 일과 직업의 세계에 적응하고 더욱 더 발전해 갈 수 있도록 돕기 위해 진행되는 일련의 진로 관련 지원 활동을 말한다. 한편 '진로 지도'는 개인의 진로를 돕기 위한 활동인 진로 교육, 진로 상담 및 진로 지도 등의 활동 가운데 가장 포괄적인 의미를 가진 개념이라고 보는 견해도 있다. 이 견해에 따르면, 진로 교육과 진로 상담은 바로 진로 지도의 한 방법이라고 볼 수 있다. 즉, 진로 지도를 위해 이루어지는 구체적인 활동이 진로 교육과 진로 상담이다.

진화심리학【進化心理學】evolutionary psychology

심리(또는 정신) 과정과 행동을 진화론적인 관점에서 설명하고 연구하는 심리학의 한 분야. 즉, 진화론의 관점에서 심리학적 기제를 밝히고자 하는 학문 분야로, 심리학 이외에도 생물학, 정신의학 및 인류학 등의 학문 분야들이 밀접하게 관련되어 있다. 진화심리학에서는 우리의 생존과 적응을 도와주는 심리와 행동은 수백만 년에 걸친 자연선택(自然選擇, natural selection)의 과정을 통해 진화해온 것이라고 본다.

질적 변화【質的 變化】qualitative change

발달(development) 또는 발달적 변화를 기술하는 개념 가운데 하나로, 발달과정에서 앞의 시기(또는 단계)와 비교했을 때 뚜렷하게 구분되는 큰 발달적 변화를 의미한다. 즉, 질적으로 구분되는 변화를 말하며, '질적인 변화'라고도 한다. '질적 변화'와 구분되는 개념으로, 양적인 측면에서 그 크기나 정도

(degree)의 차이를 비교할 수 있는 변화를 지칭하여 '양적 변화(量的 變化, quantitative change)' 또는 '양적인 변화'라고 한다. 질적 변화와 양적 변화의 개념을 더 구체적으로 살펴보면 다음과 같다. 변화 과정을 통해 이루어진 둘 또는 둘 이상의 발달적 국면들에서 나타난 차이가 '더 많이' 또는 '더 적게' 등으로 묘사될 수 있는 양적 차이를 나타내는 변화를 지칭할 때는 '양적 변화'라고 하고, 이와 달리 전혀 다른 수준이나 차원을 나타내는 변화를 지칭할 때는 '질적 변화'라고 한다. 따라서 '질적 변화'라는 말에는 '더 많이' 또는 '더 적게'와 같은 양적 개념을 사용한 비교가 불가능하다는 의미가 포함되어 있다. 질적 변화의 개념은 발달에서의 단계적 변화 또는 비연속적 변화를 강조하는 발달 이론들에서 찾아볼 수 있다. 예를 들면, 성격발달을 설명하는 프로이트(Freud: 1856~1939)의 '심리성적 발달 이론(心理性的 發達 理論, psychosexual developmental theory)'과 인지발달을 설명하는 삐아제(Piaget: 1896~1980)의 인지발달 이론(認知發達 理論, theory of cognitive development) 등이 대표적인 예이다. 삐아제의 이론을 살펴보자. 삐아제의 인지발달 이론에서는 인간의 인지발달을 네 단계로 구분하여 설명한다. 각각의 단계에서 나타나는 인지적 특징과 능력은 '더 많이' 또는 '더 적게' 등으로 묘사되는 '양적 변화'의 개념으로 비교하거나 설명하는 것이 불가능하다. 예를 들면, 두 번째 단계인 전조작기(preoperational stage)에서 아동들은 조작적 사고 능력이 아직 미발달한 상태이기 때문에 그 결과로 '자아 중심성(egocentrism)', '중심화(centration)' 경향과 '보존(conservation) 개념의 부재', '물활론적 사고' 등과 같은 인지발달상의 특징을 나타낸다. 이러한 특징들은 전조작기의 인지발달적 특징이자 한계라고 할 수 있는 '조작적 사고의 부재'에 의해 나타나는 일종의 인지발달적 무능 또는 미숙으로 이해할 수 있다. 그러나 이와 같은 전조작기의 인지발달상의 특징들은 그 다음 단계인 구체적 조작기(concrete operational stage)로 오면서 전혀 다른 양상으로 변화되는데, 그 변화의 양상은 이전 단계인 전조작기에 비해 '더 많이' 또는 '더 적게' 등과 같은 양적 변화의 개념으로는 설명할 수 없는, 다른 수준 또는 다른 차원으로의 발달적 변화를 포함한다. 구체적 조작기에서 아동들이 나타내는 인지적 특징들은 전조작기의 아동들이 나타내는 인지적 특징들과는 양적으로 비교할 수 없는 대전환적인 변화를 포함하는데, 여기에는 전조작기에서 나타나던 주요 인지적 특징들(예를 들면, 자아 중심성, 중심화, 물활론적 사고 등)에서의 탈피와 보존개념의 획득 등과 같은 특징들이 포함된다. 이와 같은 두 단계에서 보이는 변화와 차이들은 '양적 변화'의 개념이 아닌 '질적 변화'의 개념으로 잘 설명될 수 있다. 따라서 삐아제의 인지발달 이론에서 각 단계들을 비교할 때는 일반적으로 '질적 변화' 또는 '질적 차이' 등과 같은 개념을 사용하여 설명한다.

질적 연구【質的 研究】qualitative research

연구는 사용된 데이터(자료)의 특성에 따라 양적 연구와 질적 연구로 구분할 수 있는데, 그 중 한 명 또는 소수의 연구 참여자를 대상으로 깊이 있는 자세한 조사와 데이터 수집 과정을 거치고 이를 분석한 결과를 바탕으로 하여 결론에 도달하는 방식을 취하는 연구 형태를 질적 연구라고 한다. 오늘날 사회 과학에서 취하고 있는 큰 흐름인 경험적 연구에서 사용하는 두 가지 연구 형태(양적 연구와 질적 연구) 가운데 하나로, 하나의 사례 또는 희귀한 일부 사례를 대상으로 깊이 있는 연구를 진행하는 사례 연구가 대표적인 질적 연구에 해당한다.

질투【嫉妬】jealousy

좋은 지위나 대상 또는 사랑을 획득한 사람에 대하여 갖는 시기하고 증오하는 감정 또는 정서 반응.

질풍노도【疾風怒濤】storm and stress

청소년에 관한 과학적 연구의 선구자로 평가받고 있는 미국의 심리학자 지 스탠리 홀(G. Stanley Hall: 1844~1924)이 청소년들이 보이는 심리적 및 행동적 특징을 묘사하기 위해 사용했던 표현인 'storm and stress'를 번역한 말이다. 홀은 청소년기는 거칠고 사나우며, 기분의 변화가 많은 시기라고 보았으며, 이러한 청소년기의 특징을 나타내기 위해 이 표현을 사용하였다. 홀은 이러한 청소년기의 질풍노도적 특징은 세계의 모든 문화권의 청소년들에게서 공통적으로 나타나는 문화보편적인 경향이라고 보았지만 오늘날 청소년의 발달을 연구하는 발달심리학 등의 분야에서는 그러한 견해를 지지하지 않는 경우가 많다. 즉, 오늘날 청소년 발달 분야의 많은 학자들은 청소년기의 질풍노도가 문화보편적인 현상이 아니고 청소년이 살아가는 문화와 환경의 영향을 받아 달라진다고 보는 관점을 수용하고 있다.

집단 무의식【集團 無意識】collective unconsciousness / collective unconscious

스위스의 정신의학자인 칼 융(Carl Jung: 1875~1961)에 의해 처음으로 제시된 개념으로, 인류가 오랜 역사와 문화를 거치는 동안 누적된 경험을 통해 형성되어 무의식 영역에 위치하고 있는, 옛 선조로부터 현대인에 이르기까지 세대를 거치면서 전해 내려오고 있는 인류 보편적인 심상이나 원형과 같은 심리적(또는 정신적) 자료들을 말한다. 융은 이런 집단 무의식이 인류의 삶에서 일종의 지식과 지혜의 원천으로 작용한다고 보았다.

집단주의 사회【集團主義 社會】collectivist society

개인이 가지고 있는 견해, 가치, 목표보다는 개인이 속한 집단과 가족의 기대, 가치, 요구 등을 강조하고 존중하는 사회. 이런 사회에서는 구성원들과의 협력과 상호 의존, 사회적 조화, 집단적 가치와 규칙의 준수 등을 강조하고 중요시하는 경향을 나타낸다. 집단주의 사회와 상대되는 개념이 '개인주의 사회'이다.

ㅊ

착각【錯覺】illusion

(1) 어떤 원인으로 인해 유발되는 잘못된 지각 또는 오지각(誤知覺). 구체적으로 물리적 또는 심리적인 원인으로 인하여 외부의 대상이나 현상을 객관적 또는 실제적 특성과 다르게 지각하는 현상을 말한다. 다시 말하면 착각은 객관적 실제나 현실과 차이를 보이는 개인의 지각 또는 지각 경험이라고 할 수 있다. 물론 사람들이 외부의 대상이나 현상을 지각하는 과정에서는 지각 대상이나 현상이 갖고 있는 객관적 특징과 지각 간에 어느 정도의 불일치가 존재하는 것이 일반적이지만, '착각(錯覺)'의 경우에는 대상이나 현상이 가지고 있는 객관적 특징과 이를 지각하는 것 간의 차이가 일반적으로 나타나는 차이 수준보다 훨씬 큰 경우라고 할 수 있다. 모든 감각 영역에서 착각이 발생할 수 있는데, 그 중에서도 가장 대표적인 것은 시각에서 발생하는 착각인 착시(錯視, optical illusion)이다. 한편 착각은 다시 물리적 착각(物理的 錯覺, physical illusion)과 지각적 착각(知覺的 錯覺, perceptual illusion)으로 구분되기도 한다. 이외에도 착각은 다음과 같은 의미로 사용된다. (2) 개인이 가지고 있는 잘못된(또는 틀린) 생각이나 신념 그리고 (3) 사실과 다르게 기억하는 것, 즉 기억에서의 왜곡을 의미하는 표현으로도 사용된다. 예를 들면, 과거의 사건이나 장면을 실제와 다르게 기억하는 것, 없었던 사건이나 장면을 있었던 사건이나 장면으로 기억하는 것, 그리고 있었던 사건이나 장면을 없었던 사건이나 장면으로 기억하는 것 등과 같은 기억에서의 왜곡 현상을 지칭할 때 착각이라는 표현을 사용하기도 한다.

착상【着床】implantation

인간을 포함한 포유류의 수정란이 세포 분열 과정을 거치면서 자궁으로 이동한 후 모체로부터 산소와 영양분이 포함된 혈액을 공급받는 동시에 노폐물을 배출할 수 있도록 자궁벽에 접착하는 일. 정자와 난자가 만나 형성된 수정란은 세포 분열을 거듭하면서 나팔관으로부터 자궁으로 이동한다. 그 과정에서 수정란은 다수의 세포를 가진 공 모양의 구조가 되는데, 이를 배반포(blastocyst)라고 한다. 자궁에 도달한 배반포는 모체로부터 산소와 영양분을 담고 있는 혈액을 공급받는 동시에 자체 내에서 발생한 노폐물을 배출할 수 있도록 자궁벽에 접착하게 되는데 이 상태를 착상이라고 한다. 수정부터 착상이 완료되기까지의 기간은 약 10~14일 정도이다.

착시 【錯視】 optical illusion / visual illusion

시각(視覺)에서 발생하는 착각 현상을 말하는 것으로, 구체적으로 외부의 대상 또는 사물을 그것이 가지고 있는 객관적 특성과 다르게 지각하는 현상을 말한다. 대표적인 예로는 가현 운동(假現 運動)이나 원근 착시 등을 들 수 있다.

찰스 다윈 Charles Darwin (1809~1882)

찰스 로버트 다윈(Charles Robert Darwin). 영국의 박물학자. 진화론을 체계적으로 연구한 학자로, 저서 <종의 기원>으로 유명하다. '다윈', '찰스 로버트 다윈', 'Darwin', 'Charles Darwin', 'Charles Robert Darwin' 등으로 표기하기도 한다.

CLICK 다윈

찰스 로버트 다윈 Charles Robert Darwin (1809~1882)

'다윈', '찰스 다윈', 'Darwin', 'Charles Darwin', 'Charles Robert Darwin' 등으로 표기하기도 한다.

CLICK 다윈

참여 관찰 【參與 觀察】 participant observation

관찰자(연구자)가 관찰 대상자가 포함되어 있는 집단에 참여하여 함께 생활하면서 관찰 대상자가 나타내는 행동이나 특징 등을 관찰하는 방법. '참여 관찰법'이라고도 한다.

참여 관찰법 【參與 觀察法】 participant observation

연구 방법의 하나인 관찰법(observation method)은 관찰 대상자(또는 연구 대상자)를 관찰하여 연구를 위한 자료를 수집하는 방법을 말한다. 참여 관찰법은 관찰법의 여러 가지 하위 유형들 가운데 하나로, 관찰자(연구자)가 관찰 대상자가 포함되어 있는 집단에 참여하여 함께 생활하면서 관찰 대상자가 나타내는 행동이나 특징 등을 관찰하는 방법을 말한다. '참여 관찰'이라고도 한다. 이와는 달리, 관찰자(연구자)가 관찰 대상자(연구 대상자)들의 집단에 참여하거나 개입하는 일 없이 관찰 대상자들의 행동이나 특징만을 관찰하는 형식의 관찰법을 '비참여 관찰법' 또는 '비참여 관찰'이라고 한다.

참 자기 【참 自己】 true self / true-self

개인이 가진 욕망이나 충동, 창조성과 자발성 등에 대한 주관적인 느낌을 외부의 압력을 받지 않고 자연스럽게 탐색하고 표현할 수 있는 환경(또는 삶의 과정)에서 통합되고 연결된 성격 측면으로서의 자기. 참 자기를 발달시킨 개인은 개인적 현실감을 바탕으로 핵심 자기로부터 나오는 진정한 삶을 살아갈 수 있게 된다. 이러한 건강한 참 자기의 발달은 '충분히 좋은 어머니(good enough mother)'가 제공하는 환경을 통해 촉진된다. 영국의 소아과 의사이자 정신분석학자인 도날드 위니콧(Donald Winnicott: 1896~1971)에 의해 처음으로 사용된 개념이다. 대상관계 이론에서 중요하게 사용되는 개념 가운데 하나로, '거짓 자기(false self)'와 대비되는 개념이다.

참조 【參照】 reference

참고하기 위해 맞대어 비교하는 것.

참조적 스타일 【參照的 스타일】 referential style

언어발달의 초기에 영아가 나타내는 언어 산출(language production)의 한 가지 스타일로, 주로 사람이나 사물을 나타내는(지칭하는) 이름을 붙이는 데 언어를 사용하는 스타일(또는 유형)을 의미한다. 한편 언어 산출의 또 다른 한 가지 스타일은 표현적 스타일(expressive style)로, 자신의 생각이나 감정을 표현하기 위해 언어를 사용하는 스타일(또는 유형)을 의미한다. 이와 같은 표현적 스타일의 언어는 부분적으로 상대방의 주의를 끌거나 상대방과의 상호작용을 이끄는 기능을 한다.

참조적 의사소통 기술【參照的 意思疏通 技術】referential communication skills

의사소통 능력의 한 측면으로, 의사소통 과정에서 자신이 상대방에게 메시지를 전할 때는 명확한 언어적 메시지를 생성하여 전달하는 한편 상대방이 자신에게 하는 말 속의 메시지가 명확하지 않을 때는 이 불명확함을 인지하여 이를 명확히 하기 위해 질문을 하거나 의사소통 맥락 속에서 상대방이 가진 선호, 과거의 태도나 행동 등에 관한 지식 등과 같은 단서들을 참조하여 불명확하거나 애매모호한 상대방의 메시지가 가진 명확한 의미를 추론하고 파악하는 기술(또는 능력)을 말한다.

참조 집단【參照 集團】reference group

개인이 동일시하고 있는 집단. 특정 집단을 동일시하는 개인은 그 집단의 특징이나 관점 등을 참조하여 자신의 견해나 태도 또는 행동의 방향을 설정하거나 평가 또는 조절해간다.

창의성【創意性】creativity

삶에 도움이 되고 가치 있는 새롭고 독창적인 것(무형적인 관념이나 행동 양식 또는 유형적인 결과물)을 창출(또는 생산)해내는 능력이나 특성. 새롭고 독창적인 생각이나 행동은 정신분열병과 같은 일부 정신장애가 있는 사람들에게서도 자주 나타나는 현상이다. 따라서 창의성을 자신이나 다른 사람에게 도움이 되는 또는 가치 있는 것을 산출하는 특성으로 본다면, 보편적으로 사용되는 '창의성'이라는 말의 의미에는 '적응'과 '가치'의 측면이 포함되어 있다고 볼 수 있다. 일반적으로 한 개인 또는 아동의 창의성을 결정하는 주요 세 가지 요소는 먼저, 그 개인(또는 아동)이 관심이나 흥미를 가지고 있는 특정 분야에서의 재능이나 능력, 창조적 또는 창의적으로 사고하는 능력, 그리고 학습에 대한 의욕 또는 동기 등이다. '창조성'이라고도 한다. 한국에서는 '창의성'이라는 표현을, 일본에서는 '창조성'이라는 표현을 사용하는 경우가 많다.

창의성 검사【創意性 檢査】creativity test

창의성 또는 창의적 사고 능력을 측정하기 위한 검사.

창의성 교육【創意性 敎育】creativity education

창의성 또는 창의적 사고(능력)를 계발하거나 발달시키는 것을 목표로 진행하는 교육.

창의성 발달【創意性 發達】development of creativity

창의성 영역에서 이루어지는 발달. 생후 연령 증가에 따라 신체적, 운동적, 심리적 영역 등에서의 발달과 함께 창의성 영역에서 진행되는 발달을 의미한다. 흔히 창의성의 발달은 독립적인 발달 과정이나 경로를 따라 이루어지는 것이 아니라 다른 여러 발달 영역들(신체적, 운동적 및 심리적 측면의 여러 영역들)과 밀접하게 연계되어 상호 영향을 주고받으면서 진행된다.

창의성 증후군【創意性 症候群】creativity syndrome

창의성을 가진 사람들이 보이는 여러 가지 특징들을 묶어 지칭하는 표현. 구체적으로 발산적 사고, 호기심, 기발하거나 독특한 생각 또는 발상, 개성 있는 선택과 행동 등의 특징들이 포함된다.

CLICK 창의성

창의성 투자 이론【創意性 投資 理論】investment theory of creativity

삶의 곤란한 문제를 해결하거나 새로운 것을 산출해내는 창의성은 이를 뒷받침하는 다양한 자원들(예를 들면, 기본적인 지적 능력, 지식, 동기, 성격, 주변의 지지적인 환경 자원 등)의 투입과 종합에 의한 것이라고 보는 이론. 구체적으로 창의성 투자 이론은 개개인의 창의성은 창의성과 관련된 다양한 자원들을 모아 종합하고, 동시에 자신이 몰입할 수 있는 적절한 목표에 자신을 투입시키는 과정(이러한 과정을 창의성 계발이나 발휘에 대한 일종의 투자 활동으로 보는 것임)을 통해 계발되거나 발휘될 수 있다고 보는 관점을 말한다. '창의성의 투자 이론'이라고도 한다.

창의적 사고【創意的 思考】creative thinking

새로운 기술이나 도구를 고안해내거나 새로운 문제를 해결해내는 것과 같은 가치 있는 결과를 창출해내는 사고 또는 사고 능력. '창조적 사고'라고도 하며, '생산적 사고(productive thinking)'와 비슷한 의미로 사용된다.

창의적 성격【創意的 性格】creative personality

일반적으로 창의성 또는 창의적 능력은 인지적인(또는 지적인) 측면만이 아니라 성격 측면과도 밀접하게 관련되어 있는 것으로 이해되고 있다. 이처럼 창의성 또는 창의적 능력과 관련된 성격 측면을 지칭하여 '창의적 성격'이라고 하며, 여기에는 호기심, 집중력, 자발성, 충동성 등과 같은 특성들이 포함되는 것으로 알려져 있다.

창의적 지능【創意的 知能】creative intelligence

창의성이나 창의적 능력을 발휘하는 것과 관련된 지능. 즉, 새로운 상황이나 문제에 대하여 창의적 사고나 추론을 하거나, 또는 그러한 사고나 추론을 바탕으로 문제를 해결해 가는 능력을 의미한다.

창의적 집단 사고【創意的 集團 思考】brainstorming

일반적으로 '브레인스토밍'이라고 하며, '창의적 집단 사고법'이라고도 한다.

CLICK 창의적 집단 사고법

창의적 집단 사고법【創意的 集團 思考法】brainstorming

특정한 주제나 문제 또는 그 해결 방법과 관련하여 참여자(또는 토론자)들이 자유롭게 가능한 한 많은 의견이나 아이디어를 제시하도록 하는 토론 방법. 흔히 '브레인스토밍'이라고 하며, '창의적 집단 사고'라고도 한다.

창조성【創造性】creativity

'창의성'이라고도 한다. CLICK 창의성

창조적 사고【創造的 思考】creative thinking

'창의적 사고'라고도 하며, '생산적 사고(productive thinking)'와 비슷한 의미로 사용된다.

CLICK 창의적 사고

찾기 반사【찾기 反射】rooting reflex

인간이 선천적으로 가지고 태어나는 반사들 가운데 하나로, 영아의 입 주위나 뺨을 자극하면 영아가 자극이 가해진 쪽으로 고개를 돌리는 반응을 나타내는데, 이러한 선천적인 반사 행동을 '찾기 반사'라고 한다. 이 반사는 생후 초기에는 입에서 먼 위치의 뺨에 자극을 가할 때에도 나타나지만 점차 시간(월령)이 경과해 가면서 입 가까이에 가해진 자극들에 대해서만 반응하는 경향을 보이게 된다. 이 반사는 자동적인 반응을 통해 쉽게 엄마의 젖을 향하도록 함으로써 생후 초기의 적응과 생존력을 높여주는 기능을 한다. '근원 반사', '젖 찾기 반사', '포유 반사', '먹이 찾기 반사'라고도 한다.

채팅 chatting

인터넷이나 PC통신과 같은 온라인(on–line) 상에서 두 명 이상의 참여자들이 컴퓨터의 키보드를 이용하여 문자나 문장을 입력·전달하는 방식으로 자신들의 의견이나 정보를 교환하면서 대화를 나누는 행위를 말한다.

책략【策略】strategy

문제 해결(또는 과제 수행)을 위해 의도적이고 목표 지향적으로 이루어지는 인지적 또는 정신적 조작 활동. '전략'과 같은 의미로 사용된다. CLICK 전략

책임【責任】responsibility

어떤 일이나 역할과 관련하여 맡아서 해야 할 의무나 임무.

책임감【責任感】sense of responsibility

(1) 책임을 지려는(또는 느끼는) 마음. (2) 어떤 일이나 역할과 관련하여 맡겨진 책임을 중요하게 느끼는 마음.

책임감 느끼기 가설【責任感 느끼기 假說】felt–responsibility hypothesis

타인의 불행이나 고통을 보았을 때 일어나는 공감이 친사회적 또는 이타적 태도나 행동으로 이어지는 경향을 설명하는 가설. 이 가설에서는 타인의 불행이나 고통을 관찰한 사람은 과거에 도움이 필요한 사람을 돕는 것은 사회를 살아가는 구성원 누구나 지켜야 할 윤리이고 책임이라는 것을 학습해왔기 때문에 타인의 불행이나 고통을 목격한 상황에서 이를 무시함으로써 겪게 될 죄책감보다는 도와야한다는 책임감을 느끼게 되고, 그 결과 친사회적 또는 이타적 행동을 하게 될 가능성이 높아진다고 설명한다.

책임감 분산【責任感 分散】diffusion of responsibility

어떤 일이나 상황과 관련하여 행동하거나 처리해야 할 책임(또는 책임감)이 개인 혼자가 아니라 개인이 포함된 집단의 구성원들이나 다른 사람들에게로 분산되어 개인이 느끼는 책임(또는 책임감)이 감소되고, 이에 따라 개인이 그 일이나 상황을 해결하기 위해 요구되는 행동을 하게 될 가능성이 감소되는 현상. '책임 분산', '책임감의 분산' 또는 '책임의 분산'이라고도 한다.

처벌【處罰】punishment

특정 행동 또는 반응의 발생확률을 감소시키기 위해 그 행동(반응)에 이어서 혐오 자극을 제시하는 것 또는 제시하는 절차. 흔히 처벌은 사회적으로 바람직하지 못한 행동을 없애거나 그 발생확률을 감소시키기 위해 적용하지만, 적용한 처벌이 어느 정도 효과를 발휘하게 될지의 여부는 처벌하는 사람, 처벌받는 사람, 처벌이 이루어지는 상황, 처벌 방법, 그리고 처벌로 사용하는 자극 등과 같은 다양한 변인의 영향을 받게 된다. '벌(罰)'이라고도 한다. 한편 처벌은 '부적 강화(negative reinforcement)'와는 다른 것이다.

척골【尺骨】ulna

팔의 아랫마디(팔꿈치의 아래쪽 팔뼈)를 구성하는 두 개의 뼈 가운데 안쪽에 있는 뼈. '자뼈'라고도 한다. 팔의 아랫마디를 구성하는 두 개의 뼈 가운데 바깥쪽이 있는 뼈는 요골(撓骨, radius)이라고 한다.

척골 잡기【尺骨 잡기】ulnar grasp

영아가 물체를 잡기 위해 사용하는 손 운동 기술의

하나로, 손가락을 손바닥을 향해 오므리는 동작으로 물건을 잡는 손 기술, 즉 손가락을 손바닥에 대고 눌러서 물건을 잡는 손 기술을 의미한다. 생후 초기(생후 4~6개월 무렵)에 나타나는 미숙한 수준의 손 기술이라고 할 수 있다.

척도【尺度】scale

사물(물체나 사람 또는 현상)이 가진 특성을 구체적으로 나타내기 위해 사용되는 측정의 단위. 구체적으로 척도란 일정한 규칙에 따라 관찰된 대상이나 현상에 대해 값이나 수치를 부여하기 위해 사용되는 측정의 단위를 말한다. 명명 척도(또는 명목 척도), 서열 척도(또는 순서 척도), 등간 척도(또는 간격 척도), 비율 척도, 절대 척도 등으로 분류된다.

척도화【尺度化】scaling

측정 대상 또는 피험자의 반응에 대하여 수치를 배정하는 절차를 말한다.

척수【脊髓】spinal cord

뇌와 함께 중추 신경계를 구성하는 신경계의 주요 부분으로, 척추에 둘러싸여 있으며, 뇌와 말초 신경 사이에서 자극과 정보를 전달하는 기능을 한다. 척수는 뇌와 말초 신경 사이의 자극과 정보 전달 기능 이외에도 일부 단순한 자극이나 정보를 뇌로 보내지 않고 직접 처리하는 기능을 가지고 있는데 이를 척수 반사라고 한다. 한편 말초 신경계의 신경들은 척수에 이어져 있으며, 이를 경유하여 뇌와 연결된다. 따라서 척수에 손상을 입게 되면 그 손상된 부위 이하의 신체는 감각과 운동 기능을 상실하게 된다.

척수 반사【脊髓 反射】spinal reflexes

특정 자극에 대해 뇌를 경유하지 않고 척수 수준에서 일어나는 반사. 즉, 특정 자극에 대해 신속한 근육 수축과 반응이 일어나도록 하기 위해 감각 기관으로 들어온 자극에 대해 뇌의 판단과 명령이 이루어지기 전에 척수에서 처리하여 일으키는 반사 반응을 말한다.

천성【天性】nature

개인이 태어날 때부터 가지고 있는 특성이나 성질. 개개인이 가지고 있는 유전자 속의 프로그램에 따라 형성된 특성이나 성질 또는 그러한 프로그램에 따라 특성이나 성질이 발달하게 됨을 의미한다. '본성(本性)'과 같은 의미로 사용된다.

천성-양육 논쟁【天性-養育 論爭】nature-nurture debate

인간의 발달(심리적, 행동적 및 신체적 특성의 발달)을 결정하는 두 요인인 유전적·생물학적 요인(천성, nature)과 환경적·경험적 요인(양육, nurture)의 상대적 중요성과 기여에 대해 학자들 사이에서 오랫동안 지속해온 논쟁. '천성－육성 논쟁', '본성－양육 논쟁', '천성－육성 이슈', '천성－양육 이슈(nature－nurture issue)'라고도 한다.

철 결핍성 빈혈【鐵 缺乏性 貧血】iron deficiency anemia

혈액의 적혈구와 혈색소가 만들어지는 과정에 필요한 성분인 철분의 섭취가 지나치게 부족하여 발생하는 빈혈. 즉, 식사나 보조식품 등을 통한 철분 섭취의 부족으로 인해 초래되는 빈혈증을 말한다. 발달적으로 영·유아기 및 아동기 동안의 철분 결핍으로 인해 발생한 빈혈은 신체 및 지적 능력에서의 저조한 발달, 부주의와 무관심 경향, 사회적 상호작용 기회의 감소 등과 같은 발달상의 문제를 초래하게 된다. '철 결핍성 빈혈증'이라고도 한다.

철 결핍성 빈혈증【鐵 缺乏性 貧血症】iron deficiency anemia

'철 결핍성 빈혈'이라고도 한다.

CLICK 철 결핍성 빈혈

청각【聽覺】auditory sense / hearing

소리를 듣고 느끼는 감각. 즉, 청각 기관(auditory organ)을 통해 소리 자극을 감지하는 능력을 말한다. 임신 기간, 즉 태내기 후반부터 태아는 소리에 대한 반응을 나타내는데, 이러한 사실은 청각 능력이 이미 태내기부터 발달하는 감각이라는 것을 보여준다. 생후 신생아는 다른 소리들에 비해 사람의 목소리, 특히 어머니의 목소리에 대해 더욱 민감하게 반응하는데, 이러한 경향은 임신 중 태내에서의 청각적 경험과 기억이 출생 후에도 계속 이어져 영향을 미친다는 것을 시사한다.

청각 체계【聽覺 體系】auditory system

소리 자극을 듣고 처리하는 일련의 체계를 지칭하며, 여기에는 귀와 뇌의 일부 조직 등이 포함된다.

청각 피질【聽覺 皮質】auditory cortex

대뇌 피질 중에서 청각 기관을 통해 입력된 청각 정보를 맡아 처리한 영역. 대략 큰 동전이나 우표 크기 정도의 부위로 측두엽에 위치하고 있다.

청년【青年】adolescent / youth

'청소년'이라고도 한다. CLICK 청소년

청년심리학【青年心理學】adolescent psychology / psychology of adolescence

청년 또는 청년기에 초점을 맞추어 연구를 진행하는 발달심리학의 한 분야. '청소년심리학'이라고도 한다.

청소년【青少年】adolescent / youth / juvenile

일반적으로 아동과 성인의 중간시기에 위치하는 사람을 지칭한다. 하지만 청소년을 구분하는 연령은 국가와 법에 따라 차이를 보이기 때문에 이를 명확히 하는 것은 어렵다. 우리나라의 청소년기본법에서는 청소년을 만 9세에서 24세까지의 사람으로 규정하고 있으며, 발달심리학을 포함하는 발달학 분야에서는 흔히 중학교 생활을 시작하는 만 12~13세경부터 대학 생활 기간을 포함하는 24~25세경까지의 사람을 청소년으로 분류하는 경우가 많다. 한편 청소년, 소년/소녀 등의 의미로 사용되는 'juvenile'은 일반적으로 아직 성인이 되지 않은 청소년, 특히 10대 청소년(미국 대부분의 주에서는 18세까지를 지칭하는 경우가 많음)을 나타내는 말로 사용된다. '청소년' 대신 '청년'이라는 표현을 사용하기도 한다.

청소년기【青少年期】adolescence

아동기 이후부터 성인기가 시작되기 전까지의 시기. 즉, 발달의 단계 중에서 아동기와 성인기 사이의 단계를 말한다. 청소년기를 나타내는 구체적인 시기는 학자들에 따라, 사회와 문화에 따라, 그리고 법에 따라 차이를 보인다. 흔히 중학교 생활이 시작되는 12~13세 무렵(넓은 의미에서는 초등학교 중반의 시기인 9~10세 무렵)서부터 대학교 시기인 20대 초·중반(대략 24~25세경)까지의 시기를 말한다. 과거에 아동기를 초기 아동기(early childhood), 중기 아동기(middle childhood) 및 후기 아동기(late childhood) 등으로 세분하여 구분하던 시기에는 청소년기에 해당하는 시기를 후기 아동기로 부르기도 하였으나 최근에는 청소년기에 해당하는 기간을 점차 확대하여 24~25세경까지로 인식하게 됨에 따라 후기 아동기라는 표현은 거의 사용하지 않고, 거의 대부분의 경우에 청소년기 또는 청년기라는 표현을 사용하고 있다. 일반적으로 청소년기는 성인으로 기능하는 데 요구되는 신체적, 생리적, 정서적, 인지적 및 사회적 발달이 이루어지는 시기이다. 청소년기를 나타내는 영어 표현인 'adolescence'는 '성장하다, 성숙해 가다'라는 의미를 가진 라틴어 'adolescere'에서 유래한 말이다.

청소년기 성장 급등【青少年期 成長 急騰】adolescent growth spurt

청소년기 동안에 신체적 측면에서 급격한 성장이 이루어지는 현상. 일반적으로 청소년기의 출발점이라고 할 수 있는 사춘기가 시작되는 무렵부터 시작되어 약 4~5년간 지속된다. 흔히 남자 청소년과 여자 청소년의 성장 급등은 시작되는 시점과 끝나는 시점에서 차이를 나타낸다. '청소년 성장 급등'이라고도 한다.

청소년 문제【青少年 問題】youth problem / adolescent problem / adolescent's problem

청소년(기)과 관련되거나 청소년(들)에 의해 유발되는 문제를 총칭하는 표현이다.

청소년 문제 행동【青少年 問題 行動】adolescent problem behavior

흡연, 음주, 학교 폭력 등과 같이 청소년(들)에 의해 행해지는 문제 행동을 총칭하는 표현이다.

청소년 문화【青少年 文化】adolescent culture

사회 전반이 공유하는 문화를 지칭할 때 지배적 문화 또는 지배문화라는 표현을 사용하고, 그 사회 속의 하위 집단들이 특징적으로 형성하는 문화를 하위문화라고 한다. 청소년 문화란 하위문화의 한 형태로, 특히 특정한 시대를 살아가는 청소년들 또는 청소년 집단이 나타내는 독특한 사고나 행동 또는 삶의 방식 등과 같이 한 사회의 지배문화나 다른 하위문화와 구분되는 청소년들(또는 청소년 집단)의 특징적인 문화를 의미한다.

청소년 발달【青少年 發達】adolescent development

청소년 또는 청소년기에 신체적, 심리적, 행동적, 그리고 사회적 측면 등 발달의 모든 영역에서 일어나는 변화(발달적 변화)를 총칭하는 표현이다.

청소년 범죄【青少年 犯罪】adolescent crime

청소년(들)에 의해 저질러진 범죄.

청소년 비행【青少年 非行】juvenile delinquency / adolescence delinquency

사회적, 법률적, 도덕적, 그리고 교육적 측면에서 청소년에 의해 행해지는 위반 행동 또는 그릇된 행동을 말한다. 그 적용 범위는 청소년들이 행하는 음주, 흡연과 같은 비교적 가벼운 문제 행동(흔히 지위 비행으로 지칭됨)에서부터 강도, 강간 및 살인과 같은 심각한 범죄 행동(또는 '범죄적 비행'이라고도 함)에 이르기까지 그 정도와 범위가 넓다. '청소년 비행 행동' 또는 '소년 비행' 등의 표현과 같은 의미로 사용된다.

청소년 비행 행동【青少年 非行 行動】adolescent delinquent behavior

'청소년 비행'과 같은 의미로 사용된다.

CLICK 청소년 비행

청소년 사법 제도【青少年 司法 制度】juvenile justice system / juvenile judicial system

청소년 사법과 관련된 법원, 소송, 재판, 재판권 행사 및 사법권 등에 관한 모든 제도나 체계. '청소년 사법 체계'라고도 한다.

청소년 사법 체계【青少年 司法 體系】juvenile justice system / juvenile judicial system

'청소년 사법 제도'라고도 한다.

CLICK 청소년 사법 제도

청소년 상담【青少年 相談】youth counseling / adolescent counseling

청소년(또는 청소년 내담자)을 대상으로 이루어지는 상담 또는 상담 활동.

청소년 상담자【青少年 相談者】youth counselor / counselor for youth clients / counselor for adolescent clients / counselor working with adolescents

청소년을 대상으로 활동하는 상담자.

청소년 성장 급등【青少年 成長 急騰】adolescent growth spurt

청소년기 동안에 신체적 측면에서 급격한 성장이 이루어지는 현상. 일반적으로 청소년기의 출발점이라고 할 수 있는 사춘기가 시작되는 무렵부터 시작되어 약 4~5년간 지속된다. 흔히 남자 청소년과 여자 청소년의 성장 급등은 시작되는 시점과 끝나는 시점에서 차이를 나타낸다. '청소년기 성장 급등'이라고도 한다.

청소년심리학【青少年心理學】adolescent psychology / psychology of adolescence

청소년 또는 청소년기에 초점을 맞추어 연구를 진행하는 발달심리학의 한 분야. '청년심리학'이라고도 한다.

청소년심리학자【青少年心理學者】adolescent psychologist / psychologist of adolescence

청소년심리학(또는 청년심리학) 분야에서 활동하는 심리학자를 지칭한다. '청년심리학자'라고도 한다.

청소년용 미네소타 다면적 인성 검사【青少年用 미네소타 多面的 人性 檢査】Minnesota Multiphasic Personality Inventory-Adolescent (MMPI-A)

청소년용으로 개발된 MMPI(미네소타 다면적 인성 검사).

청소년 자기 중심성【青少年 自己 中心性】adolescent egocentrism

청소년기에 이루어지는 인지발달의 결과로 이 시기에 와서 새롭게 나타나는 독특한 자기 중심성. 구체적으로 청소년의 자기 중심성은 자기의 경험은 다른 사람들이 모르는 매우 독특한 것이라고 믿는 경향인 '개인적 우화'와 자기의 외모와 행동에 대해 자기 자신이 관심을 갖는 것처럼 다른 사람들도 자기에 대해 관심을 갖고 있을 것이라고 믿는 경향인 '상상 속의 청중' 등 두 가지 형태로 나타난다. '청소년 자아 중심성'이라고도 한다.

청소년 자아 중심성【青少年 自我 中心性】adolescent egocentrism

'청소년 자기 중심성'이라고도 한다.

CLICK 청소년 자기 중심성

청소년 전기【青少年 前期】early adolescence

청소년기(adolescence)를 다시 두 개의 단계로 세분하여 나타낼 때 그 중 전반부의 시기를 지칭하는 표현이다. 흔히 중학교 생활이 시작되는 12, 13세 무렵(넓은 의미에서는 초등학교 중반의 시기인 9~10세 무렵)서부터 고등학교 생활이 끝날 무렵인 18, 19세경까지의 시기를 말한다. 청소년 후기는 18, 19세경 이후부터 24, 25세경까지의 시기를 말한다. '청소년 전기'는 '초기 청소년기'라고도 한다.

청소년 정신 장애【青少年 精神 障碍】adolescent mental disorders

청소년기에 발생하는 정신 장애를 총칭하는 표현이다. '청소년기 정신 장애'라고도 한다.

청소년 행동【青少年 行動】adolescent behaviors

청소년 또는 청소년기에 나타나는 행동을 총칭하는 표현이다.

청소년 후기【青少年 後期】late adolescence

청소년기(adolescence)를 다시 두 개의 단계로 세분하여 나타낼 때 그 중 후반부의 시기를 지칭하는 표현이다. 흔히 고등학교 생활이 끝날 무렵인 18, 19세경 이후부터 24, 25세경(대학 생활이 끝날 무렵)까지의 시기를 말한다. 청소년 전기는 12, 13세경(또는 넓은 의미에서는 초등학교 중반의 시기인 9, 10세경)서부터 고등학교 생활이 끝날 무렵인 18, 19세경까지의 시기를 말한다.

청소년 흡연【青少年 吸煙】adolescent smoking

청소년이 하는 흡연.

체감각 피질【體感覺 皮質】somatosensory cortex

대뇌 피질을 구성하는 네 개의 엽(lobes) 가운데 하나인 두정엽의 앞부분(중심구의 뒤쪽)에 위치하여 띠를 이루고 있는 피질 부분으로, 온도, 압력, 촉각, 통증 등의 정보를 받아들이고 처리하는 기능을 담당한다. '일차 체감각 피질' 또는 '일차 체감각 영역'이라고도 한다. CLICK 일차 체감각 피질

체격【體格】physique

외적으로 나타나는 신체의 전반적인 모습. 즉, 부모로부터 물려받은 유전 요인이나 영양 섭취, 운동 등과 같은 환경 및 경험 요인들의 영향을 받아 근육이나 골격 등으로 나타난 신체 외관의 전반적인 모습을 말한다.

체계【體系】system

전체를 구성하고 있는 각각의 부분들이 일정한 원리에 따라 짜임새 있게 결합되어 있는 상태 또는 그러한 조직.

체계적【體系的】systematic

'전체를 구성하고 있는 각각의 부분들이 일정한 원리에 따라 짜임새 있게 결합되어 있는'의 의미를 가진 표현이다.

체벌【體罰】corporal punishment

'벌(罰, punishment)'의 한 형태로, 특정 행동(흔히 부적절한 행동이나 문제 행동)을 금지시킬 목적으로 그 행위를 한 행위자의 신체에 고통이나 불편이 수반되는 제재를 가하는 것을 말한다. 체벌은 다시 두 가지 유형으로 구분될 수 있는데, 그 중 하나는 처벌자가 막대기와 같은 도구를 이용하거나 손과 같은 자신의 신체를 이용하여 피처벌자(처벌을 받는 사람)의 신체를 가격하는 방식으로 직접 고통을 가하는 직접 체벌이고, 다른 한 유형은 처벌자의 신체나 도구를 이용하여 피처벌자의 신체에 접촉하지는 않지만, 그 대신 피처벌자에게 토끼뜀을 뛰게 하거나 땅바닥에 머리박기를 하도록 하는 것과 같이 간접적인 방식으로 신체에 고통을 주는 벌인 간접 체벌이다.

체성 신경계【體性 神經系】somatic nervous system

신경계는 크게 '중추 신경계(central nervous system)'와 '말초 신경계(peripheral nervous system)'로 구분되고, 말초 신경계는 다시 체성 신경계와 자율 신경계(autonomic nervous system)로 구분된다. 이 가운데 체성 신경계는 피부, 골격근, 관절 등의 신체 각

부분에 연결된 신경 다발로서, 신체의 외부로부터 들어오는 정보를 중추 신경계로 보내기도 하고 중추 신경계에서 내린 명령이나 정보를 신체 각 부분으로 전달하는 기능을 한다. '체성 신경'이라고도 한다. 간혹 '체신경계'로 부르는 경우도 있으나 잘 사용하지 않는 표현이다.

체외 수정【體外 受精】external fertilization

인간의 경우 흔히 정상적인 임신이 어려운 부부간의 임신을 위해 시험관 수태를 하는 경우를 지칭하여 체외수정이라고 하며, 인간 이외의 일부 동물들의 경우에 수컷의 정자와 암컷의 난자가 외부에서 만나 수정이 이루어지는데 이를 지칭하여 체외 수정이라고 한다. 일반적으로 인간 및 많은 고등동물의 경우에는 수컷의 정자(정세포)가 암컷의 체내로 들어와 난자(난세포)와 만나서 수정이 이루어지는 체내 수정(體內 受精, internal fertilization)을 통해 생식이 이루어지게 된다.

체중미달아【體重未達兒】small-for-date baby / small-for-date infant

예정된 날짜에 가까이 태어났지만 출생 시의 체중이 정상적인 경우(약 3.3kg) 보다 훨씬 적은 상태(2.5kg 이하)로 태어난 신생아. '저체중아(低體重兒)'라고도 한다.

초경【初經】menarche

여성이 처음으로 맞이하는(경험하는) 월경. 보통 12~13세경에 시작된다. 과거에 비해 초경 시기가 점점 더 빨라지고 있는데, 그 주요 원인은 과거에 비해 더 좋아진 영양 공급과 의학의 발달에 따른 성장과 발육 및 건강에서의 향상 때문이다.

초고령 사회【超高齡 社會】superaged society

65세 이상인 고령인구의 비율이 20% 이상인 사회.

CLICK 고령화 사회

초기 가족【初期 家族】primary family

개인이 성장한 이후에 소속된 가족(또는 현재의 가족)과 비교되는 개념으로, 특히 개인이 태어난 생후 초기부터 부모 및 형제자매들과 함께 지내며 생활하던 인생 초기의 가족을 의미한다. 흔히 상담이나 치료에 참여하는 내담자(또는 환자)들은 초기 가족 속에서 이루어진 대인 관계를 통해 깊은 상처나 고통 또는 왜곡을 경험하게 된 경우가 많다. '일차 가족'이라고도 한다.

초기 성인기【初期 成人期】early adulthood

발달의 단계 가운데 하나로, 청소년기 이후 중기 성인기(또는 중년기) 이전까지의 시기. 구체적으로 청소년기가 끝나는 시점인 대략 24~25세 이후부터 40세 무렵까지의 시기를 말한다. 성인기(adulthood)를 초기 성인기, 중기 성인기, 후기 성인기 등 세 단계로 구분할 때 제일 앞 단계에 해당한다. 따라서 초기 성인기는 그 앞의 단계인 청소년기(또는 청년기)와 중기 성인기 사이에 위치하는 단계이다. 초기 성인기는 발달적 측면에서 보면 신체적, 인지적 및 행동적 영역들 가운데 여러 측면에서 그 능력이 최고 수준에 도달하는 시기로, 사회적 및 직업적으로 활발한 활동을 해가면서 많은 성과를 내는 동시에 개인적으로는 결혼을 통해 가정을 이루고 자녀를 낳아 양육하는 시기이기도 하다. '성인 초기' 또는 '성인 전기'라고도 한다.

초기 아동기【初期 兒童期】early childhood

2세부터 5세 또는 6~7세 무렵까지의 시기를 지칭한다. 초등학교 교육 과정에 참여하기 전단계의 시기에 해당하며, 발달의 단계를 나타내는 명칭들 가운데 학령 전기(學齡 前期, preschool period) 또는 유아기(幼兒期)와 기간이 중복되는 단계 명칭이다. 즉, 초기 아동기, 학령 전기, 유아기 등의 단계 명칭들은 대략 비슷하거나 동일한 시기를 다른 표현으로 나타낸 명칭들이다.

초기 청소년기【初期 青少年期】early adolescence

청소년기(adolescence)를 다시 두 개의 단계로 세분하여 나타낼 때 그 중 전반부의 시기를 지칭하는 표현이다. 흔히 중학교 생활이 시작되는 12, 13세 무렵(넓은 의미에서는 초등학교 중반의 시기인 9~10세 무렵)에서부터 고등학교 생활이 끝날 무렵인 18, 19세 경까지의 시기를 말한다. '후기 청소년기'는 18, 19세경 이후부터 24, 25세경까지의 시기를 말한다. '초기 청소년기'는 '청소년 전기'라고도 한다.

초남성【超男性】supermale

23번째 염색체인 성염색체의 수(정상적인 남성은 XY로, X 염색체와 Y 염색체의 수가 각각 1개씩임), 그 중에서도 Y 염색체의 수가 1개 이상 더 많은 남성을 지칭한다. 예를 들면, 정상적인 남성보다 Y 염색체가 1개 더 많은 XYY인 경우, 2개 더 많은 XYYY인 경우, 3개 더 많은 XYYYY인 경우 등이 있다. 과거에는 이들이 공격적인 성향이 강한 특성을 가지고 있다고 인식되었으나 최근으로 오면서 그와 다른 연구 결과들이 제시됨에 따라 그러한 관점이 수정되고 있다. 신체적으로는 일반적인 남성들에 비해 어린 시기의 성장이 빠르고 큰 키를 갖는 경향이 있다. 이들 중 많은 경우에서 정상 남성에 비해 정자 수가 유의하게 적은 것으로 나타나고 있다. 따라서 불임의 가능성이 있으나 대체로 수정이 가능하여 자녀를 가질 수 있다. 큰 키 이외의 신체적 외형이나 지능 지수 및 기타 발달의 전반적 영역 등에서 일반적인 남성들과 큰 차이를 보이지 않는 것으로 나타나고 있다. 이처럼 '초남성' 집단에서 나타나는 일련의 증상들을 지칭하여 '초남성 증후군(supermale syndrome)'이라고 하며, '수퍼 남성 증후군' 또는 '초웅 증후군'이라고도 한다. 또한 '초남성 증후군'은 정상 남성에 비해 추가적으로 Y 염색체 수가 1개 더 많은 경우에는 'XYY 증후군(XYY syndrome)'으로, Y 염색체 수가 2개 더 많은 경우에는 'XYYY 증후군(XYYY syndrome)'으로, Y 염색체 수가 3개 더 많은 경우에는 'XYYYY 증후군(XYYYY syndrome)'으로 표현하기도 한다. 이 증후군을 가진 남아가 태어나는 빈도는 전 세계적으로 약 0.1%(출생 남아 1,000명 가운데 약 1명) 정도이다. 발생 원인은 생식세포가 생성되는 과정에서 감수 분열이 정상적으로 이루어지지 않는 비분리 현상에 의해 Y 염색체 수가 정상보다 많아짐으로써 초래된다. 한편 '초남성'은 '초웅(超雄)' 또는 '수퍼남성'이라고도 하며, 영어 표현을 그대로 사용하여 'supermale'로 표기하기도 한다.

초남성 증후군【超男性 症候群】supermale syndrome

23번째 염색체인 성염색체의 수(정상적인 남성은 XY로, X 염색체와 Y 염색체의 수가 각각 1개씩임), 그 중에서도 Y 염색체의 수가 1개 이상 더 많은 남성에게서 나타나는 일련의 증상들. CLICK 초남성

초여성【超女性】superfemale

23번째 염색체인 성염색체의 수(정상적인 여성은 XX로, X 염색체의 수가 2개임)가 1개 이상 더 많은 여성 또는 암컷을 지칭한다. 예를 들면, 정상 여성보다 X 염색체가 1개 더 많은 XXX인 경우, 2개 더 많은 XXXX인 경우, 3개 더 많은 XXXXX인 경우 등이 있다. 흔히 이들은 지적 능력 면에서는 정상적인 경우가 많고 15~20% 정도에서 가벼운 정신지체를 나타내기도 한다. 그 결함이나 지체의 정도는 추가적인 X 염색체의 수가 증가함에 따라 심해지는 경향이 있다. 이처럼 '초여성' 집단에서 나타나는 이상 증상들을 지칭하여 '초여성 증후군(superfemale syndrome)' 또는 '초자 증후군'이라고 한다. '초여성 증후군' 중에서 정상 여성에 비해 추가적으로 X 염색체 수가 1개 더 많은 경우에는 'XXX 증후군(XXX syndrome;

'triple X syndrome' 또는 'trisomy X'라고도 함)'으로, X 염색체 수가 2개 더 많은 경우에는 'XXXX 증후군(XXXX syndrome; 'tetrasomy X' 또는 'quadruple X'라고도 함)'으로, X 염색체 수가 3개 더 많은 경우에는 'XXXXX 증후군(XXXXX syndrome; 'pentasomy X'라고도 함)'으로 표현하기도 한다. 이 장애를 가진 여아가 태어나는 빈도는 출생 여아 1,000명 가운데 약 1명 정도이다. 발생 원인은 생식세포가 생성되는 과정에서 감수 분열이 정상적으로 이루어지지 않는 비분리 현상에 의해 X 염색체 수가 정상보다 많아짐으로써 초래된다. 한편 '초여성'은 '초자(超雌)'라고도 하며, 영어 표현을 그대로 사용하여 'superfemale'로 표기하기도 한다.

초여성 증후군【超女性 症候群】superfemale syndrome

성염색체(23번째 염색체)의 수(정상적인 여성은 XX로, X 염색체의 수가 2개임)가 1개 이상 더 많은 여성에게서 나타나는 지능 결함이 포함된 일군의 장애 증상들. CLICK 초여성

초웅【超雄】supermale

23번째 염색체인 성염색체의 수(정상적인 남성은 XY로, X 염색체와 Y 염색체의 수가 각각 1개씩임), 그 중에서도 Y 염색체의 수가 1개 이상 더 많은 남성을 지칭한다. '초남성'이라고도 한다. CLICK 초남성

초웅 증후군【超雄 症候群】supermale syndrome

23번째 염색체인 성염색체의 수(정상적인 남성은 XY로, X 염색체와 Y 염색체의 수가 각각 1개씩임), 그 중에서도 Y 염색체의 수가 1개 이상 더 많은 남성에게서 나타나는 일련의 증상들. '초남성 증후군' 또는 '수퍼남성 증후군'이라고도 한다. CLICK 초남성

초음파【超音波】ultrasound / ultra-sound / ultrasound wave / ultrasonic wave

사람은 소리의 진동수가 너무 작거나 너무 크면 들을 수 없다. 사람이 들을 수 있는 소리의 진동수 범위는 개인마다 다소 차이가 있지만, 보통 사람들이 들을 수 있는 진동수의 범위(흔히 '가청 진동수'라고 함)는 대략 20~20,000Hz 사이이다. 이와 같은 사람의 가청 진동수보다 더 커서 사람의 귀로 들을 수 없는 소리(또는 음파)를 지칭하여 초음파라고 한다. 물론 다른 유기체들 가운데는 사람이 들을 수 없는 초음파를 들을 수 있는 경우도 많다.

초음파 검사【超音波 檢査】ultrasound / ultrasonography

초음파를 사용하여 이루어지는 검사. 특히 태아의 모양이나 크기, 신체 조직의 이상 또는 질병 여부 등을 파악하거나 진단할 목적으로 시행하는 경우가 많다. 이 방법은 산모의 복부를 통해 자궁에 초음파를 보낸 후 그 반사파를 영상화함으로써 자궁 내 태아의 상태나 신체의 크기 및 이상 여부 등을 파악하게 된다.

초인지【超認知】metacognition

자신의 인지 및 인지 과정에 관한 사고(思考) 또는 지식. 우리는 정신 활동을 하는 과정에서 각자 자신의 기억이나 생각 또는 사고방식 등에 대해 생각할 수 있고 이것을 앞으로 있게 될 자신의 기억이나 생각 또는 사고방식에 반영하고, 또 이를 통해 인지 능력을 향상시키기도 한다. 이처럼 '자신의 정신 활동의 내용이나 특징에 대한 사고나 그것에 대해 알고 있는 지식'을 지칭하여 '초인지'라고 한다. '상위 인지'라고도 한다.

초자【超雌】superfemale

23번째 염색체인 성염색체의 수(정상적인 여성은 XX

로, X 염색체의 수가 2개임)가 1개 이상 더 많은 여성 또는 암컷. '초여성'이라고도 한다. CLICK 초여성

초자 증후군【超雌 症候群】superfemale syndrome

성염색체(23번째 염색체)의 수(정상적인 여성은 XX로, X 염색체의 수가 2개임)가 1개 이상 더 많은 여성에게서 나타나는 지능 결함이 포함된 일군의 장애 증상들. CLICK 초여성

초자아【超自我】superego

프로이트(Freud: 1856~1939)가 자신의 정신분석 이론 및 성격 이론에서 제안하고 있는 성격을 구성하는 세 가지 요소들 가운데 하나로, 양심과 이상을 추구하며, 자신의 행위의 옳고 그름을 판단하여 옳지 못한 행위를 한 경우에는 죄책감을 느끼도록 하는 벌을 줌으로써 앞으로는 그러한 행위를 하지 않도록 하는 역할을 한다. '슈퍼에고' 또는 '슈퍼이고'라고도 한다.

촉각【觸覺】tactile sensation / touch sensation / sense of touch

외부의 물리적 자극이 피부에 닿아서 느껴지는 감각. 신생아는 입 주위나 볼에 가해지는 자극에 대해 찾기 반사(rooting reflex: '근원 반사'라고도 함)를 나타내는데, 이러한 사실을 인간의 촉각 능력이 어느 정도는 선천적인 것임을 시사한다. 하지만 전반적으로 생후 초기의 촉각 능력은 낮은 발달 수준을 나타낸다.

촉발적 유전자형-환경 상관【觸發的 遺傳子型-環境 相關】evocative genotype-environment correlation

'유발적 유전자형－환경 상관'이라고도 한다.
CLICK 유발적 유전자형-환경 상관

촉발적 유전자-환경 상관【觸發的 遺傳子-環境 相關】evocative gene-environment correlation / evocative genotype-environment correlation

'유발적 유전자형－환경 상관'이라고도 한다.
CLICK 유발적 유전자형-환경 상관

촘스키 Chomsky (1928~)

아브람 노암 촘스키(Avram Noam Chomsky). 미국의 언어학자, 철학자, 인지과학자, 역사가, 정치 운동가로, 변형생성문법(transformational generative grammar) 이론의 창시자이다. 현대 언어학의 아버지로 평가되고 있으며, 동시에 심리학 분야에서는 언어발달 심리학 분야가 탄생하는 과정에서 큰 기반이 되었다. 언어학 분야뿐만 아니라 역사, 정치, 외교, 사회운동 등 광범위한 분야에서 지속적으로 날카로운 비평과 문제 제기를 통해 큰 영향력을 발휘하는 동시에 현 시대의 위대한 지성의 한 사람으로 평가받고 있다. 미국 펜실베이니아 주 필라델피아에서 유대계 러시아 이민자 가정의 아들로 태어나 창의적 활동을 격려하는 템플 대학교 부속의 진보적인 학교를 다녔고, 16세에 펜실베이니아 대학교에 진학하여 언어학, 수학, 철학 등을 공부하였으며, 1955년에 언어학 박사 학위를 받았다. 1956년 매사추세츠 공과대학(MIT)의 언어학과 교수가 된 이래로 1966년에는 석좌교수, 1976년부터는 연구교수로서 현재까지 재직하고 있다. 변형생성문법 이론을 통해 언어학 및 언어와 관련된 여러 학문 분야들에 큰 영향을 미쳤다. 대표적인 저서로 <통사 구조(Syntactic Structures)>(1957), <통사론의 여러 측면(Aspects of the Theory of Syntax)>(1965), <언어와 정신(Language and Mind)>(1968) 등이 있다. 박사 학위 논문의 제목은 '변형 분석(Transformational Analysis)'이다. '노암 촘스키', '아브람 노암 촘스키', 'Chomsky', 'Noam Chomsky', 'Avram Noam Chomsky' 등으로 표기하기도 한다.

총체적 관점【總體的 觀點】holistic perspective

발달 또는 발달적 과정을 설명하는 관점 가운데 하나로, 신체적, 인지적, 정서적, 행동적 및 사회적 측면 등에서 이루어지는 발달(또는 발달적 과정)은 각기 독립적으로 진행되는 것이 아니라 상호 영향을 미치는 의존적인 관계 속에서 이루어진다고 보는 입장 또는 관점을 말한다.

최고도 정신지체【最高度 精神遲滯】profound mental retardation

정신지체는 일반적인 지능 검사에서 획득한 점수인 지능 지수(IQ)가 70 이하(또는 미만)이면서, 학습이나 사회적 적응 등과 같은 일상생활을 해 나가는 능력 면에서 심각한 결함을 나타내는 경우를 말한다. 정신지체는 지능 지수(IQ)의 범위에 따라 네 수준으로 분류할 수 있는데, 그 중 가장 심한 수준인 IQ 20 미만을 '최고도 정신지체'라고 하며, '고중증도 정신지체', '최중도 정신지체', '매우 심한 정신지체', '극심한 정신지체' 또는 '아주 심한 정신지체'라고도 한다. 이 수준의 정신지체자들은 대부분 신경학적 결함을 가지고 있고, 학습 능력이 거의 없기 때문에 기본적인 자기 보살핌, 의사소통 및 사회적 관계가 거의 불가능하다. 따라서 이들에게는 매우 구조화된 환경에서 모든 행동에 대한 지속적인 보살핌과 도움이 필요하다. 또한 이들은 다른 신체적 이상이나 질환을 동반한 경우가 많아 이른 시기에 사망에 이를 가능성이 높다. 정신지체자의 약 1~2% 정도가 이 수준에 해당한다. '최고도 지체', '최고도 지적 장애' 등과도 같은 의미로 사용된다.

최고도 지적 장애【最高度 知的 障碍】profound intellectual disability

'지적 장애'의 한 유형으로, IQ 20 미만의 경우를 말한다. 이 수준의 정신지체자들은 대부분 신경학적 결함을 가지고 있고, 학습 능력이 거의 없기 때문에 기본적인 자기 보살핌, 의사소통 및 사회적 관계가 거의 불가능하다. 따라서 이들에게는 매우 구조화된 환경에서 모든 행동에 대한 지속적인 보살핌과 도움이 필요하다. 또한 이들은 다른 신체적 이상이나 질환을 동반한 경우가 많아 이른 시기에 사망에 이를 가능성이 높다. 성인의 경우에 최고도 지적 장애는 정신연령이 약 3세 미만에 해당한다. '최고도 정신지체', '최고도 지체' 등과 같은 의미로 사용된다.

최고도 지체【最高度 遲滯】profound retardation

정신지체의 한 유형으로, IQ 20 미만의 경우를 말한다. '최고도 정신지체', '최고도 지적 장애' 등과도 같은 의미로 사용된다. CLICK 최고도 정신지체

최대 수행 검사【最大 遂行 檢査】maximal performance test

개인이 특정 영역이나 분야에서 가진 최대의 능력(또는 능력의 상한계)을 측정하기 위한 검사. '능력 검사(ability test)'와 같은 의미로 사용된다.

최면【催眠】hypnosis

암시를 포함한 일련의 절차를 통해 의도적 및 인위적으로 유도된 수면과 유사한 상태. 최면술사의 영향을 가장 잘 받을 수 있는 상태로 알려져 있다. 한편 타인인 최면술사에 의해 피최면자에게 시술되는 형태의 최면을 타자 최면(他者 催眠, hetero hypnosis)이라고 하고, 이와는 달리 자기 스스로에 의해 유도된 최면을 자기 최면(自己 催眠, auto hypnosis)이라고 한다. 최면 상태는 수면과 유사한 특징을 나타내고 있지만 수면과는 다른 상태로 알려져 있다. 실제로 최면은 뇌전도(腦電圖, EEG) 등에서 수면과 다른 특징들을 포함하고 있다는 사실이 밝혀져 있다.

최면법【催眠法】hypnotism

'최면술'이라고도 한다. CLICK 최면술

최면술【催眠術】hypnotism / mesmerism

특정한 암시를 포함한 일련의 절차를 통해 피최면자의 최면 상태를 유도하는 기법 또는 기술. 18세기 오스트리아의 의사였던 안톤 메스머(Anton Mesmer)가 환자들의 질병을 치료하기 위해 최면술을 사용하기 시작한 이래로, 최면술을 메스머리즘 또는 메스머주의(mesmerism)라고도 한다. 이외에도 최면술은 '최면법'이라는 표현으로도 사용된다.

최면 요법【催眠 療法】hypnotherapy

'최면 치료'라고도 한다. CLICK 최면 치료

최면 유도【催眠 誘導】hypnotic induction

최면 대상자를 최면 상태로 이끌기 위해 취하는 일련의 절차. 여기에는 최면술사에 대한 믿음 갖기, 최면 상황에 대해 주의 집중하기, 최면 상태로의 이행에 대한 믿음 갖기 등과 같은 요소들이 포함된다.

최면 치료【催眠 治療】hypnotherapy

최면 또는 최면술의 특성을 이용하여 이루어지는 심리 치료 또는 심리 치료 기법을 말한다. 최면 자체의 효과를 기대하고 최면 치료를 사용하는 경우와 최면을 통해 다른 심리 치료법의 효과를 높일 목적으로 최면 치료를 사용하는 경우가 있다. '최면 요법'이라고도 한다.

최면학【催眠學】hypnology / hypnotism

최면 및 최면술에 관해 연구하는 학문.

최면 후 기억 상실【催眠 後 記憶 喪失】posthypnotic amnesia

최면술사(최면을 거는 사람)의 유도에 따라 최면이 이루어진 후에 최면에 걸린 사람이 최면술사가 기억하라는 지시를 하기 전까지 최면 상황 또는 최면 과정에서 있었던 일들에 대한 기억을 하지 못하는 현상.

최면 후 암시【催眠 後 暗示】posthypnotic suggestion

최면술사(최면을 거는 사람)가 최면 상태에 있는 피최면자(최면 상태에 있는 사람)에게 적용하는 특정한 암시를 말한다. 이러한 최면 후 암시는 피최면자가 최면 상태를 벗어난 이후에도 영향을 미치는 것으로 기대되며, 구체적으로 금주나 금연, 식사량 조절 및 스포츠에서의 경기력 향상 등에 사용된다.

최중도 정신지체【最重度 精神遲滯】profound mental retardation

'최고도 정신지체', '고중증도 정신지체', '극심한 정신지체', '매우 심한 정신지체' 또는 '아주 심한 정신지체'라고도 한다. 또한 '최고도 지체', '최고도 지적 장애' 등과도 같은 의미로 사용된다.

CLICK 최고도 정신지체

추론【推論】inference

알고 있는 사실이나 정보 또는 전제를 바탕으로 하여 새로운 어떤 것에 대한 논리적인 결론이나 판단을 도출해내는 사고(또는 사유) 과정. '추리'라고도 한다.

추수 전략【追隨 戰略】follow-up strategy

개인(특히 영아, 유아 또는 아동)에 대한 오랜 기간 동안의 추적 관찰 및 조사를 통해 건강 또는 정신병리를 예측하거나 설명해주는 자료를 수집하는 방법 또는 전략. '미래 추적 전략'이라고도 한다.

축색【軸索】axon

신경세포인 뉴런(neuron)을 구성하는 한 부분으로, 뉴런의 또 다른 부분인 세포체(cell body)로부터 뻗어 나온 가늘고 긴 튜브 형태의 신경 섬유. 신경계를 구성하는 뉴런은 여러 유형이 있고 각기 모양과 크기 등에서 차이가 있지만, 공통적으로 세포체(cell body), 수상 돌기(dendrite), 축색(axon) 및 종말 단추(terminal button) 등으로 구성된다. 이 중 축색은 다른 뉴런(시냅스 전 뉴런)으로부터 수상 돌기 및 세포체를 거쳐 들어온 정보(또는 메시지)를 또 다른 뉴런(시냅스 후 뉴런), 근육 및 내분비선 등으로 전달하는 기능을 한다. 그 길이는 뇌에 있는 뉴런의 축색은 1mm이하인 경우도 있고 척수에 있는 뉴런의 축색은 몇 미터에 이를 수도 있다. '신경 섬유(nerve fiber)'라고도 하며, '축색'이라는 표현 대신 '축삭(軸索)'이라고도 한다.

출생 동시 집단【出生 同時 集團】cohort

같거나 비슷한 연령의 사람들로서 비슷한 사회적·문화적 환경을 공유하면서 동일한 역사적 사건이나 배경 하에서 발달해 온 사람들의 집단. '동시대 집단', '동기 집단', '동시대 출생 집단', '동년배 집단'이라고도 한다.

출생 동시 집단 효과【出生 同時 集團 效果】cohort effect

출생 동시 집단을 이루고 있는 사람들이 가치관, 인생관, 사고방식, 지능 및 다양한 사회적 태도와 행동 등에서 다른 사람들에 비해 더 많은 유사성과 공통점을 나타내는 경향 또는 효과. '동시대 집단 효과', '동시대 출생 집단 효과', '동기 집단 효과', '동년배 집단 효과', '동년배 효과'라고도 한다.

출생성비【出生性比】masculinity of birth

자웅이체(雌雄異體)인 생물 종 내에서 특정 기간 동안에 출생한 암컷의 개체 수와 수컷의 개체 수의 비율을 말한다. 인간의 경우에는 흔히 일정 기간에 출생한 여아의 수 100에 대하여 같은 기간 동안에 출생한 남아의 수로 나타낸다. 흔히 인구학자들이 추정하는 자연적인 출생성비는 105±1이다.

출생 전 과학【出生 前 科學】prenatology

태교(胎敎, prenatal care 또는 prenatal training)의 기초적인 내용과 지식을 밝히려는 과학의 한 분야.

충동【衝動】impulse

적절한 사려(思慮)나 사고 과정 없이 빠르게 반응하도록 이끄는 힘 또는 작용.

충동성【衝動性】impulsivity

적절한 사려(思慮)나 사고 과정 없이 빠르게 반응하는 경향. 성격 특질의 하나로 보는 견해가 많으며, ADHD(주의력결핍 과잉 행동 장애)나 이상 행동의 주요 특징들 가운데 하나로 간주된다. 충동적인 사람은 자신의 감정이나 욕망을 억제하기 어렵고 사전 계획을 세우거나 깊이 생각하지 않고 행동하는 경향이 많다. 결과적으로 자신이나 타인에게 부정적인 결과를 초래하는 행동을 하게 될 가능성이 높다.

충동적 공격【衝動的 攻擊】impulsive aggression

'충동적 공격성'이라고도 한다.

CLICK 충동적 공격성

충동적 공격성【衝動的 攻擊性】impulsive aggression

공격성은 크게 충동적 공격성과 수단적 공격성 등 두 가지로 구분할 수 있다. 그 중에서 '충동적 공격성'은 특정 목적을 이루기 위해 미리 계획된 것이 아니라 어떤 상황에서 순간적인 충동(또는 감정)에 의해 우발적으로 일어나는 공격성(또는 공격 행동)을 의미한다. 예를 들면, 어떤 술자리에서 발생한 생각지 못한 싸움이나 폭력, 자동차 운전자들 간의 우발적인 갈등이나 폭력 등이 이 유형의 공격성에 해당된다. '충동적 공격'이라고도 한다. 이와는 달리, 수단적 공격은 어떤 목적을 달성하기 위해 계획적으로 이루어지는 공격성(또는 공격 행동)을 말하는 것으로, 이 유형의 공격성은 인지적이고 의도적인 것으로 볼 수 있다. 예를 들면, 사전 계획에 따라 이루어지는 폭행이나 살인은 바로 수단적 공격성에 해당된다. '수단적 공격'이라고도 한다.

충동조절 장애【衝動調節 障碍】impulse control disorders / impulse-control disorders

자신이나 타인에게 부적응이나 해를 초래할 수 있는 충동이 조절(혹은 통제)되지 않는 정신 혹은 행동상의 장애. '병적 도박', '방화증', '간헐성 폭발 장애', '도벽증', '발모증' 등이 충동조절 장애에 포함된다. '충동통제 장애'라고도 한다.

충동통제 장애【衝動統制 障碍】impulse control disorders / impulse-control disorders

'충동조절 장애'라고도 한다. CLICK 충동조절 장애

취약성【脆弱性】vulnerability

개인이 가진 취약한 특성, 특히 개인이 가진 특성들 가운데 특정한 장애나 질병에 걸리기 쉬운 신체적 및 심리적 특성을 지칭하여 취약성이라고 한다. 이러한 취약성은 유전적, 선천적으로 타고난 특성(선천적 특성)이거나 생후 환경과의 상호작용 과정에서 형성(또는 발달)된 특성(후천적 특성)일 수도 있으며, 또한 선천적 요인(유전을 포함하여 출생 전의 발달과 특성에 영향을 미치는 요인)과 후천적 요인(흔히 환경적 요인을 지칭함) 간의 상호작용의 결과로 발달된 특성일 수도 있다.

취약성-스트레스 모델【脆弱性-스트레스 모델】vulnerability-stress model

인간에게서 발생하는 장애나 질병은 개인이 가지고 있는(또는 타고난) 취약한 특성과 스트레스가 함께 작용(상호작용)한 결과로 보는 관점. 즉, 인간에게서 발생하는 다양한 장애나 질병은 심리적, 행동적, 신체적, 사회 환경 및 물리 환경적 특성들이 상호작용한 결과이기 때문에, 정신 장애나 이상 행동 또는 신체적 질병을 단일한 또는 단편적인 요인(또는 원인)으로 설명하는 것은 적절하지 못하며, 그보다는 개인이 가진 특성들(즉, 신체적, 심리적 및 행동적 특성 등)과 환경적 특성들(사회적 환경 및 물리적 환경) 간의 상호작용의 측면에서 설명해야 한다고 본다. '취약성-스트레스 모형'이라고도 하며, '소질-스트레스 모델(diathesis-stress model)' 또는 '소질-스트레스 모형'과 거의 같은 의미로 사용된다.

취약 X 염색체 증후군【脆弱 X 染色體 症候群】fragile X syndrome / fragile-X syndrome

유전 장애의 하나로, 결함이 있는 X 염색체가 원인이 되어 발생하는 장애이다. 이 증후군을 가진 사람들은 정신지체, 과잉 활동성, 학습 장애, 주의력 결핍, 사회적 불안 등과 같은 일련의 발달적 문제들을 나타낸다. '취약 X 증후군'이라고도 한다.

CLICK 취약 X 증후군

취약 X 증후군【脆弱 X 症候群】fragile X syndrome / fragile-X syndrome

대표적인 유전 장애의 한 유형으로, 결함이 있는 X 염색체가 원인이 되어 발생하는 장애이다. 즉, 성염색체인 23번째 염색체 두 개 가운데 X 염색체의 이상에 의해 발생하는 장애로, 그 중에서도 가장 많은 경우는 X 염색체의 하단부가 잘려져 있거나 접혀

있는 경우이다. 이 염색체를 가진 개인은 신체적으로는 큰 머리, 당나귀 귀 모양의 귀, 돌출된 이마 등과 같은 신체적 특징을 나타내는 경우가 많고, 정신 능력 면에서는 정신지체, 과잉 활동성, 학습 장애, 주의력 결핍, 사회적 불안 등과 같은 증상을 나타낸다. 정신지체는 개인에 따라 경미한 정신지체부터 매우 심한 정신지체에 이르기까지 다양한 범위에 걸쳐 발생한다. 이 증후군을 가진 남성들의 경우에는 자폐증상을 나타내는 경우가 있고, 큰 고환, 큰 귀, 두드러진 턱과 이마 등과 같은 특징을 나타내는 경향이 있다. 이 장애는 여자들보다는 남자들에게서 더 많이 발생하는데, 이런 경향은 여자들이 남자들보다 X 염색체를 하나 더 가지고 있어 이 장애가 나타날 가능성을 줄여주기 때문이다. 즉, 남성의 경우에는 성염색체가 XY이고, 여자의 경우에는 XX이기 때문에 X 염색체가 2개인 여성에서는 X 염색체 중 하나가 결함을 가지고 있더라도 다른 X 염색체가 결함을 가진 X 염색체를 보완해주기 때문이다. DNA 검사를 통해 사전 진단이 가능하지만, 아직 완전한 치료법은 개발되지 못한 상태이다. 이 증후군을 가진 사람들 가운데 일부는 실제적으로 이 장애의 일반적인 증상들을 거의 나타내지 않고 정상적인 상태를 보이지만 그 자녀는 이 증후군을 유전 받는다. '취약-X 증후군', '취약 X 염색체 증후군', '취약-X 염색체 증후군', 'X 결함 증후군', 'X-결함 증후군' 등의 명칭으로도 불린다.

측두엽【側頭葉】temporal lobe

뇌의 가장 바깥쪽의 최상층부에 위치하는 구조인 대뇌 피질(cerebral cortex)은 좌반구와 우반구 등 두 개의 반구로 구분되고, 이 두 개의 반구는 다시 각각 4개의 영역(전두엽, 두정엽, 측두엽, 후두엽 등)으로 구분된다. 그 가운데 한 영역이 각 반구의 측면에 위치한 측두엽으로, 귀를 통해 들어온 청각 정보를 처리하는 기능을 담당한다.

측정 시기 효과【測定 時期 效果】time of measurement effect

연구(특히 종단적 연구)에서 자료 수집을 위한 측정을 할 때, 측정하는 시기(또는 시점)의 상황적 요인(예를 들면, 측정이 이루어지는 시기에 전 사회적인 영향을 미치는 중대한 사건이 발생한 경우)이 의미 있는 혼입 변인으로 작용하여 연구에서 밝히고자 하는 변인의 효과와 결과에 영향을 미치게 되는 현상. 이러한 측정 시기 효과는 연구의 결과를 신뢰하기 어렵게 만든다.

치매【癡呆】dementia

후천적인 질병이나 외상 등에 의한 뇌신경의 손상(또는 파괴)으로 인해 일상생활 적응에 요구되는 광범위한 심리적, 행동적 및 신체적 기능에서 이상이나 장애가 발생하는 질병. 구체적으로 기억, 추론, 판단 등의 인지 기능 장애, 편집증적 사고, 실어증과 같은 언어 기능 장애, 운동 기능 장애, 요실금 및 변실금, 그리고 공격적 성향이나 우울증 등과 같은 다양한 이상 행동이나 정신 장애 등이 포함된다. 후천적인 질병의 일종으로 다양한 원인에 의해 발생한다. 가장 대표적인 원인은 알츠하이머병(전체 원인의 약 50% 차지)이고, 이외에도 뇌혈관 질환, 뇌종양, 두부 손상, 파킨슨병, 중추 신경 계통의 감염, 영양 결핍, 알코올이나 각종 약물에 의한 중독 등이 원인이 되어 발생한다. 연령 증가에 따라 발병률이 증가하는 노인성 치매는 심리적, 행동적 및 신체적 기능에서 지속적인 악화가 진행되면서 사망에 이르게 되는 질병으로, 유전이나 노화에 따른 자연스런 결과 등이 주요 요인으로 꼽히고 있으나 아직 정확한 원인이 밝혀져 있지 않고, 효과적인 치료법 또한 찾지 못한 상태이다.

친밀【親密】intimacy

사랑의 정서적 측면을 구성하는 요소로, 타인과의 관계에서 가깝고 밀접하게 느끼며 서로의 감정을 나누는 경험 또는 그러한 경험을 하는 상태. '친밀성' 또는 '친밀감'이라고도 한다.

친사회적 도덕 추론【親社會的 道德 推論】prosocial moral reasoning

자신의 손해나 희생이 따를 수 있는 상황에서 이를 감수하고 타인을 도와주어야 할지 말아야 할지, 또는 양보해야 할지 말아야 할지 등의 문제나 상황에 대해 판단하고 결정할 때 이루어지는 사고 또는 추론. 즉, 친사회적 행동의 실행 여부를 판단하고 결정할 때 이루어지는 사고 또는 추론을 '친사회적 도덕 추론'이라고 한다.

친사회적 행동【親社會的 行動】prosocial behavior

사회나 타인에게 도움이나 이익을 주기 위해 행하는 행동. 구체적으로 친사회적 행동은 어려운 상황에 처한 사람을 위로하기, 도와주기, 협력하기, 자원 공유하기, 타인의 장점을 인정하거나 칭찬하기 (이런 행동들은 타인의 심리적 안녕 또는 행복을 증진시켜주는 효과가 있다) 등과 같은 행동들이 포함된다.

친화성【親和性】agreeableness

타인에 대한 친절함, 온정적임, 우호적임, 봉사 등의 특징들을 포함하는 성격 특성. 성격의 '5요인 모델'에서 제안하는 기본적인 5가지 성격 특성들(traits) 가운데 하나로, '우호성' 또는 '친애성'이라고도 한다.

칭찬【稱讚】praise / applause / admiration

긍정적이거나 바람직한 행동, 특성, 미덕 및 장점 등과 같이 특정 개인이나 단체가 가지고 있는 좋은 측면을 일컬어 긍정적인 피드백을 주는 행위를 의미한다. 흔히 칭찬이 이루어지는 과정에서 제공되는 피드백은 언어적인 형식을 취하는 경우가 많다.

카렌 호나이 Karen Horney (1885~1952)

독일 태생의 미국 여성 정신분석학자. 프로이트(Freud: 1856~1939)의 전통적인 정신분석학적 견해와 달리, Horney는 개인의 성격 형성 및 발달 과정에서 사회·문화적 및 역사적 요인의 영향이 중요하다는 점을 강조하였다. 페미니스트의 입장에서 여성의 지위를 연구하였으며, 또한 신경증 연구 및 이론으로도 유명하다. 신프로이트학파(학자)로 분류된다. '호나이' 또는 '카렌 호나이'로 표기하기도 한다.

카를 베르니케 Carl Wernicke (1848~1905)

독일의 신경학자, 의사. '베르니케 실어증(Wernicke's aphasia)'의 발견자이다. '베르니케', '칼 베르니케', 'Wernicke', 'Carl Wernicke' 등으로 표기하기도 한다.

CLICK 베르니케

카를 폰 프리슈 Karl von Frisch (1886~1982)

오스트리아 태생의 독일 동물학자. 동물들(벌, 피라미 등)의 행동에 관한 관찰과 비교 연구를 통해 많은 업적을 이루었고, 이에 대한 공로를 인정받아 1973년 콘라트 로렌츠(Konrad Lorenz: 1903~1989) 및 니콜라스 틴버겐(Nikolaas Tinbergen: 1907~1988) 등과 공동으로 노벨상(생리·의학상)을 수상하였다. '프리슈', '프리시', '카를 프리슈', '카를 폰 프리슈', 'Frisch', 'Karl Frisch', 'Karl von Frisch' 등으로 표기하기도 한다.

카우치 couch

몸을 기대어 휴식하기 좋도록 만들어진 긴 대형의 자. 일반적으로는 긴 의자, 소파 등을 의미한다. 정신분석학의 창시자인 Freud는 환자(내담자)를 카우치에 눕도록 한 후 '자유 연상'과 같은 치료 기법을 사용하여 치료를 진행하였다.

카타르시스 효과【카타르시스 效果】catharsis effect

'정화 효과'라고도 한다. CLICK 정화 효과

카테콜라민 catecholamine

활성화 기능을 가지고 있으며, 신체 내에서 신경전달물질과 호르몬의 기능을 하는 화학 물질의 집합을 의미한다. 대표적인 카테콜라민으로는 도파민, 에피네프린(아드레날린), 노르에피네프린(노르아드레날린) 등이 포함된다.

카텔 Cattell (1860~1944)

제임스 매킨 카텔(James McKeen Cattell). 미국의 심리학자. 개인차 및 성격 분야에 관한 많은 연구로 성격심리학 분야 및 심리학 발전에 크게 공헌하였다. '커텔', '제임스 카텔', 'Cattell', 'James Cattell', 'James McKeen Cattell' 등으로 표기하기도 한다.

칼 구스타프 융 Carl Gustav Jung (1875~1961)

스위스의 정신의학자, 심리학자. 분석심리학(Analytic Psychology)의 창시자이다. '융', '칼 융', 'Jung', 'Carl Jung', 'Carl Gustav Jung' 등으로 표기하기도 한다.

칼 랜섬 로저스 Carl Ransom Rogers (1902~1987)

미국의 심리학자. 인간중심 치료(또는 내담자중심 치료) 이론의 창시자이다. '로저스', '칼 로저스', 'Rogers', 'Carl Rogers', 'Carl Ransom Rogers' 등으로 표기하기도 한다.

CLICK 칼 로저스

칼 로저스 Carl Rogers (1902~1987)

칼 랜섬 로저스(Carl Ransom Rogers). 미국의 심리학자. 인간중심 치료(처음에는 비지시적 치료, 내담자중심 치료 등의 표현을 사용했음) 이론의 창시자. 처음에는 대학에서 신학을 전공하였고 이후에 다시 교육심리학과 임상심리학을 전공하였다. 오하이오 주립 대학교와 위스콘신 대학교의 교수와 미국심리학회 회장을 역임하였다. 비지시적 치료 또는 내담자중심 치료라고도 하는 '인간중심 치료' 이론을 창시하였다. 이 치료 이론에서는 인간의 자유 의지와 잠재력 및 가능성을 강조하며, 치료 과정에서 상담자(또는 치료자)가 내담자에 대하여 무조건적인 관심과 수용 및 공감적 이해를 보내고, 나아가 이러한 분위기 속에서 내담자가 가지고 있는 문제의 해결이나 치료 방향 및 방법의 선택, 그리고 치료 속도 등을 내담자가 중심이 되어 진행해 간다. '로저스', '칼 랜섬 로저스', 'Rogers', 'Carl Rogers', 'Carl Ransom Rogers' 등으로 표기하기도 한다.

칼 베르니케 Carl Wernicke (1848~1905)

독일의 신경학자, 의사. '베르니케 실어증(Wernicke's aphasia)'의 발견자이다. '베르니케', '카를 베르니케', 'Wernicke', 'Carl Wernicke' 등으로 표기하기도 한다.

CLICK 베르니케

칼 융 Carl Jung (1875~1961)

칼 구스타프 융(Carl Gustav Jung). 스위스의 정신의학자, 심리학자. 분석심리학(Analytic Psychology)의 창시자이다. 부모의 결혼 관계가 평온하지 못했고, 그의 어머니는 괴팍하고 우울한 성격이 있었기 때문에 어머니의 양육을 잘 받지 못한 것으로 알려져 있다. 융이 교회를 싫어했기 때문에 목사였던 아버지와 종교 문제로 갈등하는 경우가 종종 발생하는 등 대체로 유년 시절의 삶이 행복하지 못했던 것 같다. 유년기 및 청소년기를 통해 자연 탐구, 희곡, 시, 역사, 철학 등의 분야에 대한 관심을 가지고 독서를 했으며, 정신병에 대해서도 많은 관심을 가지고 있었다. 융이 학교나 집에서 정신을 잃고 쓰러지는 일이 자주 있었던 것으로 보아 정신병에 대한 그의 관심은 아마도 성장 과정에서 자주 겪었던 신경증적인 증상의 발생 및 경험과 무관하지 않았던 것 같다. 바젤 대학교 의과대학에 진학하여 공부한 후, 취리히에서 정신과 의사로 활동하면서 정신병에 대한 관심과 연구를 진행했으며, 그 과정에서 정신분석학의 창시자인 지그문트 프로이트(Sigmund Freud: 1856~1939)의 정신분석적 관점과 이론 체계가 정신병의 이해와 치료에 효과적이라고 인식하게 되면서 프로이트의 수제자가 되어 한동안 학문적 동행이 이루어졌다. 그러나 프로이트가 무의식적 사건과 경험을 지나치게 리비도(libido) 또는 성적 추동으로 환원하여 해석하려는 관점과 자세를 보이자 이에 대해 이견을 보이면서 두 사람의 동행은 막을 내리게 되었다. 융은 프로이트의 생각과 달리, 무의식의 세계는 성적 욕구뿐만 아니라 종교적 욕구 및 다른 다양한 정신적 욕구들을 포함한다고 보았다. 1913년 프로이트와 결별한 융은 자신의 이론을 '분석심리학'으로 명명한 후, 무의식의 본질뿐만 아니라 성격 기능의 다양한 측면을 포괄하는 성격 이론을 발전시켜 나갔다. 융의 이론 체계에서 다루고 있는 주요 개념으로는 자아, 개인무의식, 집단무의식, 페르조나, 그림자, 아니마, 아니무스 등이 있다. 융의 이론 체계와 연구 활동은 정신의학 및 심리학 분야의 이론 및 치료 기법의 발전에 큰 영향을 미쳤다. '융', '칼 구스타프 융', 'Jung', 'Carl Jung', 'Carl Gustav Jung' 등으로 표기하기도 한다.

캐롤 길리건 Carol Gilligan (1936~)

캐롤 길리건(Carol Gilligan). 미국의 심리학자, 페미니스트, 윤리학자. 페미니즘과 윤리 분야에서 많은 연구 업적을 이루었고, 특히 심리학자인 Kohlberg (1927~1987)의 도덕성 발달 이론에 대한 비판적 해석으로 유명하다. '길리건'으로 표기하기도 한다.

캥거루 케어 kangaroo care / kangaroo mother care

산모가 아기(특히 조산아 또는 신생아)를 배나 가슴 위에 올린 상태로 피부를 맞대고 접촉하거나 젖을 주는 등의 돌봄을 제공하는 양육 방식. 새끼를 배주머니에 넣고 양육하는 캥거루의 행동에서 유래한 표현으로, 실제로 이 방식은 아기의 정서적 안정과 애착 발달 등에 긍정적인 영향을 미치는 것으로 알려져 있다.

커리큘럼 curriculum

특정 교육 기관이나 단체가 각기 설정한 교육 목표를 달성하기 위해 교육해야 할 전체 내용을 체계적으로 조직하여 편성한 교육 계획. '교육 과정' 또는 '교과 과정'이라고도 한다.

커밍아웃 coming out

다른 사람에게 또는 사회적으로 자신이 동성(연)애자임을 밝히는 것.

컴퓨터 보조 지도【컴퓨터 補助 指導】computer-assisted instruction (CAI)

새로운 지식의 학습을 위해 컴퓨터의 도움을 받아 진행하는 교육 또는 지도. '컴퓨터 지원 교육', '컴퓨터 보조 교육' 또는 '컴퓨터 지원 지도'라고도 한다.

컴퓨터 중독【컴퓨터 中毒】computer addiction

행위 중독(行爲 中毒) 또는 과정 중독(過程 中毒)으로 분류되는 사이버 중독(cyber addiction)의 한 형태로, 특히 컴퓨터를 병적으로 과도하게 사용하는 중독 상태를 의미한다. 컴퓨터 중독이라는 표현 이외에도 컴퓨터와 인터넷을 포괄하는 의미로 사용되는 '사이버(cyber)' 또는 '사이버 공간(cyber space)'이라는 표현을 사용한 '사이버 중독(cyber addiction)'이라는 용어와 함께 대표적인 사이버 공간인 '인터넷(internet)'이라는 표현을 사용한 '인터넷 중독(internet addiction)'이라는 용어가 많이 사용되고 있다.

컴퓨터 지원 교육【컴퓨터 支援 敎育】computer-assisted instruction (CAI)

새로운 지식의 학습을 위해 컴퓨터의 도움을 받아 진행하는 교육 또는 지도. 구체적으로 교육 과정에 컴퓨터 시스템을 이용하거나, 또는 교육 내용을 담고 있거나 효과적인 이해와 전달을 위해 마련된 컴퓨터 프로그램을 활용하면서 진행하는 교육 또는 지도를 말한다. '컴퓨터 지원 지도', '컴퓨터 보조 교육' 또는 '컴퓨터 보조 지도'라고도 한다.

케네스 밴크로프트 클락 Kenneth Bancroft Clark (1914~2005)

미국의 심리학자. 소수민족 집단 출신으로 최초의 미국심리학회(APA) 회장을 역임하였다. '클락', '클라크', '케네스 클락', 'Clark', 'Kenneth Clark', 'Kenneth Bancroft Clark' 등으로 표기하기도 한다.

CLICK 케네스 클락

케네스 클락 Kenneth Clark (1914~2005)

케네스 밴크로프트 클락(Kenneth Bancroft Clark). 미국의 심리학자. 아프리카계 미국인으로, 흑인으로서만이 아니라 소수민족 집단 출신으로 최초의 미국심리학회(APA) 회장을 역임하였다. 인종 간의 격리가 아동의 자기 이미지와 같은 심리적 발달에 매우 부정적인 영향을 미친다는 것을 보여준 그의 연구 결과는 이후 미국의 인종차별 금지와 관련된 판결과 정책에 큰 영향을 미쳤다. '클락', '클라크', '케네스 밴크로프트 클락', 'Clark', 'Kenneth Clark', 'Kenneth Bancroft Clark' 등으로 표기하기도 한다.

코시안 Kosian

한국인과 한국인이 아닌 다른 아시아인 사이에서 태어난 자녀를 나타내는 표현이다. 즉, 국제결혼을 한 한국인과 아시아 출신의 외국인(특히 동남아시아 출신의 여성이 많음) 사이에서 태어난 2세를 나타내는 말이다. Kosian(코시안)이라는 표현은 한국인을 나타내는 'Korean'과 아시아인을 나타내는 'Asian'의 합성어로, 1996년 안산외국인노동자센터에서 처음 사용하기 시작한 용어로 알려져 있다.

코호트 cohort

발달 과정에서 비슷한 사회·문화적 환경과 역사적 사건을 경험한 비슷한 연령대의 사람들 또는 집단. 즉, 같거나 비슷한 연령의 사람들로서, 비슷한 사회적, 문화적 환경을 공유하면서 동일한 역사적 사건이나 배경하에서 발달해 온 사람들의 집단을 말한다. '동시대 집단', '동기 집단', '동시대 출생 집단', '동년배 집단' 또는 '출생 동시 집단'이라고도 한다.

CLICK 코호트 효과

코호트 효과【코호트 效果】cohort effect

동일한 시대에 태어나 동일한 사회적, 문화적 및 역사적 배경하에서 자란 사람들의 집단(즉, 이러한 집단을 '코호트', '동시대 집단' 또는 '동시대 출생 집단'이라고 한다)은 출생 연도가 서로 다르고 상이한 사회적, 문화적 및 역사적 배경을 가지고 자란 사람들의 집단에 비하여 보다 더 비슷한 환경하에서 비슷한 경험을 하면서 성장 및 발달을 하였기 때문에 다양한 발달적 특성들, 즉 가치관, 인생관, 사고방식, 지능 및 다양한 사회적 태도와 행동 등에서 보다 더 많은 유사성과 공통점을 나타내는 경향이 있는데, 이러한 경향 또는 효과를 지칭하여 '코호트 효과' 또는 '동시대 집단 효과'라고 한다. '동시대 출생 집단 효과', '동기 집단 효과', '동년배 집단 효과', '동년배 효과' 또는 '출생 동시 집단 효과'라고도 한다.

콘라트 로렌츠 Konrad Lorenz (1903~1989)

오스트리아 출신의 동물 행동학자. 동물 행동학(Ethology)의 창시자로 평가받고 있으며, 1973년 니콜라스 틴버겐(Nikolaas Tinbergen: 1907~1988) 및 카를 폰 프리슈(Karl von Frisch: 1886~1982) 등과 공동으로 노벨상(생리·의학상)을 받았다. '로렌츠', 'Lorenz', 'Konrad Lorenz' 등으로 표기하기도 한다.

CLICK 로렌츠

콜버그 Kohlberg (1927~1987)

로렌스 콜버그(Lawrence Kohlberg). 미국의 심리학자. 도덕 추론 능력(또는 도덕 사고 능력)의 발달에 관한 연구로 도덕성 분야 및 심리학 발전에 많은 공헌을 하였다. 특히 도덕발달에 관한 삐아제(Piaget: 1896~1980)의 연구를 더욱 발전시킨 도덕적 추론(도덕적 사고 또는 판단)에 관한 연구와 이론으로 유명하다. 고등학교 졸업 후 나치의 박해를 받던 유대인 문제로 고민을 하다가 도덕적 사고와 관련된 주제에 관심을 갖게 되었고, 이를 계기로 시카고 대학교에 진학하여 학부 과정과 동 대학원의 석사 및 박사 과정을 마치고 학위를 받았다. 주 관심 분야는 도덕적 사고의 발달과 관련된 분야로, 시카고 지역의 중산층 아동 및 청소년들을 대상으로 도덕적 갈등 사태를 담고 있는 이야기(Kohlberg가 사용한 도덕 갈등을 담고 있는 스토리 가운데는 '하인즈<Heinz> 이야기'가 대표적임)를 들려준 후, 이에 대한 피험자들(연구에 참여한 아동 및 청소년)의 견해 및 판단을 분석하여 도덕 판단(추론) 능력의 발달 단계(3수준 6단계)를 제시하였다. Kohlberg가 제시한 도덕 추론(판단) 능력의 발달 단계는 크게 3수준으로 구분되는데, 여기에는 전인습적 수준(preconventional level), 인습적 수준(conventional level) 및 후인습적 수준(postconventional level) 등이 포함되며, 이들 각각의 수준은 다시 하위 2단계를 포함함으로 모두 6단계로 이루어져 있다. '로렌스 콜버그', 'Kohlberg', 'Lawrence Kohlberg' 등으로 표기하기도 한다.

콰시오커 kwashiorkor

영아기 및 유아기 초기에 불균형한 영양 섭취, 특히 열량 섭취는 충분히 이루어지지만 단백질의 섭취가 극도로 부족한 아동들에게서 발병하기 쉬운 질병으로, 주요 증상으로는 성장의 지체, 비정상적으로 큰 머리와 배, 쇠약 및 질병에의 저항력 저하 등이 포함된다. 적시에 충분한 단백질 공급이 이루어지면 완치될 수 있다.

쾌락의 원리【快樂의 原理】pleasure principle

정신분석학의 창시자인 프로이트(Freud: 1856~1939)는 인간의 성격을 구성하는 세 가지 요소를 가정하였는데, 여기에는 원초아(id: '원자아' 또는 '이드'라고도 함), 자아(ego), 그리고 초자아(superego) 등 세 요소가 포함된다. 그 가운데 하나인 '원초아'는 무의식 영역에 위치하고 있는 본능적이고 맹목적인 쾌를 추구하는 성격 요소이다. 이와 같은 원초아가 본능적 충동의 즉각적 충족을 통해 쾌를 추구하는 경향을 지칭하여 '쾌락의 원리' 또는 '쾌락 원리'라고 한다.

쿠잉 cooing

생후 초기의 어린 영아들이 즐겁거나 만족스런 상태일 때 반복적으로 내는 모음과 같은 소리. 흔히 생후 2~3개월경의 영아들이 즐겁거나 만족스러울 때 내는 '아 ~~' 또는 '우 ~~' 등의 경우에서 볼 수 있듯이, 목젖을 울리며 내는 모음과 같은 소리를 말한다. 학자들에 따라서는 쿠잉을 일종의 발음 연습으로 보기도 한다. 비둘기의 울음소리를 나타내는 'coo'에서 따온 말로 알려져 있다. '목 울리기', '꾸르륵 소리내기', '목젖 울림'이라고도 한다.

큐 분류 기법【Q 分類 技法】Q-sort technique

개인의 특성을 평정하는 데 이용되는 한 방법. 개인의 특성을 기술한 여러 장의 카드들로 구성되어 있으며, 평정자는 자신에게 가장 가까운 특징을 기술한 카드에서부터 가장 거리가 먼 특징을 기술한 카드들을 분류하게 된다.

큐피 인형【큐피 人形】Kewpie doll

인형 상품의 하나로, 이마 부분이 넓고, 볼에는 통통하게 살이 있고, 둥글고 귀여운 얼굴 모양을 한 인형. 일반적으로 아기들이 양육자나 다른 성인들로부터 많은 관심과 사랑 및 보살핌 등의 호의적인 반응을 이끌어내는 것은 큐피 인형처럼 귀엽고 사랑스럽게 지각되는 외모 특징을 가졌기 때문이라고 보는 견해가 많다. 이처럼 아기들이 가진 큐피 인형과 같은 외모 특징으로 인해 성인들의 많은 사랑과 보살핌을 이끌어내는 현상을 '큐피 인형 효과(Kewpie doll effect)'라고 한다.

큐피 인형 효과【큐피 人形 效果】Kewpie doll effect

귀엽고 사랑스러운 특징을 가진 아기들의 모습이 타인으로부터 호의적이고 긍정적인 반응을 이끌어내는 효과. 일반적으로 아기들이 양육자나 다른 사람들의 귀여움과 호의적인 반응이나 보살핌을 받게 되는 것은 큐피 인형(Kewpie doll)처럼 귀엽고 사랑스럽게 지각되는 특징을 가졌기 때문이라고 보는 견해가 많다. 이처럼 아기들이 가진 귀여운 외모의 특징들(예를 들면, 부드러운 피부, 둥근 얼굴, 통통하게 살이 있는 볼, 넓은 이마와 머리 등)이 양육자와 성인들에게 귀엽고 사랑스러운 대상으로 지각되고, 그 결과 아기가 성인들로부터 많은 관심, 애정, 사랑, 보살핌 등과 같은 긍정적인 반응을 이끌어내는 현상을 지칭하여 '큐피 인형 효과'라고 한다. 이와 같은 효과를 이끌어내는 아기들의 귀여운 외모 특징이 '큐피 인형'의 모습과 비슷하다는 데서 그 이름이 유래한 것이다. 큐피 인형(Kewpie doll)은 인형 상품의 하나로, 이마 부분이 넓고, 볼이 통통하고, 둥글고 귀여운 얼굴 모양을 하고 있는 인형이다.

크기 항등성【크기 恒等性】size constancy

동일한 물체를 다른 거리에서 보더라도 그 물체의 크기를 동일하게 지각하는 능력 또는 경향성. '크기 항상성'이라고도 한다.

크기 항상성【크기 恒常性】size constancy

동일한 물체를 다른 거리에서 보더라도 그 물체의 크기를 동일하게 지각하는 능력 또는 경향성. 동일한 물체(지각 대상)라도 그것이 놓인 위치가 가까운 곳에서 먼 곳으로 떨어지게 되면 눈의 망막에 비춰지는 그 물체의 이미지의 크기는 작아지게 된다. 반대로 물체의 위치가 가까워지면 망막에 비춰지는 그 물체의 이미지의 크기는 커지게 된다. 이처럼 물체가 위치한 거리에 따라 눈의 망막에 비춰지는 물체 이미지의 크기가 달라짐에도 불구하고 서로 다른 거리에 위치한 물체를 동일한 크기로 지각하는 능력 또는 경향성을 '크기 항상성'이라고 한다. '크기 항등성'이라고도 한다.

크레올어【크레올語】creole

둘 이상의 언어들이 오랜 기간 동안 지속적인 접촉을 통해 만들어진 혼합어. 흔히 피진어(pidgin)로부터 발전·변형되는 과정을 거쳐 형성되는데, 피진어에 비해 훨씬 발전된 문법 체계와 복잡한 언어구조를 갖는 동시에 시간 경과에 따른 지속성 면에서도 보다 더 안정적인 경향을 나타낸다. 전형적으로 크레올어에 비해 앞서 형성되는 피진어는 크레올어로 발전하지 못하고 소멸되는 경우도 있다. '피진어의 발생' 또는 '피진어의 형성'을 나타내는 표현은 피진어화(pidginization: '피진화'라고도 함)이고, '크레올어의 발생 또는 형성'을 나타내는 표현은 '크레올어화(creolization: '크레올화'라고도 함)'이다. '크레올어'라는 표현 대신에 '크레올', '크리올', '크리올어' 등의 표현이 사용되기도 한다.

크레올어화【크레올語化】creolization

크레올어(creole)의 발생 또는 형성. '크레올화'라고도 함.

크릭 Crick (1916~2004)

프랜시스 해리 콤프턴 크릭(Francis Harry Compton Crick). 영국의 분자생물학자. 1953년 제임스 왓슨(James Watson: 1928~) 등과 함께 DNA의 이중 나선 구조 모델을 발표하였고, 이와 같은 DNA에 관한 연구 업적을 인정받아 1962년 제임스 왓슨(James Watson) 및 모리스 윌킨스(Maurice Wilkins: 1916~2004) 등과 공동으로 노벨상(생리 · 의학상)을 수상하였다. '프랜시스 크릭', '프랜시스 해리 콤프턴 크릭', 'Crick', 'Francis Crick', 'Francis Harry Compton Crick' 등으로 표기하기도 한다.

클라이언트 client

상담이나 사회사업 등의 분야에서 서비스(상담이나 복지 서비스)를 받는 사람. 상담이나 심리 치료 분야에서는 클라이언트를 '자신의 문제나 고민을 해결할 목적으로 상담자(또는 치료자)의 도움을 받기 위해 찾아온 사람'이라고 정의하기도 한다. 또한 심리학이나 상담 분야에서는 '클라이언트(client)'를 '내담자'로 번역하여 사용하는 경우가 많다.

클라인펠터 Klinefelter (1912~1990)

해리 피치 클라인펠터(Harry Fitch Klinefelter). 미국의 내분비학자 · 류마티즘학자. 성염색체 이상에 의해 남성에게서 발생하는 장애인 클라인펠터 증후군(Klinefelter's syndrome)을 처음으로 기술한 학자로 유명하다. 버지니아 대학과 존스 홉킨스 의과대학을 다녔고, 존스 홉킨스 병원에서 수련 과정을 거쳤다. 1941~1942년 보스턴에 위치한 매사추세츠 제너럴 병원(Massachusetts General Hospital)에서 근무하는 동안 일군의 환자를 관찰하고 연구하면서 '클라인펠터 증후군'으로 불리는 장애에 대해 처음으로 기술하였다. 이 장애의 명칭은 그의 이름에서 비롯된 것이다. '해리 클라인펠터', '해리 피치 클라인펠터', 'Klinefelter', 'Harry Klinefelter', 'Harry Fitch Klinefelter' 등으로 표기하기도 한다.

클라인펠터 증후군【클라인펠터 症候群】Klinefelter's syndrome

성염색체 이상에 의한 선천성 장애의 하나로, 특히 남성에게서 나타나는 대표적인 성염색체 이상에 의한 장애이다. 이 장애는 23쌍의 염색체들 중에서 23번째 염색체(성염색체)에서 정상적으로는 XY 염색체를 가져야 할 남성이 추가적인 X 염색체를 1개 이상 더 가져 XXY, XXXY, XXXXY 등과 같은 형태를 나타내는 경우이다. 특히 추가적인 X 염색체의 수가 많을수록 정신지체 등과 같은 비정상적인 상태의 정도가 심해지는 경향이 있다. 이 장애를 가진 남성들이 나타낼 수 있는 주요 특징들로는 정신지체(낮은 지능), 여성형의 확대된 유방, 비정상적인 고환 발육(작고 딱딱함), 큰 키(특히 다리가 긴 경향이 있음), 만성적인 폐 질환 등이 있다. 현재 알려진 이 장애의 발생 원인은 다음과 같다. 생식세포(정자, 난자)가 생성되는 감수 분열 과정에서, X 염색체 쌍이 개별 X 염색체로 분리되는 과정에서 명확히 밝혀지지 않은 문제가 일어나 추가적으로 1개 이상의 X 염색체가 더 많은 생식세포(정자나 난자)가 생기게 되고, 이 생식세포들이 다른 생식세포들과 수정(임신)이 이루어짐으로써 이 장애가 발생하는 것으로 알려져 있다. 이 장애의 발생 빈도는 출생하는 남성 800명 가운데 약 1명 정도이며, 이들 중 많은 비율은 청소년기 이전까지는 잘 확인되지 않다가 성인이 되어서야 비로소 이 장애를 가진 사람임을 진단받게 되는데, 그 주요 이유는 이 장애에서 보이는 대표적인 특징 중에서 고환의 이상이나 기능 저하와 같은 경우는 청소년기 이전에는 잘 확인되지 않기 때문이다. 이 장애의 명칭은 이 장애를 처음으로 기술했던 미국의 내분비학자 · 류마티즘학자인 해리 피치 클라인펠터(Harry Fitch Klinefelter: 1912~1990)의 이름에서 유래한 것이다.

클락 Clark (1914~2005)

케네스 밴크로프트 클락(Kenneth Bancroft Clark). 미국의 심리학자. 소수민족 집단 출신으로 최초의 미국심리학회(APA) 회장을 역임하였다. '클라크', '케네스 클락', 'Clark', 'Kenneth Clark', 'Kenneth Bancroft Clark' 등으로 표기하기도 한다.

CLICK 케네스 클락

킴벌리 S. 영 Kimberly S. Young

미국의 여성 심리학자, 인터넷 중독 전문가. 현재 세인트보나벤처 대학교(St. Bonaventure University) 교수이다. 인터넷 중독 및 온라인 행동에 관한 선구적인 많은 연구를 진행해왔고, 1995년에는 인터넷 중독 센터를 설립해 운영하였다. 이 분야에서 세계적으로 유명한 학자로, 특히 그녀가 개발한 인터넷 중독 및 인터넷 중독 장애에 관한 연구와 진단 도구는 세계적으로 많은 학자들과 기관에서 인터넷 중독에 관한 진단과 치료를 위한 도구로 사용되고 있다. 인터넷 중독 및 온라인 행동에 관한 많은 논문과 저술이 있고, 소설 작품도 집필한 바 있다.

E

타나토스 Thanatos

프로이트(Freud: 1856~1939)의 심리성적 발달 이론에서 죽음과 파괴를 지향하는 본능을 지칭하는 개념으로, 리비도(libido) 에너지에 의한 생(生)의 본능인 에로스(Eros)와는 반대되는 개념으로 사용된다.

타당도【妥當度】validity

과학적 연구에서 사용하려는 도구(검사나 척도 등)가 그것이 측정하려는 것(흔히 변인)을 적절히 측정하고 있는 정도. 즉, 연구를 위해 사용하는 검사나 척도가 측정하고자 하는 변인의 내용이나 특징을 정확하게 반영하고 있는 정도를 말한다. 구성 타당도, 예언 타당도 및 증가 타당도 등이 있다. '타당성'이라고도 한다.

타불라 라사 tabula rasa

'tabula rasa'는 라틴어에서 유래한 말로 '공백 상태의 평판(平板)', '아무것도 씌어 있지 않은 서판(書板)'이라는 의미를 가지고 있다. 17세기 영국의 철학자 존 로크(John Locke: 1632~1704)는 인간은 텅 비어있는 백지와 같은 마음의 상태로 태어나기 때문에 출생 시 인간은 정신적 능력이나 지식 또는 관념 따위를 가지고 있지 않다고 보았다. 인간이 갖게 되는 관념이나 지식 또는 정신적 능력은 출생 이후 삶의 과정에서 이루어지는 경험(또는 감각적 경험: sensory experiences)을 통해 형성된다고 주장했다. 이와 같은 로크의 견해는 후천론(後天論)인 동시에 경험론(經驗論)이며, 나아가 선천적으로 타고나는 능력이 있음을 주장하는 선천론(先天論)에 대한 부정이기도 하다. 이런 자신의 견해를 나타내기 위해 로크가 사용한 표현은 흰 종이 또는 백지의 의미를 가진 'white paper'였다. 'tabula rasa(타불라 라사)'라는 표현은 경험론적인 견해를 담고 있는 로크의 저서 <An Essay Concerning Human Understanding>(1690)('인간오성론' 또는 '인간지성론'으로 번역)을 비판하기 위해 고트프리트 빌헬름 폰 라이프니츠(Gottfried Wilhelm von Leibniz(1646~1716)가 그의 저서 <Nouveaux essais sur l'entendement humain>(1704)(영어 표현: 'New Essays on Human Understanding')('신인간오성론' 또는 '인간오성신론'으로 번역)에서 사용한 표현으로 알려져 있다. 오늘날 'tabula rasa(타불라 라사)'라는 표현은 발달심리학, 인간발달학, 아동학, 유아교육, 교육학 등의 분야에서 출생 시의 인간의 마음 상태가 텅 비어 있는 '백지 상태'라는 의미로 많이 사용되고 있다. 즉, 오늘날 타불라 라사는 '백지' 또는 '백지 상태' 등의 표현으로도 사용되고 있다.

타율적 단계【他律的 段階】heteronomous stage

삐아제(Piaget: 1896~1980)의 도덕발달 이론에서, 첫 번째 단계인 '타율적 도덕성 단계'를 의미한다. 이 단계의 아동들이 보이는 도덕 수준을 '타율적 도덕성'이라고 한다. CLICK 타율적 도덕성

타율적 도덕성【他律的 道德性】heteronomous morality

삐아제(Piaget: 1896~1980)의 도덕발달 이론에서, 도덕발달 첫 번째 단계의 도덕성 수준을 나타내기 위한 개념. 타율적 도덕성 수준의 아동들은 규칙이나 법은 신이나 권위를 가진 존재에 의해 만들어진 것이므로 이를 사람의 힘으로 바꿀 수 없다고 인식한다. 또한 이 수준의 아동들은 행위의 옳고 그름을 판단할 때, 행위자의 의도보다는 행위의 결과에 초점을 맞추어 옳고 그름을 판단하는 경향을 나타낸다.

타율적 도덕성 단계【他律的 道德性 段階】stage of heteronomous morality

삐아제(Piaget: 1896~1980)의 도덕발달 이론에서 도덕발달의 첫 번째 단계. 이 단계의 아동들은 규칙이나 법은 신이나 권위를 가진 존재에 의해 만들어진 것이므로 이를 사람의 힘으로 바꿀 수 없다고 인식하며, 행위의 옳고 그름을 판단할 때 행위자의 의도보다는 행위의 결과에 초점을 맞추어 판단하는 수준인 '타율적 도덕성'을 나타낸다.

타임아웃 time-out / time out

부적절한 또는 잘못된 행동을 한 행위자가 강화(또는 강화인)를 받을 수 있는 상황으로부터 그를 격리시키는 절차 또는 기법. '타임아웃 기법'이라고도 한다.

CLICK 타임아웃 기법

타임아웃 기법【타임아웃 技法】time-out technique / time out technique

'부적 처벌'의 한 형태로, 부적절한 또는 잘못된 행동을 한 행위자가 강화(또는 강화인)를 받을 수 있는 상황으로부터 그를 격리시키는 절차 또는 기법을 말한다. 문제 행동을 했을 때 행위자(또는 아동)의 행동을 중단시킨 후 일정 시간 동안 다른 공간(예를 들면, 행위자의 방)에 격리시키는 방법을 사용하는 행동수정(또는 행동 치료) 기법의 하나이다. 구체적으로 이 기법에 대해 알아보면 다음과 같다. (1) 행위자의 문제 행동에 대해 관심을 보이는 것은 그 문제 행동을 강화할 수 있고, 또 (2) 문제 행동에 대한 성인(또는 부모)의 처벌적 반응이 문제 행동을 한 행위자에게 처벌 행동(또는 공격 행동)을 모방하도록 만들 수도 있으며, (3) 문제 행동에 대한 성인의 처벌이 일시적으로 문제 행동의 발생을 억제시킴으로써 성인의 처벌 행동(또는 처벌 기법)의 사용을 정당화하거나 강화시킬 수도 있다. 따라서 타임아웃 기법은 그와 같은 문제점이나 부작용을 방지하거나 최소화할 수 있는 기법의 하나로, 위에 제시한 (1), (2), (3)의 문제점이나 부작용을 방지하면서 문제 행동을 한 행위자를 적절한 행동을 할 준비가 될 때까지 문제 행동이 발생한 상황으로부터 떠나 있도록 하는 기법이다. 행위자는 격리되어 있는 동안 흥분했던 감정을 안정시키면서 자신이 해야 할 적절한 행동을 생각하고 찾을 수 있고, 성인도 또한 감정을 안정시키면서 행위자에게 도움이 되는 적절한 행동을 탐색할 수 있는 효과를 제공한다. '타임아웃'이라고도 한다.

탄력성【彈力性】resilience / resiliency

발달심리학, 발달정신병리학, 아동학, 유아 교육 및 청소년학 등과 같은 발달 관련 학문 분야들에서 사용되는 주요 용어 가운데 하나로, 개인이 생활하는 과정에서 외부나 내부의 요구 또는 자극에 대해 유연하고 적응적으로 반응할 수 있는 범위 또는 능력을 의미한다. 일반적으로 개인의 발달 과정에서 부정적인 영향을 미칠 것으로 예상하기 쉬운 부정적인 환경 요인들(예를 들면, 만성적 스트레스 또는 외상적 스트레스, 다양한 위험 상황, 그리고 기타 많은 불리한 생활 조건들)을 겪으면서도 성공적으로 적응하면서 건강한 발달을 이루어가는 힘 또는 능력을 지칭할 때 자주 사용되는 표현이다. '적응 유연성'이라고도 한다.

탈리도마이드 thalidomide

과거 분단 독일의 두 국가 가운데 하나였던 서독에서 1950년대 중반에 개발되어 1956년경부터 1960년대에 걸쳐 세계의 많은 나라들에서 사용된 진정제 계통의 약물. 특히 임신한 여성의 입덧 완화를 목적으로 많이 사용되었다. 당시 임신한 여성들이 이 약을 복용한 이유는 임신 초기 몇 달 동안에 자주 나타나는 입덧으로 인한 고통스런 경험을 완화하는 데 도움이 되었기 때문이다. 그러나 입덧 완화 효과와는 별도로, 이 약을 복용했던 여성들이 출산한 아기들 가운데 많은 수에서 기형이 발생했다. 물론 이 약을 복용했던 모든 임신 여성들이 기형아를 출산했던 것은 아니며, 그보다 훨씬 더 많은 아기들이 출생 시 별 이상 없이 태어났다. 하지만 팔다리가 없는 등의 기형을 가지고 태어난 아기의 수가 수천 명에서 1만 명으로 추산되었고, 사망한 아기들의 수도 매우 많았다는 점에서 심각한 문제가 되었다. 약물 개발 단계에서 동물시험 과정을 거쳤지만 인간에 대한 철저한 임상시험 절차를 소홀히 했던 결과였다. 아기에 대한 이 약의 부작용은 임신한 모체가 이 약을 복용했던 시기에 따라 차이를 보였는데, 흔히 아기들에게서는 팔다리의 전부 또는 일부가 없거나 눈, 코, 귀, 심장 등에서의 기형이나 이상이 나타났다. 한편 이 약물은 임신 여성과 태아에 대한 부작용이 알려진 후 사용이 중단되었다가 최근 이 약물의 부작용 메커니즘이 밝혀지면서 의료계의 일부에서는 조심스럽게 다른 질병의 치료 목적으로 사용되고 있다. 예컨대, 한센병의 치료제로 사용되는 경우도 있는 것으로 알려지고 있다.

탈습관화【脫習慣化】dishabituation

특정 자극에 지속적으로 또는 반복적으로 노출됨에 따라 그 자극에 대한 주의나 반응(영·유아의 경우에는 호흡, 심장박동률, 눈이나 머리의 움직임 등의 변화 등)이 감소하는 현상을 습관화(habituation)라고 한다. 이런 습관화로 인해 감소하거나 사라졌던 자극에 대한 주의나 반응이 그 자극과 상이한 자극을 제시했을 때(즉, 자극이 변했을 때) 다시 증가되는 현상을 탈습관화라고 한다. 영·유아를 대상으로 한 연구에서 한 자극에 대해 습관화되었던 아기가 다른 자극을 제시했을 때 탈습관화 반응을 나타낸다면, 이 아기는 연구에서 제시한 상이한 두 자극을 구별한다는 것을 의미한다. 이와 같은 '습관화－탈습관화' 연구들에서 나타난 결과는 영아들이 다양한 감각 자극들(즉, 시각, 청각, 미각, 후각, 촉각 등의 영역들에서 제시되는 상이한 자극들)의 차이를 구별하는 능력을 가지고 있음을 보여준다.

탈시설화【脫施設化】deinstitutionalization

정신 장애(또는 심리 장애)나 문제를 가진 사람을 정신병원과 같은 시설에 수용하지 않고 시설 밖의 일반 사회 환경에서 생활하게 하면서 치료와 함께 생활 적응을 할 수 있도록 도와주는 접근.

탈중심화【脫中心化】decentration

사물이나 문제의 한 측면만이 아니라 여러 측면들을 함께 고려하고 주의를 기울일 수 있는 능력. '중심화(centration)'의 반대 경향을 나타내는 개념으로, 어떤 사물이나 문제 또는 상황에 대한 사고 및 판단 과정에서 그 사물이나 문제 또는 상황이 가진 여러 측면들 가운데 어느 한 측면에만 초점을 맞추어 고려하는 사고 경향을 '중심화'라고 하며, 이러한 경향을 탈피하여 사물이나 문제 또는 상황이 가진 여러 측면들을 고려하고 반영하는 사고 경향 또는 사고 능력을 지칭하여 '탈중심화'라고 한다. 삐아제(1896~1980)의 인지발달 이론에서 중심화는 전조작기의 아동들이 보이는 특징적인 사고 패턴으로, 만일 어떤 아동이 탈중심화된 사고를 한다면 그 아동은 전조작기의 사고 수준을 넘어섰거나 넘어서는 과정에 있음을 의미한다.

탈진【脫盡】burnout

신체적, 심리적, 또는 정서적 측면에서 개인의 에너지(또는 기력)가 고갈된 상태. 흔히 적절한 휴식이 이루어지지 않는 상태에서 지속적으로 진행되는 과도한 업무나 스트레스의 결과로 초래된다. '소진', '번아웃' 또는 '탈진 상태'라고도 한다.

탈진【脫盡】exhaustion

지속적인 과도한 업무 또는 스트레스로 인하여 개인의 신체적 및 심리적 에너지가 고갈되고 동시에 면역력의 약화 등으로 인하여 심각한 건강상의 문제나 질병에 노출될 위험성이 증가된 상태. '소진'이라고도 한다.

탈진 상태【脫盡 狀態】burnout

신체적, 심리적, 또는 정서적 측면에서 개인의 에너지(또는 기력)가 고갈된 상태. 흔히 적절한 휴식이 이루어지지 않는 상태에서 지속적으로 진행되는 과도한 업무나 스트레스의 결과로 초래된다. '탈진(burnout)', '소진' 또는 '번아웃'이라고도 한다.

탈학습【脫學習】unlearning

학습된 습관이나 행동을 학습 이전의 상태로 만드는(또는 소거시키는) 과정.

태교【胎教】prenatal care / prenatal training / antenatal training

임신 중의 스트레스 경험이나 불안정한 심리 상태는 임부(姙婦)의 신체적 및 생리적 변화를 초래하고 이것은 다시 탯줄을 통해 전달되는 혈액과 기타 신체적 변화를 통해 태아의 발달에 부정적인 영향을 미치게 되므로, 임신 기간 동안 임신한 여성이 심리적 및 신체적으로 웰빙의 상태가 되도록 하여 태아에게 긍정적인 영향을 주려는 노력이나 활동을 의미한다. 태내교육, 태아교육, 태중교육의 줄임말로 볼 수 있다.

태내기【胎內期】prenatal period

수정란이 형성된 순간부터 출산 전까지의 기간. 구체적으로 수정이 이루어진 이후 출산 전까지 약 266일(38주) 동안의 태내 기간, 즉 태내 발달이 이루어지는 임신 기간을 말한다. 태내기는 신체의 주요 기관들과 기본적인 구조가 형성되고, 각 기관들과 구조들의 기본적인 기능이 발달하게 되는 중요한 시기로, 다시 배종기, 배아기 및 태아기 등 세 단계로 구분된다. 첫 번째 단계인 배종기(germinal period)는 접합기, 접합체기 또는 발아기라고도 하며, 정자와 난자가 만나 수정이 이루어진 순간부터 이 수정란이 나팔관을 통해 자궁으로 이동하여 안전하게 자궁벽에 착상할 때까지 약 2주간의 시기를 말한다. 두 번째 단계는 배아기(embryonic period)로 배종기(처음 2주) 이후인 3주 초부터 8주 말까지의 시기를 말하며, 마지막 세 번째 단계인 태아기(fetal period)는 배아기 이후(9주)부터 태어날 때까지의 시기를 말한다. 태내기 동안 이루어지는 발달을 지칭하여 태내 발달(prenatal development)이라고 한다.

태내 발달【胎內 發達】prenatal development / fetal development

수정의 순간부터 출생 전까지, 즉 태내기(prenatal period) 동안에 이루어지는 발달. 태내 발달이 이루어지는 태내기는 평균 임신 기간인 약 266일(38주)의 기간을 말하며, 이 기간은 다시 배종기, 배아기, 태아기 등 세 개의 하위 단계로 구분된다. 첫 번째 단계인 배종기(germinal period)는 접합체기 또는 발아기라고도 하며, 정자와 난자가 만나 수정이 이루어진 순간부터 이 수정란이 나팔관을 통해 자궁으로 이동하여 안전하게 자궁벽에 착상할 때까지 약 2주간의 시기를 말한다. 두 번째 단계는 배아기(embryonic period)로 배종기(처음 2주) 이후인 3주 초부터 8주 말까지의 시기를 말하며, 이 시기 동안 배아는 신체의 주요 기관들과 해부학적 구조들이 형성되면서 인간으로서의 모습을 갖추는 발달이 이루어진다. 마지막 세 번째 단계인 태아기(fetal period)는 배아기 이후(9주)부터 태어날 때까지의 시기를 말하며, 이 기간 동안 태아는 전반적인 신체의 성장과 함께 신체의 각 기관들이 제 기능을 하기 시작한다. 출생 시 정상적으로 태어난 태아의 평균 신장은 약 48~ 54cm 정도이고, 체중은 3.2~3.5kg 정도가 된다. 수정 시 한 개의 세포였던 태아는 출생 무렵이 되면 약 2,000억 개 정도의 세포를 가진 개체가 된다.

태도【態度】attitude

삶을 살아가는 과정에서 상대하는 대상들(예를 들면, 특정 개인, 집단, 사회, 사물, 사건 또는 기타 것들)에 대한 평가적인 반응 또는 반응 경향. 쉽게 말하면, 태도는 상대하는 대상에 대한 마음의 자세라고 할 수 있다. 태도를 연구하는 학자들은 일반적으로 태도에는 정서적(또는 감정적) 요소, 인지적 요소 및 행동적 요소 등 3가지 요소가 포함되어 있다고 본다. 먼저 정서적 요소는 평가적 요소라고도 한다. 이 요소는 상대하는 대상에 대한 전반적인 평가를 통해 갖게 되는 좋고 나쁨의 평가 또는 감정을 말한다. 이런 정서적 요소는 대상에 대한 전반적이고 종합적인 평가에 따라 이루어지는 좋고 나쁨의 판단이기 때문에 비교적 단순한 경향, 즉 단순성이라는 특징을 갖는다. 다음으로 인지적 요소는 상대하는 대상에 대해 가지고 있는 모든 지식과 생각을 의미한다. 이런 인지적 요소는 새로운 경험과 정보에 따라 자주 변하며(변화성) 복잡한 요소들을 내포하는(복잡성) 특징을 갖는다. 끝으로 행동적 요소는 상대하는 대상에 대해 긍정적 또는 호의적으로 행동할지 아니면 부정적 또는 혐오적으로 행동할지 아니면 달리 어떻게 행동할지와 같은 행동 경향의 측면을 말한다. 이와 같은 3가지 요소들은 각기 독립적으로 작용하는 것이 아니라 서로 밀접한 관련성을 가지고 결합됨으로써 상대하는 대상에 대한 종합적이고 전반적인 태도를 형성하도록 만든다.

태도 지지【態度 支持】attitude bolstering

'태도 지지하기', '태도 비호하기' 또는 '태도 비호'라고도 한다. CLICK 태도 지지하기

태도 지지하기【態度 支持하기】attitude bolstering

다른 사람으로부터 태도를 바꾸도록 권고 또는 설득 받고 있는 상황에서 기존의 자신이 가지고 있던 태도를 바꾸기보다는 그대로 유지하거나 지지하기 위해 내면적으로 진행되는 사고(思考) 또는 사고 과정을 지칭하여 '태도 지지하기'라고 한다. '태도 지지하기'는 또 다른 표현으로 '태도 비호하기', '태도 지지' 또는 '태도 비호'라고도 한다.

태동【胎動】quickening

임신 중 어머니가 처음으로 느끼는 태아의 움직임 또는 그러한 감각. 일반적으로 수정 후 약 16주에서 20주 사이에 일어난다.

태반【胎盤】placenta

태아와 모체의 자궁을 연결해주는 조직으로, 수정란에서 비롯된 융모막과 양막 그리고 모체의 자궁 점막에서 비롯된 탈락막 등으로 구성되어 있다. 태반과 태아와는 탯줄을 통해 연결되어 있다. 태아는 태반을 통해 모체로부터 산소와 영양분을 공급받고, 또 태아의 신진대사 과정에서 발생한 탄소 산화물과 대사 배설물과 같은 노폐물을 배출하는 등 태아가 모체 속에서 생존하고 성장할 수 있도록 도와주는 기능을 한다. 이렇게 배출된 노폐물은 모체의 혈류에 합류되어 모체 자신의 신진대사 과정에서 발생한 노폐물과 함께 체외로 배출된다.

태생학【胎生學】embryology

난자와 정자가 만나 이루어지는 수정에서부터 배종기, 배아기 및 출생 전 태아기에 이르기까지 임신 기간 동안 진행되는 개체의 발생과 발달 과정을 해부학적 측면 등에서 연구하는 과학 분야. '발생학(發生學)'이라고도 한다.

태아【胎兒】fetus

임신 기간 동안의 유체(幼體)가 어머니의 몸(즉 모체)에서 자라는 시기 가운데 약 8주가 지날 무렵(2개월 무렵, 즉 배아기가 끝날 무렵)부터 출생 시까지의 유체. 배아기(임신 기간 중 약 2주~8주까지의 시기)가 끝나고 태아기(임신 기간 중 약 8주 이후 출생 시까지의 시기)가 시작될 무렵의 태아는 신체의 주요 장기가 생겨나고 신체의 모습이 상당히 분명해지며, 이후 출생할 때까지 계속해서 성장이 이루어진다.

태아기【胎兒期】fetal period / period of the fetus

태내기 동안에 이루어지는 주요 세 발달 단계 중 마지막 세 번째 단계를 지칭한다. 두 번째 단계인 배아기(2주~8주) 이후 태어날 때까지의 시기로 태아의 주요 기관들이 정상적으로 기능하고 발달이 빠르게 진행되는 시기이다. CLICK 태내기

태아 알코올 스펙트럼 장애【胎兒 알코올 스펙트럼 障碍】fetal alcohol spectrum disorder (FASD)

임신 중에 임신한 여성이 알코올(술)을 마시면 태내의 유체(幼體: 임신 기간 동안의 생명체는 기간에 따라 접합체, 배아 및 태아라는 표현이 사용되고, 이 모두를 총칭하여 유체라고도 한다)는 알코올에 노출되고, 그 결과 유체에게서는 신체적, 심리적 및 행동적 측면에서 정도에 따라 다양한 알코올 관련 이상이나 장애가 발생하게 된다. 이처럼 임신 기간(즉, 태내기) 동안 태내의 유체가 알코올에 노출된 결과로 인해 신체적, 심리적 및 행동적 측면에서 발생하는 장애를 총칭하여 '태아 알코올 스펙트럼 장애'라고 한다. 태아 알코올 스펙트럼 장애는 장애의 심각한 정도에 따라 몇 가지 하위 유형으로 구분되는데, 그 중 가장 심한 증상을 보이는 유형은 '태아 알코올 증후군(fetal alcohol syndrome, FAS)'으로, 얼굴을 중심으로 한 신체의 기형, 체중 미달, 신체 발육의 부진 및 정신지체 등이 주요 특징으로 나타난다. '태아 알코올 증후군' 다음으로 심한 증상을 보이는 유형이 '부분 태아 알코올 증후군(partial fetal alcohol syndrome, pFAS)'으로, 이 경우는 임신 중에 어머니가 알코올을 섭취한 경력이 있는 아이, 즉 임신 중에 알코올에 노출된 적이 있는 아이로서 이 아이가 보이는 증상들이 태아 알코올 증후군의 여러 기준들을 충족시키지는 않지만 부분적으로 알코올 관련 신체적 또는 신경발달적인 결함을 보이는 경우를 말한다. 태아 알코올 스펙트럼 장애 중에서 상대적으로 경

미한 증상을 보이는 유형은 '알코올 관련 신경발달 장애(alcohol–related neurodevelopmental disorder, ARND)로, 이 장애는 임신 중에 알코올에 노출된 적이 있는 아이로서 부분적으로 알코올 관련 신경발달적인 결함을 보이는 경우를 말한다.

태아 알코올 증후군【胎兒 알코올 症候群】fetal alcohol syndrome (FAS)

임신 중 알코올을 섭취한 어머니에게서 태어난 아기가 나타내는 선천적인 심각한 장애들. 임신 중에 임신한 여성이 알코올(술)을 마시면 태내의 유체(幼體: 임신 기간 동안의 생명체는 기간에 따라 접합체, 배아 및 태아라는 표현이 사용되고, 이 모두를 총칭하여 유체라고도 한다)는 알코올에 노출되고, 그 결과 유체에게서는 신체적, 심리적 및 행동적 측면에서 정도에 따라 다양한 알코올 관련 이상이나 장애가 발생할 가능성이 높다. 이처럼 임신 기간에 태내의 유체가 알코올에 노출된 결과로 인해 신체적, 심리적 및 행동적 측면에서 발생하는 장애를 총칭하여 '태아 알코올 스펙트럼 장애(fetal alcohol spectrum disorder, FASD)'라고 한다. 태아 알코올 스펙트럼 장애는 장애의 심각한 정도에 따라 몇 가지 하위 유형으로 구분되는데, 그 중 가장 심한 증상을 보이는 유형은 '태아 알코올 증후군'으로, 얼굴을 중심으로 한 신체의 기형(예를 들면, 머리가 비정상적으로 작은 소두증이나 얼굴의 기형), 체중 미달, 심장 이상, 팔다리 및 관절 등에서의 이상이나 결함, 신체 발육의 부진, 정신지체 등이 주요 특징으로 나타난다. '태아 알코올 증후군' 다음으로 심한 증상을 보이는 유형이 '부분 태아 알코올 증후군(partial fetal alcohol syndrome, pFAS)'으로, 이 경우는 임신 중에 어머니가 알코올을 섭취한 경력이 있는 아이, 즉 임신 중에 알코올에 노출된 적이 있는 아이로서 이 아이가 보이는 증상들이 태아 알코올 증후군의 여러 기준들을 충족시키지는 않지만 부분적으로 알코올 관련 신체적 또는 신경발달적인 결함을 보이는 경우를 말한다. 태아 알코올 스펙트럼 장애 중에서 상대적으로 경미한 증상을 보이는 유형은 '알코올 관련 신경발달 장애(alcohol–related neurodevelopmental disorder, ARND)로, 이 장애는 임신 중에 알코올에 노출된 적이 있는 아이로서 부분적으로 알코올 관련 신경발달적인 결함을 보이는 경우를 말한다. 이와 같은 임신 중 알코올 섭취 관련 장애는 일반적으로 임신 중에 알코올을 심하게 남용한 여성들이 낳은 아기들에게서 두드러지게 나타나는 경향이 있지만, 그렇다고 해서 적은 양의 알코올을 섭취한 여성들의 아기들은 안전하다는 의미는 아니다. 임신 중 위험한 알코올 섭취량과 안전한 알코올 섭취량에 대한 기준은 없으며, 가장 안전한 선택은 임신 중에는 알코올을 전혀 섭취하지 않는 것이다.

태아 알코올 효과【胎兒 알코올 效果】fetal alcohol effects (FAE)

임신 중에 임신한 여성이 알코올(술)을 마시면 태내의 유체(幼體: 임신 기간 동안의 생명체는 기간에 따라 접합체, 배아 및 태아라는 표현이 사용되고, 이 모두를 총칭하여 유체라고도 한다)도 알코올에 노출되고, 그 결과 유체에게서는 신체적, 심리적 및 행동적 측면에서 다양한 정도의 알코올 관련 이상이나 장애가 발생할 가능성이 증가한다. 그 중 가장 심한 증상을 보이는 장애가 '태아 알코올 증후군(fetal alcohol syndrome, FAS)'으로, 얼굴을 중심으로 한 신체의 기형, 체중 미달, 신체 발육의 부진 및 정신지체 등이 주요 특징으로 나타난다. 이러한 특징(증상)들을 전반적으로 나타내지 않고 일부만을 나타내는 아동이나 아동의 장애(또는 문제)를 지칭할 경우에는 '태아 알코올 효과'라는 표현을 사용한다. 즉, 태아 알코올 효과는 초래되는 문제나 증상의 심각성 면에서 '태아 알코올 증후군'에 비해 상대적으로 덜 심각한 상태라고 할 수 있으며, 주요 증상으로는 정상적이지 못한 신체 발달과 성장의 지체, 주의집중 곤란, 평균 수준보다 낮은 지능과 언어발달의 결함, 저조한 운동 능력 등이다. 일반적으로 태아 알코올 효과가 초래될 위험은 임신 기간, 특히 임신 전반기 동안에 모체가 섭취하는 알코올의 양과 비례하는 경향이 있지만, 임신 중 미량의 알코올 섭취를 하는 경우라 해도 음주를 하지 않은 모체에 비해 태아에게 이상이 초래될 가능성은 증가한다.

태지【胎脂】vernix caseosa

태아의 피부를 덮고 있는 회백색을 띤 지방질의 물질. 이 물질은 임신 약 5개월 무렵부터 생기기 시작하며, 태내에서는 태아의 피부가 트는 것을 방지해주고 출산 시에는 원활한 분만을 도와주는 기능을 한다.

탯줄【胎줄】umbilical cord

모체의 태반과 태아를 연결해주는 줄처럼 생긴 부드러운 관 모양의 조직으로, 혈관을 포함하고 있으며, 이를 통해 태아는 자신이 필요로 하는 산소와 영양분을 모체로부터 공급받고 또 자신에게서 발생한 이산화탄소와 노폐물을 배출하게 된다.

터너 Turner (1892~1970)

헨리 허버트 터너(Henry Hubert Turner). 미국의 내분비학자. 인간의 23번째 염색체 쌍(정상적인 여성의 경우에는 XX임) 중에서 X 염색체 하나가 존재하지 않는 성염색체 이상에 의해 여성에게서 발생하는 장애인 터너 증후군(Turner's syndrome)을 발견하고 이를 최초로 기술한 학자로 유명하다. 미국 일리노이주 태생으로 일리노이의과대학에서 공부했으며, 1938년 내분비학 분야의 학회에서 처음으로 터너 증후군에 관한 발표를 하였다. 이 증후군의 명칭은 그의 이름에서 따온 것이다. '헨리 터너', '헨리 허버트 터너', '헨리 H. 터너', 'Turner', 'Henry Turner', 'Henry Hubert Turner', 'Henry H. Turner' 등으로 표기하기도 한다.

터너 증후군【터너 症候群】Turner's syndrome / Turner syndrome

인간이 가진 23쌍의 염색체들 중에서 성염색체인 23번째 염색체의 이상(X 염색체 중 하나가 없는 XO인 경우)에서 비롯되는 장애로, 특히 여성에서만 나타나는 대표적인 장애이다. 이 증후군을 가진 여성의 주요 특징으로는 작은 키, 두껍고 짧은 목, 짧고 굵은 손가락 등의 신체적 특징을 보이며, 심혈관계의 이상을 나타내는 경우가 많고, 여성의 생식기를 가지고 있지만 발육 이상을 보여 난소와 자궁의 이상 발달을 나타내고, 사춘기의 정상적인 성적 발달이 잘 이루어지지 않는 경향이 있어 사춘기를 거치면서 나타나야 하는 음모나 유방의 발달과 같은 성적 발달(흔히 2차 성징의 발달)이 제대로 이루어지지 않는다. 흔히 넓은 가슴과 작은 유방의 발달을 나타내며, 대부분 불임이다. 이들의 지능은 그 하위 영역에 따라 정상 수준과 낮은 수준을 나타낸다. 예를 들면, 흔히 공간 지능이나 수리적·수학적 지능 면에서는 정상 범주 이하의 수준을 나타내지만 언어 지능 면에서는 정상 범주의 수준을 나타내는 경향이 있다. 이 장애가 있는 태아는 출생 전에 자연 유산되는 경우가 많으며, 태어나는 빈도는 출생 여아 2,500~3,500명(또는 2,000~5,000명) 가운데 약 1명 정도이다. 치료를 위해 호르몬(성장 호르몬이나 여성 호르몬인 에스트로겐 등) 처방 및 투여를 통해 여성적인 신체 변화를 이루는 것이 가능하지만 임신은 불가능하다. 신체적 기형이나 병변 상태를 교정하기 위한 수술이 이루어지기도 한다.

터먼 Terman (1877~1956)

루이스 매디슨 터먼(Lewis Madison Terman). 미국의 심리학자. 지능, 천재 및 행복한 결혼 등의 주제에 관한 연구를 통해 많은 학문적 업적을 이루었고, 특히 그가 개발한 'Stanford-Binet 지능 검사'로 잘 알려져 있다.

테라토젠 teratogens

흔히 '기형유발물질' 또는 '기형발생물질'로 번역하여 사용하는 말로, 태내기(임신 기간) 동안에 태중의 아기에게 기형을 유발할 수 있는 위험한 환경 요인들을 의미한다. 즉, 태내에서 발달하고 있는 배아나 태아에게 해를 입혀 신체적 기형, 뇌손상, 정신지체 등과 같은 심각한 이상이나 장애를 유발할 수 있고, 때로는 죽음을 초래하기도 하는 유해한 환경 요인들을 총칭한다. 인간의 발달은 부모의 정자와 난자로부터 전달된 불변의 유전적 정보에 따라 진행된다. 발달 과정에서 태아의 환경을 이루는 모체(즉, 임신한 어머니)의 경험과 모체에 대한 환경의 영향은 다시 태아에게 매우 중요한 환경이 되어 영향을 미치게 된다. 그런 환경 요인들 가운데 부정적인 영향과 결과를 초래하는 대표적인 요인이 '테라토젠'으로, 여기에는 태내의 배아나 태아에게 이상이나 기형을 초래하는 다양한 물질들이 포함된다. 구체적으로 알코올, 담배, 코카인, 헤로인, 탈리도마이드와 같은 각종 약물들 및 다양한 화학 물질, 우라늄이나 플루토늄 등의 핵연료가 분열하는 과정에서 발생하는 세슘-137이나 X-ray 등과 같은 방사선 또는 방사성 물질, 그리고 풍진 바이러스를 포함한 다양한 바이러스와 세균 등의 미생물이 포함된다. 또한 모체의 영양실조나 영양 불균형도 태아의 기형을 유발할 수 있는 위험 요인으로 알려져 있다. 테라토젠을 나타내는 영어 'teratogen'은 '괴물'을 의미하는 그리스어 'tera'에서 유래하였다. '기형유발물질' 또는 '기형발생물질'이라고도 한다.

테스토스테론 testosterone

고환에서 생산되는 남성호르몬으로, 남성의 성적 성숙을 일으키는 작용을 하는 주요 원인 물질이다. 구체적으로 테스토스테론은 근육의 발달, 생식 기관의 발달과 성적 성숙 및 제2차 성징 등과 같은 변화를 일으키는 작용을 한다.

테이삭스병【테이삭스病】Tay-Sachs disease (TSD)

유전병(질환)의 한 유형으로, 상염색체 열성으로 유전되는 병이다. 구체적으로 헥소스아미니다제(hexosaminidase) A 효소의 결핍으로 인해 유발되며, 이는 상염색체의 하나인 15번 염색체와 관련이 있는 것으로 알려져 있다. 이 유전병을 가진 아기는 보통 생후 첫해(약 6개월 무렵)에 시작되며, 점진적으로 뇌와 척수의 신경세포들이 파괴되면서 신체적, 심리적 및 행동적 영역 전반의 발달에서 퇴화와 이상이 발생한다. 이들은 병이 발생하기 전 약 6개월 무렵까지는 그 또래 영아들처럼 정상적인 발달을 이루지만, 병이 시작된 이후에는 시각, 인지, 운동, 학습 등 발달 전반에서 지속적인 악화가 초래되고 사망에 이르게 된다. 보통 사망에 이르게 되는 시기는 약 2세에서 5세 사이이다. 이 병의 치료를 위해 식이 요법과 약물 치료법이 시행되기도 하지만, 아직 효과적인 치료법은 없는 상태이다. 이 병의 명칭인 'Tay-Sachs disease'는 초창기 이 병의 발견 및 연구 과정에서 크게 공헌한 학자들인 영국의 안과의사 워런 테이(Warren Tay: 1843~1927)와 미국의 신경학자 버나드 삭스(Bernard Sachs: 1858~1944)의 이름을 따서 명명된 것이다. 워런 테이는 1881년 이 병을 가진 사람의 눈(특히 망막 영역)에서 나타나는 병리적 특징을 처음으로 기술했고, 버나드 삭스는 그로부터 몇 년 후 이 병을 가진 사람(영·유아)들에게서 나타나는 여러 가지 주요 특징들에 대해 기술하였다. 이 병은 평균 약 30만 명당 1명 정도의 비율로 발생하지만, 유럽계 유태인과 프랑스계 캐나다인 중에서는 약 3,600명당 1명 정도의 비율로 발생한다. 특히 중부 및 동부 유럽에 거주하는 유태인의 자손들에게서 많이 발생하는 것으로 알려져 있다. '테이색스병', '테이-삭스병', '타이-작스병', 'Tay-Sachs병' 또는 'TSD' 등으로 표기하기도 한다.

테이-삭스병【테이-삭스病】Tay-Sachs disease (TSD)

상염색체 열성으로 유전되는 유전병의 한 종류로, '테이삭스병'으로 표기하기도 한다.

CLICK 테이삭스병

토닉 넥 반사【토닉 넥 反射】tonic neck reflex

인간이 선천적으로 가지고 태어나는 반사들 가운데 하나로, 생후 초기에 영아를 눕혀 놓은 상태에서 머리를 좌측이나 우측 가운데 어느 한 쪽을 향하도록 돌려놓으면 아기는 얼굴이 향하는 쪽의 팔을 곧게 뻗는 동작을 취하면서 다른 쪽의 팔은 구부리는 동작을 나타내는데, 이와 같은 선천적인 반사 행동을 '토닉 넥 반사'라고 한다. 이 반사는 생후 초기에 아기가 옆으로 눕거나 엎드린 자세에서 원활한 호흡을 위한 기도 확보에 도움을 주는 기능을 한다. 토닉 넥 반사는 '긴장성 목 반사', '긴장성 경 반사', '펜싱 반사', '비대칭성 긴장성 목 반사'라고도 한다. 대부분의 다른 선천적 반사들처럼 이 반사도 생후 약 4~6개월이 지나면서 점차 사라진다.

토마스 베리 브래즐턴 Thomas Berry Brazelton (1918~2018)

미국의 소아과의사로, 신생아 행동평가 척도(Neonatal Behavioral Assessment Scale, NBAS)의 개발자이다. '브래즐턴', '토머스 브래즐턴', 'Brazelton', 'Thomas Brazelton' 등으로 표기하기도 한다.

CLICK 브래즐턴

토마스 브래즐턴 Thomas Brazelton (1918~2018)

토마스 베리 브래즐턴(Thomas Berry Brazelton). 미국의 소아과의사로, 신생아 행동평가 척도(Neonatal Behavioral Assessment Scale, NBAS)의 개발자이다. '브래즐턴', '토머스 베리 브래즐턴', 'Brazelton', 'Thomas Brazelton', 'Thomas Berry Brazelton' 등으로 표기하기도 한다.

CLICK 브래즐턴

톡소포자충【톡소胞子蟲】toxoplasma gondii

인수공통(人獸共通) 질병인 톡소플라즈마병(toxoplasmosis)을 일으키는 병원체로, 1908년에 처음 발견되었다. 세포내 기생충의 일종으로, 고양이를 포함하여 여우, 조류 등 다양한 동물들에서 발견되고 있으며, 특히 이 병원체에 감염된 집고양이의 배설물을 통해 인간에게로 전염되기도 한다.

톡소플라즈마병【톡소플라즈마病】toxoplasmosis

임신 중의 태아에게 심각한 이상(예를 들면, 유산, 뇌염, 눈 등의 장애)을 유발할 수 있는 인수공통(人獸共通) 전염병의 하나로, 많은 고양이를 포함한 다양한 동물에게 감염되어 있는 톡소포자충(toxoplasma gondii)에 감염될 때 발병한다. 이 병에 걸린 임신한 모체는 가벼운 감기와 같은 정도의 증상을 일으킬 뿐이지만 태아에게는 눈과 뇌에 심각한 손상이나 이상을 일으키기 쉬우며 유산될 가능성도 높다. '톡소플라즈마증'이라고도 한다.

톡소플라즈마증【톡소플라즈마症】toxoplasmosis

'톡소플라즈마병'이라고도 한다.

CLICK 톡소플라즈마병

통과 의례【通過 儀禮】rites of passage

돌잔치, 성년식, 결혼식, 장례식 등과 같이 인생의 어느 한 시기에서 다른 시기로, 또는 하나의 지위에서 다른 지위로 전환할 때(통과할 때) 행하는 의식이나 의례.

통념【通念】common idea / generally accepted idea / commonly accepted idea / common notion

일반적으로 널리 통용되는 생각이나 관념 또는 개념.

통사론 【統辭論】 syntax

한 언어에서 단어들이 결합하여 일정한 의미를 가진 구나 문장을 만드는 데 적용되는 규칙. '구문론(構文論)'이라고도 한다.

통제 【統制】 control

일정한 의도나 목적에 따라 대상이나 행위 또는 사건을 제한하거나 제약하는 것. 실험 연구 과정에서 사용하는 통제의 개념은 크게 다음과 같은 두 가지 의미로 사용된다. 첫 번째는 연구자가 연구에서 알아보고자 하는 변인(흔히 사건의 원인이 되는 변인을 요인이라고 함)이 작용하도록 처치를 가하는 상황을 만드는 것이고, 두 번째는 연구자가 알아보고자 하는 변인 이외의 변인들(즉, 연구를 통해 알아보고자 하는 변인과 관련이 없는 변인들)이 연구 과정에 개입되지 않도록 체계적으로 관리하는 것을 말한다. 한편 통제는 연구나 학문의 목적 가운데 하나이기도 하다. 이 경우, 통제란 해당 분야에서 발생할 가능성이 있는 어떤 현상을 바람직하고 긍정적인 방향이나 결과로 이어지도록 만들기 위한 사전 조치나 활동을 말한다. 구체적으로 앞으로 발생하게 될 현상이라면 그 결과가 바람직하고 긍정적인 것이 될 수 있도록 상황이나 조건을 만드는 사전 조치나 활동을 말하고, 반대로 어떤 현상이 필요치 않거나 유해한 것이라면 이 현상이 발생하지 않도록 하기 위한 사전 조치나 활동을 말한다.

통제 가능성 【統制 可能性】 controllability

대상이나 행위 또는 사건을 통제할 수 있는 가능성. 즉, 어떤 의도나 목적에 따라 특정한 대상이나 행위 또는 사건을 제한하거나 제약할 수 있는 가능성.

통찰 【洞察】 insight

흔히 사용되는 사전적인 의미는 특정 대상이나 현상의 전반을 파악하여 완전하게 이해하는 것을 말한다. 특히 심리학의 학습 영역에서 사용되는 통찰의 의미는 유기체(특히 인간 및 기타 고등동물)가 어떤 새로운 문제 상황에 처했을 때, 시행착오(試行錯誤)적인 해결 과정을 거치지 않고 그 문제(상황)를 해결하거나 또는 그 해결 방법을 찾아내는 정신(특히 인지) 과정을 의미한다. 이와 같은 통찰 과정을 통해 이루어지는 학습 또는 학습의 형태를 지칭하여 '통찰 학습(insight learning)'이라고 한다.

통찰 치료 【洞察 治療】 insight therapy

정신 장애(또는 심리 장애)나 이상 행동을 치료하기 위해 사용하는 치료 기법들 가운데 하나로, 환자(또는 내담자)에게 자신이 겪고 있는 현재의 문제나 증상과 이것의 뿌리가 되는 과거의 근원들(예를 들면, 과거에 발생했던 어떤 일이나 사건 및 사람들 간의 관계 등) 간의 관련성에 대해 통찰하도록 하는 방법을 사용하여 치료하는 기법을 말한다.

통찰 학습 【洞察 學習】 insight learning

독일의 심리학자인 볼프강 쾰러(Wolfgang Kohler: 1887~1967)를 중심으로 한 형태주의 심리학자들이 사용하기 시작한 용어로, 통찰 과정을 거쳐 문제 해결에 도달하게 되는 학습 또는 학습의 형태를 의미한다. 통찰 학습에서는 '문제 해결 전(前)'에서 '문제 해결 후(後)'로의 이행이 갑작스러우면서도 비교적 완전하게 이루어지기 때문에, 이러한 통찰 학습의 경험을 비유하여 '아하 경험(aha experience)'이라고도 한다. 이러한 비유적 표현은 문제 해결 또는 그 방안을 통찰하는 순간에 흔히 경험하게 되는 감탄사 '아하!(aha!)'에서 비롯된 것이다.

통합 교육 【統合 敎育】 mainstreaming

장애가 있는 학생들을 특별 학급에서 생활하도록 하는 것이 아니라 일반 학생들이 생활하고 있는 환경과 흐름에 포함시켜 교육 받고 생활하도록 하는 교육 접근 또는 방법을 말한다. '주류화' 또는 '메인스트리밍'이라고도 한다.

퇴행【退行】regression

현실 속에서 좌절 상황에 처했을 때, 과거 자신에게 욕구 충족과 만족감을 제공해주었던 이전의 발달 단계(수준)로 후퇴하여 덜 성숙한 반응을 나타내는 현상.

투사【投射】projection

프로이트(Freud)의 정신분석 이론에서 사용되는 '방어 기제(defense mechanism)'의 하나로, 개인이 가지고 있는 숨겨진 강력한 충동이나 동기 또는 사고를 자신이 아닌 다른 어떤 사람에게 있는 것으로 돌림으로써 그로 인해 자신이 경험하던 불안이나 두려움에서 벗어나거나 또는 그 수준을 감소시키는 것을 말한다.

투사 검사【投射 檢査】projective test

심리 검사의 한 유형으로, 검사를 받는 사람('피검자' 또는 '피검사자'라고 함)의 내면에 있는 감정이나 사고, 불안이나 공포 등과 같은 심리적 특성이나 내용이 주로 무의식적 과정을 통해 투사되도록 만들어진 검사. 이처럼 투사적 반응이 이루어지는 검사를 통해 피검자의 내면의 특성이나 성격을 이해하는 데 목적을 둔 검사가 투사 검사이다. 구체적으로 투사 검사에는 로르샤하 검사, 주제통각 검사(TAT), 집-나무-사람 검사(H-T-P test) 등이 포함된다. '투사 검사'는 '투사적 검사'라고도 한다.

트라우마 trauma

전쟁이나 심한 폭행을 당하는 것과 같이 충격적이었던 사건 경험을 통해 받은 심한 정신적 상처 또는 충격. '외상'이라고도 한다. 트라우마를 경험한 후에 발생하는 대표적인 정신 장애가 '외상 후 스트레스 장애(post-traumatic stress disorder, PTSD)'이다.

트랜스남성 transman / trans-man / female-to-male transgender / FTM transgender

트랜스젠더(transgender)의 한 형태로, 생물학적으로는 여성으로 태어났으나 남성 정체성을 갖는 사람을 말한다. '트랜스맨' 또는 'FTM 트랜스젠더'라고도 한다.

트랜스여성 transwoman / trans-woman / male-to-female transgender / MTF transgender

트랜스젠더(transgender)의 한 형태로, 생물학적으로는 남성으로 태어났으나 여성 정체성을 갖는 사람을 말한다. '트랜스우먼' 또는 'MTF 트랜스젠더'라고도 한다.

트랜스젠더 transgender

타고난 자신의 생물학적 성과 자신이 실제로 느끼는 성이 반대인 사람. 즉, 생물학적으로는 남성 또는 여성으로 태어났지만 자신은 반대의 성을 가진 존재로 느끼는 사람을 의미한다. 성(性) 정체성 측면에서 생물학적 성과 자신이 느끼는 심리적 성이 정반대의 상태에 있는 사람이다.

특성【特性】trait

성격을 기술하기 위해 사용되는 개인의 내적 성향을 나타내는 표현으로, 올포트(Allport: 1897~1967)에 의해 사용되기 시작한 개념이다. 특히 개인이 다양한 자극이나 상황에 대해 나타내는 감정이나 행동 측면에서의 '안정된 반응 경향 또는 성향'을 의미한다. '특질'이라고도 한다.

특수 교육【特殊 敎育】special education

신체적, 정신적 또는 행동적 측면들(즉, 신체, 감각이나 지각 능력, 운동 능력, 의사소통 능력, 사회적 행동이나 사회적 능력 및 지적 능력 등) 가운데 어느 한 영역 또는 여러 영역에서 그 발달 수준이나 능력이 정상 아동에 비해 현저하게 지체되거나 떨어져 있어 정상 아동들(또는 일반 아동들)이 받는 일반적인 교육과정에 참여하기 어려운 장애 아동들(예를 들면, 정신지체, 시각 장애, 청각 장애, 언어 장애, 정서 장애 등의 장애 유형 중 한 가지 또는 그 이상의 장애를 가진 아동들)에게 맞도록 설계된 다양한 형태의 교육, 교육과정 또는 교육프로그램을 총칭하여 특수 교육이라고 한다.

특수아【特殊兒】exceptional child

'특수 아동'이라고도 한다. CLICK 특수 아동

특수 아동【特殊 兒童】exceptional child

다양한 신체적, 정신적 또는 행동적 측면들(즉, 신체, 감각이나 지각 능력, 운동 능력, 의사소통 능력, 사회적 행동이나 사회적 능력 및 지적 능력 등) 가운데 어느 한 영역 또는 여러 영역에서 그 발달 수준이나 능력이 정상 아동에 비해 크게 벗어난 상태에 있는 아동(흔히 특수 교육이나 영재 교육과 같은 별도의 교육 프로그램을 필요로 하는 아동)을 지칭한다. 여기에는 발달 수준이나 능력이 현저하게 지체되거나 떨어지는 장애 아동과 이와는 반대로 발달 수준이나 능력이 현저하게 뛰어난 영재 아동이 포함된다. '특수아'라고도 한다.

특수 요인【特殊 要因】specific factor / special factor / s factor

특정 유형(또는 특정 분야)의 인지적 과제들을 성공적으로 수행해내는 데 요구되는 기반(또는 토대)이라고 가정되는 개인의 특별한 능력. 1904년 영국의 심리학자 찰스 스피어먼(Charles Spearman: 1863~1945)에 의해 처음으로 제안된 개념이다.

특수 적성 검사【特殊 適性 檢査】specific aptitude test

개인이 어떤 특수한 분야에서 적성을 발휘할 수 있는 정도(또는 수준)를 측정하고 평가할 목적으로 개발된 검사.

특정 공포증【特定 恐怖症】specific phobia

공포증의 한 형태(보다 더 넓은 범주에서 보면 불안 장애의 하위 유형으로 분류됨)로, 구체적인 특정 대상(쥐, 뱀, 개 등의 특정 동물, 비행기, 주사바늘, 피, 엘리베이터 등)에 대하여 비합리적인 과도한 불안 반응을 지속적으로 나타내는 정신 장애. 학자들에 따라서는 특정 공포증을 몇 가지 하위 유형(동물형, 자연 환경형, 혈액-주사-손상형, 그리고 상황형 등)으로 분류하기도 한다. 이러한 분류에 포함되는 하위 유형으로는 특정한 동물이나 곤충에 대해 공포증을 나타내는 동물형, 천둥이나 번개, 폭풍우, 높이 등과 같은 특정한 자연 현상에 대해 공포증을 나타내는 자연환경형, 혈액이나 주사 또는 상처에 대해 공포증을 나타내는 혈액-주사-손상형, 그리고 엘리베이터 타기, 비행기 타기, 병원에 가기 또는 물 속에 들어가기 등과 같은 특정한 상황에 대해 공포증을 나타내는 상황형 등이 있다. 과거에는 특정 공포증을 지칭하여 '단순 공포증(simple phobia)'이라고 불렀는데, 그 이유는 이 공포증이 한 가지 대상에 대해 형성되는 공포증이라고 보았기 때문이다.

특정인 애착 단계【特定人 愛着 段階】phase of specific attachment

루돌프 셰퍼(Rudolph Schaffer)와 페기 에머슨(Peggy Emerson)은 출생 시부터 18개월까지의 영아들을 대상으로 애착발달에 관한 연구를 진행하였고, 그 결과를 바탕으로 영아가 양육자 및 다른 사람들에게 형성하는 애착의 발달 양상을 4개의 단계(애착의 비사회적 단계, 비변별적 애착 단계, 특정인 애착 단계, 다수인 대상 애착 단계)로 구분하였다. 그 중에서 세 번째 단계인 '특정인 애착 단계'는 생후 약 7~9개월 사이의 기간으로, 이 기간 동안의 영아는 사회적 대상(즉, 사람)들을 특별히 구분하지 않던 이전의 시기와는 달리 특정인 한 명(흔히 주 양육자인 어머니)에게 애착을 형성하는 경향을 나타낸다.

특정 학습 장애【特定 學習 障碍】specific-learning disorder (SLD)

DSM-5(정신 장애 진단 및 통계 편람-제5판)에서 소개하고 있는 장애의 한 유형으로, 지능, 정서, 교육과정 등의 측면에서 정상적 범주에 있음에도 불구하고 쓰기, 읽기, 산술(또는 수리적 능력) 등의 기능들에서 기대하는 수준에 훨씬 못 미치는, 상당한 정도로 학습 부진을 나타내는 장애를 말한다. 쓰기 곤란형, 읽기 곤란형, 산술 곤란형 등으로 구분된다. DSM-5 이전 판에서는 '학습 장애(learning disorder)'로 분류하던 장애이다.

틀린 믿음 과제【틀린 믿음 課題】false-belief task

아동들을 대상으로 하여 진행하는 '마음 이론(theory of mind)' 연구에서 사용되는 평가 과제의 한 유형으로, 아동에게 인물A가 알고 있는 정보(또는 지식)를 갖지 못한 인물B에 대해 추론하도록 하는 과제를 말한다. 이 과제에 대한 아동의 반응을 통해 아동의 '마음 이론'의 발달 수준을 평가할 수 있다. '틀린 믿음 과제'의 예문은 다음과 같다. '지우는 작은 냉장고에 아이스크림을 넣고 친구와 놀러 나갔어. 지우가 없을 때 엄마는 아이스크림을 큰 냉장고로 옮겨두었어. 집으로 돌아온 지우는 아이스크림을 먹고 싶었어. 지우는 작은 냉장고와 큰 냉장고 중에서 어느 냉장고를 열까?'. 이 과제에 대한 일반적인 반응 경향을 보면, 3세 무렵의 아동들은 자신들이 알고 있는 아이스크림의 위치에 관한 정보에 따라 '큰 냉장고'라고 답하는 경향을 나타내는 반면에, 4~5세 경의 아동들의 경우에는 자신들이 알고 있는 정보가 아니라 이야기 속의 주인공인 지우가 알고 있고 믿고 있는 장소인 '작은 냉장고'라고 답하는 경향을 나타낸다. 이와 같은 반응의 차이는 사람(들)의 행동은 그(들)가 알고, 믿고, 원하는 것에 근거하여 이루어진다는 점에 대한 이해의 차이에서 비롯된다. 위의 예에서 3세 아동들과는 달리, 4~5세 아동들은 이야기 속 주인공인 지우는 자신이 아이스크림을 작은 냉장고에 넣어둔 것을 알고 있기 때문에 그곳에 있을 것으로 믿고 있을 것이라는 점을 이해하고 있음을 말해준다.

틱 tic

어떤 특별한 원인이나 이유가 없는 상태에서 자신의 의도나 의지와 관계없이 눈 깜빡이기, 머리 돌리기, 안면 찡그리기, 소리내기 등과 같은 비목적적인 행동이 갑작스럽고 빠르게 일어나고 또 반복되는 증상. 또는 그런 현상. 크게 '운동 틱(motor tic)'과 '음성 틱(vocal tic)'으로 구분된다. '운동 틱'은 신체의 특정 부위(머리, 입, 눈, 손, 손가락, 다리 등)가 목적이나 의도 없이 갑작스럽고 빠르게 움직이고 또 반복되는 증상이나 현상을 말한다. '음성 틱'은 목적이나 의도 없이 갑작스럽고 재빠르게 소리를 내는 행동을 반복하는 증상이나 현상을 말한다. '음성 틱'에서 내는 소리로는 '응응거리기', '킁킁거리기', '억억거리기' 등이 있고, 또 '상황이나 맥락에 맞지 않는 단어나 말을 반복하기'와 같은 행동도 있다.

틱 장애【틱 障碍】tic disorder

근육이나 신체동작 또는 발성 등에서 자신의 의도나 의지와 관계없이 상황에 맞지 않고 또 다른 사람들이 알아챌 수 있을 정도의 경련성 동작을 빠르고 반복적으로 나타내는 신경 및 운동 상에서의 장애. 틱 장애에서 나타나는 경련성 동작들로는 눈 깜빡이기, 머리 돌리기, 안면 찡그리기, 기타 어깨와 같은 신체의 특정 부위 움직이기, 소리내기 등과 같은 행동들이 포함된다. DSM－5에서는 틱 장애를 다시 몇 개의 하위 유형으로 구분하는데, 여기에는 뚜렛 장애(Tourette's disorder), 지속성 운동 또는 음성 틱 장애(persistent motor or vocal tic disorder), 일시성 틱 장애(provisional tic disorder) 등이 포함된다.

틴버겐 Tinbergen (1907~1988)

니콜라스 틴버겐(Nikolaas Tinbergen). 네덜란드 태생의 영국 동물 행동학자. 헤이그에서 태어나 라이덴 대학에서 생물학을 전공하여 박사학위를 받았고(1932), 오리, 거위, 갈매기 등과 같은 동물들의 행동에 대한 관찰과 연구를 통해 동물 행동학 분야에서 많은 업적을 이루었다. 이런 공로를 인정받아 1973년 콘라트 로렌츠(Konrad Lorenz: 1903~1989) 및 카를 폰 프리슈(Karl von Frisch: 1886~1982) 등과 공동으로 노벨상(생리 · 의학상)을 받았다. '니콜라스 틴버겐', 'Tinbergen', 'Nikolaas Tinbergen' 등으로 표기하기도 한다.

ㅍ

파괴적, 충동통제 및 품행 장애【破壞的, 衝動統制 및 品行 障碍】disruptive, impulse control, and conduct disorder

DSM－5에서 분류하고 있는 일군의 장애 유형으로, 정서와 행동에 대한 충동조절의 실패와 관련된 자기 조절에서의 문제로 인해 대인 관계 및 사회활동에서 다양한 형태의 부적응을 초래하는 장애를 말한다. 하위 유형으로는 적대적 반항 장애(oppositional defiant disorder), 간헐적 폭발성 장애(intermittent explosive disorder), 품행 장애(conduct disorder), 방화증(pyromania), 도벽증(kleptomania) 등이 포함된다.

파괴적 행동【破壞的 行動】disruptive behavior

사회활동 및 타인과의 관계에서 상습적으로 표출되는 규칙이나 질서의 위반, 위협 및 공격 등과 같은 파괴적 특성을 보이는 행동.

파블로프 Pavlov (1849~1936)

이반 페트로비치 파블로프(Ivan Petrovich Pavlov). 옛 제정(帝政) 러시아 시대부터 소련에 걸쳐 활동했던 생리학자로, 소화선(消化腺) 및 조건 반사에 관한 뛰어난 연구 업적을 남겼다. 선구적이고 대표적인 학습 이론의 하나로 평가되는 조건반사(또는 고전적 조건화) 이론을 통해 현대 학습 이론의 아버지로 평가받고 있다. '소화의 생리에 관한 연구'의 공로를 인정받아 1904년 노벨상(생리 · 의학상)을 수상하였다. 특히 소화에 관한 생리학적 연구를 진행하는 과정에서 고전적 조건화의 원리를 발견하였고, 나아가 이에 관한 체계적인 많은 연구를 통해 심리학, 학습 이론 및 심리 치료 등을 비롯한 여러 학문 분야의 발전에 지대한 공헌을 하였다. 그가 타액분비에 관한 생리학 연구를 진행하는 과정에서 우연히 발견하게 된 '조건반사' 현상에 관한 연구를 본격적으로 하기 시작한 것은 노벨상을 받기 몇 해 전인 그의 나이 50세 되던 해(1899)부터였다. '이반 파블로프', '이반 페트로비치 파블로프', 'Pavlov', 'Ivan Pavlov', 'Ivan Petrovich Pavlov' 등으로 표기하기도 한다.

파블로프식 조건 형성【파블로프式 條件 形成】Pavlovian conditioning

제정(帝政) 러시아의 생리학자였던 파블로프(Pavlov: 1849~1936)가 발견하고 체계적으로 연구했던 조건 형성의 원리 또는 이론을 의미한다. '파블로프식 조건화'라고도 하며, '고전적 조건 형성' 및 '고전적 조건화'와 같은 의미로 사용된다.

파악【把握】grasping

무언가를 손으로 꽉 잡아 쥠.

파악 반사【把握 反射】grasping reflex / grasp reflex

선천적으로 가지고 태어나는 반사들 가운데 하나로, 생후 초기의 영아의 손바닥에 물건이나 끈을 쥐어주면 매우 강하게 꽉 쥐는 동작을 취한다. 이처럼 생후 초기의 영아가 손바닥에 닿은 물체를 꽉 쥐는 선천적인 반사 행동을 '파악 반사'라고 한다. 이런 파악 반사의 강도는 영아가 자신의 손으로 성인의 손가락이나 가는 막대기를 잡고 약 1분 내외의 시간 동안 공중에 매달려 있을 정도이다. 이 반사 행동의 기능은 분명하지 않지만, 오늘날 존재하는 여러 종의 유인원들처럼 인류의 진화 과정에서 나무를 잡고 매달리거나 이동하는 데 필요했던 행동의 흔적일 것으로 추정하기도 한다. 흔히 파악 반사는 현실적으로 생존적 또는 기능적 가치가 없거나 불분명하기 때문에 흔히 '원시 반사'의 한 유형으로 분류하지만, 학자들에 따라서는 이 반사가 특정 사회·문화권에서 어느 정도의 적응적 가치를 갖는다고 주장하기도 있다. 예컨대, 사람들의 이동이나 활동인 잦은 사회·문화권의 경우에 이동 중인 어머니의 품에 안겨 있거나 등에 업혀 있는 아기가 자신을 감싸고 있는 멜빵의 끈이나 어머니 등의 옷을 잡음으로써 이동 중에 발생할 수 있는 흔들림으로부터 자신의 안전과 생존을 지키는 데 도움이 될 수 있다는 것이다. 시간이 지나면서 점차 사라지는 다른 많은 선천적 반사들처럼 파악 반사도 생후 약 3~4개월이 경과하면서 점차 사라진다. '잡기 반사', '붙잡기 반사', '움켜잡기 반사', '쥐기 반사'라고도 하며, 이 반사가 손바닥에 대한 자극에 의해 유발되기 때문에 '손바닥 쥐기 반사(palmar grasp reflex)'라고도 한다.

파지【把持】retention

(1) 무언가를 꽉 움켜쥐고 있음. (2) 학습이나 경험을 통해 획득한 지식이나 정보를 잊어버리지 않고 보유(또는 유지)하는 심리 작용.

파킨슨 Parkinson (1755~1824)

제임스 파킨슨(James Parkinson). 영국의 의사로, 1817년 퇴행성 뇌 질환인 파킨슨병(Parkinson's disease)을 처음으로 기술하고 명명했다.

파킨슨병【파킨슨病】Parkinson's disease

1817년 영국의 의사 제임스 파킨슨(James Parkinson: 1755~1824)에 의해 처음으로 기술되고 명명된 뇌의 퇴행성 질환으로, 팔다리와 손가락, 목 등의 신체 전반에서 떨림이 나타나고 동시에 신체가 경직되는 증세를 특징적으로 나타낸다. 뇌 기능에 필요한 신경전달물질인 도파민을 생성하는 뉴런(신경세포)의 손상 및 감퇴로 인해 발생하며, 연령이 높아짐에 따라 발생률도 증가한다. 구체적으로 뇌의 구조 중에서 중뇌 피개에 위치한 흑질에 있는 도파민 생산을 담당하는 뉴런의 손상에 따라 도파민 생산량이 감소되고, 그 결과 기저핵의 한 부분인 선조체(신체의 자세와 행동통제에 관여하는 뇌의 구조)가 정상적인 기능을 하지 못하는 병이다. 도파민 생산을 담당하는 뉴런의 손상 및 감퇴의 원인에 대해서는 아직 명확히 밝혀져 있지 않다. 치료를 위해 주로 약물 치료('도파민 작용제' 및 엘 도파<L-dopa> 등의 약물을 사용한 치료)와 뇌에 심은 전극을 통해 자극하는 뇌 자극 치료법이 사용된다. 최근에는 줄기세포 이식 및 유전자 치료법 사용에 관한 연구가 활발히 이루어지고 있다. '파킨슨씨 병'이라고도 한다.

패거리 【牌거리】 clique

흔히 청소년기에 나타나는 4~8명의 또래 또는 동료들로 구성된 집단으로, 이들은 주로 동성의 멤버들로 구성되며 가치관이나 태도 및 활동을 서로 공유하는 특징을 보인다. 패거리는 학교생활이나 사회적 관계에서의 고립감을 덜고, 서로 간의 우정과 사회적 영향력을 키우려는 목적을 공유하는 경향이 있다.

페닐케톤뇨증 【페닐케톤尿症】 phenylketonuria (PKU)

유전병(질환)의 한 유형으로, 상염색체 열성으로 유전되는 병이다. 이 병은 선천적으로 아미노산의 일종으로 우유 등의 식품들에 포함된 주요 성분인 페닐알라닌(phenylalanine)을 티록신으로 전환시키는 페닐알라닌 하이드록실라아제(phenylalanine hydroxylase) 효소 결핍에 의해 페닐알라닌이 축적되어 페닐비루빅산(독성 물질의 일종임)이 되고, 이 물질이 뇌를 포함한 신경계를 공격함으로써 신경계의 퇴화가 초래되는 선천성 대사 장애이다. 과거 이 병에 대한 이해가 부족했던 시기에는 이 병을 가진 아이들에 대한 적절한 처치를 하지 못했고, 그 결과 그들 대부분이 정신지체와 과잉 행동 장애를 가진 사람으로 자라게 되었다. 그러나 1950년대 이후로 이 병의 진행을 차단하는 데 효과적인 식이 요법의 발견과 이 병의 유무를 조기에 진단할 수 있는 검사법(흔히 혈액 검사를 통해 이루어짐) 등의 발견으로 오늘날에는 이 병을 유전 받은 대다수의 아이들이 조기 의료적 개입과 처치의 혜택을 받을 수 있게 되었고, 그 결과 이 병의 진행을 예방하고 정상인과 같은 삶을 살아갈 수 있게 되었다. 따라서 의료적 도움을 받아 조기에 진단된 아이는 페닐알라닌이 함유된 음식의 섭취를 줄임으로써 병의 발생을 억제하고 정상적인 생활이 가능하게 되었다. 하지만 조기에 발견하여 적절한 처치를 받지 못하는 경우에는 정신지체와 과잉 행동 장애 등의 장애를 피하기 어렵다. '페닐케톤요증' 또는 'PKU'로 표기하기도 한다.

페닐케톤요증 【페닐케톤尿症】 phenylketonuria (PKU)

'페닐케톤뇨증'이라고도 한다.

CLICK 페닐케톤뇨증

페르조나 persona

(1) '가면'을 의미하는 라틴어에서 유래한 말로, '외적으로 보여지는 인격' 또는 '가면을 쓴 인격' 등의 의미로 갖는다. (2) 칼 구스타프 융(Carl Gustav Jung: 1875~1943)이 성격을 기술하기 위해 사용한 주요 개념 가운데 하나로, 사람들이 삶을 살아가는 과정에서 사회적 관계에 적응하고 대처하기 위해 사용하는, 내면의 진정한 자아가 아닌 다른 사람들에게 보여지는 가면을 쓴 사회적 얼굴을 의미한다. '페르소나'라고도 한다.

페미니스트 feminist

'페미니즘(feminism)'의 관점을 가진 사람. 즉, 여성의 권리 신장과 남녀평등의 가치를 존중하고 주장하는 사람을 지칭하여 '페미니스트'라고 한다. '여성주의자', '여권주의자', '여권론자'라고도 한다.

CLICK 페미니즘

페미니즘 feminism

이 말은 여성 또는 여성적인 것을 의미하는 'female'에 어원을 두고 있는 용어로, 여성 중심적 및 여성

성 지향 등의 의미를 내포하는 여성 존중 의식을 나타낸다. 인류의 역사 이래로 남성 중심적으로 조명되어 온 인간 삶에 대한 관점을 넘어 여성의 활동과 삶을 우선적으로 부각시키고, 궁극적으로는 남녀평등한 사회를 지향하기 위한 관점, 활동 및 운동 경향을 말한다. 자유주의에 기반을 두고 있으며 19세기 중반에 시작된 여성들의 참정권 운동이 그 출발점이 되었다. '여성주의' 또는 '여권주의'라고도 한다. 이와 같은 '페미니즘'의 관점을 가진 사람, 즉 여성의 권리 신장과 남녀평등을 주장하는 사람 또는 그와 같은 관점을 가지고 실천적 활동을 하는 사람을 지칭하여 '페미니스트(feminist)', '여성주의자', '여권주의자' 또는 '여권론자'라고 한다.

펜싱 반사【펜싱 反射】fencing position reflex

인간이 선천적으로 가지고 태어나는 반사들 가운데 하나이다. 생후 초기에 영아를 눕혀 놓은 상태에서 머리를 좌측이나 우측 가운데 어느 한 쪽을 향하도록 돌려놓으면 아기는 얼굴이 향하는 쪽의 팔을 곧게 뻗는 동작을 취하면서 다른 쪽의 팔은 구부리는 동작을 나타내는데, 이와 같은 선천적인 반사 행동을 '긴장성 목 반사(tonic neck reflex)'라고 한다. 이 반사를 일으키는 아기의 동작(자세)이 마치 스포츠 종목의 하나인 펜싱을 하는 사람의 모습과 비슷하기 때문에 '펜싱 반사'라는 명칭으로도 불린다. 이 반사는 생후 초기에 아기가 옆으로 눕거나 엎드린 자세에서 원활한 호흡을 위한 기도 확보에 도움을 주는 기능을 한다. 펜싱 반사라는 표현 이외에도 '긴장성 목 반사', '긴장성 경 반사', '토닉 넥 반사', '비대칭성 긴장성 목 반사' 등의 표현들이 모두 같은 의미로 사용된다. 대부분의 다른 선천적 반사들처럼 이 반사도 생후 약 4~6개월이 지나면서 점차 사라진다.

편견【偏見】prejudice

어떤 특정 집단(인종, 민족, 지역 또는 특정 집단)과 그 구성원(개인)에 대하여 그 집단이나 개개인의 다양한 특성들이나 개성과 관계없이 그 집단(또는 그 집단의 구성원)이라는 사실만을 기초로 하여 내리는 정당하지 않은 평가나 태도. 이러한 평가나 태도는 긍정적인 경우도 있지만 일반적으로 부정적인 경우가 많다. 흔히 부정적인 편견은 특정 집단이나 그 구성원들에 대하여 부적절한 예단이나 행동을 하게 만들 가능성을 증가시킨다.

편도체【扁桃體】amygdala

뇌의 변연계의 한 부분으로 아몬드 모양을 띠고 있으며, 공포와 같은 정서에 대한 학습과 정서적 기억의 형성 과정에서 결정적인 역할을 한다. 편도체가 손상된 원숭이와 사람들에 대한 연구에 따르면, 이 부위가 손상되면 정상적인 경우에 비해 공포를 잘 느끼지 못하거나 새로운 공포 반응을 학습하는 데 장애를 보인다.

편재화【偏在化】lateralization

대뇌(cerebrum)의 두 반구(좌반구와 우반구)가 담당하는 기능의 분화. 즉, 좌반구와 우반구가 각각 담당하고 있는 기능이 분화되어 있는 것을 의미한다. 구체적으로 두 반구 중 좌측에 위치하고 있는 좌반구는 신체의 우측을 통제하며, 동시에 듣기, 말하기 등의 언어적 기능과 의사 결정 및 긍정적 감정의 표현 등의 기능을 담당한다. 이에 비해 우측에 위치하고 있는 우반구는 신체의 좌측을 통제하며, 동시에 시공간 관련 정보와 음악, 촉각 및 부정적 감정의 표현 등의 기능을 담당한다. '대뇌 편재화(cerebral lateralization)' 또는 '반구 전문화'라고도 한다.

편차 IQ 점수【偏差 IQ 點數】deviation IQ score

개인의 지능(또는 지능 지수)이 동일 연령 집단의 사람들과 비교하여 얼마나 높거나 낮은지를 나타낸 점수. 지능 지수(IQ)를 편차 점수(deviation score)로 나타낸 것이다. 즉, 지능 검사에서 개인이 보인 점수가 동일한 연령 집단을 대표하는 값(예를 들면, 평균)과 비교하여 어느 정도의 차이를 보이고 또 어느 정도의 위치에 해당하는지를 보여주는 편차 점수로 나타낸 지능 지수(IQ) 또는 지능 점수를 '편차 IQ 점수'라고 한다.

편파【偏頗】bias

공정하지 못하고 어느 한쪽으로 치우친 상태나 경향. 편파는 사람이나 상황을 관찰하고 평가할 때 공정하거나 객관적인 판단을 하기보다는 이미 가지고 있는 치우친 경향이나 기준에 따라 공정하지 못하고(또는 객관적이지 못하고) 한쪽으로 치우친 평가나 판단을 내리게 될 가능성을 증가시킨다. '편향' 또는 '편중'이라고도 한다.

평가【評價】assessment

(1) 사물이나 사람의 중요성, 가치, 품질, 수준, 능력 등을 헤아려 가늠하거나 판단하는 일. (2) 어떤 개인이나 집단을 대상으로 면담, 행동관찰, 검사, 측정 등의 방법을 사용하여 점수(또는 점수가 의미하는 정보)를 수집하고, 이 점수를 특정 규준이나 준거와 비교하여 그것의 상대적인 수준(또는 정도) 및 의미를 판단하는 일련의 체계적인 과정 또는 활동. 이 경우에는 흔히 '심리 평가(psychological assessment)'와 같은 의미로 사용된다. 한편 학문 분야에 따라서는 '평가'라는 표현 대신 '사정(査定)'이라는 표현을 사용하기도 한다.

평가【評價】evaluation

특정 목적을 가지고 개발된 도구, 약물, 프로그램 등의 효과나 가치 등을 판정하기 위해 진행되는 검사 또는 평가 과정.

평균 기대 수명【平均 期待 壽命】average life expectancy

특정 시기(연도)에 출생한 개인이 앞으로 몇 년간 생존할 것으로 예상되는지를 계산한 연수. '평균 기대 여명'이라고도 한다.

평균적인 아동【平均的인 兒童】average children / average child

'평균 지위의 아동', '평균적 지위의 아동' 또는 '평균 지위 아동'이라고도 한다.

CLICK 평균 지위의 아동

평균적 지위의 아동【平均的 地位의 兒童】average-status children / average-status child

'평균 지위의 아동', '평균 지위 아동' 또는 '평균적인 아동'이라고도 한다. CLICK 평균 지위의 아동

평균 지위 아동【平均 地位 兒童】average-status children / average-status child

'평균 지위의 아동', '평균적 지위의 아동' 또는 '평균적인 아동'이라고도 한다.

CLICK 평균 지위의 아동

평균 지위의 아동【平均 地位의 兒童】average-status children / average-status child

또래들이 '좋아하는 아동'과 '싫어하는 아동'을 지명(평가)하는 과정을 통해 분류된 또래 지위의 한 유형으로, 그를 좋아하거나 싫어하는 또래들의 수가 평균 정도인 아동을 말한다. 또래 지위(peer status)는 또래 집단 속에서 개별 아동이 또래들로부터 수용되거나 거부되는 정도에 따라 평가/측정된 결과

로 또래들 사이에서의 상대적인 위상(또는 위치)을 의미한다. 이러한 또래 지위의 여러 유형들 가운데 하나가 '평균 지위의 아동'으로, 중간 정도 되는 수의 또래들이 좋다고(또는 긍정적으로) 지명을 한 동시에 또 다른 중간 정도 되는 수의 또래들이 싫다고(또는 부정적으로) 지명한 아동이다. '평균적인 아동(average children)'이라고도 한다. 그동안 학자들은 또래들 사이에서 개별 아동이 위치하고 있는 또래 지위를 파악하기 위해 '사회 측정적 지명(sociometric nomination)' 또는 '사회 측정적 기법(sociometric techniques)'이라는 기법을 많이 사용해 왔는데, 이 기법은 어떤 또래 집단에 소속된 아동들에게 그들이 좋아하는 아이들과 싫어하는 아이들을 몇 명씩 지명하도록 하는 절차가 포함된 기법이다. 이러한 방법을 사용하여 나타난 아동들의 또래 지위는 일반적으로 5가지 유형이다. 여기에는 인기 있는 아동(popular children), 평균 지위의 아동(average-status children), 거부된 아동(rejected children), 무시된 아동(neglected children), 논란이 많은 아동(controversial children) 등의 유형들이 포함된다. 그 가운데 한 유형이 '평균 지위의 아동'이다. 또래 지위는 아동들의 생활 적응, 학업, 정신 건강 등 발달의 여러 주요 영역들에 큰 영향을 미치는 중요한 요인으로 알려져 왔다. 예컨대, '또래 지위'의 유형 중에서 '거부된 아동'으로 분류된 아동들은 그렇지 않은 아동들(예를 들면, '인기 있는 아동'이나 '평균 지위의 아동' 등)에 비해 우울, 분노 표출, 공격성, 반사회적 행동 및 여러 가지 적응 문제들을 보일 가능성이 더 높다. 또래 지위에 영향을 미치는 주요 요인은 개별 아동들이 가진 긍정적 특성들로, 여기에는 또래들이 좋아하는 사회적 기술 또는 사회적 유능성, 또래에 대한 관심, 또래에 대한 존중, 또래에 대한 지지 행동, 밝고 유쾌한 기질(또는 성격), 학업 능력과 기술 등과 같은 특성들이 포함된다. 이와 같은 긍정적 특성들을 많이 가진 아동들은 그렇지 못한 아동들에 비해 대체로 더 많은 또래 수용과 인기를 받는 경향이 있고, 또래 지위 면에서는 '인기 있는 아동' 유형으로 분류될 가능성이 더 높다. 반대로 그러한 특성들이 적거나 없는 경우에는 '거부된 아동' 유형으로 분류될 가능성이 더 높아진다. 한편 '평균 지위의 아동'은 '평균적 지위의 아동', '평균 지위 아동' 또는 '평균적인 아동'이라고도 한다.

평형【平衡】equilibrium

개인(또는 아동)이 가지고 있는 인지구조와 그가 경험하고 있는 환경적 사상(事象: 사건이나 대상) 간의 불일치나 모순이 없이 조화로운 상태. 즉, 개인이 환경 속에서 겪고 있는 경험이나 사건 또는 대상을 자신이 가지고 있는 인지구조나 인지 능력으로 이해하는 인지적 적응 또는 인지적 안정의 상태를 의미한다. 이 상태에서 개인은 자신이 환경 속에서 접하고 있는 사건이나 대상에 대한 자신의 이해와 적응에 대해 만족감을 느끼게 된다. 삐아제(Piaget: 1896~1980)가 인지발달을 설명하기 위해 사용한 주요 개념들 가운데 하나로, '인지적 평형(cognitive equilibrium)'이라고도 한다. 간혹 평형이라는 표현 대신 '균형(均衡)'이라는 표현을 사용하는 경우도 있으나 일반적으로 '평형'이라는 표현을 많이 사용한다. 한편 '평형'과는 반대로 개인의 인지구조와 환경적 사건 간의 모순이나 불일치가 존재하는 상태를 지칭하여 '불평형(disequilibrium: 인지적 불평형<cognitive disequilibrium>이라고도 함)' 또는 '비평형'이라고 하는데, 이 상태는 개인이 환경 속에서 겪고 있는 사건을 자신이 가지고 있는 인지구조나 인지 능력으로 이해하지 못하여 인지적 적응이 안 되는 인지적 부적응(또는 인지적 불안정)의 상태를 의미한다. 흔히 이 상태에서 개인은 불평형 상태를 평형 상태로 전환시키고자 동기화되며, 이를 위해 자신의 인지구조를 바꾸는 과정(흔히 '조절<accommodation>'이라고 하는 적응을 위한 변화 과정)을 통해 불평형 상태에서 평형 상태로 변화하게 된다. 이런 변화 과정은 세상(또는 환경)에 대한 개인의 이해 능력 또는 이해 수준의 증가를 의미하며, 곧 인지구조의 증가 또는 확장을 의미한다. 또한 그 변화된 만큼 인지발달이 이루어졌음을 의미하기도 한다. 한편 '인지구조(認知構造)'란 Piaget가 사용한 개념들 가운데 하나로, Piaget는 사건이나 경험을 해석하고 이해하는 조직화된 사고 또는 행위의 패턴을 지칭하여 세마(scheme: '도식'이라고 번역됨)라고 하였고, 이와 같은 의미로 '인지구조'라는 표현을 사용하였다.

평형화【平衡化】equilibration

삐아제(Piaget: 1896~1980)가 인지발달을 설명하기 위해 사용한 주요 개념들 가운데 하나로, '평형'이 이루어지는 인지적 과정, 즉 인지적으로 '평형' 상태에 도달하는 과정을 의미한다. 개인이 자신이 가지고 있는 인지구조나 능력을 사용하여 환경 속에서 접하거나 관찰하는 사상(事象: 사건이나 대상)에 대해 잘 이해하고 적응할 수 있는 상태(즉, 인지적 적응 또는 인지적 안정의 상태를 말하며, 이런 상태를 나타내기 위해 삐아제는 '평형<equilibrium: '균형'이라고도 함>'이라는 표현을 사용하였다)를 이루어가는 과정을 말한다. 따라서 평형화는 개인이 삶의 과정에서 접하거나 관찰하는 사건이나 대상에 대한 적절한 이해와 적응을 하지 못하는 불평형(disequilibrium: '불균형'이라고도 함) 상태에서 벗어나 적절한 이해와 적응을 하는 상태인 '평형' 상태로 이행하는 과정을 의미한다. 평형화의 과정은 세 국면을 거치며 진행된다. 첫 번째 국면은 개인이 자신의 삶 속에서 접하거나 관찰하는 사건이나 대상과 그것에 대해 자신이 이해하고 있는 것 간의 차이나 불일치를 느끼지 못하는, 다시 말하면 자신이 경험하고 있는 상태에 대해 만족해하는 '평형'의 국면이다. 그러나 일반적으로 사람들은 자신이 가진 인지구조나 인지 능력을 사용하여 환경 속에서 접하는 수많은 사건이나 대상들 모두에 대해 적절한 이해와 적응을 할 수 있는 것은 아니다. 즉, 사람들은 삶의 과정에서 자신의 인지구조나 인지 능력으로는 적절한 이해와 적응을 하지 못하는 상태를 지속적으로 경험하게 된다. 흔히 이런 상태를 지칭하여 '불평형' 또는 '인지적 불평형(cognitive disequilibrium)'이라고 한다. 불평형 상태에 처한 개인은 인지적 불안정 또는 인지적 갈등을 겪게 되는 것으로 가정되는데 이것은 일종의 인지적 부적응 상태로, 두 번째 국면에 해당한다. 두 번째 국면에 처한 개인은 이 상태에서 벗어나려는 동기를 갖게 된다. 이에 따라 개인은 세 번째 국면을 맞게 된다. 이제 개인은 현재 자신이 접하고 있는 사건이나 대상에 대한 불평형 상태에서 벗어나 잘 이해하고 적응할 수 있는 상태, 즉 인지적으로 안정된 '평형' 상태를 이루려고 한다. 하지만 개인은 자신이 가지고 있는 도식과 개념을 포함한 인지구조를 가지고 현재 접하고 있는 사건이나 대상을 이해하고 적응하는 것이 어렵다는 것을 알게 된다. 기존의 인지구조를 가지고는 현재 접하고 있는 상황을 이해하고 적응할 수 없게 된 것이다. 이 상황에서 개인이 선택할 수 있는 대안은 현재 접하고 있는 사건이나 대상에 대해 적절한 이해와 적응을 이루지 못하는 기존의 인지구조를 바꾸거나 확장하는 것, 또는 새로운 도식이나 개념을 도입하여 현재 접하는 사건이나 대상에 대한 이해와 적응의 상태에 도달하는 것이다. 삐아제는 이처럼 기존의 도식이나 개념을 바꾸거나 새로운 도식이나 개념을 도입하는 인지적 과정을 지칭하여 '조절(accommodation)'이라고 했는데, 이는 다른 용어를 빌어 표현하면 일종의 '학습' 과정으로 이해할 수 있다. 개인은 이와 같은 '조절' 과정을 통해 비로소 인지적 안정 상태인 '평형' 상태에 도달하게 된다. 사람들은 삶을 살아가는 동안 이와 같은 일련의 세 국면을 끊임없이 반복적으로 경험하게 되며, 이를 통해 세상에 대한 이해와 적응의 능력(즉, 인지 능력)이 증가하게 된다. 즉, '인지발달(cognitive development)'이 이루어지는 것이다. '평형화'라는 표현 대신에 '균형화'라는 표현을 사용하기도 하지만, 일반적으로 '평형화'라는 표현을 많이 사용한다.

폐경기【閉經期】menopause

여성에게서 생식 능력이 사라지는 시기로, 대략 40대 초·중반에서 50대 사이의 시기에 해당된다. 구체적으로 월경(menses), 즉 생리 현상이 사라지는 증상을 나타낸다. '월경 폐쇄기' 또는 '갱년기'라고도 한다.

폐경기 증후군【閉經期 症候群】menopausal syndrome

폐경기를 맞이한 여성들에게서 나타나는 일련의 신체적 및 심리적 증후들을 의미한다.

폐쇄적 태도【閉鎖的 態度】closed mindedness

자신이 가지고 있는 생각이나 신념 또는 태도와 다른 새로운 생각이나 신념 또는 태도를 거부하려는 마음가짐 또는 자세를 의미한다. 닫힌 마음을 가진 사람은 자신이 가지고 있는 생각이나 신념 또는 태도 등과 다른 새로운 생각이나 신념 또는 태도를 존중하지 않거나 부정하려는 태도를 보이며, 나아가 자신이 가지고 있는 것들(생각이나 신념 또는 태도)에 대한 객관적인 검토나 비교를 허용하려 하지 않는 동시에, 새로운 증거가 있을 때에도 기존 자신이 가지고 있던 것들(생각이나 신념 또는 태도)을 잘 바꾸려 하지 않는 자세를 보이는 경향이 있다. '닫힌 마음'이라고도 한다. 한편 이 말과 반대의 의미를 갖는 표현은 '개방적 태도(open mindedness)' 또는 '열린 마음'으로, 이것은 자신이 가지고 있는 생각이나 신념 또는 태도 등과 다른 새로운 생각이나 신념 또는 태도를 존중하며, 나아가 이를 자신이 가지고 있는 것들(생각이나 신념 또는 태도)과 동등한 위치에서 객관적으로 검토하고 비교하며, 그 결과 새로운 증거가 뒷받침될 때에는 기존 자신이 가지고 있던 것들(생각이나 신념 또는 태도)을 바꿀 수 있는 마음가짐 또는 자세를 의미한다.

포유 반사【哺乳 反射】rooting reflex

인간이 선천적으로 가지고 태어나는 반사들 가운데 하나이다. 영아의 입 주위나 뺨을 자극하면 영아가 자극이 가해진 쪽으로 고개를 돌리는 반응을 나타내는데, 이러한 선천적인 반사 행동을 '포유 반사'라고 한다. 이 반사는 생후 초기에는 입에서 먼 위치의 뺨에 자극을 가할 때에도 나타나지만 점차 시간(월령)이 경과해 가면서 입 가까이에 가해진 자극들에 대해서만 반응하는 경향을 보이게 된다. 이 반사는 자동적인 반응을 통해 쉽게 엄마의 젖을 향하도록 함으로써 생후 초기의 적응과 생존력을 높여주는 기능을 한다. '근원 반사', '찾기 반사', '젖 찾기 반사', '먹이 찾기 반사'라고도 한다.

폭식 장애【暴食 障碍】binge eating disorder

섭식 장애의 한 유형으로, 정기적으로 자제력을 상실한 채 폭식을 하는 장애를 말한다. 또 다른 섭식 장애의 유형들인 '신경성 폭식증'이나 '신경성 식욕부진증(또는 거식증)'에 비해 상대적으로 최근에 만들어진 진단 범주이다.

폴리그래프 polygraph

정서에 수반해서 나타나는 심장 박동률, 뇌파, 혈압, 근육 긴장도, 피부 전기 반응, 호흡 등과 같은 반응을 측정하는 기계. 심리적인 상태, 특히 거짓말을 하는지의 여부를 탐지하는 데 사용되는 경우가 많아서, 일명 '거짓말 탐지기'라고도 한다.

폴리오바이러스 poliovirus

소아마비 중에서도 '척수성 소아마비(영어 표현은 polio 또는 poliomyelitis라고 함)'를 유발하는 바이러스. '소아마비바이러스'라고도 한다. 척수성 소아마비는 이 바이러스가 척수에 감염되어 유발되는 질병으로 이완성 마비증상을 나타낸다. 급성 전염병의 일종으로, 오늘날에는 잘 발달된 예방접종의 보급으로 거의 발생하지 않는다.

폴리진 polygene

하나의 특성(또는 형질)을 결정하는 데 영향을 미치는 복수의 유전자. '다중 유전자' 또는 '다원 유전자'라고도 한다.

폴 브로카 Paul Broca (1824~1880)

프랑스의 외과 의사, 인류학자. 브로카 영역(Broca's area)의 발견자이다. '브로카', 'Broca', 'Paul Broca' 등으로 표기하기도 한다.

CLICK 브로카

폴산 folic acid

흔히 '엽산'이라고 불리는 비타민 B 복합체로, 태아의 신경계 발달과 혈액 생산에 중요하게 관여하는 물질이다. 콩, 시금치와 같은 신선한 녹색채소와 과일, 참치와 같은 생선류, 간 등에 풍부하게 함유되어 있으며, 임신 중 충분한 섭취는 태아의 신경계 발달을 돕고 다운 증후군이나 무뇌증, 이분척추증 등을 예방하는 데 도움이 되는 것으로 알려져 있다. 폴산을 의미하는 영어 단어인 'folic acid'는 식물의 '잎'을 나타내는 라틴어 'folium'에서 유래하였다.

표본【標本】sample

통계학 또는 통계적 절차를 따르는 연구에서, 모집단(population: '전집'이라고도 함)으로부터 추출된(또는 선발된) 일부로 구성된 집단. 흔히 연구자들은 관심을 두고 있는 전체 집단인 모집단에 대해 알고자 하지만, 그 규모나 수가 너무 많아 모집단 전체를 관찰하거나 조사하기가 어렵기 때문에 그 중 일부(가능하면 모집단을 대표할 수 있는 일부)를 뽑아 '표본'을 구성한 후 이 표본에 대한 관찰이나 조사를 통해 수집된 분석 자료를 근거로 하여 모집단에 대해 추론하고 결론을 내리는 절차를 따른다.

표상【表象】representation

외부의 대상(물체나 사람 또는 현상)을 지각하고 인식하는 우리의 심리 과정은 그 대상을 거울에 비친 것처럼 그대로 모사하는 과정이 아니라 그 대상을 어떤 형태로 추상화(抽象化)하거나 심상화(心象化)하여 처리하는 과정을 거치게 된다. 표상은 이처럼 외부의 대상을 지각하고 인식하는 과정에서 그 '대상을 어떤 형태로 추상화하고 심상화하는 것'을 의미한다. 우리는 생활 속에서 만나는 외부의 대상을 지각할 때 그 실제 대상을 지각이 이루어지고 있는 우리의 마음의 세계로 그대로 옮겨올 수는 없기 때문에 그 대상을 대신하거나 대표하는 심상화나 추상화 과정을 거쳐 지각하고 인식하게 되는 것이다. 따라서 생활 속에서 우리가 어떤 사물을 지각하고 인식하는 것과 지난 과거의 사건이나 경험에 대해 기억하는 것은 모두 '표상'을 통해 이루어지는 것이다. 한편 넓은 의미에서 볼 때, '표상(表象)'은 실제의 대상을 다른 어떤 것으로 대표한다는 의미를 가지고 있다. 지형이나 건물의 위치를 도면상에 나타내는 지도나 어떤 사람을 조각한 동상 등은 일종의 표상이라고 할 수 있다. 이러한 이유 때문에 앞에서 살펴본 '지각 및 인식 과정에서 말하는 표상의 의미'를 '넓은 의미로 사용될 수 있는 표상의 다른 의미'와 구분하는 것이 필요하다. 이에 따라 표상의 의미를 크게 두 가지 유형으로 나누어 볼 수 있는데, 그 중 하나는 지도나 동상과 같이 '외부의 대상을 모사하여 외적으로 나타낸 표상'으로, 이를 '외재적 표상(外在的 表象, external representation)'이라고 하며, 동시에 '외적 표상'이라고도 한다. 다른 하나는 앞에서 살펴본 것과 같이 '외부의 대상을 어떤 형태로 추상화하고 심상화하여 내적으로 나타낸 표상'을 '내재적 표상(內在的 表象, internal representation)'이라고 하며, 동시에 '내적 표상(內的 表象)'이라고도 한다. 한편 '내재적 표상(internal representation)'과 같은 의미로 사용되는 또 다른 표현이 있는데, 바로 '정신적 표상(精神的 表象)' 또는 '심적 표상(心的 表

象)' 등으로 번역되어 사용되고 있는 'mental representation'이다.

표상적 사고 【表象的 思考】 representational thought

과거에 경험했던 어떤 대상이나 사건에 대해 내적으로 표상하는 방식으로 진행되는 사고(思考). 삐아제(Piaget: 1896~1980)의 인지발달 이론에서 사용되는 주요 개념들 가운데 하나이다.

표상적 수준 【表象的 水準】 representational level

인지 및 정보처리에 관한 연구에서, 개인(또는 연구참가자)이 어떤 과제나 행위를 수행하기 위해 거쳐야 하는 단계나 책략 등에 대해 내적인 표상 과정을 통해 분석하는 수준.

표상적 통찰 【表象的 洞察】 representative insight

'사랑'을 나타내기 위해 하트(heart) 이미지인 '♡'이 사용된다면, '♡'은 '사랑'을 상징하고 있는 것이다. 이처럼 어떤 것(또는 사물. 예를 들면, '사랑')을 나타내기 위해 사용되는 다른 어떤 것(사물이나 언어 등. 예를 들면, '♡')을 상징(symbol)이라고 한다. 이와 같이 어떤 하나의 실체가 그것 이외의 다른 것을 나타내기(또는 표상하기) 위해 사용될 수 있다는 것을 이해하는 능력을 지칭하여 '표상적 통찰'이라고 한다.

표준 【標準】 standard

자극이나 사물 또는 행위를 비교할 수 있도록 연구자 또는 구성원들에 의해 임의로(또는 합의에 의해) 설정된(또는 정해진) 기준.

표준화 【標準化】 standardization

검사의 실시와 채점 및 검사 점수의 해석 등을 포함하는 일체의 과정을 검사자나 검사 상황과 관계없이 동일하게 진행될 수 있도록 하는 절차 또는 과정. 구체적으로 표준화(또는 표준화 과정)에 포함되는 주요 사항으로는, 먼저 개인의 검사 점수를 비교할 수 있는 규준(規準, norm)을 만들고, 동시에 검사를 진행하는 순서, 진행 시간 및 기타 검사 진행 과정에서 허용되는 사항과 허용되지 않는 사항 등에 대한 지침을 명확히 하는 것 등이 포함된다. 한편 규준(規準, norm)이란, 어떤 특정한 집단 전체('모 집단'이라고도 함)를 대표하는 값이나 점수를 말하는 것으로, 개인의 검사 점수를 비교하여 상대적인 해석이 가능하도록 해주는 점수를 의미한다.

표준화 검사 【標準化 檢査】 standardized test

표준화 절차에 따라 개발된(또는 만들어진) 검사. 즉, 개인의 검사 점수를 비교할 수 있는 규준(規準, norm)이 준비되어 있고, 또 검사의 실시와 채점 및 검사 점수의 해석 등을 포함하는 일체의 과정을 검사자나 검사 상황과 관계없이 동일하게 진행될 수 있도록 개발된(또는 만들어진) 검사를 말한다.

표현력 【表現力】 expressiveness

감정이나 정서 상태 또는 생각 등을 적절하게 표현해내는 능력.

표현성 실어증 【表現性 失語症】 expressive aphasia

언어의 표현, 즉 말의 생성(말하는 것)이 어렵거나 불가능한 언어 장애. 언어 장애의 한 유형으로, 대뇌 좌반구 전두엽에 위치한 '브로카 영역(Broca's area)'의 손상으로 인해 초래된다. 이 장애가 있는 사람은 말을 하기가 힘들고 느리며, 단어를 정확하게 발음하는 데 곤란을 겪는다. '브로카 실어증'이라고도 한다.

표현성 언어 【表現性 言語】 expressive language

말하는 사람(화자, 話者, speaker)이나 글 쓰는 사람(writer)에 의해 산출된 언어. 메시지 또는 의미를 상대방에게 전달하기 위해 표현된(산출된) 음성적 언어와 문자 및 기호 등과 같은 시각적 언어를 포함한다. 언어활동 가운데 말하기(speaking)와 쓰기(writing) 등이 표현성 언어에 해당한다. 표현성 언어는 간단히 '표현 언어'라고도 하며, 또한 '산출된 언어(productive language)'와 같은 의미로 사용된다. 상대적 개념은 '수용성 언어(receptive language)'로, 이것은 듣는 사람(청자, 聽者, listener)나 읽는 사람(독자, 讀者, reader)에 의해 수용된(접수된) 언어를 의미한다. 개인이 가진 수용성 언어 능력은 그가 가진 표현성 언어 능력과 상당한 차이를 보일 수 있다.

표현성 언어 장애【表現性 言語 障碍】expressive language disorder

의사소통 장애의 한 유형으로, 자신의 생각이나 감정 또는 전달하고자 하는 메시지를 말로 표현하는 데 어려움을 갖는 장애. 이 장애를 가진 사람들은 타인이 자신에게 하는 언어는 정상적으로 잘 이해하지만, 반대로 타인과 의사소통을 위해 언어를 효과적으로 사용하는 능력에서 상당한 곤란을 겪는다. 특히 이들은 상대방과의 대화 과정에서 표현하려는 생각이나 사물을 나타내기 위한 적당한 단어를 찾아내는 데 큰 어려움을 보인다. 예를 들면, 이 장애를 가진 아동과 함께 길을 걷다가 저 앞에서 오는 개를 가리키며 무엇인지 물었을 때 '개' 또는 '멍멍이'라는 단어를 생각해내서 말하는 데 어려움을 나타낸다. 이 장애를 가진 사람의 주요 특징으로는 평균 이하의 어휘 능력, 완성된 문장 산출의 어려움, 단어 회상에서의 문제 등이 포함된다.

표현 언어【表現 言語】expressive language

말하는 사람(speaker)이나 글 쓰는 사람(writer)에 의해 산출된 언어. 메시지 또는 의미를 상대방에게 전달하기 위해 표현된(산출된) 음성적 언어와 문자 및 기호 등과 같은 시각적 언어를 포함한다. '표현성 언어'라고도 한다.

CLICK 표현성 언어

표현적 스타일【表現的 스타일】expressive style

언어 발달의 초기에 영아가 나타내는 언어 산출(language production)의 한 가지 스타일로, 자신의 생각이나 감정을 표현하기 위해 언어를 사용하는 스타일(또는 유형)을 의미한다. 이와 같은 표현적 스타일의 언어는 부분적으로 상대방의 주의를 끌거나 상대방과의 상호작용을 이끄는 기능을 한다. 한편 언어 산출의 또 다른 한 가지 스타일은 참조적 스타일(referential style)로, 사람이나 사물을 나타내는(지칭하는) 이름을 붙이는 데 언어를 사용하는 스타일(또는 유형)을 의미한다.

표현적 역할【表現的 役割】expressive role

많은 사회에서 구성원들이 고정관념적으로 여성에 대해 기대하는 '여성 역할' 가운데 하나로, 여성은 사회적 측면이나 관계적 측면에서 친절하고, 부드럽고, 협동적이고, 타인의 요구에 민감하고 배려적이어야 하며, 자녀양육에 대한 책임과 헌신하는 자세를 가져야 한다고 기대되는 것과 같이 긍정적 표현과 지지를 통한 좋은 관계 형성과 유지 및 통합, 긴장 완화 등의 수행에 초점이 맞추어진 역할을 의미한다. 이와 달리 '도구적 역할(instrumental role)'은 남성에 대해 기대하는 '남성 역할' 가운데 하나로, 남성은 삶의 과정에서 또는 사회적 측면에서 경쟁적이고, 주장적이고, 독립적이고, 지배적이고, 목표 지향적이고, 가족에 대한 부양과 보호의 책임을 지는 자세를 가져야 한다고 기대되는 것과 같이 삶과 가족 부양 등에 대한 주도적이고 책임 있는 자세와 수행에 초점이 맞추어진 역할을 의미한다.

표현형【表現型】phenotype

유전 과정에서 개인(또는 개체)의 외형으로 나타난 형질. 즉, 한 개인의 유전형(genotype)이 관찰 또는 측정 가능한 특성으로 표현되는 형질이나 방식을 의미한다. 개인이 앞 세대(부모 세대)로부터 물려받아 갖고 있는 유전적 특성 전체를 지칭하여 유전형(genotype: '유전자형'이라고도 함)이라고 하고, 이런 유전자형 가운데 일부가 발달 과정을 통해 관찰되거나 측정 가능한 특성으로 발현(또는 표현)되는 방식을 지칭하여 '표현형'이라고 한다. 표현형으로 발현되는 발달적 특성에는 체중, 키, 머리카락, 눈동자, 피부의 색깔 등과 같은 신체적 측면들과 기질, 성격, 지능, 창의성 등과 같은 심리적 측면들이 있다. 표현형의 상대적인 표현은 유전형(遺傳型, genotype)이다. 'phenotype(표현형)' 및 'genotype(유전형)' 등의 개념을 제안하고 사용하기 시작한 사람은 1911년 덴마크의 유전학자인 빌헬름 요한센(Wilhelm Johannsen: 1857~1927)이다.

품행 장애【品行 障碍】conduct disorder (CD)

타인(부모, 형제, 교사, 또래 등)에 대한 거역, 불복종 및 반항 등의 특징 이외에도 나이에 맞지 않게 타인의 기본적 권리를 침해하고 사회적 규칙 또는 규범에 대한 반복적인 위반이나 공격 등의 반사회적 행동 경향을 보이는 장애. 이 장애는 반항성 장애에 비해 그 문제성이 더 심하기 때문에 발달적 및 법적인 문제를 초래하는 경우가 많다. DSM-5에서는 '품행 장애'를 일군의 장애 유형인 '파괴적, 충동통제 및 품행 장애(disruptive, impulse control, and conduct disorders)'의 하위 유형들 가운데 하나로 분류하고 있다.

풍진【風疹】rubella / German measles

풍진 바이러스에 의해 전염되어 홍역과 비슷한 피부 발진을 유발하는 급성 전염병으로, 대부분의 사람들에게 가벼운 증세를 일으키다가 수일 내에 사라진다. 하지만 임신 2~4개월 된 산모가 풍진에 걸리면 산모 자신에게는 별 영향을 미치지 않는 반면에 태아에게는 시각 기관, 청각 기관, 심장 등에서 심각한 장애를 유발하게 될 가능성이 높아진다.

풍진 바이러스【風疹 바이러스】rubella virus

풍진(rubella)을 일으키는 바이러스. 200nm 정도 크기의 바이러스로 어린 아이가 걸리는 경우에는 발진과 함께 감기와 비슷한 가벼운 증상을 나타낸 후 큰 이상 없이 치료가 되지만, 임신부가 감염되는 경우에는 선천성 태아 기형을 일으킬 수 있다. 임신 2~4개월 무렵에 감염되는 경우에 특히 취약하다.

프랜시스 갈톤 Francis Galton (1822~1911)

영국의 유전학자. 진화론으로 유명한 찰스 다윈(Charles Darwin: 1809~1882)의 사촌이며, 우생학(優生學)의 창시자로 평가받고 있다. 인간이 가지고 있는 정신적 능력들을 측정하고 평가하기 위한 연구 방법들을 발전시켰으며, 이러한 노력은 오늘날 심리학 연구에서 큰 흐름이 되고 있는 통계적 접근에 영향을 미쳤다. 한편 개인의 능력이나 우수성과 관련하여 환경 요인보다 유전 요인의 중요성을 강조하였다. '갈톤', '골턴', '골튼', '프랜시스 갈톤', 'Galton', 'Francis Galton' 등으로 표기하기도 한다.

프랜시스 크릭 Francis Crick (1916~2004)

프랜시스 해리 콤프턴 크릭(Francis Harry Compton Crick). 영국의 분자생물학자. 1953년 제임스 왓슨(James Watson: 1928~) 등과 함께 DNA의 이중 나선 구조 모델을 발표하였다. '크릭', '프랜시스 해리 콤프턴 크릭', 'Crick', 'Francis Crick', 'Francis Harry Compton Crick' 등으로 표기하기도 한다.

CLICK 크릭

프랜시스 해리 콤프턴 크릭 Francis Harry Compton Crick (1916~2004)

영국의 분자생물학자. 1953년 제임스 왓슨(James Watson: 1928~) 등과 함께 DNA의 이중 나선 구조 모델을 발표하였다. '크릭', '프랜시스 크릭', 'Crick', 'Francis Crick', 'Francis Harry Compton Crick' 등

으로 표기하기도 한다. CLICK 크릭

프랭클 Frankl (1905~1997)

빅토르 에밀 프랭클(Viktor Emil Frankl). 유태계 오스트리아의 정신의학자, 신경학자. 의미 치료의 창시자이다. '프랑클', '빅토르 프랭클', '빅토르 에밀 프랭클', 'Frankl', 'Viktor Frankl', 'Viktor Emil Frankl' 등으로 표기하기도 한다. CLICK 빅토르 프랭클

프로게스테론 progesterone

성선(性腺)의 하나인 여성의 난소에서 분비되는 성호르몬의 하나로, 여성들의 생리주기에 영향을 미친다. '황체 호르몬'이라고도 한다.

프로이트 Freud (1856~1939)

지그문트 프로이트(Sigmund Freud). 오스트리아 출신의 신경학자, 정신의학자. 정신분석학의 창시자이다. CLICK 지그문트 프로이트

프로이트 Freud (1895~1982)

안나 프로이트(Anna Freud). 오스트리아 출신의 정신분석학자. 지그문트 프로이트(Sigmund Freud: 1856~1939)의 딸이다. CLICK 안나 프로이트

프로이트의 꿈 이론【프로이트의 꿈 理論】Freud's theory of dreams

꿈에 관한 지그문트 프로이트(Sigmund Freud: 1856~1939)의 견해를 말한다. 모든 꿈의 깊은 내면에는 원초아(id, 이드)의 원망(願望) 또는 소망을 이루려는 시도가 잠재되어 있다고 본다.

프로이트의 실언【프로이트의 失言】Freudian slip

지그문트 프로이트(Freud: 1856~1939)는 사람들이 하는 말이나 글 가운데 개인의 의도와 다르게(또는 반대로) 표현되는 말이나 글은 그 개인의 무의식 속에 억압된 욕망이나 사고 또는 갈등이 반영되어 나타나는 것으로 보았다. 이처럼 개인의 의도와 다르게(또는 반대로) 무의식 속의 욕망이나 사고 또는 갈등이 반영되어 표현되는 말실수 또는 실언을 지칭하여 'Freud의 실언'이라고 한다. 'Freudian slip'은 우리말로 번역되는 과정에서 'Freud의 실언', 'Freud의 말실수', 'Freud식 실언', 'Freud식 말실수', '프로이트의 실언', '프로이트식 실언', '프로이트의 말실수' 등의 여러 가지 표현들로 사용되고 있다.

프리맥 Premack (1925~2015)

데이비드 프리맥(David Premack). 미국의 심리학자. '프리맥 원리(Premack Principle)'를 발견하고, 처음으로 발표한 학자이다. 이 원리에 따르면, 어떤 행동을 강화시키기 위해 또 다른 행동을 강화인으로 사용할 수 있다. 즉, 만일 어떤 행위가 다른 행위보다 더 자주 발생한다면 더 자주 발생하는 행위를 사용하여 덜 발생하는 행위를 강화시킬 수 있다는 것이다. '프리맥 원리(Premack Principle)'라는 명칭은 이 원리를 발견하고 발표한 프리맥(Premack)의 이름을 따서 명명한 것이다. '데이비드 프리맥', 'Premack', 'David Premack' 등으로 표기하기도 한다.

프리슈 Frisch (1886~1982)

카를 폰 프리슈(Karl von Frisch). 오스트리아 태생의 독일 동물학자. 1973년 로렌츠(Lorenz: 1903~1989) 및 틴버겐(Tinbergen: 1907~1988) 등과 공동으로 노벨상(생리 · 의학상)을 수상하였다.

플라시보 placebo

위약 또는 가짜약. (약물의 효과를 알아보는 실험 연구에서) 특정 약물의 효과를 검증하고자 할 때, 기대효과를 확인하거나 통제하기 위해 일부의 피험자(또는 환자 집단)에 적용되는 가짜약을 의미한다. 이

가짜약은 실제로는 의학적으로 전혀 효과가 없는 물질(예를 들면, 증류수, 우유, 밀가루, 녹말 등)이지만, 실험 상황에서 연구자는 이 물질이 특정 약효를 가진 약(또는 약물)이라고 설명하기 때문에 피험자(또는 환자)는 이 물질이 특정 약효를 가진 약이라고 믿게 된다. '위약' 또는 '가짜약'이라고도 한다. 한편 플라시보를 복용하고 나서 실제로 약효가 나타나는 현상을 '플라시보 효과'라고 하며, '위약 효과' 또는 '가짜약 효과'라고도 한다.

플라시보 효과【플라시보 效果】placebo effect

플라시보(또는 가짜약)를 진짜약이라고 믿고 복용한 환자(또는 피험자)가 실제로 치료적 효과를 보이는 현상. 실제로는 의학적으로 전혀 효과가 없는 물질(예를 들면, 증류수, 밀가루, 녹말, 우유 등)이지만, 환자가 치료 효과가 있는 약(또는 약물)이라고 믿는 데서 비롯되는 효과이다. '위약 효과' 또는 '가짜약 효과'라고도 한다. 한편 '플라시보 효과'와는 반대로, 환자가 약의 효과를 믿지 않거나 부정적일 것으로 생각할 때 약의 효과가 나타나지 않거나 부정적인 효과(즉, 유해한 효과)를 나타내는 현상을 '노시보 효과(nocebo effect)'라고 한다.

플래디 pladdy

'아이 또는 자녀와 함께 놀아주는 아빠'를 의미하는 말로, 놀이를 의미하는 말인 'play'와 아빠를 의미하는 말인 'daddy'의 합성어이다.

플래쉬백 flashback

과거의 경험, 특히 전쟁이나 심한 폭행을 당했던 일과 같이 충격적이었던 경험에 대하여 생생하게 재체험하게 되는 현상을 말한다. 과거 경험 당시의 이미지와 감각을 거의 그대로 느끼게 되며, 극단적인 운동 반응이 동반되는 특징을 보인다. '플래시백'이라고도 한다.

플린 Flynn (1934~)

제임스 플린(James Flynn). 뉴질랜드의 심리학자. '플린 효과(Flynn effect)'의 발견자이다. '제임스 플린', 'Flynn', 'James Flynn' 등으로 표기하기도 한다.

CLICK 제임스 플린

플린 효과【플린 效果】Flynn effect

20세기 동안에 전 세계적으로 나타난 지능 지수(IQ)에서의 지속적이고 체계적인 증가 현상. 구체적으로 1940년대 이후로 지능을 측정하고 연구했던 거의 모든 나라들에서 조사 대상자들의 지능 지수가 매 10년마다 약 3점씩 증가한 것으로 나타났는데, 이처럼 지난 20세기 동안에 전 세계의 여러 나라들에서 나타난 지능 지수에서의 지속적이고 체계적인 증가 현상을 지칭하여 '플린 효과'라고 한다. '플린 효과(Flynn effect)'라는 명칭은 이 현상을 발견한 뉴질랜드의 심리학자 제임스 플린(James Flynn: 1934~)의 이름을 따서 붙여진 것이다. 'Flynn 효과'로 표기하기도 한다.

피개【被蓋】tegmentum

뇌의 구조 중에서, 중뇌(midbrain)의 한 부분으로 운동, 각성, 쾌락 추구, 동기 등에 관여한다. 이러한 기능들은 신경전달물질의 한 종류인 도파민의 작용과 관련된 것으로, 피개에 의해 통제되는 것으로 알려져 있다.

피드백 feedback

'되돌려 보내다'라는 뜻을 가진 말로, 공학(工學) 분야에서 먼저 사용되기 시작한 용어로 알려져 있다. 구체적으로 다음과 같은 의미로 사용된다. (1) 자연과학이나 공학 분야에서 사용될 때에는, 하나의 시스템 내에서 제어 명령을 받은 대상(예를 들면, 기계나 장치)이 그 작동 상태나 수준에 대한 정보를 그 정보가 최초로 송출된 지점(예를 들면, 제어 장치)으로 되돌려 보내는 것을 의미한다. (2) 심리학 관련 분야에서 사용될 때에는, 흔히 '제공된 어떤 자극, 정보, 활동 및 서비스 등에 대하여 이를 받은 측에서 나타내는 반응'을 나타내는 의미로 사용된다. '되먹임', '귀환' 또는 '귀환 반응'이라고도 한다.

피아제 Piaget (1896~1980)

장 피아제(Jean Piaget). 스위스 태생의 심리학자. 인지발달 이론(theory of cognitive development)을 체계화한 학자로 유명하다. '삐아제', '장 삐아제', '장 피아제', 'Piaget', 'Jean Piaget' 등으로 표기하기도 한다.

CLICK 삐아제

피진어【피진語】pidgin

두 가지 또는 그 이상의 언어들이 부분적으로 혼합되어 사용되는 단순한 형태의 혼합어. 구체적으로 이주민과 같이 특정 언어에 익숙하지 않은 사람들이 자신들이 사용해온 고유한 언어에 특정 언어의 어휘를 부분적으로 혼합하여 사용하는 단순한 형태의 혼합어를 지칭하여 '피진어'라고 한다. '피진'이라고도 한다.

피진어화【피진語化】pidginization

'피진어(pidgin: '피진'이라고도 함)'의 발생 또는 형성.

피질【皮質】cortex

(1) 생물체를 구성하고 있는 조직이나 장기에서 그 겉 부분과 속 부분이 기능이나 구조에서 구분될 때, 그 겉 부분을 지칭하여 피질이라고 하고, 속 부분을 지칭하여 '수질(髓質, medulla)'이라고 한다. (2) 대뇌의 겉 부분을 구성하고 있는 회색빛을 띤 쭈글쭈글한 형상의 조직을 말하며, 대뇌 피질(cerebral cortex)이라고도 한다.

피질 소인【皮質 小人】cortical homunculus

신체의 부위들 가운데 특정 부위에 전달되는 체감각 정보를 처리하는 데 관여하는 뇌의 부위의 크기, 특히 대뇌 피질 중 체감각 피질 영역에서 차지하는 부위의 크기(또는 면적)를 축소된 인체의 모습을 통해 비례적으로 나타낸 그림 혹은 지도. 이 그림을 통해서 살펴보면, 신체의 어떤 특정 부위(예를 들면, 손가락, 혀, 입술 등)의 체감각을 처리하는 뇌의 체감각 피질 영역의 담당 부위의 크기(또는 면적)는 신체의 더 넓은 면적을 가진 특정 부위(예를 들면, 발)보다 더 크다는 사실을 알 수 있다. 'homunculus'는 '난쟁이' 또는 '작은 사람'을 뜻하는 말로, '피질 소인'을 의미하는 말인 'cortical homunculus'는 간단히 'homunculus'로 표현하기도 하며, 이를 우리말로 나타낼 때는 '호먼큘러스', '호문쿨루스', '뇌 난쟁이' 또는 '소인(小人)' 등으로 표현하고 있다.

피질하 구조【皮質下 構造】subcortical structures

뇌의 상위 구조인 전뇌(forebrain) 중에서 대뇌 피질의 아래 부분인 동시에 뇌의 가장 깊숙한 중심부에 위치한 구조를 말하며, 여기에는 기저핵, 변연계, 시상, 시상하부, 뇌하수체 등의 구조들이 포함된다.

피최면성【被催眠性】hypnotizability

최면 대상자가 최면술사가 최면 유도를 위해 제시하는 일련의 암시에 따라 최면 상태로 빠져드는 정도 또는 경향.

ㅎ

하드웨어 hardware

(1) 컴퓨터를 작동시키는 기계 장치 측면. 컴퓨터의 구성을 분류하면 크게 하드웨어와 소프트웨어(soft ware)로 나눌 수 있다. 그 가운데 하드웨어는 가시적으로 확인될 수 있는 컴퓨터의 기계 장치를 총칭한다. 컴퓨터의 하드웨어는 다시 본체와 주변 장치로 구분되며, 본체는 중앙 처리 장치와 주 기억 장치로, 주변 장치는 입력 및 출력 장치, 그리고 보조 기억 장치로 구분된다. (2) 인간의 인지를 설명하는 이론들 중에서 특히 정보처리적 접근을 취하는 이론들은 흔히 인간을 컴퓨터에 비유하여 설명한다. 이 이론들은 인간도 컴퓨터처럼 하드웨어와 소프트웨어 측면을 포함하고 있다고 본다. 구체적으로 인간의 하드웨어 측면에는 신경세포와 교세포 및 이들 간의 신경망 등으로 구성된 신경계 전체와 감각기관 등이 포함된다고 본다. 인간의 소프트웨어 측면에는 외부로부터 받아들인 자극(정보)을 부호화 또는 등록하고, 해석하고, 저장하고, 분석하고, 인출하는 것 등과 같은 정보처리 과정에 사용되는 전략, 규칙, 그리고 그 이외에 인지 활동에 사용되는 프로그램들이 포함된다고 본다.

하비거스트 Havighurst (1900~1991)

로버트 제임스 하비거스트(Robert James Havighurst). 미국의 교육학자, 인간발달학자, 심리학자. 처음 물리학 및 화학 등의 자연 과학 분야에서 학업 및 연구 활동을 시작했으나 이후 인간발달과 교육 분야로 관심 영역을 바꾸어 활동하였다. 특히 인간의 발달 단계(developmental stages) 및 발달 과업(developmental tasks)에 대해 많은 관심을 가지고 연구를 진행하였다. 오늘날 발달심리학 및 인간발달 분야에서 중요한 개념으로 사용되고 있는 'developmental tasks(발달 과업)'은 바로 하비거스트가 처음으로 제안한 개념이다. 이것은 특정 발달 단계에서 성취해야 하는 발달적 과제 또는 내용을 의미하는 것으로, 발달 과정에서 개인이 필요로 하는 것과 함께 사회 환경이 그 개인에게 요구하는 기대를 나타내기 위해 사용한 개념이다. 그에 따르면, 발달 과업은 개인의 생물학적 변화, 개인적 동기, 사회적 요구와 기대 등과 같은 다양한 요인에 의해 발생하게 되며,

동시에 인생의 시기, 사회 계층 및 사회 문화에 따라 차이를 보인다. 만일 개인이 어떤 발달 단계에서 이루어야 할 발달 과업을 만족스럽게 성취하지 못하면 이후의 단계에서 진행되는 발달에 부정적인 영향을 미치게 된다고 본다. 하비거스트의 대표적인 저서로는 <Comparative Perspectives on Education(교육에 대한 비교 관점)>(1968), <Developmental Tasks and Education(발달 과업과 교육)>(1972) 등이 있다. '해비거스트', '로버트 하비거스트', '로버트 제임스 하비거스트', 'Havighurst', 'Robert Havighurst', 'Robert James Havighurst' 등으로 표기하기도 한다.

하워드 가드너 Howard Gardner (1943~)

하워드 얼 가드너(Howard Earl Gardner). 미국의 심리학자. '다중 지능 이론'의 창시자이다.

CLICK 가드너

하위문화【下位文化】subculture

사회 전반이 공유하는 문화를 지칭하는 표현인 지배적 문화 또는 지배문화와 비교되는 개념으로, 특히 그 사회 속의 특정 하위 집단(예를 들면, 청소년 집단이나 노인 집단 등)이 형성하는 그들만의 독특한 문화.

학교 부적응【學校 不適應】school maladjustment

학교생활이나 학교 환경에 적응하지 못하는 상태 또는 부적응 상태. 흔히 교우 관계, 교사와의 관계, 수업, 학업 등과 같은 학교 관련 요소들이나 가정환경 요소들 가운데 어느 하나 또는 둘 이상의 요소들이 관련되어 발생한다.

학교 상담【學校 相談】school counseling

학교 장면에서 학생들과 교사들 및 기타 교육 관계자들, 그리고 학부모들을 대상으로 이루어지는 상담.

학교 스트레스【學校 스트레스】school stress

학교생활 및 적응과 관련하여 학생들이 경험하는 스트레스를 총칭한다.

학교심리학【學校心理學】school psychology

학생들(특히 초·중·고등학교 학생들)의 생활과 학습 적응, 진로 및 직업 선택, 학생들의 적응과 관련된 각종 심리 검사, 진단, 지도, 그리고 상담 등의 문제를 연구하는 심리학의 한 분야이다.

학교 중퇴【學校 中退】school dropout

개인의 문제나 부적응, 질병, 가정 사정 등과 같은 이유로 학교를 정상적으로 졸업하지 못하고 중도에 그만두는 것.

학교 중퇴 청소년【學校 中退 青少年】school dropout adolescent

학교를 중퇴한 청소년. 즉, 학교를 정상적으로 졸업하지 못하고 중도에 그만둔 청소년.

학교 폭력【學校 暴力】school violence

학교 폭력은 교육 현장인 학교 내외(內外)에서 개인이나 집단(학생일 수도 있고 학생이 아닐 수도 있음)이 취약한 학생을 대상으로 가하는 폭력을 말하는 것으로, 여기에는 신체적, 정신적, 언어적 형태의 폭력이 모두 포함되며, 일회적 및 단기적일 수도 있고 지속적 및 장기적일 수도 있다. 학교 폭력은 피해 당사자에게 신체적, 정신적, 학업적, 사회적 측면에서 심각한 고통과 불이익을 줄 뿐만 아니라 그 가족 및 친구들에게까지도 큰 고통을 줄 수 있다는 점에서 심각한 범죄적 행위로 받아들여지고 있다. 한편 학교 폭력이 발생하는 장소를 학교에 국한해서 볼지 아니면 학교 밖의 장소와 등·하굣길까지를 포함해 학교 폭력으로 볼지는 논자들에 따라 의견 차이가 있다. 좁은 의미에서는 학교 폭력을 학교 내의 공간에 국한하여 정의하는 반면, 넓은 의미에서는 학교 밖의 공간 및 등·하굣길에 발생하는 폭력까지도 포함시킨다. 일반적으로 넓은 의미에서 학교 폭력을 정의하는 경우가 많다. 구체적인 학교 폭력의 형태로는 신체적 폭력, 성희롱을 포함하는 성폭력, 욕설과 위협, 부당한 심부름, 금품갈취 및 기타 다양한 형태의 괴롭힘 행동이 포함된다.

학대【虐待】abuse

어떤 대상(사람 또는 동물)을 신체적 또는 정신적으로 매우 괴롭히거나 부당하게 대함.

학령 전기【學齡 前期】preschool period

초등학교 교육 과정에 참여하기 전단계의 시기. 대략 2세부터 5세 또는 6~7세 무렵까지의 시기를 지칭한다. 학령 전기는 발달의 단계를 나타내는 명칭들 가운데 초기 아동기(初期 兒童期, early childhood) 또는 유아기(幼兒期)와 기간이 중복되는 단계 명칭이다. 즉, 학령 전기, 초기 아동기, 유아기 등의 단계 명칭은 대략 동일한 시기에 대해 달리 표현된 명칭들로 볼 수 있다.

학습【學習】learning

경험(독서, 교육, 연습이나 훈련 등 포함)을 통해 일어난 행동이나 지식 또는 인식에서의 변화를 의미한다. 학습에 관한 다양한 정의가 있지만, 그 중에서도 많은 사람들에 의해 수용되고 있는 정의를 보면, 학습이란 "경험이나 연습을 통해 이루어지는 비교적 지속적인 행동 또는 행동잠재력의 변화"라고 정의된다. 단, 여기서 성숙(成熟, maturation)에 의한 행동의 변화나 피로, 질병, 약물 사용 등에 의한 행동의 변화는 학습에 포함시키지 않는다. 학습의 주체로는 인간 및 다른 동물이 모두 포함된다.

학습된 무기력【學習된 無氣力】learned helplessness

자신이 통제할 수 없는 상황을 지속적으로 경험해온 유기체(흔히 인간이나 개 등과 같은 동물들)는 자신이 상황을 통제할 수 없다는 무기력 또는 무기력감을 학습하게 되고, 그 결과 이후에 동일하거나 유사한 상황을 맞이하게 되면(심지어 그 상황을 통제할 수 있는 경우에도) 그 상황을 통제하기 위한 어떤 의욕이나 시도 또는 노력을 하지 않는 경향이 있는데, 이러한 경향이나 상태를 지칭하여 학습된 무기력이라고 한다. 한편 '학습된 무기력'은 미국의 심리학자 마틴 셀리그먼(Martin Seligman: 1942~)에 의해 제시된 개념으로, 자녀 교육이나 학습 과정과 관련하여 중요한 시사점을 제시해 주고 있다. '학습된 무력감'이라고도 한다.

학습된 무기력 지향【學習된 無氣力 指向】learned helplessness orientation

자신에게서 발생하는(발생한) 실패는 상황에 대한 자신의 미약한 능력 또는 무능에서 비롯된 것이라고 귀인하면서 실패 이후 더 이상의 노력이나 시도를 하지 않고 포기하는 경향성.

학습 목표【學習 目標】learning goal

학습을 통해 능력이나 과제 수행 역량의 향상에 대해 기대하거나 추구하는 목표.

학습법 학습【學習法 學習】learning to learn

과거에 유사한 문제를 다루거나 해결했던 경험을 통해 문제 해결을 효과적으로 할 수 있는 방법이나 전략을 학습하는 것. 즉, 과거의 문제 해결 경험을 통해 문제 해결을 효과적으로 할 수 있는 방법이나 규칙을 학습하는 것(또는 배우는 것)을 의미한다.

학습-수행 구분【學習-遂行 區分】learning-performance distinction

어떤 내용을 학습하는 과정을 통해 학습 내용이 학습자에게 내재(또는 잠재)되어 있기는 하지만 아직 행동(또는 수행)으로 표현되지 않고 있는 경우가 있다. 이때 학습 내용이 행동으로 표현되지(또는 나타나지) 않았다고 해서 학습이 이루어지지 않았다고 말할 수는 없다. 그보다는 학습은 이루어졌지만 어떤 필요성(예를 들면, 유인이나 동기)의 부재에 따라 행동을 하지 않는 것일 뿐이라고 해석하는 것이 타당하다. 이러한 두 가지 상황을 구분하여 나타내는 표현이 '학습-수행 구분'이다.

학습심리학【學習心理學】psychology of learning / learning psychology

학습의 유형 및 원리, 그리고 기억과 관련된 주제를 연구하는 심리학의 한 분야. 특히 인간의 학습 과정, 학습 원리 및 기억을 연구한다. 과거에는 동물실험을 통한 학습의 원리를 연구하였으나 근래에 와서는 직접 인간을 대상으로 한 기억 과정을 연구하는 경우가 많다.

학습 이론【學習 理論】theory of learning / learning theory

학습의 결과, 현상, 사실 및 원리를 설명하는 이론. 흔히 학습이란 '경험에서 비롯되는 비교적 지속적인 행동 또는 행동잠재력의 변화'라고 정의한다. 이처럼 학습을 통해 나타난 행동의 변화를 일으키게 한 과정 또는 기제가 무엇인지를 설명하고 해석하는 이론 체계를 일컬어 학습 이론이라고 한다. 대표적인 학습 이론으로는 고전적 조건형성 이론, 조작적 조건형성 이론, 사회 학습 이론 등이 있다. 학습 이론은 행동의 습득과 변화 및 행동 치료의 기초 지식과 이론을 제공한다.

학습 이론적 접근【學習 理論的 接近】learning approach

'학습 접근'이라고도 한다. CLICK 학습 접근

학습 장애【學習 障碍】learning disorder (LD)

학습을 수행할 수 있는 정상적인 수준의 지능을 가지고 있고, 또 학습 과정에 큰 영향을 미치는 생활환경이나 시각 기관 및 청각 기관 등의 기능에 이상이 없음에도 불구하고 특정 분야(수학이나 언어 등)의 학습에서 지속적으로 현저한 어려움을 나타내는 장애. 학습 장애의 주요 유형으로는 쓰기 장애, 비언어적 학습 장애, 산술 장애, 읽기 장애 등이 있다. DSM-5에서는 '학습 장애'라는 표현 대신에 '특정 학습 장애(specific learning disorder)'라는 표현을 사용하면서, 이를 다시 쓰기 곤란형, 읽기 곤란형, 산술 곤란형 등으로 구분한 후, 각각의 심각한 정도에 따라 세 수준으로 분류하여 평가하고 있다.

학습 접근【學習 接近】learning approach

심리와 행동의 발달은 개인이 살아가는 환경에서 경험을 통해 일어나는 학습(learning)에 의한 것이라고 보는 입장이나 관점. '학습 이론적 접근'이라고도 한다.

학업【學業】studies / schoolwork

학교와 같은 교육 기관이나 교육 관련 프로그램에 참여하면서 일반적 또는 전문적 지식이나 기술 등을 배우고 연마하는 일.

학업성취【學業成就】academic achievement

학습자가 학습 또는 학업 과정에 참여하여 이룬 성취. 좁은 의미에서는 학업 성적이나 점수(학점) 또는 문제 해결 능력과 같은 지적 영역에서의 변화나 성취를 의미하고, 넓은 의미에서는 성격, 자아 개념,

가치관 및 태도 등과 같은 다양한 심리적 특성들과 다양한 행동 영역에서의 변화까지도 포괄한다.

한국발달심리학회【韓國發達心理學會】Korean Society for Developmental Psychology (KSDP)

한국의 발달심리학 및 발달심리학과 관련된 분야의 학자들 및 종사자들로 구성되어 있으며, 한국 발달심리학 분야의 발전, 구성원들 간의 학술적 교류와 친목을 도모하는 데 목적을 둔 학술 단체이다. 2020년 현재 한국심리학회(Korean Psychological Association, KPA) 산하 15개 분과 학회 가운데 하나(제5분과)이다. 본 학회는 1980년에 설립되었고, 학회지인 '한국심리학회지: 발달'은 1988년에 제1권 제1호가 발간된 이래로, 연간 4회 정도 발간되고 있다.

한국심리학회지: 발달【韓國心理學會誌: 發達】Korean Journal of Developmental Psychology

한국심리학회(Korean Psychological Association, KPA) 산하 15개 분과 학회 가운데 하나(제5분과)인 한국발달심리학회(韓國發達心理學會)에서 발간하고 있는 학회지. 1988년에 제1권 제1호가 발간된 이래로, 연간 4회 정도 발간되고 있다.

한국인간발달학회【韓國人間發達學會】Korean Association of Human Development

인간발달에 대한 연구와 발전을 목적으로 이 분야의 학자들 및 종사자들이 중심이 되어 구성된 학술 단체. 1994년에 창립되었고, 학회지인 '인간발달연구'를 연간 4회 정도 발간하고 있다.

한국청소년상담복지개발원【韓國青少年相談福祉開發院】Korea Youth Counseling & Welfare Institute (KYCWI)

한국의 청소년 상담·교육·복지·연구를 위한 전문기관이다. 구체적으로 한국의 청소년 상담복지정책 연구, 전국 청소년 상담복지센터의 총괄, 자문, 지원, 청소년 상담복지 전문 인력의 체계적 양성 및 보수 교육, 청소년 상담복지 프로그램 개발 및 보급, 전문 상담을 통한 청소년 문제의 예방·해결 및 건전 육성을 위한 시범 상담 등을 목표로 활동하는 여성가족부 산하의 공공기관이다. 설립 역사를 살펴보면, 1990년 체육청소년부 산하 '청소년종합상담실' 설치를 시작으로, 1991년 '청소년대화의 광장'으로 확대·개편하였고, 이후 1999년 '한국청소년상담원'으로 명칭을 변경하였으며, 2012년 다시 '한국청소년상담복지개발원'으로 명칭을 변경한 후 오늘에 이르고 있다.

한국청소년학회【韓國青少年學會】Korea Youth Research Association

청소년 및 청소년학 분야에 관한 연구와 발전을 목적으로 관련 분야의 학자들 및 종사자들이 중심이 되어 구성된 학술 단체. 1991년에 설립되었고, 학회지인 '청소년학연구'를 정기적으로 발간하고 있다.

한국판 웩슬러 성인 지능 검사【韓國版 웩슬러 成人 知能 檢査】Korean-Wechsler Adult Intelligence Scale (K-WAIS)

미국의 심리학자인 웩슬러(Wechsler: 1896~1981)가 개발한 성인용 개인 지능 검사 도구인 '웩슬러 성인 지능 검사(Wechsler Adult Intelligence Scale<WAIS>)'를 기본으로 하여, 한국의 성인을 대상으로 사용할 수 있도록 표준화 과정을 거쳐 개발된 지능 검사를 말한다. '한국판 웩슬러 성인용 지능 검사' 또는 '케이 웨이스(K-WAIS)'라고도 한다.

한국판 웩슬러 아동 지능 검사【韓國版 웩슬러 兒童 知能 檢査】Korean-Wechsler Intelligence Scale for Children (K-WISC)

미국의 심리학자인 웩슬러(Wechsler: 1896~1981)가 개발한 아동용 개인 지능 검사 도구인 '웩슬러 아동 지능 검사(Wechsler Intelligence Scale for Children <WISC>)'를 기본으로 하여, 한국의 아동을 대상으로 사용할 수 있도록 표준화 과정을 거쳐 개발된 지능 검사를 말한다. '한국판 웩슬러 아동용 지능 검사' 또는 '케이 위스크(K-WISC)'라고도 한다.

한국판 웩슬러 유아 지능 검사【韓國版 웩슬러 幼兒 知能 檢査】Korean-Wechsler Preschool and Primary Scale of Intelligence (K-WPPSI)

미국의 심리학자인 웩슬러(Wechsler: 1896~1981)가 개발한 유아용 개인 지능 검사 도구인 '웩슬러 유아 지능 검사(Wechsler Preschool and Primary Scale of Intelligence<WPPSI>)'를 기본으로 하여, 한국의 유아를 대상으로 사용할 수 있도록 표준화 과정을 거쳐 개발된 지능 검사를 말한다. '한국판 웩슬러 유아용 지능 검사' 또는 '케이 윕씨(K-WPPSI)'라고도 한다.

한스 아스퍼거 Hans Asperger (1906~1980)

오스트리아의 소아과 의사, 의학자. 아스퍼거 증후군(Asperger's syndrome)을 발견하고 처음으로 발표하였다. '아스퍼거', 'Asperger', 'Hans Asperger' 등으로 표기하기도 한다.

한스 아이젱크 Hans Eysenck (1916~1997)

한스 위르겐 아이젱크(Hans Jurgen Eysenck). 독일 태생의 영국 심리학자. 독일 나치의 박해를 피해 영국으로 건너가 런던 대학교 등의 교수로 활동하면서 성격 이론, 성격 검사 및 이상 행동 등의 분야에서 많은 연구 업적을 남겼다. 행동주의적 입장을 취한 학자로 평가받고 있다. '아이젱크', '한스 위르겐 아이젱크', 'Eysenck', 'Hans Eysenck', 'Hans Jurgen Eysenck' 등으로 표기하기도 한다.

한정 형태소【限定 形態素】bound morphemes

형태소(morphemes)는 '언어에서 뜻(또는 의미)을 갖는 최소의 단위'를 의미하며, 크게 '자유 형태소(free morphemes)'와 '한정 형태소' 등 두 가지로 구분된다. 그 중에서 '자유 형태소'는 '책(book)', '행성(planet)', '사랑(love)', '음악(music)' 등과 같이 각기 하나의 단어로서 독립적인 의미를 가지고 사용될 수 있는 형태소를 의미한다. 이에 비해 '한정 형태소'는 각기 독립적으로 사용될 수 없으며, '자유 형태소'와 결합하여 의미를 더하거나 변화시키는 기능을 하는 형태소를 말한다. 예를 들면, 영어에서 다른 단어에 결합하여 현재 진행형을 만드는 데 사용되는 '-ing', 동사와 결합하여 과거형을 만드는 데 사용되는 '-ed' 등이 한정 형태소에 해당한다.

합리적 사고【合理的 思考】rational thinking

이성적인 사고와 이론에 부합하는 사고 또는 생각. 삶의 과정에서 정서적 및 행동적 안정과 적응을 도와주는 기능을 한다. '합리적 신념'과 비슷한 의미로 사용된다.

합리적 신념【合理的 信念】rational belief

이성적인 사고와 이론에 부합하는 신념 또는 믿음. '합리적 사고'와 비슷한 의미로 사용된다.

항문기【肛門期】anal stage

프로이트(Freud: 1856~1939)는 심리성적 발달 이론을 통해 성격 발달이 이루어지는 다섯 단계(구강기, 항문기, 남근기, 잠복기, 생식기 등)를 제시하였다. 그 중에서 두 번째 단계에 해당하는 항문기는 1세 또는 18개월경부터 3세경까지의 시기에 해당한다. 배설물(대변)을 보유하거나 배설하는 것과 같은 항문 부위의 활동이 쾌감과 만족의 주요 원천이 되는 단계로, 아이는 이러한 활동을 통해 욕구를 충족시키게 된다. 하지만 이 시기는 배변훈련이 이루어지는 시기로, 아이의 항문 활동을 통해 욕구 충족과 배변 훈련 간의 적절한 균형이 요구된다. 만일 이 시기에 아이의 욕구가 적절히 충족되지 못하는 경우에는 항문기 성격(anal character)으로 발전하게 된다. '항문 단계'라고도 한다.

항문기 성격 【肛門期 性格】 anal character

성격 발달을 설명하는 프로이트(Freud: 1856~1939)의 심리성적 발달 이론에서 제시되는 개념 가운데 하나로, 이 이론에서 제시하고 있는 성격 발달 다섯 단계 가운데 두 번째 단계인 항문기(1세 또는 18개월에서 3세경까지의 시기) 동안에 적절한 욕구 충족 경험이 이루어지지 못할 경우에 발달하게 되는 성격을 말한다. 즉, 항문기 동안에 아이들은 배설물의 보유나 배설과 같은 항문 부위의 활동을 통해 쾌감을 경험하고 욕구를 충족시키게 된다. 그러나 배변 훈련이 이루어지는 이 시기에 만일 항문 활동을 통한 아이의 욕구 충족과 배변훈련 간의 적절한 균형이 이루어지지 못할 경우에는 항문기 고착이 초래되고, 그 결과로 발전하게 되는 성격이 항문기 성격(anal character)이다. 구체적으로 항문기에 (1) 양육자의 배변훈련이 너무 느슨하거나 허용적이거나, 반대로 (2) 양육자의 배변훈련이 너무 엄격하여 지나치게 통제적이거나 처벌적인 경우에는 항문기 고착이 초래되고, 그 결과 아이는 항문기 성격으로 발전하게 된다고 보았다. 항문기 성격으로 발전한 개인은 먼저 전자(1)의 경우에는 생활 속에서 정리정돈이 잘 안 이루어지고 무질서하며 지저분한 생활 자세나 행동을 하는 경향을 나타내기 쉬우며, 후자(2)의 경우에는 과도할 정도의 청결이나 정리정돈을 하는 것과 같은 강박증적인 생활 자세나 행동 경향을 나타내기 쉽다. '항문기적 성격'이라고도 한다.

항문기적 성격 【肛門期的 性格】 anal character

'항문기 성격'이라고도 한다. CLICK 항문기 성격

해리 클라인펠터 Harry Klinefelter (1912~1990)

해리 피치 클라인펠터(Harry Fitch Klinefelter). 미국의 내분비학자·류마티즘학자. 클라인펠터 증후군(Klinefelter's syndrome)을 체계적으로 기술하고 보고한 학자이다. '클라인펠터', '해리 피치 클라인펠터', 'Klinefelter', 'Harry Klinefelter', 'Harry F. Klinefelter', 'Harry Fitch Klinefelter' 등으로 표기하기도 한다.

CLICK 클라인펠터

해마 【海馬】 hippocampus

뇌의 구조 가운데 대뇌 피질의 아래에 위치하는 변연계(邊緣系, limbic system)를 구성하는 한 부분으로 기억 형성에 관여한다. 특히 감각 기관을 통해 입력된 정보나 자극에 대한 기억을 형성하고 이를 기존의 기억이나 지식 체계에 통합시켜 저장하는 과정에 관여한다. 해마가 손상되면 새로 접하는 자극이나 정보 또는 경험을 장기 기억 체계로 저장하는 것이 어렵게 된다. 그 결과 바로 조금 전에 접했던 자극이나 경험을 기억하지 못하는 기억의 장애를 나타내게 된다.

해석 【解釋】 interpretation

정신분석에서 사용되는 용어들 가운데 하나이다. 분석가가 내담자 자신의 무의식적인 동기를 의식화시켜 주기 위해 사용하는 기법으로, 내담자의 행동이나 경험들 가운데 내담자 자신이 의식하지 못하고 있는 부분을 이해시키기 위해 행해지는 지적 또는 설명 형태의 치료 활동을 말한다.

해체 애착 【瓦解된 愛着】 disorganized attachment

'낯선 상황' 절차를 통해 분류된 애착의 유형들 중에서 '불안전 애착(또는 불안정 애착)'의 한 유형으로, 불안전 애착의 또 다른 두 유형인 '저항 애착'과 '회피 애착'을 결합한 것 같은 반응 경향을 특징적으로 나타낸다. 즉, 해체 애착을 형성한 영아는 낯선 상황에서 가장 고통스러워하면서, 동시에 양육자(흔히 어머니)와 분리된 이후 양육자가 돌아와 접촉을 시도할 때는 접근해야 할지 아니면 회피해야 할지에 대해 혼란을 느끼는 것 같은 모순된 반응 경향을 특징적으로 보인다. '와해된 애착'이라고도 하며, 혼란 애착(disoriented attachment)과 같은 의미로 사용된다.

해표지증【海豹脂症】phocomelia

선천성 기형의 한 형태로 양쪽 팔다리 전부가 없거나 일부만 남고 손이나 발이 몸통에 붙어 있는 것과 같은 불완전한 신체 상태를 가진 기형을 말한다. '해표지증'이라는 명칭은 이 장애를 가진 사람의 모습(특히 팔다리의 모양)이 해표(海豹: 물범 또는 바다표범이라고도 함)의 다리 모양과 비슷하다는데서 유래한 말이다. 과거 1960년대 서독에서 개발되어 시판되었던 약물인 탈리도마이드(Thalidomide)를 복용한 임신부들 가운데 많은 수에서 해표지증을 가진 아기가 태어난 바 있는데, 이는 임신 중 입덧의 불쾌한 경험을 줄일 목적으로 복용했던 탈리도마이드가 기형유발물질로 작용했기 때문에 초래된 결과였다.

핵가족【核家族】nuclear family

부모 두 명(아버지와 어머니)과 그들의 자녀(입양자녀 포함)로 이루어진 가족 형태.

행동【行動】behavior / behaviour

유기체의 관찰 가능한 신체적 움직임 또는 활동. 관점에 따라 행동에 대한 정의를 협의(좁은 의미)의 정의와 광의(넓은 의미)의 정의로 구분하기도 한다. 이 관점에 따르면, 앞에서 정의한 것처럼 유기체의 관찰 가능한 신체의 움직임이나 활동은 좁은 의미에서의 행동으로 보는 반면에, 넓은 의미에서는 유기체의 신체적 움직임이나 활동뿐만 아니라 유기체 체내의 내분비계에서 일어나는 호르몬 분비 활동과 같은 생리적 과정, 그리고 사고(또는 인지)나 기억 등과 같은 심리적 과정까지도 행동의 범주에 포함시킨다.

행동 계약【行動 契約】behavior contracting / behavior contract

행동을 수정하기 위해 사용하는 치료 기법의 하나로, 행동 문제를 가진 사람이나 환자와 다른 특정인 또는 치료자 사이에서 특정 행동의 실행 및 그에 따른 결과에 관하여 맺게 되는 공식적인 약속이나 계약을 말한다.

행동 문제【行動 問題】behavior problem

사회적인 질서나 규범에 저촉되어 물의를 일으키는 행동 또는 그 행동으로 인하여 제기되는 문제를 총칭한다.

행동수정【行動 修正】behaviour modification

심리 치료 기법의 한 형태로, 학습 원리, 특히 고전적 조건화 및 조작적 조건화의 원리를 적용하여 문제 행동을 변화 또는 수정시키기 위한 접근 또는 기법을 말한다. 토큰경제 및 체계적 둔감화 등의 기법이 포함된다. '행동수정법'이라고도 하며, 종종 '행동 치료'와 같은 의미로 사용된다.

행동 위험 요인【行動 危險 要因】behavioral risk factors

부상이나 질병 및 사망과 같은 부정적인 결과가 초래될 가능성을 증가시키는 행동을 의미한다. 예를 들면, 폭음, 음주 운전, 흡연, 폭주, 싸움, 문란한 성행동, 약물 남용 등과 같이 나쁜 결과(부상, 질병 및 사망 등)를 초래할 가능성이 높은 행동들이 포함된다. '행동적 위험 요인'이라고도 한다.

행동유전학【行動遺傳學】behavioral genetics

행동의 유전적 기반과 그 기제 및 본질을 연구하는 학문 분야. 행동유전학자들은 인간 및 다른 동물들의 행동에 대한 유전의 영향 및 유전과 환경 간의 상호작용을 연구한다. 구체적으로 인간(또는 유기체)의 행동과 직·간접적으로 관련된 여러 심리적 특성들(예를 들면, 인지, 성격, 정서, 동기 등)과 정신건강 등의 주요 변인들이 형성 및 결정되는 과정에서 유전적 요인들이 어떤 작용을 하는지, 또 그런 유전적 요인들이 환경과 어떻게 상호작용하면서 영향을 미치는지를 밝히기 위해 과학적인 연구를 진행한다. 행동유전학에서 사용하는 대표적인 연구 방법은 쌍생아(일란성 및 이란성 쌍생아) 연구와 입양아 연구이다. 행동유전학 분야 가운데서도 특히 인간에 초점을 맞춘 행동유전학을 지칭할 경우에는 '인간 행동유전학'이라고도 한다. 유전학, 생물학, 심리학 등의 학문 분야들과 밀접하게 연관된 분야이다.

행동유전학자【行動遺傳學者】behavioral geneticist

'행동유전학(behavioral genetics)' 분야에서 활동하는 학자.

CLICK 행동유전학

행동의학【行動醫學】behavioral medicine

행동과학과 의학의 지식을 통합하고 나아가 그 지식을 건강 증진과 질병의 예방 및 치료에 적용하는 학문 분야.

행동 잠재력【行動 潛在力】behavioral potentiality

특정 행동이 현 상태에서 바로 나타나지는 않지만, 앞으로 발휘(또는 수행)될 수 있는 가능성이 잠재되어 있는 상태.

행동 장애【行動 障碍】behavioral disorder

정상적으로 기대되는 행동이 기능적인 측면에서 이상 또는 비정상적인 특징이나 상태를 나타내는 경우를 지칭하는 개념으로, 흔히 다양한 정신 장애에 따른 부적응적 행동이나 이상 행동들을 포함한다.

행동적 억제【行動的 抑制】behavioral inhibition

'기질(temperament)'적 속성의 하나로, 낯선 상황이나 사람 또는 낯선 사물을 마주했을 때 수줍음, 두려움, 조심스러움 등과 같이 위축되거나 억제적인 행동 경향을 나타내는 특성을 말한다.

행동 조형【行動 造形】behavior shaping / shaping of behaviour

조작적 조건 형성 이론에서 사용되는 용어의 하나. 행동을 학습하는 과정에서 목표 행동에 접근하는 피 학습자(被學習者)의 행동을 점진적으로 강화해 줌으로써 최종적으로 목표 행동을 학습하도록 만드는 과정을 말한다. '행동조성'이라고도 한다.

행동주의【行動主義】behaviorism

미국의 심리학자 왓슨(Watson: 1878~1958)에 의해 주창된 심리학파의 하나. 과학을 표방하는 심리학 연구에서는 인간을 체계적으로 설명하고 이해하기 위해 객관적으로 관찰 가능한 '행동'을 연구 대상으로 해야 함을 강조하는 접근이다.

행동주의적 관점【行動主義的 觀點】behavioral perspective

심리학의 주제 및 심리학적 연구 활동은 관찰 가능한 행동에 초점을 맞추어야 한다고 보며, 행동의 형성과 변화를 강화에 의한 조건 형성의 결과로 설명하는 관점. '행동주의적 설명', '행동주의적 접근' 또는 '행동주의적 조망'이라고도 한다.

행동 치료【行動 治療】behavior therapy

학습 원리, 특히 고전적 조건화, 조작적 조건화 및 관찰 학습 등의 원리를 적용하여 부적응 또는 문제 행동을 치료하는 심리 치료 기법의 한 형태. 강화 기법, 역조건 형성, 체계적 둔감법, 혐오조건 형성, 행동조성 및 모델링 등의 기법이 사용된다. 종종 '행동수정'과 같은 의미로 사용된다.

행복【幸福】happiness

인간이 오랫동안 추구하고 탐구해온 주제의 하나로, 많은 사람들의 다양한 견해가 제시되어 왔고 아직까지 분명하게 합의된 정의는 없지만, 서양의 철학적 전통을 통해 행복에 대한 관점을 소개하며, 크게 두 개의 관점으로 나누어 볼 수 있다. 그 하나는 인간의 주관적 경험을 강조하는 쾌락주의적 행복관으로, 이 관점에서는 행복을 개개인이 생활 속에서 경험하는 주관적인 유쾌감 및 만족감이라고 본다. 다른 하나는 인간의 잠재 능력 및 가능성의 계발과 실현에 초점을 맞추는 자기실현적 행복관으로, 이 관점에서는 행복을 인간의 심리적 특성, 특히 성격 측면에서의 강점과 덕목을 발달시키고 이를 생활 속에서 발휘함으로써 의미 있는 삶을 실현해 가는 것이라고 본다. 한편 오늘날 행복을 연구하는 학자들 가운데는 행복이라는 표현 대신에 생활만족도(또는 삶의 만족도, life satisfaction), 삶의 질(quality of life), 그리고 웰빙 또는 주관적 웰빙(subjective well-being) 등의 표현을 사용하는 경우도 많이 있다. 행복을 연구하는 대표적인 학문 분야로 긍정심리학이 있다.

행위【行爲】action

일반적으로 행동(行動, behavior)은 '유기체가 나타내는 모든 반응들'을 의미하며, 이 가운데 '행위(行爲, action)'는 '목적을 가진 행동' 또는 '의도된 행동'을 지칭하는 의미로 사용되는 경우가 많다.

허용적 양육【許容的 養育】permissive parenting

자녀 양육 방식의 한 유형으로, 전반적으로 자녀의 요구에 대해서는 매우 허용적인 자세를 취하는 반면에, 자녀에 대한 요구나 제재는 거의 하지 않는 양육 방식을 말한다. 구체적으로 허용적 양육은 자녀에게 자신의 욕구와 감정의 자유로운 표현을 허락하면서 동시에 자녀의 요구에 대해 매우 허용적인 자세를 취하는 반면에, 자녀에 대한 요구와 제재는 거의 하지 않는 양육 방식. '허용적 양육 방식'이라도 한다.

허용적 양육 방식【許容的 養育 方式】permissive parenting

'허용적 양육'이라고도 한다. CLICK 허용적 양육

헌신적 순종【獻身的 順從】committed compliance

(1) 능동적이고 수용적인 과정을 통해 협조적으로 이루어지는 순응. (2) 부모-자녀 관계에서, 아동이 부모가 제시한 제안, 요구, 규칙 등에 대해 별다른 저항 없이 능동적이고 수용적인 과정을 통해 협조적으로 이루어지는 순응. 부모와 자녀가 서로의 요구와 필요 또는 목표에 대해 상호적 반응을 주고받으면서 양자 모두가 긍정적 정서를 공유하고 경험하는 관계 속에서, 아동이 부모에게 협조하고 호응하려는 동기에서 비롯되는 능동적 순종을 말한다. 이와는 달리, 상황적 순종(situational compliance)은 아동이 자신을 통제하려는 부모의 권력이나 강압 또는 힘에 대해 어쩔 수 없이 수동적으로 이루어지는 순종을 말한다.

헌팅턴 Huntington (1850~1916)

'조지 헌팅턴(George Huntington)'. 미국의 의사·의학자. 1872년 심한 정신 장애와 불수의적인 신체 운동 등의 증상들을 나타내는 '헌팅턴 무도병(Huntington's chorea)'이 다른 병들과 구분된다는 사실을 처음으로 발견하고 이를 체계적으로 연구하여 보고하였다. 비정상적인 유전자(즉, 유전자 이상)에서 비롯되는 장애인 '헌팅턴 무도병'은 '헌팅턴병(Huntington's disease)'이라고도 불리며, 이 병의 명칭에 붙은 '헌팅턴(Huntington)'은 그의 이름에서 유래한 것이다. 또 뒤에 붙은 '무도병(舞蹈病, chorea)'이라는 명칭은 이 질환을 가진 환자들의 손이나 발 등의 신체 근육들이 마치 춤을 추듯이 불수의적으로 움직이는 증상을 나타내는 데서 비롯된 표현이다. '조지 헌팅턴', '헌팅톤', '조지 헌팅톤', 'Huntington', 'George Huntington' 등으로 표기하기도 한다.

헌팅턴 무도병 【헌팅턴 舞蹈病】 Huntington's chorea

비정상적인 유전자(즉, 유전자 이상)에서 비롯되는 유전성 신경 질환의 하나로, 신체의 근육들이 의도와 관계없이 저절로 끊임없이 불규칙적으로 움직이는 증상을 보이는 질환. 일반적으로 증상은 초기에는 안면의 근육에서부터 시작되어 점차 신체의 전반으로 확대된다. 주 증상인 근육 운동의 장애 이외에도 불안, 정서의 급격한 변화, 환각, 망상, 인지 장애 등의 정신 장애가 동반된다. 이 환자들에서는 대뇌 신경세포(조직)의 위축과 손상이 관찰되고 있는데, 특히 기저핵의 손상이 주요 발병 원인으로 지목되고 있다. 이 질환의 증상이 나타나기 시작하는 것은 흔히 30세 이후이며, 진단 이후 15~20년 정도 생존한다. 이 용어에 붙은 '헌팅턴(Huntington)'은 1872년 심한 정신 장애와 불수의적인 신체 운동 등의 증상들을 나타내는 이 병이 다른 병과 구분된다는 사실을 처음으로 발견하고 이를 체계적으로 연구하여 보고했던 미국 의사 '조지 헌팅턴(George Huntington, 1850~1916)'의 이름에서 유래한 것이다. 또 뒤에 붙은 '무도병(舞蹈病, chorea)'이라는 명칭은 이 질환을 가진 환자들의 손이나 발 등의 신체 근육들이 마치 춤을 추듯이 불수의적으로 움직이는 증상을 나타내는 데서 유래한 표현이다. '헌팅턴병(Huntington's disease)'이라고도 하며, 이외에도 '헌팅턴 질환', '헌팅턴씨병', '헌팅톤 무도병', '헌팅톤병', '헌팅톤 질환', '헌팅톤씨병' 등의 명칭으로도 불린다.

헌팅턴병 【헌팅턴病】 Huntington's chorea

비정상적인 유전자(즉, 유전자 이상)에서 비롯되는 유전성 신경 질환의 하나로, 신체의 근육들이 의도와 관계없이 저절로 끊임없이 불규칙적으로 움직이는 증상을 보이는 질환으로, 1872년 미국 의사 '조지 헌팅턴(George Huntington, 1850~1916)'에 의해 처음으로 보고되었다. '헌팅턴 무도병(Huntington's chorea)'이라고도 하며, 이외에도 '헌팅턴 질환', '헌팅턴씨병', '헌팅톤 무도병', '헌팅톤병', '헌팅톤 질환', '헌팅톤씨병' 등의 명칭으로도 불린다. '헌팅턴 무도병(Huntington's chorea)

헤드스타트 Head Start

'헤드스타트 프로그램(Head Start Program)'을 간단히 나타낸 표현이다. CLICK 헤드스타트 프로그램

헤드스타트 프로그램 Head Start Program

학령 전 저소득층 아동들의 지적 발달 및 교육과 학업 등에서 불리한 환경적 조건을 보충해주기 위해 계획된 대표적인 보충적 중재(compensatory intervention) 프로그램. 구체적으로 이 프로그램은 1960년대 이후 미국에서 저소득층의 아동들이 빈곤으로 인해 받게 되는 지적 발달, 교육 및 학업적 측면에서의 다양한 부정적 효과를 방지하고, 교육기회의 균등한 제공을 통해 일반아동과의 격차를 최소화하며, 나아가 빈곤을 예방하는 것 등을 목표로 하여 계획 · 진행되어온 보충적 중재 프로그램이다. 이 프로그램을 위한 프로젝트를 '헤드스타트 프로젝트'라고 한다. 간단히 '헤드스타트'라고도 한다.

헤드스타트 프로젝트 Head Start Project

1960년대 이후 미국에서 저소득층의 아동들이 빈곤으로 인해 받게 되는 지적 발달, 교육 및 학업적 측면에서의 다양한 부정적 효과를 방지하고, 교육 기회의 균등한 제공을 통해 일반아동과의 격차를 최소화하며, 나아가 빈곤을 예방하는 것 등을 목표로 마련된 '헤드스타트 프로그램' 사업 또는 프로젝트. 이 프로젝트에 따라 진행된 프로그램이 '헤드스타트 프로그램(Head Start Program)'이다. '헤드스타트 계획'이라고도 한다.

헤로인 heroin

모르핀을 화학적으로 처리하여 만든 흰색 가루 형상의 물질로 진통 효과와 마취 효과가 클 뿐만 아니라 중독성 또한 매우 강한 마약의 일종이다.

헤테로접합【헤테로接合】heterozygosis

염색체 상에 상이한 대립 유전자를 가진 두 배우자(配偶子, gamate)가 결합하는 것. 즉, 염색체 상의 특정한 위치에 서로 다른 효과를 갖는 상이한 대립 유전자를 가진 두 배우자(gamate)가 결합하여 접합체('접합자'라고도 함)가 형성되는 것을 의미한다. '이형접합(異型接合)'이라고도 한다.

헨리 터너 Henry Turner (1892~1970)

헨리 허버트 터너(Henry Hubert Turner). 미국의 내분비학자. '터너 증후군(Turner's syndrome)'의 발견자이다.

CLICK 터너

헨리 허버트 터너 Henry Hubert Turner (1892~1970)

미국의 내분비학자. '터너 증후군(Turner's syndrome)'의 발견자이다.

CLICK 터너

현상학【現象學】phenomenology

철학 분야에서 오래 전부터 여러 학자들에 의해 논의되어 온 개념의 하나로, 심리학 영역에서는 성격심리학, 상담심리학, 임상심리학 등의 분야에서 인간의 경험 또는 심리적 경험을 연구하고 설명하기 위해 적용하는 주요 접근 중 하나이다. 구체적으로 현상학은 인간의 경험 또는 심리적 경험을 연구하고 설명하기 위해 각 개인이 삶의 과정에서 자기 자신과 세상을 어떻게 지각하고 이해하고 경험하고 있는지와 같은 개인의 주관적인 경험에 초점을 맞추는 접근 또는 연구를 말한다.

현상학적 관점【現象學的 觀點】phenomenological perspective

인간의 행동과 심리 과정을 설명하는 관점들 가운데 하나로, 인간의 행동과 심리를 이해하는 과정에서 중요하게 고려해야 하는 측면은 외부의 관찰자나 연구자들이 보는 객관적인 세상이 아니라 행동하고 사고하는 주체인 개개인이 지각하고 사고하고 구성하는 것과 같은 주관적인 경험으로 이루어지는 주관적인 세상이기 때문에, 이러한 측면에 초점을 맞추어 접근하고 설명해가야 한다고 보는 관점. 현상학적 관점은 '현상학적 설명', '현상학적 접근' 또는 '현상학적 조망'이라고도 한다.

현실【現實】reality

실재(實在)하고 있는, 즉 실제로 존재하고 있는 현재의 상태 또는 상황.

현실 검증【現實 檢證】reality testing

자아(ego)가 수행하는 주요 기본적인 기능 중의 하나로, 외부 현실의 조건과 상태를 객관적으로 보고, 이를 바탕으로 평가하고 판단하는 작용을 의미한다. 정신분석 이론에서 중요하게 고려하는 개념들 가운데 하나이다.

현실 원리【現實 原理】reality principle

현실을 고려하여 합리적인 욕구 충족과 적응을 추구하는 자아의 기능 또는 경향성. '현실의 원리'라고도 한다.

CLICK 현실의 원리

현실의 원리【現實의 原理】reality principle

정신분석학의 창시자인 프로이트(Freud: 1856~1939)는 인간의 성격을 구성하는 세 가지 요소를 가정하였는데, 여기에는 원초아(id: '이드' 또는 '원자아'라고도 함), 자아(ego), 그리고 초자아(superego) 등 세 요소가 포함된다. 그 가운데 하나인 '자아'는 '원초아'의 본능적이고 맹목적인 쾌락 추구 경향을 현실의 상황과 요구를 고려하여 조절하고 조화시키는 역할을 한다. 이와 같이 현실을 고려하여 합리적인 욕구 충족과 적응을 추구하는 자아의 기능 또는 경향성을 지칭하여 '현실의 원리' 또는 '현실 원리'라고 한다.

현장 실험【現場 實驗】field experiment

실험의 대상자 또는 피험자가 자신이 실험 또는 관찰의 대상이 되고 있음을 지각(또는 의식)하지 못하는 자연적인 상황(유치원, 학교, 놀이터, 운동장, 가정 등)에서 이루어지는 실험.

현장 연구【現場 硏究】field research

연구의 대상자 또는 연구 참가자가 자신이 연구 또는 관찰의 대상이 되고 있음을 지각(또는 의식)하지 못하는 자연적인 상황(유치원, 학교, 놀이터, 운동장, 가정 등)에서 이루어지는 연구.

현재 내용【顯在 內容】manifest content

꿈에 대해 설명할 때 사용하는 용어 가운데 하나로, 꿈의 표면적 내용, 즉 꿈을 꾼 사람이 기억하는(또는 회상하는) 꿈의 내용을 말한다. '명시적 내용'이라고도 한다. 이에 비해 꿈의 잠재적 내용(latent content)은 꿈을 꾼 사람이 기억하는 내용의 저변에 자리 잡고 있는 숨겨진 꿈의 내용을 말한다. 지그문트 프로이트(Sigmund Freud: 1856~1939)의 정신분석에서는 꿈의 현재 내용보다는 잠재적 내용을 더 의미 있고 중요하게 고려한다.

현재 자기【現在 自己】present self

영·유아기의 아동들이 나타내는 자기(self) 개념의 한 유형으로, 아동들이 시간적으로 과거에 일어난 사건들의 영향을 인식하지 못한 채 현재에 초점을 맞추고 있는 자기표상을 의미한다. 흔히 2~3세 무렵의 아동들에게서 두드러지게 나타나는 자기로, 이 시기의 아동들은 자기와 관련하여 과거에 일어났던 사건들이 현재의 자기에도 의미가 있음을 인식하지 못한다. 자기개념의 발달 과정에서 초기에 나타나는 유형이다.

혐오 치료【嫌惡 治療】aversion therapy / aversive therapy

바람직하지 않은 행동 또는 문제 행동을 감소시키거나 제거하기 위해 사용되는 행동 치료 기법의 한 형태로, 흔히 문제가 되는 특정 행동(술 마시는 행동이나 흡연 행동)에 대하여 혐오적인 자극(예를 들면, 속쓰림, 메스꺼움 또는 전기 충격)을 제시함으로써 문제 행동을 중단하도록 만드는 치료 기법을 말한다. 다시 말하면, 문제 행동과 혐오 자극을 연합시켜 문제 행동을 하지 않도록 만드는 기법이 혐오 치료이다. '혐오 요법'이라고도 한다.

협동 놀이【協同 놀이】cooperative play

두 명 이상의 아이들이 공동의 목표를 가지고 서로 협력적 상호작용을 하면서 진행하는 놀이. 가장 전형적인 사회적 놀이의 한 형태라고 할 수 있다. 사회적 놀이는 사회적 측면, 즉 타인과의 상호작용 측면과 관련된 놀이 또는 사회적 상호작용 측면에서 분류한 놀이 형태를 말하며, 그 중 하나가 '협동 놀이'이다. 이 놀이는 두 명 이상의 또래나 친구가 모여 함께 하는 놀이의 형태로, 흔히 놀이를 통해 추구하는 목표를 이루기 위해 한 명 또는 두 명이 중심이 되어 구성원들 각 개인에게 역할을 분담한 후 조직적으로 진행하는 놀이의 형태를 말한다. 즉, 놀이에 참여하는 개인들이 서로의 의견을 교환하고 놀잇감을 공유할 뿐만 아니라 역할 분담을 통해 공동의 목표를 함께 추구해가는 조직적인 놀이 유형을 의미한다. 놀이 참여자들 간의 관계 측면에서 볼 때, 협동 놀이는 가장 사회적이고 협동적인 놀이의 형태로 볼 수 있다. '협동적 놀이'라고도 한다.

형식적 사고【形式的 思考】formal thinking

'형식적 조작 사고'라고도 한다.

CLICK 형식적 조작 사고

형식적 조작기【形式的 操作期】formal operational stage / formal operational period

삐아제(Piaget: 1896~1980)의 인지발달 이론에서 제시하는 네 단계 가운데 마지막 네 번째 단계로, 약 11, 12세 이후의 시기에 해당한다. 이전 단계인 구체적 조작기(concrete operational stage: 7세~11, 12세 경까지의 시기)의 아동들이 나타내는 인지 능력상의 한계였던 구체적 대상이나 상황에 국한된 조작적 사고 능력(즉, 구체적 조작 능력)을 넘어 추상적인 문제나 과제들에 대해서도 체계적이고 논리적인 조작적 사고를 할 수 있게 된다. 즉, 형식적 조작기의 아동들은 구체적인 대상이나 상황에 대해서뿐만 아니라 현실을 넘어선 구체적이지 않고 추상적인 문제들이나 과제들에 대해서도 가설-연역적이고 창의적인 사고를 할 수 있게 된다. 따라서 이 시기의 아동들은 이전 단계인 구체적 조작기의 아동들이 이해하고 해결하기 어려웠던 문제나 과제들-예를 들면, 진리, 법, 규칙, 질서, 도덕성, 죽음 이후의 세계 등과 같은 추상적 개념들의 필요성이나 가치, 그리고 그러한 것들이 부재할 때 일어날 수 있는 결과나 영향 등과 같은 문제나 과제들-에 대해서도 체계적이고 논리적으로 사고할 수 있게 된다. 그러나 형식적 조작기에 도달한 사람이라 하더라도 형식 조작적 사고 능력을 계발·촉진시키는 교육 경험을 하지 못하는 경우에는 성인이 되어서도 형식 조작적 사고를 하지 못할 수도 있다. 이것은 비록 형식적 조작기에 해당하는 연령이 도달했지만 발달 과정에서 형식적 조작기에 도달할 수 있는 인지 능력(즉, 형식 조작적 사고 능력) 가운데 일부분이나 전부를 발달시키지 못했음을 시사한다. 한편 형식 조작적 사고 능력은 때때로 이 시기에 도달한 청소년들의 인지에서 청소년기에 국한된 특징적인 사고 경향인 '청소년기 자아 중심성'으로 이어지기도 한다. 그 결과로 청소년들은 현실과 동떨어진 '이상주의(또는 이상주의적 사고)', '상상적 청중', '개인적 우화' 등과 같은 한시적인(즉, 청소년기를 지나 성인기에 도달면서 사라지는) 새로운 인지적 한계를 나타내기도 한다. 형식적 조작기는 '형식적 조작 단계'라고도 한다.

형식적 조작 단계【形式的 操作 段階】formal operational stage

삐아제(Piaget: 1896~1980)의 인지발달 이론에서 제시하는 네 단계 가운데 마지막 네 번째 단계로, 약 11, 12세 이후의 시기에 해당한다. 이전 단계인 구체적 조작기(concrete operational stage: 7세~11, 12세 경까지의 시기)의 아동들이 나타내는 인지 능력상의 한계였던 구체적 대상이나 상황에 국한된 조작적 사고 능력(즉, 구체적 조작 능력)을 넘어 추상적인 문제나 과제들에 대해서도 체계적이고 논리적인 조작적 사고를 할 수 있게 된다. '형식적 조작기'라고도 한다.

형식적 조작 사고【形式的 操作 思考】formal operational thinking

형식적 조작기에 도달한 사람들이 할 수 있는 사고 또는 사고 양식. 구체적으로 추상적인 사고 능력을 포함하여 논리적이고, 체계적이며, 합리적인 특징들을 포함하는 사고 또는 사고 양식을 말한다. '형식적 사고'라고도 한다.

형제 간 경쟁【兄弟 間 競爭】sibling rivalry

형제 관계에서 발생하는 질투, 시기, 분노, 미움, 다툼 등과 같은 부정적인 정서 및 행동 반응을 나타내는 경쟁 심리 또는 경쟁 관계. 전형적으로, 동생이 태어나거나 나이차가 적은 형제 관계에서 나타나기 쉽다. '형제 간 경쟁심', '형제 간의 경쟁' 또는 '형제 간의 경쟁심'이라고도 한다.

형제 간 경쟁심【兄弟 間 競爭心】sibling rivalry

'형제 간 경쟁'이라고도 한다.

CLICK 형제 간 경쟁

형질【形質】character

생물학적으로 생물의 모양, 크기, 성질 등의 고유한 특성이나 특징을 말하고, 일반적인 의미에서는 다양한 사물(事物)의 크기, 모양, 성질 등의 특성이나 특징을 의미한다.

형태론【形態論】morphology

언어에서 소리들이 결합하여 뜻을 가진 단어를 형성하는 규칙.

형태론적 지식【形態論的 知識】morphological knowledge

형태소의 의미에 관한 지식. 언어에서 뜻(또는 의미)을 갖는 최소의 단위를 형태소(morpheme)라 하며, 이러한 형태소들이 단어를 구성하게 된다. 이처럼 단어를 구성하는 형태소에 대한 지식을 지칭하여 '형태론적 지식'이라고 한다.

형태소【形態素】morphemes

언어에서 뜻(또는 의미)을 갖는 최소의 단위. 음절이 조합되어 만들어지는 것으로, 예를 들면, 우리말의 태양, 사랑, 음악 등과 같은 단어들이나 영어의 book, sun, son, ice 등과 같은 단어들이 해당된다.

호나이 Horney (1885~1952)

카렌 호나이(Karen Horney). 독일 태생의 미국 여성 정신분석학자. 프로이트(Freud: 1856~1939)의 전통적인 정신분석학적 견해와 달리, Horney는 개인의 성격 형성 및 발달 과정에서 사회·문화적 및 역사적 요인의 영향이 중요하다는 점을 강조하였다. 페미니스트의 입장에서 여성의 지위를 연구하였으며, 또한 신경증 연구 및 이론으로도 유명하다. 신프로이트학파(학자)로 분류된다. '호나이' 또는 '카렌 호나이'로 표기하기도 한다.

호르몬 hormone

신체 조직 중 분비선에서 분비되고 있는 화학 물질로, 신체의 여러 부분에 정보를 전달하고 자극함으로써 신체와 정신 활동에 작용한다. 주로 뇌, 소화관, 성기 및 부신 등의 기관에서 분비되며, 현재 약 80여 종의 호르몬이 알려져 있다. 그리스어의 '자극하다, 일깨우다'라는 말에서 비롯되었다. '홀몬'이라고도 한다.

호먼큘러스 homunculus

신체의 부위들 가운데 특정 부위에 전달되는 체감각 정보를 처리하는 데 관여하는 뇌의 부위의 크기, 특히 대뇌 피질 중 체감각 피질 영역에서 차지하는 부위의 크기(또는 면적)를 축소된 인체의 모습을 통해 비례적으로 나타낸 그림 혹은 지도. 이 그림을 통해서 살펴보면, 신체의 어떤 특정 부위(예를 들면, 손가락, 혀, 입술 등)의 체감각을 처리하는 뇌의 체감각 피질 영역의 담당 부위의 크기(또는 면적)는 신체의 더 넓은 면적을 가진 특정 부위(예를 들면, 발)보다 더 크다는 사실을 알 수 있다. 'homunculus'는 '난쟁이' 또는 '작은 사람'을 뜻하는 말로, '호먼큘러스'라는 표현 이외에도 '호문쿨루스', '뇌 난쟁이', '소인(小人)' 또는 '피질 소인(cortical homunculus)'이라고도 한다.

호모 homo

이성(異性)에 대한 성적인 관심을 나타내는 이성애자(異性愛者)들과는 달리, 이성에 대한 성적인 관심이 매우 적거나 없는 반면에, 동성(同性)을 성애(性愛: 성적 사랑)의 대상으로 느끼는 사람 또는 그러한 경향을 가진 사람을 지칭한다. '동성연애자(同性戀愛者)'라고도 한다. 특히 남성 동성애자를 일컬어 '게이(gay)'라고 하고, 여성 동성애자를 일컬어 '레즈비언(lesbian)'이라고 한다. 발생 원인으로는 선천적 발생을 주장하는 선천론과 성장 환경 및 경험에서 원인을 찾는 환경론 등이 있다. '동성애자'라고도 한다. 흔히 '호모'라는 표현은 동성애자를 지칭하는 용어 가운데 가장 자주 사용되는 표현으로, 당사자를 비하하는 의미로 사용되는 경우가 많다.

호모접합【호모接合】homozygosis

염색체 상에 동일한 대립 유전자를 가진 두 배우자(配偶子, gamate)가 결합하는 것. 즉, 염색체 상의 특정한 위치에 동일한 효과를 갖는 동일한 대립 유전자를 가진 두 배우자(gamate)가 결합하여 접합체('접합자'라고도 함)가 형성되는 것을 의미한다. '동형 접합' 또는 '동종 접합'이라고도 한다.

호스피스 hospice

사망 선고를 받은 환자의 집이나 그들이 거주하는 전문적 보호 시설에서 이루어지는 의료 서비스 또는 의료 프로그램의 한 형태로, 죽어 가는 환자의 고통을 줄여주고 환자와 그 가족 구성원들의 정서적 측면에 대한 지지를 제공하는 데 주목적을 둔 의료 보호 활동을 말한다.

호혜성【互惠性】reciprocity

관계가 일방적이지 않고 서로가 혜택과 이익을 주고받거나 함께 나누는 성질.

혼란 애착【混亂 愛着】disoriented attachment

'낯선 상황' 절차를 통해 분류된 애착의 유형들 중에서 '불안전 애착(또는 불안정 애착)'의 한 유형으로, 불안전 애착의 또 다른 두 유형인 '저항 애착'과 '회피 애착'을 결합한 것 같은 반응 경향을 특징적으로 나타낸다. 즉, 혼란 애착을 형성한 영아는 낯선 상황에서 가장 고통스러워하면서, 동시에 양육자(흔히 어머니)와 분리된 이후 양육자가 돌아와 접촉을 시도할 때는 접근해야 할지 아니면 회피해야 할지에 대해 혼란을 느끼는 것 같은 모순된 반응 경향을 특징적으로 보인다. '와해된 애착(disorganized attachment: '해체 애착'이라고도 함)과 같은 의미로 사용된다.

혼자 놀이 solitary play

주변에 다른 또래나 친구가 있지만 그(들)와의 상호작용 없이 자신만의 놀잇감을 가지고 단독으로 하는 형태의 놀이. '단독 놀이'라고도 한다.

혼잣말 private speech

구소련의 심리학자 비고츠키(Vygotsky: 1896~1934)가 사용한 주요 용어들 가운데 하나로, 아동(또는 개인)이 '자기 자신을 향해 혼자서 하는 말'을 의미한다. 이런 혼잣말은 아동 자신의 사고(思考)를 이끌어주고 자기 의사소통의 기능을 한다고 보았다. 흔히 '사적 언어(私的 言語)'라고 한다. 비고츠키는 관찰을 통해, 아동들이 과제나 문제를 해결해갈 때, 또는 어떤 중요한 목표를 달성하려고 할 때 혼잣말을 많이 사용한다는 것을 알게 되었다. 따라서 비고츠키는 혼잣말은 학령기 전후의 아동들이 문제 해결을 위해 활동을 조직하고, 조정하는 과정에서 중요한 도구적 기능을 한다고 보았다. 이와 같은 비고츠키의 관점은 비사회적인 특징을 갖는 아동들의 혼잣말이 삐아제(Piaget: 1896~1980)가 생각했던 것처럼 인지발달과 무관한 자기중심적 언어일 뿐인 것이 아닌, 아동 자신의 문제나 목표 달성을 효율적이고 조직적으로 해낼 수 있도록 도와주는 중요한 의사소통적 기능을 한다는 것을 의미한다. 또한 비고츠키는 아동들이 생활 속에서 혼잣말을 사용하는 과정은 아동들의 인지발달에 크게 기여한다고 보았다. 이런 면에서 비고츠키의 관점은 삐아제의 관점과 큰 차이를 보인다.

홀 Hall (1844~1924)

그랜빌 스탠리 홀(Granville Stanley Hall). 미국의 심리학자. 초대 미국심리학회 회장을 역임하였고, 미국심리학의 발전과 아동·청소년 분야의 연구에 큰 기여를 하였다. '지 스탠리 홀', '그랜빌 스탠리 홀', 'Hall', 'G. Stanley Hall', 'Granville Stanley Hall' 등으로 표기하기도 한다. CLICK 지 스탠리 홀

화용론【話用論】pragmatics

언어학의 한 분야로, 사회적 맥락이나 관계 속에서 사용되는 언어의 기능적인 의사소통적 특성, 즉 사회적 맥락이나 관계 속에서 효과적이고 적절한 의사소통을 위한 언어 사용의 원칙, 또는 그러한 언어 사용이나 원칙에 관한 분석이나 지식을 의미한다.

확대가족【擴大家族】extended family

부부와 자녀들로 구성된 핵가족에 더하여 조부모나 이모, 삼촌 또는 사촌 등이 가족을 이루어 한 가정에서 살아가는 가족 형태.

확산적 사고【擴散的 思考】divergent thinking

답이 하나만 있는 것이 아닌 질문이나 문제에 대해 다양한 답(또는 다양한 해결 방안)을 찾거나 생각해낼 것을 요구하는 사고 또는 사고방식. '발산적 사고'라고도 한다. 이와 반대되는 사고 또는 사고방식을 '수렴적 사고(convergent thinking)'라고 한다.

확장된 자기【擴張된 自己】extended self

유아기 무렵에 나타나는 자기(self) 개념의 한 유형으로, 시간적으로 과거, 현재 그리고 미래를 통해 지속성을 갖는 '자기' 또는 '자기 표상'을 의미한다. 확장된 자기는 약 3세 반~5세 사이에 나타나며, 2~3세 무렵의 아동들에게서 나타나는 현재 자기(present self)에 비해 더욱 성숙한 수준의 자기 표상이다.

환각【幻覺】hallucination

외부의 감각적인 자극이 없는 상황에서 감각적인 지각을 경험하는 것. 예를 들면, 외부에 객관적인(또는 감각적인) 자극이 없는 상황에서 어떤 소리를 듣거나 사물을 보는 경험을 하는 것과 같은 경우를 말한다. 정신분열병('정신분열증'이라고도 함)과 같은 정신 장애의 증상으로 자주 나타난다. 모든 감각에서 일어날 수 있으며, 특히 시각 및 청각적 환각이 가장 자주 발생하는 것으로 보고되고 있다.

환각제【幻覺劑】hallucinogens

지각, 사고 및 정서적 기능에 강력한 영향을 미쳐 환각을 유발하는 약물. 대표적인 환각제로는 LSD

(lysergic acid diethylamide)와 마리화나(marihuana, 일명 대마초) 등이 있다.

환경【環境】environment

개인(또는 개체)에게 영향을 미칠 수 있는 개인 외부의 모든 조건이나 상태. 심리적 환경, 자연적 환경, 물리적 환경, 사회 및 문화적 환경 등 다양한 범주로 구분된다.

환경 가설【環境 假說】environmental hypothesis

경제적 측면을 중심으로 한 환경에서의 차이가 지능발달 차이를 가져온다고 보는 가설(또는 관점). 이 가설에 따르면, 가난이나 적정 수준 이하의 경제력은 어린 자녀들의 영양섭취 제한, 뇌 성장 억제, 학업 및 정상적 발달에 필요한 책이나 여러 자료들을 포함한 지지적인 환경 제공의 억제, 학업과 같은 주요 활동에 대한 주의집중 곤란, 심리적 불안 등과 같은 지적 발달에 불리한 상황을 초래하고, 그 결과로 지능발달(또는 지적 발달)에서의 차이를 초래하게 된다는 것이다. 즉, 환경 가설은 다양한 계층 집단이나 민족 집단들 간에 나타나는 지능발달에서의 차이는 경제적 측면을 중심으로 한 환경 상의 차이에서 비롯된다고 주장하는 가설(또는 관점)이다. '환경적 가설'이라고도 한다.

환경 결정론【環境 決定論】environmental determinism

인간의 발달(예를 들면, 성격이나 태도 등)이 이루어지는 과정은 전적으로 환경(의 영향)에 의한 것이며, 그 과정에서 인간(또는 아동)은 환경의 영향을 받기만 하는 수동적인 존재일 뿐이라고 보는 관점.

환경 유전적 모형【環境 遺傳的 模型】environmental genetics model

인간의 발달에 영향을 미치는 요인을 설명하는 모형들 가운데 하나로, 특히 환경 유전적 모형은 인간 발달을 이끄는 요인으로 유전이나 환경 가운데 어느 하나를 강조하기보다는 두 요인이 모두가 작용하여 발달 과정에 영향을 미친다고 보는 모형 또는 설명 체계이다. '환경 유전적 모델'이라고도 한다.

환경적 가설【環境的 假說】environmental hypothesis

다양한 계층 집단이나 민족 집단들 간에 나타나는 지능발달에서의 차이는 경제적 측면을 중심으로 한 환경 상의 차이에서 비롯된다고 주장하는 가설(또는 관점). '환경 가설'이라고도 한다.

CLICK 환경 가설

환경주의【環境主義】environmentalism

인간의 발달에 영향을 미치는 요인을 설명하는 관점들 가운데 하나로, 특히 환경주의는 후천적 요인, 즉 임신 단계 및 출생 이후 개인의 삶의 과정에서 제공되는 환경 요인이 인간 발달에 전적인 또는 결정적인 영향을 미친다고 보는 입장으로, 대략 1960년대 이전까지 많은 사람들에 의해 수용되었던 관점이다.

환상【幻想】fantasy

현실의 제약을 받지 않고 어떤 대상이나 사건에 대하여 자유롭게 상상하는 일. 또는 그런 심리 현상.

환원【還元】reduction

(1) 근본적인 상태나 요소로 돌아감. (2) 여러 요소들로 구성되어(또는 이루어져) 있거나 복잡한 현상이나 대상(또는 개념)을 기본적이고 간단한 요소 또는 원리로 바꾸는 것.

환원주의【還元主義】reductionism

여러 요소들로 구성되어(이루어져) 있거나 복잡한 현상이나 대상(또는 개념)을 기본적이고 간단한 요소나 원리로 바꾸어 설명하려는 입장 또는 신념.

활동적 기대 수명【活動的 期待 壽命】active life expectancy

개인이 질병 또는 건강상의 요인에 의해 독립성을 잃게 되어 생활 속에서 스스로 해야 할 많은 활동들(예컨대, 옷 입기, 목욕, 보행, 요리 등)을 다른 사람들의 도움을 받아 생활해야 하는 상태가 되기 전까지 독립적이고 활동적인 생활을 해 갈 것으로 예상되는 연수. 즉, 개인이 다른 사람들의 도움을 받지 않고 독립적이고 활동적인 생활을 해 갈 것으로 예상되는 기간을 연수로 나타낸 것을 말한다. 이에 비해 개인이 독립성을 잃고 생활 속에서 스스로 해야 할 많은 활동들을 다른 사람들의 도움을 받으면서 생활하게 되는 시점서부터 사망 시까지 예상되는 연수를 '의존적 기대 수명(dependent life expectancy)'이라고 한다. 개인이 누리게 될 활동적 기대 수명과 의존적 기대 수명의 기간은 개인이 타고난 유전적인 요인들과 태어난 이후 삶의 과정에서 접하는 환경적 요인들 간의 상호작용에 의해 결정된다. '활동적 기대 여명'이라고도 한다.

활동적 기대 여명【活動的 期待 餘命】active life expectancy

'활동적 기대 수명'이라고도 한다.

CLICK 활동적 기대 수명

활동 전위【活動 電位】action potential

신경세포인 뉴런이 역치를 넘어서는 자극을 받았을 때 일어나는 탈분극화. 일단 뉴런에 가해진 자극이 역치를 넘어서면, 그 자극이 '얼마만큼 큰가'와는 관계없이 항상 동일한 반응이 일어난다.

활용 결함【活用 缺陷】utilization deficiency

어린 아동들이 보이는 인지적 과제 수행의 어려움이나 실패를 설명하는 개념 가운데 하나로, 과제나 문제 해결에 도움이 되는 전략(strategies)을 산출(또는 생성)해내기는 하지만 이를 적절하게 활용하지 못하기 때문에 이득을 얻지 못하는 결함을 의미한다.

황체【黃體】corpus luteum

'노란 덩어리'라는 뜻을 가지고 있으며, 난소에서 배란이 이루어진 이후에 난소 세포가 변하여 생긴 노란색의 덩어리 조직으로 성호르몬의 일종인 '황체 호르몬(progesterone: '프로게스테론'이라고도 함)'을 분비한다.

황체 형성 호르몬【黃體 形成 호르몬】luteinizing hormone (LH)

뇌하수체에서 분비되는 생식선 자극 호르몬 가운데 하나로, 여성의 난소와 남성의 정소(고환)에 작용하여 각각 여성호르몬과 남성호르몬의 생성과 분비를 조절하는 기능을 한다.

황체 호르몬【黃體 호르몬】progesterone

성선(性腺)의 하나인 여성의 난소에서 분비되는 성호르몬의 하나로, 여성들의 생리주기에 영향을 미친다. '프로게스테론'이라고도 한다.

회【回】gyrus / gyri(복수형)

뇌의 구조 중에서 주름진 모양을 하고 있는 대뇌 피질의 평평한 표면을 이루고 있는 부분. '뇌회(腦回)'라고도 한다. 한편 회와 회 사이에 골짜기처럼 움푹 들어간 부분은 '구(溝, sulcus)'라고 한다.

회백질【灰白質】grey matter

신경계에서 뇌와 척수를 포함하는 중추신경계의 조

직은 육안으로 관찰할 때 그 빛깔에 따라 크게 회백질과 백질로 구분된다. 그 중에서 회백질은 수초가 없는 신경세포들이 밀집되어 있는 집합체로 회색빛을 띠는 부분을 말하며, 대뇌(cerebrum)의 대뇌 피질(cerebral cortex), 기저핵(basal ganglia) 그리고 변연계(limbic system) 등의 부분들이 포함된다. 이와 달리 백질(white matter)은 수초로 둘러싸인 축색 다발로 흰빛을 띠는 부분을 말한다. 회백질은 흔히 대뇌의 피질(cortex) 부분을 지칭한다.

회상【回想】recall

기억 과정 가운데 인출의 한 형태로, 과거의 학습 과정 또는 정보 입력 과정을 통해 기억 체계 속에 저장되어 있는 정보를 단서가 없이 혹은 단서가 있더라도 제한적이고 일반적인 단서만이 제공된 상태에서 인출해내는 인지 과정 또는 정보처리 과정을 지칭하여 '회상'이라고 한다. 회상 이외에도 인출의 또 다른 한 형태로 '재인(recognition)'이 있다.

회상 전략【回想 戰略】retrospective strategy

발달 자료를 추적·수집하여 정신병리의 기원을 파악하는 방법 또는 전략. 장애가 있는 개인(아동, 청소년 또는 성인)의 정신병리의 기원을 파악하기 위해 장애를 가진 개인이나 그 부모 또는 주변의 지인을 대상으로 면접 과정을 통해 과거를 회상하도록 하여 장애와 관련된 자료(또는 정보)를 수집하는 방법을 말한다. 회상 자료의 신뢰도와 타당도 문제가 지속적으로 제기되어 오고 있기 때문에 조사된 자료에 대한 신중한 해석과 사용이 요구된다.

회피 애착【回避 愛着】avoidance attachment

'낯선 상황' 절차를 통해 분류된 애착의 유형들 중에서 '불안전 애착(또는 불안정 애착)'의 한 유형으로, 회피 애착을 형성한 영아는 양육자(흔히 어머니)와 분리되는 것에 대해 거의 저항을 보이지 않으며, 분리 이후 양육자가 돌아와 접촉을 시도하는 것에 대해 회피하거나 무시하는 반응을 나타내는 경향이 있다.

회피 학습【回避 學習】avoidance learning

혐오적인 자극을 회피하기 위한 특정한 반응 행동의 학습. 예를 들어, 특정 시간대에 차를 몰고 출근길에 나서면 심한 차량 정체를 겪게 되는 상황을 생각해 보자. 이것을 아는 사람들은 차량 정체를 피하기 위해 그 특정 시간대와 다른(이르거나 늦은) 시간대를 이용하여 차를 몰고 출근하거나 아니면 그 특정 시간대라면 차를 모는 대신 대중교통을 이용하는 경우가 많을 것이다. 바로 이와 같은 행동들은 회피 학습의 예가 된다. 회피 학습은 학습의 여러 유형들 중에서도 흔히 조작적 조건화(operant conditioning)를 통해 이루어지기 때문에, 회피 학습을 '회피 조건화(avoidance conditioning)' 또는 '회피 조건 형성'이라고도 한다.

회피 행동【回避 行動】avoidance behavior

도피 행동(逃避 行動, escape behavior)의 경우에서와는 달리, 현재 혐오 자극이 존재하고 있지는 않지만, 미리 특정 행동을 함으로써 혐오적인 자극 또는 상황이 발생하지 않게 되는 경우에서, 그 선행한 특정 행동을 지칭하여 '도피 행동'이라고 한다.

횡단적-단기종단적 방법【橫斷的-短期縱斷的 方法】cross sectional/short-term longitudinal method

'횡단적-단기종단적 연구'와 같은 의미로 사용된다.

CLICK 횡단적-단기종단적 연구

횡단적-단기종단적 설계【橫斷的-短期縱斷的 設計】cross sectional/short-term longitudinal design

'횡단적-단기종단적 연구'와 같은 의미로 사용된다.

CLICK 횡단적-단기종단적 연구

횡단적-단기종단적 연구【橫斷的-短期縱斷的 硏究】 cross sectional/short-term longitudinal study

발달 연구에서, 횡단적 연구(또는 횡단적 방법이라고도 함)와 종단적 연구(또는 종단적 방법이라고도 함)가 가지고 있는 장점과 단점을 고려하여 각각의 단점을 줄이고 장점을 늘리는 방향으로 계획된 발달 연구 방법의 하나. 구체적으로 횡단적 방법에 따라 연령이 다른 여러 집단을 동시에 표집한 후, 비교적 단기간에 걸친 종단적 방법으로 이들의 발달적 특징이나 변화를 반복하여 측정하는 과정을 통해 그 차이나 변화 경향을 밝히는 연구 방법을 말한다. 횡단적－단기종단적 연구라는 표현 이외에도 횡단적－단기종단적 방법, 횡단적－단기종단적 연구법, 횡단적－단기종단적 연구 방법, 횡단적－단기종단적 설계 그리고 횡단적－단기종단적 접근 등의 표현이 같은 의미로 사용된다.

횡단적 설계【橫斷的 設計】 cross-sectional design

발달 연구를 위한 설계의 하나로, 서로 다른 여러 연령 집단들을 대상으로 발달(또는 특정 발달 영역)에 대한 자료를 수집하고 이를 비교하는 방식으로 연구를 진행하는 설계를 말한다. 구체적으로 횡단적 설계는 특정 시점에서 서로 다른 여러 연령대의 사람들(또는 집단들)을 동시에 표집하여 발달의 특정 영역에서 각 집단이 나타내는 발달적 내용과 특징에 대한 자료를 수집하고 이를 비교·분석하는 연구를 진행하는 설계법을 말한다. 그러나 각각의 연령 집단이 갖고 있는 동시대 출생 집단 효과(cohort effect)가 반영될 가능성이 높기 때문에 횡단적 설계법을 적용한 연구 결과만으로는 연령 집단 간 측정 점수에서의 차이를 연령에 따른 발달적 차이라고 결론짓기가 어렵다는 한계를 가지고 있다. '횡단적 설계'라는 표현 외에도 '횡단적 연구', '횡단적 연구법', '횡단적 연구 방법', '횡단적 설계법', '횡단적 접근' 등의 표현이 같은 의미로 사용된다.

CLICK 횡단적 연구(cross-sectional study)

횡단적 연구【橫斷的 硏究】 cross-sectional study

발달 연구 방법의 하나로, 연령이 다른 여러 집단을 동시에 표집한 후 이들을 대상으로 발달(또는 특정 발달 영역)에 대한 자료를 수집하고 이를 비교하여 연령 집단 간 발달적 차이나 경향을 밝히는 연구 방법. 발달심리학 분야와 같이 과학적 방법을 사용하여 발달(development)을 연구하는 학문 분야들에서는 발달의 주요 세부 영역들, 즉 감각, 지각, 기억, 학습, 인지, 정서, 성격, 지능, 언어, 사회성 등의 영역들에서 이루어지는 발달적 변화가 연령에 따라 어떤 양상으로 나타나고 변화하는지를 아는 데 주요 목표를 두고 있다. 이를 위해 발달을 연구하는 학문 분야들에서는 연령 또는 시간 경과에 따른 발달적 변화나 차이를 밝히기 위한 연구 방법(또는 연구 설계)을 사용하는데, 그 중 하나가 횡단적 연구이다. 구체적으로 횡단적 연구는 특정 시점에서 서로 다른 여러 연령대의 사람들(또는 집단들)을 동시에 표집하여 발달의 특정 영역에서 각 연령 집단들이 나타내는 발달적 내용과 특징에 대한 자료를 수집하여 비교·분석하고, 그 결과를 해석하는 등의 연구를 진행하는 연구 방법을 말한다. 예를 들면, 횡단적 연구(법)를 적용하여 연령에 따른 지능의 변화를 알아보기 위해, 10세, 20세, 30세, 40세, 50세, 60세, 70세, 80세 등 연령대별로 모두 8개 집단을 표집한 후 각 집단별 지능을 측정하고 이를 비교하는 연구를 생각해볼 수 있다. 이와 같은 횡단적 연구(법)는 비교적 짧은 시간과 적은 비용을 투입하여 연구를 진행할 수 있다는 장점이 있지만, 연구의 본래 목적인 발달적 변화에 대한 연령의 효과를 밝히는 데 중대한 문제점을 내포하고 있다. 구체적으로 이 연구에서 표집된 8개 연령 집단의 지능을 측정하여 나타난 집단 간 지능 지수에서의 차이는 연령에 따른 발달적 차이일 수도 있지만, 동시에 각각의 연령 집단이 동시대 출생 집단(cohort)이기 때문에 이로 인해 나타나는 동시대 출생 집단 효과(cohort effect)가 반영되어 있을 가능성이 있다. 따라서 이와 같은 횡단적 연구(법)를 적용한 연구 결과만으로는 연령 집단 간 지능 지수에서의 차이를 연령에 따른 발달적 차이라고 결론짓기가 어렵게 된다. 횡단적 연구(법)에 대해 좀 더 구체적으로 살펴볼 필요가 있다. 흔히 횡단적 설계(법)와 같은 의미로 사용되는 횡단적 연구(법)에서 연구 대상인 각 집단은 연령이 같은 사람들로 구성되며, 이 각각의 집단들을 지칭하여 동시대 집단 또는 동시대 출생 집단(cohort)이라고 한다. 같은 연령을 가진 사람들로 이루어진 동시대 집단의 구성원들은 발달 과정에서 역사적, 정치적, 사회적, 문화적, 경제적 사건들과 환경의 측면에서 비슷한 경험을 한 사람들이다. 세계적으로 여러 나라들에서 실제로 발생했던 것처럼, 전쟁을 치른 후에 태어난 베이비붐 세대(baby boomer)를 예로 들 수 있다. 베이비붐 세대는, 한국의 경우에는 흔히 6.25 전쟁이 끝나고 나서 대략 1955년부터 1964년 사이에 태어난 사람들(약 900만 명)을 지칭하고, 미국의 경우에는 2차 세계대전 이후인 1946년부터 1964년 사이에 태어난 사람들(약 7,200만 명)을 지칭한다. 또 일본의 경우에는 마찬가지로 2차 세계대전 이후인 1947년부터 1949년 사이에 태어난 사람들(약 800만 명)을 지칭한다. 베이비붐 세대라는 명칭은 이 시기에 태어난 사람들의 수와 출산율이 다른 시기에 비해 두드러지게 더 높기 때문에 붙여진 것이다. 전쟁을 치르는 동안 만나지 못했던 가족들의 재회, 미루어왔던 결혼 등이 전쟁 후에 급증하면서 나타난 결과이자 특별한 현상이다. 이 세대가 공유하는 역사적, 정치적, 사회적, 문화적, 경제적 경험은 다른 연령층(또는 다른 세대)과 비교하면 다른 내용과 특징을 포함하며, 이러한 특징적 경험은 이 세대 구성원들의 발달 과정에서 단순한 연령 효과 이외에 또 다른 요인으로 작용할 가능성이 높다. 이렇게 본다면 모든 연령층(또는 세대)들은 각기 독특한 역사적, 정치적, 사회적, 문화적, 경제적 사건들과 환경을 공유하고 경험한다고 할 수 있다. 이와 같이 다양한 연령 집단들이 각기 공유하는 독특한 환경과 경험이 발달에 미치는 영향과 효과를 지칭하여 동시대 집단 효과 또는 동시대 출생 집단 효과(cohort effect)라고 한다. 동시대 출생 집단 효과는 연령에 따라 이루어지는 발달적 변화, 즉 발달에 대한 연령의 효과와는 별도로 작용하는 또 다른 영향 요소로, 연령에 따른 발달적 변화와 특징을 밝히려는 발달 연구(특히 횡단적 연구 또는 횡단적 설계)에서 큰 제한 요인으로 작용한다. 다시 말하면, 여러 연령 집단을 동시에 표집하여 특정한 발달(예를 들면, 지능, 기억, 성격, 사회성 등)을 비교하는 횡단적 연구에서 집단 간 유의미한 수준의 차이가 나타나더라도 과연 이 차이가 연령 효과에 의한 차이인지 아니면 각 집단별 동시대 집단 효과에 의한 차이인지를 판단하고 결론짓는 것은 매우 조심스럽고 어려운 문제가 된다. 바로 이 점이 횡단적 연구의 가장 큰 한계라고 할 수 있다. '횡단적 연구'라는 표현 외에도 '횡단적 연구법', '횡단적 방법', '횡단적 연구 방법', '횡단적 설계', '횡단적 설계법', '횡단적 접근' 등의 표현이 같은 의미로 사용된다.

효과의 법칙【效果의 法則】law of effect

특정한 반응 또는 행동이 발생할 확률은 그 결과에 의해 영향을 받게 된다는 원리로, 반응에 뒤이어 보상이 오게 되면 그 이후에 그 반응이 발생하는 경향이 증가되고, 반대로 반응에 대하여 보상이 오지 않게 되면 그 반응이 발생하게 될 가능성이 감소되는 원리를 말한다. 미국의 심리학자 손다이크(Thorndike: 1874~1949)에 의해 처음으로 제안되었다.

효과적인 학교【效果的인 學校】effective schools

교과 및 비교과적 목표들을 포함한 교육 목표 전반을 성공적으로 수행(또는 달성)해내는 학교. 즉, 효과적인 학교는 학업성취 뿐만 아니라 학업에 대한 동기와 태도, 성실한 학교생활 및 수업 참여, 사회인 또는 시민으로서의 건강한 의식과 행동 등의 교육목표와 기대를 촉진하고 충족시키는 학교를 의미한다.

효능제【效能劑】agonist

(1) 특정 약물의 효과를 모방하거나 증가시키는 물질(또는 약물). (2) 신경계에서 뉴런의 수용기에 대해 특정 신경전달물질이 작용하는 것과 같은 방식으로 작용함으로써 그 신경전달물질과 유사한 효과를 내거나 효과를 더욱 증가시키는 물질(또는 약물). '효능제'와 반대되는 작용을 하는 물질(또는 약물)을 '길항제'라고 한다.

후각【嗅覺】olfactory sense / olfaction

냄새를 맡고 느끼는 감각. 공기 속에 포함된 자극물질들이 코로 유입되면 이를 코 안에 분포하고 있는 후각 수용기들이 작용하여 감지함으로써 냄새에 대한 감각 경험이 일어나게 된다. 생후 초기 신생아들이 보이는 다양한 냄새 자극들에 대한 일관된 반응의 차이(예컨대, 신생아들은 썩거나 상한 생선이나 계란이 풍기는 구린 내에 대해서는 혐오적 반응을 보이지만, 당류를 포함하는 바닐라류의 물질들에 대해서는 선호적인 반응을 나타냄)는 인간의 후각 능력이 선천적이라는 것을 시사한다.

후기 성인기【後期 成人期】late adulthood

발달의 단계 가운데 하나로, 중기 성인기(중년기 또는 성인 중기라고도 함) 이후부터 사망할 때까지의 시기. 구체적으로 중기 성인기가 끝나는 시점인 대략 65세 이후부터 사망할 때까지의 시기를 말한다. 성인기(adulthood)를 초기 성인기, 중기 성인기, 후기 성인기 등 세 단계로 구분할 때 마지막 세 번째 단계에 해당한다. 후기 성인기는 발달적 측면에서 보면 신체적(또는 생물학적), 심리적 및 행동적 영역 등 발달 전반에서 노화와 쇠퇴가 일어나는 시기이지만 최근으로 오면서 이 시기 동안에 일어나는 긍정적 발달에 대한 많은 관심과 연구가 증가하고 있다. 즉, 인생의 가장 뒷부분에 해당하는 이 시기 동안에 일어나는 발달적 변화에는 노화와 이에 따른 쇠퇴적 변화만 있는 것이 아니라 오랜 삶의 과정을 살아오는 동안 증가하는 경향을 보이는 긍정적인 발달적 측면들(예를 들면, '지혜'의 발달)을 포함하고 있음을 강조하면서 이에 대한 관심과 연구, 그리고 이를 바탕으로 한 후기 성인기(즉, 노년기)에 대한 이해와 서비스의 필요성을 강조하는 학문적 및 사회적 흐름이 증가해 오고 있다. 후기 성인기는 흔히 '노년기'라고 부르며, '성인 후기'라고도 한다.

후기 아동기【後期 兒童期】late childhood

발달의 단계 가운데 하나로, 대략 10~12세 무렵부터 18세 무렵까지의 시기를 말한다. 오늘날에는 후기 아동기에 해당하는 시기를 대략 24~25세까지로 확장하여 후기 아동기라는 표현 대신에 청소년기(adolescence) 또는 청년기라는 단계 명칭을 사용하는 경우가 많다. 과거에 아동기(childhood)를 초기 아동기(early childhood), 중기 아동기(middle childhood) 및 후기 아동기(late childhood) 등으로 세분하여 구분하던 시기에는 청소년기에 해당하는 시기를 후기 아동기로 불렀으나 최근에 와서 그 기간을 24~25세경까지로 확대하고 이를 청소년기 또는 청년기로 부르게 됨에 따라 후기 아동기라는 표현은 거의 사용되지 않고 있다.

후뇌【後腦】hindbrain

뇌의 뒷부분에 위치하면서 아래로는 척수와 인접해 있는 영역으로, 소뇌, 연수, 망상체, 뇌교 등이 포함된다. 가장 원시적인 척추동물에서도 발견되는 것으로 보아 뇌의 진화에서 가장 초기에 형성된 부분으로 추정된다.

후두엽【後頭葉】occipital lobe

뇌의 가장 바깥쪽의 최상층부에 위치하는 구조인 대뇌 피질(cerebral cortex)은 좌반구와 우반구 등 두 개의 반구로 구분되고, 이 두 개의 반구는 다시 각각 4개의 영역(전두엽, 두정엽, 측두엽, 후두엽 등)으로 구분되는데, 그 가운데 한 영역이 후두엽이다. 후두엽은 각 반구의 뒤쪽(즉, 머리의 뒷부분)에 위치하는 구조로 뇌의 감각 수용기를 통해 들어와 시상을 거친 시각 정보를 처리하는 기능을 한다. 즉, 시각 정보에 대한 간단한 특징 처리와 지각 과정이 이곳에서 이루어진다. 따라서 후두엽에 손상을 입게 되면, 비록 눈에는 이상이 없더라도 사물을 잘 보지 못하거나 전혀 보지 못하게 된다. 눈은 사물의 빛이 통과하는 통로 역할을 할 뿐 실제로 사물을 지각하고 파악하는 일은 뇌, 그 중에서도 후두엽에서 담당하기 때문이다.

후산기【後産期】placental stage / placental stage of labor

분만(출산) 과정은 보통 세 단계로 구분되며, 그 세 번째 단계인 후산기는 두 번째 단계인 만출기(晩出期: 아기가 산도를 통과하여 모체의 밖으로 나올 때까지의 시기) 이후 자궁 내에 남아있던 태반과 난막 등이 모두 배출될 때까지의 시기를 말하며, '태반기(胎盤期)'라고도 한다. '분만 제3기'라고도 한다.

후인습적 도덕발달 수준【後因襲的 道德發達 水準】postconventional level of moral development

'후인습적 수준' 또는 '후인습적 도덕성'이라고도 한다.

CLICK 후인습적 수준

후인습적 도덕성【後因襲的 道德性】postconventional morality

'후인습적 수준' 또는 '후인습적 도덕발달 수준'이라고도 한다. CLICK 후인습적 수준

후인습적 수준【後因襲的 水準】postconventional level

콜버그(Kohlberg: 1927~1987)가 제안한 도덕 추론 능력의 발달 수준(세 수준) 가운데 가장 높은 마지막 세 번째 수준으로, 이 수준에서는 그 전 단계에서 적용되었던 것과 같은 권위, 법 및 질서 등에 대해 당연히 복종해야 한다는 입장을 거부하며, 그 대신에 도덕적 문제에 대한 추론이나 판단은 타당성을 갖는 개인의 자율적인 정의와 원칙에 따라 이루어지게 된다. 한편 후인습적 수준은 하위 두 단계(제5단계 및 6단계)로 구분되는데, 그 특징을 살펴보면 다음과 같다. 제5단계에 도달한 사람들은 사회의 법이나 가치는 상대적인 것이며, 동시에 사람들이 가지고 있는 표준은 개인에 따라 달라질 수 있음을 이해한다. 따라서 인간 사회의 법이나 규칙 등은 시대와 상황에 따라 변화될 수 있는 것으로 생각하게 되며, 이러한 사고에 근거하여 도덕 추론 및 판단을 하게 된다. 제6단계는 콜버그의 도덕 추론 능력의 발달 이론에서 가장 높은 단계로, 이 단계에 도달한 사람들은 자신의 행위를 이끌어 갈 보편적인 윤리적 원리를 탐색하고 발전시키게 되며, 이러한 원리에 따라 도덕 판단을 하게 된다. 그러므로 이 단계에 해당하는 사람은 만일 현실의 법과 자신의 내면세계에 위치한 보편적인 윤리적 원리 사이에서 갈등이 발생하게 되면, 법이 아니라 자신의 내면세계에 자리 잡고 있는 보편적인 윤리적 원리를 선택하게 된다. 따라서 이들은 현실의 법이나 규칙이 보편성이나 평등에 위배되는 등의 문제를 내포하고 있다면 개선 또는 변화되어야 한다고 판단하게 된다(물론 이들은 그러한 개선이나 변화 과정에 수반되는 개인의 희생 가능성을 부인하지 않음). 이러한 6단계에 도달한 사람의 예를 든다면 인도의 간디나 테레사 수녀 등과 같은 몇몇 사람들을 들 수 있으며, 전체적으로 아주 극소수의 사람만이 도달할 수 있는 단계로 생각되고 있다. 심지어 콜버그 자신도 이 6단계를 이론적인 단계로 고려하게 된다. 한편 이 수준

의 도덕 추론 능력을 '후인습적 도덕성' 또는 '후인습적 도덕발달 수준'이라고도 한다.

후인습적 추론【後因襲的 推論】postconventional reasoning

콜버그(Kohlberg: 1927~1987)의 도덕발달 이론의 마지막 세 번째 발달 수준인 후인습적 수준에 위치한 사람들이 나타내는 사고 경향을 의미한다.

CLICK 후인습적 수준

후천 견해【後天 見解】nurture view

'후천론'이라고도 한다. CLICK 후천론

후천론【後天論】Aposteriorism

유기체의 정신 또는 심리적 기능이나 능력은 출생 시부터 가지고 태어나는 것이 아니라 생후의 경험을 통해 이루어지는 것이라고 보는 관점 또는 이론. '선천론(先天論, nativism)' 또는 '생득론(生得論)'과 반대되는 개념이다. '후천설(後天說)' 또는 '후천 견해(後天 見解, nurture view)'라고도 한다.

후천설【後天說】Aposteriorism

'후천론'이라고도 한다. CLICK 후천론

후천성 면역 결핍증【後天性 免疫 缺乏症】acquired immune deficiency syndrome / AIDS

감염된 모체를 통해 태아에게 전염되거나 출산 과정에서 신생아에게 전염될 가능성(약 25% 이내)이 높은 바이러스성 질병으로, 인체 면역 결핍 바이러스(human immunodeficiency virus, HIV)에 감염되어 인체의 면역 체계가 기능을 상실한 상태를 말한다. 인체 면역 결핍 바이러스(HIV, human immunode fi-ciency virus)에 감염되어 발병한다. HIV가 모체로부터 아기에게로 전염되는 방식은 크게 3가지 경로가 알려져 있다. 첫 번째는 임신 중에 태반을 통해 HIV가 태아에게 전달되는 경로이다. 두 번째는 아기를 출산하는 과정에서 탯줄이 모체로부터 분리될 때 모체의 혈액과 신생아의 혈액이 교환되면서 모체 혈액 속에 들어있는 HIV가 신생아에게 전달되는 경로이다. 세 번째는 출생 이후에 모체가 아기에게 젖을 주는 과정에서 모유 속에 들어있는 HIV가 아기에게 전달되는 경로이다. 아직 완전한 치료법이나 백신이 개발되지 못한 상태이다. HIV에게 감염된 아기들 가운데 상당수는 생후 초기에 '후천성 면역 결핍증'으로 진행되어 수년 이내에 사망하게 된다.

후천적인【後天的인】acquired

'태어난 이후에 획득된'의 의미를 가진 표현이다. '후천적', '후천성의' 등과 같은 의미로 사용된다.

후형식적 사고【後形式的 思考】post-formal thinking

삐아제(Piaget: 1896~1980)는 그의 인지발달 이론에서 인간의 인지발달의 마지막 단계(네 번째 단계)를 형식적 조작기로 보았고 이 시기의 중심적이고 특징적인 사고의 특징 또는 능력을 형식적 사고로 보았다. 하지만 인지발달 이론가들 가운데는 Piaget가 주장한 것처럼 인지발달이 형식적 조작기에서 끝나는 것이 아니라 그 이후에도 더 발전되고 성숙한 인지발달이 이루어진다고 주장하는 학자들이 있다. 이들이 말하는 형식적 조작기의 형식적 사고보다 더 발전되고 성숙한 사고 양식 또는 능력을 일컬어 후형식적 사고라고 한다. 현상이나 문제에 대해 하나의 답을 찾으려는 것과 같은 절대적 사고를 하는 경향을 보이는 것이 형식적 사고(형식적 조작기에 도달한 사람들이 하는 사고 또는 사고 양식)의 특징이라면, 후형식적 사고는 다양한 가능성을 열어둔 상태에서 세상과 지식의 본질을 하나의 답을 통해서가 아니라 상대적이고 반영적이며 변증법적인 사고(양식)를 통해 이해하려는 경향을 보인다. 학자들 가운데는 이러한 후형식적 사고의 발달이 최근 들어 심리학 연구에서 새롭게 조명되고 있는 '지혜(wisdom)'의 발달과 관련이 있다고 주장한다.

훈련【訓練】training

신체적, 심리적 또는 행동적 측면에서 특정한 상태나 기능을 획득할 목적으로 실시하는 체계적인 활동 또는 프로그램.

훈습【薰習】working through

정신분석 치료에서 사용되는 치료 기법의 하나. 환자가 자신의 내면적 문제 또는 갈등의 원인과 그 역동성을 통찰하도록 함으로써 환자가 현실 상황에서 그와 유사한 문제를 맞이하게 될 때 이를 스스로 해결해 갈 수 있도록 하기 위해 치료자는 내담자와 함께 치료 장면에서 이 문제를 반복해서 경험하도록 하는 과정을 거치게 되는데, 이러한 과정 또는 절차를 '훈습'이라고 한다.

훈육【訓育】discipline

유아기나 아동기, 청소년기의 학생 또는 자녀의 바람직한 인격형성이나 품행 발달을 목표로 이루어지는 일종의 교육 활동을 말하는 것으로, 사회화 과정의 일부로 이해할 수 있다. 일반적으로 교과교육 또는 교수(敎授) 활동에서는 과목별 지식의 전달과 학습에 초점을 맞추고 있는 데 비해, 훈육에서는 교과교육에서 충분히 또는 잘 다루어지지 않는 부분, 즉 삶의 과정에서 자신과 타인들에게 도움이 되는 바람직한 행동과 태도 및 인격 등을 형성하고 함양하는 데 초점을 맞추고 있다.

흥미【興味】interest

특정 대상(주제나 활동)에 대해 관심이 가거나 마음이 끌리는 심적 상태.

흥미 검사【興味 檢査】interest test

개인이 가진 흥미의 대상(주제나 활동)이 무엇인지를 알아보거나 또는 개인이 특정한 대상(주제나 활동)에 대해 어느 정도의 흥미를 가지고 있는지를 알아보기 위한 검사.

히스테리 hysteria

전환 장애와 해리 장애를 포함하는 심인성 장애들을 총칭하는 표현으로, 특히 심리적 요인이 원인이 되어 인지적 기능 또는 운동 기능에서 일시적인 마비 또는 상실이 나타나는 장애를 말한다. 흔히 정서적으로 충격을 받거나 혼란스런 경험을 한 이후에 인지나 운동 기능을 일시적으로 상실하거나 신체적 증상을 보이는 현상을 말한다. 정신분석학의 창시자인 프로이트(Freud: 1856~1939) 이론의 많은 부분은 바로 히스테리 환자를 관찰하고 치료하는 과정(경험)에서 발전된 것으로 알려져 있다. 한편 이 용어는 DSM－III(정신 장애 진단 및 통계 편람－제3판) 서부터는 사용되지 않고 있다. '히스테리아'라고도 한다.

A~Z

A

Abraham Harold Maslow (1908~1970)

에이브러햄 해럴드 매슬로우(Abraham Harold Maslow). 미국의 심리학자. 인본주의 심리학의 창시자이며, '욕구 위계 이론'을 제시하였다. '매슬로우', '에이브럼 매슬로우', 'Maslow', 'Abraham Maslow' 등으로 표기하기도 한다.

CLICK 매슬로우

ADHD

'attention－deficit hyperactivity disorder'의 약자. '주의력결핍 과잉행동 장애'를 의미한다.

CLICK 주의력결핍 과잉행동 장애

Adler (1870~1937)

알프레드 아들러(Alfred Adler). 오스트리아의 정신의학자, 정신분석학자. 개인심리학의 창시자이다. '아들러', '알프레드 아들러', 'Alfred Adler' 등으로 표기하기도 한다.

CLICK 아들러

AI

'artificial insemination'의 줄임말로, '인공수정'을 의미한다. 자연적인 임신이 어려운 부부를 대상으로 남성의 정자를 여성의 자궁 안으로 주입하여 수정이 되도록 하는 방법을 말한다.

AI

'artificial intelligence'의 줄임말로, '인공지능'을 의미한다. 인간이 하는 지각, 사고, 이해 및 추론, 언어, 학습 등의 능력을 인공 체계 또는 컴퓨터가 대행할 수 있도록 하는 기술을 말한다.

Albert Bandura (1925~)

앨버트 반두라(Albert Bandura). 캐나다 태생의 미국 심리학자. 관찰 학습(observational learning)의 개념 및 이론을 처음으로 제시한 학자이다.

CLICK 반두라

Alfred Adler (1870~1937)

오스트리아의 정신의학자, 정신분석학자. 개인심리학의 창시자이다. '아들러', '알프레드 아들러', 'Adler' 등으로 표기하기도 한다. CLICK 아들러

Alfred Binet (1857~1911)

알프레드 비네(Alfred Binet). 프랑스의 심리학자. 최초의 지능 검사를 개발한 학자로, 지능 검사의 아버지로 불린다. '비네', '알프레드 비네', 'Binet' 등으로 표기하기도 한다. CLICK 비네

Allport (1897~1967)

고든 윌라드 올포트(Gordon Willard Allport). 미국의 심리학자. 성격 이론 및 사회심리학의 응용 분야에서 많은 업적을 남겼다. '올포트', '고든 올포트', '고든 윌라드 올포트', 'Gordon Allport' 등으로 표기하기도 한다. CLICK 올포트

Alois Alzheimer (1864~1915)

알로이스 알츠하이머(Alois Alzheimer). 독일의 의사, 정신의학자, 신경병리학자. 1906년 '알츠하이머병(Alzheimer's disease)'을 처음으로 발견하고 보고하였다. '알츠하이머', '알쯔하이머', '알로이스 알츠하이머', 'Alzheimer' 등으로 표기하기도 한다.

CLICK 알츠하이머병

Alzheimer (1864~1915)

알로이스 알츠하이머(Alois Alzheimer). 독일의 의사, 정신의학자, 신경병리학자. 1906년 '알츠하이머병(Alzheimer's disease)'을 처음으로 발견하고 보고하였다. '알츠하이머', '알쯔하이머', '알로이스 알츠하이머', 'Alois Alzheimer' 등으로 표기하기도 한다.

CLICK 알츠하이머병

Andreas Rett (1924~1997)

안드레아스 레트(Andreas Rett). 오스트리아 출신의 신경학자, 소아 과학자. 1966년 임상적 관찰과 연구를 통해 '레트 증후군(Rett syndrome)'을 처음으로 보고하였다. '렛', '레트', '안드레아스 레트', 'Rett' 등으로 표기하기도 한다. CLICK 레트

Androgen

안드로겐. 남성의 생식기를 포함하는 생식계의 성장, 발달 및 기능에 작용하여 영향을 미치는 호르몬을 총칭한다. '안드로겐'으로 표기하기도 한다.

CLICK 안드로겐

Anna Freud (1895~1982)

안나 프로이트(Anna Freud). 오스트리아의 정신분석학자. '안나 프로이트'로 표기하기도 한다.

CLICK 안나 프로이트

A-not-B 과제【A-not-B 課題】A-not-B task

삐아제(Piaget: 1896~1980)의 인지발달 이론의 첫 번째 단계인 '감각운동기(sensorimotor stage)' 동안에 영아들에게서 나타나는 대상 영속성(object permanence) 개념의 발달 여부 또는 발달 수준을 평가하기 위해 사용하는 검사 과제의 하나이다. 이 과제에서 검사자(또는 연구자)는 영아가 보는 앞에서 위치(장소) A에 수건이나 보자기 등으로 덮어 보이지 않도록 숨겨놓은 물체를 영아가 찾아내는지를 알아보는 '대상 영속성' 검사 과제를 시행한다. 이 과제를 통과한 것을 확인한 후에, 즉 반복적으로 시행한 검사에서 영아가 물체를 찾아내는 것을 확인한 후에는 한 단계 더 높은 수준의 대상 영속성 검사를 제시하게 되는데, 그것이 바로 'A－not－B 과제'이다. 이 과제에서 검사자(또는 연구자)는 영아가 보는 앞에서 물체를 위치(장소) B로 옮겨 수건이나 보자기 등으

로 덮어 놓은 후에 영아로 하여금 찾도록 한다. 이제 영아가 물체를 찾기 위해서는 앞의 과제에서 물체를 찾아냈던 위치(장소) A가 아닌 위치(장소) B에서 덮개를 걷어내고 찾아야 한다. 만일 이 과제를 성공적으로 수행해낸다면, 영아는 앞의 과제 수행에서보다 더 발전된 대상 영속성 개념을 가지고 있음을 의미한다. 과제의 성공적 수행은 생후 약 12~18개월 무렵에 나타난다. 그러나 생후 8~12개월 무렵의 영아들은 이 과제의 성공적 수행이 어렵다. 이들은 대부분 물체를 위치(장소) B가 아니라 이전에 여러 차례에 걸쳐 찾은 경험이 있는 위치(장소) A에서 찾는 행동을 한다. 자신이 보는 앞에서 위치 이동(A→B)된 물체를 찾아내지 못하는 것이다. 이와 같은 'A－not－B 과제'에서의 수행 실패 또는 수행 오류를 지칭하여 'A－not－B 오류(A－not－B error)'라고 한다. 영아가 이와 같은 오류를 나타낸다는 것은 아직 '대상 영속성'개념의 발달이 불완전함을 의미한다.

A-not-B 오류【A-not-B 誤謬】A-not-B error

대상 영속성(object permanence) 개념의 발달 여부 또는 발달 수준을 평가하기 위해 사용하는 검사 과제인 'A－not－B 과제(A－not－B task)'에서 피검사자(흔히 영아)가 숨겨진 물체를 마지막으로 본 위치(장소) B가 아니라 이전에 실시했던 한 단계 낮은 수준의 검사에서 그 물체를 여러 차례 찾은 경험이 있던 위치(장소) A에서 찾는 행동을 함으로써 물체를 찾는 데 실패하는 행동 또는 그런 행동 경향을 말한다. 이 실험 절차를 요약하면 다음과 같다. 먼저 검사자(또는 연구자)는 영아가 보는 앞에서 위치(장소) A에 수건이나 보자기 등으로 덮어 보이지 않도록 숨겨놓은 물체를 영아가 찾아내는지를 알아보는 '대상 영속성' 검사 과제를 시행한다. 이 과제를 통과한 것을 확인한 후에는 한 단계 더 높은 수준의 대상 영속성 검사를 제시하게 되는데, 그것이 바로 'A－not－B 과제'이다. 검사자(또는 연구자)는 영아가 보는 앞에서 물체를 위치(장소) B로 옮겨 수건이나 보자기 등으로 덮어 놓은 후에 영아로 하여금 찾도록 한다. 이제 영아가 물체를 찾기 위해서는 앞의 과제에서 물체를 찾아냈던 위치(장소) A가 아닌 위치(장소) B에서 덮개를 걷어내고 찾아야 한다. 만일 이 과제를 성공적으로 수행해낸다면, 영아는 앞의 과제 수행에서보다 더 발전된 대상 영속성 개념을 가지고 있음을 의미한다. 그러나 생후 8~12개월 무렵의 영아들은 이 과제의 성공적 수행이 어렵다. 이들은 대부분 물체를 위치(장소) B가 아니라 이전에 여러 차례에 걸쳐 찾은 경험이 있는 위치(장소) A에서 찾는 행동을 한다. 자신이 보는 앞에서 위치 이동(A→B)된 물체를 찾아내지 못하는 것이다. 이와 같은 'A－not－B 과제'에서의 수행 실패 또는 수행 오류를 지칭하여 'A－not－B 오류(A－not－B error)'라고 한다. 영아가 이와 같은 오류를 나타낸다는 것은 아직 '대상 영속성'개념의 발달이 불완전함을 의미한다. 이 과제를 성공적으로 수행하는 것, 즉 'A－not－B 오류'가 사라지는 것은 생후 약 12~18개월 무렵이다.

APA

'American Psychological Association'의 약자로, '미국심리학회'를 의미한다.

Apgar (1909~1974)

버지니아 아프가(Virginia Apgar). 미국의 여성 마취과 의사. '아프가 검사(Apgar test)'의 개발자이다. '아프가', '버지니아 아프가', 'Virginia Apgar' 등으로 표기하기도 한다.

CLICK '아프가' 및 '아프가 검사'

AQS

'attachment Q－set'의 줄임말로, '애착 Q－set'을 의미한다. CLICK 애착 Q-set

Arnold Gesell (1880~1961)

아널드 루시우스 게젤(Arnold Lucius Gesell). 미국의 심리학자. 발달의 진단 방법과 기준을 체계화하는 데 크게 공헌하였다. '게젤', '아널드 게젤', 'Gesell', 'Arnold Lucius Gesell' 등으로 표기하기도 한다.

CLICK 게젤

Arnold Lucius Gesell (1880~1961)

아널드 루시우스 게젤. 미국의 심리학자. 발달의 진단 방법과 기준을 체계화하는 데 크게 공헌하였다. '게젤', '아널드 게젤', 'Gesell', 'Arnold Gesell' 등으로 표기하기도 한다. CLICK 게젤

Asperger (1906~1980)

한스 아스퍼거(Hans Asperger). 오스트리아의 소아과 의사, 의학자. 아스퍼거 증후군(Asperger's syndrome)을 발견하고 처음으로 발표하였다. '아스퍼거', '한스 아스퍼거', 'Hans Asperger' 등으로 표기하기도 한다.

CLICK 아스퍼거

ATNR

'asymmetric tonic neck reflex'의 약자. '비대칭성 긴장성 목 반사'를 의미한다. 이 반사는 인간이 선천적으로 가지고 태어나는 반사들 가운데 하나로, 생후 초기에 영아를 눕혀 놓은 상태에서 머리를 좌측이나 우측 가운데 어느 한 쪽을 향하도록 돌려놓으면 아기는 얼굴이 향하는 쪽의 팔을 곧게 뻗는 동작을 취하면서 다른 쪽의 팔은 구부리는 동작을 나타내는데, 이와 같은 선천적인 반사 행동을 '비대칭성 긴장성 목 반사'라고 한다.

CLICK 비대칭성 긴장성 목 반사

Avram Noam Chomsky (1928~)

아브람 노암 촘스키. 미국의 언어학자, 철학자, 인지 과학자. 변형생성문법(transformational generative grammar) 이론의 창시자이다. '촘스키', '노암 촘스키', 'Chomsky', 'Noam Chomsky' 등으로 표기하기도 한다. CLICK 촘스키

B

Babinski (1857~1932)

요제프 쥘 프랑수아 펠릭스 바빈스키(Joseph Jules Francois Felix Babinski). 폴란드계 프랑스의 신경 의학자. 바빈스키 반사(Babinski reflex)의 발견자이다. '바빈스키'로 표기하기도 한다. CLICK 바빈스키

Bandura (1925~)

앨버트 반두라(Albert Bandura). 캐나다 태생의 미국 심리학자. 관찰 학습(observational learning)의 개념 및 이론을 처음으로 제시한 학자이다. '반두라', '앨버트 반두라', '알버트 반두라', 'Albert Bandura' 등으로 표기하기도 한다. CLICK 반두라

Bernard Sachs (1858~1944)

버나드 삭스. 미국의 신경학자. '테이삭스병(Tay-Sachs disease)'의 명명자로, 이 병에 관한 주요 연구 업적을 남겼다. '삭스', '버나드 삭스', 'Sachs' 등으로 표기하기도 한다. CLICK 버나드 삭스

Berne (1910~1970)

에릭 번(Eric Berne). 캐나다 태생의 미국 정신의학자. '교류분석(이론)'의 창시자. '번', '에릭 번', 'Eric Berne' 등으로 표기하기도 한다. CLICK 에릭 번

B. F. Skinner (1904~1990)

벌허스 프레데릭 스키너(Burrhus Frederic Skinner). 미국의 심리학자. 조작적 조건 형성(operant conditioning: '조작적 조건화'라고도 함) 이론을 체계화하고 명명한 학자이다. '스키너', '벌허스 스키너', '버러스 스키너', 'Skinner', 'Burrhus Skinner', 'Burrhus Frederic Skinner' 등으로 표기하기도 한다.

CLICK 스키너

Binet (1857~1911)

알프레드 비네(Alfred Binet). 프랑스의 심리학자. 최초의 지능 검사를 개발한 학자로, 지능 검사의 아버지로 불린다. '비네', '알프레드 비네', 'Alfred Binet' 등으로 표기하기도 한다.

CLICK 비네

Bobo

보보. 앨버트 반두라(Albert Bandura: 1925~)의 관찰 학습에 관한 실험 연구에서 사용된 인형의 이름으로, 커다란 오뚜기 인형의 일종이다. '보보 인형(Bobo doll)'이라고도 한다.

Bobo doll

보보 인형. 앨버트 반두라(Albert Bandura: 1925~)의 관찰 학습에 관한 실험 연구에서 사용된 인형의 이름으로, 커다란 오뚜기 인형의 일종이다. '보보(Bobo)'라고도 한다.

Bowlby (1907~1990)

존 볼비(John Bowlby). 영국의 정신의학자, 심리학자. 애착 및 애착 발달에 관한 많은 연구 업적을 남겼다. '볼비', '존 볼비', 'John Bowlby' 등으로 표기하기도 한다.

CLICK 볼비

Brazelton (1918~2018)

토머스 베리 브래즐턴(Thomas Berry Brazelton). 미국의 소아과의사로, 신생아 행동평가 척도(Neonatal Behavioral Assessment Scale, NBAS)의 개발자이다. '브래즐턴', '토머스 브래즐턴', 'Thomas Brazelton' 등으로 표기하기도 한다.

CLICK 브래즐턴

Broca (1824~1880)

폴 브로카(Paul Broca). 프랑스의 외과 의사, 인류학자. 브로카 영역(Broca's area)의 발견자이다. '브로카', '폴 브로카', 'Paul Broca' 등으로 표기하기도 한다.

CLICK 브로카

Bronfenbrenner (1917~2005)

유리 브론펜브레너(Urie Bronfenbrenner). 러시아 태생의 미국 심리학자. 생태학적 체계 이론(ecological system theory)의 창시자이다. '브론펜브레너', '유리 브론펜브레너', 'Urie Bronfenbrenner' 등으로 표기하기도 한다.

CLICK 브론펜브레너

Burrhus Frederic Skinner (1904~1990)

벌허스 프레데릭 스키너. 미국의 심리학자. 조작적 조건 형성(operant conditioning: '조작적 조건화'라고도 함) 이론을 체계화하고 명명한 학자이다. '스키너', '벌허스 스키너', '버러스 스키너', 'Skinner', 'Burrhus Skinner', 'B. F. Skinner' 등으로 표기하기도 한다.

CLICK 스키너

C

CAI

'computer-assisted instruction'의 줄임말. '컴퓨터 지원 교육' 또는 '컴퓨터 보조 지도'를 말하는 것으로, 새로운 지식의 학습을 위해 컴퓨터의 도움을 받아 진행하는 교육 또는 지도를 의미한다. 구체적으로 교육 과정에 컴퓨터 시스템을 이용하거나 또는 교육 내용을 담고 있거나 효과적인 이해와 전달을 위해 마련된 컴퓨터 프로그램을 활용하면서 진행하는 교육 또는 지도를 말한다. '컴퓨터 지원 지도', '컴퓨터 보조 교육'이라고도 한다.

Carl Gustav Jung (1875~1961)

칼 구스타프 융. 스위스의 정신의학자, 심리학자. 분석심리학(Analytic Psychology)의 창시자이다. '융', '칼 융', '칼 구스타프 융', 'Jung', 'Carl Jung' 등으로 표기하기도 한다. CLICK 칼 융

Carl Jung (1875~1961)

칼 구스타프 융(Carl Gustav Jung). 스위스의 정신의학자, 심리학자. 분석심리학(Analytic Psychology)의 창시자이다. '융', '칼 융', '칼 구스타프 융', 'Jung', 'Carl Gustav Jung' 등으로 표기하기도 한다.

CLICK 칼 융

Carl Ransom Rogers (1902~1987)

칼 랜섬 로저스. 미국의 심리학자. 인간중심 치료(또는 내담자중심 치료)의 창시자이다. '로저스', '칼 로저스', 'Rogers', 'Carl Rogers' 등으로 표기하기도 한다. CLICK 칼 로저스

Carl Rogers (1902~1987)

칼 랜섬 로저스(Carl Ransom Rogers). 미국의 심리학자. 인간중심 치료(또는 내담자중심 치료)의 창시자이다. '로저스', '칼 로저스', 'Rogers', 'Carl Ransom Rogers' 등으로 표기하기도 한다.

CLICK 칼 로저스

Carl Wernicke (1848~1905)

카를 베르니케(Carl Wernicke). 독일의 신경학자, 의사. '베르니케 실어증(Wernicke's aphasia)'의 발견자이다. '베르니케', '카를 베르니케', '칼 베르니케' 등으로 표기하기도 한다. CLICK 베르니케

Carol Gilligan (1936~)

캐롤 길리건. 미국의 심리학자, 페미니스트, 윤리학자. 페미니즘과 윤리 분야에서 많은 연구 업적을 이루었고, 특히 심리학자인 콜버그(Kohlberg: 1927~1987)의 도덕성 발달 이론에 대한 비판적 해석으로 유명하다. '길리건' 또는 '캐롤 길리건'으로 표기하기도 한다.

Cattell (1860~1944)

제임스 매킨 카텔(James McKeen Cattell). 미국의 심리학자. 개인차 및 성격 분야에 관한 연구로 성격심리학 분야의 발전에 크게 기여하였다. '카텔', '커텔', '제임스 카텔', '제임스 매킨 카텔', 'James Cattell', 'James McKeen Cattell' 등으로 표기하기도 한다.

CLICK 제임스 카텔

CF

'cystic fibrosis'의 약자로, '낭포성 섬유증(囊胞性 纖維症)'을 의미한다. CLICK 낭포성 섬유증

Charcot (1825~1893)

장 마르탱 샤르코(Jean Martin Charcot). 프랑스의 신경병리학자. 현대 신경의학의 창시자로 평가받고

있다. '샤르코', '샤르꼬', '장 샤르코', '장 마르탱 샤르코', 'Jean Charcot', 'Jean Martin Charcot' 등으로 표기하기도 한다. CLICK 샤르코

Charles Darwin (1809~1882)

찰스 로버트 다윈(Charles Robert Darwin). 영국의 박물학자. 진화론을 체계적으로 연구한 학자로, 저서 <종의 기원>으로 유명하다. '다윈', '찰스 다윈', '찰스 로버트 다윈', 'Darwin', 'Charles Robert Darwin' 등으로 표기하기도 한다. CLICK 다윈

Charles Robert Darwin (1809~1882)

찰스 로버트 다윈. 영국의 박물학자. 진화론을 체계적으로 연구한 학자로, 저서 <종의 기원>으로 유명하다. '다윈', '찰스 다윈', '찰스 로버트 다윈', 'Darwin', 'Charles Darwin' 등으로 표기하기도 한다.

CLICK 다윈

Chomsky (1928~)

아브람 노암 촘스키(Avram Noam Chomsky). 미국의 언어학자, 철학자, 인지 과학자. 변형생성문법(transformational generative grammar) 이론의 창시자이다. '촘스키', '노암 촘스키', 'Chomsky', 'Noam Chomsky' 등으로 표기하기도 한다.

CLICK 촘스키

Clark (1914~2005)

케네스 밴크로프트 클락(Kenneth Bancroft Clark). 미국의 심리학자. 소수민족 집단 출신으로 최초의 미국심리학회(APA) 회장을 역임하였다. '클락', '클라크', '케네스 클락', 'Kenneth Clark', 'Kenneth Bancroft Clark' 등으로 표기하기도 한다.

CLICK 케네스 클락

Crick (1916~2004)

프랜시스 해리 콤프턴 크릭(Francis Harry Compton Crick). 영국의 분자생물학자. 1953년에 제임스 왓슨(James Watson: 1928~) 등과 함께 DNA의 이중나선 구조 모델을 발표하였다. '크릭', '프랜시스 크릭', '프랜시스 해리 콤프턴 크릭', 'Francis Crick', 'Francis Harry Compton Crick' 등으로 표기하기도 한다. CLICK 크릭

CVS

'chorionic villi sampling' 또는 'chorionic villus sampling'의 약자로, '융모막 융모 검사(간단히 '융모막 검사'라고도 함)'를 의미한다. 이 검사법은 태아의 이상(염색체 이상이나 유전 질환 등) 여부를 진단하기 위해, 흔히 시행하는 '양막 천자(羊膜 穿刺, amniocentesis)'의 대안적 방법으로 융모막의 융모를 채취하여 분석하는 검사법이다. '융모막 검사', '융모막 융모 검사', '융모 조직 검사', '융모막 채취법'이라고도 한다. CLICK 융모막 검사

D

Darwin (1809~1882)

찰스 로버트 다윈(Charles Robert Darwin). 영국의 박물학자. 진화론을 체계적으로 연구한 학자로, 저서 <종의 기원>으로 유명하다. '다윈', '찰스 다윈', '찰스 로버트 다윈', 'Charles Darwin', 'Charles Robert Darwin' 등으로 표기하기도 한다. CLICK 다윈

David Premack (1925~2015)

데이비드 프리맥. 미국의 심리학자. '프리맥 원리(Premack Principle)'를 발견하고, 처음으로 발표한

학자이다. '프리맥', '데이비드 프리맥', 'Premack', 'David Premack' 등으로 표기하기도 한다.

CLICK 프리맥

David Wechsler (1896~1981)

데이비드 웩슬러(David Wechsler). 루마니아 태생의 미국 심리학자. 전 세계적으로 가장 많이 사용되고 있는 '아동용 지능 검사'(웩슬러 아동 지능 검사, Wechsler Intelligence Scale for Children <WISC>)와 '성인용 지능 검사'(웩슬러 성인 지능 검사; Wechsler Adult Intelligence Scale<WAIS>)를 개발하였다. '웩슬러' 또는 '데이비드 웩슬러'로 표기하기도 한다.

DNA

'deoxyribonucleic acid'의 약자로, '디옥시리보핵산'을 의미한다. 인간의 모든 세포의 핵 안에 들어있는 염색체(총 23쌍<46개>)를 구성하고 있는 이중 나선형의 분자들로, 유전에 관한 정보(즉, 유전 정보)를 담고 있다. 유기체에 존재하는 두 가지 유형의 핵산 가운데 한 종류로, 아데닌(A), 구아닌(G), 티민(T), 시토신(C) 등 4종 염기로 이루어진 고분자 화합물이다. DNA는 유전자의 본체로서, 인간을 포함한 유기체의 모든 유전 정보는 4종 염기의 배열로 이루어진 DNA에 담겨 있다. '디옥시리보핵산'이라고도 한다.

DNA 이중 나선 구조【DNA 二重 螺旋 構造】double helix structure of DNA

DNA를 이루고 있는 이중으로 된 나선 형태의 분자 구조. 발견자들의 이름을 따서 '왓슨-크릭 모형(Watson-Crick model)'이라고도 한다. DNA를 이루고 있는 두 가닥의 나선 형태의 사슬 사이에는 아데닌(A), 티민(T), 구아닌(G), 시토신(C) 등 4가지 종류의 염기들이 수소 결합에 의해 서로 다른 염기쌍을 이루고 있다.

Down (1828~1896)

존 랭던 헤이든 다운(John Langdon Haydon Down). 영국의 의사로, '다운 증후군(Down's syndrome)'을 체계적으로 기술하고, 처음으로 보고한 학자이다. '다운', '존 랭던 다운', '존 랭던 헤이든 다운', 'Down', 'John Langdon Down', 'John Langdon Haydon Down' 등으로 표기하기도 한다.

CLICK 다운

DQ

'developmental quotient'의 줄임말로, '발달 지수(發達 指數)'를 의미한다. 발달 지수는 개인(흔히 영아기 및 유아기의 아동)이 발달의 일부 영역 또는 전반적인 영역에서 나타내는 수행 수준을 같은 연령의 또래들이 보이는 평균 수준과 비교하여 수치로 나타낸 점수를 의미한다.

DSM

'Diagnostic and Statistical Manual of Mental Disorders'의 약자로, '정신 장애 진단 및 통계 편람'을 의미한다. 미국정신의학회(APA)에서 출간하고 있는 정신 장애에 관한 체계적인 분류 및 진단을 위한 매뉴얼이다.

CLICK 정신 장애 진단 및 통계 편람

DSM-5

'Diagnostic and Statistical Manual of Mental Disorders-Fifth edition'의 약자로, '정신 장애 진단 및 통계 편람-제5판'을 의미한다. DSM(Diagnostic and Statistical Manual of Mental Disorders, 정신 장애 진단 및 통계 편람)'은 미국정신의학회(APA)에서 출간하고 있는 정신 장애에 관한 체계적인 분류 및 진단을 위한 편람으로, DSM-5는 2013년에 출간되었으며, 총 22개의 장(chapters)으로 구성되어 있다.

CLICK 정신 장애 진단 및 통계 편람-제5판

DSM-5의 주요 정신 장애 범주【DSM-5의 主要 精神障碍 範疇】main categories of mental disorders of DSM-5

2013년 미국정신의학회(APA)에서 발간한 DSM-5(Diagnostic and Statistical Manual of Mental Disorders-Fifth edition, 정신 장애 진단 및 통계 편람-제5판)는 정신 장애를 22개의 주요 범주로 나누고, 그 하위 범주에 200개 이상의 정신 장애들을 분류하여 소개하고 있다. 구체적으로 DSM-5에서 분류하고 있는 정신 장애들의 범주를 제시하면 다음과 같다. (1) 신경발달 장애(Neurodevelopmental disorders), (2) 정신분열 스펙트럼 및 기타 정신증적 장애(Schizophrenia spectrum and other psychotic disorders), (3) 양극성 및 관련 장애(Bipolar and related disorders), (4) 우울 장애(Depressive disorders), (5) 불안 장애(Anxiety disorders), (6) 강박 및 관련 장애(Obsessive-compulsive and related disorders), (7) 외상-및 스트레서-관련 장애(Trauma-and stressor-related disorders), (8) 해리 장애(Dissociative disorders), (9) 신체 증상 및 관련 장애(Somatic symptom and related disorders), (10) 급식 및 섭식 장애(Feeding and eating disorders), (11) 배설 장애(Elimination disorders), (12) 수면-각성 장애(Sleep-wake disorders), (13) 성기능 장애(Sexual dysfunctions), (14) 젠더 불편증(Gender dysphoria), (15) 파괴적, 충동-통제 및 품행 장애(Disruptive, impulse-control, and conduct disorders), (16) 물질-관련 및 중독 장애(Substance-related and addictive disorders), (17) 신경인지 장애(Neurocognitive disorders), (18) 성격 장애(Personality disorders), (19) 성 도착 장애(Paraphilic disorders), (20) 기타 정신 장애(Other mental disorders), (21) 약물-유발 운동 장애 및 기타 약물 부작용(Medication-induced movement disorders and other adverse effects of Medication), (22) 임상적 관심을 받는 기타 상태(Other conditions that may be a focus of clinical attention).

E

Eric Berne (1910~1970)

에릭 번(Eric Berne). 캐나다 태생의 미국 정신의학자. '교류분석(이론)'의 창시자. '번', '에릭 번', 'Berne' 등으로 표기하기도 한다. CLICK 에릭 번

Erik Erikson (1902~1994)

에릭 홈부르거 에릭슨(Erik Homburger Erikson). 독일 출신의 미국 심리학자, 정신분석학자. '심리사회적 발달(8단계) 이론'의 창시자. '에릭슨', '에릭 에릭슨', '에릭 홈부르거 에릭슨', 'Erikson', 'Erik Homburger Erikson' 등으로 표기하기도 한다.

CLICK 에릭슨

Erikson (1902~1994)

에릭 홈부르거 에릭슨(Erik Homburger Erikson). 독일 출신의 미국 심리학자, 정신분석학자. '심리사회적 발달(8단계) 이론'의 창시자. '에릭슨', '에릭 에릭슨', '에릭 홈부르거 에릭슨', 'Erik Erikson', 'Erik Homburger Erikson' 등으로 표기하기도 한다.

CLICK 에릭슨

Ernst Moro (1874~1951)

에른스트 모로(Ernst Moro). 오스트리아의 내과·소아과 의사. 모로 반사(Moro reflex)의 발견자이다. '모로', '에른스트 모로', 'Moro' 등으로 표기하기도 한다. CLICK 모로

estrogen

에스트로겐. 성선(性腺)의 하나인 여성의 난소에서 분비되는 성호르몬의 하나로, 여성의 제2차 성징의 발현, 자궁근(子宮筋)의 발육 및 자궁내막의 증식, 배란 및 월경 주기 통제, 유선관의 증식 및 분비 촉

진 등의 기능을 한다. 동물들의 경우에는 발정(發情) 현상을 통제하는 작용을 한다.

Eysenck (1916~1997)

한스 위르겐 아이젱크(Hans Jurgen Eysenck). 독일 태생의 영국 심리학자. 성격 이론, 성격 검사 및 이상 행동 등의 분야에서 많은 연구 업적을 남겼다. '아이젱크', '한스 아이젱크', 'Hans Eysenck', 'Hans Jurgen Eysenck' 등으로 표기하기도 한다.

CLICK 한스 아이젱크

F

Flynn (1934~)

제임스 플린(James Flynn). 뉴질랜드의 심리학자. '플린 효과(Flynn effect)'의 발견자이다. '플린', '제임스 플린', 'James Flynn' 등으로 표기하기도 한다.

CLICK 제임스 플린

Flynn 효과【Flynn 效果】Flynn effect

지난 20세기 동안에 전 세계적으로 나타난 지능 지수(IQ)에서의 지속적이고 체계적인 증가 현상. 발견자인 뉴질랜드의 심리학자 제임스 플린(James Flynn: 1934~)의 이름을 따서 명명된 것이다. '플린 효과'로 표기하기도 한다.

CLICK 플린 효과

Francis Crick (1916~2004)

프랜시스 해리 콤프턴 크릭(Francis Harry Compton Crick). 영국의 분자생물학자. 제임스 왓슨(James Watson: 1928~) 등과 함께 DNA의 이중 나선 구조 모델을 제안하였다. '크릭', '프랜시스 크릭', 'Crick', 'Francis Harry Compton Crick' 등으로 표기하기도 한다.

CLICK 크릭

Francis Galton (1822~1911)

프랜시스 갈톤. 영국의 유전학자. 찰스 다윈(Charles Darwin: 1809~1882)의 사촌이며, 우생학(優生學)의 창시자.

CLICK 프랜시스 갈톤

Frankl (1905~1997)

빅토르 에밀 프랭클(Viktor Emil Frankl). 유태계 오스트리아의 정신의학자, 신경학자, 의미 치료의 창시자이다.

CLICK 빅토르 프랭클

Freud (1856~1939)

지그문트 프로이트(Sigmund Freud). 오스트리아 출신의 신경학자, 정신의학자. 정신분석학의 창시자이다.

CLICK 지그문트 프로이트

Freud (1895~1982)

안나 프로이트(Anna Freud). 오스트리아 출신의 정신분석학자. 지그문트 프로이트(Sigmund Freud: 1856~1939)의 딸.

CLICK 안나 프로이트

Freud의 실언【Freud의 失言】Freudian slip

개인의 의도와 다르게(또는 반대로) 무의식 속의 욕망이나 사고 또는 갈등이 반영되어 표현되는 말실수 또는 실언. 'Freudian slip'은 우리말로 번역되는 과정에서 'Freud의 실언', 'Freud의 말실수', 'Freud식 실언', 'Freud식 말실수', '프로이트의 실언', '프로이트식 실언', '프로이트의 말실수' 등의 여러 가지 표현들로 사용되고 있다.

CLICK 프로이트의 실언

Frisch (1886~1982)

카를 폰 프리슈(Karl von Frisch). 오스트리아 태생의 독일 동물학자. 1973년 로렌츠(Lorenz: 1903~1989) 및 틴버겐(Tinbergen: 1907~1988) 등과 공동으로 노

벨상(생리·의학상)을 수상하였다.

CLICK 카를 폰 프리슈

G

g

'g factor' 또는 'general mental factor'의 약자. 'g 요인' 또는 '일반 지능 요인'이라고도 한다. 이 개념은 지능 및 요인 분석 연구의 선구자로 지능의 2요인설을 제창한 영국의 심리학자 찰스 에드워드 스피어맨(Charles Edward Spearman: 1863~1945)이 지능을 구성하는 일반적 요인을 기술하기 위해 사용한 개념이다.

GABA

'gamma-aminobutyric acid'의 약자. '감마아미노낙산(또는 감마아미노낙산염)'을 의미한다. 신경전달물질의 한 종류이다. 특히 대표적인 억제성 신경전달물질의 하나로, 뇌의 대부분의 시냅스에서 작용한다. 억제적 기능을 하여 흥분되어 있는 뉴런의 발화를 중지시키는 기능을 하기 때문에 이 신경전달물질의 양이 너무 적으면 뉴런과 시냅스에서의 흥분이 계속되고 나아가 발작으로 이어질 수 있다. '감마아미노낙산', '감마아미노낙산염' 또는 '감마아미노뷰티르산'이라고도 한다.

Galton (1822~1911)

프랜시스 갈톤(Francis Galton). 영국의 유전학자. 찰스 다윈(Charles Darwin: 1809~1882)의 사촌이며, 우생학(優生學)의 창시자. CLICK 프랜시스 갈톤

Gardner (1943~)

하워드 얼 가드너(Howard Earl Gardner). 미국의 심리학자. '다중 지능 이론'의 창시자이다.

CLICK 가드너

George Huntington (1850~1916)

'조지 헌팅턴'. 미국의 의사·의학자. '헌팅턴 무도병(Huntington's chorea)'의 발견자이다. '헌팅턴', '헌팅톤', '조지 헌팅턴', 'Huntington', 'George Huntington' 등으로 표기하기도 한다. CLICK 헌팅턴

Gesell (1880~1961)

아널드 루시우스 게젤(Arnold Lucius Gesell). 미국의 심리학자. 발달의 진단 방법과 기준을 체계화하는 데 크게 공헌하였다. '게젤', '아널드 게젤', '아널드 루시우스 게젤', 'Arnold Gesell', 'Arnold Lucius Gesell' 등으로 표기하기도 한다. CLICK 게젤

g factor / general mental factor (g)

'일반 지능 요인'을 의미한다.

CLICK 일반 지능 요인

GH

'growth hormone'의 줄임말로, '성장 호르몬'을 의미한다. 뇌의 시상하부 바로 아래에 위치한 뇌하수체에서 분비되는 호르몬으로, 신체의 빠른 성장과 발달을 촉진하는 기능을 하며, 특히 청소년기의 성장급등의 주요 요인으로 작용한다. 성장 과정에서 이 호르몬의 과소 분비는 소인증과 관련이 있고, 과다 분비는 거인증과 관련이 있다.

Gilligan (1936~)

캐롤 길리건(Carol Gilligan). 미국의 심리학자, 페미니스트, 윤리학자. 페미니즘과 윤리 분야에서 많은 연

구 업적을 이루었고, 특히 심리학자인 콜버그(Kohlberg: 1927~1987)의 도덕성 발달 이론에 대한 비판적 해석으로 유명하다. '길리건' 또는 '캐롤 길리건'으로 표기하기도 한다.

Gordon Allport (1897~1967)

고든 윌라드 올포트(Gordon Willard Allport). 미국의 심리학자. 성격 이론 및 사회심리학의 응용 분야에서 많은 업적을 남겼다. '올포트', '고든 올포트', '고든 윌라드 올포트', 'Allport', 'Gordon Willard Allport' 등으로 표기하기도 한다. CLICK 올포트

Gordon Willard Allport (1897~1967)

고든 윌라드 올포트(Gordon Willard Allport). 미국의 심리학자. 성격 이론 및 사회심리학의 응용 분야에서 많은 업적을 남겼다. '올포트', '고든 올포트', '고든 윌라드 올포트', 'Allport', 'Gordon Allport' 등으로 표기하기도 한다. CLICK 올포트

Gottesman (1930~2016)

어빙 이자도어 고테스만(Irving Isadore Gottesman). 미국의 행동유전학자. 행동유전학 분야, 특히 정신분열증(조현병)의 유전에 관한 많은 연구를 수행했다. CLICK 고테스만

Granville Stanley Hall (1844~1924)

그랜빌 스탠리 홀(Granville Stanley Hall). 미국의 심리학자. 흔히 지 스탠리 홀(G. Stanley Hall)이라고 한다. CLICK 지 스탠리 홀

Gregor Johann Mendel (1822~1884)

그레고어 요한 멘델. 오스트리아의 수도사, 식물학자, 유전학자. '멘델의 유전 법칙'의 발견자이다. '멘델' 또는 'Mendel'로 표기하는 경우가 많다.

CLICK 멘델

G. Stanley Hall (1844~1924)

그랜빌 스탠리 홀(Granville Stanley Hall). 미국의 심리학자. 초대 미국심리학회 회장을 역임하였고, 미국심리학의 발전과 아동·청소년 분야의 연구에 큰 기여를 하였다. '홀', '지 스탠리 홀', '그랜빌 스탠리 홀', 'Hall', 'Granville Stanley Hall' 등으로 표기하기도 한다. CLICK 지 스탠리 홀

Guilford (1897~1987)

조이 폴 길포드(Joy Paul Guilford). 미국의 심리학자로, 지능 구조 모형(structure-of-intellect model)을 통해, 지능이 180개의 서로 다른 정신 능력들로 구성되어 있다는 이론을 제시하였다. '길포드', '길퍼드', '조이 길포드', 'Joy Guilford' 등으로 표기하기도 한다. CLICK 길포드

Guilford, Joy Paul (1897~1987)

조이 폴 길포드(Joy Paul Guilford). 미국의 심리학자. 지능 분야에서 많은 연구와 업적을 남겼다. 특히 지능을 설명하기 위해 제안한 지능 구조 모형(structure-of-intellect model)을 통해, 지능이 180개의 서로 다른 정신 능력들로 구성되어 있다는 이론을 제시하였다. '길포드', '길퍼드', '조이 길포드', 'Guilford', 'Joy Guilford' 등으로 표기하기도 한다.

g 요인【g 要因】g factor (g)

'일반 지능 요인'이라고도 한다.

CLICK 일반 지능 요인

H

Hall (1844~1924)

그랜빌 스탠리 홀(Granville Stanley Hall). 미국의 심리학자. 초대 미국심리학회 회장을 역임하였고, 미국심리학의 발전과 아동·청소년 분야의 연구에 큰 기여를 하였다. '홀', '지 스탠리 홀', '그랜빌 스탠리 홀', 'Granville Stanley Hall' 등으로 표기하기도 한다. CLICK 지 스탠리 홀

Hans Asperger (1906~1980)

한스 아스퍼거. 오스트리아의 소아과 의사, 의학자. 아스퍼거 증후군(Asperger's syndrome)을 발견하고 처음으로 발표하였다. '아스퍼거', '한스 아스퍼거', 'Asperger' 등으로 표기하기도 한다.

CLICK 아스퍼거

Hans Jurgen Eysenck (1916~1997)

한스 위르겐 아이젱크(Hans Jurgen Eysenck). 독일 태생의 영국 심리학자. 성격 이론, 성격 검사 및 이상 행동 등의 분야에서 많은 연구 업적을 남겼다. '아이젱크', '한스 아이젱크', 'Eysenck', 'Hans Eysenck' 등으로 표기하기도 한다. CLICK 한스 아이젱크

Harry Klinefelter (1912~1990)

해리 피치 클라인펠터(Harry Fitch Klinefelter). 미국의 내분비학자·류마티즘학자. 클라인펠터 증후군(Klinefelter's syndrome)을 체계적으로 기술하고 보고한 학자이다. '클라인펠터', 'Klinefelter', 'Harry Klinefelter', 'Harry F. Klinefelter', 'Harry Fitch Klinefelter' 등으로 표기하기도 한다.

CLICK 클라인펠터

Havighurst (1900~1991)

로버트 제임스 하비거스트(Robert James Havighurst). 미국의 교육학자, 인간발달학자, 심리학자. '발달 과업(developmental tasks)' 개념을 처음으로 제안한 학자이다. '하비거스트', '해비거스트', '로버트 하비거스트', '로버트 제임스 하비거스트', 'Robert Havighurst', 'Robert James Havighurst' 등으로 표기하기도 한다. CLICK 하비거스트

Henry Turner (1892~1970)

헨리 허버트 터너(Henry Hubert Turner). 미국의 내분비학자. '터너 증후군(Turner's syndrome)'의 발견자이다. CLICK 터너

Henry Hubert Turner (1892~1970)

헨리 허버트 터너. 미국의 내분비학자. '터너 증후군(Turner's syndrome)'의 발견자이다. CLICK 터너

Howard Gardner (1943~)

하워드 얼 가드너(Howard Earl Gardner). 미국의 심리학자. '다중 지능 이론'의 창시자이다.

CLICK 가드너

Huntington (1850~1916)

조지 헌팅턴(George Huntington). 미국의 의사·의학자. '헌팅턴 무도병(Huntington's chorea)'의 발견자이다. '헌팅턴', '헌팅톤', '조지 헌팅턴', 'George Huntington' 등으로 표기하기도 한다.

CLICK 헌팅턴

I

ICD

'International Classification of Diseases(국제질병분류)'의 약자로, 세계보건기구(WHO)에서 출간하고 있는 국제 질병 및 증상 등을 분류한 체계이다. 1992년에 출간된 'ICD-10(국제질병분류 제10개정판)'이 지속적인 수정 과정을 거치면서 2017년까지 사용되고 있고, 이어서 'ICD-11(국제질병분류 제11개정판)'이 출간될 예정(2018)이다. 'ICD-10(국제질병분류 제10개정판)'은 제5장에서 '정신 및 행동 장애'에 관한 내용을 소개하고 있다. '국제질병분류' 또는 '국제질병분류 체계'로 표기하기도 한다.

ICD-10

'International Statistical Classification of Diseases and Related Health Problems 10th Revision(국제질병통계분류 및 관련 건강 문제 제10개정판)'의 약자로, 간단히 '국제질병분류 제10개정판'이라고 표현한다. 세계보건기구(WHO)가 출간하고 있는 국제 질병 및 증상 등을 분류한 체계인 '국제질병분류(International Classification of Diseases, ICD)'의 열 번째 개정판으로, 1992년에 출간되었고, 제5장에서 '정신 및 행동 장애'에 관한 내용을 소개하고 있다. 출간된 이래로 지속적인 수정 과정을 거치면서 2017년까지 사용되고 있고, 이어서 '국제질병분류 제11개정판(ICD-11)'이 출간될 예정(2018)이다. ICD-10의 영문 표현은 'International Statistical Classification of Diseases and Related Health Problems 10th Revision'으로 이를 직역하면 '국제질병통계분류 및 관련 건강 문제 제10개정판'이 되지만, 흔히 간략하게 '국제질병분류 제10개정판'이라고 한다. '국제질병분류 체계 제10개정판'이라고도 한다.

Ivan Petrovich Pavlov (1849~1936)

이반 페트로비치 파블로프(Ivan Petrovich Pavlov). 옛 제정(帝政) 러시아시대부터 소련에 걸쳐 활동했던 생리학자. 고전적 조건화(또는 고전적 조건형성) 원리의 발견자이다. CLICK 파블로프

J

James Dewey Watson (1928~)

제임스 듀이 왓슨(James Dewey Watson). 미국의 분자생물학자. 'DNA의 이중 나선 구조 모델'을 제안하였고, 1962년 노벨상(생리·의학상)을 공동 수상하였다. CLICK 제임스 유이 왓슨

James Flynn (1934~)

제임스 플린(James Flynn). 뉴질랜드의 심리학자. '플린 효과(Flynn effect)'의 발견자이다. '플린', '제임스 플린', 'Flynn' 등으로 표기하기도 한다.

CLICK 제임스 플린

James-Lange theory of emotion

제임스-랑게의 정서 이론. '정서(emotion)'를 설명하는 고전적인 이론 중의 하나로, '제임스-랑게 이론'이라고도 한다. CLICK 제임스-랑게 이론

James McKeen Cattell (1860~1944)

제임스 매킨 카텔. 미국의 심리학자. 개인차 및 성격분야에 관한 많은 연구로 성격심리학 분야 및 심리학 발전에 크게 공헌하였다. '카텔', '커텔', '제임스 카텔', '제임스 매킨 카텔', 'Cattell', 'James Cattell' 등으로 표기하기도 한다. CLICK 제임스 카텔

James Watson (1928~)

제임스 듀이 왓슨(James Dewey Watson). 미국의 분자생물학자. 'DNA의 이중 나선 구조 모델'을 제안하였다. 이와 같은 DNA에 관한 연구 업적을 인정받아 1962년 프랜시스 크릭(Francis Crick) 및 모리스 윌킨스(Maurice Wilkins: 1916~2004) 등과 공동으로 노벨상(생리 · 의학상)을 수상하였다.

CLICK 제임스 듀이 왓슨

James (1842~1910)

윌리엄 제임스(William James). 미국의 심리학자, 철학자. 기능주의 심리학의 창시자이다.

CLICK 윌리엄 제임스

Jean Charcot (1825~1893)

장 마르탱 샤르코(Jean Martin Charcot). 프랑스의 신경병리학자. 현대 신경의학의 창시자로 평가받고 있다. '샤르코', '샤르꼬', '장 샤르코', '장 마르탱 샤르코', 'Charcot', 'Jean Martin Charcot' 등으로 표기하기도 한다. CLICK 샤르코

Jean-Jacques Rousseau (1712~1778)

장 자크 루소. 스위스 태생의 프랑스 사상가, 사회학자, 교육학자, 소설가. '루소', '장 자크 루소', 'Rousseau' 등으로 표기하기도 한다. CLICK 루소

Jean Martin Charcot (1825~1893)

장 마르탱 샤르코. 프랑스의 신경병리학자. 현대 신경의학의 창시자로 평가받고 있다. '샤르코', '샤르꼬', '장 샤르코', '장 마르탱 샤르코', 'Charcot', 'Jean Charcot' 등으로 표기하기도 한다. CLICK 샤르코

Jean Piaget (1896~1980)

장 삐아제(Jean Piaget). 스위스 태생의 심리학자. 인지발달 이론(theory of cognitive development)으로 잘 알려져 있다. '삐아제', '피아제', '장 삐아제', '장 피아제', 'Piaget' 등으로 표기하기도 한다.

CLICK 삐아제

John Bowlby (1907~1990)

존 볼비(John Bowlby). 영국의 정신의학자, 심리학자. 애착 및 애착 발달에 관한 많은 연구 업적을 남겼다. '볼비', '존 볼비', 'John Bowlby' 등으로 표기하기도 한다. CLICK 볼비

John Broadus Watson (1878~1958)

존 브로더스 왓슨(John Broadus Watson). 미국의 심리학자. 행동주의 심리학의 창시자이다. '왓슨', 'Watson', 'John B. Watson' 등으로 표기하기도 한다.

CLICK 왓슨(Watson: 1878~1958)

John Langdon Down (1828~1896)

존 랭던 헤이든 다운(John Langdon Haydon Down). 영국의 의사로, '다운 증후군(Down's syndrome)'을 체계적으로 기술하고, 처음으로 보고한 학자이다. '다운', '존 랭던 다운', '존 랭던 헤이든 다운', 'Down', 'John Langdon Haydon Down' 등으로 표기하기도 한다. CLICK 다운

John Locke (1632~1704)

존 로크. 영국의 철학자. 백지설을 주장한 학자로, 경험론 사상의 선구자이다. CLICK 로크

Joseph Jules Francois Felix Babinski (1857~1932)

요제프 쥘 프랑수아 펠릭스 바빈스키. 폴란드계 프랑스의 신경 의학자. 바빈스키 반사(Babinski reflex)의 발견자이다. '바빈스키', 'Babinski' 등으로 표기

하기도 한다. CLICK 바빈스키

Jung (1875~1961)

칼 구스타프 융(Carl Gustav Jung). 스위스의 정신의학자, 심리학자. 분석심리학(Analytic Psychology)의 창시자이다. '융', '칼 융', '칼 구스타프 융', 'Carl Jung', 'Carl Gustav Jung' 등으로 표기하기도 한다.

CLICK 칼 융

K

Karl von Frisch (1886~1982)

카를 폰 프리슈. 오스트리아 태생의 독일 동물학자. 1973년 로렌츠(Lorenz: 1903~1989) 및 틴버겐(Tinbergen: 1907~1988) 등과 공동으로 노벨상(생리·의학상)을 수상하였다. CLICK 카를 폰 프리슈

Kenneth Clark (1914~2005)

케네스 밴크로프트 클락(Kenneth Bancroft Clark). 미국의 심리학자. 소수민족 집단 출신으로 최초의 미국심리학회(APA) 회장을 역임하였다. '클락', '클라크', '케네스 클락', 'Clark', 'Kenneth Bancroft Clark' 등으로 표기하기도 한다.

CLICK 케네스 클락

Kimberly S. Young

킴벌리 S. 영. 미국의 심리학자, 인터넷 중독 전문가. 인터넷 중독 및 온라인 행동에 관한 선구적인 많은 연구를 진행해오고 있다.

CLICK Young, Kimberly S.

Klinefelter (1912~1990)

해리 피치 클라인펠터(Harry Fitch Klinefelter). 미국의 내분비학자·류마티즘학자. 클라인펠터 증후군(Klinefelter's syndrome)을 체계적으로 기술하고 보고한 학자이다. '클라인펠터', 'Klinefelter', 'Harry Klinefelter', 'Harry F. Klinefelter', 'Harry Fitch Klinefelter' 등으로 표기하기도 한다.

CLICK 클라인펠터

Kohlberg (1927~1987)

로렌스 콜버그(Lawrence Kohlberg). 미국의 심리학자. 도덕 발달(3수준 6단계) 이론을 제시한 학자이다. '콜버그', '로렌스 콜버그', 'Lawrence Kohlberg' 등으로 표기하기도 한다.

CLICK 콜버그

Konrad Lorenz (1903~1989)

콘라트 로렌츠(Konrad Lorenz). 오스트리아 출신의 동물 행동학자. 동물 행동학(Ethology)의 창시자로 평가받고 있으며, 1973년 니콜라스 틴버겐(Nikolaas Tinbergen: 1907~1988) 및 카를 폰 프리슈(Karl von Frisch: 1886~1982) 등과 공동으로 노벨상(생리·의학상)을 받았다. '로렌츠', '콘라트 로렌츠', 'Lorenz' 등으로 표기하기도 한다. CLICK 로렌츠

L

LAD

'language acquisition device(언어 습득 장치)'의 약자. 미국의 언어학자인 촘스키(Chomsky: 1928~)가 제안한 개념으로, 인간의 언어습득을 가능하게 만들어주는 선천적인 가상의 장치.

CLICK 언어 습득 장치

Lawrence Kohlberg (1927~1987)

로렌스 콜버그. 미국의 심리학자. 도덕 발달(3수준 6단계) 이론을 제시한 학자이다. '콜버그', '로렌스 콜버그', 'Kohlberg' 등으로 표기하기도 한다.

CLICK 콜버그

LD

'learning disorder'의 줄임말로, '학습 장애'를 의미한다. CLICK 학습 장애

Lev Semenovich Vygotsky (1896~1934)

레프 스메노비치 비고츠키. 벨라루스 태생의 구소련 심리학자. CLICK 비고츠키

Lewis Madison Terman (1877~1956)

루이스 매디슨 터먼(Lewis Madison Terman). 미국의 심리학자. 지능, 천재 및 행복한 결혼 등의 주제에 관한 연구를 통해 많은 학문적 업적을 이루었고, 특히 그가 개발한 'Stanford−Binet 지능 검사'로 잘 알려져 있다.

Lewis Terman (1877~1956)

루이스 매디슨 터먼(Lewis Madison Terman). 미국의 심리학자. CLICK 터먼

LGBT

lesbian, gay, bisexual, transgender 등 네 단어의 머리글자를 딴 약자. 즉, 여성 동성애자를 나타내는 lesbian(레즈비언), 남성 동성애자를 나타내는 gay(게이), 남성과 여성 모두에게 성적 관심과 매력을 느끼는 사람, 즉 양성 모두에게 성적으로 이끌리는 사람을 나타내는 bisexual(양성애자), 타고난 자신의 생물학적 성과 자신이 실제로 느끼는 성이 반대인 사람, 즉 생물학적으로는 남성 또는 여성으로 태어났지만 자신은 반대의 성을 가진 존재로 느끼는 사람을 나타내는 transgender(트랜스젠더) 등 성 소수자 집단을 지칭하는 용어이다.

LMC

'language−making capacity(언어 생성 능력)'의 약자. 인간의 뛰어난 언어 습득 또는 학습을 가능하도록 만들어주는 언어 처리 및 학습과 관련된 고도로 전문화된 인지적 능력. CLICK 언어 생성 능력

Locke (1632~1704)

존 로크(John Locke). 영국의 철학자. 백지설을 주장한 학자로, 경험론 사상의 선구자이다. '로크', '존 로크', 'John Locke' 등으로 표기하기도 한다.

CLICK 로크

Lorenz (1903~1989)

콘라트 로렌츠(Konrad Lorenz). 오스트리아 출신의 동물 행동학자. 동물 행동학(Ethology)의 창시자로 평가받고 있으며, 1973년 니콜라스 틴버겐(Nikolaas Tinbergen: 1907~1988) 및 카를 폰 프리슈(Karl von Frisch: 1886~1982) 등과 공동으로 노벨상(생리 · 의학상)을 받았다. '로렌츠', '콘라트 로렌츠', 'Konrad Lorenz' 등으로 표기하기도 한다. CLICK 로렌츠

Louis-antoine Ranvier (1835~1922)

루이앙투안 랑비에. 프랑스의 해부학자. 뉴런의 구조 가운데 한 부분인 '랑비에 결절(Ranvier's nodes)'의 발견자이다. CLICK 루이앙투안 랑비에

LTS

'long−term store'의 줄임말로, '장기 저장'을 의미한다. CLICK 장기 저장

M

Margaret Mead (1901~1978)

마거릿 미드(Margaret Mead). 미국의 문화인류학자. 태평양의 사모아 섬 및 발리 섬 등지에서 수행한 아동 및 청소년들의 성역할(性役割) 및 성 행동(性行動)에 관한 비교 문화 연구로 유명하다.

CLICK 마거릿 미드

Mary Whiton Calkins (1863~1930)

메리 휘튼 컬킨스(Mary Whiton Calkins). 미국의 심리학자로, 여성 최초로 미국심리학회(APA) 회장을 역임하였다. '컬긴스', '칼킨스', '메리 컬킨스', 'Calkins', 'Mary Calkins' 등으로 표기하기도 한다.

Maslow (1908~1970)

에이브러햄 해럴드 매슬로우(Abraham Harold Maslow). 미국의 심리학자. 인본주의 심리학의 창시자이며, '욕구 위계 이론'을 제시하였다. '매슬로우', '에이브럼 매슬로우', 'Abraham Maslow' 등으로 표기하기도 한다.

CLICK 매슬로우

Maurice Wilkins (1916~2004)

모리스 휴 프레더릭 윌킨스(Maurice Hugh Frederick Wilkins). 영국의 생리학자, 생물 물리학자. DNA에 관한 연구 업적을 인정받아 1962년 제임스 왓슨(James Watson: 1928~) 및 프랜시스 크릭(Francis Crick: 1916~2004) 등과 공동으로 노벨상(생리·의학상)을 수상하였다. '윌킨스', '모리스 윌킨스', 'Wilkins' 등으로 표기하기도 한다.

MBTI

'Myers-Briggs Type Indicator'의 약자. '마이어스-브릭스 성격 유형 검사'라고도 한다. 모녀(母女) 관계인 딸 이사벨 브릭스 마이어스(Isabel Briggs Myers: 1897~1980)와 어머니인 캐서린 쿡 브릭스(Katharine Cook Briggs: 1875~1968)가 융(Jung: 1875~1961)의 심리 유형론을 기초로 하여 개발한 심리 검사이다. 이 검사는 자기 보고식 문항들로 구성되어 있으며, 개인의 선천적 선호 경향을 알아보고 이를 통해 선호 경향과 관련된 성격 유형을 파악하고 이해하는 데 목적을 두고 있다. 구체적으로 각 개인이 일상생활 속에서 인식(perception)하고 판단(judgement)할 때 각자 선호하는 경향을 찾고 이러한 선호 경향들이 개별적으로 또는 전체적으로 합쳐져서 인간의 행동에 어떤 영향을 미치는지를 파악하여 실생활에 응용할 수 있도록 개발된 심리 검사이다. 현재 세계적으로 널리 사용되고 있고, 우리나라에서는 표준화 과정을 거쳐 1990년부터 한국판 'MBTI' 또는 '성격 유형 검사'라는 이름으로 번안되어 사용되고 있다. '마이어스-브릭스 성격 유형 검사' 또는 '성격 유형 검사'라고도 한다.

Mead (1901~1978)

마거릿 미드(Margaret Mead). 미국의 문화인류학자. 태평양의 사모아 섬 및 발리 섬 등지에서 수행한 아동 및 청소년들의 성역할(性役割) 및 성행동(性行動)에 관한 비교 문화 연구로 유명하다.

CLICK 마거릿 미드

Mendel (1822~1884)

그레고어 요한 멘델(Gregor Johann Mendel). 오스트리아의 수도사, 식물학자, 유전학자. '멘델의 유전 법칙'의 발견자이다.

CLICK 멘델

MNS

'mirror neuron system'의 약자로, '거울 신경계'를 의미한다.

CLICK 거울 신경계

Moro (1874~1951)

에른스트 모로(Ernst Moro). 오스트리아의 내과·소아과 의사. 모로 반사(Moro reflex)의 발견자이다. '모로', '에른스트 모로', 'Ernst Moro' 등으로 표기하기도 한다. CLICK 모로

Moro 반사【Moro 反射】Moro reflex

'모로 반사'로 표기하기도 하며, 또한 모로 반사는 놀람 반사, 껴안기 반사, 모로 껴안기 반사라고도 한다. CLICK 모로 반사

MR

'mental retardation'의 줄임말로, '정신지체'를 의미한다. CLICK 정신지체

N

neuron

'뉴런' 또는 '신경세포'라고도 한다. CLICK 뉴런

Nikolaas Tinbergen (1907~1988)

니콜라스 틴버겐(Nikolaas Tinbergen). 네덜란드 태생의 영국 동물 행동학자. 1973년 콘라트 로렌츠(Konrad Lorenz: 1903~1989) 및 카를 폰 프리슈(Karl von Frisch: 1886~1982) 등과 공동으로 노벨상(생리·의학상)을 받았다. '틴버겐', '니콜라스 틴버겐', 'Tinbergen' 등으로 표기하기도 한다. CLICK 틴버겐

Noam Chomsky (1928~)

아브람 노암 촘스키(Avram Noam Chomsky). 미국의 언어학자, 철학자, 인지 과학자. 변형생성문법(transformational generative grammar) 이론의 창시자이다. '촘스키', '노암 촘스키', 'Chomsky', 'Avram Noam Chomsky' 등으로 표기하기도 한다. CLICK 촘스키

P

Paul Broca (1824~1880)

폴 브로카. 프랑스의 외과 의사, 인류학자. 브로카 영역(Broca's area)의 발견자이다. '브로카', '폴 브로카', 'Broca' 등으로 표기하기도 한다. CLICK 브로카

Pavlov (1849~1936)

이반 페트로비치 파블로프(Ivan Petrovich Pavlov). 옛 제정(帝政) 러시아시대부터 소련에 걸쳐 활동했던 생리학자. 고전적 조건화(또는 고전적 조건형성) 원리의 발견자이다. CLICK 파블로프

Piaget (1896~1980)

장 삐아제(Jean Piaget). 스위스 태생의 심리학자. 인지발달 이론(theory of cognitive development)으로 유명하다. '삐아제', '피아제', '장 삐아제', '장 피아제', 'Jean Piaget' 등으로 표기하기도 한다. CLICK 삐아제

PKU

'phenylketonuria'의 약자로, '페닐케톤뇨증'을 의미한다. '페닐케톤뇨증' 또는 '페닐케톤요증'으로 표기하기도 한다. CLICK 페닐케톤뇨증

PMA

'primary mental abilities'의 약자. '기본 정신 능력'

또는 '1차 정신 능력'을 의미한다.

CLICK 기본 정신 능력

PMAT

'primary mental abilities Test'의 약자. '기본 정신 능력 검사' 또는 '1차 정신 능력 검사'를 의미한다.

CLICK 기본 정신 능력 검사

PNS

'peripheral nervous system'의 약자. '말초 신경계'를 의미한다. CLICK 말초 신경계

Premack (1925~2015)

데이비드 프리맥(David Premack). 미국의 심리학자. '프리맥 원리(Premack Principle)'를 발견하고, 처음으로 발표한 학자이다. '프리맥', '데이비드 프리맥', 'David Premack' 등으로 표기하기도 한다.

CLICK 프리맥

progesterone

프로게스테론. 성선(性腺)의 하나인 여성의 난소에서 분비되는 성호르몬의 하나로, 여성들의 생리주기에 영향을 미친다. '황체 호르몬'이라고도 한다.

R

Ranvier (1835~1922)

루이앙투안 랑비에(Louis-antoine Ranvier). 프랑스의 해부학자. 뉴런의 구조 가운데 한 부분인 '랑비에 결절(Ranvier's nodes)'의 발견자이다.

CLICK 루이앙투안 랑비에

REM 수면 【REM 睡眠】 REM sleep

'REM 수면'을 나타내는 영어 표현 'REM sleep'은 '빠른 안구 운동 수면'을 의미하는 'rapid eye movement sleep'의 줄임말이다. '빠른 안구 운동 수면', '급속 안구 운동 수면' 또는 '빠른 눈 운동 수면'이라고도 하며, 간단히 '렘수면'으로 표기하기도 한다.

CLICK 렘수면

REM sleep

'rapid eye movement sleep'의 약자로, '빠른 안구 운동 수면'을 의미한다. 'REM 수면' 또는 '렘수면'이라고도 한다. CLICK 렘수면

Rett (1924~1997)

안드레아스 레트(Andreas Rett). 오스트리아 출신의 신경학자, 소아 과학자. 1966년 임상적 관찰과 연구를 통해 '레트 증후군(Rett syndrome)'을 처음으로 보고하였다. '렛', '레트', '안드레아스 레트', 'Andreas Rett' 등으로 표기하기도 한다. CLICK 레트

Robert James Havighurst (1900~1991)

로버트 제임스 하비거스트. 미국의 교육학자, 인간 발달학자, 심리학자. '발달 과업(developmental tasks)' 개념을 처음으로 제안한 학자이다. '하비거스트', '해비거스트', '로버트 하비거스트', '로버트 제임스 하비거스트', 'Havighurst', 'Robert Havighurst' 등으로 표기하기도 한다. CLICK 하비거스트

Robert Jeffrey Sternberg (1949~)

로버트 제프리 스턴버그. 미국의 심리학자. 그가 제안한 지능의 삼두 이론(triarchic theory of intelligence)과 사랑의 삼각형 이론(triangular theory of love)으로 잘 알려져 있다. CLICK 스턴버그

Rogers (1902~1987)

칼 랜섬 로저스(Carl Ransom Rogers). 미국의 심리학자. 인간중심 치료(또는 내담자중심 치료)의 창시자이다. '로저스', '칼 로저스', 'Carl Rogers', 'Carl Ransom Rogers' 등으로 표기하기도 한다.

CLICK 칼 로저스

Rousseau (1712~1778)

장 자크 루소(Jean-Jacques Rousseau). 스위스 태생의 프랑스 사상가, 사회학자, 교육학자, 소설가. '루소', '장 자크 루소', 'Jean-Jacques Rousseau' 등으로 표기하기도 한다. CLICK 루소

S

s 요인【s要因】s factor / specific factor / special factor

'특수 요인'을 의미하는 말로, 특정 유형(또는 특정 분야)의 인지적 과제들을 성공적으로 수행해내는 데 요구되는 기반(또는 토대)이라고 가정되는 개인의 특별한 능력을 의미한다. 1904년 영국의 심리학자 찰스 스피어먼(Charles Spearman: 1863~1945)에 의해 처음으로 제안된 개념이다. '특수 요인', 's', 's factor' 등으로도 표현된다.

Sachs (1858~1944)

버나드 삭스(Bernard Sachs). 미국의 신경학자. '테이삭스병(Tay-Sachs disease)'의 명명자로, 이 병에 관한 주요 연구 업적을 남겼다. '삭스', '버나드 삭스', 'Bernard Sachs' 등으로 표기하기도 한다.

CLICK 버나드 삭스

Sigmund Freud (1856~1939)

지그문트 프로이트. 오스트리아 출신의 신경학자, 정신의학자. 정신분석학의 창시자이다.

CLICK 지그문트 프로이트

Skinner (1904~1990)

벌허스 프레더릭 스키너(Burrhus Frederic Skinner). 미국의 심리학자. 조작적 조건 형성(operant conditioning: '조작적 조건화'라고도 함) 이론을 체계화하고 명명한 학자이다. '스키너', '벌허스 스키너', '버러스 스키너', 'Burrhus Skinner', 'Burrhus Frederic Skinner', 'B. F. Skinner' 등으로 표기하기도 한다.

CLICK 스키너

SLD

'specific-learning disorder'의 줄임말로, '특정 학습 장애'를 의미한다. CLICK 특정 학습 장애

Stanford-Binet 지능 검사【Stanford-Binet 知能檢査】Stanford-Binet Intelligence Scale

1905년 프랑스의 심리학자 비네(Binet: 1857~1911)와 시몬(Simon: 1872~1961)에 의해 개발된 최초의 지능 검사인 'Binet-Simon 지능 검사'를 1916년 미국 스탠퍼드 대학교의 터먼(Terman: 1877~1956)이 미국의 아동들에게 적용하기 위해 번안 및 개정 과정을 거쳐 출간한 지능 검사. 이 검사는 일반 지능과 함께 4가지 정신 능력인 언어적 사고, 공간적 사고, 양적 사고 및 단기 기억 등의 요인들을 측정하는 문항들로 구성되어 있다. 'Stanford-Binet 지능 척도'와 같은 의미로 사용된다. '스탠퍼드-비네 지능 검사'로 표기하기도 한다.

Sternberg (1949~)

로버트 제프리 스턴버그(Robert Jeffrey Sternberg).

미국의 심리학자. 그가 제안한 지능의 삼두 이론(triarchic theory of intelligence)과 사랑의 삼각형 이론(triangular theory of love)으로 잘 알려져 있다.

CLICK 스턴버그

Stroop (1897~1973)

존 리들리 스트룹(John Ridley Stroop). 미국의 심리학자. 심리학 분야에서 '스트룹 효과(Stroop effect)'에 관한 연구를 본격적으로 진행하였고, 이 효과를 처음으로 발표한 미국의 심리학자. '스트룹 효과(Stroop effect)'에서 'Stroop'은 그의 이름에서 따온 것이다.

STS

'short-term store'의 줄임말로, '단기 저장'을 의미한다. '단기 저장소'라고도 하며, '단기 기억'과 같은 의미로 사용된다.

CLICK 단기 저장

superfemale

'초자(超雌)' 또는 '초여성(超女性)'이라고도 한다. 23번째 염색체인 성염색체의 수(정상적인 여성은 XX로 X 염색체의 수가 2개임)가 1개 이상 더 많은 여성 또는 암컷을 지칭한다. 예를 들면, 정상 여성보다 X 염색체가 1개 더 많은 XXX인 경우, 2개 더 많은 XXXX인 경우, 3개 더 많은 XXXXX인 경우 등이 있다. 흔히 이들은 지적 능력 면에서는 정상적인 경우가 많고 15~20% 정도에서 가벼운 정신지체를 나타내기도 한다. 그 결함이나 지체의 정도는 추가적인 X 염색체의 수가 증가함에 따라 심해지는 경향이 있다. 발생 원인은 생식세포가 생성되는 과정에서 감수 분열이 정상적으로 이루어지지 않는 비분리 현상에 의해 X 염색체 수가 정상보다 많아짐으로써 초래된다. 'superfemale' 집단에서 나타나는 이상 증상들을 지칭하여 'superfemale 증후군(superfemale syndrome)'이라고 하며, '초자 증후군(超雌 症候群)' 또는 '초여성 증후군(超女性 症候群)'이라고도 한다. 또한 'superfemale 증후군'은 정상적인 성염색체(XX)를 가진 여성에 비해 추가적으로 X 염색체 수가 1개 더 많은 경우에는 'XXX 증후군'으로, X 염색체 수가 2개 더 많은 경우에는 'XXXX 증후군'으로, X 염색체 수가 3개 더 많은 경우에는 'XXXXX 증후군'으로 표현하기도 한다. 한편 'superfemale'은 '초자' 또는 '초여성(超女性)'으로 번역하여 사용하기도 한다.

superfemale syndrome

'superfemale 증후군', '초자 증후군(超雌 症候群)' 또는 '초여성 증후군(超女性 症候群)'이라고도 한다. 성염색체(23번째 염색체)의 수(정상적인 여성은 XX로 X 염색체의 수가 2개임)가 1개 이상 더 많은 여성에게서 나타나는 지능 결함이 포함된 일군의 증상을 나타내는 장애를 지칭한다. 흔히 이들은 외모 면에서는 정상적인 모습을 가지고 있고 임신도 가능하며, 일반적으로 보통의 성염색체 수를 가진 아기를 출산한다. 하지만 이 장애를 가진 여성들 중에는 부분적으로 월경 이상을 보이는 경우가 있고, 자폐증을 나타내기도 하며, 지적 능력 면에서는 정상적인 경우가 많고 15~20% 정도에서 가벼운 정신지체를 나타내기도 한다. 그 결함이나 지체의 정도는 추가적인 X 염색체의 수가 증가함에 따라 심해지는 경향이 있다. 발생 원인은 생식세포가 생성되는 과정에서 감수 분열이 정상적으로 이루어지지 않는 비분리 현상에 의해 X 염색체 수가 정상보다 많아짐으로써 초래된다. 'superfemale syndrome'은 정상 여성에 비해 추가적으로 X 염색체 수가 1개 더 많은 경우에는 'XXX 증후군(XXX syndrome; 'triple X syndrome' 또는 'trisomy X'라고도 함)'으로, X 염색체 수가 2개 더 많은 경우에는 'XXXX 증후군(XXXX syndrome; 'tetrasomy X' 또는 'quadruple X'라고도 함)으로, X 염색체 수가 3개 더 많은 경우에는 'XXXXX 증후군(XXXXX syndrome; 'pentasomy X'라고도 함)'으로 표현하기도 한다. 이 장애를 가진 여아가 태어나는 빈도는 출생 여아 1,000명 가운데 약 1명 정도이다.

T

Tay-Sachs병【Tay-Sachs病】Tay-Sachs disease (TSD)

유전병(질환)의 한 유형으로, 상염색체 열성으로 유전되는 병이다. 구체적으로 헥소스아미니다제(hexosaminidase) A 효소의 결핍으로 인해 유발되며, 이는 상염색체의 하나인 15번 염색체와 관련이 있는 것으로 알려져 있다. 이 유전병을 가진 아기는 보통 생후 첫해(약 6개월 무렵)에 시작되며, 점진적으로 뇌와 척수의 신경세포들이 파괴되면서 신체적, 심리적 및 행동적 영역 전반의 발달에서 퇴화와 이상이 발생한다. 이들은 병이 발생하기 전 약 6개월 무렵까지는 그 또래 영아들처럼 정상적인 발달을 이루지만, 병이 시작된 이후에는 시각, 인지, 운동, 학습 등 발달 전반에서 지속적인 악화가 초래되고 사망에 이르게 된다. 보통 사망에 이르게 되는 시기는 약 2세에서 5세 사이이다. 이 병의 치료를 위해 식이 요법과 약물 치료법이 시행되기도 하지만, 아직 효과적인 치료법은 없는 상태이다. 이 병의 명칭인 'Tay−Sachs disease'는 초창기 이 병의 발견 및 연구 과정에서 크게 공헌한 학자들인 영국의 안과의사 워런 테이(Warren Tay: 1843~1927)와 미국의 신경학자 버나드 삭스(Bernard Sachs: 1858~1944)의 이름을 따서 명명된 것이다. 워런 테이는 1881년 이 병을 가진 사람의 눈(특히 망막 영역)에서 나타나는 병리적 특징을 처음으로 기술했고, 버나드 삭스는 그로부터 몇 년 후 이 병을 가진 사람(영·유아)들에게서 나타나는 여러 가지 주요 특징들에 대해 기술하였다. 이 병의 발생 빈도는 평균 약 30만 명당 1명 정도의 비율로 발생하지만, 유럽계 유태인과 프랑스계 캐나다인 중에서는 약 3,600명당 1명 정도의 비율로 발생한다. 특히 중부 및 동부 유럽에 거주하는 유태인의 후손들에게서 많이 발생하는 것으로 알려져 있다. '테이삭스병', '테이색스병', '테이−삭스병', '타이−작스병' 또는 'TSD' 등으로 표기하기도 한다.

testosterone

테스토스테론. 고환에서 분비되는 남성호르몬의 일종으로, 근육의 발달, 생식 기관의 발달과 성적 성숙 및 제2차 성징 등과 같은 변화가 일어나도록 하는 요인으로 작용한다.

TFS

'testicular feminization syndrome'의 줄임말로, '고환 여성화 증후군'을 의미한다.

CLICK 고환 여성화 증후군

Thomas Berry Brazelton (1918~2018)

토머스 베리 브래즐턴. 미국의 소아과의사로, 신생아 행동평가 척도(Neonatal Behavioral Assessment Scale, NBAS)의 개발자이다. '브래즐턴', '토머스 브래즐턴', '토머스 베리 브래즐턴', 'Brazelton', 'Thomas Brazelton' 등으로 표기하기도 한다.

CLICK 브래즐턴

Tinbergen (1907~1988)

니콜라스 틴버겐(Nikolaas Tinbergen). 네덜란드 태생의 영국 동물 행동학자. 1973년 콘라트 로렌츠(Konrad Lorenz: 1903~1989) 및 카를 폰 프리슈(Karl von Frisch: 1886~1982) 등과 공동으로 노벨상(생리·의학상)을 받았다. '틴버겐', '니콜라스 틴버겐', 'Nikolaas Tinbergen' 등으로 표기하기도 한다.

CLICK 틴버겐

TLR

'tonic labyrinthine reflex(긴장성 미로 반사)'의 약자. 인간이 선천적으로 가지고 태어나는 반사들 가운데 하나로, 생후 초기에 영아를 엎드려 놓은 상태에서 아기의 머리를 움직이면 자동적으로 아기의 몸 전체가 굴곡을 일으키는 긴장 반응을 나타내는 반사 행동을 말한다. 시간(월령)이 경과해 가면서 점차 사라지는 다른 많은 선천적인 반사들처럼, 이 반사도 생후 4~6개월이 지나면서 점차 사라진다. 흔히 '긴장성 미로 반사'라고 부른다.

ToM

'theory of mind'의 줄임말로, '마음 이론'을 의미한다.

CLICK 마음 이론

TSD

'Tay－Sachs disease'의 약자로, '테이삭스병'을 의미한다. '테이삭스병', '테이색스병', '테이－삭스병', '타이－작스병', 'Tay－Sachs병' 등으로 표기하기도 한다.

CLICK 테이삭스병

Turner (1892~1970)

헨리 허버트 터너(Henry Hubert Turner). 미국의 내분비학자. '터너 증후군(Turner's syndrome)'의 발견자이다.

CLICK 터너

U

Urie Bronfenbrenner (1917~2005)

유리 브론펜브레너. 러시아 태생의 미국 심리학자. 생태학적 체계 이론(ecological system theory)의 창시자이다. '브론펜브레너', '유리 브론펜브레너', 'Bronfenbrenner' 등으로 표기하기도 한다.

CLICK 브론펜브레너

V

Viktor Frankl (1905~1997)

빅토르 에밀 프랭클(Viktor Emil Frankl). 유태계 오스트리아의 정신의학자, 신경학자, 의미 치료의 창시자이다.

CLICK 빅토르 프랭클

Virginia Apgar (1909~1974)

버지니아 아프가(Virginia Apgar). 미국의 여성 마취과 의사. '아프가 검사(Apgar test)'의 개발자이다. '아프가', '버지니아 아프가', 'Apgar' 등으로 표기하기도 한다.

CLICK '아프가' 및 '아프가 검사'

Vygotsky (1896~1934)

레프 스메노비치 비고츠키(Lev Semenovich Vygotsky). 벨라루스 태생의 구소련 심리학자.

CLICK 비고츠키

W

Warren Tay (1843~1927)

워런 테이(Warren Tay). 영국의 안과의사. '테이삭스병(Tay－Sachs disease)'에 관한 선구적인 연구를 진행한 학자이다.

CLICK 워런 테이

Watson (1878~1958)

존 브로더스 왓슨(John Broadus Watson). 미국의 심리학자. 행동주의 심리학의 창시자이다. '왓슨', 'Watson', 'John B. Watson' 등으로 표기하기도 한다.

CLICK 왓슨(Watson: 1878~1958)

Watson (1928~)

제임스 듀이 왓슨(James Dewey Watson). 미국의 분자생물학자. 'DNA의 이중 나선 구조 모델'을 제안하였고, 1962년 노벨상(생리 · 의학상)을 공동 수상하였다. '왓슨', '제임스 왓슨', '제임스 듀이 왓슨', 'James Watson', 'James Dewey Watson' 등으로 표기하기도 한다. CLICK 제임스 듀이 왓슨

Wechsler (1896~1981)

데이비드 웩슬러(David Wechsler). 루마니아 태생의 미국 심리학자. 전 세계적으로 가장 많이 사용되고 있는 '아동용 지능 검사'(웩슬러 아동 지능 검사, Wechsler Intelligence Scale for Children <WISC>)와 '성인용 지능 검사'(웩슬러 성인 지능 검사, Wechsler Adult Intelligence Scale<WAIS>)를 개발하였다. '웩슬러'로 표기하기도 한다.

Wernicke (1848~1905)

카를 베르니케(Carl Wernicke). 독일의 신경학자, 의사. '베르니케 실어증(Wernicke's aphasia)'의 발견자이다. '베르니케', '카를 베르니케', '칼 베르니케', 'Carl Wernicke' 등으로 표기하기도 한다.

CLICK 베르니케

WHO

'World Health Organization(세계보건기구)'의 약자. 세계인들의 보건과 위생을 지원하기 위해 1948년에 UN(국제연합) 산하의 기구로 설립되었다.

Wilkins (1916~2004)

모리스 휴 프레더릭 윌킨스(Maurice Hugh Frederick Wilkins). 영국의 생리학자, 생물 물리학자. DNA에 관한 연구 업적을 인정받아 1962년 제임스 왓슨(James Watson: 1928~) 및 프랜시스 크릭(Francis Crick: 1916~2004) 등과 공동으로 노벨상(생리 · 의학상)을 수상하였다. '윌킨스', '모리스 윌킨스', 'Wilkins', 'Maurice Wilkins' 등으로 표기하기도 한다.

William James (1842~1910)

윌리엄 제임스. 미국의 심리학자, 철학자. 기능주의 심리학의 창시자이다. CLICK 윌리엄 제임스

X

X 결함 증후군 【X 缺陷 症候群】 fragile X syndrome / fragile-X syndrome

대표적인 유전 장애의 한 유형으로, 결함이 있는 X 염색체가 원인이 되어 발생하는 장애이다. '취약 X 증후군', '취약-X 증후군', '취약 X 염색체 증후군', '취약-X 염색체 증후군', 'X-결함 증후군' 등의 명칭으로도 불린다. CLICK 취약 X 증후군

X 염색체 【X 染色體】 X chromosome / X-chromosome

인간의 모든 체세포의 핵 안에는 23쌍(46개)의 염색체가 들어 있는데, 그 중에서 23번째의 염색체(쌍)는 성(性)을 결정하는 데 관여하기 때문에 성염색체(性染色體, sex chromosome)라고 한다. 성염색체는 성(남성과 여성 또는 암 · 수)을 결정하는 유전 정보를 담고 있는 염색체로 두 가지 유형(X 염색체와 Y 염색체)이 있으며, 그 가운데 하나가 X 염색체이다. 염

색체의 유형 구분은 그 모양에서 비롯된 것으로, 인간, 개, 소 등이 포함되는 포유동물들은 여성(또는 암컷)의 경우 두 염색체가 모두 X 염색체로 구성되어 있고, 남성(또는 수컷)의 경우에는 한 개의 X 염색체와 한 개의 Y 염색체로 구성되어 있다. 이와 같은 성염색체 조합에 따른 성 결정은 수정 과정에서 이루어지는 것으로, 수정 시 23번째 염색체인 성염색체 쌍이 결합되는 과정에서 XY 결합이 이루어지면 태아는 남성이 되고, XX 결합이 이루어지면 여성이 된다.

XXX 증후군【XXX 症候群】XXX syndrome

성염색체(23번째 염색체)의 수(정상적인 여성은 XX로 X 염색체의 수가 2개임)가 1개 이상 더 많은 여성에게서 나타나는 지능 결함이 포함된 일군의 장애 증상을 지칭하여 '초자 증후군(superfemale syndrome)' 또는 '초여성 증후군'이라 하며, 그 중에서도 정상 여성에 비해 추가적으로 X 염색체 수가 1개 더 많은 경우를 'XXX 증후군'이라고 한다. '삼중 X 증후군(triple X syndrome)' 또는 '삼염색체성 X(trisomy X)'라고도 한다. '초자 증후군'을 가진 여성들은 흔히 외모 면에서는 정상적인 모습을 가지고 있고 임신도 가능하며, 일반적으로 보통의 성염색체 수를 가진 아기를 출산한다. 하지만 이 장애를 가진 여성들 중에는 부분적으로 월경 이상을 보이는 경우가 있고, 자폐증을 나타내기도 하며, 지적 능력 면에서는 정상적인 경우가 많고 15~20% 정도에서 가벼운 정신지체를 나타내기도 한다. 그 결함이나 지체의 정도는 추가적인 X 염색체의 수가 증가함에 따라 심해지는 경향이 있다. 발생 원인은 생식세포가 생성되는 과정에서 감수 분열이 정상적으로 이루어지지 않는 비분리 현상에 의해 X 염색체 수가 정상보다 많아짐으로써 초래된다.

XXXX 증후군【XXXX 症候群】XXXX syndrome

성염색체(23번째 염색체)의 수(정상적인 여성은 XX로 X 염색체의 수가 2개임)가 1개 이상 더 많은 여성에게서 나타나는 지능 결함이 포함된 일군의 장애 증상을 지칭하여 '초자 증후군(superfemale syndrome)' 또는 '초여성 증후군'이라 하며, 그 중에서도 정상 여성에 비해 추가적으로 X 염색체 수가 2개 더 많은 경우를 'XXXX 증후군'이라고 한다. '사염색체성 X(tetrasomy X)' 또는 '사중 X(quadruple X)'라고도 한다. '초자 증후군'을 가진 여성들은 흔히 외모 면에서는 정상적인 모습을 가지고 있고 임신도 가능하며, 일반적으로 보통의 성염색체 수를 가진 아기를 출산한다. 하지만 이 장애를 가진 여성들 중에는 부분적으로 월경 이상을 보이는 경우가 있고, 자폐증을 나타내기도 하며, 지적 능력 면에서는 정상적인 경우가 많고 15~20% 정도에서 가벼운 정신지체를 나타내기도 한다. 그 결함이나 지체의 정도는 추가적인 X 염색체의 수가 증가함에 따라 심해지는 경향이 있다. 발생 원인은 생식세포가 생성되는 과정에서 감수 분열이 정상적으로 이루어지지 않는 비분리 현상에 의해 X 염색체 수가 정상보다 많아짐으로써 초래된다.

XXXXX 증후군【XXXXX 症候群】XXXXX syndrome

성염색체(23번째 염색체)의 수(정상적인 여성은 XX로 X 염색체의 수가 2개임)가 1개 이상 더 많은 여성에게서 나타나는 지능 결함이 포함된 일군의 장애 증상을 지칭하여 '초자 증후군(superfemale syndrome)' 또는 '초여성 증후군'이라 하며, 그 중에서도 정상 여성에 비해 추가적으로 X 염색체 수가 3개 더 많은 경우를 'XXXXX 증후군'이라고 한다. '오염색체성 X(pentasomy X)'라고도 한다. '초자 증후군'을 가진 여성들은 흔히 외모 면에서는 정상적인 모습을 가지고 있고 임신도 가능하며, 일반적으로 보통의 성염색체 수를 가진 아기를 출산한다. 하지만 이 장애를 가진 여성들 중에는 부분적으로 월경 이상을 보이는 경우가 있고, 자폐증을 나타내기도 하며, 지적 능력 면에서는 정상적인 경우가 많고 15~20% 정도에서 가벼운 정신지체를 나타내기도 한다. 그 결함이나 지체의 정도는 추가적인 X 염색체의 수가 증가함에 따라 심해지는 경향이 있다. 발생 원인은 생식세포가 생성되는 과정에서 감수 분열이 정상적으로 이루어지지 않는 비분리 현상에 의해 X 염색체 수가 정상보다 많아짐으로써 초래된다.

XYY 증후군【XYY 症候群】XYY syndrome

23번째 염색체인 성염색체의 수(정상적인 남성은 XY로 X 염색체와 Y 염색체의 수가 각각 1개씩임), 그 중에서도 Y 염색체의 수가 1개 이상 더 많은 남성에게서 나타나는 일련의 증상들을 지칭하여 '초남성 증후군'이라고 하며('초웅 증후군' 또는 '수퍼남성 증후군'이라고도 함) 그 중에서도 정상 남성에 비해 추가적으로 Y 염색체 수가 1개 더 많은 경우를 지칭하여 'XYY 증후군'이라고 한다. CLICK 초웅 증후군

XYYY 증후군【XYYY 症候群】XYYY syndrome

23번째 염색체인 성염색체의 수(정상적인 남성은 XY로 X 염색체와 Y 염색체의 수가 각각 1개씩임), 그 중에서도 Y 염색체의 수가 1개 이상 더 많은 남성에게서 나타나는 일련의 증상들을 지칭하여 '초남성 증후군'이라고 하며('초웅 증후군' 또는 '수퍼남성 증후군'이라고도 함) 그 중에서도 정상 남성에 비해 추가적으로 Y 염색체 수가 2개 더 많은 경우를 지칭하여 'XYYY 증후군'이라고 한다. CLICK 초웅 증후군

XYYYY 증후군【XYYYY 症候群】XYYYY syndrome

23번째 염색체인 성염색체의 수(정상적인 남성은 XY로 X 염색체와 Y 염색체의 수가 각각 1개씩임), 그 중에서도 Y 염색체의 수가 1개 이상 더 많은 남성에게서 나타나는 일련의 증상들을 지칭하여 '초남성 증후군'이라고 하며('초웅 증후군' 또는 '수퍼남성 증후군'이라고도 함) 그 중에서도 정상 남성에 비해 추가적으로 Y 염색체 수가 3개 더 많은 경우를 지칭하여 'XYYYY 증후군'이라고 한다. CLICK 초웅 증후군

Y

Y 염색체【Y染色體】Y chromosome / Y-chromosome

인간의 모든 체세포의 핵 안에는 23쌍(46개)의 염색체가 들어 있는데, 그 중에서 23번째의 염색체(쌍)는 성(性)을 결정하는 데 관여하기 때문에 성염색체(性染色體, sex chromosome)라고 한다. 성염색체는 성(남성과 여성 또는 암·수)을 결정하는 유전 정보를 담고 있는 염색체로 두 가지 유형(X 염색체와 Y 염색체)이 있으며, 그 가운데 하나가 Y 염색체이다. 염색체의 유형 구분은 그 모양에서 비롯된 것으로, 인간, 개, 소 등이 포함되는 포유동물들은 여성(또는 암컷)의 경우 두 염색체가 모두 X 염색체로 구성되어 있고, 남성(또는 수컷)의 경우에는 한 개의 X 염색체와 한 개의 Y 염색체로 구성되어 있다. 이와 같은 성염색체 조합에 따른 성 결정은 수정 과정에서 이루어지는 것으로, 수정 시 23번째 염색체인 성염색체 쌍이 결합되는 과정에서 XY 결합이 이루어지면 태아는 남성이 되고, XX 결합이 이루어지면 여성이 된다.

Z

ZPD

'zone of proximal development'의 약자로, '근접발달영역'을 의미한다. CLICK 근접발달영역

0~9

1차성 불임 【一次性 不姙】 primary infertility

여성 불임증의 한 유형으로, 임신 경험이 한 번도 없는 여성에게서 나타나는 보이는 불임증. '1차성 불임증', '원발성 불임증', '원발성 불임'이라고도 한다.

1차성 불임증 【一次性 不姙症】 primary infertility

여성 불임증의 한 유형으로, 임신 경험이 한 번도 없는 여성에게서 나타나는 불임증. '원발성 불임증', '원발성 불임', '1차성 불임'이라고도 한다.

1차 성징 【一次 性徵】 primary sex characteristic / primary sexual characteristic

남성과 여성의 성기(性器)의 차이와 같이 일차적인 성 기관(性 器官)의 발달에 따라 나타나는 성별 차이 또는 그러한 특징을 의미한다.

1차 순환 반응 【一次 循環 反應】 primary circular reaction

순환 반응(circular reaction)은 동일한 동작이나 활동을 반복해서 나타내는 행동 또는 반응을 말하는 것으로, 생후 초기의 영아가 자신의 손가락을 반복해서 빠는 행동은 순환 반응의 대표적인 예가 된다. 삐아제(Piaget: 1896~1980)는 그의 인지발달 이론을 통해 인지발달의 네 단계를 제시하였고, 그 가운데 첫 번째 단계인 감각 운동기(sensorimotor stage: 출생~2세 경)를 다시 6개의 하위 단계로 구분하였다. 이 6개의 하위 단계들 가운데 두 번째가 '1차 순환 반응' 단계(생후 1개월~4개월)로, 이 시기의 영아는 자신이 우연히 했던 또는 우연히 일어난 어떤 행동이나 반응(예를 들면, 자신의 손가락 빨기)이 재미있고 만족스럽다는 것을 발견하게 되면서부터 이 반응을 반복하는 행동 경향을 보이게 되는데, 이와 같은 감각 운동기 초기에 영아가 자신의 신체를 이용한 반응을 습관적으로 반복하는 행동을 지칭하여 '1차 순환 반응'이라고 한다. 1차 순환 반응에서 대상이 되는 행동(또는 활동)은 항상 영아 자신의 신체에 국한된다. '일차 순환 반응'으로 표기하기도 한다.

1차적 기억 【一次的 記憶】 primary memory

단기 기억과 비슷한 의미로 사용되는 표현으로, 특

히 현재 시연 과정을 거치고 있는 기억 정보를 의미한다. '1차 기억', '일차적 기억' 또는 '일차 기억'이라고도 한다.

1차적 정신 능력【一次的 精神 能力】primary mental abilities (PMA)

지능을 구성하는 7가지 기본적인 정신 능력. '1차 정신 능력' 또는 '일차 정신 능력'이라고도 한다.

CLICK 1차 정신 능력

1차 정서【一次 情緖】primary emotion

놀람, 기쁨, 분노, 슬픔, 공포, 혐오 등과 같이 출생 시부터 가지고 태어나거나 또는 생후 초기(대략 생후 1년 이내)에 기본적으로 제일 먼저 나타나는 정서. 세계의 모든 사람들에게서 생후 초기에 문화 보편적으로 나타나는 정서로, 이와 같이 '1차 정서'가 나타나는 것은 생물학적으로 유전자 안에 프로그램화되어 있기 때문이라고 보는 견해가 많다. '1차적 정서', '일차 정서', '일차적 정서', '기본 정서', '기본적 정서'라고도 한다.

1차 정신 능력【一次 精神 能力】primary mental abilities (PMA)

지능을 구성하는 7가지 기본적인 정신 능력. 미국의 심리학자인 루이스 레온 서스톤(Louis Leon Thurstone: 1887~1955)이 지능을 설명하기 위해 제안한 개념으로, 그는 요인 분석을 통해 지능이 기본적인 7가지 요인들로 이루어진 정신 능력이라고 보았다. 그가 제안한 기본 정신 능력에 포함되는 7가지 능력은 언어 이해력, 단어 유창성, 기억력, 수리 능력, 공간 지각 능력, 추리 능력, 지각 속도 등이다. 서스톤은 이러한 7가지 기본 정신 능력들이 지능을 구성하며, 이것들은 각각 독립적이라고 보았다. '기본 정신 능력'이라고도 하며, '1차적 정신 능력', '일차 정신 능력' 등으로 표기하기도 한다.

1차 정신 능력 검사【一次 精神 能力 檢査】primary mental abilities Test (PMAT)

미국의 심리학자인 루이스 레온 서스톤(Louis Leon Thurstone: 1887~1955)이 지능을 설명하기 위해 자신이 제안한 7가지 기본 정신 능력(primary mental abilities)을 측정하기 위해 개발한 검사 도구. '기본 정신 능력 검사'라고도 하며, '일차 정신 능력 검사'로 표기하기도 한다.

CLICK 1차 정신 능력

2차 기억【二次 記憶】secondary memory

'장기 기억'과 비슷한 의미로 사용되는 표현으로, 특히 장기 기억을 기억의 지속 시간 차원보다는 기억의 처리 수준 차원에서 설명하는 개념이다. '2차적 기억', '이차 기억' 또는 '이차적 기억'이라고도 한다.

2차성 불임【二次性 不姙】secondary infertility

여성 불임증의 한 유형으로, 한 번 이상의 임신 경험이 있는 여성이 보이는 불임증을 의미한다. '2차성 불임증', '속발성 불임증', '속발성 불임'이라고도 한다.

2차성 불임증【二次性 不姙症】secondary infertility

여성 불임증의 한 유형으로, 한 번 이상의 임신 경험이 있는 여성이 보이는 불임증을 의미한다. '속발성 불임증', '2차성 불임', '속발성 불임'이라고도 한다.

2차 성징【二次 性徵】secondary sex characteristic / secondary sexual characteristic

남녀의 성기(性器)의 차이와 같은 일차적인 성 기관(性 器官)의 발달에 따라 나타나는 차이 외에 성호르몬의 분비가 왕성해지면서 새로이 나타나는 성별에 따른 신체적 특징의 변화 또는 차이. 흔히 사춘기와 함께 나타나기 시작하며, 여성의 경우에는 생리(또는 월경)의 시작 및 유방의 발달, 남성의 경우에는 몽정, 변성 및 수염의 발달 등으로 대표된다. '제2차 성징' 또는 '이차 성징'으로 표기하기도 한다.

2차 순환 반응【二次 循環 反應】secondary circular reaction

순환 반응(circular reaction)은 동일한 동작이나 활동을 반복해서 나타내는 행동 또는 반응을 말하는 것으로, 생후 초기의 영아가 자신의 손가락을 반복해서 빠는 행동은 순환 반응의 대표적인 예가 된다. 삐아제(Piaget: 1896~1980)는 그의 인지발달 이론을 통해 인지발달의 네 단계를 제시하였고, 그 가운데 첫 번째 단계인 감각 운동기(sensorimotor stage: 출생~2세 경)를 다시 6개의 하위 단계로 구분하였다. 이 6개의 하위 단계들 가운데 세 번째가 '2차 순환 반응' 단계(생후 4개월~8개월)로, 이 단계의 영아가 특징적으로 나타내는 반응(또는 행동) 경향이 '2차 순환 반응'이다. 이 세 번째 단계에 앞선 두 번째 단계(1차 순환 반응 단계)에서는 영아가 우연히 자신이 우연히 했던 또는 우연히 일어난 어떤 행동이나 반응(예를 들면, 자신의 손가락 빨기)이 재미있고 만족스럽다는 것을 발견하게 되면서부터 이 반응을 반복하는 행동 경향을 보이게 되는데 비해, 그 다음 단계인 이차 순환 반응 단계에서는 영아가 우연히 자신의 신체 이외의 물체를 가지고 하는 활동(예를 들면, 딸랑이와 같은 장난감을 흔들기)이 재미있고, 만족스럽다는 것을 발견하게 되면서부터 이 활동을 반복하는 반응 경향을 나타낸다. 이와 같이 감각 운동기의 세 번째 단계에서 영아가 자신의 신체가 아닌 외부의 물체를 가지고 행하는 반복적인 반응을 지칭하여 2차 순환 반응이라고 한다. '이차 순환 반응'으로 표기하기도 한다.

2차 순환 반응의 협응【二次 循環 反應의 協應】coordination of secondary circular reaction

순환 반응(circular reaction)이란 동일한 동작이나 활동을 반복해서 나타내는 행동 또는 반응을 말하는 것으로, 생후 초기의 영아가 자신의 손가락을 반복해서 빠는 행동은 순환 반응의 대표적인 예가 된다. 협응(coordination)은 목표나 목적을 이루기 위해 두 가지 이상의 행동을 결합하여 행동하는 것을 의미한다. 삐아제(Piaget: 1896~1980)의 인지발달 이론에서 감각 운동기의 네 번째 하위 단계(생후 대략 8개월~1년 사이)에서 나타나는 영아의 활동 경향. 이 시기의 영아는 자신이 목표로 한 것을 이루기 위해 두 가지 이상의 행동을 협응시키는 활동을 하게 되는데, 이러한 활동 경향을 '2차 순환 반응의 협응'이라고 한다. 삐아제(Piaget: 1896~1980)는 인지발달 이론을 통해 인지발달의 네 단계를 제시하였고, 그 가운데 첫 번째 단계인 감각 운동기(sensorimotor stage: 출생~2세 경)를 다시 6개의 하위 단계로 구분하였다. 이 6개의 하위 단계들 가운데 네 번째가 '2차 순환 반응의 협응' 단계(생후 8개월~12개월)로, 이 단계의 영아가 특징적으로 나타내는 반응(또는 행동) 경향이 '2차 순환 반응의 협응'이다. '2차 순환 반응의 협응'을 이해하기 위해서는 앞 단계(세 번째 단계)에서 나타나는 영아의 반응 특징을 이해할 필요가 있다. 6개의 하위 단계들 중에서 세 번째인 '2차 순환 반응' 단계(생후 4개월~8개월)에서 영아가 특징적으로 나타내는 반응 경향인 '2차 순환 반응(secondary circular reaction)'은 영아가 우연히 자신의 신체 이외의 물체를 가지고 하는 활동(예를 들면, 딸랑이 장난감을 흔들기. '딸랑딸랑' 소리가 난다)이 재미있고 만족스럽다는 것을 발견하고 이 활동을 반복하는 반응 경향을 말한다. 네 번째 단계인 '2차 순환 반응의 협응' 단계에서는 영아가 어느 순간 이루고자 하는 목표(예를 들면, 딸랑이 장난감을 손으로 잡기)를 이루기 위해 두 개 또는 그 이상의 행동을 협응시키는 활동(반응)을 나타낸다. 예를 들면, 영아가 갖고 싶어 하는 딸랑이 장난감을 아이가 보는 앞에서 방석으로 덮으면 영아는 딸랑이 장난감을 잡기 위해 먼저 방석을 들어올리고(행동1), 다른 한 손으로는 딸랑이 장난감을 잡아든다(행동2). 이처럼 목표를 이루려는 의도를 가지고 두 개 이상의 행동을 협응시키는 활동을 지칭하여 '2차 순환 반응의 협응'이라고 한다. '이차 순환 반응의 협응'으로 표기하기도 한다.

2차 정서【二次 情緒】secondary emotion

출생 시부터 가지고 태어나거나 또는 생후 초기(대략 생후 1년 이내)에 기본적으로 제일 먼저 나타나는 정서인 1차 정서(primary emotion)와 달리, 태어난 이후 사회적 관계와 경험을 통해 새로이 형성되는 정서를 말한다. 이러한 2차 정서는 1차 정서들(예를 들면, 놀람, 기쁨, 분노, 슬픔, 공포, 혐오 등) 가운데 두 개 이상이 결합되어 만들어지며, 문화 보편적인 1차 정서와는 달리 문화에 따라 차이를 보인다. '2차적 정서', '이차 정서', '이차적 정서'라고도 한다. 또한 두 개 이상의 기본 정서들이 결합된 정서라는 의미에서 '복합 정서' 또는 '복합적 정서'라고도 한다.

3차 순환 반응【三次 循環 反應】tertiary circular reaction

새롭고 흥미로운 결과를 산출하는 행동(또는 방법)을 찾기 위해 다양한 시도를 시행착오적으로 반복하는 행동. 일종의 도식이라고 할 수 있다. 순환 반응(circular reaction)은 동일한 동작이나 활동을 반복해서 나타내는 행동(또는 반응)을 말하는 것으로, 생후 초기의 영아가 자신의 손가락을 반복해서 빠는 행동은 순환 반응의 대표적인 예가 된다. 삐아제(Piaget: 1896~1980)는 그의 인지발달 이론을 통해 인지발달의 네 단계를 제시하였고, 그 가운데 첫 번째 단계인 감각 운동기(sensorimotor stage: 출생~2세경)를 다시 6개의 하위 단계로 구분하였다. 이 6개의 하위 단계들 가운데 다섯 번째가 '3차 순환 반응' 단계(생후 12개월~18개월)로, 이 단계의 영아가 특징적으로 나타내는 행동(또는 반응) 경향이 '3차 순환 반응'이다. 6개의 하위 단계들 중에서 세 번째인 '2차 순환 반응' 단계(생후 4개월~8개월)에서 영아가 특징적으로 나타내는 행동 경향인 '2차 순환 반응(secondary circular reaction)'은 영아가 우연히 자신의 신체 이외의 물체를 가지고 하는 활동(예를 들면, 딸랑이 장난감 흔들기. '딸랑딸랑'소리가 난다)이 재미있고 만족스럽다는 것을 발견하고 이 활동을 반복하는 행동 경향을 나타내는데, 이런 행동 경향을 '2차 순환 반응'이라고 한다. 네 번째 단계인 '2차 순환 반응의 협응(coordination of secondary circular reaction)' 단계에서는 영아가 목표(예를 들면, 딸랑이 장난감 잡기)를 이루려는 의도성을 가지고 두 개 이상의 행동을 협응시키는 행동을 나타내는데, 이런 행동을 지칭하여 '2차 순환 반응의 협응'이라고 한다. 이제 다섯 번째 단계인 '3차 순환 반응' 단계로 오면, 영아는 무언가 흥미롭고 재미있는 결과를 가져오는 새로운 행동(또는 방법)을 산출하기 위해 실험하듯이 다양한 시도나 탐색을 하는 행동(일종의 도식임)을 반복하는데, 이런 행동을 지칭하여 '3차 순환 반응'이라고 한다. 예를 들면, '2차 순환 반응' 단계에서 영아는 우연히 '딸랑이 장난감 흔들기'가 내는 소리가 재미있고 만족스러워 딸랑이 장난감 흔들기만을 반복했다면, '3차 순환 반응' 단계에서는 영아가 어떤 일(결과)이 일어나는지를 보기 위해 딸랑이 장난감을 벽에 던져보거나 바닥에 떨어뜨려본다. 또 발로 밟아보기도 한다. 이와 같이 무언가 새롭고 흥미로운 결과를 산출하는 행동(또는 방법)을 찾기 위해 다양한 시도를 시행착오적으로 반복하는 행동을 지칭하여 '3차 순환 반응'이라고 한다. 일종의 '도식'이라고 할 수 있다. '삼차 순환 반응'으로 표기하기도 한다.

5요인 모델【五要因 모델】five-factor model

인간의 성격을 기본적인 5가지 특성(traits)으로 설명하는 이론. 이 5가지 성격 특성들은 요인 분석을 통해 밝혀낸 것으로, '빅 파이브(Big Five)'라고도 한다. 성격을 구성하는 이 5가지의 특성들에는 외향성(extraversion, E), 성실성(conscientiousness, C), 우호성(agreeableness, A), 신경증적 성향(neuroticism, N), 경험에 대한 개방성(openness to experience, O) 등이 포함된다. 이 5가지 요인은 미국과 영국 등을 포함한 서구 문화권은 물론이고 한국과 중국 및 일본 등의 동양 문화권까지도 포함한 세계 여러 나라들에서 진행된 연구를 통해 일관성 있게 나타나고 있다. 각각의 요인들은 낮은 수준부터 높은 수준에 이르기까지 연속성을 가진 것으로 가정된다.

5요인 이론【五要因 理論】five-factor theory

인간의 성격을 기본적인 5가지 특성(traits)으로 설명하는 이론. '5요인 모델' 또는 '5요인 모형'이라고도 한다.

CLICK 5요인 모델

21 삼염색체성【二十一 三染色體性】Trisomy 21

흔히 '다운 증후군(Down's syndrome)'이라고 부르는 장애이다. 염색체 이상에서 비롯되는 대표적인 선천성 장애의 한 유형으로, 인간이 가지고 있는 23쌍의 염색체 중에서 21번째 염색체 쌍에 추가로 염색체 1개 더 있는 염색체 이상(정상적으로 2개가 있어야 할 21번째 염색체가 3개인 경우)이다. 즉, 인간의 염색체(총 23쌍)를 분류하면 1번째 염색체부터 22번째 염색체까지를 상염색체(常染色體)라고 하고, 23번째 염색체를 성염색체(性染色體)라고 하는데, 다운 증후군을 가진 사람은 이 염색체들 중 상염색체에 해당하는 21번째 염색체가 쌍(2개)이 아니고 3개인 삼염색체성(Trisomy)이다. 그 결과 이 증후군을 가진 사람은 신체적 장애와 지적 장애를 동반한다. 구체적으로 작은 머리, 경사진 이마, 아몬드 모양의 눈, 납작한 코 등 머리와 얼굴 그리고 손과 다리 등 신체의 여러 부분에서 독특한 외모를 나타내고, 심장이나 신장 등의 장기에서 기형을 나타내는 경우가 많다. 흔히 가벼운 정도에서 중간 정도의 정신지체(경우에 따라 심한 정도의 정신지체)를 나타낸다. 1866년 영국의 의사 랭던 다운(Langdon Down: 1828~1896)이 처음으로 보고하면서 알려지게 되었지만, 아직까지도 그 발생 원인은 명확하게 밝혀져 있지 않다. 약 800번의 출산 중 1번 정도의 비율로 발생하며, 다른 연령층에 비해 35세 이상의 여성들이나 청소년기의 저연령 여성들에게서 다운 증후군을 가진 아기가 태어나는 비율이 더 높다.

영문 찾아보기

A

ability test 능력 검사【能力 檢査】 70
abnormal behavior 이상 행동【異常 行動】 302
abnormal psychology 이상심리학【異常心理學】 302
abnormality 이상【異常】 302
Abraham Harold Maslow (1908~1970) 477
Abraham Maslow (1908~1970) 에이브러햄 매슬로우 262
abuse 학대【虐待】 453
academic achievement 학업성취【學業成就】 454
acceptance/responsi-veness 수용/반응성【受容/反應性】 212
accommodation 조절【調節】 369
acculturation 문화변용【文化變容】 118
acculturation stress 문화변용 스트레스【文化變容 스트레스】 118
acculturation stress 문화적응 스트레스【文化適應 스트레스】 119
acculturative stress 문화변용 스트레스【文化變容 스트레스】 118
acculturative stress 문화적응 스트레스【文化適應 스트레스】 119
acetylcholine 아세틸콜린 241
achievement 성취【成就】 203
achievement attribution 성취 귀인【成就 歸因】 203
achievement expectancy 성취 기대【成就 期待】 204
achievement level 성취도【成就度】 204
achievement motivation 성취동기【成就動機】 204
achievement motive 성취동기【成就動機】 204
achievement test 성취도 검사【成就度 檢査】 204
acquired 후천적인【後天的인】 475

acquired immune deficiency syndrome 후천성 면역 결핍증【後天性 免疫 缺乏症】 ······ 475
action 행위【行爲】 ······ 460
action potential 활동 전위【活動 電位】 ······ 469
active genotype-environment correlation 능동적 유전자형-환경 상관【能動的 遺傳子型-環境 相關】 ···· 70
active life expectancy 활동적 기대 수명【活動的 期待 壽命】 ······ 469
active life expectancy 활동적 기대 여명【活動的 期待 餘命】 ······ 469
activity-passivity issue 능동성-수동성 이슈【能動性-受動性 이슈】 ······ 69
actual self 실제적 자기【實際的 自己】 ······ 226
actualizing tendency 실현 경향성【實現 傾向性】 ······ 229
acute anterior poliomyelitis 급성회백수염【急性灰白髓炎】 ······ 49
adaptation 적응【適應】 ······ 343
adaptive behavior 적응적 행동【適應的 行動】 ······ 345
adaptive functions 적응 기능【適應 機能】 ······ 344
adaptive strategy choice model 적응적 전략 선택 모델【適應的 戰略 選擇 모델】 ······ 344
adaptive strategy choice model 적응적 전략 선택 모형【適應的 戰略 選擇 模型】 ······ 344
adaptive value 적응적 가치【適應的 價値】 ······ 344
addiction 중독【中毒】 ······ 377
ADHD ······ 477
adjustment 적응【適應】 ······ 344
adjustment disorder 적응 장애【適應 障碍】 ······ 344
Adler (1870~1937) ······ 477
Adler (1870~1937) 아들러 ······ 240
admiration 칭찬【稱讚】 ······ 412
adolescence 청소년기【靑少年期】 ······ 399
adolescence delinquency 청소년 비행【靑少年 非行】 ······ 400
adolescent 청년【靑年】 ······ 399
adolescent 청소년【靑少年】 ······ 399
adolescent behaviors 청소년 행동【靑少年 行動】 ······ 402
adolescent counseling 청소년 상담【靑少年 相談】 ······ 401
adolescent crime 청소년 범죄【靑少年 犯罪】 ······ 400
adolescent culture 청소년 문화【靑少年 文化】 ······ 400
adolescent delinquent behavior 청소년 비행 행동【靑少年 非行 行動】 ······ 400
adolescent development 청소년 발달【靑少年 發達】 ······ 400
adolescent egocentrism 청소년 자기 중심성【靑少年 自己 中心性】 ······ 401
adolescent egocentrism 청소년 자아 중심성【靑少年 自我 中心性】 ······ 401
adolescent growth spurt 청소년 성장 급등【靑少年 成長 急騰】 ······ 401
adolescent growth spurt 청소년기 성장 급등【靑少年期 成長 急騰】 ······ 400
adolescent mental disorders 청소년 정신 장애【靑少年 精神 障碍】 ······ 402
adolescent problem 청소년 문제【靑少年 問題】 ······ 400
adolescent problem behavior 청소년 문제 행동【靑少年 問題 行動】 ······ 400
adolescent psychologist 청소년심리학자【靑少年心理學者】 ······ 401
adolescent psychology 청년심리학【靑年心理學】 ······ 399
adolescent psychology 청소년심리학【靑少年心理學】 ······ 401

adolescent smoking 청소년 흡연【青少年 吸煙】 402
adolescent under probation 보호 관찰 청소년【保護 觀察 青少年】 143
adolescent's problem 청소년 문제【青少年 問題】 400
adopted child 양자【養子】 254
adopted daughter 양녀【養女】 251
adopted son 양자【養子】 254
adopter 양부모【養父母】 253
adoption 입양【入養】 321
adoption design 입양 설계【入養 設計】 321
adoption study 양자 연구【養子 研究】 255
adoption study 입양 연구【入養 研究】 321
adoptive father 양부【養父】 253
adoptive mother 양모【養母】 252
adrenaline 아드레날린 240
adult 성인【成人】 199
adult disease 성인병【成人病】 199
adulthood 성인기【成人期】 199
affective explanation 정의적 설명【情意的 說明】 363
age of viability 생존 가능 연령【生存 可能 年齡】 186
aged person 노인【老人】 64
aged society 고령 사회【高齡 社會】 29
ageing 고령화【高齡化】 29
ageing 노화【老化】 65
ageism 연령차별주의【年齡差別主義】 267
agent of socialization 사회화 대리인【社會化 代理人】 176
agent of socialization 사회화 대행자【社會化 代行者】 176
aggression 공격성【攻擊性】 33
aggressive behavior 공격 행동【攻擊 行動】 33
aging 고령화【高齡化】 29
aging 노화【老化】 65
aging society 고령화 사회【高齡化 社會】 29
agnosia 실인증【失認症】 226
agonist 효능제【效能劑】 473
agraphia 실서증【失書症】 226
agraphia 쓰기 언어 상실증【쓰기 言語 喪失症】 237
agreeableness 우호성【友好性】 281
agreeableness 친화성【親和性】 412
AI 477
AIDS 후천성 면역 결핍증【後天性 免疫 缺乏症】 475
Ainsworth (1913~1999) 에인스워스 262
Albert Bandura (1925~) 477
Albert Bandura (1925~) 알버트 반두라 245
Albert Bandura (1925~) 앨버트 반두라 250

alcohol addiction 알코올 중독【알코올 中毒】 246
alcohol addiction 알코올 중독증【알코올 中毒症】 247
alcohol intoxication 알코올 중독【알코올 中毒】 246
alcoholic 알코올 중독자【알코올 中毒者】 247
alcoholism 알코올 중독【알코올 中毒】 246
alcoholism 알코올 중독증【알코올 中毒症】 247
alcohol-related neurodevelopmental disorder (ARND) 알코올 관련 신경발달 장애【알코올 關聯 神經發達 障碍】 245
alexia 실독증【失讀症】 226
alexia without agraphia 실서증 없는 실독증【失書症 없는 失讀症】 226
Alfred Adler (1870~1937) 478
Alfred Adler (1870~1937) 알프레드 아들러 247
Alfred Binet (1857~1911) 478
Alfred Binet (1857~1911) 알프레드 비네 247
alleles 대립 유전자【對立 遺傳子】 82
Allport (1897~1967) 478
Alois Alzheimer (1864~1915) 478
Alois Alzheimer (1864~1915) 알로이스 알츠하이머 245
alpha girl 알파걸 247
alpha mom 알파맘 247
alternative education 대안 교육【代案 教育】 83
alternative school 대안 학교【代案 學校】 83
altruism 이타성【利他性】 306
altruism 이타주의【利他主義】 307
altruistic behavior 이타 행동【利他 行動】 307
Alzheimer (1864~1915) 478
Alzheimer (1864~1915) 알쯔하이머 245
Alzheimer (1864~1915) 알츠하이머 245
Alzheimer's disease (AD) 알츠하이머병【알츠하이머病】 245
amniocentesis 양막 천자【羊膜 穿刺】 252
amniocentesis 양수 천자【羊水 穿刺】 254
amnion 양막【羊膜】 251
amniotic fluid 양막액【羊膜液】 252
amniotic fluid 양수【羊水】 253
amphetamine 암페타민 248
amphetamines 암페타민류【암페타민類】 249
amygdala 편도체【扁桃體】 439
anal character 항문기 성격【肛門期 性格】 457
anal character 항문기적 성격【肛門期的 性格】 457
anal stage 항문기【肛門期】 456
analog 아날로그 238
analog generation 아날로그 세대【아날로그 世代】 238
analysis of amniotic fluid 양수 검사【羊水 檢査】 254

analysis of amniotic fluid 양수 검사법【羊水 檢査法】 254
analytic psychology 분석심리학【分析心理學】 148
analytical intelligence 분석적 지능【分析的 知能】 148
Andreas Rett (1924~1997) 478
Andreas Rett (1924~1997) 안드레아스 레트 244
Androgen 478
androgen 안드로겐 244
androgenized female 남성화된 여성【男性化된 女性】 58
androgenized female 안드로겐화 여성【안드로겐化 女性】 244
androgyny 양성성【兩性性】 253
anecdotal records 일화 기록법【逸話 記錄法】 320
anencephaly 무뇌증【無腦症】 115
anger 분노【忿怒 / 憤怒】 146
animism 물활론【物活論】 120
animistic thinking 물활론적 사고【物活論的 思考】 120
Anna Freud (1895~1982) 478
Anna Freud (1895~1982) 안나 프로이트 243
anodinia 무통 분만【無痛 分娩】 117
anorexia 신경성 식욕 부진증【神經性 食慾 不振症】 222
anorexia nervosa 거식증【拒食症】 18
anorexia nervosa 신경성 식욕 부진증【神經性 食慾 不振症】 222
A-not-B error A-not-B 오류【A-not-B 誤謬】 479
A-not-B task A-not-B 과제【A-not-B 課題】 478
anoxia 산소 결핍증【酸素 缺乏症】 177
antenatal training 태교【胎敎】 424
antisocial behavior 반사회적 행동【反社會的 行動】 127
antisocial personality 반사회적 성격【反社會的 性格】 127
antisocial personality disorder 반사회성 성격 장애【反社會性 性格 障碍】 126
anxiety disorder 불안 장애【不安 障碍】 149
APA 479
Apgar (1909~1974) 479
Apgar (1909~1974) 아프가 242
Apgar scale 아프가 척도【아프가 尺度】 243
Apgar score 아프가 점수【아프가 點數】 243
Apgar test 아프가 검사【아프가 檢査】 242
aphasia 실어증【失語症】 226
Aposteriorism 후천론【後天論】 475
Aposteriorism 후천설【後天說】 475
appearance/reality distinction 외양/실체 구별【外樣/實體 區別】 277
appearance/reality distinction 외양/실체 구분【外樣/實體 區分】 277
applause 칭찬【稱讚】 412
apraxia 실행증【失行症】 228
apriority 선천성【先天性】 191

aptitude 적성【適性】 343
aptitude test 적성 검사【適性 檢査】 343
AQS 479
archetype 원형【原型】 284
Arnold Gesell (1880~1961) 480
Arnold Gesell (1880~1961) 아널드 게젤 238
Arnold Lucius Gesell (1880~1961) 480
Arnold Lucius Gesell (1880~1961) 아널드 루시우스 게젤 238
artificial fertilization 인공수정【人工受精】 308
artificial insemination (AI) 인공수정【人工受精】 308
asocial phase 비사회적 단계【非社會的 愛着 段階】 159
asocial phase of attachment 애착의 비사회적 단계【愛着의 非社會的 段階】 249
Asperger (1906~1980) 480
Asperger (1906~1980) 아스퍼거 241
Asperger's disorder 아스퍼거 장애【아스퍼거 障碍】 241
Asperger's syndrome 아스퍼거 증후군【아스퍼거 症候群】 241
assessment 평가【評價】 440
assimilation 동화【同化】 92
association 연상【聯想】 267
association 연합【聯合】 269
association area 연합 영역【聯合 領域】 269
association learning 연합 학습【聯合 學習】 269
associative learning 연합 학습【聯合 學習】 269
associative play 연합놀이【聯合놀이】 269
associative play 연합적 놀이【聯合的 놀이】 269
asymmetric tonic neck reflex (ATNR) 비대칭성 긴장성 목 반사【非對稱性 緊張性 목 反射】 158
ATNR 480
at-risk youth 위기 청소년【危機 靑少年】 285
attachment 애착【愛着】 249
attachment disorder 애착 장애【愛着 障碍】 250
attachment object 애착 대상【愛着 對象】 250
attachment Q-set (AQS) 애착 Q-set【愛着 Q-set】 250
attachment theory 애착 이론【愛着 理論】 250
attempted suicide 자살 시도【自殺 試圖】 331
attention 주의【注意】 374
attention 주의 집중【注意集中】 375
attention span 주의폭【注意幅】 375
attention-deficit hyperactivity disorder (ADHD) 주의력결핍 과잉행동 장애【注意力缺乏 過剩行動 障碍】 374
attention-deficit hyperactivity disorder (ADHD) 주의력결핍 과잉활동 장애【注意力缺乏 過剩活動 障碍】 375
attitude 태도【態度】 425
attitude bolstering 태도 지지【態度 支持】 425

attitude bolstering 태도 지지하기【態度 支持하기】 ········ 425
attribution 귀인【歸因】 ········ 46
attribution retraining 귀인 재훈련【歸因 再訓練】 ········ 46
auditory cortex 청각 피질【聽覺 皮質】 ········ 399
auditory sense 청각【聽覺】 ········ 399
auditory system 청각 체계【聽覺 體系】 ········ 399
authoritarian parenting 권위주의적 양육【權威主義的 養育】 ········ 45
authoritarian parenting 권위주의적 양육 방식【權威主義的 養育 方式】 ········ 45
authoritarian parenting 독재적 양육【獨裁的 養育】 ········ 88
authoritarian parenting 독재적 양육 방식【獨裁的 養育方式】 ········ 88
authoritarian parents 권위주의적 부모【權威主義的 父母】 ········ 45
authoritarianism 권위주의【權威主義】 ········ 45
authoritative parenting 권위 있는 양육【權威 있는 養育】 ········ 44
authoritative parenting 권위 있는 양육 방식【權威 있는 養育 方式】 ········ 45
authoritative parenting 권위적 양육【權威的 養育】 ········ 45
authoritative parenting 권위적 양육 방식【權威的 養育 方式】 ········ 45
authoritative parents 권위 있는 부모【權威 있는 父母】 ········ 44
authoritative parents 권위적 부모【權威的 父母】 ········ 45
authority 권위【權威】 ········ 44
autism 자폐증【自閉症】 ········ 338
autism spectrum disorder (ASD) 자폐 스펙트럼 장애【自閉 스펙트럼 障碍】 ········ 338
autobiographic memory 자서전적 기억【自敍傳的 記憶】 ········ 332
autobiographic memory 자전적 기억【自傳的 記憶】 ········ 338
autobiographical memory 자서전적 기억【自敍傳的 記憶】 ········ 332
autobiographical memory 자전적 기억【自傳的 記憶】 ········ 338
autocratic 독재적【獨裁的】 ········ 88
autonomic nerve 자율 신경【自律 神經】 ········ 337
autonomic nervous system (ANS) 자율 신경계【自律 神經系】 ········ 337
autonomous morality 자율적 도덕성【自律的 道德性】 ········ 337
autonomous stage 자율적 단계【自律的 段階】 ········ 337
autonomy 자율성【自律性】 ········ 336
autosomal gene 상염색체 유전자【常染色體 遺傳子】 ········ 180
autosome 보통 염색체【普通 染色體】 ········ 143
autosome 상염색체【常染色體】 ········ 179
autosuggestion 자기 암시【自己 暗示】 ········ 328
average child 평균적인 아동【平均的인 兒童】 ········ 440
average children 평균적인 아동【平均的인 兒童】 ········ 440
average life expectancy 평균 기대 수명【平均 期待 壽命】 ········ 440
average-status child 평균 지위 아동【平均 地位 兒童】 ········ 440
average-status child 평균 지위의 아동【平均 地位의 兒童】 ········ 440
average-status child 평균적 지위의 아동【平均的 地位의 兒童】 ········ 440
average-status children 평균 지위 아동【平均 地位 兒童】 ········ 440
average-status children 평균 지위의 아동【平均 地位의 兒童】 ········ 440

average-status children 평균적 지위의 아동【平均的 地位의 兒童】 440
aversion therapy 혐오 치료【嫌惡 治療】 463
aversive therapy 혐오 치료【嫌惡 治療】 463
avoidance attachment 회피 애착【回避 愛着】 470
avoidance behavior 회피 행동【回避 行動】 470
avoidance learning 회피 학습【回避 學習】 470
Avram Noam Chomsky (1928~) 480
awareness 인식【認識】 311
axon 축색【軸索】 409

B

B. F. Skinner (1904~1990) 481
babbling 옹알이 274
Babinski (1857~1932) 480
Babinski (1857~1932) 바빈스키 123
Babinski reflex 바빈스키 반사【바빈스키 反射】 123
Babkin reflex 밥킨 반사【밥킨 反射】 134
baby 아기 238
baby biography 아기 전기【아기 傳記】 238
Bandura (1925~) 480
Bandura (1925~) 반두라 124
basic emotion 기본 정서【基本 情緖】 50
basic emotion 기본적 정서【基本的 情緖】 50
basic gender identity 기본적 성 정체성【基本的 性 正體性】 50
behavior 행동【行動】 458
behavior contract 행동 계약【行動 契約】 458
behavior contracting 행동 계약【行動 契約】 458
behavior problem 행동 문제【行動 問題】 458
behavior shaping 행동 조형【行動 造形】 459
behavior therapy 행동 치료【行動 治療】 460
behavioral disorder 행동 장애【行動 障碍】 459
behavioral geneticist 행동유전학자【行動遺傳學者】 459
behavioral genetics 행동유전학【行動遺傳學】 459
behavioral inhibition 행동적 억제【行動的 抑制】 459
behavioral medicine 행동의학【行動醫學】 459
behavioral perspective 행동주의적 관점【行動主義的 觀點】 459
behavioral potentiality 행동 잠재력【行動 潛在力】 459
behavioral risk factors 행동 위험 요인【行動 危險 要因】 458
behaviorism 행동주의【行動主義】 459
behaviour 행동【行動】 458

behaviour modification 행동수정【行動 修正】 458
being inborn 생득【生得】 183
being innate 생득【生得】 183
belief-desire reasoning 믿음-소망 추론【믿음-所望 推論】 122
belongingness 소속감【所屬感】 206
benevolent sexism 온정적 성차별주의【溫情的 性差別主義】 274
bereavement 사별【死別】 166
Bernard Sachs (1858~1944) 480
Bernard Sachs (1858~1944) 버나드 삭스 138
Berne (1910~1970) 480
Berne (1910~1970) 번 138
between-family difference 가족 간 차이【家族 間 差異】 4
bias 편파【偏頗】 440
bibliotherapy 독서 요법【讀書 療法】 88
bibliotherapy 독서 치료【讀書 治療】 88
big creativity 위대한 창의성【偉大한 創意性】 286
Big Five 빅 파이브 161
bilingual 이중 언어 사용자【二重 言語 使用者】 304
Binet (1857~1911) 481
Binet (1857~1911) 비네 157
Binet-Simon test 비네-시몬 검사【비네-시몬 檢査】 157
binge eating disorder 폭식 장애【暴食 障碍】 443
biological perspective 생물학적 관점【生物學的 觀點】 184
bio-psychosocial perspective 생물심리사회적 관점【生物心理社會的 觀點】 184
bipolar disorder 양극성 장애【兩極性 障碍】 251
birth 분만【分娩】 147
bisexual 양성애자【兩性愛者】 253
bisexuality 양성애【兩性愛】 253
bisexuality 양성애적 소질【兩性愛的 素質】 253
blastocyst 배반포【胚盤胞】 136
blastodermic vesicle 배반포【胚盤胞】 136
blindsight 맹시【盲視】 110
blink reflex 눈 깜박 반사【눈 깜박 反射】 69
blink reflex 눈 깜박거리기 반사【눈 깜박거리기 反射】 69
blink reflex 순목 반사【瞬目 反射】 214
blinking reflex 눈 깜박 반사【눈 깜박 反射】 69
blinking reflex 눈 깜박거리기 반사【눈 깜박거리기 反射】 69
blinking reflex 순목 반사【瞬目 反射】 214
Bobo 481
Bobo 보보 140
Bobo doll 481
Bobo doll 보보 인형【보보 人形】 140
bodily-kinesthetic intelligence 신체-운동 지능【身體-運動 知能】 225

bodily-kinesthetic intelligence 신체-운동적 지능【身體-運動的 知能】 224
body image 신체상【身體像】 224
bond 유대【紐帶】 287
bonding 유대【紐帶】 287
borderline 경계선(의)【境界線(의)】 26
borderline intelligence 경계선 지능【境界線 知能】 26
bound morphemes 한정 형태소【限定 形態素】 456
Bowlby (1907~1990) 481
Bowlby (1907~1990) 볼비 144
Braille 브라유 점자 151
braille 브라유 점자 151
Braille 점자【點字】 351
braille 점자【點字】 351
Braille (1809~1852) 브라유 151
brain 뇌【腦】 67
brain growth spurt 뇌 성장 급등【腦 成長 急騰】 68
brain plasticity 뇌 가소성【腦 可塑性】 67
brain stem 뇌간【腦幹】 68
brain storming 브레인스토밍 152
brainstorming 브레인스토밍 152
brainstorming 창의적 집단 사고【創意的 集團 思考】 396
brainstorming 창의적 집단 사고법【創意的 集團 思考法】 396
Brazelton (1918~2018) 481
Brazelton (1918~2018) 브래즐턴 152
Brazelton Neonatal Behavioral Assessment Scale (NBAS) 브래즐턴 신생아 행동평가 척도【브래즐턴 新生兒 行動評價 尺度】 152
breech birth 둔위 분만【臀位 分娩】 95
breech delivery 둔위 분만【臀位 分娩】 95
breech position 둔위【臀位】 95
breech position 역위【逆位】 266
breech presentation 둔위【臀位】 95
breech presentation 역위【逆位】 266
Breuer (1842~1925) 브로이어 152
Broca (1824~1880) 481
Broca (1824~1880) 브로카 153
Broca's aphasia 브로카 실어증【브로카 失語症】 153
Broca's area 브로카 영역【브로카 領域】 153
broken family 결손 가정【缺損 家庭】 22
broken family 결손 가족【缺損 家族】 23
broken home 결손 가정【缺損 家庭】 22
broken home 결손 가족【缺損 家族】 23
Bronfenbrenner (1917~2005) 481
Bronfenbrenner (1917~2005) 브론펜브레너 153

bulimia nervosa 신경성 폭식증【神經性 暴食症】 222
burnout 번아웃 139
burnout 탈진【脫盡】 424
burnout 탈진 상태【脫盡 狀態】 424
Burrhus Frederic Skinner (1904~1990) 481

C

CAI 482
canalization 수로화【水路化】 210
canalization 운하화【運河化】 282
canalization principle 수로화 원리【水路化 原理】 210
canalization principle 운하화 원리【運河化 原理】 282
care 배려【配慮】 135
care perspective 배려 관점【配慮 觀點】 135
career 진로【進路】 389
career counseling 진로 상담【進路 相談】 390
career development 진로 발달【進路 發達】 390
career guidance 진로 지도【進路 指導】 390
career maturity 진로 성숙【進路 成熟】 390
caregiving hypothesis 양육 가설【養育 假說】 254
Carl Gustav Jung (1875~1961) 482
Carl Gustav Jung (1875~1961) 칼 구스타프 융 414
Carl Jung (1875~1961) 482
Carl Jung (1875~1961) 칼 융 414
Carl Ransom Rogers (1902~1987) 482
Carl Ransom Rogers (1902~1987) 칼 랜섬 로저스 414
Carl Rogers (1902~1987) 482
Carl Rogers (1902~1987) 칼 로저스 414
Carl Wernicke (1848~1905) 482
Carl Wernicke (1848~1905) 카를 베르니케 413
Carl Wernicke (1848~1905) 칼 베르니케 414
Carol Gilligan (1936~) 482
Carol Gilligan (1936~) 캐롤 길리건 415
carrier 보인자【保因者】 141
case history 사례사【事例史】 165
case study 사례 연구【事例 研究】 165
case study method 사례 연구법【事例 研究法】 166
castration anxiety 거세 불안【去勢 不安】 17
catch-up growth 만회 성장【挽回 成長】 107
catecholamine 카테콜라민 413

categorical self 범주적 자기【範疇的 自己】 139
categorization 범주화【範疇化】 139
catharsis 정화【淨化】 365
catharsis effect 정화 효과【淨化 效果】 365
catharsis effect 카타르시스 효과【카타르시스 效果】 413
catharsis hypothesis 정화 가설【淨化 假說】 365
Cattell (1860~1944) 482
Cattell (1860~1944) 카텔 414
causal reasoning 인과추론【因果推論】 308
cell division 세포 분열【細胞 分裂】 205
centered thinking 중심화된 사고【中心化된 思考】 380
central nervous system (CNS) 중추 신경계【中樞 神經系】 380
centration 중심화【中心化】 379
cephalocaudal 두미【頭尾】 93
cephalocaudal 두미의【頭眉의】 94
cephalocaudal development 두미 발달【頭尾 發達】 94
cephalocaudal development 두미 방향 발달【頭尾 方向 發達】 94
cephalocaudal direction 두미 방향【頭尾 方向】 94
cephalocaudal trend 두미 경향【頭尾 傾向】 94
cerebellum 소뇌【小腦】 206
cerebral cortex 대뇌 겉질【大腦 겉質】 81
cerebral cortex 대뇌 피질【大腦 皮質】 81
cerebral hemisphere 대뇌 반구【大腦 半球】 81
cerebral lateralization 대뇌 편재화【大腦 偏在化】 81
cerebrum 대뇌【大腦】 80
cervix cancer 자궁경부암【子宮頸部癌】 323
cesarean 제왕절개【帝王切開】 366
cesarean 제왕절개 수술【帝王切開 手術】 366
cesarean birth 제왕절개 분만【帝王切開 分娩】 366
cesarean delivery 제왕절개 분만【帝王切開 分娩】 366
cesarean delivery 제왕절개 출산【帝王切開 出産】 366
cesarean operation 제왕절개【帝王切開】 366
cesarean operation 제왕절개 수술【帝王切開 手術】 366
cesarean section 제왕절개【帝王切開】 366
cesarean section 제왕절개 수술【帝王切開 手術】 366
CF 482
character 형질【形質】 465
Charcot (1825~1893) 482
Charcot (1825~1893) 샤르코 188
Charles Darwin (1809~1882) 483
Charles Darwin (1809~1882) 찰스 다윈 394
Charles Robert Darwin (1809~1882) 483
Charles Robert Darwin (1809~1882) 찰스 로버트 다윈 394

chatting 채팅 ········ 397
child 아동【兒童】 ········ 239
child abuse 아동 학대【兒童 虐待】 ········ 240
child effects model 아동 효과 모델【兒童 效果 모델】 ········ 240
child effects model 자녀 효과 모델【子女 效果 모델】 ········ 331
child psychologist 아동심리학자【兒童心理學者】 ········ 240
child psychology 아동심리학【兒童心理學】 ········ 240
child sexual abuse 아동 성학대【兒童 性虐待】 ········ 239
child sexual crime 아동 성범죄【兒童 性犯罪】 ········ 239
child sexual violence 아동 성폭력【兒童 性暴力】 ········ 239
child-directed speech (CDS) 아기말투 ········ 238
child-directed speech (CDS) 아동 지향어【兒童 指向語】 ········ 240
childhood 아동기【兒童期】 ········ 239
childhood amnesia 아동기 기억 상실【兒童期 記憶 喪失】 ········ 239
childhood amnesia 아동기 기억 상실증【兒童期 記憶 喪失症】 ········ 239
childhood mental disorder 아동기 정신 장애【兒童期 精神 障碍】 ········ 239
childhood-onset fluency disorder 아동기 발생 유창성 장애【兒童期 發生 流暢性 障碍】 ········ 239
children's story 동화【童話】 ········ 93
Chomsky (1928~) ········ 483
Chomsky (1928~) 촘스키 ········ 406
chorion 융모막【絨毛膜】 ········ 295
chorionic villi 융모막 융모【絨毛膜 絨毛】 ········ 296
chorionic villi sampling (CVS) 융모 조직 검사【絨毛 組織 檢査】 ········ 296
chorionic villi sampling (CVS) 융모막 검사【絨毛膜 檢査】 ········ 295
chorionic villi sampling (CVS) 융모막 융모 검사【絨毛膜 絨毛 檢査】 ········ 296
chorionic villi sampling (CVS) 융모막 채취법【絨毛膜 採取法】 ········ 296
chorionic villus 융모막 융모【絨毛膜 絨毛】 ········ 296
chorionic villus sampling (CVS) 융모 조직 검사【絨毛 組織 檢査】 ········ 296
chorionic villus sampling (CVS) 융모막 검사【絨毛膜 檢査】 ········ 295
chorionic villus sampling (CVS) 융모막 융모 검사【絨毛膜 絨毛 檢査】 ········ 296
chorionic villus sampling (CVS) 융모막 채취법【絨毛膜 採取法】 ········ 296
chromosome 염색체【染色體】 ········ 270
chronological age 달력에 의한 연령【달曆에 依한 年齡】 ········ 80
chronological age 생활 연령【生活 年齡】 ········ 188
chronosystem 시간 체계【時間 體系】 ········ 218
circular reaction 순환 반응【循環 反應】 ········ 214
Clark (1914~2005) ········ 483
Clark (1914~2005) 클락 ········ 420
classical conditioning 고전적 조건 형성【古典的 條件 形成】 ········ 30
classical conditioning 고전적 조건화【古典的 條件化】 ········ 30
classification 분류【分類】 ········ 146
cleft lip 구순열【口脣裂】 ········ 41
cleft lip 선천성 상구순 파열【先天性 上口脣 破裂】 ········ 191

cleft lip 언청이 260
cleft lip 입술 갈림증【입술 갈림症】 321
cleft lip and cleft palate 구순 구개열【口脣 口蓋裂】 41
cleft palate 구개 파열【口蓋 破裂】 40
cleft palate 구개열【口蓋裂】 40
cleft palate 입천장 갈림증【입天障 갈림症】 322
client 내담자【來談者】 59
client 클라이언트 419
climacteric 갱년기【更年期】 16
climacterium 갱년기【更年期】 16
clique 패거리【牌거리】 438
closed mindedness 폐쇄적 태도【閉鎖的 態度】 443
codominance 공동 우성【共同 優性】 33
co-dominance 공동 우성【共同 優性】 33
codominance 공우성【共優性】 34
co-dominance 공우성【共優性】 34
coercive home environment 강압적인 가정환경【强壓的인 家庭環境】 13
cognition 인지【認知】 311
cognitive 인지적【認知的】 312
cognitive appraisal 인지적 평가【認知的 評價】 313
cognitive architecture 인지구조【認知構造】 311
cognitive architecture 인지적 구조【認知的 構造】 312
cognitive-behavioral approach 인지 행동적 접근【認知 行動的 接近】 314
cognitive-behavioral therapy 인지 행동 치료【認知 行動 治療】 314
cognitive behavior therapy (CBT) 인지 행동 치료【認知 行動 治療】 314
cognitive development 인지발달【認知 發達】 312
cognitive equilibrium 인지적 평형【認知的 平衡】 313
cognitive flexibility 인지적 유연성【認知的 柔軟性】 313
cognitive learning 인지 학습【認知 學習】 314
cognitive map 인지도【認知圖】 312
cognitive neuroscience 인지신경과학【認知神經科學】 312
cognitive perspective 인지적 관점【認知的 觀點】 312
cognitive perspective 인지주의적 관점【認知主義的 觀點】 314
cognitive play 인지적 놀이【認知的 놀이】 312
cognitive process 인지과정【認知過程】 311
cognitive process 인지적 과정【認知的 過程】 312
cognitive science 인지과학【認知科學】 311
cognitive self 인지적 자기【認知的 自己】 313
cognitive self guidance system 인지적 자기 안내 체계【認知的 自己 案內 體系】 313
cognitive style 인지 스타일【認知 스타일】 312
cognitive therapy 인지 치료【認知 治療】 314
cognitivism 인지주의【認知主義】 314
cohort 동기 집단【同期 集團】 89

cohort 동년배 집단【同年輩 集團】 ······ 89
cohort 동시대 집단【同時代 集團】 ······ 90
cohort 동시대 출생 집단【同時代 出生 集團】 ······ 91
cohort 출생 동시 집단【出生 同時 集團】 ······ 409
cohort 코호트 ······ 416
cohort effect 동기 집단 효과【同期 集團 效果】 ······ 89
cohort effect 동년배 집단 효과【同年輩 集團 效果】 ······ 89
cohort effect 동년배 효과【同年輩 效果】 ······ 89
cohort effect 동시대 집단 효과【同時代 集團 效果】 ······ 90
cohort effect 동시대 출생 집단 효과【同時代 出生 集團 效果】 ······ 91
cohort effect 출생 동시 집단 효과【出生 同時 集團 效果】 ······ 409
cohort effect 코호트 효과【코호트 效果】 ······ 416
collective unconscious 집단 무의식【集團 無意識】 ······ 392
collective unconsciousness 집단 무의식【集團 無意識】 ······ 392
collectivist society 집단주의 사회【集團主義 社會】 ······ 392
color 색【色】 ······ 183
color blindness 색맹【色盲】 ······ 183
color blindness test 색맹 검사【色盲 檢査】 ······ 183
coming out 커밍아웃 ······ 415
committed compliance 헌신적 순종【獻身的 順從】 ······ 460
common idea 통념【通念】 ······ 430
common notion 통념【通念】 ······ 430
commonly accepted idea 통념【通念】 ······ 430
communication 의사소통【意思疏通】 ······ 299
communication disorders 의사소통 장애【意思疏通 障碍】 ······ 299
companionate love 동료애【同僚愛】 ······ 89
compensation 보상【補償】 ······ 141
compensatory education 보상 교육【補償 敎育】 ······ 141
compensatory growth 보상 성장【補償 成長】 ······ 141
compensatory intervention 보상 중재【補償 仲裁】 ······ 141
compensatory intervention 보상적 중재【補償的 仲裁】 ······ 141
compensatory intervention 보충적 중재【補充的 仲裁】 ······ 142
competence 유능성【有能性】 ······ 287
competency 유능성【有能性】 ······ 287
complementary social play 보충적 놀이【補充的 놀이】 ······ 142
complex emotion 복합 정서【複合 情緖】 ······ 144
computer addiction 컴퓨터 중독【컴퓨터 中毒】 ······ 415
computer-assisted instruction (CAI) 컴퓨터 보조 지도【컴퓨터 補助 指導】 ······ 415
computer-assisted instruction (CAI) 컴퓨터 지원 교육【컴퓨터 支援 敎育】 ······ 415
concept 개념【槪念】 ······ 14
concept development 개념 발달【槪念 發達】 ······ 14
concept of conservation 보존 개념【保存 槪念】 ······ 142
conception 수정【受精】 ······ 212

concordance rate 일치 비율【一致 比率】 319
concordance rate 일치비【一致比】 319
concordance rate 일치성 비율【一致性 比率】 320
concordance rate 일치율【一致率】 320
concordance ratio 일치 비율【一致 比率】 319
concordance ratio 일치비【一致比】 319
concordance ratio 일치성 비율【一致性 比率】 320
concordance ratio 일치율【一致率】 320
concrete 구체적【具體的】 43
concrete operational stage 구체적 조작 단계【具體的 操作 段階】 43
concrete operational stage 구체적 조작기【具體的 操作期】 43
concrete operational thinking 구체적 조작적 사고【具體的 操作的 思考】 44
concreteness 구체(성)【具體(性)】 43
concrete-operational period 구체적 조작 단계【具體的 操作 段階】 43
concrete-operational period 구체적 조작기【具體的 操作期】 43
conditioned response (CR) 조건 반응【條件 反應】 367
conditioned stimulus (CS) 조건 자극【條件 刺戟】 368
conditions of worth 가치 조건【價値 條件】 8
conditions of worth 가치의 조건【價値의 條件】 8
conduct disorder (CD) 품행 장애【品行 障碍】 447
conflict 갈등【葛藤】 9
congenital 선천적【先天的】 191
congenital adrenal hyperplasia (CAH) 선천성 부신 과다생성【先天性 副腎 過多生成】 191
congenital defect 선천 결손【先天 缺損】 191
congenital defect 선천 결함【先天 缺陷】 191
congenital defect 선천성 결함【先天性 缺陷】 191
congenital defect 선천적 결손【先天的 缺損】 191
congenital defects 선천적 결함【先天的 缺陷】 191
conjoined twins 결합 쌍둥이【結合 쌍둥이】 25
conjoined twins 접착 쌍둥이【接着 雙둥이】 351
conjoined twins 접합 쌍둥이【接合 雙둥이】 351
conscientiousness 성실성【誠實性】 197
conscious 의식【意識】 299
consciousness 의식【意識】 299
conservation 보존【保存】 141
conservation 보존 개념【保存 槪念】 142
conservation 보존 능력【保存 能力】 142
conservation 보존성【保存性】 142
conservation concept 보존 개념【保存 槪念】 142
conservation of numbers 수 보존【數 保存】 211
conservation of quantity 양 보존【量 保存】 252
conservation of quantity 양의 보존【量의 保存】 254
conservation task 보존 과제【保存 課題】 142

construction 구문【構文】 ········ 40
construction of sentence 구문【構文】 ········ 40
constructive play 구성 놀이【構成 놀이】 ········ 40
constructivist 구성주의자【構成主義者】 ········ 41
contact comfort 접촉 위안【接觸 慰安】 ········ 351
context 맥락【脈絡】 ········ 109
context-independent learning 맥락-독립적 학습【脈絡-獨立的 學習】 ········ 109
contextual approach 맥락적 접근【脈絡的 接近】 ········ 110
continuity 연속성【連續性】 ········ 268
continuity-discontinuity debate 연속성-비연속성 논쟁【連續性-非連續性 論爭】 ········ 268
continuity-discontinuity issue 연속성-비연속성 이슈【連續性-非連續性 이슈】 ········ 268
control 통제【統制】 ········ 431
controllability 통제 가능성【統制 可能性】 ········ 431
controversial child 논란이 많은 아동【論難이 많은 兒童】 ········ 65
controversial child 인기-거부 아동【人氣-拒否 兒童】 ········ 309
controversial children 논란이 많은 아동【論難이 많은 兒童】 ········ 65
controversial children 인기-거부 아동【人氣-拒否 兒童】 ········ 309
conventional level 인습적 수준【因襲的 水準】 ········ 310
conventional morality 인습적 도덕성【因襲的 道德性】 ········ 310
conventional reasoning 인습적 추론【因襲的 推論】 ········ 311
convergence 수렴【收斂】 ········ 209
convergent thinking 수렴적 사고【收斂的 思考】 ········ 210
cooing 꾸르륵 소리내기 ········ 55
cooing 목 울리기 ········ 114
cooing 목젖 울림 ········ 114
cooing 쿠잉 ········ 417
cooperative play 협동 놀이【協同 놀이】 ········ 463
coordination of secondary circular reaction 2차 순환 반응의 협응【二次 循環 反應의 協應】 ········ 506
coordination of secondary circular reaction 이차 순환 반응의 협응【二次 循環 反應의 協應】 ········ 305
coparenting 공동 양육【共同 養育】 ········ 33
coparenting 공동 육아【共同 育兒】 ········ 33
copycat crime 모방 범죄【模倣 犯罪】 ········ 113
copying 모방【模倣】 ········ 113
corporal punishment 체벌【體罰】 ········ 402
corpus callosum 뇌량【腦梁】 ········ 68
corpus luteum 황체【黃體】 ········ 469
cortex 대뇌 겉질【大腦 겉質】 ········ 81
cortex 대뇌 피질【大腦 皮質】 ········ 81
cortex 피질【皮質】 ········ 450
cortical homunculus 피질 소인【皮質 小人】 ········ 450
couch 카우치 ········ 413
counselor for adolescent clients 청소년 상담자【靑少年 相談者】 ········ 401
counselor for youth clients 청소년 상담자【靑少年 相談者】 ········ 401

counselor working with adolescents 청소년 상담자【青少年 相談者】 401
countertransference 역전이【逆轉移】 266
couvade 의만【擬娩】 298
covert modeling 내현적 모델링【內顯的 모델링】 63
creative intelligence 창의적 지능【創意的 知能】 396
creative personality 창의적 성격【創意的 性格】 396
creative thinking 창의적 사고【創意的 思考】 396
creative thinking 창조적 사고【創造的 思考】 396
creativity 창의성【創意性】 395
creativity 창조성【創造性】 396
creativity education 창의성 교육【創意性 教育】 395
creativity syndrome 창의성 증후군【創意性 症候群】 395
creativity test 창의성 검사【創意性 檢查】 395
creole 크레올어【크레올語】 418
creolization 크레올어화【크레올語化】 418
Crick (1916~2004) 483
Crick (1916~2004) 크릭 419
crisis 위기【危機】 285
crisis counseling 위기 상담【危機 相談】 285
critical period 결정기【決定期】 23
critical period 결정적 시기【決定的 時期】 23
critical period hypothesis 결정적 시기 가설【決定的 時期 假說】 24
cross sectional / short-term longitudinal design 횡단적-단기종단적 설계【橫斷的-短期縱斷的 設計】 470
cross sectional / short-term longitudinal method 횡단적-단기종단적 방법【橫斷的-短期縱斷的 方法】 470
cross sectional / short-term longitudinal study 횡단적-단기종단적 연구【橫斷的-短期縱斷的 硏究】 471
cross-sectional design 횡단적 설계【橫斷的 設計】 471
cross-sectional study 횡단적 연구【橫斷的 硏究】 471
crowd 동아리 91
crystallized intelligence 결정성 지능【結晶性 知能】 23
crystallized intelligence 결정적 지능【結晶的 知能】 24
cue 단서【端緖】 80
cued recall 단서 회상【端緖 回想】 80
cultural bias 문화적 편파【文化的 偏頗】 119
cultural bias 문화적 편향【文化的 偏向】 119
cultural bias hypothesis 문화적 편향 가설【文化的 偏向 假說】 120
cultural relativism 문화적 상대주의【文化的 相對主義】 119
cultural relativity 문화적 상대주의【文化的 相對主義】 119
cultural test-bias hypothesis 문화적 검사 편향 가설【文化的 檢查 偏向 假說】 118
cultural tools 문화적 도구【文化的 道具】 119
culture 문화【文化】 118

culture-fair test 문화 공정 검사【文化 公正 檢査】 118
culture-fair test 문화 공평 검사【文化 公平 檢査】 118
cumulative-deficit hypothesis 누적적 결함 가설【累積的 缺陷 假說】 69
curriculum 커리큘럼 415
CVS 483
cyber 사이버 166
cyber addiction 사이버 중독【사이버 中毒】 167
cyber deviance 사이버 일탈【사이버 逸脫】 167
cyber sexual violence 사이버 성폭력【사이버 性暴力】 167
cyber violence 사이버 폭력【사이버 暴力】 167
cyber-relationship addiction 사이버 관계 중독【사이버 關係 中毒】 166
cyberspace 사이버 공간【사이버 空間】 166
cystic fibrosis 낭성 섬유증【囊性 纖維症】 58
cystic fibrosis 낭포성 섬유종【囊胞性 纖維腫】 58
cystic fibrosis (CF) 낭포성 섬유증【囊胞性 纖維症】 58

D

Darwin (1809~1882) 483
Darwin (1809~1882) 다윈 73
David Premack (1925~2015) 483
David Premack (1925~2015) 데이비드 프리맥 84
David Wechsler (1896~1981) 484
David Wechsler (1896~1981) 데이비드 웩슬러 84
daydreaming 백일몽【白日夢】 137
decentration 탈중심화【脫中心化】 424
declarative memory 서술 기억【敍述 記憶】 189
deduction 연역【演繹】 268
deduction 연역법【演繹法】 268
deductive method 연역법【演繹法】 268
deductive reasoning 연역적 추론【演繹的 推論】 268
defense mechanism 방어 기제【防禦 機制】 134
deferred imitation 지연 모방【遲延 模倣】 386
deficiency 결핍【缺乏】 24
deficiency motive 결핍 동기【缺乏 動機】 24
deficiency need 결핍 욕구【缺乏 慾求】 25
deformed child 기형아【畸形兒】 53
deinstitutionalization 탈시설화【脫施設化】 423
delay 지연【遲延】 386
delinquency 비행【非行】 161
delirium 섬망【譫妄】 193

delivery 분만【分娩】 147
delusion 망상【妄想】 108
demandingness/control 요구/통제【要求/統制】 278
dementia 치매【癡呆】 411
dendrites 수상 돌기【樹狀 突起】 211
denial 부인【否認】 146
deoxyribonucleic acid (DNA) 디옥시리보핵산【디옥시리보核酸】 95
dependence 의존【依存】 299
dependence 의존성【依存性】 300
dependency 의존【依存】 299
dependency 의존성【依存性】 300
dependent life expectancy 의존적 기대 수명【依存的 期待 壽命】 300
dependent life expectancy 의존적 기대 여명【依存的 期待 餘命】 300
depression 우울【憂鬱】 281
depression 우울증【憂鬱症】 281
depressive disorder 우울 장애【憂鬱 障碍】 281
deprivation 박탈【剝奪】 123
deprivation dwarfism 결핍성 왜소증【缺乏性 矮小症】 24
deprivation dwarfism 박탈 왜소증【剝奪 矮小症】 124
depth cue 깊이 단서【깊이 端緖】 54
depth perception 깊이 지각【깊이 知覺】 54
desensitization hypothesis 둔감화 가설【鈍感化 假說】 94
determinism 결정론【決定論】 23
determinist 결정론자【決定論者】 23
development 발달【發達】 129
development of creativity 창의성 발달【創意性 發達】 395
development of perception 지각 발달【知覺 發達】 381
developmental age 발달 연령【發達 年齡】 131
developmental continuity 발달 연속성【發達 連續性】 131
developmental coordination disorder 발달성 운동조정 장애【發達性 運動調整 障碍】 130
developmental crisis 발달적 위기【發達的 危機】 131
developmental deviation 발달적 일탈【發達的 逸脫】 131
developmental disability 발달 장애【發達 障碍】 131
developmental factors 발달 요인【發達 要因】 131
developmental psychologist 발달심리학자【發達心理學者】 130
developmental psychology 발달심리학【發達心理學】 130
developmental psychopathology 발달정신병리【發達精神病理】 131
developmental psychopathology 발달정신병리학【發達精神病理學】 132
developmental quotient (DQ) 발달 지수【發達 指數】 132
developmental readiness 발달 준비도【發達 準備度】 132
developmental retardation 발달 지체【發達 遲滯】 132
developmental stage 발달 단계【發達 段階】 130
developmental tasks 발달 과업【發達 課業】 129

developmentalist 발달학자【發達學者】 132
deviance 일탈【逸脫】 320
deviation IQ score 편차 IQ 점수【偏差 IQ 點數】 440
dextroamphetamine 덱스트로암페타민 84
diagnosis 진단【診斷】 389
Diagnostic and Statistical Manual of Mental Disorders (DSM) 정신 장애 진단 및 통계 편람【精神 障碍 診斷 및 統計 便覽】 359
Diagnostic and Statistical Manual of Mental Disorders-Fifth edition (DSM-5) 정신 장애 진단 및 통계 편람-제5판【精神 障碍 診斷 및 統計 便覽-第五版】 359
diagnostic test 진단 검사【診斷 檢査】 389
diary study 일기 연구【日記 研究】 315
diary study 일기 연구법【日記 研究法】 315
diathesis 소질【素質】 207
diathesis-stress model 소질-스트레스 모형【素質-스트레스 模型】 207
dictatorial 독재적【獨裁的】 88
difficult child 까다로운 아이 54
difficult temperament 까다로운 기질【까다로운 氣質】 54
diffusion of responsibility 책임감 분산【責任感 分散】 397
digital 디지털 95
digital generation 디지털 세대【디지털 世代】 95
dilatation stage 개구기【開口期】 14
dioecism 자웅 이체【雌雄 異體】 335
direct communication 직접적 의사소통【直接的 意思疏通】 389
direct observation 직접 관찰【直接 觀察】 389
direct observation 직접 관찰법【直接 觀察法】 389
direct tuition 직접 지도【直接 指導】 389
discipline 훈육【訓育】 476
discontinuity 비연속성【非連續性】 159
disequilibrium 불균형【不均衡】 148
disequilibrium 불평형【不平衡】 150
disequilibrium 비평형【非平衡】 160
dishabituation 탈습관화【脫習慣化】 423
disorder 장애【障碍】 341
disorganized attachment 와해된 애착【瓦解된 愛着】 274
disorganized attachment 해체 애착【瓦解된 愛着】 457
disoriented attachment 혼란 애착【混亂 愛着】 466
displacement 전위【轉位】 348
disruptive behavior 파괴적 행동【破壞的 行動】 436
disruptive, impulse control, and conduct disorder 파괴적, 충동통제 및 품행 장애【破壞的, 衝動統制 및 品行 障碍】 436
divergent thinking 발산적 사고【發散的 思考】 132
divergent thinking 확산적 사고【擴散的 思考】 467
dizygotic 이란성(의)【二卵性(의)】 300

dizygotic twins 이란성 쌍둥이【二卵性 雙둥이】 300
dizygotic twins 이란성 쌍생아【二卵性 雙生兒】 300
DNA 484
domain general 영역 일반적【領域 一般的】 272
domestic violence 가정 폭력【家庭 暴力】 3
dominance 우성【優性】 280
dominant allele 우성 대립 유전자【優性 對立 遺傳子】 280
Donald Winnicott (1896~1971) 도날드 위니콧 85
Donald Woods Winnicott (1896~1971) 도날드 우즈 위니콧 85
double bind 이중 구속【二重 拘束】 303
double bind 이중 구속 이론【二重 拘束 理論】 304
double binding 이중 구속【二重 拘束】 303
double binding 이중 구속 이론【二重 拘束 理論】 304
double helix structure of DNA DNA 이중 나선 구조【DNA 二重 螺旋 構造】 484
double standard 이중 기준【二重 基準】 304
Down (1828~1896) 484
Down (1828~1896) 다운 72
Down syndrome 다운 증후군【다운 症候群】 72
Down's syndrome 다운 증후군【다운 症候群】 72
DQ 484
dream analysis 꿈의 분석【꿈의 分析】 55
drug 약물【藥物】 251
DSM 484
DSM-5 484
dual representation 이중 표상【二重 表象】 304
dynamic assessment 역동적 평가【力動的 評價】 265
dynamical systems theory 역동적 체계 이론【力動的 體系 理論】 265
dynamics 역동【力動】 265
dystocia 난산【難産】 57

E

early adolescence 청소년 전기【靑少年 前期】 401
early adolescence 초기 청소년기【初期 靑少年期】 404
early adulthood 성인 전기【成人 前期】 199
early adulthood 성인 초기【成人 初期】 200
early adulthood 초기 성인기【初期 成人期】 403
early childhood 유아기【幼兒期】 290
early childhood 초기 아동기【初期 兒童期】 403
easy child 순한 아이 214
easy temperament 순한 기질【순한 氣質】 214

eating 섭식【攝食】 193
eating disorder 섭식 장애【攝食 障碍】 194
echolalia 반향어【反響語】 129
eclectic approach 절충적 접근【折衷的 接近】 351
eclecticism 절충주의【折衷主義】 351
eclectics 절충주의【折衷主義】 351
ecological perspective 생태학적 관점【生態學的 觀點】 187
ecological system model 생태 체계 모형【生態 體系 模型】 187
ecological system theory 생태학적 체계 이론【生態學的 體系 理論】 187
ecology 생태【生態】 187
ecology 생태학【生態學】 187
ecosystem 생태계【生態系】 187
ectoderm 외배엽【外胚葉】 276
effective schools 효과적인 학교【效果的인 學校】 472
efferent nerve 원심성 신경【遠心性 神經】 284
ego 에고 260
ego 자아【自我】 332
ego defense mechanism 자아 방어 기제【自我 防禦 機制】 333
ego function 자아 기능【自我 機能】 332
ego identity 자아 정체감【自我 正體感】 333
ego strength 자아 강도【自我 强度】 332
egocentric speech 자기중심적 언어【自己中心的 言語】 329
egocentrism 자기 중심성【自己 中心性】 329
egocentrism 자아 중심성【自我 中心性】 333
elder abuse 노인 학대【老人 虐待】 65
Electra 엘렉트라 263
Electra complex 엘렉트라 복합【엘렉트라 複合】 263
Electra complex 엘렉트라 복합 감정【엘렉트라 複合 感情】 264
Electra complex 엘렉트라 콤플렉스 264
electrochemical action 전기화학적 작용【電氣化學的 作用】 345
electroencephalogram 뇌전도【腦電圖】 68
electroencephalograph 뇌파계【腦波計】 68
elimination disorders 배설 장애【排泄 障碍】 136
embracing reflex 껴안기 반사【껴안기 反射】 54
embryo 배아【胚兒】 136
embryo transfer 배아 이식【胚兒 移植】 136
embryo transfer 배이식【胚移植】 137
embryo transplant 배아 이식【胚兒 移植】 136
embryo transplant 배이식【胚移植】 137
embryology 발생학【發生學】 133
embryology 태생학【胎生學】 426
embryonic period 배아기【胚兒期】 136
embryonic stage 배아기【胚兒期】 136

emergency reaction 위기 반응【危機 反應】 285
emotion 정서【情緖】 353
emotion regulation 정서 조절【情緖 調節】 356
emotional bond 정서적 유대【情緖的 紐帶】 355
emotional bonding 정서적 유대【情緖的 紐帶】 355
emotional competence 정서적 유능성【情緖的 有能性】 354
emotional development 정서발달【情緖發達】 354
emotional development 정서의 발달【情緖의 發達】 354
emotional disorder 정서 장애【情緖 障碍】 354
emotional display rules 정서 표출 규칙【情緖 表出 規則】 356
emotional divorce 정서적 이혼【情緖的 離婚】 355
emotional education 정서교육【情緖教育】 353
emotional insight 정서적 통찰【情緖的 洞察】 355
emotional intelligence (EI) 감성 지능【感性 知能】 13
emotional intelligence (EI) 정서 지능【情緖 知能】 356
emotional intelligence quotient (EQ) 정서 지능 지수【情緖 知能 指數】 356
emotional maladjustment 정서적 부적응【情緖的 不適應】 354
emotional quotient (EQ) 정서 지수【情緖 指數】 356
emotional self 정서적 자기【情緖的 自己】 355
emotional self-regulating 정서 자기 조절【情緖 自己 調節】 354
emotional self-regulating 정서적 자기 조절【情緖的 自己 調節】 355
emotional stability 정서적 안정성【情緖的 安定性】 354
emotional unstability 정서적 불안【情緖的 不安】 354
emotionality 정서성【情緖性】 354
emotionally unavailable parents 정서적으로 쓸모없는 부모【情緖的으로 쓸모없는 父母】 355
emotional-self 정서적 자기【情緖的 自己】 355
empathetic concern 공감적 관심【共感的 關心】 33
empathetic understanding 공감적 이해【共感的 理解】 33
empathic concern 공감적 관심【共感的 關心】 33
empathy 공감【共感】 32
empowerment 역량 강화【力量 强化】 265
empowerment 임파워먼트 321
empty nest syndrome 공소 증후군【空巢 症候群】 33
empty nest syndrome 빈둥지 증후군【빈둥지 症候群】 161
encoding 부호화【符號化】 146
encoding stage 부호화 단계【符號化 段階】 146
encopresis 유분증【遺糞症】 289
endocrine 내분비【內分泌】 59
endocrine gland 내분비선【內分泌腺】 60
endocrine system 내분비계【內分泌系】 59
endoderm 내배엽【內胚葉】 59
enjoyment 즐거움 381
entity view of ability 능력의 본질 관점【能力의 本質 觀點】 70

enuresis 유뇨증【遺尿症】 287
environment 환경【環境】 468
environmental determinism 환경 결정론【環境 決定論】 468
environmental genetics model 환경 유전적 모형【環境 遺傳的 模型】 468
environmental hypothesis 환경 가설【環境 假說】 468
environmental hypothesis 환경적 가설【環境的 假說】 468
environmentalism 환경주의【環境主義】 468
epigenetic principle 점성성 원리【漸成性 原理】 351
epilepsy 뇌전증【腦電症】 68
episode 삽화【插話】 179
episode 에피소드 263
episodic memory 일화 기억【逸話 記憶】 320
epistemology 인식론【認識論】 311
EQ 이큐 306
equilibration 균형화【均衡化】 47
equilibration 평형화【平衡化】 442
equilibrium 균형【均衡】 46
equilibrium 평형【平衡】 441
Eric Berne (1910~1970) 485
Eric Berne (1910~1970) 에릭 번 260
Erik Erikson (1902~1994) 485
Erik Erikson (1902~1994) 에릭 에릭슨 262
Erik Homburger Erikson (1902~1994) 에릭 홈부르거 에릭슨 262
Erikson (1902~1994) 485
Erikson (1902~1994) 에릭슨 260
Erikson's eight stages of psychosocial development 에릭슨의 심리사회적 발달 8단계【에릭슨의 心理社會的 發達 8段階】 261
Ernst Moro (1874~1951) 485
Ernst Moro (1874~1951) 에른스트 모로 260
estrogen 485
estrogen 에스트로겐 262
ethnography 기술민족학【記述民族學】 51
ethologist 동물 행동학자【動物 行動學者】 90
ethology 동물 행동학【動物 行動學】 89
evaluation 평가【評價】 440
event memory 사건 기억【事件 記憶】 165
everyday creativity 일상적 창의성【日常的 創意性】 317
evocative gene-environment correlation 유발적 유전자형-환경 상관【誘發的 遺傳子型-環境 相關】 288
evocative gene-environment correlation 유발적 유전자-환경 상관【誘發的 遺傳子-環境 相關】 289
evocative gene-environment correlation 자극 유발적 유전자형-환경 상관【刺戟 誘發的 遺傳子型-環境 相關】 324
evocative gene-environment correlation 자극 유발적 유전자-환경 상관【刺戟 誘發的 遺傳子-環境 相關】 324

evocative gene-environment correlation 촉발적 유전자-환경 상관【觸發的 遺傳子-環境 相關】 …… 406
evocative genotype-environment correlation 유발적 유전자형-환경 상관【誘發的 遺傳子型-環境 相關】 …… 288
evocative genotype-environment correlation 유발적 유전자-환경 상관【誘發的 遺傳子-環境 相關】 …… 289
evocative genotype-environment correlation 자극 유발적 유전자형-환경 상관【刺戟 誘發的 遺傳子型-環境 相關】 …… 324
evocative genotype-environment correlation 자극 유발적 유전자-환경 상관【刺戟 誘發的 遺傳子-環境 相關】 …… 324
evocative genotype-environment correlation 촉발적 유전자형-환경 상관【觸發的 遺傳子型-環境 相關】 …… 406
evocative genotype-environment correlation 촉발적 유전자-환경 상관【觸發的 遺傳子-環境 相關】 …… 406
evolutionary psychology 진화심리학【進化心理學】 …… 390
exceptional child 특수 아동【特殊 兒童】 …… 433
exceptional child 특수아【特殊兒】 …… 433
executive control process 실행적 통제 과정【實行的 統制 過程】 …… 227
executive control process 실행적 통제 처리【實行的 統制 處理】 …… 228
exercise 운동【運動】 …… 281
exhaustion 탈진【脫盡】 …… 424
existence 실존【實存】 …… 227
existential intelligence 실존 지능【實存 知能】 …… 227
existential intelligence 실존적 지능【實存的 知能】 …… 227
existential therapy 실존 치료【實存 治療】 …… 227
existentialism 실존주의【實存主義】 …… 227
exosystem 외체계【外體系】 …… 277
experience 경험【經驗】 …… 27
experiment 실험【實驗】 …… 228
experimental condition 실험 조건【實驗 條件】 …… 229
experimental control 실험적 통제【實驗的 統制】 …… 229
experimental design 실험 설계【實驗 設計】 …… 228
experimental group 실험 집단【實驗 集團】 …… 229
experimental hypothesis 실험 가설【實驗 假說】 …… 228
experimental method 실험법【實驗法】 …… 228
experimenter effect 실험자 효과【實驗者 效果】 …… 229
explicit cognition 명시적 인지【明示的 認知】 …… 112
explicit memory 외현 기억【外現 記憶】 …… 278
expressive aphasia 표현성 실어증【表現性 失語症】 …… 445
expressive language 표현 언어【表現 言語】 …… 446
expressive language 표현성 언어【表現性 言語】 …… 445
expressive language disorder 표현성 언어 장애【表現性 言語 障碍】 …… 446
expressive role 표현적 역할【表現的 役割】 …… 446
expressive style 표현적 스타일【表現的 스타일】 …… 446
expressiveness 표현력【表現力】 …… 445
expulsive stage 만출기【晩出期】 …… 107

expulsive stage of labor 만출기【晩出期】 107
extended family 확대가족【擴大家族】 467
extended self 확장된 자기【擴張된 自己】 467
external fertilization 체외 수정【體外 受精】 403
external representation 외재적 표상【外在的 表象】 277
external representation 외적 표상【外的 表象】 277
externalizing problem 외향적 문제【外向的 問題】 278
extrafamilial influences 가족 외적인 영향【家族 外的인 影響】 6
extraversion 외향성【外向性】 278
extrinsic motivation 외재적 동기【外在的 動機】 277
extrinsic motivation 외적 동기【外的 動機】 277
extrovert 외향성의 사람【外向性의 사람】 278
extrovert 외향적인 사람【外向的인 사람】 278
eye tracking 아이트래킹 242
eye tracking test 아이트래킹 검사【아이트래킹 檢査】 242
eye-blink reflex 눈 깜박 반사【눈 깜박 反射】 69
eye-blink reflex 눈 깜박거리기 반사【눈 깜박거리기 反射】 69
eye-blink reflex 순목 반사【瞬目 反射】 214
eye-tracking 아이트래킹 242
eye-tracking test 아이트래킹 검사【아이트래킹 檢査】 242
Eysenck (1916~1997) 486
Eysenck (1916~1997) 아이젱크 242

F

fable 우화【寓話】 281
facial preference 얼굴 선호【얼굴 選好】 260
facial preference 얼굴 선호 경향【얼굴 選好 傾向】 260
factor 요인【要因】 279
factor analysis 요인 분석【要因 分析】 279
fairy tale 동화【童話】 93
fallopian tube 나팔관【喇叭管】 56
fallopian tube 난관【卵管】 57
fallopian tube 자궁관【子宮管】 323
false self 거짓 자기【거짓 自己】 19
false self-behavior 거짓 자기 행동【거짓 自己 行動】 19
false-belief task 틀린 믿음 과제【틀린 믿음 課題】 434
false-self 거짓 자기【거짓 自己】 19
familial mental retardation 가족성 정신지체【家族性 精神遲滯】 5
familial retardation 가족성 정신지체【家族性 精神遲滯】 5
familial-cultural mental retardation 가족 문화성 정신지체【家族 文化性 精神遲滯】 4

familial-cultural mental retardation 가족 문화적 정신지체【家族 文化的 精神遲滯】 5
familial-cultural retardation 가족 문화성 정신지체【家族 文化性 精神遲滯】 4
familial-cultural retardation 가족 문화적 정신지체【家族 文化的 精神遲滯】 5
family 가족【家族】 4
family background 가족 배경【家族 背景】 5
family cohesion 가족 응집성【家族 凝集性】 6
family counseling 가족 상담【家族 相談】 5
family distress model 가족 고통 모델【家族 苦痛 모델】 4
family drawing 가족화【家族畵】 7
family drawing technique 가족화 기법【家族畵 技法】 8
family drawing test 가족화 검사【家族畵 檢査】 7
family function 가족 기능【家族 機能】 4
family life cycle 가족 주기【家族 週期】 7
family life cycle 가족생활 주기【家族生活 週期】 5
family planning 가족계획【家族計劃】 4
family relation 가족 관계【家族 關係】 4
family rule 가족 규칙【家族 規則】 4
family stress 가족 스트레스【家族 스트레스】 6
family studies 가족 연구【家族 研究】 6
family study 가족 연구【家族 研究】 6
family system 가족 체계【家族 體系】 7
family system theory 가족 체계 이론【家族 體系 理論】 7
family therapy 가족 요법【家族 療法】 6
family therapy 가족 치료【家族 治療】 7
family tree study 가계 연구【家系 研究】 1
fantasy 공상【空想】 33
fantasy 환상【幻想】 468
father effects 아버지 효과【아버지 效果】 241
father factor 아버지 요인【아버지 要因】 241
fear 공포【恐怖】 35
feeble-minded child 정신박약아【精神薄弱兒】 357
feeble-minded person 정신박약자【精神薄弱者】 357
feeblemindedness 정신박약【精神薄弱】 357
feeble-mindedness 정신박약【精神薄弱】 357
feedback 피드백 449
feeling 감정【感情】 13
feeling of inferiority 열등감【劣等感】 269
felt-responsibility hypothesis 책임감 느끼기 가설【責任感 느끼기 假說】 397
female hormone 여성호르몬【女性호르몬】 265
female infertility 여성 불임【女性 不姙】 264
female infertility 여성 불임증【女性 不姙症】 264
female sterility 여성 불임【女性 不姙】 264
female sterility 여성 불임증【女性 不姙症】 264

female-to-male transgender 트랜스남성 432
feminism 페미니즘 438
feminist 페미니스트 438
fencing position reflex 펜싱 반사【펜싱 反射】 439
feral child 야생아【野生兒】 251
fertilization 수정【受精】 212
fertilized egg 수정란【受精卵】 212
fetal alcohol effects (FAE) 태아 알코올 효과【胎兒 알코올 效果】 427
fetal alcohol spectrum disorder (FASD) 태아 알코올 스펙트럼 장애【胎兒 알코올 스펙트럼 障碍】 .. 426
fetal alcohol syndrome (FAS) 태아 알코올 증후군【胎兒 알코올 症候群】 427
fetal development 태내 발달【胎內 發達】 425
fetal period 태아기【胎兒期】 426
fetus 태아【胎兒】 426
field experiment 현장 실험【現場 實驗】 463
field research 현장 연구【現場 硏究】 463
fine motor 소근육 운동【小筋肉 運動】 206
fine motor skills 소근육 운동 기술【小筋肉 運動 技術】 206
fine-motor 소근육 운동【小筋肉 運動】 206
fine-motor skills 소근육 운동 기술【小筋肉 運動 技術】 206
first stage of labor 분만 제1기【分娩 第1期】 147
first stage of labor 분만의 첫 번째 단계【分娩의 첫 번째 段階】 147
five components of language 언어의 5요소【言語의 5要素】 258
five-factor model 5요인 모델【五要因 모델】 508
five-factor theory 5요인 이론【五要因 理論】 508
fixation 고착【固着】 31
flashback 플래쉬백 449
flattening of affect 정의적 미비【情意的 未備】 363
fluid intelligence 유동성 지능【流動性 知能】 288
fluid intelligence 유동적 지능【流動的 知能】 288
fluidity 유동성【流動性】 288
Flynn (1934~) 486
Flynn (1934~) 플린 449
Flynn effect Flynn 효과【Flynn 效果】 486
Flynn effect 플린 효과【플린 效果】 449
folic acid 엽산【葉酸】 271
folic acid 폴산 444
follicle stimulating hormone (FSH) 여포 자극 호르몬【濾胞 刺戟 호르몬】 265
follow-back strategy 과거 추적 전략【過去 追跡 戰略】 35
follow-up strategy 미래 추적 전략【未來 追跡 戰略】 120
follow-up strategy 추수 전략【追隨 戰略】 408
forebrain 전뇌【前腦】 345
forgiveness 용서【容恕】 279
formal operational period 형식적 조작기【形式的 操作期】 464

formal operational stage 형식적 조작 단계【形式的 操作 段階】 464
formal operational stage 형식적 조작기【形式的 操作期】 464
formal operational thinking 형식적 조작 사고【形式的 操作 思考】 465
formal thinking 형식적 사고【形式的 思考】 464
fragile X syndrome X 결함 증후군【X 缺陷 症候群】 501
fragile X syndrome 엑스 결함 증후군【엑스 缺陷 症候群】 263
fragile X syndrome 취약 X 염색체 증후군【脆弱 X 染色體 症候群】 410
fragile X syndrome 취약 X 증후군【脆弱 X 症候群】 410
fragile-X syndrome X 결함 증후군【X 缺陷 症候群】 501
fragile-X syndrome 엑스 결함 증후군【엑스 缺陷 症候群】 263
fragile-X syndrome 취약 X 염색체 증후군【脆弱 X 染色體 症候群】 410
fragile-X syndrome 취약 X 증후군【脆弱 X 症候群】 410
Francis Crick (1916~2004) 프랜시스 크릭 447
Francis Crick (1916~2004) 486
Francis Galton (1822~1911) 486
Francis Galton (1822~1911) 프랜시스 갈톤 447
Francis Harry Com-pton Crick (1916~2004) 프랜시스 해리 콤프턴 크릭 447
Frankl (1905~1997) 486
Frankl (1905~1997) 프랭클 448
fraternal twins 이란성 쌍둥이【二卵性 雙둥이】 300
fraternal twins 이란성 쌍생아【二卵性 雙生兒】 300
free association 자유 연상【自由 聯想】 335
free association 자유 연상법【自由 聯想法】 336
free association test 자유 연상 검사【自由 聯想 檢査】 336
free morphemes 자유 형태소【自由 形態素】 336
free recall 자유 회상【自由 回想】 336
free will 자유 의지【自由 意志】 336
Freud (1856~1939) 486
Freud (1856~1939) 프로이트 448
Freud (1895~1982) 486
Freud (1895~1982) 프로이트 448
Freud's theory of dreams 프로이트의 꿈 이론【프로이트의 꿈 理論】 448
Freudian slip Freud의 실언【Freud의 失言】 486
Freudian slip 프로이트의 실언【프로이트의 失言】 448
Frisch (1886~1982) 486
Frisch (1886~1982) 프리슈 448
frontal lobe 전두엽【前頭葉】 346
frozen sperm 냉동 정액【冷凍 精液】 63
frustration 좌절【挫折】 373
frustration-aggression hypothesis 좌절-공격 가설【挫折-攻擊 假說】 373
frustration-aggression hypothesis 좌절-공격성 가설【挫折-攻擊性 假說】 373
FTM transgender 트랜스남성 432
function 기능【機能】 49

functional 기능적인【機能的인】 49
functional broken family 기능적 결손 가정【機能的 缺損 家庭】 49
functional broken family 기능적 결손 가족【機能的 缺損 家族】 50
functional broken home 기능적 결손 가정【機能的 缺損 家庭】 49
functional broken home 기능적 결손 가족【機能的 缺損 家族】 50
functional fixedness 기능적 고착【機能的 固着】 50
functional play 기능 놀이【機能 놀이】 49

G

g 487
g factor (g) g 요인【g 要因】 488
g factor (g) 일반 요인【一般 要因】 316
g factor (g) 일반 지능 요인【一般 知能 要因】 316
g factor 487
G. Stanley Hall (1844~1924) 488
G. Stanley Hall (1844~1924) 지 스탠리 홀 385
GABA 487
Galant reflex 갈란트 반사【갈란트 反射】 9
Galant reflex 갤런트 반사【갤런트 反射】 16
Galton (1822~1911) 487
Galton (1822~1911) 갈톤 9
game addiction 게임 중독【게임 中毒】 21
gamete 배우자【配偶子】 136
gamete 생식세포【生殖細胞】 185
gaming disorder 게임 이용 장애【게임 利用 障碍】 21
gaming disorder 게임 장애【게임 障碍】 21
Gardner (1943~) 487
Gardner (1943~) 가드너 1
Gardner's multiple-intelligences theory 가드너의 다중 지능 이론【가드너의 多重 知能 理論】 1
Gardner's theory of multiple intelligences 가드너의 다중 지능 이론【가드너의 多重 知能 理論】 1
gay 게이 21
gender 성【性】 194
gender 심리사회적 성【心理社會的 性】 231
gender 젠더 367
gender constency 성 일관성【性 一貫性】 200
gender differences 성차【性差】 203
gender identity 성 정체감【性 正體感】 202
gender identity disorder (GID) 성 정체감 장애【性 正體感 障碍】 202
gender intensification 성 강화【性 强化】 194
gender role 성역할【性役割】 198

gender role standard 성역할 기준【性役割 基準】 198
gender schema 성 도식【性 圖式】 196
gender segregation 성 분리【性 分離】 197
gender stability 성 안정성【性 安定性】 197
gender stereotype 성 고정관념【性 固定觀念】 195
gender typing 성유형화【性類型化】 199
gender-role behavior 성역할 행동【性役割 行動】 198
gender-role identity 성역할 정체감【性役割 正體感】 198
gender-role identity 성역할 정체성【性役割 正體性】 198
gender-role learning 성역할 학습【性役割 學習】 198
gene 유전 인자【遺傳 因子】 293
gene 유전자【遺傳子】 293
gene therapy 유전자 치료【遺傳子 治療】 293
gene-environment correlation 유전자-환경 상관【遺傳子-環境 相關】 294
general mental factor 일반 지능 요인【一般 知能 要因】 316
general mental factor (g) 487
generalization 일반화【一般化】 316
generalized mental ability 일반 정신 능력【一般 精神 能力】 316
generally accepted idea 통념【通念】 430
genetic counseling 유전 상담【遺傳 相談】 292
genetic counselling 유전 상담【遺傳 相談】 292
genetic counsellor 유전 상담사【遺傳 相談士】 292
genetic counsellor 유전 상담자【遺傳 相談者】 292
genetic counselor 유전 상담사【遺傳 相談士】 292
genetic counselor 유전 상담자【遺傳 相談者】 292
genetic defect 유전 결함【遺傳 缺陷】 291
genetic defect 유전적 결함【遺傳的 缺陷】 294
genetic disease 유전 질환【遺傳 疾患】 294
genetic disease 유전병【遺傳病】 292
genetic epistemology 발생적 인식론【發生的 認識論】 133
genetic epistemology 발생학적 인식론【發生學的 認識論】 133
genetic hypothesis 유전 가설【遺傳 假說】 291
genetic information 유전 정보【遺傳 情報】 294
genetic map 유전자 지도【遺傳子 地圖】 293
geneticist 유전학자【遺傳學者】 294
genetics 유전학【遺傳學】 294
genital herpes 음부포진【陰部疱疹】 296
genital stage 생식 단계【生殖 段階】 185
genital stage 생식기【生殖期】 184
genom 게놈 20
genome 게놈 20
genome 유전체【遺傳體】 294
genotype 유전자형【遺傳子型】 293

genotype 유전형【遺傳型】 294
genotype-environment correlation 유전자형-환경 상관【遺傳子型-環境 相關】 294
George Huntington (1850~1916) 487
George Huntington (1850~1916) 조지 헌팅턴 370
German measles 풍진【風疹】 447
germinal period 발아기【發芽期】 133
germinal period 배종기【胚腫期】 137
germinal period 접합기【接合期】 351
germinal period 접합체기【接合體期】 351
germinal stage 발아기【發芽期】 133
germinal stage 배종기【胚腫期】 137
germinal stage 접합기【接合期】 351
germinal stage 접합체기【接合體期】 351
germline gene therapy 생식세포 유전자 치료【生殖細胞 遺傳子 治療】 185
gerontologist 노년학자【老年學者】 64
gerontology 노년학【老年學】 64
gerontology 노인학【老人學】 65
Gesell (1880~1961) 487
Gesell (1880~1961) 게젤 22
Gesell development norms 게젤의 발달 규준【게젤의 發達 規準】 22
gestalt 게슈탈트 20
gestalt psychology 게슈탈트 심리학【게슈탈트 心理學】 20
gestalt therapy 게슈탈트 치료【게슈탈트 治療】 21
GH 487
gifted child 영재【英才】 272
gifted child 영재아【英才兒】 273
gifted person 영재【英才】 272
giftedness 영재성【英才性】 272
Gilligan (1936~) 487
Gilligan (1936~) 길리건 54
gland 선【腺】 189
glass ceiling 유리 천장【琉璃 天障】 288
glass ceiling effect 유리 천장 효과【琉璃 天障 效果】 288
glia 교세포【膠細胞】 39
glial cell 교세포【膠細胞】 39
global aphasia 전반적 실어증【全般的 失語症】 346
goal 목표【目標】 114
gonad 생식선【生殖腺】 185
gonad 성선【性腺】 197
gonad 성소【性巢】 197
gonadotrophin 생식선 자극 호르몬【生殖腺 刺戟 호르몬】 185
gonadotrophin 성선 자극 호르몬【性腺 刺戟 호르몬】 197
gonadotropic hormone 생식선 자극 호르몬【生殖腺 刺戟 호르몬】 185

gonadotropic hormone 성선 자극 호르몬【性腺 刺戟 호르몬】 ········ 197
gonochorism 자웅 이체【雌雄 異體】 ········ 335
goodness of fit 적합성【適合性】 ········ 345
goodness of fit 조화의 적합성【調和의 適合性】 ········ 371
goodness-of-fit 적합성【適合性】 ········ 345
goodness-of-fit 조화의 적합성【調和의 適合性】 ········ 371
Gordon Allport (1897~1967) ········ 488
Gordon Allport (1897~1967) 고든 올포트 ········ 29
Gordon Allport (1897~1967) 올포트 ········ 274
Gordon Willard Allport (1897~1967) ········ 488
Gordon Willard Allport (1897~1967) 고든 윌라드 올포트 ········ 29
Gottesman (1930~2016) ········ 488
Gottesman (1930~2016) 고테스만 ········ 31
grammar 문법【文法】 ········ 117
grammatical morphemes 문법적 형태소【文法的 形態素】 ········ 117
grand mal 대발작【大發作】 ········ 82
grand mal seizure 대발작【大發作】 ········ 82
Granville Stanley Hall (1844~1924) ········ 488
grasp reflex 붙잡기 반사【붙잡기 反射】 ········ 151
grasp reflex 움켜잡기 반사【움켜잡기 反射】 ········ 282
grasp reflex 잡기 반사【잡기 反射】 ········ 339
grasp reflex 쥐기 반사【쥐기 反射】 ········ 380
grasp reflex 파악 반사【把握 反射】 ········ 437
grasping 파악【把握】 ········ 437
grasping reflex 붙잡기 반사【붙잡기 反射】 ········ 151
grasping reflex 움켜잡기 반사【움켜잡기 反射】 ········ 282
grasping reflex 잡기 반사【잡기 反射】 ········ 339
grasping reflex 쥐기 반사【쥐기 反射】 ········ 380
grasping reflex 파악 반사【把握 反射】 ········ 437
Gregor Johann Mendel (1822~1884) ········ 488
Gregor Johann Mendel (1822~1884) 그레고어 요한 멘델 ········ 47
grey matter 회백질【灰白質】 ········ 469
gross motor 대근육 운동【大筋肉 運動】 ········ 80
gross motor skills 대근육 운동 기술【大筋肉 運動 技術】 ········ 80
gross-motor 대근육 운동【大筋肉 運動】 ········ 80
gross-motor skills 대근육 운동 기술【大筋肉 運動 技術】 ········ 80
growth 성장【成長】 ········ 200
growth hormone (GH) 성장 호르몬【成長 호르몬】 ········ 201
growth motive 성장 동기【成長 動機】 ········ 200
growth need 성장 욕구【成長 慾求】 ········ 201
growth spurt 성장 급등【成長 急騰】 ········ 200
guidance 생활 지도【生活 指導】 ········ 188
Guilford (1897~1987) ········ 488

Guilford (1897~1987) 길포드 …… 54
Guilford, Joy Paul (1897~1987) …… 488
gyri(복수형) 뇌회【腦回】 …… 69
gyri(복수형) 회【回】 …… 469
gyrus 뇌회【腦回】 …… 69
gyrus 회【回】 …… 469

H

habit 버릇 …… 138
habit 습관【習慣】 …… 217
habituation 습관화【習慣化】 …… 217
Hall (1844~1924) …… 489
Hall (1844~1924) 홀 …… 467
hallucination 환각【幻覺】 …… 467
hallucinogens 환각제【幻覺劑】 …… 467
Hans Asperger (1906~1980) …… 489
Hans Asperger (1906~1980) 한스 아스퍼거 …… 456
Hans Eysenck (1916~1997) 한스 아이젱크 …… 456
Hans Jurgen Eysenck (1916~1997) …… 489
happiness 행복【幸福】 …… 460
hardware 하드웨어 …… 451
Harry Klinefelter (1912~1990) …… 489
Harry Klinefelter (1912~1990) 해리 클라인펠터 …… 457
hate 증오【憎惡】 …… 381
Havighurst (1900~1991) …… 489
Havighurst (1900~1991) 하비거스트 …… 451
Head Start 헤드스타트 …… 461
Head Start Program 헤드스타트 프로그램 …… 461
Head Start Project 헤드스타트 프로젝트 …… 462
hearing 청각【聽覺】 …… 399
heart beat 심장 박동【心臟 搏動】 …… 235
heart rate 심박수【心搏數】 …… 235
heartbeat 심장 박동【心臟 搏動】 …… 235
hemispheric specialization 반구 전문화【半球 專門化】 …… 124
Henry Hubert Turner (1892~1970) …… 489
Henry Hubert Turner (1892~1970) 헨리 허버트 터너 …… 462
Henry Turner (1892~1970) …… 489
Henry Turner (1892~1970) 헨리 터너 …… 462
here-and-now 여기-지금【여기-只今】 …… 264
here-and-now interaction 여기-지금 상호작용【여기-只今 相互作用】 …… 264

hereditary disease 유전 질환【遺傳 疾患】 ······ 294
hereditary disease 유전병【遺傳病】 ······ 292
hereditary disorder 유전 장애【遺傳 障碍】 ······ 294
heredity 유전【遺傳】 ······ 290
heritability 유전 가능비【遺傳 可能比】 ······ 290
heritability 유전 가능성【遺傳 可能性】 ······ 290
heritability 유전성【遺傳性】 ······ 292
heritability 유전율【遺傳率】 ······ 293
heritability coefficient 유전 가능비 계수【遺傳 可能比 係數】 ······ 290
heritability coefficient 유전 가능성 계수【遺傳 可能性 係數】 ······ 291
heritability coefficient 유전성 계수【遺傳性 係數】 ······ 292
heritability coefficient 유전율 계수【遺傳率 係數】 ······ 293
heritability estimate 유전 가능비 추정치【遺傳 可能比 推定値】 ······ 290
heritability estimate 유전 가능성 추정치【遺傳 可能性 推定値】 ······ 291
heritability estimate 유전성 추정치【遺傳性 推定値】 ······ 293
heritability estimate 유전율 추정치【遺傳率 推定値】 ······ 293
hermaphrodite 자웅 동체【雌雄 同體】 ······ 335
heroin 헤로인 ······ 462
herpes genitalis 음부포진【陰部疱疹】 ······ 296
heteronomous morality 타율적 도덕성【他律的 道德性】 ······ 422
heteronomous stage 타율적 단계【他律的 段階】 ······ 422
heterosexual 이성애자【異性愛者】 ······ 303
heterosexuality 이성애【異性愛】 ······ 303
heterozygosis 이종접합【異種接合】 ······ 303
heterozygosis 이형접합【異型接合】 ······ 307
heterozygosis 헤테로접합【헤테로接合】 ······ 462
heterozygote 이종접합체【異種接合體】 ······ 303
heterozygote 이형접합 개체【異型接合 個體】 ······ 307
heterozygote 이형접합체【異型接合體】 ······ 308
heterozygous 이형접합의【異型接合의】 ······ 307
hidden delinquency 숨은 비행【숨은 非行】 ······ 215
hierarchical model of intelligence 지능의 위계적 모델【知能의 位階的 모델】 ······ 384
hierarchical model of intelligence 지능의 위계적 모형【知能의 位階的 模型】 ······ 384
hierarchy of needs 욕구 위계【慾求 位階】 ······ 279
hierarchy of needs 욕구의 위계【慾求의 位階】 ······ 279
high-amplitude sucking method 고진폭 빨기 기법【高振幅의 빨기 技法】 ······ 30
high-amplitude sucking method 고진폭 빨기 방법【高振幅의 빨기 方法】 ······ 31
high-amplitude sucking method 높은 진폭의 빨기 방법【높은 振幅의 빨기 方法】 ······ 67
high-risk neighborhood 위험도가 높은 거주 지역【危險度가 높은 居住 地域】 ······ 286
hindbrain 후뇌【後腦】 ······ 473
hippocampus 해마【海馬】 ······ 457
holistic perspective 총체적 관점【總體的 觀點】 ······ 407
holophrase 일어문【一語文】 ······ 317

holophrastic period 일어문기【一語文期】 317
home environment 가정환경【家庭環境】 4
Home Visiting Program (HVP) 가정 방문 프로그램【家庭 訪問 프로그램】 3
homo 동성애자【同性愛者】 90
homo 호모 466
homologous chromosome 상동 염색체【相同 染色體】 179
homosexual 동성애자【同性愛者】 90
homosexuality 동성애【同性愛】 90
homozygosis 동종 접합【同種 接合】 92
homozygosis 동형 접합【同型 接合】 92
homozygosis 호모접합【호모接合】 466
homozygote 동종 접합체【同種 接合體】 92
homozygote 동형 접합 개체【同型 接合 個體】 92
homozygote 동형 접합체【同型 接合體】 92
homozygous 동형 접합의【同型 接合의】 92
homunculus 호먼큘러스 465
horizontal cell 수평 세포【水平 細胞】 213
horizontal decalage 수평적 격차【水平的 隔差】 213
hormone 호르몬 465
Horney (1885~1952) 호나이 465
hospice 호스피스 466
hostile aggression 적대적 공격【敵對的 攻擊】 343
hostile aggression 적대적 공격성【敵對的 攻擊性】 343
hostile aggression 적의적 공격성【敵意的 攻擊性】 345
hostile attributional bias 적대적 귀인 편파【敵對的 歸因 偏跛】 343
hostile attributional bias 적대적 귀인 편향【敵對的 歸因 偏向】 343
Howard Gardner (1943~) 489
Howard Gardner (1943~) 하워드 가드너 452
human development 인간발달【人間發達】 308
human growth hormone (HGH) 인간 성장 호르몬【人間 成長 호르몬】 308
human relations 인간관계【人間關係】 308
humanism 인본주의【人本主義】 310
humanistic perspective 인본주의적 관점【人本主義的 觀點】 310
humanistic psychology 인본주의 심리학【人本主義 心理學】 310
Huntington (1850~1916) 489
Huntington (1850~1916) 헌팅턴 460
Huntington's chorea 헌팅턴 무도병【헌팅턴 舞蹈病】 461
Huntington's chorea 헌팅턴병【헌팅턴病】 461
hyperactivity 과잉 행동【過剩 行動】 36
hypnology 최면학【催眠學】 408
hypnosis 최면【催眠】 407
hypnotherapy 최면 요법【催眠 療法】 408
hypnotherapy 최면 치료【催眠 治療】 408

hypnotic induction 최면 유도【催眠 誘導】 ········ 408
hypnotism 최면법【催眠法】 ········ 408
hypnotism 최면술【催眠術】 ········ 408
hypnotism 최면학【催眠學】 ········ 408
hypnotizability 피최면성【被催眠性】 ········ 450
hypothalamus 시상하부【視床下部】 ········ 220
hypothesis 가설【假說】 ········ 2
hypothetico-deductive reasoning 가설-연역적 추론【假說-演繹的 推論】 ········ 2
hysteria 히스테리 ········ 476

I

ICD ········ 490
ICD-10 ········ 490
id 원자아【原自我】 ········ 284
id 원초아【原初我】 ········ 284
id 원초적 자아【原初的 自我】 ········ 284
id 이드 ········ 300
idea 관념【觀念】 ········ 37
ideal self 이상적 자기【理想的 自己】 ········ 302
identical 일란성(의)【一卵性(의)】 ········ 315
identical triplets 일란성 세쌍둥이【一卵性 세雙生兒】 ········ 315
identical twins 일란성 쌍둥이【一卵性 雙둥이】 ········ 315
identical twins 일란성 쌍생아【一卵性 雙生兒】 ········ 315
identification 동일시【同一視】 ········ 91
identity 정체감【正體感】 ········ 363
identity 정체성【正體性】 ········ 364
identity achievement 정체감 성취【正體感 成就】 ········ 363
identity crisis 정체감 위기【正體感 危機】 ········ 363
identity crisis 정체성 위기【正體性 危機】 ········ 364
identity diffusion 정체감 혼미【正體感 昏迷】 ········ 364
identity foreclosure 정체감 유실【正體感 流失】 ········ 364
identity foreclosure 정체감 폐쇄【正體感 閉鎖】 ········ 364
identity moratorium 정체감 유예【正體感 猶豫】 ········ 364
identity training 동일성 훈련【同一性 訓練】 ········ 91
idiographic development 개별적 발달【個別的 發達】 ········ 14
idiot 백치【白痴】 ········ 138
illusion 착각【錯覺】 ········ 393
image 심상【心象】 ········ 235
imageless thought 심상 없는 사고【心象 없는 思考】 ········ 235
imaginal thought 심상적 사고【心象的 思考】 ········ 235

imaginary audience 상상 속의 관중【想像 속의 觀衆】 179
imaginary audience 상상 속의 청중【想像 속의 聽衆】 179
imaginary audience 상상의 관중【想像의 觀衆】 179
imaginary audience 상상의 청중【想像의 聽衆】 179
imaginary audience 상상적 청중【想像的 聽衆】 179
imagination 상상【想像】 179
imitation 모방【模倣】 113
imitation effect 모방 효과【模倣 效果】 114
immanent justice 내재적 정의【內在的 正義】 60
immune system 면역 체계【免疫 體系】 112
immunity 면역【免疫】 111
implantation 착상【着床】 393
implicit 암묵적【暗默的】 248
implicit cognition 암묵 인지【暗默 認知】 248
implicit knowledge 암묵 지식【暗默 知識】 248
implicit knowledge 암묵적 지식【暗默的 知識】 248
implicit learning 암묵 학습【暗默 學習】 248
implicit learning 암묵적 학습【暗默的 學習】 248
implicit memory 내현적 기억【內顯的 記憶】 63
implicit memory 암묵 기억【暗默 記憶】 247
imprinting 각인【刻印】 8
impulse 충동【衝動】 409
impulse control disorders 충동조절 장애【衝動調節 障碍】 410
impulse control disorders 충동통제 장애【衝動統制 障碍】 410
impulse-control disorders 충동조절 장애【衝動調節 障碍】 410
impulse-control disorders 충동통제 장애【衝動統制 障碍】 410
impulsive aggression 충동적 공격【衝動的 攻擊】 409
impulsive aggression 충동적 공격성【衝動的 攻擊性】 409
impulsivity 충동성【衝動性】 409
inattention 부주의【不注意】 146
inborn 선천적【先天的】 191
incompatible-response technique 양립 불능-반응 기법【兩立 不能-反應 技法】 251
incremental view of ability 능력의 증가 관점【能力의 增加 觀點】 70
independent play 독자적 놀이【獨自的 놀이】 88
index of aging 노령화 지수【老齡化 指數】 64
individual 개체【個體】 16
individual difference 개인차【個人差】 16
individual psychology 개인심리학【個人心理學】 15
individual trait 개인 특성【個人 特性】 16
individual trait 개인 특질【個人 特質】 16
individualistic society 개인주의 사회【個人主義 社會】 15
induction 귀납【歸納】 45
induction 귀납법【歸納法】 45

inductive method 귀납법【歸納法】 45
inductive reasoning 귀납적 추론【歸納的 推論】 45
infancy 영아기【嬰兒期】 271
infant 영아【嬰兒】 271
infant-directed speech 영아 지향어【嬰兒 指向語】 272
infant-directed speech 영아 지향적 말【嬰兒 指向的 말】 272
infantile amnesia 영아기 기억 상실【嬰兒期 記憶 喪失】 271
infantile amnesia 영아기 기억 상실증【嬰兒期 記憶 喪失症】 271
infantile paralysis 소아마비【小兒痲痺】 206
infantilism 유치증【幼稚症】 295
inference 추론【推論】 408
inferiority 열등【劣等】 269
inferiority complex 열등 콤플렉스【劣等 콤플렉스】 269
infertility 불임【不姙】 150
infertility 불임증【不姙症】 150
informal curriculum 비공식적 교과과정【非公式的 敎科課程】 155
information processing (IP) 정보처리【情報處理】 352
information revolution 정보 혁명【情報 革命】 352
information society 정보화 사회【情報化 社會】 353
information-processing theory 정보처리 이론【情報處理 理論】 352
ingroup schema 내집단 도식【內集團 圖式】 62
in-group schema 내집단 도식【內集團 圖式】 62
inherited behavior trait 유전된 행동 특질【遺傳된 行動 特質】 291
inherited disease 유전 질환【遺傳 疾患】 294
inherited disease 유전병【遺傳病】 292
inhibition 억제【抑制】 256
inhibitory control 억제적 통제력【抑制的 統制力】 256
innate 선천적【先天的】 191
innate defect 선천 결손【先天 缺損】 191
innate defect 선천 결함【先天 缺陷】 191
innate defect 선천성 결함【先天性 缺陷】 191
innate defect 선천적 결손【先天的 缺損】 191
innate defects 선천적 결함【先天的 缺陷】 191
innateness 선천【先天】 190
innateness 선천성【先天性】 191
inner ear 내이【內耳】 60
inner experimentation 내적 실험【內的 實驗】 61
inner speech 내적 언어【內的 言語】 61
insecure attachment 불안전 애착【不安全 愛着】 149
insecure attachment 불안정 애착【不安定 愛着】 149
insecure-avoidance attachment 불안정 회피 애착【不安定 回避 愛着】 150
insecurely attachment 불안전 애착【不安全 愛着】 149
insecurely attachment 불안정 애착【不安定 愛着】 149

insecure-resistant attachment 불안정 저항 애착【不安定 抵抗 愛着】 …… 150
insight 통찰【洞察】 …… 431
insight learning 통찰 학습【洞察 學習】 …… 431
insight therapy 통찰 치료【洞察 治療】 …… 431
instinct 본능【本能】 …… 144
instinctive drift 본능 표류【本能 漂流】 …… 144
instinctive drift 본능적 표류【本能的 漂流】 …… 144
instrumental aggression 도구적 공격【道具的 攻擊】 …… 84
instrumental aggression 도구적 공격성【道具的 攻擊性】 …… 85
instrumental conditioning 도구적 조건 형성【道具的 條件 形成】 …… 85
instrumental conditioning 도구적 조건화【道具的 條件化】 …… 85
instrumental learning 도구적 학습【道具的 學習】 …… 85
instrumental role 도구적 역할【道具的 役割】 …… 85
intellectual developmental disorder 지적 발달 장애【知的 發達 障碍】 …… 386
intellectual disability 지적 장애【知的 障碍】 …… 387
intellectual functions 지적 기능【知的 機能】 …… 386
intellectual self 지적 자기【知的 自己】 …… 387
intellectualization 주지화【主知化】 …… 375
intellectualization 지성화【知性化】 …… 385
intellectualization 지식화【知識化】 …… 386
intelligence 지능【知能】 …… 383
intelligence quotient (IQ) 지능 지수【知能 指數】 …… 385
intelligence test 지능 검사【知能 檢査】 …… 383
interactive play 상호작용 놀이【相互作用 놀이】 …… 182
interest 흥미【興味】 …… 476
interest test 흥미 검사【興味 檢査】 …… 476
intermittent explosive disorder 간헐성 폭발 장애【間歇性 暴發 障碍】 …… 9
intermittent explosive disorder 간헐적 폭발성 장애【間歇的 暴發性 障碍】 …… 9
intermodal perception 감각 간 지각【感覺 間 知覺】 …… 9
internal ear 내이【內耳】 …… 60
internal learning 내적 학습【內的 學習】 …… 62
internal representation 내재적 표상【內在的 表象】 …… 60
internal representation 내적 표상【內的 表象】 …… 62
internal secretion 내분비【內分泌】 …… 59
internal working model 내적 작동 모델【內的 作動 모델】 …… 62
internal working model of relationships 관계의 내적 작동 모델【關係의 內的 作動 모델】 …… 37
internalization 내면화【內面化】 …… 59
internalization 내재화【內在化】 …… 61
Internet addiction 인터넷 중독【인터넷 中毒】 …… 315
interneuron 중간 뉴런【中間 뉴런】 …… 376
interpersonal intelligence 개인 간 지능【個人 間 知能】 …… 14
interpersonal intelligence 대인 간 지능【對人 間 知能】 …… 84
interpersonal intelligence 대인 지능【對人 知能】 …… 84

interpersonal relations 대인 관계【對人 關係】 84
interpretation 해석【解釋】 457
intersubjectivity 상호주관성【相互主觀性】 182
intervention 중재【仲裁】 380
interview 면접【面接】 112
interview 인터뷰 315
interview method 면접법【面接法】 112
intimacy 친밀【親密】 412
intoxication 중독【中毒】 378
intrapersonal intelligence 개인 내 지능【個人 內 知能】 15
intrapersonal intelligence 개인 내적 지능【個人 內的 知能】 14
intrinsic achievement orientation 내적 성취 지향성【內的 成就 指向性】 61
intrinsic motivation 내재 동기【內在 動機】 60
intrinsic motivation 내재적 동기【內在的 動機】 60
intrinsic motivation 내적 동기【內的 動機】 61
introversion 내향성【內向性】 63
introversion-extraversion 내향성-외향성【內向性-外向性】 63
introvert 내성적인 사람【內省的인 사람】 60
introvert 내향적인 사람【內向的인 사람】 63
intuition 직관【直觀】 388
intuitive thought 직관적 사고【直觀的 思考】 388
invariant development sequence 불변적 발달 순서【不變的 發達 順序】 149
invariant development sequence 불변적인 발달 순서【不變的인 發達 順序】 149
investment theory of creativity 창의성 투자 이론【創意性 投資 理論】 396
involutional depression 갱년기 우울증【更年期 憂鬱症】 17
Involutional melancholia 갱년기 우울증【更年期 憂鬱症】 17
involutional period 갱년기【更年期】 16
iron deficiency anemia 철 결핍성 빈혈【鐵 缺乏性 貧血】 398
iron deficiency anemia 철 결핍성 빈혈증【鐵 缺乏性 貧血症】 399
irrational belief 비합리적 신념【非合理的 信念】 160
irrational thinking 비합리적 사고【非合理的 思考】 160
irrationality 비합리성【非合理性】 160
irreversibility 비가역성【非可逆性】 153
Irving Isadore Gottesman (1930~2016) 어빙 이자도어 고테스만 256
Ivan Petrovich Pavlov (1849~1936) 490
Ivan Petrovich Pavlov (1849~1936) 이반 페트로비치 파블로프 301

J

James (1842~1910) 491
James (1842~1910) 제임스 366
James Cattell (1860~1944) 제임스 카텔 367
James Dewey Watson (1928~) 490
James Dewey Watson (1928~) 제임스 듀이 왓슨 366
James Flynn (1934~) 490
James Flynn (1934~) 제임스 플린 367
James McKeen Cattell (1860~1944) 490
James McKeen Cattell (1860~1944) 제임스 매킨 카텔 367
James Watson (1928~) 491
James Watson (1928~) 제임스 왓슨 367
James-Lange theory 제임스-랑게 이론【제임스-랑게 理論】 367
James-Lange theory of emotion 490
jealousy 질투【嫉妬】 391
Jean Charcot (1825~1893) 491
Jean Charcot (1825~1893) 장 샤르코 341
Jean Martin Charcot (1825~1893) 491
Jean Martin Charcot (1825~1893) 장 마르탱 샤르코 341
Jean Piaget (1896~1980) 491
Jean Piaget (1896~1980) 장 삐아제 341
Jean Piaget (1896~1980) 장 피아제 341
Jean-Jacques Rousseau (1712~1778) 491
Jean-Jacques Rousseau (1712~1778) 장 자크 루소 341
John Bowlby (1907~1990) 491
John Bowlby (1907~1990) 존 볼비 371
John Broadus Watson (1878~1958) 491
John Garcia (1917~2012) 존 가르시아 371
John Langdon Down (1828~1896) 491
John Langdon Down (1828~1896) 존 랭던 다운 371
John Locke (1632~1704) 491
John Locke (1632~1704) 존 로크 371
Joseph Jules Francois Felix Babinski (1857~1932) 491
Jung (1875~1961) 492
Jung (1875~1961) 융 295
Jungism Psychology 융 심리학【융 心理學】 296
justice perspective 정의 관점【正義 觀點】 362
justice perspective 정의 중심의 관점【正義 中心의 觀點】 363
justice perspective 정의적 관점【正義的 觀點】 363
juvenile 청소년【青少年】 399
juvenile delinquency 소년 비행【少年 非行】 206

juvenile delinquency 청소년 비행【青少年 非行】 400
juvenile delinquent 비행 소년【非行 少年】 161
juvenile delinquent 비행 청소년【非行 青少年】 161
juvenile judicial system 청소년 사법 제도【青少年 司法 制度】 400
juvenile judicial system 청소년 사법 체계【青少年 司法 體系】 400
juvenile justice system 청소년 사법 제도【青少年 司法 制度】 400
juvenile justice system 청소년 사법 체계【青少年 司法 體系】 400
juvenile story 동화【童話】 93

K

kangaroo care 캥거루 케어 415
kangaroo mother care 캥거루 케어 415
Karen Horney (1885~1952) 카렌 호나이 413
Karl von Frisch (1886~1982) 492
Karl von Frisch (1886~1982) 카를 폰 프리슈 413
Kenneth Bancroft Clark (1914~2005) 케네스 밴크로프트 클락 416
Kenneth Clark (1914~2005) 492
Kenneth Clark (1914~2005) 케네스 클락 416
Kewpie doll 큐피 인형【큐피 人形】 417
Kewpie doll effect 큐피 인형 효과【큐피 人形 效果】 418
Kimberly S. Young 492
Kimberly S. Young 킴벌리 S. 영 420
Kinetic Family Drawing (KFD) 동작성 가족화【動作性 家族畵】 92
kleptomania 도벽광【盜癖狂】 87
kleptomania 도벽증【盜癖症】 87
kleptomania 병적 도벽【病的 盜癖】 140
Klinefelter (1912~1990) 492
Klinefelter (1912~1990) 클라인펠터 419
Klinefelter's syndrome 클라인펠터 증후군【클라인펠터 症候群】 419
knowledge base 지식 기반【知識 基盤】 386
Kohlberg (1927~1987) 492
Kohlberg (1927~1987) 콜버그 417
Konrad Lorenz (1903~1989) 492
Konrad Lorenz (1903~1989) 콘라트 로렌츠 416
Korea Youth Counseling & Welfare Institute (KYCWI) 한국청소년상담복지개발원【韓國青少年相談福祉開發院】 455
Korea Youth Research Association 한국청소년학회【韓國青少年學會】 455
Korean Association of Human Development 한국인간발달학회【韓國人間發達學會】 455
Korean Journal of Developmental Psychology 한국심리학회지: 발달【韓國心理學會誌: 發達】 455
Korean Society for Developmental Psychology (KSDP) 한국발달심리학회【韓國發達心理學會】 455

Korean-Wechsler Adult Intelligence Scale (K-WAIS) 한국판 웩슬러 성인 지능 검사 【韓國版 웩슬러 成人 知能 檢査】 ········ 455
Korean-Wechsler Intelligence Scale for Children (K-WISC) 한국판 웩슬러 아동 지능 검사 【韓國版 웩슬러 兒童 知能 檢査】 ········ 455
Korean-Wechsler Preschool and Primary Scale of Intelligence (K-WPPSI) 한국판 웩슬러 유아 지능 검사 【韓國版 웩슬러 幼兒 知能 檢査】 ········ 456
Kosian 코시안 ········ 416
kwashiorkor 콰시오커 ········ 417

L

labor 분만 【分娩】 ········ 147
laboratory observation 실험실 관찰 【實驗室 觀察】 ········ 228
laboratory observation 실험실 관찰법 【實驗室 觀察法】 ········ 229
LAD ········ 492
Lamaze birth 라마즈 분만 ········ 98
Lamaze method 라마즈 분만 ········ 98
language 언어 【言語】 ········ 256
language acquisition device (LAD) 언어 습득 기제 【言語 習得 機制】 ········ 257
language acquisition device (LAD) 언어 습득 장치 【言語 習得 裝置】 ········ 257
language acquisition device (LAD) 언어 획득 기제 【言語 獲得 機制】 ········ 259
language acquisition device (LAD) 언어 획득 장치 【言語 獲得 裝置】 ········ 259
language comprehension 언어 이해 【言語 理解】 ········ 258
language culture 언어문화 【言語文化】 ········ 256
language disorders 언어 장애 【言語 障碍】 ········ 258
language production 언어 산출 【言語 産出】 ········ 256
language production 언어 생성 【言語 生成】 ········ 257
language-making capacity (LMC) 언어 생성 능력 【言語 生成 能力】 ········ 257
lanugo hair 배냇 솜털 ········ 135
latchkey child 래취키 차일드 ········ 98
latchkey children 래취키 차일드 ········ 98
late adolescence 청소년 후기 【青少年 後期】 ········ 402
late adulthood 성인 후기 【成人 後期】 ········ 200
late adulthood 후기 성인기 【後期 成人期】 ········ 473
late childhood 후기 아동기 【後期 兒童期】 ········ 473
latency period 잠복기 【潛伏期】 ········ 339
latent learning 잠재 학습 【潛在 學習】 ········ 339
lateralization 편재화 【偏在化】 ········ 439
law of dominance 우성의 법칙 【優性의 法則】 ········ 280
law of dominance 우열의 법칙 【優劣의 法則】 ········ 280
law of effect 효과의 법칙 【效果의 法則】 ········ 472

Lawrence Kohlberg (1927~1987) ········ 493
Lawrence Kohlberg (1927~1987) 로렌스 콜버그 ········ 101
LD ········ 493
learned helplessness 학습된 무기력【學習된 無氣力】 ········ 453
learned helplessness orientation 학습된 무기력 지향【學習된 無氣力 指向】 ········ 453
learning 학습【學習】 ········ 453
learning approach 학습 이론적 접근【學習 理論的 接近】 ········ 454
learning approach 학습 접근【學習 接近】 ········ 454
learning disorder (LD) 학습 장애【學習 障碍】 ········ 454
learning goal 학습 목표【學習 目標】 ········ 453
learning psychology 학습심리학【學習心理學】 ········ 454
learning theory 학습 이론【學習 理論】 ········ 454
learning to learn 학습법 학습【學習法 學習】 ········ 453
learning-performance distinction 학습-수행 구분【學習-遂行 區分】 ········ 454
left hemisphere 좌반구【左半球】 ········ 373
lesbian 레즈비언 ········ 98
lesbian love 레즈비언 사랑 ········ 99
lesbianism 레즈비어니즘 ········ 98
Lev Semenovich Vygotsky (1896~1934) ········ 493
Lev Semenovich Vygotsky (1896~1934) 레프 스메노비치 비고츠키 ········ 99
level of achievement 성취도【成就度】 ········ 204
Lewis Madison Terman (1877~1956) ········ 493
Lewis Terman (1877~1956) ········ 493
Lewis Terman (1877~1956) 루이스 터먼 ········ 104
LGBT ········ 493
libido 리비도 ········ 104
lie 거짓말 ········ 19
lie detector 거짓말 탐지기【거짓말 探知機】 ········ 19
lie-test 거짓말 탐지 검사【거짓말 探知 檢査】 ········ 19
life cycle 인생 주기【人生 週期】 ········ 310
life expectancy 기대 수명【期待 壽命】 ········ 50
life expectancy 기대 여명【期待 餘命】 ········ 50
life history 생애사【生涯史】 ········ 186
life history research 생애사 연구【生涯史 硏究】 ········ 186
life-span 생애【生涯】 ········ 186
life-span 전생애【全生涯】 ········ 347
life-span approach 생애적 접근【生涯的 接近】 ········ 186
life-span developmental psychology 생애 발달심리학【生涯 發達心理學】 ········ 186
life-span developmental psychology 전생애 발달심리학【全生涯 發達心理學】 ········ 347
life-span view 전생애 관점【全生涯 관점】 ········ 347
linguistic competence 언어적 역량【言語的 力量】 ········ 259
linguistic intelligence 언어 지능【言語 知能】 ········ 259
linguistic intelligence 언어적 지능【言語的 知能】 ········ 259

linguistic relativity 언어 상대성【言語 相對性】 257
linguistic relativity hypothesis 언어 상대성 가설【言語 相對性 假說】 257
linguistic sociology 언어 사회학【言語 社會學】 256
linguistic universal 언어적 보편성【言語的 普遍性】 259
LMC 493
lobe 엽【葉】 271
Locke (1632~1704) 493
Locke (1632~1704) 로크 102
logic 논리【論理】 66
logical-math-ematical intelligence 논리-수학 지능【論理-數學 知能】 66
logical-mathematical intelligence 논리-수학적 지능【論理-數學的 知能】 66
logotherapy 의미 치료【意味 治療】 298
loneliness 외로움 276
long life 장수【長壽】 341
longevity 장수【長壽】 341
longitudinal approach 종단적 접근【縱斷的 接近】 372
longitudinal design 종단적 설계【縱斷的 設計】 372
longitudinal method 종단적 방법【縱斷的 方法】 372
longitudinal method 종단적 연구 방법【縱斷的 硏究 方法】 372
longitudinal method 종단적 연구법【縱斷的 硏究法】 372
longitudinal study 종단적 연구【縱斷的 硏究】 372
long-term memory (LTM) 장기 기억【長期 記憶】 339
long-term store (LTS) 장기 저장【長期 貯藏】 340
long-term store (LTS) 장기 저장소【長期 貯藏所】 340
looking chamber 관찰 상자【觀察 箱子】 38
looking glass self 거울 자기【거울 自己】 18
looking glass self 거울 자아【거울 自我】 18
looking-glass self 거울 자기【거울 自己】 18
looking-glass self 거울 자아【거울 自我】 18
lookism 외모 지상주의【外貌 至上主義】 276
Lorenz (1903~1989) 493
Lorenz (1903~1989) 로렌츠 101
Louis Braille (1809~1852) 루이 브라유 103
Louis Thurstone (1887~1955) 루이스 서스톤 104
Louis-antoine Ranvier (1835~1922) 493
love withdrawal 애정 철회【愛情 撤回】 249
love withdrawal 애정 철회 기법【愛情 撤回 技法】 249
love withdrawal 애정 철회법【愛情 撤回法】 249
low birth weight infant 저출생체중아【低出生體重兒】 342
LTS 493
lucid dream 명료한 꿈【明瞭한 꿈】 112
lucid dream 자각몽【自覺夢】 323
luteinizing hormone (LH) 황체 형성 호르몬【黃體 形成 호르몬】 469

M

macrosystem 거시 체계【巨視 體系】 18
main categories of mental disorders of DSM-5 DSM-5의 주요 정신 장애 범주【DSM-5의 主要 精神 障碍 範疇】 485
mainstreaming 메인스트리밍 111
mainstreaming 통합 교육【統合 敎育】 431
major depressive disorder 주요 우울 장애【主要 憂鬱 障碍】 374
major depressive episode 주요 우울 일화【主要 憂鬱 逸話】 374
major neurocognitive disorder 주요 신경인지 장애【主要 神經認知 障碍】 374
maladjustment 부적응【不適應】 146
male infertility 남성 불임【男性 不姙】 57
male infertility 남성 불임증【男性 不姙症】 57
male sterility 남성 불임【男性 不姙】 57
male sterility 남성 불임증【男性 不姙症】 57
male-to-female transgender 트랜스여성 432
malformed child 기형아【畸形兒】 53
mammary glands 유선【乳腺】 289
manic-depressive psychosis 조울증【躁鬱症】 368
manifest content 현재 내용【顯在 內容】 463
marasmus 마라스무스 105
marasmus 소모증【消耗症】 206
Margaret Mead (1901~1978) 494
Margaret Mead (1901~1978) 마거릿 미드 105
marginal man 주변인【周邊人】 374
marginal person 주변인【周邊人】 374
Maria Montessori (1870~1952) 마리아 몬테소리 105
marital therapy 부부 치료【夫婦 治療】 145
marshmallow 마시멜로 105
marshmallow experiment 마시멜로 실험【마시멜로 實驗】 106
Mary Ainsworth (1913~1999) 메리 에인스워스 110
Mary Whiton Calkins (1863~1930) 494
masculinity of birth 출생성비【出生性比】 409
Maslow (1908~1970) 494
Maslow (1908~1970) 매슬로우 109
mass communication 매스 커뮤니케이션 108
mass communication 매스컴 109
masscom 매스컴 109
mastery motivation 숙달 동기【熟達 動機】 213
mastery orientation 숙달 지향【熟達 指向】 213
maternal deprivation 모성 박탈【母性 剝奪】 114
maternal gatekeeping 어머니의 게이트키핑 255

maternal gatekeeping 어머니의 문지기 행동【어머니의 門지기 行動】 256
maturation 성숙【成熟】 197
Maurice Wilkins (1916~2004) 494
Maurice Wilkins (1916~2004) 모리스 윌킨스 113
maximal performance test 최대 수행 검사【最大 遂行 檢査】 407
MBTI 494
Mead (1901~1978) 494
Mead (1901~1978) 미드 120
meaning 의미【意味】 298
mean-world belief 나쁜 세상 신념【나쁜 世上 信念】 56
medulla 연수【延髓】 268
medulla oblongata 연수【延髓】 268
meiosis 감수 분열【減數 分裂】 13
memory span 기억폭【記憶幅】 51
memory strategy 기억 방략【記憶 方略】 51
memory strategy 기억 전략【記憶 戰略】 51
memory strategy 기억 책략【記憶 策略】 51
menarche 초경【初經】 403
Mendel (1822~1884) 494
Mendel (1822~1884) 멘델 111
menopausal syndrome 폐경기 증후군【閉經期 症候群】 443
menopause 폐경기【閉經期】 443
MENSA 멘사 111
menses 생리【生理】 183
menses 월경【月經】 284
menstruation 생리【生理】 183
menstruation 월경【月經】 284
mental age (MA) 정신연령【精神年齡】 358
mental deficiency 정신박약【精神薄弱】 357
mental operation 정신적 조작【精神的 操作】 361
mental representation 심적 표상【心的 表象】 236
mental representation 정신적 표상【精神的 表象】 361
mental retardation 정신지체【精神遲滯】 361
mental rotation 심적 회전【心的 回轉】 236
mental seriation 정신적 서열화【精神的 序列化】 360
mental set 마음 갖춤새 106
mentality 심리【心理】 229
mentally retarded child 정신지체아【精神遲滯兒】 362
mentally retarded person 정신지체인【精神遲滯人】 362
mesencephalon 중뇌【中腦】 377
mesmerism 최면술【催眠術】 408
mesoderm 중배엽【中胚葉】 378
mesosystem 중간 체계【中間 體系】 376

meta-attention 상위 주의【上位 注意】 180
metabolism 대사【代謝】 83
metabolism 신진 대사【新陳 代謝】 224
metacognition 상위 인지【上位 認知】 180
metacognition 초인지【超認知】 405
metacommunication 상위 의사소통【上位 意思疏通】 180
metalinguistic awareness 상위 언어적 인식【上位 言語的 認識】 180
metamemory 상위 기억【上位 記憶】 180
metarepresentation 상위 표상【上位 表象】 180
methamphetamin 메스암페타민 111
method of observation 관찰법【觀察法】 38
microgenetic design 미시 발생적 설계【微視 發生的 設計】 121
microgenetic development 미시 발생적 발달【微視 發生的 發達】 121
microgenetic development 미시 발생학적 발달【微視 發生學的 發達】 121
microsystem 미세 체계【微細 體系】 121
microsystem 미시 체계【微視 體系】 121
midbrain 중뇌【中腦】 377
middle adulthood 성인 중기【成人 中期】 199
middle adulthood 중기 성인기【中期 成人期】 376
middle adulthood 중년기【中年期】 377
middle childhood 중기 아동기【中期 兒童期】 377
middle ear 중이【中耳】 380
mild intellectual disability 경도 지적 장애【輕度 知的 障碍】 26
mild mental retardation 경도 정신지체【輕度 精神遲滯】 26
mild mental retardation 경미한 정신지체【輕微한 精神遲滯】 27
mild retardation 경도 지체【輕度 遲滯】 27
mind 마음 106
mineral deficiency 미네랄 결핍 120
Minnesota Multiphasic Personality Inventory-Adolescent (MMPI-A) 청소년용 미네소타 다면적 인성 검사【青少年用 미네소타 多面的 人性 檢査】 401
minor neurocognitive disorder 경도 신경인지 장애【輕度 神經認知 障碍】 26
mirror neuron 거울 뉴런 18
mirror neuron system (MNS) 거울 신경계【거울 神經系】 18
misuse 오용【誤用】 273
mitosis 유사분열【有絲分裂】 289
mnemonics 기억술【記憶術】 51
MNS 494
model 모델 112
modeling 모델링 112
modeling 본뜨기【本뜨기】 144
moderate intellectual disability 중등도 지적 장애【中等度 知的 障碍】 378
moderate mental retardation 중간 정도의 정신지체【中間 程度의 精神遲滯】 376
moderate mental retardation 중등도 정신지체【中等度 精神遲滯】 378

moderate retardation 중등도 지체【中等度 遲滯】 378
moderate variable 조절 변인【調節變人】 370
monitoring 모니터링 112
monochromat 전색맹자【全色盲者】 347
monochromatism 전색맹【全色盲】 347
monovular 일란성(의)【一卵性(의)】 315
monozygotic 일란성(의)【一卵性(의)】 315
monozygotic twins 일란성 쌍둥이【一卵性 雙둥이】 315
monozygotic twins 일란성 쌍생아【一卵性 雙生兒】 315
monozygous 일란성(의)【一卵性(의)】 315
Montessori (1870~1952) 몬테소리 114
mood 기분【氣分】 51
moral affect 도덕 정서【道德 情緖】 87
moral affect 도덕적 정서【道德的 情緖】 86
moral behavior 도덕 행동【道德 行動】 87
moral behavior 도덕적 행동【道德的 行動】 87
moral development 도덕발달【道德 發達】 86
moral development 도덕성 발달【道德性 發達】 86
moral judgement 도덕 판단【道德 判斷】 87
moral judgement 도덕적 판단【道德的 判斷】 87
moral reasoning 도덕 추론【道德 推論】 87
moral reasoning 도덕적 추론【道德的 推論】 86
morality 도덕성【道德性】 86
morality of care 배려의 도덕성【配慮의 道德性】 135
morality of justice 정의의 도덕성【正義의 道德性】 362
morals 도덕【道德】 86
Moro (1874~1951) 495
Moro (1874~1951) 모로 112
Moro embracing reflex 모로 껴안기 반사【모로 껴안기 反射】 113
Moro reflex Moro 반사【Moro 反射】 495
Moro reflex 모로 반사【모로 反射】 113
morphemes 형태소【形態素】 465
morphological knowledge 형태론적 지식【形態論的 知識】 465
morphology 형태론【形態論】 465
mother factor 어머니 요인【어머니 要因】 255
motherese 마더리즈 105
motherese 모성어【母性語】 114
motherese 어머니의 아기식 말투【어머니의 아기式 말투】 256
motivated forgetting 동기화된 망각【動機化된 忘却】 89
motivation 동기 유발【動機 誘發】 89
motivation 동기화【動機化】 89
motive 동기【動機】 88
motor 운동【運動】 281

motor cortex 운동 피질【運動 皮質】 282
motor development 운동 발달【運動 發達】 281
motor disorders 운동 장애【運動 障碍】 282
motor nerves 운동 신경【運動 神經】 282
motor neuron 운동 뉴런【運動 뉴런】 281
motor tic 운동 틱【運動 틱】 282
mourning 애도【哀悼】 249
MR 495
MTF transgender 트랜스여성 432
multicultural family 다문화 가정【多文化 家庭】 71
multicultural family 다문화 가족【多文化 家族】 71
multifactorial inheritance 다요인성 유전【多要因性 遺傳】 72
multifetal gestation 다태 임신【多胎 姙娠】 78
multimodal motherese 다중 모드의 모성어【多重 모드의 母性語】 74
multimodal motherese 다중 양식의 모성어【多重 樣式의 母性語】 74
multimodal motherese 다중 양태의 모성어【多重 樣態의 母性語】 75
multiple attachment 다수인 대상 애착【多數人 對象 愛着】 71
multiple attachment 다수인 애착【多數人 愛着】 71
multiple attachment 다중 애착【多重 愛着】 74
multiple attachment 복합 애착【複合 愛着】 143
multiple intelligence 다중 지능【多重 知能】 76
multiple personality 다중 성격【多重 性格】 74
multiple personality 다중 인격【多重 人格】 75
multiple pregnancy 다태 임신【多胎 姙娠】 78
multiple-intelli-gences theory 다중 지능 이론【多重 知能 理論】 77
multistore model 다중 저장 모델【多重 貯藏 모델】 75
multistore model 다중 저장 모형【多重 貯藏 模型】 76
musical intelligence 음악 지능【音樂 知能】 298
musical intelligence 음악적 지능【音樂的 知能】 297
mutation 돌연변이【突然變異】 88
mutually responsive relationship 상호반응적 관계【相互反應的 關係】 182
myelinization 말이집 형성【말이집 形成】 107
myelinization 수초 발생【髓鞘 發生】 213
myelinization 수초 형성【髓鞘 形成】 213
myelinization 수초화【髓鞘化】 213

N

N generation 엔 세대【엔 世代】 263
naive realism 순진한 사실주의【純眞한 寫實主義】 214
naive theories 순진한 이론【純眞한 理論】 214

name-letter effect 이름 효과【이름 效果】 ········· 301
naming explosion 명명 폭발【命名 暴發】 ········· 112
narcissism 자기도취【自己陶醉】 ········· 326
narcissism 자기애【自己愛】 ········· 328
narcolepsy 발작성 수면【發作性 睡眠】 ········· 133
nativism 생득론【生得論】 ········· 183
nativism 생득설【生得說】 ········· 183
nativism 선천론【先天論】 ········· 191
nativism 선천설【先天說】 ········· 191
natural experiment 자연 실험【自然 實驗】 ········· 334
natural observation 자연 관찰【自然 觀察】 ········· 334
natural observation 자연 관찰법【自然 觀察法】 ········· 334
natural observation 자연적 관찰【自然的 觀察】 ········· 334
natural observation 자연적 관찰법【自然的 觀察法】 ········· 335
natural selection 자연 도태【自然 淘汰】 ········· 334
natural selection 자연 선택【自然 選擇】 ········· 334
naturalistic intelligence 자연주의 지능【自然主義 知能】 ········· 335
naturalistic intelligence 자연주의자 지능【自然主義者 知能】 ········· 335
naturalistic intelligence 자연주의적 지능【自然主義的 知能】 ········· 335
naturalistic observation 자연 관찰【自然 觀察】 ········· 334
naturalistic observation 자연 관찰법【自然 觀察法】 ········· 334
naturalistic observation 자연적 관찰【自然的 觀察】 ········· 334
naturalistic observation 자연적 관찰법【自然的 觀察法】 ········· 335
nature 본성【本性】 ········· 144
nature 천성【天性】 ········· 398
nature view 선천 견해【先天 見解】 ········· 190
nature-nurture debate 본성-양육 논쟁【本性-養育 論爭】 ········· 144
nature-nurture debate 선천-후천 논쟁【先天-後天 論爭】 ········· 192
nature-nurture debate 유전-환경 논쟁【遺傳-環境 論爭】 ········· 295
nature-nurture debate 유전-환경 영향에 대한 논쟁【遺傳-環境 影響에 對한 論爭】 ········· 295
nature-nurture debate 천성-양육 논쟁【天性-養育 論爭】 ········· 398
nature-nurture issue 본성-양육 논쟁【本性-養育 論爭】 ········· 144
nature-nurture issue 유전-환경 문제【遺傳-環境 問題】 ········· 295
nature-nurture problem 유전-환경 문제【遺傳-環境 問題】 ········· 295
needs 욕구【慾求】 ········· 279
neglected child 무시당하는 아동【無視當하는 兒童】 ········· 115
neglected child 무시된 아동【無視된 兒童】 ········· 115
neglected children 무시당하는 아동【無視當하는 兒童】 ········· 115
neglected children 무시된 아동【無視된 兒童】 ········· 115
neo-Freudian 신프로이트학파【新프로이트學派】 ········· 225
Neonatal Behavioral Assessment Scale (NBAS) 신생아 행동평가 척도【新生兒 行動評價 尺度】 ··· 224
neonatal period 신생아기【新生兒期】 ········· 224
neonatal reflexes 신생아 반사【新生兒 反射】 ········· 224

neonate 신생아【新生兒】 224
neonativism 신생득론【新生得論】 223
neo-nativism 신생득론【新生得論】 223
nerve 신경【神經】 221
nerve cell 신경세포【神經細胞】 222
nerve fiber 신경 섬유【神經 纖維】 222
nervous system 신경계【神經系】 221
net generation 넷 세대【넷 世代】 63
neural plasticity 신경 가소성【神經 可塑性】 221
neurocognition 신경인지【神經認知】 222
neurocognitive disorders 신경인지 장애【神經認知 障碍】 223
Neurodevelopmental disorders 신경발달 장애【神經發達 障碍】 221
neurogenesis 신경 발생【神經 發生】 222
neuron 495
neuron 뉴런 69
neuron 신경세포【神經細胞】 222
neuroplasticity 신경 가소성【神經 可塑性】 221
neuroticism 신경증적 성향【神經症的 性向】 223
newborn 신생아【新生兒】 224
night pollution 몽정【夢精】 115
Nikolaas Tinbergen (1907~1988) 495
Nikolaas Tinbergen (1907~1988) 니콜라스 틴버겐 70
Noam Chomsky (1928~) 495
Noam Chomsky (1928~) 노암 촘스키 64
nocturnal emission 몽정【夢精】 115
nocturnal pollution 몽정【夢精】 115
nonconsciousness 비의식【非意識】 159
nonorganic 비기질성【非器質性】 156
nonorganic 비기질적【非器質的】 157
nonorganic failure to thrive 비기질성 성장 실패【非器質性 成長 失敗】 157
nonorganic failure to thrive 비기질성 성장 장애【非器質性 成長 障碍】 157
nonorganic failure to thrive 비기질적 성장 실패【非器質的 成長 失敗】 157
nonorganic failure to thrive 비기질적 성장 장애【非器質的 成長 障碍】 157
non-participant observation 비참여 관찰【非參與 觀察】 159
non-participant observation 비참여 관찰법【非參與 觀察法】 160
non-REM sleep 논렘 수면【논렘 睡眠】 66
non-REM sleep 비렘 수면【非렘 睡眠】 158
nonshared environment 비공유 환경【非共有 環境】 156
nonshared environment 비공유적 환경【非共有的 環境】 155
nonshared environmental experience 비공유 환경 경험【非共有 環境 經驗】 156
nonshared environmental experience 비공유적 환경 경험【非共有的 環境 經驗】 155
nonshared environmental influence 비공유 환경 영향【非共有 環境 影響】 156
nonshared environmental influence 비공유적 환경 영향【非共有的 環境 影響】 156

nonsocial activity 비사회적 활동【非社會的 活動】 159
nonsuicidal self-injury 자살 의도가 없는 자해【自殺 意圖가 없는 自害】 331
norm 규범【規範】 46
norm 규준【規準】 46
norm group 규준 집단【規準 集團】 46
norm table 규준표【規準表】 46
normal curve 정상 곡선【正常 曲線】 353
normal delivery 자연 분만【自然 分娩】 334
normal distribution 정상 분포【正常 分布】 353
normality 정상【正常】 353
normative development 규준적 발달【規準的 發達】 46
normative investigation 규준 연구【規準 硏究】 46
NREM dream 논렘 수면 꿈【논렘 睡眠 꿈】 66
NREM dream 비렘 수면 꿈【非렘 睡眠 꿈】 158
NREM sleep 논렘 수면【논렘 睡眠】 66
NREM sleep 비렘 수면【非렘 睡眠】 158
nuclear family 핵가족【核家族】 458
null hypothesis 영 가설【零 假說】 271
nursery story 동화【童話】 93
nursery tale 동화【童話】 93
nurture 양육【養育】 254
nurture 육성【育成】 295
nurture view 후천 견해【後天 見解】 475

O

obedience to authority 권위에 대한 복종【權威에 對한 服從】 44
obese 비만인【肥滿人】 158
obesity 비만【肥滿】 158
obesity 비만증【肥滿症】 159
object 대상【對象】 83
object permanence 대상 영속성【對象 永續性】 83
object relations 대상관계【對象關係】 83
object relations theory 대상관계 이론【對象關係 理論】 83
observation 관찰【觀察】 37
observation 관찰법【觀察法】 38
observation method 관찰법【觀察法】 38
observational learning 관찰 학습【觀察 學習】 38
occipital lobe 후두엽【後頭葉】 474
Oedipal complex 오이디푸스 콤플렉스 273
Oedipal complex 외디푸스 콤플렉스 276

Oedipus complex 오이디푸스 콤플렉스 ······ 273
Oedipus complex 외디푸스 콤플렉스 ······ 276
official delinquency 공식적 비행【公式的 非行】 ······ 34
old age 노년기【老年期】 ······ 63
old person 노인【老人】 ······ 64
olfaction 후각【嗅覺】 ······ 473
olfactory sense 후각【嗅覺】 ······ 473
one-way mirror 일면경【一面鏡】 ······ 316
one-way mirror 일방 거울【一方 거울】 ······ 316
one-way mirror 일방경【一方鏡】 ······ 317
onlooker play 구경꾼 놀이 ······ 40
onlooker play 방관자 놀이【傍觀者 놀이】 ······ 134
onlooker play 방관자적 놀이【傍觀者的 놀이】 ······ 134
ontogenetic development 개체 발생적 발달【個體 發生的 發達】 ······ 16
ontogeny 개체 발생【個體 發生】 ······ 16
open mindedness 열린 마음 ······ 270
open-mindedness 열린 마음 ······ 270
operant conditioning 조작적 조건 형성【操作的 條件 形成】 ······ 369
operant conditioning 조작적 조건화【操作的 條件化】 ······ 369
oppositional defiant disorder 적대적 반항 장애【敵對的 反抗 障碍】 ······ 343
optical illusion 착시【錯視】 ······ 394
optimism 낙관【樂觀】 ······ 56
optimism 낙관성【樂觀性】 ······ 56
optimistic view 낙관【樂觀】 ······ 56
oral character 구강기 성격【口腔期 性格】 ······ 40
oral character 구순기 성격【口脣期 性格】 ······ 41
oral narration 구연【口演】 ······ 42
oral stage 구강 단계【口腔 段階】 ······ 40
oral stage 구강기【口腔期】 ······ 39
oral stage 구순기【口脣期】 ······ 41
orally narrated fairy tale 구연동화【口演童話】 ······ 42
organ inferiority 기관 열등감【器官 劣等感】 ······ 49
organic 기질성【器質性】 ······ 52
organic 기질적【器質的】 ······ 53
organic amnesia 기질성 기억 상실증【器質性 記憶 喪失症】 ······ 52
organic mental retardation 기질성 정신지체【器質性 精神遲滯】 ······ 52
organic MR 기질성 정신지체【器質性 精神遲滯】 ······ 52
organism 유기체【有機體】 ······ 287
organization 조직화【組織化】 ······ 370
orienting 정향하는【定向하는】 ······ 365
orienting reflex 정위 반사【定位 反射】 ······ 362
orienting reflex 정향 반사【定向 反射】 ······ 365
orienting reflex 지향 반사【指向 反射】 ······ 388

orienting response 정위 반응【定位 反應】 ······ 362
orienting response 정향 반응【定向 反應】 ······ 365
orienting response 지향 반응【指向 反應】 ······ 388
osteoporosis 골다공증【骨多孔症】 ······ 32
otitis media 중이염【中耳炎】 ······ 380
outgroup schema 외집단 도식【外集團 圖式】 ······ 277
out-group schema 외집단 도식【外集團 圖式】 ······ 277
ovary 난소【卵巢】 ······ 57
overextension 과잉 확장【過剩 擴張】 ······ 36
overregularization 과잉 규칙화【過剩 規則化】 ······ 36
oviduct 나팔관【喇叭管】 ······ 56
oviduct 난관【卵管】 ······ 57
oviduct 자궁관【子宮管】 ······ 323
ovulation 배란【排卵】 ······ 135
ovum 난자【卵子】 ······ 57
own-sex schema 자기 성 도식【自己 性 圖式】 ······ 327

P

palmar grasp reflex 손바닥 쥐기 반사【손바닥 쥐기 反射】 ······ 208
panic 공황【恐慌】 ······ 35
panic attack 공황 발작【恐慌 發作】 ······ 35
panic disorder 공황 장애【恐慌 障碍】 ······ 35
parallel play 병행놀이【竝行놀이】 ······ 140
paraphilias 성 도착증【性 倒錯症】 ······ 196
parent effects model 부모 영향 모델【父母 影響 모델】 ······ 145
parent effects model 부모 효과 모델【父母 效果 모델】 ······ 145
parental investment 부모의 투자【父母의 投資】 ······ 145
parental investment 부양 투자【扶養 投資】 ······ 146
parenting style 양육 방식【養育方式】 ······ 254
parietal lobe 두정엽【頭頂葉】 ······ 94
Parkinson (1755~1824) 파킨슨 ······ 437
Parkinson's disease 파킨슨병【파킨슨病】 ······ 437
partial fetal alcohol syndrome 부분 태아 알코올 증후군【部分 胎兒 알코올 症候群】 ······ 145
participant observation 참여 관찰【參與 觀察】 ······ 394
participant observation 참여 관찰법【參與 觀察法】 ······ 394
passion 열정【熱情】 ······ 270
passive gene-environment correlation 수동적 유전자-환경 상관【受動的 遺傳子-環境 相關】 ······ 209
passive genotype-environment correlation 수동적 유전자형-환경 상관【受動的 遺傳子型-環境 相關】 ······ 209
passive victim 수동적 피해자【受動的 被害者】 ······ 209

pathological gambling 병적 도박【病的 賭博】 140
pathological gambling 병적 도박증【病的 賭博症】 140
pathology 병리학【病理學】 140
Paul Broca (1824~1880) 495
Paul Broca (1824~1880) 폴 브로카 444
Pavlov (1849~1936) 495
Pavlov (1849~1936) 파블로프 436
Pavlovian conditioning 파블로프식 조건 형성【파블로프式 條件 形成】 437
pediatric psychology 소아심리학【小兒心理學】 207
pedophile 소아성애자【小兒性愛者】 207
pedophilia 소아성애【小兒性愛】 207
peer 또래 95
peer acceptance 또래 수용【또래 受容】 95
peer group 또래 문화【또래 文化】 95
peer group 또래 집단【또래 集團】 97
peer status 또래 지위【또래 地位】 96
pentasomy X 오염색체성 X【五染色體性 X】 273
percept 지각 상【知覺 象】 381
perception 지각【知覺】 381
perceptive psychology 지각심리학【知覺心理學】 382
perceptual categorization 지각적 범주화【知覺的 範疇化】 382
perceptual development 지각 발달【知覺 發達】 381
perceptual learning 지각적 학습【知覺的 學習】 382
perceptual memory 지각 기억【知覺 記憶】 381
perceptual schema 지각 도식【知覺 圖式】 381
perceptual set 지각적 세트【知覺的 세트】 382
perceptual style 지각 양식【知覺 樣式】 382
performance assessment 수행 평가【遂行 評價】 213
perinatal environment 분만 환경【分娩 環境】 148
period of aging 노년기【老年期】 63
period of the embryo 배아기【胚兒期】 136
period of the fetus 태아기【胎兒期】 426
period of the zygote 발아기【發芽期】 133
period of the zygote 배종기【胚腫期】 137
period of the zygote 접합기【接合期】 351
period of the zygote 접합체기【接合體期】 351
peripheral nervous system (PNS) 말초 신경계【末梢 神經系】 108
permissive parenting 허용적 양육【許容的 養育】 460
permissive parenting 허용적 양육 방식【許容的 養育 方式】 460
persistent motor or vocal tic disorder 지속성 운동 또는 음성 틱 장애【持續性 運動 또는 音聲 틱 障碍】 385
person praise 인물 칭찬【人物 稱讚】 309
persona 페르조나 438

personal disposition 개인 성향【個人 性向】 15
personal fable 개인 우화【個人 寓話】 15
personal fable 개인적 우화【個人的 寓話】 15
personal unconscious 개인 무의식【個人 無意識】 15
personality 성격【性格】 194
personality disorder (PD) 성격 장애【性格 障碍】 195
pervasive developmental disorder 전반적 발달 장애【全般的 發達 障碍】 346
pFAS 부분 태아 알코올 증후군【部分 胎兒 알코올 症候群】 145
p-FAS 부분 태아 알코올 증후군【部分 胎兒 알코올 症候群】 145
phallic stage 남근 단계【男根 段階】 57
phallic stage 남근기【男根期】 57
phase of indiscriminate attachment 비변별적 애착 단계【非辨別的 愛着 段階】 159
phase of multiple attachment 다수인 대상 애착 단계【多數人 對象 愛着 段階】 71
phase of multiple attachment 다수인 애착 단계【多數人 愛着 段階】 72
phase of multiple attachment 다중 애착 단계【多重 愛着 段階】 74
phase of multiple attachment 복합 애착 단계【複合 愛着 段階】 143
phase of specific attachment 특정인 애착 단계【特定人 愛着 段階】 433
phenomenological perspective 현상학적 관점【現象學的 觀點】 462
phenomenology 현상학【現象學】 462
phenotype 표현형【表現型】 446
phenylketonuria (PKU) 페닐케톤뇨증【페닐케톤尿症】 438
phenylketonuria (PKU) 페닐케톤요증【페닐케톤尿症】 438
phobia 공포증【恐怖症】 35
phobic reaction 공포 반응【恐怖 反應】 35
phocomelia 해표지증【海豹脂症】 458
phoneme 음운【音韻】 298
phonemes 음소【音素】 297
phonemics 음소론【音素論】 297
phonological disorder 발음 장애【發音 障碍】 133
phonological disorder 음성 장애【音聲 障碍】 297
phonological disorder 음운 장애【音韻 障碍】 298
phonological disorder 조음 장애【調音 障碍】 368
phonology 음운 체계【音韻 體系】 298
phonology 음운론【音韻論】 298
phylogenetic development 계통 발생적 발달【系統 發生的 發達】 28
phylogenetic development 계통 발생학적 발달【系統 發生學的 發達】 28
physical development 신체 발달【身體 發達】 224
physical exercise 운동【運動】 281
physical self 신체적 자기【身體的 自己】 225
physical sexual harassment 신체적 성희롱【身體的 性戱弄】 225
physical sexual harassment 육체적 성희롱【肉體的 性戱弄】 295
physically active play 신체 활동 놀이【身體 活動 놀이】 225
physiological 생리적(인)【生理的(인)】 183

physiological 생리학적(인)【生理學的(인)】 184
physiological needs 생리적 욕구【生理的 慾求】 183
physiological perspective 생리학적 관점【生理學的 觀點】 184
physiology 생리【生理】 183
physique 체격【體格】 402
Piaget (1896~1980) 495
Piaget (1896~1980) 삐아제 162
Piaget (1896~1980) 피아제 450
Piaget's cognitive development theory 삐아제의 인지발달 이론【삐아제의 認知發達 理論】 163
Piaget's theory of cognitive development 삐아제의 인지발달 이론【삐아제의 認知發達 理論】 163
pidgin 피진어【피진語】 450
pidginization 피진어화【피진語化】 450
pincer grasp 손가락으로 잡기 208
pituitary 뇌하수체【腦下垂體】 68
pituitary gland 뇌하수체【腦下垂體】 68
pituitary gland 뇌하수체선【腦下垂體腺】 69
PKU 495
placebo 플라시보 448
placebo effect 플라시보 효과【플라시보 效果】 449
placenta 태반【胎盤】 426
placental stage 후산기【後産期】 474
placental stage of labor 후산기【後産期】 474
pladdy 플래디 449
plantar reflex 발바닥 반사【발바닥 反射】 132
plantar reflex 족저 반사【足低 反射】 371
plasticity 가소성【可塑性】 2
play 놀이 66
play behavior 놀이 행동【놀이 行動】 67
play therapy 놀이 요법【놀이 療法】 67
play therapy 놀이 치료【놀이 治療】 67
pleasure principle 쾌락의 원리【快樂의 原理】 417
PMA 495
PMAT 496
PNS 496
poliovirus 소아마비바이러스【小兒痲痺바이러스】 207
poliovirus 폴리오바이러스 443
polygene 다원 유전자【多元 遺傳子】 73
polygene 다중 유전자【多重 遺傳子】 75
polygene 폴리진 444
polygenic inheritance 다원 유전【多元 遺傳】 73
polygenic inheritance 다원 유전자 유전【多元 遺傳子 遺傳】 73
polygenic inheritance 다중 유전【多重 遺傳】 75
polygenic inheritance 다중 유전자 유전【多重 遺傳子 遺傳】 75

polygenic trait 다원 유전자 특질【多元 遺傳子 特質】 73
polygenic trait 다원 유전적 특질【多元 遺傳的 特質】 73
polygenic trait 다유전자적 특질【多遺傳子的 特質】 74
polygenic trait 다중 유전자 특질【多重 遺傳子 特質】 75
polygenic trait 다중 유전적 특질【多重 遺傳的 特質】 75
polygraph 거짓말 탐지기【거짓말 探知機】 19
polygraph 폴리그래프 443
pons 뇌교【腦橋】 68
popular child 인기 있는 아동【人氣 있는 兒童】 309
popular children 인기 있는 아동【人氣 있는 兒童】 309
popularity 인기【人氣】 308
positive psychology 긍정심리학【肯定心理學】 49
postconventional level 후인습적 수준【後因襲的 水準】 474
postconventional level of moral development 후인습적 도덕발달 수준【後因襲的 道德發達 水準】 474
postconventional morality 후인습적 도덕성【後因襲的 道德性】 474
postconventional reasoning 후인습적 추론【後因襲的 推論】 475
post-formal thinking 후형식적 사고【後形式的 思考】 475
posthypnotic amnesia 최면 후 기억 상실【催眠 後 記憶 喪失】 408
posthypnotic suggestion 최면 후 암시【催眠 後 暗示】 408
postnatal depression 산후 우울증【産後 憂鬱症】 177
postpartum depression 산후 우울증【産後 憂鬱症】 177
postpartum period 산후 기간【産後 期間】 177
post-traumatic growth (PTG) 외상 후 성장【外傷 後 成長】 276
post-traumatic stress disorder (PTSD) 외상 후 스트레스 장애【外傷 後 스트레스 障碍】 276
power 권력【權力】 44
power assertion 권력 행사【權力 行使】 44
power assertion 권력 행사 기법【權力 行使 技法】 44
power assertion 권력 행사법【權力 行使法】 44
power test 역량 검사【力量 檢査】 265
practical intelligence 실용 지능【實用 知能】 226
practical intelligence 실용적 지능【實用的 知能】 226
practice effect 연습 효과【練習 效果】 268
pragmatics 화용론【話用論】 467
pragmatism 실용주의【實用主義】 226
praise 칭찬【稱讚】 412
preadapted characteristic 선적응적 특성【先適應的 特性】 190
preconceptions 전개념【前槪念】 345
preconscious 전의식【前意識】 348
preconscious memory 전의식 기억【前意識 記憶】 348
preconscious memory 전의식적 기억【前意識的 記憶】 348
preconventional level 전인습적 수준【前因襲的 水準】 349
preconventional morality 전인습적 도덕성【前因襲的 道德性】 349
preconventional reasoning 전인습적 추론【前因襲的 推論】 350

preference method 선호도 방법【選好度 方法】 193
preference method 선호도법【選好度法】 193
preference method 선호법【選好法】 193
preference method 지각적 선호법【知覺的 選好法】 382
preformation theory 전성설【前成說】 347
prefrontal cortex 전전두 피질【前前頭 皮質】 350
prefrontal lobe 전전두엽【前前頭葉】 350
prefrontal lobotomy 전전두엽 절제술【前前頭葉 切除術】 350
pregnancy 임신【姙娠】 321
prejudice 편견【偏見】 439
prelinguistic commucation 언어 이전 의사소통【言語 以前 意思疏通】 258
prelinguistic commucation 언어 이전기 의사소통【言語 以前期 意思疏通】 258
prelinguistic period 언어 이전 단계【言語 以前 段階】 258
prelinguistic period 언어 이전 시기【言語 以前 時期】 258
prelinguistic period 전언어 단계【前言語 段階】 348
prelinguistic period 전언어 시기【前言語 時期】 348
prelinguistic phase 언어 이전 단계【言語 以前 段階】 258
prelinguistic phase 언어 이전 시기【言語 以前 時期】 258
prelinguistic phase 전언어 단계【前言語 段階】 348
prelinguistic phase 전언어 시기【前言語 時期】 348
Premack (1925~2015) 496
Premack (1925~2015) 프리맥 448
premature birth 조산【早産】 368
premature delivery 조산【早産】 368
premenstrual syndrome 월경전 증후군【月經前 症候群】 284
premoral period 전도덕기【前道德期】 345
prenatal care 태교【胎教】 424
prenatal development 태내 발달【胎內 發達】 425
prenatal period 태내기【胎內期】 424
prenatal training 태교【胎教】 424
prenatology 출생 전 과학【出生 前 科學】 409
preoperational stage 전조작 단계【前操作 段階】 350
preoperational stage 전조작기【前操作期】 350
presbyopia 노안【老眼】 64
preschool child 유아【幼兒】 289
preschool period 유아기【幼兒期】 290
preschool period 학령 전기【學齡 前期】 453
preschooler 유아【幼兒】 289
present self 현재 자기【現在 自己】 463
pretend play 가상 놀이【假想 놀이】 2
pretend play 가장 놀이【假裝 놀이】 3
preterm baby 조산아【早産兒】 368
preterm infant 조산아【早産兒】 368

primary auditory area 일차 청각 영역【一次 聽覺 領域】 ···· 319
primary circular reaction 1차 순환 반응【一次 循環 反應】 ···· 504
primary circular reaction 일차 순환 반응【一次 循環 反應】 ···· 318
primary emotion 1차 정서【一次 情緖】 ···· 505
primary emotion 일차 정서【一次 情緖】 ···· 319
primary emotion 일차적 정서【一次的 情緖】 ···· 318
primary enuresis 일차성 유뇨증【一次性 遺尿症】 ···· 317
primary family 일차 가족【一次 家族】 ···· 317
primary family 초기 가족【初期 家族】 ···· 403
primary infertility 1차성 불임【一次性 不姙】 ···· 504
primary infertility 1차성 불임증【一次性 不姙症】 ···· 504
primary infertility 원발성 불임【原發性 不姙】 ···· 283
primary infertility 원발성 불임증【原發性 不姙症】 ···· 283
primary memory 1차적 기억【一次的 記憶】 ···· 504
primary memory 일차 기억【一次 記憶】 ···· 317
primary memory 일차적 기억【一次的 記憶】 ···· 318
primary mental abilities (PMA) 1차 정신 능력【一次 精神 能力】 ···· 505
primary mental abilities (PMA) 1차적 정신 능력【一次的 精神 能力】 ···· 505
primary mental abilities (PMA) 기본 정신 능력【基本 精神 能力】 ···· 50
primary mental abilities (PMA) 일차 정신 능력【一次 精神 能力】 ···· 319
primary mental abilities Test (PMAT) 1차 정신 능력 검사【一次 精神 能力 檢査】 ···· 505
primary mental abilities test (PMAT) 기본 정신 능력 검사【基本 精神 能力 檢査】 ···· 51
primary mental abilities Test (PMAT) 일차 정신 능력 검사【一次 精神 能力 檢査】 ···· 319
primary motor cortex 일차 운동 피질【一次 運動 皮質】 ···· 318
primary representation 일차적 표상【一次的 表象】 ···· 318
primary sex characteristic 1차 성징【一次 性徵】 ···· 504
primary sex characteristic 일차 성징【一次 性徵】 ···· 318
primary sex characteristic 제1차 성징【第一次 性徵】 ···· 366
primary sexual characteristic 1차 성징【一次 性徵】 ···· 504
primary sexual characteristic 일차 성징【一次 性徵】 ···· 318
primary sexual characteristic 제1차 성징【第一次 性徵】 ···· 366
primary somatosensory cortex 일차 체감각 피질【一次 體感覺 皮質】 ···· 319
primary visual cortex 일차 시각 피질【一次 視覺 皮質】 ···· 318
primitive reflexes 원시 반사【原始 反射】 ···· 283
primitive reflexes 원시적 반사【原始的 反射】 ···· 284
principle of reaction range 반응 범위 원리【反應 範圍 原理】 ···· 128
private self 사적 자기【私的 自己】 ···· 167
private speech 사적 언어【私的 言語】 ···· 167
private speech 혼잣말 ···· 466
proactive aggressors 도발적 공격자【挑發的 攻擊者】 ···· 87
probation 보호 관찰【保護 觀察】 ···· 143
problem behavior 문제 행동【問題 行動】 ···· 118
problem behavior syndrome 문제 행동 증후군【問題 行動 症候群】 ···· 118

problem child 문제 아동【問題 兒童】 …… 117
problem child 문제아【問題兒】 …… 117
process-oriented praise 과정-지향 칭찬【過程-指向 稱讚】 …… 36
process-oriented praise 과정-지향적 칭찬【過程-指向的 稱讚】 …… 36
production deficiency 산출 결함【産出 缺陷】 …… 177
productive activity 생산적 활동【生産的 活動】 …… 184
productive language 산출 언어【産出 言語】 …… 177
productive language 산출된 언어【産出된 言語】 …… 177
productive thinking 생산적 사고【生産的 思考】 …… 184
productivity 생산성【生産性】 …… 184
profound intellectual disability 최고도 지적 장애【最高度 知的 障碍】 …… 407
profound mental retardation 고중증도 정신지체【高重症度 精神遲滯】 …… 30
profound mental retardation 극심한 정신지체【極甚한 精神遲滯】 …… 47
profound mental retardation 매우 심한 정신지체【매우 甚한 精神遲滯】 …… 109
profound mental retardation 아주 심한 정신지체【아주 甚한 精神遲滯】 …… 242
profound mental retardation 최고도 정신지체【最高度 精神遲滯】 …… 407
profound mental retardation 최중도 정신지체【最重度 精神遲滯】 …… 408
profound retardation 최고도 지체【最高度 遲滯】 …… 407
progesterone …… 496
progesterone 프로게스테론 …… 448
progesterone 황체 호르몬【黃體 호르몬】 …… 469
prognosis 예후【豫後】 …… 273
projection 투사【投射】 …… 432
projective test 투사 검사【投射 檢査】 …… 432
proprioception 자기 수용 감각【自己 受容 感覺】 …… 327
proprioceptive feedback 자기 수용적 피드백【自己 受容的 피드백】 …… 328
proprioceptive sense 자기 수용 감각【自己 受容 感覺】 …… 327
proprioceptive stimulus 자기 수용 자극【自己 受容 刺戟】 …… 327
proprioceptors 자기 수용기【自己 受容器】 …… 327
prosocial behavior 친사회적 행동【親社會的 行動】 …… 412
prosocial moral reasoning 친사회적 도덕 추론【親社會的 道德 推論】 …… 412
prosopagnosia 안면 실인증【顔面 失認症】 …… 244
prosopagnosia 얼굴 실인증【얼굴 失認症】 …… 260
protective factor 보호 요인【保護 要因】 …… 143
provisional tic disorder 일시성 틱 장애【一時性 틱 障碍】 …… 317
provocative victim 도발적 피해자【挑發的 被害者】 …… 87
proximal play 근접 놀이【近接 놀이】 …… 48
proximodistal 근원【近遠】 …… 47
proximodistal 근원의【近遠의】 …… 48
proximodistal 중심-말단의【中心-末端의】 …… 379
proximodistal 중심-말초【中心-末梢】 …… 379
proximodistal 중심-말초의【中心末梢의】 …… 379
proximodistal development 근원 방향 발달【近遠 方向 發達】 …… 48

proximodistal development 근원 방향으로의 발달【近遠 方向으로의 發達】 48
proximodistal development 근원 방향의 발달【近遠 方向의 發達】 48
proximodistal development 중심-말단 방향으로의 발달【中心-末端 方向으로의 發達】 379
proximodistal direction 근원 방향【近遠 方向】 48
proximodistal direction 중심-말단 방향【中心-末端 方向】 379
proximodistal direction 중심-말초 방향【中心-末梢 方向】 379
proximodistal trend 근원 경향【近遠 傾向】 47
proximodistal trend 중심-말단 경향【中心-末端 傾向】 379
proximodistal trend 중심-말초 경향【中心-末梢 傾向】 379
pruning 가지치기 8
psychiatry 정신의학【精神醫學】 358
psychic determinism 심리 결정론【心理 決定論】 230
psychic determinism 심리적 결정론【心理的 決定論】 233
psychic determinism 정신 결정론【精神 決定論】 356
psychoanalysis 정신분석【精神分析】 357
psychoanalysis 정신분석학【精神分析學】 357
psychoanalyst 정신분석가【精神分析家】 357
psychoanalytic approach 정신분석적 접근【精神分析的 接近】 357
psychoanalytic perspective 정신분석학적 관점【精神分析學的 觀點】 358
psychoanalytic theory 정신분석 이론【精神分析 理論】 357
psychobiography 심리적 전기【心理的 傳記】 233
psychobiosocial model 심리생물사회적 모형【心理生物社會的 模型】 232
psychodrama 심리극【心理劇】 230
psycholinguist 심리언어학자【心理言語學者】 233
psycholinguistics 심리언어학【心理言語學】 233
psycholinguistics 언어심리학【言語心理學】 257
psychological assessment 심리 평가【心理 評價】 234
psychological comparison 심리적 비교【心理的 比較】 233
psychological comparison phase 심리적 비교 단계【心理的 比較 段階】 233
psychological energy 심리적 에너지【心理的 에너지】 233
psychological field 심리학적 장【心理學的 場】 235
psychological needs 심리적 욕구【心理的 慾求】 233
psychological test 심리 검사【心理 檢査】 230
psychologist of adolescence 청소년심리학자【青少年心理學者】 401
psychologist of senescence 노년심리학자【老年心理學者】 64
psychologist of senescence 노인심리학자【老人心理學者】 64
psychology 심리【心理】 229
psychology 심리학【心理學】 234
psychology of adolescence 청년심리학【青年心理學】 399
psychology of adolescence 청소년심리학【青少年心理學】 401
psychology of language 언어심리학【言語心理學】 257
psychology of learning 학습심리학【學習心理學】 454
psychology of perception 지각심리학【知覺心理學】 382

psychology of senescence 노년심리학【老年心理學】 64
psychology of senescence 노인심리학【老人心理學】 64
psychometric approach 심리 측정 접근【心理 測定 接近】 234
psychometric approach 심리 측정적 접근【心理 測定的 接近】 234
psychometrics 심리 측정【心理 測定】 233
psychometry 심리 측정【心理 測定】 233
psychopath 사이코패스 167
psychopathologist 정신병리학자【精神病理學者】 357
psychopathology 정신병리학【精神病理學】 357
psychosexual 심리성적【心理性的】 232
psychosexual development 심리성적 발달【心理性的 發達】 232
psychosexual developmental theory 심리성적 발달 이론【心理性的 發達 理論】 232
psychosexual stages 심리성적 단계【心理性的 段階】 232
psychosexual theory 심리성적 이론【心理性的 理論】 233
psychosis 정신병【精神病】 357
psychosocial 심리사회적【心理社會的】 230
psychosocial developmental theory 심리사회적 발달 이론【心理社會的 發達 理論】 230
psychosocial environment 심리사회적 환경【心理社會的 環境】 232
psychosocial identity 심리사회적 정체감【心理社會的 正體感】 232
psychosocial stage 심리사회적 단계【心理社會的 段階】 230
psychosocial stress 심리사회적 스트레스【心理社會的 스트레스】 231
psychosocial theory 심리사회적 이론【心理社會的 理論】 231
psychosurgery 정신외과【精神外科】 358
psychotherapy 심리 치료【心理 治療】 234
puberty 사춘기【思春期】 168
pulse 맥박【脈搏】 110
punishment 벌【罰】 139
punishment 처벌【處罰】 397
pure alexia 순수 실독증【純粹 失讀症】 214
pyromania 방화증【放火症】 135
pyromania 병적 방화【病的 放火】 139

Q

Q-sort technique 큐 분류 기법【Q 分類 技法】 417
quadruple X X 사중 【四重 X】 168
qualitative change 질적 변화【質的 變化】 390
qualitative research 질적 연구【質的 硏究】 391
quantitative change 양적 변화【量的 變化】 255
quantitative change 양적인 변화【量的인 變化】 255
quantitative research 양적 연구【量的 硏究】 255

quickening 태동【胎動】 426

R

racism 인종차별주의【人種差別主義】 311
rage 분노【忿怒 / 憤怒】 146
random 임의【任意】 321
random 임의의【任意의】 321
random sampling 무선 표집【無選 標集】 115
random sampling 임의 추출법【任意 抽出法】 321
range-of-reaction 반응 범위【反應 範圍】 128
range-of-reaction principle 반응 범위 원리【反應 範圍 原理】 128
Ranvier (1835~1922) 496
rape 성폭행【性暴行】 204
rapid eye movement (REM) 급속 안구 운동【急速 眼球 運動】 49
rapid eye movement (REM) 빠른 안구 운동【빠른 眼球 運動】 161
rapid eye movement sleep 빠른 안구 운동 수면【빠른 眼球 運動 睡眠】 161
rational belief 합리적 신념【合理的 信念】 456
rational thinking 합리적 사고【合理的 思考】 456
reaction formation 반동 형성【反動 形成】 124
reaction range 반응 범위【反應 範圍】 128
reactive aggressors 반응적 공격자【反應的 攻擊者】 129
reading therapy 읽기 치료【읽기 治療】 321
reality 현실【現實】 462
reality principle 현실 원리【現實 原理】 463
reality principle 현실의 원리【現實의 原理】 463
reality testing 현실 검증【現實 檢證】 462
recall 회상【回想】 470
receptive aphasia 수용성 실어증【受容性 失語症】 212
receptive language 수용 언어【受容 言語】 212
receptor 수용기【受容器】 211
recessive 열성【劣性】 270
recessive allele 열성 대립 형질【劣性 對立 形質】 270
recessive alleles 열성 대립 유전자【劣性 對立 遺傳子】 270
reciprocity 호혜성【互惠性】 466
recognition 재인【再認】 342
recognition test 재인 검사【再認 檢査】 342
reconstructive memory 재구성적 기억【再構成的 記憶】 341
reduction 환원【還元】 468
reductionism 환원주의【還元主義】 469
reference 참조【參照】 394

reference group 참조 집단【參照 集團】 395
referential communication skills 참조적 의사소통 기술【參照的 意思疏通 技術】 395
referential style 참조적 스타일【參照的 스타일】 394
reflex 반사【反射】 125
reflex activity 반사 활동【反射 活動】 126
refusal 거부【拒否】 17
regression 퇴행【退行】 432
rehabilitation 재활【再活】 342
rehearsal 되뇌기 93
rehearsal 리허설 104
rehearsal 시연【試演】 220
rejected child 거부당하는 아동【拒否當하는 兒童】 17
rejected child 거부된 아동【拒否된 兒童】 17
rejected children 거부당하는 아동【拒否當하는 兒童】 17
rejected children 거부된 아동【拒否된 兒童】 17
rejection 거부【拒否】 17
relation 관계【關係】 37
relational play 연관 놀이【聯關 놀이】 267
relational self-worth 관계적 자기 가치감【關係的 自己 價値感】 37
relationship 관계【關係】 37
reliability 신뢰도【信賴度】 223
reliability 신뢰성【信賴性】 223
REM 렘 100
REM dream 렘수면 꿈【렘睡眠 꿈】 101
REM rebound 렘 반등【렘 反騰】 100
REM rebound 렘 반발【렘 反撥】 100
REM sleep 496
REM sleep REM 수면【REM 睡眠】 496
REM sleep 렘수면【렘睡眠】 100
REM sleep 빠른 안구 운동 수면【빠른 眼球 運動 睡眠】 161
replication 반복 검증【反復 檢證】 124
replication study 반복 연구【反復 硏究】 124
representation 표상【表象】 444
representational level 표상적 수준【表象的 水準】 445
representational thought 표상적 사고【表象的 思考】 445
representative insight 표상적 통찰【表象的 洞察】 445
repression 억압【抑壓】 256
reproduction 생식【生殖】 184
reproductive cell 생식세포【生殖細胞】 185
reproductive system 생식 체계【生殖 體系】 185
research ethics 연구 윤리【硏究 倫理】 267
resilience 탄력성【彈力性】 423
resiliency 탄력성【彈力性】 423

resistance 저항【抵抗】 342
resistant attachment 저항 애착【抵抗 愛着】 343
response 반응【反應】 128
responsibility 책임【責任】 397
restructuring 재구조화【再構造化】 341
restructuring process 재구조화 과정【再構造化 過程】 342
retaliatory aggression 보복적 공격【報復的 攻擊】 140
retaliatory aggression 보복적 공격성【報復的 攻擊性】 141
retardation 지체【遲滯】 388
retention 파지【把持】 437
reticular formation 망상체【網狀體】 108
retrieval 인출【引出】 315
retrieval cue 인출 단서【引出 端緖】 315
retrospective strategy 회상 전략【回想 戰略】 470
Rett (1924~1997) 496
Rett (1924~1997) 레트 99
Rett (1924~1997) 렛 101
Rett syndrome 레트 신드롬 99
Rett syndrome 레트 증후군【레트 症候群】 99
Rett syndrome 렛 증후군【렛 症候群】 101
Rett's disorder 레트 장애【레트 障碍】 99
Rett's disorder 렛 장애【렛 障碍】 101
Rett's syndrome 레트 신드롬 99
Rett's syndrome 레트 증후군【레트 症候群】 99
Rett's syndrome 렛 증후군【렛 症候群】 101
reverse mainstreaming 역메인스트리밍【逆메인스트리밍】 265
reversibility 가역성【可逆性】 3
reward 보상【報償】 141
right hemisphere 우반구【右半球】 280
rigidity 경직성【硬直性】 27
risk behavior 위험 행동【危險 行動】 286
risk factor 위험 요소【危險 要素】 286
risk factor 위험 요인【危險 要因】 286
risk taking 위험 감수【危險 甘受】 286
risk taking behavior 위험 감수 행동【危險 甘受 行動】 286
risk-taking 위험 감수【危險 甘受】 286
risk-taking behavior 위험 감수 행동【危險 甘受 行動】 286
rites of passage 통과 의례【通過 儀禮】 430
Robert James Havighurst (1900~1991) 496
Robert James Havighurst (1900~1991) 로버트 제임스 하비거스트 102
Robert Jeffrey Sternberg (1949~) 496
Robert Sternberg (1949~) 로버트 스턴버그 102
Rogers (1902~1987) 497

Rogers (1902~1987) 로저스 102
role 역할【役割】 266
role behavior 역할 행동【役割 行動】 267
role expectation 역할 기대【役割 期待】 266
role learning 역할 학습【役割 學習】 267
role model 역할 모델【役割 모델】 266
role model 역할 모형【役割 模型】 266
role play 역할 놀이【役割 놀이】 266
role play 역할 연기【役割 演技】 267
role playing 역할 놀이【役割 놀이】 266
role playing 역할 연기【役割 演技】 267
role taking 역할 맡기【役割 맡기】 266
role taking 역할 수용【役割 受容】 266
role taking 역할 취득【役割 取得】 267
role taking ability 역할 수용 능력【役割 受容 能力】 266
role-playing 역할 놀이【役割 놀이】 266
role-playing 역할 연기【役割 演技】 267
rooting reflex 근원 반사【根源 反射】 47
rooting reflex 먹이 찾기 반사【먹이 찾기 反射】 110
rooting reflex 젖 찾기 반사【젖 찾기 反射】 365
rooting reflex 찾기 반사【찾기 反射】 396
rooting reflex 포유 반사【哺乳 反射】 443
Rorschach (1884~1922) 로르샤흐 102
Rorschach test 로르샤흐 검사【로르샤흐 檢査】 102
Rousseau (1712~1778) 497
Rousseau (1712~1778) 루소 103
rubella 풍진【風疹】 447
rubella virus 풍진 바이러스【風疹 바이러스】 447
runaway teenager 가출 청소년【家出 靑少年】 8

S

s factor s 요인【s要因】 497
s factor 특수 요인【特殊 要因】 433
Sachs (1858~1944) 497
Sachs (1858~1944) 삭스 177
sample 표본【標本】 444
savant 서번트 188
savant syndrome 서번트 증후군【서번트 症候群】 188
scaffold 발판화【발板化】 133
scaffold 비계【飛階】 154

scaffolding 발판화【발板化】 133
scaffolding 비계【飛階】 154
scaffolding 비계설정【飛階設定】 154
scale 척도【尺度】 398
scaling 척도화【尺度化】 398
schema 도식【圖式】 87
schema 스키마 216
scheme 도식【圖式】 87
scheme 셰마 206
schizophrenia 정신분열병【精神分裂病】 358
schizophrenia 정신분열증【精神分裂症】 358
school counseling 학교 상담【學校 相談】 452
school dropout 학교 중퇴【學校 中退】 452
school dropout adolescent 학교 중퇴 청소년【學校 中退 青少年】 452
school maladjustment 학교 부적응【學校 不適應】 452
school psychology 학교심리학【學校心理學】 452
school stress 학교 스트레스【學校 스트레스】 452
school violence 학교 폭력【學校 暴力】 452
schoolwork 학업【學業】 454
sciences of development 발달 과학【發達 科學】 129
scientific 과학적【科學的】 37
scientific method 과학적 방법【科學的 方法】 37
script 사건 도식【事件 圖式】 165
script 스크립트 215
second stage of labor 분만 제2기【分娩 第2期】 147
second stage of labor 분만의 두 번째 단계【分娩의 두 번째 段階】 147
secondary circular reaction 2차 순환 반응【二次 循環 反應】 506
secondary circular reaction 이차 순환 반응【二次 循環 反應】 305
secondary emotion 2차 정서【二次 情緖】 507
secondary emotion 이차 정서【二次 情緖】 306
secondary emotion 이차적 정서【二次的 情緖】 306
secondary enuresis 이차성 유뇨증【二次性 遺尿症】 305
secondary infertility 2차성 불임【二次性 不姙】 505
secondary infertility 2차성 불임증【二次性 不姙症】 505
secondary infertility 속발성 불임증【續發性 不姙症】 208
secondary memory 2차 기억【二次 記憶】 505
secondary memory 이차 기억【二次 記憶】 304
secondary memory 이차적 기억【二次的 記憶】 305
secondary reinforcer 이차 강화인【二次 强化因】 304
secondary representation 이차 표상【二次 表象】 306
secondary representation 이차적 표상【二次的 表象】 306
secondary sex characteristic 2차 성징【二次 性徵】 505
secondary sex characteristic 이차 성징【二次 性徵】 305

secondary sex characteristic 제2차 성징【第二次 性徵】 366
secondary sexual characteristic 2차 성징【二次 性徵】 505
secondary sexual characteristic 이차 성징【二次 性徵】 305
secondary sexual characteristic 제2차 성징【第二次 性徵】 366
second-order theory of mind (ToM2) 이순위 마음 이론【二順位 마음 理論】 303
second-order theory of mind (ToM2) 이차 순위 마음 이론【二次 順位 마음 理論】 305
second-order theory of mind (ToM2) 이차적 마음 이론【二次的 마음 理論】 305
secure attachment 안전 애착【安全 愛着】 244
secure attachment 안정 애착【安定 愛着】 245
secure base 안전기지【安全基地】 244
securely attachment 안전 애착【安全 愛着】 244
securely attachment 안정 애착【安定 愛着】 245
seizure 발작【發作】 133
selective attention 선택적 주의【選擇的 注意】 192
selective attrition 선별적 감소【選別的 減少】 190
selective breeding 선별 번식【選別 繁殖】 189
selective breeding experiment 선별 번식 실험【選別 繁殖 實驗】 189
self 자기【自己】 324
self acceptance 자기 수용【自己 受容】 327
self concept 자기 개념【自己 槪念】 325
self-acceptance 자기 수용【自己 受容】 327
self-actualization 자기실현【自己實現】 328
self-actualization needs 자기실현 욕구【自己實現 慾求】 328
self-analysis 자기 분석【自己 分析】 326
self-awareness 자기 인식【自己 認識】 328
self-cognition 자기 인지【自己 認知】 328
self-complexity 자기 복잡성【自己 複雜性】 326
self-concept 자기 개념【自己 槪念】 325
self-concept 자아 개념【自我 槪念】 332
self-consciousness 자기의식【自己意識】 328
self-consciousness 자아의식【自我意識】 333
self-consciousness 자의식【自意識】 337
self-control 자기 통제【自己 統制】 331
self-directed learning 자기 주도 학습【自己 主導 學習】 329
self-directed learning 자기 주도적 학습【自己 主導的 學習】 329
self-discrepancy 자기 불일치【自己 不一致】 326
self-efficacy 자기 효능감【自己 效能感】 331
self-esteem 자기 존중감【自己 尊重感】 329
self-esteem 자아 존중감【自我 尊重感】 333
self-esteem 자존감【自尊感】 338
self-fulfilling prophecy 자기 충족적 예언【自己 充足的 豫言】 330
self-fulfilling prophecy 자성 예언【自成 豫言】 332
self-harm 자기 손상【自己 損傷】 327

self-image 자기상【自己像】 326
self-image 자아상【自我像】 333
self-knowledge 자기 지식【自己 知識】 330
self-monitoring 셀프-모니터링 206
self-monitoring 자기 감시【自己 監視】 324
self-monitoring 자기 모니터링【自己 모니터링】 326
self-oriented distress 자기 지향적 고통【自己 指向的 苦痛】 330
self-perception theory 자기 지각 이론【自己 知覺 理論】 330
self-recognition 자기 재인【自己 再認】 328
self-regulation 자기 조절【自己 調節】 329
self-reinforcement 자기 강화【自己 强化】 324
self-report 자기 보고【自己 報告】 326
self-schema 자기 도식【自己 圖式】 325
self-schema 자아 도식【自我 圖式】 332
self-understanding 자기 이해【自己 理解】 328
self-worth 자기 가치감【自己 價値感】 324
semantic memory 의미 기억【意味 記憶】 298
semantic memory 의미론적 기억【意味論的 記憶】 298
semantics 의미론【意味論】 298
senescence 노년기【老年期】 63
senescent psychologist 노년심리학자【老年心理學者】 64
senescent psychologist 노인심리학자【老人心理學者】 64
senescent psychology 노년심리학【老年心理學】 64
senescent psychology 노인심리학【老人心理學】 64
sensation 감각【感覺】 9
sensation seeking 감각 추구 성향【感覺 追求 性向】 12
sensation seeking behavior 감각 추구 행동【感覺 追求 行動】 13
sensation seeking scale 감각 추구 성향 척도【感覺 追求 性向 尺度】 12
sensation seeking tendency 감각 추구 성향【感覺 追求 性向】 12
sense of inferiority 열등감【劣等感】 269
sense of responsibility 책임감【責任感】 397
sense of sight 시각【視覺】 217
sense of taste 미각【味覺】 120
sense of touch 촉각【觸覺】 406
sense organ 감각 기관【感覺 器官】 9
sensitive period 민감기【敏感期】 121
sensitive responsiveness 민감한 반응성【敏感한 反應性】 122
sensitive-period hypothesis 민감기 가설【敏感期 假說】 122
sensitivity 감수성【感受性】 13
sensitivity 민감성【敏感性】 122
sensitivity training 감수성 훈련【感受性 訓練】 13
sensitization 감각화【感覺化】 13
sensitization 민감화【敏感化】 122

sensorimotor intelligence 감각 운동 지능【感覺 運動 知能】 11
sensorimotor intelligence 감각 운동적 지능【感覺 運動的 知能】 11
sensorimotor intelligence stage 감각 운동 지능 단계【感覺 運動 知能 段階】 11
sensorimotor intelligence stage 감각 운동적 지능 단계【感覺 運動的 知能 段階】 11
sensorimotor stage 감각 운동 단계【感覺 運動 段階】 11
sensorimotor stage 감각 운동기【感覺 運動期】 10
sensory adaptation 감각 적응【感覺 適應】 12
sensory integration 감각 통합【感覺 統合】 13
sensory memory 감각 기억【感覺 記憶】 10
sensory organ 감각 기관【感覺 器官】 9
sensory register 감각 등록기【感覺 登錄器】 10
sensory spot 감각점【感覺點】 12
sensory store 감각 저장【感覺 貯藏】 11
sensory store 감각 저장소【感覺 貯藏所】 12
sentence structure 구문【構文】 40
separation anxiety 격리 불안【隔離 不安】 22
separation anxiety 분리 불안【分離 不安】 147
Separation Anxiety Disorder (SAD) 분리 불안 장애【分離 不安 障碍】 147
sequential design 계열적 설계【系列的 設計】 28
seriation 서열화【序列化】 189
severe intellectual disability 고도 지적 장애【高度 知的 障碍】 29
severe mental retardation 고도 정신지체【高度 精神遲滯】 28
severe mental retardation 심한 정신지체【심한 精神遲滯】 236
severe mental retardation 중증 정신지체【重症 精神遲滯】 380
severe retardation 고도 지체【高度 遲滯】 29
sex 성【性】 194
sex 섹스 206
sex character 성징【性徵】 203
sex characteristic 성징【性徵】 203
sex chromosome 성염색체【性染色體】 198
sex differences 성차【性差】 203
sex discrimination 성 차별【性 差別】 203
sex ratio 성비【性比】 197
sex role 성역할【性役割】 198
sexism 남녀차별주의【男女差別主義】 57
sexism 성 차별주의【性 差別主義】 203
sex-linked 반성(의)【伴性(의)】 127
sex-linked 성-관련(의)【性-關聯(의)】 195
sex-linked characteristics 반성 특성【伴性 特性】 127
sex-linked characteristics 성-관련 특성【性-關聯 特性】 196
sex-linked disorders 반성 장애【伴性 障碍】 127
sex-linked disorders 성-관련 장애【性-關聯 障碍】 195
sex-linked gene 성 연관 유전자【性 聯關 遺傳子】 198

sexual abuse 성학대【性虐待】 204
sexual arousal 성적 흥분【性的 興奮】 202
sexual behaviour 성행동【性行動】 204
sexual characteristic 성징【性徵】 203
sexual communication 성 의사소통【性 意思疏通】 199
sexual deviance 성적 일탈【性的 逸脫】 201
sexual deviation 성적 일탈【性的 逸脫】 201
sexual disorder 성 장애【性 障碍】 200
sexual disorder 성적 장애【性的 障碍】 201
sexual dysfunctions 성 기능 장애【性 機能 障碍】 196
sexual fantasy 성적 공상【性的 空想】 201
sexual fantasy 성적 환상【性的 幻想】 202
sexual gland 생식선【生殖腺】 185
sexual gland 성선【性腺】 197
sexual gland 성소【性巢】 197
sexual harassment 성적 괴롭힘【性的 괴롭힘】 201
sexual harassment 성희롱【性戱弄】 205
sexual identity 성 정체감【性 正體感】 202
sexual masochism 성적 피학증【性的 被虐症】 202
sexual orientation 성 지향성【性 指向性】 203
sexual orientation 성적 지향【性的 指向】 202
sexual sadism 성적 가학증【性的 加虐症】 201
sexual script 성적 각본【性的 脚本】 201
sexual violence 성폭력【性暴力】 204
sexual violence 성폭행【性暴行】 204
sexually abused adolescent 성학대 피해 청소년【性虐待 被害 靑少年】 204
sexually abused child 성학대 피해 아동【性虐待 被害 兒童】 204
shadow 그림자 47
shaping of behaviour 행동 조형【行動 造形】 459
shared environment 공유 환경【共有 環境】 34
shared environment 공유적 환경【共有的 環境】 34
shared envi-ronmental experience 공유 환경 경험【共有 環境 經驗】 34
shared environmental experience 공유적 환경 경험【共有的 環境 經驗】 34
shared envi-ronmental influence 공유 환경 영향【共有 環境 影響】 35
shared environmental influence 공유적 환경 영향【共有的 環境 影響】 34
short-term memory (STM) 단기 기억【短期 記憶】 78
short-term store (STS) 단기 저장【短期 貯藏】 79
short-term store (STS) 단기 저장소【短期 貯藏所】 79
Siamese twins 샴쌍둥이 188
sibling rivalry 형제 간 경쟁【兄弟 間 競爭】 465
sibling rivalry 형제 간 경쟁심【兄弟 間 競爭心】 465
sickle cell 겸상 적혈구【鎌狀 赤血球】 25
sickle cell anemia 겸상 적혈구 빈혈【鎌狀 赤血球 貧血】 25

sickle cell anemia 겸상 적혈구 빈혈증【鎌狀 赤血球 貧血症】 25
sickle cell anemia 겸상 적혈구성 빈혈【鎌狀 赤血球性 貧血】 25
sickle cell anemia 겸상 혈구성 빈혈【鎌狀 血球性 貧血】 26
sight 시각【視覺】 217
Sigmund Freud (1856~1939) 497
Sigmund Freud (1856~1939) 지그문트 프로이트 383
signal 신호【信號】 225
Simon (1872~1961) 시몬 220
simple dominant-recessive inheritance 단순 우성-열성 유전【單純 優性-劣性 遺傳】 80
situational compliance 상황적 순종【狀況的 順從】 182
situational crisis 상황적 위기【狀況的 危機】 183
size constancy 크기 항등성【크기 恒等性】 418
size constancy 크기 항상성【크기 恒常性】 418
skeletal age 골격 연령【骨格 年齡】 31
skeletal age 골연령【骨年齡】 32
Skinner (1904~1990) 497
Skinner (1904~1990) 스키너 215
SLD 497
sleep apnea 수면 무호흡증【睡眠 無呼吸症】 210
sleep attack 수면 발작【睡眠 發作】 211
sleep deprivation 수면 박탈【睡眠 剝奪】 210
sleep disorder 수면 장애【睡眠 障碍】 211
sleeper effect 수면자 효과【睡眠者 效果】 211
slow-to-warm-up child 더딘 아이 84
slow-to-warm-up temperament 더딘 기질【더딘 氣質】 84
small-for-date baby 저체중아【低體重兒】 342
small-for-date baby 체중미달아【體重未達兒】 403
small-for-date infant 저체중아【低體重兒】 342
small-for-date infant 체중미달아【體重未達兒】 403
sociability 사회성【社會性】 169
social anxiety disorder 사회 불안 장애【社會 不安 障碍】 169
social cognition 사회 인지【社會 認知】 170
social cognitive theory 사회 인지 이론【社會 認知 理論】 171
social common notion 사회 통념【社會 通念】 175
social communication disorder 사회적 의사소통 장애【社會的 意思疏通 障碍】 173
social comparison 사회적 비교【社會的 比較】 172
social competence 사회적 유능성【社會的 有能性】 173
social desirability 사회적 바람직성【社會的 바람직性】 172
social desirability effect 사회적 바람직성 효과【社會的 바람직性 效果】 172
social development 사회성 발달【社會性 發達】 170
social development 사회적 발달【社會的 發達】 172
social impact theory 사회적 영향 이론【社會的 影響 理論】 173
social intelligence (SI) 사회적 지능【社會的 知能】 174

social interaction 사회적 상호작용【社會的 相互作用】 173
social isolation 사회적 고립【社會的 孤立】 171
social learning theory 사회 학습 이론【社會 學習 理論】 175
social norm 사회 규범【社會 規範】 168
social perception 사회적 지각【社會的 知覺】 174
social phobia 사회 공포증【社會 恐怖症】 168
social play 사회적 놀이【社會的 놀이】 172
social referencing 사회적 참조【社會的 參照】 174
social reinforcement 사회적 강화【社會的 强化】 171
social relations 사회적 관계【社會的 關係】 171
social role 사회적 역할【社會的 役割】 173
social roles hypothesis 사회적 역할 가설【社會的 役割 假說】 173
social self 사회적 자기【社會的 自己】 173
social skills 사회 기술【社會 技術】 169
social skills 사회적 기술【社會的 技術】 171
social skills training 사회적 기술 훈련【社會的 技術 訓練】 171
social support 사회적 지원【社會的 支援】 174
social support 사회적 지지【社會的 支持】 174
social-cognitive perspective 사회-인지적 관점【社會-認知的 觀點】 171
socialization 사회화【社會化】 176
socialization agent 사회화 대리인【社會化 代理人】 176
socialization agent 사회화 대행자【社會化 代行者】 176
socialized delinquency 사회화된 비행【社會化된 非行】 176
socially accepted idea 사회 통념【社會 通念】 175
social-self 사회적 자기【社會的 自己】 173
Society for Developmental Psychology 발달심리학회【發達心理學會】 131
sociocultural perspective 사회문화적 관점【社會文化的 觀點】 169
sociocultural theory 사회문화적 이론【社會文化的 理論】 169
sociodramatic play 사회극 놀이【社會劇 놀이】 169
sociohistorical development 사회 역사적 발달【社會 歷史的 發達】 170
sociolinguistic knowledge 사회 언어적 지식【社會 言語的 知識】 170
sociolinguistic understanding 사회 언어적 이해【社會 言語的 理解】 170
sociolinguistics 사회언어학【社會言語學】 170
sociometric method 사회성 측정 기법【社會性 測定 技法】 170
sociometric method 사회성 측정법【社會性 測定法】 170
sociometric nomination 사회 측정적 지명【社會 測定的 指名】 175
sociometric technique 사회성 측정 기법【社會性 測定 技法】 170
sociometric technique 사회성 측정법【社會性 測定法】 170
sociometric techniques 사회 측정 기법【社會 測定 技法】 174
sociometric techniques 사회 측정적 기법【社會 測定的 技法】 174
software 소프트웨어 207
solitary play 단독 놀이【單獨 놀이】 79
solitary play 혼자 놀이 466

somatic nervous system 체성 신경계【體性 神經系】 402
somatosensory cortex 체감각 피질【體感覺 皮質】 402
spatial intelligence 공간 지능【空間 知能】 32
spatial intelligence 공간적 지능【空間的 知能】 32
special education 특수 교육【特殊 敎育】 432
special factor s 요인【s要因】 497
special factor 특수 요인【特殊 要因】 433
species-specific behavior 종 특유의 행동【種 特有의 行動】 373
specific aptitude test 특수 적성 검사【特殊 適性 檢査】 433
specific factor s 요인【s要因】 497
specific factor 특수 요인【特殊 要因】 433
specific phobia 특정 공포증【特定 恐怖症】 433
specific-learning disorder (SLD) 특정 학습 장애【特定 學習 障碍】 434
speech 발화【發話】 134
speech sound disorder 발화음 장애【發話音 障碍】 134
speed test 속도 검사【速度 檢査】 208
sperm 정자【精子】 363
sperm bank 정자은행【精子銀行】 363
spina bifida 이분척추【二分脊椎】 302
spinal cord 척수【脊髓】 398
spinal reflexes 척수 반사【脊髓 反射】 398
split brain 분리뇌【分離腦】 147
split-brain 분리뇌【分離腦】 147
spouse 배우자【配偶者】 136
spouse abuse 배우자 학대【配偶者 虐待】 137
stage of autonomous morality 자율적 도덕성 단계【自律的 道德性 段階】 337
stage of development 발달 단계【發達 段階】 130
stage of dilatation 개구기【開口期】 14
stage of heteronomous morality 타율적 도덕성 단계【他律的 道德性 段階】 422
stages of dying 죽음의 단계【죽음의 段階】 375
standard 표준【標準】 445
standardization 표준화【標準化】 445
standardized test 표준화 검사【標準化 檢査】 445
Stanford marshmallow experiment 스탠퍼드 마시멜로 실험【스탠퍼드 마시멜로 實驗】 216
Stanford-Binet Intelligence Scale Stanford-Binet 지능 검사【Stanford-Binet 知能 檢査】 497
Stanford-Binet Intelligence Scale 스탠퍼드-비네 지능 검사【스탠퍼드-비네 知能 檢査】 216
Stanford-Binet Intelligence Scale 스탠퍼드-비네 지능척도【스탠퍼드-비네 知能尺度】 217
startle reflex 경악 반사【驚愕 反射】 27
startle reflex 놀람 반사【놀람 反射】 66
status offense 지위 비행【地位 非行】 386
stem cell 줄기 세포【줄기 細胞】 376
stepping reflex 걷기 반사【걷기 反射】 19
stepping reflex 걸음마 반사【걸음마 反射】 20

stereotypic movement disorder 정형성 동작 장애【定形性 動作 障碍】 365
sterility 불임【不姙】 150
sterility 불임증【不姙症】 150
Sternberg (1949~) 497
Sternberg (1949~) 스턴버그 217
stigma 낙인【烙印】 56
stigma effect 낙인 효과【烙印 效果】 56
stimulation 자극【刺戟】 323
stimulus 자극【刺戟】 323
stimulus motive 자극 동기【刺戟 動機】 323
stimulus-driven attention 자극-주도적 주의【刺戟-主導的 注意】 324
storage 저장【貯藏】 342
storage capacity 저장 용량【貯藏 容量】 342
storage stage 저장 단계【貯藏 段階】 342
storm and stress 질풍노도【疾風怒濤】 392
strange situation 낯선 상황【낯선 狀況】 58
strange situation procedure 낯선 상황 절차【낯선 狀況 節次】 59
stranger anxiety 낯가림 58
stranger anxiety 낯선이 불안【낯선이 不安】 59
strategic memory 전략적 기억【戰略的 記憶】 346
strategy 방략【方略】 134
strategy 전략【戰略】 346
strategy 책략【策略】 397
stroke 뇌졸중【腦卒中】 68
Stroop (1897~1973) 498
structural broken family 구조적 결손 가정【構造的 缺損 家庭】 42
structural broken family 구조적 결손 가족【構造的 缺損 家族】 42
structural broken home 구조적 결손 가정【構造的 缺損 家庭】 42
structural broken home 구조적 결손 가족【構造的 缺損 家族】 42
structuralism 구성주의【構成主義】 40
structuralist 구성주의자【構成主義者】 41
structured interview 구조화된 면접【構造化된 面接】 43
structured interview 구조화된 면접법【構造化된 面接法】 43
structured observation 구조화 관찰【構造化 觀察】 42
structured observation 구조화 관찰법【構造化 觀察法】 42
structured observation 구조화된 관찰【構造化된 觀察】 42
structured observation 구조화된 관찰법【構造化된 觀察法】 42
structure-of-intellect model 지능 구조 모델【知能 構造 모델】 384
structure-of-intellect model 지능 구조 모형【知能 構造 模型】 384
STS 498
studies 학업【學業】 454
study of family tree 가계 연구【家系 研究】 1
stuttering 말더듬 107

stuttering 말더듬기 ··· 107
stuttering 말더듬증 ··· 107
subcortical structures 피질하 구조【皮質下 構造】 ··· 450
subculture 하위문화【下位文化】 ··· 452
subject 주관【主觀】 ··· 373
subjective well-being 주관적 웰빙【主觀的 웰빙】 ··· 373
sublimation 승화【昇華】 ··· 217
subnormal intelligence 정상 이하인 지능【正常 以下인 知能】 ··· 353
sucking reflex 빨기 반사【빨기 反射】 ··· 162
sudden infant death (SID) 영아 돌연사【嬰兒 突然死】 ··· 272
sudden infant death (SID) 유아 돌연사【幼兒 突然死】 ··· 290
sudden infant death syndrome (SIDS) 영아 돌연사 증후군【嬰兒 突然死 症候群】 ··· 272
suicidal behavior 자살 행동【自殺 行動】 ··· 332
suicidal ideation 자살 관념【自殺 觀念】 ··· 331
suicidal ideation 자살 사고【自殺 思考】 ··· 331
suicidal ideation 자살 생각【自殺 생각】 ··· 331
suicide 자살【自殺】 ··· 331
suicide attempt 자살 시도【自殺 試圖】 ··· 331
superaged society 초고령 사회【超高齡 社會】 ··· 403
superego 초자아【超自我】 ··· 406
superfemale ··· 498
superfemale 초여성【超女性】 ··· 404
superfemale 초자【超雌】 ··· 405
superfemale syndrome ··· 498
superfemale syndrome 초여성 증후군【超女性 症候群】 ··· 405
superfemale syndrome 초자 증후군【超雌 症候群】 ··· 406
supermale 초남성【超男性】 ··· 404
supermale 초웅【超雄】 ··· 405
supermale syndrome 초남성 증후군【超男性 症候群】 ··· 404
supermale syndrome 초웅 증후군【超雄 症候群】 ··· 405
support 지지【支持】 ··· 387
surrogate mother 대리모【代理母】 ··· 81
survival reflexes 생존 반사【生存 反射】 ··· 186
sustained attention 지속적 주의【持續的 注意】 ··· 385
swallowing reflex 삼키기 반사【삼키기 反射】 ··· 178
swimming reflex 수영 반사【水泳 反射】 ··· 211
symbol 상징【象徵】 ··· 181
symbol 심벌 ··· 235
symbolic 상징적【象徵的】 ··· 181
symbolic function 상징적 기능【象徵的 機能】 ··· 182
symbolic play 상징 놀이【象徵 놀이】 ··· 181
symbolic representation 상징적 표상【象徵的 表象】 ··· 182
sympathetic empathic arousal 동정적인 공감 각성【同情的인 共感 覺醒】 ··· 92

synapse 시냅스 219
synaptic plasticity 시냅스 가소성【시냅스 可塑性】 219
synaptic pruning 시냅스 상실【시냅스 喪失】 219
synaptic transmission 시냅스 전달【시냅스 傳達】 220
synaptogenesis 시냅스 생성【시냅스 生成】 219
synchronized routines 동시적 일과【同時的 日課】 91
synchronized routines 동시적 일상 행동【同時的 日常 行動】 91
syndrome 증후군【症候群】 381
synesthesia 공감각【共感覺】 32
syntax 구문론【構文論】 40
syntax 통사론【統辭論】 431
syphilis 매독【梅毒】 108
system 체계【體系】 402
systematic 체계적【體系的】 402

T

tabula rasa 백지【白紙】 137
tabula rasa 백지 상태【白紙 狀態】 137
tabula rasa 타불라 라사 421
tacit intelligence 암묵 지능【暗默 知能】 248
tacit intelligence 암묵적 지능【暗默的 知能】 248
tactile sensation 촉각【觸覺】 406
talented person 영재【英才】 272
task 과업【課業】 36
task analysis 과제 분석【課題 分析】 37
taste 미각【味覺】 120
Tay-Sachs disease (TSD) Tay-Sachs병【Tay-Sachs病】 499
Tay-Sachs disease (TSD) 테이삭스병【테이삭스病】 429
Tay-Sachs disease (TSD) 테이-삭스병【테이-삭스病】 430
tectum 시개【視蓋】 219
tegmentum 피개【被蓋】 449
telegraphic speech 전보식 발화【電報式 發話】 346
telegraphic speech 전보식 화법【電報式 話法】 347
temperament 기질【氣質】 51
temperament hypothesis 기질 가설【氣質 假說】 52
temporal lobe 측두엽【側頭葉】 411
teratogens 기형발생물질【畸形發生物質】 53
teratogens 기형유발물질【畸形誘發物質】 53
teratogens 테라토젠 429
Terman (1877~1956) 터먼 428

terminal button 종말 단추【終末 단추】 372
tertiary circular reaction 3차 순환 반응【三次 循環 反應】 507
tertiary circular reaction 삼차 순환 반응【三次 循環 反應】 178
test 검사【檢査】 20
test norms 검사 규준【檢査 規準】 20
testicular feminization syndrome (TFS) 고환 여성화 증후군【睾丸 女性化 症候群】 31
testosterone 499
testosterone 테스토스테론 429
tetrasomy X X 사염색체성【四染色體性 X】 166
TFS 499
thalamus 시상【視床】 220
thalidomide 탈리도마이드 423
Thanatos 타나토스 421
the aged 노인【老人】 64
the old 노인【老人】 64
Thematic Apperception Test (TAT) 주제통각 검사【主題統覺 檢査】 375
Theodore Simon (1872~1961) 시어도어 시몬 220
theory 이론【理論】 301
theory of learning 학습 이론【學習 理論】 454
theory of mind (ToM) 마음 이론【마음 理論】 106
theory of mind (ToM) 마음의 이론【마음의 理論】 106
theory of multiple intelligences 다중 지능 이론【多重 知能 理論】 77
theory of preformation 전성설【前成說】 347
theory of tabula rasa 백지설【白紙說】 137
'theory' theory '이론' 이론【'理論' 理論】 301
theory-theory '이론' 이론【'理論' 理論】 301
third stage of labor 분만 제3기【分娩 第3期】 148
third stage of labor 분만의 세 번째 단계【分娩의 세 번째 段階】 147
Thomas Berry Brazelton (1918~2018) 499
Thomas Berry Brazelton (1918~2018) 토마스 베리 브래즐턴 430
Thomas Brazelton (1918~2018) 토마스 브래즐턴 430
Thorndike (1874~1949) 손다이크 208
three-mountains experiment 세 산 실험【세 山 實驗】 205
three-mountains test 세 산 검사【세 山 檢査】 205
three-stratum theory of intelligence 지능의 3계층 모델【知能의 三階層 모델】 385
three-stratum theory of intelligence 지능의 3계층 모형【知能의 三階層 模型】 385
tic 틱 434
tic disorder 틱 장애【틱 障碍】 434
time of measurement effect 측정 시기 효과【測定 時期 效果】 411
time out 타임아웃 422
time out technique 타임아웃 기법【타임아웃 技法】 422
time-out 타임아웃 422
time-out technique 타임아웃 기법【타임아웃 技法】 422

time-sampling 시간 표집【時間 標集】 219
timing of puberty effect 사춘기 타이밍 효과【思春期 타이밍 效果】 168
Tinbergen (1907~1988) 499
Tinbergen (1907~1988) 틴버겐 435
TLR 500
toddler 걸음마기 아동【걸음마期 兒童】 20
toddler 유아【幼兒】 289
toddlerhood 걸음마기【걸음마期】 20
toddlerhood 유아기【幼兒期】 290
ToM 500
tonic labyrinthine reflex (TLR) 긴장성 미로 반사【緊張性 迷路 反射】 54
tonic neck reflex 긴장성 목 반사【緊張性 목 反射】 53
tonic neck reflex 토닉 넥 반사【토닉 넥 反射】 430
tools of intellectual adaptation 지적 적응의 도구【知的 適應의 道具】 387
touch sensation 촉각【觸覺】 406
Tourette's disorder 뚜렛 장애【뚜렛 障碍】 97
toxoplasma gondii 톡소포자충【톡소胞子蟲】 430
toxoplasmosis 톡소플라즈마병【톡소플라즈마病】 430
toxoplasmosis 톡소플라즈마증【톡소플라즈마症】 430
training 훈련【訓練】 476
trait 특성【特性】 432
transaction 교류【交流】 38
transactional analysis 교류 분석 이론【交流 分析 理論】 39
transactional analysis (TA) 교류 분석【交流 分析】 39
transactional model 교류 모델【交流 모델】 39
transactional model 교류 모형【交流 模型】 39
transactional model 교류적 모델【交流的 모델】 39
transactional model 교류적 모형【交流的 模型】 39
transfer 전이【轉移】 348
transference 전이【轉移】 348
transformational generative grammar 변형 생성 문법【變形 生成 文法】 140
transformational grammar 변형 문법【變形 文法】 140
transgender 트랜스젠더 432
transitive inference 이행추론【移行推論】 307
transitive inference 전이적 추론【轉移的 推論】 349
transitivity 이행【移行】 307
transman 트랜스남성 432
trans-man 트랜스남성 432
transwoman 트랜스여성 432
trans-woman 트랜스여성 432
trauma 외상【外傷】 276
trauma 트라우마 432
traumatic event 외상적 사건【外傷的 事件】 276

trial 시행【試行】 ··· 220
trial and error 시행착오【試行錯誤】 ··· 220
trial and error learning 시행착오 학습【試行錯誤 學習】 ··· 221
trial and error learning theory 시행착오 학습 이론【試行錯誤 學習 理論】 ··· 221
triarchic theory 삼두 이론【三頭 理論】 ··· 178
triarchic theory of intelligence 지능의 삼두 이론【知能의 三頭 理論】 ··· 384
triple X syndrome 삼중 X 증후군【三重 X 症候群】 ··· 178
Trisomy 21 21 삼염색체성【二十一 三染色體性】 ··· 508
trisomy X X 삼염색체성 【三染色體性 X】 ··· 178
true self 참 자기【참 自己】 ··· 394
true-self 참 자기【참 自己】 ··· 394
TSD ··· 500
Turner (1892~1970) ··· 500
Turner (1892~1970) 터너 ··· 428
Turner syndrome 터너 증후군【터너 症候群】 ··· 428
Turner's syndrome 터너 증후군【터너 症候群】 ··· 428
twin design 쌍둥이 설계【雙둥이 設計】 ··· 236
twin design 쌍생아 설계【雙生兒 設計】 ··· 236
twin study 쌍둥이 연구【雙둥이 硏究】 ··· 236
twin study 쌍생아 연구【雙生兒 硏究】 ··· 236
twins 쌍둥이【雙둥이】 ··· 236
twins 쌍생아【雙生兒】 ··· 236
two factor theory of intelligence 지능의 2요인 이론【知能의 二要因 理論】 ··· 385
two factor theory of intelligence 지능의 2요인설【知能의 二要因說】 ··· 384
two-generation intervention 두 세대 중재【두 世代 仲裁】 ··· 94
two-way bilingual education 양방향 이중 언어 교육【兩方向 二重 言語 敎育】 ··· 252
tympanitis 중이염【中耳炎】 ··· 380
tympanum 중이【中耳】 ··· 380

U

ulna 척골【尺骨】 ··· 397
ulnar grasp 척골 잡기【尺骨 잡기】 ··· 397
ultrasonic wave 초음파【超音波】 ··· 405
ultrasonography 초음파 검사【超音波 檢査】 ··· 405
ultrasound 초음파【超音波】 ··· 405
ultra-sound 초음파【超音波】 ··· 405
ultrasound 초음파 검사【超音波 檢査】 ··· 405
ultrasound wave 초음파【超音波】 ··· 405
umbilical cord 탯줄【胎줄】 ··· 428
unconditional positive regard 무조건적 긍정적 배려【無條件的 肯定的 配慮】 ··· 117

unconditional positive regard 무조건적 긍정적 존중【無條件的 肯定的 尊重】 117
unconditioned response (UCR) 무조건 반응【無條件 反應】 117
unconditioned stimulus (UCS) 무조건 자극【無條件 刺戟】 117
unconscious 무의식【無意識】 116
unconscious motive 무의식적 동기【無意識的 動機】 116
unconsciousness 무의식【無意識】 116
underextension 과잉 축소【過剩 縮小】 36
under-socialized delinquency 사회화되지 못한 비행【社會化되지 못한 非行】 176
under-socialized delinquency 사회화되지 않은 비행【社會化되지 않은 非行】 176
uninvolved parenting 방임적 양육【放任的 養育】 135
universal grammar 보편 문법【普遍 文法】 143
universal grammar 보편적 문법【普遍的 文法】 143
unlearning 탈학습【脫學習】 424
unshared environment 비공유 환경【非共有 環境】 156
Urie Bronfenbrenner (1917~2005) 500
Urie Bronfenbrenner (1917~2005) 유리 브론펜브레너 288
uterus 자궁【子宮】 323
utilization deficiency 활용 결함【活用 缺陷】 469

V

validity 타당도【妥當度】 421
verbal sexual harassment 언어적 성희롱【言語的 性戱弄】 259
vernix caseosa 태지【胎脂】 428
vestibular organ 전정 기관【前庭 器官】 350
vicarious learning 대리적 학습【代理的 學習】 82
vicarious punishment 대리적 처벌【代理的 處罰】 82
vicarious reinforcement 대리적 강화【代理的 强化】 81
vidkid 비드키드 158
Viktor Emil Frankl (1905~1997) 빅토르 에밀 프랭클 161
Viktor Frankl (1905~1997) 500
Viktor Frankl (1905~1997) 빅토르 프랭클 161
villi(복수형) 융모【絨毛】 295
villus 융모【絨毛】 295
Virginia Apgar (1909~1974) 500
Virginia Apgar (1909~1974) 버지니아 아프가 138
vision 시각【視覺】 217
visual acuity 시각적 예민성【視覺的 銳敏性】 218
visual cliff 시각 벼랑【視覺 벼랑】 218
visual cliff 시각 절벽【視覺 絶壁】 218
visual dominance 시각 우세【視覺 優勢】 218

visual illusion 착시【錯視】 ··· 394
visual preference method 시각적 선호도 방법【視覺的 選好度 方法】 ··· 218
visual-spatial ability 시공간 능력【視空間 能力】 ··· 219
visual-spatial intelligence 시각-공간 지능【視覺-空間 知能】 ··· 218
visual-spatial intelligence 시각-공간적 지능【視覺-空間的 知能】 ··· 218
vocables 유성어【有聲語】 ··· 289
vocabulary spurt 어휘 급증【語彙 急增】 ··· 256
vocal tic 음성 틱【音聲 틱】 ··· 297
vocation 직업【職業】 ··· 388
vocational education 직업 교육【職業 教育】 ··· 388
voluntarism 자원 봉사【自願 奉仕】 ··· 335
voluntary 수의적【隨意的】 ··· 212
voluntary behavior 수의적 행동【隨意的 行動】 ··· 212
voluntary muscle 수의근【隨意筋】 ··· 212
vulnerability 취약성【脆弱性】 ··· 410
vulnerability-stress model 취약성-스트레스 모델【脆弱性-스트레스 모델】 ··· 410
Vygotsky (1896~1934) ··· 500
Vygotsky (1896~1934) 비고츠키 ··· 155

W

Warren Tay (1843~1927) ··· 500
Warren Tay (1843~1927) 워런 테이 ··· 283
water birth 수중 분만【水中 分娩】 ··· 212
Watson (1878~1958) ··· 501
Watson (1878~1958) 왓슨 ··· 275
Watson (1928~) ··· 501
Watson (1928~) 왓슨 ··· 275
Watson-Crick model 왓슨-크릭 모델 ··· 275
Watson-Crick model 왓슨-크릭 모형【왓슨-크릭 模型】 ··· 275
Wechsler (1896~1981) ··· 501
Wechsler (1896~1981) 웩슬러 ··· 284
Wechsler Adult Intelligence Scale (WAIS) 웩슬러 성인 지능 검사【웩슬러 成人 知能 檢査】 ··· 285
Wechsler Intelligence Scale for Children (WISC) 웩슬러 아동 지능 검사【웩슬러 兒童 知能 檢査】 ··· 285
Wechsler Intelligence Scale for Children-IV (WISC-IV) 웩슬러 아동 지능 검사-제4판【웩슬러 兒童 知能 檢査-第四版】 ··· 285
Wechsler Preschool and Primary Scale of Intelligence (WPPSI) 웩슬러 유아 지능 검사【웩슬러 幼兒 知能 檢査】 ··· 285
Wernicke (1848~1905) ··· 501
Wernicke (1848~1905) 베르니케 ··· 139
Wernicke's aphasia 베르니케 실어증【베르니케 失語症】 ··· 139

Wernicke's area 베르니케 영역【베르니케 領域】 ······ 139
wet dream 몽정【夢精】 ······ 115
white matter 백질【白質】 ······ 138
WHO ······ 501
Wilkins (1916~2004) ······ 501
William James (1842~1910) ······ 501
William James (1842~1910) 윌리엄 제임스 ······ 287
willpower 의지력【意志力】 ······ 300
Winnicott (1896~1971) 위니콧 ······ 286
WISC 위스크 ······ 286
wisdom 지혜【智慧 / 知慧】 ······ 388
womanpower 우먼파워 ······ 280
womb 자궁【子宮】 ······ 323
Women's Liberation Movement 여성 해방 운동【女性 解放 運動】 ······ 264
Women's Liberation Movement 우먼리브 운동【우먼리브 運動】 ······ 280
working memory 작업 기억【作業 記憶】 ······ 338
working through 훈습【薰習】 ······ 476

X

X chromosome X 염색체【X 染色體】 ······ 501
X chromosome 엑스 염색체【엑스 染色體】 ······ 263
X-chromosome X 염색체【X 染色體】 ······ 501
X-chromosome 엑스 염색체【엑스 染色體】 ······ 263
XXX syndrome XXX 증후군【XXX 症候群】 ······ 502
XXXX syndrome XXXX 증후군【XXXX 症候群】 ······ 502
XXXXX syndrome XXXXX 증후군【XXXXX 症候群】 ······ 502
XYY syndrome XYY 증후군【XYY 症候群】 ······ 503
XYYY syndrome XYYY 증후군【XYYY 症候群】 ······ 503
XYYYY syndrome XYYYY 증후군【XYYYY 症候群】 ······ 503

Y

Y chromosome Y 염색체【Y染色體】 ······ 503
Y chromosome 와이 염색체【와이 染色體】 ······ 274
Y-chromosome Y 염색체【Y染色體】 ······ 503
Y-chromosome 와이 염색체【와이 染色體】 ······ 274
youth 청년【青年】 ······ 399
youth 청소년【青少年】 ······ 399

youth counseling 청소년 상담【青少年 相談】 ··· 401
youth counselor 청소년 상담자【青少年 相談者】 ··· 401
youth problem 청소년 문제【青少年 問題】 ··· 400
youth-at risk 위기 청소년【危機 青少年】 ··· 285

Z

zone of proximal development (ZPD) 근접발달영역【近接發達領域】 ··· 48
ZPD ··· 503
zygote 접합자【接合子】 ··· 351
zygote 접합체【接合體】 ··· 351

저자 소개

양돈규(梁敦圭)

중앙대학교 심리학과 졸업(학사)
중앙대학교 대학원 심리학과 졸업(석사, 발달심리 전공)
중앙대학교 대학원 심리학과 졸업(박사, 발달심리 전공)
상담심리전문가(한국상담심리학회, 상담심리사1급)
중독상담전문가(한국상담심리학회, 중독상담심리전문가1급)

〈경력〉
중앙대 대학원, 상명대 정치경영대학원, 서울여대 및 한신대 교육대학원(석사/박사과정) 강사
중앙대 심리학과 겸임교수 역임
세명대학교 심리학/상담교수 역임
한국양성평등교육진흥원 교수 역임
현재 한국심리학회, 한국발달심리학회, 한국영유아교원교육학회, 한국상담심리학회 회원
심리학&상담연구소 대표

〈저서/역서〉
『심리학사전(제2판)』(박영사, 2017)
『심리학사전(제1판)』(박학사, 2013)
『심리학소사전』(학지사, 2003)
『심리학용어집』(학지사, 2003)
『아동 및 청소년을 위한 학교상담』(공역)(시그마프레스, 2015)
『성인발달과 노화(제6판)』(공역)(센게이지러닝, 2012)
『아동 연구의 이해와 방법』(공역)(박학사, 2012)
『인간행동과 심리학(제3판)』(공저)(학지사, 2010)
『심리학과 생활』(공저)(서현사, 2008)
『ADHD 아동의 재능』(공역)(시그마프레스, 2007)
『인간행동과 심리학(제2판)』(공저)(학지사, 2005)
『성인발달과 노화(제3판)』(공역)(시그마프레스, 2001)
『발달심리학』(공역)(시그마프레스, 2000)
『청소년 스트레스와 정신건강』(공역)(학지사, 1998)
『심리학개론』(공저)(학지사, 1995)

〈논문/연구보고서〉
『부모갈등과 사회적 지지가 청소년의 우울과 비행에 미치는 영향』
『청소년의 감각추구성향과 인터넷중독 경향 및 인터넷 관련 비행 간의 상관성』
『청소년이 지각한 사회적 지지와 인터넷중독 경향 및 인터넷 관련 비행 간의 관계』
『위험행동에 대한 낙관성 및 감각추구성향의 영향』
『지각된 사회적지지, 낙관성 및 해슬 간의 상관성』
『인터넷 사용이 대인관계의 발달 및 사회적 참여에 미치는 영향』
『청소년의 인터넷중독경향에 따른 대인관계활동 및 만족도의 차이』
『청소년들의 휴대전화 이용과 대인관계만족도에 관한 연구』
『청소년의 인터넷 음란물 접촉경험과 성비행간의 관계』
『성희롱 행동에 대한 대학생들의 인식 차이』
『교원 성희롱 성폭력 행위자 교육 프로그램 개발 연구』
『대학생의 양성평등의식이 성희롱 문제인식과 성희롱 행동경험에 미치는 영향』 등
약 45편의 논문과 연구보고서가 있다.

발달심리 용어사전

초판발행 2020년 8월 10일

지은이 양돈규
펴낸이 노 현

편 집 조보나
기획/마케팅 노 현
표지디자인 조아라
제 작 우인도·고철민

펴낸곳 ㈜ 피와이메이트
서울특별시 금천구 가산디지털2로 53 한라시그마밸리 210호(가산동)
등록 2014. 2. 12. 제2018-000080호
전 화 02)733-6771
f a x 02)736-4818
e-mail pys@pybook.co.kr
homepage www.pybook.co.kr
ISBN 979-11-6519-028-6 93180

정 가 39,000원